대행스님 법어집

허공을 걷는 길

표지 題字: 대행 스님

아, 달 하나
별 하나
구름 한 점

내 님 좇아서 이리저리 걷다 보니
앙상한 가지에 으쳐진 상처가
아파 우는 그 목소리는
내 귓가에 스쳐 가는구나

어찌해서
가고 오는 것도 없으련만
상처도 없고
아무것도 없으련만
바로 내 눈가에 눈물은
마를 날이 없을까

1991년 4월 7일 법형제법회에서 읊으심

대행 스님

1927년 일제강점기에 태어난 스님은 어려서부터
'나는 누구인가? 나는 어디에서 왔는가?' 하는
근본에 대한 의문을 참구하다 일찍이 자성의 발로를 체험하였다.
1950년, 스님은 오대산 상원사에서 방한암方漢岩 큰스님을 친견하고
불문에 귀의하였다.
이후 십여 년간의 산중 수행을 통해 불법의 궁극적인 도리를 체득한 스님은
중생 교화에 뜻을 두고 1972년 지금의 한마음선원을 세웠다.

스님의 가르침은 정신과 물질, 인간과 자연, 종교와 과학을 아우르며
서로 조화를 이루고 발전하는 공생의 길로 우리를 이끌고 있다.
불교는 지금 발 딛고 살아가는 이 땅 위에서, 우리의 삶 속에서
맛보고 꽃피울 수 있는 진리임을 알게 하고자
평생을 매진했던 스님은 2012년 한마음선원 본원에서 입적하셨다.

허공을 걷는 길

대행 스님 법어집

허공을 걷는 길

법형제법회 개정증보판 1

대한불교조계종
한마음선원

발간사

부처님의 가르침은 모든 중생을 열반의 저 언덕에 이르게 하는 지혜의 뗏목이며 삼계에 비할 바 없는 보배이다. 대행 스님의 말씀 또한 그러하니, 마음을 열고 이 법어를 읽을 때, 걸림 없는 지혜와 다함 없는 공덕을 얻게 될 것이다.

스님께서 늘 강조하시는 '생활과 불법이 둘 아닌 도리'는, 하루하루의 삶 그대로가 불법에 어긋나지 않는 한마음의 묘리 바로 그것이다. 그러나 현대 과학 문명은 이러한 마음의 도리를 도외시한 나머지, 생명의 경시는 물론 자연환경의 파괴와 같은 재앙을 자초하고 있다.

스님의 가르침은 정신과 물질, 인간과 자연 그리고 종교와 과학이 조화를 이루며 발전하는 새 시대의 길을 일러 주고 있으니, 한마음으로 읽어 가다 보면 끝내 나와 너 또는 나와 대상이 하나를 이루어 무엇을 하든 걸림이 없는 경지를 체득하게 될 것이다.

스님의 법어는 화려하지는 않지만 깊고 그윽하다. 물이나 공기가 그러한 것처럼 누구에게든 차별을 두지 않으므로 마시고 호흡하는 데 조금의 어려움도 없다. 아무쪼록 이 법어집과 인연 닿는 모든 사람들이 고(苦)에서 벗어나 널리 세상을 이롭게 하는 자유인이 되기를 간절히 발원하는 바이다.

법형제법회 개정증보판 출간에 부쳐

법형제법회는 남성 불자들로 구성된 신행 모임인 법형제회를 대상으로 매월 첫째 일요일에 안양 본원 법당에서 개최되었던 법회이다. 한마음선원 출판부에서는 1990년 8월 5일 법회부터 1999년 10월 3일까지 68회분의 법문을 묶어 2001년 1월 『허공을 걷는 길』 법형제법회분 초판을 출간하였다.

법형제법회는 1999년 10월 이후부터 2001년 7월까지 열한 번 더 개최되었다. 2003년 3월 2일, 스님께서 특별히 한 번 더 법회를 개최하셨기에 증보판에는 총 12회의 법회분이 추가되었다. 초판의 원고는 다시 검토하여 오자와 탈자 등을 수정하였다.

1. 외래어 표기

외래어는 검색 등의 편의를 위해 현행 외래어 표기법을 따랐다. 그러나 느낌을 제대로 살릴 수 없는 단어들에 한해서 스님이 쓰신 용어 그대로 표기한 것이 있다.

예) 빽(백 back) 테레비(텔레비전 television)

2. 찾아보기(색인)

찾아보기는 스님의 법문에 대해 더 깊은 이해가 필요한 독자들을 위하여 자주 쓰이는 단어들이 잘 설명되어 있는 쪽수들을 추려 표시하였다.

3. 참고하기

스님이 법문 중에 쓰신 용어나 숫자는 그 뜻을 사전적인 의미로만 한정시키기 어려우며, 스님 특유의 조어(造語)를 사용하는 경우도 있다. 다른 법문에서 사용된 예문들을 추가로 실어 내용을 이해하는 데 도움이 되게 하였다.

일러두기

1. 대행 스님 법문의 원전(原典)

한마음선원 출판부에서는 30여 년에 걸쳐 설하신 대행 스님의 방대한 육성 법문을 문자화하여 보존하고, 앞으로 스님의 가르침을 여러 형태의 책으로 발간함에 있어 원전으로 삼고자 본 법어집을 발간하게 되었다. 전집의 형태로 기획된 본 법어집은 법회별로 묶어 전 26권이 발간될 예정이며, 법회별로 출간된 이후에 정리된 법문은 추후에 증보하여 발행할 계획이다.

법어집의 발간 순서와 법회별 법문의 분량은 다음과 같다.

1) 정기법회 4권 / 2) 법형제법회 2권 / 3) 국내지원법회 3권 / 4) 국외지원법회 3권 / 5) 일반법회 4권 / 6) 특별법회 5권 / 7) 담선법회 5권

* 권수나 발행 순서는 사정에 따라 달라질 수 있다.

2. 편집 원칙

본 법어집은 읽는 이로 하여금 마치 법회 현장에 있는 듯한 느낌이 들도록 육성법문 그대로를 문자화하는 것을 편집 원칙으로 삼았다. 이러한 원칙에 따라 스님께서 말씀하신 단어가 사전적인 의미와 달리 사용되었거나, 비유와 예화가 법문에 따라 조금씩 다른 경우도 그대로 두었다. 이에 대해 독자들은 사실에 대한 시비곡직보다는 스님께서 전하려 하신 참뜻을 마음으로 새기는 데 힘쓰기 바란다. 그러나 독자의 이해를 돕기 위해 법문의 본뜻에서 벗어나지 않는 최소한의 경우에 한하여 표준어법으로 바꾸는 작업을 하였다. 이는 문자가 지닌 표현의 한계에 따른 고육지책이었음을 미리 밝힌다.

또한 세간의 말로는 드러낼 수 없는 법의 세계를 표현하심에 있어 스님 특유의 조어(造語)를 사용하시는 경우도 있다. 이에 대해서는 차후에 만들어질 용어 해설이나 색인 작업을 통해 그 뜻을 보다 명확히 할 것이다.

3. 법회의 분류

『허공을 걷는 길』은 법회의 형식, 시기, 대상, 목적 등에 따라 크게 일곱 가지 법회분으로 분류하였다.

1) 정기법회: 1984년 9월 16일 이후부터 매월 셋째 주 일요일, 한마음선원 본원 법당에서 일반 신도들을 대상으로 열린 정기적인 법회
2) 법형제법회: 1990년 8월 5일 이후부터 매월 첫째 주 일요일, 한마음선원 본원 법당에서 법형제회의 거사들을 대상으로 열린 정기적인 법회
3) 국내지원법회: 1987년 6월 9일 이후부터 국내 지원이 주최한 공식, 비공식 법회 (법당 준공 및 이운식과 관련된 법회 포함)
4) 국외지원법회: 1987년 5월 24일 이후부터 국외 지원이 주최한 공식, 비공식 법회 (법당 준공 및 이운 법회, 담선 법회, 외부 단체가 주관한 초청 법회, 방송 · 대담 등 국외에서 설하신 모든 법문 포함)
5) 일반법회: 1982년 6월 6일부터 1980년대 말까지 일반 신도들을 대상으로 한마음선원 본원 법당이나 강당에서 개최된 법회
(신행회 창립 법회, 신도회 임원단 법회, 전국 신행회 회장단 법회, 법사단 법회, 금요 친견 법회, 선실 법회 포함)
6) 특별법회: 1982년 10월 17일 이후부터 열린 행사 법회, 초청 법회, 정기적 · 비정기적인 특별 법회 (대담 형식의 법회 포함)
7) 담선법회: 1982년 10월 17일 이후부터 열린 소집단과의 비교적 자유로운 토론과 질문 형식으로 이루어진 법회

4. 법어집의 활용

앞으로 출간될 법어집을 포함한 『허공을 걷는 길』 법어집 26권은 대행 스님 법문의 원전으로서 용도별 도서 제작, 외국어 번역본 출간, 학문적 연구를 위한 법문의 데이터베이스화, 대중 매체를 통한 포교 활동 등 모든 법문 활용에 있어 그 기반이 된다.

그러므로 각각의 법문을 그 형식과 시기에 따라 구분하고, 내용에 따라 단락을 나누었으며, 최소한의 편집으로 자의적인 해석을 지양하여 어떠한 형태로 활용하더라도 그 근거를 명확히 할 수 있도록 하였다.

차 례

법형제법회 개정증보판 I

법형제법회 개정증보판 2

내 하나의 보배 / 한마음의 생활은 고(苦)가 없다 / 은혜를 갚는 길 / 회향의 진정한 의미 / 대장부가 되는 길 / 둘이 아닌 도리 / 지구 보존 / 허공 에너지 / 이것저것 따지지 않고 젖을 뿐 / 삼천대천세계를 밝히는 마음의 촛불 / 빛보다 더 빠른 한 찰나 / 삶은 곧 승진, 좌천의 갈림길 / 일체가 한 주머니 / 불(佛)은 생명, 교(敎)는 생활 / 참나의 줄을 잡고 / 양면을 놓고 행하는 것이 정법 / 내 집 지키는 내 주인 / 둘 아닌 마음으로 하는 보시 / 무(無)의 공법 / 정신 발전의 길 / 여래의 마음 / 자기완성의 길 / 적멸(寂滅)까지도 놓아야 한다 / 법계(法界)의 관찰 / 공심(共心)의 행 / 이 자리가 그대로 여여한 불국토 / 함이 없이 사는 삶 / 일체제불과 보살이 한자리에 / 마음으로 사는 세상 / 온 것도 갈 것도 없으니 공생이다 / 조상님들도 둘 아닌 공심에 놓아라 / 만법을 행하는 에너지 주장자 / 진실한 마음의 행 / 한 찰나의 묘용 / 한생각으로 그릇을 비우며 살아라 / 부처님의 응신 / 허공에 핀 연꽃 / 함이 없는 걸음걸이 / 믿음의 공덕 / 우주를 싸고도는 촛불 하나

법형제법회 개정증보판 1

도제 양성(徒弟養成)

1990년 8월 5일

이렇게 한자리를 하게 되면 항상 법우님들과 제가 더불어 같이 도반입니다. 도반으로서 여러분하고 토론하고 서로 말을 하되, 말로만 듣지 말고 뜻으로 들으시고, 말을 하더라도 함이 없이 하면서 행하는 그런 습을 길렀으면 합니다.

첫째, 부처님 법을 배우시는 분들은 법당에 와서 쌀이나 놓고 떡이나 놓고 비는 것이 불제자가 아니라는 걸 명심해야 합니다. 여러분이 자성 삼보(自性三寶)에 귀의해서 계발하고 증득하고 체험하고, 이렇게 나가는 것이 부처님 불씨를 키우는 보리(菩提)라고 합니다. 여러분의 그 망상이 전부 보리심을 길러서 꽃 피우는 과정입니다. 따로 있는 게 아닙니다. 여러분 몸과 마음이 다 보리심이죠. 여러분 빼놓고 가정 빼놓고 사회 빼놓고 국가 빼놓고 세계 빼놓고 부처님 법이 어디 있습니까? 한마디로 말해서 여러분 한 분 한 분 태어난 게 그대로 화두며 태초라고 항상 말씀드렸습니다.

그런데 여러분이 말만 듣고 그냥 '내 주인공에 놓고 가면 되지.' 이렇게 하면서 행을 못 한다면 그거는 말하나마나 건성 도는 일입니다. 부부지간이나 부모 자식 사이에 위로나 아래로나 항상 평등한 마음을 가지고 평등한 행을 하고 부드러운 말을 서로서로 같이 나눌 수 있는 말 없는 무심(無心)의 자비심이 있어야 된다고 항상 말씀드리죠. 그 자비심으로써 어떠한 악한 일이 있다 하더라도, 어떠한 괴로움이 온다 할지라도 거기에 맡겨 놓고 항상 부드러운 말을 해 줄 수 있는 그런 여러분이 돼야만이 정말이지 부모 된 자격이 있는 겁니다. 부모 된 자격이 있어야 부처 될 자격도 있죠.

우리가 항상 집안에서 조그마한 꼬투리를 가지고 기분 나쁘다고 서로 싸우고 자식들한테도 부적당한 말을 하는 한편, 자기의 소견대로 생각을 하기 때문에 항상 마음이 어긋나고 흩어져서 춥고 배가 고픈 것입니다. 여러분은 똑같은 그릇이 아니라 종지에서부터 바다에 이르기까지 수없는 차원의 그릇이지만 누구나 자기가 옳다고 하고 제가끔 들 사는 겁니다. 그런데 그 옳다고 그러는 걸 그르다고 할 수도 없고 또 옳다고 할 수도 없으니 어쩌겠습니까.

그러니 여러분이 가정에서 살림살이를 잘하시려면 평등한 마음으로써 항상 부드러웁게 말해 줄 수 있고, 어떠한 일이 있어도 행을 항상 자기 주인공에 맡겨 놓고 할 수 있게끔 하셔야만 말 없는 데를 통해서 서로 접견이 되는 겁니다. 말로 해서 말로 듣게 하지 말고, 뜻으로 해서 뜻으로 듣게 한다면 무심으로써 바로, 그 전달 없는 전달이 됨으로써 가정은 밝아지고 편안해지고, 이 마음속 생명들도 같이 한마음으로 돌아감으로써 모두가 건강해지는 것입니다. 우리는 마음먹기에 달리지 않았습니까? 지금 대충대충 얘기하고 넘어갑니다마는 여러분이 지금 말로만 배워서 행을 못 하고 가신다면 그건 아무 소용이 없는 겁니다.

또 한 가지는, 한국이 그래도 선맥이 제일 우수하다고는 하지만 말로만 '선맥 선맥' 하면서 선 도리, 부처님 도리를 찾아야 한다고 그럴 뿐이고, 전 세계를 가만히 보면 한국이든 어디든 마찬가지로 그 정신력을 기르고 있습니다. 그러니까 우리 한국에서 선맥으로 이어져 내려오는 도제 양성은 지금 부실한 겁니다. 경전에서 그 백지와 더불어 말씀하신 것과 뜻을 새겨서 여러분과 더불어 도반이 돼서 서로 토론하고 가르쳐야 하는 길잡이가 지금 부족하다는 얘깁니다.

그저 부처님 앞에 다니고 절에 다니는 사람만이 불자가 아니라 절에 다니든 안 다니든, 자기 가정에서 살든 사회에 나가서 일을 하든 모두 불자 아님이 없다는 것을 여러분은 이미 짐작하실 것입니다. 어저께도 그런 생각을 했습니다. 쥐 새끼가 어미를 찾아서 둥우리로 들어가는데 그것을 꺼내 놓으니까 어미가 찾으러 나와서 새끼들을 다 이끌어 가지고 다른 둥우리로 또 들어갑디다. 그러면 사람이 산다고 하는 거나 쥐 새끼가 사는 거나 살림살이가 뭣이 다릅니까? 서로가 서로를 위하고 자식이 부모를 찾고 부모는 자식을 무조건 사랑할 수 있는 그런 여건을 가지고 있는 겁니다. 그 새끼를 몰고 가기 위해서 자기 생명을 아끼지 않았습니다. 여러분은 그것을 하찮게 생각하고 그냥 쥐 새끼라고 해서 무시해 버리겠지만, 내가 생각할 때는 하다못해 개구리 새끼 하나 쥐 새끼 하나라도, 또 짐승들 모두가 다 우리네 살림살이와 똑같다는 얘깁니다. 그 마음은 비길 데가 없습니다.

그러니 지금 가만히 볼 때에 우리 한국이 조그마한 반쪽짜리로 나누어져서 이렇게 살고 있는 것도 원통하고…, 그 원인을 역사적으로 살펴본다면 우리가 모두 한마음으로 지혜를 넓히지 못한 까닭에 그렇게 됐다고 봅니다. 그렇다면 우리가 앞으로도 자꾸 자기를 돌아다볼 수 있는 계기를 가져야 하고, 자기 분수를 지켜야 하고, 자기를 발견하고 증득하기 위해서 자기를 믿고 거기에 놓는 공부를 쉴 사이 없이 해야만 된다고 봅니다.

도제 양성을 해야 하는 것은, 우리가 머리를 깎고 안 깎고가 둘이 아닌 고로, 여러분의 마음에 따라서 우리나라 남북통일도 시킬 수 있는 그런 여건이 있기 때문입니다. 하고자 하면 하는 거지 뭐가 안 됩니까? 그 소리는 무슨 소리냐 하면, 무(無)의 세계의 마음이 한마음으로 돼서 유(有)의 세계의 여러분의 마음을 조절한다면, 그것이 바로 바람도 자게 할 수 있고 남북통일도 할 수 있는 계기가 된다는 얘기입니다. 남북통일을 하려면 세계가 움죽거려야만이 될 수 있는 그런 관계가 있기 때문에 머리를 깎은 입산 제자든 유발 제자든 모두 이렇게 이끌어 가고 있는 것입니다.

어느 사찰을 보더라도 항상 그저 비는 걸로 족하고, 시루에다 떡 찌기가 바쁘고…, 우리 산 사람들이 먹는 거지 귀신이 있어서 먹는 건 아니지 않습니까? 산 사람의 마음의 자신(自神)이 있기 때문에 그 자신으로 인해서 말입니다. 만약에 여러분이 컵을 쓰신다 하면 여러분이 이 컵을 쓰기 때문에 그것도 생명이 있고 산 거란 말입니다. 여러분이 써 주지 않는다면 이건 생명도 없고 아무것도 없는 겁니다. 그렇기 때문에, 모두 그림을 그려 놓고 부처를 조성해 놓고 여러분이 믿기 때문에 거기에 여러분의 의식이 한마음으로 부처님한테 모아지는 것입니다.

그러니 여러분이 안방에 가도 도량이요, 마당에 나가도 도량이요, 또 변소에 가도 도량인 것입니다. 거기 부처가 계시기 때문이죠. 여러분의, 즉 자성 삼보에 과거 삼(過去三), 현재 삼(現在三), 미래 삼(未來三) 그 삼세(三世)가 그대로 한마음으로 귀정(歸定)이 되고, 그것이 한 불심의 기둥으로 바퀴가 되어 돌아가니 찰나찰나 우리가 찰나 생활을 하는 거죠.

그러니 모든 면에서 우리 인간이 인간 됨됨이부터 돼야지, 만약에 인간이 되지 못하고 혹 불심을 가지고도 습을 떼지 못한다면, 깨쳤다 하더라도 다시 미해지는 그러한 인연으로 이어지는 것입니다. 그래서 깨치기는 쉬워도 성불하기 어렵고, 성불하기는 쉬워도 열반하기는 쉽지 않다고 합니다만 여러분이 이 '세 단계 없는 세 단계'를 꾸준히 해 나갈 수 있다면 생과 사가 열반입니다. 생과 사가 그대로 열반과 둘이 아니다 이 소립니다. 색(色)과 공(空)이 둘이 아니요, 세간과 출세간이 둘이 아닙니다. 만날 여러분한테 말씀드리죠. 공한 세계와 우리 색의 세계가 어떻게 둘입니까? 색의 세계가 바로 찰나찰나 돌아가니 공의 세계요, 공의 세계가 바로 색의 세계지, 이게 어디 둘입니까? 여러분의 생명과 마음 내는 거와 육신이 움죽거리는 것이, 셋이 따로따로 있는 것이 아닙니다.

그럼으로써 우리가 참다운 인간의 도리를 다하고 가는 한편, 우리나라도 역사적으로나 경제적으로나 어려움을 극복할 수 있는 여건이 생기고, 공업 기술도 아주 급진전해서 다른 나라보다 위대하게 될 수 있습니다. 과거를 볼 때, 젊은 분들은 모르겠지만 우리네 연배 된 분들은 다 아실 겁니다. 얼마나 혹독하게 쫓기는 세월을 보냈는지 말입니다. 그 아픔을 어떻게 견뎌 왔는지, 아마 젊은 분들은 모를 겁니다.

그것이 누구로 인해서 그렇게 됐을 것 같습니까? 여러분이 편안한 것만 알고, 내 것만 알고 남의 것은 모르고, 바다로 나가 보지 못했기 때문에 연구 재료는 발견하지도 못했죠. 그리고 모두 유교로만 했지 그 넓고 넓은 불법의 진리를 탐구하지 못하게 됐기 때문입니다. 또 모두 내 가정만 편안하면 된다고 하는 그런 주의여서 우리는 연구도 못 했고 발전도 못 했기 때문에 남의 치하에서 그렇게 고통을 받았다는 사실을 여러분은 뼛속 깊이 알아야 될 것입니다.

지금도 그렇지요. 바람 잘 날이 없는데도 자기를 뒤돌아보지 못하고, 자기 분수를 지키지 못하고, 자기 앞 길을 내다보지 못하고, 자기를 발견하지 못하고, 자기를 믿지 못하기 때문에 자기 정신력을 상실하고 그냥 바람 부는 대로 이리 쓸리고 저리 쓸리고, 그래서 조그마한 집 한 덩어리를 그냥 태워 버리려 합니다. 어른이나 애나 마찬가지로 말입니다. 그래서 정신력으로써 중용을 할 수 있고, 만물의 영장다운 생활을 할 수 있는 찰나찰나 자재하는 생활, 이것이 바로 시급한 것입니다.

절만 하는 데가 절이 아니라 마음을 계발하고 실천에 옮기는 실상 그대로가 우리 생활인 줄 아시고, 생각하면서 뛰고 뛰면서 생각하고 하는 것이 그대로 좌선이라는 것을 여러분은 명심해야 할 것입니다. 지금 시대에 24시간의 반을 몸을 조아리고 앉아서 좌선해야 한다는 것은 아주 어리석은 생각이라고 봅니다.

그래서 지난번에도 말씀드렸죠. 모든 게 공했으니 내 몸과 마음의 뜻을 다 그 자리에 놓고 그냥 살림을 한다면, 나를 드러내지 않고 내세우지 않는다면 바로 그게 좌선이라고요. 내 주인공에다 모든 것을 맡겨 놓고 움죽거리지 않으면서 온갖 생활을 다 해도 그것이 바로 좌선이라고요. 내 마음 안이든 내 마음 바깥이든 어디든 머무르지 않고 그대로 찰나찰나 돌아가는 그 공한 도리, 우리가 바로 그것을 안다면 그게 좌선이라고요. 이거는 사도(邪道)다, 이거는 진도(眞道)다, 정도(正道)다, 또는 대도(大道)다 하는 마음들을 가지고 이렇게 가르고 저렇게 가른다면 언제 한마음이 되며, 언제 모든 것을 버려서 내가 모두 얻겠습니까? 모든 것을 버려야 내가 모두 얻고 내가 얻어서 전부 내 거 아님이 없을 때에야 비로소 모두 줄 수 있고 모두 항복을 받을 수 있는 그런 능력이 생기는 것입니다.

그런데 여러분이 이렇게 공부하고 나가시면서 요새 신행담을 써 오시고 그러는 것을 보고 저의 마음은 너무나 좋았습니다. 입산 제자나 유발 제자나 다 같이 이렇게 공부를 하는 것이 너무나 기쁩니다. 그 한마디 한마디 하는 사이 없이 말씀을 하셨으니 말씀하신 게 없더군요. 그러면서도 여러분이 역력하게 행을 해 나가시는 거를 볼 때 너무나 기뻤습니다. 그렇게 행해 나가시는 마음이라면 우리나라를 안정시킬 수도 있고, 건질 수도 있고, 전 세계를 움죽거려서 평화를 오게 할 수도 있는 것입니다. 저는 그런 능력이 여러분 안에도 있다고 믿어 의심하지 않습니다.

'주인공을 찾으랬으니, 내가 나를 찾으라는데 말할 건덕지가 뭐가 있나?' 이렇게 생각하지 마시고 서슴없이 질문하고, 서슴없이 대답을 받고, 서로가 질문하고 토론할 때에, 여러분이 방귀를 뀌기는 뀌었는데 뀐 사이가 없어서 하나도 남아 있지를 않다는 거를 아셔야 합니다. 우리는 마음으로써 말을 하고 내가 뜻으로 받아들였으면 하나도 먹은 사이가 없고 준 사이도 없습니다. 그런 뜻을 알아서 서로 이 법에 대해서 토론을 하고 질문도 하십시오. 내가 말을 하고 나면 여러분이 질문할 거리가 하나도 없다고 그래서 지금 중동무이하고 여러분의 질문을 받겠습니다. 질문 받고 나중에 말씀드리죠. 어떻습니까?

어디, 오늘은 여러분이 말씀하시는 소리를 나도 듣고 배우고 싶습니다. (잠시 기다리신 후) 질문하실 분 한 분도 안 계십니까? 모두 정말 갸륵한 도인이십니다. 하하하…. (대중 웃음) 제가 이런다고 해서 자만하지 마십시오. 나도 아직까지 내가 잘 안다는 생각을 한 번도 해 보지 못했습니다. 그러면 한번 비유해서 말씀드리죠.

옛날에, 아마 부처님 나시기 전인지도 모르죠. 나도 들은 얘기지만 그 뜻을 헤아리고 보니까 공부하는 데 참 좋은 계기가 될 것 같아서 얘기를 합니다. 저 백두산 꼭대기에 어떤 큰 돌이, 천연적인 돌부처가 있었답니다. 그랬는데 별안간에 천둥 번개가 치더니 그 돌부처가 여자로 화했답니다. 여자로 화해서 오백의 아들을 낳았답니다. 이 뜻을 잘 새겨 보시면 여러분한테 아주 좋은 결과가 있으리라고 믿습니다. 그래서 오백 아들을 두었는데, 그 어머니는 오백 아들에게 나무도 해 오고 빨래도 하고, 또 먹을 것 농사도 짓고 그러라고 산꼭대기에 밭을 마련하고 솥을 걸고 그렇게 해서 농사를 지었답니다. 그런데 물이 없던 것이 농사를 짓다 보니까 그냥 샘물이 솟아서 농사를 다 짓도록 되었더랍니다.

그래서 아들들이 성장하기까지 어머니가 그대로 잘 이끌어 가면서, 먹이기 위해서 큰 솥을 걸고서, 항상 밥은 할 수 없으니까 죽을 쑤었답니다. 오백 아들의 죽을 쑤려니까 주걱도 눈 치우는 가래만큼은 커야 되겠죠. 아무튼 그렇게 항상 먹여 왔는데, 하루는 아들들이 나갔다가 들어오니까 죽만 한 솥 쑤어 놓으시고 어머니는 간 곳이 없더랍니다. 그래도 배가 고파서 죄 퍼먹고 보니 아, 그 속에 어머니가 빠져 죽었더라지 않습니까? 여러분, 어떻게 생각하십니까? 빠져 죽은 걸 보자마자 "으악" 소리를 지르는데 천둥 번개가 치더니만 그냥 그 오백 아들도 없어지고, 어머니도 솥도 다 없어졌답니다. 단 하나 남은 것은 백두산에 물 고인 것밖에는 없더랍니다.

그러면 그 아들들은 어디로 갔느냐? 어머니가 돌아가셨는데도 그 천둥 같은 소리가 나오는데 "너희 중에 사백 명은 뒤로 서서 지키고, 삼십 명은 내려가는 데를 지키고, 사십 명은 올라오는 데를 지키고 또 한 명은 올라가는 데를 지켜라." 그리고 이십구 명은 양쪽으로 나누어 지키는데 압록강과 두만강, 또 뭐, 송화강이라던가? 강 이름도 잊어버렸습니다마는 4개의 강인데, 그 땅속으로 흐르는 물을 지키라고 했습니다. '만 중생을 먹여서, 만 중생이 오르고 내려서 이 마음의 도리를 증득한다면 이 나라가 바로 설 것' 이라고 했는데 아무도 그 뜻을 새겨서 본 예가 없었답니다.

지금도 백두산에 가면 올라가는 그, 물 옆으로 한참 떨어져서 물을 내려다보고 있는, 그 솟아오른 돌이 참 유명하답니다. 또 내려가면서 삼십 명이라고 그랬는데 내려가는 바른쪽으로 돌이 쭉 내려다보고 있답니다. 올라오는 데도 또 바른쪽으로 그 사십 명이 쪼르라니 내려다보고 있답니다. 그 어머어마한 돌들이 내려다보고 있는 광경이란…. 그 돌이 모두 아들들이랍니다. 그리고 사백 명은 그 뒤에 병풍 둘러치듯 한 그 우거진 산중에서 전부 고개를 백두산 허리에 두고 내려다보고 있답니다.

그러니 어머니의 그 뜻은 어떠한 것일까? 그 돌부처가 오백 아들을 낳은 까닭은 무엇이며, 그게 없어진 건 무슨 까닭인가? 물로 오르고 내리면서 여러분에게 양식을 모두 줘서 지금 먹고살고 있다는 사실 말입니다, 그걸 표현한 건데…. 백두산만 그런 건 아닙니다. 여기 한국에도 굽이굽이 돌이 보이면 보이는 대로, 저는 그것이 죽은 돌이라고 보지 않습니다. 우리가 길이길이 역사를 두고 본다 하더라도 앞으로 자라나는 애들도 이 마음의 도리를 공부해서 그것을 역력히 볼 수 있고 들을 수 있고 할 수 있고, 이렇게 돼야만이 우리나라도 역사를 앞으로 크게 발전시킬 수 있을 것이라고 믿습니다.

그전에도 그랬지만 지금도 그렇습니다. 우리 국민에게 이익만 줄 수 있다면 어떠한 생각이든지 그것을 밀고 나갈 수 있는 그런 능력이 여러분한테 주어져 있다는 사실 말입니다. 요 국내의 일, 세계의 일뿐만 아니라 우주의 일도 삼천대천세계의 일도 다 그렇다 이겁니다. 그러면 어떠한 이유가 있어서 그렇게 그 물이 지금도 세 강으로 흐르고 있고 저 뒤쪽으로 한 강으로 마저 흐르고 있으니, 이게 무진법문(無盡法門)을 말없이 설해 주는 그런 이치가 아닐까요?

또 부처님 당시에도 그렇습니다. 부처님 당시의 이런 이야기가 있죠. 나도 옛날에 들은 얘깁니다마는 저는 말 그대로만 듣지 않았습니다. 들으면서도 그 속뜻을 헤아려 봤습니다. 암라나무 절이라고 하는 데서 부처님께서 큰 비구 제자들과 보살들과 같이 계실 적에 보적(寶積)이라고 하는 장자(長者)가 그 성에서 그 장자의 아들들과…, 오백 장자의 아들이라고 했습니다. 그러면 오백 장자의 아들과 같이 부처님 앞에 나서서 칠보로 장엄된 오백의 일산(日傘)을 바쳤다 했습니다. 오백의 일산을 바쳤는데, 부처님 위신력으로 오백 개의 보배 일산을 한데 합쳐서 삼천대천세계를 뒤덮었으며, 또는 대천세계의 모든 일체 만물과 천지를 바로 신등궁(神燈宮) 가운데서 나타나게 했답니다. 그래서 대중들은 그거를 보고 희유하게 생각을 했고 보적은 찬불가를 지어서 부처님의 공덕을 찬미했답니다.

요 짤막한 일산이 어떻게 그렇게 크게 벌어졌는지 한번 생각을 해 볼까요. 그 "삼천대천세계를 뒤덮었으며" 한 것은 무슨 뜻입니까? 무슨 까닭일까요? "오백 개의 보배 일산을 한데 합쳐서 삼천대천세계에 뒤덮었으며…." 이렇게 했답니다. 그것을 누가 말을 했고 누가 썼는지 몰라도 그것이 바로 진리를 말씀하신 건데, 그 보이지 않는 데서 행하시는 그 뜻을 적은 사람은 누구일까? 또 "부처님 당시에 큰 비구 제자와 보살들과 같이 계실 때에" 하는 거는 둘이 아닌 까닭입니다. 비구도 보살도 부처도 둘이 아닌 까닭이요, 더 상세히 생각한다면 장자라는 거는 내가 나기 이전 주인공을 말하는 것이고, 그 장자의 아들들이라고 한 것은 그 장자의 몸입니다. 주인공은 아버지이고, 몸과 마음은 바로 아들이 되고, 그 활용은 보살이 되는 거죠.

그러면 '장자의 오백 아들들이 보배 일산을 바쳤다' 고 할 때, 둘이 아닌 한마음에 포함된 그것을 바쳤는데, 그 의미가 무엇일까 하는 것을 생각해 봅시다. 성불은 했지만 열반의 단계까지 이르지 못하게 되자 한마음으로서의 일산을 바쳤을 때에 부처님의 위신력으로 대천세계와 더불어 한꺼번에 그냥 뒤덮었으며 한꺼번에 마음을, 즉 말하자면 요리를 했다 이겁니다. 대천세계의 모두를 요리를 해서 전골을 만들었으니까 전골을 보여 주는 거죠. 전골을 해서 전골을 보여 줬다 이겁니다. 그것을 누구한테 보여 줬느냐 하면 그 보적 장자 아들한테 보여 줬다 이겁니다. 그걸 뭐라고 말을 했느냐? 신등궁 가운데서 나타나게 했느니라. 신등궁! 신! 그러니까 자성신(自性神)! 여러분 자성신의 그 궁 안에 불이 밝혀졌다. 그러니 모든 것을 보게 됐다. 그래 희유하게 생각했다. 그래서 한마음으로 돌아가는 이 희유한 공덕을 찬미했다 이 소립니다.

이것을 모두 말로만 듣지 마십시오. 백지와 글씨와 연필을 다 포함해서 볼 때, 바로 자기가 없다면 그 세 가지가 다 없듯이 말입니다. 그래서 그것을 뜻으로 생각한다면, 틀림없는 사실이기 때문에 여러분도 보적도 따로 없고, 보적의 아들도 따로 없고, 부처님도 따로 없고, 또는 부처님 큰 제자도 따로 없고, 보살도 따로 없고 온 데 간 데가 없더라. 그러니 둘이 아닌 까닭에 생사나 열반이 둘이 아니다 이 소립니다. 열반이라는 것은 모든 걸 가리지 않고, 망상을 끊지 않고 들어가는 겁니다. 끊지 않는다는 건 무슨 뜻이냐? 내 주인공에 모든 걸 다 맡겨 놓는다면은 끊어지지 않으면서도 모든 걸 놓는 겁니다. 그리고 움죽거리지 않는다는 그 사실입니다. 그렇기 때문에 '망상을 끊지 않고 들어가는 것이 그대로 열반이니라' 이겁니다. 좌선이 되면서 열반으로 그냥 들어가는 거죠.

지난번에도 얘기했지만, 우리 몸뚱이가 죽는다고 하더라도 그것이 죽는 게 아닙니다. 그래서 예수교에서도 그렇지마는 불가에서는 더욱더, 몸뚱이가 지금 죽는다 하더라도 그것을 그렇게 비참하게 생각 안 합니다. 자식이 죽든 부모가 죽든 여러분이 애탄지탄하는 거지, 물론 애탄지탄할 수밖에 없습니다. 애들을 조만조만하게 두고 부모가 죽으면 그 애들이 불쌍해서 말입니다. 그러니까 끊임없이 여러분한테 도움을 주면서 여러분이 가지고 오신 문제를 공부 재료로 삼아서 공부를 하시게끔 이렇게 이끌어 가고 있지 않습니까?

부처님 말씀 한 마디 한 마디 속에 엄청난 뜻이 들어 있습니다. "장자 보적이 그 성에서 장자의 아들들과…." 이렇게 했는데, 장자가 따로 있고 아들이 따로 있는 게 아니거든요. 장자가 깨달았다면 그 아들과 장자는 둘이 아닙니다. 그래서 그 장자는 항상 둘이 아닌 까닭에 이 모두 내 자리 아님이 없기 때문에 장자라고 한 겁니다. 그런데 부처님이 여러분을 가르치기 위해서 그때나 지금이나 그러한 행을 하셨을 때 발가락 하나로다가 오백 개의 일산을 한데 합쳐서 삼천대천세계를 뒤덮었으니 얼마나 그 위력이 대단합니까? 아니, 부처님만 위력이 있는 게 아니라 여러분도 그렇게 할 수 있는 위력이 있다 이거죠.

우리가 어떠한 일이 생기면 벌써 '아이구, 속상해.' 그러고 피하려고 그럽니다. 피하려고 그러지 말고 그거를 단호히 없애려고 하셔야 됩니다. 귀신이 백 명, 스무 명, 만 명이 온다 하더라도 그 귀신은 '나'이기 때문에 귀신이 두렵지 않다 이 소립니다. 여러분은 그게 이해가 안 가실는지 모르지만 그 마음은 귀신이든 귀신이 아니든, 선이든지 악이든지, 부처든지 마구니든지 불성은 누구나 똑같으니까 악하게 생각을 했다가도 다 준다면 그냥 부처가 되는 겁니다. 다 주는데 싫다고 할 사람이 누가 있습니까?

그러니까 다 주는 도리를 배우십시오. 모든 거를 갖는 도리를 배우지 마시고 주는 도리만 배운다면, 철저하게 100% 준다면 100% 나한테 오는 것입니다. 그런데 온다고도 생각하지 마시고 하십시오. 그냥 무조건 어떠한 용도에 따라서든지 다 버려야 내가 다 얻을 수 있고, 다 얻을 수 있어야 항복을 받을 수 있고, 항복을 받아서 모두가 내 도량 아님이 없을 때 비로소 여러분이 다, 한생각에 모든 중생들을 제도하고 건질 수 있고, 내 나라를 건질 수 있고, 앞으로 자라나는 애들한테 물리가 터지게끔 해 줄 수 있는 그런 부모가 될 것입니다.

그러면 예까지 말했는데 질문 없습니까? 도인이라고 한다고 해서 정말 도인인 척하지 마시고요. 도인도 이름이지 우리가 조그만 거 하나서부터 큰 것까지 행하는 데에 그것이 말없이 그대로 평등한 바로 자재천국(自在天國)의 자유인이라고 할 수 있을 거예요, 자재천국! 여러분이 사시면서 '아휴, 이놈의 세상! 살기도 귀찮고 이놈의 세상, 어떻게 된 놈의 세상이길래 저렇게 바람결같이 흔들리고, 저렇게 싸우고, 저렇게 모두 하는 세상, 아이구! 정말 이럴 수가 있나.' 하고 언짢게 생각하지 마십시오. 여러분이 평등한 마음을 가지고, 바로 이 도리를 배우게 된다면 자재천국으로 보일 겁니다. 그러나 그것을 그렇게 안 본다면 지옥고로 보일 겁니다, 아마.

그래서 이런 말이 있죠. 외도가 와서 부처님한테 질문하기를 "말씀을 해도 아니 되고 말씀을 안 해도 아니 되는 까닭은 무엇입니까?" 하고 물었답니다. 그러니까 부처님이 묵묵히 앉아 계셨답니다. 묵묵히 앉아 계신 걸 보고서 그 외도는 거기서 깨달아서 "과연 사생자부이십니다." 하고 희유하시다며 좋아서 날뛰니까, 아난이 저 사람 왜 저러느냐고 부처님한테 물었답니다, 간단하게 말해서. 그러니까 아난, 그 스님께서는 아직 깨닫지 않은 때라 그럴지도 모르죠. 남의 속을 어떻게 압니까? 깨닫지 않고는 도저히 그 속을 모릅니다.

그렇듯이 여러분이 신행회에 꼭 드셔서 서로 신행담을 얘기하고 서로 토론할 때에 비로소 내 지혜가 넓어지고…, 그래서 계향(戒香)·정향(定香)·혜향(慧香)·해탈향(解脫香)·해탈지견향(解脫知見香)입니다. 이것도 바로 여러분이 하려고 해야 하는 거지 그냥 읊기만 해서는 내가 자재천국의 자유권을 얻지 못합니다. 내가 그만큼의 노력 없이 무슨 자재천국의 자재력을 그대로 융통성 있고 지혜 있게 쓸 수 있으며 자비를 베풀 수 있는 그런 중용을 할 수 있겠습니까?

그럼 질문해 봐요. (질문자에게 마이크를 들어 보이시며) 이것 들고.

질문자1(남) 제가 이 공부를 하는 이유는 제 마음을 깨쳐 보자고 해서입니다. 큰스님께서 금방 저희가 죽어도 죽는 게 아니라고, 여기서 완전히 끝나는 것이 아니라고 말씀하셨죠. 그랬는데 그거는 저희가 꿈을 꾼다든가 이런 걸 봤을 때 대략 그러하리라고 짐작은 갑니다만, 그러면 나라는 의식이 완전히 사라질 수는 있는 것인지 저는 그걸 여쭤 보고 싶습니다.

큰스님 간단하게 그냥 비유하려고 하는데요, 어떤 사람이 어린애가 죽자 그 어린애를 살리기 위해서 지옥에 들어갔답니다. 지옥에 들어갔는데, 들어가다 보니까 물이 물로 보여서 건널 수가 없고, 불이 불로 보여서 건널 수가 없었답니다. 그러니까 불에 타 죽을까 봐 건널 수가 없고 물에 빠져 죽을까 봐 건널 수가 없고, 온통 귀신들이 그냥 욱시글득시글하니까 귀신들한테 말려 죽을까 봐 못 들어가고 그래서 참 애를 쓰는데, 어떤 노승이 나타나더니 "불도 불이 아니요, 물도 물이 아니요, 귀신도 귀신이 아니니라, 따로 없느니라." 하는 말을 듣고 그 불로 그냥 어청어청 들어갔습니다. 그런데 그것은 자기가 그려 놓은 모습일 뿐, 모습은 본래 없으니까 불에 탈 리가 없죠. 그래서 지옥에 들어가서 그 어린애 영혼을 다시 데리고 나와서 애를 살렸다는 얘기도 있습니다. 지금도 허영 많죠. 그런데 어떤 거는 그렇게 못 하죠.

그러니 여러분이 직접적인 실험을 자꾸자꾸 해 보십시오. 내 말이 거짓말인가, 아닌가? 한 찰나가 바로 저승이고 한 찰나가 이승입니다. 한생각이 빛보다 더 빨라서 한 찰나에 천당에 가고, 한 찰나에 지옥에 가고, 한 찰나가 바로 이승이며, 이승의 천국이며, 이승의 지옥이죠. 이것이 바로 여러분의 마음에 따라서 생기는 것입니다. 이렇게 말씀을 해 드려도 말로는 100%를 꼬집어서 할 수가 없는 겁니다.

여러분이 진짜 나를 발견하고, 발견하면서도 습을 떼고, 또 습을 떼면서도 둘이 아닌 도리를 배우기 위해 또 습을 떼고, 또 뭉쳐 놓고 뭉쳐 놓고 가다 보면…, 그 보적 장자 아들이 왜 일산을 바쳤느냐? 칠보로 장엄을 했지만 둘이 아니게끔 네가 내가 되고 내가 네가 되고 맘대로 자유권을 얻지 못했기 때문에, 열반 그 계단을 밟지 못했기 때문에 그때 그렇게 일산을 바치고 열반계의 구정토를 다 증득했다는 얘깁니다.

그러니 여러분이 참으로 이 공부를 하려면 손을 꼽고 기도를 해서 내가 잘되게 빌지 말고 내 한생각으로 그냥, 그냥 돌아가게 하세요. 밖에다 기도를 하면서 맹종해야 되겠습니까? 죽으나 사나 자기를 이끌고 다니는 건 자기 자신밖에 없습니다. 자신이라고 하면 똑 참하겠는데 왜 주인공이라고 그러느냐? 자기 몸뚱이가 공했고, 색이 공이고 공이 색이기 때문입니다. 마음도 고정됨이 없이 돌아가죠, 먹는 것도 그렇죠, 바로 가고 오는 것도 그렇고, 듣는 것도 그렇고, 만남도 그렇고 전부 그렇게 돌아가니 어떻게 주인공이 아닙니까? 여러분이 다 주인공으로 인해서 그렇게 돌아가니 그 주인공이 바로 여러분의 올바른 이름입니다.

그런데 주인공이라고 똑같이 부르면 안 되겠으니까 여러분 부모님들께서 이름을 지어 놓고 "아무개, 아무개, 아무개" 이래야 뭐를 시킬 때도 그렇고 부를 때도 그렇고, 알아듣지 않습니까? 그래서 공편하게 그렇게 이름을 지어 놓은 거지 그 이름이 말해 주는 게 아니에요. 그래서 "이름 있기 이전이 주인공이다. 주인공이라는 이름 있기 이전이 바로 자기, 참불성 자기다." 이렇게 말할 수 있겠죠. 그러나 주인공이라는 이름과 참자기를 또 둘로 보지 마세요.

여러분 재차 한마디 하겠는데요, 그대로 우리가 공부하면서 실천으로 옮겨 가려면, 병고든지 가난이든지 안되는 일이든지 뭐든지, 그 용도에 따라 닥쳐오는 대로 일체 만법을 공부하는 재료로 삼으세요. 그런다면 앞으로…, 여러분이 '참, 야! 이런 거구나! 이런 거구나!' 하고 무릎을 탁 치고 한 번 쳐다보고 웃고 한 번 내려다보고 울지 않으면 그 맛을 모를 겁니다. 학설로만 알아서 '큰스님이다, 내가 다 알고 있다.' 또 '내가 다 알고 이렇게 행하니깐 물을 것도 없고 자실 것도 없고 뭐, 그렇지.' 이렇게 생각하지도 마십시오. 내가 빨리 하겠다고 생각도 마시고요. 이것은 빨리 하겠다고 해서 되는 것도 아니요, 빨리 안 하겠다고 해서 되는 것도 아닙니다. 내가 목마르면 이렇게 그냥, 시간도 공간도 없이 내가 목마르면 그냥 마시는 겁니다.

어떤 사람이 아주 죽게 됐대요. 엊그저께 일입니다마는 죽게 됐대요. 죽게 된 것도 그렇지만 인체의 건은 한마음 그 의식에 모두 달려 있지 않느냐 이겁니다. 의식들을 한마음으로, 정말 주인공 자성 부처로 인정을 해 준다면, 그 의식들이 그렇게 작용해서 건강하게 할 것이 아닙니까? 아니, 머슴도 존대를 해 주면서 인정을 해 준다면 자기 목숨 걸고 일을 합니다. 그런데 하물며 자기 집 속에 있는 생명들한테 중생이라고 그러면서 '아이고, 그것들 그냥 모두 세균 잡속들!' 이렇게 생각을 하니까, 자기 몸뚱이를 이끌어 가는 그런 생명체들을 우습게 보니까 '네가 우습게 보는데, 뭐.' 하고 거기에 따라서 그대로 그냥 움죽거리는 거죠. 어린애를 자장자장 하니까 곰이 그것을 흉내 내서 자장자장 하다가 어린애를 죽이듯이 말입니다. 그렇게 미련스럽거든요. 그러니까 내 마음을 잘 내서 오직 나로 인정을 해 줄 수 있다면 바로 자기가 자기를 죽일 수는 없는 겁니다, 그 이치가. 자기를 자기가 죽일 수는 없다는 얘깁니다. 그러니 몸은 스스로 건강해지는 거죠.

또 내 주인공과 자식의 주인공이 둘이 아니기 때문에 '아이고, 내 자식이 저렇더라도 주인공은 둘이 아닌데, 뭐.' 그러고선 주인공에다 맡겨 놓으면 그 주인공까지 또 밝아지거든요. 이 얼마나 좋은 행입니까? 부처님이 그렇게 좋은 법을 가르치셨는데 우리가 지금 모르는 것은, 요 그릇 하나에 (컵을 들어 보이시며) 물이 이렇게 담겨야 그릇에 물 담긴 걸 볼 텐데, 요렇게 쓰러뜨려서 반쪽으로 해 놓고서는 요 물 요것만 보게 만들어 놨으니 어떻게 이게 이어집니까?

그러니 당장 지금 부모만 우리 부모인 줄 알게 돼 있죠. 그러나 부처님께서 해골 무더기에다 절을 하실 때에는 '야, 미생물에서부터 거듭거듭 수없는 광년을 거쳐 진화돼 오면서 내가 어느 생에 벌레의 부모가 안 돼 본 예도 없고, 사람의 부모가 안 돼 본 예도 없고, 사람의 자식이 안 돼 본 예도 없고 또 벌레들의 자식이 안 돼 본 예가 없느니라, 한마디로 말해서. 그러니 모두가 내 부모 아닌 게 없고 내 자식 아닌 게 없고 내 형제 아닌 게 없으니 지금 당대에 이 부모만 부모로 알지 말라.' 하신 뜻입니다. 이것이 바로, 더 지혜를 넓혀서 크게 본다면 그냥 아주 바다로 나가서 용이 돼서 올라왔다 내려갔다, 나왔다 들어갔다 하면서 춤을 출 겁니다, 아마. 질문 없으시다면 이걸로써 마칠까요?

질문자2(남) 제가 마지막으로 질문 하나 하겠습니다. 큰스님 법문이 시작될 때….

큰스님 안 들려요. (질문자 석을 가리키시며) 이리로 좀 와요.

질문자2(남) 큰스님 법문이 시작될 때부터 지금까지 매미가 울고 있었습니다. 이 매미 울음소리의 뜻이 무엇이며, 이 울음소리는 어디서부터 와서 어디로 가고 있습니까? 좀 가르쳐 주십시오.

큰스님 가는 것도 아니고 오는 것도 아니지. 지금 그거를 쥐고 매미 소리를 내는 자는 누구요? (대중 웃음)

질문자2(남) 허두입니다.

큰스님 응?

질문자2(남) 매미 소리를 내는 본래의 이름은 없습니다.

큰스님 없기는 왜 없어, 지금 붙들고 있는데. 허허허…. (대중 웃음) 내가 항상 그러죠. 자기가 없으면 아무것도 없다고. 그런데 자기는 공해 버렸어. 그렇기 때문에 없는 것이지, 없는 게 아니라 있는 것도 아니고 없는 것도 아니에요. 부처님께서 "'없다' 하는 것도 아니 되고 '있다' 하는 것도 아니 될 테니…." 그러고선 가만히 앉아 계시니까, 그 말 없이 무심으로 묵언하면서 그냥 대답을 하니까 그쪽 속에서는 알아들었단 말이야. 그래 가지고선 '하!' 그냥 깨쳤거든.

그런 거와 마찬가지로 우리는 말로 해서는 안 된다고 그러지만, "말이 없어도 아니 되고 말이 있어도 아니 되고, 그런 건 무슨 까닭입니까?" 하고 물었더라는 얘기를 아까도 했지만, 어느 스님께서 "오늘은 큰스님이 오시니, 달스님이 오시니 인사를 해도 아니 되고 인사를 안 해도 아니 되느니라." 하고 들어가시거든. 아, 그러니 제자들이 가만히 생각을 하니까, 인사를 안 해도 아니 되고 해도 아니 된다니 어떡합니까, 글쎄. 그러니까 주욱들 그냥 쳐다보고 웃고만 있었더랍니다. 아니, 해도 아니 되고 안 해도 아니 된다니까. 그러니까 그 스님이 들어가시면서 하는 소리가 "그저 꽃은 피었으나 열매를 맺지 못했군." 하고 들어가시더랍니다. 아, 그러니까 아직까지 정말이지 무르익어서 맛을 내지 못했던 거죠, 그 제자들이. 우리가 평소에 그냥 해 오듯이 느긋하게, 그냥 여여하게 "아이구, 어서 오십시오, 스님!" 이렇게 인사를 했으면 될 것을 그 말에 걸려서 말입니다.

그래서 우리가 매미 소리가 없었더라면 매미가 있는 줄도 몰랐고, 또 매미가 있는 줄 몰랐더라면 매미 소리도 듣지 못해. 매미만 매미가 아니라 우리 일상생활에서 항상 매미 소리를 내지. 그런데 그 매미 소리가 바로 알고 보면 둘이 아니야. 둘이 아니니까 그렇게 질문을 했어도 '그거를 내가 괜히 질문을 했다.' 이런 생각도 하지 말고…. 우리가 좀 좋소? 그게 보살행이거든. 전부 다 서로 질문하고 알고…. 지금 (마이크를 쥐어 보이시며) 이거를 하나 턱 쥐고 있단 말이야. 응? 그게 뱃사공의 주장자인지도 모르지. 그대로 아니야?

질문자2(남) 저는 그러면 절을 한 번 올리고 가겠습니다.

큰스님 옛날 선사나 지금 선사들은 아마 그렇게 질문을 했으면 그냥 여기다가 주먹을 탁 치고선 가만히 앉아서 계실는지도 모르죠. 그러나 내가 모자란다고 하든지 잘한다고 하든지, 그 사람을 위해서라면 말 없이 말을 해야 되니까.

그럼 오늘은 이만 두고 우리 셋째 일요일 날 또 만납시다. 그때는 질문 좀 하시도록 하고, 또 그때는 무슨 얘기가 될는지 그때 봐서 상황대로…. 나는 오늘 '무슨 말을 해야 되나?' 하고 올라온 겁니다, 지금. 그랬는데 여러분이 계시니까 그냥 입이 떨어지는군요. 허허허….

그저 행할 뿐

1991년 1월 6일

큰스님 (녹음 안됨) … 그리고 울타리 나무도 한 100주가 넘게 심고, 거기에 또 호박을 심고 채소를 심어서 그걸 거둔 것이 방으로 하나 가득, 이 방 저 방 전부 누런 호박들이 그냥 쌓여 있었습니다. 그런데 거기는 샌프란시스코 시내에서 1시간쯤 들어가는 데거든요. 한 30분 될까? 30분…. 그런데 거기는 신문사 직원들이 공부하는 팀이 있고 교수들 팀도 있는데 만날 그렇게 바쁘게 뛰는 사람들이기 때문에, 각자 돌아가면서 자기네들 집에서 일주일이면 일주일 그렇게 모임을 가져요. 그러다가 무슨 큰 행사가 있으면 절에 오죠. 그런데 이번에는 거기에 연락을 안 했습니다. 산호세에서 뉴욕으로 떠났죠.

뉴욕에 며칠 있는 동안에 거기서 토요일 법회 및 일요일 법회를 하고, 그러고선 롱아일랜드에도 갔습니다. 거기는 미국 사람만 있는 태권도장이었는데요, 그 사람들이 전부 이 마음공부 한다고 들이덤볐습니다. 거기는 의사도 있고 별의별 사람이 다 많았죠. 말로는 서로 통하지 못해도, 얼마나 열심히 하려고 하는지, 여북하면 저 오하이오주에서 통역자를 데려왔겠습니까? 이 공부 하는 사람을 데려와야 하니까 회장을 데려왔죠. 비행기표를 보내서 데려와 가지고 거기서 통역을 해 주고 그랬는데 그 질문하는 것도 좋았지만, 반야심경도 뜻으로 푼 거를 자기네들이 외우고요, 또 오하이오주에서는 반야심경을 그냥 우리말 그대로 영어로 해 놨어요, 우리말로 그냥. (대중 웃음) 그대로 그냥 영어로다가 옮겨 놓은 겁니다. 그래서 외국 사람들도 그냥 외우게끔 돼 있죠. 그래서 "그냥 저렇게만 외우면 뜻을 몰라서 안 되니까 번역한 거를 갖다 주겠다." 했습니다. 그때 명절이 돼서 자기네 고향으로 거의 돌아가고 남은 미국 사람들이 한 7, 80명 됐습니다. 거기서 설법을 마치니까 그 사람들이 좋아서요, 자기네들이 비행기표도 사 주고 또 통역한 사람에게도 노비를 주고 내게도 노비를 줬는데, 노비 준 걸 보니까 어쩌면 그렇게 세심하게 예의를 잘 지켰는지 몰라요. 하나하나 얼마 낸 거를 거기다가 딱 적어서 그 돈에다가 첨부해 넣었더라구요. 이런 거는 뭐, 별 뜻이 없는 말이지마는 그래도 해야겠어서요. 그리고 거기를 거쳐서 오하이오주로 떠났습니다.

오하이오주에서도 한 200명이 모였습니다. 오하이오 주립대 안이죠. 거기에 지도하는 사람은 인도의 철학과 교수이자 박사였습니다. 그리고 그 밑에 회장인 한국 사람, 또 총무를 하는 한국 사람, 또 교화부장도 지금 박사 코스 밟는 사람인데 그렇게 전부 모여서 공부들을 알뜰히 하고 있어요. 그 사람들만 모여도 한 50여 명 됩니다. 그런데 거기에 또 덧붙여서 종교가 다른 사람도 왔죠. 기독교도, 가톨릭교도, 그 외국 사람들이 전부 다 모여서 질문도 참 다양하게 했고…. 그럴 때에 '참, 이 사람들은 앞으로 10년을 내다보고 연구하려고 하는구나.' 하는 느낌을 받았습니다. 자기의 전문 분야를 중심으로 앞으로 사회나 경제나 그 모든 것을 어떻게 해 나가야 할 것인가를 10년 앞을 내다보고 연구하는 것 같았습니다. 공부하는 사람만이 그렇게 느끼고 그렇게 연구해야 되는 게 아니니까요.

여기 앉아 계신 분들도 우리 한국에서 이러한 공부를 더욱더 열심히, 신중히 해야만이 전체를 이끌고 나갈 수 있다는 그 사실을 아셔야 합니다. 여러분이 새해를 맞이해서 생각해야 할 것은 앞으로 십 년 후 뿐만 아니라 백 년 후 만 년 후, 또는 우리 세대에서 낳아 놓은 세대가 어떻게 해 나가야 할 것인가 하는 것까지도 여러분에게 달려 있다는 사실입니다. "그럼 그렇게 말하는 스님은 어떻게 할 수 있느냐?" 하고 문제를 제시하겠죠? 그런데 모든 것을 그 핵심에서만이 할 수 있으니까요. 딴 데선 그걸 해 나갈 수가 없어요.

이렇게 오하이오주를 다녀서 다시 뉴욕으로 와 가지고 또 거기에서 한 차례 토론도 하고 그러고선, 다시 알래스카로 떠났습니다. 알래스카에서는 의사들이나 심리학자들끼리 모여서 얘기를 주고받게 됐습니다. 거기에서도 오하이오주 그 팀에서 통역을 하게끔 또 불러왔잖습니까? 그러니까 제 용돈이 많이 들어가는 거예요, 아주. 그 사람을 불러올려서 또 같이 다니고…, 이러니까 이 정신적인 불편이라는 것은 말도 할 수 없죠. 그저 우리가 평상시에 놀러 다니는 것처럼 생각했으니까 그렇지 상당히 피곤한 거죠, 모두가. 통역하는 데도 그 뜻이 100%가 옮겨지느냐 하는 문제도 있고요.

그런데 거기서 그런 얘기가 나왔습니다. "스님! 이럴 게 아니라 스님의 그 능력이라면…." 즉 말하자면 그런 공부를 하는 분들이면서 또 심리학 박사들인데 통역을 해 주면서 하니까, 눈 한번 깜빡거리지를 않아요. 1시간 40분 동안 얘기를 했는데도 그 큰 눈이 깜빡거리지도 않고 그냥 반짝반짝 빛이 나는 거예요. 몇 사람 되지는 않지만…, 한국 사람들은 제껴 놓고요. 그래서 또 거기서 질문을 하게 하고 서로 토론하듯이 했는데, 그런 말을 하더군요. "스님! 이 세계에서 누구도 스님 같은 분을 감당할 수 없으리만큼 그렇게 실천을 하고 계십니다." 이겁니다, 자기가 느끼는 바로는.

그러니까 이렇게 동그렇게 동그라미를 해 놓고 그 중간에다 그냥 아주 눈을 딱 찍어 놓고는 '이거다' 이거죠. 그러면서 하는 소리가 "세계적으로 컴퓨터를 통해서 자료를 서로 주고받으면서 공부시키는 그런 팀을 만들자." 이거죠. 자기는 그렇게 하겠다 이거예요. 그러니까 컴퓨터를 자기네 집에 놓고 L.A.나 산호세나 한국에서, 무엇을 어떻게 장치를 하면 영국이든 일본이든 어디든지 컴퓨터로 함께 공부할 수 있다는 겁니다. 전 세계에 등록을 해 놓으면 그렇게 된다는 얘기죠. 그럼 그렇게 하라고 그랬죠. 그렇게 해서 합의를 보고 요다음에 들어오면은 그거를 제시해서 하되, 이것은 하도 세계적인 문제니까 2년에 한 번씩이나 3년에 한 번씩 모이자고 해 놓고 왔습니다.

또 하나는, 제가 영주권이 없으니까 지원 건물을 남의 이름으로 보증을 서서 사게 돼 있었습니다. 그 사정이 한국 같지 않아서 너무 불편한 점이, 파는 식으로다 다시 이전하는 것도 은행에 갚는 게 끝날 때까지는 안 된다는 겁니다. 그러니 비영리단체의 자격을 주정부에서 받아야 할 텐데 도저히 그렇게 되질 않고 알래스카만 지금 비영리단체로 확실하게 돼 있습니다. 거긴 은행에 빚을 모두 다 갚았기 때문이죠. 내가 영주권이 있어야만 그런 거를 선원 앞으로 돌려서 주정부에 서류를 제출해서 세금도 안 내고 하게끔 돼 있죠. 그래서 이번에도 그걸로 인해서 미국을 가야 합니다, 여러 가지 여건 때문에. 여러분이 이 못난 저를 잘 리드해 주시고 또 앞장서게 해 주셔서 감사합니다. 미국에서도 그렇고 가는 데마다 모든 사람이 이렇게 호응을 해 주는 것은 바로 여러분이 한마음으로서 서로 도와주시는 까닭입니다.

오늘 이렇게 법형제라는 이름을 붙여서 만났지만, 참 법형제회는 자유로운 조직이며 사랑의 조직이며 무한히 계발할 수 있는 그러한 조직이 될 뿐만 아니라 앞으로도…, 전 생각이 그렇습니다.

지금 여러분이 생각 좀 해 보십시오. 안방에 앉아서 세계를 봅니다. 또 인공위성을 통해 여기 한국의 신문이 미국으로 떨어지는데 한찰나에 떨어집니다. 그러면 그것이 내가 가르치는 것과 어떻게 관련되는가 하는 걸 한번 생각해 보셨습니까? 오신통이라는 그 시스템이 어떻게 쓰여지고 있는지 여러분이 잘 아시겠죠. 전자에 부처님께서 그 말씀을 해 놓으신 것이 지금 실천되고 있지 않습니까? 그런데 그것만 이 아니라 우리가 오신통의 핵심을 안다면, 인공위성을 띄워서 아는 것보다도 인공위성 띄우는 그 자체까지도 정복할 수 있는 거죠. 모든 이치를 정복해서 다 해결할 수 있으니, 그 연구하는 사람의 앞장을 설 수 있는 거죠. 왜냐하면 연구하는 사람이 연구를 제대로 못할 때는 내가 돼 줄 수 있는 그런 여건도 돼야 된다 이거죠. '모습 없는 모습이 가고 옴이 없이 가고 온다' 이 소리가 바로 팩스하고 탐지기, 통신기, 이런 거와 연관되어 있습니다. 그래서 전파력으로써 전 세계를 지금 누비고 있는 거 아닙니까? 그것을 부처님께서 "가고 옴이 없이 가고 올 수 있고, 모습 없이 화해서 천백억화신이 들고 나느니라." 이렇게 말씀하셨습니다. 어떻게 생각하십니까?

지금 내가 가르치는 게 여줄가리에 뭐, 이 담벽이 어떻고 이 담벽이 어떻고 이런 거 가르치는 게 아닙니다. 그리고 지금 배를 타고 가는데 그 배가 그대로만 있는 게 아니다라는 얘깁니다. 고정됨이 없다 이겁니다. 항상 흐르고 흘러서 가는, 찰나찰나 화하고 변해서 돌아가는 내 마음이 그렇게 만법을 응용할 수 있고, 만법을 바로바로 우리가 찍어서 해결할 수 있다는 거, 바로 먹을 수 있다는 걸 가르친 거지, 이리저리로 다니며 이론을 파악하자고 하는 게 아닙니다. 그냥 먹는 겁니다. 쌀이나 밥으로 비유하건대, '쌀이 옳으냐, 밥이 옳으냐' 했을 때 '밥도 아니고 쌀도 아니다, 그냥 밥을 먹을 뿐이다' 이 소립니다. 배고프면 밥 먹을 뿐이다. 그거는 왜 그러냐? 이 세상의 모든 법은 사람들이 전부 알고 있고 '나쁘다 좋다, 이걸 이렇게 해야겠다 저렇게 해야겠다' 이런 사유는 전부 알고 있습니다. 행이 문제지. 그래서 세 살 먹은 어린애도 불교라는 말은 다 아는데, 구십 살을 먹고 백 살을 먹어도 행하기는 어렵다는 얘깁니다. 우리는 행하는 법을 배우는 거지 지금 이론을 배우자고 하는 게 아닙니다.

팔만대장경의 근본은 어디에 있습니까? 대답해 보십시오. 여러분이 질문하기 이전에 내가 한번 질문하겠습니다. 팔만대장경의 근본은 어디에 있습니까?

신도1(남) (대중 가운데서) 마음에 있습니다.

큰스님 (잠시 멈추시고) 또 세상살이, 전 세계가 돌아가는 이 근본은 어디에 있습니까?

신도2(남) (대중 가운데서) 현재 이 자리 아닙니까?

큰스님 허허허…. 그렇게들 잘 아시는 분이 실천을 하지 못한다면 억울해서 어떻게 가겠습니까? 전 세계라고 하더라도 우리가 한 주먹에 넣고, 내 근본을 그대로, 이 핵심에서 실천할 수 있어야 하죠. 지금 가고 옴이 없이 일을 해야 하고 이럴 때…, 만약에 전파를 저 미국에 쏜다면 가고 옴이 없이 가고 오지 않습니까, 네? 그런데 부처님의 말씀도 그랬지만 우리가 핵심을 꿰뚫어서 파악하면요, 전부 우리가 가고 옴이 없이 빛보다 더 빨리 찰나찰나 옮겨서 돌아간단 말입니다. 금방 아버지가 됐다, 금방 할아버지가 됐다, 금방 남편이 됐다, 금방 형이 됐다가, 동생이 됐다가 온통 그렇게 바뀌지듯이 말입니다. 그래서 지금 핵심적인 각자, 나의 그 핵만이 나를 지금 운행하고 있다는 애깁니다.

그 핵심은 뭐냐? 안에서도 지금 오십 억이라고 해도 과언이 아닌 이러한 생명의 의식들이 돌아가고 있습니다. 그걸 한번 생각해 보시렵니까? 이것도 혹성입니다. 그런데 항상 했던 말이지만 다시 한번 반복하는데, 지구에 지금 생명이 살고 있기 때문에 우리가 발을 딛고 다닌단 말입니다. 그리고 지구도 지금 그 마음의 모든 생명의 의식들이 전부 나고 들고 하면서 대기권이 생기고 법계(法界)가 생긴 겁니다. 우리도 지금 생명들이 유지하지 못하고 있다면 이 발로다가 여기 딛고 다닐 수도 없죠, 뱅글뱅글 돌아서.

그러니까 이 핵심적인 나에게서, 원자에게서 입자가 그렇게 많다는 것을 부처님께서는 "불성 자체, 자기 자생(自生)이 자승(自昇)이 된다면…."이라고 하셨습니다. 즉 말하자면 자생이라면 자기를 자기가 발견해서 자기가 새로 태어난 겁니다, 마음이. 그러니 태어나 가지고 자승을 한다는 것은 승화를 시키는 거죠, 일으킨다는 겁니다. 일으키는 게 만약에 불이라면 이 몸뚱이는 촛대이고 심지는 마음 내는 거다. 마음 이 자체, 즉 불이라는 건 본래 밝았으니까 불이라 하는 거죠. 그래서 심성이 무심성(無心性)…, 이 깊은 속에는 연등이 항상 밝아서….

나는 여러분처럼 책을 많이 읽지 못했습니다. 책은 못 읽었지만 이 세상 돌아가는 걸 보니까 전부 팔만대장경이에요. 다른 것이 없더라구요. (대중 웃음) 그러니 아니, 굳이 그 한문으로 된 거를 읽어서 요게 언짢으니 요게 좋으니 하고 까발리면 무슨 소용 있느냐 이겁니다, 행이 문제지. 내가 배고플 때 밥 먹을 수 있어야 배고픈 걸 면하지 않아요? 내가 똥 눌 때에 이유가 뭐가 붙습니까? 똥 눌 때는 똥을 시원하게 눠야 아주 가뿐하죠. 잠잘 때에 잠잘 수 있어야만이 되는 거죠. 그렇기 때문에 세 가지를 용이하게 방편 삼았다 이거죠.

미국에 들어가서 보니까 "돈오돈수냐, 돈오점수냐?" 이게 유행이 돼 가지고요, 여기 한국에선 난 몰랐거든요. 그런데 거기서 유행이 돼 버렸어요. 날더러 묻기를요, "스님은 어떻게 생각하십니까? 돈오돈수가 옳습니까, 돈오점수가 옳습니까?" 이러는 겁니다. 그리고 또 어느 스님께서 그것이 옳지 않기 때문에 바로잡아 놓기 위해서 돈오돈수를 말씀하신 걸로 됐더라구요. 나는 그래서 다른 말 안 했습니다. 단 한 가지, 핏물 구정물 고름물 뭐, 갖은 물이 다 그냥 고랑으로 쏜살같이 내려가는데 그 물을 핏물이다 고름물이다 가를 게 없다 이거죠. 돈오돈수다, 돈오점수다가 어디 거기에 붙는 자리냐 이거예요. 그저 똥물이든 핏물이든 젖을 뿐이죠. 그것도 방편입니다, 이름해서! 그렇게 말했죠. 다들 헤어지고 나서 가만히 생각을 해 보니 '야, 참 그건 말할 바도 못 되고 말할 건덕지도 없는데….' 이 세상에는 말이 다 필요 없는 겁니다. 이게 크니 이게 작으니….

저 산 위에 올라가서 보십시오. 저 높은 산이 높아서 높은 겁니까? 얕은 게 있기 때문에 높은 거예요. 그렇게 평등하고 아주 그렇게 부드럽고 자비하고 세상이 편안한 걸 가지고, 아니, 마음으로 자기가 지옥을 지어 놓고 이거는 언짢으니까 "아이구, 이런 걸 그냥!" 하면서 지옥을 만들어서 지옥에서 살고 있는 겁니다, 모두가. 제가 이번에도 '야, 사람은 자기가 이 세상 살아가면서 보고 듣는 그런 걸로 관념적인 행이 그대로 박혀서 벗어나지 못하는구나.' 하는 생각을 했습니다.

그러니 글쎄, 예를 들어 얘깁니다. 무조건 불 속에 들어가서 재판관을 만나서 사유를 따질 건 따지고 해결할 건 해결하고 나와야 되는데, 아니, 불 속이 뜨겁다고 못 들어가는 겁니다. 그러니까 뜨겁다는 건 물질적으로 살아서 돌아가던 사람들의 습관적이고 의식적이고 관념적인 것인데 말입니다. 우리 마음은 체가 없어서 불 속에 들어가도 타 죽을 리가 없는데, 불 속에 못 들어가거든.

저를 찾아오시는 분들이 "아휴, 지금 정신이 이렇게 돼서 정말 죽겠습니다." 할 때 "그렇게 놓고 가세요." 그러면 "안 놔집니다." 그럽니다. "놓는 것이 어떤 건지 그걸 모릅니다." 이거죠. 그리고 또 며칠 있다 오면 또 똑같은 소릴 하는 겁니다. 이런 사람이 한두 사람이 아니지 않습니까? 그래서 나는 그럽니다. 참 저 때 벗기기가, 꺼풀 벗기기가 얼마나 어려운가? 관념적인 때, 무슨 죄를 지었다는 때가 아니라 살아온 습, 착, 욕심 이것이 그냥 주저리주저리 붙어 있어서 도무지 한 꺼풀 한 꺼풀 이렇게 벗길 수가 없는 거죠. 대신 좀 해 줄 수만 있다면 모조리 그냥 대신할 텐데 말입니다.

물론 병이라든가 우환이라든가 어떤 사람이 집을 나갔다든가 하는 천차만별로 돼 있는 거를 "스님! 저기…." 하면 심부름꾼은 돼 줄 수 있을지언정, 마음을 깨닫게 해 줄 수는 없단 말입니다. 그건 스스로 본인 자신들이 해야지…, 그게 뭐가 어렵습니까? 세상에 고깃덩어리를 믿으랍니까? 이름을 믿으랍니까? 형상을 믿으랍니까? 허공을 믿으랍니까? 자기 자신을 끌고 다니는 자기 자신을 믿으라는데 왜 못 믿습니까? 그리고 "자기 자신이 답답한 것도 자기 자신한테 놔야 그게 입력이 돼서 앞서 입력됐던 게 없어지지 않습니까." 하는 소립니다.

내가 이런 소리를 자꾸 왜 하느냐 하면 나도 골치 아프지 않게 살고 싶습니다마는, 천성인가 봅니다. 허허허…. (대중 웃음) 이거를 재서 그냥 어떡하면 알게 할까 하는 그런 그 욕심에…. 내가 이러는 것이 흠이라면 흠이에요. 그래서 항상 '몸은 깎아질지언정 내 마음이야 어찌 깎아질 수가 있겠느냐.' 하고 지금 하는 거거든요. '몸이야 오늘 살다가, 오늘 길을 가다가 엎드러지든 제껴지든 그게 무슨 상관이 있겠느냐?' 이러한 생각으로 이렇게 해 나가고 있습니다마는, 아주 핵심적인 귀중한 사실은 꼭 거기에서만이 전체가 나갈 수 있다는 겁니다.

앞으로 보십시오. 앞으로 십 년을 내다볼 때, 아주 간단히 십 년만이라도 해 봅시다. 그러면 그게 만 년도 되고 그러니까. 십 년을 내다볼 때에 핵심적인 이 도리로 만약에 앉아서…, 지금도 앉은 자리에서 전 세계를 통해 모든 것이 전파가 되고, 이 법계로 전체 통신이 되지 않습니까? 그 통신망이 없으면 안 돼요. 첫째 통신망, 둘째 전파를 해서 알리는 거, 세 번째는 하는 겁니다, 그냥. 뭐, 그건 이유가 붙지 않습니다. 예를 들어서 물이 여기 철철 넘는다면 '물이 철철 넘어서는 안 된다' 이걸로써 끝나는 거지 거기 이유가 붙는 게 아닙니다. 부처님 법은 뭐, 이렇고 저렇고 하는데 부처님 법이 따로 있는 게 아니죠. 여러분 법이 부처님 법이니까. 여러분이 없고서 부처님이 어딨으며 법이 어딨습니까?

그러니까 내가 여러분을 가르치고 이끌어 가는 것에 이해가 안 가는 점이 많을 겁니다, 아마. "저 사람 무슨 씨나락 까 먹는 소리 하고 있다." 그럴 겁니다. 그렇지만 "이것이 철철 넘으면 안 돼." 하면 그냥 법이지, 어떻게 이유가 붙겠습니까. 그러니까 세계적으로 지금 부패되고 하는 그 모두가 마음에서 나오는 그 염파란 말입니다. 그러니까 이거를 잔잔하게 하고 안정되게 하고, 전 세계를 파악해서 올라가는 거는 좀 내리고, 또 내려가는 건 좀 올리고 이렇게 균형을 맞추면서 세계를 조정할 수 있는 그러한 주장자가 바로 여러분의 핵심에 있다 이 소립니다.

항상 말하지만, 우리 역사도 몰라서 그렇게 만든 거 아닙니까? 또 지금도 그렇게 가고 있지 않습니까? 여기 한국이 급속도로 발전이 됐다고 하는 동시에 뭐가 일어났습니까? 수만 가지 부패적인 문제들이 그냥 왈싹 일어나지 않았습니까? 그게 완전히 안정되게, 기계를 조립을 해도 완전히 잘 조립을 해서 틀림없게 만들어 놨어야 기계를 돌려도 아무 지장이 없는데, 아, 기계를 불완전하게 조립해서 그냥 갖다 틀어 놓으니까 부속품이 이리로 하나 빠져서 달아나고, 저리로 하나 빠져서 달아나고 이러는 격이나 똑같은 게 우리 경제 발전이라고 볼 수 있겠죠. 경제 발전만이 아니라 문화 문명의 발전도 있겠지만 손실이 더 많다고 볼 수도 있겠죠. 하지만 손실이 됨으로써 자기가 또 생각할 수 있는 여건이 생기기 때문에 그건 손실이라고만 볼 수 없죠. 그렇게 돼야만이 개선해 나가고 다시 생각해서 다시 갖다가 굳건히 나사를 박을 수가 있으니까요.

"세계적으로 볼 때 우리나라가 지금 좋은 여건에 처해 있고 발전은 됐지만 그렇게 안심할 수 있는 발전은 아니다." 라는 평판이 돌고 있죠. 하지만 지금 여기 선원에서 배워 가지고 나가는 분들이 세계를 좀더 밝게 보시고 밝게 듣고서 점차적으로 해결할 수 있어야 하겠지요. 미리 '아, 내가 이런다고 될까?' 이런 생각은 하지 말아야죠. 이런 생각을 한다면 그것은 자기도 완성 못 하거니와 세계를 가고 옴이 없이 무심 축지법으로 해서, 전파를 통해서 통신을 하고 이렇게 해서 모든 사람의 머리가 돼 줄 수 있는 그런 여건은 될 수가 없습니다.

지금이 어느 시대입니까? 이론이나 따지고 이게 그르다 옳다 이러고 앉아 있을 시기가 아닙니다. 이 모자라는 내가 볼 때도 그렇게 느낌이 드는데, 어쩌면 그렇게 모두 잘 배우신 분들이…. 여러분이 배우신 거를 나에게 조금만 줘도 내가 응용해서 잘 쓰겠는데요. 배운 지식이나 학식이나 이런 모두는 내가 핵심을 터뜨려 놓고서야 그걸 쓸 수 있는 겁니다. 그것도 버릴 거는 버리고 쓸 거는 쓰고 이렇게 추려서 쓰는 거죠. 그렇기 때문에 인간이란 그렇게 위대한 존재며 광대무변한 법을 한 주먹에 쥐고 나갈 수 있는 만물의 영장이라는 얘기죠.

나는 예전에도 그랬습니다. 밖에 나갈 때 꽃이 피어 있으면 "얘, 네가 애당초에 꽃으로 나온 것은 바로 마음이 유하고 또 부드럽고, 남을 즐겁게 해 주기 위해서가 아니냐? 그래서 너는 이렇게 꽃으로다가 환생이 돼서 나왔잖아?" 하고 말이죠. 물론입니다. 여자는 여자대로 여자의 모습을 가지고 나왔기 때문에 여자고 말입니다. 그래서 여자 행을 해야 하고, 남자는 남자로 나왔기 때문에 남자 행을 해야 하는 것이죠. 일체 만물이 다 그렇거늘…, 어떠한 것이라도 다 내 모습이라고 한다면 이게 물질이니까 모든 물질이 나 아님이 없죠. 그래서 일체 만물의 색(色)이 공(空)이요, 공이 즉 색이니라.

그런데 나 혼자만 이렇게 하고 앉아 있으니 어떡합니까? 여러분한테 핵심적인 말 한마디만 하겠습니다. 이유를 붙이지 마십시오! 무조건이지, 내가 모른다고 해서 이리 왈 저리 왈 마음을 자기가 괜히 흔들리게 하지 마십시오. 이건 괜히 자기 마음으로, 지금 아는 지식으로, 듣는 지식으로, 보는 지식으로 괜히 흔들리고 방황해.

신도3(남) 방황하는 것이 아니라 방황이 되는 것이죠. (대중 웃음)

큰스님 방황하니까 방황이 되지.

신도3(남) 방황하고 싶은 사람이 어디 있습니까?

큰스님 모르니까. 그래서 내가 하는 말이야. "야, 죄가 있다면 무슨 죄가 있겠나? 죄 붙을 자리도 없고 아무것도 없는데 모르는 게 죄로구나." 이랬다구요. 아, 모르니까 방황하지. 그러니까 모르지 않게 말이야. 우리가 그렇게 광대무변한 법을 왜 썩히느냐 이거야, 사람으로 태어났는데. 사람으로 태어나기 이전에는 아주 착하고, 부처란 말이야, 다. 괜히 이 세상에 나와 가지고는 볼 거 다 보고 들을 거 다 듣고는 그냥 습이 배었어, 그냥. 그 사이에 그냥. 허허허…. 여기 나온 지 얼마 되지도 않았는데 그렇게 물이 들었죠, 어린애 적부터. 그러니 그걸 떨쳐 버리기가 어렵지마는 그거를 '어느 놈이 하는 거냐' 이 소립니다. 그 모두를 어느 놈이 하는 거냐?

질문자1(남) 그런데 '놓고 가라' 이런 말씀 하셔서 놓고 갔다고 하는데 놓아진 것이 아닌 그런 상황 있지 않습니까?

큰스님 이거 보세요. 놔진 것이 아니든 놔진 것이든 그냥 놓고 가는 거거든요, 그게. 그냥! 우리가 되풀이할 필요가 없어요. 그냥 그냥 지금 놓고 가는 건데…. 아까도 과거예요, 우린. 정락 스님이 아까 설법하신 것도 벌써 과거로 지나간 거예요. 아니, 내가 들어와서 처음에 말한 것도 벌써 과거로 흘러간 거죠. 그렇게 빠르게 흘러갑니다. 벌써 오백 년 전으로 흘러갔대도 과언이 아니죠. 그렇게 빠르게 돌아가는 속에서 무엇을 어떻게 해야만 그 핵심으로서의 내가 작용을 해서 그대로 중용을 지킬 수 있느냐?

그거 어렵지 않아요. 일체가 자기가 하는 거고, 답답하든 뭐든 무슨 생각이든 모든 게 거기서 나오는 거니까 거기서 하는 거죠. 그러니 '네가 하는 거지, 영원한 친구야. 네가 하는 거지, 내 몸뚱이가 하는 게 아니잖아? 몸뚱이는 널 따라다니면서 이날까지 시봉을 하고 있는데 아, 시봉을 잘해야 누가 되지 않도록 심부름 할 수 있잖아, 이 친구야.' 이렇게 가깝게, 아주 가깝게 하라구요. 그게 이름이 부처가 아니니까. 만약에 이름이 부처라면 부처는 없어요. 이름이 부처가 아니에요.

그래서 부처님은 사십구 년 설했다 하시지만 '사십' 이라면요, 이 세상이 십(十)으로 돌아가는 걸 말해요. 그래 '사십' 했단 말이에요. 또 '구 년' 했단 말이에요. '년' 자는 언제나 붙어요, 꼬리에. 그래 '구 년' 했는데 과거 삼(過去三), 현재 삼(現在三), 미래 삼(未來三), 구(九)란 말이야. 구가 이게 우리 수효로다가 세는 구 년이 아니에요. 구경지를 말하죠. 그러니 없는 숫자를 말한 거지, 있는 숫자를 말한 게 아니란 말입니다. 그러니 사십구 년이라고 한다고 모두 숫자로 '사십구 년, 사십구 년' 이런단 말입니다. 사십구 년이 삼 일이 될 수도 있고, 삼 초가 될 수도 있고, 일 초가 될 수도 있는 겁니다. 그렇기 때문에 부처님은 지금까지도, 하시는 게 없으면서 지금까지도 설하고 나가시지 않습니까?

세상 돌아가는 거를 보십시오. 저렇게 말없이 설하고 돌아가는데 어쩌란 말입니까? 모두 부처 아닌 게 없어요. 꽃은 꽃대로 가지각색으로 남을 위로해 주고, 또 극복하게 만들고, 웃게 만들고, 즐겁게 만들고, 마음이 화사하게 만들고 그렇게 해 줘요. 나무들은 또 시원하게 응달을 지어 주기도 하고, 보는 데 눈을 즐겁게 해 주기도 하고, 또 추운데 그냥 뜨듯하게 해 주기도 하고요. 또 나무는 우리가 밑을 닦고 뭐, 매사에 쓰는 종이를 전부 만들어 준단 말입니다. 그러니 얼마나 그게 보시를 하는 겁니까? 자기 몸뚱이를 다 그냥 보시하는 거예요, 다 그냥. 일체 만물이 다 그렇게 보시를 하는데 우리는 무엇을 보시를 하고 가는 겁니까? 그래서 첫째 육바라밀의 무주상 보시, 핵심으로서의 무주상 보시를 해라 이랬습니다.

내가 그전에도 얘기를 했죠. 그 뜨물 한 그릇 얻어먹고 나뭇짐을 해다 주려고 그랬는데, 은사가 그냥 한 번 때려 제껴서는 쓰러뜨려 놓고 "이놈아! 나무 한 짐으로써 무주상 보시가 될 수 있겠느냐?" 그래서 그 말씀을 듣고 행하고 난 뒤에는 "아차, 무주상 보시가 이렇게 광대무변한 걸 몰랐구나. 그 핵심적인 여기에서의 한생각이면 무주상 보시의 행을 할 거를 내가 이 나뭇짐을 하느라고 이렇게 끄달렸구나." 하곤 그냥 무르팍을 탁 치고, 무르팍 깨진 거를 어루만지면서 "고맙다, 고마워." 했다는 얘기 말이에요. 이렇게 자비하고 평등하고 묘하고 이런 법을, 우리가 이렇게 모두 재료로 가지고 있으면서도 그것을 모른대서야 어떻게 앞으로 실천해 나가며 어떻게 이 혼란한 세상을 헤쳐 나가렵니까. 포교 좀 하고, 다니면서 설법하고, 다니면서 뭐 하나 집어 주고 이러는 게 무주상 보시가 아닙니다. 그거는 새 발의 피예요. 우리가 쌀 수억 가마니를 갖다가 고아원에 줬다고 해도 그건 새 발의 피예요. 물론 물질로도, 물질 아닌 무주상 보시로도 함께 겸용을 해야 이것이 중용이 되죠. 그러나 "이거는 아니고 이거는 맞다." 이런다면 벌써 그 중용은 그냥 해체가 돼 버리고, 진짜 핵심적인 중용을 할 수가 없는 거죠, 그것도 이름해서.

지금 쿠웨이트나 이란 문제, 세계적인 문제, 이북 문제 등 뭐, 이런 문제들이 허다하지만 그것을 사람이 사량으로 얘기하면 온갖 이론이 그냥 쫙 붙어서, 이거는 절대적으로 어렵고, 이렇게 완화될 수도 없다고 하죠. 논리적으로 교수들이 얘기할 때, "강대국에서 이럭하니까 이북은 고립될 것이다. 고립이 됨으로써 정책을 완화할 것이다. 그러면 우리 한국이 어떻게 대처를 할 것이며, 이에 따라 이북에서 어떻게 대응할 것이냐." 이런 문제들이 복잡하게 붙죠. 그런데 부처님 법에서는 안 그래요. 내가 한다면 하고 만다면 말지, 부처님 법에는 이유가 붙지 않는다니까요. 이렇게 말하면 날더러 이제 미쳤다고 하겠죠. (대중 웃음) 어휴, 그러다 보니까 더운데요.

시봉 스님 스님, 이제 그만하시죠.

큰스님 그러나 곰곰이 잘 생각해 보고 실험하시면서 공부 열심히 하세요. 그러면은 내 속을 알 수 있단 말입니다. 자기 속 알면 내 속 알고, 내 속 알면 일체제불의 속을 알 텐데 뭐가 걱정입니까? 일체제불의 속을 안다. 그렇죠! 저 꽃 한 송이의 속도 알 테니까요.

그전에 외국에 갔을 때입니다. 누가 꽃을 아주 색색가지로 한 아름 꽂아다 놨어요. 그런데 나도 무의식중에 그냥 "아휴, 꽃도 참, 누가 꽂아 놨는지 고상하게 한 종류만 꽂아 놓으면 됐지, 이걸 그냥 색색 가지로 갖다가 놔서 어지럽구나." 그러고선 목마르니까 무의식중에 그냥 냉장고를 열고선 물을 마시는데 그 꽃이 말하는 거 있죠? "내가 이 파란 옷을 입고 나왔지만 당신을 도울 수 있어." 하는 겁니다. "어떻게 도울 수 있느냐?" 하니까, 그것도 말을 하면서 하는 게 아닙니다, 예? (대중 웃음)

바로 전에 다리를 뱀한테 물린 사람이 왔었는데 영 낫지를 않아서 구멍이 이만큼 뚫렸으니까 병원에서 가제를, 전부 약을 넣어서 소독을 해서 거기 넣어 줬는데 그게 새 살이 안 나오니깐 엉덩해져서 그냥 그걸 붙들고 아주 쩔쩔매더라구요. 그런데 걔가 그러는 겁니다. 자기를 짓찧어서 그 가제에다 묻혀서 넣으라는 거죠. 자기가 준다 이거죠. 이게 '가고 옴이 없이 가고 오는 반면에 말 없이 말을 듣는다. 말 없이 말을 듣고 말 없이 말을 받아들이고 행하고….' 이것이 또 가까운 데서만이 그렇게 말을 하는 게 아니에요. 미국에 있고 여기 있어도 같이 말을 할 수가 있고 그걸 들을 수가 있다. 그리고 볼 수가 있다. 뼈가 몇 개가 달린 거까지도 볼 수가 있고 사마귀가 붙은 거까지도 알 수 있다. 또 과거에 죽은 사람의 형태도 그냥 낱낱이 나온다 이겁니다, 모두가. 이렇게 좋은 공부를 안 하시렵니까? 허허허….

그러니 부처가 따로 없습니다. 여러분이 부처님이자 중생입니다. 왜 그런가 그랬더니 '상구보리(上求菩提) 하화중생(下化衆生)이다' 그런 소리를 가만히 듣고 생각을 하니까, 그전 일입니다. '아하, 몸뚱이 속에 중생들이 우글우글하구나. 몸뚱이 속에 중생들이 우글우글하는가 하면, 이 상반신 하반신이 전부 중생들이요, 부처구나.' 부처 속에서 중생이 나왔고 중생 속에서 부처가 나왔지 딴 데서 온 게 하나도 없더라구요.

제가 그전에도 항상 말씀드렸듯이 숙명통(컴퓨터), 타심통(탐지기), 신족통(팩스), 천안통(천체망원경), 천이통(무전통신기), 누진통(레이더망) 이것들을 우리가 마음대로 쓸 수 있어요. 이게 말로 이름을 지어 놨다 뿐이지, "물이 넘치면 안 돼!" 할 때 거기 전체가 돌아가는 겁니다, 그게. "물 넘치면 안 돼!" 하는 그 순간에 전체가 돌아가는 게 그냥 딱 집중되는 겁니다. 그게 따로따로 벌어져 있는 게 아닙니다.

보십시오. 눈 따로 있고 귀 따로 있고 이름도 다르죠? 코 따로 있고 혀 따로 있고 몸뚱이 따로 있고, 그렇게 따로 있고 이름이 전부 각각이면서도 한 몸뚱이에 붙었죠. 그래서 눈 · 귀 · 코 · 혀 · 몸 · 뜻, 육식(六識), 이것이 바로 한꺼번에 주어져서 한꺼번에 나가는 이치죠. 손가락이 열 개다 하면 새끼손가락 하나만 없어도 뭘 쥐는 데 꼭 쥐어지지 않죠. 그렇게 일을 못 하듯이, 그 나사가 하나가 빠져도 안 되듯이, 인간에게는 그렇게 시스템이 다 아주 굳건하게 주어져 있는 것이죠. 그렇게 주어져 있기 때문에 지수화풍의 재료를 바탕으로 삼아서 광력 · 전력 · 자력 · 통신력이 그냥 자기 마음대로, 자기가 기가 적으면 맘대로 끌어서 기를 넣을 수 있는 운전사가 될 수 있고…. 자기가 본인이니까, 핵심이니까 기를 넣을 수도 있고, 병이 났으면 한생각에 그 파업을 중단시킬 수도 있는 겁니다, 자기니까! 여기 공장하는 공장장들, 직원들이 다 자기야.

그렇기 때문에 그것도 그렇고 모든 게 다 그래요. 가난이든지 뭐든지 전부예요. 그래서 자기부터 알고 자기 중생부터 제도해야 그 중생들이 털구멍을 통해서 오고 감이 없이 오고 가고, 말함이 없이 말하면서 모든 걸 정돈시키고, 보이는 몸뚱이를 턱 봐서 할 수 있는 그런 문제가 인간에게 아주 편리하게 주어져 있다는 거죠. 그래서 모든 사람에게는 부처라는 것이 주어져 있다 이거죠. 그러면 나만 말했으니까 이제 질문 좀 하세요. 여기 배꼽시계가 조금 갔으니까. 허허허…. (대중 웃음) 전에 저는 산에 다닐 때요, '몇시나 됐나?' 이러면 '이쯤 됐겠구나!' 또 '동쪽이 어딘가?' 하고 보면 '여기쯤 되겠구나.' 이렇게 알았죠.

시봉 스님 스님, 이제 그만하시지요. 시간 많이 됐습니다.

큰스님 그냥 그냥 알아지는 거죠. 그러니까 다니지 어떻게 그 눈 속에 다닙니까? 사방에서 무엇이 나타나서 해칠지도 모르고 어디로 갈 줄도 모르고 그러면 어떡합니까? 그러나 전부 친구예요. 전부 친구이기 때문에, 새들이나 나무들이나 전부 친구이기 때문에 가다 보면 벌써 "야, 이 친구야. 이리로 가지 그리로 가?" 그러고 인사를 하죠. 여러분은 인사하는 걸 못 보죠? 그래서 이리로 가도 저기로 가도 모두 친구요, 벗이요, 외로울 게 하나도 없고 고독할 게 하나도 없고…. 내가 공부하려고 해 볼 거는 다 해 봤습니다. 그래서 남한테 의존하지 않고 남한테 기대지 않고 남을 원망하지 않고 내가 극복할 수 있는 거는 다 극복했고 그렇게 해 나가는 거죠. 또 질문하실 거 있으면 질문하세요.

질문자2(남) 큰스님같이 고행을 하지 않고도 마음을 깨칠 수 있습니까?

큰스님 그렇죠. 비유를 해서 말씀드리자면, 왜 예전에는 종이 하나 만들려고 해도 나무껍질을 삶아서 온통 고생을 해 가면서 손으로 했지만, 지금은 그냥 탁 하면 잘라지고, 탁 하면 그냥 나오고, 아주 차곡차곡 나와요, 그렇게. 지금 그런 세상이라고요. 그렇기 때문에 정신도 그만큼 빨라요. 한생각에 그만큼 빨라지는 거죠. 그러니까 무슨, 몸뚱이로 고행을 했다 하는데 예전에 부처님 말씀처럼 "몸뚱이 떨어지면 말도 떨어지고 다 떨어지는데, 무슨 몸뚱이로 고행을 하느냐?" 하는 겁니다.

그저 이 마음공부를 할 때 어떤 고난이 다가와도 '어, 네놈이 하는 거니까. 네가 알아서 고난이 안 되게 할 수도 있고 고난이 되게 할 수도 있으니까. 이 친구야, 이렇게 고난을 받게 하지 않아도 알아, 네가 하는 걸.' 이런다면 그게 금방 바뀌지죠. 금방 바뀌지기 때문에 여러분이 여러분을 안다면, 각자 자기 핵심을 안다면 내가 고행한 것만 아는 게 아니라, 전체 역대의 부처님 역사도 알 수 있으며 병풍 둘러친 듯한 이 세상도 알 수 있는 건데 그까짓 게 뭐가 문제입니까? 모두 나 아님이 없는데…. 연구하는 박사들 머릿속에 들어가 주려면 그만큼…, 그러면 그 박사 머릿속에 들어갔을 때는 그 박사가 고생한 것만치 다 자기, 자깁니다. 그렇기 때문에 다 알게 되는 거예요. 다 알게 되는데 뭘 "똑같습니까? 그것을 알게 됩니까?" 그러면서 여러 소리를 합니까? 그러니까 한 발짝도 떼 놓지 않고 자기 앉아 있는 자리에 자기가 있다는 걸 아셔야 됩니다. 변소간에 앉았어도요. 허허허….

질문자3(남) 저는 말입니다, 어제 저녁에 극락과 지옥을 다 두루 보고 왔거든요.

큰스님 아, 극락 지옥이 뭐, 따로 있나? 자기가 극락도 지을 수 있고 지옥도 지을 수 있고, 또 남들 이렇게 사는 거 보면서 '어, 지옥을 지어 가지고 또 지옥 속에서 저렇게 헤매는군.' 아, 이렇게 지옥도 보고, 또 '참, 저 사람은 극락에서 살고 있구나. 그것도 자기가 지은 거지.' 아, 이렇게 극락도 보고…. 지금 지옥 극락이 그냥 수두룩하게 모두 얼마나 많은데요?

질문자4(남) 어느 스님이 예수도 공자도 또 석가모니도 다 큰 도둑놈이라고 이렇게 말씀하셨는데….

큰스님 그런데 큰 도둑놈이라고 그렇게 역설적인 말을 할 필요도 없죠. 그것은 그분들을 위해서, 위대하게 보기 때문에 그런 말씀을 하신 거겠죠. 그것은 어떻게 생각하면 도둑놈이라고 하기 이전에, 능력이 없어서 도둑질을 못하지 뭐, 도둑질을 누가 그렇게 할 수 있습니까, 그 도둑질을? 그러니까 내 말이 그겁니다. 요만한 거 하나도, 내 몸뚱이에 실오라기 하나 걸치지 말고 다 내놔라 이겁니다. 다 내놓게 돼서 다 나 아님이 없을 때에 비로소 하나도 버릴 게 없다는 얘깁니다.

예수가 30이 좀 넘어서 그렇게 됐다던가 그러는데, 둘이 아닌 도리를 알고 있었지만 둘이 아니게 나툴 줄을 몰랐어요, 부처님처럼. 그래서 그분이 몸뚱이, 말로 전파하다가 그렇게 됐지 않습니까? 만약에 부처님처럼 나툴 줄 알았다면 그때 몸뚱이는 그냥 앉혀 놓고도 모든 것을 행해 나갔을 텐데요. 그런 걸 느껴요. 그러니 도둑놈도 조금 설익은 도둑놈이 돼 버린 거죠. (대중 웃음) 도둑놈이 되려면 아주 그냥 몽땅 실오라기 하나 남기지 말고 집어삼키든지요. 그래, 또 말씀하세요. 이렇게 얘기하는 동안에….

질문자4(남) 일전에 영국의 우주학자가, 그 몸을 움직이지 못하고 말도 기계를 조작해서 하는데 노벨 물리학상을 탔죠. 이름을 잊어버렸는데, 그 양반이…, 호킹 박사! 그분이 블랙홀이란 얘기를 했는데, 우주가 생성되는 원리를 제일 비슷하게 얘기했다는 것 같습니다. 우주가 생성된 과정을 아무 물체가 없이, 불덩어리가 돌아가고 그 속에는 무, 없는 무, 불교에서 말하는 없는 무, 그냥 하나의 그 구멍에서…, 그래서 그 검은 구멍을 블랙홀이라 그렇게 얘기하는 거죠. 스님은 늘 우주에 대한 말씀을 하셨습니다마는….

큰스님 그런데 나는 그 생성 과정을 말하는 게 아니죠. 생성 과정은 모든 사람들이 다 연구해서 알고 있으니까 말입니다. 내가 말하는 것은 돌아가는 이 자체, 일체를 늘이고 줄이고 할 수 있는 그런 자유자재권을 사람들이 가지고 있다 이겁니다. 쉽게 말해서 이 지구도 그냥 삽시간에 부숴 버리려면 부숴 버릴 수 있고, 수명을 길게 하려면 길게 할 수도 있는 겁니다. 그러한 것을 우리 몸뚱이에 비유합시다.

지금 우리 중생들이 지구 안에서 살듯이, 이 몸뚱이 내 집 안에서 생명들이 살고 있는데, 그 생명들과 내 마음이 둘이 아니게, 즉 영원한 친구들로서 자재력으로써 이끌어 간다면, 자기가 자기를 죽일 수는 없거든요. 그러니까 살이 굳어 가다가도 자기가 자기를 죽일 수 없으니까 다시 생산이 되는 거죠. 일어나는 거죠. 그러니까 이것이 한마음 한뜻이 된다면 이 몸뚱이도 수명을 더 길게 할 수도 있는 것입니다. 그리고 살다가 그냥 '아, 이대로 그냥 갔으면….' 하거나 '이제는 옷 좀 다시 입고 나와서….' 하든지, 또는 그런 생각도 없이 '아, 이젠 이만하면 됐지.' 할 때 그냥 옷 벗고 가게끔 돼 있잖아요. 이 별성도 그렇게 돼야만 되겠죠. 수명이 우리보다 길지마는 우리 생명 그 자체의 핵심이 바로 별성이니까요. 별성과 전부 직결돼 있으니까요. 그러니까 우리 수명이 짧은데 이 짧은 거를 길게 할 수도 있다는 얘깁니다.

또 한 가지 생각할 게 있어요. 어린애들을 놔두고서 죽으면 그 애들이 글쎄, 얼마나 평지풍파를 겪게 됩니까? 그러니까 우리가 생성적인 문제를 연구할 때는 반드시 이 핵심적인 문제, 즉 중용이 필요하고 그거를 잘 생각해 봐야 된다는 얘기죠. 지금 공부를 한다면, 수명을 길게 할 수도 있는가 하면, 그 몸뚱이를 둘 아니게 이끌어 감으로써 우리가, 하여튼 한 반 이상만 넘으면 그렇게 불국토를 이룰 수 있다는 얘기죠. 그래서 내가 이러는 겁니다.

그러니까 참 묘한 법입니다. 내가 '지구도 빨리 죽게 할 수도 있다' 이러는 건, 이 인간의 몸으로 비유해 볼 때 의식만 빼면 안락사입니다. 그와 똑같습니다. 크지도 작지도 않아요. 그러니까 그 생성 과정을 다 얘길 할 수 있어도, 실제로 그렇게 할 수 없다면 그건 무효입니다. 자재할 수 없다면 무효예요, 알아도. 부처님께서 말씀하셨지 않습니까? "이 세상을 다 본다 하더라도 도가 아니니라. 다 듣는다 해도 도가 아니니라. 또 과거를 다 안다 하더라도 도가 아니니라. 남의 마음을 다 지켜볼 수 있다 하더라도 도가 아니니라. 몸이 보이지 않게 오고 감이 없이 오고 간다 하더라도 도가 아니니라." 다섯 가지 다 도가 아니라고 그랬어요. 왜냐? 이 속에서 벗어나야만이 누진(漏盡), 즉 자유권을 얻는다는 거죠. 그래서 이 다섯 가지를 다 알아야 생성 과정을 아는데 그 생성 과정을 다 알아도 누진으로써 내가 "이거 물 넘치면 안 된다!" 하는 그런 철통같은 대권이 없으면 안 되죠. 그건 무효죠. 모든 거를 통달하고, 그것도 이름해서, 통달했을 때에 거기는 아무것도 붙지 않는

다 이겁니다.

그런데 이번에도 "이것이 옳기 때문에 바로잡아 주기 위해서 이런 걸 이렇게 말한다." 했거든. 그렇기 때문에 틀린 겁니다. 쉽게 말해서 이거는 틀리고 이거는 옳다 했기 때문에 그만 거기에 걸린 거죠. 그거는 두루뭉수리가 되고 아무 쓸모가 없는, 한데 떨어지는 말이 돼 버리고 말았죠, 법이 아니라.

질문자5(남) 큰스님, 체험담 비슷하게 제가 느낀 것을 말씀드리겠습니다. 저는 조그맣게 사업을 하고 있는데 얼마 전에 회사에 어려운 일이 있어 가지고 진짜 마음공부를 해야겠다고 결심을 했습니다. 사업도 실질적으로 부처님이 시키는 일일 뿐이다 하는 마음가짐으로 생각을 했어도 도저히 그 어려운 일이 잘 해결이 안됐습니다. 곰곰이 생각하다가 도저히 묘안이 나오지를 않아 자연히 차를 몰고 그냥 큰스님한테 오게 됐습니다. 지혜를 좀 주시기를 간청하였더니 말씀을 딱 한마디만 하고 더 이상 얘기를 안 하시더라고요. 그런데 나가서 부처님의 일꾼이라 생각하고 그대로 행을 했더니 그 일이 성사가 잘됐습니다. 그래서 너무 감사하고, 그리고 그 일이 또 해결됐다고 하더라도 제 자신의 뜻이 경솔해지지 않게 계속 노력하고 있습니다.

제게는 한마음선원의 큰스님이 사실 부처님의 인연으로 맺어졌는데, 큰스님이기 전에 부처님의 인연으로 해서 어머니와 자식 간의 그 인연으로 생각하고 법문을 들었습니다. 서당 개 3년이면 풍월도 읊는다는데 8년을 다녔는데도 사실 아무것도 모르겠더라고요. 누가 질문을 하거나 누가 옆에만 와도 겁이 났습니다. 그래서 왜 이렇게 공부가 안되나 하면서도 3년이 넘어 6년이 됐는데도 아무것도 모르겠더라고요. 그런데 어느 날 아까 말씀하신 그 '일체제불의 마음' 노래가 참 가슴 깊게 와 닿았습니다. 그랬는데 듣는 순간에 제 자신이 정말 아주 이상한 느낌을 받았는데, 한마음 주인공 공부를 거기에서 조금 힌트를 얻은 적이 있습니다. 꼭 한번 말씀드려….

큰스님 알았어요. 그런데요, 그 한 찰나가요, 지금 정치라든가 우리나라에서 벌어지는 모든 일들을 어떤 땐 자기 소견으로 잘못 생각할 때도 있는 거예요. 그렇기 때문에 안된다 하더라도 "아이구, 내가 이렇게 실험해도 안되는구나." 이러고 물러서지 마세요. 그거는 자기 생각이고 대의적으로 그렇게 하면 안 되기 때문에 안되는 것도 있습니다. 그런 게 있어요. 그러면 후퇴를 해 가지고 다시 이기는 점도 있죠.

그런 거와 마찬가지로 이게 멀고 가깝고가 없이, 생활 속에서만이 아니라 우리나라 전체를 도울 수도 있는 겁니다. 만약에 내가 의심을 하지 않고 무엇을 했다면…, 의심을 하지 않고 한 게 지금 이런 일입니다. 소련이나 미국이나 이런 문제들을 완화시키는 거요. 그렇게 한다면 그냥 그냥 하는 거지, 거기에 뭐가 붙습니까? 네가 나 아님이 없고 내 나라가 이렇게 반동강이로 잘려 가지고 허덕이고 있는데, 아니, 내가 그 생각을 하는데 거기에 무슨 이유가 붙습니까? 예?

누가 잘못했다고 하며 누가 잘했다고 칭찬해 주겠습니까? 그냥입니다, 그냥. 그냥 내가 여기서 태어났고 여기서 사니까 그냥 했을 뿐이죠. 거기에 무슨 이유가 붙어요? 거기 부처님 법이다 사람의 법이다, 뭐, 이런 것도 붙지 않습니다. 모든 사람과 내가 둘이 아닌 까닭에 그냥 내가 보기에 내가 고생스럽죠. 그 고생을 하는 거, 아픈 거, 모든 거를 지켜보고 나온 사람이거든요. 6·25도 겪어 봤고요. 그랬을 때, 내가 '참 이건 안됐다.' 하고선 이렇게 생각했으면 그뿐이지 거기에 뭐가 붙습니까? 붙지 않는 것이 바로 부처님 법입니다. 여러분의 법이구요.

그러니까 이 정치라든가 세계를 운영해 나가는 그런 문제, 내 가정, 내 몸부터 모두 이렇게 해야 되기 때문에 '나부터 알아라' 하는 것이 바로 그 얘기죠. 그리고 나를 알기 이전에 꾸준히 생활 속에서 실천을 해나가 보시라 이겁니다. '내가 모르니까, 내가 거기까지 못 갔으니까' 뭐, 이유가 그냥 짜드리짜드리 붙거든요, 여러분은. 실험을 해 보기 이전에 벌써 이유부터 붙어요. 그러니 뭐가 됩니까, 그게? 실험을 어떻게 합니까, 그걸? 이건 무심으로 해야 하는 건데 이게 이유가 붙어, 그냥. 벌써 요만한 거 하나, 애들하고 어디 가는 거까지도 이유가 붙어요. 아이구! 그러니 글쎄, 그게 온전해요?

사회자 30분 더 지났습니다.

큰스님 그렇습니까? 얼마나 됐습니까?

사회자 한 시간 30분 좀 더 넘었습니다. 너무….

큰스님 오늘 또 이렇게 우리 연구원장님과 회장님과 여기 여러분이 다 이름 없는 이름을 가진, 바로 뭐, 선구자라고 할까요? 부처님들이 아주 생각을 잘하시면 법신(法身)입니다. 여러 법신님들이 다들 아주 보현화신으로서, 실험을 통해서 자기 자신을 알고 자기 가정을 알고 국내의 정치하는 걸 알고…, 우리가 이렇게 앉아서 세계를 보듯이 이제 앞으로 10년 있으면 앉아서 하는 시대가 또 오게 됩니다. 그러니 요새는 차 방통 안 있죠? 차를 타고 가면 뜨뜻하게 나오고, 그러면 뜨뜻한 방통 안에서 길을 걷고 있죠? 허허허…. 그런 것도 한번 생각해 보셔야죠. 그러면서 앞으로 개선해 나갈 수 있는 그런 여유와 그런 지혜를 가지자 이겁니다. 그럼….

자유인이 되는 길

1991년 2월 3일

이렇게 또 첫째 일요일에 형제 법우님들과 같이 한자리를 하게 돼서 감사하게 생각합니다. 오늘도 질문과 토론을 여러분과 같이 나눌 수 있게 되기를 바랍니다.

질문자1(남) 큰스님, 제가 질문드리겠습니다. 우리 도량에 오시는 불자님들께서 가장 궁금하게 생각하는 점입니다. 큰스님께서는 불법의 공부 과정을 삼 단계로 가르쳐 주셨는데 첫째는 참나의 발견, 즉 자아의 발견과 완성, 둘째는 모두와 하나가 되는 것, 즉 전체 속에 자기가 있음을, 셋째는 이런 수행을 거쳐 보살도를 완성해야 하는 것이라고 하셨습니다. 우둔한 저희들은 평소 큰스님의 법문을 통하여 여러 번 가르침을 받아 왔지만 아직까지 미혹한 가운데 있습니다. 차제에 이 삼 단계의 공부 과정에 대하여 가르쳐 주시기 바랍니다.

큰스님 여러분한테 항상 말씀드리곤 했는데 그게 그렇게 얼른 와닿지 않나 봐요. 닿는 분들도 계시고 안 닿는 분들도 계시겠지요. 그것을 이름해서 '삼정지각 불이법'이라고 하는 겁니다. 난 그냥 나오는 대로 하는 것이니 잘 참작해서 들으세요. 육위법도 있고, 팔정도도 있고, 십이지법도 있고 그렇지만 그것을 전부 떠나서, 그것을 떠나는 게 아니라 한마음에다 모두 넣으라는 겁니다. 그래서 작업을 시키기를 이렇게 했죠. 처음에 일차적으로도 죽어야 나를 볼 수가 있고, 이차도 죽어야 나와 더불어 둘이 아님을 알고, 셋째도 죽어야 나하고 둘이 아닌, 바로 나툼을 알 수 있어서 구경경지(究竟境地)를 이룬다. 그것도 이름해서 말입니다. 그럴 때 자유인이 되는 것입니다.

내가 항상 여러분한테 그랬죠? 내가 나왔기 때문에 상대가 있고 또 상대가 있기 때문에 일체 만법이 바로 나로 인해서 돌아간다구요. 그래서 나로 인해서 벌어진 거니까 나를 다스리면서, 바깥의 경계도 내면에 놓고 내면의 경계도 바로 그 안에 놔라. 이렇게 모든 작업을 하라는 것입니다. 그런데 처음부터 그렇게 하지 말고 "처음에는 무조건 용광로에다 헌쇠 넣듯 놓아라. 나를 이끌고 가고 일체 만법이 들고 나는 곳은 거기니까 모든 것은 거기서 하게끔 하고 감사하게 생각하면서 거기 놔라." 하는 것을 말했습니다.

그럼으로써 나를 발견해서 보는 단계가 되고, 나를 보는 단계에서는 둘이 아닌 도리를 알기 위해서 바로 거기에 또 놓고 가되, 안에서 어떠한 뜻이 오더라도, 무엇을 시키는 일이 있더라도 할 거는 하되 거기에서 하라는 대로 맹종하지는 말라고 한 겁니다. 예를 들어서, 나를 발견한 뒤에 나를 넓혀서 생사윤회에도 끄달리지 않게 하기 위해서, 이것도 시키고 저것도 시키고, 이것이 옳다 저것이 옳다 하고 주장하는 그런 안의 경계가 있습니다. 안의 경계가 있는데 거기에 맹종하지 말고 누가 되지 않는 일은 듣고 누가 되는 일은 듣지 말고 버려라. 아니, 버린다기보다 듣지 말고 하여튼 '나를 테스트해 보려고 그러는 거니까 감사하구나.' 하고 생각해서 거기 또 놔라 이겁니다.

그러니까 안의 경계에 맹종하고 거기서 시키는 대로 한다면 안으로 기울어지고, 밖에서 끄달리고 또 밖으로 떨어진다면 밖의 경계에 기울어지는 것이니까 안으로나 밖으로나 맹종하지 말고, 모든 이치를 눈으로 보고 듣고 모든 것을 내가 주장해서 결정을 짓는데, 그 양면은 다 거기에 총괄이 돼서 그대로 법이 된다는 얘깁니다. 그래야만이 모든 경계나 망상이나 이런 것에 끄달리지 않고, 그대로 생각하면서도 걸림이 없이 그대로 자기가 주장자를 올바로 세우고 이끌어 나가는 공부라고 보겠습니다.

셋째 번에는 둘이 아닌 까닭을 알았기 때문에 둘이 아닌 나툼을 나툰다고 했습니다. 그 나툼이라는 것은 열반계를 말하죠. 즉 말하자면 '열반각지(涅槃覺地)', '구경각지(究竟覺地)'를 말한다 이겁니다. 그런데 구경각지는 어떠한 것이 구경각지냐? 여러분한테 알아듣기 쉽게 하기 위해서 항상 "여러분 이름이 많으시죠?" 이럽니다. 여러분 이름이 많으시죠? 남편이라는 이름도 있고, 사위라는 이름도 있고, 아버지라는 이름도 있고, 또는 아들이라는 이름도 있고, 형님이라는 이름도 있고, 아우라는 이름도 있고, 할아버지라는 이름도 있고 여러 가지 이름이 많습니다. 사회에 나가면 또 회사의 일원으로서의 이름이 있을 거고, 상황에 따라 여러 가지 이름이 붙어서, 예를 들어 아들과 만나면 아버지의 생각과 행과 말이 아주 선연하게 선명하게 나갈 수 있도록 되죠?

그와 마찬가지로 부처님의 뜻도, '모든 게 내가 없고 남이 없다' 하는 것은 일체가 나 아님이 없고, 일체가 내 도량 아님이 없고, 일체가 내 아픔 아님이 없고, 부처 아님이 없고 중생 아님이 없이 모두가 한자리를 하기 때문입니다. '부처도 없는 것이 부처다' 라고 지난번에도 얘기했지만, 부처님께서는 그릇 따라서, 예를 들어 종지에 응해 달라면 종지가 돼 버리고 사발에 응해 달라면 사발이 돼 버리십니다.

지난번에도 얘기했지만, 달마 대사가 구렁이가 됐다가 금방 달마 대사가 됐던 겁니다. 그처럼 나도 그런 경험을 많이 했기 때문에 이런 말을 그대로 할 수 있는 겁니다. 예를 들어서 "지금 병원에서는 아무 병도 없다는데 나는 죽겠습니다." 또 "병원에서 몇 달 못 산다고 합니다." 또는 "어디가 아픈데, 몸져눕지도 않고 이렇게 아픕니다."라고 말하는 분들이 있고, 또 부처님의 뜻을 알지도 못하고 그냥 바깥으로 끄달리며 다니는 분들, 이런 분들이 천차만별로, 그릇대로 주어지듯이 그렇게 많죠. 그럼 사생(四生)의 그 인연 된 것을 볼 때 인간 사회만 있는 게 아닙니다. 천체가 바로 한데 합쳐진 게 일체 생명이라고 볼 수 있겠죠.

그렇다면 만약에 구렁이가 '나를 구원해 주시오.' 할 때 어떻게 하느냐. 부처님의 마음이 구렁이 속으로 들어가서, 예를 들어서 모든 문을 활짝 여시고선 그거를 안아 들인다면 두드러지지도 않으면서 자기 모습이 바로 그게 돼 버려요. 구렁이가 돼 버리죠. 지난번에도 얘기했지만 이 사람이 건져 달라고 할 땐 이 사람 속으로 들어가고, 저 사람이 건져 달라고 할 땐 저 사람이 되고, 또 돼지가 살려 달라고 할 땐 돼지 속으로 들어갔다가, 소 속으로 들어갔다 말 속으로 들어갔다 또 하다못해 풀 속으로도 들어갔다, 나무 속으로도 들어갔다 목신도 되고, 구더기 속으로 들어가서 구더기도 되고 이러니 어떤 거 될 때에 나라고 할 수 없는 것이 부처다 이겁니다. 그게 바로 '열반구경지', '구경지각'이라고 할 수 있는데, 그것도 이름해서 말입니다.

그러면 삼계(三界)를 통달했다 이 얘깁니다, 삼계를. 나의 삼심(三心)을 통달해서 삼계를 통달했다. 과거심(過去心)이나 현재심(現在心) 미래심(未來心)을 다 통달해서 과거세계, 현재세계, 미래세계를 다 통달했다. 그래서 자유자재한다. 그래서 어느 사람 될 때 나라고 할 수 없고, 어느 벌레 될 때 나라고 할 수 없고, 어느 목신 될 때 나라고 할 수 없고, 어느 지신 될 때에 나라고 할 수 없고, 어느 용신 될 때에 나라고 할 수 없다. 일체의 만물만생 어떠한 것이든 가지각색으로 헤아릴 수 없이 내가 됐다가 또 이게 됐다가, 화(化)해서 이렇게 돌아가는데 어떤 거 됐을 때에 나라고 할 수 있겠느냐. 나라고 할 수 없는 것이기에 부처님이라고 그렇게 이름해서 부르는 것입니다. 그것이 바로 구경경지라고 할 수 있는 각(覺)을 이루어서, 그 마음이 무심(無心)의 도리인 중용을 스스로 할 수 있는 그런 것이 됩니다. 그래서 자유인이라고 했습니다.

그러니 자유인이 되려면 우리가 바로 '삼정지각'이라고 해도 과언이 아닌 그 삼 단계가 통달돼야죠. 그것은 내 마음에서 십이인연법이니 육바라밀이니 팔정도니 이렇게 많은 일들을 이론적으로 하기 이전을 말합니다. 그러니까 한생각은 체가 없어서 저 바깥에 나가는 것도, 문지방 넘어가는 것도 한 찰나죠. 앞뒤 뚫린 텅 빈 그 불바퀴 속을 서슴없이 들고 날 때 비로소 우리는 우주 삼라대천세계를 그대로 자유스럽게 들고 난다는 그런 뜻입니다.

내가 여러분처럼 경을 많이 읽었거나 또는 경의 용어를 쓴다거나 이럴 줄을 몰라서 좀 답답하시겠죠. 그러나 우주 천하가 그대로 큰 불바퀴, 작은 불바퀴, 둘이 아닌 그 불바퀴가 그대로 극명하게 과학적으로 나와 있다는 사실을 내가 알고 보니, 부처님이 삼천 년 전에 말씀하셨어도 지금 현재도 말씀을 하고 계시고, 미래에도 말씀하고 계시고, 과거에도 말씀했더라 이겁니다. 그 말씀이 법이 돼서 끊임없이, 끝 간데 없이 여러분과 더불어 언제나 함이 없이 하고 계신 그 사실을 여러분도 증명해서 알아야 하는데 그것은 '당신', 즉 말하자면 자기로부터 알아야 됩니다.

여러분이 나오셨으니까 이 세상이 있고, 이 세상에 있으니까 상대성 원리로서의 일체 만법을, 독불장군이 아니라 공심(共心)으로 공용(共用)을 하고 계신 겁니다. 우리가 그 공용을 할 때 찰나찰나 변하면서 찰나찰나 화하면서, 찰나찰나 마음과 마음이 이어지면서 끊어짐이 없이, 그렇게 우리는 광력·전력·자력·통신력을 충만히 두루 하면서 이렇게 이어지고 있는 것입니다. 그러니 우리가 과학적으로 친다 하더라도 그렇고, 지금 세 단계의 문제가 사람에게는 아주 극치적으로 주어져 있는 것입니다.

그래서 과거는 지나갔으니까, 내가 줿어지고 나왔으니까 없고, 미래는 가지 않았으니까 없고, 이 줿어진 거는 붙을 자리가 없어서 없다 이겁니다. 왜냐하면 여러분의 마음도 고정됨이 없고 몸뚱이도 돌아가는 게 고정됨이 없고, 만남도 고정됨이 없고 듣는 것도 고정됨이 없고, 보는 것도 먹는 것도 고정됨이 없으니 어떤 것을 먹을 때, 어떤 것을 만날 때, 어떤 것을 들을 때, 어떤 것을 말할 때, 어떤 것을 볼 때 나라고 할 수 있겠느냐는 얘깁니다. 그렇게 변해서 찰나찰나 돌아가는 이 시점에서 어떤 걸 부처라고 할 수 있겠습니까? 찰나로 변해서, 즉 말하자면 원자에서 입자로, 입자에서 수많은 입자가 화해서 바로 분신이 되어서, 여러분의 모든 모습, 마음, 말, 뜻으로 응해 주시는 그 천백억화신의 뜻을 말입니다. 여러분의 마음속의 그 주인은 바로 몸뚱이 속의 중생들 의식을 다 끌고 다니는 거니까요. 그러니까 그것이 삼 단계의 자유인이 되는 길이다 이겁니다.

예를 들어서 삼 단계의 그 모든 이치를 생각할 때, 지금 놓으란 말은 재차 하는 소리지, 여러분이 지금 놓고 가지 않습니까? 그런데 마음은 모르니까 붙들고 있는 겁니다, 자꾸자꾸. 착을 두고 욕심내고 아집이나 아상으로 모든 일을 '내가 했다' 하고 돌아가니까 이거는 어렵게 부딪히는 거죠. 여러분이 지금 누구를 만났다가, 금방 다른 사람을 만나고 또 이 사람을 만났다가 금방 저 사람을 만나고…, 둘이 아닌 까닭에 너는 너대로 나는 나대로 뚜렷하다 이 소립니다. 전력이 둘이 아닌 까닭에 어느 불이나 불은 똑같지만 전구는 각각이듯이.

그럼으로써 그 도리를 삼 단계로 나눈 것입니다. 나눴어도 나중에 결국 삼계를 통달한다면 모두 그대로 요리할 수 있어서 삼 단계가 삼 단계로 나누어져 있는 게 아니라, 스스로서 삼 단계가 삼 단계가 아니라는 얘깁니다. 삼 단계도 아니요, 부처도 아니요, 나도 아니요, 너도 아니요, 모두가 아닐 때에 나 아님이 없다는 도리가 거기에서 선명하게 나올 수 있고, 그때에는 바로 말없이 '이거냐 저거냐, 이게 옳으냐 저게 옳으냐, 내면세계로 둬야 옳으냐 바깥세계로 둬야 옳으냐, 이론이 맞느냐 마음이냐' 이런 것도 다 통달하게 되어 그런 것도 말할 게 없다 이겁니다.

그래서 불이법은, 예를 들어서 "이게 옳습니까, 저게 옳습니까?" 할 때에 말로 해서 되는 게 아니기 때문에 말이 없는 것입니다. 여러분의 집에서 스위치를 누를 때에 "불을 켜야 옳겠습니까, 안 켜야 옳겠습니까?" 그러고 불을 켭니까? 안 그러시겠죠? 전력이 있다는 것을 알고 벌써 전등이 모두 가설이 됐다는 걸 알기 때문에 그대로 아무 소리 없이 불만 켤 뿐입니다. 그리고 방바닥에 물이 떨어졌으면 그대로 아무 소리 없이 걸레 갖다가 훔치는 것뿐입니다. 배가 고파도 목이 말라도 아무 소리 없이, 목마르니까 급하니까 그저 냉장고 문 열고 그냥 먹거나 "나, 물 좀 줘." 이래서 그냥 물을 먹을 뿐이지 거기 무슨 이유가 붙습니까? 목이 말라서 물 달라는데 이유가 뭐가 붙느냐 이겁니다. "내가 먹어야 옳으냐, 안 먹어야 옳으냐." 하고 누구더러 물어보고 합니까? 그리고 물더러 또 물어봅니까? "내가 너를 먹어야 하느냐, 먹지 말아야 하느냐." 이러고 물어보고 먹습니까? 목마르면 그냥 먹는 것입니다. 이유가 붙지 않습니다. 그게 바로 불이법입니다. 그렇기 때문에 이유가 붙지 않는 데서, 나라는 걸 세우지 않는 데서 바로 구경경지를 이루어서 자유인이 되는 것입니다.

그러니까 지난번에도, 그 지난번에도 얘기했지만 망상이라고 생각하는 것은 여러분이 관습에 의해서 망상이라고 하는 것이지, 아니, 그런 생각을 할 수 없는 사람이라면 그게 목석이지 어떻게 사람입니까? 그렇기 때문에 생활에서 그대로 참선이 돼야죠. 좌선을 한다고 앉았다, 몇 시간을 좌선을 한다, 이건 좌선이 아닙니다. 또 좌선을 하고 일어나서 "아휴, 오늘은 하루 종일 좌선을 여덟 시간이나 했어." 이렇게 아주 제일 잘한 것처럼 그래도 그것은 아니죠. 일분일초도 '하지 않았다, 했다' 하는 소리 없이 일상생활에서 그대로 참선으로 돌아갈 수 있어야 말 그대로 그것이 좌선이요, 참선입니다.

내 마음이 편안해서 이리 왈 저리 왈 끄달림이 없어야죠. 아무리 마음이 망상투성이라고 하더라도 그것도 관여함이 없이 '응, 그래?' 하고 마음이 일어나는 걸 관해서 가만히 생각해 보는 그 마음이 참선이죠. 여러 마음들이 나오더라도 '아, 이 마음! 그래그래, 그럴 테지.' 하면서, 수많은 의식이 다 마음들이 있으니까 그저 여기서 이렇게도 나오고 저렇게도 나오는데, 지켜보면서 옳은 거는 옳은 것대로 그른 거는 그른 것대로 다 쓸 수 있는 그릇이 되게끔 다 몰아서 넣는다면 그것이 바로 자기가 자기를 다스리는 올바른 지도 방법입니다.

그리고 아, 지금 보십시오! 모두가 이 마음 핵심이 수행이 되지 않았기 때문에 지금 정치라든가 젊은 청년들이라든가 학생들 모두가 그저 누구 말마따나 마음 일어나는 대로 행을 하고 있습니다. 이 핵심적인 나라는 것부터 돌아다볼 줄 알아야 되는데, 그리고 생각할 점이 있어야 되는데 그것이 없으니까 그렇죠. 강도질은 누가 시켰으며 선행은 누가 시켰습니까? 그것이 바로 자기 마음을 다스리면서 거기 놓는 수행을 하지 않았기 때문에 그런 문제들이 일어나는 것입니다. 내가 볼 때는, 지금 한마디 묻는 것을 길게 말해서 좀 안됐습니다만, 우리가 그러한 핵심을 뚫어서 수행하도록 가르치지 못했기 때문에 일어나는 일들이 한두 건이 아닙니다.

또 정치하는 사람이라든가 젊은층들이 모든 일들을 하는데 자기가 핵심적인 문제를 수행하고 가질 못했기 때문에, 지금 대학 문도 넓히지 못하죠. 나오는 문은 좁히고 들어가는 문은 넓혀야 하고, 또 기술계의 고등학생들도 기술 방면에서 정당하게 대우하도록 정부에 건의해서, 월급 주는 것도 학력보다는 기술이나 능력대로 지급이 된다면 대학을 들어가려고 기를 쓰지도 않을 것이고, 이렇게 부정부패가 일어나지도 않을 것이다 이겁니다. 그런데 왜 그렇게 안 되느냐? 이게 다 수행을 못했기 때문에, 넓지 못하기 때문에 남의 소리를 이렇게 듣고 흔들리고 저렇게 듣고 흔들리고, 바깥으로만 끄달리는 관습 때문에 이것을 과감하게 처리들을 못하는 것입니다.

우리가 지금은 선진국이 되고 그랬다 하더라도, 그전에도 얘기했지만 우리가 그렇게 고달픈 역사를 가져온 것도 그 탓입니다, 바로. 불교를 등한시하고 유교를 중시했기 때문에 바깥으로 끄달리고 관습에 얽매여서 그렇게 된 거죠. 그러한 역사를 짊어진 채 앞으로 재정 문제라든가, 공업 문제라든가, 의학 문제라든가, 또는 과학 문제라든가, 천체물리학 문제라든가, 천문학 문제라든가 이러한 문제들을 전체 어떻게 해결해 나갈 것이냐? 우리가 근본을 돋워 주고 근본의 수행을 시켜서 앞으로 해 나가는 일들이 분야마다 한마음 속에서 나투어지게끔 해야 할 겁니다. 예를 들어 의학 분야라면 유·무를 한데 합쳐서 해 나간다면 그거는 제일가는 의사일 것입니다. 법신이자 의사죠.

그러니 모든 분야가 하나하나 정신노동, 정신의학, 정신과학…, 모두 정신으로 돌아가야죠. 마음으로부터, 정신계로부터 사 단계로 하달이 돼서 우리가 출중하게 해 나갈 수 있다면 부정부패, 이런 문제들은 없을 겁니다. 그리고 이런 부질없는 싸움들은 안 할 겁니다, 아마. 일체를 자기로 보게 된다면 싸워 봤자 자기를 죽이는 건데…, 남을 물에다 끌어 놓으려면 자기도 물에 들어가야만이 끌고 들어갈 수 있거든요. 그러니 자기 죽이는 일을 누가 하겠습니까? 과학이 발전이 되어 기계화를 이룬다 하더라도, 로보트로 한다 하더라도 자기와 남을 더불어 살릴 수 있고 이익하게만 할 수 있는 그런 방향으로 나아가지 않을까 이렇게 생각합니다. 죽이는 기계만 만들고 핵무기나 이런 것만 만드는 게 아니라 살릴 수 있는, 그리고 보존할 수 있는, 수명을 길게 할 수 있는 그런 방법이 택해지지 않을까 이런 생각도 하구요.

한마디만 더 하고 가죠. 내가 이런 말을 하면 여러분이 '에이, 뭘 그럴까?' 이렇게 생각하실지 몰라도, 우리의 마음에 의해서 그대로, 생각에 의해서 그냥 입력이 되면서 그냥 곧바로 나오는 그러한 시대가 온다면, 차가 손을 대지 않고도 그냥 갈 수 있지 않겠습니까? 그렇게 생각으로 한다면 차 사고도 그렇게 나지 않을 겁니다. 그런 시대가 온다면 어떻게 될까요? 왜냐하면 인력을 적게 쓰고도 많이 쓴 것보다도 몇 곱절 더 이익을 볼 수 있고, 경제난에 허덕이지도 않을 뿐만 아니라, 방에 앉아서 세계를 전부 탐험할 수도 있고, 방에 앉아서 우주 법계를 다 탐험하고 결정지어서 마음으로 생각해서 쓸 수 있는 그런 단계가 오지 않나 이렇게 봅니다. 그런다면 우리가 이런 공부를 하지 않고는 안 된다는 결론이 나옵니다.

그러니 아까 삼 단계의 문제, 바로 삼 단계가 삼 단계가 아닌 도리로 삼 단계도 없고 일 단계도 없다는 그 사실을 아시고 그대로 여러분이 자기 탄생을 한다면, 삼계를 모두 통달할 수 있으며, 바로 삼계를 통달했다는 이름도 없는 그런 통달이 된다면 바로 아뇩다라삼먁삼보리의 그 구경경지를 이룰 수 있지 않느냐 이런 문제입니다. 어떻게, 가슴에 닿게 말씀을 해 드렸습니까?

대중 일동 예. 감사합니다.

큰스님 내가 그런 말을 하더라도 당최 그것이 말로 해서 되지 않는 거니까 그걸 잘 다듬어서 여러분이 배부르게 밥을 먹을 수 있게끔 하십시오.

대중 일동 감사합니다.

질문자2(남) 두 번째 질문을 드리겠습니다.

큰스님 이제는 질문으로 할까 봅니다, 모두들 그렇게.

질문자2(남) 저도 천도재를 지냈습니다마는 어느 도량에 가든, 돌아가신 조상님이나 살아 계신 분에게 천도를 많이 하는데 거기에 대해서 명확하게 가르쳐 주시고, 곁들여서 영(靈)의 세계에 대해서 한 말씀 해 주시면 감사하겠습니다.

큰스님 그 뭐, 그 얘기 하면 영도 들어가는데 뭐를 또 붙였습니까? 하하하…. (대중 웃음) 그것도 세 차원이 있습니다. 첫째 차원은 모를 때에, 모르는 사람들이 부처님의 말씀대로 그냥 따라서 천도식을 해 주는 경우가 있습니다. 그것은 '흉내를 낸다' 이런 문제입니다. 그때 시절의 부처님의 마음과, 지금 그 부처님이 "이렇게라도 해라." 하고 말씀해 놓으신 거를 따라서 외우면서 해 주는 천도식입니다.

또 한 단계는, 여러분이 이제 이 도리를 공부하면서 주인공에 모든 것을 다 맡기고 가는 분들에게 해당되는데, 처음에 오신 분들도 그렇고요. 스님네들이 그 마음의 도리라도 알아서 만약에 상에다가 조그맣게 떡 한 그릇을 차려 놓고 한다 하더라도 함이 없이, 차림이 없이 했을 때 비로소 그 영령께서 그 마음 안에 들어오면 천체가 나 아님이 없는 도리에 들어왔다 이겁니다. 그러니 어떤 거를 먹고, 어떤 거를 갖고, 어떤 거를 할 게 없이 전체가 자기 거니까, 예를 들어서 이렇게 말을 하는 거죠. 그러면 스님네들이 공부한 차원에 따라서 그 영령들도 천도가 된다 이겁니다. 이것이 스님들 입장에서 보는 거죠.

또 신도님들 입장에서 보면 조상들의 은혜를 갚기 위해서, 또는 '부모나 조상을 위해서 이렇게 해야 자손들도 잘된다더라.' 하는 생각으로써 천도를 시키려고 합니다. 그러면 그분들이 모든 걸 거기다가 맡겨 놓고서 부모의 천도를 할 때, 일체제불의 마음과 그 조상님들이 자식을 위하는 마음, 그 마음과 마음이 한데 합쳐집니다. 합쳐짐으로써 크고 밝은 마음의 불이 되니까 조상님들이 이렇게, 아주 큰 밝은 불을 보고는 '아이구, 내가 여기서 추웠는데 저기 크고 밝은 불이 있으니까, 그리로 가서 내가 따뜻하고 밝게 살아야겠다.' 하고 그리로 갔을 때에 그게 천도인 것입니다. 그러니까 부모가 여기서 마음을 알지도 못하고 끄달리다가 돌아가시면 그 차원의 그릇밖엔 안 됩니다. 사발이다 종지다, 이렇게 천차만별로 돼 있는 겁니다. 그런 것을 한 그릇에 갖다가 놓고 아주 밝게, 개미가 지나가는 것도 볼 수 있을 만큼의 밝음을 그대로 맛볼 수 있고, 모든 게 나 아님이 없고, 내 먹을 거, 내 거 아닌 게 없으니 그렇게 해서 한 찰나에 천도가 되는 이런 예가 있는 것입니다.

그리고 또 한 단계는, 여러분이 모든 것을 공부를 해서 정말이지 당당하고 원력이 있게 되었을 때 '아하, 일체제불의 마음이나 조상들의 마음이나 친가의 마음들이 모두가 둘이 아닌 까닭에, 그 한자리에서 모든 것이 이루어지고 나고 드니 이것은 몇 가지 놓고 빌고 두들기고 그렇게 해 봤자 되는 것이 아니지 않나.' 이렇게 그 원력이 있을 때에는 촛불 하나 안 켜 놔도 되는 것입니다. 여러분이 그 밝은 인등을 켜기 때문에 그 인등 속에서 다 이루어지는 겁니다. 그러니 한마음 속에 온 누리를 다 덮고도 남음이 있고, 밝고, 그 온 누리에 통신 안 됨이 없고, 온 누리에 한마음으로서, 바로 공심으로서 돌아갈 때에 그 조상의 마음도 그냥 거기 한자리를 하는 거죠. 그런데 구태여 또 따로 지내고 자시고 할 것이 없죠.

여기 요새 부단하게 천도재를 지내고 있습니다. 왜냐? 지금 대구, 울산, 부산 등지에서 처음 오는 사람들이 많이 그렇게 하고 있습니다. 그것은 여기서 강제로 시키는 것도 아닙니다. 결국은 남들의 말을 듣고, 예를 들어서 "여기서 천도를 시키고 우린 이러이러했다." 그러니까 '아이구, 우리도 해야겠다. 조상 천도는 그전에도 했지만 잘 안되었는데 여기 와서 천도를 하면 우리 부모님이 잘 천도가 될 것이다.' 하고 생각했나 봅니다. 그래 가지고선 요새는 하루에 그저 한꺼번에 여러 집씩 지냅니다. 그런데 사람들이 어떤 때는 영가를 빠뜨리기도 합니다. 그럴 경우에는 "이러이러한 젊은 사람이 한 사람 있으니까 그 사람을 넣어서 해." 하는데 그 한 사람으로 인해서 문제가 되는 걸 빼놓고 지내면 어떡합니까? 그래서 그런 걸 챙겨 주면서 천도재를 해 달라면 해 줍니다.

돈은 여러분에게 이렇게 말합니다. 가난한 집은 형편대로 가져오고, 왜냐하면 지금도 가정이 가난하면 부모님께 용돈을 드리는 게 적지 않습니까? 또 부자면 부자대로 부모님께 용돈을 많이 드리죠? 그거와 똑같이, 상 차려 놓고 그렇게 하는 데 돈이 많이 드는 게 아니라, 그거야 돈 십만 원에 지나지 않겠죠. 그리고 제일 많이 한다 그래도 한 이십만 원 들면 다 하겠죠? 하지만 백만 원이든, 이백만 원이든 그렇게, 돈 있는 사람은 정성 들여도 좋다 이겁니다. 왜냐하면 그 부모가 고생고생하면서 자식들을 위해서 벌어 놓고 간 거, 부모를 위해서 좀 쓴들 어떻습니까? 또 한 가지는, 진실하게 생각하고 부모를 위해서 천도를 한다면 그것이 바로 자기가 이 세상에 다시 나올 때 자기의 무주상(無住相)의 통장을 가지고 나오거든요. 정말입니다. 거짓 아닙니다.

그래서 깨치지는 못해서 공덕은 받지 못하나 그 자식들의 보시금으로 인해서, 그 공덕으로 인해서 무의 세계의 곳간에 들어가 있는 것을 부모가 통장을 해 가지고 떠억 이 세상에 출현을 하게 되는 거죠. 돈이 없어서 못 한다는 법이 없고, 또 자식들로 인해서 그 공덕을 받았으니 무식한 사람이 안 되고, 진짜 당당한 사람으로서 출세를 한다 이겁니다. 자기가 이 세상에 나올 때 그렇게 해 가지고 나오기는 하지만, 살면서 죄짓는 건 어쩔 수 없는 거죠, 또. 자식의 공덕으로써 그렇게 해 가지고 여기 천도시킨 분들 가만히 보면요, 자기가 죄지은 건 자기가 죄지은 것대로, 자기 한 대로 나오는 거고, 부모를 위해서 그렇게 천도한 분들은 통장 안 가지고 나오는 분들이 하나도 없을 겁니다. 복주머니 안 가지고 온 분들은 없을 겁니다. 내 거기에 맞는 얘기 한마디 할까요?

아주 착하게 산 어느 분이 죽었대요. 죽어서 어디로 가자고 해서 가니까, 촛불을 주욱 켜 놨는데 복주머니들이 주렁주렁주렁 전부 달렸더랍니다. 그런데 거기에 이름 석 자가 다 붙어 있더라는 거예요. 그래서 보니까 초가 가는 게 있고, 아주 그냥 금방 꺼질 듯한 게 있고, 긴 게 있고 그렇더랍니다. 그런데 그분이 "아이구, 내가 잘못한 죄로 자식들도 이렇게 고생을 시켰노라." 그러니까 "아하, 마음이 착하고 그래서 이렇게 해 줄 테니 한번 해 보시오." 하면서 긴 촛불을 하나 보더니만 "이 사람은 촛불이 이렇게 길어서 오래 있다가 죽을 거고 그 뒤에야 복주머니를 가지고 나갈 테니까 이것을 꿔 주겠다. 이 사람의 복주머니를 가지고 세상에 나가서 좋은 일을 한다면 앞서 취해 간 그 돈을 다 갚고도 이(利)가 남아서 더 좋은 일을 하고도 복주머니에 다 찰 것이다. 착하게 살았으니까 나가서 그렇게 해 보라." 그러고선 내보냈던 겁니다. 그렇게 다시 내보내 주니까 어떻게 도로 깨어났단 말입니다.

그렇게 해서 혹시 깨어나는 사람들도 있기 때문에 3일장을 지내는가 하면 돈 있는 사람은 7일장을 지냅니다. 그 원리가 그렇게 돼 있죠. 죽었다가 다시 깨어나는 수가 있으니까 그때를 대비해서 7일장을 지내는 겁니다. 만약에 3일장을 지내 버리고 난 뒤에 나흘 만에나 닷새 만에나 나왔는데 자기 집이 없으면 딴 집으로 또 들어가야 하니까 말입니다. 자기 몸뚱이가 없으면 살아날 수가 없거든요. 그러면 영혼이 내보내진 거니까 다시 들어갈 수도 없고 그래서 돌아다니다가 딴 몸으로 들어가서 사니까 이거는 문제가 아주 심각해지죠. 부인이 둘이 되니까요. (대중 웃음) 그래 가지고 혼돈을 일으켜 가지곤 지금 병원에 가 있는 사람들도 많고, 또 타의의 영계(靈界)로 인해서 그렇게 사는 사람도 많고, 유전으로 인해서 그렇게 사는 사람도 많습니다. 그런 거를 어떻게 의사가 고칩니까? 생각해 보십시오. 그래서 "난 아무개야." 이러고 딴소리하거든요. 그런데 그게 딴소리가 아닌데 제삼자가 듣기에는 딴소리로 듣는단 말입니다. 그러니까 미쳤다고 갖다 넣어야죠. 이것이 여간 심각한 문제가 아닙니다.

그런 건이 너무 많아서 어떤 걸 얘기해야 될지 모르겠습니다만 예전에 원주에서 있었던 얘기입니다. 최 대령이라고 하는 사람이 있는데, 이북서 나왔고 자식들은 칠 남매를 뒀대요. 그런데 부인이 말입니다, 항상 요렇게 오무리고 벌벌벌벌 떨고선 영 애들도 거둘 수가 없고, 밥도 떠 넣어 줘야 먹고, "아이구, 아이구, 아이구, 무서워." 이렇게 만날 달달달 떨고만 사는 거예요. 7년을 그렇게 살았답니다. 그러다 보니까 굿도 하고 뭐 별거 다 했는데 그대로 있는 거예요. 병원에 찾아가도 안 낫는 겁니다.

그런데 그때에 상원사에서 내려와 원주에 오면, 지금 답십리 보살이라고 하는 교육감네 그 쪼그만 방에 가서 자고 가고 그랬습니다. 그 방에 와서 그 대령이라는 사람이 하도 참, 기가 막히니까 자기 시계를 끌러 놓으면서 하는 소립니다. “이 시계밖엔 아무것도 없으니 이거 받으시고 아내를 좀 살려 주십시오.” 해요. 가만히 생각하니까 그 시계는 받아서 뭘 합니까, 내가. 응? 내 몸뚱이도 지금 주체를 못 해서 죽겠는데 아니, 시계는 왜 끌고 다닙니까, 남의 시계를 또? 그래서 “시계를 도로 가져가라.” 그랬더니 아, 안 돌봐 주는 줄 알고 말입니다.

참! 그것도 걱정이에요. 그냥 주면 스님이 안 돌봐 주려고 하는 줄 알고 그냥 그걸 받아야만이 가겠다고 합니다. 그래서 할 수 없이 “정히 그러걸랑은 지금 주머니에 얼마 들었소?” 그러니까 3천 원인가 4천 원이래요. 그래, 그럼 5백 원어치 사탕이라도 사 오라고 그랬습니다, 그거라도 주고 가라고. 그랬더니 그 박하사탕인가? 화한 거 있죠? 그거 한 서너 개하고, 또 계피사탕인가 뭐, 그거 한 서너 개하고, 또 왕눈이 사탕 그거 서너 개하고 그렇게 봉지에다 넣어서 그걸 갖다 놓고 우는 겁니다, 기가 막혀서.

그래서 그걸로 천도를 시키는데 오죽이나 좋습니까? 보십시오! 야, 하나라도 모를 텐데 아홉 개나 돼요, 네? 그걸 놓고 떡 벌어지게 정말 잔치를 했죠. 가만히 보니까 자기가 월남을 했기 때문에 그쪽에서 자기 어머니를 붙들어다가 어떻게 죽였느냐 하면, 치마를 씌우고선 총질을 했단 말입니다. 그러니까 그 죽은 그대로 흉내를 내는 겁니다, 지금 며느리가. 할 수 없이 그분들을 그 사탕 아홉 개를 가지고 일체 다 그냥 깡그리 천도를 했단 말입니다. 천도를 하고 나니까 그 이튿날로 씻은 듯 나은 거예요, 그게. 나아 가지고 그 아들들을 다 대학 보내고 집도 사고 아주 떵떵거리고 지금도 잘 삽니다.

잘 살았는데 몇 해가 지났습니다. 몇 해가 지났는데 한 8년 전입니다. 한 8년, 9년 전인가 그 부인이 아주 그냥 뭐 귀걸이도 하고 세련돼 가지고 왔습니다. (대중 웃음) 난 몰라봤다구. 아, 떡 와서 하는 소리가 뭐라 그러냐 하면요, "우리 남편이 지금…." 월남 전쟁이 일어난 뒤입니다. 그러니까 몇 년이나 됐습니까?

신도1(남) 한 15년….

큰스님 아이구, 그렇게 됐습니까? 난 8, 9년이라고 그랬는데 아이구, 이렇게 모르고 산다니까요. 이해해 주세요. 아, 그러는데 글쎄, 그분이 와서 하는 소리가 우리 남편이 진급이 되게끔 해 달라는 겁니다. 그래 제 깐에는 정성을 지극하게 한다고 했습니다. 주인공을 믿으라고 그래도 그런 거는 아랑곳없이 스님이 사탕 몇 개 가지고 다 해결을 해 주셨는데, (대중 웃음) 그게 뭐가 그렇게 걱정이냐 이겁니다. 이거 버릇이 아주…, 왜 그렇게 됐습니까? 불쌍해서 그랬는데 말입니다. 그래 가지고는 진급을 시켜 달라고 그랬는데 안 되고 딴 사람이 진급이 돼서 월남을 갔습니다.

그랬더니 와서 행패를 부리는 겁니다. 능히 해 주고도 남음이 있는 스님인데 우릴 밉게 봐서 진급이 될 거를 안 해 줬다 이겁니다. 그리고 지위가 똑같은 친구들 중에 한 사람만 진급이 되고 자기 남편은 진급이 안 됐다는 얘깁니다. 아, 그렇게 행패를 부리고 그럽니다. 그래서 할 수 없이 "안 되는 것도 법, 되는 것도 법이다, 응? 싸움터에 나가서 막 후퇴를 하는 것도 법이야. 전술의 법이야, 그것도. 전진하는 것만 법이 아니라 후퇴하는 것도 법이다." 이런 말을 해 줬더니 그런 것도 들을 줄 모르고 아랑곳없습니다. 그러고는 갔죠.

그런데 몇 달 있다가 와서는 "아이구, 감사합니다." 그러는 겁니다. 그래서 왜 그런가 그랬더니 그 똑같은 지위에서 진급을 한 사람이 월남을 가서 죽었단 말입니다. 그러니 자기가 그때 가서야 '아이구! 진급 안 되길 잘했구나.' 하는 생각이 든 겁니다. 그래 가지고 '후퇴도 바로 법이다' 이런 거를 알았다는 얘기죠. 그러고 감사하다고 그때 한번 와서 먹을 거를 듬뿍 갖다 줘서 모두 나눠 주고 그랬는데 그럭하고 가선 종무소식이에요, 또. 편안하거든요. (대중 웃음)

신도2(남) 그 내막은 저도 아는데요.

큰스님 압니까? 하하하…. 최OO 건도 압니까?

신도2(남) 알죠, 그것도. (대중 웃음) 여기서 아는 사람들은 없을 거예요.

큰스님 여러분이 부처님이 하시는 일, 천차만별의 그 뜻, 천차만법의 그 나툼, 이런 걸 어떻게 다 아시겠습니까? 전력이 들어오는 걸 못 보듯이, 그저 전등에 불 들어온 것만 보시지 전력이 오고 가고, 천차만별로 그저 달라는 대로 그냥, 씀씀이대로 전력이 간다는 건 모르죠. 그러니까 가고 있다 하는 것만 알지 그걸 실질적으로 보진 못하지 않습니까? 그와 같이 부처님이 천차만별로 천백억화신으로서 나투면서 진화되고 또 진화시키면서 이끌어 나가는 나툼의 그 중용 말입니다. 그거는 여러분이 다 아시지 못합니다. 그래서 그것이 말로는 할 수 없다는 그런 결론이죠.

그래서 최OO도 참, 여간 일이 많지 않았습니다. 옛날에 최OO 형님이 가발 회사를 조그맣게 냈는데, 하면 망하고 하면 망하고 했습니다. 절에 다니면서 조상 천도도 시키고 했는데 그날 저녁에 꿈을 꾸면 꼭 도로 들어오거든요. 어머니랑 아버지랑 할머니 형제들이 모두, 그 난리통에 죽은 사람 할 거 없이 그냥 보따리 갖고 도로 들어오는 겁니다. 그러니 천도가 안 됐다는 걸 본인 자신이 알고는, 또 딴 데 가서 하고, 딴 데 가서 했다가 도로 들어오면 또 안 된 것을 알고 그랬는데, 그때에 이소저 보살님네 여관 사무실에 잠시 있을 당시에 거길 찾아왔습니다, 그분이. 거길 찾아와서 "아유, 천도를 하러 왔습니다." 그러길래 내가 무심코 한다는 소리가 "당신 앉았던 방석에다가 놓고 삼배하고 가시오." 그랬으니 그게 말이나 됩니까, 글쎄? (대중 웃음) 당신 앉았던 방석에 놓고 절을 삼배하고 가라고 그랬으니 그거는 도깨비장난이지 그건 말할 수도 없죠, 응? 그거는 그럴 수가 없죠, 내가 생각한대도.

그러니 낭패스럽게 된 거죠. 고개를 갸우뚱갸우뚱하며 도로 나가더니 다시 들어와서 그냥 그 방석에다가, 이젠 잊어버려서 그럽니다만 얼마를 놓고 갔습니다. 그때에 그 돈이 3만 원인지 30만 원인지 그건 모르겠습니다만 하여튼 그렇게 놓고 갔습니다, 절 삼배를 하고. 하도 속아서 이제는 '그냥 이렇게라도 해 보자.' 하는, '안 되면 안 되고 되면 되고' 그냥 이렇게 한 거라고 생각됩니다. 그래 그럭하고 갔는데 그날 저녁에 꿈을 꾸니까요, 아, 구름을 타고 그냥 그냥 올라가면서 "얘야, 나는 그 스님한테 암만암만을 더 거기다 취해 가지고 가니까 그걸 갚아라." 250원! "250원이 모자라서 더 꾸어 가니까 거기다 갚아라." 이러곤 간 거예요. 그 이튿날 와서 고맙다고 250원을 내면서 좋다고 그냥 절을 하고 갔습니다. 그러고부터 그 가발 회사가 부쩍부쩍 일어나서 돈깨나 벌었죠.

그러다가 그 사촌 동생인 최OO가, 그 얘길 하면 길지만 짧게 하겠습니다. 그 사람이 원주에서 구멍탄 들이고 내는 데 사무를 봤습니다. 그런데 그 월급을 받아 가지고 살 수가 없으니까 부인이 화장품 장사도 하고 그랬죠. 그때에 최OO가 폐결핵이 돼 가지고서는 피를 쏟고 그랬는데 부인이 절에 올라왔길래 팔천 원인가 시주를 하라고 그랬습니다. 팔천 원을 시주를 하라 그랬더니 "없는 사람이 팔천 원이 어디서 납니까?" 그러길래 "당신 남편을 살리려면 화장품 장사 하면서 벌어서 버선 속에 넣어 둔 거 가져와." 그러니까 버선 속에 넣은 걸 어떻게 아느냐는 겁니다. (대중 웃음) 하도 없다니까 말입니다. 없어서 못 한다니까 할 수 없죠, 그 어떡합니까? 그래서 그걸 가지고, 예를 들어서 법정에 들어가서 벌금을 물고선 빼내 오는 것처럼 그렇게 떡 벌금을 문 셈이죠. 그렇게 해서 그 병이 나았습니다.

자기가 잘했든지 뭐, 어떻게 했든지, 그 병이 나아서 이제 서울로, 그 가발 회사의 분점을 내 가지고 벌어먹기 위해서 왔는데, 다리가 삐어서 약국에 가서 동침을 맞았단 말입니다. 발목 뼈에다가 맞았는데 그게 썩어 들어갔던 거죠. 그래 가지고 딛질 못해서 병원에 가니까 여기까지 자르라고 그런 겁니다. 우스운 얘기지만 거기까지 자르라고, 다음 날 아침에 자르라고 그러니까 준비를 다 해 놓곤, 어린애를 업고 와서 그 부인이 막 울었습니다.

그랬을 때 그랬습니다. 낫걸랑은 돈 25만 원을, 그 무렵에는 화폐 개혁 되고 오래됐으니까 25만 원이 얼마 되지도 않았습니다. 그래 25만 원을 가져오라고 그랬습니다. 그 집은 그거 하고도 남음이 있는 집이니까. 그랬더니 아휴, 그러겠다고 그러면서 울면서 가 가지곤 다시 한번 진찰을 해 보고 잘라도 자른다고 그렇게 떼를 써서 다시 진찰을 한 겁니다. 그랬더니 발목으로 내려와서 아무 일도 없으니까 자르는 걸 그만두고, 아, 우리가 오진은 안 했는데 이게 무슨 일이냐고, 뭘 믿느냐고 그러더랍니다. 그래서 불교 믿는다고 그러니까 "그럴 수도 있겠지." 하면서 보내 주더랍니다.

그래 발목만 조금 아프지 괜찮아져서 병원에서 나왔죠. 그런데 돈 25만 원을 부인이 꼬깃꼬깃해서 손에다 쥐여 주니까 그게 아깝거든요. 5만 원은 빼고 20만 원만 넣어서 갖다가 낸 겁니다. 그러니까 5만 원어치 발목이 영 안 낫는 거예요. 허허허…. (대중 웃음) 그래서 그 후에 몇 해가 지났습니다. 여기 집 짓고 그렇게 됐으니 얼마가 지났습니까? 그 후에 와서, 저 마당에서부터 "5만 원어치 마저 낫게 해 주십시오." 그러고 5만 원을 그때에 가져왔습니다, 몇 해가 지나고서야. 그래서 그 5만 원을 도로 갖다 놓은 뒤에야, 그 발목이 5만 원어치가 마저 다 나았다는 얘깁니다. 이게 전설 같지만 실제로 있었던 얘깁니다. 아마 이 보살님은 다 아시겠죠.

그거뿐입니까, 어디? 왜 내가 이런 얘기를 하느냐? 보이지 않는 데서 일하는 건 여러분이 못 보기 때문입니다. 일을 이렇게 한다 저렇게 한다 말하고 합니까? 부처님께서는 그러기 때문에, 시시때때로 찰나찰나 화하시기 때문에 '이게 옳으냐 저게 옳으냐' 그것도 아니다 이거죠. '가야 옳으냐 안 가야 옳으냐' 이런 것도 없습니다. '돈오돈수다 돈오점수다' 이런 것도 다 그렇죠. 돈오돈수가 옳다는 사람은 돈오돈수에 걸린 사람이고 돈오점수가 옳다는 사람은 돈오점수에 걸린 사람이지, 그것도 아니고 그것도 아니다라는 얘깁니다. 그것도 아니고 그것도 아니면 뭐냐? 아무 소리 없이 주먹만 내밀었겠죠, 누군가가.

그러니까 모두들 그렇게 흉내만 내려고 하지 말고 자기 원력을, 자기 능력을 길러야 한다는 얘기죠. 우리가 말 없는 그 고장에, 보이지 않는 그곳에 들고 날 수 있어야, 그렇게 지금 과학적으로도 많이 나타나는 문제들을, 그것도 한계점이 있겠지만 해결할 수 있는 거죠. 세 단계로 나누어서 우리가 생각하는 대로 그냥 우주 법계가 돌아간다는 그 사실, 살림살이가 그대로 돌아간다는 그 점, 내 마음속의 그 의식들이 전부 내 마음 내는 대로 돌아간다는 그 점을 말씀드리고 싶습니다.

왜 이런 게 있죠. 마음은 체가 없어서 원자 속에서 입자로 화해서 분신이 돼 가지고 천백억화신으로 화한다. 그래서 '이 사람은 이런 모습을 하고 이런 무기를 들고 들어가야만 일을 하겠다' 하면, 그 모습으로 화해 가지고는 그냥 들어가는 거거든요. 그러니까 부처님의 한마음이, 깨달은 사람의 그 한마음이 그렇게 천차만별로 화해서 나툰다 이 소립니다. 나툼! 이걸로도 되고 저걸로도 되고 그걸로도 되고, 그렇게 나투면서 일을 해낸다 이겁니다.

"이라크 문제가 이렇게 벌어졌는데 스님은 어떻게 생각하십니까?" 요렇게 묻는 사람이 있어요. "왜 싸움이 일어나게 했습니까?" 그렇게. 허허허…. 아니, 욕심 많은 자는 부처님도 거둘 수 없다고 그런 말씀이 있듯이, 내가 싸움을 하라고 그랬습니까, 하지 말라고 그랬습니까? 그러나 우리가 한생각으로 한마음으로 뭉쳐서 모든 것을, 생각을 잘해 내면 멎을 수 있다 이런 문제입니다. 그러니까 여러분이 생각만 잘하면 아, 석 달 안에라도 다 해결이 날 수가 있죠. 잘해 보세요, 허허허…. 참 멋있는 법입니다. 하도 멋있고 희한해서 묘법이라고 그랬죠. 그러니까 내가 영계에 대해서 말씀을 많이 드린다 하더라도 그거 실감이 나지 않을 겁니다. 여러분이 맛을 봐야 실감이 나듯이.

아이, 어떤 때는요, 선연하게요, 영가 천도 하려고 하면 벌써 주욱 옵니다. 수원에서 사는 어느 신도 일가가 천도를 하려고 돈을 갖다 맡기고 갔을 때였습니다. 그런데 돈 맡기고 간 걸 벌써 알기 때문에 그날 저녁에 오는데 말입니다, 아, 이렇게 하늘을 쳐다보니까 그냥 전부 이게, 왜, 후욱 불면 이렇게 불어지는 거 있죠? 그것이 수없이 오는 거예요. 수없이 오더니 우리 절 여기 중턱에서 탁 그냥 내리더니만, 거기서 그냥 하나하나가 전부 사람으로 화하는 겁니다.

그래 가지곤 뭘 가지고 오느냐 하면, 색깔 있는 담요로 이렇게 둘둘둘 말아서는 들것에다 담아 가지고 그냥 들어오는 겁니다, 송장을. 허참 내, 우스워서! 그런데 남은 모르죠. "왜? 무엇을 보여 주려고 들것에다 그렇게 해 가지고 왔느냐?" 하고 물으니까, 그쪽에서 하는 말이, 자식이라고 하는 것이 그저 부모를 개떡같이 알아서, 염은 잘하지 못하더라도 깨끗하게라도 할 것이지, 더러운 담요에다 싸서 그냥 산에다가 묻었다는 거예요. 죽을 때에 뜨거워서 탄 것도 그렇고 뚫어졌어요, 전부. 그러니까 담요 깔고 거기다가 그냥 똥 싸고 오줌 싸고, 그냥 별거 다 있는 데다가, 고름 묻고 그런 걸 그냥, 죽으니까 그냥 거기다 둘둘 만 겁니다, 이제. 말아서 그냥 갖다가 묻은 거예요. 그랬으니 그게 자식 된 도리입니까, 어디?

그러니까 세 집, 네 집이 싸움이 일어나고, 삼 형제인데 그저 눈만 떴다 하면 형제들끼리 작대길 들고 싸운대요, 그냥. 그러곤 그냥 못 살겠어서, 싸우기만 해도 문제인데 되는 노릇이 없고, 그렇게 삼 형제가 전부 다 의절을 한 거예요. 가르치려고 그러다 보니까 그렇게 못쓰게 싸우고 의절을 했다는 거죠. 자식들이라도 자식 아닌 거를 내 이제 알았다는 거죠. 죽어서야 알았다는 거예요. 그렇게 공부시켜서 길러 놓으니깐 이렇게 하는 것밖에 없더라는 얘기를 하는 겁니다.

그래서 내가 그 이튿날 왔길래 호통을 쳤습니다. "왜 죽은 분을 담요에다가 그냥 뚤뚤 말아서 묻었느냐? 그러고 여기까지 들것에다 들고 오게 만들었느냐? 네가 한 대로 여기 들것에다 들고 왔더라." 그러니까 깜짝 놀라는 겁니다. 담요가 무슨 색깔이냐고 물어요. (대중 웃음) 이런, 아이구! 거기다 대고요. 글쎄, 그렇게 하고 있단 말입니다, 그래도 못 믿어서. 그래서 누구누구 간 것까지, 그렇게 보여 준 그대로 "그 사람네들이 다 왔더라. 동네 아무개, 누구누구 너희 친척이 갔지 않느냐? 그것도 자식들 손수 한 게 아니라 남을 시켜서 갖다 팽개치듯 하고 지금 산소도 어디 있는지 찾지 못하지?" 내가 그랬더니 "아이구, 잘못했습니다." 하고 그냥 백배사죄를 하지 않습니까?

그래서 그 천도를 하는데 말입니다, 들어와서 요것 좀 사고 조것 좀 사고 싶다는 거예요. 그 영가님이 같이 나가서요, 하하하…. 그래서 내가 시장 보는 스님한테 그랬죠. "얘, 네가 손 닿는 대로 사고 돈도 깎지 말고, 또 네가 마음 내키는 대로 사거라." 그랬다고요, 내가. 그랬더니 정말 가서 좋은 걸로만 집어지고 많이 사고 싶고, 돈도 깎고 싶지 않고 그래서 그대로 해 가지고 왔다는 겁니다. 그러고는 자기 노비를 좀 가져가야 할 테니까 날더러 그걸 '남겨 주십시오.' 이겁니다. 그 남겨 준다는 자체가 뭐냐 하면 이 세상에 나올 때 노비를 해 가지고 나와야 되거든요. 독불장군이 없어요. 모두가 서로 도와야 나오기도 하고 들어가기도 하니까요.

그래서 거기서 그렇게 한 상 차리고서 그 영가님 해 달라는 대로 그렇게 했습니다. 그건 나만 본 게 아닙니다. 우리 이 부장도 그전에 영가 천도 시킬 때 보면, 총에 맞았으면 총에 맞은 대로 들어와서 피를 흘리고 서 있고 뭐, 고맙다고 그러고 나가기도 하고요. 눈감고 염불할 때는 그냥 역력히 뜻으로 오고 보이는 거죠. 그러니까 내려와서 "총에 맞으셨습니까?" 이러면 "아이구, 그걸 어떻게 아세요?" 그럴 때도 많았다구요.

그러니까 지금도 우리 총무 스님이 그럽니다. "아휴, 스님. 아주 좋은 걸로만 사질 때가 있고요, 그냥 언짢아도 많이만 사는 때가 있고요, 돈을 많이 남기고 물건을 조금 살 때가 있고요, 또 물건을 많이 사고 돈을 조금 남길 때가 있고 그렇습니다. 이 물건 사는 데 제 마음대로 못 하겠습디다." 이래요. 항상 그러거든요. 그렇게 해서 천도시켜 주니 그 집이 화목해지고 이제는 일이 잘 풀려서 외국으로 아들도 보내고 뭐, 아주 괜찮아졌죠. 지금은 너무 여러분이 많이 오시니까 뭐, 그 뒤에 또다시 들어 보지도 못했습니다마는.

여러분은 모르시는데요, 여러분 주인공은 둘이 아니니, 조상들이나 부처나 중생이나, 어떠한 목신이든 지신이든 용신이든 뭐 할 거 없이 자기의 용도에 따라서 닥치는 대로 거기 맡겨 놓으십시오. 감사하게 거기 맡겨 놓으십시오. 그러는 이유는 한생각에 악의 씨가 수만 개도 벌어질 수가 있고, 그래서 집안을 어지럽힐 수도 있고, 선의 씨가 또 수만 개가 돼서 부자를 만들어 놓을 수도 있기 때문입니다. 그러니까 그 씨가 '영, 영, 영, 영…' 이므로 그 씨는 둘이 아니다 이겁니다. 그러니 천만 개를 집어 넣어도 둘이 아니니 구태여 그걸 둘셋으로 보지 마시고 주인공에다 모든 것을, 조상들도 다 자기와 둘이 아니게끔 거기다 맡겨 놓으시고 그렇게 하신다면 영가님들이 부질없이 그렇게 떠다니지는 않을 거다 하는 소립니다.

나는 우리 어머니 돌아가시는 것도 못 봤고, 아버지 돌아가시는 것도 못 보고 그랬지만, 지금 내 아버지 내 어머니는 내가 이렇게 있는 이상 살아 계시는 거죠. 항상, 더불어 같이 살고 계십니다. 그러니 그 분들만 같이 살고 있는 게 아니라 모두가 공생(共生)이며, 공심(共心)이며, 공체(共體)며, 공용(共用)이며, 공식화(共食化)하고 있다는 사실을 여러분은 잘 아셔야 될 겁니다.

이 세상의 도리가, 천체가 주고 먹고 주고 먹고 이럽니다. 나무들이 공기를 좋게 해서 우리를 주고, 우리는 또 나무들이 먹게끔 내놔 주고 하듯이 말입니다. 모든 게 서로 괜히 태어난 줄 알지 마십시오. 개구리 하나도 촌충 하나도 그냥 괜히 태어난 게 아닙니다. 여러분이 과거의 미생물에서부터 수없는 나날을 거치면서 진화돼서 인간까지 됐다는 것을 알고 싶다면 여러분 배 속을 보십시오. 그 생김새가 천차만별로 얼마나 많이 다르게 생겼으며 또 작고 큰 것이 얼마나 많습니까? 그거를 다 거쳐서 나왔다는 증거입니다, 바로.

그래서 그 인연에 따라서 인과로 생긴 그 뭉치가 바로 혹성입니다. 그 의식들이 별성이라고 해도 되고요. 그러니 여러분 하나의 집안이 바로 지구라고 해도 되는 혹성, 작은 혹성, 큰 혹성, 또 거기다 더 큰 혹성, 이렇게 본다면 수없이 은하계가 많고 수없이 혹성들이 많아서 모래알 같다고 했습니다. 헤아릴 수가 없는 거죠. 그러니 우리 마음의 그 별성이 바로 그 별성의 생명의 밝음인지도 모르죠. 아니, 그렇다고도 볼 수 있죠. 그래서 그전엔 하늘을 쳐다보고 '별 하나 나 하나, 별 둘 나 둘' 이렇게 하기도 했습니다. '너와 내가 직결돼 있구나. 모든 생명들이 내 생명과 더불어 직결돼 있구나.' 이런 걸 느꼈구요. 그런 거를 스스로 자기가 알고 느낄 때에, 안다 모른다 봤다 이런 소리도 하지 말아야 하는 문제가 있겠죠.

그리고 한 가지 부탁할 것은 나를 깨쳤을 때, 나를 발견했을 때에 안에서 시키는 대로 하지 말라는 거, 해서 좋을 일이라면 시키는 대로 하고 또 이것을 해서 누가 될 일이라면 '바로 나를 테스트하려고 그러는 거로구나.' 하고 고맙게 생각하고 거기 다시 놔라 이거죠. 바깥으로 끄달리면서 남의 말을 듣고 하지 말고, 내 마음에 의해서 딱 해야만이 그것이 바로 정도며 정심이며, 그것이 바로 옳게 들어가는 공부입니다. 그러니 어디에도 노예가 되지 말고, 어디에도 국한돼 있지 말고, 어디에도 끄달리지 말아야 합니다. 여러분이 수없이 나투면서 이게 되고 저게 되고, 아버지가 되고 아들이 되고 이렇듯이 그렇게 나투는 생활을 지금 여러분은 하고 계십니다. 그와 같이 무심(無心)으로 그렇게 하고 있는 거니까, 그렇게 양면을 껴잡아서 중용을 할 수 있어야 멋있는 자유인이라고 하는 겁니다. 그러면 무슨 얘기 또 있습니까?

사회자 오늘도 35분 초과했습니다.

큰스님 그렇습니까? 하하하…. (대중 웃음) 그러니까요, 이거는 간략하게 아주 근본 도리로서 얘기한 거지 자세한 거, 차려 놓고 뭐, 이렇게 하고 저렇게 하고 하는 건 얘기 안 한 겁니다. 그러니까 그렇게 아시고…. 우리가 극치적으로 들어가야만 되니까 그런 건 일일이 말할 필요 없는 겁니다. 여러분이 없으면 모두가 없는 겁니다. 이 상대성 원리도 내가 있기 때문에 있는 겁니다. 그러니 둘로 보지 마시고 그 삼 단계 없는 삼 단계를 다 흡수하셔서 '하나의 마음도 없는 도리구나!' 하는 그런 나툼, 그 도리를 깨달으십시오. 그러면 감사하겠습니다.

그리고 이제는요, 셋째 일요일 날 법회를 할 때요, 여기 형제 법우님들이 질문을 하는 법회로 하십시다. 그래야 소상히 나올 것 같습니다. 그리고 내가 하고 싶은 말 첨보해서 하고요.

이심전심의 묘법

1991년 4월 7일

신도회장 한 말씀 드리겠습니다. 큰스님께서는 여러분께서 잘 아시다시피, 오랫동안 이역만리 미주(美洲)에서 무척 수고를 많이 하시고 돌아오신 지 며칠 되지 않으셨습니다. 피로도 채 가시지 않으셨는데도 오늘 저희 한마음 법형제법회를 위해서 법문을 해 주시는 데 대해서 감사를 드리고 또한 송구스럽게 생각합니다. 저희들 회원 일동은 큰스님의 법문 한 말씀 한 말씀을 가슴에 깊이 아로새겨 저희들의 공부에 많은 발전이 있기를 기원해 마지않습니다.

큰스님 오늘 법의 형제분들이 한데 모여서 참으로 놀랍게도 그 한마음으로 목청을 높여서 노래하시는 걸 보니 정말 감개무량합니다. 한 분도 빠짐없이 그 법음을 똑같이 부르시는 걸 보고 감사하고 또 놀랐습니다. 그것도 성의가 없으면 그렇게 할 수가 없겠죠.

우리는 지금 이 자리에서도 마음의 이심전심을 서로 알게 하고…, 나 자체부터 알아야 이심전심을 일체 만물만생과 더불어 같이 할 수 있는 그런 계기가 될 거라고 믿습니다. 아까도 어떤 스님이 말씀하시는 거를 내가 잠깐 들었습니다. 학술적으로는 다 옳고 그렇지마는 즉각적으로 들어가는 데는 상당히 어지럽고 혼란이 옵니다. 잘 감안하셔서 참작하시길 바랍니다.

이 세상에는 하나도 가질 것이 없고, 나중에 그걸 알고 보면 하나도 버릴 게 없다는 그런 점이 있지마는 "꽃 한 송이를 들고 웃었다" 하는 그 장면 말입니다. "꽃 한 송이를 들고 웃었다. 그 꽃 한 송이를 들고 모든 대중들 안으로 들어갔다." 하는 그 대목이 어떠한 뜻이겠습니까? 이 삼라만상 대천세계의 모두가 마음과 마음이 이어져서, 내가 항상 말씀드리듯이 공생(共生) · 공용(共用) · 공체(共體) · 공식화(共食化) 하고 있기 때문에, 그리고 둘이 아니기 때문에, 과거의 미생물에서부터 거쳐 올라오면서 쫓고 쫓기며 진화돼서 우리가 지금 이렇게 나왔으니만큼, 부처님께서는 꽃 한 송이의 마음의 동작을 본 겁니다. 꽃을 한 번 들었으니 바로 법입니다, 그게. 법에 의해서, "웃었다" 이러는 것은 같이 동작을 한 거죠. 그러니 꽃 한 송이도 바로 그 웃음이요, 바로 가섭이 웃은 것도 또한 그 꽃 한 송이죠. 그래서 그 마음이 이심전심으로 통했으니 그 어디, 꽃과 가섭이 웃은 것이 둘이겠느냐는 얘기죠.

그런 데다 둘이 아닌 까닭에 만민과 더불어 둘이 아닌 그 표상을 그대로 보여 주신 거죠. 다보탑(다자탑, 多子塔)에 같이 앉은 그 뜻을 생각해 보십시오. 모두가 한도량입니다. '다보탑' 하면 전체 삼천대천세계 그 자리가 한자리라는 뜻입니다. 한도량이라는 거죠. 그러니 정말 얼마나 갸륵하고 광대무변한 법이겠습니까? 그러니 한마음 한동작 바로 한자리, 나중에 가서는 둘 아닌 도리에 의해서 발을 쭉 내밀었다 하는 것은, 한자리에 한발로 이 땅을 딛고 모두가 찰나에 나툼이 있으니 어찌 그것조차도 둘이겠느냐는 얘기죠. 이것이 바로 여러분의 마음에 의해서 삼보에 귀의하는 것입니다. 이건 즉각적으로 들어가는 것이요, 즉시 들어가는 것입니다.

여러분한테 영원한 생명의 근본이 있어서 바로 우주와도 직결이 돼 있고 세상과도 가설이 돼 있다, 그리고 모두 한도량 안에 들어 있다고 했죠. 그런데 또 몸뚱이 하나로 본다면 영원한 자기의 생명, 그 근본이 있기에 마음을 낼 수가 있어서 법이고, 몸을 움죽거릴 수가 있으니 그것은 바로 활용입니다. 그러니 이 세 가지, 바로 자기 자성 삼보(自性三寶)부터 알아야죠. '삼천' 하면 벌써 세 개가 따로 있는 게 아니라 천으로, 세 개는 하나의 천으로 귀합이 된 걸 말합니다. 그래서 '삼천' 하면, '천'이 이 세상을 전부 한데 귀합시킨다는 뜻입니다. 그것이 바로 '정(定)'일 수도 있구요. 우리가 맷돌 하나를 놓고선 심봉을 하나 탁 꽂으니까 그게 '천'이죠. 이 맷돌은 맷돌대로 돌아갈 수 있게 하는 능력을 심봉이 가지고 있다는 얘기죠, 자세히 말을 하자면.

그러니까 우리 인간이 법의 법좌를 가지고 있지 않습니까? 그래서 그 법좌 자체에서 다 하니까 바로 요것도 네놈이 하는 거, 요것도 네놈이 하는 거, 요것도 네놈이 하는 거, 모두가 네놈이 하는 거죠. 과거에 나를 끌고 다니던 나 자체가 바로 내 모습을 다시 그림 그리듯 그려서 이 세상에 내놓은 거죠. 그렇게 형성을 시켜 놓으니 모든 것은 바로 과거에 살던 인연에 의해서 주어진 내 벗들이요, 친구들이죠. 몸뚱이 속에 있는 그 의식들이 전부 여러분이 살던 인과로 인해서 맺어진 벗들이라고 할 수 있고, 지금도 그 벗들이 달라는 대로 주고 있습니다. 여러분이 먹는 게 아니라 그 벗들이 달라는 대로 여러분은 열심히 벌어서 그 벗들을 먹이고 있습니다. 그래서 아래로는 중생이요, 위로는 부처와 한자리라고 한 거죠. 그것을 부처님께서 상구보리(上求菩提) 하화중생(下化衆生)이라고 그런 것인데 바로, 위로는 마음의 도리를 구하고 아래로는 중생을 제도하는데, 자기 중생부터 제도하라는 얘기도 되죠.

우리가 학술적으로 이것저것, 잎이니 가지니 하지만 뿌리만 알면 나무 전체를 알 수 있는 거죠. 뿌리를 모른다면 윗가지와 잎새만 알지, 뿌리는 모르거든요. 뿌리가 썩어 들어가는지 뭐가 어떻게 되는지 모르는 겁니다. 그러니 가지마다 잎새가 달렸는데, 그 잎새는 수효가 많아서 헤아릴 수 없습니다. 그걸 하나하나 세려면 셀 수가 없는 거죠. 그렇기 때문에 수효로 따지는 게 아닙니다, 이 공부하는 건.

한생각에 우주를 쌀 수도 있고 우주를 담을 수도 있고, 우주를 굴릴 수도 있고 우주를 들 수도 있고 받칠 수도 있고 이런 것입니다. 여러분이 들을 때는 어떻게 생각할지 모르지만, 한 그릇 한마음이라는 이 뜻은 정말이지 뿌리 없는 기둥이요, 잎새 없는 바로 불바퀴 불기둥입니다. 불기둥이 하늘을 받치고 이 세상 돌아가는 거를 다…, 광력이나 전력·자력·통신력 모두가 거기에서만 배출돼서 여러분이 원하는 대로 다 주어지는 것입니다. 우리가 필요한 대로 전력을 끌어서 쓸 수 있도록 말입니다.

그러니 여러분, 누가 여러분 몸을 아프게 하고, 누가 여러분을 가난하게 하고, 누가 여러분에게 그렇게 뼈저리게 건건이 괴로움을 주겠습니까? 여러분이 과거에 살던 인연에 의해서 그게 업보가 되고, 그래서 지금 건건이 거기에서 그렇게 나오는 것입니다. 누구의 탓도 할 것 없고 누구 원망도 할 것 없이 내 탓으로 돌렸을 때, 바로 나로부터 그 일을 벌여 놓은 거니까 나로부터 해결할 수 있다는 그런 문제죠. 누가 갖다 주고 누가 뺏어 가는 게 아닙니다. 그렇기 때문에 그것을 숙명통 컴퓨터라고 했고, 그 컴퓨터에 달려 있는 시스템은 모두가 한마음에 들어 있다는 그 사실, 과거에 살던 마음과 지금 마음이 이심전심으로, 부(父)와 자(子)가 둘이 아니게 만남이 있어야 우리가 공부를 진짜로 할 수 있다는 사실이 따르게 되죠.

지금 화두를 받아서, '무(無)' 자 화두나 이러한 것을 가지고 나가는 걸 생각해 보십시오. 여기서 우린 한 단계 넘어서야 됩니다. '이게 뭣고?' 하고 가는 것보다도…, 뭐긴 뭡니까? 그대로 한 단계 넘어서서 우리는 '내가 바로 이 세상에 나와서 공했도다.' 하는 겁니다. 이 세상에 나온 그 사람이 바로 화두며 공했다. 공했으니 그 무엇을 바깥으로 찾으랴. 과거는 짊어지고 나왔고 미래는 가지 않았으니 바로 현재의 여러분인데, 그 여러분이 공했다 이겁니다. 그러니 그 공한 자체가 바로 그대로 주인공입니다.

그래서 앉아서 좌선을 할 때는 그렇게 하죠. '주인공만이 주인공이 있다는 증명을 해 줄 수 있다.' 또는 '네가 있다는 걸 너만이 증명해 줄 수가 있다.' 그렇게 하는 것이 '관(觀)' 입니다. 우리가 좌선을 하면서도 그렇게 하는 것이 '참선' 이라고 봅니다. 또 망상이나 어떠한 괴로움이 온다 하더라도 그 괴로움 때문에, 망상 때문에 나는 공부가 안 된다고 생각하지 마세요. 그리고 답답한 것이 나온다 이럴 때도 그런 데에 끄달리지 마세요. 지난번에도 얘기한 것처럼 망상은 팥죽 솥에서 팥죽 끓을 때에 방울방울 지어서 나오듯이 모두 한 솥에서 나오는 것입니다.

망상이라고 이름을 지어 놨으니까 그렇지 어찌 그게 망상이겠습니까? 수없는 중생들과 인연으로 인해서 만나서 자기를 이렇게 움죽거리게 하는 직원과 같은데, 어떻게 직원을 망상이라고 하겠습니까? 그러니 그 직원에게서 어떠한 말이 나오더라도, 어떠한 답답함이 나오더라도 그건 자기가 답답한 게 아니라 그 중생들이 답답해하니까 답답한 것입니다. 그러니 거기에 말리지 말고 속지 말고 '아, 답답한 건 거기서 해결할 수 있잖아. 그 한마음 속에서 말이야.' 할 때가 바로 컴퓨터에 입력된 것이 지워지는 그 찰나입니다. 입력을 다시 해 보십시오, 지워지지 않나.

우리가 살아나가면서 보면…, 나도 엊그저께 이러한 생각을 했습니다. 비가 부슬부슬 오고 바람이 쌩쌩 불고 날이 찼습니다. 그럴 때 바람 쐰다고 나가서 거닐었죠. 그런데 여기 온 것도 가는 것도, 또는 어떻게 하라는 그것조차도 없건만 글쎄, 그 이그러진 얼굴의 눈가엔 이슬방울이 지워질 사이가 없다는 생각이 들었습니다. 뭐 때문에 그랬겠습니까? 가는 곳마다 앙상한 가지에 매달려서 그 잎새는 비바람에 으쳐진 상처가 아파서 불불 떨면서 땅에도 떨어져서 구르고, 나무에 붙어서도 퍼렁퍼렁 울었습니다. 내가 다니는 데마다 그런 짝이고 그런 일들이 벌어지고 그러니 내 가슴속에선 남 보이지 않게 속으로 흐느끼는 눈물이 흘렀습니다. '어쩌면 사람 사는 거, 짐승들 사는 거, 벌레들 사는 거, 나무들이 저렇게 사는 거, 모든 산천초목, 물, 바람, 흙, 사람, 벌레, 짐승 모두가 하나같이 그렇게 아픔을 느끼면서 저렇게 살아가고 있구나.' 하는 생각을 할 때, 내가 어땠겠습니까?

그래서 이렇게 읊으면서 걸었죠.

아, 달 하나
별 하나
구름 한 점
내 님 좇아서 이리저리 걷다 보니
앙상한 가지에 으쳐진 상처가
아파 우는 그 목소리는
내 귓가에 스쳐 가는구나

어찌해서
가고 오는 것도 없으련만
상처도 없고
아무것도 없으련만,
바로 내 눈가에 눈물은
마를 날이 없을까?

그러면서 혼자 그 찬바람을 누비 두루마기로 막으면서 이렇게 중얼중얼거리고 갔습니다. 이것이 인생의 한 길이요, 사람 삶의 한 길이라면, 벌레도 그 생명체가 있으니까 그대로 무댓방, 어떻게 살아야 하는 건지도 모르면서, 금방 붙잡혀 가서 솥에 들어갈지도 모르는 그러한 삶의 아픔 속에서 살아가고 있는 겁니다. 그런데 여러분은 인간이기에 불쌍한 것도 알고, 속상한 것도 알고, 잘못되는 것도 알고 잘되는 것도 압니다. 그렇기 때문에 애당초에 만물의 영장이라고 말씀해 놓은 거죠.

지난번에도 얘기했지만 뼈다귀 한 무더기, 거기다 왜 절을 했던가? 미생물에서부터 거쳐 오면서 아버지 어머니 안 될 때가 없었고 자식이 안 될 때가 없었고 형제가 안 될 때가 없었으니, 지금의 우리 육(肉)의 부모만 부모가 아니라 모두가 부모요, 모두가 형제요, 모두가 자식이라 이 소립니다. 알고 보면 한 철 이렇게 우리가 사는 동안에만 부모가 있고 자식이 있는 게 아닙니다.

어느 사이에 한 찰나에 한 철을 겪고, 우리들 그 잎새는 어디로 가랑잎이 돼서 굴러가다가 또 한번 보이지 않는 데로 굴러서 이 세상에 출현하게 됩니다. 여러분이 지금 이 자리에 앉아서 이렇게 공부를 열심히 하고 계신 걸 볼 때에, 내 마음이 흡족하면서 한쪽으로는 정말이지 눈물겨웁도록 감사함을 느낍니다. 모두가 마음은 이심전심이요, 몸은 한 몸이요, 움죽거리는 것도 다 똑같고 생명도 다 똑같은데, 언제부터 이렇게 쫓고 쫓기면서 삶을 살아왔는가를 한번 생각해 보십시오. 정말 마음이 아픕니다. 그러니 여기에서 벗어나야만 하지 않나 생각합니다.

내 몸에서 벗어나지 않는다면 내 몸 벗기도 어렵습니다. 아파서 3년이고 2년이고, 왜 그렇게 앓는 줄 아십니까? 내 몸 벗기가 그렇게 어려워서인 것입니다. 그러니 내 몸 바깥에 있는 그 모든 물질에 착을 두지 말고, 자식이나 형제나 부부지간이나 이런 것에도 착을 두지 마시고, 내 탓으로 돌리고 사랑할 수 있다면 그 사랑은 진정한 사랑일 것입니다. 모두가 '당신 탓이야, 네 탓이야' 하고 '저놈의 새끼 탓이야, 네 탓이야' 뭐, 이거 이루종차 서로가 서로를 그렇게 탓을 한다면 그 집안이 어떻게 화목하며 어떻게 사랑할 수 있겠습니까? 우리가 같이 모여서 얼마나 살다가 가겠다고 그렇게 서로 잘못했다고 으르렁드르렁하고, 그렇게 모든 일을 부정적이고 악의적으로 끌고 나가야만 되겠습니까? 따지고 보면 우리 이 몸이, 모습을 가지고 철모르고 얼마나 살 것이며 또 철들어서 얼마나 살겠습니까? 철들어서 조금 살다 보면 벌써 머리는 희뜩희뜩하게 다 쉬어 갑니다.

그러니 이 모습이 있을 때에 이 마음의 공부를 진실하게 해서 모르고 넘어가진 말아야 될 것입니다. 우리가 무(無)의 세계의 50%를 모르니까 유(有)의 세계의 50%만 알고 살게 되죠. 그래서 가섭이 아난더러 "너는, 말하자면 무의 세계, 무심(無心) 도리를 모르기 때문에, 바로 무심과 유심이 한데 합쳐진 이 크나큰, 광대무변한 도리를 모르기에 한 점의 글씨도 못 쓰니까 자격이 없다." 하고 내쫓았죠. 우리가 이 도리를 안다면 돌에 세워 놔도 산다고 항상 말을 했듯이 어디에 세워 놔도 참으로 귀한 보배인 것입니다.

여러분이 자신들을 아주 무시하고 이거는 한갓 허무한 몸뚱이라고 이렇게 생각하지 마세요. 지금 귀한 거를 모르면 다음에도 귀한 거를 모릅니다. 자기가 못났든지 잘났든지 자기만이 자기를 알아주고 자기만이 자기를 이끌고 가기 때문에 정말이지 귀한 것입니다. 어느 누가, 어느 누가 그 아픔을 알아줍니까? 이 세상 한 철 살아가는 길면서도 짧고, 짧으면서도 그 긴 세월을 어느 누구가 알아줍니까?

그리고 내가 부탁할 말은 항상 남의 입장에 서서, 나를 없애고 남의 입장에 서서 남의 마음을 알아 줄 수 있는 그런 행과 말과 뜻을 갖는다면 모두가 귀하게 보며 이 세상천지가 다 귀하게 볼 것이고, 보이지 않는 그 법계에서도 전부 귀하게 볼 것입니다. 우리가 항상 그렇게 살고 있기 때문에 보이지 않는 영령들도 전부 보이지 않는 데서 벌써 보고 있습니다. 자기가 행동하고 자기가 마음으로 아는 것을 우주간 법계에서 알고 있습니다. 그렇기 때문에 "저거, 도와줄 수가 없어." 이렇게 나오죠. 그러니까 '자기 마음이 그 마음, 그 마음이 내 마음' 그렇게 될 수 있는 그런 아량과 선처, 부드럽게 할 수 있는 그 마음, 그것을 행하십시오. 오늘 질문이 있으십니까?

질문자1(남) 큰스님께서 제가 꼭 하고 싶었던 질문의 답을 미리 말씀해 주셨습니다. 제가 선원에 나온 지는 한 15년 됩니다. 처음에 나올 때 큰스님의 책을 밤을 새워서 읽었습니다. 그로 인해서 큰스님을 찾게 되었습니다. 그동안에 큰스님의 법문을 많이 듣고 또 그대로 실천하려고 노력을 했습니다. 특히 관하라는 말씀과 또 놓고 가라는 말씀, 주인공에게 맡기라는 말씀, 이것을 항상 염두에 두고 생활하면서 언제나 그걸 실천에 옮기려 했습니다. 그래서 때로는 어머니도 될 수 있고, 또 아버지도 될 수 있고, 또 동생 형도 될 수 있고, 산천초목 물도 될 수 있다고 이렇게 생각하면서 해 왔습니다.

그런데 그러다 보니까 참선이라는 것을 해 보지 못했습니다. 다만 생활하면서 느끼고 참나를 찾기 위해 대화를 하려고 노력하면서 이렇게 왔습니다. 사람들의 수행하는 과정이 각기 다른 것 같습니다. 어느 분은 깊은 산에 가서 며칠이고 참선하는 분도 계시고, 또 저 같은 사람은 그냥 그때그때 느끼면서 그렇게 지내고 있습니다. 큰스님께서는 이 마음이라는 것이 다른 데 있는 것이 아니고 참진리는 자기에게 있는 것이며, 남이 하는 것이 아니고 전부 주인공이 하는 것이라고 이렇게 말씀해 주셨습니다. 그래서 저희들이 수행하는 과정에서 반드시 참선을 해야 되는지, 또는 깊은 산중에 가서 망상을 떨치기 위해서 시간을 많이 보내야만 깨달음의 경지에 이르는지, 아니면 그냥 저희들처럼 이렇게 생활하면서 자꾸 갈구하고 참나와 대화하려고 노력하고 실천을 해 가도 되는지요. 어느 쪽이 더 좋은지 큰스님의 말씀을 좀 듣고 싶습니다.

큰스님 사람들이 참선을 한다 하면 그저 몸을 조아리고 앉습니다. 그런데 여기서는 몸을 수행시키는 게 아니라 마음을 수행시키는 공부를 합니다. 딴 데서 하는 게 틀렸다고 하는 건 아닙니다. 오늘도 법사스님이 오셔서 이렇게 말씀을 하셨습니다. 미국에 가서 보니까 스님네들이 좌선, 참선하는 자세를 가르치고 계셨다고 그럽니다. 그런데 좌선을, 앉아서 하는 걸 가르치고 가는 것만이 부처님이 가르쳐 주신 뜻은 아닙니다. 사람들은 앉았다가 일어나면 선(禪)은 끊어진다고 생각합니다. 그러나 선이란 앉아 있는 것도 아니요, 서 있는 것도 아닙니다.

또 아까도 얘기했지만, 우리는 항상 앉아야 된다고 하는데, 그전에도 마조(馬祖)가 앉아 있으니까 회양(懷讓)은 기왓장을 갈았다 하지 않습니까? "넌 뭐를 하려고 그렇게 앉았느냐?" 하고 묻자 "나는 부처를 이루려고 이렇게 앉았다."라고 대답했습니다. "그러면 너는 일어나지도 먹지도 누지도 말아야 선이 끊어지지 않지, 그렇게 앉았다 일어나면 선이 끊어지는데 어찌 그렇게 할 수 있겠느냐?" 하니 거기에서 그만 깨달았다고 했습니다.

그런데 앉았다 일어나면 선이 끊어진다고 생각하는 사람은 앉았다 하면 아주 일어나지 말아야죠. 그게 목석입니다. 부처님께서도 그렇게 해 보시고 '아, 이것이 아니라 바로 마음 수행이로구나.' 해서 그 후로는 마음의 수행을 중시하셨고 힌두교도에게 수행하는 방법도 일러 주셨죠. 우리가 지금 망상이 일어난다 이러는 것도, 아까 얘기했지만 그건 망상이 아니다 이겁니다. 가르치기 위한 방법으로 망상이라고 그랬지 우리가 생각이 나지 않는다면, 이 생각 저 생각, 나쁜 생각 좋은 생각 이런 게 안 난다면 어떻게 부처를 이룹니까? 그러니 부처 가운데서 중생이 나왔고 중생 가운데서 부처를 이루었다 했습니다. 어찌 그것이 둘이라고 봅니까?

그런 반면에 참선이라는 이 자체는 바로, 아까도 얘기했죠. 첫째, 주인공만이 주인공이 있다는 증명을 해 줄 수 있는 거다. 둘째, 증명을 해 줌으로써 둘이 아니게 돌아감을 알게 할 수 있을 것이다. 들이고 내는 그 능한 도리를 알게 해 줄 것이다 이겁니다. 바로 그렇게 둘이 아니게 돌아가는 그것을 아는 까닭에, 세 번째는 둘이 아니게 이 모든 일체 생명과 더불어 같이 나툰다고 하는 도리가 바로 거기에서 이루어진다 이런 것이죠. 그렇기 때문에 "망상이다, 망상이 아니다 하는 것을 다 놔라." 하는 겁니다. "선으로 돌아간다면 악이 붙고, 악으로 돌아간다면 선이 붙으니 어찌 벗어날 길을 찾으랴! 악도 놓고 선도 놔라." 그런 것이죠.

그러니까 마음이라는 이 자체에서 그대로 묘하게, 인간을 첨단으로 이루게 할 수 있는 그 마음이 용솟음치고 나옵니다. 그 마음을 좀 더 넓혀서 생각을 해 보지 못했기 때문에 그렇지, 그 마음이 얼마나 묘합니까? 그 마음은 여러분의 보배인 것입니다. 즐거운 것도 가져올 수 있고 슬픔도 미움도, 또 선의적인 마음도 악한 마음도 듣고 보는 대로 생기니 그 얼마나 묘합니까?

그것을 망상이라고 생각하기 이전에 '아하, 이런 것이 전부 죽솥에서 끓는 죽방울 나오듯이 그 많은 생명의 의식 속에서 나오는 건데 내가 왜 거기 말리랴.' 라고 해야죠. 죽방울이 '그냥 그렇게 해!' 해도, '그래, 그냥 그렇게 해!' 그렇게 나와도, '네가 했으니까 네가 모든 것을 그 한마음 속에서 해결해라.' 하면 '야, 내가 네 속을 썩이려고 그냥 막 이랬는데 너는 유유하게 말이야, 내가 그러는지 벌써 알고 있으니 재미가 없어.' 그래서 그만, 그만두는 겁니다. 그러니 속이 터지던 것도 그만 가라앉는 겁니다. 자기 탓으로 돌리니 눈물만이, 아무 상관 없이 눈물만 흐르는 거지요. 어떤 분이 그렇게 했다면, 정말이지 앞으로 머지않아서 정말 우죽 쏟아지듯 할 수 있는 그런 계기가 되지 않을까요? 보세요. 우리 마음의 뿌리가 칡뿌리라면 하여튼 굵고 깊이 박혔어야 그 가지마다 굵게 뻗어 나가니까, 눈이 오나 비가 오나 여름이 되나 사철 그 칡꽃은 어김없이 필 것입니다.

그와 같이 인간의 꽃이라는 것은 그렇게 무궁무진하며 뿌리가 깊으면 아무리 비바람이 쳐도 그것은 뽑히지 않습니다. 그와 같이 우리 마음의 뿌리를 깊이깊이 뻗어 나감으로써 위로는 부모의 은혜도 갚고…, 일체 조상이 둘이 아닙니다. 벌레의 부모도…, 거미도 자식을 뒀고 부모를 뒀습니다. 하다못해 개구리도 개구리 부모를 뒀고 자식을 됬습니다. 우리도 그랬습니다. 그런데 어찌 부모가 다르고 자식이 다르겠습니까? 그 벌레에서부터 올라온 겁니다. 그렇다면 그 마음이 얼마나 어렵게 인간으로 화(化)했기에 각자 자기가 광대무변하고, 또 만물의 영장이라고, 일등 동물이라고 말을 했겠습니까?

그렇다면 우리가 지금 이 몸 안에서 마음이 벗어나야 합니다. 첫째는 몸 안에서 벗어나야겠다, 이 몸 안에서 나오는 그 모두를 다스릴 수 있어야겠다는 것이지요. 내 몸이 있으니까 그 중생들이 있는 겁니다. 내 몸이 없다면 그 중생도 없고 바로 상대도 없습니다. 그런데 내 몸이 생겼으니까, 어떻게 됐든지 내 몸이 이렇게 생겼으니까 내가 있는 것입니다, 모두. 내 몸의 중생들이 어떻게 놀든지 모든 것을 내버려 둘 수 있는, 들으면서도 행하면서도 자기 마음이 자기 그 많은 마음을 다스릴 수 있는 그런 마음이 돼야 지배인이 된단 얘기입니다. 그 모든 의식 속에서 지배인이 되죠. 내가 지금 무슨 말을 하고 있는지 모르겠습니다. 저기서 무슨 말을 물었는지도 모르고 지금 이러고 갑니다. 그래 그 지배인이 돼야만이 그 모두를 이끌고 나가는 선두자가 되죠. 그럼으로써 그것이 직접 참선이 되는 것입니다, 그게. 우리가 지금 참선을 하려고 준비를 하는 것입니다.

그래서 참선을 하게 되면 그때는 완전히 알게 되는 것입니다. 우리가 지금 참선을 한다 하면서 진짜 참선은 못 하고 가는 분들이 얼마나 많은지 모르겠습니다. 그래서 내가 이렇게 말합니다. 아주 쉬운 말로 표현을 했습니다. "그 모든 의식들이 헤아릴 수가 없이 있는데, 주인공을 용광로라고 생각하고 나오는 대로 모든 것을 그냥 거기에 넣어라. 이건 자동적이기 때문에 거기에 넣는 그 작업만 한다면, 놓기만 하면 거기서 새 쇠로 재생이 돼서 나간다." 하는 거죠. 그럼 그게 거죽으로 나오는 겁니다, 지금.

여러분이 여기 이렇게 믿고 다니면서 이 공부를 해 보시지만, 여기 이 도량은 말하자면 백 리 안팎으로는, 아니, 그냥 아주 줄여서 말하죠. 3킬로미터라고 해도 되고 또 100미터라고 해도 됩니다. 조그맣게 생각해도 좋고 크게 생각해도 좋습니다. 백 리 안팎으로는 광력과 전력과 자력, 통신력이 충만히 여러분한테 작용이 됩니다. 교리로 배운 것은 말만 하기 때문에 말로 땅에 떨어지지만, 우리가 마음으로 그것을 깨닫는다면 이심전심으로써 일체 만물만생과 더불어 같이 접촉을 할 수 있는 그런 능력을 키울 수 있습니다. 여기선 그만큼 되고도 남음이 있죠. 여러분이 없다 생각하면 없는 것이고, 있다 생각하면 있는 것입니다. 그게 묘한 거죠. 그래서 거지가 밥을 얻으러 올 때 반드시 깡통을 가지고 와야만이 담아 줄 수 있다 이거지, 마음을 안 가져오는데 어떻게 담아집니까? 이심전심인데요. 몸뚱이를 보고 안 보고 이게 문제가 아니라 자기의 마음 자세입니다. 집에서 여기를 바라보고 생각만 해도 벌써 이심전심으로 한 찰나에 들었다가 한 찰나에 좋은 뜻을 전하고 한 찰나에 나신다 이겁니다.

아마 여러분도 자기가 그런 경험을 못 했다 할지라도 여러 사람들 말을 들어 보고 그러면 아실 텐데요? 3미터니 100미터니 백 리니 이런 것을 떠나서, 미국에서 여기를 생각을 하고 그렇게 했는데 그것이 이심전심으로 딱 한 찰나에 묘한 법을 전달하고 가더랍니다. 내 모습으로 보였다고 해서 내가 잘나서가 아닙니다. 자기 마음의 자부처가 바로 내 모습으로 보인 거죠. 하나이기 때문에 둘로, 너는 너고 나는 나이면서도 하나로, 두 다리 쭉 내뻗어서 보인 것처럼 그렇다 이겁니다. 그러니 두 발은 두 발인데 한 발이죠. 한 발은 한 발인데 둘이 아니죠. 네 발 내 발 둘이 아니니 얼마나 많습니까?

그런데 앉아서 참선? 산골에 들어가서 참선? 아니, 산골에 들어가면 거기 부처가 있고 산골에 안 들어가면 부처가 없습니까? 여러분입니다, 즉! 여러분부터 알아야 부처님의 마음을 통달한다고 그랬어요. 여러분이 자신을 모르는데 어찌 남의 마음을 알겠습니까? 자기 마음부터 알아야 깨달은 부처님의 마음도 알고 이 머저리 같은 내 마음도 알 수 있을 겁니다.

그러니…, 혼자 중얼거릴 때도 많고, 그런 건 아무 상관 없이 말입니다. 야, 테레비를 보고도 그렇고, 세상을 보고도 그렇고, 사람들 그 울부짖는 거를 보고도 그렇고, "스님, 나는 어떻게 살아야 합니까?" 하고 그냥 울 때도 그렇고 이거는 뭐, 이렇게 듣는 것만 해도 참 기가 막힙니다. 그러면 내가 미국에서 머물렀던 40일 동안에 몇 사람의 소리를 들었을까요? 그걸 수효를 따진다면 한 사람도 건지지 못합니다. 그걸 남으로 안다면 한 사람에게도 이익을 못 준단 말입니다. 그저 높이 보지도 말고 낮추어 보지도 말고 자기같이만, 못난 자기같이만 보면 됩니다. 그래야 사랑을 할 수 있고, 그래야만이 이익을 줄 수 있고, 그래야만이 공덕이 될 수 있다 이 소립니다.

여러분, 가셔서 안방에 앉아 보세요. 자기가 거기 있기 때문에 부처가 거기 있지 아, 자기가 없는데 무슨 부처가 있습니까? 자기가 없는데 부처가 어딨으며, 또는 내 몸뚱이를 끌고 저 산골로 들어가 본다 하더라도, 나도 한바탕 웃었습니다마는 끌고 다니면서 그렇게 했어도 끌고 다닌 자체가 없더라 이겁니다. 그러니 좌선은 마음 편안한 걸 말하고 참선이라는 거는 마음 편안한 데서 참진리가 나온다는 뜻입니다. 좌선과 참선이 따로 있는 게 아닙니다. 모든 걸 용광로에 넣고 내가 편안하게 '아, 내 주인공만이 주인공이 있다는 것을 증명해 줄 수 있는 것이지.' 하고선 관할 때, 마음이 한군데로 몰아져 편안할 때, 그 진리가 거기에서 나온다 이겁니다.

또 여러분이 집에 어떤 급한 일이 있어도 '아하, 내 주인공만이 그것을 해결할 수 있지. 내가 주인공 심부름꾼인데 그저 당신만이 해줄 수 있어.' 하고선 거기다 놓아야 편안하게 앉아서 관할 수 있는 것이지, 이건 나오는 대로 일일이 생각하고, 몸뚱인 여기 앉아 있는데 마음은 이리로 가고 저리로 가고 온통 그러다 보면 그게 무슨 좌선이며 참선입니까? 그러니까 마음이 항상 안정됐을 때, 가게에서 장사를 해도 그건 꿈쩍 안 합니다. 여전히 웃고 부드럽게, 장사하면서도 그 심봉은 꿈쩍 안 합니다. 눈 하나 깜짝 안 합니다.

그전에 제가 그렇게 산골로 다녀도, 목신도 있고…, 뭐, 없는 게 있습니까, 어디? 다 있지. 그 생명의 의식들이 다 친구가 되고 벗이 되니까 무서운 게 어딨습니까? 아, 보세요. 모두가 친구인데 어떻게 무서울 게 있습니까? 너 나가 있기 때문에 무서운 거거든요. 그래서 때로는 조금 머저리 같아도 좋다 하는 겁니다. 좀 모르는 듯한 것이 그럴 땐 조금 낫더라 하는 거죠. 내가 약았으면 그렇게 못 하죠. 지금처럼 이렇게 밝고 밝은 세상에 말입니다. 그리고 보세요. 지금 세계는 전파를 통해서 두루 하는데, 앞으로 마음공부가 아니라면 어떻게 할 수 있겠나 이겁니다. 물질은 무상하다 이 소립니다. 그 질문하신 게 그만 어떻게 됐습니까? (대중 웃음) 다 됐습니까?

질문자1(남) 예. 저, 실은 질문을 용지에다 써 가지고 몇 번 읽었습니다. 그런데 그만 큰스님께서 바로 그 법문을 하시는 걸 보고 제가 '이게 한마음이구나.' 이렇게….

큰스님 하하하…. 그래서요, 지금 질문하신 분도 그 도리를 몰라서 질문하는 것이 아닙니다. 여러분에게 보시하기 위해서죠. 이 마음이 갸륵한 겁니다. 그 도리를 몰라서 그런 게 아니라 여러분도 같이 이렇게 배우자 하는 뜻에서, 이 길을 걸어가는 법우님들 형제님들과 높고 낮음이 없이 같이하자는 뜻이죠. 내가 그것도 압니다. 그래서 그냥 덮어놓고 이렇게 하죠. 허허허…. (대중 웃음) 하여튼 셋째 일요일도 질문을 하는 데에 역점을 두십시오. 만날 나만 혼자 말을 하게끔 만들어 주시니 어떡합니까? 질문을 하시도록 하세요. 그러면 그냥 하게끔요. 괴상한 거라도 좋으니까요, 네. (대중 웃음)

질문자2(남) 저, 다름이 아니고 마음이 참 묘한데, 저는 마음공부를 하다 보니까 굉장히 어려움이 많습니다. 한없이 깊고 한없이 연구해야 되는데 저희 중생들이 일상생활을 하다 보면 남과 남이 서로 만나서 살다 보니까, 사실 미운 정 고운 정이 다 드는데 미운 사람에게는 '아, 저놈이 사업이 좀 안됐으면 좋겠는데….' 하고 기도도 좀 하고 마음을 많이 내다 보면 그 사람이 안돼야 되는데 오히려 좀 잘되는 경우가 있습니다. (대중 웃음)

큰스님 허허허….

질문자2(남) 스님, 이런 경우에 이게 보살행인지 아닌지 말씀해 주십시오.

큰스님 허허허…. (대중 웃음) 어떤 사람이 이렇게 말을 했습니다. 아까 참, 처음에 뭐라고 그러셨더라? 그 말끝에 내가 얘길 해 드리려고 그랬는데, 잊어버렸으니 그만두죠. 어떤 분이 이렇게 말씀을 해요. 누가 하도 못살게 하고 회사를 망하게 해 놓고 돈도 한 푼 안 주고 그래서 아예 그냥 거리로 나앉게 됐답니다. 그래서 "아주 너도 거리로 나앉아 봐라. 거리로 나앉아 봐라." 그러고 한바탕 주워섬기면서 원망을 했답니다. 그런데 그날, 사글세를 사는데, 아 글쎄, 그 사글세도 내놓으라고 그러더랍니다. 허허허…. 그래 가지고는 "야, 이거 나쁜 사람은 오히려 살고 나는 이렇게 되니까 이것이 도대체 뭔지 모르겠다." 나한테 그러길래, 내가 그랬습니다.

"야! 이심전심이야. 당신의 마음이 그러니까 당신으로 인해서 그렇게 된 거야. 당신이 잘못해서 그런 것이니 남을 원망하지 마. 말하자면 사인을 받지 않고 줬기 때문에 그렇게 됐으니 그건 당신이 잘못한 거지, 그 사람이 잘못한 게 아니지 않으냐. 똑똑히 하라는 거지, 부처님 법이 그렇게 잘못하라는 게 아니지 않으냐?" 이랬죠. 그러고선 " '될 수 있으면 그 사람이 잘돼서 참, 그 뜻을 알아서 날 좀 도와주게 하는 것도 주인공밖에 없겠지.' 하고 거길 믿어라." 그랬는데, 그 해 1년이 지나갔습니다. 1년이 지난 후 하루는 그 사람이 찾아와서 "이제는 조금 나아졌으니, 전세 든 내 집을 당신 명의로 해서 들라." 그러더랍니다

다. 그게 사천만 원에 전세를 들었는데 아, 그거라도 받았으니 얼맙니까? 그 뒤에 또 쌀도 들여보내 주고 이러니 돈은 없어졌다 하더라도 더욱더 친절해지고 더욱더 서로를 위하고 그러다 보니까 그 회사가 일어난 겁니다. 그래서 나중에는 그걸 되찾고도 거기 같이 일을 하게 됐더라는 얘기죠.

그러니 우리가 남을 원망하기보다도 나부터 돌아다볼 줄 알아야 되죠. 지금 그 말도 그 뜻이에요. 그저 남을 원망할 생각은 조금도 마세요. 나는 나를 버리고…, 갔다든가 온다든가 그게 무슨 상관입니까, 나하고? 세상에는 그거보다도 더한 것도 다 버리고 가고, 내 몸도 이젠 벗어야 할 그런 처지에 구태여 무슨 뭐, 누가 어쩌니…, 아니, 씻고 닦고 하던 것도 다 버리고 떠나는데 그까짓 거 뭐가 그렇게 대단합니까?

그러니 '이렇게 해서 안 되느니, 저렇게 해서 안 되느니…' 자식들한테도 그렇게 하지 마세요. 진짜 사랑하려걸랑 그저 '네 주인공과 내 주인공이 둘이 아니니까' 하고 스위치를 탁 올리면 거기에도 불이 들어오거든요. 한 방이니까, 한 식구들은 한 방이거든요. 한 방의 스위치가 다 한 방에 있지 않습니까? 그런데 너는 어떻고, 요놈 조놈 하고 그럭하면 오히려 문제가 생기죠. 그러니까 그러지 마시고 그저 위로도 아래로도 전부 한마음이 돼서, 보이지 않는 데서나 보이는 데서나, 위로 조상들이 나를 도웁고 아래로 자식들이 따라서 또 도와 간다면 뿌리가 깊이 박혀서 그 자식들이 어디 가도 잘 살죠. 자기 2세거든. 딴 사람이 아니에요. 그러니까 밖으로 모습을 바꾼 거지. 그런 것뿐이니까, 자기가 잘 살도록 자기가 해야죠. 그러니 원망하지 마세요. 지금 질문한 분, 원망하지 않는다면 올 1년 안으로도 좋은 기회가 생길 테니까요.

질문자3(남) 제가 한번 스님께 질문드리겠습니다. 시간이 많이 지났는데 죄송합니다. 제가 아침에 왔다 갔다 하다 보니까, 향내가 말입니다, 저희 집이 여기서 몇 킬로인지 모릅니다. 조사하는 분이 10킬로

미터라고 저한테 말씀하셨는데, 제가 잠자는 시간이 하루에 많으면 3시간 내지 2시간 이렇게 되는데, 아침에 그냥 잊어버리고 잘 때면 코에 향내가 나는데, 그 시간이 일분일초도 틀림없이 일어나는 때도 있습니다. 그래 나 혼자 이러는가 싶어서 물어보면 가족들에게도 냄새가 나는 때도 있고 그런 일이 있는데, 스님, 거기에 대해서 말씀을 해 주십시오.

큰스님 그게 마음에 따라서 오는 것입니다. 아침에 3시 반이면 도량석(道場釋)을 하고 종송(鍾頌)을 하고 또 예불을 모시고 그러는데 '그렇게 해야지.' 하고 생각하면, 그렇게 생각을 했기 때문에 3시 반이면 딱딱 일어나지게 되죠. 그거를 '에그, 3시 반이고 뭐고 자자.' 이런다면 그 시간에 안 일어나집니다. 마음에 달린 겁니다. 그러니까 자기 마음에서 향내가 나고 자기 마음에서 모든 의식들이 '우리 지배인이 참 잘하는구나.' 하면서 좋아서 마음을 향기롭게 가지니 향내가 날 수밖에, 그러니까….

질문자3(남) 감사합니다.

신도회장 어느덧 시간이 또 많이 지났습니다.

큰스님 아, 좀 지나면 어떻습니까, 뭐. (대중 웃음) 아이, 단군할아버지께선….

신도회장 질문 준비하신 분들은 요다음 셋째 법회 때 또 질문을 해 주시길 바랍니다. 감사합니다.

큰스님 야, 총무 스님 있을 때에는 총무 스님이 그러고, 또 우리 회장님 있을 땐 회장님이 그러고, (대중 웃음) 아이, 우리 저 수좌들 데리고 가면요, 또 수좌들이 탁탁 막아요. 허허허…. (대중 웃음) 그런 걸 보면 참….

신도회장 일어나 주시기 바랍니다. (대중 웃음)

큰스님 허허허…, 감사합니다.

진실한 믿음에서의 한생각

1991년 5월 5일

형제 법우님들, 앞으로는 우리 공부하는 사람들이 점점 늘어 가야 할 뿐만 아니라, 더욱더 마음을 계발해서 천체를 앉아서 조절할 수 있는 그런 능력을 우리 모두 스스로, 근본으로부터 배출시킬 수 있어야 합니다. 이건 정말이지 절실한 일입니다.

이런 걸 여러분이 아실는지 모르겠습니다. 부처님 법은 무조건입니다, 무조건! 비유해서 조그마한 티끌만도 못 한 것을 한마디 하겠습니다. 그전에 여기 한 처사님이라고 아시죠? 그분이 사흘을 못 넘긴다고 의사 셋이 다 그랬습니다. 그런 걸 "몸에 꽂은 거 다 빼고 죽든지 살든지 나갑시다." 하니까 말도 못 하고 고개만 끄덕거리더군요. 그때 무슨 생각을 했느냐 하면, 무조건! 무조건 말입니다. 이유는 불문에 붙이고 무조건 이 사람은 누구든지 데려갈 수가 없다고 그랬습니다. 무조건입니다. 왜 그랬느냐? 상원사(上院寺)를 지을 때에도 그랬었지만 뭐든지 무조건이지 거기는 이유가 붙는 자리가 아니다 이 소립니다. 무슨, 어려워서 못살겠네, 죽겠네, 이것이 잘못됐네, 저것이 잘됐네 이런 게 붙으면 그건 진짜 부처님 법이 아닙니다.

부처님 법이란, 여러분의 법이란, 그 묘하고 슬기롭고 진짜 아무것도 붙지 않는 그 자리에서, 눈은 샛별같이 떠지고 한생각은 (주먹을 쥐어 보이시면서) 불끈 솟는 그 무조건적인 생각! 예, 이런 것이 건질 수 있는 겁니다. 그거는 크고 작고가 없습니다. '나는 이렇게, 이렇게 꼭 하겠노라!' 하고 주먹을 불끈 쥘 때, 마음속에서 정말 절절한 눈물을 흘리지마는 눈은 생동생동하게 더 똥그랗게 떠지고 눈에서 불이 번쩍번쩍 나는 이러한 그 '무조건'의 생각, 그겁니다. 그냥 구렁이 담 넘어가듯 '주인공이 해 주겠지.' 라고 한다면, 아니, 그러면 주인공 따로 있고 여러분 따로 있습니까? 그것도 여러분의 지혜 물리가 터져야 알 겁니다, 아마. '네가 있다는 것을 네가 증명을 하는 거지.' 그게 관(觀)입니다. 또 지금 내가 무조건이라고 그런 겁니다. 어떠한 문제를 꼭 해야만 되겠다 할 때 무조건입니다, 무조건! 거기에는 아무 이유가 붙지 않아야 된다 이 소립니다.

그래서 망상은 끊는 게 아니라 바로 여러분에게 물리가 터지게 할 수 있는 수련 재료이자 바로 여러분을 성장시키는 과정이죠. 그렇기 때문에 망상을 끊지 않고 여여하게 그대로 넘어가는 무조건! 망상을 한다고 여러분이 생각을 하니까 망상이지, 아니, 누가 망상이라고 이름을 지어 놨는지, 그것도 사람이 지어 놨지 누가 망상이라고 지어 놨겠습니까? 그것에 왜 흔들립니까?

줄창 말하지만, 이 세상에 누구나가 다 수억겁에 걸쳐서 엄청난 그 과정을 걸어왔습니다. 그랬는데 그것도 모자라서 여기에 쓸리고 저기에 쓸리면서 진짜 부처님의 골수를 모르게끔 자기 마음으로 그렇게 만들 겁니까? 그래서 부처는 너무 가까워서 위 속눈썹하고 아래 속눈썹하고 똑같이 작용을 하는 그것이 바로 부처님 법이기 때문에, 부처님은 자기와 아주 가깝게 있으니 멀다고 생각을 하지 마시라 이겁니다.

언젠가 한번 이런 예가 있었습니다. 요새 암이라고 하면 사람들은 그 암이라고 하는 이름에 그만 끄달려 포기를 해 버리는 마음이 생깁니다. 또 백혈병이라고 해서 포기합니다. 뼛속으로 썩어 들어간다고 해서 포기합니다. 무엇이든 여러분이 포기를 하니까 포기가 되는 겁니다. 이건 여러분이 절실히 느껴야 합니다. 그런데 어떤 사람이 골수에 전부 병이 들어서 썩어 들어간다는 겁니다. 그 속에서 벌레가 뼈를 긁어 먹는다고 의사가 그러더라고 그럽니다. 병원을 여섯 군데를 다니면서 진찰을 해 봐도 다 그러더라는 겁니다. 내가 그때에 그런 말을 했습니다. "그렇게 뼛속을 긁어 먹는 게 아니야." 왜냐하면 그 사람이 알면 좋은데 모르니까, "그거는 긁어 먹는 병이 아니니까, 그냥 우리가 감기 조금 들어 있는 거나 마찬가지니까…." 하고 마음을 편안하게 해 줬습니다.

또 한 가지는, 거기에서 한 거니까 무조건, 이건 절대로 이런 병이 돼서는 안 된다고 아주 작심하라고 그랬습니다. 그런데 그 동네 이름을 모르겠습니다만 저 원주 소태면이라나? 소천면인가요? (대중 가운데서 '소초면'이라 함.) 응! 소초면인가요? 이제 이름도 잊어버렸어요. 너무 오래되어서요. 그랬는데 그 사람이 그렇게 병원에 다니면서 집을 팔고 땅 있는 걸 다 팔았습니다. 나중엔 정말이지 남의 행랑채에 들어 있어서 더 이상 어쩔 수 없는 처지였습니다. 그래서 그 사람은 공부를 모르기 때문에 방편상 그렇게 한 거죠. 이 부처님 법은 아무리 좋은 약이라도 약으로 해서 되는 게 아니라 그대로가 약입니다, 그대로. 그렇기 때문에 그 사람에게 그렇게 얘기했죠. "야, 감자 한 관 살 돈은 있느냐?" 그러니까 있대요. 감자 한 관에 2천 원이래요. 그래 2천 원어치를 사 가지고 가서, 갈아서 즙을 내서 거기에 미숫가루를 멀겋게 타서 간식으로 먹으라고 그랬습니다. 또 맛있게 해 먹으려면 누런 설탕 사다가 가미해서 그냥 먹으라고 그랬습니다.

그게 거기에 해당이 됩니까? 여러분이 생각해 보세요, 글쎄. 그게 거기에 해당이 되는 겁니까? 하지만 그 사람은 진짜로 믿었던 겁니다, 진짜로! 아는 사람 같으면 그거 안 믿었습니다. 그런데 진짜로 믿었죠. 자식들은 칠 형제나 되고, 쉰 살에 또 늦게 아들을 낳아 가지고 얼마나 어려웠겠습니까? 그런데 진짜로 믿었기 때문에 아직까지도 살고 계시고, 쉰 살에, 늦게 낳은 그 아들의 덕을 보고 지금까지도 사시고 계십니다. 왜 그랬을까요? 그래서 아리송한 게 부처님 법입니다. 아주 정말이지 이것은 알다가도 모를 일입니다.

가끔 한 처사님한테도 그랬지만, 이렇게 해 본 예가 있습니다. '안 돼! 절대로 안 돼!' 보이는 세계에 나오는 모든 거는 보이지 않는 세계로부터 나온 거거든요. 그래서 딱 진을 쳐 놓고선 '안 돼!' 하면 아예 그냥 못을 콱 쳐 놓는 거나 다름없는 겁니다. 그런 예가 더러더러 있죠. 왜? (한숨을 내쉬시고) 내 가슴이 너무 아파서요. 그 사람이 죽고 살고, 또는 '여기 믿으러 다녔는데 안 고쳐져서 어떡하나?' 그런 거를 떠나서, 그런 거를 다 떠나서, 믿고 안 믿고 그걸 떠나서 말입니다. 이렇게 정립이 되고, 그 못을 박는, 정말이지 굵은 불바퀴를 그냥 (주먹을 쥐어 내리치시며) 콱 박는 그 마음은, 아마도 이 세상 다 없어진대도 그건 빼지 못할 겁니다.

여러분이 그것을 참다웁게 아신다면 정말 여러분은 법신(法身)이요 불부처요 산 부처요, 여러분이 화신(化身)이요 법신입니다. 그래서 여기에는 글자도 붙지 않고, 이론도 붙지 않고, 더한다 덜한다, 이게 옳다 그르다도 붙지 않고, 가난하다 또는 부자다도 붙지 않고, 위대한 사람이다 위대하지 않은 사람이다도 붙지 않습니다. 진실한, 그 빼저린, 아주 진한, 바닷물을 다 모아서 한 방울이 되는 그 피 한 방울이 말해 줍니다. 이건 말로 형용할 수가 없는 겁니다. 난 어저께도 그저께도 그끄저께도 너무 가슴이 아파서, 눈물은 한없이 쏟아지고 누구한테 보일 수도 없어서 보이진 못하나마 눈이 생둥생둥하게 떠지면서 (주먹을 쥐어 보이시며) 기둥이 와짝 섰습니다. 그건 왜 그랬을까요?

또 한 가지는, 우리는 지금 정신계로 치닫고 있습니다. 공부하시는 여러분이 이 세상을 바로 여러분의 어깨에 짊어진 채 한생각을 내서 둥글려서 모든 걸 해 나가신다면 우리나라는 진짜 융성하게 될 겁니다. 오늘은 너무 느낀 점이 많은데요, 조그만 그릇에다가 재료를 많이 부어서 막 흘러내려서 부작용이 나 가지고 저렇게 야단들을 하지 않도록 우리는 정립을 해야 됩니다, 또. 그럼으로써 자라나는 새싹들이 주인이 돼서 살 때, 그리고 그 밑으로 밑으로 내내 선맥(禪脈)이 끊어지지 않고 끝 간 데 없이 이어지도록 지키고 나갈 수 있게끔 법신들이 필요한 것입니다.

남들이 "학술적으로 하지 않고, 경전으로 하지 않고 왜 그렇게 딴 말을 하느냐?" 그래서 내가 이런 말을 했죠. "풀포기 하나도 생명이 있고 이심전심으로 전달하고, 같이 공생(共生)을 하고 공식(共食)하고 있는데 무엇이 부처님 법이고 무엇이 부처님 법이 아니냐?" 그랬습니다. 그랬더니 가톨릭교인이고 기독교인이고 다 와서 너무나 좋아했습니다. 샌프란시스코에서 어디 호텔을 정해서 설법을 한다 하고 기별을 하니 심지어는 가톨릭교 신부나 목사도 모입디다. 어떤 질문을 해도 당신은 어떻게 그렇게 그냥 서슴지 않고 대답을 해 줄 수 있느냐고, 나중에 저녁 식사를 대접해 주면서 그렇게 말하더군요. 그러면서도 남에게 해롭게 대답도 하지 않고 어떤 거 하나 나쁘다는 것도 없이 그렇게 대답을 할 수 있느냐고 그러는 겁니다. 그랬는데, 내가 이런 말을 하는 것은 내가 잘났다는 게 아니라 부처님 법이 그렇다는 얘기를 하는 겁니다, 지금! 내가 잘났다고 해 봐야 이 고깃덩어리가 얼마나 잘났으며, 이 고깃덩어리가 살면 얼마나 살겠습니까?

그러나 부처님의 골수는, 여러분의 누진으로서 오신통을, 법바퀴를 벗어나야 바로 불바퀴를 굴릴 수 있으며, 불바퀴를 벗어나야 바로 이 마음이 천백억화신으로, 분신으로 화해서 바깥으로 전 우주 삼천대천세계를 들락거리면서 이걸로 쓸 거는 이걸로 쓰고, 저걸로 쓸 거는 저걸로 쓰고 이렇게 할 수 있는 겁니다.

또 이 지구만 해도 이 안의 세계를 위하여 지구 바깥으로 세 개의 소임이 있다고 그랬습니다. 뭐냐? 지구 바깥에 법계가 있습니다. 그러면 법계라는 그 자체는 무엇이냐? 우리네들의 마음, 생명이 있기 때문에 바로 우리네들 털구멍을 통해서 나고 들고 하는 것처럼, 지구도 살아 있는 생명들을 가지고 있는 그러한 물질, 혹성이기 때문에 많은 물질들이 입자를 통해서 분자가 돼 가지고는 세 가지 소임을 합니다. 아주 질서 정연하게 단계 단계 단계…, 그래서 지구 바깥으로 그 단계가 되어 있는 것은 바로 그러한 소임을 맡은 단계입니다. 안으로 들이고 바깥으로 내는 소임, 안으로 바깥으로 전부 통신하는 소임, 그리고 책정을 하는 소임, 세 가지를 그렇게 다 가지고 있습니다. 그중에 안으로 들이고 밖으로 내는 것만 보더라도 더 넓게 보면 이 지구 안으로 모두가 들어오고 나가고 하는 것도, 우리가 지금 발을 붙이고 다니는 것도, 남극 북극에서 그 소임을 하면서 들이고 내기 때문입니다. 남극이 똥누는 데라면 북극은 먹어야 하는 곳입니다. 우리가 나쁜 건 내놓고 좋은 건 들여놓듯이, 지금 인간 혹성 자체가 그렇게 살듯 지구도 그러하다 이겁니다.

그런데 우리네들 마음 자체의 보이지 않는 입자, 즉 말하자면 화신들이, 내 몸뚱이도 보호하려니까 그렇게 3단계로 나누어서, 아니 인간에겐 5단계로 나누어져 있습니다. 만약에 그렇게 다섯 단계로 보호하지 않는다면 우리는 걸어 다닐 수가 없습니다. 그러니까 우리가 끌어잡아 당기는 것과 끌려들어 가는 것의 양면을 다 책정을 잘하는 작업이 하나 있습니다. 세균성이 들어와도 우리가 들여놓을 건 들이고 내놓을 건 내놔야만 하는 작업도 있죠. 이 허공에도 지금 세균성이 그냥 욱시글득시글하니까요, 안에서도 그렇지만. 또 유전성으로 온다든가 영계성이라든가 이런 것도 인연에 따라서 들입다 침입을 하게 방치가 된다면 우리가 도저히 살 수가 없죠. 임신을 했어도 임신한 그 자체에 자꾸 집어넣기 때문에 그 애가 이 세상에서 대통령감인데도 소통령도 못 하게 만들어 놓을 수도 있는 거죠, 얼른 쉽게 말해서.

그러면 우린 어떻게 되느냐 하면, 지난번에도 얘기했지만 미래세계 정신세계의 노예로서 산다 이겁니다. 우린 맘대로 살 수가 없어. 내일 어떻게 될는지 모레 어떻게 될는지도 몰라. 그래서 부처님께선 '안으로도 노예가 되지 말고 바깥으로도 노예가 되지 말라. 네 정신 네가 가지고 있고, 네 주인공 네가 가지고 있으니….' 그 소린 뭐냐 하면, 네 주장자가 있다면 이렇게 끌리고 저렇게 끌리고 그러진 않을 거다 이거야. 네 집이 비지 않았다면 이것도 들어오고 저것도 들어오고 들락날락하지 않을 거다 이거야. '네 집이 비었기 때문에 수없는 게 들락거리면서 네 집을 망가뜨리느니라.' 이랬거든.

그러니 네 기둥이 없는데 내 기둥을, 네 기둥이 없는데 내 주장자를 줄 수가 있느냐 이거야, 네 집이 비었는데. 네 집이 비지 않고 주인이 있다면 내 주인을 너를 줄 것이로되, 줘서 한마음이 돼서 하나가 돼 가지고 일을 크게 할 텐데, 네가 집이 비어 가지고 네 마음에 주장자가 없는데 내 주장자를 어떻게 너에게 한데 합쳐 줄 수 있느냐 이거죠, 쉽게 말해서. 그러니 네 주장자가 없다면 빈집이 돼서 털구멍을 통하고 눈구멍을 통하고 콧구멍을 통해서 들락거리면서 그저 깡패니 뭐니, 예를 들어서 얘기예요. 보이지 않는 데서 전부 그냥 드나들기 때문에, 사람의 영혼만 드나드는 게 아니라 짐승들의 그 의식도 드나들기 때문에 집이 망가져서 나중에는 자기가 생각할 수 있는 그런 공부를 못 할 거며, 또 집이 먼저 망가지면 내가 나를 찾기는 여간 어려운 일이 아니니라 이겁니다.

그래서 집을 망가뜨리지 않기 위해서 부처님께서 몸으로 고행을 하지 말고 정신 수행을 하라 하신 거죠. 정신 수행으로써 '진짜로 들고 나는 데에 누가 하는가. 네가 하는 것을 알라. 몸은 사대가 돼서 흩어지고 말지만 이 정신, 너의 진짜 참마음은 끝 간 데 없이 바로 너를 살리고 너의 중생을 살리고 수많은 외부의 중생들을 다 건질 수 있다는 걸 알라.' 하셨죠. 그 말은 '위로는 억만 분이 깨달으셨다 하더라도 한 도량의 한 부처니라. 그러니 평발 한발로 디뎠느니라.' 이거야. 그러니 얼마나 거룩한 말씀이냐는 거죠. 그 말을 고렇게까지는 안 하셨어도 『금강경』이나 『화엄경』이나 『반야심경』을 본다면 거기에 그냥 탁탁 들어가 박혀 있어, 아주. 글자 아닌 글자를 아주 거기에다 똑똑 박아 넣었다고.

엊그저께 어느 스님이 “왜 『반야심경』을 그렇게 풀이해서 미국에 가서까지 하느냐?” 그러더라구요. 그거를 영어로다가 써서 우리 발음대로 그냥 하는 거예요, 미국 사람들도. 조곤조곤 차근차근 그걸 읽어 내려가는데, “참 잘 읽는다.” 내가 그랬다구요. 그걸 어떻게 따집니까? 그러니까 우리말 영어죠. (대중 웃음) 그랬는데 아, 그것도 흉인 거예요, 글쎄.

그래서 그 스님더러 그랬어요. “부처님이 좋은 말씀을 하셨다고 경전을 보고 지금 그대로 해야 한다면, 그때 시절에 트럭이 있었겠느냐, 짐차가 있었겠느냐, 짐차라는 이름이 있었겠느냐?” 그랬습니다. 예를 들어서 얘긴데, 그때 만약에 지게꾼이 있었다면 “지게꾼!” 하고 불러야 그땐 대답을 했는데 지금은 짐차 트럭을 불러야 됩니다. 그것도 전화로 해도 됩니다. 그러면 짐차를 불러야 하는 지금 시절과 지게꾼 부르던 그 시절이 다른데 지금도 그럼 “지게꾼! 지게꾼!” 하고 불러야만 하느냐? 그럼 트럭 운전수는 대답도 안 합니다, 지게꾼을 부르니까. 자기 이름이 아니거든. “그런데 지금 ‘지게꾼! 지게꾼!’ 하고 부르란 말입니까?” 그랬어요. 그랬더니 싱긋이 웃으면서 하시는 말씀이 “스님 말씀이 옳소! 참, 우리가 못 하는 걸 당신이 해 줘서 얼마나 감사하고 좋은데….” 그러고는 그만두더군요, 허허허…. (대중 웃음)

오늘은 이렇게 설법하는 날이 아닌데 하다 보니까 이런 말이 나왔습니다마는, 내가 그렇게 잘하니까 나를 믿고 따르라 이런 게 아니고, 본래 부처님이 가르쳐 주신 이 진리가, 뜻이, 법이, 중용이 바로 그러하다 이런 겁니다. 오늘은 우리가 서로 토론을 하는 날인데 나 혼자만 지껄여서, 지껄인다고 그래야 돼요. 하하하…. 안됐지만 어떡합니까? 그러니 질문들을, 청년회도 그렇고 모두 질문들 하십시오.

질문자1(남) 질문드리려고 했던 것을 지금 큰스님 법문을 듣고 다 잊어버렸습니다. 질문드려야 될 내용들을 미리 다 법문 중에 말씀해 주셔서, 자비로우신 그 말씀을 듣고 어떻게 감정을 정리해야 할지 모를 정도로 당황되고 흥분되고 뭐, 어찌할 바를 모르겠습니다. 여러 법형제님들께서 공부를 참 열심히 하고 계십니다. 법형제님들이 정말 큰스님 말씀과 같이 정진을 하기 위해서 굉장히 고심을 많이 하고 있는데 저희들 경우에는 늘상 그 자리고 늘상 제자리인 것만 같아 답답하여 어떻게 몸둘 바를 모르겠습니다.

질문드릴 것이 너무 많아서 무엇부터 말씀드려야 될지 모르겠는데, 오늘은 습에 대해서 여쭙겠습니다. 사람의 마음이 찰나찰나 돌아가기 때문에 습이 붙을 자리도, 업이 붙을 자리도 없다고 말씀하셨습니다. 또 우리 중생은 몇억 겁을 거치면서 습이 쌓이고 쌓여 가지고 그 습에서 벗어나지 못하고 고통 속에서 살아가고 있다고 말씀하셨습니다. 그런데 어디에 그 습이 쌓여 가지고 어떻게, 마음은 체가 없다고 그러는데 체가 없는 마음에 어떻게 습이 붙어 가지고 이생에 와서 중생들이 고통 속에서 살아가야 되는지 잘 모르겠습니다.

또 하나는, 큰 깨침을 얻으셨다는 어른들께서도 끝까지 그 습이 남아 가지고 가끔은 부지불식간에 그 습의 행동이 나타나는 때가 있다고 하는데 그것은 어떻게 설명을 해야 좋을지 가르침 받자옵고자 합니다.

큰스님 그 얘기 하는데 뭐가 그렇게 그렇게 깁니까? (대중 웃음) 첫째는 무조건 '네가 있다는 것을 네가 증명하는 거다.' 하고서 관하는 거고, 둘째는 가정살이 돌아가는 것 전부 '그놈이 하는 거니까' 하고 관하는 거죠. 그놈이 하는 건데 뭐가 그렇게 답답하고 그렇습니까, 네? 이거 보세요. 내가 말하는 건 잘되고 못되고 그걸 떠나서 말하는 겁니다. 그렇기 때문에 어떤 답답한 것도 거기서 나오는 거, 잘 안되는 것도 거기서 나오는 거, 잘되는 것도 거기서 나오는 겁니다. 여기에서 그쳐서는 안 된다 이겁니다.

그거를 아까 내가 얘기했죠. 그것이 다 내 속에서 나오는 건데 진짜 우주간 법계와 삼천대천세계의 모든 일체제불이 한 골수에 들어서 한자리를 할 수 있다면…, 아까 그 소리 한 겁니다. 내일 죽는다, 이따 죽는다, 우리 식구가 다 멸망한다 이러더라도 눈 하나 깜짝하지 않는 그런 결사적인, 나를 버린 그 마음이 정통으로만 들어간다면 뭐가 그렇게 어렵습니까? 뭐가 답답합니까? 그게 다 욕심입니다. 그렇게 생각 안 됩니까? 욕심입니다. 그 욕심을 부리지 않고 그냥 닥치는 대로 늠름하게 넘어가면서 진짜 칼을 뺄 때는 그냥…. 이거 보세요. 악으로 사는 사람은 진짜 칼을 썩 뺐을 때는 사람을 죽이는 칼이 됩니다. 그러나 살리는 칼을 썩 뺐을 때는 수많은 중생들을 다 살릴 수 있고 한 나라를 세울 수가 있고, 한 나라를 세우기 위해서 전체를 다 한 칼로다가 부릴 수도 있다 이 소립니다. 그런데 뭐가 그렇게 답답합니까? 내일 죽으면 어떻고 이따 죽으면 어떻고 식구가 다 죽으면 어떻습니까? 어차피 한 번 죽을 거! 안 그렇습니까?

아니, 내가 그 말을 하는데 너무 잔인하고 너무 안됐다고 생각합니까? 아휴, 참! 이 세상 이 길, 그냥 걸을 뿐이에요. 우리가 그냥 살 뿐이에요. 왜 사나? 내가 어디서부터 이렇게 와 가지고 지금 무엇을 하고 가는지 알아야 답답하지 않다 이 소립니다. 야! 이거 뭐, 캠핑 와서 잠시 있는데, 내가 생각하고 이러는 것이 우주간 법계에 다 통신이 되는구나. 이럴지언대 내가 뭘 그렇게 걱정하랴. 하나도 걱정할 게 없어요. 소 한 마리를 잡는다 해도 걱정이 없고, 소 한 마리를 죽인다 하더라도 걱정이 없고, 이 세상이 다 없어진대도 걱정이 없고, 그렇기 때문에 세상을 살릴 수가 있는 거지, 아니, 그놈의 거 하나하나 걱정을 하는 사람이 어떻게 세상을 건지고 살릴 수 있습니까? 가정도 그래요. 이판사판이에요. (대중 웃음) 두 가지뿐이야. 죽느냐 사느냐 요거뿐이지 거기에 또 뭐가 붙습니까?

어떤 스님이 날더러 이렇게 말하더군요. "스님, 이 토굴의 문에 못 좀 박아 주십시오." 그래서 "왜?" 그러니까, 난 그런 것도 모르고요, 생각을 안 했으니까. "못 좀 박아 주십시오." 그래서 "못은 왜?" 그러니까 "들어간 뒤에 바깥에서 못을 박아서 못 나오면, 죽지 않으면 얻을 거 아닙니까? 죽지 않으면 얻고 얻지 못하면 죽고, 이거 둘뿐 아닙니까?" 이거야.

여러분이 이 도리를 알면요, 정말 아주 너그럽게 살아갈 수 있고 너그럽게 두루 할 수 있고, 항상 싱그레 웃고, 남이 갓 미쳤다고 할 정도로 싱그레 웃고 길을 지나갈 수 있고, 소 둥구리를 봐도 싱그레 웃을 수 있어요. '저거 가엾다. 저거 죽으러 가지.' 뭐, 이런 생각조차 없습니다. 왜? 아주 곧바로 들어가기 때문입니다, 바로 그 순간에. 소 만 마리를, 아니 어떤 거든지 만 마리가 모두 죽었다 그럴 때 그것을 빗물 방울로 친다면 한 골짜기에 다 모였다 해도 한 골짜기에서 한 바다로 들어가는 물일 뿐이지, 한 그릇이지 그게 두 그릇입니까?

여러분의 그 마음은 체가 없고 무량해. 그래서 무량심이에요. 일심(一心)이자 무량심이고, 무량심이자 그 묘법이라. 무심도법(無心道法)은 그렇게 무량해서, 지금 수만 마리가 죽으러 간다 하는데 불쌍해서 염불을 해 주고 그런다면 그건 벌써 공부 못하는 사람들입니다. 지금 수십, 수백 마리가 죽으러 가는데 무슨 염불이 필요합니까? 염불하다 보면 벌써 다 늦는데, 하하하…. 그러니까 그 순간에 그냥 모조리 이 한 그릇 자기 마음에다 탁, 거기다가 만 마리고 천 마리고 넣으면 그냥 자기 한 그릇이 돼 버리고 말아요, 네? 그러니 그대로 그냥 인간으로 환토가 되는 거죠. 자기가 돼 버리는 거죠. 그렇게 자기만 만들어 놓는다면 자동적으로 그냥 나가서 인간이 되는 거예요. 인간이 돼도 그냥 아무렇게나 되는 게 아닙니다. 그 속을 거쳐서 나가는 인간은 나와서도 정말 사람 노릇을 하고 이 세상을 두루 살필 수 있는 지략과 아량과 지혜가 충만하다고 믿어 의심치 않습니다. 그러니 뭐가 답답해? 그렇게 답답한 마음으로 아들을 두면 그 아들이 장관도 못 하겠다! 장관은 해야 될 거 아니야, 그래도!

질문자1(남) 그런데 큰스님 앞에서 이렇게 법문을 들을 때는 금방 제가 부처가 될 것만 같고 하늘을 날 것 같고….

큰스님 이것 봐! 부처가 되려고 하지도 말어. (대중 웃음) 이 세상에 부처가 되려고 하는 마음이 있다면 답답한 마음이 또 생길 테니까, 응? 그러니까 그대로, 못났든 잘났든 그대로 그냥 수순히 걸어가. 그냥 딱 세우곤 입 딱 다물고 그냥 걸어가다가 딱 닥칠 때 '네가 하는 거지.' "너!" 하고선 말 안 해도 '너!' 할 때 그건 그냥 그대로 깜짝할 사이야. 그러니 재생이 돼서 체가 나올 때는 거쳐서 나오는 그 시간이 있겠지만 자동적으로 불이 확 붙어서 끓는 쇠가 돼 가지고 직접 바로 나와. 그러니까 그렇게 약한 마음으로 이 도리를 어떻게 공부하겠나?

이 세상에 잠시 왔다 가는 거야. 그러니 앞으로 살기 위한 욕심으로, 가난 때문에, 병고 때문에, 잘 살아야지, 위대하게 돼야지, 이런 것 때문에 이 공부 하지 말어, 진짜! 진짜! '안 돼! 이거는 어떠한 억겁에 처해 있다 하더라도 내가 안 된다면 안 되는 거지!' 하란 말이야. '안 돼!' 하면 그냥 안 되는 거지. 이게 이렇기 때문에 왁 소리를 지르고 그랬어. 그러곤 그냥, 손을 번쩍 쳐들어서 그냥 쳤단 말이야! 이게 진짜 깊은 물이 되기 때문에 큰 배가 뜰 수 있고, 큰 배가 뜰 수 있기 때문에 거기 중생들을 다 태울 수 있는 거야.

그러니까 우리가 오늘 첫째 일요일은 항상 이렇게 서로 토론하고 공부를 해 나가면서 그 쓰리고 아픈 상처를 아물리고, 내 몸에 들어 있는 모든 중생들을 제도해서 천백억화신으로 들락거리면서 나와 남을 위해서 일하고, 나라를 위해서 일하고 전 세계를 융화시킬 수 있어야겠지. 전 세계를 융화시키고 건지려면 또 우리가 집을 잘 지켜야 하지. 지구집을 잘 지켜야 하는 것도 우리의 소임이다 이거야. 우리의 집이니까. 내 몸도 그래. 여러분이 부모에게 뼈를 받고 살을 받았는데 인간이 돼 가지고 진짜 사람이 못 된다면 어떻게 효가 될 수가 있겠느냐? 부모에게 잘해 드리고 잘 입혀 드리고 그래서가 아니다 이거야. 내 몸을 잘 간직해서 건강하고 진짜 인간이 됨으로써 부모에게 효도를 다하는 거다 이거야.

부모는 자식한테 효도를 받으려고 하는 것보다도, 아니, 오늘 그런 말도 나오게 생겼지. 봐요. 오늘 뭐, 어린이 날이라면서? 난 그것도 모르고 오늘 "애들 오면은 뭘 좀 줘야지." 그랬더니 "오늘 어린이날이 돼서 다 싸 놨는데요." 그래서 "아이휴, 너희들이 나보다 천 배 만 배 낫구나. 난 그것도 모르고 얘기만 했는데…." 그런 얘기를 했어요.

어느 부모든지 자식이 좀 아프다, 다리가 아프다, 어디가 병들었다 그런다면 얼마나 아파하는지, 그거는 자식들 입장에선 생각조차도 못 할 겁니다. 나가서 다녀도 좋은 게 없고 아무리 우스운 일이 있어도 웃음이 나오지 않는 그런 부모가 돼 버리고 맙니다. 이게 효도입니까, 어디? 그러니까 막 굴리지 말라 이거죠, 젊은이들도. 자기 몸 막 굴리면, 자기 생각대로 막 굴리면 그건 효도도 못 할 뿐만 아니라 충성도 못하죠. 또 상구보리(上求菩提) 하화중생(下化衆生)이라고 그랬잖아! 자기 몸에 들어 있는 자기 중생을 제도 못 할 땐 자기 집이 있으나 마나지, 그거. 제도 못 하면 자기 집도 망가지지, 자기 집 속에서 사는 자기의 의식들도 다, 인연들도 다 그냥 끊어지는 거야.

미래의 정신세계가…, 미래라고 그러니까 미래지 여러분이 정신세계를 지금 이 자리에 가지고 있고, 과거 자리도 이 자리에 가지고 있어요. 현재의 자리가 미래, 과거 자리가 현재로 돼 가지곤 돌아가니까, 물바퀴처럼 돌아가니까, 바로 법바퀴가 여러분이 공(空)해서 자꾸 돌아가니까, 끊임없이 돌아가니까, 죽고 사는 생사의 문제에 끄달리지 않고 그런다면 이 자리가 바로 그 자리요, 오늘이 바로 영원한 그날이죠.

이번에 “사월초파일 메시지를 쓰세요.” 그래서 “그걸 왜 벌써 쓰냐? 4월 8일은 아직도 멀었는데.” 그러니까 “먼저 모두 돌려야 될 거 아닙니까, 지원에.” 그러니까 먼저 써야 된대요. 그 소리를 듣고 “그럼 받아 써.” 했습니다. 그래 놓고서 또 자기가 해 놓은 거를 모르는 거예요. 그래서 사무장님더러 읽어 보시라고 그랬습니다. 그러고는 “그거 누가 했는지 3단계로 곧잘 했구나.” 그랬어요.

그런 것처럼 4월 8일은 여러분이 있는 이 장소에서 그대로 4월 8일입니다. 왜냐? 4월은 바로 동서남북 전체를 말하고 8일은 유(有)·무(無), 즉 말하자면 사무 사유(四無四有)가 한데 합쳐져서 돌아간다는 거를 뜻해서 4월 8일입니다. 그 ‘오신 날’이 얼마나 좋은 의미를 가지고 있습니까. 그 뜻을 깊게 깊게 새겨야 합니다. 바로 영원한 오늘이죠. “온 곳이 없기에 갈 곳도 없어서 영원한 부처님 오신 날일세.” 했단 말입니다. 이 못난이가 잘했죠? 어때요? 허허허…. (대중 웃음) 그러니 여러분도 못난이죠? 나도 못났구요. 부처님도 전부 못났어요, 아주.

못났으면서도 가섭에게 다보탑(다자탑, 多子塔)의 반을 탁 내주면서 앉았단 말입니다. 야, 참! 그것은 이 세상에 조금도 버림이 없는 한자리였습니다, 한자리. 그거를 가르치기 위해서 반 자리를 내주신 그 뜻이 얼마나 깊습니까? 그런데 우리는 그거를 항상 읽고 돌아가기만 하지 그 뜻을 한 번도 새겨 본 예가 없어요. 알기야 뭐, 불자라면 아마 열 살만 넘었다 하면 다 알 겁니다, 그 소릴 들어서. 그런데 행하기가 그렇게 어렵고 그 깊은 속을 모른다 이겁니다. 또 질문하실 분 있으시면 질문하십시오. 오늘은 시간 제한하지 말고 우리 그냥 푹 빠져 보죠, 그냥. 하하하….

질문자2(남) 스님! 스님도 못났고 저희들도 못났다고 그래서, 못난 질문 하나 드리겠습니다. (대중 웃음) 큰스님께서는 저희들을 공부시키면서 몰락 놓으라는 말씀을 자주 하십니다. 때로는 무조건 맡기라고도 하시고 그러는데 그 '몰락 놓으라, 무조건 맡기라' 는 데 생각이 미치는 그놈하고 맡기는 놈은 누구이며, 맡는 놈은 또 누구냐는 의문이 떠오릅니다. 결국은 맡기는 자와 맡는 자가 모두 나 자신이라는 걸 느끼게 되었습니다. 또 놓고 맡기는 거기에 아무런 경계가 없다는 생각도 듭니다. 그렇다면 놓는 것도 맡기는 것도 없는 셈이 되는데, 큰스님께서는 "놓아라, 놓아라" 하시니 이게 어떻게 된 노릇인지 궁금합니다.

큰스님 지난번에도 내가 얘기했죠. 큰 솥에다 팥죽을 쑤는데 말입니다, 팥죽 방울이 너무 많거든. 수도 없이 그냥 막 끓어오른단 말입니다. 여러분 배 속에서도 수없는 생명의 의식들이 나옵니다. 그래서 놓는 데도 한군데, 나오는 데도 한군데다 이겁니다. 그런데 요 방울 조 방울, 요 방울 조 방울이 연방 나오는데 한군데서 나와서 한 가지로 고정되게만 한다면 무슨 걱정이겠습니까마는 천차만별로 다른 방울이 그냥 솟아 나와요. 그 죽솥에서 죽방울이 말입니다. 방울은 작고 크고 달라도 죽솥에서 나오는 거니까 '죽솥에다가 놔라.' 이런 것입니다. 즉 말하자면 그렇기 때문에 '요놈도 문수! 요놈도 문수!' 하고 죽방울이 나오는 대로 주걱으로 쳤다지 않습니까.

그렇듯이 그것이 다 용도가 다릅니다. 우리가 살림하면서 별게 다 나오는데, 병고로 인해서 걱정, 가난해서 걱정, 회사에 가서 상사들한테 꾸중을 들어서 걱정, 또 애들이 속을 썩여서 걱정, 또 부부지간에 싸워서 걱정, 돈이 없어서 걱정, 뭐, 걱정도 한두 가지가 아니죠. 그러니까 '죽방울은 죽방울인데 그렇게 다른 죽 방울이니 그것들이 다 한 죽솥에서 나온다 하는 것만 믿고 알아라. 그러면 거기에 다 놓는 거다.' 이렇게 됩니다.

그러니까 한 솥의 죽방울이니 걱정을 하지 말고, 당장 애가 나가서 죽는다 이러더라도 걱정을 안 하고 '거기에서 나온다' 하는 거를 안다면 그애는 나가서 죽지 않습니다. 왜냐하면 내가 생각한 것이 벌써 전체 통신이 되기 때문이죠. 가설이라고 그러는 소리가 무슨 소리냐 하면, 내 형이라는 거를 알고 있으니까 가설이고, 아들이라는 거 마누라라는 거 알지, 어머니라는 거 알지, 다 알잖아요, 여러분 가족은? 그러니까 급하면 급한 대로 절친하면 절친한 대로 다 알아요. 알기 때문에 가설이 됐다는 겁니다. 그러니 내가 한생각을 그렇게 하는 동시에 바로 식구들까지도 다 통화가 돼요. 거짓말 아니에요. 통신이 된단 말입니다. 그러니 거기에서 벌써 '난 집으로 들어가고 싶구나.' 이러곤 저절로 들어오죠. 자동적이에요, 그거. 이렇게 자동적으로 사람을 다뤄야 그게 이심전심이에요. 두 마음이 아니고 한 마음으로 돌아간다 이겁니다.

애들이 잘못하는 것뿐만 아니라 "난 이것을 하고 싶습니다." 그런다면 어른이 생각할 때 천부당만부당할지라도 "그래, 네가 하고 싶으니까 해 봐라." 그러고선 아주 좋게 그냥 받아 주고, 그것이 어떤 것인지만 경험하고 딱 돌아서게끔 마음에다 관해 놓으면 가설이 돼 있기 때문에 나가서 다 해 보고는 "아이, 아버지. 나 그거 고만두겠어요." 하게 됩니다. 그러면 "왜 고만두니?" 외려 그러거든. 그러면은 "아, 이만저만해서 그러니까 저 다른 걸로 하겠어요." 한단 말입니다. 요렇게 해서 사랑과 자비, 의리, 이심전심으로 가정을 이끌어 나갈 수 있는 그 관심, 이것이 진짜 사랑이죠.

그런데 그냥, 나가서 조금만 잘못됐다 하면 그쪽 이유는 듣지도 않고 "야이, 이놈의 새끼야! 너 어디 갔다가 이제 들어왔어? 공부하라니까! 이 애비는 땀 흘리고 벌어다가 너희들 공부시키는데…." 이럽니다. 누가 아니라나요? 하하하…. (대중 웃음) "그렇게 공부시키는데 요놈 새끼, 어디 가서 자고 들어와?" 그쪽 사정은 알아보지도 않는 겁니다. 내 속에서 나오는 대로 그냥 해 버리는 거예요. 이거는 내가 먼저 내 얘기를 하기 이전에 상대방 얘기부터 듣고, 잘못됐으면 "얘, 이렇게 이렇게 하는 게 좋지 않겠니?" 하고 주인공에 맡기는 거, 또 그렇지 않으면 "얘, 그렇게 해서 못 들어왔구나. 그건 참 잘했구나. 네 친구를 위해서 그렇게 했다면 참 잘했다. 사나이가 그런 의리도 없이 어떻게 살아나가겠느냐." 아, 이렇게 좀 북돋아 주면 나가서 잘못하래도 안 해요.

이것이 부모가 삼분의 일 가르치는 일이고, 삼분의 일은 자기가 자작하며 이끌고 다니는, 바로 자기 마음을 자기가 다잡아서 나가는 거, 삼분의 일은 학교에서 선생님이 가르치는 거, 이렇게 3단계가 한데 합쳐지게 되면요, "이랬어, 저랬어" 안 합니다. "아버지!" 그러곤 좋아서, 말할 땐 무릎 꿇고 앉아서 정중하게 말하고, 또 재밌게 얘기하고 그럴 때도 "이랬어, 저랬어" 마구 말하지도 않습니다. 아주 존경하고 어려워하기 때문이죠. 그리고 사랑하기 때문이죠. 그렇지 않을까요? 지금 스무 살, 스물하나 둘 요 정도가 예전 서른 살하고 맞먹는단 얘기죠. 지금 시대가 그만큼 됐으니까 아버지 어머니들은 좀 더 생각을 깊이 해 보셔야 될 겁니다.

그러고도 또 나는 항상 그럽니다. 사소한 일 같더라도 신경을 쓰셔야 할 겁니다. 자녀들을 못 보고 그냥 나갈 때는 반드시 몇 자 써서 "애, 아무개야! 냉장고에 반찬을 넣어 놨으니 그걸 데워서 먹어라. 그리고 언제 들어오는지는 몰라도 좀 일찍 들어와서 배고프지 않도록 해라. 너무 피곤하면 안 되지 않니?" 요렇게 아주 간단하게 써서 상에 놓아두고 나가면 자식들이 그걸 볼 때 차마 그 자비를 내버릴 수가 없습니다. 그리고 존경하는 자기 부모를 내버릴 수가 없습니다. 절대입니다, 이건. 그게 뭐가 어렵습니까? 오늘 내가 이런 말 하는 것은 지금 외국이나 한국이나 너무들 삭막하게 사는 것 같아서입니다. 외국 가면 자녀들이 그냥 그, 마약중독 뭐, 이런 것이 돼 가지고요, 부모네들이 상당히 고생합니다, 지금. 또 질문하실 분 있으면….

질문자3(여) (대중을 향하여) 제가 먼저 여러분에게 부탁하고 싶은 것이 하나 있습니다. 20년 전에 서독에 간호원으로 가서 지금까지 일하고 있어요.

큰스님 이걸 (질문자 석에 있는 마이크를 가리키시며) 들고 얘기해.

질문자3(여) 여러분께서 분명히 저보다도 먼저 스님께 여쭙고 싶은 말이 있는 줄 알지만 제가 여기 안 살기 때문에 저는 기회가 없어요. 20년 전에 간호원으로 서독에 가서 10년 정도 간호원 하면서 살아서 서독 시민증이 있기 때문에 여러분처럼 기회가 없어요. 여기 올 시간이 없어요. 그러니 그걸 이해해 주시고 떠나기 전에 제 소원이 꼭 하나 있어서 그것을 스님께 여쭙고 싶은데 이해해 주십시오. 이렇게 마음공부 해 가지고 떠날 수 있는 자리를 마련해 주셔서 감사합니다. (대중 박수)

스님, 진심으로 감사하옵니다. 이런 자리를 마련해 주시니, 떠나기 전에 제 마음속 깊이 여쭙고 싶고 배우고 싶고 마음공부 하고 싶은 소원이 있습니다. 저는 아버지가 돌아가셔서 안 계시고 어머니 한 분밖에 안 계신데 5월 8일이 어버이날이랍니다. 딸자식된 도리로서 어머니께 효도를 하고 싶은 마음은 있으나 20년 전에 미운 정 고운 정 다 든 어머니지만 아마도 미운 정이 너무나 많았던가 봅니다. 그래서 태어나서 20살 되기까지의 그 수많은 괴로움, 피눈물 나는 고생, 남들처럼 제대로 과정을 밟지 못한 처지에 대한 한과 미움이 서려 서러운 마음이 있어서 엄마를 사랑하기 이전에 서독에 갔다는 그 자체가 꽤나 슬펐어요. 남들처럼 가고 싶어서 간 것이 아니라 형편이 어려워서 서독에 갔어요. 무슨 일이 잘못되면, '한국에 있었으면 시집도 갔을 텐데 서독에 왔기 때문에 그렇지 않은가.' 하고 어머니를 원망도 하고 미워했었는데 지금 딱 한마디 간단하게 여쭙고 싶은 것은, 어머니를 마주치니까 차라리 남들처럼 미워했으면 속이 풀리겠는데요, 사랑하는 마음도 없고 미워하는 마음도 없고, 남들은 괴로우면 울고 기쁘면 웃고 그러는데 저는 무감각한 상태…, 어떻게 설명해야 될지 모르겠군요. 저쪽에서 한국 사람은 저 혼자밖에 일을 안 해요. 그래서 20년간 한국 사람을 상대 안 하니까 대화하기가 조금 힘들어요.

저의 마음을 어머니날인 5월 8일에 어떻게 표시해야 할지…. 효도하고 싶은 마음은 있는데 미워하는 감정도 없어져 버리고 사랑하는 마음도 없어져 버리고, 그렇다고 20년 세월 탓이라고 욕할 순 없고, 또 내 형제를 보면 누구라고 말하기 이전에 미워하는 마음이 있어서, 다시 용서받고 사랑을 받고 싶은데 제가 옆에서 날아가는 철새인지 미워할 수도 없고 사랑할 수도 없고, 혼자 속으로 '이건 너무나 잔인한 내 마음 병이다.' 어떻게 하면 내가 이 마음 병을 좀 고칠 수 있을지 스님한테 좋은….

큰스님 말씀을 들을까 이거죠?

질문자3(여) 예, 예.

큰스님 예, 좋아요. 그렇다면 댁이 아무리 고생을 하다 못해 천하 없어도 나만은 못했을 거야. 그러나 난 부모에게 너무 고마워서 감사하고 있어. 그런데 당신은 지금 미워하다가 여기 와서 보니까 미워하는 마음도 또 이뻐하는 마음도 없다는데 댁이 이 세상에 나오지 않았더라면 뭐가 있었어? 미움도 고움도 없었지? 그리고 서독에도 갈 수가 없었을 거야. 당신이 그래도 어머니를 빌려서 이 세상에 나왔기 때문에 이 공부를 할 수 있고 인생 공부를 할 수 있었어. 고생을 했기 때문에 인생 공부를 배웠지 고생을 안 했더라면 인생 공부를 못 배워. 남이 쓰린지 고운지 또는 아픈지 그거를 느끼지 못했을 거야. 그런데 그런 거를 느끼게 됐거든. 곱게 자란 사람보다 더한층 공부를 더 시켰으니 사자가 사자 새끼를 저 내리막에다가 내팽개친 거와 다름없잖아?

그러니 고맙게 생각하고 어머니날 꽃을 사서 드리면서 무조건…, 밉고 이쁘고 떠나서 무조건 부모야. 부모란 말이야. 어머니가 살을 주고, 아버지는 안 계신다 해도 뼈를 줬어. 당신의 영혼은 거기에 부합이 돼서 삼합이 합쳐서 당신이라는 사람이 나왔는데, 그래도 감사히 생각하고 이제는 모든 거를 다 버리고 "어머니, 감사합니다." 해야지. 무조건 잘못한 거 잘한 거를 떠나, 이제! 모든 거를 맡겨 놔. 모든 거를 그 용광로에다가 집어넣고! 그러면 한 쇠로서 생산이 돼서 이 세상에 밝게 빛이 날 거야. 그 얼굴도 이제는 환하게 필 거고 그럴 테니까.

"어머니! 이 꽃을 받으세요. 이 꽃이 내 마음의 꽃입니다. 어머니 꼭 건강하시고 오래 사세요. 딸 노릇을 꼭 할 겁니다." 그래야지, 밉도 곱도 않다는 게 어딨어? 그러지 말어. 아무리 부모가 잘못했더라도 그 때 당시는 아마 자식이 아팠던 것보다 몇십 곱절 아팠을 거야. 그거를 알아야지. 부모는 자식을 배신하는 법도 없고 또 죽이는 법도 없어. 환경이 그렇게 만든 거야. 그러면 그 환경을 누가 가져왔어? 자기가 과거에 그렇게 살았기 때문에 현실에 닥쳐온 거야. 바로 과거에 자기 산 대로 닥쳐온 거지 누구의 탓도 없어. 알았어?

질문자3(여) 네. 감사합니다, 기회를 주셔서. (대중 박수)

큰스님 (삼배하는 질문자에게) 급할 때는 일배만 해.

질문자4(여) 저도 사실 마음 밝히는 공부를 참 하고 싶은데 스님처럼 꼭 출가 수행을 해서만 그렇게 할 수 있는지 그걸 여쭙고 싶습니다.

큰스님 음, 그거는 대답하기가 곤란하잖아. 그건 자유로 하는 건데, 하하하…. 내가 느낀 거 두 가지를 얘기하겠는데 머리 깎고 입산을 한다면 모르는 사람들이 "저이는 스님이야. 그러니까 스님한테 가서 공부를 해야겠다." 이러지만, 출가하지 않고 공부하는 이는 그냥 스님하고 똑같이 다 실천할 수 있어도 모르는 사람들을 위해서 더 넓게 할 수가 없으니까 머리를 깎는 거지, 보이는 사람들 때문에 말이야. 안 보이는 데서는 다 할 수 있어.

그러니까 그건 자유야. 스님이 되고 안 되는 건 자유고, 공부하는 거는 스님이 됐든 안 됐든 똑같애. 이거는 솔직하게 얘기하는 거야, 그냥. 아니, 그 도리도 모르고 스님이 된다면 스님은 돼서 뭘 해? 껍데기 스님이 돼야 소용없어, 아무리 천만 명이 된대도. 그러니까 결심하고 스님이 되는 거, 이거 보통사람들 아니야. 허허허…. 보통사람들이라면 우리 이렇게 스님 안 돼. 스님 되는 것도 보통이 아니야. 부모 형제 다 버리고 모든 것을 다 속단해 버리고 이 무명초, 천차만별로 어지러운 모든 걸 깎아 버리고, '나는 검지도 않고 희지도 않은 도리를 알겠다.' 하고 다짐하고 들어오는 거, 이거 보통 아니야.

그런데 공부를 한다니까 말인데, 어떤 분야든지, 만약에 의학을 해서 아픈 사람을 건진다 하더라도 이 도리를 배우지 않으면 안 된다는 얘기야. 물질 또는 학술로 배워도 마음으로 50%의 보이지 않는 데서 나오는 걸 체험해서 터득하지 못한다면 자기가 그걸 카바하고 나갈 수 없어. 그렇기 때문에 의당히 이거는 배우고 나가야 된다는 거야, 어떤 공부를 하더라도.

질문자4(여) 더 솔직하게 스님한테 말씀드리면, 세상에서 말하는 재산이라든지 명예라든지 그런 것은 하나도, 뭐, 욕심이 있다거나 그런 생각이 없는데, 단 하나 제가 마음에 걸리는 게 있다면 '제가 시집을 안 가고 그냥 스님이 되어서 살 수 있을까' 그것만은 끝까지 자신이 없었어요. 그래서 지금은 생각해 보는 중이거든요, 스님.

큰스님 그렇게 생각을 해 보고 있는 중이라면 진짜 생각을 해서 단호히 결정을 내릴 수 있는 마음이 들 때까지는 시간이 필요하겠지. 그런데 나는 시간 뭐, 그런 게 필요하지 않아. 우리가 시집을 간다 장가를 든다고 하는데, 그런 일에 정신을 빼앗기는 사람이라면 공부도 못할 거 괜히 스님이 돼서 뭘 하느냐. 가정이라도 잘 지켜야지. 이 공부는 모든 사람을 건질 수 있는 그런 것이고, 앉아서도 이 세상을 다 주름잡을 수 있는 거야. 승려가 안 돼도 말이지.

그러나 이 스님네들은 여기서 공부하는 사람들에게 한마음이 돼 줘. 한마음이 돼 준단 말이야. 단호히 결정을 내렸을 때는 우리의 마음이 두 마음이 아니라 전체를 그냥 다 끌어들여서 한마음이 돼. 한 기둥이 되는 거야. 그러니까 스님이 되려면 스님이 돼서 이 세계를 누비면서 이 마음법을 전파해도 좋지. 우리 생명의 근본과, 말하고 이러는 게 불교니까. 그러니까 풀 한 포기라도 제도하려면 스님이 되고. 그런데 살림하는 사람들은 풀 한 포기까진 생각을 안 해. 또 죽은 사람들까지도 생각을 안 하고. 생각이 거기까지 미치지 않아, 살기 바쁘니까. 거기에 차이가 있는 것뿐이야.

사회자 오늘 큰스님의 높은 법문을 받들다 보니까 어느덧 오늘도 또 예정 시간보다 많이 경과가 됐습니다. 많은 질문도 준비하고 있습니다마는 요다음 법회 날 질문을 드리기로 하고 오늘은 이만 저희들을 놓아 주시면 좋겠습니다. (대중 웃음)

큰스님 아니, 회장님! 내가 붙들고 있습니까? 아니, 하하하…. (대중 웃음) 아니, 여러분이 나를 붙들고 있나? 붙들고 있는 사람 하나도 없습니다. 여기 있는 분들과 내가 다 붙들고 있는 게 아니고 마음이 한데 합쳐져서 우리가 서로 웃고 서로 얘기하면서 이렇게 한 것이니까, 누구의 탓도 아닙니다. 부처님이 한 말씀도 안 했다는 뜻과 같습니다. 예, 그럼 감사합니다. 아유, 질문하는 게 밀렸다니 언제까지 밀릴까요? (대중 웃음)

걸림 없는 행

1991년 7월 7일

큰스님 어떻게 형제법회 회원이 아닌 분들이 이렇게 와서 주욱 앉았습니까?

사회자 큰스님께 미처 말씀 못 올렸는데요, 서울 시내의 여러 국민학교에서 근무하고 계시는 불자 선생님들입니다. 오늘 특별히 큰스님 말씀 듣고자 이렇게 참여했습니다.

큰스님 우리 마음이 부처라고 하는 뜻을 어떻게 생각하십니까? "우리 마음이 즉 불(佛)이다." 이런 말들은 누구나가 다 알고 있으리라고 믿습니다. 그런데 내가 부처라고 하면서 그대로 부처 노릇을 하는 걸까요? "마음이 즉 불이다. 부처다." 이러는 거기에는 삼학(三學)의 진의도 들어 있으며 또는 두두물물(頭頭物物)이 부처라고 하는 그 뜻도 거기 다 들어 있으며, 우리들의 일체 생활하는 법이 거기에 다 들어 있는 것입니다. 악과 선도 거기에 다 들어 있고 말입니다.

그 뜻을 새기자면 참으로 많은 말이 필요하겠죠. 그런데 마음! 마음이 도대체 어떤 놈입니까? 부처라고도 하고 중생이라고도 하고…. 그런데 그 두 가지, 부처라고도 하고 중생이라고도 하는 중생과 부처가, 즉 말하자면 둘이 아닌 그 도리에서 얼마나 많습니까? 여러분 한 몸에 지니고 있는 그 생명들만 해도, 그 의식들만 해도 얼마나 많은지 모르겠습니다. 마음이 한두 개라야죠. 그러면서 마음은 색깔도 없고 붙잡을 수도 없고 또는 볼 수도 없으니까 광대무변하다는 얘기입니다. 생활 속에서 그 뜻을 잘 아신다면 우리가 자유스럽게 살 수 있습니다.

그런데 여러분의 몸이 집일 수도 있지만 자기의 시자(侍者)일 수도 있습니다. 즉, 종이라고 할 수도 있죠. 여러분은 듣는 데 따라서, 보는 데 따라서 작용을 합니다. 그러니 각자 여러분의 진실한 그 마음은 어디로 가 버리고, 그저 나오는 대로 움죽거리죠. 그저 대수롭지 않은 일도 화를 벌컥 내고 누가 조금만 기분 나쁜 말을 해도 화를 벌컥 내는 그 마음, 그 듣고 화내는 마음은 뭐며 또는 '내가 이럭하면 안 되지.' 하는 마음은 또 뭡니까?

마음이 부처라고 해서 '나도 부처 될 수 있는 자격을 가졌다.' 이렇게 생각하시면 나라는 욕심이 들어가서 더군다나 더 공부를 못 할 것입니다. 여러분 몸속에 있는 그 중생들이 누구로 인해서 이렇게 모두가 뭉쳐 있습니까? 악과 선이 거기에 다 있다고 보는데 그 마음 하나의 지배인이 통솔하게 돼 있습니다. "자기 마음을 닦아라." 또는 "닦을 게 뭐 있어서 닦느냐?" 이렇게 말은 모두들 청산유수로 하지만 진짜 행하려면 어렵습니다. 닦아야 하고 다스려야 하고 그렇게 해서 점차적으로 가다 보면 '허허, 이게 닦을 것도 없고 다스릴 놈도 없구나!' 하고 알게 되는 겁니다. 다스리는 놈, 또 다스림을 받는 놈, 그놈들이 따로 없죠. 생각해 보십시오. 몸속에서 수없이, 헤아릴 수 없이 악업 선업이 일어납니다. 과거의 여러분이 지은 바 그대로 입력이 돼서 하나도 남김없이 낱낱이 나오는 거죠. 낱낱이 나오는 대로 여러분은 속아요. 바깥 물질세계에서 보고 듣는 대로 속고 끄달리고, 안에서 일어나는 대로 속고 끄달리죠.

그런데 마음이면 그냥 마음이지 왜 한마음이라고 그랬느냐? 우리 이 한 몸을 봐도 한마음이요, 바깥의 모두를 봐도 한마음입니다. 항상 여러분한테 말씀드리지만 우리가 이 세상에 날 때 뼈와 살을 빌려서 몸 하나를 받았지만, 과거에 살던 인연 인과로 인해서 그 업이 뭉쳐서, 악업도 뭉치고 선업도 뭉쳐서 이렇게 나온 것이라고요. 그런데 그것을 지켜보면 우리 마음이 얼마나 요사한지 말입니다, 참 묘하기도 하고, 어떤 때 보면 조잡하기도 하고, 어떤 때 보면 땅에 붙어사는 진드기와 같기도 해요. 우린 한 그릇에 붙어서 진드기처럼 사는 하치 않은 벌레와 같은 그런 기분도 들어요. 저 나무나 식물을 보면 진딧물이 착 그냥 앉아서 졸졸이 졸졸이 붙어 있죠. 어떤 땐 그걸 보면서, 예전 얘기입니다마는 '아하! 우리 인간도 한 나무에 붙어서 저렇게 진딧물처럼 빨아 먹고 있구나.' 하는 생각을 합니다. 그런데 우리가 세상에 나왔다면, 그 장하고 그 넓고, 앞뒤가 막힘이 없이 일체가 한마음 한뜻으로서 이 세상의 물질이 오로지 다 공했다고 하는 뜻을 알아야 하지 않습니까?

그렇게 몸속에 과거에 살던 인과가, 예를 들어서 남을 이익하게 해서 선업을 받은 것도 있고, 남을 악하게 해서 악업을 받은 것도 있다 이거죠. 그런데 그건 참회를 해서 되는 것이 아닙니다. 글자를 보고 꿰뚫어서 되는 것도 아니고, 경을 달달달 외워서 아는 것도 아니다 이거예요. 이것은 못났든지 잘났든지 남녀를 막론하고, 내 스스로 나를 다스리면서 그릇을 비워야 홀연히 맑게 나를 발견할 수가 있다는 점입니다.

여러분이 여기를 수없이 오고 가면서 공부들을 하셨는데 여러분이 질문하시기 이전에 내가 먼저 질문을 해야 할까요? 여러분이 질문을 해야 할까요? 오늘은 서로 질문하면서 주고받는 한마당입니다. 어저께도 얘기했지만 꽃 한 송이를 든 것이 한마음의 뜻이고, 다보탑(다자탑, 多子塔)에 반좌를 내준 것이 한자리의 뜻이며, 진드기 발 하나도 빼놓지 않는 것이 한발의 뜻이라는 겁니다. 평발! 진드기 발도 발은 발입니다. 그게 평발입니다, 하나도 빼놓지 않은 발. 나무 한 그루가 이 땅에 섰어도 그것도 바로 빼놓지 않음입니다. 평발이라는 것은 부처님 발이 뭉툭하게, 그냥 반듯하게 돼서가 아니라, 수많은 분들의 발이 한 발로 이 자리를 같이 디뎠기 때문입니다. 부처님께서는 자기만이 위대하고, 자기 자리만이 자기 자리인 양, 자기만이 우뚝 선 것인 양 이렇게 가르치지 않으셨습니다. 또 진리가 그러하니까 말입니다. 여러분이 이렇게 몸이 있어서 움죽거릴 때에, 실오락지 하나 걸치지 않고 비워진 그 마음이라야 실오락지 하나 버리지 않는 뜻이 나옵니다.

이제 앞으로는 여러분이 질문도 하고 그러십시오. 물론 부처님께서는 남녀를 막론하고 애들이고 어른이고 그 차원에 따라서 대기설법(對機說法)을 하셨지만, 나도 될 수 있으면 그렇게 하기 위해서 어떤 때는 동문서답처럼 여러분한테 던지기도 합니다. 여러분은 들으면 없어지고 보면 없어지고…, 옛날 얘기 하나 할까요? 옛날에 제가, 그러니까 한 10년을 넘게 산으로 산으로 다녔습니다. 다니다 어느 날 하도 지쳐서 쓰러지게 생겼습니다, 저녁에. 그때 그믐밤이 돼서 캄캄했습니다. 그런데 자성 부처님께서 말씀하시기를 '이날까지 10년 동안을 다니면서 본 것이 얼마나 되느냐?' 그러신단 말입니다. 만약에 여러분한테 그렇게 물었다면 어떻게 대답하시겠습니까?

(잠시 멈추시고) 왜 대답이 없습니까? 얼마나 봤느냐고 물었다는데….

신도1(남) (대중 가운데서) 본 것이 없습니다.

큰스님 말은 좋군. (대중 웃음) 그대로 무질서하게 그렇게 나가는 게 아니라…, 그때에 나는 어리벙벙했죠. 나를 발견해서 채찍질을 받으면서도 어리벙벙했으니까. 내가 어린애처럼 탄생이 됐다고 해서 다 자란 게 아니죠. 그래서 어리벙벙해서 가만히 앉았다가 그런 대답을 했어요. '10년 동안이나 봤어도 하루 본 것만도 못하고 한 찰나 본 것만도 못합니다.' 하고 말이죠. '이 육(肉)의 눈으로 아무리 봤던들 무엇을 봤다고 말하리까.' 그런 대답을 했어요. 그랬는데 그렇게 깜깜한데도, 일어나서 좀 가자고 그런단 말이에요. 그러더니 부처님께서 '네가 깜깜한 데 다닐 때는 보이더냐, 안 보이더냐?' 그러고 물으신단 말입니다.

이건 참고적으로 얘기하는 겁니다. 여러분이 자꾸자꾸 이렇게 공부하다가 나중에 정말 방망이가 들어갈 때는 어떻게 하시렵니까? 받아칠 겁니까? 이 마음의 도리를 열심히 공부하세요. 그래서 여러분이 커져야, 여러분이 방망이를 들어야 나도 방망이를 들죠. 여러분이 방망이가 없으면 나도 방망이가 없어요. 그래 낮에 본 건 얼마나 되느냐고 했는데 밤에 본 건 얼마나 되느냐는 겁니다, 또. 밤에 본 건 얼마나 봤느냐는 얘기입니다.

여러분이 만약에 "낮에 본 거는 얼마나 되며 밤에 본 거는 얼마나 되느냐?" 하고 질문받으신다면 어떻게 대답을 하시겠습니까? (잠시 멈추시고) 아, 여직껏 한 거는 뭐 하고 대답도 못 해요?

신도2(남) (대중 가운데서) 순간순간 돌아가는 마음이 아닙니까?

큰스님 그건 그렇게 할 수가 없어.

신도3(남) (대중 가운데서) 밤낮이 둘이 아니다.

큰스님 하하하…. (대중 웃음) 아, 밤에 본 건 얼마나 보고 낮에 본 건 얼마나 봤느냐는데 무슨 엉뚱하게, 아니, 사발에 담을 걸 갖다가 조그만 종지에다, 접시에다 담고 있으니 그거 될 말인감? 물은 어엿하게 컵에다 담아야 하고 또 우리가 숭늉 먹을 땐 대접에다가 담아야죠. 밥 먹을 땐 사발이나 공기에다 담든지 하구요. 요샌 또 접시에다 다 잘 먹습디다. 그러니까 접시에다 먹든지 사발에다 먹든지 그런 거는 흠잡지 않을 테니까 그 대답을 좀 해 보라구요. 대답할 수 있는 대로 해 봐요.

신도4(남) 스님 질문에 답변하게 되어서 참 기쁩니다. 제가 요즘에 마음공부를 하고 있는데 제가 느낀 바를 스님 질문에 맞춰서 말씀드리겠습니다. 제가 가만히 제 마음을 보다 보면, 낮에도 수없이 많이 봅니다. 그리고 밤에도 역시 꿈에도 보고, 제가 느낄 때는 봤다고 생각하는데, 제가 생각하기에는 꿈에도 제 몸을 중심으로 나라고 생각했을 때 나하고 상관없이 수없이 봅니다. 우선은 그렇게….

큰스님 이거 봐. 넌 아직 몰라. (잠시 멈추시고) 진짜 부처님이 가르친 그 뜻에 의한 진리의 도를 모른단 말이야. 또 대답할 사람?

신도5(남) (대중 가운데서) 주야장천 다 봐도 눈 깜짝할 새 없다.

큰스님 허허, 이게 뼈와 살을 다 합해야 될 텐데 가죽밖에 모르면 그 어떡허누? 그 대답은 아직 모르는 단계야. 내가 오늘 아주 작정하고 나왔는데, 허허허…. 그래, 또 대답할 사람이요?

신도6(남) (대중 가운데서) 스님이 공부되신 만큼 보입니다.

큰스님 그것도 아직 모르는 것이오. 또 대답할 사람?

질문자1(남) (스님께 쪽지를 올린 후 절을 함) 이 마음이라는 거는 자기가 베풀 줄 알아야 하고 자기가 베풀 줄 모르면 뭐든지 불평도 하고, 모든 생활에 부딪쳐 봐야 알고…. 그런데 저는 말 못하는 짐승하고 부딪쳐 봤습니다. 내가 사납게 하면 짐승도 사납게 하더군요. 그런데 내 마음을 그 짐승한테 줘 봤더니 그 짐승도 가만히 있더라구요. 어떻게 된 것인가 하면 소가 별안간에 난데없이 막 뛰고 그래서 내가 넘어졌는데 소가 마구 짓밟아요. 그래 내 마음을 주지 않으면 소도 죽고 저도 죽게 되겠더라구요. 그래서 '아, 너 그러면 안 된다.' 하고 흙구덩이에 쓰러져 가면서 그 순간에 마음을 냈더니 그 소도 가만 있더라구요. 사실 현재 물체로 보여 드려야 여러분이 알지, 아무리 진심이라고 해도 말만 해서는 누가 알아주지도 않잖습니까? 그런데 소가 짓밟아서 이렇게 멍이 들더라구요. 그렇게 논에서 쓰러져서 부딪쳐 봤더니 소도 그때 가서야 가만히 있더라구요. 그러니 그 마음법이라는 것이 참 쉽고도 어렵더라구요.

큰스님 어렵고도 쉽고.

질문자1(남) 내가 줄 줄 모르면 말 못하는 짐승도 나한테 피해를 끼치더라구요.

큰스님 음. 그거는 참, 마음공부의 수행을 잘하고 가는 중입니다. 그러니까 또 대답할 사람 없습니까?

(삼배를 올리는 질문자에게) 한 번만 해요. 삼정례(三頂禮)를 일정례(一頂禮)로 해도 되고, 그렇다고 해서 나한테 절하는 게 아니니까.

질문자2(남) 스님의 그 말씀은 "밤에 본 것이 얼마나 있으며 낮에 본 것은 얼마나 되느냐?" 이런 말씀인데 밤에 봤다는 것은 수천수만의 별들을 보았어도 그 생명을 본 것이 없고 또 낮에 많이 보았다 해도 그 나름대로 지워 나갔기 때문에 볼 수가 없었다는 것을 말씀드리고 싶습니다.

큰스님 그럼, 밤에도 본 게 없고 낮에도 본 게 없고, 그럼 본 게 없는 가운데에 뭐가 있었던가?

질문자2(남) 자기의 마음에는 참마음 하나가 있다는 것을 말씀드리고 싶습니다.

큰스님 마음이 있다는 거를 지금 말했어? 마음이 있으면 좀 내놔 보지, 응?

질문자2(남) 마음도 그 마음의 자리가 없기 때문에 마음뿐입니다.

큰스님 음, 다듬어요. 수행을 잘 다듬어요. 그 뜻은 아주 갸륵한데, 다듬어요. 알았죠? 무, 배추를 갖다 놓고 양념해서 김치를 맛있게 담아서 먹게끔 하란 말이야. 하여튼 이 대답을 여러분이 못했으니까 어떡해야 될까? 여러분이 질문하시오, 그럼. 아까 우리 저 거사님이 소와 더불어 체험을 해 가고 있는데요, 옛날에 월정사에서 있었던 얘기입니다.

예전에는 월정사에서 학인 스님들이 모두 참선을 했습니다. 단식을 해 가면서 참선을 했습니다. 나는 그때에 20대였습니다. 그런데 그렇게 단식을 하고 그랬는데 어떤 분이 탁 일어나더니만 뭐라고 했느냐. "사람의 코가 왜 내리 뚫렸느냐? 그것을 아느냐?" 그런데 소는 치켜 뚫렸다 이거거든. 소는 치켜 뚫려 가지고 빗물이 전부 들어가서 코가 막혔다 이거야. 그 중간을 내가 빼놨으니까 얘기인데, 그렇게 하니까 학인 스님들이 공부를 하다가 무릎을 탁 치고 껄껄대고 웃으면서 월정사에서 상원사로 뛰어올라 가서는 스님들한테 얘길 해 가지고는 법상을 턱 차려 놨단 말이야. 그래 앉혀 놓으니까 그 얘기를 한 거야. "야, 사람의 코는 왜 내리 뚫렸는지? 소 코는 왜 치켜 뚫렸는지? 그런데 사람의 코는 내리 뚫려서 비가 안 들어가고 먼지가 안 들어가서 막히질 않았는데 소 콧구멍은 막혔다 이거야, 빗물이 들어가고 그래서. 그러니 그것은 무슨 연고인 줄 아느냐?" 하고 악을 벽력같이 쓰더라 이 소리야. 왜 그랬는지 모르지? 여러분이 모르면 나도 모르지, 뭐.

그렇게 설법을 했는데 벽을 치면 봇장이 울려야지 어쩌면들 그렇게…, 물론 아시는 분들도 있겠지만 이게 발현이 되지 않고는 대답을 못해. 그냥 이런 말을 해도 척척이고 저런 말을 해도 척척 갖다 붙이는 대로인데 그걸 모른단 말이야, 응? 심심해서 어디…, 그러면 여러분이 질문들 하십시오.

질문자3(남) 아까 질문한 거하고 연결시켜서 질문을 드리겠습니다. 아까 제가 밤에 수없이 보고 낮에 수없이 본다고 그랬었는데, 제가 생각했던 거하고 그다음 질문하고 연결을 하니까 문득 이런 생각이 듭니다. 놓는다는….

큰스님 아, (마이크를 가리키시며) 거기다 좀 대고 말을 해야잖아, 남도 듣게.

질문자3(남) 놓는 거하고 연결지어서 생각을 해 보니까….

큰스님 이 공부는 생각을 많이 해서 하는 게 아니야. 이것은 생각으로 꿰맞추려고 애를 써서 되는 게 아니란 말이야.

질문자3(남) 제가 느낀 바만 간단히 말씀드리겠습니다. 문득, 놓는 것도 주인공하고 이만큼도 틈이 없는 걸 느꼈습니다. 놓는 것도 그렇고, 놓는 걸 받는 것도 주인공하고 틈이 없는 걸 문득 느꼈습니다. 또 이런 생각을 문득 합니다. 아까 제가 밤에도 수없이 보고 낮에도 수없이 보는데 그 보는 것 하나하나가 주인공하고 이만큼도 틈이 없고 그 하나하나가 전부 주인공의 나툼이라고 할 수 있지만, 본래 주인공의 면목으로 봤을 때는, 혹자는 주인공 면목을 바다와도 비교합니다. 그런데 문득 생각한 게, 바다로 비유하면 그게 참 적절할 것 같긴 한데, 제가 생각해 봤을 때 그 바다의 상이 본래의 몸을 막고 있음을 문득 느꼈습니다. 그래서 아까 생각했던 거하고 연결시켜서 느낀 바대로 해도 되는 것인지?

큰스님 공부 열심히 해요. 어린애가 엉금엉금 길 때에 아무것도 모른 채 열심히 동작을 하고 움죽거려서 짚고 일어나고 이렇게 하잖아요? 그런 것이 바로 그대로 수행이에요. 그러니까 열심히 더 해요. 여러분께서 오늘…, 물론 여러분은 부처님이 다 되셔서 아예 아무 말 없이 대답을 하시는 모양 같습니다.

질문자4(남) 보았다고 하는 그 말에 본 것이 있는 것이 아니라 말하지 않는 데에 있기 때문에, 봤다고 말을 하면 본 것이 아니니 그냥 그렇게 봐야 된다고 생각합니다. 밤은 빛이 없기 때문에 밤이지 낮과 하나도 다를 바가 없어서 봤다, 안 봤다 하는 그것은 말에 있는 것이 아니기 때문에 말에 집착해선 안 된다고 생각합니다.

큰스님 지금 이렇게 질문을 하고 답변을 하는 거는 말씨름하는 그런 답변이 아니에요, 네? 그러니까 여러 말 해서 되는 게 아니니까 그런 거는 우리 차차 알기로 하고요. 스스로 알아야지 내가 대신 밥 먹어 줄 수는 없으니까 열심히 해야 될 거예요, 아마. 네놈만이 알 수 있다고, 네놈만이 네가 있다는 것을 증명할 수 있다고 하는 겁니다. 모든 것을 보고 안 보고 알아서 다 증명할 수 있는 놈이 바로 그놈이니까요. 내가 왜 이렇게 여러분한테 채찍질을 하고 가느냐 하면, 우리 지금 한 생각에 이 세계를 좌우할 수 있는 도리를 부처님께서 가르치셨기 때문에 그 진리를, 그 진의를 알아야 되니까 이렇게 하고 가는 겁니다.

이 몸 가지고는, 아까도 얘기했지만, 대낮에 아무리 봐도 다 보지 못해. 다 보기는커녕 오히려 산란만 일으키지. 본 것도 없이 산란을 일으키고 그러지. 그런데 이 지금 공부를 하는 것은 마음의 눈과 마음의 귀로 듣고 보고 해서 하는 것인데, 그것도 부처님께서는 "듣는 것을 안다고 해도 그것이 도가 아니니라. 이 세상을 다, 삼라대천세계를 다 본다 하더라도 도가 아니니라." 그러셨죠.

그러니 지금 손이나 발이나 귀가 각각 '내가 제일이다, 내가 제일이다, 내가 제일이다' 해도 핵심은 이거를 한데 모아서 한생각이 두뇌로 올라가서 두뇌에서 착 그 결정을 짓는 데 있는 거거든. 그러니까 이거는 무슨 뭐, 팔이 이렇다, 다리가 이렇다, 눈이 이렇다, 귀가 이렇다 이런 말 할 겨를도 없는 대답이라야 된다 이 소리지. 그러니 그런 것을 누구가 대신해 줄 수 없으니까 우리가 가만히 캄캄한 데서…, 그전에도 얘기했을는지 모르죠. 밤이나 낮이나 그거를 둘로 보지 말라 하고선 산을 헤맸단 말이야. 그래 누가 보면 미쳤다고 그럴 테지?

그런데 그렇게 밤이나 낮이나 다니다 보니까 밤도 밤이 아니고 낮도 낮이 아니더라고. 그런 말, 그런 생각은 전부 하고들 있을 거라고요, 우리 지금 신도님들이. 밤도 아니고 낮도 아니다. 그러면 여러분이 전부 공해 버렸는데 '밤이 아니다 낮이다, 낮이 아니다 밤이다' 이런 겨를도 없을 테죠. 내가 아까부터 얘기한 게 다 가 버리고 없다고, 지금. 그러니 한 사이가 없다고. 우리가 지금 살아도 사는 사이가 없고,

가도 가는 사이가 없고 와도 오는 사이가 없고, 봐도 본 사이가 없고 들어도 들은 사이가 없다 이 소리야, 너무 많아서. 어떤 거 들었을 때 내가 들었다고 할 수 없잖아. 공했어, 모두가.

그걸 어떻게 여러분을 이끌어서 참으로, 여러분이 실천하게 할 수 있을지? 지금 우리나라에 대한 것만 해도 그렇죠. 정말 손바닥만 한 나라가 지금 반동강이로 잘려서 있지 않나, 전자에 일본 사람들한테 그렇게 휘달리질 않았나, 중국 사람들한테 휘달리질 않았나, 사글세 방을 들어 가지고서는 온갖 거 다 내놓으라고 휘달림을 받고 이렇게 살아왔는데 너무 비참하지 않았남? 나 어려서만 해도 너무 비참해서 신발도 못 신고 반쪽이 다 닳아 나간 거를 앞에만 신고 다닌 적도 있었으니까. 지금은 누구도 부럽지 않죠? 그러나 그때 뭘 먹고 살았든 간에 상관없이 지금 아무리 좋은 거를 먹어도 여러분은 귀한 줄을 모르죠. 그래서 조금 저거 하면 다 내버리고 그러죠, 흔하니까. 상황에 따라서 그렇게 되는 거죠. 음식이 쉴 사이가 있나? 허허허….

그 대답을 잘하려면…, 보세요! 지금 24시간 뿐만 아니라 이렇게 살아나가는 동안에 흐르는 물 소리를 들었죠, 흐르는 물을 봤죠, 또 그게 얼었죠, 파도를 쳤죠, 잔잔했죠, 온통 바람이 불면 나무가 흔들렸죠, 가을이 되면 낙엽이 지죠, 떨어지죠? 사계절을 다 볼 때 말입니다. 이거는 이것대로 '참, 나 아님이 없다.' 하는 생각을 하게 만듭니다. 잔잔한 물을 보면 사람의 마음이 아주 숙연해지고 잔잔해집니다. 파도 치는 걸 보면 아주 산란해집니다. 그러니 이것도 스승이요, 저것도 스승이요. 야! 가을에 낙엽이 져서 뚝뚝 떨어지는 걸 보면 구슬프고 말입니다. 날이 추우면 아주 구슬퍼지죠. 요렇게 간사해요. 그러고도 그렇게 간사한 게 간사한 게 아니라 그게 철칙이란 말입니다, 그런 게.

그래서 저 나무들을 보면 모두가 나같이 살라고 하는 겁니다. 나같이 살라 이러는데, 그런다고 해서 내가 그냥 다 쫓아가면 안 되죠. 또 그게 좋으면 그와 같이 살면서 넘어가고 넘어가고 넘어갑니다. 지금 우리가 여기 올 때도 이것 보고 저것 보고, 이것 보고 저것 보고 넘어왔습니다. 그런데 본 게 없습니다. 아까도 얘기했듯이 본 게 없습니다. 왜 본 게 없느냐? 그 눈 가지고는 금방 보고 금방 넘어가고, 금방 보고 금방 넘어갔기 때문에 담아 두질 않았어요. 담아진 게 없어요.

그래서 이 심안(心眼)으로 본다면 천체를 보겠죠? 삼천대천세계의 모든 걸 보기는 하나 듣지 못하면 또 안 되죠? 만약에 귀머거리가 보기만 하면 무슨 소용 있습니까? 테레비 나오는 데도 그렇습니다. 테레비가 말이 안 나와, 그림만 나오고. 그런 격이다 이거야. 그럼 무슨 재미입니까? 그렇죠? 또 이제 들리긴 하나, 말은 나오나 보이질 않으면 안 되죠. 그래서 바로 천안통, 천이통 이렇게 말한 거예요. 그래 이거를 또, 보고 듣는다 하더라도 내가 남의 마음을 모른다면 어떻게 접근을 합니까? 네?

그런데 사람과 사람끼리만이 아닙니다. 천체입니다. 아까도 저기 거사님이 얘기했지만 내 마음을 소에게 주면 소가 내 마음과 하나가 되는 거죠. 소 마음을 내 마음속에다 넣으면 내 마음과 똑같이 되는 겁니다. 여러분이 실험을 안 해 보셨는지 해 보셨는지는 모르겠지만 말입니다. 그런데 차원이 개구리의 마음이라면, 내가 개구리가 돼 줘야 한마음이 되지 않습니까, 그죠? 아주 위대한 그릇이다 이런다면 내가 위대하게 거기 접근을 해야 수준이 맞아서 한마음이 되죠, 그죠? 돼지라 하면 내가 돼지의 마음 그릇하고 똑같이 돼야만 돼지하고 한마음이 될 거라 이겁니다. 내가 물 같은 마음을 가져야 물이 한마음이 되죠? 그와 같은 겁니다. 이것이 한마음이란다고 그냥 말로만 '한마음 한마음' 하는 것이 아닙니다. 사람뿐만 아니라 천체가 다 그렇습니다. 태양하고도 그렇고 금성이나 수성이나, 달, 별 모두가 다 그렇죠. 우리 인간들도 다 그렇고 무정물 또는 식물, 일체 생물이 다 그렇죠.

그러니까 부처님께서는 왜 '심즉시불(心則是佛)' 이라고 그랬느냐? 그렇기 때문이에요. 그 마음을 내가 알아야 한마음이 돼서 그 그릇에 딱 맞추죠. 그래서 삼천대천세계를 넣어도 그릇이 모자라지도 않고 크지도 않더라. 삼천대천세계를 그냥 씨앗 하나에다 넣어도 맞고, 요런 그릇에다 넣어도 맞고, 허허허…. 그러니까 꺼내도 줄지 않고 넣어도 늘어나지 않더라. 그러니까 모든 게 아무리 꺼내도 줄지도 않는 것이요, 그릇이 비지도 않는 것이요, 또 아무리 넣어도 그릇이 모자라지도 않을 뿐만 아니라 또 두드러지지도 않는다 이겁니다.

이러한 그 마음, 즉 말하자면 내가 저 마음하고 똑같아야만이, 즉 소가 한 마리 있다면 내가 소의 차원하고 똑같아야만이 한마음입니다. 그것 하나를 비유했지만 천체가 다 해당되죠. 즉, 부처님께서는 이걸 만나면 이 그릇에 맞춰서 하나가 되고, 저걸 만나면 저 그릇에 맞춰서 하나가 되고, 요걸 만나면 요 마음으로 하나가 되고 이러니 그걸 부처님이라고 이름을 지을 수도 없고 안 지을 수도 없고, 토끼라고 그럴 수도 없고 부처라고 그럴 수도 없고, 사람이라고 그럴 수도 없고 뭐라고 할 수가 없어.

그러면 보이는 것만 그러냐? 안 그렇다. 보이지 않는 중생의 마음도 똑같이 그렇다 이거예요. 지옥에 들어 있는 아귀, 축생도 그 그릇대로 맞추어서 바로 하나가 됐으니, 부처님 그 마음이 모르는 아귀 중생의 마음속에 드시니 그냥 마음이 밝아지더라 이거야. 예를 들어서 '아주 차디찬 물에 뜨거운 물을 부으니까 그대로 따뜻해지더라.' 하는 것과 같은 거죠. 그런데 이분은 자동적으로 찬물에 하나가 돼서, 즉 뜨거운 물에는 저항력을 느낄 테니까 찬물에다 찬물을 부어 가지곤 거기서 뜨듯해지는 거라. 이렇게 자동적으로 뜨듯해지는 그거! 아귀, 축생 중생은 찬 거를 뜨듯하게 할 수도 없고 차게 할 수도 없지만, 부처님의 마음은 뜨겁게 할 수도 있고 차게 할 수도 있고, 적게 할 수도 있고 많게 할 수도 있으니까 마음대로 나고 든다 이거야. 그 차원에 알맞게 자꾸자꾸 들고 나니까 삼라만상 대천세계가 어느 것 하나 부처님이 아니 되시는 게 없다는 거죠.

그래서 우리가 남의 마음을 알려면 과거를 또 알아야 돼. 타심통은 남의 마음을 알아야 하는 거고, 또 숙명통은 '과거에 어떻게 지내 왔는가? 어디서 왔는가? 뭘 하고 왔는가? 뭘 어떻게 저질렀는가?' 이런 것도 한순간에 알아내는 거야. 이게 뭐, 두고두고 심판을 해 가지고 알아내는 게 아니야. 그런 데다가 부처님께서는 소가 콧구멍이 막혔듯이, 그냥 가고 옴이 없이 찰나찰나, 자기가 원자에서 입자가 수만 개가 돼서 그냥 분자로 화하듯이 이렇게 돼 버린단 말이야. 그렇게 확 퍼져 가지곤 전체를 들이고 내면서, 또 안으로 들여도 한 사이가 없고, 간 사이가 없고 온 사이가 없어. 그렇게 활짝 그 입자가 화해서 분자가 돼서 들이고 내는 작업을 해도 그냥 뭐, 여여해. 그러니 그것을 가지고 신족통이라고 했다 이거야. 그래서 내가 그 말을 팩스라고 표현을 했지만 어떻게 부처님의 그 뜻을 가고 옴이 없이 그렇게 광대무변하게 펼칠 수가 있느냐는 것도 되고, 어느 것 하나 건져 주지 않는 것이 없는데 여러분이 그거를 싸악 외면하고 그냥 창살 없는 이 마음으로다가 딱 가려 버리는 거야. 그래서 그거를 모르는 거죠. 또 '건져 준 게 없다' 라고 하는 것은 예를 들어서 여러분이 전부 부처님 아닌 분이 없기 때문에, '부처님은 개구리를 다 건져 줬어도 개구리가 바로 자기인 까닭에 건져 준 게 아니고 건져 줌을 받았다 할 것도 없느니라.' 하는 겁니다. 이 뜻을 잘 새겨야 합니다. '받았다 할 것도 없느니라.' 그러니까 '둘이 아닌 까닭에 받았다 할 것도 없느니라.' 한 거죠. 그러니 이걸 어떻게 꼬집어서 여러분을 가르칩니까?

그러니 가다가도 집이 내려앉은 걸 보면 '아이구, 저 집이 내려앉았네. 저거 어떡하나.' 하고 생각을 하게 되고, 그저 매사를 보고 듣고 하면 그냥 그렇게 돼. 누가 죽는 걸 보면 슬퍼서 또 울어지죠? 요놈들이 다 그렇게 작용을 해, 그냥. 화나게 작용을 안 하나, 또 나가서 난봉을 부리게 만들지를 않나, 나가서 술 마시게 안 하나, 또 저놈을 원망하게 안 하나, 그냥 매사 걸 다 그러는 거야. 그러니 그걸 다스리면서 모든 걸 거기다가 맡겨 놓는다면 바로 그것들이 점점점점 다 그냥 녹아져. 그 맡겨 놓는 자리는 바로 숙명통 컴퓨터에 입력이 된 데니까 입력이 돼서 나오는 대로 거기다가, 다 한마음 속에서 나온 거니까 한마음 속에다 되놓는다면 그게 다 무너지면서 홀연히 밝아진다 이거죠.

지금 생각을 가만히 해 보세요. 마음이라는 게 얼마나 기막힌지요. 여러분이 일주일 내내 일하다가 토요일이 되고 일요일이 되면, '아, 일요일이 됐으니까 좀 늦게까지 자도 괜찮다.' 하는 마음이 있으니까 그냥 푹 자 버려요. 요렇게 마음이 용도에 따라서, 환경에 따라서, 내 마음먹는 데 따라서 모두 활용이 되는 겁니다. 그러니 이 모든 걸 천치 바보처럼 봐라. 거기에 속지 말라. 바깥에서 보는 거 듣는 것에 속지 말고, 안에서 나와서는 화내게 하고 가게 하고 오게 하는 놈들에게 속지 말라는 거죠.

그러면 그렇게 양면에 다 속지 않고 어떻게 사느냐 그러겠죠? 그래서 눈 달리고 코 달리고 귀 달리고 혀가 있고 다 그런 겁니다. 그래서 인간 아닙니까? 그러니까 생각해 보고 남한테 해롭게 할 일은 하지 말아야죠. 예를 들어 내가 술을 늦도록 마시고 고주망태가 돼서 집에 들어가면 식구가 좋아합니까? 안 좋아할 테죠. 또 아내가 남편, 애들 밥도 안 해 주고 저녁 늦도록 있다가 들어가면 식구가 좋아하겠습니까? 그래, 양쪽이 다 좋지 않을 거라구요. 그러니까 그런 것도 악업이다 이거야. 선업은 못 돼. 남의 마음을 그렇게 언짢고 괴롭게 만들어 주었는데, 그게 선해지겠소?

그러니까 모든 점에서 자기를 채찍질하고 자기 마음을 다스려야 한다. 그 마음 하나 다스리면 그냥 저절로 선지식이요, 저절로 훤히 밝아질 것이요, 그대로 거기에서 중용을 하니, 중용! 죽은 세상 산 세상을 한데 합쳐서 중용을 하니까, 요리를 하니까 이 속에 들어 있는 마음들도 전부 그 한마음에 따라 줄 뿐더러 바깥에 있는 마음도 다 자동적으로 조절이 돼서 한마음이 돼서, 다 거기 지배인의 말을 듣게 되죠.

그것이 바로 주장자 아닌 주장자요, 몽둥이 아닌 몽둥이요, 잘못하면 때려서라도 고치는 그런 일이 있다구요. 꼭 때려서 때리는 게 아니라고. 사람이 한번 남한테 맞은 건 아무렇지도 않지만, 보이지 않는 데서 여러분을 가르치고 그 업보를 다 벗어나게끔 하려는 부처님의 한 방망이는 맞으면 아주 고통스럽지, 고통스러울 거라고. 물질을 가진 것은 다 고통스러울 거라고. 지렁이도 가다가 누구한테 밟히면 그냥 고통스러운 거라고, 물질이기 때문에.

그러니까 물질에서 좀 더 벗어나고 노예 생활에서 좀 더 벗어나기 위해서는 이 한마음의 공부를 해 나가면서, 모두를 얕잡아 보지 마세요. 모든 거 하나하나가 전부 나 아님이 없고 가르침 아님이 없고 내 스승 아님이 없어, 모두가 가르치는 거니까. 어느 것 하나 가르치지 않는 것이 없거든. 그런데 그것도 가르치면 가르치는 대로 좋게 생각을 해서 배우라구요. 예를 들자면 고양이가 탁 할퀴는 걸 봤을 때, 그럼 그 고양이처럼 할퀴고 살겠소? 그러니까 여러분이 주인이다 이거야. 여러분이 주인이야. 나쁜 건 하지 말고 좋은 거는 하고, 내가 조금 밑지더라도 남을 이익하게 하면서 폭넓게 마음을 쓴다면 그대로 선지식이요, 그대로 부처가 될 거 아니겠소!

그리고 그렇게 됨으로써 죽으나 사나 이판사판이야, 이판사판! 어차피 죽을 거라면 아예 살아서 죽으라구, 응? 살아서 죽지 않으면 열반이라는 이름, 그 자체에 근접도 못 해. 열반이라는 것도 이름이거든. 부처라는 것도 이름이고 모두가 이름이니까 그 이름 아닌 그 속의 이름, 그, 그 속의 이름…, 그런데 더군다나 부처라는 소리, 보살이라는 소리, 그것도 이름인데 그 소리 듣기가 얼마나 어려운 줄 알아요? 그러니 여러분…, 오늘은 질문을 왜 안 하죠?

질문자5(남) 제가 질문드리기 전에 조금 전에 하신 질문의 대답을 해 보겠습니다. 저는 보지 않은 지가 3일이 됐고 본 지가 3일이 됐다고 말씀을 올리겠습니다.

큰스님 옛날의 선지식 같으면 벌써 죽비가 들어갔을 거야. 하하하…. (대중 웃음)

질문자5(남) 맞을 각오를 했습니다. 좀 때려 주십시오. 큰스님 법문 중에서 로켓 발사 때, 또는 우주 정거장을 세울 때 우주의 인가가 없으면 실패한다고 말씀하신 적이 있었습니다.

큰스님 그랬지.

질문자5(남) 그렇다면 지금까지 현대 과학에서의 업적은 우주와 상응할 수 있는 마음이었는지 다시 한번 알고 싶습니다. 먼저 그것부터 말씀해 주세요.

큰스님 아까 얘기했죠. 부처님의 마음은 물질이 있는 놈의 마음이나 물질이 없는 놈의 마음이나, 또는 저런 한 잎새의 마음이나 물의 마음, 불의 마음, 바람의 마음, 그 모든 것의 마음에 작으면 작은 대로 응해 주고 크면 큰 대로 응해 줘서 전부 한마음이니 무슨, 누가 해 주고 안 해 주고가 어딨어? 그대로 그대로지. 그대로 우리가 지금 부처님 마음의 공부를 해서, 그 마음하고 한마음이 되지 않는다면 우주 정거장을 저 허공에 못 세운다 이 소리야. 한마음이 되지 않으니까. 그런데 거기에도 여러분께서 부처님 공부를 열심히 해서 그런다면 한마음이 될 수 있겠죠. 지금 전체가 잘되는 걸 좋아하지 않습니까? 개발되는 걸 좋아하고 그러죠?

예전에 서산 대사가 저 날아가는 새도 떨어뜨린다고 그랬습니다. 그런 말들을 많이 들었어요. 그러면 날아가는 짐승을 괜히, 그것도 내 생명이나 똑같고 그것도 나 아님이 없는데 괜히 떨어뜨리겠소? 괜히 떨어뜨리지는 않겠죠. 떨어뜨릴 수 있지만 그것이 나 아님이 없기 때문에 떨어뜨리지 못하는 법이지.

아직까지는 우리가 허공에 정거장을 세우고 그럴 시기가 못 돼. 왜 그러냐 하면 모두가 한마음이 안 됐기 때문이지. 부처님 도량에서 천체가 한마음으로 묶어 봤지만 그렇게 해 가지고는 되지 않는다는 회의를 했다고. 하하하…. (대중 웃음) 그래 회의를 하는데, 나도 여러분도 다 참석을 했지만 귀가 먹었으면 못 들었을 거고, 눈이 뜨이지 않았으면 못 봤을 거고, 또 뜨인 사람은 들었을 테고 봤을 거라 이거야.

질문자5(남) 최근에 우주인과 만난 독일 농부의 이야기가 책으로 나와서 많은 사람들에게 읽히고 있습니다. 그 책에 의하면 지구의 조상은 우주인이라고 얘기를 했습니다. 시초부터 인간의 씨로 만들어졌다는 지금까지 알려진 진화론을 부정하는 내용이 되겠습니다. 지구의 멸망 운운하는 종교도 있고 하니, 큰스님께서 지구의 생성과 우주의 세계에 대해서 상세히 말씀 좀 해 주시면 감사하겠습니다.

큰스님 하하하…, (대중 웃음) 이거 봐요. 풀 한 포기만 살아 있어도 불교가 망하는 법이 없다고 그랬고, 물·불·흙·바람 이런 거 하나만 있어도 그것은 불교가 없어지는 게 아니야. 풀 한 포기만 살아 있어도 불교는 죽은 게 아니라고.

그리고 우주인이라는 건 이름이야. 안 그럴까? 그런데 우주인이 주인이 아니라 지금 앉아서 말하고 있는 그 사람 속에도 바로 우주인이 있잖아? 주인 아냐? 우주의 주인. 여러분들 다네. 아니, 이 세상에 우주인 아닌 사람이 어딨어? 진드기 아닌 사람이 어디 있고. 하하하…. 그러니 딴 데서 찾지 말고 최초에 나온 것은 어떤 놈이며, 앞으로 미래에 갈 놈이 어떤 놈인지 그거를 잘 보라고. 지금 어떤 놈인가 보라고. 우리가 만날 색경을 보고, 나는 머리 깎을 때만 보지만, 허허허…, (대중 웃음) 머리 깎을 때 색경을 보니까 못생기기도 할 뿐만 아니라 다 닳은 대갈마치처럼 홀랑 그냥, 예전 같으면 삭도로다가 그냥 쩍쩍 했는데 그, 참 묘해, 그놈이 말이야. 그놈이 한 놈이 아니더라고. 그놈이 한 놈이 아냐. 아, 색경을 보니까 말이야, 그놈이 모습은 한 놈인데, 아니, 한 놈으로 보이지만 말이야, 그놈이 한 놈도 아니요, 그놈 자체도, 색경으로 보이는 놈 자체가 없기 때문에 한 놈이 아니더라고. (잠시 멈추시고) 그러니 우주인은 바로 지금 이걸 쥐고 있는 그놈이 바로 우주인이거든.

질문자5(남) 큰스님의 말씀을 제가 다 먹었다면 있는 겁니까, 없는 겁니까?

큰스님 하하하…. 이거 봐. 자네가 공했는데 먹을 것이 어딨나? 응? 그러고 먹을 것이 없는데 뱉을 것은 뭐 있나, 또? 먹었다면 먹은 걸 좀 내놔 보지.

질문자5(남) 내놓으라면 저는 노래를 한번 부르겠습니다. (대중 웃음)

큰스님 하하하…. 그래 그 말도 옳아. 옳고 말고….

옛날에 이랬지. 지금 여기 여러분 중에 대답을 '내가 이렇게 해야겠다.' 하는 분도 있을 테고, '에이그, 이 대답은 이렇게 했으면 좋으련만….' 이럴 수도 있고, 여러분이 몰라서 대답 안 하는 게 아닌 줄 압니다. 그러나 처음 온 분들도 있고 하니까, 우리가 이렇게 하면서 또 서로 알게 되고 그런 겁니다. 그러니까 나를 다 먹었다, 부처님께서는 다 잡순 바가 없고 생각한 바가 없다고 그러셨는데, 어떻겠소? 왜냐? 잘 생각해 봐, 내 여직껏 얘기했는데. 이걸 보면 이것으로 저걸 보면 저것으로, 부처님이 그릇대로 맞춰서 응해 줬다고, 응? 그릇대로 맞춰서 응해 줬어, 다. 일체 만물만생 천체를 무정물까지, 생각이 있는 거든 없는 거든, 보이는 거든 안 보이는 거든, 전부. 야, 집어 먹었으면 토할 줄을 알아야지. 집어 먹기만 하고 토할 줄 모르면 죽어. 콧구멍에 숨쉬고선, 후루루 들이쉬고선 내쉴 수 없으면 죽지. 하하하….

질문자5(남) 그걸 도로 드리고 가겠습니다. 받으십시오.

큰스님 그래, 하하하…. (삼배를 올리는 다음 질문자에게) 한 번만 해요.

질문자6(남) 어리석은 질문이 될지 모르겠지만 조금 더 알고 싶은 욕심에 한 말씀 여쭙겠습니다. 현대 과학 문명이 발달하면서 물질을 쪼개 보는 기술도 자꾸 높아져 가지고 이제는 더 이상 쪼갤 수 없는 단계에 이르렀다고 합니다. 쪼개고 쪼개다 보니까 질량이 이제 거의 없고 수명이 지극히 짧은 입자의 존재를 확인하게 되었다고 하는데, 여기에서 인간은 유(有)의 세계의 궁극에 이르러 무(無)의 세계를 넘어가는 문을 발견할 수 있게 될는지요. 소상히 말씀해 주시면 감사하겠습니다.

큰스님 그래서 우리가 지금 한마음의 공부를 이렇게 하고 가는 거죠. 지금뿐만 아니라 부처님 당시서부터, 그분만 깨달아서 한 게 아니라 단군할아버지도 그 사는 법을 가르쳤고, 또 사대 성인들이 다 가르쳤어요, 부처님만 가르친 게 아니라. 그러면 그렇게…, 지금 뭐라고 그랬죠?

질문자6(남) 유의 세계의 궁극에 이르러서 무의 세계로 넘어가는 문을 발견할 수 있게 될는지?

큰스님 그거 아주 간단해요. 지금 내가 말하듯 숨을 들이쉬고 내쉬는 그 교차로에 있으니까. '이 숨을 들이쉬고 내쉬는 거와 같은, 그 교차로에 죽음과 삶이 있다.' 이러듯이, 우리 지금 세상이 이게 물질세계로서 과학의 발전으로 인해 문화 문명이 아주 고도로 발전이 됐지만, 지금은 거꾸로 다시 돌아와서 다시 그 교차로를 넘어서야 된다, 정신세계로. 그것은 우리가 지금 마음공부 하는 데 있어서 그 교차로를 넘어서야 하는 것과 같죠. 그것도 들이고 내는 그 교차로, 거기 한마음에 달려 있어요.

그러니까 이 마음에서 물질세계로 지금 팽창될 수 있다면, 정신세계로 진화돼서 우리가 발전할 수 있다면 정말이지 우리가 한마당 한 식구가 되죠. 세계평화가 온다 이 소리죠. 그러한 것이 오지 말라는 법은 없어요. 아, 여기 여러분이 앉아 계신데 뭐 걱정이요, 네? 여러분은 여러분의 마음을 내고도 못 믿죠? 여러분이 한번 마음을 내서 지켜보라고, 어떤가. 의심하지 말아요. 지금 물어보듯이, '내가 이 공부를 하면 성사가 될까, 안 될까?', '그것이 진짜 그렇게 될까, 안 될까?' 이런다면 되겠소? 네? 내가 목말라서 죽겠는데 물을 들고, '이 물을 먹어야 할까, 말아야 할까?' 이런다면 그 목마른 게 다 없어지오? 물을 먹을 수 있겠소? 그러니까 목마를 땐 그냥 무조건 먹는 것이 장땡이지, 장땡이라고. 그리고 물이 먹기 싫을 때는 안 먹고 놓는 게 또 장땡이거든. 그러니까 어줍잖게 내가 조금 알아 가지고는 그냥 잘 알지도 못하면서 '지금 이런 시기에는 이것이 이렇게 되어야 한다'고 막 생각 내지 말고, 모든 걸 다 맡겨서 아무 생각이 없을 때에 한생각을 내라 이거야.

모든 것을 망상이라고 끊어야 한다고 할 게 아니죠. 생각나고 생각나고 생각나고 생각나는 것은 망상이 아니라, 그것은 순리적으로 공해서 돌아가는…, 그렇죠? 우리가 지금 순리적으로 돌아가는 거 아니겠소. 이 생각 하고 저 생각 하고 또 딴 생각 하고, 꼬리가 꼬리를 물고 자꾸자꾸 자꾸자꾸 이렇게 돌아가는 거지, 그게 망상이 아니란 말이야. 그렇게 돌아가니까 '내 몸, 나온 거 들어간 거, 사는 거, 보고 듣는 거, 몽땅 그놈이 하는 거다.' 하고 맡겨! 그놈이 하는 거지 딴 놈이 하는 게 아니거든. 그러니까 그놈, 자기 주인공한테다 모든 것을 맡겨. 주인공 죽는 법은 없어. 맡겨 놓고 그놈이 한다는 것을 믿는다면 여러분이 방황할 게 하나도 없어. 지금 금방 죽는대도 방황할 게 없어. 그게 바로 힘이야. 그러니까 그렇게 됨으로써, 야! 조금 늘려 놓으려면 늘려 놓고 줄이려면 줄이지, 뭐 걱정이냐 이거야.

이 무심 도리가 지금 시쳇말로 정신세계의 한마당에, 그 한자리에, 그 만봉(萬峰)에, 만봉! 만봉 봉(峰)에 연꽃이 피어서 이 세상을 두루 할 수 있는 바로 그런 멋진 도리다 이거야. 그러니까 우리가 이렇게 하고 있는 한마당이 있는데, 왜? 왜 그걸 마음대로 못 해? 안 그런감요? 왜 그걸 마음대로 못 해요? 허이, 참내. 올려놓는 것도 법, 내려놓는 것도 법인데 자유스럽게 삽시다. 자유스럽게, 이 자유스럽게 사는 방법을 배우려면 마음공부밖에는 없어요.

질문자7(남) 저는 여느 때는 말을 잘하다가도 큰스님만 뵈면 말문이 막히고 눈물이 먼저 나와서 말씀을 못 드리겠습니다.

큰스님 우리는 지금 말 없이 말을 할 수 있는 능력을 배우는 거고, 보지 않고 보는 능력을 배우는 거며, 듣지 않고 듣는 방법을 배우는 거며, 가고 옴이 없이 가고 오는 방법을 배우는 거며, 지금 결정적인 문제를 결정하지 않으면서도 결정할 수 있는 그 능력을 배우는 공부기 때문에 그런 거예요. 그래서 말을 너무 남용하면, 예를 들어서 말을 함이 없이 해야지 내가 그 도리도 모르고선, 함이 없이 해야 하는데도 불구하고 '내가 설법을 했지', '내가 이런 말을 이렇게 했지' 하는, '내가 했지' 라는 그 마음만 들어간다면 그것이 바로 남용하는 거라고. 그리고 그것이 바로 미(迷)해지는 그런 마음이 될 수도 있고요. 그러니까 될 수 있으면 함이 없이 해야죠. 그 말이 안 나오고 하는 것은 아직 배추무만 사다 놨지, 양념을 해서 맛있게 버무릴 수 있는 그런 계기가 되지 않아서 그래요. 댁이 지금 사다 놓은 무, 배추에다가 양념을 버무려서 그 요리를 만드는 방법을 지금 수련해야 되거든. 그러니까 그러한 이유로 그런 거라고.

그래서 나를 깨달아 가지고도 무의 세계에서의 둘이 아닌 방법을 알기 위해서 또 놓고 공부한 거예요. 육조 스님도 그렇고, 다. 또 놓고 공부해 가지고 자꾸자꾸 보임(保任)을 해서 들어가죠. 그렇게 해 가지고 나중에는 '아하!' 부처님처럼 말이야, '야, 요만한 것에는 나도 요만하게 응해서 한마음이 되어 주고, 또 조만하면 조만한 대로 한마음이 되어 응해 주고' 이렇게 할 수 있는, 바로 가고 옴이 없이 가고 오면서 내가 돼 줄 수 있고, 크나 작으나 다 내가 돼 줄 수 있고, 한마음이 돼 줄 수 있는 역할을 하는 게 바로 열반이라고 하거든. 그러니까 살아서 열반이 아니라면 죽는 것이 열반이 아니다 이거야. 그러니까 살아서 죽어야 열반이지. 허허허…. 옛날에 어떤 큰스님이 말씀하셨듯이 "3년을 눈 뜨고 푹 쉬면 된다. 그러면 둘이 아닌, 차차 열반경지로 그냥 곧

장 들어가는 길이 나오느니라." 하하하…, 그러셨듯이 말이에요.

사회자 저희 욕심 같아서는 큰스님을 모시고 한마음 도리를 공부해 가는 과정에서 의심나는 거, 무궁무진한 거, 이날이 다 가도록 여쭤 보고 싶습니다마는 오늘 이것으로써 마치고 좀 쉬시도록 했으면 좋겠습니다.

큰스님 아니, 글쎄, 이거 보세요. 이게 망설이면 안 되는 거예요. 뭘 귀를 맞춰서 질문하려고 그러고, 또 무엇을 제대로 해 보려고 하지 말고, 내 여기에서 그대로 나오는 거 그대로 질문했으면 해요. 여러분이 뭘 맞춰서 '아이구, 이 대답을 하면 틀릴는지 모르겠다….' 하는데, 틀리면 어떻고 안 틀리면 어때요? 안 틀리는 것도 법, 틀리는 것도 법인데, 예? 이 세상에 하나라도 쓸모없는 게 어딨어요? 다 쓸모가 있지. 아, 산에 올라가 봐요. 벌레 먹은 고목도 있어야 조화를 이룬다고. 이게 바로 부처님 법이라니까. 잘하려고 하는 생각을 한다면 그건 아예 비뚤어져, 벌써.

그러니까 여기도 선생님들이 앉아 계시지만, 앞으로 우리가 살아나가기 위해서, 또 선생님들이 학생들을 가르치기 위해서 더욱더 이 마음공부를 열심히 해야죠. 어린애면서 장래의 어른인 그 애들을 잘 가르쳐서, "우리가 지금 물질과학이 고도로 발전이 돼서, 아주 이제는 막바지에 이르렀는데 앞으로 어떡하느냐?" 이런 소리가 안 나오도록 됐으면 좋겠어요. 지금 애들을 가르치는 것도 마음을 가르치는 게 아니라, 뜻을 가르치는 게 아니라, 그냥 보고 듣고 하는 걸로만 모두 가르치기 때문에 해결할 수 없는 문제가 많지요. 지금 정말 우주 정거장을 세울 때에 허가도 줄 수 있고 또 무허가로 지은 거 그냥 부술 수도 있고, 이럭하게끔 만들어야 되거든요. 모두가 그렇게 돼야 되겠거든요.

그것뿐인가요? 그럴 수 있다면 여러분이 이따 죽는다 하더라도 그것은 죽는 게 아니고 지속되는 거죠. 난 이런 생각이 들어요. 전자에 역대 조사들이 그렇게 다녀서 가셨는데 왜 지속되지 않겠느냐? 하물며 별도 겉껍데기만 싹 벗고선 그대로 또 밝아지는데…, 네? 인간도 겉껍데기 벗겨지는 거는 진리를 지속되게 하기 위해서거든, 그것도. 괜히 옷 벗는 게 아니에요! 새 옷 나오라고 그러는 거지.

그러니까 그것도 그런데, 우리도 지구라는 집 한 덩어리를 놓고는 진드기처럼 지금 붙어서 살거든요. 그런데 태양이 문제가 생기면 지구집이 헐어진다, 부서지고 망한다, 팽창되면 팽창되는 대로 나빠지고 또 타 버리면 타 버리는 대로 나빠지고 이럴 수 있죠. 그러니 우리의 마음이 태양보다 더 밝고 크고, 영원하다는 거를 아셔야, 태양도 달도 이게 다 방편이지마는, 지구도 지탱할 수 있고, 우리 몸도 영원히 지탱할 수 있고, 영원히 고에서 벗어날 수 있는 여러분이 되어서 앞으로 부모 조상들의 묵은 빚도 갚을 수 있는 거죠. 과거에 급제하면 왜, 어른들도 함께 격상하고, 그 집 살림도 달라지고 그러지 않아요? 우리 사는 거와 똑같애요. 아, 내가 지금 장관이 되고 대통령이 돼 봐요. 그 식구들도 다 그냥 대우받죠. 안 그래요? 그와 같애요. 그러니까 여러분이 공부를 하면 위로는 묵은 빚을 갚으면서 아래로는 햇빛을 주면서 빛이 되게끔 하고, 그 뿌리가 썩지 않고 영원하도록 하게 할 수 있죠. 이건 물질이 아니기 때문에 변함도 없어요. 금이라는 게 변함이 있나요? 금은 금이지. 그와 같은 겁니다.

그래서 그 태양의 근본이 바로 인간의 마음의 근본이기 때문에 마음의 근본은 땅속 깊이도 한정이 없고, 물속 깊이도 한정이 없어요. 그래서 한 자 한 치도 안 틀리고, 그렇게 한정이 없기 때문에 고기들도 다 살고 있잖아요? 태양이 아무리 좋다 하더라도 쥐구멍에 들어갈 수 있겠습니까? 또 아무리 태양이 좋다 하더라도 물 밑에 들어가서 그 생명들을 다 살릴 수는 없어요. 그렇기 때문에 자가발전소가 있죠.

그래서 그 바다의 왕은 바로 자가발전소가 있다는 겁니다. 그게 소용돌이에요, 소용돌이, 법계(法界)의 소용돌이가 있다. 그래서 그 모든 게 밝게…, 캄캄해도 마음이 밝으면 그대로 어디에 뭐가 있고 어디에 뭐가 있다는 것을 이 눈으로 보는 것보다도 더 밝게 볼 수 있어. 갈빗대가 몇 개고 또 소나무 하나하나의 가지가 몇 개고 이런 거까지 볼 수 있지만 여러분 눈으로, 육안으로 봐 보세요, 그게 보이나? 그러니까 보는 것도 그렇지만 이 자가발전소 마음으로 보게끔 해 놨기 때문에 그래서 바로 '용 룡(龍)' 자를 쓰게 돼 있고 그렇죠?

질문자7(남) (청취 불능)

큰스님 이거 봐요. 돌아 돌아 수없이 비가 내리고 우리는 그거를 또 수없이 먹고, 수없이 그게 눈물로도 나가고 콧물로도 나가고, 땀으로도 나가고 다 이렇게 나가서 그게 증발이 돼 가지고 또 올라가고, 올라가면 내려오고 내려오면 올라가니 올라간다 내려온다 할 것도 없죠, 뭐. 그러니 그 또한 한마음 속의 작용이다 이거예요, 모든 게. 그러니 모든 일체의 근본이 바로 한마음 속에 있으니 한마음을 알라 이런 거죠.

사회자 오늘 큰스님의 큰 가르치심 대단히 감사하게 생각하면서 오늘 법회 이걸로 마치겠습니다.

큰스님 난 대단히 한 것 같지도 않은데…. (대중 웃음)

만물만생이 다 불교 아닌 게 없다

1991년 8월 4일

이렇게 형제 법우님들하고 같이 한자리를 하게 된 것도 벌써 몇 달 된 것 같습니다. 이 세상에 태어나서 모든 것을 볼 때, 우리는 우리의 마음으로부터, 행으로부터, 그 작용으로부터 발전을 시키고 이 세상을 조절해 나가는 바로 지구의 주인이라고 할 수 있겠죠. 마음 하나 잘 먹으면 이 세계를 다 조절할 수 있고, 또 우리나라를 유지시키고 개발시키고 좀 더 평화롭게 해 나갈 수 있는 그런 계기가 될 것이고, 우리가 마음 하나 잘 먹지 못하면 평화가 아니라 괴로움과 여러 가지의 불미스러운 일들을 낳게 되겠죠.

여러분이 더 잘 아시겠지만, 우리가 이것 빼놓고 저것 빼놓고 그런다면 뭐 남는 게 있어서 불법이겠습니까? 불법이라는 것은, 불교라는 것은 바로 여러분 자체가 불교입니다. 여러분 하나하나가, 전체가 다 불교 아닌 게 없기 때문에 우리가 불성을 가진 '불(佛)'이라고 하는 뜻이고, 우리가 이렇게 말하고 살아가는 이 자체가 '교(敎)'가 되기 때문에 여러분이 불교 아님이 없고 만물만생이 다 불교 아닌 게 없어서 그대로 만나면 만나는 대로 같이 돌아가는 거죠. 오늘도 저 위에서 한 소나무를 만났는데, 어저께 만난 거 따로 있고 오늘 만난 거 따로 있지

마는 만나는 대로 달라지는 겁니다. 사람을 만나듯이….

그러니 생각해 보시면 아시겠지마는 일체 보면 보는 대로 둘이 아님으로써 네가 있고 내가 있지만 마음은 이심전심, 둘이 아니어서 그렇게 같이 돌아간다는 뜻입니다. 우리가 같이 돌아가는 걸 모른다면 내 집이 빈집이 돼서 그 에너지를 뺏긴다고도 볼 수 있지요. 여러분은 믿지고 사는 분들이 여간 많지 않습니다. 그렇기 때문에 내 집이 비었으면 항상 에너지를 뺏기고, 뺏기기 때문에 내 몸이 쉬 망가지고, 그러면서도 또 마음이 가난해지고, 떳떳하지 못해지고 이렇게 되니까 집안은 화목하지가 못하고, 뿌리가 성성하지를 못하니 가지와 잎, 즉 가족이 다 성성하지 못하죠.

불법이라는 거, 이 불교라는 자체가 따로 있는 게 아니라 행동 하나하나 일으키는 것이 법이요, 불은 바로 영원한 자기의 불성을 말하니 영원한 생명의 근본이 되는 거죠. 그 근본은 능력이 있는 거고, 법은 생각을 내면 생산해 낼 수 있는 그 능력을 가진 겁니다. 생각을 해야지 사람이지, 생각이 없다면 무슨 사람입니까? 바로 이 세상, 우주 전체는 모두 에너지 자체가 들고 나고 쓰고 이렇게 활용하게 되어 있습니다. 그러니 여러분, 생각해 보십시오. 부처님께서는 수많은 일체 만물만생의 어느 것 하나 빼놓지 않고 자기가 돼 버렸습니다. 그건 왜냐? 어떻게 생각하면 부처님께서는 욕심이 많다고도 볼 수 있겠죠. 왜냐하면 모두 긁어모아서 자기 한마음 속에 전부 넣고, 한마음이라는 그 그릇도 없는 데다가 그냥 다 넣어 버렸으니 우주 삼천대천세계를, 에너지를 다 넣어 버렸다고 해도 과언이 아닙니다. 그런 데다가 생각을 내면 법바퀴거든요, 그게. 법이란 바로 생각을 내면 생산을 해내는 거죠.

그렇기 때문에 우리 인간도 별성과 같습니다. 인간도 그 몸이 헤져서 망가지면, 옷이 낡으면 벗어 버리고 다시 새 옷을 입듯이 별성도 수명이 길고 짧을 뿐이지 옷 벗는 것은 똑같습니다. 우리가 이 옷을 벗었다고 해서 죽는 게 아니라 불성은 그대로 있기 때문입니다. 우리가 불로 원점으로 가고, 물로 원점으로 가고, 바람으로 원점으로 가고, 흙으로 원점으로 가기 때문에 그것이 그대로입니다. 그러니까 죽는 게 없고, 다시 생산해서 그 옷이 다시 만들어져 나오는 거죠. 여러분이 헌 쇠를 넣으면 다시 생산돼서 나오듯이 말입니다. 금도 그냥 닳고 조각난 것을 갖다가 다시 녹여서 반지를 만들고 목걸이를 만들어서 이 세상에 다시 탄생시키지만 금으로 그대로 있듯이, 우리 불성도 그대로 있는 것입니다.

그런데 그 불성은 그대로 있는데 우리가 이 공부를 하면 원, 이 불바퀴로 하나로 돼 버리죠. 하나로 돼 버려서 법바퀴에 에너지가 배출이 되면서 거기서 내 마음대로 생산이 다시 되죠. 그런데 그 도리를 모르면, 지난번에도 얘기했지만, 그 자리를 뛰어넘지 못한다는 겁니다. 우리가 살아 있을 때의 모습, 물질적인 의식을 그냥 가지고 있기 때문에 죽었어도 그 물질적인 '나'가 있는 줄 안단 말입니다. 그렇기 때문에 죽어서 영혼을 다스리지도 못하고 닦지도 못한 채 그냥 그대로, 그 모습 그대로 있는 줄 알고 한 발짝도 떼어 놓을 수 없는 겁니다. 넘어설 수가 없는 거죠. 다시 되풀이하지마는 이 몸속에 있는 그 인과응보, 악업, 선업이 쫙 깔려서 자기를 그림자처럼 쫓아다니기 때문에 한 발짝도 떼어 놓을 수 없다는 얘깁니다. 이것이 지금 현실에 우리가 겪고 있는 과정입니다.

그래서 물질적인 이 마음 자체를 '비워라, 비워라' 이러는 겁니다. 우리가 평상시의 생활을 하지 마시라고 그러는 게 아닙니다. 그 생활 속에 진리가 있으니까요. 그래, '우리 생명이 어디에 있느냐' 그런다면 숨을 들이쉬고 내쉬는 작용에 있지 않습니까? 숨을 들이쉬고 나서 내쉬지 못하면 죽을 것이고, 내쉬고 나서 들이쉬지 못하면 죽을 것입니다. 또 '부처가 어딨느냐, 그 생명 근본이 어딨느냐' 한다면 '우리의 들이고 내는 작용 가운데에 있지 않느냐' 하는 겁니다. 그렇기 때문에 들이고 내는 것을 누가 내느냐 이겁니다. 들이고 내는 그 작용을 누가 하고 있느냐 이겁니다. 그렇기 때문에 '들이는 것도 아니고 내는 것도 아닙니다' 할 때는 들이고 내고 한다는 그런 말로 하는 게 아니라 그냥 말 없이 대답을 하는 그런 습관이 예전에 있었습니다. 그건 왜냐하면 이것이 발현이 됐는지 안 됐는지 그것을 점검하기 위해서 그런 말씀들을 했죠. '내가 들어가는 게 옳으냐 나가는 게 옳으냐, 들이는 게 옳으냐 내는 게 옳으냐' 하고 말입니다.

그런데 지금 그 의식과 관습이 죽어서도 남아 가지고는 한 발짝도 떼 놓을 수가 없게 하는 문제가 몇 가지 있죠. 첫 번에는 뭐냐? 그 고생을 하면서 장만해 놓은 내 집, 내 가정, 내 재산이 있다는 의식과, 내가 살던 그 습관이 그대로 있어서 거기서 떠나지 못하는 의식이 있습니다.

또 한 가지는, 몸은 갔어도 마음은 그대로 거기 있으니, 살아서 몸뚱이를 가지고 참섭을 해도 참 귀찮을 노릇인데, 이건 보이지도 않는 데서 집집마다 일일이 참섭을 하고 돌아다니니 이거는 못할 짓이다 이거죠, 자식들이. 그게 자기 2세인데, 그 2세인 자기를 자기가 아니라 자식들이라고 생각하기 때문에 귀찮게 하는 것입니다. 그리고 착을 두는 겁니다. 그렇기 때문에 죽어서도 그 관습에 의해서 떠나지 못하는 거죠.

세 번째는, 아까 얘기했듯이 자기가 떠나려고 해도, 집안 재산과 자식들과 가정에 대해 착을 모두 떼었는데도 하화중생(下化衆生)의 이도리를 몰라요. 내 몸의 중생을 제도 못했어요. 내 몸뚱이 속에 있는 인과로써 생긴 악업 선업을 그냥 녹이지 못하고 거기에서 벗어나지 못했으니…, 아, 죽었는데 말입니다, 아, 떠억 나서서 가려고 하니까 이게 그림자처럼 그냥 헤아릴 수 없이 나타나서 앞을 막으니 어떡하겠습니까? 그 습관에 의해서, 내가 그 도리를 살아 있을 때 몰랐기 때문에 죽은 뒤에 그것들이 모두 나타난 거죠. 야, 하다못해 똥을 봐도 똥 묻으면 어쩌나 하고 가지를 못하는데 여기에 색색으로 참, 천차만별로 다른 모습들이 질경이같이 그냥 벌어져 있으니 꼼짝할 수가 없는 거죠. 인과로써 인연을 가진 사람은 머리 풀어 산발을 하고 그냥 귀신처럼 들이덤비죠? 눈 없는 게 들이덤비지, 팔 없는 게 들이덤비지…. 온통 과거에 산 대로, 자기가 한 대로, 행동한 대로 그냥 인연이 되어 가지고 내 몸속에 다 있으니, 지금 모습은 다 그냥 사대(四大)로 흩어져서 없어지지만 아, 그 인연에 따라서 쫓아다니는 거는 어디를 가도 쫓아다니기 때문에 붙잡히지 않을래야 않을 수가 없죠.

그러니 어딜 갑니까? 그걸 훌렁 벗어 버려야 자유인데, 훌렁 벗어 버리지를 못해서 아주 배어 가지고 그림자처럼 따라다니는데, 산을 넘어간들 안 쫓아가겠습니까, 들을 넘어간들 안 쫓아다니겠습니까? 한 바퀴 돌아서 이 세상에 다시 생산이 돼서 나온다 하더라도 아마 그것은 똑같이 따라다닐 겁니다. 그렇기 때문에 그것을 벗어나야 무(無)의 세계에서도 보이질 않을 텐데, 우리가 지금 가지고 다니는 것이 있기 때문에 조금도 틀림없이 벌써 다 알고 있는 겁니다. 이렇게 비유해 봅시다. 지금 정보실에서 정보원들이 정보국장으로부터 죽 내려오면서 우리를 감시한다고 합시다. 도솔천에서 감시를 하고 그런다고 합시다. 그런데 우리가 그것을 피할 수가 없어요. 그 증거가 아예 입력이 돼서 항상 통신이 되고 이렇게 영상이 나오니 몇 생을 돌아가도, 오백 생을 돌아가도 뭐, 꼼짝없이 꼭 쫓아다니는 거예요.

그래서 모든 것을 거기에 맡겨 놓으시라, 맡겨 놓으시라, 거기에서 나오는 대로 되맡겨 놓으시라 그러는 겁니다. 그러면 내가 한 것이 아니니까, 거기에서 했으니까 거기에서 알아서 일체 만법을 다 작용하면서 나를 이끌었으니 난 심부름만 했지, 내가 주인이 돼서 한 것이 아니다 이거예요. 그러니까 '주인이 한 거니까 주인이 해결해라.' 하고 거기다 맡겨 놔야 그것이 몽땅 벗어지는데, 이건 만날 내가 하는 거야, 내가 해! 그러니 과거에 짊어져서 지금 현실에 나오는 것도 죽겠는데 또 미래에 나올 것을 연방 입력을 해 넣고 있으니 어떡합니까? 그렇게 입력이 되니까, 입력이 돼서 현실에 나오는 대로 거기다가 다시 입력을 한다면 앞서 게 몽땅 지워져서 정보원에서 컴퓨터에 넣어 봐도 증거가 하나도 없어! 그래서 홀랑 벗어지는 거죠.

그러니 우리가 이런 도리를 안다면 하루하루 살면서, 하루하루뿐이 아니죠. 지금 이 시간에도 자꾸 보고 듣고, 듣고 듣고, 보고 보고, 가고 오고, 만나고 그러는 게 하나도 고정됨이 없이 공해 버렸으니까 그것을 알면, 마음으로 알면 누적이 되지 않고 그냥, 우리가 먹고 배설하고 먹고 배설하듯이 그렇게 돼 있다 이겁니다. 이게 하치않은 말인 것 같지만 이 세상 현실에서 벌어지는 일들입니다. 우리가 물질에 집착이 없이 현실 속에서 참나를 완전히 알기만 한다면 세상을 모두 감지하고 조절해서 돌아갈 수 있는 능력이 우리에게 주어져 있습니다. 그러니 딴말 해 봤자 소용없어요. 그건 이론에 불과하고 우리가 직접적으로 실천을 하지 못하면 목이 말라서 죽는다 하더라도 물 한 모금 마실 수 없으니까요.

우리 몸이 에너지가 없어서 그냥 비참해진다 하더라도 우리는 에너지를 넣을 수도 없고 기도 넣을 수가 없습니다. 그러나 '한마음 속에서 나온 거니까 한마음 속에서 다 이거를 해야 될 거 아니야? 그래야 종이 주인의 심부름을 건강하게 잘할 거 아니야?' 하고 한생각만 그렇게 해도 에너지는 저절로 자동적으로 들어가고, 기가 자동적으로 들어가고 그 병이 자동적으로 없어지는 겁니다. 왜냐하면 이 모든 나가, 헤아릴 수 없는 나가 나를 죽일 수는 없기 때문입니다. 자기 손가락이 자기 손가락을 꺾을 수가 없듯이….

그래서 얘긴데, 이제 이 말 끝나면 여러분이 또 나한테 튕겨 주셔야 돼요. 허허허…. 그래서 한 발짝도 떼어 놓을 수가 없고 어디 먼 데로 도망을 가려고 해도 꼭 잡힙니다, 잡혀요. 그래서 아무 데나 들어가게 돼 있죠. 그러니 모습을 아무거나 가지고 나올 수밖에 없죠, 행동한 대로. 그러니까 여길 뛰어넘어야 한다는 겁니다. 그래서 그렇게 놓는 작업을 해야 하는 거죠. 거기다가 맡겨 놓고 믿고, '모든 거를 들이고 내는 것이 거기다.' 하고서 믿고 맡겨야 그게 벗어진단 말입니다.

또 그게 벗어졌어도 만약에 그게 찌그럭지라도 조금 남았으면, 나라는 게 남고 그 관습이 그냥 남았다면 강을 건너가야 할 텐데 물이 깊어서 건너갈 수가 있나. 그러니 영혼이 배를 기다려야 한다 이런 문제가 나옵니다. 물질이 아닌 영혼이 만약에 배를 기다린다 한다면, 오백 생뿐입니까? 그래서 이렇게 말했죠. "저 언덕을 넘어, 강을 건너서 만나리. 넘어서면 영원한 밝음이 있으리." 하고, "아제아제바라아제" 한 겁니다.

그런데 우리가 그렇게 넘어가려면 '지수화풍, 일체 만물만생이 둘이 아니로구나. 내 몸속에 있는 것도 둘이 아니로구나. 모두가 둘이 아니로구나.' 이렇게 생각을 해야 한다고 수없이 여러분한테 말씀해 드렸습니다. 둘이 아니기 때문에 한생각 끄떡하면 건널 수 있는 거죠. 그것이 실체가 아니기 때문에, 살아 있을 때 알고 있는 것은 죽어서도 알고 있는 겁니다. 그래, 꿈이 생시요, 생시가 꿈이니라. 그러니 생시에 알고 있다면 꿈에도 알고 있는 거고 죽어서도 알고 있는 것이다. 그래서 눈이 밝아지고 귀가 밝아져서 한생각을 하면 그냥 강도 들도 따로 없느니라. 아무리 높은 산이든 낮은 들이든 깊은 강물이든 불 속이든, 어디에 타 죽는 것도 없고 빠져 죽는 것도 없고 멀어서 못 가는 것이 없다고 하는 겁니다. 그래서 여러분이 그거를 뛰어넘었다 하더라도 조금이라도 남았으면 또 강을 못 건너가서 배를 기다리고 있는 격이 되는 거죠.

그다음에 또, 이 우주 전체 모든 물질이 불성입니다. 별성도 불성이요, 우리 인간도 불성입니다. 불성이 한데 합쳐져서 돌아갑니다, 지금. 그래서 그거를 블랙홀이라고 그러고 불바퀴라고 하는 겁니다. 그런데 그게 한데 어우러져서 굴러가는데 말입니다, 우리 마음들이 정해 놓는 데 따라서 유성이나 행성이나 조그마한 거, 조금 큰 거, 좀 더 큰 거, 아주 큰 거로 나왔다 들어갔다 하면서 쪼개지면서 분배되면서 분

류되면서 분신이 되면서 이렇게 돌아가고 있는 이 자체가 바로 우리들이 살아가는 것과 같지요. 단지 그것을 깨닫지 못하기 때문에 큰 노릇을 못 하고 문지기나 할 수 있는 그런 입장이죠. 만날 떠돌면서도 심부름을 해야 하는 그런 입장이 되지요. 그냥 떠도는 게 아니에요, 심부름꾼이지. 호텔에 가면 문지기 노릇을 하는 사람이 있지 않습니까? 그것도 문 바깥에서 문지기 노릇을 합니다, 사람들 모두 안내하고. 이런 거와 같이 불바퀴를 보면 타 죽을까 봐 그 소용돌이 속을 못 들어가고 그렇기 때문에 맛을 영 못 보는 거지요. 영원한 밝음의 자유를 얻지 못하는 거죠. 살아서 영원한 자유의 밝음을 얻는다면 뭐, 죽고 살고가 없지요, 자유니까.

그런데 우리가 지금 만날 이렇게 이런 말 저런 말 하는 것도 그 마음 빼놓고는 하나도 없습니다. 마음이라고 이름을 지었으니까 마음인데, 왜 마음이라고 지었을까? 너무 불성이 많으니까, 그리고 생각을 낼 수 있는 여건이 돼 있으니 어떻게 마음이라고 안 짓습니까! 불성은 불성이요, 마음은 마음이지. 불성은 여러분이 인간으로서 태어나게 된 생명의 근본이지만 그 생명의 근본이 있으니까 마음을 낼 수 있는 게 있어야 작용이 되지 않습니까? 그렇기 때문에 그 마음 내는 것이 생산할 수 있는 법이다! 그래, 법이죠. 불성과 법이, 불과 법이 둘입니까, 어디? 여러분이 생명이 있으면 마음을 낼 수 있고, 마음을 낼 수 있으면 몸을 움죽거릴 수가 있는 게 당연하죠.

그런데 중요한 것은 '관습으로 인해서 내가 벗어나지 못하면 영원히 입력이 돼서 컴퓨터에 나오니까 안 된다. 자유스럽게 살 수가 없다. 그냥 아무리 멀리 있어도 붙잡아다 자기 한 것대로 일을 시키니까 안 된다. 벗어나라.' 하는 겁니다. 그러니까 창살 없는 감옥을 벗어나야 된다 이 소립니다. 우리 몸뚱이가 창살 속에 갇히면 꼼짝 못 하듯, 이 마음의 그 영혼도 갇히면 꼼짝없어요, 모르니까요. 자기가 지금 물질로 있는 줄 알기 때문에 자기가 잡혀 있는 걸로 알고 있거든요. 그러니 잡혀 있지! 여기에 대해서 뭐, 여러분이 질문하실 것 없습니까?

내가요, 내려앉자고 그런 것은 여러분하고 허심탄회하게 토론하자는 거지, 내가 무슨 위라 그래서 위가 아니고 아래라 그래서 아래가 아닙니다. 안 보인다 그래서 위에 앉아 있는 거지 내가 뭣이 높아서 여기 앉았겠습니까? 높은 것도 없습니다. 왜냐하면 부처님과 같이, 나도 실험을 예전부터 무수하게 해 왔고 지금도 실천을 하고 갑니다. 그런 걸 여러분이 무시해서도 안 되고 몸뚱이, 고깃덩어리만 봐서도 아니 됩니다. 예전의 일체 선사들, 일체 부처님이 다 어떠한 노릇을 했는지 여러분이 아십니까? 지금 말만 듣고 이렇게 올 뿐이지 여러분이 실천해 보셨습니까, 그것을 따라서?

마음은 실체가 아니기 때문에 내가 이 도리를 배우게 되면 아주 선지로서, 일체 평등공법(平等空法)으로 대치를 해 나가고, 칠보활궁공법(七寶活宮空法)으로써 마음을 내서 보배로운 생산을 할 수 있는 것입니다. 모든 것에서 남을 이익하게 할 수 있고, 저런 혹성이나 뭐, 이런 것도 그렇고, 재미있는 일들도 있는데 내가 아는 것을 지금 말을 한다면 미쳤다는 소리를 들을 수밖에 없는 문제도 있을는지 모르죠. 그러니 여러분이 그 모두를 부처님께서 하시듯이, 종지가 원한다면 내가 종지가 돼 줄 수 있고, 그럴 수 있어야죠. 이 도리가 그렇습니다. 마음은 실체가 아니기 때문입니다.

그렇기 때문에 지금 과학을 연구하는 분들은 이 말을 들으면 아마 빨리 알아들으시리라고 봅니다. 내 마음 하나에, 즉 말하자면 블랙홀 안에서 나가는 그 에너지가 어디로 나가느냐? 그 에너지도 배출이 되지만 내 마음의 영원한 그 근본 '불'이라는 것이 한데 모였다 흩어졌다, 한데 모였다 흩어졌다 하는 작용을 무수하게 하고 있다는 얘깁니다. 이게 우리네 지금 숨쉬고 들이쉬고 내쉬고 하는 작용입니다. 그런데 그걸 끌어다 쓸 수 있는 것은 우리 법입니다, 법바퀴.

그래서 이 불바퀴의 에너지가 있다면, 우리가 지금 숨쉬고 사는 그 에너지가 거기에서 배출이 되면 또 생산이 되고 그럽니다. 부부가 생산을 안 해냈다면, 움죽거리지 않고 생각을 안 해서 그렇게 생산을 안 해냈다면 여러분 자손이 어디 나왔겠습니까, 네? 이거 웃을 일이 아닙니다. 별성도 역시 마찬가지입니다. 별성에서는 불바퀴에서 배출되는 에너지가 자력에 의해 저절로 가서 틀림없이 한데 합쳐진단 말입니다. 따로따로 떨어지는 게 아니에요. 그것은 물질이 아니기 때문입니다. 그런데 물질로서 그게 아주 거대하게…, 그러니까 줄지도 않고 늘지도 않게 지금 조절을 하니까 그렇지, 만약에 체가 없는 마음이, 별성들이 와르르르 일어났다 하면 그 불바퀴가 얼마나 팽창될 것입니까? 이거는 과학적으로 이름을 붙여서 말하는 거하고는 정반대로, 말로는 형용할 수 없는 그런 문제가 나옵니다.

그러니 여러분이 이거부터 알아야 되지 않나…, 내가 벗어나야 아무 데고 가도 간 흔적이 없죠. 그죠? 그런데 벗어나지 못하면 흔적이 남죠. 아, 요기 한 발짝만 떼어도 벌써 흔적이 나오는데 어딜 갑니까? 그러니까 '창살 없는 감옥에서 허덕이고 있다. 이 고에서 벗어나라, 벗어나라.' 부처님께서도 그런 말씀을 하지 않으셨습니까?

거기서 더 말하라는 겁니까? 벽은 쳤는데요, 봇장이 울리는 건 여러분이지 어떡합니까? 그러니 여러분도 좀 더 이것을 잘 생각하셔서 일하면서도 생각이 들면 무조건 거기다 맡기고, 조금 조용한 시간이 있으면 한 번쯤 생각해 볼 수 있는 그런 여건을 가지시란 얘깁니다. 내가 생각을 안 하면 내 마음이 진화가 되지 않아요. 그리고 커지질 못해요. 생각을 아주 안 하는데 그게 목석이지, 생각을 안 하는데 어떻게 진화가 됩니까?

우리 배 속에 있는 모든 걸 보세요. 그게 증거물입니다. 우리가 어디서부터 왔느냐는 증거물입니다. 어디서부터 왔습니까? 여러분, 산에 가도 좋고 물에 가도 좋죠? 여러분네 고향이기 때문입니다. 허허허…. 자기도 모르는 사이에 참, 청산유곡을 보면 그렇게 마음이 신선하고 좋고, 또 맑은 물이 쉴 사이 없이 흐르는 걸 봐도, 계곡에 가서 맑은 물이 흐르고 고기가 노는 걸 봐도 싱그럽고 좋지요. 그게 여러분 고향이에요. 수없는 겁을 거쳐서 인간까지 이렇게 모습을 가져왔고 기어다니다가도 모습을 가져왔고…. 지금도 여러분한테 꽁지가 조금 붙었습니다. 꽁지 안 붙은 분 아마 하나도 없을 거예요. 그 흔적이, 꽁지 떨어진 지가 얼마나 됐습니까? 그러니 이것도 말짱 벗어나야 우리가 어딜 가든지 흔적이 남지 않습니다. 그러면 우리는 생각으로 살 수 있죠. 생각으로 운전할 수 있고 생각으로 살 수 있는 그 세계를 맛볼 수 있는 거죠. 사람까지 이렇게 맛볼 수 있었듯이 말입니다.

어떤 때는 이렇게 길을 가다 보면요, 기다란 유체 같은 게 가요. 그건 이름도 모르죠, 하도 여러 가지이기 때문에. 가다 보면 알을 까서 뒷꽁무니에 질질질질 끌고 가서는, 풀을 갖다가 발로 두껍게 알 밑에다 깔고는 풀로 살짝 덮어 놔요. 그런 걸 하나 보더라도, '야! 요렇게 묘하구나.' 요렇게 묘한 것을 우리가 스스로 해 오고 있었다는 거…. 우리가 하다못해 요만한 미생물에서부터 그렇게 스스로 해 왔기 때문에 이렇게 인간까지 돼서도 자식들을 그냥 덮어 주고 입혀 주고 먹여 주고, 이러면서 어디를 나가서 안 들어오기만 해도 안절부절을 못하고, '빨리 들어와야지.' 하면서 걱정을 하고 이러는 거죠. 아마 거기에서는 좀 덜 벗어난 것 같습니다.

알고 보면요, 그렇게 거쳐 오면서 모였다 바람처럼 흩어지고 모였다 바람처럼 흩어지고…, 이 식구가 말입니다. 그렇게 흩어져서 또 딴 식구들하고 또 만나고, 진화를 좀 하면 진화한 만큼 또 같이 모이고 이렇게 된 것이기 때문에 우리가 대의적으로 본다면 부모 자식이 따로 없다는 얘기죠. 사는 동안에 같이 모여서 살 뿐입니다. 그러니 착을 두지 마시고 그저 사랑으로써 대해야 하는 겁니다. 그냥 뭐, 온통 "너 어디서 자고 왔어? 전화번호 대!" 뭐, 틀림없죠. "전화번호 대! 어디서 자고 왔어? 뭐를 어떻게…." 이럭하면 애들이 반항해서 더 멀어지는 경향이 있습니다. 그러니까 "자고 올 수 있는 그런 뭐가 있었길래 그랬겠지. 너 배고프지 않으냐?" 하고 아주 딱 받아서 안아 준다면 나가서 자라고 발길로 차도 나가서 안 자요, 네? 그런데 착을 두고 자꾸 그러고 있어요. 그것도 대접을 해 줘야 하는데, 꼭 내 손에 들어 있는 자기 소유물이라고 생각을 하기 때문입니다.

여러분의 자손들도 전부 늙어 죽어서 애가 된 거지 아니, 허허허…, 여러분도 늙어 죽었다가 또 태어나 가지고 이렇게 나이를 조금 더 먹었다고 해서 자기가 생산해 놓은 것을 자기 거라고 하겠습니까? 자기 소유가 아닙니다. 절대 자기 소유가 아닙니다. 그러니 그저 남의 자식이든 내 자식이든, 남의 부모든 내 부모든 평등하게, 그저 보면 보는 대로 들으면 듣는 대로, 있으면 보시하고 없으면 마음으로라도 보시하고, 이렇게 무주상 보시를 해서 그저 남을 이익하게만 한다면…. 그리고 또 내 자식이든 남의 자식이든, 내 가끔 그러죠. 여기 우리 학생들이 올 때가 있죠. "스님! 이러이러한데 이건 어떻게 했으면 좋겠습니까?" 하고 울 때, 평등하게 내 소유라는 것이 없어야 사랑할 수 있는 거지, 내 소유라고만 하는 마음이 있다면 남에게 자비를 베풀어 줄 수가 없습니다. 그리고 보시를 못 합니다. 요구를 해야 하니까, 요걸 가지고 이것만 해야 하니까. 그러니까 그 생각이 넓게 나지도 못하죠. 그래서 어휴, 가슴이 쓰르르하고, '언제 적 내 자식 네 자식이고, 언제 적 내 부모 네 부모더냐! 모였다가 바람결같이 흩어지는 것이, 스쳐 가는 것이 인생 아닌가! 우리는 방랑객으로서 한데 캠핑 나와서 살다가 날이 어두워지면 흩어져야 할 인생이 아닌가?' 여러분, 가만히 생각해 보세요. 안 그런가, 그런가? 허허허….

나만 말하게 하지 말고 여러분도 나를 튕겨 주셔야죠. 꽃 한 송이도 풀 한 포기도 내가 볼 때에 그렇고, 여러분도 그렇습니다. 때에 따라선 내가 먼저 말할 수도 있지만 물끄러미 쳐다보고 있으면 그쪽에서 먼저 말을 할 때가 있어요. 가만히 보세요. 꽃도요, 저녁이면 탁 오므라집니다. 보지 못하신 분들도 있을 거고 보신 분들도 많을 거예요. 홀짝 오므라들면서 뭐라 그러는 줄 아십니까? "해가 다 졌다. 아휴, 이제 잠자자." 하거든요. 모두가 잠을 자는 건 아닙니다. 밤낮을 가리지 않고 그냥, 잠을 잔다 안 잔다 없이 그냥 있는 게 국보로서, 소나무도 그렇게 할 수 있는 그런 게 있죠. 그래서 그것이 표면적으로 나타난 것이 바로 푸르름을 가져온 겁니다. 사철나무라든가 이런 것도 그렇구요. 그게 다 마음의 뜻이 있죠. 이 마음이 오고 갑니다.

나무에 맞아 죽을 팔자를 가진 사람이 나무에 목신이 있다는 것을 알고부터 '너도 나하고 벗이요, 영원한 친구지.' 하니까 목신으로 인해서 죽을 건데 둘이 아니라는 바람에 목신이 그냥 외려 도와주더랍니다. 하하하…. 보세요! 만약에 예를 들어서, 아주 부자 사장이 가난한 직원에게 "얘, 너도 우리 일을 하고 나도 우리 일을 하고 둘이 아니지 않으냐? 그러니 죽어도 같이 죽고, 살아도 같이 살고, 먹어도 같이 벌어먹자." 한다면 고마워서 말입니다, 밤낮을 모르고 일할 겁니다, 아마. 그렇듯이 아니, 자기한테 평등하고 좋게 인격적으로 대해 주는데 얼마나 감사하겠습니까? 자기와 자기가 둘이 아니죠. 그러니 일을 자기 일 하듯 하죠. 그렇기 때문에 어디에 가서도 죽지 않죠. 물신(水神)도 자기요, 목신(木神)도 자기요, 지신(地神)도 자기요, 관세음(觀世音)도 자기요, 지장(地藏)도 자기요, 모두 자긴데 누가 뭐, 끌어가고 오라 가라 할 게 없거든. 이거 벗어나십시오. 질문하실 거 있으면 질문하세요. 질문이 아니라 토론이요. 알아도 안다고 생각 마시고 그냥 토론하는 거요, 그냥 말입니다.

질문자1(남) 예. 조금 전에 스님께서 별들도 생명이 다하면 또 옷을 갈아입고 그렇게 한다고 말씀하셨습니다. 그러면 우주에는 수많은 별들이 있는데 저희 지구도 별들 중의 하나라고 생각합니다. 그러면 이 지구는 생겨난 지가 얼마나 됐는지, 나이가 몇 살이나 됐는지 그걸 알고 싶고요, 그다음에 두 번째, 사람이 이 지구에 살기 시작한 지는 얼마나 되었느냐? 또 부처님께서 사생(四生)으로, 그러니까 생명이 네 가지 방법으로 태어난다고 말씀하셨습니다. 그러면 인간은 제일 처음에 어떤 방법으로, 지금은 우리가 물론 태생으로 태어나고 있습니다마는 그것도 처음부터 그렇게 되었는지 그걸 좀 말씀해 주시면 고맙겠습니다.

큰스님 여직껏 얘기를 했는데도 그 질문을 하시는데요, 보세요. 우리는 태생으로 태어난다 하지만 우리 속에 들어 있는 것도 태생으로 태어납니까? 모두가 화(化)해서 거기 종합해서 태어납니다. 그러니까 그림자가 붙듯 그 의식이 붙어서 태어납니다. 그래서 우리가 태어나는 바람에 그것도 화해서 자꾸 자랍니다, 거기 같이. 그러니 어떻게 증명이 안 되겠습니까? 그러니까 우리는 태어난 지가 세 살밖에 안 된다는 거죠. 모두 쳐도 세 살밖에 안 되는 거죠. 지구도 언제 태어났는가 하면 태어난 지 세 살밖에 안 되었다는 거죠, 예? 왜 세 살밖에 안 된다고 하는지 여러분이 잘 새겨 보면 알 겁니다. 인생뿐만 아니라 모두가 제자리걸음을 하고 있으니까요.

여기만 별성이 있고 혹성이 있는 것이 아니라 다른 데도 수없이 있으니까요. 왜 그러면 그것은 껍데기를 벗고 그러느냐? 벗고 작용하는 바람에 에너지가 바로 배출되고 하는걸요. 우리가 운동을 안 한다면 그건 죽은 별이지 그게 산 별입니까? 또 껍데기를 벗는다고 하더라도 우리 옷 벗듯이 그냥 이렇게 벗어 버리면…, 그것째 다 죽는 게 아닙니다. 삼각형이다 사각형이다 오각형이다 육각형이다, 이렇게도 생긴 별들이, 나이 먹는 대로 우리들이 이렇게 차이가 있듯이, 그렇게 있다고 봅니다.

그러면 그것이 바로 우리 생명, 우리가 지금 살고 있는 그 불성하고 둘이냐? 둘이 아닙니다. 다 연결돼 있습니다. 우리 몸뚱이는 여기 살고 있지만 그 별들로서 또 살고 있습니다. 이런 말을 하면 미쳤다고 할는지 모르지만 우리의 마음이 조그마하면 조그만 대로 별도 조그마할 거고 우리의 마음이 크면 별도 클 겁니다. 이 세상에 인물이 태어난다면 큰 별이 났다고 그러죠. 그래서 별똥이 떨어진다 하는 것도 별똥이 떨어지는 게 아니라, 사람이 죽으면 그 옷이 흩어져서 원점으로 가듯이 그것도 역시 옷을 벗는 거나 마찬가지죠.

그래서 그 거리가 너무도 멀고 공기에 의해서 이게 돌아가니까 그것이 다 망가져서 가루로 될 수도 있고, 중간에서 그렇게 될 수도 있는가 하면 이 지구에 떨어질 수도 있는 거죠. 그럼 그 흙이 어디서 생겼고 그 먼지가 어디서 생겼는가? 보라구요! 그렇게 그렇게 끼리끼리들 되지 않습니까? 우리도 흙 한 줌이 된다고 그러죠. 물 한 점, 흙 한 점, 바람 한 점, 불 한 점 이렇게 해서 다 흩어져서 원점으로 돌아가는 그런 이치가 있죠. 그렇듯이 그것도 역시 마찬가지죠. 그렇다고 여기 지구에 그러한 흙이 있다고 그래서, 그런 먼지가 떨어진다고 해서 그 지구가 무거워서 못 사는 일은 없습니다. 아주 가벼우니까요. 그렇기 때문에 일체 만물이 살고 있잖습니까? 흙이 아니라면 또 어떻게 살 수 있겠습니까? 흙을 누가 갖다 준 겁니까? 우리가 흙을 만들어 놓고 우리가 살고 있고, 우리가 죽으면 또 흙이 돼 주고 우리가 또 살고 있고 그런 겁니다. 역시 아래 위 전체가 다 돌아가면서 그렇죠, 주고받고 주고받고.

삼천대천세계가, 전 우주가 한 회사일 것입니다. 한 회사라 그래도 과언이 아닙니다. 한 회사에서 전부 부서별로 일을 하고 있듯이 그렇게 하고 있다 그래도 과언이 아니죠. 우리가 지금 여기 앉아서 이럭하고 있지만 우린 땅바닥에 앉아 있는 게 아닙니다. 우리도 떠 있습니다, 지금. 아마 지구에 붙어서 사는 그런 거라고 볼 수도 있죠. 허허허…. 아니요, 지구의 주인이라고 할 수 있죠. 왜 우리가 붙어서 사는 벌레입니까? 하여튼 막말을 한다면 벌레라고도 할 수 있겠지마는…, 그럼 뭐 때문에 우리가 거기 붙어서 사느냐? 우리는 그 속에서 진화돼서 우뚝 섰기 때문이다 이겁니다.

그런데 우리가 따라가지 못하는 것은 물질로 됐기 때문이죠. 물질로 됐기 때문에, 전 세계가 전부 상대성 원리로 '내가 뺏는다, 먹는다, 내가 하나라도 더 올라가야지, 뺏어야지, 먹어야지' 하는 먹고사는 것 때문에 모두 문제가 일어난 거죠. 그러니까 여기에서도 벗어나야 한다는 것도, 우리가 이 공부를 해야 한다 하는 것도…, 지금 별성이나 저런 혹성들 이 자체를 본다면 전부 상대성 원리로 돌아가고 있습니다. 그건 자동적으로, 힘이 없으면 절대적으로 뺏기게 돼 있으니까요. 보세요. 여러분도 이 주인이 없으면 뺏깁니다. 에너지를 다 뺏깁니다. 그걸 거짓말로 알지 마세요. 또 자석이라고 하거나 자력이라고 하거나, 자력이 없으면 뺏기듯이 큰 자석이 여기 놓여 있다면 작은 쇳덩어리가 그저 스치기만 해도 그리로 붙어 버립니다. 그렇듯이 이거는 물질이 아니기 때문에 무한량 뺏길 수 있는 겁니다.

만약에 우리 지구 사람들이 이 도리를 모른다면 지구에서도 에너지가 무한량 소멸되죠. 우리 인간뿐만 아니라, 생물뿐이 아니라 우리가 어떤 혹성, 별성과 마주친다 하더라도 여기에 주인이 없다면 에너지는 소모되고 말 것입니다. 지금 지구라는 데가 사람이 많이 살고 있고 생명들이 많이 살고 있기 때문에 에너지가 많이 줄어들고 그랬지만 우리가 이 공부를 한다면 에너지를 다시 벌충할 수 있기 때문에 바로 지구의 수명은 길어진다는 문제가 나옵니다. 영원히 보존할 수도 있지 않겠느냐 이런 문제가 나옵니다.

그러나 그뿐이 아니라, 여러분이 이 공부를 한번 잘해 보십시오. 왜, 목성이나 토성이나 이런 곳이 얼음으로 덮여 있다고 그 옛날 소리처럼 그렇게 해야만 되는지 한번 잘 알아보면 알 수 있을 것입니다. 그런 데에 생명이 없는 게 아닙니다. 생명이 잠자고 있을 뿐이죠. 만약에 우리가 공부를 해서 그 생명을 내놓는다 한다면, 우리가 이런 도리를 완전히 증득하고 난 뒤에는 모르지만 이 도리를 허명무스름하게 해 가지고는 그 잠자는 모든 걸 깨울 수는 없습니다. 만약에 잠자는 것을 깨운다면 서로 잡아먹을 테니까요. 진화되지 않은 것도 있고 진화된 것도 있고 그렇겠지만 이 마음이라는 것을, 즉 말하자면 영혼이라는 것을 뺏어다가 막 살 테니까 우리는 껍데기만 남을 거란 말입니다, 이 도리를 모르면. 멀고 가깝고가 없이 말입니다. 엄청난 문제죠.

그런데 이런 말을 하면 "저 사람 어떻게 조금 갔지 않아?" 허허허…, (대중 웃음) 이럴 수도 있죠. 갔다거나 말거나, 그저 난 누가 뭐래도 관여 안 하고 편안하게 삽니다. 그런다 해도 싱긋이 한 번 더 웃어버리면 덜 늙죠. 그럴 거 아닙니까? 만약에 여러분이 내 정체를 알고 싶다면, 열심히들 공부하셔서 정체를 알아보세요. 어디 가서 살고 있고 어디를 그렇게 돌아다니는지, 내가 여기만 살고 있는지 어디 다른 데 또 살고 있는지 그것도요.

여러분이 이 공부를 해서 전 세계 뿐만 아니라 전 우주 삼라대천세계를 마음대로 조절할 수 있어서 그 잠자는 모두를 깨운다면, 어느 혹성에서나 생명들이 다 살 수 있고 그럴 수 있는 문제들이 아마 허다하게 나오겠죠. 뜨거워서 못 살고, 차서 못 살고, 얼어서 못 살고 이런 게 아닙니다. 조절하기에 달렸죠. 그래서 부처님이 그 에너지를 나르는 데도 멀고 가깝고가 없다고 말씀하시는 거지요. 이건 물질이라야 나르는 데 멀고 가까운 것이 있는 거지, 물질이 화해서 다른 게 될 수도 있습니다. 그래서 날라 갈 수도 있는 거죠. 그래서 운반할 수도 있는 거고요. 아닐 거 같습니까?

나무껍데기 하나가 가공이 돼서 어떻게 종이가 됩니까? 그렇게 나무껍데기로 옮기려면 힘이 드니까 종이로 만들어서 옮기면 좋을 겁니다, 아마. 종이보다도 더 가볍게 할 수 있는 물질이 또 있지요. 여러분이 임신을 하면 물질은 다 없어지고 그 아주 형체도 없고 볼 수도 없는 그런 게 딱 그냥 헤아릴 수도 없이 같이 몸속에서 자란다는 걸 아셔야 돼요. 만약에 수천 배 더 가벼운, 형체가 없는 것을 어느 혹성에 갖다가 뿌려 놓는다면 어떻게 되겠습니까? 뜨거운 거를 찬 데다 갖다 놓으면 찬 거 녹으니 좋고…, 그런데 지금 그 작업이 문제가 아닙니다. 깨워 놓았을 때 그것이 어떻게 발생이 될 것이냐는 문제죠.

내가 이런 말을 해서 될는지 모르겠습니다마는 나는 정상적으로 사는 사람입니다. 누가 뭐래도 허황된 소리, 허황된 살림, 허황되게 내 인생을 그렇게 팽개치는 사람이 아닙니다. 또 나와 여러분이 둘이 아닌 까닭에 이 공부를 꼭 해서 앞으로 그 생명들을 건질 수 있어야죠. 이 도리를 모르는 그 생명들과 중생들을 위해서 우리가 이 도리를 배우지 않으면 안 된다는 거죠. 내 몸속에 있는 이 생명들, 중생들은 나쁜지 좋은지도 모르고서 악으로 내가 무엇을 훔치러 간다고 해도 그대로 따라 줘요. 그리고 좋은 일을 하자고 그러면 좋은 일을 하는 대로 또 따라 줘요. 그렇게 아무것도 모르는 중생들이니 여러분의 마음이 이것을 다스리면서 이끌어 가지고 가야 보살로 화하지 않겠습니까. 이거부터, 내 혹성에 들어 있는 것부터 할 줄 알아야 저 딴 혹성에 들어 있는 걸 해결하지요. 내 혹성의 해결도 못하면서 남의 혹성에 있는 것을 어떻게 할 수 있습니까? 저는 그만 말했으면 좋겠습니다. 또 말씀해 보세요. 아니, 질문 하나 하는데 내가 얼마나 길게 말을 했습니까?

사회자 다음 분 하시죠.

큰스님 예, 그렇게 하세요. 가만히 보니 모두 재미있는 분들이고 재미있는 자리고 그렇네요.

질문자2(남) 전부터 좀 여러 가지 여쭤 보려다가 가만히 생각해 보면 어리석은 질문 같고 그래서 잘 여쭙지 못했습니다. 몇 번….

큰스님 걸리지 마세요. 어리석고 어리석지 않고가 없으니까 말이에요.

질문자2(남) 아까 그 주장자가 없으면 빈집이라는 말씀에 대해서 다시 한번 확인하고 싶어서 여쭤 보겠습니다. 그게 마음이 허해서 빈 집이 되면 세균도 들어오고, 딴 엉뚱한 생각도 들어와서 정신도 어지러울 테고…. 그래서 생각을 해 볼 때에, 선원에 열심히 다니고 경 읽기도 열심히 해서 뭔가에 가까이 가겠다는 의지가 주장자인가, 아니면 마음을 편안하고 고요하게 해 가지고 어떠한 것에도 흔들리지 않는 마음이 주장자인가, 다시 한번 여쭤 보려고….

큰스님 시장 바닥에 나가든 여기를 오든, 댁의 안방에 있든, 회사를 나가든 흔들리지 않는, 근본적으로 아예 여기서만이 들이고 낼 수 있다는 그 믿음, 그걸로써 주장자가 선다면 그게 주장자입니다. 허허허…. 그 얼마나 좋습니까? 자기 소유, 자기가 마음대로 가지고 할 수 있는 그 자기 보배! 그런데 댁이 원래 주장자가 있어서 보배가 그렇게 나오는데, 딴생각이 나오게 옆댕이에서 자꾸 꿰져요. 그러니까 '거기에 속지 마라. 모든 걸 다스리고, 나오는 대로 무조건 거기다 맡기고 살자.' 이거죠. 뭡니까, 또?

질문자3(남) 진작부터 여쭤 보려고 그랬는데 오늘 또 묘하게, 아까 법사 스님도 법문을 하시는데 제가 여쭤 보고 싶은 것을 법문을 하셨고 또 스님께서도 조금 전에 그런 말씀을 하셨는데, 거기에 조금 더 제가 확인하고 싶은 게 있어서 나왔습니다. 질문 요지는 마음이 어디에 있는가 하는 건데, 혼자 공부를 한답시고 하다가 보니까 그 마음을 진짜 찾아야 이걸 어떻게 마음에다 맡기든 해 보겠는데 육식(六識), 육근(六根)인 안·이·비·설·신·의 이게 다 느끼니까….

큰스님 그런 거 따질 게 뭐 있어요? 한 몸 하면 한 몸이지.

질문자3(남) 거기에 마음이 있는가 싶어 찾아보면 없고, 그러다 보면은 생각나고 내고 하는 것이 머리에서 생각나고 그러는데, 큰스님께서 법문하실 때 분명히 머리로 이해를 하고 머리로 알려고 하지를 말고 마음으로 느끼고 마음으로 알라고 그러셨습니다.

큰스님 예.

질문자3(남) 그러면 생각하는 것은 머리에서 하는데도 일반적으로 가슴을 향해서 마음이라고들 말씀하는데 아무리 찾아봐도 가슴에는 마음이 없습니다. 과연 정신과 마음이 다른 건지, 정신하고 마음이 같은 건지, 마음이 어디에 있어서 거기에 마음을 맡겨 놔야 되는지 참 헤매었습니다. 옳으신 가르침 바라겠습니다.

큰스님 정신이라는 것은요, 왜 정신이라고 그러는지 아십니까? 인간의 몸도 그렇게 모습이 돼 있어서 정수리라고 그랬는데, 우측으로도 좌측으로도 기울어지지 않는 걸음걸이를 바로 정신이라 그럽니다. 그리고 그렇게 똑바로 가되 그것이 체가 없는 마음이기 때문에 '정신!' 이렇게 한 겁니다. 자신! 정신! 이렇게.

그런데 마음은 나가서 있는 것도 아니고 들어와서 있는 것도 아닙니다. 그렇기 때문에 전 우주를 싸고도 돌 수 있지, 아니, 만약에 내 마음에 있다 하면 그게 어떻게 전 우주를 싸고돌 수 있겠습니까? 어떻게 이 세상만사가 둘이 아니겠습니까? 그렇기 때문에 부처님께서 한 찰나에, 일체제불이 한 찰나에 마음에 드셔서 한 찰나에 좋은 묘법을 설하고 한 찰나에 나신다 이런 겁니다. 그렇게 쥘 수도 없고 볼 수도 없고 만질 수도 없기 때문에, 어디 안에 있는 것도 아니고 바깥에 있는 것도 아닌 것이기 때문에, 바로 그렇게 묘한 도리가 있고 광대무변한 법이 있지, 만약에 그렇지 않다면 어떻게 부처가 됩니까? 그러니까 여러분이 지금 말하고 생각하고 질문하는 그 자체가, 아무 생각 없이 지금 질문만 생각하고 나오신 그것이 바로 뭡니까? 누가 말했습니까. 붙잡을 수는 없지만 여러 말을 하고 여러 생각들을 하고, 귀엽다고 하고 사랑한다고 하고 밉다고 하고 이러는 그 마음이 바로 부처를 이룰 수 있는 마음입니다.

그래서 "작용 가운데에 바로 네가 있느니라." 해서 어떤 사람은…, 예전에도 내가 얘기했지만 실제(實際) 스님이라고 하는 비구니가 있었습니다. 그런데 구지(俱胝) 스님이 깨치기 전에 주지 노릇을 하는 곳에 갔더라 이 말입니다. 떡 들어가서 그 주지가 뭐라고 대답이나 할 줄 아는 줄 알곤 그 스님이 콩을 까는데 슬금슬금 돌았단 말입니다. 한 서너 번 돌아 가지고 주장자를 탁 치고선 있으니 대답이 있어야지요, 아무것도 모르니까. 그래서 그 스님이 아무것도 모르고 아무 대답도 없으니까 그냥 나가 버린 거죠. 그래서 날이 저물었는데 하룻밤 쉬고 가시라고 그러니까, "사람도 없는데 어떻게 내가 여기서 자느냐?" 하고 가더랍니다. 그러니 얼마나 기가 막혔겠습니까, 그 구지 스님이. 그래서 그냥 아주 그때는 짐 싸고 난 이제 여기서 더 이상 주지 노릇 하기 싫으니 먼 데로 공부하러 떠나야겠다고 생각을 했는데, 꿈을 꾼 뒤 스님을 만나서 공부를 하게 돼서 구지 스님이 됐다고 합니다.

그런데 우리가 딴 데서 찾을 게 아니죠. 지금 내가 슬퍼서 눈물을 흘린다면 이런 것도 내 주인이, 주장자가 있으니까 그런 거지, 아니, 주장자가 없는데 슬프다고 눈물이 나옵니까? 또, 내 주장자가 없는데 '너 왜 그럭하느냐, 마느냐' 하고 그럭할 수나 있습니까? 내 주장자가 없는데 어떻게 좋은 일을 하려고 마음을 먹겠습니까? 이 마음이 천차만별로 광대무변하기 때문에, 그 한군데 마음이 있는 게 아니기 때문에 그렇게 잡을 수가 없는 거죠. 그 바로 잡을 수 없는 여러분이 잡을 수 있고, 잡을 수 있는 여러분이 잡을 수 없고, 그렇기 때문에 공했다고 하는 겁니다.

"색(色)이 공(空)이요, 공(空)이 색(色)이니라. 그 자체가 둘이 아닌 까닭에 네가 생각하는 대로 네 보배 주장자가 있을 수도 있고 없을 수도 있으니, 네 주장자가 없다면 내가 네 주장자를 뺏을 것이로되…." 했습니다. 그건 왜냐하면 네가 빈집이기 때문에 마음대로 드나들어도 상관이 없다 이 소리죠. 그러니 거미줄밖에 더 생깁니까? 주인 없는 집인데. 그러니 세균이나 영계성이나 유전성이나 그저 막 그냥 들어와서 뚱땅거리고 뭐, 커피 마시고 맥주 마시고 막 춤추고 이러곤 나가니까 그 집안이 뭐가 됩니까. 허허허…. 또 없습니까?

사회자 저희 마음 같아서야 큰스님 모시고, 좋은 말씀 듣고 싶고 또 여러 가지 질문드리고 싶은 마음, 오늘 이 밤이 새도록 한이 없을 듯 싶습니다. 허나 오늘은 좀 쉬시도록 저희들이 큰스님을 놔 드리는 게 도리 아닌가 이런 생각이 드는군요. 오늘 법회는 이걸로 마치기로 하고, 모두 자리에서 일어나 주시기 바랍니다.

마음 곳간의 문을 열어

1991년 11월 3일

우리가 사는 데는 한 달, 한 달이 있고 날이 있지만 여러분과 같이 앉았던 때가 바로 이 자리라고 봅니다. 사람은 항상 날짜를 따지고 월을 따지고 연을 따지고 하지만, 불바퀴는 시공이 없이 항상 여여하게 돌아가고 있습니다. 불바퀴라는 그 자체가 돌아가기 때문에 우리가 평상시에 살아나가는 것이 그대로 돌아가고 있는 겁니다. 자나 깨나 말입니다.

여러분 중에 화두 참구가 으뜸이라고 생각하는 사람이 있을지도 모르죠. 그런데 여러분이 이 세상에 탄생한 것 자체가 화두입니다. 화두가 따로 있어서 내가 화두를 딴 사람한테 받아서 한다는 것은 어불성설입니다. 여북하면 부처 중생을 다 집어삼키는 공부라고 했겠습니까.

'그대로 여여한데 그럼 왜 이런 공부를 해야만 하느냐?' 이런 게 또 있겠죠. 하여튼 여러분이 쉬지 않고 돌아간다는 그 사실, 또 나 자체가 화두라는 거, 그리고 와선이나 입선이나 행선이나 좌선이나 이것을 한데 합친 것이 참선입니다. 따로따로 있는 게 아닙니다. 그래서 '행주좌와 어묵동정(行住坐臥語默動靜)'이라는 말 자체도 바로 그 뜻입니다. 이렇게 해 두고 질문하실 거 있으면 질문들 하십시오.

질문자1(남) 항상 큰스님의 법문을 듣고 가르침을 받습니다만 제자리걸음을 면치 못하는 점 송구스럽고 부끄럽기 그지없습니다. 오늘 여러분께서 하실 질문 요지를 수합하여 제가 대신 몇 가지 질문을 드리도록 하겠습니다. 중생들은 이 세상에 태어날 때 불성을 지니고 태어난다고 들었습니다. 그런데 중생들에게 본래부터 불성이 있었다면 무슨 까닭으로 그 불성이 온갖 무명(無明)을 일으키고 있는지 궁금합니다. 그리고 만일 태초부터 무명이 있었다면 중생에게 어찌 불성이 있다고 했는지 가르쳐 주시면 감사하겠습니다.

큰스님 불성이라는 것은요, 진리인 것입니다. 영원한 생명의 근본이 불성이라면 그 생명의 근본은 전체에 같이 돌아가는 평등한 진리입니다. 그래서 우주와 이 세상이 직결이 돼 있고, 세상은 가설이 돼 있다고 했습니다. 그런데 근본은 그렇게 같이 돌아가지만 그 외에 영혼이라는 그 자체가, 의식 자체가 천차만별로 돌아갑니다. 천차만별로 돌아가는 과정에서 하중생(下衆生)은 나쁘고 좋은 것을 모릅니다. 그래서 짐승이라고 하지 않습니까? 나쁘고 좋은 걸 모르기 때문에, 이 몸 안에 들어 있는 중생들도 모르기 때문에 인간의 마음이 다스리면서 놔야 된다는 얘깁니다. 그러니까 불성이 본래 있는데 무엇 때문에 또 이런 공부를 해야 하느냐고 하지만 그것이 영혼 자체가 살아나온 관습에 의해서, 주어진 업에 따라서 그냥 진행되는 겁니다. 그렇기 때문에 꼭 이 마음의 도리를 공부해서 자기 자성(自性)을 발견을 해야 된다는 얘깁니다. 과거에 살던 자기 조상과 현실에 사는 자기가, 즉 말하자면 같이 합류화돼서 작용을 해야만이 진짜 인간이라고 할 수 있습니다. 그러면….

질문자1(남) 다음 질문 드리겠습니다. "주인공에게 맡겨라, 맡겨라." 하시는데, 그것은 '나' 라는 존재의 온갖 망령된 장난일 뿐이라고 이해됩니다. 맡긴다는 생각도 망념의 한 가지일 것인데, 망념 사량으로 주인공에게 맡겨서 무엇을 어떻게 닦아야 할 것인지 저희들은 갈피를 잡지 못하고 있습니다. 그 점 가르쳐 주시기 바랍니다.

큰스님 여러분은 도인이 다 된 것처럼 말씀하시네요. 허허허…. 첫째도 '나'를 발견하기 위해서 죽어야 한다. 두 번째도 둘이 아닌 도리를 알기 위해서 죽어야 한다. 세 번째도 둘이 아닌 도리에서 둘이 아닌 나툼을 알기 위해서 죽어야 한다 했습니다. 그런데 지금 내가 무명을 벗지 못해서 결과적으로 몸 안에 들어 있는 모든 의식들이 아무것도 모르고 제 상대성의 끈에, 인과의 끈에 의해서 자꾸 바깥으로 나오는 겁니다. 그래서 그것을 벗어나지 못하니까 첫째는 주인공이라는 중심을 세워야 하는 것입니다. 예를 들어서, 무엇이든지 중심을 꿰어야만이 바퀴가 굴러가듯이 말입니다. 차도 중심이 있으니까 바퀴가 굴러가죠? 사람도 그렇습니다. 모든 것이 중심이 없으면 목석이죠.

그래서 가는 것만 알았지 오는 거를 모르니까, 오는 거와 가는 거를 한데 합류화시켜서 작용을 하게끔 하기 위해서, 즉 말하자면 모든 것은 중심을 세워서 나아가야 한다는 겁니다. 이거는 개별적인 하나가 아니라 포괄적인 하나입니다. 이 한마음 주인공이라는 건 내면에서도 한마음이요, 모든 내면세계의 세포 하나하나의 생명들도 '나' 아님이 없습니다. 외부에서도 모든 것이 한마음으로 돌아갑니다. 그러니까 '한마음 주인공' 하고 세워야 그 끈을 잡고 올라갈 수 있습니다. 그걸 잡고 실험도 할 수 있고 그걸 잡고 체험을 할 수도 있는 겁니다.

그렇기 때문에 첫째, 수련하는 것은 맡겨 놓는 작업입니다. 숙명통이 컴퓨터라면 거기에 입력이 돼서 악업 선업이 자꾸 나오는 것인데, 거기다가 되맡겨 놓아야만이 앞서의 입력된 게 없어지는 것입니다. 지금 현실에 나오면 나오는 대로 거기다가 놓으면 앞서의 것이 없어지고, 또 놓으면 또 없어지고, 또 놓고 이래야만이 내 마음이 스스로 밝아져서 나를 발견할 수가 있다 이 소리입니다.

질문자1(남) 여쭙기 황송하오나 한 가지 더 여쭤 보겠습니다. 큰스님께서 발심하실 때 어떤 마음으로 발심하셨는지요. 그리고 닦아 이루셨을 때의 체험은 어떠하셨는지요. 말씀하여 주시면 저희들 공부에 큰 도움이 되겠습니다.

큰스님 아, 질문도 참 묘하게 하시는군요. 허허허…. (대중 웃음) 저는요, 9살에 남의 집에 가게 됐습니다. 그러다 보니까 어디다 의지할 데가 없었습니다. 의지할 데가 한 곳도 없었습니다. 아버지라는 소리도 제대로 못 불러 봤습니다, 어떻게 엄한지…. 그래서 (가슴을 가리키시며) 여기에다가 아빠라고 불렀던 겁니다. 그리고 모든 것을, 내가 죽고 사는 것을 염두에 두지도 않았습니다. '사람이 한 번 나왔다가 한 번 가는 것인데 늙고 젊고가 따로 있겠느냐. 어차피 이렇게 갈 거라면 차라리 그냥 가는 게 좋겠지?' 하고선 뭐, 죽고 사는 건 염두에 두지도 않고요.

남의 집을 살다 보니까 고생이 돼서 참 많이 울었습니다. 그런데 울어도 아빠를 부르고 울었고, 고독해도 아빠를 부르고 울었죠. 그때는 물통에 물을 길어다가 먹었습니다. 일 전을 가지고 물을 사면 고런 씩 요만큼씩한 표를 주었는데, 표 하나씩을 가지고 한 지게, 두 지게 요렇게 했습니다. 그런데 여덟 지게를 져야만이 그 집이 생활을 할 수 있었습니다. 아홉 살, 열 살, 열한 살이 되기까지 그것을 져 날랐습니다. 그것만 져 나른 게 아닙니다. 엄마 없는 아이가 있었습니다. 그 애를 업고 잤습니다. 그런데 이루 말할 수 없는 문제가 벌어지곤 했죠. 나는 그 아이가 불쌍해서 그냥 업고 자고, 온통 야단을 하고 울면 같이 울고, 그렇게 아빠에게 맡기고 했는데, 그 애를 주려고 과자를 사 놓은 걸 내가 먹었다는 겁니다. 그 사정은 일일이 말로 다 못 합니다. 그런 거를 드러내 보일 수도 없고 그러니까 그 자리만 붙들고 울었을 뿐이죠. 이걸 얘기를 하려니까 그 얘길 안 할 수가 없군요.

그래서 그저 모든 일체를 다 거기에 맡겨 놓고 했죠. 물을 길으러 가도 신발이나 좋았습니까, 어디? 게다짝이죠. 또 게다짝이 닳아서 못 신으면 짚신이죠. 그렇게 해서 처음에는 물이 다 엎질러져서 옷도 다 젖고 그래서 귀퉁이도 무척 쥐어박혔습니다. 그렇게 한 열흘이 지나니까 한 모금도 떨어뜨리지 않게 되었습니다. 그렇게 하면서도 또, 저 바깥에 나가서 뜨뜻한 물도 없이 기저귀를 빨아서 전부 철망에다 널어야만 했습니다. 그럭하고 나면 손이 얼어 부풀어서 그냥 뭐, 막 아파서 죽겠죠. 시린 게 아니라 아파요. 아픈 거를 꼭꼭 쥐고서 거기다 맡겼죠. 그저 그때서부터 거기다 맡기는 것을 내내 하면서, 밤이면 밤대로 나같이 이렇게 불쌍한 사람, 나같이 어려운 사람, 어리석은 사람 그런 모든 사람들을 도와줄 궁리를 했습니다. 그때는 또 밥을 굶는 때가 많았습니다. 아주 뭐, 밥 굶는 사람이 늘비했죠. 그러니까 있는 곳간에 가서 보이지 않게 훔쳐다가 어떡하면 저 사람네들에게 줄 수 있을까 하고 항상 내면에 맡기면서 그렇게 했습니다. 그런데 성공을 했죠. 허허허….

그렇게 하다 보니까 그게 참, 내내 그렇게 돼서 8·15 해방이 되기 전이니까 열여덟 살이 됐습니다. 그 전에도 항상 감응은 왔지만 정말 열여덟 살에, 지금으로 치면 깨쳤다 그러지만 그때는 그것도 몰랐습니다. '나'가 혼연히, 모든 것이 이 마음에서 우러나왔고, 그 아빠는 반드시 나를 리드해 줬습니다. 항상 그저 잘못된 거면 잘되게 다스려 주고 또 이끌어 주고 '이렇게 해야 된다' 하는 것을 이끌어 주었습니다. 그러니까 어느 때는 이렇게 말씀하더군요. '네가 일할 때는 내가 너와 하나가 되고 일을 안 할 때는 네가 나와 하나가 되고, 그것은 무슨 까닭이냐?' 하고 물었습니다. '자(子)가 부(父) 앞으로 가면 부와 하나가 되고, 부가 자 앞으로 오면 자와 하나가 되느니라. 무슨 까닭이냐?' 그때에 생각하기는 체가 없는 마음이니까, 마음이라는 것은 이름이지 그 결과는 아니다. 그러니까 그 마음, 부와 자는 둘이 아니다. 그건 체가 없어서 그냥 이 몸도 움죽거리게 자꾸 이끌어 주면서, 그냥 같이 돌아가는 거니까 둘로는 안 봤습니다.

그렇게 하면서 알고 갔는데 그 후에 날이 퍽 추웠습니다. 날이 퍽 추우니까 '여름이 옳은 거냐, 겨울이 옳은 거냐? 겨울이 좋으냐, 여름이 좋으냐?' 이렇게 물어요. 내가 모르니까 그렇게 물을 수밖에 없죠.

'여름과 겨울이, 사계절이 어떻게 둘이 되겠습니까?' 했습니다. '사람이 춥다 덥다 하는 거지 진리라는 건 춥다 덥다가 없지 않겠습니까?' 했습니다. 그러자 그 대답이 떨어지기가 무섭게 이 천지가 한데 합치는 거 같았습니다. 산하대지가 일제히 전부 손끝을 한데 모으고 (합장해 보이시며) 그냥 전부 그러는 게 보이면서, 천지가 그냥 하나로 뭉쳐져 버리면서 차츰 차츰 차츰 작아지면서, 불덩어리가 작아지면서 그냥 불덩어리 구슬이 돼서 '팡' 일어나는데 그때에 놀랐습니다.

그럭하고 난 뒤에 무척 울었습니다. 왜 울었느냐 하면 '천(天)은 지(地)를 다스리면서 산하대지의 일체 만물을 다 기르는데, 제가끔들 천차만별로 마음에 따라서 저렇게 짓고, 죽이고 살리고 싸우고 하니 참 너무도 기가 막히구나! 나는 죽어도 그만, 살아도 그만인데, 왜 저다지도 저런가?' 하는 생각에서, 무엇 때문에 울었는지 하여튼 무척 울었습니다. 그리고 미친 것처럼 또 싱긋싱긋 웃고 다녔습니다. 내가 생각해 보면 나와서 가는 길만 알았지 오는 길을 모르기 때문에 그런 현상이 지금 이렇게 벌어지지, 가는 길을 알고 오는 길을 안다면, 그게 양면이 작용을 하기 때문에 너무나 즐겁고 좋은 겁니다, 싱그럽고. 그렇게 고생을 해도 고생하는 거 같지를 않았습니다. 그래서 입산하기로 작정을 했습니다. 그래서 열아홉 살, 8·15 해방 되고 나서 입산을 해서 스물세 살, 즉 말하자면 6·25 나던 그해 3월 달에 계(戒)를 받았죠. 부끄럽고 창피해서 그 말을 영 못 하다가 이 근래에 그 말을 하고 있습니다. 허허허….

질문자1(남) 감사합니다. 오늘 가르치심 명심하겠습니다.

질문자2(남) 큰스님, 저는 2년 전에 큰스님을 뵌 이후 지금까지 있었던 것을 진솔하게 그냥 이야기하고자 합니다. 그리고 업이 무엇인가 하는 의정이 나서 여쭤 보고자 이렇게 나왔습니다. 처음에 제가 큰스님을 친견할 당시는, 지금도 그렇습니다만, 다리가 가늘어져 힘없이 넘어지기도 하고 또 버스에 오르기도 어렵고 그래서 직장을 그만두려는 그런 상황에서 큰스님을 뵈옵게 됐는데, 그 인연을 참 다행스럽게 생각합니다. 그리고 2년 동안 큰스님의 가르침을 잘 알지도 못하면서도 꾸준히 계속 나오면서 도반들하고 이렇게 쭉 공부하다 보니까, 작은 변화지만 변화가 있었다는 것을 말씀도 드리고 또 궁금한 거는 여쭤 보고자 이렇게 나왔습니다.

처음에는 욕심이 많다 보니까 직장에서 진급을 목표로 해서 늘 의식적으로 노력을 했습니다. 그런데 1년 전부터는, 왜 그랬는지 저도 모르겠는데 아무튼 가족과 저와, 또는 저와 인연 닿는 사람들을 제가 어떤 목표를 달성하는 데, 나쁘게 얘기해서 제물로, 심지어 제 와이프와 아이들까지 제 목표를 달성하는 구실로 다 이용하였는데, 어느 날 왜 그랬는지 저도 모르는데, 꿈속에서 한없이 울었습니다. 울다가 깨 보니까 꿈에서 울었는데도 베갯잇이 전부 젖어 가지고 저도 깜짝 놀랐죠.

그런데 머리끝부터 모골이 송연해지면서 정신이 바짝 들어서 일어나 보니, 옆에 와이프도 자고 있고 아이들 방에 가 보니 아이들도 자고 있는데 그날 이후로는 '참 부질없는 짓을 했다.' 라는 생각이 들고 와이프한테 그렇게 잘못했던 것이 안쓰럽고 그래서 제 나름대로 '물고기를 놔 주는 것만 방생이 아니다. 내 목표 달성하는 데 제물로 이용한 그 부분을 놓아 주자.' 하고 마음먹게 되었고 그때부터는 역시 나 대신 아파 줄 사람은 나밖에 없다는 것을 알게 됐습니다. 그래서 직장도 뭐, 특별히 목표를 세워서 출세를 빨리 해야겠다는 생각마저도 자연스럽게 놔지고, 또 아이들이 공부를 잘해서 어떻게 돼야 한다는 그런 욕심도 그냥 '자기 업대로 인연 따라 살겠지.' 하고 놔지고 와이프도 마찬가지로 그렇게 놔졌습니다.

그렇게 하다 보니까 어떤 변화가 왔느냐 하면, 제가 환자여서 지금 현재도 불편하면서도 환자라는 사실을 까마득하게 잊고, 그냥 평소에 생활을 하다가 오르막길이든지 내리막길이든지, 현실에 부닥쳐서야 '아 참! 내가 아프지.' 하고 그것을 인지하게 됩니다. 그래서 이게 무슨 도리인지 지금도 의정이 나고 있는 상황입니다. 이 병도 그렇고 또 직장 일에도, 무관심한 건 아니었지만 주어진 여건을 소화만 해 나갔는데도, 역시 또 생각보다 빠른 진급을 했습니다, 금년 7월에요. 의식적으로 노력하고 안달을 해도 잘 안되더니 그냥 맡겨 버리고 생활을 하다 보니까 되더군요. 이것이 맡기는 도리인지, 그래서 진급도 이렇게 해서 되었는지 잘 모르겠습니다. 그리고 내가 환자라는 생각과 자기를 비하하는 마음이 없어지고 '넘어지면 어떡하나. 차를 못 타면 어떻게 하나.' 이렇게 염려하는 버릇이 없어져서 경우에 따라서 자가용이 없으면 좌석버스도 타고 그렇게 생활을 합니다, 불편하면서도.

요즘 많이 생각하는 의문이 뭐냐 하면, 도대체 등산하다 넘어진 것도 아니요, 그렇다고 어디 눈에 보이는 상처 부위가 있어서 진행하는 것도 아닌데 왜 이렇게 다리가 가늘어지는 것인지, 그렇다면 이것은 현세의 어떤 업이 아니라 전생에서 제가 무슨 업을 지어 가지고 온 모양인데, 이게 무슨 업으로 내가 이렇게 되는지, 그리고 또 이렇게 녹여 나가다 보면 그 업도 금생에 녹여져서 건강을 되찾을 수 있는지 이 부분이 참 궁금해서 큰스님께 여쭤 보고자 나왔습니다.

큰스님 아까도 얘기했다시피 과거가 없습니다. 왜냐하면 부부 사이에서 몸 하나를 받아서 내 영혼과 인연의 줄을 다 끌고 한데 합쳐집니다. 그래서 인간이 하나 됩니다. 그런데 그 과거의 인연들이 전부 내 배낭 속에 있습니다, 지금 모두가. 그러니 과거는 없어요. 그래 배낭 속에 있어 가지고 배낭 속에서 과거에 지은 업이 그냥 나오는 겁니다, 그대로. 몸으로 반영되기도 하고, 괴로움으로 반영되기도 하고, 애고로 반영되기도 하고, 유전성으로도 되고 영계성으로도 되고 아주 뭐, 복잡하게 되는 겁니다.

그런데 그것을 녹이려면 모든 것에, 아까 얘기한 거와 마찬가지로 무조건 이유를 붙이지 마세요. 거기서 나온 거니까 무조건 거기서 해결할 수밖엔 없다고 하는 겁니다. 그렇게 맡겨 놓고, 거기서만이 해결을 할 수 있고, 거기서만이 낫게 할 수 있고, 낫게 해서 끌고 다니는 것도 거기서만이 할 수 있다고 하는 겁니다. 미래는 오지 않았으니까 없습니다. 그러니까 무조건 그렇게 자기 한마음 주인공에 모든 것을 맡기고 살아 가세요. 이열치열이란 말도 있죠, 거기다 놓으면 거기서 해결이 나는 겁니다. 모든 게 녹아지고요.

그것이, 즉 말하자면 인과로 인한 업이라고 할 수 있겠죠. 그런데 모두 관습 때문에 생기는 겁니다, 그게. 업이 달리 생기는 게 아닙니다. 모두 살아온 관습 때문에 엄청난 문제가 벌어지는 겁니다. 그러니까 그러한 문제도 세포 하나하나에 중생들이 들어 있으면서 악이면 악으로 갚으려고 하고, 선이면 선으로 갚으려고 두서없이 나오는데 그 나오는 중생들의 의식은 좋고 나쁜 걸 몰라요. 그러니까 사람이 다스려야 된단 얘깁니다. '너와 내가 둘이 아니다. 모든 것은 한마음이다. 한마음 주인공만이 해결할 수 있다. 거기서 나오는 거니까 거기서 해결을 한다.' 이러면 원수졌던 마음이 그냥 까맣게 잊혀지고 그냥 하나로 돌아갑니다. 그러니까 마음이 편안해지고 가정이 화목해지고, 뭐, 특별히 우뚝 솟는 거는 없다 하지만 차차차차 그렇게 하다 보면 나중에는 정말이지 밝은 세상을 사시게 됩니다. 아까도 질문할 때에 나의 과거를 물었지마는, 내가 이렇게 대답하려고 했습니다. "나는 모르는 걸 배워서 모릅니다." 이렇게 하려고 했는데 여러분을 위해서 그냥 그렇게 얘기했던 겁니다. 어저께가 따로 있고 오늘이 따로 있는 게 아니라 이 세상은 그대로 그대로 돌아갑니다.

질문자2(남) 큰스님, 나온 김에 하나만 더 여쭤 보겠습니다. 우문이 될지 모르겠습니다. 천도재에 대한 것입니다. 지난 여름에 티벳 왕사인 달라이 라마 스승이 환생하셨다는 링린포체라는 동자승이 우리나라에 와서 전국 사찰을 순회하면서 설법을 한 적이 있습니다. 그 기사를 제가 보고 의정이 난 것은, 제 소견으로 천도재는 조상님이 열반하시고 나면 다시 환생하기 전에 '좋은 곳으로 환생하십시오.' 라는 후손들의 간절한 뜻으로 지내는 재로 알고 있었거든요. 그런데 링린포체처럼 새로운 육(肉)을 받아서 금생에 다시 태어났다면 육과 종전에 조상이었던 영이 하나가 돼서 금생을 지나가는 어떤 동자승일 텐데, 그 동자 스님이 어느 날 다시 육으로 금생에 살다가 홀연히 육에서 빠져나와서 전생의 자기 자손들한테 가서 해도 끼치고 또는 복도 좀 주고 가르침도 주고 해코지도 하고 이렇게 할 수 있는 건지요? 그 부분이 상당히 궁금하고, 또 천도재는 지내는 시기가 있는 건지요? 아니면 그렇게 인도환생한 이후도 자손들이 조상님을 위해서 천도재를 계속 지내 드려야 옳은 건지 그 부분이 상당히 궁금합니다.

큰스님 조상들의 마음과 내 마음이 둘이 아니어서, 이것을 두 가지로 나눌 수 있습니다. 한 가지는 부모의 천도를 시키는데 부모가 전자에 살면서 그 의식과 관습을 그대로 가지고 갔기 때문에 세세생생에 끄달리는 거죠. 그런다면 그게 왜 끄달리느냐? 내 몸체가 죽은 줄 모르기 때문입니다. 몸체가 죽은 줄도 모르고 자기가 잘못해서 어떻게 됐다는 것도 모르고, 아주 캄캄합니다. 눈이 뜨이지도 못하고 귀가 뜨이질 못해서, 그 의식만 가지고 있으니 말입니다. 그러니까 첫째, 내 몸속에 있는 인과로부터, 그 수없이 천차만별로 나오는 거기에서 한 발짝도 움직일 수가 없습니다. 두 번째는 벌써 내 모습과 모든 것이 그전에 살아 있을 때처럼 있는 줄 알고 강을 못 건너갑니다. 예를 들어서 유(有)의 세계에서 무(無)의 세계로 건너가야 할 텐데 건너가질 못합니다. 왜냐하면 빠져 죽을까 봐, 체가 있는 줄 알고 있기 때문에 빠져 죽을까 봐 못 건너갑니다. 셋째, 이 불바퀴가 돌아가는데, 그 불바퀴 속을 넘어서야만이 우리가 해방되는데, 그 불바퀴 속을 넘어서질 못하는 이유는 내 몸이 있는 줄 알고 타 버릴까 봐 못 들어가는 겁니다. 못 넘어가는 겁니다.

그러니까 그 의식이, 관습이 남아서 돌아가니까 첫째, 강 주변에서 배가 오기를 기다리고 있는 거죠. 예를 들어서, 저 언덕을 넘어서야 할 텐데 넘어서지 못하고 그냥 배 오기를 기다리는데, 천 년이 가도 그만이요 만 년이 가도 그만이다 이겁니다. 한생각이면 건너고 자시고 할 것도 없는 거를 이 생시에 몰랐기 때문에 죽어서도 그렇게 모른단 얘깁니다. 그러니까 살아 있는 줄 알고 친척이나 아들이나 딸한테로 맴을 도는 거죠, 넘어가질 못하니까. 맴을 돌면서 자기는 산 것처럼 말을 하는데, 이쪽에서는 알아듣지도 못하고 보지도 못하니까 '왜 내가 말하는 거 듣지도 않고 왜 나를 그렇게 무시하고 그러느냐?' 이렇게 하면서 탓을 하는 거죠. 그렇게 되면은 '먹을 것도 저희들만 먹고 나는 안 주고.' 뭐, 이렇게 되는 거죠.

그렇게 되니까 일이 벌어지는 거예요. 그래서 그런 거지 부모가 자식을 해코지한다 이런 게 없습니다. 부모 자식도, 사는 동안에 부모 자식이지 자식도 없고 부모도 없습니다. 왜냐? 죽어지면 사대(四大)는 흩어지고 마음은 저 구름이…, 그러니까 우리가 살아서 이 도리를 알아야 사대가 무너지면 훨훨 그냥 여여할 텐데, 살아서 여여해야 죽어도 여여한데 그렇지 못하고선 그냥 발버둥일 치고 분기가 나고 그러니까 그냥 여기 붙어서 분기가 나게 하고, 저기 붙어서 분기가 나게 하고 그러니까 문제가 되는 거구요.

또 하나는 자기 조상입니다. 자기가 과거에 살던 조상, 그것이 바로 영원한 자기 생명의 근본이라고도 볼 수 있습니다. 영혼이라고도 볼 수 있죠. 근본은 첫째, 불성을 말하지만, 영혼이라는 거는 자기가 살던 습으로만 생각하고 있는데 천도를 시키면은 활짝 문을 열어 주게 됩니다. 그런데 참 묘한 게 있죠. 스님마다 다르다는 얘깁니다. 천지를 다 간파하고 우주 삼천대천세계를 다 간파해서, 정말 콧구멍 없는 소가 작용을 할 수 있는, 또 콧구멍 있는 소가 작용을 할 수 있는 그러한 모든 작용의 에너지가 광력을 이루듯이 그렇게만 된다면 좋은데 그러지 못하고 모두 이렇게만 산단 말입니다. 그런데 천도를 하게 되면 벌써 자기까지도 포함해서 들어갑니다. 자기, 산 사람 영혼까지도 포함해서 들어갑니다. 그러니까 벌써, 자기가 천도를 하면 좀더 마음이 완화되고 자기가 지금 모든 걸 맡기고 돌아가니까 조상들의 마음도 한마음으로 맡기고 돌아가게 되는 거죠. 돌아가게 되는 그 마음이 활짝 열리니까 영가들도 마음속에 들어가 본다, 안 들어가 본다가 없이 탁 거기에 안치가 되니까 전부 알겠거든요. 아니까 그때서야 편안한 감을 가지고, 거기서 굴려 나가서 천도가 돼도 거기서 미리 알고 나갔기 때문에 아예 그냥 정말 '무(無)'와 '유(有)'의 세상을 잘 알고 천도가 되는 거죠.

이렇게 해서 스님들이 염불할 때도 영가들은 상에 차려 놓은 것만 압니다, 상에 차려 놓은 것만. 왜냐? 스님네들이 이거를 이렇게 사다가 차려 놨다 하는 거를 알고 있기 때문에 영가들도 그것만 알고 갑니다. 그러나 지금 천도를 시키는 스님이, 이 우주 전체를 섭렵하고 타파할 줄 아는 그런 스님이 탁 열고 할 때는 전부 이 세상의 모둠이 떡을 하나로 먹고선 천도가 되니까 이 세상에 나올 때 모두 먹여 살릴 수 있는 그런 장관이 되든가, 마음으로서 수천수만을 거느리고서 회사를 경영을 한다든가, 또는 자기 나라의 대통령이 된다든가, 딴 나라의 대통령이 된다든가 하는 결과가 거기에서 나오게 되는 겁니다. 알아야 하니까요.

상대성 원리의 작용이라는 것이 인연줄에 따라서 나쁘게 악으로 가느냐, 인연줄에 따라서 선으로 가느냐, 양면이 있습니다. 그렇기 때문에 천도시키는 스님네들도 이 도리를 알고, 지내는 사람도 이 도리를 알고 해야만이 삼천대천세계에 이르기까지 공덕이 주어진다고 합니다. 그러니까 정말이지 그런 마음으로 여기에서 천도를 하신다면 세상에 묵은 빚을 갚을 수 있고 햇빛을 줄 수 있고, 너무나 자기를 밝게 볼 수 있고 밝게 쀨 수 있고 자유스럽게 살 수 있으니 얼마나 좋은 공덕입니까?

질문자2(남) 감사합니다. 스님, 그러면 저도 아직 그 도리를 완전히 몰랐기 때문에 전생에서 지금 온 것이라고 볼 때 저도 두 집 살림을 지금 하고 있는 거나 마찬가지 아닐까요? 저도 모르면서 제 조상을, 지금 내 먼저 자손을 괴롭히고 있는지도 모르니 하루속히 이 도리를 알아야지….

큰스님 생각을 말입니다, 생각을 그렇게 좁다랗게 하지 마시고요, 모든 거를 좀 더 넓게 놓고 가셔야죠. 과거는 없습니다. 과거는 없어요. 업도 붙을 자리가 없고 병고도 붙을 자리가 없고, 액난도 붙을 자리가 없고 세균도 붙을 자리가 없고, 유전도 붙을 자리가 없고 업보도 붙을 자리가 없다는 얘깁니다. 왜냐? 내 마음은 체가 없이 둥글고 쉴 사이 없이 시간과 공간을 초월해서 돌아가기 때문입니다.

질문자2(남) 감사합니다.

질문자3(남) 간단하게 여쭙겠습니다. 그동안 큰스님께서 늘 가르쳐 주신 대로 모든 걸 맡겨 가면서 생활하고 있습니다. 그리고 나타나는 경계마다 모든 걸 주인공한테 맡겨 가면서 맡긴다는 사이 없이 생활을 해 오고 있는데, 제가 한 가지 의정 나는 것은 그 동안 건건이 나타나는 경계를 주인공에 맡겨 가면서 그것이 또 관한다는 개념에서 이루어지고 있구나 하는 생각을 늘 하면서 감사하게 생활하고 있는데요.

요즘 제 생활 속에 갑자기 한꺼번에 여러 가지 일들이 밀려오니까 저의 힘이 부족해서 해결이 안 되고 있는 것이 아닌가 하고 가슴속에 큰 응어리가 져서 풀어지지 않는 것 같은 느낌이 듭니다. 그래서 우선 따지고 보면 하나하나 낱낱이 오는 그런 경계인 줄은 압니다마는, 한꺼번에 밀려왔을 때 그 낱낱의 문제가 어떻게 하면 해결될 수 있는가 하는 그런 말씀을 여쭙고 싶습니다.

큰스님 잘 말씀하셨습니다. 하나하나 실험을 하고 체험을 하면서 감사하게 생각하고 가다가 보면, 몰아서 닥치는 것도 댁이 공부하는

데에 테스트해 보려고 그러는 것이 아닌가 이렇게 봅니다. 모든 것이 그렇게, 작은 거나 큰 거나 엄청 많은 거나 둘이 아닙니다. 하나가 풀어지면 다 풀어지게 돼 있습니다. 댁도 그런 상황이죠. 그러니까 여러 개가 나타나든, 용도에 따라서 그냥 쫙 오든, 하나가 오든 쬐그만 게 오든 그것은 모두가 똑같습니다, 작용하는 것은. 어려웁게 생각을 하고 '어이구, 여기도 오고 여기도 오고 여기도 오고 이러는구나.' 팥죽 속에서 팥죽이 끓어서 팥죽 방울이 온갖 군데에서 나오는데 그거 어떻게 생각하십니까?

질문자3(남) 하나죠?

큰스님 네, 하나죠. 그러니까 다 끓었으면 불만 끄면 금방 아닙니까? 허허허…. 그런데 뭐 그렇게 여러 가지 얘기를 합니까? 짐승 몸을 가졌을 때는 모두가 잡아먹히고 잡아먹고 이렇게 살던 습이 있겠지만, 인간으로 돼 가지고는 정신을 뺏기느냐 뺏느냐에 달려 있는 겁니다, 정신을요. 지금은 정신을 뺏어 먹는 시대다 이 소리입니다. 그런데 이게 알아야 안 뺏기고, 알아야 모두 굴리죠.

엊그저께도 차를 타고 가면서 보니까 찻길이, 가는 길이 있으면 오는 길이 있습디다. 가는 길과 오는 길, 양면이 다 작용을 해야 된다 이겁니다. 그런데 태어난 것도 생각 없고, 가서 죽는 것도 생각 없고 지금 가고 있는 것만 생각하고 있습니다, 모두가. 그런데 가는 것이라면 다시 돌아서 오는 것도 생각해야 이것이 핀트가 맞아지죠. 그래서 '시발점과 종점이 둘이 아니다. 정신계와 육신이 둘이 아니다. 동쪽과 서쪽이 둘이 아니다. 넓게 본다면 여자와 남자가 둘이 아니다. 모습은 다를지언정 어찌 마음이야 둘이겠는가?' 이런 뜻입니다. 그렇기 때문에 모두 '나 아닌 나'와 지금 '현상의 나'가 바로 같이 작용을 할 줄 알아야, 모든 일체 만법을 굴릴 수 있고 자동적으로 자유스럽게 들이고 낼 줄 아는 것입니다. '나'를 발견 못 한다면…, 그래서 '나 아닌 나'는 부(父)라고 하고 지금 현상의 '나'는 자(子)라고 합니다. 그래서 부와 자가 상봉을 해야 작용을 하고 이끌어 간다 이겁니다.

몇 달 됐지마는 L.A.에 갔을 때, 하버드 대학에 있는 박사나 그 외에 석사 학위나 박사 학위 받으려고 논문을 쓰고 있는 생물학자니 철학자니 과학자니 뭐, 많은 분야의 사람들에게서 나한테 질문이 들어왔습니다. 그래서 질문에 대답을 해 주면서 토론하고 이렇게 하다 보니까 아주 아래 위가 딱 맞게, 그냥 그 논문이 잘 써지더라는 거죠.

하여튼 우리 모두가 인간으로 태어나서 저녁이 아침이고 아침이 저녁이다. 저녁과 아침이, 24시간이 둘이 아니다 이겁니다. 그러니까 지금 생각을 했는데 내일 아침에 생각이 났다 이러더라도 끊어진 게 아닙니다. 그냥 맞붙어 버린 겁니다. 삼천 년 전이나 오늘이나 똑같이 오늘인 것입니다. 그와 같이 삼천 년 후도 오늘이요, 삼천 년 전도 오늘입니다. 오늘도 화(化)해서 고정됨이 없이 돌아가고 있으니 그게 바로 무엇입니까? 찰나찰나 나오는 대로 작용을 일으키고 나가는 것이 인간 아닙니까?

옛날에 어떤 조사가 있었는데 제자들을 데리고 탁발을 하러 나갔습니다. 탁발을 하면서 성문 앞을 지나가게 됐습니다. 그런데 자기 은사가 생전 그러지 않더니 아주 슬픈 내색을 하는 겁니다. 눈물을 흘리면서 아주 슬프게 말입니다. 그래서 '참, 내가 여직껏 은사 스님을 모셔 왔어도 우시는 일이 없고 슬퍼하시는 일이 없었는데 저게 무슨 일인가?' 해서 여쭸습니다. 그러니까 그냥 "아니다. 이따가 얘기하마." 그러고 가시거든요. 얼마쯤 가다가 보니까 나무에서 참새들이 재잘거리는 소릴 듣고선 아니, 화창하게 웃으시더라 이겁니다. 아주 화창하게 웃으시니까 "아니, 또 웃으시는 건 무슨 까닭입니까? 생전 울고 웃는 것을 못 봤는데 아니, 그것은 또 무슨 까닭입니까?" 하고 물으니 "그래, 가서 얘기하마." 그러면서 처소로 돌아왔습니다.

돌아와서 저녁 공양을 하고 나서 아까 있었던 일을 끄집어내서 여쭤 봤습니다. 여쭤 보니까 글쎄, 성문 바깥으로 지나가는데 아주 그냥 말라 빼들어진 귀신이, 즉 말하자면 아귀가 앉아서 있다가 그 스님을 보더니 달려들어선 매달리며 살려 달라고 그냥 애원을 하거든요. 애원을 하길래 왜 그러느냐고 물었더니 아, 성 안으로 밥 얻으러 간 어머니가 오백 년이 되도록 안 나온다는 겁니다. 허허허…. (대중 웃음) 그러니까 스님께서는 그렇게 하실 수 있으니…, 내 어떤 땐 웃음이 나옵니다. "스님께선 꼭 그럭하실 수 있으니 성 안으로 들어가셔서 우리 어머니를 만나시걸랑은 우리 어머니한테, 이 아들이 성 바깥에서 이렇게 빼들어져서 말라 죽기 직전에 있으니 그렇게 일러 달라." 하거든요.

제자들이 "그래서 어떻게 하셨습니까?" 하니까, 그래서 성 안으로 들어가서 그 어머니를 만나서 그런 얘기를 하니까 "자기도 오백 년이 되도록 밥 한술 얻질 못해서 빼들어져서 말라 죽기 직전에 있어 나가지 못했노라고 일러 달라." 하더랍니다. 허허허…. 그래서 그 스님께서 탁발한 밥을 좀 나눠 줘서 먹이고 나니까 아, 싱싱해져서 바깥으로 나와 가지고 그만 상봉을 했죠. "아들과 어머니가 천지가 상봉을 하듯이 상봉을 해서 그렇게 좋은 일이 있었단다." 이러시거든요. "그럼 아까 왜 우셨습니까?" 하니까 "하도 애원을 하는데 불쌍해서 그랬느니라." 이러고, "웃음은 왜 웃으셨습니까?" 하니까 웃으면서 하는 소리가 "글쎄, 이것 좀 들어 봐라. 내가 전자에 입산을 하려고 그렇게 애를 썼는데 아, 내 자식놈이 발목을 쥐고선 그냥 못 가게 해 가지고, 나 죽이고 떠나라고 하도 그러길래 그냥 못 하고, 그러다가 어떻게 죽어서 사대를 벗고 돌아다니다가 이제 이렇게 입산을 했느니라." 이러거든요. "그러는데 아, 가다 보니까 그 참새가 바로 과거의 내 아들 녀석이 아니더냐? 그래서 너무 반가워서 웃었느니라." 이러거든요.

그러니 그 모두가 비유해서 말해 놓은 것이지만, 비유가 아니라 진짜입니다. 진짜인데 반을 못 보니까, 못 보는 사람한테 뭐라고 말을 합니까? 그러니까 반 얘기만 한 거죠. 그래 몸은 성 밖에서 제자들과 같이 있으면서 성 안으로 들어가 그렇게 했다니 말입니다. 허허허….

그러니까 어떤 때는 "스님은 그렇게 하실 수 있지 않습니까?" 이렇게 하는 사람이 있어요. 그럴 때 그 생각을 하고 웃습니다. 하여튼 이것이 우리가 그냥 왔다 갔다만 하는 그런 공부가 아닙니다. 정말입니다. 거짓이 하나도 없습니다.

여러분이 이 공부를 하신다면 마음으로 빛보다 더 빠르게 달나라에 가서 한쪽만 보는 게 아니라 전체를 볼 수 있고, 전체를 들을 수 있고, 또는 시시각각으로 화해서 나투기도 할 수 있고, 진드기 하나도 버리지 않고 내가 될 수 있고, 무엇이든 원하면 한마음이 돼 줄 수 있고 그렇기 때문에 평발이라고 한 것입니다. 부처님은 평발이다! 지렁이가 발이 없지만 지렁이 발 하나도 버리지 않았기 때문입니다. 그러니까 모두가 그렇게 할 수가 있다는 거죠. 그런데 예를 들어서, 지금은 모르지만 내가 만약을 얘기하는 겁니다. 내가 달나라에 가서 저 달이 어떻게 생겼는지, 어떻게 해서 이렇게 됐는지 그것을 알았다 한다면 여러분한테 얘기를 해야만 옳겠습니까? 그 얘기를 하면 귀신이 됩니다. 허허…. (대중 웃음) 그리고 또 모자라는 사람으로 아주 그냥 돌아가 버립니다. 그러니까 알아도 모르는 척, 몰라도 모르는 척 이렇게 하면서 함이 없이 여러분의 그 괴로움을 덜어 주고 같이해 주고, 아픔도 내 아픔과 같이 해 주고, 이렇게 실천하는 것이 우리의 이 공부입니다.

실천이 없다면 학술적으로나 또는 지식적으로나, 또는 과학적으로 해 봐도 공덕이 안 됩니다. 과학도 지금 물질과학으로 이렇게 한다면 아니 되고, 정신의학이 돼야 하고 정신과학이 돼야 하는 겁니다. 모두가 정신이 빠지면 안 되는 거죠. 아니, 하다못해 맷돌을 하나 돌리려고 해도 심봉을 꽂아야 맷돌을 굴릴 수가 있는 겁니다. 그리고 물질을 맷돌에 넣고 가는 것도 심봉을 꽂아야만 갈립니다. 그런데 심봉도 안 꽂고선 "갈려 나와라. 갈려 나와라." 하고 바깥으로 쳐들고 빌고 온통 야단들을 하니 그게 어떻게 공덕이 돼서 갈려 나옵니까?

그러니 여러분이 공부를 해서 우리 한국뿐 아니라, 세계뿐 아니라 우주적으로도 모두가 실상의 그 실천을 그대로 평등공법(平等空法)으로 하시길 바라면서, 또 팔수레공법으로…, 허허허…, 모두가 이렇게 잘해 나가시길 바라죠. 그러면 다 살리느냐? 그게 아닙니다. 죽는 게 있어야 살아 나오는 게 있고, 또 죽는 게 있으면 살아 나오는 게 있고, 이게 원리입니다. 상대성 원리요. 이 상대성 원리의 인연의 끈이 달려 가지고 온통 그 끈을 왜 벗어나지 못하느냐? 엊그저께도 내가 그랬지만 거미줄에 얽힌 발목을 빼지 못해서 애쓰고들 있지 않습니까? 따지고 보면 거미줄이 뭡니까? 그것도 표현입니다. 여러분의 마음으로 지어 가지고, 꿈을 꾸고도 그것이 석연치 않아서 온통 야단들을 하거든요.

이사를 가도 이사 잘못 가면 뭐가 잘못된다고 해서 날짜를 생각을 안 하나. 아니, 혼인을 해도 그렇질 않은가. 서로 좋으면 하는 거지 뭐, 궁합이 따로 있습니까? 만날 그렇게 요만한 거 하나서부터 큰 거까지 걱정하는 걸로 그냥 인생이 끝나 버리는 거죠. 그러니 그러한 걱정들을 마시고 좀 활달하고 자유스러운 끝을 보시길 바랍니다. 내내 끝간 데 없이 이 진리는 그렇게 지금, 과거나 미래나 현실로 돌아가면서도 현실도 없는 것입니다. 그렇게 고정됨이 없이 돌아가기 때문에 듣는 거, 보는 거, 말하는 거, 만나는 거, 먹는 거 모두 어디 고정된 게 하나나 있습니까? 그러니 여러분이 이렇게 고정됨이 없이 돌아가는 이 진리를 타파하고 물리가 탁 터진다면, 하나가 터지면 백 가지, 천 가지, 만 가지가 다 터지게 돼 있습니다.

그러니 열심히 공부하시길 바라면서 한마디 말씀드릴 것은, 우리가 이 모습을 가지고 살면 얼마나 살겠습니까? 여러분 모두 그저 남의 거친 것만 보지 마세요. 내 가기도 지금 바쁩니다. 그러니까 거친 걸 보면 거친 대로 거기다가 맡겨 놓고 보는 게 없이 보시도록 하십시오. 듣는 게 없이 듣도록 하십시오, 모든 것을. 남의 탓으로 돌리지 말고, 내가 이 세상에 나왔으니까 내 탓이지 왜 남의 탓입니까? 내가 있으니까 내가 보는 거죠. 내가 있으니까 듣는 거지. 잘못된 것도 내가 있으니까 본 거 아닙니까? 그러니까 내 탓으로 돌리시라 이겁니다. 모든 것은 내 탓입니다.

그러니까 마음도 하나로 뭉쳐야 우리가 앞으로 젊은 세대들을 이끌어 가는 데 앞장서죠. 모두 여러분이 앞장서셔야…, 우리가 지금 속은 비고 겉만 꽉 차 가지고, 지금 정치도 모두가 그렇게 해 나가고 있기 때문에, 이 모든 문제가 생기는 원인도 거기 있고, 속이 텅텅 빈 나라가 되는 것도 그러한 문제 때문입니다. 일본 사람들은 한 가지만은 칭찬할 만합니다. 본받을 만하구요. 남의 거 거저먹지 않겠다는 사상 말입니다. 그전에 어려서도 그런 걸 많이 봤습니다. 물건을 접시에다 담아 가면, 그 접시를 그냥 보내는 일이 없습니다. 그거 한 가지를 보더라도 그렇구요. 또는 밥을 먹어도, 물론 불교의 발우공양에서 배워 간 공기밥이지마는 그거를 먹을 때마다 "감사합니다." 하고 먹는 겁니다. 그리고 남의 탓이 적구요. 악랄하게 했다 할지라도 악랄하게 하면 했지 탓은 안 한다 이겁니다. 허허허…. (대중 웃음) 죽으면 죽었지 내가 그렇게 어벙하게 하지 않는다 이겁니다.

그러니까 모든 걸 그렇게, 수박을 놓고 '이게 뭣고?' 하고 돌아가지 말고 칼이 있으면 칼로 탁 잘라서 그냥 먹는 겁니다. 그러면 내세에 그 수박씨가 다시 나와도, 수박으로 다시 나와도 여전히 그 맛은 알 겁니다. 지금 한 생에 알아 놓으면 세세생생입니다. 죽으면 그만이 아닙니다. 지금 알아 놔야 요다음의 생에서도 또 뚜껑만 열면 그냥 모두 술술 나오죠. 그래야 세계가 평등해지고 모두 꽃이 피지 않겠습니까? 지금도 그렇게 모두 공부들을 하고 가시기 때문에 평등해지려고 합디다. 허허허….

사회자 대단히 감사합니다.

큰스님 예. 하여튼 여러분 정신을 남한테 뺏기지 않도록 하시고 열심히 공부들 하시길 바랍니다. (법회 의식을 모두 마친 후) 모두 한마음의 성불을 위해서…, (합장하시면서) 감사합니다.

대중 일동 고맙습니다.

뿌리에 마음을 집중해야 한다

1992년 1월 5일

올 새해에는 여러분께서 한마음의 도리에 더욱 정진하셔서 가정에 병고 액난이 없이 행복하고 건강하게, 웃음을 잃지 않고 열심히 사시기를 바랍니다.

세상을 살아가자면 좋은 일도 있고 언짢은 일도 있습니다. 그런 것은 인간뿐이 아니라 만물의 살림살이가 다 그러합니다. 우리 가정만 그런 게 아니라 날아다니는 새도 그렇고, 기어다니는 벌레도 그렇고, 우리 인간도 역시 그렇고, 고통이라는 것은 언제나 뒤따르게 돼 있습니다. 그러나 고통도 슬픔도 괴로움도 아닌 그 가운데서 내 마음을 발현해서 자유스럽게 살 수 있게 돼야겠죠. 하여튼 제가, 아마도 말을 많이 했다면 많이 했고 안 했다면 안 한 것입니다. 말하는 대로 없어져 버리면서 다시 생하고, 다시 생하면서 또 없어지곤 합니다. 쉴 사이 없이 돌아가는 이 반복 속에서 인간이 됐다면 필수적으로 알아야 할 문제의 해답을 꼭 푸시길 바랍니다. (합장하심)

그러면 제가 자꾸 말을 해 드리는 것보다도, 질문들 하십시오. 이 자리에서 여러분과 저와 같이 도반으로서 열심히 서로서로 토론하고, 서로가 서로를 돕는 마음의 사랑을 베풀되, 이것도 아니고 저것도 아닌 그 속에서 모든 것이 배출되길 바랍니다. 질문하실 때는 한 가지씩 하십시오.

질문자1(남) 제가 큰스님께 질문을 드리는데요, 여러 형제님들이 궁금해하시는 점을 세 가지로 요약했습니다. 그래서 대신 질문하겠습니다. 석가모니 부처님께서 가섭 존자님께 전한 불법이 중국 육조 혜능에 이르러서는 아주 우뚝 섰습니다. 그로부터 혜능의 법이 융성하더니 세월이 흐르면서 불법이 번다해지고 상당히 복잡해졌습니다. 그렇다면 큰스님께서 보시기에 혜능의 밝은 법등은 미래에는 어떻게 전법이 되어 갈지 그 인연법에 대해 가르침을 주시면 공부에 도움이 되겠습니다.

큰스님 항상 말씀해 드렸듯이, 이 세상에 헤아릴 수 없는 분들이 깨쳤다 하더라도 찰나찰나에 돌아가는 이 자체가 나 아님이 없다는 그런 사실로 말미암아 하나지 둘이 아닙니다. 그래서 부처님이라는 이름을 붙인 것입니다. 그래서 '부처님이 아닌 것이 부처님이다' 이런 말이죠. 그럼으로써 육조 혜능 선사 그 당시에는 많은 사람이 배출되고 그랬지만 지금은 왜 이러냐고 하신다면 내가 무슨 말을 할 게 있습니까? 그러나 그때나 이때나 똑같습니다. 똑같은데 사람들이 그것을 모르기 때문에, 모두 한 번도 마음을 기울여 생각해 보지 않았기 때문입니다.

그래서 제가 지금 길잡이로서 이렇게 일러 드리는 것은 바로 역대 선사가 일러 드리는 말이나 육조 선사가 일러 드린 말이나 같습니다. 지금 여러분 마음 한가운데서 자기를 자기가 알라고, 깨치라고 그때 육조 선사도 역시 말씀하신 겁니다. 역대 조사들도 그렇고 부처님들 보살들이 다 그 말을 한 겁니다. 사대 성인도 "너부터 알라." 했습니다. 그런데 우리들의 탓이지 왜 그분들의 탓입니까? 그러니까 부처님 법이라는 것은 우리가 다 죽는다 하더라도 풀 한 포기만 살아 있으면 불법은 그대로 있는 것입니다.

질문자1(남) 다음 질문을 드리겠습니다. 큰스님께서는 주인공에 믿고 맡기라고 항상 말씀하십니다. 보리심을 통해야만 도를 이룬다는 말씀으로 알고 있습니다. 그런데 경에서 보면 이런 대목이 나옵니다. 예를 들어, "이 경의 수승한 공덕이 칠보로 수미산을 장식한 것보다 크다." 하고, "이 경의 사구게 하나만 일념으로 염송해도 윤회에서 벗어난다." 했습니다. 말하자면 염불문을 세우는 것이겠죠. 또, 다른 절에서는 백팔배, 삼천배를 시키면서 말하기를 '예불이라는 것은 부처님의 배를 빌려 타고 저 언덕에 이르는 길' 이라고 했습니다. 제 손으로 배를 만들기가 힘들어 아미타불 등 부처님과 제불 보살님의 배를 빌려 타고 싶은 게 중생심인데, 이런 경우에 타력에 의지하는 것과 어떻게 다른지요? 염불문이나 예불도 결국은 밖에서 구하는 것이 아닌지, 의문이 되는 경우가 있습니다. 좀 이해되도록 말씀 부탁드리겠습니다.

큰스님 그 말을 나무로 비유하겠습니다. 나무 한 그루에 잎새가 헤아릴 수 없죠? 나무뿌리는 하나인데 가지들은 많고 그 잎새는 더 말할 거 없이 헤아릴 수가 없는 것입니다. 그러니 경을 읽는다 하면 잎새를 세는 거와 같고, 또 백팔배를 한다면 바로 나무를 만져 주는 거와 같다. 그렇다면 부처님께서 말씀하신 것은, 나무와 가지와 잎새가 있는 것을 가르쳐 주면 거기에 뿌리가 있다는 것을 알게 될 수 있으니까 그것을 그렇게 일러 주신 것입니다. 그렇기 때문에 여러분이 가만히 생각해 보십시오. 잎새를 아무리 세어도 센 사이가 없을 테고, 가지를 아무리 더듬어 줘도 더듬어 준 사이가 없을 겁니다. 공덕이 하나도 없어요. 그러기 이전에 역대 부처님과 조사들은 다 가르치시길 "얘야! 나뭇가지도 아니고 잎새도 아니니라. 뿌리에다 돌리거라. 마음을 일심으로 뿌리에 두어라. 가을이 되면 떨어지고, 봄이 되면 잎이 피고 꽃이 피고 열매가 열리는 그 과정은 뿌리로부터이니라. 그러니 들이고 내는 모든 것을 뿌리에서 들이고 내는 것이니라. 뿌리가 없다면 나무는 모두 죽어 버리고 만다." 하셨습니다.

그러니 나무에 비유한다면, 무엇이든 뿌리에 마음을 두는 것은 바로 뿌리에 물을 촉촉하게 주는 거와 같다 이겁니다. 그러면 '가지를 쓰다듬지 않아도, 이파리를 세지 않아도 그 나무는 아주 싱싱하고 푸르르게 자랄 것이 아니겠는가?' 이런 뜻입니다. 그렇다고 해서 부처님께서 나무 잎새나 나뭇가지나 나무 둥치나 이런 걸 무시한 게 아닙니다. "뿌리부터 알고 뿌리에서 나온 거라는 거를 알아라. 그럼으로써 경을 읽되, 경이 나를 보지 않고 내가 경을 보지 않는 이치가 나오느니라. 절을 하되 절을 하는 사이가 없이 할 수 있느니라. 또 경을 보되 귀로 보고 모든 만물만생의 소리를 듣되 바로 눈으로 듣는다. 그 도리를 알게 되면 눈으로 듣는다는 것도 없고 또 귀로 본다는 것도 없이, 바로 하나가 불끈, 하늘을 끼고 돌아가느니라." 이런 뜻에 속합니다.

그러니 우리 인간의 마음이, 그 속에 수십억의 의식을 두고, 생명을 두고, 모습을 두고 있는 이 몸이 그 나무와 같이 아주 크다면…. 나무라는 것은 나무로 볼 수도 있지만 나무는 아주 크다는 뜻도 됩니다. 그래서 사람이 수없이 거듭거듭 태어나고 멸하고 이러는데 사람만이 이런 고초를 겪고 이런 행복을 가져오는 것이 아닙니다. 고통과 행복이 엇갈린 세상 속에서, 모든 것에서 벗어나는 데에 목적이 있는 겁니다. 행복도 아니요, 고통도 아닌 그 작용 속에서 바로 한생각 일어나는 것이 법이 돼야 된다는 얘깁니다. 한데로 떨어지지 않는 말씀이 법이다 이겁니다. 그리고 쥘 수도 없고 볼 수도 없고 가질 수도 없으면서, 대천세계 모두 돌아가게 하는 이 하나의 마음을 탁 포착하는 그런 계기가 되라 이런 얘깁니다. 안에도 없고 바깥에도 없고, 이것도 아니고 그것도 아닌, 그러면서도 역력하게 여러분을 끌고 가는 그, 마음 내기 이전 불성 말입니다.

그거를 일러 드리기 위해서 이렇게 말을 했습니다. "모든 것을 누가 들이고 내느냐? 마음이 들이고 내는 거다. 그 마음이 이렇게 생각하면 이렇게 끌고 가고, 저렇게 생각하면 저렇게 끌고 가니, 그 양면을 다 작용하면서 끌고 가는 것이다. 그러니 조심해서 선(善)의 공덕 길로 끌어들여라." 하구요. 이 세상에는 악도 있고 선도 있습니다. 그건 왜냐? 천차만별로 돌아가는 모든 물질, 개성, 마음들이 전부 우리가 있기 이전에도, 지수화풍이 있기 이전에도 개별적으로 자기 개성을 톡톡히 두고 돌아갔던 시절이 있었겠죠. 개별적으로 그렇게 돌아가는 개성이 한데 합쳐서 지수화풍을 이루었고, 지수화풍을 이루었기 때문에 바로 광력이나 전력이나 자력, 통신력이 이루어진 반면에 인간, 이 생물이 생겼다고 봅니다. 그러니 모든…, 내가 자꾸 얘기를 해서 안됐군요. 질문하세요. (대중 웃음)

질문자1(남) 제가 다음 질문할 것을 미리 법문을 하셔서 중복이 되는 것 같습니다만, 허허허….

큰스님 그래서 탈이에요. 하하하…. (대중 웃음)

질문자1(남) 중복이 되는 것 같지만 다시 제가 말씀을 드리겠습니다. 『금강삼매경(金剛三昧經)』에 보면 무주보살(無住菩薩)이 세존께 드리는 질문 가운데 이러한 대목이 있습니다. "어떤 것을 한생각의 움직임이라 하리까?" 하고 질문을 하니까 세존께서 대답하시기를 "한생각 움직이면 오음(五陰)이 겯혀 나가니 오음 가운데는 오십 악이 갖춰져 있다." 하셨습니다. 제가 이해하기로는 오로지 심신을 가라앉혀 무심이 되라 하신 것으로 느끼게 되는데, 한생각을 낸다는 것의 경지는 무엇인지, 또 한생각을 내는 방법을 좀 자세하게 말씀을 해 주시기 바랍니다.

큰스님 한생각이라는 것은 개별적인 생각이 아닙니다. 포괄적인 생각입니다. 한 그릇 할 때 한 그릇, '한'이 들어가죠. 그러니까 부처님께서 가만히 있으면 부처님이요, 생각을 해서 말을 했다 하면 보살이거든요. 자기 마음이 부처인 자기한테 물었겠다! 하하하…. 그러니까 '한생각을 어찌 생각하느냐?' 할 때, 일체 만생이 다 마음을 들이고 내는 데에 모든 생각, 이걸 한마음이라고 그럽니다. 한마음! 그 한마음 속에는 오십 악이 들어 있다. 그러니까 내가 말하는 것은 선의 생각이 오십이라면 악의 생각도 오십이다. 이 오십 악이라는 것을 볼 때, 생각하는 대로 물질적으로 관습이 돼서 찾는 거, 욕심부리는 거, 애착, 애욕 또는 편견, 아상, 아만 모든 거를 종합해 보면, 보세요. 거기에서 풀리는 그 악이 얼마나 많겠습니까?

오음 속에는 오십 악이 들어 있으니 악도 오음도 양면에서 같이 작용을 해서 둘이 아닌 작용을 한다면, 내 마음이 이 세상천지에 자유스럽게 밝게 일어나느니라. 그래서, 즉 말하자면 '칠보활궁공법(七寶活宮空法)으로 들어가느니라.' 이런 거죠. 그냥 찍는 대로 법이 돼야 이게 활궁입니다. 활궁공법심(活宮空法心)으로서의 평화를 얻을 수도 있고 또는 전체 자유 활동을 할 수 있는 것이 중용입니다. 죽은 세상 산세상을 동시에 작용하면서 활용하는 게 중용입니다. 그걸 일러 주기 위해서 그런 것입니다.

왜 무주보살이 말을 했느냐? 그 '무(無)' 자가 들어간 것은 바로 형체가 아닌 보살이 물은 것입니다. 물질적으로만 생각하고 색(色)으로 보는 사람의 질문이 아닙니다. 색으로 보지 않고 또는 무심으로도 보지 않고, 양면을 다 작용하는 그분이 모든 사람들을 가르치기 위해서 방편으로 말씀하신 겁니다. 그래서 경에다가 그렇게 해 놨습니다. 그러니까 경을 모조리 읽었다 하더라도 경을 보지 않고 경을 봐야만이 경의 진의가, 뜻이 나온다고 하신 겁니다. 그래서 '보지 말고 보고, 듣지 말고 듣고' 이런 뜻을 알아야 경의 뜻이 나오지 않습니까? 저 전깃줄과 전깃줄을 한데 합쳐서 작용을 해야만이 불이 들어오듯이 말이죠.

질문자1(남) 원래는 세 가지만 질문을 드리려고 예정을 했습니다만 덤으로 하나 더 여쭙겠습니다. 저희들이 큰스님 법에 따라서 수행을 하다 보면 아무래도 공부 겸해서 자기가 하는 일, 또는 원했던 일들이 이루어지는 경우가 많습니다. 물론 공부가 많이 된 분은 그 확률이 더 많겠지만, 그렇게 해서 자기가 소원이 이루어졌다든가 그런 과(果)를 얻었을 적에 그것을 다시 회향을 하는 공덕은 크다고 그러지 않습니까?

그런데 회향을 어떻게 해야 되는 것인지 그것을 좀 말씀해 주십시오.

큰스님 시시각각으로 회향을 하는데 회향이 무슨 따로 있나요? 아니, 밥을 먹고 끝나면 회향이요, 똥을 누고 일어나면 회향이요, 말을 하고 끝을 마치면 회향이요, 모든 게 회향 아님이 없어요. 시초가 있고 회향이 있어서, 우리 살림살이 어떤 거 하나도 떠나지 않는 것이 회향입니다. 그러니 돌아가는 이 이치를 볼 때에 모든 사람들이 근본을 진짜로만 믿는다면 모든 게 회향입니다. 그것을 진짜로 믿지 못하는 것이 상당히 애석합니다. 그렇다고 그런 말을 강조할 수도 없습니다. 어린애한테 뜀박질을 해서 천 리를 뛰라고 하는 격이나 마찬가지기 때문입니다. 어린애더러 사회에 나가서 벌이해 오라고 하는 거나 똑같기 때문입니다.

지금까지 가정에서 어떠한 애로점이 내 앞에 닥쳤는데 용도에 따라서 어떻게 하면 이것을 해결을 할 수 있는가를 수없이 말씀을 해 드렸습니다. 그러나 이렇게 갖다가 주기까지 하면서 일러 드렸는데도 모두들 받아먹지를 못합니다. 먹는 거는 자신이 먹어야 되겠죠. 대부분 세 층으로 나누어지는데 처음에 오신 분도 있고, 오셔서 좀 희미하게라도 아는 분이 있고, 이해를 완전히 하시는 분도 있고, 아주 한마음 소식을 얻었다 하는 분도 있고, 그 여러 층이 있습니다.

그래서 예전에 부처님께서 어린애들이 집에서 노는데 불이 났으니까 사탕을 줘서 끌어내려고 "너 장난감 이런 거를 줄 테니까 얼른 나오너라." 이렇게 해서 그 어린애들을 건지듯이, 여러분에게서 괴로움과 정말 견디지 못할 문제들을 볼 때 사탕을 주기도 합니다. 나는 아무 괴로움도 없는 사람입니다, 솔직하게 얘기해서. 그러나 여러분이 울면 내가 울음이 나오고, 또 여러분이 아프면 나도 아픈 것은 인연의 줄 없는 줄이 얽혀 가설이 돼 있어서 그렇다고 봅니다. 여러분도 지나가다가 불쌍한 사람이 울고 있는 것을 보면 마음이 저절로 언짢아지고 눈물이 나죠? 안 그렇습니까? 남이 울면 덩달아 자기도 모르게 눈물이 흐르고 불쌍한 사람을 볼 때는 가슴이 아프고, 그것이 바로 줄 없는 인연줄입니다.

지금 무슨 말을 하다가 말았죠? 어디로 이렇게 싹 돌아가 버렸어. 하하하…. 아니, 내가 무슨 말을 하다가….

질문자1(남) 회향에 대해서 좀 자세한 말씀 해 주십사 하고 말씀드렸습니다.

큰스님 아이구! 회향은 얘기했잖남. 하하하…. 응! 시초가 그게 아니지. 그래서 그렇게 모진 비바람이 칠 때는 내가 어떻게 해야 카바를 할 수 있을까? 이게 제일 요점입니다. 그런데 가만히 보면 애석하게도 그냥 이리 뛰고 저리 뛰고 이럽니다. 마음이 말입니다. 그러니까 행동으로도 나옵니다. 마음이 이리 뛰고 저리 뛰니까요. 그것은 왜냐하면 좀 믿음을 가지고 간다 하는 사람 앞에 오장육부 속에서 모든 인과로 인해서 모인 중생들이 제가끔들 일어납니다. 그것은 과거에 인과를 지은 인연으로 인해서 그렇게 나오는 거죠. 그러니까 어떠한 악의 조건이 나오는 거죠. 그럴 때는 어떻게 해야만 되겠습니까? 또 내가 항상 말씀드리기를 "몸속에 있는 수십억의 의식들이 좋고 나쁜 거, 자비, 사랑 이런 걸 아무것도 모른다. 그래서 인간의 마음이 그것을 통솔하면서 다스려야 된다." 이렇게 얘기했죠.

그러니만큼 어떠한 문제가 있어도, 하늘이 무너지고 깨지고 땅이 솟고 찢어지고, 온통 금방 자식이 죽고 부모가 죽는다 하더라도 거기서만이 해결을 할 수 있고, 거기서만이 이끌어 갈 수 있다는 믿음을 굳건히 갖고 놔야 되는 건데 그걸 놓지를 않고 딱 마음으로 잡고선 발발발발발발 뜁니다. 어떠십니까, 생각에? 아무리 안 그러셨다 하더라도 여러분 양심으로 아는 분들은 부처님께서 다 아는 겁니다. 아니, 부처님이 아니더라도 이 소인도 알고 있을 것 같습니다. 하하하…. (대중 박수)

그러니 저는 한시반시도 안타까운 것이 떠날 사이가 없습니다. 이

거 솔직한 얘깁니다. 여기서 왈가당하면 저기서 왈가당하고, 저기서 왈가당하면 여기서 왈가당하는데, 만약에 내가 조촘병이 든 사람, 즉 기복으로 나가는 사람 같으면 뭐, 그렇게 생각하지도 못할 것이고, 또 그렇게 생각해 줄 생각도 못 할 것이고, 자기 몸도 추려 내지 못할 것입니다. 여러분은 그저 행복할 때는 행복하다고 하고, 웃을 때는 웃으면서, 고가 닥칠 때는 고가 닥치는 그 잠시 잠깐을 그냥 죽겠다고 하니, 일분일초도 쉬지 않고 계속 그렇게 하는 사람은 말라 죽지 않겠습니까, 그거? 하하하…. 그런데 하는 사이가 없이 하니까 이만이라도 하죠.

또 우리 신도님들만이 아닙니다. 기어다니는 거나 날아다니는 거나, 저 무정물이나 식물이나 살림살이에서 고통받는 거는 저에게는 모두가 다 똑같습니다. 지렁이가 기어가다가 사람에게 밟혀서 허리가 끊어지듯 해서 엉금엉금 기어가는 그 아픔이나, 사람이 차 사고가 나서 다리가 부러져 가지고 입원을 하고 있는 거나 똑같은 경우입니다. 어느 거든지 그 아픔을, 쓰라림을 겪지 않는 생물은 없으니까요. 그러나 그뿐입니까? 죽은 사람들의 영혼들도 살아 있을 때의 그 차원대로 죽어서도 똑같이 있으니까요. 더하고 덜함이 없거든요. 산 사람은 더했다 덜했다 이럴 수도 있는데, 죽은 사람은 부딪침이 없으니까 더하고 덜함이 없죠. 한 그릇의 차원이라면 그대로죠. 그래서 천도가 필요하다고 한 겁니다. 또 질문하십시오.

나는 지금 아주 가슴이 아파서 얘기해 드린 겁니다. 제일 막다른 골목에 들어서 카바를 못할 때 무조건 그냥 그냥 탁! 모든 걸 죽든지 살든지 그냥 놔 버리고 거기 집중하는 거….

질문자1(남) 저희는 만날 하늘을 쓰고 도리질을 하는 대장장이 모양을 하고 있거든요. 만날 큰스님께서 일러 주셔도 항상 되풀이해서 들을 수밖에 없습니다. 말씀 감사합니다.

큰스님 또 질문할 사람 있으면 나오세요.

질문자2(남) 스님께 세 가지 질문을 드리겠습니다. 제가 꿈을 꾸는 가운데 예수님의 부활 장면을 본 적도 있고, 금빛 부처님을 뵌 경험도 있고, 지옥고에 시달리는 인간들을 본 적도 있습니다. 때로는 꿈속에 어떤 사람이 내 몸을 뚫고 들어가 뒤로 나오는 경우도 있습니다. 한번은 숫자를 세다가 100까지, 때로는 10까지 세고 다시 거꾸로 세어 하나에 이르자 '나' 라는 말이 떠오른 적이 있습니다. 대학 시절에 신에 대한 강의를 듣고 깊이 공감했던 적도 있고, 국민학교 때는 연탄가스 중독으로 사경을 헤맨 적도 있습니다. 이런저런 이유로 내 마음속에 신이 탁 버티고 있는데요, 하나, '나' 라는 의미는 무엇이며 신이 내 심중에 있다는 생각은 바른 것인지 큰스님의 가르침을 주시면 고맙겠습니다.

큰스님 여러분이 다 신이 있으니까 이렇게 쳐다보고 움죽거리고 그러죠. 신이 없다면 그렇게 할 수가 있나요? 그래서 자성신(自性神)이라고 그러죠, 자성신! 이 자성신이 있음으로써 보이지 않는 데서 외부의 모든 것을 한마음으로 돌리는 거죠. 사실 보이지 않는 데서 더 문제가 되는 겁니다, 보이지 않는 데서. 자성신의 마음, 이 자체는 체가 없기 때문에 만 명의 머릿속으로 들어갈래도 들어갈 수 있는 겁니다. 용도에 따라 그 자체의 작용을 찰나찰나 하게 해서 찰나에 해 놓고 찰나에 나고, 찰나에 들고 찰나에 나는 겁니다. 줄창 들어만 있는 게 아니라 들고 나는 거죠. 이렇게 양쪽 손으로 작용을 해야만이 정상이지 작용을 못하면 병신 아닙니까? 그와 같이 한 찰나에 들었다가 한 찰나에 난다 이겁니다.

만약에 이 공부를 아주 철저히 한다면, 몸속에 있는 중생들이 전부 화해서 보살로 등장을 하게 됩니다. 그래서 하나의 의식만 가지고도 만 개의 의식을 만들 수도 있으니 이 얼마나 많습니까? 이게 천부당만부당한 일이 아닙니다. 그러니까 모자라면 모자라는 대로 나무 이파리를 가지고도 할 수 있는 거니까요. 정말 헤아릴 수 없이…, 여러분이 그 묘법이라는 자체를 확실히 아셨으면 좋겠습니다.

이번에도 누가 대학 시험을 본다고 하는데, 쉽게 비유하자면 무조건 남의 집에 침입은 할 수 없는 겁니다. 스님을 봤다든가, 알았다든가, 급하니까 스님을 방편으로 불렀다든가, 주인공에 스님의 마음과 일체제불의 마음이 한군데에 들어 있으니까 '한마음 속에서 다 해결을 할 수 있다!', '해 주시오!' 가 아니라 '할 수 있다!' 라는 믿음을 가지고 한 사람에 한해서는 하나도 떨어지지 않고 붙었다고 봅니다.

그런데 부모가 자기만 알았지, 급할 때 쓰도록 미리미리 관하는 방법을 자식들에게 가르쳐 주지 않아서 손톱도 안 들어가는 사람이 있더라는 이 소리를 하고 싶습니다. 예를 들어서, 지렁이 속으로 들어가려면 내가 지렁이가 돼야 들어갈 때 저항력을 갖지 않습니다. 그런데 시험이라는 것은 자기가 해야 되는 거기 때문에 거기에 합세를 해 줄 뿐입니다. 그러니까 한마음에 들어서 통신망을 딱 해 주고 그 머리에 밝은, 모든 것을 낼 수 있게끔 해 주는 그런 역할을 하는 건데, 본인 자신이 그것을 도통 한 번도 생각을 해 본 점이 없을 때에는 통에다가 기름을 부으니까 그냥 통이 새거나, 통이 없어서 기름을 아무리 부어도 거기 담아지지 않습니다. 그런 형국이나 같은 점이 많았습니다.

그러면 우리가 모든 생활을 해 나가면서 어떻게 하면 진지하고 실천적이며, 현실적으로 진실하게 자유자재할 수 있겠느냐 할 때 아주 특이한, 말로는 표현할 수 없는 점이 있습니다. 그저 남이 이렇게 한다니까 그냥 왔다 갔다 하는 사람이 있는데 그건 왜냐? 자기라는 것이 있기 때문입니다, 자기라는 거를 세우기 때문에. 자기가 배웠고 이 사회에서 활동도 했고, 남자고, '이렇게 해 나가는데 뭐, 그거….' 하는 그 아집이라고 할까요? 아상, 아집, 그런 문제 때문에 딱 가려지는 겁니다.

그리고 물질세계 50%의 관습에 젖은 머리로써 살아나가니까 물질만 보이지, 안 보이는 무심의 도리, 정신세계를 한 번도 느껴 보지 못해서 어떠한 용도에 따라서 딱 닥칠 때는 어떻게 할 수가 없는 겁니다. 한마디 방편으로 말할 때, 가는 길이 있으면 오는 길이 있어야 작용이 아주 유하게 되지 않습니까? 그런데 가면 가는 길만 알지 오는 길을 모르니까, 오는 놈은 가는 길을 모르고 가는 놈은 오는 길을 모르니 이것이 양면의 작용이 됩니까? 이 세상 이치가 시발점과 종점이 둘이 아니다 하는 것은 자기의 시발점에서 사람들이 내리기도 하고 타기도 하며, 자기 종점에서도 자기는 내리지만 타는 사람이 있어요. 이러니 시발점과 종점이 어떻게 둘이겠습니까? 이게 바로 만사가 융통할 수 있는 작용입니다.

왜 '만(卍)' 자의 끄트머리를 요렇게 해 놨습니까? 그냥 둥그렇게 해 놓기만 하지, 왜 또 팔을 그려 놨습니까, 이렇게? 그것은 바로 이 원체가 있으면 움죽거린다는 뜻입니다. 우리가 뭐 더하고 덜함도 없이 생각을 안 내고 생명만 살아 있다면 아무 걱정이 없죠, 목석이니까. 하하하…. 그런데 이거를 어떡하든지 이끌어 가고자 하고, 좀 남들처럼 살아 보고자 하고, 그 아픈 거와 슬픈 거와 행복한 거를 알고, 그 행복한 맛을 알았기 때문에 어떠한 고난도 밀치고 넘어갈 수 있는 그런 힘을 가지고 지금 작용을 하고 살죠. (잠깐 멈추시고) 말을 하다가 잃어버렸어요. 허허허…. 말을 하다가도 길이 하도 많아서…. 어, 참 그렇지!

그래서 '만(卍)' 자를 그렇게 해 놨는데 그것이 바로…, 법륜 마크라고 하는 것도 바로 팔 수레바퀴, 이것도 이 세상 돌아가는 이치가 그 안에 다 들어 있기 때문입니다. 끄트머리가 요렇게 돼 가지고 돌아가는 그 작용이 법이기 때문입니다. 그래서 중생도 아니요, 부처도 아닌, 둘이 아닌 자체를 아시라 이겁니다. 중생은 부처 속에서 나왔고, 부처는 중생 속에서 나왔으니 이것을 어떻게 불러야 되느냐? 이것도 아니고 이것도 아니지 않습니까, 그럼. 이 작용 때문에 바로, 둘이 하나로 붙어서 작용을 하기 때문에 불이 번쩍 일어나듯, 불이 켜지듯, 인간도 그러합니다. 이 세상 이치도 그러하고요. 잡아당기는 게 없다면 끄는 게 없는데, 그렇지 않다면 이 지구가 어떻게 이렇게 온전하게 돌아가겠습니까? 우리 인간도 자력이 있기 때문에 이렇게 땅에 붙어서 다닙니다. 모두 고마운 줄 모르죠? 이제 질문 다 하셨습니까?

질문자2(남) 두 번째 질문이 되겠습니다. 주인공 자리에서 모든 것을 다 할 수 있다고 믿으며 공부하고 있는 중입니다. 저는 자주자주 허리가 아파서 여러 모로 통증을 느끼면서 고생하고 있습니다. 너무 고통이 심하니 때로는 주인공을 원망하기도 하고 짜증이 나오기도 합니다. '그런데 나는 왜 이렇게 자꾸만 고통을 겪어야 하나?' 이런 생각을 지금도 하고 있습니다. 지금까지 약을 써서 치료를 해서 다 나았다고 생각되면 자꾸 재발을 하니 어떻게 된 영문인지 잘 모르겠습니다. '이렇게 아프게 한 것도 주인공의 인연으로 한 것이요, 아픈 육신도 주인공의 것이니 당신만이 완전하게 해결할 수 있겠지!' 하고 계속 관(觀)하고 믿고 맡겼더니 며칠 전에는 심한 고통은 사라졌습니다만 지금까지 개운치 않습니다.

큰스님 개운치 않게 마음을 썼으니까 개운치 않죠. 하하하…. (대중 웃음) 어딘가가 모자라니까 그렇지, 모자라지 않은 바에야 왜 그렇습니까?

어떤 사람에게 이런 일이 있었죠. 병원의 의사입니다. 수술을 했는데 잘못 건드려 가지고 잘못됐는데, 의사들은 알죠. 이 의사 저 의사 불러다가 다 해 보니까 이건 뭐, 급박해졌어요. 이제 문도 닫게 되고 큰 문제가 벌어질 것을 생각하니 그냥 눈앞이 캄캄해진 겁니다. 그래서 전화를 했는데 "알았다." 그랬죠. 그렇지만 그 알았다는 말 한마디가 얼마나 무거웠겠습니까? 그것이 가벼운 대답이었다면 아마도 그건 안됐을 겁니다. 무거운 대답이기 때문에 그것이 그 시각부터 달라지면서 부위가 그냥 다 정상적으로 됐다는 겁니다. 의사인데도 '이건 내가 의사 할 만한 가치가 없구나.' 하는 생각에서 그냥 탁! 아예 만사가 다 버려지더랍니다. '나는 의사 될 자격도 없고, 우리가 모두 거기만 매달려서 연극배우처럼 사는구나.' 하는 생각에서 말입니다. 그랬듯이….

그래, 그런 걸 좀 알려면…, 지금도 시들하게 생각하시는 게 아니라 전력을 다해서 하시는 거 알고 있습니다. 그러나 하나하나 파서 재고 재고, 또 들고 또 들고…. 육조 스님도 둘이 아닌 도리에서 나투는 도리를 배우려고 그냥 12년 동안이나 또 뭉쳐 놓고 그렇게 하셨죠. 몸은 팔방으로 돌아다녔으나 마음은 한군데다 항상 일념으로서 두셨다는 얘깁니다.

그렇듯이 여러분이 천차만별로 살림살이를 사시겠지만 그 살림살이는 바로 여러분의 그 불성, 한마음 속에서 들이고 내는 겁니다. 일체가 다 숨을 들이쉬고 내쉬기 때문에 생명을 유지하고 모두 살죠? 똑같이 숨 안 쉬면 죽을 겁니다. 일체 만물만생이 숨 안 쉬고는 못 사는 겁니다. 그렇게 일체 만물만생이 다 숨쉬고 살듯이 다 똑같습니다. 그러니 포괄적으로 생각하십시오. 개별적이고 하치않은 나, 주인공, 이렇게 생각하시면 안 되죠. 얼마나 귀중한 한마음입니까? 이것은 개별적인 자기 한마음이 아닙니다. 이건 지수화풍이 동시에 같이하는 것인 반면에, 또 그 지수화풍 속에서 갈라지는 건 얼마나 많습니까? 지수화풍이 있기 이전에는 어땠구요, 또. 천차만별의 이름이 전부 모여서 그걸 이룬 거 아닙니까? 산소와 수소가 한데 합치니까 물이 됐듯이.

그러니까 그 허리가 그대로 낫게 되는 거죠. 허리뿐만 아니라, 자기의 환경이나 여러 가지 상황을 생각해서 '아무리 해도 이거는 낫지 않겠다.' 이런 생각을 갖는 분도 있고, 또 입이 돌아가거나 뭐, 어떠한 문제가 생기면 당장 그냥 침으로 다스리려고 하고 야단나죠. 그런 걸 그렇다고 말할 수도 없죠. 애통할 문제가 한 가지 있는데 말해 볼까요? 이것을 뛰어넘으려면 죽고 사는 것도 뛰어넘어야 되는데, 저렇게 저러는 거를 그렇다고 해서 '그건 법이 아니다.' 할 수도 없는 거고, 허허허…, '야! 그럭하면 뛰어넘을 수 없다.' 할 수도 없고, 그냥 가는 대로 뒷받침만 하고 가는 거지 어떡합니까. 내가 죽고 살고 이런 거를 떠나야만이, (잠시 멈추시고) 떠나야만이 된답니다.

질문자2(남) 자주자주 큰스님을 뵙지를 못하고 저희들이 공부가 아직 덜 된 것 같습니다. 앞으로 열심히 하겠습니다.

큰스님 그까짓 거 캠핑 나와서 놀다 가는 거, 그냥 뭐, 이렇게 되든 저렇게 되든 팍팍 놔 버리지, 그놈의 걸 뭐 때문에 붙들고 그렇게 애를 쓰는지 모르겠습니다. 아니, 여기 산악회 놀러 가시죠? 놀러 가실 때는 바로 탄생하는 겁니다. 다 놀고 들어올 때는 멸하는 겁니다. 아, 그렇게 잠시 잠깐 가서 놀다가 올 거를, 뭘 그렇게 그냥 서로 찢고 뺏고 모두 살겠다고 애를 쓰고, 더 살겠다고…. 허허허….

질문자2(남) 높으신 법문 고맙습니다.

사회자 지금 공기도 좀 싸늘해지는 것 같고, 우리 스승님을 우리가 위해 드리지 않으면 어느 분이 위해 드리겠습니까? 스님 모시고 밤새도록 여러분 질문….

큰스님 (잠시 시계를 보시고) 아니, 저기서 (손가락으로 대중 가운데 한 분을 가리키시면서) 질문할 양으로 손을 아까부터 들었는데 오시라고 그러세요. (대중 웃음)

사회자 그 마음이…. 나오시겠어요, 굳이?

큰스님 하하하…. (대중 웃음)

사회자 간단히 하세요.

질문자3(남) 큰스님, 감사합니다. 한량없는 자비를 베풀어서 중생을 교육시켜 주셔서 감사합니다. 생활고를 겪으면서 스님께서 항상 말씀하시는 관, 착, 놓으라는 얘기를 생활화하고 있는데, 관과 착과 놓는 것이 제가 생각하기로는 같은 것 같은데, 그게 같은지요? 아니면 엄연히 다른지요? 그래서 그 관과 착과 놓는 것이 같다면 그 후에 자유로워지는데, 그 자유로워지는 것도 결실을 잘 맺어서 자유로워지는 것하고 결실을 못 맺고 자유로워지는, 소위 그것을 어떻게 생각을 해야 하는지? 관과 착과 놓는 것이 같은 겁니까, 틀린 겁니까, 스님?

큰스님 놓는 거와 관하는 거와 착은 엄연히 다르죠. 놓는 거는 그냥 내던져 버리는 거고요, '놓아라, 쉬어라, 관한다' 이런 거는 놓으면서 믿음으로써 들어가는 겁니다. 놓으면서, 즉 말하자면 한군데다가 일임을 하는 겁니다, 그냥. 재료를 맷돌에 넣어서 갈려서 나와야 먹을 게 아닙니까? 그와 같이 관한다는 것은 자동적인 맷돌에 물건을 넣고 갈려 나오는 것을 기다리는 것이죠. 일체를 다 그렇게 하는 것이 관법입니다.

질문자3(남) 그런데 그 개체에 따라서는 의식들이 강한 것도 있고 고유의 특성이 있는데, 우리 개체의 중생의 신경에 관을 하면 형식적인 사리 분별이 필요할 것이고, 거기에 대한 관념 또는 착이 있어야만 이 사물에 대한 제대로 관이 될 텐데….

큰스님 아닙니다. 지금 여기 올라오실 때에 걸어오셨죠? 한 발짝 한 발짝. 예? 걸어오실 때에 그 발자취를 걸머쥐고 오지도 않았는데 그게 착이 됩니까? 이 세상살이는 만사가 다 찰나찰나 그렇게 돌아가고 있습니다. 고정돼서 요건 요렇다 하고 집어낼 것이 하나도 없어요.

질문자3(남) 범부의 착이 없으면 관이 이루어지지 않을 걸로 생각이 듭니다. 끊임없는 집착과 애착이….

큰스님 원칙은요, 착도 없고 관도 없어요. 관도 놓고 착도 놓고 모든 것을 여여한 그대로…, 그것은 바로 물리가 터져야 됩니다. 이 세상살이가 그냥 본래 놓고 가는데 또 놓으라고 하는 것은, 그러니까 일체가 돌아가는 자체, 공(空)해서 돌아가는 이치에서 그것을 주시하고 관하라는 거죠. 그러니까 한 가지만 관하는 게 아니라 모든 걸 관하고 돌아가니까 그것이 참선이 되는 거죠. 행선이나 좌선이나 입선이나 와선이 전부 한데 합쳐져서 참선이 되는 거죠. 그래서 생활 참선입니다, 지금 우리가 가르치는 게.

질문자3(남) 스님! 심경, 마음의 거울에 우리 주인공이 관과 착과 놓는 것을 동시에 할 수가 있습니까? 이름만 다르지 한 가지로 하는 건데….

큰스님 왜 착이 거기 붙습니까? 아니, 답답한 것마저도 거기 붙지 않습니다. "공했다는 말 자체도 공했으니" 이렇게 말이 들어가는 건데…, 공했다는 자체, 공해서 없다는 자체도 없다는 겁니다. "그 없다는 자체도 없다" 이렇게 들어가는 겁니다. 그런데 착이 어째서 들어갑니까, 거기?

질문자3(남) 잘 알겠습니다.

큰스님 하여튼 자기가 자기를 발견해서 자꾸 개혁을 해야 됩니다.

질문자3(남) 한 말씀만 더 올리겠습니다. "왜 달마는 수염이 없는가?" 하는 답에 "왜 달마는 동쪽으로 왔는가?"가 답이 되겠습니까?

큰스님 뭐가요?

질문자3(남) 소위 달마 대사는 고승 선사로서 대오 견성을 하신 것이 중요한 거고 그분의 실체가 중요한 건데, 달마의 수염이 있느냐 없느냐는 동쪽에서 왔든 서쪽에서 왔든 그게….

큰스님 수염이 있는 것도 아니고 없는 것도 아닌 도리를 아셔야 합니다.

질문자3(남) 그렇죠? 그러니까 유(有)가 무(無)고 무가 유겠죠. 그렇다면 그게 '동쪽에서 왔는가' 가 답이 되겠습니까?

큰스님 동쪽에 온 까닭이 뭐냐고 했겠죠?

질문자3(남) 예, 그랬죠.

큰스님 예. 그런데 어떻게 동쪽만 동쪽이라고 하겠습니까? 동쪽이나 서쪽이나, 동쪽에 왔으면 서쪽에선 서쪽에서 동쪽이니, '층층대를 올라간 까닭은 무엇이냐?' 이런 거나 똑같애요. 지금 여기 올라오실 때 여기 올라온 까닭은 무엇이냐? 그럼 내려가는 까닭은 또 무엇입니까?

질문자3(남) 그야 아무런…, 무가 유고 유가 무다는 그 말씀이죠? 그렇게….

큰스님 그렇게 말로만 아시려고 할 게 아닙니다, 이게. 하하하…. (대중 웃음) 말로만 안다면 요만한 거 하나도 해결 못 합니다. 지금 실상으로서 실천할 수가 없는 겁니다, 요만큼도!

질문자3(남) 스님, 감사합니다.

사회자 우리 한마음 도리가 '하나 더하기 하나는 꼭 둘이다' 이런 이치가 아닌 걸로 저도 알고 있습니다. 한마음 도리를 자유자재하게 활용을 해서 자유인이 되는 것, 이게 우리의 뜻한 바 공부의 목적이라고 생각이 되는데요, 여러분, 열심히 공부하셔서 큰스님께서 던져 주시는 것, 맛있는 음식, 무엇이든지 받아 자실 수 있는 그런 능력을 키워 나가야 될 줄로 생각됩니다. 큰스님, 감사합니다. 그럼 여러분, 자리에서 일어나 주시기 바랍니다.

큰스님 (합장하시며) 하나도 하나요, 둘도 하나요, 셋도 하나요, 만(萬)도 하나요, 허허허…, 십만도 하나요. 이 도리를 아셔야 됩니다. 하나가 십만이 될 수도 있는 숫자가 되고, 늘었다 줄었다 하는 그 작용 자체가 실체가 없으니까 그렇게 될 수 있는 거구요. 바로 실체로 나오는 것입니다.

사회자 감사합니다. (법회 식순을 모두 마친 후) 이것으로써 임신년 새해맞이 법형제법회를 모두 마치겠습니다. 성불하십시오. 감사합니다.

큰스님 웃고 행복하게 사시길 빌어 마지않습니다.

대중 일동 고맙습니다.

내 몸 하나 버리면 그대로 여여한 것을…

1992년 2월 2일

새해를 앞두고, 그것도 뭐, 이름해서 설날이라고 하는데 옛날에는 춥기도 엄청 추웠고 먹을 것도 제대로 없었고, 사람 살기가 얼마나 고통스러웠던지 옛날 노인네들이 이렇게 말씀하시더군요. "설날이 다가오면 위로는 길러 주신 은혜를 생각하니 차려 놓을 게 없어서 슬프고, 춥고 동동거리면서 한 해가 넘어가니 올해는 또 어떻게 지낼까 하는 생각에서 슬프고, 그래서 설날인가 보다." 이렇게 말씀들을 하셨습니다. 지금은 그렇게 슬픈 일이 없죠. 예전에는 너무 슬펐죠. 일제 치하에서 고통을 받고 또 오백 년 역사를 본다 하더라도 굶주림과 탄압을 면치 못했으니까요.

그런데 지금은 그저 마음 턱 놓고, 마음만 먹으면 묵은 빚도 갚을 수 있고, 허허허…, 마음만 먹으면 햇빛도 줄 수 있고, 마음만 먹으면 따뜻하고 화목하게 지낼 수도 있고, 지금은 인파가 많아서 그렇게 춥지도 않구요. 그러니까 어떻게 보면 대견하고 살기는 좋은데, 어떻게 보면 인정이 메말라 가는 것 같기도 하죠. 또 마음속 깊이 새기는 일이 없이, 항상 물질세계에서만 끄달리고 허우적거리면서 먹고살겠다고 욕심을 내고, 그러다가 병 걸리는 걸 보면 어처구니없다는 생각도 듭니다. 외려 그때가 더 깊이깊이 새겨 둘 수 있는 마음이 움트고 그랬었지 않은가 하는 생각도 들고요. 이렇든 저렇든 한 해가 또 넘어갔군요. 오늘은 아주 삼분의 일도 안 오셨는데요. 허허허…. 시골에 가시고 고향에 가시고 그러느라고 그러셨겠죠.

각 지원에도 가만히 보면, 쑥쑥 삐어져 나오는 그런 싹이 보입니다. 그럴 때마다 길잡이로서 채찍질을 해 가면서, 잘못 나갈까 봐 애쓰다가도 환희심이 나고 그럽니다. 육신은 태어났지만 마음이 태어나지 못해서, 그 마른 땅에서 싹이 나오느라고 진동을 일으키고 그러니까 이것이 어디에서 고가 닥치는 것이 아닌가 하고 야단들을 하고 겁나서 애를 쓰기도 하고 이런 점이 많이 보입니다. 그러나 마른 땅에서 싹이 나오려면 진동이 일어나는 거야 정한 이치죠.

만날 부산에서 전화가 하루 걸러만큼씩 옵니다. 왜냐하면 그 사람은 아무 생각 없이 그냥 열심히 하다 보니까 그게 발현이 돼서 튀어나왔는데 지금 현실의 사람은 모르거든요. 모르니까 감당을 못 하는 겁니다. 그래서 놔라! '나는 모르니까 알아서 해!' 하고 그저 놓으라고 그랬습니다. 그러더니 이제 겨우 틀이 잡혔습니다. 그렇지만 둘이 아닌 도리를 모르니까 이제 책을 좀 보라고 그랬습니다. 하하하…. 그랬듯이 참, 그럴 때마다 '몇십 년이 지나도 그 싹을 틔우지 못하고 둘이 아닌 도리를 모르고, 둘이 아니게 나툼을 모르고, 참인간이 되지 못한 수행자들도 많은데 살림하면서 그렇게 하다니, 이렇게 영광 된 일이 어딨나!' 이런 생각도 많이 합니다. 그럴 때마다 혼자 길을 지나가다 싱긋이 웃곤 합니다. 어떤 때는 눈물을 흘리다가 어떤 때는 싱긋이 웃기도 하고 참….

내가 항상 이런 말을 잘 쓰죠. 이 공부라는 것은 세상을 주고도 바꿀 수가 없다구요. 좋다는 걸 어떻게 뒤집어서 속속들이 말로 하리까! 누구든지 차원대로 그 맛을 알고 차원대로 실험을 통해서 알고 체험을 하고, 그렇게 가다 보면 차원이 높아지는데, 그게 죽었다고 해서 소용이 없는 게 아닙니다. 살아생전에 이 도리를 몰라서 차원이 낮으면, 요 다음 생에 다시 또 돌아서 출현을 한다 하더라도 역시 그 차원에서 고를 못 면하고 애고를 못 면하고, 독 안에 든 쥐와 같죠. 독 안에 들어도 못 면하죠. 그러니까 이 도리를 알아서 차원이 높아지면 이 몸은 없어져도 다시금 자기 마음대로 출현을 해서 세상 사람들을 다 먹여 살릴 수도 있는 그런 출현자가 되죠.

그러니까 이 세상에 태어나면 몸은 작지만 벌써 그 영원한 생명의 근본은 차원이 아주 높은 자기 영혼을 등장시켜서 모든 모습들, 의식들, 이 업식들을 전부 보살로 화하게 만듭니다. 자연적으로 그렇게 만들어집니다. 그렇게 만들어서 하니까 이 세상에 나도 애고로 나는 게 아니라 선도자로 나기도 하고, 꼭 스님이 돼서만이 아니라도 정말 그렇게 나시고, 또 이 세상에 몸을 가지고 모습으로 나지 않으셔도 한마음, 대천세계의 한손이 되고 한발이 돼서, 모든 사람이 걸어가는 것을 아주 세밀히 보시고 건져 주시는 그런 분들이 되실 겁니다, 아마. 그런데 죽으면 그만이라고 그냥 아무렇게나 해서는 안 되죠.

이 모습이야 우리가 이렇게 일 년 지나가듯, 한 철 지나가면 그뿐입니다. 그래서 그러지 않습니까? 장갑을 꼈다 더러우면 벗어 버리는 거와 같다. 그러니 여러분이 나이를 먹었다고 허망하게 생각도 마시고, 나이가 젊어서 좋다고, 이만하면 살겠지 하지도 마시고 꾸준히 그저…, 누구든지 대신 못 해 주니까요. 내가 온 자리를 알아야 갈 자리를 알죠. 내가 온 자리를 모르는데 어떻게 갈 자리를 알겠습니까? 그리고 지금 내가 무엇을 하고 있는지 그걸 어떻게 압니까? 그러니까 오늘 여러분이 다 오시지는 않으셨어도 질문들 하실 게 있으면 하십시오.

질문자1(남) 큰스님께서는 항시 고구정녕 가르쳐 주심에도 아직 저희들은 여쭐 것이 많은 것 같습니다. 그래서 외람되나마 저희 법형제를 대신해서 몇 가지를 여쭐까 합니다. 먼저, 큰스님께서도 때가 되면 잡수셔야 하고 주무셔야 합니다. 또 육신이 아프실 적도 있을 겁니다. 그 점에서는 저희들 중생과 하등 다를 바가 없다고 생각합니다. 다만 큰스님께서는 일상생활 가운데 마음 쓰심에 있어 아무 걸림이 없이 자유자재로우신 반면에, 저희들은 환경 조건이나 자신의 욕망, 기대 같은 것에 걸려 자재롭지 못한 점이 다르다고 생각하고 있습니다. 저의 이 생각이 바른 것인지 알고 싶습니다. 이에 추가해서 여쭙고자 하는 것이 용(用)이라는 것에 대해서입니다.

큰스님 한 가지씩만 하고 또 해요.

질문자1(남) 예. 주변에서 가끔 용을 하라느니 마음을 내라느니 하는 말을 해 줍니다. 그런데 제가 이해하기로는 용이란 결국 마음 씀이고, 마음 씀이라는 것은 마음을 낸다는 생각조차 붙기 이전의, 그야말로 어디에도 걸림이 없는 자유스러운 마음 씀이라고 생각합니다. 실제로 우리의 하루 생활이 마음 내는 그 자체라고 봅니다. 그래서 제 나름대로 용이라는 것을 이렇게 이해하고 있습니다. 한생각 굴려서 무겁게 주인공 자리에 놓는다고 말입니다. 용에 관해서 가르침 주시기 바랍니다.

큰스님 부처님께서도 제자들하고 앉아서 토론을 하고 그러실 때는 "이렇게 같이 앉았을 때는 전부, 나도 아라한이니라. 서로 도반이니라." 이런 말씀을 하셨어요. 그런 거와 같이 우리도 다를 바가 없습니다. 그러나 이 마음 자체가 무생실참 도리로서 들어가면 그것이 얼른 쉽게 말해서, 겉으로 끄달리질 않고 이 몸이 지금 죽든 이따가 죽든 상관없이 살기 때문에 아마 다르다고 할 겁니다. 계율이 수백 가지라도 계율을 어떻게 말로 다 하리까?

그런데 사람이 내 몸을 사리지 않고, 죽는 것도 겁나지 않게 생각을 한다면 아무것도 붙지 않아요. 생각해 보세요. 굶는다, 먹는다, 입는다 이런 거, 누가 뭐란다, 누가 나쁘게 생각한다, 누가 욕을 한다 이런 거하고는 하등 상관이 없는 거예요, 내 몸을 던졌는데…. 이 몸을 던지느냐 이 몸을 안 던지느냐에 따라서, 내 몸 하나 던지지 못하니 욕심도 생기고 걸리기도 하고, 착도 생기고 여러 가지 망상도 생기고 그러는 거지, 내 몸 하나 딱 버렸을 때는 아예 아무것도, 봐도 좋은 게 없고 언짢은 것도 없고, 그냥 그대로 남이 웃으면 여여하게 웃고 남이 울면 여여하게 울고, 이렇게 자연스럽게 생활을 할 수 있는 그런 능력이 생깁니다. 그럼으로써 여러분도 그렇게 해 보시면 아주 여여할 겁니다. 편리하시구요. 내 몸을 살리려고 사린다면 모든 게 다 붙습니다. 일거일동 다 붙습니다. 하나 버리면 다 없는 것을, 하나를 중하게 생각을 하는 까닭에 전부 붙습니다.

또 그다음에 뭐라고 그랬죠? 용! 용도 그렇습니다. 아까 말씀하신 거와 마찬가지로 '용이다' 하니까 용이지, 우리가 밥 먹고 똥 싸고 잠자고 하는 게 다 용입니다. 그런데 '용이다' 하고 생각을 하니까 걸리는 겁니다. 용이라는 언어가 붙지 않아야 됩니다. 그대로 손짓 하나 하는 것도 용이 아닐 수가 없는데 용이 따로 있습니까? 내가 그런 얘길 가끔 하죠. 그리마, 돈벌레 있죠? 다리가 좀 많습니까? 그게 가다가 잘 걸릴 것 같죠? 그런데도 걸리지 않고 잘 가다가 "어휴! 저렇게 다리가 많은데 걸리지를 않아?" 이런다면 발 하나 움쭉 못 합니다. 그와 같습니다. 천만 가지가 새록새록 이렇게 고정됨이 없이 변하고 돌아가는 이 자체를 어떻게 '용이다', '용이 아니다' 말로 할 수가 있겠습니까? 그러니까 그런 것도 나를 버린다면 '용이 아닌 용'을 할 수 있게 됩니다.

질문자1(남) 감사합니다. 다음 질문 말씀드리겠습니다. 큰스님께서 저희들에게 가르침을 주시는 가운데 자주 쓰시는 용어에 대해서 여쭙고자 합니다. 저희들의 좁은 소견으로도, 용어는 어디까지나 용어일 뿐이므로 그 말에 걸리지 말고 그 말이 지니는 참뜻을 알아들어야 하는 줄로 알고 있습니다. 그러나 중생은 좁은 소견이라서 가끔은 혼동이 될 때가 있습니다. 예를 들어 여쭙겠습니다. 큰스님께서는 늘 한마음 주인공을 말씀하고 계십니다. 그러나 간혹 불성(佛性)·자성불(自性

佛)·자성(自性)·법신(法身)이라는 용어도 쓰고 계시는데 한마음과 불성, 또는 법신, 주인공과 자성 또는 자성불 사이에 의미상으로는 어떠한 차이가 있으며, 큰스님 말씀 가운데 그러한 용어들을 저희가 특별히 구별해서 들어야 하는지요. 가르침 주시기 바랍니다.

큰스님 '한마음!' 한다면, 이게 말을 하자면 길지요. 허허허…. 태어나기 이전부터 악업이나 선업이나 업식이 뭉쳐서, 사람으로 태어나든 뭘로 태어나든 태어나기만 하면 '고(苦)' 거든요. 인연에 따라서 다 업식이 돼서 몸 안에 전부 부착이 된 거죠. 그렇게 해서 인연이 된 이 많은 업식의 문제들을 어떡하면 한데 합쳐서 한마음으로 만들 수 있는가? 그 업식이라는 거나 마음이라는 자체, 의식이라는 자체가 체가 없는 겁니다. 체가 없죠? 체가 없는 것을 한마음이라고 한다면 고정됨이 없이 돌아감을 말합니다. 그러니까 한마음이라는 건 평등(平等), 평등성을 말하죠.

예를 들어, 아파서 '한마음 속에서 병이 난 거니까 한마음 속에서 해결할 수 있지.' 하는 마음을 냈다면 그건 자연적이죠, 아프니까. 자연적으로 그런 마음을 냈을 때는 바로 불성으로 돌아가죠, 불성으로. 그 마음을 한데 합친, 그러니까 불기둥이라고 해도 되죠, 그걸 불성이라고 그래요. 영원한 생명의 근본은 불(佛)이니까요. 마음들이 한데 모아지는 그 자체가 바로 불성입니다. 불성이 나로부터 있는 거니까 주인공이라고 그런 겁니다. 나로부터 있는 거니까요.

그래서 개념은 조금조금씩 달라도 한 얼굴에 눈이 있고 귀가 있고 코가 있고 입이 있고 이렇듯이 말입니다. 이름은 달라도 다 한 얼굴에 있지 않습니까? 그리고 동시에 듣고 동시에 보지 않습니까? 그러니 이름이 다르다고 해서 끄달리지 마시라 이 소리죠. 그러니까 '주인공이다' 하는 것은, 즉 고정됨이 없이 나로부터 돌아간다는 뜻입니다, 나로부터. 그러니까 나로부터 돌아가는 그 자체가 바로 변함없이, 나 자체 불성은 꿈쩍도 하지 않고 더하고 덜함도 없는데, 돌아가는 마음 자체가 그렇게 천차만별로 돌아가고 있죠. 그거를 돌아가고 안 돌아가고, 그런 게 둘이 아닌 까닭에 주인공이라고 한 겁니다.

질문자1(남) 저희들이 수행하는 입장에서는 특별히 뭐, 구별해서 그걸 헤아릴 필요는 없지 않겠나 이런 생각도 드는군요. 그 의미상에 다소 차이가 있다 하더라도….

큰스님 어떤 사람이 그렇게 이론으로 헤아리기 이전에, "아버지!" 하고 불렀답니다. "아버지! 아버지가 아들이고 아들이 아버지지 따로 있습니까?" 하고선 그렇게 "아버지!" 하고 불렀답니다. 그런데 이름은 아버지라고 그랬는데 전체 포괄적인 뜻으로 그렇게 불렀기 때문에 그게 부처님이 된 거죠. 예? 그러니까 이름이 부처가 아니라, 아까도 얘기했던 거와 마찬가지로 무생실참의 도리, 이걸로써 자기가 자기를 자극하면서, 자문자답하면서 오직…. "밥 먹었나?" "예, 그릇 닦았습니다." 하하하…. 자기가 불러 놓고 자기가 "밥 먹었나?" "예, 그릇 닦았습니다." 하는데, '먹었습니다' 가 아니라 '그릇 닦았습니다' 이럴 정도로 할 수 있는 그런 실참의 도리를 아마 연구하셔야 될 것입니다.

연구하시는 것도 어렵지 않습니다. 살아나가면서 닥치는 대로 '아! 바로 나는 지금 유생(有生)이 아니라 무생(無生)이다. 무생이 있음으로써 유생이 있는 거지, 유생이 있어 가지고 무생이 있는 게 아니다. 무생은 바로 귀신 방귀씨와 같은 거다.' 하는 겁니다. 하하하…. 씨는 없으면서도 여전히 있고, 여전히 있으면서 그렇게 천차만별로 돌아가게 하는 것입니다. 심봉으로 탁 꽂아서 움쩍 안 하면서도, 조금도 어김없이 돌아가게 하고 있으니 얼마나 그게 참 묘한 도리입니까?

질문자1(남) 다음으로, 큰스님께서는 저희들에게 "모든 것을 주인공 자리에 놓고 가라." 말씀하십니다. 그리고 놓는 것은 앞생각도 끊어지고 뒷생각도 끊어진 상태일 때 놓는 것이 되는 줄로 알고 있습니다. 큰스님의 가르침에 따르고자 하루하루 생활하는 가운데 그냥 닥치는 그대로, 닥쳐서 생각나는 대로 일을 처리해 버리고는 뒤도 돌아보지 않고 있습니다. 그러다 보니 특별히 고민할 것도 없고 안타까워할 것도 없어서 때로는 무덤덤하고, 달리 생각하면 그저 편안한 것 같기도 하고 아닌 것 같기도 한 그런 시간이 계속됩니다. 그러나 그런 모습들이 남들에게는 좀 이상하게 보이는 것 같습니다. 세상살이에는 별의별 일이 다 있고 별의별 사람들이 많은데 그런 속에서 놓고 가는 삶이란 어찌 보면 모자란 듯이 보이고, 능력이 없거나 이상한 태도로 비치기도 할 것입니다. 그런 경우에 솔직히 말씀드려서 '이것이 제대로 가는 것인가?' 하는 의구심이 날 때가 있습니다. 이에 대해서 가르침을 좀 주시기 바랍니다.

큰스님 허허허…. 옛날부터 그런 말이 있죠. 똑똑한 놈보다 좀 어리석고 미련한 놈이 싹을 틔운다고요. 그러한 말도 있듯이 부처님께서도 아주 모르고 어리석고 그런 사람, 만날 손가락질을 받고 그러던 사람에게 빗자루 하나를 주고 쓸라고 해서 그 마음을 틔우게 한 사실도 있듯이 우리가…, 지금 뭔 말을 하다가 이 말을 하죠?

질문자1(남) 놓고 가는 얘기….

큰스님 아, 놓고 가라…. 그래서 "앞도 뒤도 없다" 하는 이 뜻은, 알아듣기 쉽게 말씀드리죠. 지금 우리가 씨를 심었는데 그 씨가 싹이 돼 가지고 꽃을 피우고 열매를 맺었습니다. 그래서 먹고 나면 그 씨는 없어지죠. 씨는 싹이 돼 버렸죠, 벌써. 그 씨가 또 되나왔으니까, 그러니까 연방 과거는 없다는 얘깁니다. 과거는 없어요. 미래는 아직 오지 않았으니까 없고, 현실은 공(空)해서 고정됨이 없이 돌아가니까 없고 이게 이렇게 되는 거죠. 그래서 붙을 것이 없고, 마음에 붙을 것이 있습니까? 모두 여러분이 지어 가지고 창살을 만들어 놓고 나오지 못해 애를 쓰고 그러는 거지, 그 마음에 뭐가 붙을 게 있습니까?

그런데 살아나오면서 관습에 의해서, 이사를 가면 뭐, 동쪽으로 가야 되느니 서쪽으로 가야 되느니, 손이 달렸느니 발이 달렸느니, 하하하…, 또 삼재가 들었느니 온통 자기네들끼리 그 관습을 그냥 귀중하게 생각을 하고 매달려 가지고는 긁어서 부스럼을 만들어 놓는 거죠. 아무것도 붙을 게 없는데…, 다들 안 그렇습니까? 참 이상스러워, 사람의 마음이라는 게 왜 그렇게 그 관습을 따라야 하는지. 마음에는 붙을 것이 하나도 없습니다. 마음을 지어 가지고, 만들어 가지고, 붙여 가지고 떼지 못하고 애를 쓰죠.

그러니까 우리가 지금 걸음을 걸어오거나 말을 하거나, 만나든가 먹든가 모든 것을 하면서 가정에서 살아도 그게 어디 붙을 게 있습니까? 금방 "아버지!" 그러면 자동적으로 그냥 아버지가 돼 가지고 그냥 하고, 또 "여보!" 그러면 그냥 남편이 돼 가지고 금방 돌아가고, "애, 아무개야!" 그러면 아들이 돼 가지고 돌아가고, "아무개!" 그러면 친구로 돼서 돌아가고, 그냥 돌아가요. 그냥 돌아가, 그냥. 붙을 게 없이 그냥 돌아가요.

그런데 힘이 부족하니까 마음으로 '아이구! 저 친구가 저렇게 말을 했는데….' 이렇게 걸린단 말입니다. '이 친구가 이렇게 말을 했는데….' 하는 게 걸리면 거기다 놓고 '둘이 아닌 까닭에 당신이 알아서 해.' 하고 그냥 놓고 유하게 부드럽게 생각을 하면 내 마음 편안하고, 그쪽으로 이심전심으로 돌아가고, 사실이 그런데도 불구하고 그렇게 놓질 못하는 거죠.

그래서 묘한 도리라는 게 뭐냐 하면 저쪽 사람이 앙심을 품고 있었는데, 이쪽 사람이 '아유! 그러는 거 그저 주인공만이 풀 수 있어.' 하고 놓고 미워하질 않고 부드럽게 말해 주니까 아, 금방 그쪽에서 오므라졌던 게 펴져 가지고는 선물도 하고, 그냥 좋아지더랍니다. 이렇게 좋은 법을 모르고 왜 그렇게 애를 쓰느냐는 얘깁니다, 이렇게 쉬운 법을.

부처님께서 생활 속에서 바로, 과학이 따라갈 수 없는 도리를 가르쳐 주는데도 왜 자꾸 모른다고 합니까? 그리고 놓지 못하는 겁니까? 놓고 돌아가고 있으면서 자기네들이 걸리는 거예요. 아까 돈벌레 갈 때에 잘 가더라고 그랬죠. 잘 가면서도 누가 말을 하면 꼭 걸리는 거예요. 하하하…. 여러분이 잘 가고 계시지 않습니까? 그래서 소고삐를 쥐고 소가 남의 파밭에 들어가거나 남의 농사지어 놓은 데를 들어가거나 이런다면, 고삐를 잡아당겨서 다스려 가면서 끌고 가야 되니까 마음으로 자기를 다스려라 이 소립니다. 잘못 나가걸랑은 다스리고, 잘 나가걸랑 감사하게 생각해 주고 이렇게 하는 것이 올바른 도리라고 봅니다. 그게 그대로 놓고 가는 거지 뭘 그렇게…, 누가 붙들고 오셨습니까? 발자취를 지금 걸머지고 오셨습니까? 차가 굴러오는 거 지금 걸머지고 오셨습니까? 하하하….

질문자1(남) 감사합니다. 한 가지 덧붙여서 여쭙겠습니다. 제가 처음에 선원에 나와 가지고 스님의 가르침을 그대로 닦아 나가다 보니까, 처음에는 저의 고질병을 가지고 한번 실험을 해 보았습니다. 그때 당시에 병을 통해서 되는 법, 안 되는 법을 제 나름대로는 체득을 한다고 했었습니다. 한 2년간은 그렇게 참 생동감 있게 해 나갔는데, 그 뒤로부터는 어떤 다른 병이 왔을 때에 아무리 하려고 해도 해결이 안 됩니다. 그러니까 어떻게 보면 이게 또 걸린 것입니다. 그전에는 이게 됐는데, 약국엘 가든지 병원엘 가려면 '내가 이거 못 믿어서 그런 것이 아니냐?' 생각이 되니 갈 수도 없고, 맡겨서 하자니 거기서는 또 해결이 안 되고, 좀 어정쩡한 그런 상황이 지금 계속되고 있는데요, 한편으로는 뭔가 좀 힌트를 준 것 같은데 저는 그 힌트를 알아챌 수가 없고 그런 것이 아니겠느냐 해서 어정쩡한 상태가 지금 되고 있는데, 그 뜻은 어떤 뜻이고 저한테 어떤 잘못이 있는지요?

큰스님 아이고 참내! 벽을 치면 봇장이 울려야지 글쎄, 어떻게 그렇게 답답해요? 아니, 사람은 마음과 육신이 작용을 하죠? 몸만 있고 마음이 없어도 안 되고 또는 마음만 있고 몸이 없어도 아니 되고, 이러죠? 그죠? 그러면 생사윤회라는 게 '죽는다 산다' 이 양면이 없으면 진리가 아니죠? 생산이 되고 멸하고 이러는 양면이 없으면 진리라고 할 수 없죠. 그러니까 예를 들어서 요런 거를 요렇게 해 봤는데 잘됐다,

잘되다가 안된다 그러면 안되는 것도 그 되는 데서 또 안되는 게 나온다는 거를 아셔야죠.

질문자1(남) 그때 처음 2년 동안에는 그것까지도 나름대로 터득을 한다고 했는데 그 이후에는 또 안되는 거죠.

큰스님 이거 보세요. 부산을 향해서 차를 몰고 갔는데 부산에서 더 갈 수가 없습니다, 내가 갈 자리는. 그러면 부산에서 되올 줄을 알아야 되는데 거기서만, 막힌 그 종점에서만 다시금 또 그대로 밀고 가려고 하니 그게 됩니까? 한번 스르르 돌려서 굴려서, 다시 오고 가고 하는 작용을 스스로 돌려야죠. 그렇게 됨으로써 이게 '어! 잘되는 거를 알려 줬으니까 안되는 것도 법이로다 하는 거를 이제 가르치는구나. 그러니 그 안되는 것도 거기서 나오는 거, 되는 것도 거기서 나오는 거라면 그냥 되게끔 할 수도 있잖아?' 이렇게 굴릴 줄 알아야 된다 이 소립니다. 굴릴 줄 알아야 된다! 기계도 가다가 선 것을 굴릴 줄 모르면, 운전을 못하면 차가 안 갑니다. 인간도 역시 그렇습니다.

용이라는 게 별게 아니에요. 어떤 사람은 그저 주인공에 놓으라니까 그냥 놓고만 가고, 아까도 바보 같고 그렇다 그러지만 왜 바보 같습니까? 얼마나 부처님께서 묘하고 광대무변하고 똑똑하게 가르치셨는데 아니, 바보같이 왜 삽니까? 왜 바보같이 삽니까? 하하하…. 할 일을 다 하면서도 '함이 없이 해라' 이런 겁니다. 예를 들어서, 저 나무도 뿌리로부터 몸이 있고 가지가 있고 잎새가 있는 겁니다. 그리고 꽃을 피우고 과일을 열리게 합니다. 과일들도 제 나무에서 열린 과일이라야만이, 그리고 제 나무에서 익은 과일이라야만이 제 맛을 내는 겁니다. 그런데 더군다나 불법이라는 거는 한 나무에 열매 하나가 열리면 만 가지 맛이 난다는 그 맛을 알라는 이겁니다. 그러니까 모든 것에 그렇게 바보같이 살지 말고 정말이지 자유스럽고 똑똑하게 살라는 거죠.

질문자1(남) 열심히 정진하겠습니다.

큰스님 쓸데없는 말, 그냥 자잘한 말을 하지 않는 것뿐이지. 하하하…. 뭐가 잘못돼서 바보같이 보이고 그럽니까? 여여하게, 소가 잘못 가면 잘 다스려 가면서 좋은 데로, 너도 좋고 나도 좋게 이렇게 다스려 가면서 똑똑하게 가는데 아니, 누가 머저리 같다 합니까? 하하하…. 또 질문하실 분 있으십니까?

사회자 오늘 질문 이걸로 마치겠습니다.

큰스님 왜요? 더 하세요.

사회자 아니, 됐습니다.

큰스님 더 하세요. 그저 생각이 있으신 분들 있으면 하세요. 한 서너 분.

사회자 특별히 질문하실 게 없으시면 이걸로 마치고 큰스님 한 말씀 더 해 주시고 마무리하겠습니다.

큰스님 그러니까 더 질문하시라는 거예요. 사람이 공부를 하는데 살림하고 따로따로 돌아가면 안 돼요. 기름하고 물하고 돌아가듯 하면 안 되거든. 생활이 즉 그냥 법으로, 내가 지금 생활을 하면서도 그대로, 즉 무생과 유생이 다 같이 작용을 할 수 있어야만이 되죠, 걸림 없이 작용을 해야만….

질문자2(남) 큰스님, 제가 공부하는 중에 느낀 것을 좀 말씀드리겠습니다. 제가 옳게 공부를 하고 가는 건지…. 항상 그렇게 놓고 가다 보니까 제 마음속에서 일어나는 경계, 말하자면 제가 욕심을 내고 있다든지 아니면 화를 내고 있다든지, 미워하고 있다든지, 질투하고 있다든지 이런 것을 거의 잊어 먹지 않고 수시로 느끼고 있습니다. 그래서 제가 '야! 너는 왜 체도 없는 놈이 이렇게 미워하냐? 화를 내고 있느냐?' 이렇게 하면서 제가 제 마음을 다스리고 있는데 이게 옳게 가고 있는 건지 여쭙고 싶습니다.

큰스님 지금 말씀하신 대로 봐서는 옳다고 생각을 해야죠. 그런데 그렇게 일일이 그냥 생각 생각 하면서, 일일이 움죽거리면서, 그 생각을 노심초사해서 일일이 알아서야 어찌합니까? 그거 말라비틀어져 죽죠. 하하하….

질문자2(남) 예.

큰스님 그러니까요, 그냥 일부러 생각해서 하지 마시고요, 닥치는 대로 그대로 그저…. 남에게 언짢을 일인지 내가 언짢을 일인지 그거는 동시에 금방 생각이 되죠. 그런다면 언짢지 않게 그냥 놔 버리고 돌아가는 것이 좋은 일이죠. 놔 버리는 그 순간에 전자와 전자가 한데 합쳐져서 불이 들어오듯이 말입니다. 이것이 그냥 보통 일이 아닙니다. 그러니까 별다른 거 없는데도 그냥 노심초사해서 생각을 하고…, 그래서 옛날부터 이런 말이 있어요. "이놈아, 좀 쉬어라!" 하하하…. "너는 3년만 눈 뜨고 좀 자거라." 이런 말도 하죠. 그러니까 쉬는 그 도리를, 여여하게 하면서도 쉬는 도리를 증득하십시오.

질문자2(남) 감사합니다.

큰스님 그렇게 생각하면 편안치 못해서 어떻게….

질문자2(남) 마음이 항상 편안한 상태는 돼 있습니다. 그런데 이제 저하고의 싸움, 그러니까 제 자신하고의 싸움이지 경계하고의 싸움이 아닌 것 같습니다.

큰스님 무조건 싸우지 마십시오. 벌써, 싸우게 되면 둘이 되니까요.

사회자 스님, 오늘 이걸로 마치겠습니다.

큰스님 어이구, 야단이네. 하하하…. (대중 웃음)

콩나무로 화한 콩씨

1992년 4월 5일

이제는 여러분이 살기 좋은 봄날이 온 것 같습니다. 춥지도 않고 더웁지도 않으니 말입니다. 우리도 마음을 중심 근본에 두고, 춥지도 않고 더웁지도 않게 살아야 할 텐데 말입니다.

우리가 지금 이 마음공부를 해 나가는 것은 정신 장애자에서 벗어나기 위해서입니다. 육신 장애자는 영원히 끄달리지는 않을 수도 있지만 정신 장애자는 영원토록 말려서 빠져나올 수 없는 경우가 많을 것입니다. 그래서 생사윤회에도 끄달리지 않도록 하기 위해서 우리가 이렇게 공부하지 않으면 안 되게 돼 있습니다. 이런 마음공부를 하게끔 인연이 돼서, 이렇게 서로 도반이 돼서 나가는 것도 아마 쉽지는 않을 겁니다. 그러니까 우리가 몸 있을 때 열심히들 하셔야 됩니다. 여러분이 몸뚱이 자체를 버린다면 뭐 두려울 게 있고, 뭐 아까울 게 있고, 뭐 욕심낼 게 있으며, 뭐 겁날 게 있겠습니까? 버리면 살고, 버리지 못하면 죽습니다. 질문이 있으면 질문하십시오.

질문자1(남) 저희들이 평소에 큰스님의 높은 법을 공부하는 과정에서 의정이 나는 몇 가지 질문을 여쭙겠습니다.

'한마음' 이나 '불성(佛性)' 또는 '공(空)' 등에 대해서 설명하고자 할 때, 불생불멸(不生不滅) 부증불감(不增不減) 등 여러 가지 말이 따르게 됩니다. 그런데 불생불멸이라고 할 것 같으면 상대적으로 생멸, 즉 생멸하는 것과 생멸하는 세계가 따라붙게 됩니다. 생멸하는 것과 불생불멸하는 것의 관계에 대해서 가르침을 주시기 바랍니다.

큰스님 불(佛)은 영원한 겁니다. 불생불멸은 어느 누구도 부정은 못 할 것입니다. 살고 죽는 일이나 어떠한 물건이든지 부서지고 변하고 없어지고 생하고 하는 것은 누구도 바꿀 수가 없는 것입니다. 그래서 '부증불감' 이라고 했겠죠. 늘지도 않고 줄지도 않는다는 얘기죠. 그런데 우리가 마음공부 하는 데서 생각해 볼 수 있는 것은 '생멸이다' 하는 것이 '생(生)이 있는 것도 아니고 멸(滅)이 있는 것도 아니다' 라는 문제가 나옵니다.

그래서 옛날에 이런 말을 했죠. 두 친구가 살았는데, 한 친구는 출가를 하고 한 친구는 속세에서 살고 있는데 속세에서 사는 친구 어머니가 돌아가셨어요. 그래서 스님이 된 친구를 불러다가 "우리 어머니 좋은 데로 가시게 천도나 좀 해 주시오." 했더니 그 스님이 하는 말이 "오지 않았더라면 갈 곳도 없을 것을…." 했더랍니다. "오지 않았더라면 갈 곳도 없을 것을…." 했단 말입니다. 그 한마디 하곤 그냥 나가 버렸단 말입니다. 그냥 그대로 그 말 한마디가 법이 돼서 생멸이 둘이 아니게, 끄달리지 않게 해 드린 거죠. 그런 능력이 부실한 분이 그런 말씀을 하셨을 리도 없고….

그런 거와 마찬가지로 물질이 있어야만이 생멸이 있는 거지, 물질이 없는 데서는 생멸이 없는 것입니다. 그래서 "내가 죽어야 나를 보고"라고 했습니다. 내가 죽어야 나를 보고! 그래서 나를 보면 멸이 있는가? 멸도 없고 생도 없다 이겁니다. 그럼 무엇이 남느냐? 그것은 이게 (주먹을 쥐어 머리 위로 들어 보이시며) 하나가 남겠지요. 남는 게 없는 것이 바로 남는 것이죠.

질문자1(남) 두 번째는 깨달음은 따로 얻어서 가질 바가 없다고 합니다. 그렇다면 깨달음은 어떻게 인식되는 것인지, 만약에 인식조차 할 바 없다면, 당돌한 말이지마는, 예를 들어서 제가 큰스님 앞에서 "깨달았습니다." 하고 장담할 때 큰스님께서는 어떻게 알아보실 수 있는지 가르침을 좀 주십시오.

큰스님 알아볼 수 있는 것은 모르는 데서 알아볼 수 있고, 그 뜻을 아시겠습니까? 모르는 데서 알아볼 수 있고, 둘째는 그 상대방이 행하는 데서 알아볼 수 있고, 셋째는 벌써 깨달았다고 말을 했으니 깨닫지 못한 것이고…, 하하하….

질문자1(남) 그럼 세 번째 질문을 드리겠습니다. 큰스님께서 법문하실 때에 "콩씨 하나로 만생을 다 먹이고도 콩씨 하나가 되남는다."라는 법문을 하셨습니다. 그 말씀을 들으면서 늘 두 가지 측면에서 이해하고 있는데, 과연 저희들의 생각이 제대로 된 건지 아니면 잘못된 건지 좀 가르쳐 주시기 바랍니다.

한 가지는, 하나의 인(因)이 무수히 나투는 도리, 말하자면 한 점의 불씨가 모든 것을 태우고도 남는 도리를 비유하심이고, 또 한 가지는 마음 또는 인연생기의 이법(理法), 즉 하나의 콩씨가 햇빛이라든지 토양, 비와 같은 연(緣)을 만나서 수백 수천의 콩씨가 되어서 수없는 이타행을 하고도 여전히 콩씨 하나로 되남는 도리를 비유하심이라고 저희들은 이해를 했는데, 과연 저희들이 바르게 이해하고 있는지 좀 가르쳐 주시기 바랍니다.

큰스님 작게, 방편으로 말을 한다면 콩씨 하나를 되심어 되남고 되남고 할 수 있는 그런 도리겠죠. '그것을 이해는 할 수 있을지언정 깨달음에 의하지 않고는 알 수 없다' 이런 뜻이 있습니다. 또 크게 생각한다면 우리가 살다가 죽어도 그 생명의 근본만은 되남습니다. 불씨만은 되남습니다. 그래서 어느 스님이 남에게 작대기로 자기를 때리게 해 놓고 "당신은 나를 때리지 못했소!" 한 뜻과 같습니다. 그것과 동시에 한마디 더 한다면, 삼천대천세계를 막론하고 우리가 다 죽는다 하더라도 불씨는 그대로 있는 것입니다. 그 불덩어리가, 아까도 얘기했듯이, 다 타 버린다 해도 타는 사이가 없고, 다 안 탔다고 해도 안 탄 사이가 없어요. 어떠한 물질적인 불씨를 가지고 말한 게 아니기 때문입니다.

전력이 오고 가는 걸 보지 못하듯이 마음의 광력이나 자력이라는 것은 마음대로 볼 수 있는 게 아닙니다. 그러나 광력과 자력과 통신력이 모두 주어져서 사람들이 살고 있을 뿐 아니라 그것은 항상 되남아서 영원토록 돌아가고 있습니다. 그러니 그 하나가 돌아가는 자체를 볼 때에 고정됨이 없이 돌아가니까 떡이라고 표현을 했겠죠. 그러니까 그 떡이란 영원한 것입니다. 그래서 그 떡 속에서 수만 개가, 즉 말하자면 원자에서 입자가 수만 개로 번져서 나가도 나간 사이가 없고, 수만 개를 들여 놔도 들여 놓은 사이가 없고, 두드러지는 사이가 없고, 줄어드는 사이가 없이 그렇게 영원한 것입니다. 그렇기 때문에 항상 되주고 되남는다는 얘기죠.

여러분이 '죽는다 산다' 이런 말을 하는데 따지고 본다면 이건 물질을 가지고 말을 하는 거지, 영원한 자기를 말하는 게 아닙니다. 그렇기 때문에 영원한 자기는 죽은 것도 없고 산 것도 없다는 결론이 나옵니다. 그래서 사람은 반드시 살아 있을 때 열반이라는 것도 있는 거지 죽은 것을 열반이라고 하는 게 아닙니다. 살아서 오고 감이 없이, 발 없는 발로 길 없는 길을 오고 감이 없이 가고 올 수 있어야만이 한 발로 땅을 디딜 수가 있고 한 기둥을 세워서 하늘을 받칠 수가 있다 이 소립니다.

이번에 상원사 적멸보궁을 참 몇십 년 만에 올라갔습니다. 6·25 나던 해에 마지막으로 내려와서 영 못 갔었으니까요. 그런데 한암 스님이 거기 올라가는 중간에다가 나무 작대기 하나를 꽂아 놓았었어요, 거꾸로. 생각해 보면 그것은 여러분한테 가르침을 주기 위해서 꽂아 놓은 거지 '내가 영원히 살았다' 하고 표시 내느라고 꽂아 놓은 게 아닙니다. 그래서 내가 조금 아쉬움이 있었던 것은, 모든 사람들이 그렇게 올라 다니면서도 눈을 뜨지 못하고 귀가 트이지 못해서 어쩌면 저 작대기 하나 세워 놓은 거를 저렇게 알아보지 못할까? 가지, 잎새, 뿌리내린 나무 한 그루만, 그 스님이 그렇게 심어 놨다는 것만 알았지, 도대체 스님이 그 가운데에 말씀하신 거를 영 모르고 있더라 이 소리입니다.

'적멸보궁이다' 하는 것도 그렇습니다. 첫째, 내가 죽어서 나를 봐야 됩니다. 내가 죽지 않으면 나를 볼 수가 없죠. 다음에, 함이 없이 할 줄 알아야 하고, 가고 옴이 없이 가고 올 줄 알아야 모든 것을 타파해서, 즉 말하자면 저 바닷물이 젖지 않는 도리를 알아야 적멸(寂滅)이다 이겁니다. 적멸! 사람의 몸이 죽어서는 절대 적멸이 될 수 없고 열반이라는 이름조차 붙일 수 없다 이 소립니다.

질문자1(남) 마지막 질문을 드리겠습니다. 저희들이 의정이 나는 것 중에 하나가, 죄업을 지은 경우에 과보를 금생에 받는다고도 하고, 또 어떤 과보는 내생에 받는다고도 하고 이렇게 얘기들 합니다. 그런데 어떤 과보는 금생에 받고, 또 어떤 과보는 내생에 받게 되는지, 거기에 대해서 좀 가르쳐 주십시오.

큰스님 간단하죠, 뭐. 알고 짓는 죄는 현재에 받고, 모르고 짓는 죄는 미래에 받을 거고. 그런데 나를 깨닫고 보면 현재 미래가 없습니다, 과거도 없고. 그러니까 뭐, 현재에 받고 미래에 받고 이게 없죠, 깨달으면. 그런데 깨닫지 못했다 하더라도 내가 나를 철저히 믿고 진실하게 믿고, 모든 거를 놓고 돌아간다면 그거는 정말이지 금덩어리죠, 금덩어리. 그러니까 과거에 모르고 지은 죄나 알고 지은 죄나 둘이 아니게 녹아 버리는 거예요, 그냥. 그러니까 양면으로 따질 필요가 없다 이거예요. 알고 지으면 알고 받게 마련이고, 모르고 지으면 모르고 받게 마련이니까. 무슨 미래가 따로 있나요? 내일도 미래고, 이따가도 미래고, 말하고 있는 요 시간이 지나도 미래고, 그냥 말하고는 찰나에 미래가 되고 찰나에 과거가 되고 이러는데, 어떻게 그것을 둘이라고 보겠습니까?

질문자1(남) 고맙습니다. 큰스님의 법문을 듣고 있노라면 끊임없이 솟아오르는 샘물을 저희들이 받아 마시는 것 같은 그런 생각이 듭니다.

큰스님 이렇습니다. 경서(經書)를 읽어서 옛 조사들의 흉내나 내는 강설이라면 광력이나 자력이 조금도 통신이 되지 않습니다. 그러나 이것을 그대로, 뜻과 행과 말이 조금도 어긋나지 않는 말을 할 때에 말이 법이 됩니다. 말 한마디가 그대로 법이 되는 겁니다. 그리고 일체 부처님들이 한 찰나에 왕림하셔서 한마음으로 말씀을 해 주시는 것이기 때문에 항상, 받아들일 수 있는 그릇만 있다면 무한히 받아 갈 수가 있습니다. 그건 생각하기에 달렸습니다. 생각의 그릇이 있다면 받을 것이고 생각의 그릇이 없다면 못 받을 것입니다. 우리가 전력을 끌어 쓸 때 용도에 따라서 끌어 쓰듯이, 작은 것은 작은 것대로 용도에 따라서 끌어 쓰고 큰 것은 큰 것대로 용도에 따라서 끌어 쓰듯이, 우리는 자유자재할 수 있는데도 불구하고, 항상 모자라고 항상 어렵고 항상 괴롭고…, 그런데 내가 생각할 때는 괴로운 게 하나도 없을 것 같은데 말입니다.

우리가 몸뚱이를 가지고 사는데 말입니다, 아까 콩씨 얘기 했죠? 콩씨가 없어지는 게 아니죠. 콩나무가 없어지는 거지. 하하하…. 그래서 콩나무로 화(化)했다가 콩이 열려서 콩씨가 돼 가지곤 연방 또 콩나무가 되고, 또 나오고, 또 되고, 또 나오고 그러는데 말입니다, 우리가 "에라! 이거 얼마 있으면 죽을 텐데, 뭐." 이럴 수가 있습니까? 이건 지속적이고 불생불멸인데요.

그리고 한편으로 "내가 어질고 착하고 부드럽게, 항상 남한테 이익하게 하면서 잘못된 것은 내 탓으로 돌려라." 하는 것은, 내가 잘못했을 때만이 아니라 어떠한 경우에 있어서도 내 탓으로 돌리는 것은, 근본적으로 나 자체가 이 세상에 태어났기 때문입니다. 내가 없었더라면 부딪침도 없고 원망할 것도 없고 잘못됐다 잘됐다 할 것도 없는데, 내가 이 세상에 태어났으니까 그런 게 있지 않습니까? 그러니까 먼저 내가 태어난 탓이지 누구의 탓을 할 게 뭐 있겠습니까? 사람이 모두 그렇게 사셔야죠. 짧은 것도 옳다, 긴 것도 옳다. 또 "긴 것도 아니고 짧은 것도 아닌데요." 하는 것도 옳다. 그러면 "긴 것도 아니고 짧은 것도 아닌 게 옳다면 그냥 아주 없는데요." 이러더라도 그것도 옳다. 이렇게 살아야 합니다.

이것이 바로 이 마음공부 하는 데에 지침이 될 수 있고, 내 그 마음에서 모든 게 지혜롭게 타파될 수 있고, 물리가 터질 수 있다는 소리입니다. 우리가 좀 더 마음이 뛰어나서 넓게 볼 수 있다면 넓게 생각할 수 있고, 넓게 생각할 수 있다면 아무것도 걸림이 없습니다. 그래, 과보라는 게 뭡니까? 인과응보라는 게 뭡니까? 유전성, 영계성, 세균성이 모두가 뭡니까? 내가 죄가 없다면 겁나는 게 아무것도 없듯이, 내가 그렇게 하지 않고 돌아가니까 영원히 걸림이 없이, 끝 간 데 없이 그렇게 자유스럽게 살 수 있다 이 소립니다. 또 뭐가 있습니까? 하하하…. 질문하실 분 있으면 질문하세요. 작든지 크든지 상관이 없습니다.

사회자 저희들의 스승님께서 감기도 걸리시고 좀 불편하실까 해서 아쉬운 대로 이걸로 마치려고 합니다. 여러분, 어떻습니까? 오늘은 한 40여 분 법문해 주셨는데….

큰스님 아니, 감기 든 거 아시는 거 보니까 이거 벗어났는데요? 허허허…. (대중 웃음)

사회자 큰스님, 송구스럽습니다. 그럼 오늘 한마음 법형제회 법회를 이걸로 마치겠습니다.

생활이 그대로 참선

1992년 5월 3일

이렇게 정신계의 공부를 하려고 노력하시는 분들을 보니 너무나 감개무량합니다. 필연적으로 해야 할 문제이지만 모두 딴 사람을 위해서 하는 게 아니라는 것을 여러분이 잘 알아서 해 나가시기 바랍니다.

인간으로 살면서 혼자 못 산다는 건 여러분이 더 잘 아시죠? 모두가 인연에 따라서 그것이 바로 망하기도 하고 흥하기도 하고, 발전도 하고 창조도 하고, 창조력을 기르기도 하고 이렇게 나가죠. 내가 왜 꼬집어서 이런 말만 하느냐 하면, 최초의 근본이 바로 그것이기 때문입니다. 그래서 그렇게 주고받고 주고받고 돌아가는 것이 법칙이라고 해도 과언이 아닐 겁니다. 그런데 그 만법을 들이고 내는 데는 여러분 각자가 없었다면 무효입니다. 여러분 각자가 있기 때문에 인연 소치에 의해서 필연적으로 돌아가는 그 자체를 바로 진리라고 하죠. 그 진리가 끝 간 데 없이 '나'로 인해서 돌아갑니다. 여러분 각자로 인해서 돌아갑니다. 그래서 부처님께서 "일체 만법이 하나로 돌아가느니라. 그런데 그 하나는 어디 있는고?" 하고 물으셨죠. 그렇다면 여러분은 어디 있다고 하겠습니까? 여러분 각자의 마음에 있다고 하시겠죠?

그런데 그것조차도 모르는 분들이 있습니다. 내 마음으로 인해서 여러 분야로 발전도 할 수 있고…, 이 생활이 그대로 과학입니다. 그리고 생활 자체가 그대로 참선입니다. 우주의 근본으로부터 그 모든 것을 끌어 내려서 지금 얘기하는 겁니다. 하여튼, 우리가 없다면 아무것도 없습니다. "만법의 근원은 어디 있느냐?" "내 마음에 있다." "어떤 것이 참선인가?" "생활 참선!" 여러 마디 거론되는 말을 쑥 빼고 지금 얘깁니다. 그 근원이 어디 있는가? 근원에서 들이고 내는 생활 속에서 '나의 주인공(主人空)이다' 할 때 주인(主人)은 여러분의 중심입니다. 공(空)은 여러분이 활용할 때에 돌아가는 그 자체입니다. 찰나찰나로 변해서 돌아가는 거요. 그렇기 때문에 '주인, 공' 입니다.

그래서 '주인공에다 모든 것을 되놓아라, 되놓고 침착하게 관찰하라' 합니다. 그냥 일하면서도, 앉아 있으면서도, 서 있으면서도, 누워 있으면서도 무엇을 하든지 참선으로 돌아가는 겁니다. 그러면서 안 되는 것을 '이것이 슬기롭게 돌아가게 하는 것도 여기다.' 하고 놨을 때에 그게 돌려놓는 겁니다. 됐을 땐 감사하게 놓고, 그리고 진짜 나를, 진실한 나를 구할 때는 '참나가 있다는 증명도 거기서만이 해 줄 수 있다' 고 놓고 관(觀)하라는 겁니다. 그렇게 놓을 때 바로 관찰하면서…, '관해본다' 그러죠? 그거를 '관찰' 이라고 합시다. 관찰! 그러고서 또 실험하면서 체험하면서, 진짜로 무조건 믿고 물러서지 않는 도리에 놓고, 그렇게 체험하고 돌아가는 그것이 바로 '참선' 입니다. 틀고 앉아 있는 것이 참선이 아닙니다. 즉 관찰하면서 지켜보면서 실험하면서 체험하고, 진짜 조그마한 것에서부터 큰 것까지, 큰 것에서부터 조그만 것까지 내 앞에 용도에 따라 닥치는 대로 놓고 관찰하는 것이 참선입니다. 내가 느끼지 못하고 무조건 그렇게 한다는 것은 말도 안 됩니다.

'한마음으로 돌아가는 이게 뭣고?' 하고 열네 날 있어도 뭐는 뭡니까? 그냥 뭐지! 안 그렇습니까? 그래서 전에 선지식들께서 표현하시기를 "수박을 놓고 이게 뭐냐고 아무리 돌려 가면서 봐도 맛은 알지 못한다." 하셨습니다. 조그만 거든지 큰 거든지 내가 실험을 통해서 관찰하고 내가 체험을 해 봐야 그 맛을 알 수 있다는 얘깁니다. 그것이 참선입니다. 앉으나 서나 누우나 일하나 행하는 것을 좌선·입선·와선·행선이라고 합니다. 그 네 가지가 다 한꺼번에 돌아가는 것이 바로 생활입니다. 그래서 생활 참선이라고 합니다. 생활이 그대로 참선이자, 이 세상 돌아가는 일체 만물만생이 다 공안(公案)이 될 수 있고, 만물만생이 살고 있는 이 자체가 바로 도량이 될 수 있고, 내 앉은 자리가 될 수 있다 이겁니다.

어디로 찾아다닌다, 또는 모르는 게 있으면 경전을 들춰 본다고 해서 그 진의를 알 수 있는 것이 아닙니다. 모르든 알든, 못났든 잘났든, 내가 길을 가다가 엎드러졌으면 그 땅을 짚고 일어서야죠. 땅을 짚고 일어나야 됩니다. 그래야 다리 절름뱅이가 올바른 사람이 되는 거죠, 정상적인 사람이. 우리는 50% 무(無)의 세계를 모르기 때문에 절름발입니다. 그래서 다리 한 짝을 마저 일으켜 세우는 도리를 공부하는 겁니다, 지금. 그리고 눈은 애꾸입니다. 눈 한 짝이 멀었습니다. 그래서 한 짝을 마저 뜨게 하기 위해서 노력하는 겁니다, 지금. 이 마음자리에서만이 일체 만법이 나고 들고 나고 들고 하는 거니까요. 그것을 지켜보고 관찰하면서, 실험하면서 체험을 안 한다면 그건 참선이 될 수가 없습니다.

그래서 여러분은 내 몸으로나 가정으로나, 모든 것을 습득을 해서 모든 관습을 놓고 실험을 하는 겁니다, 하나하나. 알고 보면 상당히 쉬운 일인데도 자기를 자기가 못 믿기 때문에 문제가 일어나는 겁니다. 자기가 자기를 못 믿고 뭘 그렇게 알아야 하고 따져야 하는지 모르겠습니다. 그래서 잘 배웠고 잘났고, 똑똑하고 못났고, 못하고 못 배웠고 이런 거를 몽땅 다 놓는 겁니다. 놓는 거라고 하니까 놓는 거에 또 걸리지 마십시오. 내 육체를 나라고 하거나, 내가 했다고 하거나, 내가 가졌다고 하거나, 모든 걸 나라고 일으켜 세운다면, 모두 둘로 보이기 때문에, 상대로 보이기 때문에 잘했다 못했다가 연발로 꼬리에 꼬리를 물고 오는 겁니다. 그리고 업이 녹질 않아요. 과거에 입력된 것이 살살 나오는 위에다 또 자꾸 업을 지어서 미래에 나오게끔 입력하는 겁니다. 지금 입력되는 거는 미래에 가지고 나올 것을 미리 저장을 하는 거죠. 저장 아닌 저장이죠. 여러분이 그 업을 안 지으려고 아무리 애써도 이건 자동적으로 되는 거기 때문에 어쩔 수가 없습니다.

그러니까 하여튼 여러분이 각자 자신을 진짜로 믿어야 합니다. 그래서 '육신' 이라고 하지 않았습니까? 신은 육을 끌고 다닌다는 뜻입니다. 그래, 내 신을 두고 남의 신을 찾고 믿어야 하겠습니까? 자신(自神)을 두고! 자신은 정신계에 속하고, 육은 현실계에 속하는 겁니다. 항상 육은 끌려다닙니다, 마음의 주인한테. 그러니 잘못 돌아가는 거는 거기다 되놓고 잘 돌아가게 해서 서로가, 누가 더 높고 얕음이 없이 상통하면서 같이 작용을 하기 위해서입니다. 본래는 같이 작용을 하는데, 지금 유심(有心)에서는 도저히 정신계와 물질계가 한데 작용을 하는 걸 모르기 때문에, 그걸 새삼스럽게 말하는 건 아니지만 현재 그렇게 가고 있으니 그걸 의심하지 말고 믿으라고 하는 겁니다.

'이게 뭣고? 이렇게 되는 거지, 저렇게 되는 거지! 이게 틀리지, 이게 옳지!' 이런다면 자기가 자기를 어떻게 믿고 자기가 자기를 어떻게 이끌어 갑니까? 어떻게 생각하십니까? 그래도 따져야 하는 마음이 생기십니까? 자기한테 자기가 따지는 겁니다. 아무리 따져 봤자죠. 그러니 '이렇게 해야 맞지, 저렇게 해야 맞지!' 하고 자꾸 잔소리가 심하고 이론이 많아지고 그런다면 전자와 전자가 어떻게 마주 붙어서 불이 들어옵니까? 네? 자기한테 자기가 따지려고 드는 사람처럼 어리석은 사람이 없습니다. 그러니까 좀 심사숙고해서 여러분은 진짜로 못났든 잘났든 자기를 믿고, 자기 주먹만을 믿고 주먹에서 나오는 거 주먹에다가 도로 놓는 마음! 이 세상을 다 지닌 한자리, 그 주먹 아닙니까? 허허…. 질문하실 거 있으면 질문하십시오.

질문자1(남) 먼저 매월 첫째 일요일마다 바쁘신 중에도 저희 법형제를 위해서 이렇게 시간을 내 주시고 좋은 법문을 해 주시는 큰스님께 진심으로 감사드리겠습니다.

크게 세 가지로 나누어서 제가 질문을 여쭙고자 합니다. 이 지구상에 마음공부 하시는 분이 또 있으리라고 전제하고 여쭤 보겠습니다. 가령 인도에도 계시고 일본에도 계시고 중동에도 계시고 한국에도 계시다고 할 때, 세계적인 어려운 문제가 생겼다면 그분들은 다 함께 그 일을 하시게 되는 것인지 궁금합니다. 예를 들어, 작년 봄의 걸프전이나 엇그제의 L.A.폭동 사건 등을 뉴스를 통해서 전 세계인이 동시에 보게 됩니다. 따라서 '저러면 안 되는데….' 하고 동시에 마음을 낼 것이고 특히 깨달으신 분들은 더욱이나 빨리 평화로운 상태가 오기를 바랄 것입니다. 그렇게 본다면 그분들이 마음을 내셨기에 더 크게 일이 번질 것이 그쯤에서 끝난 것인지, 그렇게 보아도 되는 것인지, 또 인연도리로써 마음을 내시지 않고 그냥 보고 계신다고 생각할 일인지 가르쳐 주십시오.

큰스님 아이구, 질문이 장창이군요, 아주. 하하하…. 그러나 잘 물으셨습니다. 이거는 '마음을 낸다, 안 낸다' 이런 언어도 붙지 않습니다. 내가 항상 이렇게 말했죠? 우주와 직결이 돼 있고 이 세상과도 가설이 돼 있다구요. 우리 각자 개개인이 자가발전소라면, 종합된 발전소가 있습니다. 이거를 바로 불바퀴라고 합니다. 법바퀴라고도 하죠. 그럼 또 이런 말을 한마디 더 해야겠습니다. 깨달은 분이 수가 없이 많다 하더라도 한 불바퀴입니다. 자동적으로 그렇게 돼 있어요. 낱낱의 물방울이 (물을 컵 뚜껑에 조금 따르시며) 수천수만이라고 하더라도 물방울이 여기 다 들어가면 한 그릇입니다. (뚜껑에 있는 물을 컵에 다시 부으시며) 한 그릇! 진리라는 게 자동적으로 돼 있습니다.

그래서 벌써 이런 일이 생겨서 퍼뜩 알았다 할 때, 모두 불바퀴에 본래 직결이 돼 있으니까 한 찰나에 통하는 거죠. 예를 들어서, 사람이 마음을 내면 스위치가 올려지는 격입니다, 얼른 쉽게 말해서. 그러면 거기에서 한 찰나에 회의가 벌어지는 거나 다름없습니다. 이것도 자동적입니다. 회의가 벌어졌다가 그 모든 응신(應身)들이 거기에서부터다, 가설이 된 대로 그냥 자동적으로 전력이 나오듯이 이렇게…, 이거 이해가 갑니까?

질문자1(남) 말씀하시는 의도는 짐작이 갑니다.

큰스님 짐작이 가라고 하는 건데 그럼, 허허허…. (대중 웃음) 발전소에서 발전소로 하달이 돼 가지고, 그때는 그냥 그대로 전력을 뽑아 쓰는 겁니다. 그와 같습니다. 그러니까 어디에 또 마음을 낸다, 안 낸다 할 것도 없죠. 보고 들었으면 그대로 감지가 돼서 그대로 그냥, 그대로 자동적으로 가는 사이 없이 오르고 내려서 오른다 내린다 하는 언어도 붙지 않게 됩니다. 그런데 그거를 모르는 사람은 그렇게 직결이 돼 있는 것도 모르고, 가설이 돼 있는 것도 모르죠. 위로는 직결이 돼 있고 아래로는 가설이 돼 있으니까 그냥 자기의 그 한자리에, 가설이 돼 있는 자리에 놓았으면 될 텐데, 그 가운데 스위치만 올리면 될 거를, 그거를 몰라서 자기한테 불이 들어오지 않는 거죠?

그러니까 '있다, 없다' 이런 것도 없습니다. 예를 들어서 테레비에서나 뭐, 이런 데서 방송이 되면 할 것은 하고, 또 과거와 현재 미래를 딱 한데 놓고 한생각 하면 컴퓨터에 그것이 자동적으로 입력이 돼 가지고 자동적으로 나옵니다. 한생각만 넣으면 그냥그냥 자동적으로 나오듯이 그렇게 돼 있어요. 그러니까 내가 항상 하는 말입니다. "모든 거를 용광로에 넣는 작업만 한다면 생산돼 나가는 것은 자동적으로 생산이 돼 나갈 테니까 걱정하지 말고 거기다 놔라." 이런 말입니다. 이런 뜻도 다 그렇습니다. 세계적으로뿐만 아닙니다. 세계적으로 어떠한 문제가 생겼다 하면 벌써 태양계로 은하계로 다 통하게 돼 있고 그것은 뭐…, 그래서 대천세계, 소천세계가 한데 합쳐져서 중천세계입니다, 우리 사는 데가. 이러니 모두가 종합돼서 돌아가고 있지 않습니까?

그러니까 뭐, 어디에 깨달은 사람이 많이 있어서 같이 마음을 내주는지 어쩌는지 하는데, 같이 마음을 내다 보면 그것이 어떻게 찰나가 됩니까? 그리고 같이 어떻게 마음을 낼 수가 있습니까? 인간이 마음 내는 거는 사량적입니다. 인간 이전에 '참', '참 진(眞)' 이 거기 한데 모여서, 직결되고 가설이 돼서 모두 그렇게 마련이 돼 있는 겁니다. 그러니까 아까 얘기한 대로 한 불바퀴에 모든 것이 직결돼 있기 때문에 딱 스위치만 올리면 거기에서 응신들이 출발을 해서 이 사바세계의 어떠한 문제가 있을 때, 즉 말하자면 그 나쁜 마음 속에 전부 응신이 돼서 들어갑니다. 응신이 돼서 들어갔다가 한 찰나에 나시고 이렇게 합니다. 그러면 그 마음들이 다 바꾸어집니다. 그러니까 몸, 활동도 바꾸어지죠, 마음이 바꾸어지니까.

여러분 몸뚱이 속에 수십억의 그 중생들이, 만약에 이런 공부를 각자 하신다면 천백억의 화신(化身)으로 화한단 말입니다. 그 중생들이, 업식이 그냥 화해서 화신이 돼 버려요. 화한다고 그래서 '화신' 인 겁니다, 바꿔진다고 해서. 그런데 또 상대방한테 들어가서…, 돼지가 만약에 응해 달라고 하면 돼지한테로 들어가야죠? 돼지가 돼 줘야 될 거 아닙니까? 그러니까 응신이라고 합니다. 법신(法身), 응신(應身), 보신(報身) 이렇게 합니다. 그것은 한 찰나에 들고 나기 때문에, 예를 들어 미국에서 "스님! 이러이러합니다. 지금 피가 멈추지 않습니다." 또 중국에서 "어이구, 이거 피가 멈추질 않아서 오질 못합니다." 그럴 땐 응신이 아니고는 아니 되죠. 가고 옴이 없이 한 찰나에 들어야죠? 한 찰나가 아니라면 그거는 죽습니다. 그렇기 때문에 응신이라고 합니다.

그리고 모든 만물을 건지는 데는, 돼지가 사람을 보면 둘로 보지만 돼지가 돼지를 볼 때는 하나로 봅니다. 그래서 저항력을 느끼지 않습니다. 돼지뿐이 아닙니다. 꽃이나 무정물이나 식물이나 짐승들이나 나는 짐승들이나 또 곤충이나 모두가 다 그렇습니다. 사람도 모르는 사람이 접근을 하면 의심을 하고 돌아가죠? 아는 사람이라면 아주 재까 접근이 되죠. 이와 같습니다. 그래서 아는 사람으로 변신을 해서 접견하는 거죠. 이것이 바로 화신이자 응신입니다. 그와 같이 그 모든 일은 그렇게 직결이 돼 있고 가설이 돼 있기 때문에, 직결돼 있는 데는 모든 자가발전소가 한데 합쳐진 자가발전소요, 지금 가설이 된 데는 현재 세상이란 말입니다.

질문자1(남) 두 번째 질문을 올리겠습니다. 스님께서 대중들의 하소연을 들으시면서 일일이 제접하심에 있어서 사람에 따라 달리 하심이 있으신지 궁금합니다. 중생이 보기에는 어떤 때는 "알았다." 하시는 걸로 만사가 그대로 되어 가는 것도 같고, 어떤 때는 "열심히 주인공을 믿고 놓으세요."라고 하시면서 즉석 처리를 안 해 주시는 듯이 느껴지기도 합니다. 근기에 따라 조금씩 달리하시는 것인지, 아니면 항상 같으신데 중생의 귀에 그렇게 들리는 것인지 가르침 주시기 바랍니다.

큰스님 물론 재료를 제각기들 가지고 오십니다. 그런데 그 재료라는 것이 어디 똑같습니까? 그런데 그것을 두 가지로 나눌 때, 마음을 지극하게 거기다가 놓고 가는 사람이 있는가 하면, 온 지 얼마 안 돼 가지고 지극하게 놓질 못하고 가는 사람이 있습니다. 그러면 내가 생각할 때는 이거 둘이 아니게끔 접근하는 거야 다 똑같겠지마는, 그 상대방의 마음이 공부를 못 하면, 내가 그거를 해결해 줘어도 어디서 온 줄도 모르고 어디서 나왔는지 그것도 모른다면 요다음에 또 그런 일이 벌어졌을 때 또 찾을 거 아닙니까? 안 그렇습니까?

그런데 몸뚱이가 없어져서 묘지에 갔을 때, 묘지에 가서 나 좀 해달라고 할 수는 없거든요. 그러니까 자기 자신이 계발해서 자기 자신이 자유스럽게 살라고 하는 도리에서, 예를 들어서 "거기다 놓고 가세요." 하는 건 그냥 무조건, 도와주지 않는 것처럼 아주 냉정하게 "거기서만이 다 할 수 있는데, 거기다 놓고 거기다 맡기고 거기서만이 해 줄 수 있다고, 왜 믿고 가시지 못하십니까?" 하고 냉정하게 합니다. 그 냉정하게 하는 것은 거죽으로만이지만요.

그리고 “알았다.” 하는 데 또 문제가 있습니다. 어떤 사람은 그냥 나만 믿고, 공부라는 거는 아예 모릅니다. 엊그저께도 왔다 갔는데, 예전에 소금 장사를 했던 사람이 있거든요. “소금 장수입니다.” 하고 그냥 자기 할 말만 딱 하곤 뭐, 듣거나 말거나, 해 준다거나 말거나 그냥 갑니다. 그럼 껄껄 웃죠, 어떡합니까? 그건 알아서도 아니고 몰라서도 아니고 그냥 어떻게 생각하면 ‘저이는 내가 말만 하면 해 주더라.’ 이런 거 하나 믿고 오는 겁니다. 이런 거 하나 믿고, 공부라는 거는 아예 없습니다.

그런 게 있고, 또 하나는 그냥 그 자리에다 놓고 가는 사람에게 어떤 일이 벌어졌다 그랬을 때 “알았어요.” 할 때가 있고, 다른 하나는 아까 얘기했듯이, 거기에 놓지는 않고 바깥으로 끄달릴 때 그렇게 하는데, 그건 이중으로 말도 해 줘야 하지만, 이건 같이해 준다는 언어가 붙지 않는 겁니다. 이거 보십시오. 벌써, 도둑질을 하러 가면 시킨 놈도, 훔치는 놈도, 망보는 놈도 다 도둑놈 아닙니까? 생각해 보세요. 일러 주는 놈도 거기 끼어서 돌아가는 겁니다, 으레 벌써. 이쪽에서 말하고 저쪽에서 받았으면 응해서 돌아가는 건데, 내가 자기가 되고 자기가 내가 되고 이렇게 하는 거를 모르고 그냥 자꾸 말을 할 때는 “거기다가 좀 놓고 가십시오.” 이러면 “스님도 마음 좀 내 주세요.” 요러거든. 이렇게 몰라요. 그러니 더딜 수밖에요. 첫 번에 탁 맞아야 될 텐데 이거는 그냥 이리 비틀고 저리 비틀고 해서 꼬부라지고, 그냥 엉망이 돼서 거기에 붙질 않게 만들어요. 물건이라면 그렇단 얘기입니다. 그런데 질문하시는 분이 왜 이렇게 얼떨떨합니까? (대중 웃음)

질문자1(남) 큰스님을 뵈니 너무 떨려서 그렇습니다.

큰스님 하하하…. 그래서 ‘알았다’ 는 거 하나 있고, ‘묵묵히 쳐다보고 웃는 거’ 하나 있고, ‘거기에 좀 놓고 가셨으면 좋겠다’ 고 하는 세 종류가 있는데, 다 알고 보면 하나입니다. 그런데 처음 것은 자기 공부를 못 해서 현실에만 좀 복을 받고 그러지 공덕이 될 수는 없습니다. 공덕이라는 건 과거 생으로부터, 미래 생으로부터 현실까지 모두 종합돼서 그냥 같이 자유스럽게 벗어나는 것을 말합니다. 그러니까 공덕은 이룰 수 없지만 지금 현실에 타개는 할 수 있는 거죠, 그래도 믿으니까.

아, 소금을 팔러 가야 할 텐데 남편은 머리가 돌아서 저러고 있으니, 방 한 칸을 얻어 가지고 사는데 방 옆에다가 천막을 치고선 자기네들은 거기서 자고, 방에다가는 남편을 모시고 문을 걸어 잠그고 소금을 팔러 나옵니다. 그러면 팔러 가다 말고 뭐라 그러는 줄 아십니까? 뭐 남들처럼 앉아서 얘기를 하고 듣고 이럴 사이가 없습니다, 그런 사람은. 소금 한 공기 딱 떠서 부엌에다 철썩 놓고는 “스님! 저는 이러이러합니다. 갑니다.” 이러곤 그냥 뭐, 말 들어 보고 자시고 할 사이도 없습니다. 그러고 갑니다. 그렇게 갔던 것이 그래도 남편을 살렸습니다. 그래서 처음에 공업을 했었는데 나중에 그거를 다시 하게 됐습니다.

그런데 소금 장사를 하다가 김밥 장사를 시작했는데 아, 엉덩이를 들 수가 없어서 도저히 이고 다닐 수가 없단 말입니다. 그래서 병원에 가서 보니까 자궁암이라고 그러거든요. 또 그게 그냥 있는 게 아니라 피가 흐르고 이러니까 그냥 난처했죠. 그랬는데 그 와중에도, 엉덩이를 일으켜 세우지도 못하면서 그거를 이고 들고 오다가도 그냥 쉬고, 내려 달라 그래서 쉬고 이러다가 나중에는 마당에다 그냥 태질을 치고서 엉금엉금 기어 들어왔어요. 기어 들어와서 하는 소리가 “제가 이렇게 엉치가 아파서 가 보니까 자궁암이라고 합니다. 그러니까 알아서 하십시오.” 그러고선 그냥 또 내빼는 겁니다. 엉금엉금 기어서 나가요.

아이, 나 참, 기가 막혀서! 여러분, 내가 한두 번 울었던 게, 한두 번 가슴 아파했던 게 아닙니다. 살을 저며 내는 것처럼 아플 때가 한두 번이 아닙니다. 무슨 죄가 있겠습니까? 내가 그래서 한탄하는 게 이겁니다. ‘어느 사람이 죄가 붙을 자리가 있겠는가. 그러나 모르는 게 죄구나!’ 허허허…. 딱 한 가지, ‘모르는 게 죄구나.’ 하는 게 나옵니다.

그러던 사람이 그러고 가서 그날부터 피가 멎고 엉덩이를 들 수가 있어서 지금까지 잘 살고 있습니다. 그런데 지금도 그런 버릇을 가져서 여기 오면 "전의 소금 장수입니다." 그래요. "소금 장수, 내가 몰라?" 그러면 그냥 자기 할 말만 딱 하고 갑니다. 지금도 그럽니다. 지금은 살게 됐죠. 집도 사고 뭐, 애들을 대학까지 모두 가르치고…. 참, 이런 사람이 있는가 하면 저런 사람도 있고 그런 사람도 있구요. 그러니까 어찌 법이 한 가지라고 할 수 있겠습니까? 그 법은 천차만별입니다.

질문자1(남) 세 번째 질문 드리겠습니다. 항시 둘 아닌 도리를 되새기고자 애쓰면서 무언의 대화를 해 나가고 있습니다. 그러는 중에 특히 '나' 라는 생각이 불현듯 고개를 들고 일어나는 것을 느낄 때가 있습니다. 그러할 때면 그것도 내 속에서 나온 습인 줄 알고 슬며시 놓아 버립니다. 그렇게 해서 비교적 편안한 마음으로 지내고 있습니다만, 어떤 때는 격한 감정이 솟구치기도 하고 또 어느 때는 자신도 모르게 저 잘난 소리를 마구 늘어놓다가 한순간에 나도 모르게 '아이쿠!' 하는 생각이 들기도 합니다. 스님께서는 늘 되입력하는 도리를 가르쳐 주시고 계십니다만 이렇게 먼저 입력된 것이 잘 지워지지 않는 경우는, 말하자면 습이 워낙 중한 까닭인지요, 아니면 되입력하는 마음의 힘이 약한 때문인지요? 놓고 또 놓는다고 하면서 되나오고 되나오니 가르침을 주시기 바랍니다.

큰스님 그건 입력이 안 됐기 때문에 되나오고 그러죠. 그것이 말입니다, 자기한테 자기가 자꾸 따지는 버릇을 갖는다면 습입니다, 그게. 자기한테만 따지는 게 아니라 상대방한테도 따지죠, 일일이. 그게 왜냐하면요, '과거는 지나갔으니까 없다' 고 합니다. 그런데 여러분 몸속에 자기가 다 짊어지고 나왔습니다. 그랬기 때문에 '과거는 없다' 고 합니다. 그런데 지금 이 몸속에 전부 들어 있습니다. 들어 있는데 거기서 솔솔, 그저 이때 한 거는 이때 나오고 저때 한 거는 저때 나오고, 그냥 입력된 대로 순서대로 착착 나옵니다. 이거 거짓말 아닙니다. 착착 나오는데 그 나오는 의식들이 수가 없습니다. 그 의식들이 입력의 대상입니다. 그런데 이게 자꾸자꾸 거기서 나오는 대로 나오는 그것만 알지, 그것이 잘되고 잘못되는 거를 모르는 중생들입니다, 이게 업식이기 때문에. 그렇기 때문에 거기서 나오는 대로, 그놈도 거기서 나온 거, 그놈도 거기서 나온 거, 그놈도 거기서 나온 것인 줄 알아야 합니다.

옛날에 어느 수좌가 동짓날 팥죽을 큰 솥에다 쑤는데 팥죽이 부글부글 끓어서 팥죽 방울이 수없이 나오거든요. 수없이 나오니까 퍼뜩 그 생각을 한 겁니다. '아, 우리 몸뚱이 속에 있는 팥죽 방울이 이렇게 나오는구나. 그러니 여기에 속아서는 안 되겠구나. 방울대로 따로따로 있는 줄 알고 했는데 아이구, 한 팥죽 솥에서 나오는구나!' 하고요. 이제 아시겠죠? 한 팥죽 솥에서 방울이 나오는 거지 팥죽 솥이 따로 있어서 방울이 나오는 게 아니지 않습니까? 그러니까 "요것도 문수! 요것도…." 자기 법이란 얘기죠. 법신! "요것도 법신! 요것도 법신!" 하고는 주걱으로 때렸단 말입니다. "이것도 문수! 저것도 문수!" 하고 그저 때렸단 말입니다. 그래서 공부가 스스로 익는다면 벌써 팥죽은 다 익었으니까, 열기가 더 오르지도 않고 더 내리지도 않고 아주 평상시처럼 따뜻하게만 하고 가거든요. 그러니까 팥죽 방울이 올라오지 않죠. 모두가 하나가 돼 버렸으니까, 그냥 모두가 팥죽이 돼 버렸으니까 말입니다.

그렇듯이 모든 것을, 거기서 어떠한 뿔따구가 나오든지, 또 자기에게 누가 되게끔 생각이 나오든지, 또 집안 식구들한테 짜증이 나든지, 또 자식이 잘못해서 속이 상하든지, 모든 것을 거기다가 그냥 '그것도 거기서 나오는 거, 그것도 거기서 나오는 거', 자식의 일이든지 뭐든지 다 거기다가 맡겨 놓으셔야 됩니다. 그리고 만약에 그렇게 나오는 걸 거기다가 맡겨 놓을 때, 동시에 '흥, 이렇게 나오는 거라면 돌아서 잘 나오게도 할 수 있잖아!' 하는 생각이 아주 필연적으로 따라다니지 않습니까? '안 되는 일도 거기서 나오는 거라면, 되게 할 수 있는 일도 거기서 나올 수 있잖아?' 하고 돌려놓는 겁니다.

속에서 이렇게 뿔따구가 날 때 '아니, 불이 일어나게끔 나올 때 불을 가라앉힐 수 있는 것도 바로 거기 아닌가?' 이럴 때는 아주 선선하게 이 마음이 곧바로 화해 가지고는 아주 좋게 나옵니다. 즐겁게 나옵니다. 웃음도 깔깔대고 웃다가 '아이고, 이거 안됐잖아?' 하는 생각을 하면 웃음이 뚝 멎죠? 허허허…. (합장을 하시며) 그렇게만 하신다면 모든 게 아주 더함도 덜함도 없는 잘 익은 팥죽이 돼서 맛있게 맛을 볼 것입니다.

질문자1(남) 고맙습니다. 여기 모이신 법형제들의 가슴에 그 좋은 말씀 하나하나가 전부 약이 되고 덕이 되고 모든 공부하는 데….

큰스님 그냥, 공덕이라고만 하세요. 허허허…. (대중 웃음)

질문자1(남) 예, 공덕이 돼 가지고 모든 공부하는 데 도움이 크게 되리라고 믿습니다. 고맙습니다.

큰스님 예. 또 질문하실 분 없습니까? (삼배를 올리는 질문자를 보시며) '그래, 죽이 되나 밥이 되나 그저 들어가 보자.' 허허허…, 좋았어. 한 번만 해!

질문자2(남) 반갑습니다. 역대 조사 스님들께서 이런 말씀을 하신 걸 볼 수가 있습니다. "부처를 만나거나 조사를 만나면 부처를 죽이고 조사를 죽인다."라고 말입니다. 그런데 몇 사람이나 부처를 만나고 조사를 만나 보면 알아볼 수 있겠습니까?

큰스님 얘, 너하고 나하고 둘이만 볼 줄 알아도 수만 조사를 볼 수 있다.

질문자2(남) 다음 질문 드리겠습니다. 큰스님 말씀 중에 '귀신 방귀씨' 라는 말이 재미가 있어서요, 질문을 드리겠습니다.

큰스님 허허허…, 응.

질문자2(남) 귀신은 그만두고요. 스님께서는 방귀를 뀌시고…, 귀신은 방귀를 뀌고 씨를 알았을까요, 씨를 심어서 방귀를 뀌었을까요?

큰스님 그건 네가, 네 마음이, 네가 귀신 방귀씨니까 네가 더 잘 알게다. 수만 명의 선지식이 났다 하더라도 네 마음 하나 알면 다 알게 돼 있어. 그런데 어디 가서 찾으려고 그래?

질문자2(남) 감사합니다.

큰스님 내가 이렇게 자상하게 하다 보니까 어떻게 생각하면 '어휴, 옛날 선지식들은 주먹을 불끈 내밀고 한 대 치고, 주장자를 내려치고 때리고, 옆구리를 지르고 멱살을 쥐고 이러는데, 저이는 만날 저렇게 야들야들하게만 말을 해 주니 이건 아니지 않아?' 이렇게 의심받을 수도 있어요. 그러나 나는 '깨달았다, 깨닫지 못했다' 이런 것도 염두에 두지 않는 사람이에요. 그러니까 안심하세요. 무슨 높다랗게 올라간 사람이라든가 또 아래로 쑥 내려간 사람이라든가 이런 것도 아니에요. 여러분과 같은 사람일 뿐이에요. 그러니까 여러분이 마음먹는 대로 바꿔질 수밖엔 없죠. 허허허….

그러니까 또 질문하실 분 있으면요, 이 통거리에 그냥, 그냥 해 보세요. 알고 모르고 간에 꼭 알아야만이 질문을 한다 이러기 이전에 '그저 무조건 알려면 떡 그릇에 그냥 엎드러진다' 이런 것도 있죠.

질문자3(남) 여러 번 스님께서 큰 은혜를 베푸셔서 그 공덕을 피부로 느끼고 있습니다. 첫 번째 질문은 5년 전에 제가 큰스님을 뵙고 '출가'와 '비출가(非出家)'의 차이를 한번 여쭌 적이 있습니다. 그때 '항아리 밖과 안'이라고 말씀을 하셨는데, 그러니까 아무 차이가 없다고….

큰스님 어떻게요?

질문자3(남) "항아리 밖과 안밖에 안 된다." 그렇게 말씀하셨습니다. 그런데 그 항아리라고 하는 것이 정말 있는 것인지 그걸 여쭙고 싶습니다.

큰스님 그 들고 앉아 있는 사람이 항아리라면 똑 참하겠소.

질문자3(남) 두 번째 질문은 정말 이 세상에 마(魔)가 있는지 그걸 여쭙고 싶습니다.

큰스님 이거 봐요. 악과 선이 어찌 없겠소? 동시에 모두들 가지고 있어요. 그런데 그 마음이란 놈이 도둑질도 시키고 좋은 일도 시키죠. 그러니 좋은 일 하는 사람이 좋은 일만 하는 게 아니고 악한 짓 하는 사람이 악한 짓만 하는 것이 아닙니다. 표면적으로 나타나게 하는 사람이 있고 나타나지 않게 하는 사람이 있습니다. 이 모두가 찰나찰나 화해서, 착하던 사람도 앞에 딱 닥치면 어쩔 수 없이 나쁜 짓을 하게 되고, 또 나쁜 짓을 하는 사람도 딱 닥치면 좋은 일을 하게 됩니다. 이러니까 좋은 일 하는 사람, 나쁜 일 하는 사람, 이것을 참선에서는 따지지 않습니다. 왜냐하면 그렇게 찰나찰나 바뀌니까 말입니다. 어떤 것을 나쁘다고 하고 어떤 것을 좋다고 하겠느냐. 마음을 바로 쓸 때는 이렇게 되고, 또 나쁜 상황이 앞에 딱 닥치면 어쩔 수가 없는 겁니다.

옛날에 한 강도가 어느 수풀 속을 지나가는데 어느 여인이 어린애를 안고 업고 걸리면서 "엉엉" 울고 가더랍니다. 밥도 못 먹였는지 "엄마, 밥 줘! 밥 줘!" 하고 울고 가는데, 참혹해서 볼 수가 없었더랍니다. 그래서 강도가 아닌 척하고선 "어린애가 배고프다 그러는데 먹을 게 없습니까?" 하고 물으니까 "먹을 것도 없거니와 남편도 붙잡혀 가서 영 오지 않고, 그렇게 되니까 집도 오막살이 있던 거를 뺏기고 어디로 갈 데도 없습니다." 하더랍니다. 그래서 다른 사람의 돈을 뺏어서 전대를 해 가지고 있던 거와 먹을 거를 좀 훔쳐 뒀던 거를, 전대 돈은 가서 오막살이라도 하나 장만해서 먹고 살라고 주고, 자기 먹으려고 집어 온 거는 그 애들을 주고 그렇게 좋은 일을 하고 나니까 이런 생각이 들더랍니다. 허허 웃으면서 '도둑질을 하는 놈 위에 또 나는 놈이 있구나.' (대중 웃음) 아니, 얼마나 그것이 기가 막힌 말입니까?

또 한 가지 요거, 잠깐만 얘기하죠. 우리 신도가 집이 없어서 남이 금방 지어 놓은 집을 빌려서, "팔릴 때까지 들어가 살아라." 그래서 들어갔답니다. 집은 좋지만 그냥 자기는 보따리 보따리 해서 다락에다 넣고선, 내일 아침에 애들 학교 갈 때에 먹일 것도 없고 차비 줄 것도 없어서 엄마가 그냥 속상해서 부글부글 속을 끓이면서 잠을 이루지 못하고 있는데, 그 집이 좋으니까 도둑이 들어왔더랍니다. 하하하…. 뛰어넘어와 가지곤 다락을 통해서 방에 들어오려고 다락에 뛰어올라 갔는데, 거기에서 아무리 찾아봐도 보따리 보따리만 있고 속을 풀어 보니까 헌 누더기 뭐, 이불 나부랑이 살림 나부랑이 뭐, 이런 거거든요. 다락에서 도둑이 가만히 생각을 하고 있는데 순간 안에서 "아이, 내일 아침에 애들 밥은 어떡하며, 차비는 어떡하면 좋은가?" 하고 타령 소리가 들리거든요. 그러면서 하는 소리가 "주인공, 당신만이 이 애들을 학교를 보낼 수 있고 당신만이 먹일 수 있겠다." 그러더랍니다.

그러니까 이 도둑이 들을 때에 '주인공은 뭐고?' 허허허…. (대중웃음) 주인공은 뭔지 모르지만 내일 아침에 당장 어린애를 보내지를 못하고 먹이지 못한다는 소리에 그만 이 도둑이 가슴이 좀 안됐다 이겁니다. 그래서 도둑질을 첫 번, 두 번째 해 가지고 와서 세 번째 들렀는데, 그 도둑질해 온 거를 다락문을 가만히 열고는 거기다가 내놓고서는 다락문을 또 타고 나가면서 하는 소리가 "아이구 참, 기가 막혀! 이것은 도둑질하러 들어왔다가 되뺏기고 가네!" 이러더랍니다. (대중웃음) 그러니 도둑놈이 어찌 도둑놈만이겠느냐 이겁니다.

그 사람이 이튿날 아침에 와서 깔깔 웃으면서 "스님! 주인공이 이렇게도 살리는 수가 있습니까?" 하는 겁니다. 세상에 도둑이 도둑질한 걸 갖다 줘서 애를 무난히 학교에 보내고 쌀 한 가마니 사고 또 연탄 사고 애들 등록금도 주고 이랬다는 겁니다. 이럴 수가 있느냐 하니까 "그러게 도둑놈을 도둑놈으로 보지 말어, 음? 모두가, 그저 죄가 뭐가 죄겠어? 다 모르는 게 죄고 순간순간 나오는 대로, 업식에서 나오는 대로 하는 거지, 그 사람이 미운 것이 아니야. 그리고 그 환경에 닥치면 어쩔 수 없이 하는 사람도 많아. 그러니까 외려 더 불쌍하지. 뭐가 나쁜

고 좋고가 따로따로 있겠느냐?" 이랬습니다. 그러니까 악과 선은 없습니다. 허허허….

사회자 여러분, 오늘 좋은 말씀 많이 들으셨죠? 시간도 많이 흐르고 해서 이제 이것으로써 질문을 마치기로 하고….

큰스님 아이, 왜 꼭 '감기가 들어서 그러니, 또 치아가 그래서 그러니' 하고 꼭 이유를 하나씩 갖다 붙이곤 하니 그게 무슨 사유입니까?

사회자 여기 우리 형제님들이 큰스님 위하는 마음으로 이제 질문을 그만하겠다는 텔레파시가 저한테 전부 모아져 왔습니다. (대중 웃음) 자, 모두 자리에서 일어나 주시기 바랍니다.

(법회를 마친 후) 감사합니다. 성불하시기 바랍니다.

큰스님 (합장하시며) '성불이다' 이런 생각, 이름을 붙이지 말고 하시길 바랍니다. 여러분 다 공덕이 있으시길 빌면서….

인연의 수레바퀴에서 벗어나야 한다

1992년 8월 2일

사회자 큰스님께서 2개월이 넘게 해외 포교를 위하여 북·남미를 두루 순회하시고 지난 29일 귀국하셨습니다. 피로와 여독이 채 가시지 않으셨을 줄 압니다만 저희들을 위하여 법문을 해 주시겠습니다. 경청하여 주십시오.

큰스님 이렇게 돌아다니다 보니까 서울에서 공부하시는 분들에게 지극한 감사를 드리게 됩니다. 여러분이 지극하게 자기가 온 자리와 갈 자리, 또 지금 하고 있는 자리, 이것을 아시려고 노력하시는 데 대해서 너무나 감사를 드립니다.

여기에는, 죽으면 무슨 천당에 가느니 승천을 하느니, 이런 따위의 이론이나 잡담에 지나지 않는 말들을 하면서 인생을 보낼 수는 없다고 생각하시는 분들이 전부 앉아 계십니다. 뜨겁게 감사를 드리는 것은 여러분이 그렇게 마음 내 주신 덕분에 그저 사흘들이로 비행기를 타지 않으면 안 되었고, 심지어는 목욕하러 가서까지 설법을 하지 않으면 안 되게 됐습니다. 두 달째 목욕을 못 해서 목욕탕이 있다고 해서 갔는데, 목욕하러 온 사람들이 법석을 마련해 가지고는 거기서도 하지 않으면 안 되게 됐었습니다.

그래서 한 석 달 예정을 잡았었습니다. 두 달에 끝마치기에는 너무 역부족이었죠, 11군데를 다니다 보니까. 그리고 나라가 그렇게 크니까요. 15시간 타는 데도 있고, 뭐 6시간 타는 데, 7시간 타는 데, 또 3시간도 탈 때도 있고, 2시간도 타고 이렇게 해서 그저 사흘들이로 비행기를 타야 했습니다. 여러분이 한마음으로 염려해 주신 덕분에 그래도 이 몸을 지탱하면서 조금도 어떠한 내색이 없이 내내 그저 정진해 나갔습니다. 허허허…. 그래 여기 오면서 얼마나 고마웠는지 모릅니다. 감사합니다.

나가서 다니다 보니까 기독교든 가톨릭교든 원불교든, 어느 종교를 막론해 놓고 내 종교만 좋다고 야단들 하고 남의 종교는 짓밟아서 뭉개 버리려고 하는 그런 의도가 많이 노출되고 있었습니다. 그런데 '불교' 하면 미신 소굴인 줄 알아요. 모두가 미신 소굴로 생각하고 아주 무시하고 있어요. 심지어는 스님네들까지 내쫓고 말입니다. 그렇게까지 하고 있어요. 그러나 나는 우리가 지금 한마음으로 공부하듯이 "어느 종교든 한 뿌리 속에 있다."라고 얘기했죠. 한 지구에 붙어 사는 한 동물로서, 자기의 관념으로만 '내 종교가 옳다' 고 졸렬하게 울타리를 치고 있는 것이지 누가 그렇게 만들었느냐고 역설을 했더니 모두 하나에서부터 열까지 찬성을 해 줬습니다. 기독교든 가톨릭교든 어느 종교를 막론하고 찬탄을 해 줬습니다. 이렇게 마음속에 감응이 되게 했고, 눈을 새삼스럽게 뜨게 했고, 귀를 새삼스럽게 열게 했다고 말입니다. 불교에 이렇게 심오한 뜻이 있는 줄은 정말 미처 몰랐노라고, 정말 죄송하다고 하면서 깊은 감사의 뜻을 표현했습니다. 그래서 한편으로 우리 제자들은 "아이, 속시원하다." 그러더군요. 허허허….

우리가 생각해 보면 필수적으로 이것을 믿고 돌파하지 않으면 안 되게끔 세상만사가 돼 있고, 그렇게 돌아가고 있습니다. 그렇기 때문에 한 치도 어긋남이 없이 '참나' 인 자신의 뜻을 항시 중시하고, 항시 그 뿌리를 믿으십시오. 거기에다 거름과 물을 줘서 그 나무가 무성하게 자라고 가지와 잎새가 아주 싱싱하게 자라서 제 나무에서 열매가 무르익는다면 그 맛이 얼마나 좋겠습니까? 미리 따서 그런 거보다는 말입니다. 그러니까 뿌리가 썩어 들어가면 나무가 무성하질 않아서 열매도 맺지 못하는 반면에, 열매를 맺는다 하더라도 익지 못해서 그냥 말라 버리는 형상이니까 맛이 날 수가 없죠. 그와 같이 우리 마음공부도 역시 그러합니다. 한 치도 에누리가 없는 공부입니다. 죄를 범한 사람에게 무슨 판결을 내려서 1년, 2년 또는 3년, 5년, 10년 이렇게 법에 의해서 죄를 묻는 게 아니라, 이건 자동적으로 요만한 거 하나도 에누리가 없는 것입니다.

우스운 얘기 하나 할까요? 그렇게 바쁘게 휘몰아치고 그러니까 그 지원 자체 내에서도 정신이 없어 합니다. 회장이고 부회장이고 총무고 뭐, 거기 신도들도 그렇고 스님네들도 그렇고 아주 정신이 없어 합니다, 너무 바쁘게 돌아치니까요. 그래서 저기서 설법을 하고서, 비행기를 금방 타고 와서 또 여기서 설법을 하고, 그렇게 바쁘게 다니니까 저녁 나절에는 피곤함이 좀 옵디다. 그래서 바람을 쐬려고 스님들하고 모두 산책을 하다 너무나 기가 막힌 장면을 본 겁니다. 항상 알고 있고, 항상 하고 있고, 뜻으로도 항상 그렇건만 말입니다. 흑인이, 허허…, 새카만 흑인이 새카만 어린애를 데리고 가는데 새카만 초콜릿을 손에 쥐여서 이렇게 물리고 가더군요. 그런데 갑자기 그냥 웃음이 터지는 겁니다. '야! 이 세상에는 콩 심은 데 콩 나고, 팥 심은 데 팥 나는구나!' 하하하…. '이게 모두 철칙 같은 법이고 조금도 에누리가 없구나! 흑인이 백인 낳는 거 봤나?' 하면서, 속으로 말입니다.

그런데 사람들은 모두 딴 사람이 모르거나 안 본다고 해서, 자기가 하는 행동에 대해서 조금도 생각을 못 해 보고 갑니다, 그렇게 에누리가 없건만. 요 조그마한 데서부터 끝까지, 끝에서부터 또 끝까지 돌아가면서 한 치도 어긋남이 없는 사실을 너무나…, 그걸 새삼스럽게 본 건 아닌데 말입니다. 너무나 기가 막혀서 혼자 껄껄껄껄 웃었습니다. 그리고 땅바닥에 털썩 주저앉았습니다. 허허허…. 그러고는 궁둥이를 탁탁 털고 일어서서 오면서 얘네들더러 그 얘기를 하니까 모두 우습다고 웃고들 들어갔습니다마는, 그걸 생각을 하면 '이 세상만사, 삼천대천세계, 우주 전체가 그렇게 그러하다' 는 얘기입니다.

그래서 우리가 항상 얘기도 하고 그러지마는, 여러분은 천당 지옥이라는 것을, 천당이라니까 천당인 거고 지옥이라니까 지옥인가 보다, 이렇게들 그냥 멋들어지게, 아주 유유히 그렇게 생각하고 갑니다. 그런데 제가 생각할 때는 그것이 너무도 당연하고 너무도 에누리 없는 우리의 인생살이라고 볼 수밖에 없는 게, 한마디로 아주 쉽게 말을 해서 독사같이 살면 독사의 모습으로 나올 것이고, 소같이 살면 소 모습으로 나올 것이고, 사람같이 살면 사람으로 나올 것이고, 개같이 살면 개로 나올 것이고…. 하하하….

그런데 오간지옥이니, 칼산지옥이니 또는 독사지옥이니, 이 모든 지옥 지옥의 이름도 다 헤아릴 수가 없습니다. 그런데 '지옥이다' 하면 짐작으로만 그냥 '지옥인가' 이렇게 생각하시는 분들도 있겠죠. 그런데 우리가 사람의 마음으로 살다가, 땅속에서 기어 다니는 벌레의 모습 속에 들어간다면 어떻게 되겠습니까? 그게 지옥이죠? 그래서 독사같이 살았으면 자동적으로 땅속으로 다니는 독사 소굴에, 독사의 암컷 수컷이 행하는 거기다가 그 영령이 집어넣어져서 그냥 독사의 모습으로 나온단 말입니다. 그런데 독사가 그냥 독사로 살아왔으면 별문제인데, 사람으로 살던 의식이 독사로 들어가서 독사의 모습을 가지고 나와서 독사로 산다면 그 마음이 어떻겠습니까? 이처럼, 개같이 살았으면 개로 살듯이 어떠한 한 묶어치만 살게 되어 있죠. 그런데 '오간지옥으로 떨어진다' 고 하는 말은 전부 헌갓쟁이 모양으로 다니며 그저 악한 일을 일삼는 사람들은 땅속 깊이 뚫고 다니는 이런 것들 소굴에다 그냥 넣어진다고 하는 말입니다. 넣어진다면 땅속으로 기어 다니는 벌레가 될 테니까 그 의식이 어떻겠습니까? 지옥이죠? 그 조그만 데로 들어갔으니까. 지옥인데다가, 그것이 진화돼서 또 인간까지 벗어나려면 얼마만큼 헤매야 된다는 얘깁니까? 그런데 이거를 조금도 생각을 안 하는 거죠.

그래서 "공덕을 쌓아라, 공덕을 쌓아라. 좋은 일 하고, 좋은 생각하고, 좋은 행동 해라." 이렇게 부처님께서도 항상 말씀하셨고, 사대성인들도 다 그렇게 말씀하셨습니다. 그런데다가 여기에서는 한술 더 떠서, "좋은 일을 하는 것도 악한 일을 하는 것도 다 놔라." 이랬습니다. "선한 일을 하고 좋은 일을 하다 보면 언젠가는 나쁜 일이 또 거기 끼어들게 마련이니까 나쁜 일도 놓고 좋은 일도 놔라." 우리가 지금 이렇게 공부해 들어가고 있습니다. 그것은 어떠한 점에서 그런가? 나쁜 일, 좋은 일을 막론하고, 그 생사윤회 속에서 완전히 해탈해서 벗어나는 것을 주장하기 때문입니다. 한 철 좋은 일을 해서 그 선덕으로 인해서 좋게 이 세상에 다시 나와서 산다 하더라도, 그게 해가 가고 시간이 지나면 또 나쁜 일도 하게 되니까, 또 짓게 되니까 아예 '생사윤회 속에서 그냥 벗어나라' 이런 뜻에서 부처님도 말씀하셨고 또 지금 나도 길잡이로서 이렇게 길을 인도하는 것입니다.

생각해 보면 한 철 요렇게, 한 생을 요렇게 살아가는 시간이 길지 않다고 하더라도, 여러 해를 다니면서 공부했다거나 짧은 시간에 내가 공부했다거나 이런 건 아무 상관이 없습니다. 여러 해를 공부해도 '정(定)'으로 들어가지 못하면 뭐, 10년, 20년이 가도 소용없고, 소용없는 건 아니지마는 더디다 이거죠. 그런데 몇 달 안 됐어도, 몇 해가 안 됐어도 정으로 들어갈 수만 있다면…, 그것이 바로 더디고 빠르고가 없다는 얘깁니다. 오래 배웠고 늦게 배웠고 이것이 없다 이 소립니다.

모든 사람들이 다 이 마음 안에, 마음이라는 것이 이름이지, '이름 없는 마음' 여기에는 자동적인 컴퓨터가 있습니다. 이것도 이름해서 방편으로 부르는 겁니다. 항상 얘기해 드리지만, 자동적인 컴퓨터가 있어서, 거기에 자동적으로 입력이 돼서 연방 그냥 자동적으로 나옵니다. 그리고 좋은 일을 하려고 생각을 해도 어처구니없이 나쁜 일로 돌아가게끔 자꾸 만듭니다, 그렇게 업보에 입력이 돼 있어서. 지금 현실에서 아무리 착하게 행을 잘하려고, 말도 잘하려고 하지만 앞서 입력됐던 거 때문에 자꾸 그렇게 빗나갑니다. 그러니까 정신 똑바로 차리고, 빗나가든 빗나가지 않든 '무조건 거기다가 맡겨 놓는다' 이겁니다. 무조건 맡겨 놓는다. 믿지 못하면 맡겨 놓을 수도 없는 것입니다. 믿고 거기다 맡겨 놓는다면, 쉴 사이 없이 입력이 돼서 자동적으로 나오는 데다가 자동적으로 입력을 한다면, 앞서의 그 어마어마하게 입력됐던 팔자 운명이 그냥 송두리째 무너지는 것입니다.

항상 해 오는 말이지만, 저에게는 절절한 안타까움이 있습니다. 아주 지극하게, 눈물이 뼈에 사무쳐 나오리만큼 안타깝습니다. 어찌 그렇게 자기를 끌고 다니는 자기를 믿지 못할까? 어찌 그렇게 과거로부터, 수억겁 광년 전으로부터 자기를 끌고 온 장본인을 믿질 못할까? 이 모습으로 저 모습으로 이렇게 진화를 시켜 가면서, 자기가 한 대로, 자기가 한 것대로 끌고 다닌다 이 말입니다. 그러니까 누구를 원망할 수도 없죠. 주인공 원망할 수도 없지. 주인공이 그렇게 하라고 그랬나? 아, 태양이 '너 잘못하고, 너 잘하고' 이런 거 말했나요? 그러니까 자기 마음에서 잘못돼서 행을 잘못하거나, 마음을 잘못 쓰거나 이런 것이 속으로부터 자꾸 나오면 그것을 '이러면 안 돼!' 하고 거기다가 그냥 맡겨 놓는 거죠. 맡겨 놓고 침착하게 지켜보고 체험하는 것이 진짜 참선입니다.

나는 어떤 땐 차를 타고 가다가도 슬그머니 이 속에서 눈물이 복받칩니다. 여러분을 생각만 하면 그렇습니다. '저 사람은 남인데, 자기가 아닌데도 그렇게까지 생각할 수 있을까?' 그러겠지만, 우리가 수없이 변질돼서 돌아갈 때, 이것이 됐다가 저것이 됐다가, 이 부모가 됐다가 저 자식이 됐다가, 이렇게 사생(四生)의 모든 천차만별의 생명이 뒤바꿔지면서 돌아갔을 때는 어떤 것이 내 자식이고, 어떤 것이 내 부모인지 전혀 분간할 수가 없는 것입니다. 지렁이도 부모가 있고 자식이 있습디다. 뭐, 풍뎅이도 그렇고, 가재도 그렇고, 물고기도 그렇고 어떤 거를 막론해 놓고 다 부모가 있고 자식이 있어요. 남녀가 있고요. 그런데 그 남녀가 아무리 사랑하고 아무리 잘 산다 하더라도 연방 변질이 되고 연방 바뀌어서 돌아가니까 어느 때 어떻게…, 그 행복도 잠시 잠깐이죠, 알고 본다면. 그러니 그 돌아가는 수레바퀴 속에서 벗어나야 된다는 얘깁니다.

항상 말씀드리는 거지만, 얼마나 기가 막혔으면, 부처님이 깨달으신 후 사십구 년을 설하시면서도 "나는 생각해 본 예도 없고, 한 예도 없고, 나도 없고…." 그렇다고 하셨을까요. 알고 보니까, 생각해 보니까 '천상천하 유아독존(天上天下唯我獨尊)' 이거든요. 지렁이 소굴에서는 지렁이가 높고, 호랑이 소굴에서는 호랑이가 높고, 안 그렇습니까? 저마다 다 높은 거예요. 저마다 다 높고, 저마다 다 나 아님이 없으니, 자기 아님이 없으니, 자기 아픔 아님이 없고 이러니, 따로이 '내가 너희들을 가르쳤다' 이럴 수가 있나요? 이럴 수가 없죠. '내가 마음을 내서 너희들에게 길을 인도했다' 이럴 수도 없고, '내가 너희들을 건져 줬다' 이럴 수도 없죠. 안 그렇습니까?

항상 여러분한테 이런 걸로 표현해서 얘기해 드리죠? 줄과 줄, 전깃줄과 전깃줄, 전자와 전자라구요. 이것이 있기 때문에 불이 들어올 수 있다 이런 거예요. 그러니까 여러분이 나한테 접근을 해서 모습은 다르지만 간절한 마음이 여기 와 닿을 때, 나도 간절한 마음이 함축이 돼서 가서 부딪히면 불만 번쩍 일어났지, 이 줄이 했다고 할 수도 없고 저 줄이 했다고 할 수도 없지 않습니까? 이렇게 자세히 얘기를 해 드리는 겁니다.

그러니까 '내가 부처니라' 이럴 수도 없고, '내가 가르쳤다' 이럴 수도 없어요, 네? 저쪽 놈도 있으니까. 상대성 원리로서의 이쪽 놈과 저쪽 놈이 합쳐지지 않는다면 에너지가 나올 수가 없거든요. 그렇기 때문에 '내가 했다, 네가 했다' 그런 것이 아예 없는 반면에 '불만이 덩그마니, 밝게 광명이 이루어졌다' 이 소리만 나올 수 있죠. 그러니까 부처님이든 중생이든 하여간에 모두가, 99%는 부처니까, 중생을 끼고 다녀서 걱정이지. 그러니까 '모두가 한마음의 불이다, 한마음의 광명이다' 이럴 수밖에 없죠. 그러니까 무슨 육근(六根)이 어쩌니, 육진(六塵)이 어쩌니, 육식(六識)이 어쩌니, 십팔계(十八界)가 어떠니 이러한 문제를 들고 나올 수가 없어요. 왜냐하면 거기에는 아무것도 붙지 않기 때문입니다. 그저 마음과 마음이 와짝 붙으면 불이 들어올 뿐이죠.

그래서 여러분이 이 공부를 잘하신다면 '컴컴하면 불을 켜면 되고' 이 소리가 나옵니다. 왜 컴컴하게 삽니까? 컴컴하면 불을 켜서 밝게 살고, 배가 고프면 먹고, 소화시켜서 똥 누고 싶으면 시원하게 똥 누고, 편안하게 잠자고 싶으면 잠자라 이겁니다. 이것이 그냥 그대로 이렇게…, 이것을 말로만 하는 게 아닙니다. 진짜 그렇게 할 수 있는 그런 것이 여러분에게 주어져 있기 때문입니다. 아무리 이 세상 이치가 복잡다단하다 할지라도 한 시간의 꿈입니다. 한 시간의 꿈! 한 시간의 꿈을 훌떡 벗어나면 세세생생에 끝 간 데 없이 그냥 그대로 불바퀴 속에서도 벗어나는 것입니다. "그럼 뭐가 되느냐?" 이러겠죠? "그럼, 그렇게 벗어나면 뭐가 되느냐?" 하고 또 따지겠죠? 따지기 좋아하는 분들은 따집니다. 그러나 벗어나면 벗어나는 거지 뭐가 그렇게 탓이 많고 이유가 많습니까?

우리가 영화배우들이라면 과거에 어떻게 살았느냐에 따라서 그 소임을 맡아서 주어진 역들을 합니다. 그렇게 소임 소임, 자기 잘하는 대로 소임을 맡아서 이 세상에 나오는데, 작은 거든지 큰 거든지 다, 남한테서 받아 가지고 나올 생각을 하지 말고 감독이 되라 이거죠. 즉 말하자면, 옥황상제도 벗어나야 됩니다. 하하하…. 부처라는 것도 벗어나야 부처입니다. 이 태양과 이 산하대지는 그대로 어머니이자 아버지죠! 그런데 우리의 마음과 마음이 서로 광명을 이루고 창조를 하고, 창조력을 기르고 이럭하는 것도 바로 인연에 따라서 모두 돌아가는 거 아닙니까? 그러니까 천지도 둘이 아니죠. 어떻게 천지가 둘이겠습니까?

L.A.에서도 길을 지나가다 보니까, 그러니까 왜 이런 말이 있죠? 개 눈에는 똥만 보인다고. 허허허…. 나이도 많이 든 백인이 말입니다, 리어카에다가 깡통, 병 이런 것만 싣고 땀을 뻘뻘 흘리면서 뛰어가고 있어요. 뛰는데 다리가 아프고 지치니까 허덕허덕하면서 그걸 끌고 가요. 가다가 언덕에 이르니까 그냥 허덕허덕합니다. 그걸 보는 순간, '참, 세상에도 모두가 자기가 한 대로 저렇게 소임을 맡아 가지고 나왔구나!' 개미가 왜 개미가 된 줄 아십니까? 그 백인이 소임 맡아 가지고 나온 거나, 개미들이 소임 맡아 가지고 나온 거나 뭐가 다릅니까?

소를 한 마리를 잡아서 버리면, 호랑이는 양쪽 팔, 다리를 모두 떼어서 먹습니다. 그러고 나서 또 여러 짐승들이 오는데 창자 먹는 놈이 있고, 살 뜯어 먹는 놈이 있습니다. 그런 뒤에는 뼈에 살 붙은 걸 떼어 먹는 새들이 있습니다. 아주 차례차례로 그렇게 소임을 다 맡아 가지고 그렇게 뜯어 먹고 뼈다귀만 남으면 그 때는 개미 차례입니다. 그 뼈다귀 속에 들어 있는 거를 다 먹거든요. 그래, 그 백인이 그럭하고 가는 거를 볼 때 개미 생각이 퍼뜩 나는 겁니다. '아유, 저 사람 개미 좀 봐!' 하구요. '사람의 모습은 가졌지만, 그런 것을 얼마나 과거에 즐겼으면 사람으로 태어나서도 사람 개미로서 저렇게 소임을 맡았어야 했을까?' 하고 말입니다.

그러니까 어렵다, 망했다 이런 것도 남의 탓 할 게 하나도 없어요. 그러니까 빨리 수습을 하는 길은 '내 탓이야. 내가 과거에 어떻게 살았느냐에 따라서, 인연에 따라서 모두 얽히고 얽혀서 입력이 돼서 이 세상에 지금 나오고 그렇게 되는 것이지. 그러니까 너 알아서 해라. 너만이 그 얽힌 거를 풀 수 있고 너만이 해결할 수 있다.' 하고 거기다 맡기는 그 작업을 하는 데 있습니다. 그 작업이란 한 발짝 한 발짝 걸어가면서 지켜보는 관법(觀法), 즉 관해 봐라, 지켜봐라 이거죠. 지켜보면서 마음으로 다스려 가면서 체험하는 것이 아주 제일 빠른 방법입니다, 지금. 그렇게 한다면 빨리 일어설 수 있는 계기가 되는 거죠.

그런데 여러분이 다 그렇지는 않으시겠지만, 그냥 급하게 닥치면 아예 잊어버려요. 잊어버리곤 방방 뛰어요, 그냥. 나온 자리에다 다시 놔야 할 텐데, 내보낸 자리에다 도로 놓고, 내보낸 놈더러 해결을 하라고 그래야 빨리 수습이 되는데, 엉뚱하게 딴 데다가 그냥 전부 깔아 놓고는 온통 팔팔 뛰니까 이건 더 더딜 수밖에 없는 겁니다. 한참 돌다가 생각이 나면 그때서야 놓으니 이미 차 지나간 자리 아닙니까? 하하하…. 우리 이왕지사 이 자리에 앉았으니 질문도 하세요.

사회자 큰스님께서 잠깐 말씀이 계실 줄 알았는데 오늘 상당히 긴 시간을 하셨습니다. 그동안의 여독과 피로가 풀리시지 않으셨을 겁니다.

큰스님 재밌지 않아요?

사회자 오늘 질문은 생략하겠습니다.

큰스님 왜요? 아, 청년 법우들도 있고 그런데 뭐….

사회자 다음 기회에 듣겠습니다. 아무튼 오늘 감명 깊은 법문 감사히 들었습니다.

큰스님 하하하…. 이런 강제성이 어딨어요? (대중 웃음)

이거 보세요! 내가 아르헨티나로 15시간을 비행기를 타고 가야 했는데, 그날 L.A.에서 아주 피곤했어요. (대중 스님들을 보시며) 어디서 왔지? 아, 콜로라도에서, 콜로라도에서도 또 한참입니다, 거기가. 콜로라도에서 바로 와 가지고 설법을 하고 이러다 보니까 너무 피곤했습니다. 그래서 이렇게 턱 드러누웠더니 애들이 영 가질 못하게 했습니다. 가질 못하게 하니까 아, 요게 꾀가 조금 납디다.

그래서 '아이, 이거 재들도 그만두라는데 나도 좀 그만 쉬어 볼까?' 이러고 있는데 아, "뜨르르" 전화가 오는 겁니다, 아르헨티나 지원 스님한테서. 전화로 "스님이 오실 줄 알고 다 그냥 이렇게 기다리고 있는데 안 오신다면 어떡합니까? 난 어떡합니까. 난 어떻게 하라고 그러십니까?" 하고 아, 엉엉 우는 겁니다. 그 순간 말입니다, 그 순간 피로하고 뭐고, 어떤 것도! 하늘이 그냥 가로막는다 하더라도 그냥 와짝 제끼고선 일어나지는 기분이에요. '가야지!' 아, 그러니까 일어나집디다. 그런 거 뭐, 아랑곳없어요. 이 세상이 다 가로막는다고 하더라도 그것은 가로막을 수가 없는 겁니다.

그렇듯이 좀 열정 있게 해 보십시오. 그러고선 나한테 "아이고, 피로하시니까, 피로하시니까 그냥 쉬십시오." 이러는데 아니, 전쟁에 나갔던 사람이 뒤로 돌아선다고 죽지 않나요? 전쟁에 나갔으면 그냥 전진하는 겁니다. 이래 죽어도 한세상, 저래 죽어도 한세상이에요. 하하…. 그렇게 좀 더 빠릿빠릿하고 결사적으로, '내가 이 길을 걷지 않는다면 세세생생에 끄달릴 거다. 그리고 내가 위로 부모의 빚을 갚아서 건질 수도 없고, 아래로 뿌려 놓은 자식들의 모든 업보도 해결할 수가 없다.' 하고 결사적으로 해 보십시오.

사회자 감명 깊은 법문 감사합니다.

한 팥죽 솥의 팥죽 방울

1992년 9월 6일

사회자 오늘은 큰스님 법문을 듣기 전에 저희들이 평소에 궁금했던 점을 큰스님께 질문 올리고자 합니다. 먼저 질문을 해 주십시오.

질문자1(남) 저는 국민학교 3학년 때쯤인가, 불교가 뭔지도 모르는 상태에서 마음을 한번 찾아본 적이 있어요. 가슴속에서 원 두 개가 교차를 하면서, 정신 집중을 하면 그 두 개가 하나가 돼 가지고 몸 안으로 흡입이 되고, 흡입이 될 때 어떤 희열 같은 것을 느꼈거든요. 그리고 어릴 때는 항상 '마음공부를 하면 누구보다 잘할 자신이 있다.' 하는 그런 생각만 갖고 있었어요. 그리고 제가 불교에 들어온 지 한 2년 됐는데, 몇 달 전 어느 날 아침에 일어났는데, 마음이 편안하더라구요. 그래서 보니까 머리맡에 원 하나가 올려져 있더라구요. 이런 것이 환상인지 아니면 어떤 건지 잘….

큰스님 원이 보이든지, 어떠한 물체가 보이든지 그것은 다 제자리에다 되놔야 됩니다. 당신 자체가 그것이 왜 그런지를 모르니까 거기다 되놓고, 그 원리가 어디서 어떻게 해서 왔는지 그것을 침착하게 실험해야 됩니다. 그것이 곧 참선입니다. 어떤 게 나오든지, 부처가 나오든지, 부처를 보든지, 원을 보든지, 중생을 보든지, 미치광이를 보든지 모든 것을 제자리에다 놓으십시오.

질문자1(남) 참선을 할 때요, 조금만 노력하면 잡념이 없어지거든요. 그런데 그 잡념이 없어진 상태에서 머물러야 되는지, 아니면 어떤 분은 잡념이 없어진 그 상태에서도 주인공 화두라든지, 이 마음 도리를 항상 잡고 있어야 된다는데, 어느 것이 옳은지 분별이 잘 가지 않습니다. 마음에 그 한마음을 항상 잡고 있어야 하는 건지, 아니면 잡념이 없어진 그 상태에서 계속 머물러 있어야 되는 건지 그것이 알고 싶습니다.

큰스님 머무르지 않는 것도 아니고 머무르는 것도 아니에요. 일상생활에서 닥치는 대로 뭐든지 그대로 놓고 간다면 그대로 참선이에요. 그러니까 어떠한 것도 참선 아님이 없어요. 꿈이 생시며 생시가 꿈이면서, 온갖 생활 하는 자체가 그대로 잡념이자 그대로 참선이에요.

이런 이야기가 있죠. 여러분이 아마 다 아실 거예요. 어느 절에서 동짓날 팥죽을 쑤는데, 팥죽이 부글부글 끓어서 팥죽 방울이 올라오니까 주걱으로 젓다가 말고, "요것도 문수! 저것도 문수! 요것도 문수! 요것도 문수!" 하고 쳤더랍니다. 그런데 그 '문수' 라고 한 것을 가만히 생각해 보세요. '주걱으로 팥죽 솥의 팥죽 방울을 쳤다' 고만 생각하지, 여러분 마음속에서 일어나는 생각을 '이것도 주인공에서, 저것도 주인공에서, 요것도 주인공에서' 하고 놓는 사람은 별로 없어요. 그 팥죽 솥에서 주걱으로 그렇게 쳤다는 것은, 즉 팥죽 솥은 자기 몸뚱이요, 그 팥죽이 끓어 방울방울 나오는 거는 속에 들어 있는 수십억의 의식들인데 그것을 놓는다는 뜻이죠.

과거에 어떻게 살았느냐에 따라서, 즉 말하자면 악업이든 선업이든 자기가 짓고 자기가 융합이 돼서 나온 거니까, 거기서 나오는 거를 달리 보면 안 되거든요. 환상으로 보이거나, 원으로 보이거나, 부처로 보이거나, 미인으로 보이거나, 목신으로 보이거나, 무정물로 보이거나 어떠한 걸로 보이든지 다 한 팥죽 솥에서 방울이 나오는 것이기 때문에, 즉 말하자면 내 몸뚱이에서 모든 것이 나오는 것이기 때문에 거기다가, 제자리에다가 다시 놓는다면, 놓고 지켜보고 실험하고 체험한다면 그것이 진짜 참선이지요. 그리고 우리가 모든 것을 제자리에다가, 그 나온 자리에다 되놓을 때…, 항상 말씀드리죠. 카세트테이프에 녹음됐던 거를 어떻게 해야 없앨 수 있는지를요. 녹음된 그 카세트테이프는 다시 녹음을 해야만이 앞서 넣은 녹음이 다 없어지죠. 그렇죠? 그러니까 아까 팥죽 그릇 얘기 했듯이, '내 몸뚱이가 팥죽 그릇이요, 그 속에서 악업 선업으로 인해 현실에서 일어나는 모든 것이 바로 그 팥죽 방울과 같다' 이겁니다. 그러니까 모든 것을 제자리에 되놓는다면 카세트테이프에 녹음된 것이 다 없어진다는 거죠.

질문자1(남) 그리고 어릴 때부터 내가 온 우주의 중심이라는 생각을 항상 갖고 있었어요. 그리고 요즘은 관하는 마음으로 세상을 보고 있는데요, 저는 언제쯤 견성성불할 수 있는지 여쭙고 싶습니다.

큰스님 하하하…. (대중 웃음) 그렇다면요, 나부터 발견해야 하지요. 왜냐? 내가 이 세상에 나오고 나서부터 상대가 생겼고, 또 모든 세상이 벌어진 걸 알았어요. 그러니까 첫째는 나부터 알아야 하고, 둘째는 '이 세상이 모두 그냥 자유스럽게 살게끔 돼 있구나!' 이런 걸 알아야 돼요. '자유스럽게 살게 놔뒀는데 왜 자유스럽게 못 사나? 자유스럽게 살지 못하는 것은 바로 나로부터 원인 된 것이 아닌가?' 하고 그렇게 그 도리를 알아야 하지요. 나부터 알아야 진짜 그렇게 자유스럽게 살 수 있어요. 그러니 내가 어디서 왔는지, 지금 어디로 가는지, 지금 무엇을 하고 있는지 그것만 알면 돼요.

질문자1(남) 감사합니다. 제가 이렇게 행동하면서도 '아, 이것이 주인공의 나툼이구나!' 하는 마음으로 항상 행동을 하고, 생각하는 것도 '주인공의 나툼이구나!' 하고 항상 생각을 하고 있거든요. 이것이 맞는지요?

큰스님 그래요. 자기가 일체 만법을 다 하는데 자기가 어떠한 것을 할 때에 '내가 했다' 고 할 수 없는 게 '공(空)했다' 는 거거든요. 그래서 자기까지도 '공' 해 버렸어요. 그게 모두 나툼이에요. 모두 변하고 부서지고 하는 반면에, 지난번에도 얘기했듯이 남편 노릇을 하고 또 부모 노릇을 하고, 또는 자식 노릇을 하고 형제 노릇을 하고 그러는데 걸림이 있습디까, 없습디까? 없죠? 그리고 자동적이죠. 세 가지가 종합되어서 자동적으로 하는 거예요. "아빠!" 하고 부르면 "그래!" 하고 아버지 노릇을 하면서, 아버지로서 말을 하고 아버지 행동을 한단 말입니다. "여보!" 하고 부르면 남편 노릇을 하고, 남편으로서 행동하면서 남편으로서 말을 하니 모든 것이 세 가지가 자동적으로 종합돼서 돌아간단 말입니다. 부처님 법이란 딴 데 있는 게 아니라 우리 생활 속에, 천차만별로 돌아가는 이 생활 속에, 바로 우리 살림 속에 있는 것입니다. 그러니 부처를 딴 데 가서 찾을 생각은 아예 하지 말아야죠. 자기가 앉아 있는 자리에, 어디 가서 앉아 있든지 자기가 앉아 있는 자리에 있는 것입니다.

질문자2(남) 저는 부산에서 올라왔습니다. 저는 어린 시절, 태앓고부터 항상 우울하고 계속 누워만 있고 싶은, 그런 증세가 지금까지 계속되고 있습니다. 그래서 교회당이다, 절이다, 좋은 약이다 하고 이 지구상에 좋다는 것은 다 해 봤어도 궁지에 몰려 있는 형편이었습니다. 언제나 저의 건강 상태에 대해 '이 이상은 더 어쩔 수가 없다.' 이런 생각을 가지고 살고 있었는데 금년 6월 6일 서울에 볼일이 있어서 외갓집에 들렀다가, 외숙모님 안내로 선원을 알게 됐습니다. 여기서 부산지원이 있다는 말을 듣고 부산지원에 한 번씩 나가게 됐습니다. 그런데 제가 몸이 이렇다 보니까 밤 시간에는 마음공부 하는 게 정신적으로 잘 안되기 때문에, 아침에 물 뜨러 가는 김에 공부도 할 겸 뒷산에 조용한 장소를 하나 정해 놨습니다. 거기서 잠깐 동안 마음공부를 저 나름대로 들은 그대로 하는데, 어디서 해도 괜찮은지 그게 궁금해 가지고….

큰스님 될 수 있으면 서나 앉으나, 누우나 일을 하나…, 이것을 입선, 좌선, 와선, 행선 그렇게 말을 합니다. 이 모든 것을 한데 합쳐서, 우리가 생활 속에서 일할 때도 자기 몸뚱이가 하는 게 아니라 자기 몸뚱이 속의 자기 주인공이 하는 겁니다. 그러기 때문에 어떠한 거든지 자기 내면의 주인공이 하지 않는 것이 하나도 없어요.

그런 거와 같이, 지금 차가 있다면 무슨 차든지 운전수가 몰지, 차가 운전수를 몰고 다니는 법은 없어요. 그와 똑같습니다. 주인공이 자기 몸뚱이를 끌고 다닌다는 것은 운전수가 차 끌고 다니는 것과 같기 때문에 그 차가 고장이 나면 운전수가 고쳐서 끌고 다닙니다. 딴 사람이 해 주지 않습니다. 꼭 운전수가 어디 뭐, 차 고치는 데로 가든지, 자기가 손수 고치든지 그렇게 해서 끌고 다닙니다. 그와 같이 내 몸뚱이를 내가 끌고 다니는 것과 같은데, 그 주인공이란 수억겁 광년 전부터 나를 진화시키면서 끌고 온 장본인입니다. 지금 현재만 운전수가 아니라 과거도 운전수였고, 지금 현재도 운전수고, 미래도 운전수일 겁니다. 영원히 변하지 않습니다.

그러니 그 운전수를 믿고, 일을 하면서도 어떠한 생각이 나면 거기다가 맡겨야 하는 거죠. 일하면서 부아증이 일어나면 '그것도 당신밖에 해결할 수 없어.' 하고 거기 놓고…, '해 주시오' 가 아니라 '할 수 있다' 입니다. 좀 여유가 있으면 앉아 있다가도 생각나면 거기다 놓고, 물통을 가지고 가면서도 거기다 놓고, 일상생활 속에서 시간을 따로 정해 놓지 말고 시시때때로 나오는 대로, 용도에 따라서 나한테 닥치는 대로 거기다 놓고, 거기서만이 이끌어 주고, 거기서만이 해결해 주고, 거기서만이 낫게 해 주고, 거기서만이 화목하게 해 주고 모든 것을 그렇게 한다고 생각을 하셔야 합니다. 사실이 그러니까요.

그 생각이라는 게 얼마나 중요한지 모릅니다. 우리가 자녀들을 기르고 그러는 데도, 부부지간에 살고 부모자식지간에 살고 이러는 데도요, 항상 나쁘게 생각을 하고, 밉다고 생각을 하고, 그냥 공부를 안 한다고 "너는 평생 가도 그 꼴밖에 못 돼!" 하고 욕을 한다면 그것이 그냥 그대로 입력이 되는 겁니다. 이건 거짓말이 아닙니다. 잘못하는 일이 더 많지 어떻게 잘하는 일만 생기겠습니까? 그런데 그런 일이 생길 때마다 잘못하는 대로 욕을 해 대고, 마음으로 미워하고 그냥 신경질을 내고 이런다면 그게 그대로 입력이 되는 겁니다. 그래서 입력된 그대로 그냥 되는 겁니다. 팔자 운명이라는 게 달리 생기는 게 아닙니다. 모두 그런 상대성 원리, 인연에 따라서 아주 곧바로 그냥 입력이 되는 겁니다. 그건 자동적입니다.

그러니까 마음을 넓게 쓰고 아주 부드럽게 행동하고 부드럽게 말하면서 모든 것을 놓치지 말고 그렇게 해라. 자녀들이 어떻게 부모 속을 안 썩이고만 살 수 있겠습니까? 부모의 속을 삼분의 일을 썩이는 사람도 있고, 반을 썩이는 사람도 있고, 전혀 안 썩이는 사람도 있지마는, 그래도 이렇게 속이 상하든지 저렇게 속이 상하든지, 속 썩기는 마찬가지입니다. 그러니까 위로는 부모를 모시고 아래로는 자식들을 기르는데, '어떻게 하면 좋은 생각으로 좋은 행동을 하고 좋은 말을 할 수 있을까?' 하고 그렇게 자기 마음을 자기가 다스리면서 거기다가 맡겨 놓고 부드럽게 하시란 말입니다. 거기다가 모든 것을 놓고 부드럽게 해야 그게 그대로 돌아갑니다. 그냥 '옛다, 봐라.' 이렇게 그냥 포기해 버린다면 아니 됩니다. 컴퓨터도 사람이 입력을 해 놔야 쓰듯이, 꼭 자동적인 컴퓨터에다가 입력을 해 놓고 부드럽게 행동을 하시라 이겁니다. 이렇게 말씀해 드려도 행이 그렇게 안 된다면 난들 어떡하겠습니까?

질문자2(남) 감사합니다. 제가 지난 금요일에 와서 큰스님 뵈었을 때, 뒤에 또 친견하실 분도 많고 아픈 사람이 많이 계신다 해서 대강 "태앓고부터 항상 몸이 피로합니다." 하고 말씀을 드렸더니 "그러면 간장약을 좀 잡수세요."라고 말씀을 하셨습니다. 제가 현재 가지고 있는 병 증세가, 마음이 항상 불안하고 초조하고, 밤에 피곤해서 잠을 자도 깊이 안 들고, 잠이 들었다가 말았다가 꿈도 꾸고 이렇습니다. 제가 금년에 나이가 마흔 아홉인데, 약 40년간 이런 생활을 해 오면서 간장약이다 보약이다, 이 지구상에서 좋다는 것은 다 먹어 봐도 지금까지 효력을 조금도 못 보고 있는데, 제가 궁금한 거는 과연 제가 간장약을, 그 신약을 먹어야 하는지, 아니면 탕약을 먹어야 하는지 하는 이런 문제로 큰스님께 말씀을 드려 봅니다.

큰스님 하하하…. 이게 형체가 있는 물질세계에서는 간장약은 간장약이고, 콩이다 하면 콩이고 팥이다 하면 팥입니다. 그러나 보이지 않는 정신세계에서는 간장약도 다른 약이 될 수가 있고, 다른 약도 간장약이 될 수가 있습니다. 댁에서 별 약을 다 잡쉈다 하더라도 간장약을 잡수시라고 할 때는 '그래도 무슨 연고가 있길래 먹으라는 걸 거다' 하는 생각을 좀 해 보시면 안 됩니까? (대중 웃음)

질문자2(남) 예, 그래서 제가 큰스님 말씀….

큰스님 이 간장약이라는 것은 여러분이 생활하는 데에 피로회복제도 됩니다. 피로회복제가 되기 때문에 몸이 피로하면 관하고 나가는 데에 더욱 힘이 들까 봐 그렇게 말씀드린 겁니다. 그런데 팥이라고 해도 콩일 수도 있고, 콩이라 해도 팥일 수가 있으니까, 그거를 침착하게 생각하시고 지혜 있게 드십시오.

질문자2(남) 제가 약을 안 먹어 본 것 같으면 '약을 한번 먹어 보자' 이런 마음이 들겠지만, 솔직한 말입니다. 약을 많이 먹어 봤기 때문에 '약 안 먹어도 큰스님 말씀이 바로 약 아니냐?' 해서 약을 아직도 준비를 안 했습니다. 준비도 안 하고….

큰스님 그래도 그런 근기가 있다면 됩니다. 그런 근기가 있다면 그냥 내가 말하는 그대로 찍어 놓지 말고, 자기 스스로 생각해서 한번 자기 몸을 검토해 보고, 자기가 지금 어떻게 믿어야 하고 어떻게 해야만 되는지, 자기가 결정하는 대로 그것은 자기 자유입니다. 약을 잡숫고 안 잡숫고는 자기 자유입니다. 내 생각으로는 너무 방황하고, 너무 끈기가 없고, 너무 짜증이 심하고 그렇기 때문에, 간장약을 피로회복제로 잡수시면 짜증도 좀 덜 나고 그럴 것 같아서 그랬습니다. 그러니까 그저 그런 것도 '간장약이다' 이러지 마시고, 우리가 일상생활에서 밥을 먹는 거는 왜 먹습니까? 살기 위해서 먹죠? 살기 위해서 먹는 밥인데, 밥은 왜 끼니를 거르지 않고 먹으려고 합니까? 그런 것을 좀, 간식으로 생각하거나 밥으로 생각하면 안 됩니까? 모든 것이 생각하기에 달린 겁니다. 미련하게 살지 마십시다. 미련하면 이건 한군데 굳혀 놓고 그저 그냥…. 이 공부하는 것만 한군데 굳히랬지, 한군데 마음속에서 나오는 그 자체는 무궁무진합니다. 누가 갖다 주는 것도 아니고 누가 뺏어 가는 것도 아닙니다.

보십시오. 역사를 본다 하더라도 나무때기로 도구를 만들어 쓰는 시대가 있었고, 또는 돌을 깎아서 도구로 쓰는 시대가 있었고, 또는 구리로 만들어서 쓰는 시대가 있었고, 철로 만들어서 쓰는 시대가 있었고, 금속으로 만들어서 쓰는 시대가 왔고요. 그런데 그것도 누가 갖다 준 게 아니지 않습니까? 모두 생활을 하다 보니까 아쉬운 점이 나왔단 말입니다. 마음에서 '이거를 이렇게 하면 되겠다' 하는 그런 생각이 나온 자체가 뭘 말하느냐? 여러분이 일체 만법, 그 무한의 진리를, 무한의 능력을, 창조력을 다 갖추고 있다는 사실 자체를 보여 주는 겁니다, 그게.

그렇게 능력을 가지고 있으니까 자꾸자꾸 발전이 되는 겁니다. 이날까지 발전이 돼서 지금 통신이라든가, 무기라든가, 또는 어떠한 회사의 기계라든가 이런 것도 다 그렇게 만들었지 않습니까? 이렇게 창조를 해서 내놓고 이렇게 발전이 되는 것도 여러분의 마음에서 나온 겁니다. 그러니까 마음 하나가 그렇게 중요하다는 얘깁니다. 이 세상을 다 자유스럽게 살게 해 놨는데 왜 그렇게 자유스럽게 못 사느냐는 얘깁니다. 삼라만상이 다 자유스럽습니다.

그런데 모르니까 그렇다 하지마는, 좀 마음을 넓게, 보고 듣는 대로 모든 것을 넓게 쓰세요. 우리는 색깔을 보고 저런 나무들이 어떠한 종류인가 하는 것도 밝혀내서 알고, 이렇게 잘 보고 삽니다. 그런데 빛보다 더 빠른 것은 이 마음의 심력입니다. 심력! 빛은 가다가도 물질이 있으면 반사가 돼서 다시 돌아올 수도 있고, 거기에서 또 늦춰질 수도 있고 중단될 수도 있어서, 빛이 그렇게 빠르다 해도 그런 한계가 있지만, 심력이라는 것은 은산철벽도 그냥 뚫고 나갑니다. 어떠한 물질이고 아랑곳없어요! 어디고 아랑곳없습니다, 정말! 멀고 가깝고도 없고 어떠한 물질이 앞을 가로막아도 그냥 뚫고 나가는 것이 바로 심력입니다. 그러니까 이 공부를 하시라고 이렇게 권하는 겁니다.

그런데 하물며 내 집을 쓰고 다니면서, 내 집을 내 시자로, 내 종으로 이렇게 이끌고 나가면서 내 종 하나 다스리지 못해서야 어떻게 불자라고 하겠습니까? 모두 중심이 튼튼치 못하고 마음이 요변덕을 떨기 때문에 그렇지, 진짜 수억겁 광년을 거쳐서 나를 이렇게 진화시켜서 끌고 온 주인을 생각한다면 진짜로 믿어야 될 거 아닙니까? 잘 끌고 갔든 못 끌고 갔든 자기 주인이 끌고 온 겁니다, 여직껏! 그런데 주인을 의심하고 믿지 못해서 거기에 턱 맡길 수가 없다면, 여러분 몸도 역시 그렇게 흔들리는 겁니다. 엊그저께도 얘기했지만, 큰 트럭을 운전수가 막 요변덕을 떨고 앞을 가로막으면서 끌고 가요, 충돌할 듯이. 그래서 내가 옆에 앉아 있는 기사더러 그랬습니다. "저것 좀 봐. 저 안에 운전수가 개떡 같으니까 저 차도 개떡같이 구르잖아?" 하고요. 그거에요, 바로. 사람의 마음이 개떡 같다면 사람의 행동도 개떡 같아요.

그러니까 여러분이 '야, 우리 심력이라는 게 그렇게 중요하고 광대무변하고, 이 세상을 그 심력에다 다 넣어도 두드러지지 않는구나! 다 넣었다 꺼내도 줄지 않는구나! 이렇게 심오하고 이렇게 광대무변한 우리의 심력을 무시해서는 안 되겠구나!' 하는 생각으로 좀 더 밀고 나갈 수 있는 그 힘이 있다면, 인내가 있다면…. 여러분이 살아생전에 몸이 있는 채로 그 도리를 알아야 이름해서 열반계에도 가는 거지, 아니, 죽기만 하는 것이 열반이 아니에요. 살아생전에 '내가 나온 게 없기 때문에 갈 곳도 없다' 는 걸 알아야 열반이에요. 자세히 말하자면 '마음은 체가 없고 순식간에 나투면서 돌아간다' 는 그 점을 알면 열반을 할 수가 있죠.

사회자 이것으로써 질문을 모두 마치고, 큰스님의 법문을 끝마치도록 하겠습니다.

큰스님 오늘은 또 왜 이렇게 간소합니까? 하하하…. (대중 웃음) 저, 질문을 한두 분 더 받았으면 좋겠는데요.

사회자 준비가 안 됐습니다. (대중 웃음)

큰스님 (앞으로 나오고 있는 질문자에게) 예, 오세요. 허허허…. (대중 웃음) 그저 나를 위하는 마음, 그지없이 감사합니다.

질문자3(남) 광주에서 올라왔습니다. 오늘 여쭤 보려고 하는 것은 저희가 여러 스님들이나 선지식들, 또 여러 사람한테서 선업을 행하고 악업을 짓지 말라는 말씀을 많이 듣고 그렇게 생활을 하려고 합니다. 그런데 제일 먼저 제가 궁금한 것은 '선업과 악업을 어떻게 나눌 것인가?' 그것이 궁금하고, 그다음에 왜 선업만 지어야 하는지 그것을 말씀해 주셔서 제 의문을 완전히 끊어 주시기 바랍니다.

큰스님 허허허…. 왜 선업만 지으라느냐 이거죠? 선업을 지으면 즉 좋은 일을 하고 선하게 행동하고 좋게 말하고, 모두 선업을 지으면 선의 공덕이 되죠. 콩 심은 데 콩 나고 팥 심은 데 팥 나니까요. 악을 지으면 악의 업이 될 것이고 선업을 지으면 선업이 될 것이니까, 선업을 지었다면 죽었다 해도 선업이 쫓아다닐 거고, 또 악업을 지었다 하면 악업이 쫓아다닐 거니까요. 보물, 집, 재산이나 친우, 부모, 자식 이런 거는 다 쫓아가지 않아도 그 악업이나 선업은 꼭 쫓아다닙니다. 그러니까 '선업을 지어라' 이러는 겁니다.

그런데 우리가 공부하는 데는 '선업이든지 악업이든지 다 놔라' 이겁니다. 선업을 짓게 되면 악업도 거기 쫓아 들어갈 거고 또 악업을 지으면 선업도 쫓아 들어갈 테니까, 영 벗어날 수가 없어요. 그래서 악업도 놓고 선업도 놓으라고 하는 겁니다. 선업은 감사하게 놓고, 악업은 '악업도 거기서 나온 거니까 선업이 나오게 할 수도 있다.' 하고, 단호하게 거기다가 굴려서 놓는다면 악업 선업을 다 놓는 게 되죠. 또 질문할 분 없어요?

사회자 진작 준비를 하려고 무척 노력을 했는데 준비가 잘 안되었습니다. 다음에 많은 질문 올리겠습니다. 오늘은 이것으로써 법문을 마치겠습니다.

큰스님 (합장하시며) 만들어서 하려면 질문이 잘 안됩니다. 일상생활에서 내가 좀 갑갑하고 좀 알쏭달쏭하고 이런 거를 그냥 하든지, 또 내가 알더라도 딴 사람을 위해서 질문을 할 수도 있습니다. 그러니까 여러분이 어려웁게 생각 마시고 질문을 아주 신선하고 싱그럽게, 그냥 생활 속에 있는 것을 해 주셔도 좋습니다. 우주와 일체 만물과 생활이 모두 다 인간의 마음에 직결이 돼 있으니까요. 모두 그렇게 하려고 든다면 그대로 됩니다. 서서히, 자동적으로, 자연스럽게 말이죠. 그럼 이것으로써…, 그만두라니까 또 그만둬야죠, 어떡합니까? 허허허…. (대중 웃음) 하라니까 해야 하구요.

사회자 '일체제불의 마음' 이 있겠습니다.

큰스님 그 노래만 잘 새기십시오.

나의 근본이 곧 우주의 근본

1992년 10월 4일

여러분께서 인생이 어디서 왔는지, 어디로 가는지, 지금 무엇을 하고 있는지 그것을 아시기 위해서 이렇게 수행을 하시는 것에 대해 너무나 기쁘게 생각합니다.

가만히 생각해 보십시오. 말을 들어서만 꼭 아는 것이 아니라 말을 안 듣고도 아셔야 할 것이 너무 많습니다. 팔만대장경에 어떻게 이 세상 이치를 다 적으리까! 여러분이 살고 계시는 이 세상을 볼 때에, 말없이 가르쳐 주고 있지 않습니까? 뭐냐? "너희는 마음에 따라서, 마음이 넓으면 넓은 대로 좁으면 좁은 대로 차원에 따라서, 악행을 하든 선행을 하든 너희 마음대로 가지고 살다가 다 놓고, 네 몸뚱이까지도 놓고 가거라." 이렇게 말하고 있지 않습니까? 안 그렇습니까? 그래서 "몽땅 다 놓고 가되, 너희가 어떻게 사느냐에 따라서 자동적으로 입력이 돼서 인과가 되고 유전이 되느니라. 그러니까 극히 조심하고 인생에서 선덕을 잘 쌓고, 나의 마음을 발견하는 것이 제일 으뜸가는 공부니라." 하신 겁니다.

그러나 그뿐이 아닙니다. 이 세상에는 개미 하나, 풀 한 포기도 전부 여러분의 스승 아닌 게 하나도 없습니다. 꼭 말을 해 줘야만 알겠습니까? 허공은 허공대로 '자유스럽게, 티 하나 걸리지 않고 흘러 돌아라' 하고 가르치고 있습니다. 그걸 보고 '나같이 살라' 고 하는 겁니다. 물은 물대로 가르치고 있습니다. 그 모든 생명들이 살아나가는 집으로서 만생을 이끌고 나가는 물은 더럽다 깨끗하다는 말 없이, 어떠한 차원도 없이 흘러갑니다. 꼭 말을 해 줘야 압니까? 그것도 바로 스승입니다. 우리들이 배워야 할 스승!

그러나 그뿐이 아니라 동쪽으로 바람이 불면 동쪽으로, 서쪽으로 바람이 불면 서쪽으로, 나무들도 바람 부는 대로 바람에 날려서 아무리 뿌리가 뽑힌다 하더라도 말없이 그대로 가고 있지 않습니까? 원통하다고 원망을 하거나, '바람이 왜 부느냐, 왜 뿌리가 뽑히게 하느냐, 왜 못살게 하느냐, 왜 눈이 오느냐, 왜 우박이 오느냐, 그래서 왜 나한테 타격을 주느냐?' 이런 말 한마디 없이 그대로 가고 있단 말입니다. 그것이 무슨 이유냐? 인간에게 가르침을 주는 겁니다. '우리처럼 말없이 살라' 고 말입니다. 그리고 또 그것뿐입니까? 봄이 오면 꽃이 피고 가을이 되면 열매를 맺어 씨를 만들어 놓고는 겨울에는 그냥 앙당한 가지만 남습니다. 그러나 뿌리가 뽑히고 뿌리가 죽는 것은 아닙니다. 그와 같이 인간도 역시 뿌리가 없어지는 건 아닙니다. 그러니 모든 게 스승 아닌 게 어디 하나나 있겠습니까?

개미들이나 짐승들을 보십시오. 날아다니는 새들도 알을 까 놓고 자기의 소임을 다하기 위해서 그거를 지키고 있습니다. 여러분도 자식들을 낳고 지키고 이끌어 주고 똑바로 가게 하려고 애를 쓰지 않습니까? 누가 어떻게 해칠까 봐 걱정이고 말입니다. 어떻게 살림살이가 다릅니까? 모습도 다르고 차원도 다르지마는 그 살림살이의 근본은 다 똑같은 겁니다. 개미들도 그렇고 말입니다. 얕잡아 볼 게 하나도 없죠. 그래서 내 스승 아닌 게 하나도 없다고 보는 겁니다. 그러니까 모든 만물만생이 다 이렇게 나와 같이 공생(共生) · 공용(共用) · 공체(共體) · 공식화(共食化)하고 서로 주고받고 하면서 돌아가는 것입니다.

그런데 부모다 자식이다 이런 데 연연하고 애착을 갖고 붙들고 늘어지는데, 그렇게 하지 마십시오. 우리가 항상 말하지마는 억겁 광년을 거쳐서 이렇게 오는 동안에 도둑질은 안 했겠습니까? 생명을 잡아먹지는 않았겠습니까? 나쁜 짓은 안 했겠습니까? 모자라지는 않았겠습니까? 병신은 안 됐겠습니까? 이렇게 가지각색으로 거치면서 여기까지 온 것입니다. 그러니까 모자라는 사람을 보면 과거에 모자랄 때 내 모습으로 보고, 잘못한 사람이 있을 때는 바로 과거에 잘못한 내 모습으로 보라는 거죠. 그러면 속에서 악이 나오지 않습니다. 분기가 없어지고 유하게 부드럽게 말이 나갑니다. 그래서 둘 아니게 보라는 거죠.

부모 자식이다 할지라도 한 철 부모 자식이지 그 한 철이 지나면 그대로 뿔뿔이 몸도 다 놓고 갑니다, 제가끔. 원점으로 돌아가죠. 거기서 또 생(生)해서, 재생이 돼서 다시 나올 때에는 자기가 어떻게 살았느냐에 따라서 과(果)를 가지고서 이 세상에 또 출현을 하게 돼 있죠. 그러면 또 딴 부모의 자식이 되죠. 이건 인간뿐만이 아닙니다. 일체 만물만생이 다 그렇다 이겁니다. 그렇다면 넓게 생각을 할 때 내 부모 아닌 게 어딨고 내 자식 아닌 게 어디 있겠습니까? 한 찰나에 인생이 가고, 한 찰나에 인생이 생하고 이렇게 돌아가는데 어떻게 요 한 철만 생각하십니까?

예를 들어서, 친구들이 모여서 놀러 갔다고 합시다. 모여서 놀러 갈 때는 한 식구입니다. 그리고 놀 자리를 잡았습니다. 그 자리에서 즐거웁게 놀다가 저녁이 되면 다 헤어집니다. 다 뿔뿔이 자기 갈 데로 다 헤어지고 그 자리조차도 내놓습니다. 그와 같은 것이 우리네 인생입니다. 우리 인생만 그런 게 아니라 우주의 섭류도 다 그렇단 말입니다. 저 혹성이나 핼리 혜성이나 또는 어떠한 별성이든 수명이 길고 짧을 뿐이지 섭류는 한가지입니다.

지금 우리 아래로 쭉 내려다보세요. 짐승들이나 새들이나 토끼들이나 뭐, 이러한 것들은 수명이 인간보다 짧고 그렇지만, 수명이 아주 긴 것도 있고, 수명이 아주 짧은 것도 있고 천차만별로 길고 짧고 길고 짧게 돼 있습니다. 인간은 열 달이 돼야만이 낳지만, 6개월 만에 낳는 것도 있고, 석 달만에 낳는 것도 있고, 몇 주일 만에 낳는 것도 있고 그거는 여러 층으로 아주 많지 않습니까? 그러니까 모든 것이 그렇게 차원에 따라서 자기한테 주어지는 것입니다. 지금 우리가 기술자면 기술자끼리 모이고, 농사꾼은 농사꾼끼리 모이고, 배를 타는 사람은 배를 타는 사람들끼리 모이고, 이렇게 끼리끼리들 모여서 살듯이 말입니다.

그런 모든 현상 속에서 우리를 끌고 다니기도 하고 다 놓아 버리게도 하는 그런 장본인인 주인공을 우리가 어떻게 믿지 않으며, 어떻게 무시하겠습니까? 수억겁 전부터 생기게 해서 이렇게 인간까지 이끌어 왔는데 말입니다. 항상 말씀드리지만 허공을 믿을 수도 없는 거고, 이름을 믿을 수도 없는 거고, 형상을 믿을 수도 없는 거고, 스님들의 고깃덩어리인 몸뚱이를 믿을 수도 없는 겁니다. "부처님 법이 어떠한 것입니까?" 하고 물으니까 주먹을 불끈 쥐고선 쑥 내밀었단 말입니다. (주먹을 머리 위로 들어 보이시며) 이게 뭡니까? 이게 뭐라고 생각합니까? 이건 내 중심입니다, 중심! 팔뚝! 중심! 이거는 (주먹을 폈다가 쥐어 보이시며) 오온(五蘊)을 다 쥔 겁니다. 이 쥐었다 하는 것은, 일체 모든 삼천대천세계의 근본이, 인간의 마음의 근본이 전부 같이 돌아간다는 겁니다.

인간의 마음만 같이 돌아가는 게 아닙니다. 태양이니 별성이니 달이니, 어느 혹성을 막론하고 같이 돌아갑니다. 같이 돌아가기 때문에 근본에 직결돼 있다고 하는 거 아닙니까? 모두가 내 살림 아님이 없고, 내 몸 아님이 없고, 내 아픔 아님이 없이 공생 · 공용 · 공체 · 공식화하며 서로 주고 서로 살리기 때문에, 이 세상사가 전부 가설이 돼 있는 근본은 바로 내 마음에 가설이 돼 있다. 그렇기 때문에 항상 '나 먼저 알아야 된다, 나 먼저 발견해야 된다, 나 먼저 믿어야 된다, 나는 나를 끌고 다니는 나를 믿어야 된다' 이러는 겁니다. 그거를 믿지 않고 누구를 믿습니까? 아무것도 몰라도 "넌 누구를 믿느냐?" 하면 "내 주먹을 믿어!" 이렇게 말하는 분들도 있을 겁니다.

초 하나를 켜 놔도…, 보십시오! 초를 켰는데 한쪽이 기울어지게 타 들어간다면 촛농이 흐르고 그러지 않습니까? 그거를 가위로다 딱 잘라서 똑바로 해 놓고, 기울어지는 것을 똑바로 세워 놓으면 한쪽이 이그러지지 않으니까 촛농이 흐르지 않습니다. 그와 같이 인간의 마음도 마음으로써 다스리면서 나가는 것이 바로 그런 거나 똑같습니다. 그래서 소고삐를 자기가 쥐고, 남의 파 밭으로 들어가면 "파 밭으로 들어가선 안 돼. 이랴!" 하고, 딴 데로 가면은 "워! 워!" 해서 항상 똑바로 가게끔 고삐를 쥐어라 이 소리입니다. 이것은 인간으로 태어났다면 안 하고 그냥 갈 수는 없는 바로 자기 공부입니다.

항상 방편으로 말씀드리지만, 내 집에 전화를 먼저 놔야 남한테 전화도 받고 전화를 할 수도 있는 거지 내 집에 전화를 놓지 않고서는 전화를 받을 수도 없고 전화할 수도 없다. 인과법칙이라든가 또는 유전법칙이라든가 이 모든 생태의 문제들을 알려면 나부터 알아야 된다는 얘깁니다. 나를 알면 일체 만법을 들이고 내는 데에 유유하고 아주 자연스럽고, 자동적으로 정신계와 물질계를 작용하면서 베풀어 나갈 수 있다는 얘깁니다. 그냥 말로만 알고 머리로만 굴려서, 이론으로만 쫙 알아 가지고 말을 아무리 잘해도 실천이 옮겨지지 않습니다.

그러니까 그러한 말을 배우려고 하지 말고 한 발짝을 떼어 놔도 실천을 할 수 있는 내 심력을 길러서, 하나하나 터득하면서 체험하면서 나가는 것이 바로 참선입니다. 꿇어앉았다고만 해서 되는 것도 아니요, 섰다고만 해서 되는 것도 아닙니다. '이 뭣고?' 하기 이전에 '만법을 들이고 내는 그것이 하나로 돌아가는구나.' 라고 해서 그것을 능가할 수 있어야만 되지 않겠습니까? 하나로 돌아가니까 '그놈이 뭣고?' 하기 이전에 아, 그놈이 하는 거니까 모든 걸 거기다가 되돌려 놔라 이 소립니다. 의심할 게 뭐 있습니까? 내가 이 세상에 나와서 내가 들이고 내고, 나쁜 거든 좋은 거든 못났든 잘났든 내가 가는 길인데 의심할 게 뭐 있습니까?

그래서 사대 성인들은 이렇게 말씀하셨습니다. "너 똥 누러 갈 때도 '내가 눠야 될까, 안 눠야 될까?' 하고 가느냐? 똥 마려우면 아무 생각 없이 '이럴까 저럴까?' 하는 생각도 없이 그냥 화장실로 가서 시원하게 그냥 싸 버리는 거 아니겠느냐? 그리고 배고프면 먹는 거 아니겠느냐? 졸리면 자는 거 아니겠느냐? 그렇게 여여하게 사는 것이 바로 여래의 집이니라." 여여하게 산다고 해서 '여래'라고 합니다. 그것이 부처님의 이름이 아니라 바로 중생 속에서 부처가 나고 부처 속에서 중생이 나니까 여러 부처님들을 한데 합해서 여래의 집이요, 여래라고 한 겁니다. '배를 똑바로 저어서 강을 건너야지.' 이러는 것도 잔소리입니다. '면경을 깨끗이 닦아서 먼지 앉지 않게 해야겠다.' 이러는 것도 잔소리입니다. 정법(正法)이니 사법(邪法)이니 하는 것도 망상입니다, 그게 다.

그대로 그대로 내 마음이 나를 다스리면서, 내 몸속에 들어 있는 중생들을 내 한마음으로 이끌어서 둥글려서 마음을 잘 쓴다면 그 의식들이 다 한마음으로 따라 주는 것입니다. 자동적으로 입력이 되는 것이죠. 그러니 자동적으로 좋은 입력이 됐으니 나오는 게 자동적으로 좋은 일만 나올 수밖에 없죠. 그런데 함부로 생각하고, 함부로 말하고, 함부로 행동을 하니까 그게 입력돼서 그렇게 한 대로 나오는 거죠. 과거가 어떻고, 미래가 어떻고, 지금이 어떻고 이렇게 말들만 하시지 말고, 과거의 씨가 현실의 씨로, 현실의 싹으로 나서 지금 씨가 됐습니다. 그런데 어디 가서 과거의 씨를 찾습니까? 현실에 내가 안고 있는 것이 그대로 과거의 씨도 되고 미래의 씨도 되는 것입니다. 그거 찾기가 뭐가 그렇게 어렵습니까?

제가 예전에 수행을 해 나올 때 '구렁이가 하늘에서 떨어지는데 그것을 받겠느냐?' 하는 질문이 있었습니다. '마음이 그렇게 아리따웁고 조건 없는 사랑을 할 수 있는 구렁이라면 모습이 구렁이인들 어떠리!' 즉 말하자면 내 어머니가 못 배우고 못났다고 해서 남의 잘나고 잘 배운 어머니하고 바꿀 수 있겠습니까? 없겠습니까? 아니, 어머니를 바꿀 수는 없죠? 잘났든 못났든 말입니다. 그와 같습니다. 자기가 아무리 잘났든 못났든, 자기를 바꿀 수는 없는 겁니다. 부처님이 여기 있다 하더라도 바꿀 수 없습니다. 부처님을 따라가다가는 허방을 짚습니다. 못났든 잘났든 자기가 바로 자기 마음을 계발하면서 거기까지 한자리를 할 수 있는 수행을 해야 됩니다. 그렇기 때문에 '모든 마음들은 근본에 의해서 하나로 돌아간다' 이런 겁니다. 모든 생명의 근본은 하나다. 하나로 돌아가는 것을 바로 불바퀴라고 한다. 그러면 그 전력은 누구나가 다 끌어 쓸 수 있는 전력이다, 다 같이 직결이 돼 있기 때문에. 그런데 어딜 믿습니까? 나로부터인데.

여러분이 어떠한 기술을 가졌든지, 상업을 하든지, 과학자든지, 의사든지, 노동을 하든지, 뱃사공을 하든지 어떠한 사람이든지 하여간에, 못났든 잘났든 모두 자기가 근중한 줄 알아야 됩니다. 부처님도 그렇게 말씀하셨습니다. "낮든 높든 다 높으니라. 비유를 하겠는데, 농사짓는 사람으로서는 농사꾼이 아주 으뜸이니라. 물에 가면 뱃사공이 으뜸이니라. 과학자한테 가면 과학자가 으뜸이니라. 노동자한테 가면 노동자가 으뜸이니라." 이래서 천상천하(天上天下)에 유아독존(唯我獨尊)이라고 한 겁니다. 자기 하나만이 그런 게 아니라 모두가 높으니까. 개미도, 개미 소굴에서는 개미가 높죠. 우리가 그런 생활을 하려면 못하니까 높은 거죠.

그리고 이 세상천지 모든 것이, 일체 식물이나 과일이나 모두 제가끔 끼리끼리 놓여져 있습니다. 한데 섞어 놓은 것이 하나도 없어요. 요거 먹으면 요거 맛 다르고, 저거 먹으면 저거 맛 다르고 다 다르지마는 다 사람한테 좋은 거죠. 그런데 이 사람이 이거 좋다 하면 이리로 쏠리고, 저거 좋다 하면 저리 쏠리고 이러기 때문에 여러분은 몸의 균형을 잡지 못하는 겁니다. 남의 말을 그렇게 잘 듣기 때문에 들으면 듣는 대로 입력이 되니까요. 누가 병이 났는데 "이런 병 못 고쳐." 이러면 아주 입력이 돼 버리는 거죠. 그러니까 그대로 가죠. 중심이 서지 않아서, '아, 그것도 아니고 저것도 아니야. 나 할 탓이지.' 이렇게 해 나갈 수가 없는 거죠, 약하니까. 집에 주인이 없으니 얼마나 약하겠습니까? 집에 주인이 있다면 (손가락을 하나 세워 보이시면서) 딱 버티고, 어느 게 들어와도, 누가 무슨 말을 해도 잘 리드해서 끌고 나가지마는, 그렇지 못한 사람은 이 말 들으면 이 말 듣는 대로 곧이듣고 "아이구, 이제는 죽었구나. 이제는 이 자식들하고 이거 어떡하지?" 하니까 그대로 되는 거야, 그대로.

그러니까 옛날에도 그랬지만 지금도 태교가 상당히 중요하다고 하는 거죠. 전부 듣고 따르고 있으니까요. 지금 몸뚱이 속에 있는 그 수십억의 의식들이 사람의 마음이 하자는 대로 따르니까요. 사람의 마음이 그렇게 생각을 하면 벌써 두뇌로 올라가서 하달이 되거든요. 그럼 입력이 되는 거죠. 그러니까 더 무서운 것은 자동적인 입력이기 때문에 더 무섭다는 얘깁니다. 물질적인 컴퓨터는 사람이 입력을 해서, 잘해서 넣어 가지고 나오지마는 사람들이 살아가는 자동적인 숙명통 컴퓨터에는 그냥 입력이 되는 겁니다. 그러니까 마음들을 항상 건실하고 건전하게 갖고, 인연에 따라서 집착을 하지 말고, 아까 얘기했듯이 모든 것은 이렇게 모여서 즐거웁게 놀다가 즐거웁게 헤어지는 거니까요. 식구들하고라도 그렇고 남들하고라도 그렇고, 모두 미워하고 원망하면서 산다면 서로 이것이 인과가 되고, 즉 말하자면 원수도 되고 유전이 되고, 그렇게 해서 낭패가 되는 거죠. 죽고 또 죽어도 다시 또 결부가 되죠.

그러니까 그러한 모든 걸 제자리에다 되놓고 돌아가는 동시에 바로 나도 발견할 수 있는 거고, 물리도 터질 수가 있는 거고, 자비도 생길 수가 있는 거고, 조건 없는 사랑을 할 수 있으니까요. 자비! 누구 원망도 안 해지고, 악을 쓰고 누구를 야단을 친다 하더라도 속으로 미운 생각, 원망도 하나도 없이 그냥 말로만 악을 쓰게끔 되죠. 그러면 벌써 거기 인과가 되지 않고, 유전이 되지 않고, 이 모두가 이러한 것이니까 여러분이….

우리가 잘되고자 해서 지금 이 공부 하는 것이 아닙니다. 수억겁 광년을 나를 이끌어 가지고 온 나의 장본인, 나의 주인, 나의 주인공을 진실히 믿고 잘되는 것도 안되는 것도, 죽어도 살아도 거기 놓으세요. 모든 게 거기서만이 돌아가는 겁니다. 지구가 지금 꼭지 없는 꼭지가 달려서 태양계에 매달려서 돌아가듯 말입니다. 그 마음의 자력에 의해서 같이 돌아가는 거거든요. 마음이라는 건 체가 없어서 이 우주 전체를 한데 합쳐도 합친 사이가 없어요. 그런데 무엇 때문에 그거를 놓지 못하고, 합치지 못하고, 그렇게 믿지 못합니까? 못났든 잘났든 자기를 왜 그렇게 믿지 못합니까? 믿는다면, 진정코 믿는다면 지금 당장 죽는대도 싱긋이 웃을 수 있는 겁니다, 진짜로 믿는다면. 자식이 죽는다, 부모가 죽는다, 내가 죽는다 이런 모든 것에 아랑곳없어요. 그렇게만 될 수 있다면 자유인이 될 수 있죠. 권리를 가질 수 있고, 열쇠를 가질 수 있고, 즉 말하자면 여래장(如來藏)이 되겠죠. 그런데 뭐가 답답하겠습니까? (잠시 말씀을 멈추시고) 여기에 이의가 있거나 질문하실 분은 질문하세요.

질문자1(남) 저희들이 평소에 의문 나던 점을 몇 가지로 요약해서 말씀드리겠습니다. 현대 과학의 발달로 인간의 유전인자에 대한 비밀이 조금씩 벗겨지고 있습니다. 보도에 따르면 프랑스 과학자들이 지금까지 베일에 싸여 있던 한 유전인자의 구조를 밝혀냈다고 합니다. 그런데 이 발견이 왜 특별하냐 하면 유전인자의 구조가 밝혀짐에 따라 몇 가지 유전병의 치료 방법을 알아낼 수 있게 된 것입니다. 과학자들의 말로는 앞으로 10여 년 후면 수천 가지의 유전병과 불치병 중의 상당한 부분의 치료법 개발이 가능해질 것이라고 합니다.

그렇다면 여기서 한 가지 의문이 떠오릅니다. 유전병 또는 불치병은 억겁을 거쳐서 오는 동안의 인과가 뭉친 결과라고 알고 있습니다만, 마음법이 아니라 물리적인 방법, 즉 과학적인 치료법으로도 인과를 녹이는 이치가 있는 것인지 궁금합니다. 가령 이와 같은 과학적인 방법으로 유전자의 비밀이 밝혀진다면 과학이 보이지 않는 세계로 넘나드는 일이 되며, 나아가서는 인과의 법칙도 새로운 해석을 해야 하는 게 아닌지 궁금합니다.

큰스님 아무리 과학자들이 발견을 해냈다고 하더라도 그건 물질을 발견해 낸 것이지 어디서, 왜, 어떠한 연관성으로 인해서 이것이 왔느냐 하는 걸 모르기 때문에, 그것을 발견해서 그 불치병을 고쳤다 하더라도 그건 바뀌져요. 이름이 다른 걸로 바뀌지는 거죠. 그렇기 때문에 과학으로서의 심성에 의하지 않고는 도저히 그것을 녹일 수가 없어요. 그것은 입력이 된 데다가 입력을 다시 넣어야 입력이 없어지지, 절대로 없어지지 않아요. 그래서 이 마음, 바로 '나부터 알아라' 한 것이 그 때문입니다. 나부터 알아야 모든 게 가고 옴이 없이 왕래가 되죠. 내가 나부터 알아야 모두가 일치돼서 같이 돌아간다는 걸 알게 되기 때문이에요. 내가 만약에 태양으로 들어갔다 합시다. 네? 내가 태양이 됐다고 해요. 태양이 돼 가지고 그 태양계를 본다면 전부 그게 그거니까 그 속에서 다 알게 되죠. 그렇지만 그렇게 가고 옴이 없이 왕래하지 못한다면, 어디서 나온 줄도 모르고, 어디서 된 줄도 모르고 어디서 온 줄도 모르기 때문에 그 이름을 밝혀냈다고 해서, 그 병의 원인을 밝혀냈다고 해서 그게 밝혀진 게 아니다 이거죠.

예를 들어서, 식물에 벌레가 자꾸 끼니까 독한 약을 줘서 다 죽였단 말이에요. 처음에는 죽었어요. 그런데 그 벌레가 벌써 '아, 저런 거를 뿌려서 이러는구나.' 하고 알았단 말이에요. 알고서는 안 죽어요. 그리고 딴 걸로 대치가 되는 거죠. 그러니까 녹을 수가 없죠. 그러니까 천차만별로 인과성이라든가, 유전성이라든가, 세균성이라든가, 영계성이라든가 이런 거 때문에 사람의 정신이 모두 혼미해지고 하는 문제가 한두 가지가 아니에요. 즉 말하자면 지금 병명들도, 발견한 사람들이 간암이니 백혈병이니 뭐니 뭐니 쭉 이름을 내놓은 거지, 그게 본래부터, 전자로부터 있었던 것이 아니거든요. 그래서 하는 말이죠.

아무리 백혈병이다 골수암이다 해도 그것을 박차고 나갈 수 있는 힘이 있다면 아무것도 아니에요. 그건 이름이니까요. 그건 이름이라고. 내가 다스릴 수만 있다면, 내 마음으로써 내 육체 안에 들어 있는 그 모든 의식들을 다 흡수해서 작용할 수만 있다면 암이다 뭐다 하는 건 이름일 뿐이지, 실질적으로 실무자들이 작용하는 거는 이름도 없고 아무것도 없는 거죠. 그냥 똥 마려우면 똥 눌 뿐이에요. 그와 같은 거죠.

질문자1(남) 다음 질문을 드리겠습니다. 진언이란 무엇입니까? 아침 저녁의 예불 중에 외우는 경에도 많은 진언이 있고 또 다라니경 같은 것은 주력(呪力)이 있다 하여 예불 중에도 빼놓지 않고 외우는데, 그 진언이란 과연 무엇이며 어째서 효력이 있다고 하는 것인지 가르침을 주시기 바랍니다.

큰스님 아, 누가 효력이 있다 그랬어요? 하하하…. 사람들이 효력이 있다고 자기네들이 생각하는 것뿐이죠. 예를 들어서, 사람이 죽었을 때는 지장경을 염하고 그러는데, 이게 진언이죠. 가난하게 살면 관세음보살에게 진언하고, 또는 명이 짧다고 하는 말을 들으면 칠성에게 빈다고 진언하고, 또는 사람이 죽으면 아주 좋은 데로 가게 해 달라고 지장한테 진언하고, 또 용신한테 진언하기도 하고…, 이거는 자기의 용도에 따라서 상황에 따라서 진언을 하게 돼 있죠. 그죠? 앞에 닥치는 대로요. 다 똑같은 진언이 아니죠. 모두 자기 가정에 닥치는 용도에 따라서 진언을 하게 되죠. 병고가 있으면 바로 약사보살한테 진언을 하고, 길을 가다가 잘못될까 봐 걱정이 되면 바로 지신한테 진언하고, 이런 모든 것이 우리 사는 용도와 똑같죠.

그런데 내가 말하는 건, 바깥으로 끄달리는 노예 생활을 하면서

'노예로서의 진언을 하지 말라' 하는 겁니다. 지금 모든 것은 한군데서, 여러분이 못났든 잘났든 한군데서 모두 살림살이를 하고 갑니다, 네? 누가 갖다 주는 것도 아니고 뺏어 가는 것도 아닙니다. 못났든 잘났든 자기네들이 자기네들을 꾸려 나갑니다. 그러면 자기네들이 자기를 끌고 다니는 바로 근본 자기 주인공에, 모든 거를 용도에 따라, 자기에게 닥치는 대로 놓으라는 거죠. 아까 말했듯이, 명이 짧으면 짧은 대로 거기다가 되돌려 놓고 '너만이 할 수 있어. 너만이 할 수 있어. 병도 너만이 낫게 할 수 있어. 안 되는 것도 거기서 나온 거니까 되게 하는 것도 너야!' 하고 모든 것을 거기다 놓고 돌아가는 것도 일종의 진언입니다.

그러니 이리저리 쫓아다니면서 하는 것이 진짜 진언이 아닙니다. 그거는 바깥으로 떨어지는 진언이죠. 안에다가 되돌려 놓는 진언이라야 우주 법계에 일체제불의 마음으로서 전부 통신이 되는 겁니다. 직결이 돼 있고 가설이 돼 있기 때문입니다. 그러니 진짜 진언이라는 것은…, 이 모든 게 그대로 그냥 진언입니다. 보세요! 바깥으로 상대를 두고 진언을 하는 거하고, 상대를 두지 않고 직접 자기 자성(自性)에 진언을 하는 거하고 어딘가 다르지 않습니까? 바깥으로 돌면 아무리 해가도 노예가 될 수밖에는 없습니다. 그래서 노예로 가르치지도 말아야 하고, 노예가 되지도 말아야 한다는 결론입니다.

질문자1(남) 스님께서 계속 여태까지 답을 미리 말씀을 해 주셨지만 저희가 반복해서 듣는 의미로 세 번째 질문을 드리겠습니다. 부처님 가르침을 따르는 공부가 조금씩 진전이 되는 듯하다가도 어느 단계에 이르면 벽에 부딪쳐 더 나아가기 힘들 때가 있다고 합니다. 큰스님께서는 이 공부를 단계 없는 세 단계로 나누어 세 번 죽어야 한다고 말씀을 하셨는데, 일상생활 중에서 가장 어려운 부분은 나와 대상을 둘 아니게 보는 것이라고 생각합니다. "나와 대상이 둘이 아니다" 하는 것은 말이나 머리로 이해해서는 그저 그렇고 그럴 뿐이지, 투철한 실천은 못 된다고 봅니다. 나와 대상이 둘이 아닌 것을 느끼는 경지는 어떠한 것인지 궁금합니다. 공부에 참고가 되게 일러 주시기 바랍니다.

큰스님 무조건 믿는 거, 못났든 잘났든 무조건 자기를 믿는 거, 내가 조금 믿다가 부딪치면은 '이거 뭐, 이렇게 찾아도 안 되는데.' 이러면서 벌렁 나자빠지는 그런 마음이 없는 것입니다. 하여튼 이렇든 저렇든, 믿는다 안 믿는다를 떠나서 그냥 자기가 지금 끌고 다니지 않아요? 그런데 왜 못 믿는 겁니까? 잘되기만 하면 좋다고 "주인공! 주인공!" 하다가, 하하하…, 안되면 "아이, 주인공 찾아도 뭐, 만날 마찬가진데…." 이런단 말입니다. (대중 웃음) 안 되는 것도 그놈이 하는 거, 되는 것도 그놈이 하는 겁니다, 다.

공부할 때에 자기가 자기한테 뭐, 테스트해 본다고 그럴까요? 그렇게 자기를 자기가 어떻게 생각을 하나 알기 위해서 그 용도에 적합하게 오는 것도 있죠, 사람에 따라서. 그럴 때는 '아하! 요것도 그놈이 또 이거 알아보려고 이렇게 하는구나!' 이렇게 생각만 하면 그냥 재깍 그건 없어집니다, 예. 그런데도 '아이구, 요런 게 또 왔으니 이거를 어떻게 방지를 해야 하나. 주인공을 아무리 찾아도 이거는 안 돼.' 하고는 그냥 물러서 버리니 아이구, 이거 정말이지 허구장천 '못났든 잘났든 널 믿어라. 널 믿어라. 죽는 것도 거기고 사는 것도 거기다.' 이래도 그렇게 안 들어가나 보죠? 그러니까 한 발짝도 실천을 옮길 수가 없는 거죠. 진짜로 화살을 쏘려면 정의의 화살을 쏴야 될 텐데, 여기 쐈다 저기 쐈다 이러니까 이게 맞춰지지 않는 거죠.

그러니까 하늘이 무너져서 내가 지금 금방 죽는대도 '흥, 네가 끌고 다니는 네 몸뚱이 죽인다 해서 내가 외눈 하나 깜짝할 줄 아느냐? 그냥 죽일 테면 죽이고 살릴 테면 살리고 마음대로 해라.' 이렇게 그냥 놔 버린다면 되는 건데! 그렇게들 그냥 모두 작척(作隻)을 하고 붙들고 늘어지니 글쎄, 그놈의 게, 그게 인과가 되는 거예요, 오히려. 부모 자식지간도 그렇게 붙들고 애지중지하고 그러는 게 모두가 인과가 되는 거라구요, 오히려. 조건 없는 사랑을 주려면 아예 그냥 놓고, 이렇게 줄을 잡고 그냥 툭툭…, 딴 데로 가면 툭, 딴 데로 삐뚤어지게 가면 툭, 이렇게 마음의 줄로다가 잡아야 마음이 잡히지, 아, 이건 실질적으로 실체를 말로다가 잡으려고 그러니 그게 몸이 잡아집니까, 네?

마음의 줄이 있지 않습니까? 내가 가설이 돼 있다고 그러지 않았습니까? 이 방에도 전구가 이렇게 많지 않습니까? 하나의 스위치만 누르니까 죄 불이 들어오네요. 허허허…. 그러니까 내 한 식구만 그렇게 할 수 있어도 다 밝게 살 수가 있을 텐데, 그렇게 밝게 켤 줄을 모르는 거죠, 얼른 쉽게 말해서. 못 믿으니까. 그러니까 되는 것만 법이 아니라 안 되는 것도 법이니까 양면의, 되는 거 안 되는 거를 다 놓아서 같이 굴릴 줄 알아야 된다 이거죠. 믿음이 진실하다면 이런 게 와도 거기 놓고, 저런 게 와도 거기 놓고 하면서 그 중심의 중용을 잘하면 그게 굴림이죠. 그게 수레공법이에요. 하하하….

그러니까 오늘 그 질문 참 잘하셨습니다. 사람이 머리로만 한다면 그 진실한 마음이 전신으로 하달되지 않습니다. 그러니 마음의 그 권처(權處)에서 바로 두뇌로 올라가는 게 누진입니다. 누진으로써 몸뚱이 사대(四大)에 하달을 해서 바깥으로 실질적으로 나올 수 있는 것이 과학입니다. 심성 과학! 종합 심성 과학입니다, 이게. 모두가! 얼른 쉽게 말하자면, 참 이 세상을 다 주고도 바꿀 수 없는 공부입니다.

우리가 캠핑 나왔다가 그냥 갈 수는 없습니다. 지금 못 하면 후일에 또 그런 걸로 인해서 말리고, 나만 말리면 좋은데 또…. 내가 그 도리를 알게 되면 '위로는 묵은 빚을 갚으며 아래로는 햇빛을 줄 수 있다' 이 소립니다. 그러나 내가 못 한다면 위로 묵은 빚도 갚을 수 없고 햇빛도 줄 수 없습니다. 묵은 뿌리의 그 썩은 것도 자를 수 없고 아래 자녀들의 그 뿌리가 싱싱하게끔 도와줄 수도 없다 이겁니다. 내 뿌리가 썩었는데 남의 뿌리를 어떻게 합니까? 그러니까 묵은 빚도 갚고 햇빛도 줄 뿐 아니라 스스로 세세생생에 권도(權道)를 가지고 여래장이 돼서 참, 수레공법이나 평등공법이나 모든 것을 자유자재할 수 있게끔 그렇게 하십시오.

질문자1(남) 감사합니다. 저희 마음이 다 시원합니다. 감사합니다.

큰스님 난 법문 더 할 거 없어요. 뭐, 이 세상천지가 다 법문으로 돼 있는데…, 질문이나 좀, 한 서너너덧 분 질문이나 받겠습니다.

질문자2(남) 저는 질문드리러 나온 게 아니구요, 덕분에 일본에서 지난달 23일에 잘 귀국했습니다. 감사를 드리려고 나왔습니다.

큰스님 예, (합장하시며) 감사합니다.

질문자3(남) 불경 공부를 쭉 하다가 얼마 전에 『금강경』에 나오는 "머무는 바 없이 마음을 낸다." 하는 그 마음 도리를 공부하게 되었습니다. 또 큰스님의 어떤 법회에서 "머무는 바 없이 마음을 낸다." 하는 그런 경구를 듣게 되었는데 그때는 잘 이해가 안 갔어요. 그런데 대전에 오셨던 어느 법사님께서 법문을 하시는 도중에 '머무는 바 없이 마음을 낸다' 하는 거에 대해 제 나름대로 조금은 이해를 하게 되었어요. 그런데 제대로 이해가 됐는지 잘 모르겠는데, 바로 '머무는 바 없이 마음을 낸다' 하는 것은, 큰스님께서 가르쳐 주신 대로, 오는 거 그대로 놓아 가면서 수없는 생각도 놓아 가고, 삶도 놓아 가고, 죽음도 놓아 가는 것이 바로 머무는 바 없이 여여하게 가는 길이 아닌가 이런 제 나름대로 생각이 떠올라서 그 순간에는 '아, 요게 요거구나.' 라고 생각을 했는데 바른 느낌을 가진 건지 궁금해서 여쭤 보았습니다.

큰스님 그건 초보에서 느낄 수 있는 얘깁니다. 그렇지만 그렇게 느끼신 것만 해도 어딥니까? 하여튼 우리가 발자취를 한 발 떼어 놓고 한 발 놓고, 한 발 떼어 놓고 한 발 놓고 이렇게 하는 것이 머무는 바 없이 머무는 거 아닙니까? 우리 생활이 다 그렇죠. 고정된 게 하나도 없어요. 보는 거든지, 듣는 거든지, 말하는 거든지, 가고 오는 거든지 모두가 고정된 게 하나도 없이 그냥 그대로 여여하게 가고 있지 않습니까? 그냥 화(化)해서 바뀌면서 말이죠. 그러니 머무는 바 없이 하죠. "아빠!" 그러면 "어휴, 그래." 금방 그냥 머무는 바 없이 아빠가 돼 가지고 말하고, 아버지 행을 하고 그러죠. 그러다가도 "여보!" 그러면 그냥 순간 머무는 바 없이 그냥 남편이 돼 가지고 남편 행을 하고, 남편 말을 하고, 남편 뜻을 가지고 이렇게 삼합이 동시에 작용을 하고 있죠. 그러니까 머무는 바 없이 머물고 돌아가는 거죠, 본래. 그러니까 부처님께서는 "색(色)이 공(空)이요, 공이 색이니라." 하셨던 겁니다.

질문자3(남) 한 가지 더 여쭙겠습니다. 지금까지 쭉 관을 해 나가고 있는데요, 공부를 좀 하셨다는 분의 얘기를 들었는데 그분이 그런 말씀을 하시더라구요. 무슨 얘기를 하느냐 하면 "놓는다는 생각을 하면 이미 놓는 것이 아니다."라는 말씀을 하셨다고 그래서….

큰스님 그거는 어느 경지라고 할 거는 없지만 이렇게 놓고 가다가 보면 저절로 놓는다는 생각도 없이 가게 되는 거죠. 그렇게 가게 되는 그 사람들이 말을 할 때는 '놓는다는 생각도 없이 놔야 된다' 하는 말을 하게 되는데, 지금 유치원생더러 국민학교에서 하는 걸 말해 주면서 "너 이거 해라." 이런다면 되겠습니까? 그러니까 차원은 다 다르지마는 하고 가는 거는 똑바르게 잘 가고 있습니다.

그러니까 '모든 것을 다 놓고 가야 한다' 는 그런 문제는 정신이 잘못돼서 나간다거나 영계성이 들렸다든가 유전성이 들렸다든가, 또는 세균성이 들렸다든가, 아무리 골수염이다, 암이다, 백혈병이다 할지라도 어떠한 거든지 바로 내 모든 뼛속의 그 생명들과 모든 것이 바로 둘 아닐 때…, (손가락을 들어 보이시며) 이 손가락을 이렇게 세워 놓고 이 손가락더러 "네 손가락 잘라라." 이러면 자르겠습니까? 못 자르죠! 제 손가락이 제 손가락을 못 자릅니다. 그러니까 모든 생명의 의식들이 같이 한마음으로 합쳐서, 주인공을 그대로 믿고 그렇게 할 수 있으면 뼛속도 전부 작용을 해 줍니다. 이건 거짓말 아니에요.

그러니까 여러분에게 그 모든 애고라든가 병고라든가, 어떠한 문제가 닥쳐온다 하더라도 그걸 병으로 알지 말고, 애고로 알지 말고, 인과응보로 알지 말고, 또는 다른 어떠한 것으로도 알지 말고 다만 공부할 수 있는 재료로 생각해라. 공부할 수 있는 재료! '나에게 공부하라고 이런 재료가 생기는구나!' 하고 그걸 가지고 놓고 지켜보고 체험하면서 이렇게 자꾸자꾸 놓고 돌아가다 보면 '허허! 놓을 놈도 없고 놓는 걸 받을 놈도 없구나!' 이것이 스스로 알아질 때 진짜 믿는 겁니다. 그때 진짜 공부하는 겁니다.

질문자3(남) 열심히 공부하겠습니다.

사회자 오늘 이걸로 마치겠습니다.

내 마음의 통신처

1992년 12월 6일

여러분과 이렇게 한자리에 앉아 항상 한마음으로 행하시길 빌면서…, 즐겁습니다. (합장하시며) 올 한 해도 이렇게 저물어 가는 듯합니다. 우리가 배급을 탈 때 연방 돌아가서 뒤에 서고 또 서고 하는 거와 같이, 사람 사는 도리도 역시 그러합니다. 지구의 끝을 찾으려고 계속 가니까 처음 자기가 시발한 곳으로 다시 돌아오더라는 얘기가 있듯이, 우리가 죽는다 하는 것도 아주 죽는 게 아니라 그 재료로 인해서 다시 형성된다는 것을 생각해야 합니다.

항상 말씀드리지만 천당 지옥이 따로 숨겨져 있는 게 아닙니다. 오늘 죽으면 사흘 이내로, 다시 어떠한 모습으로 형성되게끔 임신이 되는데, 사람에게만 임신이 되는 게 아니라 자기가 어떻게 살았느냐에 따라서 그 모습이 주어집니다. 사람의 의식을 가지고 짐승의 모습으로 옷을 입었다고 할 때에 얼마나 괴롭겠습니까? 아무리 말을 해 봐도 짐승의 소리로만 듣지 사람의 소리로는 안 듣습니다. 그럴 때 슬픔이라는 것은 말도 못 합니다. 그게 바로 지옥입니다. 어떠한 모습으로 태어나든지 그것은 자기가 어떻게 행동을 하고 어떻게 말을 하고 어떻게 살았느냐에 따라서 오는 것이죠.

이렇게 철두철미하니 이 마음공부를 하지 않고는 갈 수가 없다는 얘깁니다. 말하자면 아까가 과거고 어저께가 과거고, 이 시간 후가 미래니까, 내일도 미래고, 그러니까 지금 현재 내가 생각을 잘하는 대로, 행동을 잘하는 대로, 말을 잘하는 대로 내일이 주어집니다. 이거는 틀림없습니다. 그래서 아무리 비참하고 아무리 가난하고 아무리 고통 속에서 헤맨다 하더라도 그 긍지만은 잊지 말라고 하는 겁니다.

내 마음의 주인, 그 자체의 근본 핵심을 잊지 말아야 하고 물러서서는 아니 되지요. 어떤 걸로 표현을 할 수가 없어서, 예를 들어서 항상 이렇게 말씀드리죠. 맷돌에 심봉을 꼭 끼워 놓고 있으면 어떠한 물건이든지 거기 들어가서 갈려 나옵니다. 용광로에다 넣으면 어떠한 것이든지 다 재생이 돼서 나오구요. 그러니까 마음이라는 것은 불바퀴와도 같고 용광로와도 같고 자가발전소와도 같습니다. 그 세 가지가 포함돼서 돌아가고 있습니다. 그러니까 세 가지 중에 어떤 게 장하다, 어떤 게 틀리다 할 수가 없는 겁니다. 이게 정말 귀중하다고 하는 말을 항상 해 드렸습니다. 즉 말하자면, 내 마음 자체가 그대로 이 세상 돌아가는 데에 직결이 돼 있고 가설이 돼 있습니다. 그러기 때문에 말 한 마디, 생각 한 번, 행동 한 번 하는 것이 자동적으로 입력이 돼서 그렇게 처리가 되는 거죠.

그러니 마음먹기에 달렸다는 자체가 말은 간단하지만 행은 간단치 못합니다. 그러나 우리가 진짜로 믿는다면 아주 단호히, 행도 생활 속에서 그대로 할 수 있습니다. 우리 생활하는 것이 그냥 그대로 종교고 불법이고 부처님 법이기 때문입니다. 우리가 그대로 있으면 부처고 생각을 했다 하면 법신(法身)입니다. 그리고 몸을 움죽거렸다 하면 화신(化身)입니다. 조금도 어긋나지 않고 그냥 찰나찰나 화(化)해서 돌아가면서 자동적으로 그냥 생활하고 계시지 않습니까? 이 마음이 얼마나 귀중한지 모릅니다. 그래서 내일을 걱정 않고, 지나간 일도 걱정 않고, 지금 현재 생각을 잘하는 분에게 모든 것이 주어집니다.

그러면 어떻게 해야만이 그렇게 될 수 있느냐고 하시겠죠? 그런데 여러분은 자기를 자기가 못 믿어요, 왜 못 믿는지…. '자기가 이 세상에 나와서 살기 때문에 모든 것이 주어졌다' 고 철저하게 생각을 안 하십니다. 자기로부터 세상이 벌어진 거고 자기로부터 종교가 생긴 거고 자기로부터 찰나찰나 돌아가는 그 모든 생활이 주어진 거지, 남이 준 게 아니죠. 그러니까 한생각을 잘해서 잘 꾸려 나가는 그런 능력이, 심력이 자기로부터 그대로 주어져 있는 거죠. 여러분이 잘 생각해 보십시오. 우리는 지수화풍이 없으면 그냥 죽습니다. 우리는 지수화풍으로 이루어진 겁니다. 그래서 지수화풍이 있기 때문에 그걸 바탕으로 해서 여러분에게 광력이나 자력, 또는 전력, 통신력이 주어져 있습니다. 여러분이 다 갖춰 가지고 있습니다. 그렇기 때문에 한생각에 의해 보이지 않는 데서 보이는 데로 나오게 할 수 있는 그런 심력을 가지고 계시는 거죠.

여러분 중에는 병고로 인해서 오시는 분들이 많습니다. 또 회사를 하다가 망해서 오시는 분도 있고, 상업을 하다가 망해서 오시는 분도 있죠. 그런데 장사를 할 때는 육안으로나 심안으로나 다음 세 가지를 모두 종합해서 잘 챙겨 봐야 합니다. 지금 시대가 어떤 시대며 거기에 맞는 어떠한 장사를 해야 좋겠느냐. 또 이자를 갚아야 하는 남의 돈을 얻어서 할 것이냐 하는 것도 문제입니다. 아무리 남는다 하더라도 남의 돈으로만 시작을 한다면 이것저것 갚고 나면 본전이 밑져 들어가고 그러기 때문에 잘 안되죠? 또 한 가지는 장소 문제입니다. 그 물건하고 장소하고 맞춰야 하는데 사람이 얼마만큼 쓸 수 있는 자리인가 하는 것을 한번 잘 보라고 해서 눈, 귀, 육근(六根)이 모두 생기지 않았습니까? 그리고 육경(六境)과 육식(六識)을 다 종합해서 가지고 있으니만큼 그것을 잘 잡아야 될 거 아닙니까? 그거를 겉에서, 보이는 세계에서 잘 잡아 놓고, 마음으로써 '모든 것을 이끌어 갈 수 있는 주인은 바로 너밖에 없다.' 하고 모든 것을 거기다가 맡겨 놓는 이 도리가 그대로 참선으로 들어가는 것이며 그대로 중용으로 들어가는 겁니다.

또 지금 시작을 하는 분도 있겠지만 망한 분도 있습니다. 그러면 실패한 사람들은 어떻게 해야 내 마음을 다시 편안하게 할 수 있겠느냐? 누구든지 첫째, 내 마음을 안정시켜야만이 그것이 참선이자 좌선입니다. 내 마음이 내 마음을 다스리지 못하고 믿지 못한다면 마음조차 편하지 못합니다. 내 마음이 편하지 못하면 몸속에 들어 있는 의식들이 다 편안치 못합니다. 수십억의 의식들이 말입니다. 내 마음 쓰는 대로 몸속에 들어 있는 의식들은 따라갑니다. 그러기 때문에 병을 가져오고, 망하게 되면 그냥 물질만 망하는 게 아니라 몸까지도 빼앗기고 맙니다. 그러니까 조심하라는 겁니다.

캠핑 나왔는데, 다 무너지고 도둑을 맞고 걸머진 거를 다 집어 갔어도 산 입에 거미줄 치지 않는다는 법이 있죠. 믿음이 진실하고 넉넉하다면 그걸 다 잊어버리고도 '허허' 웃을 수 있습니다. '허허' 웃을 수 있어야, 웃을 수 있게끔 다시 돌아옵니다. 내가 아둥바둥하고 '이건 다 넘어갔으니까 다 죽었다.' 하고 생각을 하면 그냥 생각하는 대로 몸이 망가지고, 몸이 망가지는 대로 가정이 불안하고, 헤어지게 되고 정말 죽게 되는 거죠. 이 마음이라는 것이 얼마나 기묘한지 아십니까?

어떤 사람이 아주 가난하다 못해 병원에 가서 진찰할 돈도 없었더랍니다. 그런데 배 속의 애는 바로 선 것 같지를 않고 그래서, 하루는 돈을 빌려 가지고 병원에 가서 진찰을 해 보니까 어린애가 거꾸로 있다고 그러더랍니다. 거꾸로 있다고 그러는데, 돈을 빌릴 데도 없고 아주 막막했더랍니다. 그런데 누구한테 듣고 여기를 찾아왔답니다. 그래서 이 마음의 도리를 얘기해 준 겁니다. 그랬더니 그때서부터 마음이 편안하게 되면서 마음에다가 '네가 이 세상에 태어나는 것도 나와 너와 둘이 아니요, 모두가 한마음인데 지금 돈도 없고 생활도 어려웁고 그런 데다가 또 너까지 거꾸로 서서 이렇게 힘들면, 너도 불편하고 나도 불편하고 몸과 몸이 다 불편하니까 너 알아서 해.' 하고선 막 그냥 사정하다시피 그렇게 맡겨 버렸더랍니다.

그랬는데 한 서너 시간이 지나니까 이상스럽게 꿈틀거리더랍니다. 그러더니 정말 낳을 때 가서 보니까 바로 섰더랍니다. 어린애가 알아들은 거죠. 이렇게 마음의 도리는 꽃나무거나, 무정물, 생물이 모두 내가 말하는 대로 알아듣게 돼 있습니다. 생각하는 대로 알아듣게 돼 있어요. 하다못해 집안에서 기르는 고양이도 그렇고 개도 그렇고 다 뜻으로는 알아듣습니다. 자기 혼자는 못 알아듣지만, 사람의 마음이 그리로 가기 때문에 알아듣는 겁니다. 알아들으니까 그 모두가 연결이 되죠.

또 이런 분도 있었죠. 딸 셋을 낳고 아들을 못 낳아서 애를 쓰다가 하도 시부모한테도 들볶이고 모두에게 들볶이니까 너무나 기가 막혀서, 개한테 밥을 주면서 하소연을 했더랍니다. "아이구, 너는 새끼를 아들을 낳았는데 나는 아들을 못 낳아서 집안에서 모두 내쫓느니 안 내쫓느니 들이쫓느니 하니 어떡하면 좋으냐. 너는 나를 도와줄 수 없니?" 하고 밥을 주면서 눈물을 흘리면서 그렇게 했는데 그날 저녁에 말입니다, 그 개가 그냥 아무 일도 없이 죽었더랍니다. 그래서 '그것이 왜 죽었나?' 생각을 하면서, 이 마음공부를 대충 해 나가는 사람들이니까 그냥 '이상하다!' 했는데 그 달부터 어린애가 있어서 낳은 게 아들이었답니다. 이렇게 하다못해 날아다니는 새들이나 동물들도 자기 몸을 버려서까지 인정을 베푸는데 어떻게 사람으로서 마음의 도리를 열심히 하지 않을 수가 있겠습니까? 이거는 거짓말이 아닙니다. 그러니까 한번 생각해 보십시오.

달마 대사가 사람들 다니는 길에 구렁이가 있어서…, 예전에는 요런 소로길이고, 그냥 망망한 길일 수도 있죠. 그런데 그 한 자리에 가서 그냥 틀고 앉아 있으니까 도저히 사람들이 지나가지를 못하더랍니다. 그걸 보신 달마 대사는 자기가 구렁이가 돼서…, 내가 그랬죠? 물 한 방울에 물 한 방울을 넣어도 물 한 방울이지 두 방울이 아니라고요. 구렁이가 돼서 자기 마음대로 자기 몸을 끌고 가서 다른 데다가 갖다 놓고 오니까 자기 몸이 바뀌었더라 이겁니다, 이제. 그것도 여러분의 마음을 가르치기 위한 방편입니다. 달마 대사가 어디가 모자라서 자기의 몸, 집을 뺏기고 딴 집에 들어갔겠습니까? 생각해 보십시오. 몸이란 그 자체가 어느 몸 하나도 자기 몸 아니 되는 게 없는데 구태여 왜 자기 몸을 뺏기고 딴 사람, 도둑놈의 몸을 빌려서 거길 들어갔다고 했겠습니까? 그걸 그대로 듣지 마세요. 자유자재권을 가진 분이기 때문에, 즉 부처로, 법신으로, 화신으로 이렇게 나투시는 분이기 때문에 금방 구렁이가 됐다, 금방 사람이 됐다, 금방 짐승이 됐다, 금방 새가 됐다 이렇게 할 수 있는 분이기 때문에 그렇게 방편을 쓰신 거죠. 그런데 그건 방편이 아니라 진실입니다. 지금도 그렇게 하고 갑니다, 모두. 그런데 그것을 얘기로만 들으니까 그게 가늠이 되지 않죠.

그렇듯이 개의 마음에도 그 부인이 너무나 안타까우니까 그냥 그 마음에 마음이 같이 하나가 된 거죠. 그러니까 개는 개대로 모습을 벗고 사람이 되니 인도환생을 했고, 이 사람은 아들을 얻었으니 좋고 이거는 양면이 다 좋은 겁니다. 그래서 모두가 공덕이 된다고 했습니다. 그러니 이 세상에, 이 마음공부를 하시게 되면 나무의 애틋함도 알 수 있을 거고, 사람들이 애원하는 그 간절한 마음도 알 수 있을 거고, 날아다니는 새들이 왜 저렇게 지저귀는지 알 수도 있을 겁니다. 개미 소굴에서 개미들이 왜 저렇게 들끓으며 가는지도 알 수 있을 거고 말입니다.

예전에 제가 가끔 말씀을 드렸지만 개구리가 개구리 알을 끌고 쭉 기어 올라가요. 그래 '저게 왜 그러나?' 그러고 그냥 물끄러미 보기만 했습니다. 그랬는데 그렇게 끌고 간 지 몇 시간도 안 돼서 그냥 난데없는 소나기가 그 일대를 다 휩쓸었습니다. 하다못해 개구리도 비 올 거를 알고 제 새끼를 살리기 위해서 높은 곳으로 끌고 가서 올려다 놓는데, 하다못해 옥수수도 그 해에 어떠한 문제가 생길 걸 미리 알고 뿌리를 넓게 잡아서 쓰러지지 않게 자기 몸을 딱 세우는데, 하물며 사람이 내일 일을 생각 안 하고 오늘 덤벙대고 그냥 살 수 있겠습니까? 이 날아다니는 새들도 때에 따라서는 남의 집 얘기를 하는 수가 있습니다. "아이, 저 집은 너무 마음이 가난해서 생기는 게 없어." 하고 새들이 안타까워서 지저귀고 이러지만, 그 사람들은 그 소리를 새소리로만 듣거든요.

그러니 어떻게 해야만 그 모든 것을 서로 통신할 수 있는 한마음이 될 수 있을까? 항상 얘기를 했지만, 공생(共生)·공용(共用)·공체(共體)·공식화(共食化)하고 돌아간다고 그랬죠. 그리고 태양열을 끌어 쓰듯이, 자유자재권을 가지고 우리 마음 씀씀이에 의해서 어떠한 거든지 끌어 쓸 수가 있는 그런 재료가 여러분 앞에 다 주어져 있다고 했습니다. 그렇기 때문에 속에 어떤 병이 들어도 광력, 전력, 자력, 통신력 이 네 가지로써 치료도 할 수 있고, 바깥 경계의 모든 것도 조절할 수 있는 그런 여건이 여러분한테 주어져 있는 겁니다. 이것이 말로는 통하지 않는다는 점이 있기 때문에 실천을 하시라고 실천 공부를 시키는 겁니다. 실천하시라!

이 모든 것을 알고 실천하면서 자유스럽게 살려면 나부터 알아야, 나의 직결되고 가설된 이 근본부터 알아야 그 줄을 붙잡고 모두를 할 수 있지 않겠습니까? 이 마음의 근본 자리는 보이지도 않고 빛깔도 없고 아무것도 없죠. 허공은 안 그렇습니까? 잡히지도 않고 빛깔도 없지만 허공은 있듯이, 마음도 보이지도 않고 아무것도 없지만 역력하게 있습니다. 그렇기 때문에 여러분이 움죽거리고 말하고 생각할 수 있는 거죠.

그러니까 여러분이 달마 대사처럼, 유마힐 거사처럼 그렇게 자유스럽게 살 수 있는 것은…, 유마힐 거사가 머리를 안 깎으려고 깎지 않은 게 아닙니다. '머리 깎았든 안 깎았든 이 공부는 할 수 있다' 는 그 표현이고, 방법을 제시한 겁니다. 그러니 부처님과 유마힐 거사가 동일한 시대에 동등하게 그렇게 나왔다는 것은 여러분이 생각해 볼 바가 있지 않습니까? "중생이 다 나아야 내 병이 낫겠다."라고 한 것도 여러분한테 공부를 가르치기 위한 말씀입니다. 여러분의 몸뚱이 속에 있는 그 모든 생명들이 건강하지 않다면 여러분 몸뚱이가 어떻게 건강하겠습니까?

그렇기 때문에 실천을 하는 공부, 즉 말하자면 어떠한 거든지 재료로 삼고, 모든 것을 거기에 일임하면서 '너한테서 나온 거니까 너밖에 해결할 수 없다.' 하는 물러서지 않는 믿음을 가져라. 그리고 어떠한 용도든지 서슴지 말고 거기에 맡겨 놓고 그것을 실험하고 참구하라. 이것이 바로 미래를 살리는 길입니다. 과거는 어차피 지나갔으니까 없고 미래는 오지 않았으니까 없는 것입니다.

그런데 지금 현재에 공(空)해서 화해서 돌아가는, 나투면서 화해서 돌아가는 이 이치를 모르면 안 될 뿐만 아니라 나한테 재료가 주어져 있다는 그 사실을 몰라서도 아니 됩니다. 각자에게 마음의 능력이 주어져 있다는 사실을 몰라서도 아니 됩니다. 늙었든 젊었든, 옷 갈아입듯이 우리는 되돌아가서 옷을 갈아입고 또 나오고 또 나오고 하는 것뿐이지 무슨 지옥이 따로 있어서 데려다 가둬 놓는 것도 아니요, 천당이 있어서 데려다가 그 천당에서 살게 하는 것도 아닙니다. 우리의 마음이 자유스럽고 편리하게 살 수 있는 자유대권을 가질 때 바로 자유인이요, 만물의 영장입니다. 그리고 천당입니다. 그리고 지옥에 있는 사람들도 다 건질 수 있는 그런 여건이 주어지게 되죠. 자기의 기술대로 모든 사람들이 살듯이 말입니다. 탤런트들이 나와서 배역을 맡을 때도 자기의 재능대로 배역을 맡습니다.

그러니까 여러분이 마음을 가난하게 쓰고 행동을 가난하게 하고, 또는 가난하고 속 좁게 말을 해서 넓게 살지 못한다면, 이 마음은 체가 없어서 그냥 우주 삼천대천세계를 찰나에 둘러볼 수도 있을 것을, 그냥 온통 가난하게 써서 (컵을 가리키시며) 요 독 안에서 나가질 못하죠. 마음이 내 몸 안에서 벗어나질 못하는 거죠. 그러니 얼마나 더 세상을 가난하게 사셔야 하겠습니까? 우리는 세상을 넓게, 나 아님이 없이, 하나도 버릴 게 없이 다, 하나로 굴려 넣어야 됩니다. 그래야만이 심봉 자체가 되는 겁니다. 그 심봉 자체가 된다면 돌아가는 이치를 다 그 능력으로써 보필할 수 있는 거죠.

나는 그래서 뭐, 이렇게 살아야 되고 저렇게 살아야 되고, 이게 옳고 저게 옳고 이런 거는 시시해서요, 그런 이론적인 거를 말하고 싶질 않아요. 지금 현실에 중요한 것은 실천이니까요. 우리가 아무리 팔만대장경을 꿰뚫어 안다 하더라도 그건 실천이 될 수가 없습니다. 남의 발자국 딛고서 흉내 내는 거와 같습니다. 안 그렇겠습니까? 못났든 잘났든 자기가 한 발 딛고 한 발 옮겨 보는 것, 그것이 아주 정당하다고 생각합니다. 여러분이 채 물리가 터지질 못하고 넓질 못해서 내 마음이 내 몸 안에서, 마음 안에서 벗어나야 될 텐데 벗어나지 못하고 있는 까닭에 항상 애고에, 병고에, 유전성 또는 영계성, 업보성, 세균성 이런 데서 벗어나지 못해 가지고는 쩔쩔쩔쩔 매고, 그냥 아무리 말을 해 드려도 그게 실천이 안 되고, 아무리 말을 해 드려도 그게 이해가 가지 않는 점이 많은가 봅니다.

가만히 생각해 보세요. 여러분이나 나나 사는 데까지 살다가…, 사는 날까진 틀림없이 살겠죠. 허허허…. 살다가 몸을 바꿀 때는 딴 모습으로 딴 집에 또 태어나게 돼 있습니다. 그런데 그렇게 바뀌어서 태어나는 건 좋은데 한 가정에 다섯 식구든 여섯 식구든 모인다 하더라도 은이면 은끼리 모일 거고…, 이런 거를 한번 생각해 보십시오. 항상 얘기하죠. 금이 금방으로 가지 무쇠전으로 가는 법이 없다. 금은 금끼리 모이고 무쇠는 무쇠끼리 모인다. 자연 인과로 인해서, 천 리를 가도 다시 그렇게 모이게끔 돼 있습니다. 한 가정이 깡통 가정이든, 금 가정이든, 무쇠 가정이든 그렇게 차원대로, 모두가 자기가 지은 대로 모입니다. 왜, 정치인들이 잘못하면 정치범들끼리 가두죠? 또 강도는 강도끼리 가두죠? 사기 치는 사람들은 사기죄로다가 사기범들끼리 가두죠? 그렇게 아주 끼리끼리 모아서 가두죠. 그렇듯이 세상을 가만히 보십시오. 모든 세상 물질은 다 끼리끼리 놓여져 있습니다. 그리고 모든 사람들이 끼리끼리 모여서 삽니다.

그러니까 "네가 잘못해서 내가 망했느니, 네가 잘못해서 내가 요 꼴 요 모양이야." 하고 한 가정에서 그렇게 할 필요가 없는 거죠, 끼리끼리니까요. 보는 놈도 그놈이요, 그렇게 당하는 놈도 그놈이니까요. 그러니까 하나도 원망할 데가 없습니다. 제가끔들 자기 탓으로 돌리면서 마음을 금으로 만들어야죠. 여러분이 때에 따라서는 막말을 하면서 "너 때문에 내가 이렇게 됐어." 하고 주먹으로 그냥 식구 볼탱이를 쥐어지르는가 하면, 자식들이 잘못돼도 "너 때문에 이렇게 됐어." 하곤 그냥 나쁜 거는 온통 부인한테로 가는 수가 많습니다. 그런데 알고 보면 그게 아닙니다. 절대 그게 아닙니다. 그래서 당한 놈도 그렇게 인과로써 오는 업보가 있죠.

옛날에는 당나귀 끌고 다니던 마부가 많이 있었죠. 당나귀를 끌고 다니는 마부가 얼마나 때리고 일을 부려 먹었는지 당나귀가 앙심을 먹고 죽어서 그냥 남편으로 태어나고 마부를 부인으로 해서 맞아들였어요. 하하하…. (대중 웃음) 그래 가지고는 나갔다 들어오기만 하면 그냥 때리는 겁니다, 때려! 하하하…. 그러니 어떻게 삽니까? 옛날에야 함부로 이혼도 못 하고 시집도 마음대로 못 갔으니 말이죠. 그러니까 그냥 울면서, 내가 무슨 죄를 지어서 이러냐고, 자기가 지은 죄는 모르고요. 아, 이러고 울고불고 그러는데 어느 스님이 탁발을 하러 오셨더랍니다. 그래서 그 스님한테 "저는 하나 성한 데가 없이 이렇게 매를 맞고 삽니다." 하니까, "껄껄껄" 그 스님이 웃으시면서 "한때는 자네도 그 사람을 그렇게 때렸네." 그러더랍니다. (대중 웃음)

그래서 그게 무슨 말씀이냐고 그러니까 그 얘기를 쭉 해 주면서 "먼저 맞은 놈은 지금 그렇게 때리고 가는데, 그것도 자기 마음으로 자기가 어떡할 수가 없다. 그것도 억지로 하는 일이 아니야. 인과로 인해서 주어진 거니까. 그러니까 그 때린 대로 맞아야 하는데 아직도 멀었다. 죽을 때까지 맞아도 안 돼. 그러니까 돗자리를 도르르 말아서 아주 고무줄로 창창 둘러매 가지고 손싸게 쥐고서 때리게끔, 다른 건 다 치우고 그렇게 몇 번만 하라. 그러면 당신이 그 당나귀를 그렇게 피가 맺히도록 때린 것이 다 없어지노라." 그러더랍니다. 그래서 그거를 도르르 말아서 그렇게 해 놨는데 아, 몇 번 그렇게 때리고 나더니만 다시 깨어나서 하는 소리가 "자네를 왜 내가 그렇게 만날 때렸지?" 이러더랍니다. 하하하…. (대중 웃음) "이상하잖아. 왜 내가 그렇게 때렸지?" 그때서야 몸뚱이를 보고서 "아휴, 자네 몸뚱이를 보니까 그냥 성한 데 하나 없이 멍이 들고 피가 맺혔으니 이걸 어떡하면 좋지? 어떻게 갚아야 되지?" 하면서 정신이 나더랍니다.

그러니까 이것은 어찌해 볼 수 없는 끼리끼리의 만남입니다. 이거를 곧이듣지 않으셔도 어쩔 수는 없지만 곧이들으셔야 합니다. 사실이니까요. 나는 한마디도 한데 떨어뜨리는 말을 해서는 아니 된다는 것을 압니다. 또 질문하실 분이 있으면 질문하세요.

질문자1(남) 임신년 한 해를 보내면서 송년회 법회 때 이렇게 질문할 기회를 주셔서 대단히 큰 영광으로 생각합니다. 그간 한마음 법형제회에서 몇 가지 궁금했던 사항들을 큰스님께 질문 올리겠습니다. 큰스님께서는 "문이 많아 문이 없고, 문이 없어 문이 없다." 하셨습니다. 한 점의 고기를 가지고 수많은 사람이 제각각 맛을 말하듯이, 서울로 오는 길은 동서남북 많지만 마지막 안방 문은 하나뿐인 것 같다는 생각이 듭니다. 잘못된 생각인지 궁금합니다.

큰스님 허허허…. 질문치고는 대답을 아주 가까운 데 두고 찾으시는군요. "문이 없어 문을 찾지 못하고, 문이 많아서 문을 찾지 못하고" 하는 소리는 우리 자체가…, 이걸 말로 할 수는 없습니다. 우리 마음이 다 문인 것입니다. 마음이 문이라 딴 데서 문을 찾아서는 아니 되죠. 내 마음의 문이란 천궁(天宮)을 통하는 문입니다. 내 마음의 문이란 천궁을 통하는 문이기 때문에 문이 많아도 문 찾기 어렵고 문이 없어서 문 찾기 어렵고…, 그러니까 잘 생각해 보십시오. 그 가운데 어디에 문이 있는가? 바로 내 빗장문을 열어야 열리는 거지, 내 빗장문을 열지 않고는 열리지 않습니다. 대답이 알쏭달쏭합니까? 허허허….

질문자1(남) 일체 생명은 자신을 위하여 이 생에 온 것이 아니라 오직 대중을 위하여 이 생에 온 것이라는 생각이 듭니다. 이 같은 생각은 편견에 치우친 것인지 궁금합니다.

큰스님 대중을 위한 것도 아니고 자기를 위한 것도 아닙니다. 그거는 자동적으로, 씨가 날려서 땅에 묻히기만 하면 바람이 불고 비가 오고 또 태양열이 있고 그렇기 때문에 싹이 나는 겁니다. 그와 같이 사람도 역시 그렇게 태어나는 겁니다. 누가 낳고자 해서 낳고, 낳기 싫으면 안 낳고, 이럴 수 있는 여건을 가지고 있습니까? 그냥 사랑의 씨앗이죠. 그냥 사랑하면 나오는 거죠. 사랑을 했다 하면 형성되는 겁니다. 그렇기 때문에 사랑의 씨라고 볼 수 있죠. 그러니까 '그 사랑의 씨가 어디에서부터 나왔는가'를 아시면 바로, 아까 얘기했듯이 그 문 안에서 문 바깥으로 나온 거죠.

질문자1(남) 네, 잘 알겠습니다. 제가 여우처럼 '오백'이라는 숫자에 꼼짝 못 하고 있습니다. '오'라는 숫자는 자신의 근본과 우주의 근본을 뜻한다고 봅니다. 그러나 스님 법문 중 "오백 명의 아들, 오백 년을 여우의 몸을 받아…, 오백 나한, 오백 년 후 다시 이곳에서 만날 때…" 등으로 많은 말씀에서 '오백'이라는 숫자가 나왔습니다. 그 오백의 뜻을 어떻게 받아들여야 할지 궁금합니다.

큰스님 오백이라는 것은요, 이 우주 전체 한자리에 무정물이든지 생물이든지, 어떠한 생명체든지 다 있는 것을 오백 자리라고 해도 됩니다. 오백이라는 것은 허공, 전체를 오(五)라고 해도 되고, 백(百)이라는 것은 모두, 너도 나도 할 거 없이 찰나에 화해서 돌아가니까, 공해서 돌아가니까 백이라고 했습니다. 무(無)라고 하는 거나 똑같습니다. 그러니까 오백이라는 숫자만 가지고 해서는 뜻이 안 나옵니다. 그래서 말대답 하나 잘못해서 오백 년을 여우로 견디다가 할 수 없어서 그 말대답을 다시 듣고야 여우의 모습을 벗었다고 합니다. 그런데 오백 년이 아닙니다. 만약에 어저께 여우가 됐다가 오늘 사람으로 된다 하더라도, 그 사이가 불과 몇 시간이든 1초든 3초든 간에 오백 년이 됩니다.

그래서 시공을 초월해서 마음이 돌아가는 도리를 아셔야 그 도리를 모두 안다고 봅니다. 그러니까 자유스러운 마음, 자유스럽게 내가 벗어나는 마음을 갖는다면 벗어날 것이고, 벗어나지 못하는 마음을 갖는다면 벗어나지 못할 겁니다. 그것이 자유스럽다 이 소립니다. 그러니까 숫자도 자유스럽습니다. 숫자는 사람들이 질서와 계율을 지키기 위해서 모두 생긴 거지 숫자가 따로 없습니다. 생각해 보세요. 비행기 프로펠러가 돌아가는데 숫자가 거기서 나오나? "너 몇 번 돌아갔니?" 이럴 수나 있습니까? "몇 번 돌아갔니? 몇백 번이 되니, 몇천 번이 되니?" 허, 이럴 수가 있습니까, 거기? 지금 그렇게 돌아가고 있습니다! 지구가 말입니다. 우리 사람 사는 것도, 한 찰나 찰나 화해서 바뀌면서 그냥 돌아갑니다.

그런데 그렇게 바뀌어서 돌아가는데 '무엇으로 만들어져서 이렇게 우리가 살 수 있나'를 한번 생각해 보십시오. 지수화풍이 아니라면 살 수가 없죠. 공기가 없으면 살 수가 없죠. 공기가 모든 것을, 태양열을 잡아당기지 않는다면 우리는 또 살 수가 없죠. 공기층이 높아질수록 추워지죠? 대기권을 벗어난다 하는 것도 이게 물로 싸여져 있기 때문에 물에서 오는 것입니다, 모든 게. 물뿐이 아니죠. 네 가지가 합동이 돼야만이 그 모든 게 자유스럽게 딴 걸로 화할 수 있으니까요. 과학도 그래서 벌어진 거니까요.

질문자1(남) 네. 고맙습니다. 또 진정한 보시와 인연에 대해서 알고 싶습니다. 인연을 맺는다고 맺는 것인지, 또 어떤 대상과 인연을 맺었으면 끝까지 책임을 져야 되는 건지요?

큰스님 하하하…. 끝까지 왜 책임을 집니까? 우리가 살아나가는 것도 지나가다가 한번 "어, 만났어?" 그러고 악수 한번 하고 지나가는 폭밖에는 안 됩니다. 그런데 악수 한번 했다고 거기에다가 집착을 한다면 그거는 영원히 벗어날 수가 없는 법입니다. 그러니 집착을 하지 마시고 그대로 용도에 따라서 닥치는 대로, 겸손하고 의리 있고 도의에서 벗어나지 않게 자기를 자기가 다스리면서 모든 것을 부드럽게 해 나가세요. 그것이 선행입니다.

질문자1(남) 마지막 질문 올리겠습니다. 공부가 많이 됐다는 사람한테서 말과 행동과 모습이 어떤 경계에 부딪쳤을 때 걷잡을 수 없이 감정적으로 나온다면 이것도 가르치기 위함으로 봐야 되는 건지요. 큰스님의 따뜻한 답을 부탁드리겠습니다.

큰스님 공부하는 사람들은요! "옆눈을 팔지 마라. 옆을 보지 마라." 이랬습니다. 그건 무슨 뜻이냐 하면요, 나도 한때는 그렇게 지내봤습니다마는 "죽는 것도 사는 것도, 옆에서 잘못하든 잘하든 그거를 개의치 말라." 이겁니다. 왜냐? 옆에서 잘못하는 거를 보더라도 '너하고 나하고 둘이 아닌데, 전자에 몰랐을 때 바로 내 모습이었다.' 하고 안에다 놓아 버리세요. 이것이 그냥 억지소리가 아닙니다. 수없이 바뀌어서 돌아왔으니까요. 여러분이 수없이 바뀌어서 이 자리에 와 있다면 못났을 때 그 모습, 잘났을 때 그 모습, 못했을 때 그 모습, 형편없는 그 모습이 모두 자기가 거쳐 올라온 그 모습입니다.

그러니까 한마음에 모든 걸 놓고 '둘이 아닌데, 그렇지 않게끔 하는 것도 한마음 주인공 아니야?' 한다면 그쪽도 바뀌집니다. 바뀌져요, 예. 그거는 마음과 마음이 통해서 이게 바뀌져야지, 말로 육신으로 해서는 외려 더 업을 짓는 거지 그건 안 통합니다. 그러니까 그렇게 해서 모든 거를 놓고 가야만이 다 버려서 다 얻는 거죠. 만약에 이거 잘못된 것 보이고 저거 잘못된 것 보이고 이러다가는 언제 그 길을 갑니까? 언제 모든 것을 다 버리고, 모든 것을 하나도 버릴 게 없이 다 얻을 수 있겠습니까? 그러니까 남이 잘하는 거 못하는 거 보기 이전에, 그걸 봤으면 보는 대로 그냥 주워 넣어요. 그냥 보는 대로 주워 넣으라고요. 그리고 부드럽게 해 줌으로써 그냥 한바다가 되죠.

질문자1(남) 이것으로 질문을 마치겠습니다. 그리고 새해에도 큰스님 건강을 빌며 좋은 법문 부탁드리겠습니다. 감사합니다.

큰스님 내 건강을 염려하신다면 여러분의 몸도 건강하실 겁니다. 여러분의 몸뚱이 속에 있는 생명체들이나 내 몸뚱이에 있는 생명체들이나 다 둘이 아닌 것입니다. 똑같습니다. 하여튼 또 질문할 분 있으면 질문하세요.

질문자2(남) 공부하는 도중에 문득 생각이 나서 한 가지 여쭈려고 나왔습니다. 1년간, 1년뿐만 아니라 세세생생 늘 지도해 주셔서 그 감사함을 이루 말로 표현할 수가 없습니다. 지금껏 큰스님께서 늘 가르쳐 주신 대로 추호의 의심도 없이 한마음을 믿고 또 주인공 자리에 놓아 가고 있습니다. 그런데 오래 전의 일이었습니다. 자다가 번쩍 눈을 떴는데 '난수불화'라고 해서 내 자신의 자성(自性)의 소리라는 생각이 들었습니다만, 깨어나고서도 몇 시간 동안 아무리 그 뜻을 풀려고 해도 풀 수가 없었습니다.

이것이 큰스님께서 늘 말씀하셨던 '자생 화두(自生話頭)라는 것이냐.' 하는 생각을 했는데, 쭉 잊어버리고 나름대로 하다가 어느 날은 '아! 이게 자생 화두구나.' 하는 생각을 했어요. 물론 꾸준히 주인공 자리에다 놓아 가고 그 외에도 내게 부딪쳐 오는 경계를 전부 놓아 가고 있습니다마는 때때로 '이게 자생화두가 아닌가.' 하는 생각에서 이제는 난수불화라는 그 말을 '주인공 당신이 한 일이니까 당신이 더 잘 알잖아!' 하고 지금도 놓아 가고 있습니다, 때때로. 그런데 자생 화두를 들었을 때 그게 자생 화두인지 아닌지, 어떻게 알 수 있으며 또 이게 자생 화두라면 자성의 소리라고 생각하는 이 자생 화두를 때때로 놓아 가도 될는지요? 그게 궁금해서….

큰스님 그냥 믿으면 믿었지, 왜 자생 화두라는 이름을 또 짓습니까? 이름이 많은데, 그 주인공이라는 것도 이름인데, 그 자생 화두라는 것을, 왜 화두라는 이름을 또 붙여요?

질문자2(남) 이름을 짓고 싶은 생각은 없어요. 난수불화라는 그 뜻을 모르니까 그냥 놓아 가고 있습니다. 그것을 뭐 꼭 자생 화두라는 표현보다도 큰스님께서 자생 화두라는 말씀을 한번 하셔….

큰스님 그게 감응이 되면은…, 난수부요?

질문자2(남) '난수불화' 이렇게….

큰스님 그것은 '자기 낳기 이전 자기'인 것입니다. 그러니까 감응이 됐을 때도 겨우 그 소리를 하나 들었을 뿐이니, 그것을 믿고 감사하게 생각하고 또 놓고, 감사하게 생각하고 또 놓으십시오. 그 놓고 끼고 하는 것은 돌아가는데 그 근본은 움죽거리지 않고 있는 것입니다, 심봉 자체가. 그렇기 때문에 움죽거리지 않는 데서 돌아가면서 조금 나온 것을 또 이름을 지어서 거기 붙이지 마세요. 그대로 생활 자체가 화두니까, 내 몸뚱이가 돌아가는 게 그냥 화두예요. 그래서 이름해서 '주인(主人), 공(空)'이라고 했지 않습니까? 세탁기 중심에다 심봉을 달았다고 합시다. 그러면 중심에 꽂힌 그 심봉 자체는 하나도 움죽거리지 않고 돌아가는 것만 돌려요, 그죠? 돌아가는 것만 돌리면서 그 심봉 자체는 힘만 주고 있지 꼼짝도 안 합니다. 더한다, 덜한다, 움죽거린다 이런 것도 없습니다. 그러니까 돌아가는 그 자체로 인해 한번 퍼뜩 그게 들린 거죠.

그러니까 기도라는 이름도 쓰지 마세요. 상대를 놓고 비는 게 기도입니다. 그런데 어디가 아파도 '네 몸뚱이 네가 건강하게 끌고 다녀야 할 거 아니야.' 하고 그냥 놓으라고 그랬습니다. '주인공, 나를 낫게 해 줘.' 이럭한다면 안 되죠. 낫게 해 주는 사람이 있고 낫는 사람이 있으니까 안 되죠? 제 몸뚱이 제가 끌고 가는데 건강하게 해서 끌고 가야지 누가 합니까, 그거? 그렇게 작업을 함으로써 둘이 아닌 도리도 알게 되고 자기, 즉 불생불멸하는 그 자성불(自性佛)도 발견해 낼 수 있는 겁니다.

그러니까 거기만 또 잔뜩 쥐고 있지 마세요. (주먹을 쥐어 보이시며) 이 근본만 쥐고서, 찰나찰나 돌아가면서 그런 소리가 들리고 그런 소리가 나오고, 보이고 그러더라도 그냥, '아, 감사하구나! 내 몸뚱이에 있는 내 육근(六根)을 다 이렇게 다스리면서 잘 가르쳐 주기 위해서 이렇게 가는 거니까 참 감사하구나!' 그러고 그 자리에 다시 놔요. 그냥 그걸 한껏 붙들고 있으면 돌아가던 게 움죽거려지지 않으니까요. 그냥 놔 놓고, 연방 연방….

질문자2(남) 꾸준히 공부 열심히 하겠습니다. 감사합니다.

질문자3(남) 저는 울산에서 왔습니다. 큰스님을 세 번째 친견합니다. 그런데 저는 질문은 없고요. 인연 따라 큰스님 법문을 딱 접하고 보니까 저의 모든 행동이라든가 인물이 전부 싹 바뀌지고 있습니다. 그걸 잘 알고 있습니다. 그게 너무너무 감사해서 또 이렇게 늘…. 밤에도 책을 많이 보고, 보다가도 생각나면 덮어 놓고…, 참 좋습니다. 그런데 혹시 또 잘못된 게 있으면 바로 잡아 주십시오. 부탁드리겠습니다.

큰스님 예, 예. 감사합니다. 때에 따라서는 말입니다, 어떤 때는 심란할 때도 있고, 어떤 때는 책이 그렇게 좋아도 책을 보기 싫을 때가 있죠, 예? 아무리 금덩이가 들었다고 하더라도 보기 싫은 때가 있어요. 싫은 때는 싫은 겁니다. 그것도 바로 참선입니다. 그러니까 싫으면 덮어 놨다가 보고 싶을 때 또 보세요. 때에 따라서 '이것 좀 봐야지.' 하고 볼 때는 거기에 심취가 되고, 마음에 와 닿는 게 있고 그러면 또 그 책을 떼어 놓기가 싫죠. 그럴 때는 또 그대로 떼어 놓지 마시고요. 이렇게 자유스럽게 하시란 얘기죠. 자유스럽게 사는 게 그대로 참선이에요. 누구를, 어느 스님을 만나든, 어느 잘 아는 분이 있다, 부처님이 계시다 이런다 하더라도 자기는 자기 거를 알아야 합니다. 그러니 스스로 느끼고 생활 속에서 실험하시고 그렇게 체험하시고 돌아가십시오. 잘하십니다.

질문자3(남) 그리고 또 한 가지 있습니다. 스님 법문이 너무 좋아서 테이프를 사다 놓고 계속 틀고 있거든요. 그런데 테이프를 한 번만 트는 게 아니고 한 개 꽂아 놓으면 며칠 틉니다. 그런데 틀어 놓고 그냥 자고, 알아듣거나 말거나 '주인공이 알아듣겠지.' 하거든요. 한번은 자다가, 테이프를 딱 끔과 동시에 '이래도 된다' 하면서 삼각형으로 된 물체가 나타났습니다. 하얀 그림이요. 그것이 아래 위로 딱 붙더라구요. 그거는 또 무슨 뜻입니까?

큰스님 하하하…. 그것이 바로 마음이 붙고 떼고 붙고 떼고, 이렇게 하는 작용이죠. 그대로 이 세상도 그렇게 돌아갑니다. 이 세상이 다 그렇게 돌아갑니다.

질문자3(남) 아, 알겠습니다. 너무너무 감사합니다.

사회자 오늘 법문은 이것으로 마칠까 합니다.

큰스님 여러분이 이 공부를 열심히 하셔서 앞서 어떻게 살았든 그 입력된 것을 다 무너뜨리고, 다시 새 마음으로 입력을 해서 입력이 되면 되는 대로 꺼내 쓸 수 있는 그런 도력을 기르십시오. 우리 생활 자체가 그대로 도지 어디 뭐, 도가 따로 있고 그런 게 아닙니다. 모두 불교를 잘못 알고 있는데 이 생활 자체가, 우리 세상이 돌아가고 사는 자체가 바로 종교고 불교입니다.

질문자4(남) 스님, 늦은 시간에 죄송합니다. 대구에서 올라왔습니다. 저는 소원하는 것하고, 한마음 관하는 것하고, 지금 현재 일반 사찰에서 기도하는 것에 대해서 스님한테 가르침을 받고자 나왔습니다.

저희들이 어떤 원을 할 때 원하는 게 한마음을 관해서 되는 것도 있고 안 되는 것도 있다고 생각합니다, 제 눈으로 볼 때에. 그래서 안 될 때는 안 되는 이유를 제가 알고 싶고, 요즈음 절에 가면 입시 철이 돼 가지고 여러 가지 기도를 하고 또 소원을 빕니다. 스님들께서 시켜서 하는데, 그 기도하는 방법이 잘못돼서 안 되는 건지 그 점에 대해서 알고 싶어서 나왔습니다. 가르침을 부탁드립니다.

큰스님 본래 부처님이 가르치신 법은 그게 아닙니다. 상대를 보고 해 달라고 그런 게 아닙니다. 왜냐하면 '부처님 형상과 내 형상이 둘이 아니요, 부처님 마음과 내 마음이 둘이 아니요, 그 뜻도 또한 둘이 아니다' 이겁니다. 그렇기 때문에 만약에 부처님이 내 몸과 둘이 아니고 마음이 둘이 아니라면 해 달라고 할 데가 어디 있습니까, 네? 그래서 부처님께서도 "네 마음을 먼저 알아야 내 마음을 알 수 있느니라. 그럼으로써 내 마음과 네 마음이 둘이 아니니라." 그렇게 말씀하신 뒤에는 "만약에 네 마음과 내 마음이 전깃줄이라면 전깃줄과 전깃줄이 한데 합치면 불이 들어올 뿐이지 거기서 '해 달라, 안 해 달라' 이런 게 붙지 않느니라." 하셨습니다. 아시겠습니까?

그러니까 기복이라는 얘기가 지금 나오는데 부처님이 가르치실 때는 그렇게 가르치신 게 아닙니다. "네 마음을 네가 발견해서 깨달아서 자유스럽게 살라. 일체가 다 공해서 돌아가느니라. 그리고 일체가 너 아님이 없느니라. 일체가 높고 낮음이 없느니라. 그런데 누구한테다가 해 달라고 할 수 있겠느냐. 네 마음 가운데도 도량이 있고 부처가 있고 법이 있고 그런데, 어디에다가 해 달라고 하느냐." 하셨습니다. 그런다면 모르는 사람들을 위해서는 물론 농사를 지어서 벼를 다 추려서 까서 키질을 해서 밥을 지어서 먹어야 먹어지는 거지마는 그거는 한 씨앗에서 그 모든 경계를 거쳐 나오는 것뿐이지 결과는 그게 아닙니다. 그냥 무조건 갖다가 붙이면 붙어지고 불이 들어올 뿐입니다.

그러니까 지금 입시 기도 드리는 것도 그렇고, 또 어떤 고난이 있고 어떤 애고가 있고 그래서 기도드리는 것도 있는데, 기도드려서 될 일이 아닙니다. 왜냐하면 여러분 모두 자성이 다 있으니까 그 자성에 의해서 자기 마음이 자기를 다스릴 수 있는 능력을 길러야만이 정신계 50%를 알고 물질계 50%로 나오게 해서 내가 편리하게 사용할 수 있지 않겠습니까?

예를 들어서 집을 지으려고 생각을 했다, 학교에 들어가려고 생각을 했다 이럴 때, '생각을 했다' 할 때는 벌써 나는 시험을 봐야 하고 또는 집을 지으려면 설계도가 필요하니까 설계도가 나와야 합니다. 설계도가 나오면 집이 올라갑니다. 그건 자동적으로 마음에 의해서 그렇게 되는 거니까요. 그런데 마음을 내지 않고 어디에다 해 달라고 자꾸 기도만 한다면, 그러는 것도 마음 내는 거지만, 그거는 쪽박에 물 한 모금 얻어 쓰는 거나 마찬가지죠. 그거는 복을 비는 건데, 복을 좀 얻어 쓸 수야 있겠지마는…, 이건 내 생각입니다. 얻어 쓸 수야 있겠지만 근본적으로 문제를 타개하지는 못합니다. 자기가 명석해질 수도 없고, 물리가 터질 수도 없고, 항상 얻어먹는 노예밖에는 될 수가 없습니다.

질문자4(남) 대단히 감사합니다.

큰스님 그래서 부모가 이런 데를 다니면, "시험 보는 학생들한테도 관하는 법을 아주 간단하게 가르쳐 줘라." 그러는 겁니다. 자기만이 스위치를 올려서 불을 켤 수 있는 거니까요. 자기만이 할 수 있지 누가 해 줄 수 있습니까? 시험을 봐 주는 겁니까? 신(神)이 있어서, 신이 와서 나를 시험을 보게 해 주는 것이 아닙니다. 자기 신(自己神)이, 자기가 자기를 이끌어 나가는 거니까 어리석게 그렇게 속아서는 아니 됩니다.

일체를 둘로 보지 않는 수행

1993년 1월 3일

여러분께서 차원이 높게 정신계를 밟아 가신다는 거를 생각할 때 너무나 감사한 마음입니다. 정말 이 세상의 만물만생이 다 둘이 아니어서, 여러분이 안 계셨더라면 내가 배울 점이 없었고, 또 내가 없었더라면 여러분이 배울 점이 없었을 겁니다. 서로가 한마음 한뜻이 돼서 머무름이 없이 일체 만법을 행하는 도리를 정신 차려서 아셔야 할 것입니다. 그런 뜻에서 항상 감사하게 생각하고 있지만 오늘 더더욱 감사하군요.

심한 말을 한다고 생각하실지 모르지만, 인간은 태어나면서부터 사형선고를 받았다고 해도 과언이 아닐 겁니다. 사형선고에다가 무기집행유예를 받고 한 계단 한 계단씩 조심스럽게 마지막 계단까지 가는 것입니다. 그것을 가만히 여러분이 생각해 보신다면 아마 더 잘 아실 거라고 생각이 듭니다.

그런데 우리가 마음공부를 하는데 망상이다, 졸음이다 이런 걸로 인해서 공부를 못 한다고 하십니다. 둘로 보는 까닭에 못 하는 것이지 둘로 보지 않는다면 어떻게 그것을 망상이라고 보겠으며 졸음이 와서, 졸려서 공부를 못 한다고 하겠습니까? 일하느라고 못 한다, 졸려서 못

한다, 바빠서 못 한다, 망상 때문에 못 한다 이런 문제들에 여러분이 매이신다면 영 그 자리를 뛰어넘을 수가 없습니다.

여러분한테 누누이 말씀드려 왔습니다마는 나만 그렇게 말하는 게 아닙니다. 우리가 육조 스님의 뜻을 본다 하더라도, "불성인 주인공이 청정함을 어찌 알았으리까." 하는 말을 한번 생각해 보십시오. "주인공으로 인해서 여여함을 어찌 알았으리까." '불성'이라는 것은, 즉 말하자면 불이 들어오는 것을 말하고, '주인공'이라는 것은 불이 들어오게끔 전체가 작용되도록 한마음으로 뒷받침하는 겁니다. 그렇게 같이 돌아가는 것을 '주인공'이라고 합니다. 즉 말하자면, 영원한 그 생명의 근본과 마음 내는 거와 육신이 움죽거리는 거를 포함해서 주인공이라고 하고, 그대로 한마음으로 딱 당쳐서 주장을 세운 것이 바로 근본 불성입니다. 그러니까 둘러치나 메치나 마찬가집니다. 그래서 "주인공이 모든 것을 일체 갖추어 가지고 있음을 어찌 알았으리까. 주인공으로 인해서 일체 만법을 들이고 냄을 어찌 알았으리까." 이겁니다. 또 거기다 말을 한마디 더 붙이자면 "주인공으로 인해서 자유자재함을 어찌 알았으리까." 하는 겁니다. 그거를 가만히 생각해 보시고 새겨 보신다면 우리 모든 행이, 일체가 다 머무르는 바 없이 머무르는 겁니다.

우리가 공부하는 길을 적절히 택했다면…, 아까 한 계단 한 계단 올라간다고 그랬죠? 그 길이 깊은 정글이라고 합시다. 지금 깊은 정글을 지나가는데 거기는 사자도 있고 호랑이도 있고, 또 스치기만 하면 말아서 피를 빠는 풀들이나 나무들이나 어떤 동물이든 다 곁들여서 있다고 봅시다. 그런다면 그 정글을 넘어가야 대로(大路)가 나오는데 정글을 가는 길에 무슨 잡담이 필요하고, 정신을 어디다가 팔 수 있겠습니까? 오로지 나아가면서 어떠한 게 닥친다 하더라도 그냥 타파하고 가는 겁니다.

예를 들어서 '망상이다' 할지라도 '어, 망상은 내가 공부할 수 있는 재료야.' 하고 넘어서야 하고, 시공을 초월해서 볼 때에 '잠이 온다'

하더라도 '잠자는 게 잠자는 게 아니다' 라는 얘깁니다. 잠 안 자는 것도 아니고 자는 것도 아닙니다. 꿈도 아니요, 생시도 아니듯. 모두가 이렇게 그대로 여여한 생활 자체가 그대로 진리요, 참선이요, 부처님 법입니다. 부처님 법이라고 해서 우리들의 법이 다르고 부처님의 법이 다르다고 생각지는 마세요. 우리들이 즉 부처이자 중생이니까요. 그러니 3천 년 전에만 부처님이 계셨던 게 아니라 여러분이 계신 한, 부처님은 항상 이 자리에 계십니다. 어떠한 망상이든 어떠한 애고든 어떠한 병고든 어떠한 문제가 닥쳐온다, 내 생명이 지금 위태하게 되었다 하더라도 자기 몸뚱이가 실체가 아니기 때문에 끄달려서는 안 됩니다.

내가 엊그저께도 얘기했지만, 테레비 몸체와 화면 같은 외형을 어떻게 자기라고 하겠습니까? 마음에 갖추어 가지고 있는 그 능력, 바로 그 기능이 여러분 속에 있는 것입니다. 여러분을 형성시켜서 이날까지 끌고 온 그 장본인, 불성이 바로 '주인공' 입니다. 육신이 없어도 아니 되고, 육신을 나라고 해도 아니 됩니다. 그래서 테레비로 비유한다면, 속의 기능이 없어도 안 되고 화면이 나오는 몸체가 없어도 테레비의 역할을 다 못 합니다. '알이 먼저냐, 닭이 먼저냐' 하는 거나 마찬가지죠. 먼저고 나중이고 없는 것입니다. 그러니까 마음공부 하시는 데는 절대로 끄달려서 되지 않는다는 것을 아셔야 됩니다. 왜 끄달린다는 말이 거기 들어갈까? 지금 이 세상을 가만히 돌아보십시오. 물질이 없어도 아니 되고 물질만 있어도 아니 됩니다. 생명이라는 게 있기 때문에 마음이 있고, 마음이 있기 때문에 바로 물질이라는 게 있는 겁니다. 그렇기 때문에 죽은 영혼들도 연결, 연결, 연결, 연결, 연결을 짓고 돌아가는 데는, 한마음으로서 공심으로 돌아가려는 데는 바로 물질을 필요로 합니다.

지난번에도 얘기했지만, 인간 마음의 그 무한한 레이저 광선, 이 마음의 레이저 광선은 무한이지만 물질적인 레이저 광선은 한계가 있는 것입니다. 그런데 레이저 광선이 지금 세계적으로 안 쓰이는 데가 없죠. 하다못해 라디오까지도 말입니다. 그런데 이보다도 더 무한량으로 쓸 수 있고, 모든 것을 자유스럽게 자유자재할 수 있는 그런 여건이 여러분한테 주어져 있다는 얘깁니다. 거짓말로 알지 마세요. 사대 성인들과 깨달은 분들 모두가 다, 역대를 거치면서 발견한 거고 연구한 거고 실천한 거고 그렇습니다.

부처님 당시에도 머리 깎은 사람과 머리 안 깎은 사람이 다 동일하게 공부할 수 있다고 해서 유마힐 거사도 그 시절에 났지 않습니까? 사람에게 불성이 있다 할지라도 지혜가 풍부해야 들이고 내는 데 조금도 손색이 없고 또 모가 지지 않게 할 수 있는데, 바로 그런 지혜도 주어져 있습니다. 제일 문제는 지금 정글을 넘어서야 되는 겁니다. 지금 사느냐 죽느냐, 이 중세계에서 승진을 하느냐 하천세계로 좌천이 되느냐 하는 판국이죠. 좌천이 되면 세세생생에 쳇바퀴 돌듯 그냥 이 모습 저 모습으로 끌려다니면서 고(苦)를 면치 못해요. 자기뿐만 아닙니다. 수십억의 중생들이 내 몸속에도 있으니까 말입니다. 그런데 한눈팔 사이가 어딨습니까? 그렇다고 신경을 쓰고 모질음을 쓰면서 '아이고, 이걸 끊어뜨리지 않고 해야 하는데, 공부를 어떡하면 잘할까?' 이런 걱정 근심을 하라는 게 아닙니다. 본래 이 생활이 종교이고 참선이기 때문에 그대로 생활하는 것이 바로 자기 주인공에서 일체 만법을 들이고 낸다는 사실! 이것을 진짜로 믿는다면 열쇠가 주어질 것입니다.

여러분은 자기가 살면서도 자기를 못 믿어요. 다른 이름을 믿고 형상을 믿고 허공이 있다는 것을 믿으면서도 왜 자기는 못 믿습니까? 못났든 잘났든 자기를 끌고 가는 그놈을 자기가 왜 못 믿습니까? 배가 고파서 밥 먹게 하는 놈, 듣게 하는 놈, 보게 하는 놈, 말하게 하는 놈, 일을 하게 하는 놈, 하기 싫게 하는 놈, 싸움을 하게 하는 놈, 성이 나게 하는 놈, 이 모든 놈들이 전부 한 놈입니다, 한 놈! 그거를 표현을 하기를, '아버지가 될 때 내가 나라고 할 수 있나, 또 남편이 됐을 때 나라고 할 수 있나, 자식이 됐을 때 나라고 할 수 있나, 사위가 됐을 때 나라고 할 수 있나?' 했던 겁니다. 자동적으로 돌아가면서 말도 뜻도 행도 그렇게 바꿔지면서 돌아가는데 어떤 딴 놈이 또 있습니까? 그러니 일체 만법이 다, 각자 여러분이 이 세상에 나왔기 때문에 벌어진 겁니다. 그놈이, 한 놈이 그렇게 일체 만법을 들이고 낸다는 것을 알게 된다면 그 벌어진 것을 용도에 따라서 들이고 내는 데는 손색이 없다고 봅니다, 그대로니까. 그 한 놈이 누구입니까? 그 한 놈이 바로 우주를 싸고 여여하게 돌아가는 그 자체입니다.

전에도 우주의 근본이 인간의 마음의 근본에 직결돼 있다고 얘기했죠? 일체 만물은 연결 연결 연결 돼서 바로 공생(共生)으로서, 공용(共用)으로서, 공식화(共食化)하고 있으니 그것이 바로 가설이 돼 있는 것이라고요. 각자 마음마다 가설이 돼 있다구요. 그렇게 말씀드렸죠? 부처님 법이라고 생각하면 둘이 되죠? 그러나 부처님 법이 따로 없이 우리들의 법이 부처님 법이라고 놓을 때는 하나입니다. 그래서 마음의 노예가 되면 세세생생에 벗어날 수가 없는 것입니다. 그때도 그렇게 얘기했지만 지옥이나 천당이 달리 있는 게 아닙니다. 우리가 제일 무서운 것은, 돼지같이 살면 돼지의 모습을 가지고 나올 것이고, 뱀같이 살면 뱀 모습을 가지고 나올 것이고, 개같이 살면 개의 모습을 가지고 나올 것이고, 사람같이 살면 사람의 모습을 가지고 나온다는 사실입니다. 그러나 이 마음의 공부를 증득해서 넘어갈 수 있다면 삼천대천세계를 한 손가락에 꿰고서 굴릴 수 있는 그런 자유인이 된다 하는 것입니다.

그런데 아까도 얘기했지만, 그렇게 살얼음판 같은 계단을 걸어가는 도중에, 그리고 계단을 정글이라고 해도 됩니다마는 이게 공부하는 데에 정글이라고 하고, 사람이 태어나서 죽으러 가는 그런 길을 한 계단 한 계단 걷는다고 말한 것입니다. 그런데 거기에 무슨 사단이 그렇게 많아서 그 길을 똑바로 걷질 못하고 온통 그냥, 여기에 끄달리면서 이것 때문에 죽는다고 피하고, 사자가 온다고 피하고, 정글에서 어떤 풀이 몸을 감으면 또 안 감기려고 피하고, 이렇게 피하다 보니까 문제가 심각해지는 겁니다. 어떤 게 닥쳐도 피하지 말라 이겁니다. 왜냐하면 앞으로 가도 아니 되고 뒤로 물러서도 아니 되는 것입니다.

그건 왜 그럴까요? 둘이 아닌 까닭을 알면 한 찰나에 내가 풀이 될 수 있어서 내 몸을 말아서 피를 빨아 먹는 어떠한 물체가 있다 할지라도 자기 피를 자기가 먹을 수는 없는 겁니다. 이건 마음의 장난이기 때문입니다. 어떠한 풀도 무정물도 식물도 다 마음이 있는 겁니다. 생시에 내가 '그 마음이 체가 없어서 너와 내가 모두 둘이 아니게 돌아가는데 뭘 그래!' 하고 거기 놨을 때에 바로 꿈에도 그렇게 생각이 됩니다. 꿈과 생시가 둘이 아닌 까닭입니다. 그러니까 뱀이 닥치든지 또는 구렁이가 닥치든지 또는 사자가 닥치든지 어떠한 게 닥쳐도 궁색하게 피하지 말고, 가정에서 어떠한 애고가 닥치든 병고가 닥치든, 어떠한 문제가 닥쳐도 피하지 말란 말입니다.

여러분, 생각해 보십시오. 내 몸속에 들어 있는 의식들이 다 딴 사람입니까? 딴 데 있는 겁니까? 내 한 물체 속에 들어 있는 겁니다. 그래서 그 물체 속에 들어 있는 그것은 바로 별성들이요, 나, 이 모체(母體)가 전체를 담아 가지고 있는 그 자체는 혹성입니다. 이름을 지어서 그렇게들 부르니까 그렇게 부르고 있습니다, 지금. 그런데 혹성이 따로 있고 별성이 따로 있는 게 아닙니다. 그런데 어떤 게 움죽거릴 때, 위장에서 움죽거릴 때 내가 움죽거렸다고 하겠습니까, 간장에서 움죽거려야 내가 움죽거렸다고 하겠습니까? 소장입니까, 대장입니까? 전체가 나 아님이 없는 겁니다. 한 군데서만 파업을 일으킨다 하더라도 그것을 각각 본다면 파업을 막을 수가 없습니다, 대립이 되니까. 이건 대립이 돼서 될 일이 아닙니다.

어떤 애고라든가 영계성·유전성·세균성·업보성 이런 게 모두가 과거에 어떻게 살았느냐에 따라서 지금 현실에 나오는 건데 그것을 대치하려면 둘이 아니라는 것을 알아야 합니다. '네가 나오게 한 거니까 네가 안 나오게 할 수도 있잖아.' 하고 돌려놓는 것입니다, 돌려. 이 마음은 내가 마음을 쓰는 대로 알고 있는 겁니다. 자기가 스스로 아는 게 아닙니다. 지구가 움직일 때 우리가 그냥 따를 뿐이지 어디로 다니는 줄 우리가 압니까? 무엇을 하고 다니는 줄 압니까? 그렇듯이 이 몸뚱이 속에 있는 그 모든 생명의 의식들이 다, 우리가 무엇을 하고 돌아다니는지를 모릅니다. 그렇기 때문에 항상 거기다 직결해서 '네가 하는 일이니까 네가 잘해야 되잖아. 이끌어 가야 되잖아. 네 몸뚱이 네가 건강하게 이끌어 가야 네 심부름을 잘하잖아.' 하고 그대로 놓는 것이 바로 참선이며, 우주를 한꺼번에 집어 먹고, 집어 먹을 것도 없이, 버릴 것도 없이 이렇게 (손가락을 하나 세워 보이시고) 받칠 수 있는 그런 기둥이 된다 이 소립니다.

사람이 공부를 해서 '해인(海印)의 증명을 받았다' 하는 것은 큰 바다에 만물만생이 살고 있는데 그 마음이 한마음으로 돌입해서 한마음이 됐다는 증거입니다. 바다에는 도장을 찍어도 찍은 사이가 없고, 찍을 사이가 없건만도 찍은 겁니다. 우리가 대통령 선거를 하는데 몽땅 '당신이 옳소' 하고 찍는 거와 같죠. 왜냐? '옳소' 하는 거는 둘로 봐서 옳소가 아닙니다. 너와 내가 둘이 아니라는 것을 알기 때문에, 과거고 현재고 미래고 몽땅 한데 합쳐 한자리를 파악한 것이 바로 해인입니다.

한 가족 안에 아들 딸들이 전부 아버지를 찍지 누굴 찍습니까? 우주 전체 삼라만상을 한 가족으로 본다면 그렇게 아버지는 아들을, 아들은 아버지를 둘로 보지 않고 한 가족으로 보기 때문에, 모습은 다르지만 그 아버지와 아들의 사랑이라는 것은 조건 없는 자비가 줄줄줄줄 그냥 흐르고 있으니, 그대로 합일이니까 그대로 도장이죠. 허허허…. 그러니까 너 나를 가른다면, 잘못하고 잘하는 걸 가른다면 합일이 될 수 없죠. 잘한다고 한다면 항상 못하는 게 거기 끼어들고, 못한다고 한다면 잘하는 게 끼어들고 이렇기 때문에 끝이 안 나요.

그러니 공부하는 여러분이 잘 생각해서 아주 근원적으로 들어가서 내막을 파헤쳐 본다면 수억겁 광년을 거치면서 우리가…, 요걸 보세요. 지수화풍도 우리에게 당장 없어서는 안 되지 않습니까? 우리가 공기주머니에서 사는 것은 물주머니에서 사는 거와 같습니다. 물에서 사는 생물들 모두가 그냥 물주머니에서 산다고 한다면 그 물로 인해서 공기가 되니까, 우리도 이 물주머니에서 사는 거와 뭐가 다릅니까? 뭐든지 거기에서 이탈을 한다면 다른 병고가 일어나게끔 돼 있습니다. 우리 마음이라는 자체는 수십억 마리의 마음도 내 마음 한마음에 다 따라 주게 돼 있습니다. 그렇게 따라 주게 돼 있습니다. 그래서 내 마음 하나 쓰는 것이 아주 중요하다고 보죠.

예전에도 그렇게 얘기했죠. 누가 어떤 꿈을 꿨다고 가서 물어보니까 "아, 잘 먹겠다." 이러기에, 다른 친구가 꿈을 안 꾸고도 그런 꿈을 꿨다고 꿈 얘길 하니까 "아, 너는 매를 진탕 맞겠다." 했죠. 그래서 정말로 매를 진탕 맞고는 "그런 꿈을 꾸지도 않았는데 어떻게 매를 맞게 됐습니까?" 하고 또 가서 반문을 했어요. 그러니까 "그렇게 하려고 꾸민 것도 꿈이니라." 이러는 거예요. 그러니 마음이 얼마나 중요합니까. 꿈에 어떠한 문제가 일어난다 하더라도 둘로 보지 않고, 어떤 귀신이 닥친다, 어떤 애고가 닥친다, 어떤 유전성이 닥친다 하더라도 '허허! 너와 내가 둘이 아닌데 무슨 그런 일이 있겠는가.' 하고 자기가 한 생각에 돌려 놓으세요. 둘이 아니라면 모든 게 그냥 하나로 돼 버려요, 흔적도 없이. 불에 어떤 것을 넣든 타 버리듯이, 물이 증발되듯이….

어떠한 게 닥치면 관습에 의해서 '아, 이런 거는 안 되고, 이런 거는 되고….' 이런 게 있죠? 여러분이 많이 그렇게 하실 거예요. 사람이 살아나가는 데 여직껏 살아온 관습에 의해서 이건 못하고 하고가 항상 따르게 마련이죠. 진짜로 믿고 들어가는데 하고 못하고가 어딨습니까? 내 생명이 그냥 이 자리에서 앗아진다 하더라도 그거는 "허허!" 할 뿐이죠. 내가 둘로 본다면 온 것이 있고 갈 것이 있지만, 둘로 보지 않는다면 오지를 않았기 때문에 갈 것도 없죠. 인간이 모두 가지고 있는 이

미묘한 법으로써 어떻게 하면 여러분이 다 자유스럽게 삶의 보람을 느끼면서 살 수 있게 할는지 모르겠습니다.

그래서 선지식들은 전에 이렇게 말씀을 하셨습니다. “졸지 말고 정진해라. 망상을 끊어라.” 철저히 그랬습니다. 그것뿐입니까마는 말입니다. 그런데 나는 어떠한 생각을 했느냐 하면 '망상을 끊기 이전에 사람이 생각을 내지 못하면 목석이 되지 않나? 아니, 생각을 자꾸자꾸 내야 그게 발전을 하는 거지 어떻게 생각을 망상이라고, 방편으로 이름을 지었을까?' 하는 의심이 났단 말입니다. 꼬리가 꼬리를 물고 생각을 하더라도 내가 안 하려면 안 하고 하려면 하는 거지, 그리고 그 자리에서 자꾸 나오는 거지, 그 자리에서 나오는 거니까 그 자리에다 그냥 내버려 두지, 그걸 망상이다 뭐다 하고 끊으려고 애를 쓰니 그게 칼로 물 베기지 어떻게 끊어집니까. 어떠한 물체입니까, 그게? 끊어지게.

어떠한 물체라면 칼로 끊으면 끊어질 수 있지만 이 마음이라는 것은 끊을래야 끊을 수가 없는 겁니다. 칼로 물 베기나 똑같습니다. 그걸 끊으라는 게 아니라 공부할 수 있는 재료로 삼았으면 좋겠다 하는 겁니다. 졸음이 오는 것도 거기서 나오는 건데, 그놈한테서 나오는 건데, 그냥 편안하게 자게 내버려 두지, 그 뭐 그렇게 말이 많습니까? 아, 자다가 깰 때도 있겠지 내내 잡니까? 내내 자도 할 수 없는 거고 내내 깨어 있어도 할 수 없는 거지, 그거를 성화를 하고 그러다 보면 어떻게 정글을 넘어섭니까? 자든지 깨든지 시공을 초월해서, 바쁘게 서둘지 말고 차근차근히 그냥 뚜벅뚜벅 걸어가는 그런 형상이 돼야만이 그 자리를 과감하게 넘어설 수 있는 겁니다. 그럼 오늘 여러분의 질문을 좀 받아 볼까요?

질문자1(남) 우선 큰스님께 질문드리기에 앞서 여러 법형제님을 대신해서 새해 인사부터 드리겠습니다. 금년에도 큰스님, 새해 복 많이 받으시고 옥체 항상 건강하시어 저희들에게 좋은 법문 많이 해 주시기 바라겠습니다.

큰스님 감사합니다.

질문자1(남) 우선 새해 첫 질문의 기회를 얻은 것을 대단히 영광스럽게 생각합니다. 질문이 조금 길어서 네 가지로 나누어서 말씀드리겠습니다. 진정한 보살 정신은 모름지기 모든 중생이 성불한 다음에야 마지막으로 자신도 성불하겠다는 발원에 있는 줄로 알고 있습니다. 부처님께서도 모든 중생의 성불을 기약하시며 몸을 나투신 것이라고 믿습니다. 그러나 중생들은 수억겁의 습에 찌들어 평소 많은 노력을 기울여도 성불하기란 요원하고 자신의 성품을 보는 일조차도 기대하기란 어려운 실정입니다. 그런 까닭에 중생들은 자연히 제불보살의 가피를 빌게 되는데요, 이와 같이 견성성불을 바라면서 불보살의 가피를 비는 것도 타력 신앙이라 하여 배척할 일인지요? 가르침 주시기 바랍니다.

큰스님 그것도 타력이지요. 왜냐하면, 내가 항상 얘기했죠. 유마힐 거사가, 문수가 병문안을 왔을 때 "중생들의 병이 다 나아야 내 병이 낫겠노라." 하고 말했다고 합니다. 그런데 나는 뭐라고 했습니까? 보세요! 회사를 하더라도 재료와 모든 거를 준비해 놓고 물건을 다 만들어서 시중에 내놔야 딴 사람들에게도 다 도움을 줄 수가 있는 거죠? 그런데 이것은 그렇게 말씀한 게 아니구요, 한번 바꿔 생각을 해 보세요. 내 몸뚱이 속의 중생들을 먼저 제도를 시켜야, 아시겠습니까? 내 중생들을 먼저 제도를 시켜야 부처·법신(法身)·보신(報身)·화신(化身)이 충만해서, 이렇게 화(化)해서 바꿔져서 털구멍을 통해서 들고 나면서 응신(應身)이 돼 준다는 겁니다. 그렇게 하는데 몸속에 있는 내 중생들이 다 제도가 돼야 마지막으로 자기를 완성하는 겁니다, 성불로. 아시겠습니까? 그래서 나 완성을 하려면 내 중생부터 다 제도를 시켜야만이 되는 겁니다. 아주 간편합니다.

그런데 아까도 얘기했듯이 왜, 둘로 보고 망상이다 뭐다 하고, 또는 어떤 애고가 오면 온통 빌고 야단법석을 딴 데다가 하니까, 그게 무슨 격이냐 하면 땅에 가다가 엎드러져 놓고는 허공을 허우적거리는 거와 같다 이겁니다. 땅에서 엎드러졌으면 땅을 짚고 일어나야 일어나지지 어떻게 허공을 허우적거려서 일어날 수 있겠습니까? 아무리 불보살에게 빌어도, 아무리 과거의 부처님이 이 자리에 계신다 하더라도 비는 것으로는 안 됩니다. 나를 깨닫는 거는 절대적으로…, 자기가 먹을 건 자기가 먹어야 되는 법입니다. 항상 그렇게 얘기했죠. 자기만이 똥 눌 수 있고, 잠잘 수 있고, 먹을 수 있고, 아플 수 있고, 죽을 수 있다. 어떤 것도 대신해 줄 수 없다. 다섯 가지만은 대신해 줄 수 없다는 겁니다. 그런데 하물며 아니, 내 마음 찾기인데, 아니, 찾는 것이 아니라 발견하기인데 아, 누가 대신 밥을 먹어 줍니까?

질문자1(남) 알겠습니다. 두 번째 질문 드리겠습니다. 『금강경』에 보면 "머무름이 없는 가운데에 일어나는 마음"이라는 구절이 있습니다. 조금 전에 큰스님께서도 말씀하신 육조 혜능 선사께서는 이 한 구절을 듣고 홀연히 지견이 열렸다고 들었습니다. 그런데 제 생각에 만약 마음에 머무름이 있지 않다면 어떻게 닦고 배울 것이 있겠는가 하는 의문이 듭니다. 닦고 배운다고 하는 것은 이미 머무르는 마음이 아닌지요? 가르침 주시면 감사하겠습니다.

큰스님 그러면 머무른다는 생각을 하고, '내가 아버지가 되겠다'는 생각을 하고 애가 와서 부르면 아버지 노릇을 합니까? 또 ''여보' 하고 부르면 내가 남편 노릇을 해야지.' 하고 생각을 하고 남편 노릇을 합니까? 그렇게 미리미리 아주 생각을 하고 합니까, 모든 일체 만법을? 그리고 병고가 오더라도 '병고가 간다' 이러고선 옵니까? 하하하…. '내가 병을 앓겠다' 하고 앓습니까? 아까도 얘기했죠? "주인공이 청정함을 어찌 알았으리까?" 이 청정하다는 뜻은 더럽고 깨끗한 게 전체 한데 합쳐서 돌아가고 '나'라는 존재가 없기 때문에 청정하다는 얘깁니다. 그런데 그 한 구절을 듣고서 지견이 열렸다고 한다면 여기 있는 분들 다 지견이 열립니다. 머무르는 바가 없이 여러분이 지금 생활하지, 아니, 머무르는 바가 있게 생활합니까? 마음은 체가 없습니다.

이거 보십시오. 마음속으로 '야, 내가 집을 짓겠다.' 한다면 그것도 머무름이 없지 않습니까? 마음으로 짓겠다 했습니다. 그런데 바깥으로 집이 올라갔단 말입니다. 머무르는 바가 없이 머물렀다는 얘기죠. 일상생활을 전체 머무르는 바 없이 하고들 가시지 않습니까? 그래서 '그대로 여여하고 그대로 갖추어 가지고 있다' 고 했습니다. 그리고 그대로 주인공의, 그 중심에 의해서 들이고 내는 데 자유스럽다는 얘기입니다. 그런데 뭐가 찌들고 뭐가 어떻게 되고, 할 양으로 애를 쓰고…. 할 양으로 애를 쓸 필요가 없이 하고들 계시지 않습니까? 오늘 전부들 성불하십시오. 하하하….

질문자1(남) 세 번째 질문 드리겠습니다. 불도를 닦는 데 있어 육바라밀이 매우 중요하다는 얘기를 듣고 있습니다. 그러나 중생의 소견이겠습니다마는 가만히 따져 보면 보시(布施) · 지계(持戒) · 인욕(忍辱) 등이 모두 무엇인가를 한다는 의미가 되겠는데 그렇게 상이 있는 도구로 어떻게 세간의 도리를 넘어 상에 걸림이 없는 불도에 들 수 있는 것인지요? 가르침 주십시오.

큰스님 주인공이라는 그 마음에서 모든 게 빚어지는 일들입니다. 내가 지혜가 풍부해서 모가 나지 않고 둥글게 모든 것을 무주상으로 조건 없는 사랑을 할 수 있을 때에 보시가 되는 거죠? 만약에 조건이 있다면 보시가 아니죠. 어떻게들 생각하십니까? 이름이나 나려고 하고 권세나 가지려고 하고, 또 자기가 해 나가는 일들이 좀 더 순탄하게 나가기를 바라는 그 욕심에서 하는 거는 보시가 아닙니다, 그게. 유(有) · 무(無)를 타파하고 조건 없는 자비로써 보시를 할 때에 그게 무주상 보시입니다.

질문자1(남) 감사합니다.

큰스님 그런데 무주상을 행하는 거는 어떤 놈입니까, 또. 보시, 지계, 인욕이 따로따로 있는 게 아닙니다. 바로 그 한 주인공 마음에서 지혜도 나오고 무주상도 나오고 행동도 나오고 또 인욕도 나오고 다 그러는 것입니다. 인욕을 행하고 보시를 한다 하더라도 함이 없이, 머무르는 바가 없이 하는 겁니다, 지금. 그렇게 하게끔 마음의 다스림이 있어야 할 것으로 생각합니다.

질문자1(남) 감사합니다. 마지막 질문이 되겠습니다. 마지막 질문은 마음공부와 어쩌면 조금 각도가 다른 질문을 드리겠습니다. 지금 우리나라 경제가 무척 어렵습니다. 각 사회에서 많은 사람들의 욕구 분출이 늘어나고, 사회는 질서가 무너지고, 도덕성이 떨어지고 이렇게 하다 보니까 우리나라 경제가 많이 침체돼 있는 상태에 와 있습니다. 그래서 얼마 전에 새로운 대통령이 선출되고 2월 말이면 새로운 정부가 들어서게 되는데요, 새 정부가 추진하려는 목표로서 '신한국 건설'이라는 캐치프레이즈를 내걸고 각 분야마다 새로운 개혁을 추진하겠다고 합니다. 외람된 질문입니다마는, 이에 대해 앞으로 우리 불자들이 어떤 마음으로 어떻게 해 나가야 하는지 큰스님의 견해와 가르침을 바라겠습니다.

큰스님 어떠한 분야든지 불법을 떠나 있지는 않습니다. 어떤 분야든지 다 부처님 법이자 우리들의 법입니다. 그것도 아주 작게 본다면 "왜, 스님이 그만큼 아신다면 경제 문제나 모든 일을 발란하게 하시지 왜 못 하십니까?" 하실는지 모릅니다. 그러나 넓게 본다면 이거는 모두가 각자가 하기 나름입니다. 생존경쟁을 하고 가는 겁니다, 지금. 여기서 이렇게 일어나면 저기선 저렇게 일어나고, 여기서 지배를 받는다면 저기선 지배를 하고, 이렇게 가는데 지금 지구가 집이라면 몇 사람이나 그 속에서 살 수 있겠습니까? 몇 사람이나 생존할 수 있고, 걱정 없이 살 수 있겠습니까?

그러니까 그것이 자기 마음 씀씀이에 따라서 모두 성장이 되거나 낙오가 되고, 또 성쇠가 되는 까닭에 지구가 유지를 하는 겁니다. 우리가 토끼 한 마리를 기를 때 그 이듬해가 되면 금방 열 마리 스무 마리가 되고 수가 없이 늘어납니다. 만약에 연쇄적으로 잡아먹지 않는다면 그냥 그냥 불어나죠. 먹고살기도 어렵거니와 모든 물자도 참 빈곤해지는 결과가 될는지 모르죠. 자연 법칙으로 '너희가 마음을 넓게 쓰면 살아날 것이고, 넓지 못하다면 죽을 것이다' 라는 양단간의 문제가 거론되고 있죠.

만약에 선생님이 저기 지나가는 놈 따귀를 한 대 때렸다면 말입니다, 맞은 놈이 그냥 푹 쓰러져서만 있는 게 아닙니다. 다시금 일어나서 덤비고 거기에서 못 이기면 내일 또 옵니다. 그러니까 이 세상은 그렇게 혼란 속에서 경쟁 속에서 돌아가는 거지요. 굶주리고 먹고 죽고 하는 것이 개미들 살림살이나 우리들 살림살이가 뭐 다른 게 있습니까? 좀 덩치가 크다 뿐이지, 살림살이의 용도가 좀 다르다 뿐이고. 아, 왕개미, 검은 개미, 붉은 개미가 싸움을 하는데 말입니다, 그냥 토굴을 다 뺏고 먹을 거 다 그냥 압수하고 그러니까 산산이 흩어져서 모두 날뛰는데, 흙에 묻혀 죽고 다리가 잘려서 죽고 병신이 되고 온통 이러는 걸 봤습니다. 사람과 뭐가 다릅니까?

그러니까 어느 나라에선 굶어 죽는다, 또는 비가 안 와서 죽는다 이러는 것도 다 일리가 있는 겁니다. 일리가 있고 그런 것이지, 일리가 없다면 부처님 법이 어딨겠습니까? 그러니까 한마음을 넓게 써서 세세생생에 자유인이 되라는 얘기지, 그렇지 않으면 그런 말 할 필요가 뭐 있습니까? 그러니까 대천세계가 있고, 중천세계가 있고, 하천세계가 있습니다. 벌레들이 사는 세계가 있고, 땅 위로 다니는 세계가 있고, 날아다니는 세계가 있고 또는 그 모두를 종합해서 자유스럽게 사는 세계가 있단 말입니다. 그러니 우리는 이 마음의 정신세계를 무시해서는 절대 안 됩니다. 여러분이 가지고 계신 거 아닙니까? 또 여러분이 하고 가시는 게 아닙니까? 그러니까 여러분이 가지고 계신 거를 발견하시라 이거지, 없다는 게 아닙니다.

질문자1(남) 감사합니다. 질문이 긴데도 불구하고 저희들의 궁금증을 풀어 주셔서 대단히 감사합니다.

큰스님 정말 궁금증이 풀어지셨습니까? 하하하…. (대중 웃음) 그래서 모르더라도 이런 말을 한마디 들어 두신다면 언젠가 그런 일이 다가올 때 그 생각이 문득 날 때가 있습니다. 그러면 대치를 할 수 있습니다. 그러나 들어 보지도 못하고 먹어 보지도 못한 것은 대치를 할 수가 없습니다.

사회자 오늘 법문은 이상으로 마치겠습니다.

큰스님 질문 또 없어요? 허허허….

마음의 계발과 진화

1993년 2월 7일

일체 만물이 다 끼리끼리 모이듯, 우린 이렇게 마음공부 하는 분끼리 한자리를 하게 됐습니다. 그런데 지난번에도 얘기했지만, 한 번 더 짚고 넘어가지 않으면 안 될 만큼 아주 중요한 이야기가 있습니다.

우리는 수억겁을 거쳐서 진화되면서 인간까지 올라왔습니다. 그래서 이 인간의 육체 속에 모든 생명과 의식, 모습들이 아주 다양하게 있습니다. 우리 자체가 미생물에서부터 수없는 과정을 거쳐 왔다는 것을 인정을 못 하겠거든 바로 우리 육신 속에 있는 그 모습들을 한번 생각해 보십시오. 그리고 우리가 잉태됐을 때에 열 달 동안 그 모습들을 가지고 형태를 바꾸어 가면서 조성된다는 거를 한번 생각해 보십시오.

우리가 잉태될 때에 처음부터 사람 모습으로 잉태가 되는 게 아닙니다. 개구리 알처럼 흐늘흐늘하게 시작이 돼서, 올챙이처럼 돼 가지고 수없이 그 모습을 바꿔 가면서, 열 달을 채워서 인간 모습으로 탄생이 됩니다. 그러니 여러분이 생활 속에서 모자라는 거, 잘못되는 거, 또는 잘못된 모습들, 하(下)의 생명들의 하나하나의 모습들을 볼 때에 둘로 보지 마시라고 하는 것은 바로 우리도 수없는 나날을 지나오면서 그런 모습을 거쳐서 진화됐다는 얘깁니다. 그러니까 모자라는 사람을 보더라도 옛날의 내 모습, 내 모자람으로 보고, 어떠한 모습을 봤을 때도 바로 과거의 내 모습으로 봐라 이 소립니다.

왜 내가 이런 소리를 되풀이하느냐 하면, 그렇게 거쳐 온 그 중생들이 나 아님이 없기 때문입니다. 전부 나입니다. 수십억의 의식들이 전부 내 의식입니다. 내가 어떻게 살았느냐에 따라서 악업 선업을 지은 그 의식들이 전부 내 의식입니다. 그것이 내 마음으로부터 좇아 나오는 겁니다. 그런데 하나하나가 자기가 스스로 알아서 작용을 하는 게 아닙니다. 살아오면서 그 업식을 지닌 인연에 따라서 모두 작용이 되고 움죽거리게 됩니다. 그러니만큼 자기가 자발적으로 생각을 해서 움죽거리는 게 아닙니다. 자발적으로 움직이게 하는 '나' 가 있습니다. 사량적인 육안으로 보고 듣고 행하고 하는 것이 아닌, 마음으로 보고 마음으로 듣고, 마음으로 행하고 마음으로 말하는 '진짜 나' 가 있습니다.

그런데 내 몸속에 들어 있는 만 중생들이 모두 제가끔들 한 가지씩은 기능을 가지고 있습니다. 소는 뿔의 기능, 말은 발차기 기능을 소유하듯, 밖에 있는 일체 만물들, 인간 이하의 모든 동물들도 역시 한 가지씩은 기능을 다 가졌다고 봅니다. 촉각으로 움죽거리는 것도 있고, 또는 감각으로 움죽거리는 것도 있고, 또는 청각으로 움죽거리는 것도 있고, 후각으로 움죽거리는 것도 있고 그렇게 천차만별로 움죽거리고 있습니다. 그렇듯이 안에 있는 모든 생명체의 의식들도 모두 한 가지 기능들은 다 가지고 있다고 봅니다. 그런데 지금 안팎에서 그러한 기능을 가지고 움죽거리고 있는 그것을 보고 우리가 배워야 할 것은 무엇이냐?

그것들이 때에 따라서, 환경에 따라서 닥칠 때마다 우리가 타파할 수 있고, 또 만법으로써 움죽거릴 수 있는 그 심력을 발휘할 수 있을 때에 우리는 자유인이라고 할 수 있습니다. 그렇기 때문에 그렇게 한 가지씩 기능을 가지고 사는 그 마음들을 우리는 다 포착할 수 있는 겁니다. 우리 인간은 만 가지 법을 하나의 마음으로써 다 작용할 수 있기 때문입니다. 그래서 어느 거든지 다 내 마음으로 그쪽의 마음과 둘이 아니게끔 하면 그쪽에서 그대로 응하고 돌아갑니다. 인간뿐만 아니라 인간 이하의 모든 것들도 다 그렇습니다.

그런 반면에 내 몸속에 있는 의식들도 다 내 마음에 따라 움직입니다. 자기네들 마음대로 움죽거릴 수가 없기 때문입니다, 모르기 때문이죠. 도둑질을 하러 가자 하면 도둑질을 하러 가게 하고…. 예를 들어서 내가 전력 얘기를 항상 하는데, 전력은 '나쁜 짓을 해라, 좋은 짓을 해라' 하고 전력이 있는 게 아닙니다. 그렇죠? 이 전력이라는 것은 우리가 쓰는 데 따라서 나쁜 일도 하고 좋은 일도 합니다. 그와 같이 인간의 모든 의식도 내 마음에 따라서 응해 줍니다. 그래서 이 몸 안에 들어 있는 것을 악업으로도 쓸 수 있지만 선업으로도 쓰고, 악업과 선업이 한데 합쳐서, 한마음이 돼서 바로 응신(應身)으로서 대응할 수도 있는 겁니다, 응신! 즉 말하자면 그렇게 응신으로 화(化)해야 응신으로서 대응을 할 수 있다는 겁니다.

우리가 모든 것을 깨달아서 자유스럽게 살자는 뜻이지, 무슨 말만 배우러 다니는 게 아니지 않습니까? 내 몸으로나 가정으로나, 사회적으로나 또는 세계적으로나, 나아가서는 우주적으로나 모든 걸 대응하고 작용하고 중용을 할 줄 알고, 어떤 거든지 걸림 없이 자재할 수 있는 그런 여건을, 대권을 갖기 위해서 우린 이렇게 공부하는 겁니다. 사람이 살다가 죽는다고 해서 그것이 끝이 아닙니다. 지속되는 것입니다. 내가 그런 소리도 가끔 합니다, 제일 빠른 게 그거니까. 만약에, 어저께 남을 속이고 따귀를 때렸다면 오늘 반드시 그 따귀가 결국은 돌아옵니다.

그와 같이 내가 이 세상에 태어나기 전만 과거가 아니라 바로 한 시간 전도 과거입니다. 그렇기 때문에 여러 조사들이 깨친 것은 바로 과거 생·현재 생·미래 생을 다 한꺼번에…, 그것이 과거 생만 있어도 아니 되고, 현재 생만 있어도 아니 되고, 미래 생만 있어도 아니 되는 거죠. 즉 말하자면 내 영원한 생명이 없어도 아니 되고, 마음 내는 게 없어도 목석일 테니까 아무것도 아니고, 육신이 없어도 보이지 않으니까 무효입니다. 그와 같이 과거 생과 현재 생, 미래 생 바로 삼세가 한데 합쳐서 돌아가면서, 삼생(三生)의 의지를 가지고서 지금 살림살이를 하고 가는 겁니다.

여러분은 한 분 한 분 영원한 생명의 근본이 없는 사람이 하나도 없어요. 그게 소라고 한다면, 소를 안 탄 분이 하나도 없죠. 소를 안 탄 분이 하나도 없어요. 그런데 마음으로 전달을 하고, 또는 말로 전달을 하고, 행으로 전달을 하고 이렇게 돌아가는 것이 피리란 말이에요, 피리! 우리가 한생각을 깨쳤다 하면, "여여하게 살고 있습니다."라고 하는 것을 "그대로 소를 타고 여여하게 피리를 불면서 돌아간다." 이렇게 말을 한다면 어떻습니까?

그래서 그대로 가만히 있으면 부처고 생각을 냈다 하면 법신(法身)입니다. 몸이 움죽거렸다 하면 화신(化身)이고요. 이것을 가만히 생각해 보면 여러분이 그대로 중생이고 그대로 부처고, 그 한생각 돌리면 그대로 법신이고, 그대로 화신이고 보현신입니다. 마음의 도리, 이 마음의 도리가 얼마나 중요한지 모릅니다.

내 엊그저께 이런 말을 했습니다. 앞으로 임신을 해서 아기를 낳을 수 있는 분들은 잘들 들으시라고요. 또 노인네는 죽어서 요다음에 옷을 갈아입고 다시 나올 테니까 들어야 하고, 아버지들은 아버지로만 그냥 있지 않기 때문에 또 들어야 하고 그렇습니다. 또 젊은 청년들은 앞으로 창창하게 부부 생활을 하면서 살아나가야 할 테니까 들어야 하고…, 그러기에 얘기했습니다.

이 공부라는 것은 오직 하나로 돌아가기 때문에, 그 하나를 믿고 거기에 모든 것을 구상해서 맡겨 놓는다면 그대로 체질도 바꿀 수 있다고요. 그러는 까닭에 아기를 잉태할 때 어떠한 형상과 아름다운 마음씨를 원한다면 모든 절차를 밟아서 거기에 놓고 좀 밝게 태어나게 하면 어떻겠느냐 하는 거죠. 부부가 어디다 세워 놔도 괜찮을 정도라면 그대로 두고요. 부부지간에 '나는 간판이 좀 안됐어!' 이랬을 때는 2세를 가차없이 좀 인물을 좋게 해서 태어나게 하면 어떠냐구요. 이게 마음의 발전입니다. 우리가 생활 속에서 마음의 발전을 이루는 거지, 생활이 없이는 이룰 수가 없습니다. 그렇기 때문에 몸이 죽어서는 영혼이 발전할 수 없는 겁니다.

우리가 몸을 가지고 나와서 이렇게 부딪치는 생활 속에서 마음이 발전해야 바로 진화가 되고, 진화의 능력으로써 바로 창조력을 이끌어서 창조를 하게 됨으로써 모든 생활 자체가 그냥 과학적이게 되는 거죠. 과학도 물질과학이 아니라 심성 과학으로써 하는 겁니다. 우리가 원하는 모습과 마음씨를 생각을 해서, 잉태를 해서 한 아이를 갖다가 착 내놨을 때, 어디다 세워 놔도 모순이 되지 않을 때에 이것이 과학입니다. 그러고도 일반 과학으로서는 할 수 없는 심성 과학입니다. 어떻습니까? 거짓말 같습니까? 여러분이 보지 않고, 먹어 보지 않고, 잘라 보지 않는다면 아무것도 모릅니다. 남의 말만 듣고 이렇게 해서는 실천을 할 수가 없습니다. 그러니까 자기가 해 봐야 알죠.

오늘도 스님네들이 잣을 요렇게 소나무 이파리에다 잘 꿰어서 가져왔는데, 이 생각이 문득 들더군요. 전자에 산에서 살 때, 잣을 따서 깔 때는 손에 그 찐득찐득한 걸 다 묻히면서, 요만큼만 까도 그것이 얼마나 귀하고, 그 어려웁게 한 거라 참 귀해서 그것도 큰스님네들 입에나 들어갔지, 그 밑의 사람들은 맛도 못 봤단 말입니다. 그러고도 그 한 알갱이를 입에 넣으려면 양심에 가책이 돼서 못 넣었다 이 소립니다. 그거 하나를 볼 때만 해도 그런데…, 요새 살림살이하는 분들은 얼마나 흔하게 씁니까? 잣뿐이 아닙니다. 버섯이나 나물이나 이런 것도 말입니다, 하나하나 따서 조금씩 해서 양념으로 쓰던 그때, 입에나 넣었습니까, 어디? 이 얘기를 왜 하느냐 하면, 자기가 그 모든 것을 해 보지 않고 자기가 겪어 보지 않고는 아까운 줄 모른다 이 소립니다.

돈도, 몸소 어려웁게 번 돈은 아주 마디게, 쓸 때만 딱딱 쓸 수 있는 거지만, 그냥 흔전만전히 들어오는 돈이라면 흔전만전히 또 나가게 됩니다. 돈은 어떻게 벌었느냐가 문제가 아니라 어떻게 쓰느냐에 달려 있습니다. 그래서 돈 쓰기가 더 어렵다고 보죠. 저는 어려서부터 그 경험으로 인해서 인생살이를, 삼세를 꿰들었다 해도 과언이 아닐 정도로 체험을 했지만, 아직도 인간이 다 됐느냐 한다면, 허! '다 되지 못했다' 할 수도 없고, '다 됐다' 할 수도 없는 경우입니다.

자기 마음이 바뀌면서, 계발이 되면서 자꾸 달라지는 원인을 가만히 생각을 해 보십시오. 전자에 모자랐던 것을 채울 수도 있고, 전자엔 잘했는데 타락이 돼서 그 능력이 그냥 줄어들 수도 있는 겁니다. 그러니까 고정됨이 하나도 없는 거죠.

이 세상의 모든 것이 자유스러운 것은 사실입니다. 선업을 쌓는 것도 자유고 악업을 쌓는 것도 자유입니다. 그런데 왜 될 수 있으면 선업을 쌓고 악업을 쌓지 말라고 하느냐? 이게 문제입니다. 악업을 쌓으면 대대로 악업이 내 앞에 올 것이고, 선업을 쌓으면 대대로 선업이 올 것이니까 말입니다.

그리고 그뿐이 아닙니다. 이 세상을 한번 잘 둘러보십시오. 사람이든 짐승이든, 또는 어떤 생명이든 어떤 물질이든 다 끼리끼리 놓여 있습니다. 끼리끼리 삽니다. 그러니까 악업을 지은 사람은 악연을 가진 사람들하고 모이게 돼 있지요. 그건 자동적입니다. 누가 가라 오라 해서 그렇게 모이는 게 아닙니다. 그러니까 '자동적'이라는 것을 한번 생각해 보십시오. 내가 항상 얘기하죠. 나물은 나물대로 놓여져 있고, 사과는 사과대로 놓여져 있고, 그것도 크냐 작으냐에 따라서 또 나누어 놓기도 하고, 깡통은 깡통대로 놓여져 있고 무쇠는 무쇠대로 놓여져 있고…, 이거를 가만히, 병풍 둘러치듯 한 이 세상만사를 한번 둘러보면 인간의 차원도 어떠한가를 알 수 있을 겁니다. 그러니 모든 것을 자유스럽게 살라고 내놨는데도 불구하고 자유스럽게 하되 왜 선으로 끌고 가지 못하고 악으로 끌고 가느냐는 문제입니다.

그리고 내 몸속에 들어 있는 의식들이 자발적으로 마음을 내서 잘 이끌어 주는 게 아니라는 거, 내가 마음을 내야 알아듣고, 즉 마음으로부터 두뇌를 통해서 사대(四大)로 통신이 돼서 움죽거려 준다는 거, 그걸 꼭 아셔야 합니다. 그래야 하나하나 이 업식이 바꾸어집니다. 그렇게 하다 보면 속의 이 모든 의식들이 바로 화해서 바꾸어집니다. 화한다는 건 바꾸어짐을 말하지 않습니까? 그래서 보살의 마음으로 바꾸어진다는 얘깁니다. '하나하나 일어날 때마다 모두 거기 놔라' 하는 것은 내 착한 마음으로 바꾸어지라고 하는 겁니다. 모든 게 과거에 업을 지은 대로 자꾸 나오니까, 나오는 대로 거기다가 맡겨 놓고 '과거의 모든 거를 네가 한 거니까 너만이 해결할 수 있어. 너만이 이끌어 가지고 갈 수가 있어. 네 몸뚱이, 네가 건강하게 이끌어 갈 수 있어. 가정을 화목하게 할 수가 있어.' 라고 하는 겁니다. 모두 '할 수 있어' 지 '해 주십사' 가 아닙니다. 그럭한다면 또 "관세음보살! 지장보살! 해 주십시오." 이렇게 비는 거나 뭐가 다릅니까? 생각 하나하나가, 한 생각이 아주 중요합니다.

그렇게만 한다면 죽고 사는 것도 없어집니다. 육신이야 죽고 산다 하지만 마음이야 어찌 온 것이 있고 갈 것이 있겠느냐 이겁니다. 그러니 마음으로부터 이 세상이 움죽거려지고, 마음으로부터 이 지구가 돌아가고, 마음으로부터 일체 만법이 다 형성되고 돌아갑니다.

지난번에도 얘기했듯이, 하나가 깨쳐서 한마음이라면 일체제불 마음도 거기에 한꺼번에 다 속해 있고, 일체 중생, 일체 우주 만물만생이 다 한꺼번에 그 자리에서 돌아가기 때문에 다 움죽거리게 할 수가 있습니다. 더 나아가, 다 한꺼번에 움죽거리면서 한마음으로 한자리를 하기 때문에, 촉각으로 하는 기능이 있거나 또는 후각으로 하는 기능이 있거나 하는 모든 거를 한마음으로 모두 굴릴 수 있다, 자재할 수 있다는 겁니다.

그러니까 영계의 모든 문제들도, 그 영령들도 그렇게 한마음으로 한다면 모든 게 다 편안해질 수 있습니다. 두 마음으로 하면 싸움이 있겠지만 한 마음으로 바로 둘이 아니게 놓는다면, 내가 된다면, 둘이 돼야 액이 오고 혼란이 오고 그럴 텐데, 하나가 돼 버리니까 혼란이 없죠, 마음이 편안하고. 그리고 태어나기 전의 업식으로 인해서 머리가 이상한 사람이 있는가 하면, 살아가는 도중에 그냥 그 유전으로 인해 영계가 올 수도 있습니다. 그럴 때 한 사람이 사는 게 아니라 두 사람이 살기 때문에 그런 분쟁이 일어나는 겁니다. 두 사람의 마음이 살거든요. 잘하든 못하든 한 사람의 마음으로 살아야 정상인데, 한 몸에 두 사람의 마음이 사니까, 세 사람 마음도 살고, 네 사람 마음도 살고 이런 사람이 있기 때문에 그 분쟁이라는 건 말도 못 합니다. 금방 딴소리하고, 금방 딴소리 하고 이러니 그게 이름해서 미쳤다고 하는 거죠.

그러니 우리가 이 공부를 철두철미하게 하지 않으면 아니 됩니다. 인간으로서는 이 공부를 꼭 하고 넘어가야 된다는 결론이죠. 우리가 정신계의 모든 것을 안다면 100%입니다. 우리는 그 정신계의 50%, 반을 모르기 때문에, 반에서 허덕거리고 사는 것이 바로 우리 인생들이란 말입니다. 그러니까 이렇게 돌아가는 원이 하나 그려져 있다면 그냥 걸림 없이 원을 돌아야 할 텐데, 반밖에 돌 줄 모르니까 반이 막힌 거죠. 마음이 지혜롭지 못해서 그냥 마음의 창살 없는 감옥에서 허덕거리니까, 그 반에서만 뱅글뱅글 도니까 걸릴 수밖에 없죠. 삼세를 그냥 돌아야 할 텐데…. 그러니까 보이지 않는 데서 넘어오는 것은 어떻게 할 수가 없는 거죠. 애고가 와도 어쩔 수가 없고, 병고가 와도 어쩔 수가 없는 거죠.

핑계 없는 무덤이 있나요? 어떤 나쁜 병이라고 병원에서 말한다 해도, 어떤 핑계든지 그런 병이 들어서 오는 원인은 유전성이 될 수도 있고 영계성이 될 수도 있고, 업보성이 될 수도 있고 세균성이 될 수도 있다는 얘깁니다. 이렇게 다가오는 것을 해결치 못한다면 우리 인간이 어떻게 자유스럽게 살 수 있겠습니까? 그러니까 50%를 한데 합쳐서 우리가 100% 응용을 한다면 멋있는 인생이 될 수 있다 이 소리죠. 가만히 보면 "참 애로가 많은데 주인공을 찾아도 아니 됩니다. 내가 힘이 없는지…." 이러거든요. 못났든 잘났든, 힘이 있든 없든 수억겁 전에서부터 자기를 끌고 왔고, 지금도 끌고 가고 있는 것을 믿지 못하기 때문에 맡길 수가 없는 거죠. 그리고 스님만 연상한단 말입니다. 이렇게 가르친 것이 스님이니까 스님은 자동적으로 벌써 주인공에 첨보가 되는 것입니다.

예를 들어서, 도둑놈들이 다섯이 있다고 합시다. 도둑질하는 놈과 망보는 놈들이 다 도둑놈이지, 어떻게 도둑놈이 아닙니까? 지키는 놈도 도둑놈 아닙니까? 물건을 받아 가지고 가는 놈도 도둑놈 아닙니까? 도둑질을 하는 놈도 도둑놈이죠? 도둑질을 시키는 놈도 도둑놈이죠? 다 도둑놈이라고 한다면 이렇게 가르치는 나도 똑같은 놈이란 얘깁니다. 여러분과 나와 똑같은 놈이라 이 소립니다. 똑같은 놈이라면 마음은 체가 없으니 이렇게 하라고 말하는 사람도 거기에 책임이 있어야 되는 거 아니겠습니까? 네? 그냥 허탕으로 말을 해서야 되겠습니까? 여러분이 생각을 하면 나도 책임이 있기 때문에, 즉시 응신으로 화해서 거기에 첨보가 된다 이 소립니다. 그런데 그걸 모르고 미리부터 나는 힘이 없다고 전제하고 들어가니까 힘이 없을 수밖에 없는 거죠. 이 마음이라는 게 얼마나 기가 막힌 묘법인데 그러십니까?

그리고 일거일동, 하나에서부터 열까지 무슨 얘기를 들으면 그대로, 그 살아온 습성 때문에, 살아온 관습 때문에, 그 이름에 걸려 그만 녹아나는 거죠. 토정비결을 봤는데 올해는 이렇게 이렇게 나쁘다더라, 이러니까 조심해야 되겠다 하면 이게 또 걸린 거죠. 점을 치니까 또 이런 게 이런 게 걸리지요? 또, 누가 지난 일을 잘 맞추는데, 삼재가 들면 모두 그냥 언짢고 망하고 그런다더라 하면 여기에 또 걸리죠. 아예 의식적으로 아주, 의식이 전부 그렇게 돼 있어요. 이사를 가도 방향을 봐서 가야 된다더라. 이것저것 뭐, 이루 말할 수는 없겠지만 일거일동이 다 그래요. 좀 자유스럽게, 편안하게 살 생각은 못 하구요. 아주 그냥 일거일동…, 머리는 요만한 데다가 그것까지도 전부 넣고 살아가려니 그릇이 꽉 차서, 좋은 것이 하나도 들어갈 틈이 없어요.

그러니 법당에만 부처님 법이 있는 게 아니고요, 또 불교라는 것이 목탁만 두들기는 게 아닙니다. '불(佛)' 이라는 건 생명을 뜻하고 '교(敎)' 라는 건 서로 전달하고 말하고 돌아가는 거예요. 그렇기 때문에 그냥 생활 자체가 불교란 얘깁니다. 우리가 모두 죽고 살고 생활하고 이러는 것이, 그냥 그대로 불교고 종교란 말입니다. "여여하게 그냥 자유스럽게 살아라." 해서 인간으로 진화돼서 태어났고 "인간이 되면 만물의 영장이다." 이렇게 말을 하고 또 "인간으로 태어났으면 부처다." 이렇게 말을 했어요.

그런데 그 구실을 했으면 좋겠는데 그 구실을 못 해요. 아까도 얘기했잖아요. 그냥 소 타고 피리 불고 여여하게 돌아가는 것이 진리고 도다 이겁니다. 그런데 그 도를 가지고 있으면서도 어디 가서 찾으려고 그렇게 헤매는지 모르겠습니다. 나한테다 두고 어디 가서 도를 찾습니까? 역대 조사들한테서요? 역대 경설로 부처를 찾으려고요? 천만의 말씀이에요.

내가 그전에도 얘기했죠. 제일 처음엔 인간으로 태어나기가 어려웠더니 인간이 돼 놓고 보니까 살림살이하기가 또 어렵더라. 살림살이를 하려니까 도구를 만들 줄 몰라서 막대기를 도구로 사용을 했다. 막대기를 사용을 하면서 살다 보니까 지혜로운 마음이 생겨서 돌을 갈아서 쓰기도 하고, 뼈로도 그렇게 쓰고, 그러다 구리가 더 단단할 줄 알았는데 쓰다 보니 안 되겠으니까 또 철을 쓰게 되고…, 사람이 이렇게 자꾸자꾸 발전하는 겁니다. 할 줄 모르는 사람이 죽었다가 다시 태어나서 진화되고 또 진화되고, 이렇게 하면서 지금은 마음의 진화까지 바라게 된 겁니다. 마음의 진화! 이 모습은 일단 사람으로 진화가 됐으니까, 이제 정신적인 진화가 돼야 발전이 되고 창조력이 생기고 만물을 자유스럽게 할 수 있는 대권(大權)을 얻지 않겠습니까?

지금 부족한 거는요, 이 마음의 정신세계를 판단치 못하는 거죠. 그것 때문에 우리가 애를 쓰는 겁니다. 우리가 이 공부를 해서 지금 일체 만물만생이 한마음으로 돌아가는 이치를 포착했다면, 과학자들한테 가고 옴이 없이 전달을 하게끔 돼 있습니다. 그래서 우리가 이 지구 안에만 사는 게 아니라 이 집을 딴 데다 지어서 살 수 있는 계기가 생길 수도 있는 것입니다.

그러나 그뿐이 아닙니다. 지구 안에서 부족한 재료를 딴 데서 끌어들이기도 할 수 있는 그런 여건도 되죠. 수명이 짧은 것을 길게 할 수도 있고…. 인간의 마음으로써 그렇게 할 수 있다는 거는 인간으로선 첨단의 진로입니다.

그런데 우리 가정에서 한 몸뚱이도 지탱을 못 하고 이렇게 간대서야 어떻게 만물의 영장이라는 이름을 듣습니까? 자꾸자꾸 생활해 가면서 우리가 마음을 진화를 시키고, 마음의 계발을 시켜야 된다는 얘기죠. 우리가 해 보지 않는다면 어디 가서 이 중요한 재료를 얻겠습니까? 그리고 체험을 하겠습니까? 자기가 체험을 안 해 보면 모릅니다. 아까 내가 잣 얘기 한 것도 바로 그런 이유 때문입니다. 내가 해 보지 않는다면 귀한 줄 모르고, 즐거운 줄 모르고 자유스러운 줄도 모릅니다. 생활고를 모른다면 그 고를 시원하게 대치해 나갈 수가 없습니다. 고를 알아야 고를 해결하죠. 고라는 거를 모른다면 어떻게 대치를 합니까? 지금 우리가 목이 컬컬하고 춥고 배고플 때 뜨거운 엽차 한 잔을 얻어먹는다면, 한번 보세요. 뜨거운 줄 아니까 시원한 맛이 나지, 뜨거운 걸 모른다면 시원하지 않습니다. 뜨거운 걸 알기 때문에 시원한 맛을 압니다. 그렇듯이 우리는 어디서 오는 줄 알아야 대치를 하죠. 어디서 고가 오는 줄 알아야 대치를 하지 않습니까?

그러니까 나오는 구멍은 한 구멍밖에는 없다는 얘깁니다. 자동적으로 입력이 돼서 그 애고(哀苦), 업장이 그냥 자동적으로, 한두 건이 아니라 천차만별로 나오는 데가 한군데밖에 없단 얘깁니다. 그러니 한군데다가 되놓으면서 '너만이 할 수 있어.' 할 때에, 바로 거기에 앞서 입력된 게 없어지고 새로 입력이 되면서 그게 현실로 나오는 겁니다. 잘 아시겠죠? 딴소리 하지 마세요, 이제. 하하하…. 딴소리들 하시면 안 됩니다.

내가 수차에 얘기했습니다. 일체 만물은 지수화풍으로 인해서 생겼기 때문에 지수화풍을 먹고 살며, 지수화풍의 재료를 가졌기 때문에 광력, 전력, 자력, 통신력이 충만하다고. 우리의 용도에 따라서 끌어 쓰기에 달려 있다구요. 어떠한 환경, 어떠한 용도에 따라서든지 작으면 작은 대로 크면 큰 대로 끌어 쓸 수가 있는 거라고요.

그리고 병원에서 어떠한 병명을 말한다고 하더라도 거기엔 콧방귀를 탁 뀌고 '그건 이름일 뿐이야. 우리 몸속에서 일체 나 아님이 없는 나가 한마음에서 다 작용을 하는데 이름이 무슨 소용이 있나?' 하고 모든 것을 다 거기에 진짜로 믿고 맡겼을 때, 한마음은 꺾어질 수가 없습니다. 한마음이란 건 꺾어질 수가 없습니다. 그러나 개별적으로 이렇게 하나하나라면 그냥 담박 꺾어집니다. 이 뜻을 아십시오. 그럼 질문을 받겠습니다.

사회자 시간이 많이 흘렀는데 질문해도 되겠습니까?

큰스님 예. 괜찮습니다.

질문자1(남) 질문을 드리기 전에 큰스님께서 미리 아시고 해답을 말씀해 주셨습니다. 그래도 오늘 여러 형제님들을 대신해서 큰스님께 질문드릴 수 있는 행운을 가진 데 대해서 감사하게 생각하면서, 몇 가지 질문을 드리고자 합니다.

저는 대대로 불교를 종교로 삼는 집안에서 태어나서 불교를 숭상하면서 자라 왔습니다. 전에 근무하던 직장이 현재는 청주에 소재하고 있는데, 직장을 그만두고도 10년 동안 법당에 다녔습니다. 3년 전부터 본원에 인연이 돼서 큰스님의 가르침을 열심히 배우고 있습니다. 지난해 8월에 천도재를 이곳에서 올렸고, 또 대학에 들어가는 아이가 있어서 백일기도 발원을 올려 전기 대학에 합격을 했습니다. 모두 큰스님의 해은(海恩)으로 생각합니다.

그런데 천도재에 대해서 궁금해하는 여러 신도님들이 계십니다. 천도재를 올렸는데도 촛불재니 또는 조상을 위한 백종(百種)이니 이러한 여러 행사가 있는데, 이 행사에 왜 계속 참여해야 하는지, 또 참여해야 하는 그 의미는 무엇인지 그것이 의문이 됩니다. 큰스님의 가르침을 듣고자 합니다.

큰스님 우리가 왜 밥을 먹고 또 밥을 먹습니까? 아침 먹었으면 됐지 점심 저녁까지 먹고, 그 이튿날은 또 왜 먹습니까? 보십시오. 아침 쇳송에 부모의 은혜를 갚고, 국왕의 은혜를 갚고, 만물의 은혜를 갚고 이 모든 생물의 은혜를 다 갚으라고 했습니다. 그랬듯이 낳아서 길러서 이렇게 성장시켜 놓은 부모입니다. 그러면 그 부모가 낳아서 기르느라고, 이 도리를 잘 배우지도 못한 채 그냥 허덕지덕 허덕지덕 하다가 돌아가셨다 이겁니다. 이 도리를 알고 돌아가신 분들이 지금 별로 없습니다.

그러면 천도를 시킨다는 것은 조상들이 다시 짐승으로 태어나지 말고, 현재 어떠한 문제를 가지고 있다 하더라도 무죄 석방이 되게끔 하려는 겁니다. 예를 들어서 개같이 살았으면 개로 태어나야 하고 독사같이 살았으면 독사로 태어나야 할 텐데, 그것을 무마시켜서 바로 다시금 인도환생하라고 천도를 하는 겁니다, 이제. 그러면 그 뒤에는 또 뭐가 따르느냐? 인간으로 태어나서 이 도리를 만나서 이 공부 하면서 부처님과 한자리를 하시게 해 드리기 위한, 그 은혜를 갚고 묵은 빚을 갚는 그런 것이 즉 재(齋)라고 봅니다.

그러면 예를 들어 어린애를 낳아 놓기만 하면 다 사회인이 됩니까? 길러서 가르치고, 가르쳐서 다 정상으로 만들어 놔야만이 그게 어른입니다, 이제. 그럴 때까지는 해야죠. 그러다 보면 또 끝이 나요. 그러곤 또 자식이 부모를 위해서 했던 것이 또 부모가 돼서 끝이 나고, 자식들이 또 그렇게 해야 하고 이렇단 말입니다. 이것이 이름해서 효도라고 볼 수 있겠죠.

그러면 예를 들어서 할머니, 할아버지, 증조부, 증조모는 천도를 시켰는데 왜 그러냐? 윗대 조상들을 우리 아버지가 그렇게 천도를 시켰다면 천도된 분들은 그만둬야 되지 않겠느냐 이렇게 하지만, 이 세상에 다시 나와서 깨쳐서 부처님 한자리를 했다 할지라도, 천도가 되기 위해서 아둥바둥하는 시기가 있고, 위에 올라가 앉아서 '아! 저놈은 참 착하구나.' 하고 내려다보는 시기가 있다 이겁니다. 그럼 뭐, 내 부모만 부모입니까? 정말 부처님 자리 한자리를 했다 할 때는 그렇게 공을 들이고 촛불재를 하고, 백종을 지내고, 사월초파일에도 등 달고 다 이렇게 조상들을 위하는 게 자기를 위하는 겁니다, 결국은.

그렇게 해서 높은 자리에 있다 할지라도 높은 자리에 가면 하나로 돌아가니까, 전부 일체제불과 더불어 일체 중생이 하나로 돌아가기 때문에 네 자식 내 자식 따질 수가 없고, 네 부모 내 부모 따질 수가 없습니다. 그런 자리에 있다면 어떻게 생각하십니까? 지금 높은 판사로 됐다면, 내 자식들만 자식이라고 나쁜 짓을 해도 그냥 무죄로 해 주고 이렇게 할 수 있겠습니까?

그렇듯이 위에서 내려다보는 시기가 있고, 아래서 허덕거리고 올라가려고 애를 쓰는 시기가 있다. 그럴 때는 우리가 지금 천도재를 하는 것이 '우리 부모가 다른 모습으로 태어나지 말고 인도환생하여 태어나게 해 주소서.' 하는 겁니다. 또 부모가 인도환생이 된 후에도 이런 법을 알아서 정말 한자리 하도록 원하는 그 자식들의 은혜를 갚는 마음이 아주 끝 간 데 없이 계속돼야 됩니다. 그러니 그런 것을 우리가 생각해 보면, 밥 한 번 먹고는 어떻게 밥을 또 안 먹습니까? 지속적으로 살아야 하고, 지속적으로 배워야 하고, 지속적으로 그 뜻을 알아야 하는데 말입니다.

질문자1(남) 잘 알겠습니다. 저희들이 불법을 공부하는 데 한 가지 야심이 있다면 그것은 견성성불인 걸로 생각을 합니다. 마찬가지로 큰스님의 가르침을 배우고 따르는 저희들의 욕구도 모두 그와 같으리라고 생각이 됩니다. 삼가 다시 말씀을 드리면 큰스님을 따라서 배우는 저희들의 공부 목적이 결국 큰스님의 경지에 이르는 것이기도 합니다. 큰스님께서 인연을 살펴보시기에, 저희들 가운데 장차 큰스님의 경지에 이를 제자가 나올 수 있을 것인지 감히 질문을 드리고자 합니다. 말씀해 주십시오. (대중 웃음)

큰스님 네, 그 말씀 잘하셨어요. 우린 죽으나 사나 같은 도둑놈이듯이, 허허허…, 다 한자리로 항상 도반이 될 겁니다. 또 우리 여기 앉아 계신 분들이 빠르고 더딜 뿐이지 다 됩니다. 그 뜻을 아십시오. 정말입니다. 이건 거짓이 아닙니다. 이제 됐습니까? 하하하….

질문자1(남) 감사합니다. 또 한 가지, 참회에 대해서 한 말씀 여쭙겠습니다. 원효 선사의 경전 해설 『대승육정참회론』에 이르기를 "모든 죄는 실은 존재하지 않는 것이다. 죄업은 안에도 밖에도 없으며 중간에 있는 것도 아니다." 이렇게 돼 있습니다. 이 말씀의 심오한 뜻은 알 수 없지만 저희들이 얼핏 느끼기에는 그러면 '죄업이란 없다' 그런 말로 이해가 됩니다. '만약에 죄업이 실재하지 않는다면 참회라는 것도 아무런 의미가 없는 게 아닐까.' 그런 생각이 듭니다. 큰스님의 가르침을 듣고자 합니다.

큰스님 그것은 한 경지에 이르렀을 때에 모든 게 붙지 않는다는 얘깁니다. 그냥 여여하다는 얘깁니다. 그런데 왜 그런 말씀을 하셨는지 여러분 중에서 대답할 분 안 계십니까? "모든 죄업이 붙을 것도 없고, 안에도 없고 밖에도 없고 중간에도 없다." 이런 말씀을 하신 까닭이 무엇이냐는 얘깁니다. 이 죄업이 통틀어서 하나도 붙을 자리가 없다 하신 까닭은 무엇입니까? 그래야 얼른 한자리 하시죠?

신도1(남) 찰나로 돌아가니까 없죠.

큰스님 예? 하하하…. "찰나로 돌아가기 때문에 없다." 이런 소리를 "둘 아니게 공(空)해서 돌아가니까 그렇다." 그냥 이렇게 말씀하시면 다 첨보돼서 돌아가죠. 그러니까 이 마음이란 건 체가 없기 때문에 그대로 붙을 자리가 없죠. 내가 항상 얘기하죠. 이런 일이 있었습니다. 뉴욕에서 어떤 사람이 병을 20년을 앓았다고 합니다. 그런데 얘길 듣고 여기 왔어요. 여기 와서 앉아서 "병이 그렇게 있는데…." 그러기에 내가 그냥 퍼뜩 그런 말을 해 버렸어요. "병 붙을 자리가 어디 있길래, 병 내놔 봐! 고쳐 줄게." 이랬거든요. 그랬더니만 입을 딱 벌리고 생각을 하더니 그냥 나갔어요. 나가서 가는 도중에 그냥 나아 버렸어요. 그 사람도 그러한 병 때문에 10년, 20년 그냥 공부를 해 온 거죠. 좌선도 하고 뭐, 별짓 다 했답니다. 그래도 그렇게 배워 왔기 때문에 말뜻을 퍼뜩 알아들은 겁니다.

아까 내가 얘기했죠? 자세히 가르쳐 드리느라고 또 말하는 겁니다. 병 증세를 병원에서 아무리 뭐라고 말을 해도 그것은 이름이다. 삼재가 들었다고 하는 것도 이름이다. '가지 못한다, 간다', '이사 가는 방향을 봐야 한다' 하는 것도 이 모두가 관습이다. 그러니까 안에도 없고 바깥에도 없다고 하는 것은, 이 안도 아니고 바깥도 아니고 중간도 아니니까 그대로 자재해서 자기 마음대로 하는 것이죠. 즉 말하자면, 인간은 나쁜 것도 알고 좋은 것도 아니까 그걸 가려서 생각하고 거기에다 그냥 놓고 돌아가는 것이 그대로 법이죠. 내 마음 내키는 대로 그냥 판단을 해서 놨을 때 그대로 법이에요. 그러니까 없지요. 하하하…. 붙을 자리가 전혀 없습니다. 그러니까 없는 까닭은 무엇인가? 바로 찰나찰나 나투어서, 바뀌어서 돌아가는 까닭이다. 어떤 거 할 때 내가 했다고 하며, 어떤 거 붙었을 때 내가 나한테 붙었다고 할 수 있겠느냐 이겁니다. 누구나가 다 이렇게 자세히 가르쳐 드리지는 못합니다. 허허허…. (대중 웃음) 삼세를 모르고는 이렇게 못 합니다.

질문자1(남) 또 한 가지 있습니다. 한마음선원에 나오기 전인데, 불교를 숭상하다 보니까 여러 스님들을 접할 기회가 있었습니다. 그런데 그때 스님 한 분께서 불법의 참뜻을 일컬어 '판치생모(板齒生毛)' 라고 자주 말씀하시는 걸 들었습니다. 그런데 저의 짐작으로는 말을 여윈 경지를 나타내기 위한 방편쯤으로 생각이 되는데, 지금도 가끔씩 그 말이 무슨 뜻인가 하고 다시 헤아려 보곤 합니다. 판치생모라는 말을 어떻게 받아들여야 하는 것이지, 큰스님의 가르침을 듣고자 합니다.

큰스님 간단합니다. 널판 같은 이빨에 털이 난 것은 무슨 까닭이냐고 물었을 겁니다. 판때기, 즉 말하자면 "이 널판지같이 생긴 이빨에 털 난 까닭이 무엇인가?" 하고 옛날에 그저 낚싯밥으로 던진 얘깁니다, 얼른 쉽게 말해서. 그럼 빨리 알아들으시죠? 널 같은 이빨에 털 난 것은 무슨 까닭이냐? 그러면 지금, 이빨에 털 난 것을 말하는 건데, 제가 어디 있는 것이 귀신 방귀씨냐고 물은 거나 마찬가지인 것입니다.

그러면 지금 어떠한 고난이 있고 어떠한 괴로움이 있다 해서 그 괴로운 마음을 내놔서 보일 수 있으시겠습니까? 달마 대사가 혜가 스님에게 "네 편안치 않은 마음을 내놔라. 그러면 내가 고쳐 줄 테니까." 이랬듯이, 뉴욕 사람이 왔을 때 "아, 병을 내놔 봐라. 내 고쳐 줄게." 했듯이. 그러면 깨달은 사람은 그 말대답을 할 것이고, 깨닫지 못한 사람은 그 말대답을 못 합니다. 그렇기 때문에 깨달았나, 못 깨달았나 보기 위한 방편이지요. 얼른 쉽게 말해서 박이 익었나 안 익었나 하고 바늘로 콕콕 찔러 보는 거나 똑같습니다.

만약에 내가 그렇게 물었다면 여러분은 어떻게 대답을 하시렵니까? 일러 주고 대답을 바라는 사람이 어딨나 하겠지만요. 하하하…. 어떻게 간단하게, 묘하게 대답을 하실 수 있겠습니까?

신도2(남) 저는 이렇게 대답하렵니다.

큰스님 허허허…. 이거 봐! 이거는 참고적으로 들어야 돼. 털이 난 거를 알았다 하고 봤다 할지라도 이거를 기르려면, 허! 몇 해 걸려. 하하하…. 그런데 이거를 기르려면 말이다, 그 판치생모에서 그 털 난 것을 더 먹여도 안 되고 덜 먹여도 안 되고, 그 털을 털한테다가 먹일 때 아주 조심조심해서 그대로, 나온 자리에다가 그대로, 지금 놓으라고 하듯, 더 배불리 먹여도 아니 되고 덜 먹여도 아니 되고, 잘 먹여서 둘 아니게 나투는 그 도리를 알기까지 잘 키워야 돼. 알았지? 하하하….

질문자1(남) 여러 가지 가르침 주신 거 감사합니다. 끝으로 오늘 큰스님께 질문을 드릴 수 있는 영광된 기회를 빌려서, 이미 오늘 법문 중에 해답이 다 나왔지만 저의 신상 문제를 감히 말씀드릴까 합니다. 선원에 나오기 전에 제가 몸이 좀 불편해서, 그 당시 큰스님 친견을 하고 가르침을 받고 또 병원 치료도 받고 해서 거의 완치가 됐었는데, 한 2년이 지나고 나서 그 증세가 다시 나타납니다. 그래서 제가 바른 공부를 못 해 가지고 그런 걸로 생각을 하면서도 어떻게 하면 올바른 가르침을 받을 수가 있을지, 미련하다 보니까 해답을 다 주셨는데도 또 더 한 해답을 좀 얻고 싶습니다. 큰스님 가르침 주십시오.

큰스님 집을 지을 때 기초를 하죠? 그럴 때에 자갈하고 모래하고 양회를 쳐 넣고는 그냥 들이다지죠? 첫 번부터 기초가 잘돼야 어느 집이든지 쉽게 헐어지지 않습니다. 너그럽고 지혜 있게 생각을 해야 됩니다. 아까도 얘기했듯이 만약에 병 붙을 자리가 없다고 하더라도, 그리고 또 그 안의 모든 것이 한마음으로 돼서 둘이 아닌 도리를 이 속에서 모두 알고 있다 할지라도, 지금 현재의 사람이 그 도리를 완전히 모를 때, 집을 지을 때 기초하듯 다지고 또 다집니다. 이 사람의 마음이 이렇게 다시 병이 일어나면 어떠한 마음을 가질까 하고 테스트를 하는 도리를 모르십니까? 병이 아니라고 하고 체험을 하는 그런 도리가 있는가 하면요, '병에 걸릴 수가 없다. 병은 재료고 나를 가르치기 위해 바로 테스트하는 것이다.' 라는 믿음을 가졌을 때에 '이건 이리 찔러 보고 저리 찔러 봐도 뭐, 그냥 하나도 받아들여지지가 않는데….' 하고 물러서는 겁니다.

이 채찍질이라는 것은, 나를 내가 발견했을 땐 내 스승을 내가 얻는 것입니다. 즉 말하자면 내 스승을 내가 만나는 것입니다. 나를 이끌어 가는 스승을 발견해서 스승한테 채찍을 맞는 겁니다. 맞으면서 공부하는 겁니다, 지금. 그럴 때는 그런 경고도 나올 뿐만 아니라 못된 짓을 하라고 하기도 합니다. 하하하…. 그냥 누(累)가 되게, 저기 나가서 그저 아무 말이나 막 하라고 그렇게도 합니다. 그런데 그것을 그냥 무조건 믿기만 하고 그냥 함부로 해 버리나, 그렇지 않으면 믿는 반면에 '당신에게 누가 되니까 그렇게 할 수 없잖아.' 하고 다시금 돌려 놓는가, 이걸 보기 위해서, 지혜로움을 가르치기 위해서, 나툼을 가르치기 위해서 모든 거를 다시금 재출발을 합니다. 재다짐이죠. 그렇기 때문에 집 기초하는 것과 같다 이겁니다. 기초를 어줍잖게 해 놓으면 벽에 금이 가고 전부 이게 잘못돼 가지고 나중에는 기와 인 것도 그냥 잘못돼 가지고 씰그러지고 일그러지니까 전체 비가 새고 그럽니다. 그와 똑같은 얘기죠.

그러니까 솔직하게 얘기해서, 내가 병이 안 나는 게 아닙니다. 몸을 가졌는데 어찌 아프지 않으리까? 그런데 때에 따라서는 아프다 하면 콧방귀 뀝니다. 하하하…. '네가 모든 사람들한테 그렇게 말하면서 네 몸이 아플 땐 어떻게 하겠는가?' 할 때, '허, 참! 맘대로 해라. 네 몸 네가 끌고 다니는데 누가 뭐라겠니? 네 몸을 네가 끌고 다니는 거니까 심부름을 시킬 만하면 그냥 끌고 가고, 이제 이런 거는 심부름도 못 하겠구나 할 때는 옷을 벗기든지 맘대로 해라. 입히는 것도 벗기는 것도 너 알아서 해야지.' 그러고는 또 한번 생각합니다. '내가 가겠다고, 옷

을 벗겠다고 생각했을 때에 벗겨야지, 너 그렇잖으면 혼나!' 하하하…. (대중 웃음)

혼낸다는 거는 이렇게 상대를 두고 하는 게 아니라, 내가 없으니까 그 얘기를 할 수 있는 겁니다. 내가 없으니까 나를 없애고 그 말을 할 수 있는 겁니다. 그런데 나를 두고서 나라고 하면서 그렇게 하면 경계가 되고, 상대가 되고 이러니까 안 되죠, 그건. 그래서 마음이라는 것이 원자라면 원자에서 입자가, 분자가 많이 된다 하더라도 그것이 자라서 완성이 된다면 그것이 또 원자가 되구요. 마음이 체가 없기 때문에 그렇게 부피가 늘어나도 늘어남이 없고, 또 많이 넣어도 두드러짐이 없다. 그러면서도 그냥 자유자재하게 내가 모든 것이 될 수 있는 여건을 쥐고 있다는 결론이죠. 여러분이 마음이 밝으면 태양계도 여러분이지 딴 게 아닙니다.

질문자1(남) 여러 가르침 감사합니다. 앞으로 열심히 공부하겠습니다.

큰스님 그래서 지금도 그 병이 되왔다고 생각하십니까? (대중 웃음) 도졌다고 생각하십니까?

질문자1(남) 지금 스님 가르침을 받고 그런 생각이 없어야 되겠는데도, (대중 웃음) 그게 지금 안 됩니다.

큰스님 그 왜 그렇게 질깃질깃하게 그걸 떠나질 못합니까?

질문자1(남) 이제 이 자리를 떠나면서 다 떨쳐 버리겠습니다.

큰스님 허허, 떨쳐 버리는 게 아니라요, 용광로에다 그거를 그냥 넣으면 그것이 그냥 재생돼 버려요. 그러면 이 세상에 다시 출현이 될 때에 아주 건강한 모습으로 나오는 거죠. 즉 말하자면 아까도 과거고 조금 아까도 과거니까 말입니다. 이 자리에서 떠나도 지금 있었던 자리가 과거 자리가 되죠. 그러니까 과거 자리, 현재 자리가 따로 없이 그냥 자재할 수 있는 그런 마음, 넉넉한 마음을 가지세요.

질문자1(남) 감사합니다.

사회자 오늘 법문은 이상으로 마치겠습니다.

지혜롭게 주인공에 굴려 놓아라

1993년 3월 7일

우리가 이렇게 한자리를 하게 된 것은 기복을 벗어나지 못하는 길이 아니라, 대승으로서 천인의 왕의 도리를 배우기 위해서입니다. 이것은 인간으로 태어나서 조금도 손색이 없이 내 몸과 내 가정과 내 사회를 지키고 나갈 수 있는 심력과 더불어 중용을 기르는 법입니다.

그런데 주인공을 믿고 찾으라고 하니까 여러분 가운데는 덮어놓고 '주인공만 믿으면 된다더라.' 하고 그냥 '너 알아서 해라.', '주인공이 해 줘야지.', '주인공 해 주시오.' 이렇게 하는 분들이 더러 있다고 봅니다. 절대 그렇게 해선 안 됩니다. 마음의 근본과 마음 내는 거와 육신이 움죽거리는 것을 동시에 합쳐서 주인공이라고 하는 겁니다. 주인공이라는 것을 그대로 내놓을 수도 없고, 마음이라는 것을 내놓을 수도 없고, 내가 어떤 걸 했다고 내놓을 수도 없는 것이기 때문에 주인공이라고 했던 것입니다. 팔방미인을 가지고 주인공이라고 하죠. 팔방으로 뛰어도 죽지 않는다는 원리를 가지고 주인공이라고 하죠.

그러니만큼 우리가 찰나찰나 화(化)해서 돌아가니까, 찰나찰나 용도에 따라 변해서 애고(哀苦)도 세균성도 영계성도 유전성도 나오죠. 애고라는 것이 고정되게 나오는 게 아니라 때로는 이런 것도 나오고 때로는 저런 것도 나오고 그렇습니다. 안 그렇습니까? 사회에서 일을 하다 보면 때로는 이런 것이 망쳐질 수도 있고 저런 것이 잘될 수도 있죠. 그런데 '주인공에다가 이 모든 것을 일임해라.' 할 때는 상황에 맞게 놔야 하는 거죠. 예를 들어 병고가 오면 '너밖에 고칠 수 없어.' 하고 놓는데, 그 놓는 순간에 약사로 화한단 말입니다. 또 내가 법정에 들어설 일이 생겼을 때는 바로 독성, 산신도 되고 관세음도 됩니다. 그렇게 맡겼을 때에 찰나찰나 바뀝니다. 그러니까 그 마음 하나 가지고 주인 노릇을 하는 거죠. 예를 들어서 마음을 어떻게 하면 요량 있고 지혜롭게 냄으로써 문제를 조금도 손색이 없이 타파해 나갈 수 있는가를 한번 생각해 보셨으면 합니다.

상황에 따라 어떻게 해야 할 것인지를 아는 것이 올 때, 이걸 꼭 타파를 해야겠다 하는 문제가 내 앞에 닥쳤을 때는 '이것은 너밖에 못 해!' 하고 놓을 수 있지만, 내가 가늠을 못 할 때, 판단을 못 할 때는 '너밖에 판단해 줄 수 없어!' 하고 놔야 됩니다. '판단해서 해결할 수 있는 거는 너밖에 없어!' 하고요. 그러니까 용도가 이것저것 다르게 닥칠 때마다 내 마음은 화해서 자꾸자꾸 용도에 맞게 놔야 되죠? 바꿔서 놔야 되죠. 아버지 노릇 할 때엔 자연스럽게 아버지 노릇 하고, 남편 노릇 할 때는 자연스럽게 남편 노릇 하고 하듯이 말입니다. 이걸 가지고 지혜롭다고 합니다.

무조건 놓으라고 하니까 그냥 자연스럽게 놓으면서 공부를 열심히 잘하고 가는 사람도 있지만, "끊어라" 하니까 끊으려고 애를 쓰기만 했지 놓지 못하는 사람도 있습니다. 끊으려고 하면 도대체 그게 끊어집니까? 그것은 지혜롭지 못해서 그렇습니다. 벽을 치면 봇장이 울려야죠. 우리 인간의 두뇌에는 아주 지혜로운 본능이 그대로 주어져 있습니다. 왜냐하면 인간은 수억겁을 거쳐서 경험을 쌓고 진화되고 형성되면서 발전을 해서 인간까지 올라왔기 때문에 인간에게 지혜로움과 진화력과 그 모든 능력이 주어져 있습니다. 그렇기 때문에 천연적으로 스스로 지혜로움이 나옵니다.

그런데 그저 병고가 와도 '너 알아서 해.' 이런다면 그것은 지혜롭지 못하죠. 예를 들어서 서류를 딱 주고 '너는 요것대로 해!' 해야 되지, 서류도 주지 않고 일거리도 주지 않고 '너 알아서 해!' 한다면 그게 될 법한 일입니까? 예를 들어서 아랫사람에게 심부름을 시키는 데도 그렇지 않습니까? "뭐 뭐 뭐 뭐 사 가지고 와!" 이래야 뭐 뭐 뭐 뭐를 사 가지고 오죠. "너 알아서 사 가지고 와!" 한다면 그 사람이 뭐를 해 먹을 줄 알고, 입맛이 어떤 줄 알고 사 옵니까? 그와 똑같습니다. 이 마음이라는 것이 기묘해서 마음 내는 거를 잘 내야 됩니다. 마음이라는 그 이름은 이름일 뿐입니다. 마음이라는 것이 바로 심봉이라면 그 심봉을 끼워서 돌아가게 하는 그것은 마음 내는 겁니다. 돌아가지 않으면 무효입니다. 아무리 심봉이 있다 할지라도 자동적으로 돌아가게 할 수 있는 심력이 없다면 그것은 무효입니다.

어떻게 잘 파악하셨습니까? 지금은 정신세계의 정신을 발전시켜야 살 수 있는 시대입니다. 물질을 발전시키려고 해도 먼저 정신이 발전을 해야 물질도 발전을 해서 이 세상에 나온다고 봅니다. 정신을 발전을 못 시킨다면 이 세상의 물질도 발전을 못 합니다. 그래서 부처님께서는 정신계를 제일로 주장하셨습니다. "네가 마음을 깨달아야지, 마음을 깨닫지 못하고는 나의 마음도 꿰뚫어 볼 수가 없고, 일체 만물의 그 마음도 꿰뚫어 볼 수가 없느니라. 네 중생 하나 못 건지는 놈이 어떻게 남의 중생들을 다 건질 수 있겠느냐? 네 몸뚱이 속의 네 자생 중생을 제도하지 못하고야 어찌 딴 중생들을 제도할 수 있겠느냐!" 여러분이 하나하나 마음을 지혜롭게 써서 거기 놓고 굴리는 대로 이 몸속의 자생 중생들은 그 뜻을 받아서 움죽거리게 돼 있습니다. 본래는 악업 선업에 의해서 그림자처럼 자기 영혼과 더불어 이 세상에 태어났지만, 이 마음 지도자가 자꾸자꾸 마음을, 어린애에게 말을 가르치듯이 그렇게 해서 자꾸자꾸 제도해야 하는 겁니다. 그 전에 이 말을 먼저 해야겠군요.

이 자생 중생들은 내 마음에서 하자는 대로 할 수밖엔 없는 겁니다. 그 반면에 과거에 어떻게 살았느냐에 따라서 지은 대로 꼭 고정되게 업을 가지고 있어서 요지부동입니다. 모르니까! 입력에 의해서 입력이 된 대로 나오는 겁니다. 그런데 이게 입력이 돼서 나오는 거를 바꾸는 작업입니다. 그래서 나오는 데다가 자꾸 입력을 해서 되넣는다면, 앞서의 입력은 없어지고 현재에 입력하는 것이 자꾸자꾸 들어가 돌아갑니다. 그럼으로써 그 속의 자생 중생들은 그대로 진화되면서 화합니다. 즉 발전을 하는 거죠. 그래서 이제 그것은 없어지고 새로 들어오는 것만 자꾸자꾸 연거푸 돌아가니까, 그것이 바로 화하는 겁니다.

그래서 자기 중생들, 즉 몸속에 있는 자생 중생들을 다 보살로 화하게 만드는 겁니다. 보살로 화하게 되면, 수로는 헤아릴 수가 없으리만큼 천백억화신(千百億化身)으로 등장을 합니다. 그 모든 것을 다, 둘 아닌 도리와 더불어 다 앎으로써 나툼까지도 이제 지혜롭게 할 수 있는 거죠. 그 모든 중생들이 보살로 화한 까닭에, 본인 하나가 바로 맨 나중에 부처가 되는 겁니다. 그래서 정신계를 추구하면서 보살의 정신을 가지고 보살이 되려고 애를 쓰는 사람에 한해서 내 중생부터 제도를 다 하고 난 뒤에야 자기가 성불을 할 수 있는 계기가 생긴다는 겁니다.

지난번에도 얘기했지만, 문수가 유마힐 거사 병문안을 갔는데 왜 "중생들이 병이 다 나아야 내 병이 낫겠노라."라고 말을 했을까? 내 몸속의 자생 중생이 다 작용을 해서 병이 나아서 건강해야 자기 몸이 건강할 거 아닙니까? 그런데 남들은 그 말을 듣고 내 몸 중생을 생각하는 게 아니라, 외부의 딴 중생들이 다 병이 나아야 자기가 낫는다는 걸로 생각을 하니 얼마나 지혜롭지 못합니까? 나, 나, 나, 나로부터입니다. 내가 이 세상에 났기 때문에 상대가 생겼고 세상이 벌어진 거지, 내가 이 세상에 나지 않았다면 어떻게 상대가 있으며 어떻게 세상이 벌어졌겠습니까? 그러니 나로부터죠. 내 악업 선업의 중생들이 다 내 몸속에서 작용을 하고 있는데, 내 몸속 작용을 하는 그 중생들부터 제도가 돼야 하겠기에 나는 반드시 내 마음으로 나를 다스려야 된다 이 소립니다.

공(空)해서 찰나찰나 화하는 고정됨이 없는 세상을 살아가면서 고정되지 않게 용도에 따라서 다가오는 거를 그대로 그대로 거기다 맡기면서 '너밖에 할 수 없다.' 했을 때 '너만이 알아서 증명해 줄 수 있다'는 그 사실! 자기 용도에 따라 닥친 거는 자기가 더 잘 알겠죠? 그러니까 모든 것을 아주 알맞고 지혜롭게 거기다가 잘 맡겨 놓고 '너만이 할 수 있다. 너만이 낫게 할 수 있다. 너만이 이끌어 갈 수 있다. 내가 모르니까 네가 알아서 잘 처리해 줄 수밖에 없다.' 내일 먹을 거리가 없다 하더라도, 아니, 내일뿐이 아니라 이따가 먹을 게 없다 하더라도 '너만이 먹게 할 수 있다.' 하는 그 믿음이, 신념이 굳을 때는 반드시 먹을 게 오는 것입니다. 여북하면 이 도리를 아는 사람은 돌에 세워 놔도 산다고 했겠습니까?

사람들이 그래서 족상이 잘생겼느니, 수상이 잘생겼느니, 관상이 잘생겼느니 해도 심상이 잘생긴 것이 으뜸이라고 했습니다. 이 모두가 다 우리의 마음먹기에 달린 거죠. 마음먹기에 달렸다는 그 간단한 말 한마디가 얼마나 중요한지 모릅니다. 테레비에도 나오고 그러지만 무슨 호흡이니 무슨 운동이니 모두들 하는데, 이 도리를 아는 분에 한해서만은 반드시, 이 몸속에 있는 모든 생명체들이 개별적인 기능을 가지고 자기의 모자라는 부분에 다 작용을 해 주기 때문에 마음공부가 필요한 거죠. 자기가 모자란다는 거는 자기가 더 잘 압니다. 허할 때는 뭐가 먹고 싶다 이런 것도 압니다. 또 어디 옆구리가 좀 결리면 거기가 그렇다는 걸 압니다. 기가 빠졌다는 것도 압니다. 그러니까 빨리빨리 대치를 해서 놓으면 그냥 채워 줍니다. 그런데 뭐가 부족합니까? 뭐가 부족해서 이러니저러니 해 가지고 온통 거기에다가 다 신경을 쓰게끔 되고, 살림살이는 헌신짝처럼 이렇게 왔다 갔다 하게 만듭니까?

중심 하나면…, (손가락을 하나 세워 보이시고) 모든, 우주 삼라만상이 중심 하나로 돌아갑니다. 그 중심의 기능이 바로 여러분 마음의 기능과 그 중심에 직결이 돼 있습니다. 지구가 태양을 끼고 돌아가듯, 우리 마음이 바로 지구에 붙어살고 또 지구가 그렇게 붙어살고 그렇게 해서 돌아가듯이…. 내가 그전에도 얘기했죠. 사람들이 지구가 시공을 초월해서 어디로 돌아다니는지 모르는 것처럼, 이 사람 속에 있는 중생들도 사람이 어디로 돌아다니는지 모르고 있다. 그러니까 내 마음의 길잡이가 이 속의 자생 중생들을 잘 제도해야 되지 않겠습니까?

한계가 없는 걸 부처님이라고 이름을 지어 놓은 겁니다. 부처님이라는 것은 너 나가 둘이 아니고, 산천초목, 미생물에 이르기까지 어떤 것이든, 못났든 잘났든 바로 자기 영역에서는 높다는 거를 상징한 겁니다. 어느 집안에서든지 그 안에서는 모두가 다 나름대로 높다는 겁니다. 집안뿐만 아니라 미생물에 이르기까지 일체 만물만생이 다, 지렁이는 지렁이 소굴에서 높고, 거북이는 거북이 소굴에서 높은데 단, 차이가 없이 평등하게 높은 것을 부처님이라고 이름을 해 놓은 겁니다. 그리고 본래 이것저것 탓할 게 없이 여여하게 그대로 돌아가는 것을 여래라고 했습니다. 우리가 그 이름 내놓은 것에 끄달린다면 한 걸음도 딛고 나갈 수가 없습니다.

그래서 옛날에 부처님께서 비유해서 말씀해 놓으신 게 있다고 봅니다. 어느 왕이 나라를 통치하고 있었는데, 그 아들이 자기 아버지인 왕을 죽이고 왕위에 올라섰습니다. 왕위에 올라서서 일을 하다가 큰 종기가 났는데 앓다 보니까 몸뚱이가 아주 마르고 이제는 다 죽게 됐답니다. 그래서 사람들이 모두 병문안을 오니까 그때서야 자기가 업보가 될 것을 모르고 죄업이 될 것을 모르고 왕을 살해하고 왕위에 올라선 것을 참 한탄한다고 앓아 드러누워 있으면서 말을 했습니다.

그런데 병문안을 온 분들이 뭐라고 얘기를 했느냐 하면, "왕을 죽이고 왕위에 올라서는 것은 당연합니다. 누구든지 다 그렇게 했습니다.” 그러면서 “소승에서는…”, 즉 얼른 쉽게 말해서, “얕은 지위의 중생들은 업보가 있겠지마는 당신은 업보가 없습니다.”라고 하는 겁니다. “어떻게 해서 업보가 없느냐?” 하고 물으니, “톱이나 도끼로 나무를 잘라 내고 그래 봤던들, 그 톱이나 도끼에 업보가 붙는 것 보셨습니까?” 아들이 아버지를 죽였다는 그 사실을 지금 부처님께서 비유해서 얘기하신 건데, 문안을 드리러 온 사람이 그렇게 말을 하면서, 말하자면 “굼벵이가 자기가 나올 때는 자기 어미를 탁 찢어 버리고 나옵니다. 독사가 이 세상에 나와서 자랄 때는 자기 어머니를 먹고 자랍니다. 그래도 죄가 붙습니까?” 하고 물었답니다. 그 말끝에 홀연히 깨달아서 ‘아하! 그게 아니구나. 이 세상 모두를, 내가 먹고 싶은 것을 먹을 때에 그냥 먹었을 뿐이지, 그거를 먹었다고 해서 죄가 붙을 자리가 없구나.’ 이거는 대승의 도리입니다! 대승이라는 도리도 없는 도리입니다.

그래서 그때에 부처님께서 그렇게 비유해서 말씀하시는 것을 듣고 모든 사람들이, ‘깨닫는 것은 붙을 자리가 없구나. 모두가, 너 나가 다 둘이 아니거늘 붙을 데가 어딨는가?’ 하고 깨달았다는 거죠. 아들이 아버지를 살해하고 그 왕위에 올라섰다는 뜻은, 바로 우리가 지금 이 물 한 방울에 다른 물 한 방울이 들어간다면 한 방울의 물이지 거기에는 두 방울의 물이 없습니다. 사람을 그냥 죽여서 죽인 게 아니고, 그건 마음의 도리를 비유한 겁니다. 그러니까 부처님도 먹고 들어가야 된다 이거죠. 부처님도 먹고 들어가야지, 부처님이 삼라만상 다 둘이 아니게 한자리를 하고 계시고 모두 평등하게 집어 잡쉈다면, 그 부처님의 골수를 집어 먹으면 되는 거 아닙니까? 집어 먹기 위해서는 그러한 수행이 필요하다 이겁니다.

지금 우리가 마음 도리를 공부해 나가는 이 수행이 필요하다 이겁니다. 이 도리를 능히 알기 위해서는 자기 씨를 자기가 스스로 찾아야죠. 즉 과거에 살던 그 씨는 바로 내가 가지고 있습니다. 그래서 ‘내가 나오기 이전’을 바깥에서 찾으려고 애쓰지 말라고 한 소립니다. 내가 그런 말을 했지요. "작년 씨를 올봄에 심었더니 새 싹으로 화했더라. 새 싹으로 화해서 그 싹의 열매가 열려서 씨가 앉았는데, 과거 씨를 어디 가서 찾는고? 현재에 내가 가지고 있는 씨, 내가 가지고 있는 맛, 내가 가지고 있는 모든 것을 바로 다스리면서 알면, 그대로 그 씨는 이 세상의 모든 사람을 다 먹이고도 되남으리라." 하고 말을 했습니다. 이 세상의 마음의 떡이란 얼마나도 크고….

이런 얘기도 있죠. 어떤 사람이 부모가 돌아가셨는데 차려 놓고 지낼 건 없고, 그런데 아마 물리가 무쌍하게 터진 모양이죠? 그래서 남이 잘 차려 놓은 호텔에 가서 절 세 번을 했더랍니다. 허허허…. 자기 마음으로 자기 조상의 위패를 세워 놓고 말입니다. 또 부모님께 잘해 드려야 한다고 없는 것 없는 상점에 가서 그냥 거기다 제사를 지낸 거죠. 마음의 제사를 지내고 보니까 없는 게 없더랍니다. 그런데 그렇게 지냈다고 친구한테 얘기를 하니까, 그 친구 하는 말이 또 걸작이죠. "아, 이놈아! 가게에 가고 호텔에 가서 그것을 하느니, 이 세상천지를 다 떡 하나로 만들어서 그것을 드리면, 아주 하나도 부족한 게 없지 않으냐?" 이러더란 얘기죠. 하하하…. 그러니까 그 제사 지내고 간 친구가 있다 하는 소리가 "야, 참! 너 발전했구나. 하하하…. 나는 그렇게 해서 우리 조상을 흡족하게 해 드렸는데, 아휴, 너는 나보다도 더 흡족하게 할 수 있구나!" 이랬더랍니다. 그러니 그 마음의 지혜라는 게 얼마나 묘합니까?

그런데 사람들이 모두 조상들에게 그저 나물 몇 가지 과일 몇 가지, 요런 거 차려다 놓고 지내는 것만 생각을 하거든요. 마음을 넓게 해서 그냥 떡 하나를 놓고 제사를 지내 보세요. 초 하나, 향 하나, 물 한 그릇, 떡 한 그릇! 그것도 썰지도 말고 그냥 한 덩어리 찰떡으로 해다 놓고, 미리 해다 놨다가 좀 식히면 덩어리가 되지 않습니까? 그걸 접시에다 턱 놓고 지내면 그건 뭐, 이 세상을 다 주고도 바꿀 수가 없는 도리죠. 그렇게 한다면 정말이지 부모 조상들에게 더할 나위 없는 거죠.

조상들은 부처님 조상과 가정의 조상들과 둘이 아니니까요. 한자리를 하게 해서 한자리에다 놓고 그걸 지낸다면, 아까 그 젊은 사람이 "이 세상을 다 합쳐서 떡 하나를 만들어서 드리지 그랬느냐!" 한 거나 똑같습니다.

그럼으로써 윗조상들의 묵은 빚도 갚을 수 있고 아래로는 자기가 뿌려 놓은 그 씨앗들에게도 햇빛을 줄 수가 있다 이 소리죠. 조상들이 걸림이 없는 한편, 바로 부모의 마음이나 내 마음이 가설이 돼 있으니까요. 부모라는 생각과 자식이라는 생각이 이렇게! 그러니까 모든 게 한 염주의 염주알이죠. 그 마음이 걸림이 없기 때문에 그 위의 조상들도 걸림이 없을 거고, 아래로 자식들도 뿌리가 성성할 거고, 내 육신 속의 중생들도 다 그냥 보살로 화할 것이고. 얼마나 좋은 법입니까, 이게?

어떤 땐 좀 안된 생각이 듭니다. 이 법형제 여러분께서도 그렇게 해 나가시는 분은 해 나가시는데, 아주 까맣게 모르는 분들이 많이 있어요. 그래서 내가 오늘 이렇게 얘기하는 겁니다. 주인공이라는 그 자체는 바로 내 영원의 생명, 그 근본 자체하고, 마음 내는 거하고, 육체가 움죽거리는 것이 같이 돌아가는 거를 말한다는 겁니다. 사람이 움죽거리질 못해도 무효고, 마음을 내지 못해도 목석이니 무효고, 또는 생명의 근본이 없어도 무효입니다. 그렇기 때문에 어느 거 하나 빠져도 안 되죠. 밥을 짓고자 하면 쌀과 물과 불이 있어야 하는데, 불 하나가 빠져도 안 되고 물 하나가 빠져도 안 되고 쌀이 빠져도 안 됩니다. 그와 같습니다.

그래서 내 몸과 마음이 동시에 발전을 할 수 있는 이 작업은 바로 생활 속에서 할 수 있어야 된다 이 소립니다. 이런 법당에만 부처님 법이 있는 것도 아니고, 어디고 자기가 있는 자리에는 다 있습니다. 부처님이 깨끗하지만은 않습니다. 그래서 더럽지도 않고 깨끗하지도 않다고 했습니다. 우리 부처님께서는 정신적인 어버이시지만, 육체들은 바로 그 부처님의 몸입니다. 그렇기 때문에 정신을 깨달으면 바로 곧 부처다 이 소립니다. 여러분이 잘 파악하셔서, 이리로 쓸리고 저리로 쓸리지 마시고 내 한마음 주장자로써 일체 만법을 손색없이 굴리시길 바랍니다.

질문하실 것 있으면 여여하게 맘 턱 놓고 하세요. 배우려면 알면서도 떡 그릇에 그냥 엎드러지는 거죠, 뭐. 그러니까 그냥 질문하십시오. 아주 편안하게 말입니다. 적어 가지고 오셨다면 한 구절 한 구절 하세요.

질문자1(남) 법형제회 형제분들의 의문을 대신해서 질문 올리게 됨을 감사드립니다. 첫 번째 질문입니다. 부처님께서는 영혼의 존재를 묻는 질문에 대해 대답하지 않으심으로써 영혼의 존재를 부정하고 오직 마음만을 강조하셨다고 알고 있습니다. 그러나 평소에 윤회니 업보니 하는 말을 듣다 보면 은연중에 영혼의 존재를 믿고 말하게 됩니다. 영혼에 대해서 가르침 주시기 바랍니다.

큰스님 영혼이라고 하는 것도 이름일 뿐이고, 마음이라는 것도 이름일 뿐입니다. 그런데 그 양면 가운데서, 바로 마음의 작용이라는 게 있습니다. 이 영혼과 마음이 둘이 아닙니다. 동시에 작용을 하고 나옵니다. 그러니까 내 영혼이 없다면 바로 실체도 없는 것입니다. 그러니까 내 영(靈)과 마음이 둘이 아니다. 둘이 아닌 까닭은 바로 마음 내기 이전 그 자체에 마음과 영혼이 둘이 아니게 결부돼서 돌아가기 때문에, 스스로 마음이 나오는 겁니다. 마음을 낼 수 있게끔 되는 겁니다. 그래서 이 마음과 영혼을 각각 보지 마시라 이겁니다. 영혼이 있기 때문에 마음 또한 같이 돌아가고, 마음이 있기 때문에 마음을 낼 수 있다 이겁니다. 그렇기 때문에 마음 내기 이전은 그대로 근본이 돼 있죠. 그대로 근본이 돼 있기 때문에 뭐, 영혼이다 마음이다 이럴 필요가 없죠. 그래서 그 근본과 마음 내는 거와 육체가 움죽거리는 그 자체가, 돌아가는 그 자체가 바로 주인공이죠.

질문자1(남) 두 번째 질문 드리겠습니다. 일체유심조(一切唯心造)라고 말을 할 때 그 '마음'과 주인공이라고 하는 그 '참나'와의 차이는 무엇입니까? 마음이라는 말이 워낙 미묘한 표현인지라 일상생활에서 흔히 마음을 말하면서도, 솔직히 말씀드려 마음의 정체를 꼭 집어내듯 설명할 수가 없습니다. 가르침 주시길 부탁드립니다.

큰스님 마음이라는 것은 한 물체가 이렇게 (물컵을 가리키시면서) 가만히 있는 거고, 물체가 움죽거리는 거는 공(空)이다 이랬습니다. 그러면 주인(主人)은 마음이요, 마음을 내는 것은 공입니다. 이 마음이라는 건 이름이죠. 이렇게 그냥 섰을 뿐이고 (찻숟가락을 세워 들어 보이시며) 이게 돌아갔을 때는 (찻숟가락을 돌려 보이시며) 바로 공이에요. 그러니까 바로 마음이라는 것은 그냥 그 능력을 말하고, 그 능력을 배출함에 있어서 찰나찰나 돌아가는 거를 공이다 했으니까, 마음과 공한 것이 어떻게 둘입니까? 그러니까 주인이 마음이라면 공은 바로 돌아가는 거다. 그러니까 마음과 돌아가는 것을 그냥 한데 합쳐서 주인공이라고 했던 거죠. 그러니까 달리 보지 마십시오.

질문자1(남) 세 번째 질문 드리겠습니다. 잠들었을 때 꿈을 자주 꾼다는 사람이 있는가 하면 전혀 꿈을 꾸지 않는다는 사람도 있습니다. 꿈이란 망상의 일종일 터인데, 그렇다면 꿈을 안 꾼다는 사람은 잠자는 동안 번뇌 망상을 쉬고 순수한 마음자리에 드는 것인지요?

큰스님 그게 아닙니다. 내가 그전에도 얘기했죠. 어떤 사람이 꿈을 꿨는데 소쿠리를 하나 주웠다고 어느 노승한테 말했습니다. 그러니까 "어휴, 너는 초대를 받아서 오늘 음식을 잘 먹겠다." 했습니다. 그랬는데 그 소리를 듣고 야비하게, 또 딴 젊은이가 꿈도 꾸지 않았으면서 '내가 또 소쿠리를 하나 얻었다고 해 보자, 어떻게 나오나?' 그러고는 "저도 엊그저께 친구가 꿈꾼 것처럼 꿈속에서 소쿠리를 얻었습니다." 그러니까 그 말씀이 "아휴, 너는 오늘 저녁에 매를 죽도록 맞겠구나." (대중 웃음) 이랬답니다. 그러니까 아, 그날 저녁에 정말 친구들하고 놀러 갔다가 그냥 매를 직사하게 맞았답니다. 그래서 가만 생각하니까 분해서 죽겠거든요. 꿈도 안 꿨는데 왜 이렇게 맞느냐 이거죠, 이제.

그러고는 가서 항의를 했죠. "나는 꿈도 안 꾸고 그냥 그렇게 얘기했을 뿐인데, 어떻게 이렇게 맞습니까?" "얘야, 네가 그렇게 말을 하겠다고 생각을 한 게 꿈이니라. 생시나 꿈이나 다 꿈이니라. 그러니까 생시에 이렇게 생각하는 것도 꿈이니까 꿈을 잘 꿔야 될 것 아니냐? 그렇게 야비하게 꿈을 꾸면 어떡하느냐? 하하하…. 그리고 밤중에 자다가 꿈을 꾼 것도 그 꿈을 잘 해석을 해서 잘 굴리면 아주 흥감하는 수가 있을 텐데, 아주 이건 나쁜 꿈이라고 지적을 해 놓기 때문에 나쁘게 돌아가느니라. 그러니 이 세상만사가 돌아가는 게 다 꿈으로 돌아가느니라. 그러니 자도 꿈이요, 생시도 꿈이요, 모두가 꿈으로 돌아가느니라." 이러더라는 거죠. 그러니 어떻습니까? 허허허….

질문자1(남) 잘 알아듣겠습니다. 네 번째 질문 드리겠습니다. 스님께서는 찬불가를 선법가로 하자고 하셨습니다. 그런데 막상 노래를 할 때면 부처님을 숭배하는 마음이 일어나고, 마치 다른 종교에서 신을 생각하듯이 부처님이 그렇게 느껴지기도 합니다. 그러나 이 공부는 밖으로 찾아서는 안 된다고 알고 있습니다. 그런 느낌이 과연 잘못된 것은 아닌지요?

큰스님 아니, 손을 폈다가 오그리고 오그렸다 펼 줄 알아야 이게 정상이죠? 그런데 본래 부처로 태어났는데 어떻게 부처 생각이 안 나겠습니까? 하하하…. 그러니 모두 저 형상을 부처로 보지 마시고, 그때 그 시절에 난 분도 바로 지금 현재의 여러분이란 얘기죠. 그러니 바꿔져서 돌아갈 때에 이걸 보지 못해서 그렇지, 바로 여러분이 부처요, 여러분이 중생이요, 여러분이 지금 그 굴리고 가는 분들입니다. 그러니 때에 따라서 부처도 생각나고, 조상도 생각나고, 아버지도 생각나고, 아내도 생각나고, 자식도 생각나고, 친구도 생각나고 그냥 시시때때로 바꿔 가면서 생각이 나지, 어찌 생각이 안 나겠습니까? 그 한 군데서 그것도 생각이 나는 거지 여러 군데서 나는 게 아닙니다. 그 한마음 속에서, 부처를 생각하는 마음도 거기서 나오는 거고, 또는 하치않은 생각도 거기서 나오는 거니까 보고 듣는 대로 생각이 바뀌지는 겁니다. 바뀌지는 그 생각 자체가 바로 한군데서 나오니까, 그것도 부처 마음에서 나오는 거니 개의치 마십시오.

질문자1(남) 한 가지 더 질문드리겠습니다. 사실은 저 개인적인 질문이라고 봐도 되겠는데요, 그동안 큰스님께서 가르쳐 주신 대로 한마음 법 제사라고 할까요? 그렇게 집에서 조상을 모시고 있습니다. 그런데 이상하게도 오늘도 이미 제가 질문하고자 하는 답을 큰스님께서는 다 해 주셨어요. 해 주셨는데, 경계에 걸렸다고 할 것까지는 없겠습니다마는 그동안 유교식 제사를 지내다 보니까, 큰스님께서 가르쳐 주신 대로 제사는 지냅니다만, 어떤 때는 절을 두 번을 해야 옳은 건지, 유교식으로요, 아니면 세 번을 해야 되는 건지 모를 때가 있습니다. 때때로 어떤 때는 세 번을 할 때도 있고, 그래서 한 번을 해도 한자리 함께 할 수 있도록 한다는 생각에서 걸림은 없는데, 혹시 방법론에 있어서 절을 세 번을 해야 되는 건지, 두 번을 해야 되는 건지 또는 한 번만 해도 되는지, 그것이 조금 마음에 걸려서 말씀을 올립니다.

큰스님 그것도 때와 환경에 따라서 절도 해야 하겠죠. 아주 바쁜 일이 있어서 빨리 나가야 하겠다 할 때는, 삼배를 일배로 올리고 가셔도 되구요, 또 빨리 안 나가도 되겠다 할 땐 그냥 삼배를 올리는 거지요. 어떻습니까?

질문자1(남) 거기에 걸림 없이….

큰스님 걸리지 마세요.

질문자1(남) 예. 알겠습니다.

큰스님 마음이 중요하지 이 몸체를 움죽거리는 게 중요한 게 아닙니다. 물론 몸체가 움죽거리는 것도 중요하겠지만 마음이 중요하다는 것은 마음으로 인해서 몸체가 움죽거리게 되니까요. 도둑질을 하러 가자 그러면 도둑질을 하게 되고, 남한테 좋은 일을 하겠다 하면 좋은 일을 하게 되는, 그렇게 따라다니는 육체니까 그 마음이 중요하다 한 겁니다. 그러니까 몸체를 놀리는 거는 걱정 마시구요, 바쁘면 바쁜 대로 하시고 또 바쁘지 않걸랑 바쁘지 않은 대로 하시고 그러세요.

질문자1(남) 예. 오늘 질문에 대답해 주셔서 대단히 감사하구요, 특히 형제 여러분의 한마음 공부에 큰 도움이 됐으리라고 생각합니다. 큰스님, 감사합니다.

큰스님 또 질문하실 분 계시면 질문하세요. 우리가 질문하고 토론하는 데서 여러분과 더불어 같이 한자리를 하면서 듣고, 느끼고, 알고, 바꾸고 이럴 수 있는 거니까요.

질문자2(남) 죄송합니다. 질문 한번 하겠습니다. 천수경을 읽다 보면 이런 귀절이 나옵니다. "한 찰나에 부처님의 마음이요, 한 찰나를 몰라서 끊임없는 억겁에 끄달리네." 저는 이 뜻을 좀 더 알고 싶어서 질문드립니다.

큰스님 하하하…. 여태 한 말 헛했군요. 그런데 이 마음이란 체가 없어서 한 찰나에…, 아까도 얘기했죠. 주인공에다가 맡기는 도리! 요렇게 간단하게 그냥 얘기합시다. 주인공에다 맡겨 놓을 땐, 마음입니다! 그런데 아주 애고가 딱 닥쳤단 말입니다. 그런데 이거를 어떻게 말갛게 청수처럼 만들 수 있을까 하는 겁니다, 이제. 그런데 그것이 딱 닥치자마자 '아하! 이것은 너밖에 해결할 수 없어.' 하고선 거기다 딱 맡겼을 땐 맑은 물로 화한다는 얘깁니다. 그게 보이지 않는 데서 벌써 화해서 돌아가서 바깥으로 나옵니다. 그러니까 "구정물을 맑은 물로 써라. 애고를 싱그럽고 즐거웁게 써라. 이렇게 자꾸 바꿔서 써라." 이거 아닙니까? 그러니까 이 한생각이라는 게 그렇게 중요합니다. 부처님이 얼마나 말씀 잘해 놓으셨어요?

질문자3(남) 이런 시간 내 주셔서 대단히 감사하게 생각하고 있습니다. 이렇게 보는 것도 주인공의 나툼이고 또 생각하는 것도 주인공의 나툼이라고 항상 관하고 있습니다. 그런데 일을 할 때는 일을 하는 저 자신에게 '요것도 주인공의 나툼이지.' 하는 그 방법 한 가지하고요, 그냥 일할 때는 일에만 전념하는 그런 방법 두 가지를 겸해서 하고 있는데요, 스님이 보시기에 제 근기에는 어떤 방법으로 해야 좋은 방법인지 말씀 좀 해 주세요.

큰스님 허허허…. 이거 보세요. 그냥 생각 없이 하는 사람은 잊어버려서 그럴 수도 있고, 진짜로 알아서 그럴 수도 있습니다. 두 가지가 있죠. 그런데 생각이 나면 '그렇구나!' 그러고 뜻으로다가 그렇게 생각하고 그냥 하시구요, 24시간 동안 그냥 생각이 안 나도, 시공을 초월해서 볼 때는 바로 내가 생각했을 때와 저녁에 가서 생각났을 때와 이게 맞먹는다는 얘기죠. 주름을 잡는단 얘기죠. 얼른 쉽게 말해서 아침하고 저녁이 다르냐? 저녁이냐 아침이냐? 이런 게 없습니다. 그러니까 왜, 축지법을 할 때에 여기서 저기까지 한번 뛰었다 이럴 때는, 거기 디딘 자리와 여기서 발 떼어 놓은 자리가 둘이 아니란 애깁니다. 그와 똑같단 얘기예요. 이해가 됩니까? 마음이라는 건 시공을 초월해서 생각을 하는 거기 때문에, 이 마음이라는 건 지금 이 자리에 앉았어도 저 지구 바깥으로 벗어날 수도 있는 겁니다. 그리고 삼천 년 전으로도 돌아갈 수 있고 삼천 년 후로도 갈 수 있습니다.

그렇기 때문에 이 마음이라는 것은 아주 능히 익어서 생각이 날 때도 있고, 익지 않아서 생각날 때도 있고, 아주 익어서 생각 안 날 때도 있고, 아주 익지 못해서 생각 안 날 때도 있습니다. 그런 거는 종잡을 수가 없습니다. 그러니까 그 사람 자체가 익어 들어가는 건 자기 자신이 너무도 잘 알아요. 그렇기 때문에 생각나면 '이것도 거기서 하는 거지.' 하고 놓되, 또 생각이 안 나면 그대로 그냥…, 몇 주일이라도 생각 안 난다고 해서 그게 끊어지는 게 아닙니다. 허허허…. 그러니까

'내가 이렇게 생각 안 하고 끊어뜨렸구나.' 이런 걱정은 마세요. 하루 종일 생각 안 났다고 해서 끊어지는 게 없어요. 삼천 년 전하고 오늘하고도 둘이 아니니깐요.

질문자3(남) 감사합니다.

질문자4(남) 큰스님, 감사합니다! 달마 조사님, 감사합니다! 육조 선사님, 감사합니다! 부처님, 감사합니다!

큰스님 지금 요 한마디를 하고 넘어가야 될 것 같습니다. 달마니 혜가니 육조니 하는 분들은 우리 산 사람들을 위해서 질서를 다 지키면서 마음을 해명할 수 있는 그 계기를 만든 거지, 깨친 분들은 만 명이 깨쳐도 딱 하나입니다. (손가락을 하나 세워 보이시고) 한자리, 하나! 그 하나도 공해서 없다는 그 자체를 가지고 천상천하(天上天下) 유아독존(唯我獨尊)이라고 했던 겁니다. 공부들 하시는 데 그런 것도 끄달리면 안 되니까 얘기를 했던 겁니다. 말씀하세요.

질문자4(남) 전 여쭤 볼 게 없어서 이렇게 나왔습니다. (대중 웃음)

큰스님 하하하…. 아, 그러면 참, 좋군요! (고개를 두 번 끄덕이시며) 지금 물을 게 없는 걸 배우고 있습니다.

질문자5(남) 제가 옛날에 관을 중심으로 했었는데 하다 보니까 중심이 좀 약해 가지고 자꾸 물러서는 경우가 있었습니다. 그래서 그 이후에는 믿음을 중심으로 해서 중심 세우는 걸 열심히 했었는데 그렇게 하다가 보니까 마음을 잡는 것 같으면서도 좀 상이 있는 것 같습니다. 스님의 『영원한 나를 찾아서』라는 책을 보니까 "중심 아닌 중심을 관하고, 뿌리 아닌 뿌리를 관해라." 하는 말씀이 있어서 그렇게, 어디 중심을 두지 않으면서도 그 중심을 관하고 있는데, 그렇게 하니까 원래 잡을 것도 없고 원래 붙을 것도 없는 것 같습니다. 그래서 제가 하고 있는 것이 제대로 하고 있는 것인지, 한번 여쭤 보고 싶습니다.

큰스님 장가드셨죠?

질문자5(남) 안 갔습니다.

큰스님 하하하…. 그러면 형제들은 있구요? 부모도 계시구요?

질문자5(남) 예!

큰스님 그런데 아우들도 있죠?

질문자5(남) 예!

큰스님 그러면 "형님!" 하고 부르면 내가 형님 노릇을 해야 되나, 안 해야 되나 이런 생각 하십니까?

질문자5(남) 그냥 하지요.

큰스님 그냥 하지요?

질문자5(남) 예!

큰스님 그냥 형님 노릇 하고, 아우 노릇 하고 또는 자식 노릇 하고, 친구 노릇 하고 이렇게 그냥 하시죠?

질문자5(남) 예!

큰스님 그냥 해도 여여하게 그냥 되죠?

질문자5(남) 예, 예.

큰스님 그대로예요.

질문자5(남) 아, 예!

큰스님 그대로 하세요, 그대로 그렇게. 그거를 '내가 끊어뜨렸다.' 또는 '생각을 이렇게 했더니 이리로 기울어지더라.' 또 '이렇게 하니깐 안 되더라.' 이런 것도 다 하나 속에서 나오는 겁니다. 안 되고 되는 거 이런 것도 다 그 속에서 나온 거니까, 걸림이 없이 가세요.

질문자5(남) 아, 예! 그냥 하라는 말씀이시죠.

큰스님 그냥 하세요.

질문자5(남) 감사합니다.

큰스님 예.

사회자 시간이 많이 흐른 것 같습니다. 질문이 있으신 분들은 다음 기회로 좀 미뤄 주셨으면 감사하겠습니다.

큰스님 (시계를 보시면서) 질문이 있으시면요, 서너 분 더 하지요, 뭐.

사회자 그럼 딱 세 분만 더 질문을 해 주십시오. (대중 웃음)

큰스님 하하하….

질문자6(남) 저는 대구에서 올라왔습니다. 제 자식이 조그마한 수출업을 하고 있는데 어제 저녁에 한 12시경 돼서 술을 거나하게 먹고 들어왔습니다. 들어와 가지고, "아버지, 이 마음을 남한테도 줄 수 있습니까?" 이렇게 얘기를 합디다. 그런데 저희 안사람하고 저하고는 선원에 한 2년 동안 계속 다녔지마는, 자식은 업무에 바빠 가지고 늦게 들어오고 아침에 또 일찍 나가고 하기 때문에 뜻은 가지고 있지만 못 다녔습니다. 그래서 우리가 공부를 하라고 책을 사 줬더니, 자부는 열심히 공부를 했습니다. 그런데 그렇게 얘기해 줘도 실제 자기들이 안 다녀 보면 부모 뜻을 다 모르거든요.

그런데 어제 느닷없이 저한테 그런 질문을 합디다. 그래서 "어, 그러면 너도 이제 마음이 조금 열리는구나. 무슨 일이 있느냐?" 물으니까, "아버지, 내가 이 수출업을 한 3년 했는데, 2년까지는 해만 끼치는 사람이 계속 있었는데, 지금은 이상하게도 나를 시험하는지 모르지만, 지난달과 이달, 두 달 동안에는 내가 생각지도 않은 어떤 좋은 징조가 많이 나타나 가지고 오히려 내가 두렵습니다." 이런 얘기를 합디다. 그래서 내가 그랬습니다. 갑작스럽게 그런 얘기를 하기 때문에 아버지로서 또 무슨 얘기든 안 해 줄 수도 없고 이래서 "그거는 좋은 일이다. 네 그릇이 크면 그것을 받아 가지고 소화를 시킬 거고, 네 그릇이 작으면 넘칠 것이다. 그런 상황에서는 물 흐르듯이 네가 처리를 해라. 물방울의 마지막 목표는 바다로 가는 것이 목적이니까 그렇게 처리하면 될 것이다." 하는 대답을 했는데 이것이 맞는지 아닌지, 대답해 놓고도 저도 오늘까지도 궁금했습니다.

큰스님 네! 잘하셨습니다. 아주 잘하셨습니다. (대중 박수) 그래서 이 공부를 하는 사람들의 가정은 이렇게 마음과 마음으로 전달을 해서 돌아가기 때문에 그렇죠. 잘되게끔 이끌어 가지고 자기도 모르는 사이에 이렇게 자꾸자꾸 그 주동자가 바로 마음과 마음을 전달해서 돌아가기 때문에 그렇게 잘될 겁니다.

질문자7(남) 저는 우선 말을 좀 더듬는 게 문제고요, 뭔지는 모르지만 머리에 늘 소리가 나고, 눈이 막 어리어리하고 영…, 그러면 모든 일에 집중이 안 되고…. 그래서 이렇게 나왔어요.

큰스님 뭔 기도라든가 이런 것 하러 다니셨습니까?

질문자7(남) 안 다녔어요.

큰스님 그러면 부모라든가 이런 분들이 산기도나 그런 것 안 다니셨습니까?

질문자7(남) 예. 부모님들은 교회에 다닙니다.

큰스님 (잠시 말씀을 멈추시고) 하여튼 이 공부를 열심히 하세요.

질문자7(남) 예, 알겠습니다.

큰스님 이 도리를 공부하게 되면 병 붙을 자리는 없으니까요.

질문자7(남) 예, 알겠습니다.

큰스님 이 도리를 공부하지 않는 사람 앞에는 업보가 붙고, 유전성이 붙고, 영계성, 세균성…, 모든 게 다 붙습니다. 그러나 이 공부를 하시는 분에 한해서는 그런 게 붙지 않습니다.

질문자7(남) 예, 알겠습니다.

큰스님 모두 몸속에 있는 자생 중생을 작용하게 만드십시오. 그러면….

질문자7(남) 예, 알겠습니다.

사회자 질문하실 분이 없으시면 이것으로써 큰스님 법문을 모두 마치겠습니다.

세울 게 없으니 모두가 공(空)하다

1993년 7월 4일

여러분께서 한자리를 하기 위해서 이렇게 늦도록 기다려 주시는 것이 상당히 의미가 깊다고 생각합니다. 여러분께서 다 바쁘신 줄로 알고 있는데, 그 바쁜 것을 다 제치고 이렇게 한자리 해 주셔서 참 감사합니다.

참, 마음이라는 것이 상당히 요상합니다. 색깔도, 보이지도 않는 것을, 마음 내기 이전을 말해서 자기 불성이라고 하죠. 영원한 근본이라고도 하고 뿌리라고도 하죠. 그런데 그 마음을 냈다 하면 법신(法身)이라고 하고, 그 마음에 따라서 육체가 움죽거린다 하면 화신(化身), 응신(應身)이라고 하죠. 화신은 바뀌지는 걸 말하고 응신은 서로가 대하는 걸 말하죠. 그래서 그걸 종합해서 주인공(主人空)이라고 했던 거죠.

그런데 마음을 안 냈을 때 나라고 할 수 있겠습니까, 마음을 냈을 때 나라고 할 수 있겠습니까? 육체를 움죽거릴 때 나라고 할 수 있겠습니까? 또 내 몸속에 많은 중생들이 들어 있습니다. 그런데 장이냐, 심장이냐, 위냐, 식도냐, 방광이냐, 콩팥이냐, 정맥이냐, 동맥이냐 하는, 일체 이름해서 움죽거리는 그 자체가 바로 어떠한 부분에서 움죽거릴 때 나라고 할 수 있겠느냐. 정맥이 움죽거릴 때 나라고 할 수 있겠느냐, 동맥이 움죽거릴 때 나라고 할 수 있겠느냐? 그 많은 생명체들이 작용을 하는데 어떠한 것이 작용할 때에 내가 했다고 할 수 있겠느냐 하는 거죠.

여러분이 잘 생각해서 알아보신다면 참 기가 막힐 일입니다. 왜냐하면 생각나기 이전에도 내가 했다고 할 수가 없고, 또 생각을 냈을 때도 내가 했다고 할 수 없고, 몸이 움죽거릴 때나 육체 속에서 정맥 동맥이 움죽거릴 때, 또는 눈 귀가 움죽거릴 때도 내가 했다고 할 수 없죠. 그런데 이 천차만별의 이름이 전부 내 한 그릇에 있습니다, 내 몸뚱이 한 그릇에. 그런데 그게 다 누가 하는 거죠? 누가 하는 겁니까? 모두 본인이 하는 거죠? 남이라고 할 수 없죠? 몸 안에 들어 있는 것도, 어떠한 거위 한 마리도 나 아님이 없죠? 그러니 내가 했다고도 할 수 없고 안 했다고 할 수도 없어요. 그런 걸 어떻게 생각하십니까?

그러니 어떠한 거를 할 때 내가 했다고 할 수 없으니 '나는 없다' 하는 겁니다. 나는 없다! 여러분이 생각해 보실 때, 여러분 자체가 있습니까, 없습니까? 정맥, 동맥이 쉬지 않고 뛰면서 이어져 돌아가는데, 정맥이 뛸 때 내가 했다고 할 수 있겠습니까, 동맥이 뛸 때 내가 했다고 할 수 있겠습니까? 그러니까 전체를 볼 때에 어떤 걸 내가 했다고 할 수 없으니까 '내가 없어!' 하게 되는 것입니다. 내가 없어! 나는 공동체야! 공동체니만큼 모든 것을 해도 함이 없이 하는 것이다. 그래서 자기 몸이 함이 없이 하기 때문에 손도 손 없는 손이 하고 있다. 그리고 없는 발이 한자리를 디뎠다. 이게 평발의 뜻입니다.

그런데 여러분에게 부처님 법이 따로 있는 게 아니라고 항상 말씀드렸죠? 그래서 여러분 법이, 여러분 마음이, 여러분 작용하는 생활이 그대로 부처님 법이고, 여러분이 법신이자 부처님이자, 바로 화신입니다. 그리고 상대성 원리로써 상대가 있기 때문에, 내가 있기 때문에 상대가 있는 거니까 항상 응신으로서 베푼다 이겁니다. 타의의 어떠한 신이 있어서 그런 게 아니니까 나 자체부터 알아야 합니다, 나 자체부터.

나 자체가 이 세상에 나왔기 때문에 상대가 있다는 걸요. 나 자체가 나왔으니까, 내 몸뚱이 속에 있는 그 자체가 모두, 바로 악업 선업이 인과가 돼서 영혼의 근본과 더불어 같이, 어머니의 살을 빌리고 아버지의 뼈를 빌려서, 즉 정자와 난자를 말하죠. 그래서 합류화돼서 합성 체제로서 형성이 됐다는 얘기죠. 그러니까 모두 몸속에서 작용을 하는 거나 외부에서 내 몸뚱이가 작용하는 거나 모든 것이 전체가 함이 없이 하는 겁니다. 왜? 어떤 걸 했을 때 내가 했다고 할 수 없으니까 말입니다.

항상 여러분한테 이렇게 말하죠. 가정에서 아버지 노릇 하랴, 남편 노릇 하랴, 아들 노릇 하랴, 형님 노릇 하랴, 아우 노릇 하랴, 사위 노릇 하랴, 친구 노릇 하랴, 사회에 나가서 어떠한 회사나 직장에 있다든가 어떠한 지위를 가졌을 때 또 이름이 붙죠? 그러니 따로따로, 몸뚱이 체가 따로 있어서 따로 행하는 게 아니지 않습니까? 자동적으로…, 아주 묘법이죠. 그게 묘법입니다. 내가 자연스럽게 자동적으로 "여보!" 하면 뜻과 행과 말이 동시에 남편이 되는 거죠. 그런데 남편 노릇 할 때 내가 했다고 할 수 있겠습니까, 아들 노릇 할 때 내가 했다고 할 수 있겠습니까? 나라고 할 수 있겠느냐는 얘기죠. 아버지 노릇 할 때 나라고 할 수 있겠느냐는 얘기죠. 그거나 지금 말씀드린 거나 모두가 하나로 통과가 됩니다. 이 모두가 내가 했다고 할 수 없고, 내가 됐다고 할 수 없고, 내가 말했다고 할 수 없는 까닭에 모두가 공했다는 겁니다.

모두가 공하고, 모두가 함이 없이 했고, 모두가 비었다. 어느 것도 내가 아니다. 내가 없다! '내가 없으니 물이 있으랴. 물이 없으니 강을 건널 게 있으랴.' 이렇게 나오죠? 그러니 한 찰나, 찰나라고 하는 소리도 그 까닭입니다. 찰나에 아버지가 됐다 찰나에 남편이 됐다 이렇게 하듯, 부처님의 마음도 역시 그렇게 찰나에 바로 칠성부처가 됐다가 지장이 됐다가 관세음보살이 됐다가, 약사가 됐다가 용신이 됐다가 지신이 됐다가, 온통 그렇게 화해서 나투죠. 자동적으로 이게 됐다 저게 됐다, 이게 됐다 저게 됐다 하는데, 여러분이 지금 실질적으로 생활 속에서 하고 계시니까 그걸 납득을 하시죠?

그래서 부처님 마음도 동방에 이름을 지어 놓든가, 서방에 이름을 지어 놓든가, 지장이라는 이름을 지어 놓든가 어떠한 이름이든지 그거는 이름일 뿐입니다. 지금 생활 속에서도 아버지다 남편이다 아들이다 하는 거는 바로 이름일 뿐이죠. 그런데 이름이 자동적으로 누구한테나 주어졌지만 누구한테나 주어진 그 이름이 진실하기도 합니다. 영원하기도 하고요. 그래서 알고 본다면 '그렇게 공하고 그렇게 내가 없는 가운데 바로 너는 너대로 있고 나는 나대로 있구나. 산과 물이 둘이 아닌 까닭에 물은 물대로 있고 산은 산대로 있구나.' 하는 거나 똑같습니다. 그러니 마음이라는 것이 참 묘하기도 하고 말로 어떻게 형용을 할 수가 없는 겁니다. 아무리 잘나고 아무리 잘 배우고 권세나 모든 게 아무리 다 좋다 하더라도, 그 마음이 그 사람에게 작용을 한다면 망하든지 흥하든지 둘 중에 하나입니다. 미치든지 성하든지 둘 중에 하나입니다. 그러니까 이거는 순전히 마음의 꼭지에 달려서 끌려다니고 움죽거리는 체(體)라고 할 수 있습니다. 그러니 마음이 주인이 아니겠습니까?

내가 항상 스스로 생각하는 거지만 참, 마음이라는 게 너무나 묘해요. 엊그저께도 이런 예가 있었죠. 이거는 내가 너무나 새삼스럽게 느낀 겁니다. 제가 느낀 것을 한번 말씀드려 볼까요? 어느 젊은이가 유학을 가서 내내 공부를 참 열심히 해서 박사 학위까지 땄습니다. 박사 학위를 따 놓고 1년 동안 마무리를 다 하고 난 뒤에 입산을 하러 왔습니다. 어때요? 그 마음이라는 게. 어디다 세워 놔도 살 수 없는 사람이 아니고, 어디다 세워 놔도 빠지지 않고, 어디다 세워 놔도 아주 모범이 될 사람입니다. 그런데 그게 웬말입니까? 다시 생각을 해 볼 수 없겠느냐고 해도 막무가내입니다. 그러면서 하는 소리가 "저는 지금까지 헛살았습니다. 부모를 모셔야 할 형편인데, 부모의 육을 모시는 것보다도 진짜 어머니의 마음을 내가 모시기 위해서라도 꼭 입산을 해야겠습니다." 하는 겁니다. 여러분, 어떻게 생각하십니까? 그게 당치 않다고 생각하십니까, 당연하다고 생각하십니까?

대중 가운데서 훌륭하다고 생각합니다!

큰스님 그런데 훌륭하다고 생각하는 그 마음이 요상하지 않습니까? 하하하…. 아니, 입산을 하겠다고 생각을 한 그 마음이 요상하고, '저렇게 배워 가지고 왜 그렇게 해!' 하는 마음이 또 요상하지 않습니까? 그리고 훌륭하다고 하는 그 마음이 또 요상하지 않습니까? 모두가 요상한 거예요. 참 묘한 거예요, 마음이 말입니다. 어쩌면 그렇게 도깨비처럼 마음이 요랬다 조랬다, 이렇게 생각했다 저렇게 생각했다 할 수 있는지….

그런데 마음이 그렇게 자유스럽게 생각을 할 수 있는데도 불구하고 자유스럽지 못하게 모두 생활들을 하시거든요. 제 말이 틀렸습니까? 마음대로 생각할 수 있는 조건을 가지고 있고 권리를 가지고 있어서 당당한데도 불구하고 마음대로 생각지를 못하세요, 모두. 하, 참! 그래서 말입니다, "우리가 자유인으로서 부처다." 이랬는데도 왜 한 겹을 벗지 못하고 그렇게 극매는지…. 내 마음을 가지고 내 마음대로 못한다는 건 말도 안 돼요. 그 요상한 그 마음 말입니다, 그거를 잘 다루어서 내 마음대로 쓸 수 있다면 얼마나 훌륭한 법입니까?

나는 입산을 하러 왔을 때도 '아이구, 참 이렇게 잘 배운 사람이 잘 왔다.' 이게 아니라, 못 배웠든지 잘 배웠든지 말입니다, '마음이 참 요상하다' 는 생각에, 그 마음이 너무나 요상하게 보여서 웃었습니다. 하하하…. 마음이 얼마나 요상합니까? 그런데 그 요상한 마음을 내가 다스려서 마음대로 쓸 수 있다 이겁니다. 그런데 마음대로 쓸 수 있는 것도 마음대로 쓸 수 없는 것도 다 입력이 돼요. 그냥 허탕 이렇게 가는 게 아닙니다! 그, 마음 내기 이전이 꼭지가 붙어 가지고, 그 꼭지가 뭐냐? 그게 오신통이에요. 그 꼭지가요.

거기에는 숙명통도 들어 있고, 타심통도 들어 있고, 천안통도 들어 있고, 또 신족통도 들어 있고 천이통도 들어 있어요. 다섯 가지가 다 들어 있는 동시에 이 마음의 꼭지가 붙어 있는 데서, 자기가 마음대로 쓸 수 있는 마음을 냈든 마음대로 쓸 수 없는 마음을 냈든 그 꼭지에서 신호가 착 두뇌로 갑니다. 두뇌라는 건 우리가 지금 그냥 보통 얘기하는 거고요. 그러니까 이 두뇌로 가서 모든 것을 사대(四大)로 통신을 하게 돼 있죠. 통신을 해서 이 속에 있는 생명체들이 마음을 다 알 수 있게끔요. 내 몸뚱이가 어디로 가고 어디에서 오고 무엇을 하는지를 알게끔 신호를 다 주는 거죠, 안팎이 다. 안에서 내가 움죽거리는 걸 다 알게 돼 있고, 또 내가 안에서 움죽거리는 거를 다 알게 돼 있는 거죠. 그래서 이게 통과가 되는 거죠.

그런데 이 마음공부를 안 하는 사람들은 누진(漏盡)…, 즉 두뇌라고 하는 게 누진을 말하죠. 이게 누진에 통신이 되질 않고 이 사대에, 오장육부에 통신이 되질 않기 때문에 이 몸뚱이가 어디로 돌아다니는지, 뭐를 어떻게 하고 가는지, 잘못하고 가는지 잘하고 가는지 이것도 일체 중생들이 모르고 있는 거죠. 그것이 의심이 가걸랑은 한번 생각해 보십시다. 지구가 어디로 돌아다니는지, 무엇을 하는지 아시겠습니까, 모두? 우리는 지금 몸뚱이 속에서 별성들이, 그 중생들이 다 살고 있는데, 한 발 더 나아가서 보면 우리가 지구 속에서 또 살고 있어요. 지구가 찰나찰나라는 언어도 붙지 않게 시공을 초월해서 돌아가고 있거든요. 그 돌아간다는 거는 알고 있지만 무엇을 하는지, 어디로 다니는지 그건 도무지 모르지 않습니까?

그러니까 이 마음공부를 하는데 상대와 부딪친다 하더라도 내가 이 세상에 나왔으니 내 탓이지 왜 남의 탓으로 돌리느냐 이겁니다. 안으로 모든 것을, 내가 하고 있는 그 자체를 모두 '네가 하고 있는 거니까 네가 해결해라.' 이렇게 돌려서 놓는 거죠. 놓는다는 것이 맡겨 놓는다는 거죠. 즉 말하자면 맡겨 놓는 것만이 아니라 굴려서 놓는 거죠. 내가 모를 때, 이렇게 해야 할지 저렇게 해야 할지 모를 때 '너만이 알아서 할 수 있어.' 하고 그냥 맡겨만 놓으면 아주 정식대로 다 해 나가죠. 그런데 내가 알고 있을 때, 내가 이렇게 이렇게 해야겠다 할 수 있을 때는 '이렇게 하는 것도 너밖에 없어!' 하고 놔야 굴려 놓는 거죠. 구정물이 들어왔을 때 바로 그 구정물을 새 물로 바꿔 쓰는 거나 똑같죠. 어떤 물체가 아니라 이건 마음의 장난이기 때문입니다. 물체는 맨 나중에 나오게끔 돼 있는 거죠. 그렇기 때문에 이 보이지 않는 데서 먼저 해결이 나야 보이는 데로 나오게 돼 있어요!

제가 지금 여러분한테 하는 이런 말은 어느 책에 있는 게 아닙니다. 여러분한테 책에 쓰여 있는 걸 가르치는 게 아니에요. 그러나 책으로 나오기 이전, 우리가 지금 생활하는 자체가 그런 겁니다. 어떻게 그걸 말로 다 하며 어떻게 글로 다 쓰리까? 이렇게 우리가 자유스럽게 살 수 있고 자유스럽게 마음을 낼 수 있으니, 찰나찰나 돌아가는 이 생활과 시공을 초월해서 돌아가는 지구 및 우주의 섭류를 파악해서 바로 자유인으로서 살아나가는 계기를 만들자는 거죠. 또 부처님께서도 그런 계기가 돼서 "너희들은 자유스럽게 살 수 있다."라는 그런 명시를 하신 겁니다.

그런데 사십구 년이다, 삼천 년 전이다 해도 부처님 말씀을 우리가 알아낸 게 무엇이 있습니까? 자기를 모르기 때문입니다, 자기를! 자기가 지금 어디서 왔고 지금 무엇을 하고 있는지를 모르기 때문이며, 또는 자기가 내면에 그렇게 많다는 거를 모르기 때문이며, 이 몸뚱이라는 집합소에 자기라는 모습이 천차만별로 돼서 한 바구니에 지금 들어 있다는 걸 모르기 때문입니다. 이 몸뚱이는 내가 작용하는 집합소입니다. 그래서 중생이라고 하는 거고 마음이 있기 때문에, 그 마음이 부처이기 때문에 마음으로 다스려라 이겁니다. 그래서 부처 중생이 둘이 아니요, 부처는 중생 속에 있고 중생은 부처 속에 있다는 얘깁니다. 그러니 딴 사람들을 말하는 게 아닙니다. 여러분 자체를 말하는 거죠. 여러분 자체가 없다면, 그리고 생활이 없다면, 여러분 자체가 이 세상에 나지 않았다면 어디 상대가 있고 세상이 있고 우주가 있겠습니까?

아주 냉철하게 생각을 잘해 보시는 게 좋을 겁니다.

종교를 따로 떨어진 어떤 것으로 알지 마십시오. 우리 생활 자체가 그대로 종교며 불교입니다. 이렇게 가깝게 종교 속에서 살고 있고, 지금 생활을 접하고 있으면서도 이 종교니 저 종교니, 또는 "난 종교 안 믿어!" 이러거든요. "난 불교 안 믿어!" 이러거든요. 안 믿긴 뭘 안 믿습니까? 벌써 생명이 있고 움죽거림이 있고, 벌써 통신을 하고 돌아가고 있고 이러는데 불교가 아닙니까? 천체 생명이 있는 것은 다 불(佛)이요, 바로 마음과 마음이 전달되는 거, 말로 전달되는 거, 바로 통신으로 전달되는 게 다 교(教)인데, 어떻게 불교가 아니라고 할 수 있겠습니까? 아니라고 그러면서도 여전히 살고 있거든요. 하하하….

어떤 때 여러분 모습을 봤을 때 참 혈기 왕성하고 건강한 모습으로 보이고 그래도, 잘 보면 모습은 건강하나 속이, 마음이 좀 상처가 있구나 하는 생각이 들 때도 있습니다. 어떤 때는 뭐, 꼭 보려고 해서 보는 게 아니라 심심하면 그렇게 되는 때도 있죠. 그런데 그렇게 될 때마다, 내가 너그럽지 못해서 그런지는 몰라도 아주 딱한 생각이 들면서…, 그게 다 부질없는 생각이겠죠? 여러분이 모두 잘하고 가시는데 내가 부질없는 생각을 하는 건지 그건 몰라도, 딱한 일들이 한두 건이 아니에요.

그거는 얼른 쉽게 말해서 딴 사람으로 생각을 한다면 뭐, 그냥 지나가는 사람 본 셈 치고 아무렇지 않게 그냥 갈 수도 있겠지만, 내면적으로 외부적으로 한데 합쳐서 100%를 본다면 이건 남이 아니에요, 전부가. 줄창 여러분한테 말했지마는 억겁을 통해서 모습을 자꾸 바꿔 가면서 이게 되고 저게 될 때 모였던 인연으로 모두 부모가 되고 자식이 되는 것이고, 이렇게 할 때마다 이것이 인연이 되거든요. 그러니 어떻게 남이라고 할 수 있겠습니까?

산천초목의 나무들도 이름은 각각이지만 모두 자리는 한자리 하고 있습니다. 한자리에서, 한 어머니 속에서 다 자라고 있듯이 이 산하대지에서 모두 살고 있습니다. 밤나무니 소나무니 이름은 다 각각이지만 그렇게 다 각각 살면서도 한자리에 살고 있듯이, 우리도 한자리에서 항상 화해서 돌아가서 또 탄생을 하게 되죠. 그런데 과거에 어떻게 살았느냐에 따라서 지금 나온 것이고, 지금 어떻게 사느냐에 따라서 미래의 오늘, 바로 그 모습을 해 가지고 나올 거거든요! 그러니까 그렇게 나오는 동시에 만날 바뀌어서 같이 만나게끔 되어 있습니다.

그러니 어저께 부모가 내 부모겠습니까, 또 오늘 다시 모습을 가지고 그 부모 속에서 나왔으니 그 부모가 내 부모겠습니까? 그러니 부모 아닌 게 없고 자식 아닌 게 없고 형제 아닌 게 없어요, 더 넓게 본다면. 우리가 잘못하고 가면 독사도 되고 뭐, 뱀도 되고 곤충도 되는데 곤충이 되는 것을, 즉 말하자면 오간지옥이라고 하죠. 그런데 그런 모습을 해 가지고 나오는 것까지도 모두가 화해서 이렇게 돌아가니까 네 생명이 따로 있고 내 생명이 따로 있고, 네가 따로 있고 내가 따로 있고 그런 게 아닙니다, 알고 본다면.

그러니 그렇게 알면 '나' 이기 때문에 하나도 죽이지 말아야 되지 않겠느냐 이렇게 나옵니다. 그런데 또 묘한 도리가 있습니다. 죽여야 그 무명을 벗고 사람이 될 수 있으니까 말입니다. 이 묘한 도리를 어찌 다 알겠습니까? 그렇기 때문에 소가 소로 보이면 고기를 못 먹고, 소가 약으로 보인다면 약으로 먹고 무명을 벗긴다 이 소립니다. 그런데 이 마음 도리를 공부하는 사람에 한해서만이 그런 게 주어진다는 얘기죠. 기복으로써 만날 복이나 빌러 다니는 사람들하곤 다르죠! 천지 차이죠.

그래서 우주간 삼세를 다, 한마음이 포착하는 거죠. 그러니 이걸로 태어나고 저걸로 태어날 것도 없는 거죠. 내가 마음 먹으면 그대로 그것이 법이 돼서 그대로 행하게 되는 거니까요. 컴퓨터에 입력을 해 넣으면 지금 현재 컴퓨터에서 다 그렇게 나오듯이 말입니다. 그러니 과거든 미래든 현재든 그 삼합이 체인지가 되어서 같이 내 한마음에서 그냥 돌아가니까 하나도 법에 저촉되는 게 없죠. 그러니까 죽여도 살리는 법, 살려도 살리는 법, 이게 전체가 자비가 되죠. 이 원리가 그러하다 이겁니다.

그러하니 여러분께서 이 생에서만 이렇게 다니는 게 아니니까 한 생, 한 철 지내려 나온 지금 이 도리를 완전히 파악한다면…, 이제는 삼세를 포착하고, 부처님을 집어삼키고 중생을 모두 집어삼켰기 때문에, 삼천대천세계를 다 집어삼켰기 때문에, 태양이든지 은하계든지 어떠한 혹성도 다 포착해서 집어삼켰기 때문에, 이렇게 다 집어삼켜서 자리를 만들어도 그 마음자리가 작지 않더라 이겁니다. 이것은 우주를 내 마음으로써 아주 축소시켜서 먼지 하나로 만들려고 해도 만들 수 있고, 내 손가락 하나로 삼천대천세계를 다 들 수도 있는, 그런 대대적인 바로 삶의 포착이죠.

그러니 만약에 내 몸이 이 선원에 와서 마음공부 하기 이전부터 병이 들어서 어쩔 수 없이 몸이 없어지게 되는 한이 있더라도, 즉 집은 망가져서 헐어 버려야 될 지경에 있다 할지라도 새로 짓는 집을 잘 지어야 하니까요. 그 안의 주인이 삼라만상 대천세계를 다 쥐고 자유스럽게 건질 수 있고, 줄 수 있고, 볼 수 있고, 들을 수 있고, 가고 옴이 없이 가고 올 수 있는 그런 자유인이 되기 위해서 새 집을 지어야 하니까 지금 집이, 오두막집이 아주 헐어진다 하더라도 그거를 겁내지 말고 대치할 수 있는 그런 지혜로운 마음을 가지고 그냥 훌떡 벗어 버리면 됩니다. 마음대로 입을 수도 없고, 벗어버릴 수도 없고, 마음대로 살 수도 없고 이렇다면 이 공부 하나 마나죠. 사실은 마음대로 못 사는 것도 마음대로 사는 거고, 하하하…, 마음대로 사는 것도 마음대로 사는 겁니다. 그것을 포착만 한다면 이 세상을 다 주고도 바꿀 수 없는 감사함과 더불어 크나큰…, '하이고! 이럴 수가 있나! 이럴 수가 있나!' 하고서…. 허, 그건 말로 형용할 수 없습니다. 그렇게 될 것입니다.

그러니까 지금 우리가 이 육을 먹여 살리기 위해서 마음이 말입니다, 육을 살리기 위해서 육 속에 있는 중생들을 먹여야 됩니다, 이

제. 하하하…. 그래서 안으로는 먹이고 거죽으로는 살리고자 해서, 지금 먹여 살리려면 어떠한 짓이라도 하겠다고 하는데, 그 용기를 바로 내면에다 두세요. 지금 세상에 육신이 못 먹어서 죽을까 봐 애쓸 필요는 별로 없다고 봐요. 전 그걸 고문받듯이 많이 배웠어요. 하하하….

옛날에, 하다못해 콩 한 알갱이 이렇게 따서…, 다 거둬 가고 줄기에 콩이 하나든지 둘이든지 붙어 있어요, 다 베어 가고 나머지가요. 고춧잎과 고추를 다 따 간 뒤에도 조그만 고추들이 붙어 있죠. 이슬 맞기 전에도 그렇고 이슬 맞고도 그렇고. 그거를 무심코 따서 입에 넣었다가 이 공부에 대해서, 지금 내가 말했던 이것에 대해서 많은 것을 알았죠. '너, 누구를 먹여 살리려고 그러느냐? 너를 먹여 살리려고 그러느냐, 네 육 속에 있는 생명들을 살리려고 그러느냐? 어떤 것을 살리려고 그러느냐? 남의 것을 따서 내 육을 살리려고 그러느냐?' 이런 고문 말이에요. 그리고 '살기 위해서 먹느냐, 그렇지 않으면 욕심에서 그러느냐?' 그런 문제 등등이 많이 거론이 됐습니다마는…. 야, 참! 죽기 위해서 그렇게 한다고 할 수도 없고, 살기 위해서 그렇게 한다고 할 수도 없고, 그러면 내가 있다고도 볼 수 없고 없다고도 볼 수 없고, 이건 도무지 알 길이 없었습니다. 그런데 살다 보니까 그러그러합디다.

그러니까 하여튼 여러분께서도 '가리지 않고 벌어서, 어떠한 나쁜 일이라도 가리지 않고 해서 잘 먹고 잘 먹이고 살아야지.' 이런 마음은 갖지 마세요. '너만이 스스로 우리 가정을 다 살릴 수 있고, 이끌어 줄 수 있는 거니까.' 그러면서 부지런히 옳게 뛰면 되는 거죠. 그렇게 한다면 이 마음속에서 다 응해 주는 겁니다. 마음이 요상한 게 뭐냐 하면 마음이 천차만별로 벌어지거든요. 여러분 마음이 하나인 줄 아시죠? 하하하…. 마음은 하나인데 말입니다, 에너지 통은 하나인데 말입니다, 에너지를 끌어다 쓰는 용(用)은 너무 많습니다. 이렇다고 끌어다 쓰고 저렇다고 끌어다 쓰고, 이거를 돌린다고 끌어다 쓰고 이거를 한다고 끌어다 쓰고, 밥을 지어 먹는다고 끌어다 쓰고 이러죠? 천차만별의 끌어다 쓰는 그 용은 지금 우리의 에너지 속에서 그대로 다 나오는 거니까요. 그 양도 용도에 따라 정도에 맞춰서 나오고, 요런 그릇에다 밥을 지으면 그 그릇에 맞게 에너지가 다 돼 있으니까요.

그러니까 마음대로 할 수 있고, 마음대로 쓸 수 있고, 마음대로 마음 낼 수가 있는 건데 왜 마음대로 마음을 낼 수가 없느냐는 얘깁니다. 참 요상하고 이상하죠? 그러니까 보고 듣고 하는 이 관습 때문에 그렇지 않을까 하는 거죠. 수억겁을 진화해 오면서 그 모든 사람이 잡아먹히고 잡아먹고 살아나왔다고 한다면, 지금은 정신을 잡아먹히고 잡아먹고 이러면서 또 삽니다. 그러한 습관이 잔뜩 담겨 있어서 그렇지 않나 이렇게 봅니다. '나는 이렇게 되면 죽는다. 내가 돈을 못 벌면 우리 가정이 망한다.' 이런 압박감 때문에 마음대로 하지 못하질 않나 이렇게 봅니다.

그렇다면 진짜로 뛰는 사람을 믿어라 이겁니다. 발 없는 발로 뛰고, 손 없는 손으로 하고, 모든 거를 두뇌 아닌 누진으로써 안으로 통신을 하고 바깥으로 통신을 해서 모두 작용을 하는 그놈을 믿어라 이거죠. 나는 뛰어 봤자 한 걸음밖엔 못 뛰어! 그러나 '진짜 나'는 여기서 미국을 뛸래도 한 걸음이요, 태양계를 뛸래도 한 걸음이요, 은하계를 뛸래도 한 걸음이요, 어느 혹성을 뛸래도 한 걸음밖에 안 되니까, 체가 있는 우리 육신의 걸음 한 걸음과는 아주 천지 차이니까요.

마음! 고놈이 아니라면…, 고놈이라고 한다고 해서 고놈이라고만 생각하지 마세요, 또. 고놈도 될 수 있고, 뗄래야 뗄 수가 없는 친구도 될 수 있고, 부처도 될 수 있고 법신도 될 수 있고, 화신도 될 수 있고 약사도 될 수 있고, 물에 가서는 용신도 될 수 있고 들에 갈 때는 지신도 될 수 있고, 내가 가는 대로 내 용도에 따라서 환경에 따라서 이거는 바뀌지는 거니까요. 그러니까 주인공을 위로도 아래로도, 높게도 낮게도 보지 말고 그냥 아주 뗄래야 뗄 수 없는 친구로 생각해도 돼요. 세상에 고놈을 믿지 않으면 누구를 믿겠습니까? 딴 데서 갖다 줍니까, 뺏어

갑니까? 내가 하는 대로 입력이 되었다가 나오는데 남이 어떻게 할 수 있겠습니까? 마음속에서 병난 것은 마음속에서 해결해야지 어디서 어떻게 합니까? 이것을 모르니 어려운 겁니다.

그래서 영계성이라는 것도 대부분 내 몸속의 악업 선업이 나를 괴롭히기 위해서든지 나를 좋게 해 주려고 그렇든지 간에, 자기가 어떻게 살았느냐에 따라서 나오는 거거든요. 거기에서 나오는 대로 끄달려서 돌아가지 말고 속지 마라. 네 마음이 있지 않으냐. 마음으로써 그렇게 일어나는 그것을 다 잠재워라. 이 의식 속에서 나오는 것을 한마음으로써 대치를 해라. '모든 거는 한마음 속에서 나온 거니까 한마음 속에서 해결을 해라.' 하고, 속지 말고 잘 다스리며 나가라 이거죠.

속는다 하면…, 옛날에 내가 그런 얘기도 했죠. 수좌들이 동짓날 팥죽을 쑤는데 팥죽이 가마솥에서 부글부글 끓어서 그냥 방울이 나오죠. 이걸 내가 몇 차례씩 얘기합니다. 부글부글 끓어서 방울이 나오는 거를 "요것도 문수란 놈, 요것도 문수 놈, 요것도 문수 놈!" 아, 이러고 주걱으로 들이쳤다지 않습니까? 그거는 그렇게 안 해도 자기는 알고 있지만, 다른 수좌들을 가르치기 위한 방편이죠. '네 몸속이 즉 팥죽이다. 네 몸뚱이는 팥죽 솥이다.' 그러면 네 몸뚱이 속에서 그렇게 끓어서 나오는 것을, 한군데서 나오는 것을, 나오는 대로 각각인 줄 알고, 나에게 자꾸 '이렇게 해라, 저렇게 해라' 하는 거를 곧이듣고 자꾸 휘말리니까 "요것도 그놈, 요것도 그놈, 문수란 놈!" 하는 거죠. 이게 생각을 내는 거니까 문수거든, 법이거든요. 생각을 내기 이전은 부처지만 생각을 낼 때는 반드시 이게 작용을 하는 거니까, 팥죽이 끓어오르는 것이 작용을 하는 거거든요. 그러니까 "요것도 문수, 조것도 문수" 이렇게 쳤답니다.

그러니 한 몸 속에서 나오는 그 작용을 어떻게 이것이 따로 있고 저것이 따로 있다고 봅니까. 모두 하나 속에서 나오는 거를요. 그러니 '한마음 속에서 나오는 거니까 한마음 속에서 해결을 해야잖아!' 하고 거기다 그냥 되맡겨 놓으면 되입력을 하는 거죠. 입력이 됐던 거에다 입력을 다시 하는 게 되니까 앞서 입력이 없어지는 거 아닙니까? 그러니 그렇게 속지 말고 모든 걸 거기다가 놓을 때 해결되는 거죠. 또 생활을 할 때는 모든 걸…, 아까도 얘기했듯이 바다는 어떠한 물이 들어와도 다 받아들이죠. 받아들인단 말도 없이 그냥 자동적으로 받는 거죠? 받으면 그대로 바닷물이지, 이 물 저 물 섞였다 해서 딴 물이라고 이름 지어서 부를 수가 없습니다, 들어갔다 하면.

그러니 이름이 다른 데서 나오고 행동이 다른 데서 나오는 게 아니라 천차만별의 행동, 말, 마음이 생기는 것이 전부 내 몸속의 업식에서 나오는 거니까 다 그냥 마음으로 다스려서 거기다 맡겨 놓고 좋은 거는 감사하게 생각하고 놓고, 언짢은 건 '그렇게 해서는 안 되잖아!' 하고 놓고, 이렇게 마음을 돌려서 자꾸 대치해 나갈 수 있는 그런 마음들이 되시길 바랍니다. (대중 박수) 여러분께서 질문하실 것이 있으면 질문하십시오.

질문자1(남) 무더운 여름에 법형제 여러 법우님들을 위해서 무상법문을 설해 주시니 무척 감사를 드립니다. 제가 항상 공부를 하면서 느꼈던 몇 가지를 큰스님께 말씀드리고 가르침을 받고자 나왔습니다.

요새 시중에 모 스님의 수필집이 나와 있어요. 그런데 그 제목이 『여보게, 저승 갈 때 뭘 가지고 가지』라는 제목이었습니다. 제가 처음에 그 책의 제목을 대했을 때 순간 생각이 '저승에 갈 때 가지고 가기는 뭘 가지고 가!' 하는 생각이 우선 들었습니다. 그러고 나서 한 10여 분 지나서 집에 오는 도중에 들판에 매어져 있는 염소를 보는 순간 '아, 저게 바로 지옥이구나.' 하는 생각을 하고서 너무 감사한 마음에 '지옥이 따로 없구나.' 하는 것을 마음속으로 깊이 느꼈습니다. 그래서 감사한 마음을 주인공 자리에 넣고 다시 '아, 바로 이 느낌이, 공부가 되는 느낌이구나!' 하는 생각을 했는데요.

그러고 나서 잊어버린 상태에서 시간이 한 한 달 정도 흘렀는데, 어느 날 아침 식사하기 전에 세수하러 나왔는데 불현듯 '저승에 갈 때 무엇을 가지고 가지?' 하는 생각이 다시 떠올랐습니다. 그 순간 제가 '이승도 없는데 무슨 저승이 있어?' 하고 대답을 하고 보니까 제 스스로 '아, 이게 공부가 돼 가는 건가?' 하는 생각을 해 봤습니다. 진짜 스스럼없이 튀어나온 말이지만 이 책의 제목을 통해서 제가 공부하는 과정에서 느끼는 것이 공부가 되어 가는 한 과정으로 보아야 되는지요? 그래서 한번 여쭙고 싶었습니다. 그리고 또 진짜 제가 느낀, 이승이 없기 때문에 저승 또한 없는 것인지, 그런 개념 자체도 없는 것인지 여쭙고 싶어 나왔습니다.

큰스님 마음이라는 마음을 요상하게 생각을 해서 끌고 가지 마시구요. 아주 그렇게, 소탈하고 아주 깨끗하게요. 이승도 없는데 저승이 어딨습니까? 지옥도 없는데 천당이 어딨습니까? 여러분이 마음먹고 행하고 사는 데에 바로 지옥도 천당도 있는 것이고 그렇습니다! 둘이 아니라고 생각을 했을 때에는 가능치 않은 게 없습니다.

지금 실질적으로 생각해 보셔도 그렇습니다. 딴 데서 태어납니까? 이 자리에서 태어나시죠? 죽는 것도 이 자리에서 죽죠? 그러니 어떻게 살았느냐에 따라서, 보이지 않는 데에 인과로써 업식만 짊어지고서 가고 오는 거죠. 그래서 영혼의 근본과 더불어 같이 부합이 돼서, 정자 난자를 비롯해서 이 세상에 다시 태어나면 그것이 바로 업식이라고 하는 겁니다. 이 세상에 태어났다면 고(苦)라는 소리가 나온 것이 바로 어떻게 살았느냐에 따라서 업식이 주어진 대로 이 현실에 자꾸 나오니까요. 그러니까 천당도 지옥도 바로 마음먹기에 달렸다 이런 거죠. 그러니 내가 없는데 가져갈 것은 어딨으며 가져올 게 어딨습니까?

질문자1(남) 또 한 가지 질문을 드리겠습니다. 그동안 십우도라고 하는, 소 찾는 과정을 가끔 느껴 보고 또 해 보는데요, 큰스님의 법문 중에서 소에 대한 말씀도 가끔 해 주셔서 나름대로 관해 보다가 문득 어느 날인가 소를 탔다는 것도 느껴 봤고 또 소를 타고 노래를 부르는 것도 마음속으로 느껴 봤습니다. 그런데 그 느낀 다음 순간 와 닿는 것이 무엇이냐 하면 '소를 탔는데 왜 소에서 내리려고 하지 않는 병통이 있느냐? 그 병통이 무엇인가?' 하고 의문이 들었는데 그 뜻이 가슴에 와 닿지 않았습니다. 그래서 소를 타고서도 소에서 내리려고 하지 않는 병통은 어떤 병통인지 궁금해서….

큰스님 소에서 내리면 송장이죠. 하하하…. 아니, 지금 생활들을 하실 때에 소 타고 피리 불고 안 다닙니까?

질문자1(남) 그것까지는 이해하겠는데요, 그래서 저도 그….

큰스님 아니, 지금요, 소는 마음 내기 이전을 뜻하고, 우리가 영혼의 근본이 없으면 지금 송장입니다. 이 세상에 태어나지도 못해요. 그게 소니까요. 소로 표현했을 뿐입니다. 그러니까 우리가 지금 소를 타고, 얼른 쉽게 말해서 주인공을 타고 생활들을 하고, 말들을 하고, 전달들을 하고 돌아가니 피리를 부는 거죠. 그것이 그냥 화엄경이에요. 우리가 살고 있는 이 자체가 바로 화엄경이 그저 돌아가고 있는 거예요. 하하하….

질문자1(남) 그런데 그것을 병통이라고 하는 까닭은….

큰스님 병통이 없으니까 병통이라고 그랬겠죠. 하하하….

질문자1(남) 감사합니다. 열심히 공부하겠습니다.

큰스님 모두 긍정적으로만 생각을 하세요. 과거도 지나갔으니까 묻지 마시고, 미래도 아직 오지 않았으니까 묻지 마시고, 우리가 지금 살고 있는 거, 현실에! 내가! 지금! 말입니다.

질문자2(남) 오늘 큰스님께 가르침을 청하고자 이 자리에 나오게 된 것을 영광스럽게 생각하며 질문 세 가지를 올리겠습니다. 과거에 했던 일이 오늘에 와서 과보로 나타날 때 그 과보가 오늘의 나에게 바람직한 일이라면 몰라도 원하지 않는 일이라면 대부분의 경우 깊은 회한에 잠기게 됩니다. 큰스님께서는 늘 말씀하시기를 "그것도 놓고 가라." 하십니다. 그러나 당면한 고통에서 벗어나기 위해 이 궁리 저 궁리를 하기 마련인데 그럴수록 과거에 대한 회한은 짙어지게 됩니다. 이럴 때에, 이 일 저 일 궁리하는 것과 놓고 가는 도리는 생활 가운데 어떻게 조화를 이룰 수 있는 것인지 가르침 주시기 바랍니다.

큰스님 그런데 과거라고 하지만 어저께도 과거고, 한 시간 전도 과거고, 삼천 년 전도 과거입니다. 그런데 삼천 년 전과 어저께와 한 시간 전이 같습니다. 이게 한 찰나입니다. 내가 항상 구정물을 바꿔 쓰라고 그러죠? 그냥 거기다 놓으란다고 그냥 맡겨 놓기만 해서는 안 되죠. 예를 들어서 기계를 잘 고쳐서 끼워야 될 텐데 기계를 고치지도 않고 그냥 갖다 끼우면 이게 돌아갑니까? 안 돌아가죠? 그러니까 고쳐서 끼워야죠, 고장이 난 거는요. 그와 같이, 그렇게 다가와서 내 앞에 닥칠 때는 과거든 뭐, 오래 걸렸든 업보든 그런 건 상관하지 말고 '네 속에서 이렇게 모두 진행한 거니까, 네 속에서 모두 나오게 한 거니까 네 속에서 해결을 해야잖아!' 하고 반드시 바꿔서 놓는 겁니다. 바꿔 끼우는 거죠. 바꿔 끼우고 믿어야 되죠. 고놈을 믿어야죠.

안으로나 외부적으로나 어떠한 문제든지 용도에 따라서 통신을 하고…, 이 인간에게도 대기권이 있어요. 그래서 이 원자인 마음 속에서 모두 분자로, 입자로 출발을 하죠. 그래서 이거를 음파라고 하죠. 빛이라고도 할 수 있고요, 무전통신이라고도 할 수 있고요. 그렇게 해서 다 이것을 판단을…, 판단이라기보다도 법으로 진행을 해 버려요, 그냥. 그렇기 때문에 그렇게 할 수 있는 놈, 그렇게 할 수 있는 그 빽이 있는 놈한테 다 맡겨 놔요! 그렇게 바꿔서만 맡겨 놔요. 이렇게 심부름을 시킬 때 "이거를 이렇게 해서 너 바꿔 가지고 오너라. 이거를 가지고 이렇게 사 가지고 오너라." 해야지, 이거를 주고선 "네 마음대로 해라." 이런다면 어떻게 합니까, 이거를? 그러니까 그 자리에 그냥 놔져만 있는 거지, 그게 중용이 될 수가 없죠. 그러니까 '이거를 이렇게 해서 이렇게 구정물이 들어오는 거니까 맑은 물로 대치하는 것도 너 아니야!' 하고 돌려 놔야 되겠죠. 이런 것까지 이렇게 힌트를 주고 가르쳐서 말하는 사람은 나밖에 없을 거예요, 아마. 하하하…. (대중 박수)

질문자2(남) 감사합니다. 그다음, 마음공부에 관해서 두 가지만 여쭙겠습니다. 첫째는 성품이 드러났을 때 그것이 참성품인지 아닌지를 어떻게 알 수 있는지요? 둘째는 성품을 본 후에도 걸림이 있다 할 때는 어떻게 닦아야 하는지요. 가르침을 청하옵니다.

큰스님 이게 여러분이 아리송해서 몰라서 그러시지, 우리가 잘못하든 잘하든 그냥 거기서 생각나서 한 것은 후회를 마세요. 예를 들어서 그것이 그냥 자기 성품 속에서…, 그릇이 작은 데서 나왔든 큰 데서 나왔든, 잘못하는 마음으로 나왔든 잘하는 마음으로 나왔든, 자기가 잘하고 못하고를 모르니까 그냥 그 마음이 나온 거거든요. 내가 잘 보고 잘 듣고 판단을 해서 한다는 게 그만 그렇게 잘못하거든요. 그런데 그것이 마음속에서 다 나온 거죠. 그런데 그것이 잘못되었을 땐 '아이구, 내가 이걸 잘못했구나. 이거를 이럭하지 말아야 하는 건데 내가 이렇게 했구나.' 하고 후회를 하죠. 그러면 거기서 알아지는 게 있죠. '이건 다시는 이렇게 해서는 안 되겠구나.' 하는 그런 앎이 생기죠.

그러니까 잘못 나왔든 잘 나왔든 그것이 우리 인생관에 의해서 자기를 리드해 나가고, 즉 말하자면 잘 배우게끔 이끌어 가는 지름길이라고 생각을 할 때 '그것을 잘 생각을 못 해서 내가 이렇구나. 잘 생각을 할 것을….' 이렇게 후회를 하지 마세요. '아, 그걸로 인해서 내가 배움이, 느낀 것이 참 많았다, 경험이 많았다. 그러니 이 경험을 준 것도 참 감사하구나.' 하고 들어가면 자동적으로 그러한 마음이 생겨서 구덩이에 빠지게끔 하지를 않아요. 모를 때 한 번 두 번은 그렇게 했다 하더라도. 그러면 아주 자동적으로 그냥 이 사람이 구덩이에 빠지게끔, 눈으로 보지 못하고 귀로 듣지 못하고 이렇게 가게 하는 게 아니라, 이제는 내부에서 심안으로 이렇게, 육안을 통해서 보게끔 만들거든요. 심안으로 듣게끔 만들거든요. 그래 가지고 아주, 잘못됨이 없는 그런 진로로 이끌어 가죠. 그렇기 때문에 "거기다 맡겨서 해라, 해라." 하는 거죠.

그러니까 그 성품은, 그렇게 쓰는 성품이나 이렇게 쓰는 성품이나 성품은 둘이 아니에요. 마음 내기 이전은 똑같은데 마음을 어떻게 내느냐에 따라서 자기한테 주어지죠. 그런 거를 이 공부하는 사람들은 둘로 보지 말고 '모든 것을 너로 인해서 경험을 얻었으니 감사하구나.' 이렇게 해서 또 거기다 감사하게 놓는 겁니다. 그러면 '앞으로는 내가 육안으로 보게끔 하지 말고 심안으로 보게, 네가 보고 네가 할 수 있게끔 해라.' 하고 거기다 맡겨 놓을 수 있는 그 믿음이 진실하다면 그것으로 족하죠. 그 성품이 다른 데서 나오는 게 하나도 없어요. 악도 거기서 나오고 선도 거기서 나오는 거니까요.

질문자2(남) 감사합니다. 한 가지만 더 여쭙겠습니다. 『한마음요전』과 마음공부에 대해서 여쭙겠습니다. 요전이 간행된 지 한 3개월가량 되었습니다. 제가 보기에 많은 신도들이 한 권씩 구입해서 공부에 참구하고 있는 줄 압니다. 그런데 듣자 하니 어떤 분은 하루에 몇 구절씩 읽고 있다고 합니다. 또 어떤 분은 평소에 큰스님의 법문을 많이 듣다 보니까 이제는 요전을 보지 않아도 내용을 다 안다, 심지어는 읽지 않아도 된다고 말합니다. 제 생각에는 어느 분이 옳고 어느 분이 그르다 하는 말을 하기보다는 마음공부 하는 과정에서 경전의 중요성을 어떻게 파악할 것인지 하는 점이 더 궁금합니다. 평소에 경전을 어떠한 마음의 자세로 대해야 하며, 특히 『한마음요전』을 어떻게 참구해야 하는지 가르침을 주시기 바랍니다.

큰스님 허허허…. 부처님께서는 사십구 년을 설하셨고 그것을 경전으로 편집해서 냈어도 이날까지도 모두들 그 마음을 모르고, 그러면서도 그 마음을 움죽거리고 있죠. 그런데 말입니다, 나로서는 '경전을 봐야 옳다, 경전을 안 봐야 옳다' 이런 말을 할 수가 없죠. 왜냐하면 마음 자체는 다 똑같지만, 이 오장육부 속에도 모습들이 천차만별로 다르고 행도 다르고 모두 다르듯이 이 세상만사의 모든 마음 내는 그릇은, 마음 내는 차원은 천차만별로 다른데, 그건 그릇대로, 자기의 생각대로 할 뿐이지 누가 봐야 옳다, 안 봐야 옳다 할 수는 없죠.

그러나 참고적으로 생각을 해 보세요. 경전을 써 놨어도, 풀이를 해 놨어도 기복으로 풀이를 많이 해 놨습니다. 그런데 이거는 기복으로 써 놓은 게 아니거든요. 그러니까 우리가 참고적으로 지혜를 넓혀 가고 마음을 계발하려면, 즉 지혜롭게 발전을 하려면 자기가 어떤 때는 모르는 게 있으면 한번 보고 넘어가는 것도 좋은 일이죠. 그래서 목차 목차대로 있으니까 자기가 아쉬운 대로 한번 넘겨서 볼 수 있는 그런 계기가 됐으면 좋겠구요. 우리가 보고 듣지 않으면 이름을 몰라서 생각도 안 납니다. 우리 먹는 것도 그렇죠. 우리가 먹어 봤으니까 먹고 싶은 생각이 나는 거지, 보지도 못하고 먹어 보지도 못하고 맛도 모르는데 어떻게 먹고 싶은 생각이 나겠습니까? 그렇기 때문에 이것은 참고적으로 길잡이로서 꼭 있어야 한다고 봅니다. 이 책이 말입니다. 그러니까 지금 불교 자체에서 개선할 게 너무도 많은데 그 책을 만약에 잘 보고 습득해서 넘어간다면…, 그 책은 살아 있는 겁니다.

어떤 돌부처가 말입니다, 옮겨 놓으려고 하니까 꿈에 나타나서, "나는 가기 싫다." 그러더랍니다. 그래서 그 자리에 다시 모셔 놨답니다. 그와 같이, 돌 하나도 생명이 없는 게 없습니다. 그런데 하물며…, 그 책에 말입니다, 일체제불의 마음이 다 들어 있는 겁니다. 내가 한 게 아닙니다. 그리고 딴 사람이 한 게 아닙니다. 다 한마음으로써 다 같이 한 겁니다, 그게. 이 세상의 진리이자 생활이기 때문입니다. 그대로 그냥 글귀로 해 놨을 뿐이지 모두 여러분과 더불어 같이 해 놓은 겁니다, 그게. 그러니까 누가 했다, 누가 안 했다 이럴 수가 없는 겁니다. 그렇기 때문에 그건 참고적으로 우리가 보고 알아야 되지 않나. 그래야 마음의 발전이 되면서 먹고 싶은 게 생각이 나죠. 먹고 싶은 게 생각이 날 때는 가차없이 갖다가 먹을 수 있죠.

그런데, 예를 들어서 "응, 그 사람이 얘기하는 게 만날 그 얘기가 그 얘기야. 그런데 뭘 그래?" 이러는 사람이 있는데 이게 글을 외워서 배우라는 게 아니거든요. 외워 가지고 그 외운 거는 다 버리더라도 그 뜻을, '내가 진짜 갖다 먹을 수 있도록 행을 중용으로 해라. 정신계와 물질계를 중용으로 해라.' 이런 뜻이 담겨 있는 거지, 그걸 외워서 읽으라고 해 놓은 게 아니거든요. 읽다 보면 때에 따라서 어떠한 환경의 지배를 받게 되면 생각이 나거든요.

예를 들어서, 하다못해 차 사고가 날 일이 생겨도 읽었던 대로 생각을 했기 때문에 차 사고가 안 날 수도 있는 거거든요. 이 보이지 않는 데, 이 우주 자체 허공에 말입니다, 생명들이 꽉 차 있어요. 그러니까 어느 때 어떻게 부딪쳐서 일이 생길지 모르거든요. 그래서 몸뚱이나 혹성 자체도 다 대기권에서 통신으로 들일 건 들이고 버릴 건 버리고 대치할 건 대치하고, 이렇게 해서 다니게끔 돼 있거든요. 보이지 않는 데 그렇게 꽉 차 있는데 어떻게 하겠습니까? 그러니까 문득문득 스스로 생각날 수 있도록 그런 이미지를 심어 주기 위해서 그 책이 있는 게 아니겠습니까? 그러니까…. (대중 박수)

나는 그러는 줄도 알아요. '그 사람은 뭐, 만날 해 봤자 그 말, 그 말, 만날 그 말만 되풀이하는 사람!' 이러겠지만 말이 문제가 아니에요! 내가 똑같은 말을 백 마디를 했다고 합시다. 그러나 구지 스님은 평생을 그저 손가락 하나만 들었어요. 하하하…. 그거는 왜 그랬을까? 그 의문도 나지 않습니까? 나는 그래도 이리저리, 이럭저럭 다 이렇게 하고 있지 않습니까? (대중 웃음, 박수) 반찬 갖춰서…, 허허허….

질문자2(남) 참, 더우신데 오늘 이렇게 긴 시간 동안 좋은 가르침을 주셔서 너무 감사드립니다. 가슴 깊이 새기고 공부 열심히 하겠습니다. 감사합니다.

큰스님 그렇게 하셔야죠.

질문자2(남) 예.

큰스님 그렇게 해서 누굴 줍니까? 자기가 갖는 건데, 하하하…. 또 질문할 사람 없습니까?

사회자 오늘 시간이 너무 많이 흐른 것 같습니다.

큰스님 그러면 내가 한마디 하고 끝내죠. 이거요, (오른손 엄지손가락을 세워 보이시고) '난 사람이 아니다. 사람이라는 두 글자가 고정되게 주어져 있지 않구나!' 하는 걸 한번 생각해 보셨습니까? '난 아무개 아버지만 되는 게 아니다. 아무개 남편만 되는 것도 아니다. 아무개 아들만 되는 것도 아니다.' 이런 거 말이에요. 그러니까 '나는 없구나! 나는 없으니까 어떠한 업보가 걸릴 것도 없고, 어떤 애고가 생길 것도 없고, 아무것도 붙을 자리가 없구나.' 이런 것 말입니다.

어떤 사람이 병을 20년을 앓다가 왔는데, "어떻게 해야 낫겠습니까?" 하니까, 이렇게 만날 되풀이하는 사람이 그랬대요. 하하하…. (대중 웃음) "아, 병 붙을 자리가 있어야 병을 고치잖아?" 그러니까 그냥 그 즉시로 병 붙을 자리가 없다는 걸, 자기가 없다는 걸 알고는 병이 그냥, 가는 중에 나았더래요. 하하하….

진실한 믿음과 자생 중생 제도

1993년 9월 5일

이렇게 더운데도 불구하고 또 한자리를 하게 됐습니다. 세상이 쉬지 않고 돌아가는 걸 보면, 그것이 마음과 마음이 전달돼서 한시도 쉬지 않고 돌아간다는 것을 우리는 알 수 있습니다. 같이 돌아가면서 하나로 살고 있지만 모습은 다 각각이니만큼, 또 만났다고 하고 또 헤어졌다고 합니다. 항상 말씀드리지만 그것은 아버지가 됐다가, 남편이 됐다가, 아들이 됐다가 이렇게 순간순간 바뀌면서 돌아가듯, 우리가 헤어졌다 만나고 만났다 헤어지고 하는 도리가 바로 그 도리입니다. 둘이 아니면서도 항상 둘로 나누어지고, 둘로 나누어졌다가 또 하나로 뭉치고 이렇게 작업이 계속되는 이치입니다.

우리가 인간으로 태어났다면 어디서 왔는지를 필연코 알아야만 하겠죠. 물론 그 말을 하자면, 부모의 몸을 빌려서 이 세상에 태어난다고 하는 말을 또 해야 하지만 말입니다. 간단히 말해서 우리는 남녀노소를 막론하고, 일체 생명들을 막론하고 물주머니에서 나와서 물주머니에서 살고 있습니다, 지금. 여러분이 이런 소리를 들어 놓으면 한번 생각해 볼 점이 있겠지만, 들어 보지 못했다면 생각할 수도 없기 때문에 이런 말을 하는 겁니다. 그것을 듣고 자기 마음의 진로를 넓히든지 좁히든지 작용을 할 테니까 말입니다.

우리가 더운데도 불구하고, 바쁜데도 불구하고 왜 이렇게 나와야 되는지 잘 생각해 보셔야 될 겁니다. 우리는 지금 한 치도 벗어날 수 없는 어항 속에서 사는 것과 같습니다. 우리는 한 치도 벗어날 수 없습니다. 증명하건대 우리가 공기주머니에서 한 발짝도 벗어나서 살 수가 없기 때문입니다. 그렇게 살아야만 하니까 우리가 이 도리를 알고 배우고 증득해서 그 어항 속을 벗어나야만이 자유롭게 삶의 보람을 느낄 수 있다는 얘깁니다.

지금 세상에는 테레비도 보고, 듣는 것도 많고 보는 것도 많아서, 모두 너무 아는 게 많기 때문에 이 공부 하기가 상당히 어렵다고 봅니다. 좀 모르는 듯하고 어리석은 듯해야…, 옛날의 선지식들이 화두를 주면 그냥 무지막지하게 밀고 넘어갔는데 지금은 그렇지 않기 때문에 화두선이 그렇게 빛을 못 보고 있는 것입니다. 어떤 것을 해도 내가 아는 게 많기 때문에, 얼른 쉽게 말해서 물질로다 치닫는가 하면 형상으로 치닫고, 형상으로 치닫는가 하면 모든 점에서 정신세계는 무시하고 돌아가는 경향이 많다 이겁니다. 그런데 세상이 어디 그렇습니까? 이 만물만생은 다 마음과 마음으로 전달을 하고, 또 우리 인간은 말과 말로 전달을 하면서, 그것도 모자라서 통신으로 전달을 하면서 살아나가고 있지 않습니까?

그런데 마음과 마음으로 전달되는 도리를 여러분이 하나도 몰라요. 그저 조급하게 불끈 화가 나면 화가 나는 대로 해치워 버리고 그냥 말해 버리는 경향이 많이 있거든요. 자기를 자기가 구워 먹고 삶아 먹고 찢어 먹고 갈갈이 뜯어 먹고 하는 경향이 그런 데서 벌어진다고 봅니다. 우리가 하나도 걸림이 없이, 돌 위에 세워 놔도 살 수 있는 법인데도 불구하고, 자기가 긁어서 고(苦)를 만들고, 자기가 긁어서 애고를 만들고, 자기가 긁어서 모든 병고를 만들고 이럽니다. 그러니 이 노릇을 어떻게 합니까?

가만히 생각해 보십시오. 우리 사대(四大) 육신은 지수화풍으로 한데 합해져서 이 세상에 나왔는데 지수화풍으로 뭉쳐졌기 때문에 지수화풍을 먹고 지수화풍을 또 내놓습니다. 먹는 대로 내놓습니다. 그럼 내놓는 것 가지고 어떻게 활용이 되느냐? 바로 증발이 되고 모두 화(化)해서 일체 만물만생에게 도로 전달을 합니다. 그러면 우리는 그렇게 전달한 까닭에 다시 또 먹습니다. 그러니 내놓으면 먹게 되고, 먹게 되면 내놓고 이러는 작업이 계속되죠. 이 도리를 우리가 상세히 알아야지, 목탁 치는 것만 불교가 아니라는 얘깁니다.

과거에 살던 것, 미래로 인해서 오늘 현실에 오는 것, 이 전체를 삼라만상이라고 합니다. 삼세(三世)라고 그러죠. 또 삼심(三心)이라고 그럽니다. 그리고 또 삼독(三毒)이라고 합니다. 이렇게 굴러 오면서 교차하면서 살아나온 그 자기의 인과 업이, 선하게 행을 했다면 선행의 업이 있을 거고 악하게 행을 했다면 악행의 업으로서 진행되는 것이 여러분 몸속에 다 있다는 얘깁니다. 그것들로 구성돼 있다 이 소립니다. 그래서 나는 항상 여러분한테, 그 구성원들을 교화를 시키는 데 여러분의 마음의 채찍이 필요하다고 하는 겁니다. 여러분이 위로는 일체 제불과 둘 아닌 마음을 지니고서 자기 주인공을 진실히 믿고, 아래로는 그 믿는 마음으로써 채찍질을 한다면 아래 내 몸속의 중생들은 스스로 제도가 된다는 뜻입니다. 상구보리(上求菩提) 하화중생(下化衆生)이라는 말도 그런 뜻에서 있는 것입니다.

그러니 우리 마음 자체가 어떻게 생각을 하느냐에 따라서 부처가 되느냐 중생으로 그냥 남느냐가 결정이 됩니다. 여러분이 내 마음을 깨닫는다고 합시다. 그거를 돈오(頓悟)라고 한다면 깨닫는다고 하더라도 이 자생 중생들을 제도해야 하기 때문에 점수(漸修)가 또 들어갑니다. 나를 깨치는 거는 쉬워도 둘 아닌 도리와 둘 아니게 나투는 도리를 포착하려면 그만큼 어려움이 따른다 이런 겁니다. 그건 왜냐하면 자생 중생들은 내가 바깥으로 끄달리게 되면 제도할 수 없습니다. 안으로 놓고 들어가야 통신이 돼서, 마음과 마음이 전달이 돼서 따라가서 제도가 되는데, 바깥으로 끄달리면 절대로 통신이 되질 않아서 제도가 될 수가 없습니다. 그러니 안에서 제도가 못 되는데 어찌 내가 제도가 되겠습니까?

그래서 이런 말이 있죠. '정(定)에 들어야 한다' 이 뜻이 뭐냐? 그냥 정에 들려 하면 아무 생각 없이 그냥 틀고 앉아 있으면 정에 드는 줄 알지만 그게 아닙니다. 양면을 다 작용하면서, 우리가 지금 내면에다 놓고 들어가는 작업을 하는 것이 정에 드는 방법입니다. 마음과 마음이 전달돼서 작용하는 그 묘법과, 그 묘용과, 그 광대무변한 법이 이루 말할 수 없는 빛으로 화해서 나오는 것입니다. 이러한 도리를 전 세계에서 알면 좋겠는데, 가만히 보면 전부 타의에다가 기도하고 상대에다가 빌고 잘되게 해 달라고 하지, 자생을 제도하면서 자기를 자기가 채찍질하면서 자기 완성을 하려고 작업을 하는 사람은 아주 적어요. 한다고 해도 그렇게 직접적으로 들어갈 수가 없는 방법을 취하고 있어요.

우리가 '죽으면 그만이지.' 하지만 죽으면 그만이 아닙니다! '죽으면 그만이지. 뭐, 어차피 이렇게 나온 거 아무렇게나 하더라도 잘 먹고 잘 입고 살면 되지!' 이러는 것이 다가 아닙니다. 여러분은 옷을 입었다가 더러우면 벗어 버리고 다시 새 옷을 입습니다. 안 그렇습니까? 그런데 몸뚱이도, 젊어서 병이 들든 늙어서 병이 들든 옷이 다하면 벗어 버리고 새 옷을 입게 돼 있습니다. 새 옷만 입을 뿐이지, 즉 말하자면 싹만 없어졌다 뿐이지 뿌리는 그대로 남아 있다 이 소립니다. 봄이 오면 새 풀이 또다시 나듯이 그 뿌리가 죽는 게 아닙니다. 그리고 불씨가 없어지는 게 아닙니다. 우리 인간뿐만 아니라 일체 만물만생이 다 그러하며 저 별성이나 혹성이나 다 그렇습니다. 수명이 짧고 길고 그럴 수는 있지만 말입니다. 그러니 우리가 죽으면 그만이라는 소리는 아예 하지도 말아야죠.

우리 이 육체 자체도 실상이며 영원한 것입니다. 그런데 한 가지 문제가 되는 것은 이런 게 있습니다. 과거에 어떻게 살았느냐에 따라서 옷이 주어집니다. 세련되고 아주 좋은 옷으로 입느냐, 또 나같이 이렇게 못나 빠지게 옷을 해 입느냐, 하하하…, 그렇지 않으면 짐승의 탈로써 옷을 입느냐, 독사의 옷을 입느냐. 그 여러 가지 옷이 많고 많은데 그것은 자기가 어떻게 사느냐에 따라서 자기가 살고 있는 경험대로 주어지는 거거든요.

우리가 탤런트로서 어떠한 배역을 맡을 때, 평상시에 잘하는 역할을 맡습니다. 그와 같이 어떻게 살았느냐에 따라서, 어떻게 마음을 썼느냐에 따라서, 무슨 가난하고 부자로 살고 이래서가 아니라 없든 있든 자기가 어떠한 생각을 했고, 어떠한 행을 했고, 어떠한 말을 했고, 상대성 원리로써 폭넓게 살았느냐 폭넓지 못하게 살았느냐, 악하게 살았느냐 선하게 살았느냐 이런 것대로, 자기가 산 대로 심은 대로, 콩 심은 데 콩 나고 팥 심은 데 팥 나듯이 그렇게 배역이 주어지는 것입니다.

'불교다' 한다면 그것도 이름입니다. 이름인데, 애당초에 불(佛)이라는 것이 무엇인가? 불로 하여금 우리는 바로 생산처를 개발하게 됐고, 교(敎)라는 것은 바로 우리가 마음과 마음을 전달하고, 말과 말을 전달하고, 통신을 하고 나가는 그 자체입니다. 개미들도 자기네들끼리 속삭거리고, 아주 말들을 잘합니다. 개미뿐만 아닙니다. 개미도 약은 것들은요, 아주 얍삽한 것들은 굴에서 흙을 파 가지고 나와서 그 앞턱에다가 탁탁 놓습니다. 그러나 좀 듬직하고 앞을 내다보고 사는 개미는 앞에다 놓지 않고 쓱 나와서 멀찌감치 놓고 들어갑니다. 그와 같이 인간 자체도 그렇게 얍삽하게 사는 사람이 있는가 하면 아주 능수능란하고 지혜롭게, 듬직하고 진실하게 사는 사람들이 있습니다. 그런데 왜 그러면 똑같이 진실하게 살지 못하느냐? 이건 마음 탓입니다. 앞뒤를 생각 안 하고 말입니다. 그러나 앞뒤를 들어 봤어야 알지, 앞뒤를 들어 보지도 않고 어떻게 알겠느냐 이겁니다. 그러니까 먹어 봐야, 마셔 봐야 맛을 알지 않습니까?

그러니까 종교라는 이름 이전에 생활이 종교라는 겁니다. 우리 생활이 종교니까 그대로 생활 속에서 지혜를 넓히려면, 아주 못생긴 사람이든지 얕은 사람이든지 여자든지 남자든지 하여간에, 애라도 똑바른 말을 하면 귀담아 듣고 그것을 흘리지 말라 하는 거죠. 사람만 스승이 아니라 일체 만물만생이 스승 아닌 게 하나도 없습니다. 보십시오. 저 나뭇잎들도 봄이 되면 피어났다가 가을이 되면 단풍이 들어서 떨어집니다. 그래도 나무는 겨울 내내 하얀 눈과 비를 다 맞고 그 비바람에 조금도 끄떡없이 인내롭게 봄을 기다리고 있으니 그것이 마음을 보는 듯하지 않습니까? 우리도 참는 게 있고 기다리는 게 있고 여유가 있어야 빛을 볼 수 있고 화목을 가져올 수 있고 복을 받을 수가 있지, 그 인내로움이 없고 불끈불끈 그냥 화나는 대로 해 버린다면 그거는 포근한 화목을 가져올 수도 없거니와 재물을 늘릴 수도 없습니다.

왜냐하면 재물도 생각이 있거든요. 들어오려고 까딱까딱하다가 말입니다, 그 집이 시끄러우면 '에이! 이 집에 들어가 봤자 이리 찢기고 저리 찢기고 그러니까 귀찮다!' 그러곤 딴 데로 가요. 이 만물이 다 그러해서 스승이 아닌 게 없습니다. 나무를 봐도 스승이요, 풀 한 포기를 봐도 스승이요, 물 흘러가는 걸 봐도 스승이요, 집들을 올망졸망 짓고 사는 것도 스승이요, 비가 오는 것도 스승이요, 비가 안 오는 것도 스승이요, 모두가 스승 아닌 게 하나도 없으니 그걸 보고 모두 배우라고 하는 게 팔만대장경 아닙니까? 책에 쓰여 있는 것만 팔만대장경이 아니라 우리 눈으로 지금 듣고 보고 행하고, 공생(共生)·공용(共用)·공체(共體)·공식화(共食化)하고 돌아가는 이 자체 모두가 스승이자 팔만대장경입니다.

그러니 보십시오. 망상이 일어난다고 해서 망상을 칼로 자르듯이 끊는다면 망상이 끊어집니까? 그것을 물이 가르치고 있습니다, 말없이! '흘러가는 물을 너희들이 아무리 잘라 봐라, 잘라지나!' 이러는 거 아닙니까? 그러니까 그것이 공생으로서 돌아간다는 그 자체를 알고, 마음과 마음이 이어지고 이어져서 돌아간다는 걸 알면 망상이라고 끊으려고 애쓸 필요가 없다는 얘깁니다. 과거에 어떻게 살았느냐에 따라서 악업 선업이 인연이 돼서 내 몸뚱이 속에 있으니, 그것을 불가에선 숙명통이라고 합니다마는, '숙명통' 하면 그게 다섯 가지가 한데 합쳐진 컴퓨터입니다.

컴퓨터는 우리가 만들어 놓은 것이지만 인간에게는 자동적인 컴퓨터가 다 주어져 있습니다. 그러니 그 컴퓨터에 입력이 된 대로 지금 현실에 자꾸 나오는 것을 망상이라고 한다면, 그 망상을 끊는다기보다는 그냥 그 나오는 데다 되입력을 시키면 앞서 입력된 거는 없어지지 않느냐, 이게 하나로 돌아가지 않느냐 이겁니다. 없어지는 것도 아니고 안 없어지는 것도 아닌, 즉 말하자면 일어났다가 꺼지는 거죠. 그런데 이거는 끊으려고 애쓰고 잠을 몰아내려고 애쓰니, 잠이 몰아내지는 것이며 망상이 끊어지는 겁니까? 그래서 물은 '나같이 살아라' 하며 저렇게 흘러가고 있지 않습니까? 산천초목은 초목대로 '나같이 살아라' 하고 저렇게 푸르르게 하고 있고 말입니다.

사람이 어떻게 해야만이 편안하게 살 수 있는가 하면, 항상 얘기하지만 어떠한 애고나 병고, 즉 말하자면 세균성·업보성·영계성·인과성·유전성 이 자체가 전부 마음으로 해서 오는 거다 이겁니다. 이처럼 전자에 어떻게 살았느냐에 따라서 모든 것이 있다 하더라도, 지금 그렇게 오는 모든 거를 재료로 알고 몽땅몽땅 갖다가 집어넣어 입력을 한다면 그것들을 녹일 수 있습니다. '너만이 해결할 수 있어!' 하고 거기다 놓고 또 '너만이 낫게 할 수 있어!' 그러고 거기다 놓는 겁니다.

나무 뿌리가 말입니다, 제 나무의 뿌리가 제 나무를 돕지, 딴 나무의 뿌리가 도와주는 게 아니죠? 그러기 때문에 "기복으로 만날 딴 뿌리에다가 달라고 빌어도 그것은 주어지지 않습니다." 이런 말을 하고 싶어요. 제 뿌리에다가 "나, 지금 수분이 적어." 한다면 이 뿌리는 수분을 흡수해서 올리지만, 딴 뿌리에다가 "나, 목이 말라." 한다고 그게 목을 축이게 해 줍니까? 그것과 똑같은 겁니다. 그러니까 "상대에게 빌지 말아라. 상대에게 기도하지 말아라. 궁색하게 노예가 되지 말아라. 지금 노예 노릇을 하면 세세생생에 노예가 된다. 내 뿌리에서 나온 싹이니까 내 뿌리만이 이 싹이 병통이 나도 고칠 수가 있다." 하는 거죠. 이 인간의 뿌리는 보이지 않는 뿌리입니다. 그런데 인간이 인간의 뿌리를 못 보듯이 나무도 흙에 덮여서 자기 뿌리를 못 봅니다. 그런데 인간에게는 뭐가 덮여서 못 보느냐? 무명이 덮여서 못 본다 이겁니다.

여기서 『반야심경』이나 『천수경』을 뜻으로 풀이해 놓은 것은, 여러분을 마음공부를 시키려면 그것도 전부 개선을 해서 뒤집어 놔야겠다 해서 그렇게 한 겁니다. 그것이 부처님 당대에 그렇게 된 게 아니라, 경전이 수없이 나오다 보니까, 편집을 하다 보니까 그냥 기복으로 자꾸 자꾸 자꾸 글자 풀이만 해서 나오게 됐기 때문에 그렇죠. 우리 모두가 이 뜻을 알고 이렇게 접해 들어간다면 『금강경』을 봐도 납득이 좀 될 겁니다. "여래의 몸이 있다고 하겠느냐? 크다고 하겠느냐? 작다고 하겠느냐?" 이런 말들 말입니다. 그러니까 그러한 말들도 우리가 이러한 자리에서 서로 대화를 안 하면 납득을 못 하죠. 어떻게 납득을 합니까? 그냥 만날 글자 풀이만 하다가 볼일도 못 보죠.

나는 어떤 땐 길을 걷다가도 이런 생각이 듭니다. '야, 이 광대무변하고 말로는 알게 할 수 없는 이런 도리를, 말로 할 수가 없는 이런 광대한 법을, 말로는 가르칠 수가 없는 이런 거를 어떻게 책에다 쓰고 어떻게 말로 하느냐.' 하는 겁니다. 그리고 여러분한테 그 도리도 어떻게, 왕창 한꺼번에 가르쳐 줬으면 좋겠는데, 허허허…, 그러지 못하기 때문에 항상 길을 가다가도 고개가 푹 떨어집니다. '내가 너무 부족하구나!' 해서 말이죠. 부족해서 몸 둘 바를 모를 때가 많아요. 껄껄 웃다가도 말입니다, 웃음이 그냥 훤떡 들어갈 때가 있거든요.

여러분 한 분 한 분, 일체 생명들 모두가 이렇게 공용을 하고 공생으로서 돌아가는 거를 가만히 생각한다면 나 아님이 하나도 없는데, 그 도리를 어떻게 여러분에게 다 이해를 시킬 수가 없어서 내가 너무 부족하다는 생각이 들곤 하죠. 그럴 때는 웃다가도 '내가 이렇게 웃을 수 있는가?' 하고 그냥 멈칫해지고, 걸음을 걸으면서 좀 싱그럽게 이렇게 이렇게 하다가도 '어이구! 부족한 내가 이렇게 싱그럽게 웃을 수 있을까? 싱그러운 마음으로써 아주 즐거운 생각을 하고 그렇게 할 수 있을까?' 그러면서도 한편으로는 '쯧! 이래도 한세상 저래도 한세상, 모르면 모르는 대로 알면 아는 대로 해야지 어쩌겠나? 그릇대로 담아 줄 수밖에 없는 거고 그런 것이지 난들 어떻게 하나?' 그러고선 옆도 쳐다볼 수가 없고 고개를 푹 수그리고선 생각을 하면서 가다 보면 저 돌부리에 차이기도 하구요, 이럴 때가 많이 있죠. 사람이 자기 혼을 다 불어넣어서 진실하게 하지 않으면 신검을 만들지 못하듯이, 내가 전력을 다하지 않는다면 여러분한테 이익이 하나도 없어요. 여러분한테 이익을 줬다고 하는 게 아닙니다. 내가 이익이 없죠.

알고 본다면, 그저 부처님 앞에 가서 빌어도 나를 위해서지 딴 사람을 위해서가 아니죠. 남편을 위해서, 자식을 위해서 빈다 하더라도 자기를 위해서 그러지 그 상대를 위해서 그러는 게 아니죠. 내가 보기가 안됐고 내가 살기가 어지럽고 내가 당장 좋지 못하니까 비는 거죠. 그렇듯이 정작 그렇게 상대와 나를 위한다면 안으로 불을 켜세요. 우리 한 식구가 열 명이라도 가설이 다 돼 있습니다. 마치 한 집안에 불을 켤 수 있게끔 가설이 된 것처럼요. 그런데 가설은 다 돼 있지만 스위치를 눌러야 불이 켜지죠. 그러니까 바깥으로 불을 켜려고 애쓰지 마세요. 그러면 불은 안 들어와요. 스위치가 눌러지지 않으니까, 통신이 되지 않으니까요.

내 마음 깊은 속에 주인공이라는 것은 바로 불씨와 에너지라고 할 수 있죠. 그 불씨로 인해서 마음을 내게 되죠. 마음을 내면 육신이 움죽거리죠. 이 삼합이 같이 돌아가는 그 자체의 주인공을 주인공이라고 하는 겁니다. 그러니 주인공을 못 믿어도 자기를 못 믿는 게 되니, 자기가 이 세상에 나오고부터 모든 게 벌어지고 아는 거지 자기가 없이 뭐가 있습니까? 자기가 있기 때문에 식구들도 있고, 자기가 있기 때문에 생활도 있고, 자기가 있기 때문에 나라도 있고, 자기가 있기 때문에 종교도 있는 거지 자기가 없는데 뭐가 있겠습니까? '뭐, 내 주먹만 믿으라는데 여길 가면 뭘 해?' 이러지만요, 그것도 아니에요. 내 주먹만 믿으란다고 학교에 가지도 않고 교과서만 놓고 배운다면 그거는 안 되죠. 물질세계와 정신세계가 합류화가 될 수가 없죠. 지혜가 넓어질 수도 없구요.

그러니까 요것은 요것대로 마치고 질문하시기 바랍니다. 여러분이 사시다가 어떠한 거라도, 생활에서 이것이 이렇게 안 되는데 이럭하면 어떨까 하거나, 어떤 것이 납득이 가지 않을 때, 그런 때는 질문하셔도 됩니다.

사회자 질문에 앞서서 포항에 사시는 불자님께서 큰스님의 가르침을 받고 염원을 성취한 감사와 더불어 그 체험담을 잠깐 말씀드리겠다고 그래서 우선 그 체험담을 듣고 질문에 들어가겠습니다. 앞으로 나오세요.

큰스님 (삼배를 올리는 질문자를 향하여) 한 번만 하십시오.

질문자1(남) 먼저 대행 큰스님 이하 한마음선원 전 신도님께 소인이 이 자리에 서게 된 것에 대해 감사한 마음을 전달하겠습니다. 자식이 태어나서 세 살이 되기도 전에 뇌성 소아마비라는 얘기를 들었을 때 부모로서 정말 아픈 마음 이루 말할 수 없었습니다마는, 그래도 그 자식이 걸으리라 생각하고 병원마다 다니면서 구걸하다시피 치료를 했습니다. 나이 스물한 살까지 걷기는 걸었습니다마는 제대로 의젓한 모습으로 걷지는 못했습니다.

그러다 지난 93년 8월 27일 저희 내외는 한마음선원에 와서 "자식이 이렇게 걷지 못하고 있습니다. 큰스님, 마음을 내 주십시오."라는 말씀을 전달하고 조상님들의 천도재를 지내고 내려갔습니다. 9월 3일 저녁, 딸애가 강릉에서 포항으로 왔습니다. 기쁜 마음으로 와서 저녁을 같이하고 그 자리에서 저희 내외는 딸애에게 큰스님의 말씀을 그대로 전달하고, '놓고 믿고 맡겨라. 관을 해라. 주인공, 너는 내가 처녀인데 불편하게 걷는 게 흉하지도 않으냐. 많은 사람에게 이쁘게 보이도록 걸을 수 있게 해 달라.' 하는 마음으로 관하라고 시켰습니다.

11시 이후에 저희 내외는 잤습니다. 그러나 딸애는 혼자서 응접실에서 불을 끄고 아마 관을 하고 연습을 했을 겁니다. 12시경 문을 똑똑 두드려서 보니까 딸이 들여다보고 나갑디다. 2분 후에 다시 들어와 또 두드리더니 자기 좀 봐 달라고 얘기를 합니다. 나가 보니까 뒷굽을 한 번도 땅에 딛지 않고 걷던 딸애가 뒷굽을 땅에 디디며 걷고 있었습니다. 저희 가족은 전부 다 감격의 눈물을 흘리면서 큰스님께, 또 한마음선원 여러분에게 고마움을 올렸습니다. 큰스님, 정말 감사합니다. 소인의 이 마음을 여러 신도들에게, 많은 사람들에게 멀리, 깊게, 높이 전달하겠습니다. 감사합니다. (대중 박수)

큰스님 여러분, 이러한 일들은 내가 했다, 해 줬다 이런 게 아닙니다. 여러분이 안 계신다면 내가 어떻게 있겠습니까? 공용으로서 진실하게 마음이 같이 통신이 됐기 때문입니다. 안으로 통신이 되면 거기에선 통신받은 대로 자기 분야에 작용을 하게 돼 있습니다. 그런데 여러분은 한 치도 믿지 못하고 평상시에는 '주인공, 주인공' 이름으로만 하다가 좀 급한 일이 닥치면 아예 그냥 물러서 버리는 거예요. 이럴 수가 있습니까? 그러니까 모든 게 여러분한테 달려 있지 나한테 있는 게 아닙니다.

예전에 부처님께서도 말씀하셨죠. "저 태양빛이 '빛을 쐐라, 마라' 하더냐. 너희가 태양빛을 받으려면 문을 열어 놓고 그 가린 것을 없애야 태양빛이 들어오지 않느냐. 가려 놓으니까 태양빛이 안 들어오지 않느냐." 하고요. 태양은 똥구덩이든 아름다운 정원이든 다 비춰줄 수 있지만 우리들의 마음에 따라서 태양빛을 받고 안 받고 하는 거죠. 그런데 그런 말 하다가 생각이 나는 게 있는데요, 태양빛보다 우리네 마음이 더 중요하다는 겁니다. 마음으로써 들어가는 빛은 아주 바닷속까지도 들어갈 수 있지만, 태양빛은 바닷속까지 들어갈 수가 없습니다. 땅속에도 태양빛이 들어갈 수 없습니다. 그러나 이 마음의 빛은 땅속까지 들어갈 수 있습니다. 그러니까 여러분이 지혜로운 마음으로써 융통성 있고 진실하게 잘 믿고 모든 생활에서 어떠한 문제가 있어도 타파해 나갈 수 있는 능력을 기르십시오. (대중 박수)

질문자2(남) 큰스님, 이렇게 여러 신도님 앞에서 뵙게 된 것을 무한한 영광으로 생각합니다. 감사합니다. 저는 어릴 때부터 불가에 인연이 돼서요, 외할머니의 언니 되시는 분이 주지 스님이자 큰스님이셨습니다. 전라도 광주에 있는 절에서요. 그리고 지금까지 제가 여러 사찰에 다녔습니다마는 실제로 부처님 앞에 절만 하면 모든 일이 다 되는 줄만 알고 있었습니다.

그러다 심정회 부회장으로부터 소개를 받아서 제가 이 절에 나오게 되었습니다. 그동안에 제가 큰스님을 뵈려고 여러 차례 금왕지원에도 갔었지만 가까이 뵐 수 있는 시간은 그리 많지 않았는데 오늘 이렇게 뵙게 된 것을 진심으로 감사하게 생각합니다. 그런데 『한마음요전』도 보시받아서 보기도 했고, 또 큰스님이 설법하신 비디오테이프도 저희 집에서 가족들과 같이 보기도 했고 또 카세트테이프도 여러 번 들었습니다.

그런데 말씀하신 주 요점이 '믿고 관하라'는 말씀이셨거든요. 그런데 저는 조그만 중소기업을 하고 있습니다. 그래서 직원들과 항상 같이 생활하다 보니까 그게 잘 안됩니다. 그 책에 보면 "모든 걸 네가 한 것이니 믿고 관하라. 아는 것도 네가 아는 것이고 모르는 것도 네가 알 것이니 그냥 다 믿고 관하라." 그런데 제가 이렇게 말씀드리면 여러 신도님께나 큰스님께 역행하는 것 같습니다. 항상 하시는 말씀이 '믿고 관하라' 는 것인데도 그렇게 말을 못 알아듣느냐고 말씀하실지도 모르겠습니다만 거기에 대해서 좀 말씀을 해 주십시오.

큰스님 아니죠! 중소기업을 한다고 그랬죠? 그러니 바깥이나 안이나 생활의 그 모든 점에서 얼마나 고달프겠어요? 사람을 다루려니 그렇고, 모든 것을 운영을 해 나가려니까 말이에요. 그런 거는 댁에서 하는 거지 내가 하는 게 아니지 않습니까. 그죠? 그러니까 내가 관하라고만 일러 주면 자기의 생활 속에서 용도에 따라서 다가오는 거는 본인이 알아서 '너만이 할 수 있다.' 하고 거기다 놓을 수 있지 않습니까? 그게 관이에요.

질문자2(남) 예, 잘 알겠습니다.

큰스님 그러니 모든 것을 다요. 자기 몸 건강하고 안 건강하고까지요. 인간은 심부름꾼입니다. 자생 중생들의 심부름꾼이요, 또 자생 중생은 바로 부처님의 심부름꾼이요, 자기의 심부름꾼, 육신의 심부름꾼입니다. 그러니까 이건 양쪽이 다 똑같이 심부름꾼입니다. 그러니까 둘이 아닌 한마음이지 뭡니까? 하하하….

질문자2(남) 감사합니다.

질문자3(남) 먼저 큰스님의 자비심에 감사드리옵니다. 그리고 큰스님의 가르침을 받고 그 실천하는 데에 아직 부족한 점을 용서해 주십시오. 큰스님! 말주변도 없고 보잘것없어서…, 또 이렇게 정리를 하다 보니까 너무 말에 끄달리는 것 같습니다. 제 마음이 너무 하심치를 못해 아직 이렇습니다. 생활 자체를 공부 재료로 삼으라는 말씀은 '일체를 주인공에 일임하라' 는 말씀으로, 진리가 일상생활 속에 있음을 일러 주심인 줄 알고 있습니다. 그 뜻은 어떠한 경계든지 사량으로 끄달리지 말고, 한곳에서 들고 남을 관하고 굳은 믿음으로 물러서지 말라는 말씀으로 알고 있습니다.

제가 경험한 것을 말씀드리자면, 교통사고가 난 후 그 일을 처리하는 과정에서 법형제 및 보살님들의 도움을 통하여 유(有)와 무(無)가 둘이 아니고, 한마음의 주인공이 나를 일깨워 주고 있음을 느꼈습니다. 이러한 체험이 올바른 것인지 가르침을 바랍니다.

여기서 부연 설명을 하자면, 제가 면허가 정지된 상태입니다. 속세의 질서도 지키지 못하면서 유의 현상을 해결하기 위해서 큰스님과 여러 보살님, 또 법형제의 형님 되시는 분한테 도움을 청했습니다. 잘못을 통해서도 제 마음속에서 우러나오는 어떠한 가르침이 있었길래 이번 일을 통하여서 배우지 않았나 싶습니다. 물론 그 잘못이 크기는 큽니다. 그러나 잊지 않고 나를 일깨워 주는 그 가르침은 오직 한마음 주인공만이 알고 있으리라 믿습니다. 여기에 대해서 좀 더 깊은…, 아직 겨냥을 제대로 못 했습니다만 나는 할 수 있으리라고 봅니다.

큰스님 그것이 옳게 나가시는 겁니다. 왜냐하면 이 마음은 체가 없습니다. 그래서 아주 묘법이라는 겁니다. 마음은 체가 없어서 거기에다가 맡겨 놓으면 통신이 돼 가지고 산 사람들한테다 응신(應身)으로서 화해서 나투어 줍니다. 도움이 될 만한 사람한테 부탁을 하게 되면 다 이렇게 응신으로서 화해서 그냥 그 자체가 바로 나툼이 돼 버리죠. 그래서 몸이 아프면 약사가 돼서 나투어 주고 무슨 일이 생겼다 하면 해결책을 찾기 위해서 법신(法身)으로 응하고 이렇게 나투어 줍니다. 그러니까 물질세계와 정신세계가 양면이 그냥 같이하게 되는 거기 때문에 아주 손쉽게 빨리 해결이 나죠. 그러니까 모든 면에서 어떠한 거든지 다 그렇게 해 나가십시오. 정신세계를 무시해도 안 되고 물질세계를 무시해도 안 됩니다.

질문자4(남) 스님! 저는 심웅회에 있습니다. 불법에서 보면 우리가 모두 인연 따라 살아나간다고 합니다. 그리고 내가 있기 때문에 원망과 미움도 생겨난다고 봅니다. 이렇게 인연 따라 맺어지는 내가 있기 때문에 나로 인해 인연이 맺어지는 모든 사람들에게 좀 더 좋은 방향으로 제도할 수 있는 길이 있지 않겠습니까? 그걸 가르쳐 주십시오.

큰스님 그것이 아까도 얘기했던 바와 같이, 마음은 체가 없어서 지구 바깥에도 벗어날 수 있습니다. 그렇기 때문에 이 내 한마음이 내면에 통신이 되면 통신이 되는 대로 그 통신을 받고, 빛보다 더 빨리 움죽거려서 응신으로서 나투어 줍니다. 예를 들어서, 장애자로서 벌어먹지 못하고 그냥 극매는 것을 본다거나, 소가 도살장에 가는 것을 본다든가, 또 싸움을 해서 구타를 당하는 것을 본다든가 하는 문제가 있을 때도, 가족이나 친척의 문제들도 내 마음에 달려 있습니다. 마음에 달려 있다는 것이 뭐냐 하면, 마음으로 '어휴! 저거….' 이런 게 있죠. 그냥 남을 해치기만 하고, 일가친척인데도 그냥 뜯어먹으려고만 하고 이러면 마음이 가질 않죠? 마음이 가지 않으니까 건져지지 않는 겁니다. 이것은 지금 이런 도리를 배우는 사람에 한한 것이죠. 내면에 꼭, '둘이 아닌데 모두가 불쌍하잖아!' 하고서 거기다 맡겼을 때에 바로 무명이 벗겨지는 겁니다. 그러면 거기도 불이 들어오게 돼 있어요. 그게 건지는 겁니다. 이 모두가 병을 낫게 해 줘도 건지는 거, 또 마음의 병을 낫게 해 주는 것도 건지는 겁니다.

요즘은 이런 예가 많이 있습니다. 단전호흡을 하다 잘못돼 가지구요, 몸을 부들부들 떨고 그냥 이러구저러구, 미친 사람 모양으로 밥도 떠먹지 못한답니다. 이런 사람이 하나 둘이 아니에요. 그래서 왜 그렇게 긁어 부스럼을 만들어 가지고 오느냐고 그러구선 잘 이렇게, 오는 대로 가르쳐 줬죠. 가르쳐 주었더니 지금은 아주 괜찮게 나았어요. 그러니 그게 마음에 달려 있지 않습니까?

이 마음에서 통신이 되면 모두 작용을 해 주기 때문이죠. 작용만 해 주는 게 아닙니다. 이 몸도 혹성입니다. 그렇기 때문에 대기권에서 대기를 해야만 됩니다. 이 세포 하나하나에 생명들이 돌아가면서 우주간 법계를…, 법계라고 합니다, 법계! 그럼 지구에도 그런 법계가 있느냐? 지구에도 세포가 있죠. 인간에게도 세포가 있고요. 그래서 세포가 있기 때문에 대기권에서 대기를 한단 말입니다. 그렇듯이 인간에게도 항상 마음으로써 그렇게 전달을 하면 안에서 누진(漏盡)으로 해서, 즉 골수로 해서 사대로 통신이 됩니다. 통신이 되면, 왜, 군인들이 통신을 받으면 재깍 돌진하죠? 재깍 일어나서 작용하죠? 그렇듯이 재깍입니다. 그러면서도 빛보다 더 빨라서 그 순간에 미국도 갑니다. 그 순간에 지구를 벗어날 수도 있구요.

그렇기 때문에 예를 들어서 미국의 지원에서 "스님, 각혈을 하고 영 이렇게 낫질 않는데 관해도 안 됩니다. 이거 어떡하면 좋겠습니까?" 이럴 때 내가 뭐라고 그럽니까? 알았다고 그러지. 하하하…. 거기에 무슨 말이 필요하냐 이겁니다. 또 그 사람이 죄업이 많아서 그렇다고 하더라도 죄업이 많다는 생각이 들면 그거는 못 합니다. 즉 말하자면 죄고 뭐고 다 둘로 보지 않고 나로 보는 거죠. 이런다면 바로 재깍 또 전화가 옵니다. "스님, 감사합니다. 피가 다 멈추구요, 이제 멀쩡해요." 이렇게 말을 할 때 나는 기쁘지도 않고 슬프지도 않고, "알았어." 하고 대답할 때나 나았다고 하는 전화를 받을 때나 똑같은 기분이에요. 더하고 덜함이 없어요.

그러니 여러분! 여러분이 실험을 통해서 체험을 안 해 보면 마음이라는 게 그렇게 중요한지를 전연 모릅니다. 마음이라는 게 여러분이 가지고 있는 보배라는 걸 아셔야 됩니다. 그런데 보배를 보배로 쓰지 않고, 허허, 뭘로 쓸까요? 독사처럼 쓰기도 하고 또 강도처럼 쓰기도 하고, 이러지 않습니까? 그러면은 요다음 생에는 그냥 그 모습을 해가지고 또 나와야죠. 그러니까 우리가 한 대로 아주 조금도 에누리가 없다는 사실을 아셔야 됩니다. 그런데 이 공부를 하게 되면요, 깨친 사람은 잘해도 잘한 거고 못해도 잘한 겁니다. 하하하…. 그게 못한 것이 아니니까요. 뭐가 잘못된 사람이 "남들하고 똑같이 스님한테 오는데 왜 고쳐지지 않습니까?" 이러거든요. 그건 마음이 삐뚤어져서 자꾸 달아나가는 걸 어떡합니까? 그럼 달아나가는 대로 내버려 두는 겁니다. 막다른 골목이 되면 그때는 다시 돌아서게 돼 있거든요. 그때에 해야 부러지지를 않죠. 그래서 그렇습니다.

질문자4(남) 큰스님, 감사합니다. 한 가지만 더 질문을 올리겠습니다. 우리는 단군의 자손이며 옛날에는 만주 지방을 다스리던 용맹스럽고 슬기로운 민족이었다고 역사는 말하고 있습니다. 또한 우리나라는 사람이 살아나가기에 적합한 기후와 자연환경을 갖고 있습니다. 이 속에 살고 있는 우리 배달민족은 어떻게 해야 통일된 민족으로 세계 속에 발전된 국가가 될 수 있겠는지요. 가르침 주시기 바랍니다.

큰스님 허허허…. 이 정신세계의 모든 마음들이 서로서로 전달이 되고 통신이 되는 걸 안다면, 둘이 아닌 도리로써 작업을 할 수 있다면, 배달민족이 따로 있는 게 아닙니다. 우리 전체가 배달민족이죠. 그러니까 따로따로 있는 게 아니라 우리가 마음에서 그렇게 정신세계와 물질세계가 동일하게 공용하고 살아나가는 공생이라는 사실을 안다면 바로 우리는 무의 세계, 유의 세계를 겸해서 중용을 할 수 있으니 평화롭게 다스릴 수가 있다는 결론입니다.

질문자5(남) 눈에 보이지 않는 정신세계에 대해서 궁금하게 느껴져 여쭙고자 합니다. 육신이라는 집이 있고 그 집의 주인인 마음이 있고 한데 마음 외에, 또 영혼(靈魂)이 있고 혼백(魂魄)이 있고 또 어떤 경우에는 영(靈)과 혼(魂)과 백(魄)이 그 뜻이 다르다고들 일반적으로 해석되기도 하는데, 그러한 사항에 대해서, 마음 외에 영과 혼과 백의 활동이나 기능이 어떻게 다른지 거기에 대해서 가르쳐 주시기 바랍니다.

큰스님 질문이 혼돈스럽지만 잘 정리해서 말씀해 드리겠습니다. 영이라는 거하고 혼백이라는 건 둘이 아닙니다. 혼백이라는 건 옛날

분들이 혼백이라고 했고, 지금 시대 사람들은 영혼이라고 합니다. 그러니까 영혼과 혼백은 같은 말입니다, 그러니까 둘로 보지 마십시오.

그런데 말입니다, 그 영혼 자체가 바로 육신과 둘이 아닙니다. 이 육신과 영혼이 있는 데다가 그 불씨 에너지, 원소 자체가 있어서, 즉 작용할 수 있도록 마음을 내 주게 하는 겁니다. 이 영혼이라는 그 자체가 마음속에서 다 나오는 겁니다. 그래서 마음을 신이라고도 하고, 악신이라고도 하고 선신이라고도 하죠, 마음을요. 마음을 잘 쓰면 바로 선신이요, 마음을 악하게 쓰면 악신이 되는 겁니다. 그러니까 영혼도 악신으로서 삶을 악하게 살았으면 아주 악의적인 영혼이 되구요, 선의적으로 지혜롭게 대치를 해 나가고 마음을 넓게 잘 쓴 사람들의 마음은 악신이 아니라 선신으로서 구별이 되죠.

그러니까 지금 마음 한군데서, 이 영혼이 악신도 나오고 선신도 나옵니다. 영혼 자체가 자기 근본은 아닙니다. 영혼은 악신이 될 수도 있고 선신이 될 수도 있습니다. 그러니까 영혼은 그냥 이름일 뿐입니다, 영혼이라는 이름. 마음을 잘 쓰는 데서 나오는 선신도 영혼이요, 악신도 또 영혼이다 이거죠. 그러니까 영혼이라는 그 자체는 바로 자기 마음 씀씀이에 따라서 나오는 결과입니다, 혼백이라는 게.

그래서 옛날에는 남녀노소 할 거 없이 돌아가시면 재를 곱게 쳐서 이렇게 놓습니다. 그러면 거기에, 인도환생을 했으면 발자국이 나타난다거나, 독사가 됐으면 독사 흔적이 나온다든가 이런 게 있습니다. 그리고 아주 악행을 한 혼백이라면, 귀신이 머리를 풀어서 산발을 한 모양도 나옵니다. 그러니까 그러한 모양을 보더라도 그렇고, 영혼이라는 것은 우리의 불씨가 아니라, 그 마음을 내 주는 반면에 마음속에서 나와서 행동하는 거죠. 거기서 나오는 거를 영혼이라고 합니다. 그래서 '영혼의 업식' 이러죠. 사람이 죽으면 아무것도 가져가지 못하지만 영혼의 업식은 따라간다구요. 자기의 불씨는 항상 밝아서 여여한데 그 업식, 영혼이 그냥 이러고저러고 해 가지고, 얼기설기 얽혀 가지고 업식이 돼서 현실에 나온다 이런 말입니다.

질문자5(남) 예, 잘 알아들었습니다. 그리고 사람이 죽으면 육신은 지수화풍으로 돌아가고, 마음은 결국은 신으로 변해진다 이렇게 생각하면 되겠습니까?

큰스님 그러니까 아까도 얘기했듯이 마음을 어떻게 쓰느냐에 따라서 악신도 되고 선신도 된다는 얘기죠. 그러니까 악신으로서 너무 악하게 했다면 진짜 악신으로 활동을 할 거고, 선신으로서 행했다면 선신으로 활동을 할 겁니다.

질문자5(남) 네, 잘 알았습니다. 감사합니다.

큰스님 그런데 우리가 공부시키는 거는 악신이고 선신이고 몽땅, 악신이 나오면 악신인 대로 거기다 놓고, 선신이 나오면 선신이 나오는 대로 감사하게 거기 놓고 이렇게 하라는 얘깁니다. 업식이 다 이 몸속에 들어 있으니까 악신으로서 악행을 하게끔 이 마음속에서 나오거든요. 그래서 악신으로서 행이 나올 때는 '어, 이것도 네가 저지른 일이니까 네가 알아서 해!' 하고 거기다 놓고, '이것도 공부고 재료지.' 하고 거기다 놓고요. 또 잘되고 싱그러운 일이 생기면 '이것도 감사하구나!' 하고 감사하게 거기다가 맡겨 놓고요. '참 감사하구나!' 하는 생각만 해도 맡겨지는 거죠. 그러니까 지금 현재 마음을 그렇게 먹었으면 죽어서도 영혼이 그렇습니다.

그렇기 때문에 그 영혼을 건지고자 백종(百種)을 마련해 놓았고 칠석(七夕)을 해 놨죠. 그런데 이런 게 있죠. 사람이 죽으면 악행을 했든지 선행을 했든지 간에 그 모든 문서를 그냥 해결해 버리고 불씨를, 그냥 여러분이 땅을 갈아서 돌을 주워내 버리고 골라 놓는다면 이 스님네들은 씨를 거기다가 심어 주는 겁니다. 백종이 그 역할입니다.

그러니까 여러분이 정성껏 부모, 조상 영가들을 써 가지고 오시면 그게 밭을 갈고 밭을 고르는 거나 같은 거죠. 밭을 골라 놓으면…, 봉투에다가 모두 이렇게 정성껏 해 가지고 오시는 건 그러한 작업입니다. 그러면 이쪽에서는 그 밭에다가 불씨를 심어 주는 겁니다. 그러면 그때는 인도환생을 해서 싹이 나죠. 싹이 나는 것이 인도환생을 하는 거니까. 그래서 인도환생하는 것도 그 자손들이 얼마나 정성껏 잘 생각을 하느냐에 따라서 부잣집으로 태어나느냐 가난한 집으로 태어나느냐 하는 것도 있죠. 또 깡통의 차원이라서 깡통끼리 태어나게 하느냐, 하하하…, 선신이라서 선신끼리 태어나게 하느냐? 가족의 모든 것도 그러합니다.

그러니까 우리가 이렇게 살아 있을 때는 배우면서 지혜롭게 넘어설 수 있고 업을 면제할 수도 있죠. 그리고 잘 생각하고 계속 지극하게 수행해서 자기 무명에서 벗어날 수 있지만, 죽으면 더하고 덜함도 없기 때문에, 그게 새로이 의복을 다시 갈아입고 나오는 때라 교차로가 되거든요. 교차로에서는 어떻게 자기가 더 배우고 나갈 수가 없어요. 그러니까 더하고 덜함이 없죠. 이 몸, 모습이 없으니까 부딪침이 없고, 부딪침이 없으니까 상대가 없고, 상대가 없으니까 배울 게 없고 그런 거죠. 그래서 살아 있을 때 꼭 이 도리를 배워야 된다는 얘깁니다.

질문자5(남) 예. 영혼 세계에 대해서 의문 사항이 앞으로도 많이 있고 더 문의할 사항이 많지만 시간 관계로 다음에 또 뵙기로 하겠습니다. 감사합니다, 큰스님!

질문자6(남) 저는 몸이 아플 때 우선 약을 생각하고 병원을 찾습니다. 그런데 큰스님께서는 아픔도 주인공에 맡기라고 하셨습니다. 그런데 저같이 맡기기 전에 약을 찾는 사람들에게 주인공에 믿고 맡길 수 있도록 하는 가르침을 부탁드립니다. 감사합니다.

큰스님 그 얘기를 하시니까 웃음이 나는 얘기가 생각납니다. 상원사에 있으면서 실험을 할 때입니다. 사람들이 하루 몇백 명씩 이렇게 달려들었습니다. 산에 개미 행렬처럼 쭈욱 그냥 하얗게 줄을 섰습니다, 하여튼. 그럴 때 나는 토굴 안에서 얼굴을 보이지도 않았습니다.

그냥 말만 하고 가는 거죠, 그냥.

그런데 말입니다, '약을 먹어라, 먹지 마라' 할 게 없습니다. 그거는 두 가지 여건이 있습니다. 하나는 자기가 진정으로 믿는다면 무슨, 맡긴다 안 맡긴다도 없을 거란 말입니다. 진정으로 믿는다면, 즉 자기가 알고 있는 거기 때문에 자기가 알고 있죠. 그러기 때문에 그냥 '자기 몸을 자기가 이렇게 해 놓으면 어떡하누?' 하고 그냥 그럴 테죠. 그러면은 그대로 그냥 모두 작용을 해서 고쳐요. 자기가 형성시킨 기계니까 자기가 너무나 잘 알겠죠. 그 작업장에서 작업을 하는 인부들이 그 작업장의 기계를 만들어 놓기도 했기 때문에 더 잘 아니까 작업을 해서 빨리 고쳐 내놓죠. 그러나 약을 먹는다 뭘 한다 하면 통신이 되지를 않아요! 통신이 되지를 않아서 캄캄하니까 병원에도 가야 하고…. 남을 믿고 가는 거죠, 뭐. 그렇게 두 가지가 있습니다.

그런데 한 가지 더 있죠. 만약에 이 도리를 진짜 알고 진짜 믿는다면 병원에 가는 것도 약을 먹는 것도 밥을 먹는 거나 똑같이 행한다. 그런데 벌써 내가 먹고 싶지 않은 거는 먹어도 소용이 없습니다. 내가 '아, 이만하면 이거는 괜찮겠다.' 이런 생각이 있으면 모두가 받아들이는 거죠. 이거는 자기 생각이 아닙니다. 각자 여러분 생각이 아니란 말입니다. 여기에서 생각이 나게끔 돼 있습니다. 그런데 이 공부를 한 사람에 한해서만이 그렇습니다. 믿음이 진실해서 약을 먹어도 밥과 똑같이 생각할 수 있는 그런 사람들에 한해서만이 모두 그렇게 하는 겁니다. '약을 먹어도 먹는 사이 없이 먹고' 이 소립니다. 일을 해도 하는 사이 없이 일을 하고, 소를 한 마리 잡아먹어도 잡아먹은 사이가 없이 잡아먹고, 이럴 줄 알아야 소 무명을 거둘 줄 알고 소를 환토를 시켜서 인간으로 화하게 만들 수가 있다 이겁니다, 그 자리에서.

그러니까 그게 약만 찾는다고 한다면 물질로다가 치우쳐 올라가니까 안 되는 거죠. 아이, 생각을 해 보세요. 형성시킨 것도 안에서 형성시켰고, 지금 작용을 하고 나가는 것도 안에서 작용을 하고 나가고 나를 움죽거리게 하는데, 한쪽만 굳어져도 육신이 쓰러지고 송장이 되는데 딴 데로 자꾸 마음을 둬 보세요, 어떤가? '너만이 해결할 수 있어.' 해 놓고 약을 먹고 이래도 못 믿으니까 통신이 되질 않는 때가 많은데…, 약을 먹지 말라는 게 아니에요. 마음이 중요해요. 마음을 어떻게 쓰느냐에 따라서 그 약이 약이 아니고 그냥 영양으로 먹을 수 있지 않습니까? 아, 밥도 약이 아닙니까? 밥을 약이라고 안 먹습니까? 밥은 항상 먹는 거니까 그냥 그저 '밥이다' 하고는 약이란 소리는 안 하죠, 영. 그런데 그것도 약이에요. 먹어야 사니까요. 물도 약이고 모두가 약이에요.

그런데 그거는 약이 아니고 이거는 약입니까? 내가 몸에 좋아서 먹는다면 바로 그것도 약 아닌 약이죠. 그게 얼마나 마음 편안하게 먹을 수 있는 건데 마음으로, '아이구, 내가 약을 먹으면 안 낫겠지. 약을 먹으면 뭐, 더하겠지. 무슨 이거를 이럭하면 안 되지, 되지.' 그냥 논란이 벌어지면서…. 약을 먹으나 안 먹으나 이건 뗄래야 뗄 수 없는 주인공 자기 뿌리예요. 잘되든지 못되든지, 안 된다 된다를 떠나서 이거는 뗄래야 뗄 수 없는 뿌리예요. 자기 영원한 뿌리, 불씨 말입니다. '나는 주인공을 찾아도 안 되더라.' 이런 사람은 벌써 그 도리를 모르는 사람이에요. 자기가 형성된 자체가 바로 주인공 때문이 아닙니까? 소가 있으니까 달구지가 있듯이 말입니다. 소가 없으면 달구지도 만들지 않았을 것 아닙니까?

질문자6(남) 예, 잘 알아들었습니다. 가르침 잘 받았습니다.

질문자7(남) 큰스님, 감사합니다. 질문을 이렇게 받아 주시고 요긴한 법문을 해 주셔서 대단히 감사합니다. 그리고 쓰잘 것 없는 이 질문들을 귀중한 질문으로 생각해 주시면 더욱 감사하겠습니다.

큰스님 아유! 귀중하죠. 허허허…. (대중 웃음) 쓰잘 것 없는 게 어디 하나나 있습니까?

질문자7(남) 감사합니다. '세존 유산 범찰'에 대하여 여쭙겠습니다. 한때 부처님이 사부대중을 거느리시고 어느 산을 지나가시다가 한 자리에 앉으시면서 하시는 말씀이 "여기가 좋은 명당이니 이곳에 큰 범찰을 하나 지으면 좋을 것 같다." 하시니 제석천왕이 앞에 나타나서 풀 한 포기를 땅에 꽂고는 "범찰이 다 지어졌습니다." 하니 부처님이 빙그레 웃으셨다고 합니다.

웃으신 뜻이 무엇인지 또 제석천왕은 무슨 뜻으로 땅에 풀 한 포기를 꽂았는지 가르침 주시길 바랍니다. 그 제석천왕의 법거량이 벽지불의 경지인지 아니면 어떤 다른 경지인지, 저희들이 공부하는 데에 도움이 되게 가르침을 주시기 바랍니다.

큰스님 부처님이 여기다 절을 짓겠다 한 것도 그놈이 한 것이고, 제석천왕이 풀 한 포기 꽂은 것도 그놈이요, 사찰을 지은 것도 바로 그놈이요, 웃은 것도 그놈입니다. 다른 게 아니에요. 왜냐하면 벌써 이 풀 한 포기 딱 꽂을 때는…, 뭐라고 그랬죠? 뭐가 뭘 꽂았다고 그랬죠?

질문자7(남) 풀 한 포기를 땅에 꽂고는 "범찰이 다 지어졌습니다."

큰스님 아니요. 그 꽂기 전에 이름 말입니다.

질문자7(남) 아, 제석천왕이….

큰스님 예, 제석천왕! 입에서 나오면서도 또 잊어버리는 거예요, 자꾸. 제석천왕이라는 것은, 비유를 하겠는데, 그러면 선생님 몸 안에 선생님이 많이 들어 있는데 어떻게 생각하십니까? 선생님이 제석천왕이 아닙니까? 혼자 사찰을 짓는 게 아니죠? 사과 하나를 잡숴도 혼자 먹지 않죠? 여러 명이 먹으니 말입니다. 그러니까 제석천왕이죠. 그러니까 모든 일체제불의 마음, 그 일체 중생의 마음이 한데 합쳐진 거를 제석천왕이라고 합니다. 천왕이거든요. 이 모두가 하나로 돌아가는 거를 말합니다. 그래서 '풀 한 포기 딱 꽂았느니라' 하는 건 생각을 딱 거기다가 집중했다 이거죠. 그러니까 한마음이 집중을 한 거죠. 한마음이 집중을 하니까 그 사찰이 그대로 지어졌다 이 소립니다. 그러니까 빙긋이 웃었다. 바로 그놈이 그놈이요, 그놈이 한 거니까 그냥 웃는 게 대답이죠, 뭐. 그러니까 혼자 웃은 게 아니죠, 또 그것도.

아, 여러분! 말이 났으니 말이지 지금 끄떡끄떡하는 것도 혼자 끄떡거리십니까? 하하하…. 아니, 혼자 하는 게 하나도 없습니다. 혼자 먹는 것도 없고, 혼자 입는 것도 없고, 혼자 사는 것도 없고, 혼자 일하는 것도 없고, 혼자 사랑하는 것도 없고 전부 헤아릴 수 없는 자기가 그냥 하는 겁니다. 그렇기 때문에 헤아릴 수 없는 자기가 그렇게 나투기 때문에 아버지로도 나투고, 또 남편으로도 나투고, 또 형으로도 나투고, 아들로도 나투고, 사위로도 나투고 이렇게 다양하게 나투는데 한 몸을 가지고 그렇게 여러 얼굴을 할 수가 없죠. 그러니까 부처님 얼굴을 한 몸에다가 수없이 해 놨죠. 손으로 천차만별의 일을 다 하죠. 손이 얼마나 많습니까? 어떤 거 할 때 내 손이 했다고 할 수 없으리만큼 말입니다.

그러니까 지금, 안에 있는 나도 얼마나 많습니까? 수억겁 광년을 내려오면서 미생물에서부터 이 인간으로 화했다는 걸 알고 싶으면 내 속을 들여다봐라 이겁니다. 증명서가 바로 여러분 몸 안에 있으니까요. 그러니 우리가 그 도리를 넓히면서 알면서 이렇게 해야 어디 가든지 서슴없이 팍 쪼개서 맛을 보고 먹고, '아! 참 맛 좋고 시원하다.' 이렇게 먹을 수 있고, 그렇게 먹고도 그 씨는 되남아서 이듬해 또 먹어요. 그러니 아주 영원토록 먹는 거죠. 이 도리가 얼마나 광대하고 묘하고 영원한지 모를 겁니다.

우리가 마음을 제대로 쓰지 못하면요, 이 정신세계의 마음을 못 배우면요, 영혼이 죽어서 말입니다, 죽어서 아휴! 자기 몸체가 있는 줄 알아요. 옷을 벗었어도 벗은 걸로 알지 못한다니까요. 그래 가지고 물에 빠져 죽을까 봐 못 가고, 불에 타 죽을까 봐 못 가고, 또 귀신들 많고 짐승들이 많은 데는 잡아먹힐까 봐 못 가고 이렇게 넘어서질 못하는 거죠. 그래서 기독교에서는 "요단강 건너가 만나리." 했고, 부처님께서는 "아제아제 바라아제 바라승아제. 저 언덕을 넘어서야 하느니라." 하셨는데, 이 도리를 알고 보면 언덕을 넘어갈 것도 넘어올 것도 없단 얘기죠. 그 도리를 알면 산 부처죠, 산 법신이구요. 가만히 있으면 산 부처고 생각을 냈다 하면 법신이고 몸을 움죽거렸다 하면 화신이에요, 그냥요. (대중 박수)

질문자7(남) 다음 질문 여쭙겠습니다. 일찍이 한암 선사께서는 "탐진치 삼독만 멀리하면 성불이 따로 있는 것이 아니라 앉은 자리에서 바로 부처가 된다." 하셨습니다. 달마 조사께서도 "진성(眞性)은 조금도 어두운 바 없이 항상 밝고 자재하건만 중생이 스스로 생사고(生死苦)를 짓고 자기가 받는다. 마음 가운데 망념만 여의면 본래가 부처이다."라고 하셨습니다. 어떻게 하면 한암 스님이나 달마 조사와 같이 될 수가 있는지 가르침을 바라겠습니다.

큰스님 그거 걱정 없어요. 삼세·삼심·삼독 이런 것이 과거, 미래로 인해서 현재! 그러니까 사람이 죽어도 이렇게 죽는 순간과 나올 수 있는 순간의 교차로가 있거든요. 그래서 과거 · 미래가 오늘이죠. 그러니까 과거 · 미래 · 현재 이렇게 되면 바로 삼세가 되고 삼심이 되니까 삼심이 그 무명을 벗지 못하고 인과를 벗지 못하면 바로 삼독이 되는 거죠. 삼독은 바로 현실의 일심 속에 들어 있는 거죠. 그러니까 삼독을 어디서 빼내느냐? 그 모두, 지금 내가 작업하라는 대로 그렇게 관하시고 모든 걸 용광로에 넣듯이 거기다 놓으시면 바로 삼독이 무너지는 겁니다. 삼독이 무너지면 그대로 부처요, 그대로 법신이요, 그대로 화신이다 이 소립니다. 그러니까 앉은 자리에서 그렇게 되는 거죠.

우리가 소를 하나 건진다, 무명을 벗겨 준다 하더라도 그냥 소의 마음을 나와 둘이 아니게 딱 한데 합치면 (양 손바닥을 서로 붙여 보이시고) 두드러지지도 않습니다. 그거는 형체가 없는 거니까 두드러지지 않고 그냥 나로 돼 버리는 거죠. 나의 그 속을 거쳐서 바로 탄생이 된다 하면은요, 꺼내도 줄지도 않고 넣어도 두드러지지도 않는 격이죠.

체가 없는 거니까요. 이렇게 자세히 가르쳐 드려서 될까 모르겠네요. (대중 웃음, 박수) 허허허…. 그래서 그렇게 한다면 바로 나고 드는 것이 없죠. 나고 드는 게 없이 내 마음이 항상 물질세계와 정신세계가 합류화돼 가지고 돌아가는 게 사무 사유(四無四有)를 한데 합쳐서 중용을 한다는 격이 되죠.

그러니까 그대로 앉아서 소의 무명을 벗겨 줘도 아프지도 않고 그냥 금방 죽어요. 그리고 죽으면 껍데기가 없어지는 거죠. 무명이 벗겨지고, 그 영혼은 내가 돼 가지고 바로 환생을 시키는 거죠. 그러니까 그대로 사람이 되는 거죠. 그러니 그 즉시에 무명이 벗겨지는 거죠. 어떤 때는 지나가다가 도살장에 가는 소들을 보면 불쌍한 마음에 그냥 그렇게 해 줘요. 그러면 소의 머리를 방망이로 쳐도 아픈 걸 느끼지 않아요. 그러고 무명을 벗어요. 돼지든지 닭이든지 모두가 그래요. 그러니까 좋은 인연들을 맺으세요. 악한 인연을 맺지 말고 좋은 인연과 선덕을 쌓아서 바로 선의 씨로서 이 세상을 두루 한다면 내가 고달플 때 모두 같이해 주고 모두 같이 들어 줄 수 있고 이렇습니다. 그러니까….

질문자7(남) 감사합니다, 스님. 『한마음요전』에 보면 '한마음 주인공' 에 삼합이 나옵니다. "영원한 생명의 불씨와 육신과 마음", 그리고 "내가 들어가고 나온 자리를 모르고는 자신이 누구인지 알지 못한다." 라고 했는데, 이는 소와 달구지, 마부, 달구지를 탄 사람의 비유와 흡사한 것 같습니다. 그러니깐 소와 달구지와 마부 삼합을 비유를 하셨습니다. 소와 달구지, 달구지와 달구지를 탄 사람, 달구지를 탄 사람과 소, 이 모두를 한 생명으로 묶어 보아야 옳은 것인지 잘 알 수가 없습니다. 아직 이해가 안 되는 저 같은 사람도 알 수 있도록 다시 한번 가르침 주시면 감사하겠습니다.

큰스님 불씨는 우리 원소의 에너지와 같습니다. 그런데 그 불씨는 마음을 내게 할 수 있는 활동력이 있죠. 전자와 전자가 한데 합치면 불이 들어오듯이, 그렇게 불이 들어올 수 있게끔 하는 바탕이 바로 원소 자체의 에너지입니다. 그러면 그 에너지를 불씨라고 합시다. 불씨가 없으면 마음을 낼 수 없고 마음을 낼 수 없다면 육체가 움죽거리지 않는데, 어떻게 할 겁니까? 삼합이 동일하게 하나가 돼서 지금 움죽거리고 말을 하고 돌아가지 않습니까?

그러니 우리가 바로 소를 타고 피리를 분다 이 소리나 똑같습니다. 지금 소를 타고 달구지를 끌고 다닙니다. 즉 말하자면 마부는 마음이요, 바로 육신은 달구지요, 소는 자기의 주인공, 바로 자기 조상입니다. 과거에 살던 자기, 현실에 사는 자기! 현실에 사는 자기는 달구지요, 과거에 살던 자기는 바로 소입니다. 그렇게 비유한 겁니다. 그래서 마부는 그 소를 쳐야지 달구지를 잘 끌고 가지 않느냐. 달구지에다가 모든 걸 다 실었는데 어떻게 달구지를 치느냐? 지금 기복으로 나가는 게 달구지를 치는 법이요, 바로 지금 마음법을 가르치는 게 소를 치라는 얘깁니다.

그러니까 삼합이 같이 동일하게 지금 움죽거리고 가는 것을 바로 주인공이라고 하는 겁니다. 주인공! '나'이면서도 내가 공(空)해서 쉴 사이 없이 돌아가면서 화해서 돌아간다 이런 뜻으로써 주인공이란 얘기죠. 그러니까 소는 과거 자기, 달구지는 현실 자기, 마부는 바로 마음입니다. 마음으로써 그냥 무조건, 달구지가 깨지든지 말든지 그냥 치는 마음이냐, 잘 다스려서 잘 이끌어 가는 지혜로운 다스림이냐 이런 게 있죠. 마부는 마음이니 마음으로 어떻게 다스리느냐에 따라서 달구지를 치느냐 소를 치느냐 하는 겁니다. 이 마음이 말입니다.

그런데도 여러분, 그렇게 바깥으로 빌어야겠습니까? '네 뿌리가 네 나무를 돕지 어느 누구가 돕겠느냐.' 하고 안으로 해야 되겠습니까, 아니면 바깥으로 지금 찾아야 되겠습니까? 그러니까 안으로 찾는 건 제 뿌리를 제가 찾는 것이요, 바깥으로 찾는 거는 남의 뿌리의 이름을 부르는 거나 똑같죠. 대답을 엉뚱하게 해서 죄송합니다만 말입니다. 하하하….

질문자7(남) 아닙니다. 잘 들었습니다. 참 감사합니다. 다음으로는 '상구보리 하화중생'이 참 귀중한 부처님의 가르침인 걸로 알고 있습니다. 그 방법을 보다 잘 알 수 있도록 가르침을 주시길 바랍니다. 비유하자면 내 육신과 내 몸속의 수많은 중생들이 공생·공용·공체 하고 있으므로 내 마음을 제도해야 내 몸속의 중생들도 제도할 수 있다고 하는 가르침의 정수를 알고 싶습니다. 한 번 더 가르쳐 주시기 바라겠습니다.

큰스님 지금도 얘기하지 않았습니까? 안을 치느냐, 바깥을 치느냐에 달려 있죠. 바깥으로, 달구지를 치면 절대로 안 갑니다. 소가 가질 않죠. 그러니까 소를 쳐야 달구지를 끌고 가죠. 그와 같이 우리가 지금 안의 소를 쳐야 바로 소가 작용을 하죠. 작용을 하니까 제도가 되죠. 작용을 하니까 일체가 다 제도가 된다는 게 뭐냐 하면, 그것이 그대로 통신이 되면 어느 한 부분에만 통신이 되는 게 아닙니다. 안을 치면 누진으로 통신이 돼 가지고 사대로 통신이 되는데, 그게 신호입니다. 그러니까 안을 치면 바로 사대, 즉 말하자면 세계로 친다면 세계가 다 통신이 되는 거나 똑같죠. 이 몸뚱이 이 세포 하나하나에까지도 통신이 되니까요.

그렇게 통신이 되면 지금 이것이 어떻고 어떻고 어떤 건가를 전부 다 알게 돼요. 통신을 안 하면 모르거든요. 그렇기 때문에 제도가 되질 않아요. 그런데 거기 통신이 돼서 다 알고 자꾸자꾸 내 마음이 둘이 아니게 돌아가다 보면 둘이 아니게 부처가 되는 거죠. 그러니까 제도가 돼서 이것이 위로는 일체가 둘이 아닌 줄 알고, 아래로는 둘이 아닌 도리로 자꾸 제도해서 자꾸 안을 치면 그 소가 달구지를 끌고 작용을 한다. 그래서 제도가 된다. 그래서 "상구보리 하화중생이니라. 위로는 부처를 모시고 아래로는 중생을 제도하느니라." 이런 겁니다.

질문자7(남) 감사합니다. 스님, 나온 김에 몇 가지만 더 여쭙겠습니다. 간단하게 말씀해 주시면 감사하겠습니다. '견성암(見性庵)의 눈물'

이라고 제가 이름을 붙여 봤습니다. 치악산 천 미터 고지, 스님께서 옛날에 공부하시던 토굴 자리에 저희 법우들이 한마음으로 마음을 내 가지고 탑을 모시고 비석을 모셨습니다. 십시일반으로 전국의 한마음 불자들이 동참을 해서 순수하게 우리의 힘으로 조그마한 불사지만 열과 성을 다했습니다. 그래서 우리 전국의 불자님께서 시간이 나는 대로 참배를 하고 순례를 하면서 공부를 하는 걸로 알고 있습니다. 저희들도 기회가 있을 때마다 다니면서 우리가 어떻게 노력해야 훌륭한 성지로 가꿀 수 있을 것인가 하는 일념으로 돌보고 있습니다.

다 노력을 하셨지마는, 특히 산악회와 다른 일을 제껴 두고 열과 성을 다해서 불사에 적극적으로 동참한 분들이 같이 회식을 한번 했던 적이 있습니다. 그날만큼은 향을 피우고 그 앞에서 절을 하고 예를 갖추어서 행사를 했는데, 끝난 뒤 마을에 내려와서 고문님이나 여러분이 뜻을 같이해서 한자리를 했습니다. 그때 고문님이 마이크를 잡고 말씀 몇 마디 하다가 말을 잇지 못하고 눈물을 글썽거리더니 닭똥 같은 눈물을 흘렸습니다. 그 뒤에 산악대장도 눈물을 머금고, 마이크를 잡고서는 말을 못 하고 뭐, 저도 눈물이 절로 나왔습니다. 그리고 또 제 옆에 앉은 우리 법형님은 돌아앉아서 아주 손수건을 대고 큰 소리로 울음을 터뜨렸습니다.

그래서 그 눈물이 과연 어떤 눈물이냐? 항상 스님께서 저희들을 호념하시고 생각하시는 그 백분의 일, 만분의 일이라도 우리가 갚을 길이 있으면 해 보겠다는 그런 마음을 가지고 있다가 그걸 해 놓고 나니까 터져 나온 기쁨과 환희심의 눈물이겠습니다마는, 그 눈물이 참 기억이 생생합니다. 그래서 고문님도 "내가 평생에 어떤 어려움이 있어도 눈물을 흘려 본 적이 없다. 이렇게 울어 보기는 처음이다."라고 했는데 다른 분들도 이구동성으로 그렇게 말을 했습니다. 그 눈물이 너무나 인상적이었어요.

뿐만 아니라 그 뒤에 듣자 하니, 거기에 가신 여러 스님들께서도 그런 눈물이 절로 나오셨다고 했고, 그 외에 또 여러 불자들도 감회가 깊었다고 합니다. 그래서 그 눈물이 무슨 눈물이며 또 저희들이 그 자리를 앞으로도 계속 참배를 하고 그렇게 할 것인데, 거기 가서 어떤 자세로 공부를 하고 앞으로 어떻게 보존하면 좋을지 스님께 가르침을 부탁드리겠습니다. 두서없는 말씀입니다마는….

큰스님 아닙니다. 두서가 없지도 않고 있지도 않습니다. 그런데 말입니다, 솔직하게 말하지만 나하고는 상관이 없는 겁니다. 왜냐하면은 내 고깃덩어리를 믿고 다니진 않으셨겠죠? 그러니까 그것은 나라는 이 개별적인 존재의 것이 아니라 여래의 것입니다. 여래라는 것은 뭘 뜻하느냐 하면 일체 만물만생의 그 생명과 마음과 모습이 둘이 아니게 돌아가는 그 중심 불바퀴나 똑같습니다. 마음들이 한데 모여서 생산을 해내는 그 자체를 보고 불바퀴라고 합니다. 물에도 소용돌이가 있고 이 허공에도 소용돌이가 있듯이, 마음들이 모두 돌아가기 때문에 소용돌이가 생긴 거고 근본이 생긴 거고 불바퀴가 생긴 겁니다. 태양이 생기고 말입니다. 별성들이 같이 돌아가는 이 자체도 바로 마음입니다. 마음이 아니라면 생명이 없고, 생명이 아니라면 마음이 없고, 마음이 없다면 바로 그 체가 생길 수가 없습니다. 그러니까 그것은 내 몸뚱이가 아니라 천체 한데 합쳐진 한마음의 원소 자체의 근본에서 생긴 것이지 개별적인 내 것이 아닙니다.

그렇기 때문에 말입니다, 그 과거의 자기는 너무도 잘 알아요. 왜냐? 수억겁을 거치면서 뺏고 뺏기면서 쫓고 쫓기면서 먹고 먹히면서 이렇게 살아온, 진화되면서 살아온 자기가 있거든요. 그걸 영혼이라고 하죠. 자기 영혼은 자기가 너무 잘 알기 때문에 자기가 우는 겁니다. 바로, 몸을 빌리고 눈을 빌리고 모두를 빌려서 눈물이 나고 모두 야단법석이죠. 그래서 여기 신도님들이 어떤 땐 괜히 모두 눈물이 나고 울어진다 이러는데, 그게 과거의 업식이 제거되느라고 그러는 거거든요. 우리가 회개를 할 때 그냥 눈물이 나고 그러죠? 그런 거와 같이 그 영혼이, 과거의 자기가 살아온 그 자체가, 잘못 살아온 그 자체가 무너지니까 너무 감사하고 너무 그 뜻이 고마워서, 모두 한마음으로서 구원이 다가오니까 그냥 전부 그 얼었던 게 다 녹아지고, 봄이 오니까 물이 흐르듯이 그냥 줄줄줄줄 눈물이 흐르는 거와 같습니다. 그래서 마음의 영혼에 봄이 오니까 얼음이 모두 녹고 물이 흐르는 것과 같다 이런 뜻입니다.

그러니까 아예 나를 의지하지 마시고 그 마음이 마음을 다스려야죠. 이 몸 하나에도 수많은 의식들이 있습니다. 그러니 여러분이 다 그 마음으로 그것을 이끌어 가세요. 어느 한 사람이 이렇게 이렇게 해서 고맙다고 해 놓으셨는데, 나는 내 혼자 한 일이 아니란 말입니다, 또. 내면에서도 혼자 한 일이 아니요, 바깥에서도 일체제불의 마음과 둘이 아니게 한 일이란 말입니다. 그러니 개별적인 내가 잘했다고 내 비를 세워 줬다고 할 수가 없는 거죠. 그러니까 내 것도 아니고 네 것도 아니고 전체 여러분의 거니까 알아서들 하세요, 하하하…. 알아서들 하세요. (대중 박수)

사회자 시간이 너무 흐른 것 같습니다. 저희 욕심 같아서는 한없이 질문도 드리고 싶고 이렇게 금과옥조 같은 법문을 한없이 들어도 좋겠습니다만 시간이 너무 경과했습니다. 다음 기회로 미루고 오늘 질문 이것으로써 마치겠습니다.

큰스님 (대기 중인 질문자에게) 해요. 이왕 뭐, 발 벗고 들어왔는데요, 뭐. 허허허….

질문자8(남) 큰스님, 감사합니다. 질문드리겠습니다. 한 달에 한 번, 일주일에 한 번 이렇게 선원에 와서 큰스님 설법 듣고 가면 기쁘고, 많은 것을 배워 가지고 돌아갑니다. 그런데 돌아가서 생활을 하다 보면 한동안은 공부가 잘되지만 기간이 어느 정도 지나가면 잘 안되는 것 같습니다. 그래서 어떻게든 해 보려고 스님이나 선원 분위기를 상기해 보기도 하고, 선원이나 내가 생활하는 장소가 같다고 생각도 해 보지만 그게 잘 안됩니다.

큰스님 이거 보세요. 우리가 저런 녹음기에도 건전지를 끼워서 하는 게 있고 전력을 빼서 하는 게 있죠? 지금 처음 배우는 사람들은 건전지를 끼워서 하는 것과 같은데 그 건전지가 소모되면 작동이 안 되죠? 허허허…. 그것과 같애요. 그러니까 다 알아져서 자동적으로 그냥 전력이 들어가게끔 될 때는, 그때는 안 와도 온 것이고 와도 안 온 것이고 그냥 그 자리가 두 자리가 아니게 되죠. 일체가 전부 내 자리죠. 일체가 도량이구요. 이렇게 되는 법입니다. 그러니까 그 건전지가 떨어지기 전에 그저 오시고 오시고 해야죠. 하하하…. (대중 웃음, 박수)

질문자8(남) 감사합니다.

큰스님 학교에 나가서 공부를 해도 다 배울 때까지는 나가야 하고 다 배우고 나면 나가지 않아도 되듯이 그렇죠, 뭐.

질문자9(남) 마지막으로 인사를 여쭙니다. 『도(道)』라는 책을 통해서 큰스님을 마음으로 영접했습니다. 그러나 인연이 박복하여 이제야 큰스님을 뵙습니다. 감사합니다. 우리 모든 사람에게 불이 들어오게끔 마음의 발전소를 가르치고 계시는 큰스님께서…, 저는 한전의 발전소에 근무를 합니다.

큰스님 하하하….

질문자9(남) 물질세계의 발전소를 제가 돌리고 있는 셈입니다. 그래서 저도 물질세계의 발전소를 돌리면서 큰스님의 그 마음의 발전소가 더 여러 사람에게 자꾸 지어지도록 큰스님께서 더욱 건강하시기를….

큰스님 이 마음과 마음이 전달되는 발전소는 한계가 없는 발전소입니다. 그러나 그 물질 발전소는 한계가 있죠. 그래서 항상 내가 말하듯이 "한계가 없는 거는 여러분의 눈에는 보이지 않는다. 전력이 들어오고 나가는 것은 보이지 않지만, 불이 들어와야 전력이 들어온 줄 알고 불이 나가야 전력이 나간 줄 알지, 그 전력이 들어왔다 나갔다 하는 거는 보지 못한다. 그와 같이 인간의 마음으로써 마음을 전달하는 거는 가깝다 멀다 이런 것도 없이 전달이 되는 것이 바로 각자 여러분의 발전소다." 하는 겁니다. (합장하심)

사회자 이상 큰스님의 법문을 마치겠습니다. 오늘 감명 깊게 잘 들었습니다.

큰스님 이제 요다음부터는 질문들을 받아야지, 내가 설법을 하는 둥 마는 둥 하고 그냥 여러분이 질문하시게 해야겠어요. (대중 박수)

창살 없는 창살 속에서 벗어나는 길

1993년 11월 7일

아침 저녁 자고 깨는 것도 실감 나지만 우리가 흩어졌다가 모이는 것도 실감 나죠. 허허허…. 이렇게 흩어졌다가 모이는 것도 일종의…, 우주 자체도 그렇게 흩어졌다가 모이고, 모였다 흩어지고 하는 작용을 쉴 사이 없이 하거든요. 먹고살기 위해서, 가정생활 속에서 내 몸이 어떻게 돌아가는지, 사회 또는 내가 살고 있는 그 자체가 어떻게 돌아가는지를 생각해 보지도 못하면서 살아나가는 수가 많습니다. 자기 죽을 날도 생각하지 못하면서 말입니다. 죽는다는 것은 기정사실로 받아들이면서도 죽을 날은 생각지 않죠.

요새 난 '여러분이 한 발짝도 벗어나지 못한 채 부자유하게 살고 있구나.' 하는 거를 생각할 때 너무나 딱해서 기가 막힐 때가 많아요. 참, 사람이 어떻게 저렇게 창살이 없는데도 불구하고 창살 속에서 한 발짝도 내딛지 못하면서 구속을 받고 살고 있나. 자기 마음을 마음대로 할 수 없다는 것이 그 증거입니다. 우리가 폭넓게 생각을 해 보십시다. 사람들뿐만 아니라 일체 천차만별의 사생(四生)들, 그 모두가 어떻게 살고 있나? 천차만별의 사생들이 모두 자기가 살아온 습대로 벗어나지 못하고 살고 있습니다. 그것을 왜 벗어나지 못할까요?

한 가지 예를 한번 들어 봅시다. 연어인가, 은어인가? 하여튼, 왜 그것은 자기가 태어난 자리를 떠나서 세상천지를 돌아다니다가 다시 그 자리로 돌아와서는, 자기 모습을 형성해 놓고 자기는 없어지는 그러한 역할을 벗어나지 못하고 쉴 사이 없이 하게 될까요? 사람이라고 해서 그렇지 않다는 것은 아닙니다. 오랫동안 살아오면서 우리의 모습들로 인해 먹히고 먹고 살아온 그 습 때문에 벗어나지 못하게 되는 것입니다. 그 습이 쉴 사이 없이 반복되는 반면에, 누적이 되고 누적이 되고 그래서, 하여튼 그 테두리 안에서 벗어나려고 한 번도 생각해 볼 여유가 없었습니다. 왜 그대로만 따라갈까요? 그대로 따라가더라도 우리 마음은 발전이 있어야 되지 않을까요? 마음의 발전이 있어야만이 우리의 삶도 발전이 생기고, 또는 발전이 생기는 반면에 창조력이 생기고, 창조력이 생기면 물리가 터지고, 물리가 터지면 지혜로워지죠, 마음이 넓어지고. 그래서 우주 천지를 곳곳마다 심안으로 볼 수 있는 그런 자유스러운 사람이 되죠.

그렇다면 어떻게 넓게 봐야 하나? 첫째, 우리가 공기주머니에서 벗어나지 못한다는 사실을 여러분은 너무나 잘 알고 있죠. 그 사실만 알아도 그것은 아주 폭넓게 생각하는 것이지만 그렇게 알고만 있어서도 안 된다고 했죠. 항상 얘기하는 것처럼 마음은 체가 없으니까 과거·현재·미래를 한 찰나에 볼 수도 있고, 들을 수도 있고, 행할 수도 있다. 삼천 년 전을 지금 현재에 일 초로 갖다 놓을 수도 있다. 미래를 일 초로 갖다 놓을 수도 있다. 이것은 못을 박아서 '미래의 어느 때에 이렇게 갖다 놓을 수 있다' 이런 게 아니고, 시공을 초월해서 멀고 가까움이 없이, 또 가고 옴이 없이 자유롭게 가고 옴을 말하는 거죠.

이 모든 도력이 어디서 생기나? 마음이 폭넓고, 폭넓은 그 무리들이 사는 그 가운데에 바로 나도 더불어 함께 한마음으로 지금 생활을 하고 있는데, 나를 형성시킨 놈이 어떤 놈인가? 내가 나를 형성시켜서 지금 끌고 다니는데, 물론 혼자는 할 수 없어서 어느 부부를 등장시켜서, 정자 난자를 빌리고 몸을 빌려서 형성시키는 겁니다. 벌레가 나무를 의지해서 자기 몸뚱이를 붙들어 매서 진화를 시키는 것처럼, 우리는 기대지 않고는 못 살아요. 그래서 항상 여러분한테 해 드리는 말이 '공생(共生)·공심(共心)·공용(共用)·공체(共體)·공식화(共食化)하고 돌아가고 있다'고 하는 겁니다. 그러니까 먼 데로 가서 공부를 하겠다, 산으로 올라가서 공부를 하겠다, 홀로이 앉아서 공부를 하겠다 이런 것은 아주 어긋나는 일이죠.

어떤 선지식께 제자가 이런 말을 했다죠. "분주하고 시끄러워서 저는 도저히 공부를 할 수가 없습니다. 그래서 산으로 올라가서 토굴을 묻고 살겠습니다." 하니까 "그러면 너는 지금 곧바로 가되 길을 딛지 말고, 남이 짜 준 옷을 입지 말고, 남이 농사지은 밥을 먹지 말고, 남의 물을 먹지 말고, 남의 땅에다가 오줌도 누지 말라. 그리고 남이 농사지어서 지붕을 만든 건데 그 지붕 밑에서 어떻게 자느냐? 남들이 다 해 놓은 데서 너도 더불어 같이 살면서, 더불어 같이 사는 너의 모습과 너의 생명과 너의 아픔을 다 버리고 무슨 공부를 한다고 하느냐!" 하시더랍니다. 그래서 그 자리를 떠나지도 않았을 뿐만 아니라, 그 뜻을 그때서야 알고 '어허! 이게 모두가 한도량이구나!' 하고 가는 바도 없고 오는 바도 없이 공부를 했더랍니다.

그런 거와 같이, 이걸 말로 꼬집어서 어떻게 다 하리까? 말로 해서 마음이 승화가 될 수 있다면 얼마나 좋을까 하는 생각도 합니다. 그런데 말로 꼬집어서 다 할 수가 없어요. 비밀문서라는 것이 정신세계의 비밀이니까요, 전부. 우리가 가고 옴이 없이 가고 오는 것도 비밀이거든요. 예전에는 모습을 가지고 축지법을 했지만 정신계의 축지법이 지금 시점에는 필요하니까요. 지금은 정신을 먹고 살고, 정신을 잡아먹느냐, 정신을 뺏기느냐 하는 문제들의 싸움이라고요. 지금 구순히 사는 것 같지만 전체가 전부 싸우고 있는 거죠. 이런 싸움을 안 하고 어떻게 평등하게 공법으로 대치를 해 나갈 수 있느냐 하는 것이 문제입니다.

모두가 내 몸 아님이 없고, 내 아픔 아님이 없고, 내 형상 아님이 없는데 모든 거를 밟고 먹고 이렇게 사는 것이 어떻게 인간의 도리를 다한다고 할 수 있겠느냐? 그렇게 하지 않고 할 수 있는 법은 없을까? 그래서 삼천 년 전에 부처님께서 그 뜻을 일러 주셨고 지금까지도 일러 주고 계시지 않습니까? 수많은 사람들이 그 도리를 깨달았다 해도 각각 있는 게 아니에요. 이 도리를 자세히 들으세요. 마음은 체가 없어서 깨달은 사람들의 마음이 아무리 많이 마음을 통해서 들어와도 두드러지지 않고, 여러 부처님들의 마음이 여기를 통해서 바닷물 내놓듯이 다 내놔져도 줄지 않아요. 이렇게 광대무변하고 묘한 도리가 우리들에게 다 주어져 있다는 사실을 알아야 되겠습니다.

그런데도 관습에, 습에, 인연줄에 매달려서 그냥 꼼짝을 못 하고 있는 거예요. 한 식구, 부부, 자식이다 할지라도 그 자식들의, 부부의 몸을 붙들고 매달리지 말고, 만약에 그 마음을 둘 아니게 놓고 슬기롭게 굴린다면 몸은 저절로 붙들어지고, 사랑은 저절로 화(化)해서 자비의 정이 되어서 뗄래야 뗄 수 없이 이어져 가면서 더불어 하나로 돌아갈 수 있는 그런 묘법이 여러분한테 주어져 있다는 사실을 아셔야 합니다. 어떡하면 요것을 요리를 잘해서 잘 먹여서 그 맛을 알게 할 수 있을까 하고, 아무리 생각을 해 봐도 도무지 쉽지가 않고 땀이 부쩍부쩍 나잖아요. 왜 그러냐 하면 지구에 붙어서 사는 사람 벌레는 화해서 한 발을 떼어 놔야만이 이 공기주머니에서 벗어날 수 있어요. 그래야만이 자유자재할 수가 있고, 그래야만이 내 마음을 마음대로 쓸 수가 있는 평등봉에 같이 한자리를 할 수 있어서 여래 자리라고 하죠.

우리가 옷을 벗었다고 해서, 이 모습을 벗었다고 해서 죽는 게 아니에요. 옷을 벗으면 자기 차원대로…, 아니, 내가 테레비를 보니까요, 배를 갖다가 놓고, 같은 배인데도 크고 작은 것을 가리려고 기계에 넣고선 굴러 떨어지게 합디다. 작은 것은 작은 것대로, 큰 것은 큰 것대로 굴러 떨어지게 해요. 그렇게 해서 같은 배건만 크고 작은 걸 가려 내더라구요. 그러고는 작은 건 작은 것대로 큰 것은 큰 것대로 중간 것은 중간 것대로 놓고 팝디다.

그러니 천차만별의 그 모습들을 죄들 각각 놓고 우리가 경쟁을 하고 있는 거죠. 바로 여러분이 살아온 습, 그 습으로 인해서 오는 인과, 인연에 따라서 인과가 되는 거니까, 그것이 업이 되는 거죠. 이게 악업이 되느냐 선업이 되느냐. 사랑을 하다가도 어떠한 문제 때문에 헤어지면 악업이 되죠. 선업이 그냥 순간에 악업이 돼 버리고 말죠.

그러니 이 악업 선업이라는 자체가 어디에 있느냐? 여러분은 짐작도 못 하실 겁니다, 아마. 여러분 몸뚱이 속에 다 들어 있어요. 가지각색의 모습을 해 가지고, 의식을 가지고, 하나도 벗어날 수가 없는 그 업식의 굴레에서 그냥 그대로, 컴퓨터에 넣으면 그대로 나오듯이, 과거에 어떻게 살았느냐에 따라서 그 업식이 딱, 아주 기정사실로 들어 있거든요. 그렇게 뺄래야 뺄 수 없고, 끼울래야 끼울 수 없이 그대로 입력이 돼서 그렇게 나오는 것을 팔자 운명이라고 하죠. 그리고 영계성 · 세균성 · 윤회성 · 업보성 · 인과성 이 모두가, 거기에 속해서 나오는 것이 전부 몸 안에 들어 있어요. 부인 못 할 겁니다, 아마.

그래서 나로부터 이 세상이 벌어졌고, 나로부터 상대가 생겼고, 나로부터 업식이 있는 거니까 내 탓으로 돌리라고 하는 거죠. 묘한 거는, 과거에도 이렇게 살았다는 겁니다. 과거에도 이렇게 살았어요. 인과라든가 유전성이라든가, 세균성, 업보성 또는 영계성까지도 모두 종합해서 자기가 어떻게 살았느냐에 따라서 인과가 되는 거죠. 그래서 자동적으로 입력이 된 겁니다. 벗어날래야 벗어날 수가 없어요. 입력이 된 대로 여러분을 지금 이끌어 가고 있죠. 그런데 말입니다, 아주 한 치도 벗어날 수 없게 녹음이 돼서, 입력이 돼서 나오도록 되어 있는데, 사실 그대로 입력이 돼서 나와요.

그런데 이 입력된 것을 어떡하면 없앨 수 있을까? 여러분이 잘 아시다시피, 입력이 된 데다가 되입력을 하면 앞서 입력된 것은 없어지는 것 아니에요? 그렇죠? 그러니까 그렇게 빨리 인식이 되고 동감이 될 수 있도록 얘기해 드리는 겁니다, 지금. 그러니까 그 속에서 그냥 자동적으로 입력이 돼서 나오는데 거기에 말려서 그것이 습성으로 돼 버리고 말았죠. 그렇게 모두 살아나가고 있죠. 그런데 "그 자리에다가 믿고 되놔라. 제 나무는 제 나무 뿌리를 믿어야 되느니라." 했습니다. 제 나무는 제 뿌리를 믿어야 수분과 에너지를 흡수해서 모두 올려 보낼 수 있어서 나무가 푸르르게 살 수 있는 것이지 남의 뿌리, 남의 나무를 믿고 잘 살게 해 달라고 아무리 빌어도 그건 기복이며, 그건 이익이 하나도 가지 않는 것이며 공덕이 될 수가 없죠.

천체가 시공을 초월해서 돌아가는 이 진리를, 하나로 묶여서 더불어 같이 돌아가고, 같이 살고, 같이 말과 마음이 이어지고 이렇게 돌아가는 것을 바로 여래라고 하죠. 그리고 공덕이라고 하고요. 일을 할 때에 한 사람이 하는 것도 있겠지만, 문제가 생기면 거기에 관여가 된 사람들은 전부 모여야 해결이 돼요. 모이지 않곤 혼자 해결을 할 수가 없어요. 그래서 더불어 같이 모여서 공동 분담으로 해결을 할 수 있는 것이 바로 '주인공' 입니다. 주인공! 우리가 공(空)해서 전체가 다 이어져서 돌아가니까, 내 주인을 근본으로 치고 그 내 마음의 주인으로 인해서 모두 보풀어져서 더불어 같이 돌아가는 그 자체를 주인공이라고 하는 겁니다.

그래서 이 마음속에서 나오는 것이 어디서 나오느냐 하면, 몸뚱이 속의 모든 중생들이 의식들을 꼭 그렇게 가지고 있으니까, 이 몸뚱이가 배라면 내 마음의 선장이 그 자생 중생들을 다 태워 가지고 지금 다니는 거거든요. 이 배에 탄 중생들은 다 선장의 그 마음을 따르게끔 돼 있거든요. 즉 말하자면 그 마음의 선장에 따라 질서 있게 행동과 작용을 하게 돼 있어요. 그러니까 악하게 "어휴! 저놈을 죽였으면 좋겠다." 하면 이 안에서도 '저놈 죽였으면 좋겠다.' 하니까, 그쪽으로 음파가 그냥 가 버려요. 그래서 그쪽에서도 그냥 더 마음이 부풀어지면서

'두고 보자.' 하게 또 만들거든요. 그러니까 이 몸 안에서 의식들이 내 마음 채찍의 다스림에 따라 나가서 마음도 조절하는데, 나쁘게 조절하느냐, 평화스럽고 아주 좋게 해결사로서 조절을 하느냐 하는 것도 자기 마음에 달려 있다는 겁니다. 이건 기정사실이에요.

내가 헤아릴 수 없이 많은 의식을 가지고 있고 천차만별의 마음을 가지고 있으니까, 또 악업, 선업의 천차만별의 업을 가지고 있으니까 거기서 하나하나 나오는 대로 '으음! 거기서 나온 거니까 거기서 해결할 수 있잖아!' 하고 거기다가 놓아야죠. 그러면 통신이 돼서 다 결정이 되지만, 그렇지 않고 자꾸 바깥으로 끄달리고 자꾸 생각을 하게 되면, 그 생각에 의해서 작용을 해 주거든. 오늘은 요런 자세한 말을 하기 위해서 내가 이렇게 얘기를 하게 되는군요.

그러니까 하시라도 마음을 넓게 가지면서 거기다가 놓으세요. 만약에 꿈을 꾸었다든가, 상대가 어떠한 문제로 인해서 잘못돼 돌아갈 기미가 보인다든가, 나를 그냥 꼭두각시로 만든다든가, 또는 적대시한다든가 이런 문제들이 허다할 겁니다. 그러니까 그렇게 될 기미를 알게 되면, '너만이 그렇지 않게 할 수가 있잖아! 그 마음들과 둘이 아니게 내 마음으로 쓸 수 있게끔 너만이 할 수 있잖아!' 하고 모든 것을, 신호를 거기다 맡겨 놓을 때에, 이건 의학적이기도 한데, 대뇌를 통해요. 그리고 그다음에 소뇌를 통하고 중뇌에서 결정을 지어요. 결정을 짓게 되면 하달이 돼요. 사대(四大)로 통신이 돼요. 통신이 돼서 제각기 소임을 맡아 가지고 그때는 뛰는 겁니다. 가만히 있는 게 아니에요. 안과 밖으로 다 뜁니다. 그래서 내면의 절차가 다 잘되어 있어야 외부의 절차가 다 잘된다 이런 말입니다. 그러니까 '안에서 깨진 바가지가 바깥에 나가면 새지 않느냐' 는 속담이 있죠. 그러니 내 안에 들어 있는 모든 생명체들의 의식이 바로 내 주인이자 내 하인이고, 내 육체가 또 그네들의 주인이자 바로 심부름꾼이고, 관리인이자 집합소가 되죠.

그러니까 더불어 같이 사는 거지, 개별적인 혼자가 없어요. 모두들 살아나가는 데 '내가 했고, 내가 살고, 내 것이고' 이러는데 천만의 말씀이에요. 내 것이 없다면 바로 욕심이 다 떨어지는 겁니다. 보세요. 내가 벌어 놨다 하면 그게 조금만 없어져도 그냥 안타깝고 그렇지만 '더불어 내 거다, 더불어 한마음의 거다' 한다면 가지고 다녀도 무겁지도 않고요, 도둑맞을 일도 없고요. 하하하…. 또 생짜배기로 돈이 나가지도 않을 거고요. 모두의 돈이라고 그러는데, 더불어 같이 공유하는 돈이라고 그러는데 어떻게 생짜배기로 나갑니까? 그러나 내 거라고 그런다면 무슨 핑계를 대더라도 이놈의 돈이 나가거든요.

그러니 오늘은요, 여러분이 허심탄회하게 질문들 하시길 바랍니다. 질문하다 보면 세세한 것도 그 속에서 나올 수 있으니까요. 우리가 세계적으로 볼 때도요, 전부 상대를 놓고 기도를 하게 만들어 놨고, 전부 상대를 놓고 하고 있죠. 참, 그것도 기적이지. 어떻게 그렇게 상대를 놓고 빌게끔, 기도하게끔 만들어 놨는지 알다가도 모를 일이에요. 자기가 혼자 왔다 혼자 가는 그 사실을 안다면…, 이건 누가 대신해 줄 수가 없어요. 집 안에 들어가서도 말 못 할 일이 생기고, 말도 못 하고 자기 혼자만이 알고 있어야 하는 일들이 한두 건이 아니죠. 남을 위해서도 그렇고…, 모든 일에 다 그렇지요. 혼자 먼 산 보고 울어야만 하고, 자기 혼자 새겨야 하고, 혼자 참아야 하는 일들이 건건이 얼마나 많겠습니까?

그래서 올 때도 혼자 왔기 때문에 갈 때도 혼자 가야죠. 그런데 내가 가르치는 건, 혼자 온 것이 없기 때문에 혼자 갈 것도 없다 이런 말입니다. '우리의 삶이 영원하다' 하는 것은 아까도 얘기했듯이, 자기가 태어난 그 자리에 다시 와서 자기를 다시 형성시켜 놓고 자기는 옷을 벗듯이 그냥 벗어 버리는 거니까 영원히 사는 거지요. 우리가 죽었다, 살았다 하는 것이 바로 저녁이면 잠자고 아침이면 깨고 이러는 거와 같은 겁니다. 말씀하세요.

질문자1(남) 스님, 반갑습니다. 이렇게 질문할 수 있는 기회를 주셔서 정말로 감사합니다. 제가 질문드리고 싶은 것은 견성(見性)에 대해서 좀 여쭈어 보고 싶습니다. 달마 조사 『혈맥론(血脈論)』에 의하면, 부처를 찾고자 하면 반드시 견성을 해야 된다고 말씀을 하셨거든요. 그런데 우리가 염불을 하거나 또 경을 외우거나 계를 지켜도 별로 이익이 없다고 또 말씀하셨어요. 그런데 경을 외우면 총명을 얻고, 계를 지키면 천상에 태어나는 과보를 받고, 보시를 하면 우리가 복된 과보를 받되 부처는 될 수가 없다고 이렇게 말씀을 하셨거든요. 그렇다면 우리 수행하는 불자들이 반드시 견성을 해야 된다고 생각이 되는데, 스님께서 말씀하셨지만, 본래 마음이라는 것은 체가 없고 모양도 빛깔도 없어서 우리가 볼 수가 없는데, 그 작용하는 거는 우리가 이렇게 말하고 보고 듣고 하는 걸로 알 수는 있습니다.

그런데 저 같은 경우는 제 주인이 마음이고, 또 저를 지금까지 형성시켜 온 것이 그 마음이라고 알고 있거든요. 그런데 이렇게 알고 수행하는 자체가 견성인지 아니면 저희들이 참, 볼 수도 없고 들을 수도 없는 그 어떠한 다른 경계가 있어서 말씀을 하신 건지 그 점이 상당히 궁금해서 스님께 가르침을 구하고 있습니다. 말씀해 주시면 감사하겠습니다.

큰스님 그렇게 잘 알면 성불을 오히려 못 하죠. (대중 웃음) 잘 아는 것이 앞을 막아서요. 또 몰라도 안 되고요.

질문자1(남) 글쎄, 아리송해서요.

큰스님 그러니까요, 자기가 지금 이렇게 움죽거리게 된 것은 자기가 과거에 살던 자기이기 때문이니까, 그래서 과거 자기는 '부(父)' 가 되죠. 그리고 지금 현재에 형성된 자기는 '자(子)' 가 되죠.

질문자1(남) 예.

큰스님 그래서 가만히 있으면 부가 저절로 되고, 생각을 냈다 하면 자가 되는 거죠. 그냥 가만 있으면 자동적으로 부가 되고, 생각을 냈다 하면 자동적으로 그냥 자가 되는데, 다시 말해서 가만히 있으면 자가 부로 하나가 되고, 또 생각을 냈다 하면 부가 자로 와서 하나가 되니 부다 자다 할 것도 없는 자기 주인공을 진실히 믿어야 하는 겁니다. 진실히 믿고 잘하든 못하든, 알든 모르든, 경을 보든 안 보든…, 즉 말하자면 경을 보면 '아, 이건 부처님이 말씀해 놓으신 거지!' 이렇게 생각을 하게 됩니다. 그러기 때문에 또 따로가 되죠. 따로가 돼요!

그런데 내가 말하는 것은, 삼천 년 전 부처님이 말씀해 놓으신 거든, 현재에 말씀하신 거든 '내'가 없으면 어떤 것도 다 소용이 없다는 것입니다, 나로부터 있는 거니까요. 내가 있기 때문에 책을 볼 수도 있고, 내가 있기 때문에 말을 할 수도 있고, 이렇게 천차만별의 작용을 하면서 살고 있죠. 그러면 그렇게 작용하는 나를 누가 형성시켰는가? 그 바로 자기란 놈이 형성시켜 놨잖아요. 그렇죠?

질문자1(남) 예.

큰스님 자기란 놈이 형성시켜 놨으니까, 그 형성시킨 자기란 놈이 바로 부가 되는 겁니다. 자기, 참자기가 되는 겁니다. 그런 거니까 형성된 자의 마음은 바로 부의 마음과 둘이 아닌 까닭에, 꼭 나무는 제 뿌리를 믿어야 한다 이런 겁니다. 나무는 제 뿌리하고 뗄래야 뗄 수가 없습니다. 그걸 무명이라고 합니다. 흙에 덮여서 그 나무가 제 뿌리를 못 보게 된 것을 무명에 덮였다고 합니다. 우리 인간도 바로 무명 굴레에서 벗어나지 못했기 때문에 자기 영혼의 근본 뿌리를 자기가 못 본다는 겁니다. 그러니까 내가 잘 알고 모르고 그걸 떠나서 진실하게 물러서지 않는 마음으로 믿음을 가질 수 있다면, 그리고 지금 현실에서 작용하는 일체를 나오는 자리에다가 되맡겨 놓으면, 바로 입력이 된 데다가 다시 맡겨 놓으면 과거의 입력이 없어지고 새 물로 대치해서 쓸 수 있는 그런 입력이 되죠.

질문자1(남) 스님, 두 번째로, 제가 선원에 나오기 시작해서 지금까지 느낀 점과 체험한 것을 한번 말씀드리겠습니다. 제가 선원에 나온

지가 5년여 되거든요. 스님이 가르쳐 주신 대로 주인공을 믿고 오로지 그 자리에다 맡기는 공부를 하다 보니까, 아까 스님 법문에도 말씀하셨지만, 과거의 나쁜 습관으로 인해 가지고 처음에는 참, 공부가 안돼요. 왜냐하면 욕심도 나고, 미워하기도 하고, 시기하기도 하고, 질투도 나고, 그냥 음란한 생각도 나고, 어리석은 마음도 나오고 이래서 참 어려웠어요.

그래도 이 공부는 제가 사람 몸 받았을 때 반드시 하고 가야 된다고 생각하고 꾸준히 해 보았습니다. 그랬더니 세월이 지나면서 점점점점 그러한 생각에서 벗어나게 되고 그 생각이 점점점점 적어져요. 그러면서 마음이 상당히 편안한 상태가 됐거든요. 그러면서 제가 선원에 나오기 시작하면서 치아 치료를 위해서 치과에만 몇 번 갔지, 몸이 아프거나 그래 가지고 병원이나 약국은 한 번도 찾아가지 않았습니다. 그런데 선원에 나오기 시작해서 한 7개월 정도 됐을 때, 제 엉덩이에 밤알만 한 종기가 10개 이상 났었습니다. 그래서 '이것이 나를 공부시키는 기회구나.' 하고서 밀어붙였어요. '주인공! 당신 몸이니까 당신이 낫게 해야지.' 하고 병원에도 안 가고요. 그전 같으면 아마 병원에 가서 마이신을 맞는다, 뭐 한다 난리를 쳤을 텐데, 그 자리에다 맡겨 놓고 그냥 밀어붙였어요. 그랬더니 이상하게 종기가 그렇게 크면서도 아픔이 없었어요. 그런데 그렇게 한 10여 일이 지나더니 그냥 스스로 나았거든요. 그 뒤로는 몸이 어디 좀 아프거나 하면 그냥 주인공 자리에다가 맡기면 스스로 낫기 때문에 사실 병원에 갈 필요가 없었어요.

그래서 이 법이 좋다는 것을 저는 아주 누구보다 절실히 느꼈습니다. 그런데 습이 너무 많아서 지금도 가끔 그 삼독심(三毒心)이, 미워하고 시기하고 욕심내고 이런 마음이 저도 모르게 제 마음자리를 비집고 들어와요. 그럴 때는 혼자 저 자신을 돌아보면서, '5년 동안 네가 뭘 공부했느냐?' 이런 자책감도 가지고 그러는데 그럴 때마다 주인공 자리에다가 이렇게 말을 합니다. '야! 너 5년 전하고 지금하고 한번 비교를 해 봐! 그때하고 지금의 너하고 얼마나 다르냐? 그러면 내가 공부가 된 게 아니냐?' 이렇게 제 자신에게 말하면서 제 몸을 밝게 끌고 가고 있습니다. 이렇게 하고 가는 게 큰스님께서 가르쳐 주신 그 올바른 법을 제가 누구 말대로 쉽게, 소고삐를 올바로 잡고 끌고 가는 것인지, 한번 큰스님의 말씀을 듣고 싶습니다.

큰스님 올바르게 이끌어 가고는 있습니다만 한 가지 아쉬운 점이 있습니다. 습성이 발광을 하고 나올 때에, 왜 거슬립니까? '으응!' 비죽이 한번 웃어 보세요. '허! 너….' 하고 그 어떠한 생각이 나오든지 거기서 나오는 줄 알면 그냥 웃어 버릴 수가 있고 또 '나는 그렇게 해도 속지 않아! 주인공에서 화해서 나오는 것이니까.' 하고 놓을 수 있습니다. 그 습성들은 화해서 변해서 모습을 바꿔 가지고 자꾸 들러붙는 것입니다. 공부하는 사람들에게는 이렇게 자꾸 건이 생기죠. 그런 거를 가지고 거기에 끄달리면 어떡합니까? 끄달리면 속는 거지. 예를 들어서, 팥죽 얘기를 가끔 하는데요, 팥죽 솥에 팥죽이 끓는데 방울방울이 따로따로 있습니까? 한 솥의 죽방울이지. 그러니까 '죽방울은 그 죽솥에서 나오는 거니까. 뭐, 다른 데서 들어오는 것도 아니고 나가는 것도 아니니까.' 하는 생각을 하면 비죽이 웃음이 날 것 아닙니까? 그러니 걱정될 게 하나도 없죠, 뭐!

질문자1(남) 아직 공부가 덜 돼서….

큰스님 예를 들어서 아주 묘법이라고 할 수 있는 것이 내가 있기 때문에 그런 모든 게 닥친다는 겁니다. 그러니까 모든 것은 그놈이 일거일동 하는 것이기 때문에 나는 걱정할 게 없어요. 즉 말하자면, 나는 모든 중생들을 커버하면서, 이끌어 가는 어떠한 회사의 중역일 뿐입니다. 그 회사의 건은 그 회사의 주인이 다 하는 거기 때문에, 그 회사 중역이 이끌어 가는 소임을 맡았다고 그래서 회사 전체를 걱정할 필요는 없죠. 그런데 왜 걱정을 합니까? 나 할 일만 하면 되죠. 그렇게 걱정을 하면 그 묘법이라는 게 확 돌아서 바로 구정물이 생기게 돼 있고, 또 한 생각이 더럽고 깨끗한 거를 떠난 청정이라면 그냥 한순간에 깨끗한 물로 대치가 되는 겁니다. 그러니까 5년이다, 10년이다, 또는 1년이다, 몇 달이다 이런 생각도 말고 공부하십시오. 왜냐하면 잘했다 못했다, '내가 부처가 꼭 돼야지.' 하는 욕심을 갖는다면 정말 부처가 못 됩니다.

질문자1(남) 예. 그런 것 같습니다. (대중 웃음)

큰스님 예, 그러니까 꾸준히 그냥 '나는 자유인이 되겠다.' 이렇게 아주 소박하게 해 보세요. '나는 자유인이 되겠다!' '자유인이다' 하면 부처라는 이름인데, 부처라고 구태의연하게 이름을 부를 필요가 뭐 있습니까? 내가 자유스럽게 살면 됐지. 그러니까 내가 자유인이 꼭 돼야 세세생생에 자유스럽게 살지, 내가 지금 벗어나지 않는다면 세세생생이 굴레에서 벗어나지 못한다 하는 거를 생각하시구요. 감사합니다, 하여튼. 하하하….

그래서 여러분한테 닥치는 것은 모두 여러분이 공부할 수 있는 재료입니다. 어떤 분이 이런 말을 했죠. 여러분이 알지 못하는 일이 한두 건이 아닙니다. 자궁암이 심해서 아주 힘든 사람이 있었는데, 형편이 어려워서 병원에 입원할 처지도 못 되고 그냥 하혈을 하고, 병원에서는 수술해도 안 되겠다고 그러는 거예요. 애들은 여럿이고 셋방은 들었지, 남편이 벌이를 해서 조금씩 들여오는 것도 근근이 육신을 다 놀려서 하는데 거기다 대고 무슨 말을 하겠습니까? 생각을 해 보십시오. 진짜 사랑하니까 자식들한테도 얘기 못 하고 부부끼리도 얘기 못 하는 그 슬픈 마음이야말로 어디다가 댈 수도 없단 말입니다. 그러니까 나를 보고 나가면서도 그냥 벽에다가 머리를 대고선 은근히 울고 그냥 쓱쓱 씻고 나가는 그 마음이 말입니다, 얼마나 처절했겠습니까? 그렇게 당해 보지 않는다면 그 마음은 누구도 모를 겁니다, 아마. 식구도 아무도 모르고 말입니다. 그래도 자기가 움죽거려야 자식들과 가정이 살 수 있으니까 움죽거려야만 합니다.

그러면서 날더러 뭐라고 그러는 줄 아십니까? 하하하…. "나는 죽든지 말든지….” 저 자식들을 길러 내야 하니까 죽든지 말든지 당신 알아서 하라 이거야. 허허허…. 자기는 죽든지 말든지 자식을 꼭 길러야 한다는 거죠. 그러고는 “스님, 내가 ‘주인공!’ 할 땐 스님과 더불어 같이 생각하고 부릅니다. 나는 그 빽밖엔 없습니다.” 아, 그러고는 쓱쓱 닦고 그냥 나가고, 뭐, 오래 앉아 있지도 않아요. 그러더니, 어느 날 턱 오더니 막 울어요. 그래서 “왜 울어? 애들 길러 내지 못하게 생겼어?” 이러니까, “길러 내게 생겼어요!” “그래, 어떻게 됐어?” 그러니까 “다 나았어요! 이제 다 나았는데요, 병원에 가 볼 돈도 없으니까 근근이 조금씩 모아서 한번 어떤가 하고, 그것도 내가 못 믿어서 그렇죠. 가 보니까 아무 지장이 없대요.” 아, 이러는 거야. 그러니 세상에 또, 나았으면 가 볼 필요는 뭐 있어, 글쎄? 그것도 놀란 가슴에 그 어려움을 벗어나게 하기 위한 방편이겠죠.

하여튼 그런 사람도 있는가 하면 저런 사람도 있고, 저런 사람이 있는가 하면 이런 사람도 있는데 천차만별로 많은 사람들한테 나는 고맙게 생각하는 마음이 참 많습니다. 그러나 “이 사람도 그렇게 해서 나았어! 그 사람도 그렇게 해서 잘됐어!” 이렇게 말할 수가 없는 것은 내가 혼자 안 했기 때문입니다. 이 말, 잘 들으셔야 합니다. 오는 사람이 없다면 나도 없고, 내가 없다면 올 사람도 없죠. 그런데 내가 혼자 했다고 할 수가 있나요? 그 말 자체를 잘 들으셔야 합니다. 수십만의 의식들이 같이 동원해서 작용한 겁니다. 내 몸의 모든 생명들이 같이해 주고, 그 몸의 생명들이 같이해 주고, 동일하게 한마음 한뜻이 돼서 작용을 했기 때문에 불이 들어온 겁니다. 그러니 여러분이 성불하기 이전에 우리가 소박한 마음, 진실한 마음, 진실한 믿음으로 자기는 반드시 자기 뿌리를 믿어야 한다는 사실을 꼭 알아야 하고, 제 뿌리는 제 나무를 도와서 푸르르게 살게 할 수 있다는 사실을 꼭 아셔야 합니다. (대중 박수) 그리고 질문할 사람은 질문하세요.

질문자2(여) 3년 전에요, 아이를 낳고 5개월쯤 있다가 안면 마비가 와서 병원에도 가고 약도 많이 먹었어요. 그래 가지고 큰스님께 상의해서 천도재도 여러 번 했는데, 천도재 다 지내고 나서 한번 말씀하시기를 "네가 물리가 터져야 그 병이 나을 텐데!" 하셨어요. 그래서 한 1년쯤은 약도 먹고 침도 맞고 급하게 다니고 그랬지만, 그 후로 한 2년간은, 아예 다니지를 않았거든요. 내가 물리가 터지면 낫는다고 하셨으니까 나으리라 믿고 공부를 했는데, 아직도 못해 가지고 지금도 그대로 있거든요. 그런데 제가 벌어야 가정을 이끌어 갈 수 있어요. 그런데….

큰스님 그런데 말이야, 말끝에 내가 먼저 말하는 건 안됐지만, 나가서 벌어먹여 살리게 한 놈도 그놈이고, 가난하게 사는 놈도 그놈이고, 믿는 놈도 그놈이고 안 믿는 놈도 그놈이야, 다! 모든 것을 하나로 일치시켜서 확고하게 믿고, 죽든 살든 거기에 놓지 못하기 때문이라고 봐, 나는.

옛날에 이런 일도 있었지. 다리가 아픈 놈이 와서 빨리 고쳐 달라고 야단법석인데, 끌고 온 놈이 또 빨리 낫게 해 주시라고 "빨리빨리" 그러는 거야. 그래서 "빨리 낫게 해 주면 이 공부를 어떻게 하라고 빨리 낫게 해 줘?" 이랬는데, 그냥 그렇게 그렇게 해 가지고 가더니만 아, 다리가 나아서 겅중겅중 뛰어다니니까 이제 등한시하는 거지. 그래서 "그것 봐라! 등한시하잖아?"라고 하니까 다시금 다잡아서 그 공부를 한다고는 하고 있는데, 아직까지도 미지수야. 그러니까 당신도 신날도 안 꼬았어! 만약 100%라 하면 당신은 20% 30%밖엔 안 갔으니까. 그렇지만 한순간에도 100%가 될 수가 있어.

질문자2(여) 그래서요, 한 3개월 전 꿈에 저의 시어머님이 닭을 두 마리 주셨어요. 그런데 그 뒤로 둘째 아이를 갖게 되었어요. 그래서 제 생각에 내 몸 하나 한마음으로 이끌지 못하면서 애를 가져서 똑바른 아이를 낳을 수 있을까? 낳았으면 엄마가 바르게 키워야 되는데 자식을 바르게 키우지 못할 바에야 이 애를 안 낳으리라 마음을 먹고….

큰스님 아이구! 믿지 못하시는 까닭에 그러십니다. 하하하…. 모두가 믿지 못하는 게 그냥 그렇게 많으니 그게 나을 수가 있나?

질문자2(여) 그랬는데 한 달이 지나니까 마음이 편안하고 '먹고사는 것도 다 알아서 해 줄 텐데 내가 괜한 걱정을 하고 있구나.' 하고 생각했어요. 정말 이 세상에 바른 아이를 낳고 바른 엄마가 되기 위해서 더 큰 어떤 것도 감수하겠다고 마음먹고, 부끄럽지만 법회 때 큰스님께 질문을 해서 정말 내가 그 자리에서 꼭 물리가 터지게 하든지 아니면 나를 깨닫는다는 공부를 꼭 하고 돌아오리라 결심을 했습니다. 그러면서 큰스님 법회 있을 때 질문하게 해 달라고 관하고 오늘 왔는데, 또 다행히 저만 왔어요. 남편이 같이 왔으면 싫어할 텐데요. 이렇게 법당에 오게 돼서 너무너무 감사하고요. 어떠한 채찍이라도 달게 받겠습니다. 정말 바른 엄마가 될 수 있게 한 말씀 부탁드립니다.

큰스님 아, 그렇게 잘하면 돼! 하하하…. (대중 웃음) 그렇게 진짜로 믿어 봐! 이거는 말로만이 아니야! 진짜야! 그 맛을, 어휴! 그 맛을 알면 너무도 좋을 거야. 그 맛을 알면 하늘을 쳐다보고 백 번을 울어도 시원치 않을 것이고 땅을 치고 백 번을 웃어도 시원치 않을 것이야. 열심히 해 봐. 이래도 한세상 저래도 한세상인데, 뭘 그렇게 꽉 잡고 자기가 걸어온 발자취를 짊어지고 애를 써, 그렇게? 응? 아, 그냥 걸어올 뿐이지, 그 발자취를 마음으로 왜 또 뭉쳐 들고 다녀? 그럴 필요가 없어! 우리 살림살이 살아나가는 거는 우리가 걸음 걸어오듯이 살고 가는 거야, 지금. 발자취를 놔 버린 채 걸어 다니는 거와 같은 거야. 내일 살 걱정 하지 말어. 하루살이로 살라고. 그냥 하루살이로 살란다고 또 다 갖다 팔아먹고 끓여 먹고 이러지 말고, 하하하…. (대중 웃음) 다 맡기고…, 내가 가진 게 뭐 있어! 내 몸뚱이도 가진 게 없어! 내 몸뚱이도 내 것이 아니야! 내 마음도 내 것이 아니고. 그런데 거기에 뭐가 있다고 그냥 그걸 부여잡고 쩔쩔매? 좀 그렇게 놔 봐! 오늘 중으로라도 그렇게

놔 봐! 가 봐. (대중 웃음)

질문자3(남) 저는 우리 선원에서 나온 여러 권의 책과 녹음테이프를 통해서 공부해 왔습니다. 부처님의 도를 그렇게도 깊고 지극하게 가르쳐 주시는 큰스님의 법문에 너무나도 뜨거운 감사를 드리며, 이 감사한 마음을 어찌 표현할 수가 없어 때로는 오직 눈물 방울만 떨어질 때도 있습니다. 큰스님께 질문을 여쭙겠습니다.

물론 저뿐만이 아니고 이러한 질문을 수차례 많이 받으셨으리라 생각되나 여러 대중들과 저를 생각하시어 다시 한번 설해 주시면 감사하겠습니다. 우리 불자들이 어디를 가거나, 혹 절 앞을 지날 때에는 불전에 참배하고 싶은 마음이 생기게 됩니다. 이때에 참배하면서 우리 불자들은 어떠한 마음을 내어야 합니까? 부처님도 내 한마음에 계시며 나와 다르지 않으며 바로 나의 실상이니, 주인공에 감사해야 되는지요, 아니면 부처님께 '원력을 주십시오.' 하는지요. 부처님께 참배를 하면서도 주인공에 감사하는 마음을 가져야 하는지요. 설해 주시면 감사하겠습니다.

큰스님 그게 간단해요. 만 개의 사찰을 돌아다닌다 하더라도, 그 만 개가 단 하나도 없어요. 거기 가서 참배를 올릴 때, 내가 그랬죠? 이 법당도 마찬가지입니다. 법당에서 참배를 올릴 때 왜, '일체제불의 마음' 이라는 노래 있죠? 그와 같습니다. 즉 말하자면 저 형상이 내 형상이요, 저 마음이 내 마음이요, 저 생명이 내 생명이니 둘 아니게 '주인공' 하면 전체가 모두 하나로 돼 버립니다. 그러니까 그저 어디를 가셔서 참배를 올리든지, '주인공!' 하면 그냥 그 부처와 나, 일체가 다 하나가 돼 버리니까요. 주인공에 감사히 생각하고 하면 그대로 그 부처님 마음도 거기에 함께하게 돼 있습니다. 그게 비밀이죠. 하하하….

질문자3(남) 식사를 할 적에는 합장을 하는데 이럴 때는 주인공과 더불어 감사하는 마음만 가지면 되는지요.

큰스님 예. '주인공' 하면 나와 더불어 주인공이지 개별적인 주인공이 없습니다. 여러분, 식사를 한 그릇 먹을 때에 혼자 먹습니까? 아주 헤아릴 수 없이 많은 여러 생명들이 같이 먹습니다. 그렇죠? 지금 이 몸속에 내가 얼마나 많이 들어 있습니까? 그러니 내가 밥 한 그릇을 먹어도 공식(共食)하고 있죠? 그런데 그 밥 한 그릇이 또 뭡니까? 농사 지은 사람, 밥 지은 사람, 뭐 뭐, 전부 거기 손길이 갔으니 모두 한데 합치면 전부 공식이에요. 그러니 공식했다는 것은, 즉 말하자면 공양(供養)입니다. 공양! 그래서 "공양을 올려라" 이럽니다.

어느 한 부처님에게 올리는 게 아니고 우주 삼라만상 전체에 한 그릇으로 공양을 올리고도 그 한 그릇은 되남더라 하는 겁니다. 되남아서 또 올리고, 먹어도 또 남고, 또 먹어도 또 남고 이렇게 되풀이되는 끊어지지 않는 진리인 것입니다. 그러니까 이건 내가 혼자 먹어도 공양입니다. 그래서 공양! "공양하셨어요?" 이러죠, 절에서. "밥 먹었소?" 이러지 않고 "공양하셨어요?" 이러죠?

질문자3(남) 공부는 많이 되는 것 같습니다. 그런데도 '끌고 다니는 것도 바로 주인공! 당신이 끌고 다니는 것이지. 이 고통 주는 것도 다 당신이 하는 것이지!' 이렇게 믿고 해도….

큰스님 '당신이 하는 것이지.' 해 놓고 뒷마무리가 없으면 안 되죠. '당신이 한 거니까 당신이 해결해야지! 당신이 구정물이 나오게 했으니까 당신이 새 물이 나오게 해서 쓸 수 있게 해야지!' 하는 그 대치가 있어야죠. 똥을 다 누고 밑을 씻어야만이 개운하고 깨끗하죠? 그와 같은 겁니다.

질문자3(남) 잘 알겠습니다.

큰스님 형제 법우님들이 공부가 부진해 가지고 내가 한 번 더 이렇게 만남을 갖게 된 겁니다. 그러니까 여러분이 열심히 하셔야죠. 나는요, 사실은 여러분이 자고 있을 때도 그대로 자는 게 없고, 낮에도 여러분 못지 않게 일하고 있습니다. 한시도 쉬는 사이가 없습니다. 그러니 여러분! 생각을 깊이 좀 하세요.

질문자4(남) 감사합니다. 강릉지원에서 왔습니다. 빨리 왔다고 왔는데 또 제일 마지막이 됐습니다. 감사합니다. 드디어 강릉지원이 이룩되게 되었습니다. 큰스님의 큰 원력으로 생각하며 감사를 드리고, 온 한마음선원 신도들께 감사를 드립니다.

큰스님 감사해요.

질문자4(남) 제가 드리고 싶은 말씀은 장문의 편지로 큰스님께 올렸습니다. 단, 제 마음자리가 아직 부족해서 뭔가 좀 부족하고, 요새 말로 좀 튀는 것 같습니다. 일이 잘되면 그걸 진득이 참고 있어야 되는데, 마음보다 몸이 앞서고 몸보다도 마음이 앞서고 그래서 좀….

큰스님 아니요! 이런 묘법이 있어요. 말을 해도 함이 없이 하고 또 행을 하되 함이 없이 행을 한다면 그 비밀이 아무 데도 누설되지 않아요. 사람이 내놓는 것만 알지 들이는 것을 모른다면 아니 되듯, 내놓고 들이는 것이 모두가 철두철미해야 되겠죠. 그렇기 때문에 이 음파라는 것은 여기에서 달나라를 가도 그냥 요기서 저 문 밖에 통신이 되는 거나 똑같아요, 두루. 정말입니다. 그러니까 '이거는 내가 말하는 게 아니야!' 하면 그건 누설이 되지 않습니다. '내가 함이 없어!' 그렇게 알고 있다면요.

질문자4(남) 감사합니다.

질문자5(남) 큰스님, 제가 6월경에 뵙고 한 5개월 만에 뵙는 것 같습니다. 제가 6월경에 큰스님을 뵐 때는 아주 저 자신을 지탱하기 어려울 정도로 극한 상황이었습니다. 그때 저의 집사람에게 끌려오다시피 해서 뵙게 되었고 그 당시에 "저를 다 죽이고 왔습니다." 하고 스님께 고백을 했습니다만, 그때 스님께서는 "믿고 맡겨라! 공부해라!" 그 말씀만 하셨습니다. 그때 저는 스님 말씀대로 모든 것을 믿고 맡겼습니다. 그리고 주인공을 찾았습니다. 5개월이 지난 지금 저에게는 많은 변화와 발전이 있습니다. 가정적으로도 부부간에 갈등도 없어지고 가족간의 화합도 생기고, 사업도 상당히 번창해서 이제 연간 매출액이 몇십억을 가져올 수 있는 그런 사업적 기반도 다졌습니다. 그래서 주인공과 큰스님께 진심으로 감사의 말씀을 드리고자 합니다. 자세한 것은 후일, 믿음이 부족하고 아직 깨침이 부족한 분들을 위하여 사례로 발표할까 생각합니다. 그런데 제가 이렇게 알면서도 '그러면 주인공의 힘의 원천이 어디 있느냐?' 이런 것을 생각하게 됐는데 오늘 설법을 통해서 그 답을 얻었습니다. 아울러서 한 가지만 그간에 의심스러웠던 것을 질문드리고자 합니다.

저희 인간은 우주 속에 살고 있기 때문에 우주의 영향을 받으리라고 생각을 합니다. 그래서 저희 인간들이 자기 자신을 찾고 그 능력을 활용하기 위해서는, 우주와 인간이 어떤 관계가 있느냐는 것을 깨닫는 것이 중요하리라고 생각합니다. 그간 큰스님께서 우주와의 관계를 여러 번 말씀하신 바 있습니다마는, 아직도 이해가 부족하기 때문에 우리 인간과 우주와의 관계, 또 힘이 있다면 그 에너지와의 관계가 어떠한 것인가 이 점을 좀 여쭈어 보겠습니다.

큰스님 이렇게 비유를 해 봅시다. 발전소를 우주라고 한다면 인간의 능력은 바로 그것을 용도에 따라서 꺼내 쓸 수 있는 데 있습니다. 그러니까 사람이, 소비자가 없어도 아니 되고, 그 소비자가 이용할 수 있게 해 주는 그 능력 자체가 없어도 안 되죠. 그러니까 우리가 용도에 따라서 끌어 쓰기 위해 에너지라는 이름이 생긴 거지, 용도에 따라서 꺼내 쓸 수 없다면 어떻게 에너지라는 이름이 나왔겠습니까? 그러니까 우주의 근본이 발전소라면 거기에서 우리가 용도에 따라서 꺼내 쓰는 그 전력이 에너지입니다. 그러니까 에너지와, 사람의 능력과, 그 발전소와 둘이 아니게 같이 직결이 돼 있으니까 자유자재로이 꺼내 쓸 수 있다, 작으면 작은 대로 꺼내 쓰고 크면 큰 대로 꺼내 쓸 수 있다, 그 꺼내 쓸 수 있는 용량은 한계가 없다는 거죠. 여러분이 다 한계가 없이 가지고 있는 겁니다. 그리고 권리도 가지고 있고요. 하하하….

질문자5(남) 잘 알겠습니다.

질문자6(남) 오늘 하늘 아래 둘도 없는 바보가 여기 나와서 큰스님을 뵙습니다. 오늘 질문에 좋은 가르침 주시기를 바라겠습니다. "산은 산이요, 물은 물이로다." 이것은 4일 전에 열반에 드신 조계종 성철 큰스님께서 81년 1월 종정 취임의 제일성으로 하신 법문으로 알고 있습니다. 이 말씀은 일체 삼라만상이 모두 다 법신체(法身體)인데 이를 깨닫지 못하는 우리 중생을 안타까워하시는 마음에서 우리들을 가르쳐 주시기 위해서 말씀하신 그런 법어인 줄로 알고 있습니다.

그런데 그 큰스님께서도 인연이 다하시어 이제 열반의 길에 드셨습니다. 성철 큰스님께서 인연이 다해서 열반에 드시는 것을 보고 난 뒤에, 저는 불현듯 저를 되돌아보게 되었습니다. 이제까지 큰스님의 깊고 지극하신 자비 밑에서 20년을 선원의 수위로서 지내 왔습니다마는, 성철 스님의 열반을 보고서 '아이고! 나 이거 큰일 났구나.' 이렇게 생각을 했습니다. '내가 큰스님의 밑을 떠나서 인연이 다되어 갈 때는 틀림없이 나는 지옥행이다.' 이렇게 지금 생각을 하고 있습니다. 그래서 이 천하에 둘도 없는 바보가 20년 만에 용기를 내서 오늘 처음으로 큰스님께 큰 가르침 주십사 하고 여쭙겠습니다.

그렇지만 우리 중생들이라는 것은 현실 속에서 '거짓나'를 '참나'로 알고, 현실 속에서 물질에, 허상에 매달려서 쫓기고 찾고 갈등을 하고 그렇게 살아갑니다. 큰스님께서는 항상, 저희들이 바깥에서 배울 때도 마찬가지입니다마는, 으뜸가는 공부를 할 수 있는 것은, 내가 나에게 참 가르침을 주실 수 있는 선생님을 만나는 것, 선지식을 만나는 것과 그리고 그 계기를 뚜렷이 가지는 것이 공부의 으뜸이라고 말씀을 해 주셨습니다. 그래서 저는 오늘 그 계기를 용케도 잡았습니다. 성철 큰스님께서 열반에 드시는 이런 인생의 무상함을 하나의 계기로 찾았고, 또 오늘 여기 나와서는 큰스님께서 '이 무지 중생들, 이 사람들에게 어떻게 내가 진리를 한마디로 요리를 해서 딱 깨우쳐 줄 수 있는가. 맛을 내게 넣어 줄 수 있는가.' 하는 말씀으로 두 번째 계기를 잡았습니다.

그리고 그다음에는 나는 여기 20여 년을 큰스님 밑에서 지내 오면서 시간이 있을 때마다 큰스님을 뵈옵고 좋은 가르침을 받곤 했는데 5년 전에 온 아우님이나 6개월 전에 온 아우님이 벌써 주인공을 맛을 보았다 하니, 전 그만 걱정이 태산 같고 이래서 오늘 나왔습니다. (대중 웃음)

큰스님께서는 항상 한마음 법으로써 저희에게 가르쳐 주십니다. "한마음이라는 것은 나의 절대 생명이요, 그리고 공존의 생명이요, 시간을 초월해서 영원하고, 공간을 초월해서 무한하고, 인간을 초월해서 신령하다. 너무 크기 때문에 허공과 같고 무(無)다. 항상 주인공 자리에 되돌려 놔라. 여여하게 되돌려 놓고 그리고 공부를 해라. 그러면 모든 것이 풀릴 것이다." 하고 말씀해 오셨습니다. 그런데 저는 20년간 들어 왔습니다만 그것이 항상 큰스님의 말씀으로밖에 여겨지지 않고, 내 옆에 있는 내 도반들의 말로 들리지 제 말로는 하나도 마음에 새겨지지를 않았습니다.

그래서 오늘 왜 나왔느냐 하면, 이 세 가지 계기를 잡은 김에 큰스님께서는 "너는 인연 없는 자식이니 이제 수위 자리도 그만두고 나가서 죽든지 떠나든지…." 이 말씀을 오늘 한마디 해 주시면 아무래도 제가 죽기 싫고 달아나기 싫으면 공부를 할 것 같은 그런 생각이 들어서 오늘 왔습니다. 좀 크게 꾸지람 주십사 하고 왔습니다. 꼭 들어주시기 바랍니다.

큰스님 본래 말입니다, 본래 인생은 온 게 없기 때문에 갈 것도 없습니다. 그리고 누구 말마따나 서까래는 서까래대로 쓸 수 있고, 기둥은 기둥대로 쓸 수 있고, 포함해서 새끼손가락 하나라도 없으면 안 되듯이 우리 전체가 이 세상에 나온 것은 다 쓸 수 있기 때문에 나온 것입니다. 그렇기 때문에 그렇게 말씀 안 하셔도 되고요, 한생각을 잘하셨다면 그대로 해 나가시면 되겠죠. 뭐, 길게 생각하고 짧게 생각하고, 또 오래됐고 오래되지 않았고 그걸 떠나서 지금 현재 생각이 중요합니다. 그런 거니까 그저…, 그런 말씀 하시는 거 보니까 한자리를 하신 것 같은데요? 하하하…. (대중 웃음)

질문자6(남) 감사합니다. 계속 이렇게 나무라시고 이끌어 주시기 바라겠습니다. 정말 감사합니다.

큰스님 또 질문하실 분 있으면 질문하세요. 여러분이 다 이익 되게끔, 지어서 할 필요도 없고…. (삼배를 올리는 질문자에게) 한 번만 하십시오.

질문자7(남) 큰스님, 감사합니다. 여태까지 불교를 믿고 수십 년간 다녔지마는 불교의 진수를 모르고 다녔습니다. 그런데 큰스님께 와 가지고 용광로보다 더 확실한, 놓고 갈 수 있는 주인공 자리를 배웠기 때문에 저희들이 요즘 마음 편안하게 돌아가고 있습니다. 그런데 제 경우는 가족이 지금 손녀까지 여섯 명입니다마는 저는 마음자리에 놓고 잘 돌아가는데 딴 식구들은 아직까지, 제가 볼 때에 걸리는 점이 보일 때는 참 안타까울 때가 있습니다. 그럴 때마다 조용할 때 한 번씩 가솔들한테 얘기를 해 줍니다마는 아직 제가 도량이 부족해서 마음을 가족들한테 못 내는 것 같아서 오늘 큰스님께, 어떻게 하면 제 그릇을 좀 키울 수 있을까 하고 여쭤 보고 싶습니다.

큰스님 식구들이 잘못하든가 빗나간다든가 하더라도 항상 모든 것을 자기 주인공에다 놓으세요. 즉 말하자면, 그쪽의 주인공이나 내 주인공이 같거든요. 그런데 식구들은 벌써 식구라는 가설이 돼 있습니다. 보이지 않는 데에 가설이 돼 있죠. 그런데 그 가설이 돼 있기 때문에 자기 주인공에다가 놔도 그 쪽의 주인공까지 다 밝아집니다. 그러니까 자기 주인공한테 '저 사람이 저렇지 않게 할 수 있는 것도 너밖에 없어!' 하고 모든 것을 놓고 인의롭고 부드럽게, 부드러운 행동과 부드러운 말을 해 준다면 거기도 아주 밝아질 겁니다.

질문자7(남) 그리고 제가 스님 앞에서야 뭐, 나이라 할 것도 없지만 일 갑자를 살아오면서 지금까지 과거는 한생각에 다 놓았습니다. 현재는 스님 앞에 와서 이 질문까지 하게 됐는데 이 편안한 마음을 내세에도 가지고 갈 수 있을는지요?

큰스님 오늘 만약에 남을 도와서 좋은 일을 하고 내 마음이 즐거웠다면 내일까지도 즐겁죠. 그런 인연을 맺었다면 더불어 같이 보이지 않는 데서 모두 빈손으로 돌봐 주게 되고, 없는 손이 와서 돌봐 주게 되고, 또 없는 손이 있는 손으로 둘이 아니게 포함이 돼서 귀인이 돼 가지고 다 돌봐 주고, 가는 족족 이렇게 돌봐 주게 되죠. 이거는 기정사실입니다, 모두 모르셔서 그렇지. 그러니까 일체가 다 음파가 통해서 나를 도와주게끔 되는 거죠. 내가 혼자가 아니니까요. 그러고도 내 마음의 다스림이 이 육체 안의 모든 생명의 의식들에게 통해진다는 사실을 아셔야 합니다. 그러니까 나쁘게 통하게 하지 마세요. 모두가 인의롭고, 자유스럽고, 슬기롭게 대치할 수 있는 그런 과감한 용기와 그 믿음을 가지고 해 나가실 수 있다면 여러분에게 어떠한 병고가, 죽을 병고가 온다 하더라도 그건 대치할 수 있습니다. 또 질문 있으시면 하세요.

사회자 시간이 많이 흐른 것 같습니다. 오늘은 이것으로 큰스님의 법문을 마치도록 하겠습니다.

그릇을 항상 비우면서 찰나 생활로 살아라

1993년 12월 5일

날씨가 몹시 춥다고 그래서 '어휴! 여러분이 이렇게 추워도 오시는데, 장소가 변변치 않아서 어쩌나.' 하는 생각을 했습니다. 그런데 오늘은 그다지 춥지 않은 것 같죠?

대중 네.

큰스님 하하하…. 다행입니다. 이렇게 한 찰나 떨어졌다가 한 찰나 한자리를 하게 되는 것을 감사히 생각하고, 또 우리가 마음과 마음을 전달하는 도리를 알기 위해서 한자리를 하게 된 것을 참 기쁘게 생각합니다.

어린애를 낳아 놓으면, 처음 걸음마를 배울 때 발자국을 떼어 놓기 위해서 천방지축 걸어가죠. 그럴 때 그 어린애가 '내가 가다가 넘어지면 어쩌나? 내가 낭떠러지에 떨어지면 어쩌나?' 하지는 않겠죠. 아무 생각 없이, 오직 내가 발걸음을 떼어 놓는다는 기쁨에만 그냥 뗄 뿐이죠. 그런 반면에 우리 인간 자체는 살아가면서 항상 '낭떠러지에 떨어지면 어쩌나. 잘못돼서 넘어지면 어쩌나. 구덩이에 빠지면 어쩌나. 잘못되면 식구가 다 죽을 텐데….' 하는 생각 때문에 한 발짝도 떼어 놓지 못하는 경향이 많다고 봅니다.

그러나 그렇게 돼서는 안 되죠. 마음이 우선입니다. 마음이 우선적이기 때문에 내 마음으로 인해서 바깥으로 작용이 나오고, 작용이 나오면 바로 어떠한 경계가 완전히 나타나죠. 망하든지 흥하든지 말입니다. 그렇기 때문에 그 마음 씀씀이가 얼마나 중요한지 모릅니다. 항상 이런 말도 하죠. "더하고 덜함도 없는 그 가운데서 바로 자유스럽게 쓰는 그 마음씨가 있기 때문에 행동이 나오고, 행동이 나오기 때문에 현실에 적합한 모든 것이 다 이루어진다." 하고요. 그래서 "크고 작은 것이 둘이 아니다. 둘 아닌 가운데에 내 마음이 스스로 자재할 수 있는 능력을 가져야만이 할 수 있다."라는 얘기죠.

내가 아까 어린애 얘기를 왜 했느냐 하면, 여러분은 관습이나 습관에 젖어서, 고정 관념에 젖어서 영 옴치고 뛰질 못해요. 이론만 가지고 세상 사는 것이 아닙니다. 아는 것만 가지고 사는 게 아닙니다. 결국은 행하는 겁니다. 이론만 가지고 사는 게 아니라, 묵묵히 한생각을 했으면 그대로 묵묵히 걸어갈 뿐이고 작용을 할 뿐이죠. 그렇기 때문에 조그만 거든지 큰 거든지, 진실로써 한 발짝 떼어 놓고 행을 하는 것이 문제지 아무리 말과 이론으로, 아무리 지식으로 안다 하더라도 그건 소용없는 일입니다.

그래서 부처님과 중생이 둘이 아니라고 한 겁니다. 일체 모든 부처님들, 즉 말하자면 부처님 이름도 허다하게 많죠? 그 많은 이름의 부처님들도, 역대 조사들도 다 "그저 부처님이 이 앞에 있어도 집어삼켜라. 역대 조사들이 있다 하더라도 집어삼켜라. 중생이 있다 하더라도 집어삼켜라. 일체를 다 닥치는 대로 집어삼켜라." 하신 뜻은 무엇이냐? 마음이기 때문에 그것이 아무것도 아니라고 생각하는 분들은 어떠할는지 모르겠지만 첫째, 마음먹는 것이 우선입니다. 그 마음은 체가 없어요. 체가 없기 때문에 수만 명의 선지식들을, 부처님들을 넣어도 두드러지지 않아요. 한 찰나에 이 세상을 다 집어넣는다 하더라도 두드러지지 않아요. 들고 나는 문은 한 문이자 한 구멍이에요. 그게 문

없는 문이에요. 한 세상을 다 집어넣고, 가정을 다 집어넣고, 역대 조사 역대 부처님들을 다 집어넣어도 두드러지지 않는다 이 소립니다. 그래서 다 집어넣었으니까 다 내놓아야죠? 그래서 "다 버리고 나니까 다 얻더라! 얻고 나니까 버릴 것도 없더라!" 이렇게 되죠. 모든 걸 집어넣어도 두드러지지 않고, 다 집어넣었으면 다 내놓을 줄 알아야 그게 보살행이라고 볼 수 있겠죠.

항상 얘기하지만, 변화하고 화(化)하면서 돌아가는 세상입니다. '변화!' 이 말이 두 글자에 불과하지만 그 속에는 세상이 엄청나게 돌아가고 있다는 것을 함축하고 있습니다. 보세요, 변화가 어떻게 돼 돌아가나? 천차만별의 만물만생이 변하고 화하고, 또는 고정됨이 없이 나투면서 찰나찰나 돌아간단 말입니다. 그런데 그 안에 뭐가 들어 있습니까? 또 공생(共生)·공용(共用)·공심(共心)·공체(共體)·공식화(共食化)하고 돌아가고 있거든요. 그러니까 그것이 다 공동 분담으로 돌아가니까, 나를 세울 게 없으니까 공덕이라고 하는 겁니다.

이 이치를 다 알기 위해서는, 내가 지식으로나 이론으로나 학식으로나 아는 거를 다 놔 버려야죠. 그것을 놔야 모든 것을 다 얻을 수가 있죠. 그래서 한 구멍에다 놓는다면 놓은 그 자리에서 다시금 생겨나니까, 역시 한 구멍으로 들이고 내는 그 작용이 그대로 법이죠. 나 혼자만이 안다고 세워 봤자죠. 여러분이 잠시 생각을 해 봐도, 몸뚱이 속에 수많은 중생들과 더불어 자기 마음의 부처가 둘이 아닌데, 어떻게 나 혼자 살고 있다고 내세울 수 있겠습니까? 여러분이 아무리 잘 알고, 이론으로 잘 알고, 한마음 공부를 잘하고 간다고 하더라도 이것은 둘이 아닌 까닭에 '내세울 게 없다'는 얘기죠. 내세울 게 없는 자기 몸뚱이를 존재로서, 관리인의 시자로서 둘 아니게 절대적으로 나갈 수 있다면, 그대로 하나하나 어떠한 부분이든지 맡아 가지고 있는 거기에서 다 합니다. 그놈이 다 하는 거지, 딴 데서 하는 게 하나도 없다는 얘깁니다. 그래서 이 묘한 도리로 볼 때 "과거에 어떻게 살았느냐에 따라서 악업 선업으로 입력이 됐던 것이 지금 나오는 거니까, 거기다가 되입력을 한다면 앞서 입력이 없어진다! 그릇은 항상 빈다!"라고 한 겁니다.

여러분에게 "하루살이로 살라!" 이런 말을 한 예가 있습니다. 그것은 왜냐하면, 사랑을 한다고들 모두 말은 잘들 하죠. "아유! 나는 당신을 사랑해." "나는 아들을 사랑해." 뭐, 누구나가 그저 만나서 좋으면 그냥 사랑이라고들 하죠. 그런데 말입니다, 그 사랑도 찰나 사랑이 돼야지 착을 두고 사랑을 한다면 그릇이 비지를 못해서 진짜 사랑을 못 해요! 마음도 찰나 마음을 전하면서 끝없이 연결되는 원인이, 찰나찰나 이렇게 만나고 연결되고, 마음과 마음이 연결돼서 이 세상만사가 돌아가니까, 그렇게 끊임없이 쉴 사이 없이 시공을 초월해서 돌아갈 수 있었던 겁니다.

우리가 마음과 마음이 연결되는 건 무심(無心)의 도리이고, 말과 말이 연결돼서 돌아가는 건 유심(有心)의 도리예요. 무심과 유심이 어떻게 둘이 될 수 있겠습니까? 마음속으로 생각했던 거하고 말하는 거하고 어떻게 둘입니까? 그런데 마음속으로는 속일 수가 없지만, 속이지 않아도 될 수 있지만 말로는 속이는 게 많다는 얘기죠. 하지 못할 말이 많고 말입니다. 그러나 진실하게 나를 끌고 다니는 나의 주인은 진짜로 내가 한 일과, 내가 하고 돌아가는 일과, 내가 말한 거를 전부 너무나 잘 알고 있다는 거죠. 그래서 여러분을 잘 알고 있는 그 속마음이 바로 우주 천지하고도 직결이 돼 있다는 얘깁니다. 만물과도 서로 직결이 돼 있고 일체제불하고도 직결이 돼 있습니다. 그러니 여러분이 아는 거를 다 알고 있는데 아무리 마음으로 속이려고 해 봤던들 무슨 소용이 있겠습니까? 그래서 모르고 지은 죄는 모르게끔 받고, 알고 지은 죄는 알고 받게 마련이다 이 소립니다.

찰나 사랑, 찰나의 행, 이 세상을 다 주고도 바꿀 수 없는 도리를 배우는 겁니다, 지금. 그런데 그것이 얼마나 묘한지 여러분이 '깨닫고,

깨닫지 못하고' 하기 이전에 실질적으로 행할 수 있다면, 그대로 진실하게 행한다면, 그대로 진실하게 행한 도리만큼은 나옵니다. 그래서 부처님께서도, 얼른 쉽게 말해서 "내 모습이라는 고깃덩어리를 믿지 말라. 너의 마음속에 안테나를 세운다면 그 주장자로 인해서 내 주장자와 네 주장자가 둘이 아니니라. 그래야만이 내 주장자를 찰나에 너에게 줄 수도 있고 찰나에 네 주장자가 나한테 올 수도 있다."라고 하신 거죠. 쉽게 말해서 '찰나에 통신이 된다' 이 말씀이죠.

이 세상만사가 다 어지러운 것 같지만 아주 간편합니다. 뭐, 내일 걱정, 어저께 걱정, 어저께 후회, 앞으로 살아나갈 걱정 이런 거를 하느라고 모두 야단들인데요, 사실은 '그릇을 항상 비우면서 찰나찰나 찰나 생활로 살아라' 하는 건 정말이지 영원한 삶을 갖다 주는 겁니다. 부부지간에도, 부모지간에도, 자식지간에도 찰나 사랑이라는 것은, 부드럽게 말해 주고 부드럽게 행해 주고, 서로가 서로를 만날 때 둘이 아니게 진정으로, 자비로써 그냥 만났다가 그 마음이 그냥 그대로 떨어져야죠? 거기다 착을 두면 진짜 사랑을 진짜 영원히 할 수가 없어요.

그래서 모든 것은 주인공 뿌리에게 맡기라고 했습니다. '나무가 푸르르게 살려면 다 뿌리에게 맡겨라. 뿌리는 모든 에너지를 흡수해서 올려 보내고, 위 나무는 모든 에너지를 또 흡수해서 내려보내고, 서로서로 상응하면서 이렇게 푸르르게 살 수 있다.' 하는 겁니다. 그러나 그렇지 않고 그 나무가 딴 뿌리의 이름을 찾거나, 딴 나무의 형상을 믿거나 이런다면 그건 기복이지 공덕이 될 수가 없죠. 기복으로 하면 에너지가 그냥 자기 나무로, 딴 뿌리에서 내 뿌리로 올 수가 없죠. 물론 내 나무의 내 뿌리를 믿는다면 그 뿌리로 인해서 마음과 마음이 통해서 모든 에너지를 흡수해서 올려 보낼 수 있지만, 이름과 형상을 찾아서 밖으로 헤매다 보면 공덕은 하나도 없다고 달마 대사도 말씀하셨죠.

상식적으로 생각을 해 봐도 알 수 있지 않겠습니까? 이 나무가 저쪽 나무를 찾고 이름을 부르면서, 예를 들어 소나무가 향나무를 찾으면서 "향나무여! 향나무여! 내가 지금 이렇게 고통스러우니 에너지를 좀 주십시오." 하고 아무리 기도를 해 봤던들 그 향나무에서 소나무로 에너지가 갈 수가 없어요. 반드시 제 나무의 뿌리만이 자기 나무를 위해서 올려 보낼 수 있죠. 그런데 그 나무는 잎새 하나도 따로 있는 게 아니라 전부 그 뿌리에 매달려서 살면서도 뿌리를 무시한다 이겁니다. 아니, 여러분이 그 뿌리를 무시하는 게 아니라 알쏭달쏭하게 생각하고 못 믿어서 그렇죠! '뿌리만이 나무 전체를 가지고 있구나.' 하는 거를 못 믿어서요!

먼저 들어왔고 먼저 배웠고, 나중 배웠고 나중 들어왔고 이걸 떠나서, 진짜 물리가 터져서 잘 돌아갈 수 있는 그런 진실한 마음이라면, 진짜로 믿고 그렇게 하면, 둘이 아닌 도리에서 체험을 하고 이렇게 가는 것이 바로 참선이며 바로 지름길이다 이거죠. 내가 여러분한테 항상 했던 말 되하고 했던 말 되하고 이러는 것 같지만, 여러분이 한마디 듣거나, 물 한 모금 마시고 손 한 번 튕기는 걸 가지고 깨달을 수만 있다면 얼마나 좋겠습니까? 그러지 못하니까 되풀이하게 되죠. 왜 절에서 종을 울리는 줄 아십니까? 영혼들을 전부 불러서 종소리를 들려 줌으로써 '이 종소리를 듣고 영혼의 귀가 뜨이고 눈이 뜨여서 이 도리의 섭류를, 이 세상만사가 돌아가는 섭류를 알아라. 네가 이거를 알아야 영원한 삶의 보람을 느낄 수 있다.' 하는 소립니다, 그게! 그러니 이 마음의 도리가 얼마나 중요한지 모릅니다.

부처님의 말씀을 들으려 세 사람이 왔는데 한 사람은 '아이구! 그거 정말 그럴까? 에이, 그럴 수가 있어?' 이렇게 생각했고, 다른 사람은 아예 믿질 않았답니다. 또 한 사람은 자기 뿌리를 진짜로 믿고 이렇게 생각했답니다. '내가 잘났든 못났든, 그 못난 뿌리만이 못난 나무를 위해서 모든 거를 100% 다 해 주겠지, 우리 부모가 잘났든 못났든 내 부모이듯이.' 그러면서 지극하게 믿고, 부모의 제삿날인데도 차릴 게 없으니까 그저 보리죽을 쑤어서 죽 한 그릇을 부뚜막에 놓고, 물 한 그릇 떠 놓고, 향 한 개비 사르고 제사를 지내면서, '아버지 뿌리, 엄마 뿌리, 내 뿌리' 하하하…. '세 뿌리가 따로 있는 게 아닌 한 뿌리니까 한자리를 하소서! 그러면 시장했던 모든 것이 한 떡으로 화해서 바로 양식이 되리다.' 하고 이렇게 그 부모를 위해서 했답니다.

그랬는데 그렇게 가난하던 사람이 말입니다, 어떤 친구가 별안간에 찾아와서 마름을 주더랍니다, 일 좀 해 달라고. 그러면서 그 친구가 어디로 이사를 가는데 다 맡기고 가더랍니다. 그럭하다 보니까 아주 잘살게 됐더랍니다. 그 나중 얘기는 생략하고요. 그랬는데 그 못 믿은 사람, 부처님의 말씀을 그대로 못 믿고, 그렇게 한 거를 아예 못 믿고 그런 사람은 못 믿는 것만큼 그렇게 살더랍니다. 즉 말하자면, 나무로 친다면 잎새가 단풍이 들면 떨어지듯이, 뿌리는 영원하지만 그 잎새는 그냥 떨어지고 없어지더랍니다. 또 이러지도 저러지도 않은 사람은 가지가 돼서 추운 겨울에 발발 떨면서 봄이 오기를 기다리느라 고생이 많더랍니다.

그와 같이 우리 인간 자체가 살아나가는 데에 마음이 얼마나 중요한지 모릅니다. 여기 아주 허다합니다. 똑같이 중병이 들었는데도 어떤 사람은 어떻게 생각했는지 완쾌되고, 어떤 사람은 어떤 생각을 했는지 완쾌가 못 돼요. 그게 누구의 탓입니까? 제삼자가 대신 밥을 먹어서 남을 진짜로 배가 부르게 해 줄 수는 없는 것! 한마음으로서 마음과 마음이 통해서 같이 거들어 주는 건 모르지만, 자기가 벗어나려면 자기가 자기 밥을 먹어야 배가 부르다는 사실입니다. 우리가 진짜로 자기 뿌리를 믿는다면…, 아니, 그건 뗄래야 뗄 수도 없지 않습니까?

항상 얘기해 드리죠. 거푸 또 할까요? 허허허…. 과거에 어떻게 살았느냐에 따라서 그 악업 선업이 자기 영혼에 부착이 되고 그림자처럼 따라다니거든요. 그런데 그 부착된 영혼은 바로 영혼의 근본이 있기 때문에 그 힘으로 인해서 자기 차원대로, 자기 그릇대로 끼리끼리 만나야 하니까 말입니다. 자동적이거든요, 그게. 즉 말하자면 무쇠는 무쇠 굴에 들어가고 금이면 금 굴에 들어가는 거죠. 그래서 어머니의 몸을 빌리고 정자 난자를 빌려서 탄생이 된다 이겁니다.

탄생이 되면 그 악업 선업이, 영혼에 부착이 돼서 따라다니던 게 몸속으로 다 그냥…, 그래서 지금 몸속에 다 있는 거죠! 이게 현실입니다. 그 몸속에 다 있어 가지고 거기에서 나오는 것대로, 자기도 어쩔 수가 없죠. 독 안에 들어도 못 면하게끔 돼 있는 거니까. 그건 자동적으로 입력이 돼 가지고 자동적으로 지금 현실에 나오는 거니까. 항상 그런 얘기를 하지만, 참 무서운 겁니다. 팔자 운명이라든가 영계성이라든가 유전성이라든가 업보성, 세균성, 인과성 이 모두가 한꺼번에 거기 들어 있으면서 차례차례로 그저 순서대로 나오는 거죠, 그냥. 그런데 당하는 사람은 영 모르지 않습니까?

그러니 입력된 그 자리에다가 다시, 그 뿌리에서 나오는 거니까 그것을 믿고, 자꾸 누적되지 않게 그 뿌리에다 그저 닥치는 대로 넣으세요. 부처님이 닥쳐도 '둘이 아니다.' 하고 넣고, 그저 어떤 게 닥쳐오더라도 '둘이 아닌 까닭에 너만이 할 수 있어.' 하곤 다 그냥 놓는단 말입니다. 그럼으로써 바로 새로 입력이 들어가니까 앞서의 입력은 없어지는 거죠. 그래서 '오간지옥도 무너진다' 고 하는 겁니다. 그러니 자꾸 새 그릇에 담기면서 그릇이 비고 하니까 얼마나 즐겁겠습니까? 새로이 넣는 것이 현실에 나오고, 현실로 나오면 즐거움이고, 화가 나면 화가 나는 대로, 화나게 하는 놈도 그놈이니까 안 나게 하는 놈도 그놈이죠. 매사를 그렇게만 할 수 있다면 진짜 사랑할 수 있고, 진짜 다복할 수 있고, 진짜 잘 살 수 있는 그런 계기가 되죠. 했던 말을 왜 자꾸 하게 만듭니까? 허허허….

아, 예전에 그런 말도 있었죠. 지장보살이 다 이끌어서 건져 놓고 자기는 맨 나중에 간다고, 문고리를 붙들고 서 있는데, 백날 천날 끝 간데 없이 있어도 영 문고리를 놓을 수가 없더랍니다. 연방 새로 오고 새로 오고 그러니까 뭐, 어떻게 할 수가 없죠. 나고 죽는 게 끝이 나는 게 있습니까, 어디? 그런 거와 같이, 우리가 진짜로 알려면 아는 것도 모두 놓고, 오신통도 벗어나야 오신통의 이치를 굴릴 수가 있는 겁니다. 오신통이 이 통에 들었다면 이 통을 벗어나야 이거를 굴리고 마음대로 쓰지, 통 안에 들어 있다면 이 통을 굴릴 수가 없죠. 그런 거와 같습니다.

이 관법(觀法)만 아주 온전히 체득을 잘한다면, 아예 지금 이 시간부터도 아주 정말 말로 형용할 수 없는 법이 나옵니다. 못 믿지 마세요! 나무는 천차만별로 이름이 있고 모습이 다르지만 그 뿌리는 다 같습니다, 뿌리라는 그 한마디의 이름은. 그러니까 제 나무에서 제 뿌리가 자기를 돕고 열매를 맺게 하고 꽃이 피게 하고 바로 만 가지 맛이 나게 하고 이러는 거지, 아니, 제 나무에서 익지 않은 과실을 무슨 맛으로 모두 찾습니까? 제 나무에서 무르익어야 맛이 나죠. 제 나무에서 설익은 거 그냥 따 가지고 아무리 먹으라고 돌려 봤자 그거는 먹지 않습니다. 먹을 수가 없죠, 또.

우리가 지금 가르치는 이 관법은 생활선(生活禪)이면서 여래선(如來禪)입니다. 여래라는 뜻은 뭐냐 하면 일체 상하 사방, 사무 사유(四無四有) 천체가 한데 합쳐서 돌아가는 그 자체를 포착한 것을 말합니다. 그걸 또 간단히 말하자면, '몸과 몸속에 있는 중생들과 내가 이렇게 한 몸으로서 둘이 아니다.' 이게 여래입니다. 여러분! 여러분 몸속의 세포 하나하나에도 생명이 들어 있고, 그 생명들이 얼마나 많습니까? 많은 생명들을 다 같이 하나로 가지고 있다, 이것이 여래입니다. 그래서 아주 작게 생각을 하면 여러분이 다 부처고 여래입니다. 그것을 포착을 못 하고 알지 못하니까 내가 여래인지도 모르고, 전체가 여래인지도 모르고, 여래가 뭔지도 모르고 여래가 어떠한 개별적인 인간의 이름인 줄 알고 이렇게 나가거든요. 둘이 아닌 까닭에 여래라는 이름이 나왔고 여래라는 이름이 나왔기 때문에 들이고 내고, 즉 말하자면 여래는 여래고 중생은 중생이고 이렇게도 될 수 있는 거죠.

그러니까 이 관법을 여러분이 아주 진실하게 믿되, 무조건입니다! 아까 어린애 얘기 했지요. '무조건 네 뿌리를 믿어라! 형상을 믿으라는 것도 아니고 이름을 믿으라는 것도 아니다. 그 가운데 너부터 먼저 알아야 형상이든 이름이든 다 포착할 수 있어서 모든 걸 지혜롭게 작용하게 할 수 있다.' 이런 거니까 여러분이 잘되고 못되고는 생각하는 데에 달렸고, 여러분의 생각에 의해서 깨닫기도 하고 못 깨닫기도 하는 거죠.

그러니 오늘은 이걸로써 끝내고 질문받겠습니다. 질문하실 때 한 가지씩 따로 하세요. 범벅을 해 놓으면요, 꿀꿀이죽이 되니까요. 허허허…. (대중 웃음)

질문자1(남) 93년도 법형제회 송년법회에 법형제 여러분을 대신해서 질문 올리게 됨을 감사드리며, 올해뿐만 아니라 세세생생 한마음으로 늘 보살펴 주시고 이끌어 주심에 더욱 감사드립니다. 특히 질문하는 저 개인으로서도 대전에 살기 때문에 말씀드리는 건데, '대전에 지원이 생겼으면….' 하고 늘 발원을 해 왔습니다마는 드디어 큰스님의 원력으로 대전의 모든 이에게 법을 전할 수 있게 지원이 개원되어 그 큰 축복에 환희하고 있습니다. 감사드립니다. (대중 박수) 그럼 몇 가지 질문 올리겠습니다.

지구상의 인간은 3차원의 세계에 살고 있다고 알고 있습니다. 우리가 발을 딛고 살고 있는 지구와 인간과의 관계, 그리고 우주와의 관계를 중생들이 알기 쉽게 내면적인 면과 외면적인 면에서 가르침 주시길 부탁드리겠습니다.

큰스님 우리가 '여기는 3차원이다' 이렇게 생각하시겠지만, 사람의 근기에 따라서 3차원이 되기도 하고, 4차원이 되기도 하고, 6차원이 되기도 하고, 아주 2차원도 되고 1차원도 못 되는 데도 있습니다. 그러니까 3차원이라고 못을 박을 수가 없죠. 이건 사람들의 기준에 따른 거니까요. 우리 공부하는 것도 다 그렇구요.

그러나 내가 예전에도 얘기했고 근래에도 얘기했을 겁니다마는, 대의적으로는 우주와 인간의 근본 마음이 더불어 같이 직결이 돼 있다는 얘깁니다. 그리고 세상만사가 돌아가는 근본은 바로 인간의 마음에 가설이 돼 있다는 얘깁니다. 그러니까 얼른 쉽게 말하자면, 색경을 천상에서 보고선, 그 색경 속에 잘못하고 잘하는 게 다 나타나니까 '요놈은 가르치기 위해서 벌을 좀 줘야겠다.' 하기도 하고 '요놈은 아이구! 착하게 했으니 상을 좀 줘야겠다.' 이러기도 한다 이 소립니다.

그러니까 모든 게 자기 할 탓에 의해서 나타나는 거지, 그것이 무슨 따로따로 있는 것이 아닙니다. 우리가 따로 돌아간다고 하면 말도 안 되죠. 이 몸뚱이가 우주 덩어리라면, 이 몸뚱이라는 우주 속에 전부, 생명들이 들어 있고 의식들이 들어 있고 모습들이 천차만별로 들어 있는데, 한 덩어리로 그냥 돌아가지 두 덩어리가 짝짝이 갈라져서 돌아갑니까? 코 가는 데 눈이 가고, 눈 가는 데 귀가 가고 이렇게 돌아가죠? 모두가 직결이 돼 있죠. 그러니까 인간이 두뇌, 즉 말하자면 대뇌를 거쳐서 사대(四大)로 통신이 되고, 오르고 내리고 오르고 내리고 이러듯이, 우주와 이 인간 생명, 사생(四生)의 천차만별의 생명들도 전부 가설이 되고 직결이 돼 있습니다. 그렇기 때문에 거짓이 통하지 않는다는 얘기죠. 우리가 살아나가는 데는 거짓이 통하지만 진짜로 마음과 마음이 직결돼서 돌아가는 데는 거짓이 통하지 않는다는 얘기죠.

질문자1(남) 우리 불자들은 스님이 되는 것은 큰 복을 받으신 것이라 믿고 있습니다. 인간이 극한 상황에 몰려야 승려가 되거나 불문에 드는 것입니까?

큰스님 그것도 두 가지 여건이 있죠. 하나는, 선업이든지 악업이든지 자기가 과거에 배우던 업식이 있어서 다시 그 길을 밟는 수가 있습니다. 그런 인연으로 인해서 마음이, 내 뿌리의 자리에서 엄숙하게 자꾸 이렇게 몸뚱이를 리드하니까, 생각이 '아, 나는 이 도리를 공부할 수밖에는 없다.' 하고 나오게 되는 거죠. 또 그렇지 않으면 현실에서,

근기가 아주 튼튼하고 뿌리가 튼튼하고 좋아서, 착한 일을 많이 했고 그런 덕이 있기 때문에 이런 도리가 좋아서 자꾸 공부하게 되고 끼리끼리 이렇게 만나게 되는 거죠. 그렇게 해서 불문에 들게 되고 서로가 이 마음법을 공부하는 거죠.

지금 마음을 공부하는 사람은 몇 안 됩니다. 모두 딴 이름이나 찾고 딴 형상을 찾으면서 기복으로 다니는 거죠. 우리가 지금 마음공부하는 것은 세세생생에 자기가 벗어나기 위해서, 내면으로는 자기 악업 선업에서 벗어나고, 또 천체로서는 바로 공기주머니에서 벗어나기 위해서죠. 그러니까 자유자재권을 얻기 위해서라고 할 수 있죠. 그러니까 우리가 인연 따라서 만남도 있고 인연 따라서 헤어짐도 있는 거죠. 마음과 마음이 끝없이 이어져 돌아가니 어찌 그렇지 않겠습니까?

질문자1(남) 이번에 질문하고자 하는 내용은, 이미 말씀하셨습니다마는 여러 형제분들의 질문이기에 다시 한번 말씀드립니다. 여러 생을 살면서 불법에 마음을 두었던 습기 아닌 습기 때문에 최상승의 이 한마음 법을 공부하게 된 것인지, 아니면 단번에 뛰어들어 한마음 법을 공부하게 된 것인지 가르침 주시기 부탁드립니다.

큰스님 단번이기도 하고 오랜 인연이기도 하지요. 하하하…. 그거는 자기의 근기에 따라서 과거에 지어 놓은 게 많기 때문에 나오는 율이 더 많죠. 그리고 단번에 오는 인연도 전자에 그 인연이 됐기 때문에 같이 이어지는 거거든요. 이거 보세요. 상점에 가면 물건이 끼리끼리들 놓여 있죠. 끼리끼리들 연결이 돼 있기 때문에, 배는 좋은 배든 안 좋은 배든 배가 됐으니까 배끼리 모이죠. 사과도 사과가 됐으니까 사과끼리 모이기 때문에 그건 자동적인 인연, 인과죠.

질문자1(남) 여러 형제 법우님들의 질문을 대신 하다 보니까 질문의 양이 조금 많습니다. 양해 부탁드립니다.

큰스님 괜찮아요. 그저 이렇든 저렇든 질문할 수 있는 거는 그냥 하세요.

질문자1(남) 감사합니다. 어떤 종교를 믿든지 간에 안으로만 믿고 맡기고 관하면 지금 우리와 같은 한마음 법에 버금가는 공부가 되는 것입니까?

큰스님 그게 이런 이치가 있죠. 어떤 종교를 막론하고 그건 이름일 뿐이라는 겁니다. 그런데 그전에도 얘기했듯이 '불교는 어떤 이름을 상징한 것이라기보다도 그 불교라는 언어 자체가 일체 생명은 불(佛)이요, 일체가 서로 통하고 마음과 마음이 연결되는 것이 교(敎)라는 것이다. 그러니까 어떤 종교의 이름이든 그 불교 안에 있는 거지 바깥에 있는 게 아니다. 불교라는 건 어떤 개별적인 불교가 아니라 전체적인 불교고 전체적인 진리다.' 했습니다. 그럼 그 진리 안에…, 지금 뭐라고 물었죠? 하하하…. (대중 웃음)

그러니 종교는 다 그 안에 들어 있어서 다 마찬가지지만, 이 마음 공부를 하다가 보면 애를 갓 낳은 뒤, 여기 연결되면서 이제 둘 아닌 도리가 나올 때에 문제가 되는 거죠. 이거를 어떻게 가르치느냐의 문제가 있습니다. 그러면 뭐가 어려우냐 하면, 석존께서 6년 고행할 때에 악마도 나왔고, 미녀도 나왔고, 신장도 나왔고, 부처도 나왔고 뭐, 별게 다 나왔다고 그랬죠? 그러니까 자세히 얘기하자면, 내 몸 안에 악업 선업이 있는데 그게 어떡하나 보기 위해서 그냥 몽땅 다 나오는 겁니다. 이것도 나오고 저것도 나오고, 그냥 막 환상으로! 그럴 때에 '아! 이것도 그 자리에서 나오는 거다.' 하고 맡겨 놔야만이 이게 다시 돌아서 새 물로 대치가 될 텐데, 그렇지 않고 나오는 대로 끄달린다면 '아이구, 이것도 또 신장이야! 이것은 미녀야!' 이러고, 부처가 나오면 '부처다!' 하고 좋아해서 가지려고 애쓰고, 악마가 나오면 버리려고 애쓰고 이렇게 한다면 이거는 미쳐 버리는 거죠. 예를 들자면, 병이 든다거나 아주 잘못되는 율이 99%나 되죠. 그렇기 때문에 이 공부를 이끌어 가는 사람이 자기가 100%까지 다 갈 줄 알고, 할 줄 알고, 이끌어 갈 수 있어야만이 가르칠 수 있다는 거죠.

그러니까 '절에 안 나가도 될 수 있다. 아무 종교라도 뭐, 내 안으로만 놓고 가면 된다.' 이러지만 그게 아니죠. 그렇게 둘 아니게 교차로에서 실랑이를 할 때에, 즉 이쪽과 저쪽이 싸움이 붙어 가지고 교류가 될 때에, 어떤 것이 이기느냐의 문제에 도달하게 될 때 와서 질문하고 또 거기에 따라서 정립을 해야 되니까요. 거기다 되놓고 돌아가는 그 도리를 일러 주면서 이 마음과 마음이 찰나에, 그쪽 마음과 교류가 되게 해 줘야 되죠. 이게 그냥 되는 게 아니에요. 여러분이 믿고 그러면 항상 한 찰나에, 마음먹으면 한 찰나에 딱 교류가 됐다가 한 찰나에 떨어지고 합니다. 그렇기 때문에 그런 성능이 좋아질 수 있다는 거죠.

만약에 마음과 마음이 서로 통해서 교류가 되지 않는다면 법제자를 둘 수가 없고 또 여러분한테 그런 성능이 나오지 못합니다. 우리가 태양열을 쓰고 공기를 마시며 살듯, 그런 게 없다면 죽듯, 이런 겁니다. 그렇기 때문에 해 주기가 어려운 말이지만 "아무 종교나 다니면서도 마음속에만 넣으면 되죠." 하는 거는 위태롭습니다. 좀 위태롭다고 볼 수 있죠.

질문자1(남) 예, 감사합니다. 인도 종교에서 말하는 '우주와의 합일' 이 곧 불교의 견성 체험과 같은 것인지 가르침 주시기 바랍니다.

큰스님 그건 사람이 하기에 달렸지, 뭐. 태국이든 한국이든, 중국이든 일본이든 하여간에, 자기의 근기에 따라서 견성이고 성불이고 있는 거지, 기복으로 막 좇아가고 그러는데, 형상만 보고 좇아가고 이론만 가지고 따르는데 무슨 견성이 있겠소? 그러니까 다, 견성을 못 하는 것도 똑같고 견성을 하는 것도 똑같고, 다른 데가 하나도 없어요. 사람들 마음 근기에 따라서 모두 이루느냐 못 이루느냐 그것뿐이지.

질문자1(남) 일반적으로 타 종교에서는 기적 현상을 가끔 얘기합니다. 물론 저 자신은 기적 현상을 믿지 않고 있습니다만, 불교에서의 영험과의 차이점을 누가 물으시길래 한번 여쭈어 봅니다.

큰스님 지금 기적을 믿지 않는다고 그랬죠?

질문자1(남) 예.

큰스님 허허, 기적을 믿지 않는다고 할 필요도 없고 믿는다고 할 필요도 없어요. 그대로 우리의 근기에 따라서 나오는 거니까. 기적도 아니고 영험도 아니에요. 단 하나, 우리들은 다 갖추어 가지고 있어요. 갖추어 가지고 있으니까 갖추어 가지고 있는 것을 바로 우리가 꺼내 쓸 수 있는 능력만 있다면 그대로 기적이고 영험이죠. 그런 것을 자기가 갖추어 가지고 있는 거니까요.

질문자1(남) 그래서 믿지 않는다는 말씀을 드린 겁니다.

큰스님 하하하….

질문자1(남) 본래 그러하고 그러한 것이 진리라면 굳이 불교라고 이름 붙일 것이 없는데, 생각나기 이전 자리를 알기가 힘들어서 불상이니 불경이니 불교 의식들이 필요치 않으면서도 필요한 것인지 알고 싶습니다.

큰스님 마음들이 그냥 살면 될 거를 왜 몸뚱이를 갖다가 형성을 시켜 놓고 이렇게 고생을 시킵니까? 아니, 몸뚱이가 보이지 않는다면 재미가 없지 않습니까? 또 낙이 없으면 재미도 없고, 고생이 없으면 낙을 모르고…, 그러니까 이게 양면이 첨보돼서 정맥과 동맥이 서로서로가 이렇게 오르고 내리듯이 우리가 지금 상대성으로 오르고 내리는 거 아닙니까?

또 한 가지 비유해서 말하자면, 만물 상점을 내는데 만물 상점이라고 간판을 써 붙여야 만물 상점이 되는 거고 만물을 다 팔고 들이고 사고 하는 거지, 아, 만물상이라고 간판을 붙이지 않는다면 어떻게 삽니까? 그러니까 그것이 방편이자 진실이고 진실이자 방편이에요. 그러니까 아니다 맞다도 없어요. 그대로예요, 그냥. 우리 사는 게 그대로예요, 그냥.

질문자1(남) 이것도 아니고 저것도 아닌 그 사이, 독특한 한 점을 역력히 아는 것이 지름길인지 궁금합니다.

큰스님 아, 그거야 당연하죠! 예를 들어서 내가 집을 지을까 말까 했을 때 집을 짓는 것도 안 짓는 것도 법이다 이랬죠. 그런데 그거는 그냥 양면의 흐름이고, 이거는 내가 결정을 지어야만 되는 거죠, 집을 짓든지 안 짓든지. 그게 법이에요, 그냥. 그러니까 지어야 된다고만 고집할 수도 없고, 안 지어야 된다고만 고집할 수도 없으니 너희가 지어서 좋을 일이라면 짓고, 짓지 않아서 좋을 일이라면 짓지 말라고 하지 않았습니까? 그러니 "네 마음 가운데 있지 않으냐." 이런 겁니다. 그러니까 "네 마음 가운데서 짓든 안 짓든 결정지어서 하는 것이 그대로 법이니라!" 이런 거죠.

질문자1(남) 긴 질문에 세세한 가르침 대단히 감사드립니다. 그리고 새해에도 큰스님 큰 법륜 굴려 주십사 권청드리옵구요, 다시 한번 큰스님의 동체대비 큰 사랑에 감사드립니다. (대중 박수)

큰스님 또 질문하실 분 없습니까?

사회자 질문이 없습니까? 질문이 없으시면 큰스님의 법문을 마치도록 하겠습니다.

큰스님 허허허…. 이렇게 마쳤다고 생각하지 마시고요, 항상 찰나찰나 우리는 같이 이어져서 연결되고 돌아가고 있고, 아주 광대무변하게 돌아가고 있다는 사실을 아셔야 합니다. '스님을 못 봤으니까 이렇다.' 이렇게도 생각하지 마세요. 미국도 멀지요? 바다를 건너가야 하고 그런데도 미국에서요, "스님, 나는 이렇고 이렇고 한데요." 할 때 그 한 찰나에, 오고 감이 없이 찰나에 하나가 되는 것입니다. 그러니까 여기 내려서는 거리와 미국 가는 거리가 한생각이기 때문에 똑같습니다. 또 달나라를 생각하든지, 뭐, 태양을 생각하든지, 우주 전체를 생각하든지 그것도 바로 여기 서는 거나 마찬가지입니다. 그런데도 훌륭한 건 뭐냐? 한 벽만 보는 게 아니라 천체를 본다는 얘기죠. 그렇게 묘하고 광대무변한 법입니다.

그러니까 모두 껑충 건너뛰려고만 하지 말고, 한 찰나에 한 계단을 올라설 수 있게 하세요. 한 계단을 올라설 수 있다면 두 계단도, 세 계단도, 그러다가 다 올라설 수 있을 때, 그때는 확 사방이 터져서 상하도 다 터지고 사방도 다 터져서, 한 찰나에 가고 옴이 없이 가고 올 수 있고, 듣는 것이 없이 들을 수 있고, 볼 수 없는 것을 볼 수 있고, 할 수 없는 것을 할 수 있고, 이렇게 되는 겁니다. 이때 오신통, 다섯 가지 통 속에서 확 벗어나면서 이것이 평등공법의, 바로 상투 자리를 쥐는 거죠. 그러니까 여러분이 열심히 해서 세세생생에 삶의 보람을 얻고, 내가 얻었으면 세세생생 일체 중생들에게 모두 줄 수 있는 그런 여건을 가져서, 자유인의 이름을 가질 수 있는 그런 분이 되시기를 정말이지 간곡히 빕니다. (대중 박수)

사회자 모두 자리에서 일어나 주시기 바랍니다. 저희 법형제를 위해서 금년 일 년 동안 좋은 법문을 해 주신 큰스님께 감사의 삼배를 올리겠습니다. (대중 삼배드림)

큰스님 수만 명의 마음이라 할지라도 체가 없는 영이 되기 때문에 전부 한데 모아도 그 영은 없습니다마는, 없으면서도 진실한, 바로 마음이 있습니다. 그러니까 우리가 떨어지고 헤어지고 이러는 것도, 이건 자유자재권이라고 생각해야죠. 여러분이 생각하는 대로 한 찰나에 불이 들어온다고 그랬죠!

내 마음의 용광로

1994년 1월 2일

여러분과 오늘, 새해에 또 마주하게 되었습니다. 새해를 맞이해서 가슴에 손을 얹고 내가 어떻게 행하고 있는지, 어떻게 말을 하고 있는지, 어떻게 생각을 해서 굴림을 굴리는지 한 번 더 생각을 해 보시길 바랍니다. 그래서 잘못된 건 고치고 잘되는 것은 감사하게 생각하십시오.

옛날에 이런 일이 있었더랍니다. 당시 중국에 있어서는 우리 조선이 소국이었죠. 그런데 중국에서 탄압을 하기 위해서 우리나라에 의인이 있나 없나를 알아 가지고 오라고 사신을 많이 내려보냈다고 합니다. 그런데 배를 타고 건너와야 하니까 그때에 우리나라에서는 마중나가는 사람을 잘 뽑아서 내보내야 했었죠. 이건 국운이 달린 일이라 때에 따라서는 소신껏 하지 않고는 안 되게끔 돼 있거든요.

그래서 지금으로 치면 시라면 시, 또는 군이면 군에서 여러 사람들의 말을 들어 봐서, 입이 무겁고 아주 청렴하고 이 마음공부에 정말이지 집념을 가지고 노력을 하는 사람을 뽑았죠. 뽑아서 그 사람을 안내자로 내보냈는데 사신들이 강을 건너자마자 새참으로 떡이 나갔더랍니다. 그래서 모래사장에 가지고 나간 상을 놓고서 떡을 차려 놨는데 그쪽 사신이 거기서부터 시험을 하기 시작해요. 한번 시험해 보고 자기한테 하치않게 여겨지는 사람이라면 나라 전체를 그냥 하치않게 보거든요. 아주 제일 중요한 자리죠. 거기서 안내자로 나간 사람이 시장도 하고 그러니깐 떡을 냉큼 다섯 개를 집어 먹었죠. 그런데 그쪽에서는 떡을 먹다 말고 손가락을 세 개를 척 들면서 아무 말 없이 무언(無言)의 질문을 딱 던지거든요. 그런데 이 사람은요, 그것이 뭔지도 모르면서 '세 개를 먹었느냐?' 하는 줄 알고 '난 떡을 다섯 개를 먹었다.' 하고 다섯 손가락을 탁 내밀었단 말입니다. 하하하…. 다섯 개를 탁 내미니까 그쪽에서는 '허, 삼강오륜을 그냥 통달했구나!' 이렇게 생각을 한 겁니다. 그러고선 가슴이 뜨끔해서 깜짝 놀라면서 또 이렇게 (네모 모양을 그려 보이시며) 하거든요. 아, 그러니깐 '너는 네모반듯한 떡을 먹었느냐?' 이렇게 묻는 줄 알고 또 '동그란 떡을 먹었다.' 하고선 이렇게 (동그라미 모양을 그려 보이시며) 그렸단 말입니다. 하하하…. 얼마나 재밌는 얘깁니까?

그런데 그렇게 한 이유가 어딨느냐 하면 여러분은 알는지 모르겠지만, 육신으로 먼저 태어나고 나중에 정신계의 '참나'가, 뿌리가 태어나야 되는 거죠. 그런데 이 사람은 어언간에 내면에서 뿌리가 살아난 거예요. 살아나서, 확연히 깨치진 못했어도 거기서 뜻을 일러 준 거란 말입니다. 그렇게 그 떡 먹은 걸로 그냥 돌려서 일러 준 거란 말입니다. 그러니까 그렇게 퍼뜩퍼뜩 생각을 했지. '아, 떡을 반듯한 거 먹었느냐 묻는구나.' 그러고선 '동그란 거 먹었다.' 그러고 '셋을 먹었느냐?' 하니까 '다섯 개를 먹었다.' 이렇게 한 거죠.

우리가 지금 이런 얘기를 왜 하느냐 하면, 여러분이 이 마음공부를 한다면 망하게 만들려고 가는 길을 스스로 이 안에서 흥하게 돌릴 수도 있는 것이니까요. 내가 모든 거를 다스려서 완벽하게 주장자를 만들어 놓는다면 그 자체의 주장자는 자기 몸을 마음대로 이끌 수 있는 겁니다. 이 몸속에 뭉쳐 있는 모든 악업 선업 그 자체들은 자동적으로 입력이 돼서 자동적으로 나오는 거예요. 그거는 피치 못해요. 그 모든 걸 한마음으로 모아서 주장자가 된 것은 자기 몸뚱이를 그냥 이끌고 가는 겁니다. 마음으로 그 마음을 먹게 하는 거죠. 그러니까 그 사람도 그렇게 마음을 떡을 먹는 걸로 생각이 나게 해 준 겁니다. 그 사람이 농부가 돼서 아무것도 모르거든요. 그러니까 그렇게 했단 말입니다.

그렇게 해서 중국에서 조선을 조금도 건드리지 못하게 만들어 놨단 말입니다. 그러니까 그 사람네들이 '야! 안내하는 사람도 이러하니 저 안에서야 어찌 감히 말이나 물어보랴.' 해서 그냥 떨려서 한마디도 묻지 못하고 슬슬 돌아다니며 구경만 하곤 갔답니다. 가서 뭐라고 그랬느냐 하면 "조선에는 의인들이 많아서 안내하는 사람까지 그냥 하늘을 알고 땅을 알고, 삼강오륜을 알고 아주 무불통지했더라."라고 얘기를 하니까 혀끝을 척 차면서 하는 소리가 "야! 그 나라를 치게 되면 우리나라가 망하겠구나. 그러니까 치지 못하겠다." 하더랍니다.

그 뜻을 아십니까? 이 마음공부 하시는 양반들! (대중 웃음) 법이 법이라는 이름이 따르는 것은 그것이 항상 평등공(平等空)에서 나오기 때문입니다. 우리가 둘이 아니다, 생명이 둘이 아니고 모두가 둘이 아니게 돌아간다 하는 평등공! 고정됨이 없이 돌아가니까 공(空)! 그래서 평등공에서 나오는 법은, 즉 말하자면 방망이가 오면 철퇴가 들어간다는 얘기예요. 그 뜻을 아시겠습니까? 이 무궁무진한 법을 우리는 이 몸 떨어지기 전에 잘 알아서 행할 수 있어야 되는 겁니다. 그래서 요만한 것 하나도 허술히 듣지 말고 허술히 행하지 말라, 업신여기지 말고.

옛날에도 얘기했죠. 두 친구가 가다가 석존께서 설법하시는 걸 듣고 한 사람은 사기라고 생각을 했고, 또 한 사람은 나라마다 전체 왕들을 모아 놔도 저렇게 이익하게 말씀은 못 하실 거라고 너무나 기쁘게 생각을 하면서 '나도 저런 설법의 뜻을 받아서 모르는 나라에서 좀 펴 봤으면….' 했더랍니다. 그랬는데 웬걸요, 사기라고 생각을 한 사람은 그날 술을 잔뜩 먹고, 옛날에는 수레가 백 대씩 이렇게 장으로 나가는 행렬들이 있었죠. 그런데 술을 먹고 쓰러져 가지곤 수레에 치여서 죽고, 한 사람은 친구가 죽으니까 집으로 갈 수가 없어서 물건을 짊어지고선 배에 실어 가지고 어떤 섬나라로 갔더랍니다. 이런 말은 하려고 하지도 않았는데 괜히 나오네요. (대중 웃음)

그때 그 나라의 인군이 돌아가셔서 새 인군을 뽑는데 그 나라는 어떻게 된 일인지 국민이 뽑는 게 아니고 말이 뽑아요, 말! 그 인군이 타고 다니던 말이 금으로다가 옷을 해서 척 걸치고선 나와서 뽑는 거죠. 그런 나라예요. 그 사람이 짐들은 어디다가 맡겨 놓고 조그마한 보따리를 하나 짊어지고 팔 양으로 사방을 다 구경을 하고 다니다가 어느 곳에 이르렀더니 양쪽으로 사람이 빽빽하게 들어찼는데 슬슬 그 말이 오더랍니다. 그 말이 어떻게나 영명한지 떡 오더니만 고개를 돌려서 그 보따리 낀 사람을 척 보더니, 이쪽 보고 저쪽 보고 하다가, 다시 고개가 이쪽으로 들어오더니 사람 틈에 낀 그 사람을 엉덩이로 자꾸 밀어서 그 사람이 물러나게 하더랍니다. 그러고는 자꾸 피하니깐 자꾸 쫓아 들어가요. 그러니까 주위에 그 말을 쫓아오는 사람들이, 정승들이나 뭐, 이런 사람이겠죠. 이런 분들이 '아, 여기 인군 될 분이 있나 보다.' 그러는데 이 사람을 태워도 팽개치고 저 사람을 태워도 또 팽개치더니 그 보따리 낀 사람을 태우니깐 그냥 턱 타고 가게 하거든요. 그래서 영문도 모르고 그 말을 타고 들어간 거예요. 그래서 인군이 되니까 예전에 그런 생각을 했던 것을 기억하고 '아, 여기도 부처님을 모셔다가 설법을 듣게 해야겠구나.' 해서, 부처님을 모셔다 설법을 듣게 해서 그 나라를 왕성하게 했다는 얘기가 있습니다. 그냥 빼먹기도 하고, 귀찮으니까. 하하하….

그랬듯이 우리가 마음을 잘 써야 된다는 겁니다. 아까 법사 스님이 물러서지 않는 정진력과 실천력과 아무리 화가 나더라도 버릴 수 있는 힘이 있어야 한다고 말씀하셨죠. 어떠한 살림을 살든지 운동을 하든지, 무엇을 하든지 내가 있기 때문에 있는 것이지, 내가 없다면 아무것도 없어요. 안 그렇습니까? 내가 있기 때문에 종교도 있고 상대도 있고, 집안도 있고 부모 자식도 있고, 형제도 있는 거지 내가 없는데 뭐가 있겠습니까? 그러니까 모두가 첫째도 마음이요, 둘째도 마음이요, 셋째도 마음이에요.

또 그 마음이 처음에 왈딱 일어날 때에 탁 놔야지 그게 벌어져 가지고 얽히고설킨 이후에 놓는 것은 놓는 게 아니라고 법사 스님이 그러셨죠? 그러니까 예를 들어서 말도 조심해야 하고, 남이 언짢아할지 좋아할지 미리 알아서 말을 하는 것이, 싸움을 붙이지도 않고 가정도 화목하게 가져올 수 있어서 아주 효과가 크죠. 또 우리가 살아나가는 가운데 닥치는 일이 어디 한두 건입니까? 그렇지 않죠. 바깥에서나 안에서나, 애들하고나 가지가지 상황들이 얼마나 찰나찰나 닥쳐오는지…, 또 어떤 때는 즐거움도 닥쳐와요. 뭐, 어려움만 닥쳐오는 것은 아니죠. 그러나 즐거움은 잠시 잠깐이고 그냥 어려운 일만 많이 닥치죠. 그러니까 그 어려움과 즐거움을 송두리째 놓으라고 했죠. 즐거움은 감사하게 놓고, 어려움은 '한마음 속에서 나오는 어려움이니까 어렵지 않게 하는 것도 너밖에 없어.' 하고 되돌려서 맑은 물로 대치해서 쓰라고 하는 말을 수차에 했을 겁니다, 아마.

그러니까 생활하는 물질세계가 50%라고 한다면 정신세계가 또 50%가 된다고 하는 겁니다. 우리가 살아나가는 데 정맥 동맥이 같이 둘 아니게 돌아가듯, 정신계와 물질계가 둘 아니게 같이 돌아가느니만큼 정신계를 무시하면 안 되죠. 정신계로 돌아서 현실계로 나오는 거니깐요. 어차피 그렇게 돌아 나올 거라면 먼저 거기다 넣어서 돌아 나오게 만들어야죠. 용광로에다 헌쇠를 넣으니까 재생돼서 새 걸로 나오지 않습니까? 연탄도 부서진 거 갖다 넣으면 재생돼서 새로이 나옵니다. 방편으로 그런 표현을 해서 안됐지만요, 하치 못한 방편이라고 우습게 생각하지 마세요. 크나 작으나 방편은 똑같습니다.

우리가 지금 불교를 믿는다고 하면서 그저 부처님을 숭배만 할 줄 알았지, 그리고 숭배를 합네 하면서 이만큼 고(苦)덩어리를 그냥 갖다가 집어넣고는 그거를 감해 달라고, 우리 남편 잘되고 자식 잘되고, 뭐, 일가친척까지도 모두 잘되게 해 달라고 그냥 잡다하게 빌 뿐인데, 그렇게 해서 될 일이 아니죠. 내가 항상 얘기하죠. 제 나무는 제 뿌리를 믿어야 모든 에너지가 흡수돼서 올라간다고요. 그리고 나무는 태양열과 공기, 그 어떠한 에너지도 다 아래로 내려보내서, 이렇게 오르락내리락해야 물바퀴가 저절로 돌아가듯 샘물이 저절로 돌아서 양식으로 먹을 수가 있고 푸르르게 살 수 있기 때문에 우리는 자기 뿌리를 믿어야 합니다. 그 나무가 만약에 딴 나무에서 에너지가 나와서 도와줄 줄 알고 딴 형상한테 빌고 딴 이름을 믿고 기도하고 빈다면 거기서 에너지를 그리로 보내 줄까요? 아닙니다. 반드시 자기 나무의 자기 뿌리만이 서로 상응하면서 서로 이익을 주고 공덕을 줍니다.

그러니까 한마디로 말해서 우리의 이 육체 속에는 헤아릴 수 없이 생명들이 들어 있고, 나무에는 이파리들이 헤아릴 수 없이 있습니다. 요 향나무 이파리 같은 거는 헤아릴 수도 없어요. 그렇듯이 우리네 내면, 그 육체 안에 생명들이 각계각층 모습을 가지고 천차만별로 얼마나 많이 있습니까? 그것이 수억 광년 전부터 진화돼서 바뀌어서 모습을 바꿔 가지고 나왔다는 증명서예요, 증명서. 내 몸뚱이가 증명서라구요. 그러니 어찌 안 믿을 수 있겠습니까?

그래서 이 몸뚱이를 배로 생각한다면 지금 우리는 너무 커서 끝도 보이지 않는 바다의 중간에 떠 있는 겁니다. 이게 중세계예요. 중간에서서 배를 타고 가는 셈이란 얘깁니다. 이 몸뚱이를 배로 한번 생각해 보십시오. 배라고 생각한다면 지금 중생들이 그 속에 잔뜩 탔단 말입니다. 그런데 마음의 선장이 노를 젓고 가는데 이 배 안에서 이러쿵저러쿵하고 울근불근해서 배가 뒤집히면 너와 내가 다 죽어요, 선장이고 뭐고. 안 그렇습니까? 그러니까 중생은 선장의 말을 들어야 하고 선장은 내 몸 안에 있는 모든 중생들을 한마음으로 다스리면서 '그 한 구멍에서 나오는 거니 한 구멍에서만이 대치할 수 있다. 한 구멍에서 병을 내보냈으니까 한 구멍에서만 병을 낫게 할 수 있다.' 하는 겁니다.

그건 왜 그래야 하는가 하면, 자동적인 컴퓨터에 자기가 어떻게 살았느냐에 따라서 자동적으로 입력이 돼 있거든요. 그래서 그 인연의 악업 선업이 영혼과 부착이 돼 가지고 부모의 몸을 빌려서 이 세상에 나오거든요. 그러니 거기서 나오지 딴 데서 나오는 게 하나도 없어요. 딴 데서 오는 거라곤 없어요. 안의 악업 선업에서 좋고 기쁘게 나올 수도 있고, 아주 악으로 나올 수도 있는 거지 다른 데선 올 게 하나도 없어요.

그러니 거기에서, 일을 할래도 수없이 안되는 수도 있고 잘되는 수도 있고, 해 보려고 하면 망하고, 허허허…, 좀 살 만하고 조금 모였다 하면 다 나가고 하는 문제들이 말로는 다 할 수 없이 건건이 생기곤 하죠. 그것이 바로 선악업에서 나오는 까닭이거든요. 그러니 들어오는 거마다 불바퀴에다 놓으라고 하죠. 오는 대로 그냥 거기 집어넣어라. 그러면 타 버린다. 닥치는 대로 '너만이 할 수 있어.' 하는 것이지, 그냥 '아이그, 버리자.' 그러고 놓는 게 아닙니다. '네가 이렇게 나오게 했으니까 안 나오게도 할 수 있지 않아.' 하고 놓고, 상황에 따라서 또 '너로 인해서 생긴 거니까 네가 모든 걸 막아야 하잖아.' 하고 또 놓고 '이것은 너만이 이끌어 줄 수 있어.' 하고 놓고, '너만이 집안을 화목하게 할 수 있어.' 하고 놓고, 그 건수가 얼마나 많습니까?

자식이 잘못됐다거나, 잡혀갔다거나, 병이 들었다거나, 공부를 안 하고 나가서 돈다거나 건건이 말입니다. 장애인이 돼서 애로가 많은 집들도 있고, 정신분열증으로 식구들이 전부 애를 쓰는 집들도 많고 이런데, 그거를 어떻게 다 대치를 해야 옳으냐는 겁니다. 우리가 시급한 게 지금 그거지 딴 게 있습니까? 내 몸과 가족들과, 모든 문제를 하나하나 해결해 나갈 때에 바로 내 성취도 이루어지는 겁니다. 그래서 이 몸뚱이 속의 자생 중생들과 더불어 같이 제도가 돼서 보살로 화하게 되면, 이 세상 물주머니 공기주머니에서도 다 탁 트인단 말입니다, 자유스럽게. 그러니 안 하고 배기겠습니까?

지금 세계적으로 볼 때 정신계와 물질계의 교차로에 서 있으면서 정신계를 받아들이려고 무척 애를 쓰고들 있습니다, 정신계를 돌아서 이렇게 나오니까. 의학계에서도 볼 때에, 대뇌를 통해서 소뇌를 통해서 중뇌에서 책정을 해 가지고 사대(四大)로 통신이 되는 겁니다. (앞줄에 앉아 있는 신도에게) 안 그렇습니까, 의사 나으리? 그, 약을 파는 사람 보고 뭐라고 그러지? 약사? 응, 난 이름도 몰라요. 약사나 의사도 이런 공부를 안 한 사람 다르고 한 사람이 달라요. 안 한 사람은 그냥 건건이 걸려요. 우리 절에도 산부인과 하는 분들도 많이 있고 그런데요, 하나도 걸림이 없이 치료하기 때문에 그 애로가 많았던 게 다 없어졌대요. 무슨 까닭일까요, 그게? 대치가 되니까 그 문제들이 모두 해결이 되는 거죠.

그리고 그저 아주 몹쓸 감기가 들어도, 폐가 나빠질 감기라도 소화제를 먹고 그냥 낫는단 말입니다. 이건 무슨 까닭이냐 이거죠. 약을 주고받는 그 순간에 바로 직속으로 통하거든요. 그렇기 때문에 바로 낫는 겁니다. 그러니 눈앞에 그냥 보이지 않는다고 해서 아무렇게나 생각해서는 안 됩니다. 보이지 않는 데가 더 무섭다는 걸 아셔야 돼요. 보이지 않는 데가 묘법이라는 걸 아셔야 돼요.

우리가 그냥 아무렇게나 살아서는 안 됩니다. 왜 내가 법사 스님을 다달이 이렇게 모시느냐 하면, 나는 위에서부터 내리 그냥 그 뜻을 배워 나왔거든요. 이렇게 아래에서부터 차차 올라가면서 배운 게 아니에요, 저는요. 아예 그냥, 그냥 돼 버려서요. 그러니 이 현 시점에서 사회의 물질적인 부분에서의 예의나 그런 것들을, 내가 혹시나 모르면 대치해 주십사 했던 거죠. 그래서 물질세계와 정신세계, 법사 스님이 말씀하시는 거와 내가 말하는 게 둘이 아니라는 거지요. 우리가 살림살이하는 것이 전부 그 마음에서 나오는 거니까, 정신계에서 나오는 거니까, 정맥과 동맥, 이 둘을 놓고 '이것이 아니다, 이것이 맞다' 이럴 수가 없어요.

그렇듯이 정신계와 물질계는 동일하게 같이 지금 찰나찰나 고정됨이 없이 돌고 있거든요. 나로서는 부족하든지 부족지 않든지 간에 온 힘을 다해서 자세히 하려고 해도 자세히 못 할 말이 있습니다. 여러분의 눈이 뜨이고 귀가 떠져야 내가 자세히 안 해도, 컵만 들어도 벌써 '저건 무슨 소리야.' 하고 알게끔 돼 있습니다. 소가 음메 해도 벌써 무슨 소린지 알게끔 돼 있고요. 개가 멍멍 짖어도 무슨 소린지 알게끔 돼 있어요. 꽃이 바들바들 떨어도요, 꽃도 살아 있거든요. 말을 하고 있다구요. 그런 거 한번 보셨습니까? 아침에 해가 떴을 때는 꽃이 아주 기지개를 착 펴고요, 저녁 나절이 되면 하나하나 오므라져요. 이게 아무것도 아니라고 하시겠습니까?

예전에 산에 다니다 보면요, 무엇이든 딱 닿았다 하면 탁 말아 들이는 게 있어요. 그러니까 옷이든 뭐든 말아 들일 뿐만 아니라, 벌레가 오면 모두 말아 들여서 그냥 삼키고 말아요. 껍데기만 남아요. 그런데 어떻게 업신여길 수 있겠습니까? 그러니까 내가 태어났기 때문에 모든 걸 보고 느끼고 알 수 있으니 모두 스승이지, 어디 업신여겨 볼 만한 게 뭐가 있습니까? 돌 하나가 굴러가더라도 그것을 보면서 '그 돌이 참 똥 덩어리처럼 굴러가네.' 하고 웃기도 합니다. 또는 물이 흘러갈 때에 바위가 가로막고 있으면 돌아갑니다. 그것이 다 말없이 가르치는 소중한 스승입니다, 전부가. 바다를 내려다보십시오. 바다가 내가 이럭한단 말이 없어도 수많은 물줄기가 다 그리로 흘러가고, 비가 쏟아지면 빗물, 똥물이면 똥물, 악취 나는 물, 구정물 뭐, 이런 것들이 다 들어가도, 오만 게 다 들어가도 여여하게 말없이 받아들이고 있어요. 받아들였다 하면 그 흔적은 없어지죠. 그러니 모두가 스승이 아니라고 볼 수 없겠죠.

불교라는 것이 부처님이 계셔서만 불법이 아니고, 머리를 깎고 목탁을 쳐서만 불교가 아닙니다. 일체 만물만생의 생명이 불(佛)이요, 마음과 마음이 통하고, 통신과 통신이 통하고, 말과 말이 통하고, 이렇게 일체 만물이 다 서로 끝없이 전달하고 돌아가는 이 자체가 바로 교(敎)입니다. 그리고 스님들이 왜 머리를 깎는 줄 아십니까? 나오면 깎아 버리고 나오면 깎아 버리는 원인이 어딨을까? "살아나가는 모든 게 찰나찰나 바뀌고 화해서 나투니, 지나간 것도 없고 앞으로 다가올 것도 없고 그대로 영원한 오늘이다. 그런데 오늘도 공했으니 세월과 네월을 찾을 필요가 없다. 그대로 충실하게 하루하루 하루살이로 살아라." 부처님께서 이렇게 말씀하신 겁니다. 그러니 우리가 이 세상의 모든 부조리한 무명초를 다 깎아 버리면 또 나고, 그게 정상이죠. 깎아 버리고 아주 안 난다면 정상이 아니죠. 나고 또 깎고 나고 또 깎고, 우리가 한 발짝 딛고 또 딛고, 한 발짝 딛고 또 딛고, 밥 먹고 또 먹고, 똥 누고 또 누고, 이러니까 끝없이 우리가 이어지는 거죠. 이게 불교예요.

우리가 지금 살고 있는 이 세상만사가 다, 죽고 살고 죽고 살고 하는 게 다 그냥 불교죠. 그런데 불교 안에 종교가 있는 거지 불교가 따로 개별적으로 있는 게 아니에요. 내가 외국에 가서도 "가톨릭교 기독교 따로따로 나누지만 불교 안에 종교가 전부 있는 거다. 그 불교 안에서 걸상 하나 이쪽으로 놓고 '내 걸상', 저쪽으로 하나 놓고 '내 걸상' 하는 것이니 그것은 너무 옹졸한 짓이야. 지구 안에 우리 생물들이 다 살고 있는데, 그 안에서 요리 피하면 뭘 하고 저리 피하면 뭘 하냐? 그리고 공동묘지에 가 보니까 케네디 대통령 묘에는 불이 밤이나 낮이나 항상 나오게 만들어져 있었어. 그 불의 뜻을 아느냐? 세계 전체, 이 우주 전체가, 모두 불바퀴가 헤아릴 수 없이 있다. 그게 불이 둘이냐? 생명이 또 둘이냐? 모습은 다 다를지언정 어찌 생명이야 둘이겠느냐?" 하고 얘기하니까 고개를 끄떡거리고 그렇다고 그러더군요. 그래서 거기서 모여서 그렇게 하다가 보니까 아, 들어 주니까 재미있데요. 그 사람네들은 다 가톨릭교 기독교거든요. 하하하…. 어느 스님이 들어갔다 내쫓겼다면서 신도들이 나를 들어가지 말라고 그랬거든요. 초청을 해 놓고 트릿하면 그냥 내쫓는대요.

그래도 사람들이 강당에 꽉 찼는데 들어가서 (주먹으로 법상을 치시며) 꽝꽝 치고 얘기했죠. 허허허…. (대중 박수) 그랬더니 팥 넣고 찰밥을 해서 이런 들통으로 하나를 하고요, 찌개를 그냥 한솥을 해서 들고 노비까지 가지고 왔어요. 쫓겨나지 않구요. 허허허…. (대중 웃음) 그래서 편도 가르지 않았고, 또 진리가 편이 갈라져 있는 것도 아니고 그렇기 때문에 참 좋았습니다. 그래도 그 말귀를 알아듣고 그렇게 해 주시는 그 마음도 역시 동일하구요. 뭐, 기독교니 가톨릭교니 그런 것도 없이 아주 평화스럽고 좋았었습니다.

여러분, 여러 말을 안 해도 다 아시겠죠? 우리가 이렇게 공부를 안 하면 안 되는 까닭을요. 정말입니다. 나는 어떤 때는요, 아휴! 내가 다른 것은 하나도 그런 걸 느끼지 못하는데요, 그냥 아무것도 모르고 덮어놓고 이렇게 하는 데는, '아이구, 언제나 그 노랑두 상투를 길러서 내 낭군 되느냐.' 하는 셈으로 '언제나 길러져서 진짜 자유스럽게 저 집안이 살 수 있을까?' 하는 생각에 눈물이 핑 돌 때가 많아요. 그런데 내가 '허! 날더러 하라고 뭐, 등에 써 붙였나?' 이러면서도 그게 아니에요. 자기의 소임은 소임대로 아주 끊고 맺고 해야죠. 못하든 잘하든 말입니다. 자기의 할 일은 자기가 해야죠.

덮어놓고 하기만 해서도 되는 게 아니에요. 진실하고 거짓 없이 해야죠. 이 세상 진리가 아주 거짓 없이, 선업이면 선업대로 피할 길이 없고, 악업은 악업대로 피할 길이 없어요. 그런데 선과 악을 다 놓고 평화스러운 자유인이 되라 이러는데 왜들 싫다고 하겠습니까? 돈이 바가지로 드는 것도 아니고 자기 마음 가지고 마음대로 할 것인데 말입니다. 그럼 질문을 받겠습니다.

질문자1(남) 새해 복 많이 받으십시오.

큰스님 복 많이 받을 것도 없고 안 받을 것도 없고, 오는 대로 그냥 사는 거지, 뭐.

질문자1(남) 심응회 회원입니다. 스님께서는 고구정녕으로 저희들을 이끌어 주시고 계십니다마는 아직도 저희들은 미망에서 벗어나지를 못하고 있습니다. 그래서 오늘도 몇 가지 점에 대해서 좀 여쭙고 싶습니다.

큰스님 (질문자가 가지고 있는 질문 용지를 보시고) 이 종이를요, 이렇게 뒤집어서 쓱 한번 접어 보세요. 뭐, 다 요량이죠.

질문자1(남) 먼저, 신선을 보았느냐고 물었더니 세상의 가난한 사람들이 신선이라고 대답한 사람이 있었습니다. 부자는 세상에 연연해하지만 가난한 사람은 세상을 싫어하니, 세상이 싫어서 신선의 세계에 사는 사람은 바로 어렵고 가난한 사람이라는 것입니다. 사람들 중에는 이 이야기처럼 세상이 싫어서, 왜 이런 세상에 이런 모습으로 태어났을까를 고민하기도 하고, 궁금해하기도 하고 혹은 몹시 괴로워하기도 합니다. 우리 이 세상에 이런 모습으로 살게 되는, 또 그것 때문에 괴로워하는 인연에 대해서 한 말씀 부탁드립니다.

큰스님 그것이 그런 말이 아닐 겁니다. 왜냐하면 어려운 사람은 부자를 건너다볼 수도 없으니까 포기하는 거죠. 예, 허허허…. 포기해서 신선이 될 수 있겠습니까? 그러니까 얼른 쉽게 말해서 신선이라는 것은, 내가 빈손 들고 와서 빈손 들고 가는 도리를 알아서…, 내가 어디서 왔는지 어디로 가는지 그 도리를 안다면 그 중간에 일어나는 모든 일들을 다 아실 겁니다, 아마. 그렇기 때문에 신선이에요. 그러니 내가 항상 얘기하죠. "가는 거 잡지 말고 오는 거 막지 말아라. 오는 대로 모든 것을 대치해서 놓고, 가는 것도 잡지 말아라. 나한테 다가오지 않을 거 욕심을 그렇게 부리지 마라." 이런 말을 항상 하죠. 그러니까 신선이라는 것은 지금 이 공부 하고 가시는 여러분들이 신선입니다, 가난하든 부자든 막론하고.

질문자1(남) 여기서는 역설적으로 말씀드렸습니다. 우선 이 처지가 힘드니까 신선을 역설적으로 말씀을 드렸는데요, 결국은 왜 이렇게 내가 힘들게 나왔는가 이런 것을 좀 여쭙고 싶었던 것입니다.

큰스님 으응, 그래요? 그러니까 내가 아까도 얘기했듯이 과거에 어떻게 살았느냐에 따라서 모든 게 입력이 돼서 지금 현실에서 아주 피치 못하고 그냥 사는 거니까, 자기가 벌여 놓은 거니까 자기가 해결해야지 누가 해결해 줄 수가 없어요. 가난하게 나오는 것도, 못나게 나오는 것도, 모습을 짐승으로 나오는 것도 뭐, 개로 나오는 것도 모두가, 부자로 사는 것도 자기가 지어 놨기 때문에 부자거든요. 그러니까 모두가 자기가 해서 자기가 받는 거지 누구를 원망 하나도 할 게 없어요. 그러니까 어려운 것도 닥치는 대로 그것을 재료로 알고, '어, 내가 이렇게 해 놨으니까 이게 다 공부할 수 있는 재료다. 감사하구나, 오히려.' 그러고선 거기다가 놓고 그렇게 간다면 다시금 그게 바꾸어지죠. 운명이나 팔자, 영계성·세균성·업보성·인과성 이런 것이 다 몰락 그냥 없어지죠. 지금 없애고 가시는 길이죠, 모두.

질문자1(남) 예. 스님 말씀을 '현실에 오는 어려움을 수행의 재료로 삼아서 나아가라' 이런 말씀으로 제가 받아들이겠습니다.

큰스님 예. 사실인 걸요, 뭐.

질문자1(남) 감사합니다. 어느 도인의 말로는 우리나라에 세계적으로 뛰어난 인물감이 태어나기는 해도 이 땅이 골육상전의 기운이 있는지라 우리 한국 사람이 한국의 인물을 죽여 버리기 때문에 세계적인 인물이 나지 않는다고 합니다. 우리의 역사를 보거나 세상을 살아 보아도, 나라를 망치거나 사업을 실패할 때도 적이나 경쟁자보다는 같은 민족이나 친한 사람의 해침이 원인이 되는 경우가 허다합니다. 더구나 한국 사람은 이런 점이 다른 나라 사람들보다 특히 심한 것으로 알려져 있습니다. 왜 친한 사람들끼리 더 해치려는 마음이나 시기심이 강한지, 또 이런 국민성이 우리에게 있다면 어떻게 극복해야 하는지요?

큰스님 그런데 그건 두 가지로 요약할 수가 있는데요, 한 가지는 모든 국민성이 물질로만 치닫는 마음들을 가졌기 때문에 정신계의 그 모든 너그러움을 받지 못하고 있거든요. 그렇기 때문에 능히 해 나갈 수 있는 사람은 오히려 숨겨져 있거든요. 바깥으로 나서질 않습니다. 보배는 오히려 바깥으로 나서지 않는 법이죠. 그런데 그걸 찾지 못하는 거죠. 만약에 어떤 인연으로 인해서 나섰다 하더라도 치워 버리죠. 이런 문제가 있구요.

또 하나는 우리가 어떠한 관계상 이 마음의 공부를 해서, 우리 한국만 하더라도 그렇고 세계적으로도 그렇다고 보죠. 아까 내가 떡 먹는 사람 얘기했죠. 저 중국의 왕이 '음, 조선을 치면 내 나라가 망하겠구나.' 하는 이야기요. 그걸 한번 생각해 보세요. 그렇다면 이 모두가…, (질문자에게) 그 뜻이 안 돌아갑니까, 그렇게 고개짓을 하시게? 그러니까 그거와 같이 이 생명은 둘이 아니기 때문에, 즉 세계로 비추어 볼 때 전력이 둘이 아닙니다. 그러니까 전력들은 다 통하게 돼 있죠. 어떤 용도로 쓰든 전력은 전력대로 우리가 쓸 수 있는 거니까.

그러니까 내 마음의 불바퀴는 그대로, 세계적으로도 다 가지고 있는 겁니다. 그러니까 내 불바퀴와 저 불바퀴를 한데 합치면 (손바닥을 서로 부딪쳐 보이시고) 둘이 아닌 불이에요. 그러니까 어떠한 나라를 막론하든지 또 우리 국내에서도 그렇게 되도록 희망하면서 모든 것을 주인공에 맡겨 놓고 '너만이 할 수 있어. 너만이 사람을 찾아서 할 수 있는 거지 딴 데서는 할 수가 없어.' 하고 관해 보세요. 모두 물질계에서 처참하게 그냥 올라가려고만 하기 때문에, 위에서 내리밟으면 또 떨어질 건데도 불구하고 그냥 올라가려고만 하기 때문에 안 되는 거니까 '너만이 할 수 있어.' 하고 모든 마음들을 한데 합쳐서 기울여 보시면 중국에서 말한 뜻이 아마 나올 겁니다.

질문자1(남) 결국은 한마음 공부를 열심히 하면 이게 극복이 되지 않겠느냐 이렇게 생각이 됩니다.

큰스님 그렇죠. 평등공의 법이라는 것은 철퇴가 들어갈 수도 있지만, 선지들이, 보이지 않는 손들이 전부 한 손이 돼서 응시해 줄 수 있는 여건이 될 수도 있는 법이니깐요.

질문자1(남) 네, 감사합니다. 다음으로는, 얼마 전 텔레비전 방송에서 중국의 사업가가 한국 사람들이 신용이 없고 약속을 지키지 않음을 비난하는 장면이 있었습니다. 한국 사람에 대한 이런 유의 이야기는 비일비재합니다. 큰스님께서 '좋은 거짓말은 나쁘지 않다'는 말씀을 하신 적이 있지만 일부의 사람들에게 그런 얘기가 과연 어떻게 받아들여졌는지 의심스러울 때가 있습니다. 때로는 자신이나 가족 혹은 단체의 이익을 위해서 예사로 거짓을 말하면서 큰스님의 가르침이라고 생각하는 사람도 일부 있습니다. 신용이 없다고 비난받는 사람들이 큰스님의 말씀에 스스로 위안을 받는다면, 어쩌면 좋은 일이라고 할 수 있지만 외국에서도 신용이 없다는 평판을 받는 한국 사람에게 굳이 그런 말씀을 들려주신 까닭에 대해서 한 말씀 부탁드립니다. 죄송합니다.

큰스님 애는 애 노릇 하고 어른은 어른 노릇 하랬지 누가, 아니, 어른 노릇 해야 할 때 애 노릇 하라고 그랬고, 애 노릇 해야 할 때 어른 노릇 하라고 그랬습니까? 만약에 부모가 속상해서 병이 들까 봐 자기의 속말을 하지 않는 것은 거짓이 되는 거지만, 그것은 효(孝)고 거짓이 아니죠. 또 자식들한테 내가 하고 싶은 말을 다 하고 사시는 분 계세요? 다 못 하죠? 그게 거짓 아닌 거짓이면서도 아주 참, 뜻이 깊은 작용이라고 할까요? 그러니까요, 거짓을 하라고 시키는 게 아니라 거짓 아닌 거짓을 말하는 거죠.

질문자1(남) 네. 스님께서는 그런 뜻에서 말씀하셨겠지만 특히, 아직 어른이 되지도 않았는데 애가 어른이 다 됐다고 우기는 그런 입장에….

큰스님 그러면 안 되죠. 왜냐하면 부처가 돼도 "나는 부처가 아니니라." 했습니다. 왜냐? 내가 표현을 이렇게 한번 해 보죠. 댁들 몸속에 중생들이, 생명들이 많이 들어 있는데 내가 혼자 밥 먹었다고 할 수 있겠습니까? 네?

질문자1(남) 더불어 먹었죠.

큰스님 더불어 먹었죠?

질문자1(남) 예.

큰스님 그러니까 '내가 밥 먹었다' 그러고 내세울 수 없죠?

질문자1(남) 예. 그렇습니다.

큰스님 그래요. 그러니까 밥 먹는 거 하나만 가지고 그런 게 아니에요. 보는 거, 듣는 거, 말하는 거, 만나는 거, 사는 거, 먹는 거 모두가 다 그렇죠. 그래서 공생(共生)·공심(共心)·공용(共用)·공체(共體)·공식화(共食化)하고 천차만별로 다 그렇게 나투고 돌아간다 이렇게 말을 했죠?

질문자1(남) 예.

큰스님 그랬으니 이게 닥쳐오는 대로 그러한데 뭐 그게…, 할 일은 해야 하고 안 할 일은 안 해야 되는 거고, 고개가 숙여져야 되는 거죠. 그런데 내가 내세울 게 뭐 있다고 안다고 그러겠습니까? 네? 이 모두가 하나로 돌아가고 그 수많은 헤아릴 수 없는 생명들이 다 내 마음의 선장에 의해서 작용을 하고 있는데 만약에 내가 '나다' 한다면 이 속의 생명체들이 '흥, 네가 했다고, 네가 안다고 한다면 너 혼자 실컷 알아 봐라. 너 혼자 실컷 해 봐라.' 이러고선 작용을 안 해 줍니다. 그리고 자꾸 빗나가게끔 되죠. 그러니까 그렇게 나를 세우지 않는 게 이 부처님들의 목적이에요. 그래서 방편으로 표현을 하자면, '내 몸뚱이 속에 많은 중생들이 들어 있으니 나 혼자만이 있다고 세울 게 없는 것이 여래니라' 하는 겁니다.

질문자1(남) 감사합니다. 제가 또 한 가지 더 말씀을 드리겠습니다. 앞의 것하고 약간 연관이 있습니다. 때때로 큰스님께서 가르치는 여러 생활의 방편들이 그것을 받아들이는 사람들에게는 자기 합리화의 수

단이 되는 경우도 부인할 수 없고, 심한 경우에는 몇 년간의 한마음 공부가 수행하는 태도에 오히려 방만과 자만을 불러일으키는 경우도 볼 수 있습니다. 고기를 먹는 일은 작은 일에 불과하고, 술도 그렇고, 다른 여러 가지 일도 그렇습니다.

어떤 경우에는 그런 것을 자제하자고 말하고 싶어도 왜 걸리냐는 상투적인 반응이 싫어서 아예 모른 척하는 사람도 있고, 그것이 너무한다고 생각하는 자신이 잘못된 것이 아닌가 싶어서 난감해하는 사람도 있습니다. 심한 경우에는 그런 계율에 얽매이지 않는 일을 함으로써 자신이 매사에 걸리지 않는 자재로움을 이루어 가고 있다고 생각하는지, 사람들에게 은근히 그것을 자랑하고 권하면서 스스로 그런 것에 걸리지 않는다고 말합니다. 일부 사람들에게는 큰스님의 말씀이 그런 식으로 받아들여지는 것이 사실이고, 큰스님께서도 그것을 알고 계시다면 거기에 대해서 저희들을 깨우치기 위해서 다시 한번 한 말씀 부탁드리겠습니다. 죄송합니다.

큰스님 그러죠. 애가 갓 태어나서 씹어 먹을 이가 하나도 없는데 고기를 줘서 되겠습니까? 그러니까 못 먹는 사람은 안 먹어야죠. 그리고 어른은 씹어 먹을 수 있으니까 먹어야죠. 그거와 같이 이 마음공부를 하되 진짜로 맡기고 진짜로 물러서지 않는 그런 사람에게는 먹는 것이 그 무명을 벗겨 주는 일이고, 그것을 못 하는 자에게는 살생이 된단 말입니다. 그러니 양단간을 놓고 어떤 것이 옳으냐 이런다면 어떤 게 옳다고 하겠습니까? '이것은 살생이 되니까 먹지 말아야 하고', '이건 무명을 벗겨 주니까 먹어야 하고' 이런다면 이 둘 중에 어떤 것이 옳습니까? 그러니 '어린애는 먹지 말고 어른은 먹어라' 이겁니다. 허허, 먹되 무명을 쓰고 애탄지탄하는 중생들을 위해서 주인공에 맡기고 먹어라. 그 몸뚱이의 살점 하나를 그런 사람이 먹기를 바라면서 천 년을 기다리고 있다 이겁니다.

왜 그게 벗어나기가 힘드느냐 하면, 소로 살았으면 소의 습성이 잔뜩 붙어서 그 영(靈)도 사람으로 가지 않고 소로 갑니다. 그래서 소를 면치 못해요. 개도 그렇고 다 그래요. 한 찰나 알았으면 훌떡 뛰어넘으면 될 텐데 말입니다. 그러니까 얼른 쉽게 말해서, 무명을 벗지 못하고 세세생생에 그 모습을 쓰고 허덕이는 것이 바로 짐승들의 사연입니다. 그래서 그 무명을 벗기 위해서 공부를 하는 짐승들이 많습니다. 그러니까 우연히라도 선승(禪僧)들이 그 살점 한 점 잡수어 주시기를 원하고 원하고 그냥 염하고 있는 거죠. 그리고 생명을 죽이지 않고 풀 이슬만 먹으면서 사는 짐승들도 많습니다. 그런 짐승들이 오히려…, 소가 왜 여물만 먹고 삽니까? 살생을 하지 않고. 그러니까 우리 인간도 잘못하면 소로 태어날 수도 있고 잘못하면 독사로 태어날 수도 있습니다. 그것이 반복돼서 돌아가고 있습니다, 지금. 왜 이런 공부를 하라고 하겠습니까?

질문자1(남) 스님께서는 먹히는 고기나 먹는 사람들도 다 방생을 하기 위해서 말씀을 해 주셨는데 받아들이는 입장에서 보면….

큰스님 이걸 이렇게 들으셔야 돼요. 그러니까 자유죠. 그러니까 먹을 만한 사람이 먹든지, 먹을 만하지 않은 사람이 먹든지 그건 너희들 생각대로 해라. 지혜롭고 틀림없는 사람들 같다면 모든 걸 거기다 맡기고 먹되…, 옛날에도 이런 점이 있죠.

산간 절에서 스승이 다 죽게 됐어요. 제자가 생각을 하니 참 무엇을 어떻게 갖다가 병을 낫게 할 수도 없고, 일어나지도 못하는 분에게 어떻게 할 수가 없거든요. 그래서 호미를 들고 통을 들고 나갔어요. 지렁이를 그냥 수백 마리를 잡아서 푹 고아 가지고선 그거를 체에다 착 받쳐 가지고 버리고선 '지옥을 가도 내가 갈 테니까 지옥을 보내든지 마음대로 해라.' 하고 그냥 갖다가 드리니까 "이게 무슨 물인데 이렇게 맛있니?" 하시더랍니다. 그래서 "이것이 풀뿌리를 고은 물입니다." 하고선 갖다 드렸더니 그것을 먹고 병이 완쾌돼서 건강하게 도로 다니시더랍니다. 그래도 이것은 풀뿌리라고 했더란 말입니다. 그러면 그 사람은 지옥에 갔겠네요?

그러니 예를 들어서, 그러한 마음을 가지고 있는 사람은 아까도 얘기했지만, 거짓 아닌 거짓이 효가 된다 이랬죠. 자기가 죄를 받고 죄를 안 받고 그걸 떠나서, 오직 그 스승을 살리기 위해서 그 생명체들을 다 죽였다면, 그건 죽인 게 아니고 그냥 곧바로 인간으로 전부 환생을 시킨 거죠. 예를 들어 닭을 수십 마리를 죽였다 해도 닭의 마음을 한데 합치면 하나가 돼요. 아시겠어요, 그 뜻을? 닭 수효대로 사람으로 화하는 게 아니고, 닭 30마리면 30마리를 한데 합쳐서 한 사람으로 만든다면 되는 거거든요. 그렇기 때문에 그 지렁이가 수십 수백 마리라도 그것은 한 사람으로 인간 환생을 시킬 수가 있다 이겁니다. 그러니까 그렇게 착한 사람에게는 안 보이는 손들이, 부처님의 손들이 다 응신(應身)으로 화해서 응해 주신 겁니다. 그러니 어찌 그게 천도가 안 되겠습니까? 그러니 살생이 없죠.

질문자1(남) 그런데 이 문제와 관련해서 이런 생각이 듭니다. 옛날 경허 스님은 무애행(無碍行)을 많이 하셨고요, 또 얼마 전에 열반에 드신 성철 스님은 그 입장을 조금 배척을 하신 걸로 제가 알고 있습니다.

큰스님 그 입장을 뭘요?

질문자1(남) 경허 스님의 무애행 그 자체는 긍정을 하시지마는 일반 대중들에게 비쳐지는 데 대해서는 경계심을 가지고, 무애행을 권장하는 입장과 다른 입장에 서신 것 같아요. 제가 알기로는요.

큰스님 이거 보세요. 그것을 두 가지로 볼 수 있어요. 성철 스님은 그거를 자기가 알더라도 중생들에게 비칠 때 누(累)가 되지 않게 하지 그랬느냐 하는 측면에서 생각을 하셨겠죠. 또 경허 스님께서는 "너희들이 그렇게만 생각해서는 뛰어넘을 수 없다. 그러니까 이거를 보고 뛰어넘어라." 하고서 (오른손 주먹을 불끈 쥐어 들어 보이시고) 이렇게 든 겁니다. 그러니까 어떤 것이 높으냐 하면은 다 똑같습니다. 다 똑같애요. 다 똑같으니까 피장파장이에요. 한 분은 뛰어넘게 하기 위해서

고, 한 분은 그거 왜 자꾸 누가 되게 하느냐 이런 거고, 그러니까 다 똑같습니다. 그 마음은요.

질문자1(남) 네, 감사합니다. 열심히 정진하겠습니다. (대중 박수)

큰스님 이 마음의 길을 걷지 않고는 그 도리를 모릅니다. 모두 몰라서 내가 이런 대답을 해도 '저게 뭐, 마땅한가?' 이러겠지만 사실이 그러니까요. 한 손에 뼈다귀를 들고 다른 손에 술을 한 바리때에다 착 들었으니, 야! 뼈다귀 든 거는 모든 중생들을 제도해서 건지고 하늘을 받치는 기둥이 됐고, 술 바리때를 든 것은 '수레바퀴처럼 물처럼 모든 중생들이 다 찰나찰나 돌아가느니라' 하는 거죠. 물이 수없는 중생들에게 양식도 될 수 있지만 또 뜻을 크게 본다면 끊임없이 돌아가는 이치를 가르쳐 주는 것이 바리때예요. 그러니 모두 우리가 생각하는 대로 공부요, 공부 아닌 게 하나도 없습니다. 이 도리를 아신다면 여러분도 이 세상을 쓰다 달다 생각 없이 그냥 참, 그대로 그냥 즐겁게 살 수 있습니다. 나처럼 말입니다. 하하하…. (대중 박수)

질문자2(남) 스님, 오늘도 이렇게 뵙게 돼서 대단히 감사합니다. 질문드릴 요지를 다 잊어버렸기 때문에 마음에서 나오는 그대로 질문을 드리겠습니다. 전번에 질문드릴 때도 말씀드렸지마는, 이 공부를 하는 과정에서 모든 것은, 머리로 아는 것보다 단 한 자라도 마음으로 알아야 된다 하는 것이 제가 안 진실입니다. 그런데 이 공부를 계속하다 보면 상반되는 것이 있습니다. 예를 들어서, 백이냐 흑이냐 하고 제 마음에서 긍정적인 것과 부정적인 것이 있을 때에, 부정적인 것은 '저것은 아니야.' 그러고 '그저 놔야 된다.' 이런 마음이 생기는데, 같이 공부하는 도반들은 그것까지도 다 수용해야 되지 않냐 이렇게들 말하거든요. 그런데 제 마음에서 그것까지 다 받아들이지를 못해서 그러는지 어쩌는지 거기에서 지금 약간 맴돌고 있기에 질문드리러 나왔습니다.

큰스님 긍정적인 일은 해야죠?

질문자2(남) 네.

큰스님 네. 그런데 부정적인 일은 하지 말아야죠?

질문자2(남) 네.

큰스님 그렇게 댁에서 긍정적이다 부정적이다 하는 걸 벌써 알고 있지 않습니까?

질문자2(남) 네.

큰스님 그게 묘법이죠, 그 알고 있는 자체가. 그러니까 벌써 알고 있기 때문에 안 하게 되고, 알고 있기 때문에 하게 되는 거 아닙니까? 그러니 그것이 긍정이다 부정이다 하는 게 한 구멍에서 나오는 거지 두 구멍에서 나오는 게 아니죠. 그러니까 나오는 대로 긍정적으로 나오는 것은 감사하게 생각하고, 부정적으로 나오는 것은 '부정적으로 나오는 것도 너한테서 나오는 거니까 긍정적으로 나오는 것도 너한테서 나올 수 있잖아.' 하고 거기다가 놔라 이 소리예요. 한 구멍에다가!

질문자2(남) 네, 알겠습니다. 그리고 똑같은 말이지만 예를 들어서 이 공부의 일차적인 목적은 선행하는 데 있다 그러는데, 선행하려고 마음을 먹으면 그 뒤에는 또 악행이 뒤따른다 하는 상반되는 그런 마음을 갖고 계신 분들이 있습니다. 제가 판단해서 '옳은 길이 아니면 가지를 말고, 옳은 길이면 가면 된다.' 하는 마음을 먹고 있지만, 같이 공부하는 도반들이 "선행이 있으면 악행도 있는데 선행과 악행을 다 받아들여야 되지 않느냐?" 합니다.

큰스님 이거 봐요. 받아들이라는 이치는 나쁜 사람이 나한테 접근을 했다, 접근을 해 온다, 망하게 만들어졌다 이런 문제가 있더라도 그것은 긍정적으로 받아들여라 이 소립니다. 그 왜냐? 전력에 비유한다면 어떤 용도에 쓰든 전력이 똑같듯이, 나쁘게 하는 사람이나 좋게 하는 사람이나 그 전력은 똑같애요. 그러니까 마음이 천리만리도 멀다 하지 않고 전달이 돼요. 그러니까 내 주인공에다 모든 걸 놓고 '저 사람이 저렇게 하는 것도 너만이 해결할 수 있어.' 할 때에 그 마음과 통하게 되죠.

그러니까 이걸 응신이라고 그러죠. 만 보살이 응신으로 화해서 각계각층 모든 중생들이 원하는 대로 응해 주신다. 나투어 주신다! '나투어 준다' 하는 거는 병을 앓는 데는 의사가 돼 주고, 좋은 데로 못 가서 원하는 사람한테는 지장이 돼 주고, 또 좀 더 살게 해 달라고 하는 데는 칠성이 돼 주고, 이렇게 나툰단 말입니다. 딴 걸로 화한단 말입니다. 우리가 지금 그렇게 하고 가지 않습니까?

질문자2(남) 네.

큰스님 자꾸자꾸 바뀌어서 만나고, 바뀌어서 말하고, 바뀌어서 듣고, 바뀌어서 보고, 발자국을 떼어 놔도 딴 데를 자꾸 딛고 이렇게 하지 않습니까? 그러니까 그거와 같이 모든 거는 그렇게 해서 해결도 하지만, 그러면 이쪽에서 그것을 받아서 차차차차 잘못되는 그 자체를 잘되게끔 자꾸 연결이 돼서 잘하게 되거든요.

그러니까 야비하게 하는 사람도 마음이 야비하지 않게 되죠. 그래서 건지라는 거지, 악한 거를 버리게 되면 인과가 돼서 또 따르지 않습니까? 그러니까 악과 선을 몽땅 다, 하나는 감사하게 놓고, 하나는 그냥 되돌려 놓으라는 겁니다. 남이 그르다 하더라도 자기 주인공에 다 들이대고 '너만이 그것을 해결할 수 있지 않아. 그 사람도 본래 나쁜 건 아니잖아. 그러니깐 그렇게 해.' 하고서 거기다 놨을 때에 그 사람도 마음이 변하게 되죠. 그렇게 해서 건져야죠. 그리고 그 뒤에 말 한마디 또 할 거는 뭐냐 하면, 우리가 녹음을 할 때 차례차례로 녹음을 하죠, 네? 녹음한 대로 차례차례로 먼저 한 거부터 나오죠. 그러고 나중에 한 거는 맨 끄트머리로 나오죠. 그렇듯이 여러분도 과거에서부터 녹음이 돼서 차례차례로 쌓여졌다고 할까요? 쌓여진 것이 차례차례로 나오거든요. 그러니까 차례차례로 업이 많이 쌓인 사람이 있고 적게 쌓인 사람이 있는데 그냥 "딴 사람은 그렇게 잘되는데 나는 왜 그렇게 안됩니까." 하고 오는 사람 앞에는 아무 말 없이 "정성이 지극하면 돼." 이렇게 하기는 하지만, 그 업이 너무 쌓여서 그게 모두 다 녹아야 되니까 나온 자리에다 되놓으라고 하는 겁니다. 그래야 앞서 입력된 게 자꾸 없어지면서 줄어들 텐데…, 그래서 그게 거반거반 다 됐으면 '어, 이제 거반거반 다 되는구나.' 이렇게 속으로만 말을 하죠.

그러니까 그러한 문제가 있다 하더라도 빨리 되지 않는다고 생각을 하지 말고, 그 악업들이, 모두 나쁜 고가 쌓인 것이 차례차례로 없어지는 거니까 좀 인내가 있고 물러서지 않는 마음이 필요하고, 실천적이고 평등하고, 이해성 있고 지혜롭고 이래야만이 입력된 걸 무난히 다 폐지시킬 수가 있죠. 새로 좋은 마음으로 입력된 게 나올 시기가 될 때까지 말이에요.

질문자2(남) 대단히 감사합니다. (대중 박수)

큰스님 (삼배를 올리는 질문자에게) 삼정례(三頂禮)를 일정례(一頂禮)로 합쳐서 하나로 합해서 하면 좋아요. 이렇게 자유스러운 법이 부처님께서 가르쳐 주신 법이거든요. 허허허….

질문자3(남) 큰스님, 저는 수유동에서 왔습니다. 세상에 부모를 모시고 있는 자식치고 부모님의 병환에 대해서 근심 없는 자식은 없으리라고 생각이 됩니다. 얼마 전 저희 아버님께서 모 대학병원에서 폐암이라는 진단을 받았습니다. 여직껏 살아오시면서 남들을 위해서 좋은 일도 많이 하셨고 옳게 살아왔다고 제 나름대로 생각하고 있습니다. 또한 저희에게 옳게 살기를 항상 말씀해 주셨습니다. 큰스님 말씀대로 저희 아버님께서는 육신의 집을 고치기 위해서 지금 투병을 하고 계십니다. 큰스님, 저희 모두에게, 저희 아버님에게 한마음 내 주시기 바랍니다.

큰스님 음, 그러시다면 다른 거는 하나도 안 하더라도 '내 깊은 마음속의 주인공 뿌리야. 너만이 네 몸뚱이의 병을 고칠 수 있어.' 하고 그거 한마디만 관하시라고 그러세요. 그러면 꼭 접근이 될 겁니다. 통신이 돼야 됩니다. (대중 박수) 그리고 여기 스님한테 뭣 좀 달라고 해서 가세요. 허허허…. (합장을 하시며) 또 없습니까?

무아와 윤회

1994년 3월 6일

오늘 날씨가 따뜻한 거 보니까 개구리 입이 떨어질 때가 된 것 같습니다. 허허허…. 여러분도 날씨가 따뜻하니까 좋죠? 내 입술에 병이 나서 말을 잘 하려는지 모르겠습니다. 허허허…. 치과에 가서 이를 뺐더니 이렇게 부어오르지 않겠습니까? 그건 그렇고, 여러분께서 여직껏 길을 걸어오셨으니까 오늘은 질문과 토론으로 우리 해 보십시다. 질문을 하실 때에 차근차근히 한 건씩 얘기하세요. 범벅을 해서 말씀하시지 말구요.

질문자1(남) 저희들을 위해서 이렇게 항상 법문을 해 주셔서 정말 고맙습니다. 오늘은 윤회 사상에 대하여 큰스님께 가르침을 받고자 합니다. 인생의 생사변이가 윤회이며, 우주의 물리적 변화가 윤회라고 합니다. 그래서 부처님께서는 연기법을 말씀하시고 모든 것이 인연에 따라 변이한다고 말씀하셨습니다. 육도윤회의 깊은 도리를 우매한 중생이 믿지 못하므로, 옛 조사님들은 경전이 아니고는 이러한 사실을 알지 못하고, 부처님이 아니면 이 말씀을 하실 수 없다고 한탄한 것도 하등 이상할 것이 없다고 봅니다.

성암 선사는 「권발보리심(勸發菩提心)」에서 "나는 중생과 더불어 수없이 많은 겁 동안 해탈 못 하고 생사에 머물며 인간과 천상, 사바세계와 피안의 세계에 갖가지 모습으로 출몰하고 부침하였다." 했습니다. 그래서 오늘은 큰스님께 육도윤회에 대하여 가르침을 받고자 합니다. 다소 중복되는 내용이 있더라도 저희들을 어여삐 여기시고 자세하게 법문하여 주시기 바라겠습니다. 불교의 근본 교리는 제법무아(諸法無我)라고 합니다. 그럼 제법(諸法)이 무아(無我)라면 어찌 윤회를 할 수 있겠습니까? 서로 모순되지 않습니까? 가르침을 주시기 바랍니다.

큰스님 평상시에 여러분이 살고 있는 것이 만행(萬行)입니다. 그대로 만행입니다. 만행이 따로 있어서 만행이 아니라, 그대로 만행입니다. 끝없이 이어 가는 그 행이, 고정됨이 없이 행하는 그 생활이 즉 만행입니다. 여러분이 이 세상에 나와서 만행을 하기 때문에 결국은 육도만행(六道萬行)이라고 할 수 있죠. 그러나 만행이 있기 때문에 육도윤회가 있다는 겁니다. 이해가 되십니까? 육도윤회가 있기 때문에, 부처님께서 '육도윤회에 매이지 말라, 끄달리지 말라' 하고 가르침을 주신 거죠. '끊어라' 그러신 게 아니라 '매이지 말라. 보는 것도 듣는 것도 고정됨이 없어서 발 하나하나 디뎌 놓는 것도 바로 윤회거늘, 어찌 한 발짝 떼어 놓고 또 한 발짝 떼어 놓는다고 해서 거기에 치우쳐서 끄달리고 매이느냐.' 이런 뜻이죠. 그러니까 '보는 것도 듣는 것도 다 고정됨이 없기 때문에 윤회에 매이지 말라.' 하신 겁니다.

내가 지금도 얘기를 하다 올라왔습니다마는, 예를 들어서 아까 차를 한잔 주는데 뜨거웠어요. 여기 올라오긴 해야겠고 이거를 빨리 식으라고 젓다가 이런 말을 했습니다. "뜨거운 것도 아니고 찬 것도 아니다." 즉 "네가, 차걸랑은 데워 먹고 뜨겁걸랑은 식혀 먹어라. 이게 진법(眞法)이다." 이런 거와 같이 우리가 항상 육도만행을 하면서 육도윤회를 합니다.

그런데 윤회가 따로 있는 게 아니라, 생사에 의해서만이 윤회가 있는 것이 아니라, 우리가 찰나찰나 돌아가는 것이 윤회입니다. 화(化)해서 나투면서 찰나찰나 변화되면서 돌아가는 이 만행이 즉 윤회입니다. 윤회인 까닭에 그 윤회에 매이지 말라고 한 겁니다. 재차 얘기하지만, '매이지 말라. 끄달리지 말라. 그대로 볼 수 있고 그대로 들을 수 있다면 그대로 여여하니라. 그대로 점프해서 넘어가느니라.' 이런 뜻입니다. 그러니까 '육도윤회가 따로 있는 게 아니고 우리가 지금 생활하면서 고정됨이 없이 공(空)했다고 하는 자체가 바로 그것이니 매이지 말고 끄달리지 마라.' 하는 겁니다.

'이 세상이 다 공했느니라. 너를 세울 것도 없고 나를 세울 것도 없고, 나를 꼬집어서 내세워서 나라고 할 게 없느니라. 안과 밖이 다 그러니라. 안에도 내 집안의 모든 생명체의 의식들인 내가, 그러니까 사람 속엔 사람이 들어 있어. 그렇기 때문에 사람이 하나 둘이 아니라 헤아릴 수 없느니라. 그런데 어떠한 것을 꼬집어서 나라고 할 수 있겠느냐? 그러니까 나는 공하고 없다. 내세울 게 없다. 없다가 아니라 너무 많아서 어떤 걸 세울 게 없다. 세울 게 없는데 무엇에 매이고 무엇에 끄달릴 게 있느냐? 그러니까 윤회라는 이름조차도 없느니라. 살면서 모두 그 이름을 지어 놓지 않는다면 질서를 문란케 하고 지키지 못하기 때문에 이름을 지어 놓고 부르느니라.' 했습니다.

그 질문을 하셔야 또 그것이 상세하게 돌아가겠으니까, 질문들 잘하셨어요. 별달리 따로 생각하지 마세요. 우리가 생활하는 것이 만행이며, 우리가 생각하고 사는 것이 바로 윤회입니다. 그러니 생각하고 사는 것이 윤회라면, 이것 보세요. 아까도 물 얘기 했지만, 뜨거운 거를 억지로 식히려고, 금방 먹기 위해서 막 식히려고 아등바등할 필요가 없어요. 놔두면 저절로 그냥 식기도 하고, 정히 급하면 찬물에다 띄워서 식혀서 먹어라. 재간대로 해라. 재간대로 하는 반면에 데워서 먹고 식혀서 먹어라. 매사의 일이 다 그러합니다. 그러니 아등바등 애쓰지 말고 내 재간껏 식혀 먹고 데워 먹고, 또 그렇게 급하지 않으면 넉넉히 그냥 놔두면 식어! 때가 되면 그냥 먹게 돼. 급한 거는 빨리 식혀서 먹고, 급하지 않으면 그냥 놔둬도 먹게 된다 이겁니다. 우리가 마음이 조급하고 관습에 의해서 복잡하게 생각하니까 삶에 대해서 어지럽고 괴롭고 그렇지, 하늘이 무너진대도 눈 하나 깜짝하지 않을 만큼 그렇게 괴로울 일이 없는 겁니다.

이 세상이 두 쪽이 나고 가루가 된다 하더라도 불교가 없어지지도 않을 뿐만 아니라, 내가 복잡할 게 하나도 없습니다. 느긋하게 생각하신다면 바다를 삼킬 수 있고, 삼키기만 해서도 아니 되니까 토하기도 할 수 있다 이 소립니다. 바다를 삼킬 수 있고 바다를 토할 수 있다면, 그것은 능히 부처이며 능히 법의 보살이며 능히 어느 보살이 아니 되는 게 없고 어느 중생이 아니 되는 게 없습니다. 그러니 부처가 하늘에서 그냥 떨어지는 게 아니고 살고 있는 우리 인간들 틈에서 부처가 나는 것이지, 우리들을 떠나서, 생활을 떠나서 부처님이 있고 법이 있는 게 아닙니다. 부처님이 삼천 년 전에만 계신 게 아니고, 지금 이렇게 불도에 귀의해서 알려고 애를 쓰는 분들이 계심으로써 부처님은 지금도 여전히 살아 계십니다.

제법이 무아라고 했는데 윤회가 될 수 있겠느냐고 했죠? 무아라는 뜻은 아십니까? 말씀해 보세요. 무아가 뭔데?

질문자1(남) 이 세상의 모든 법과 자기 자신조차도 없다는 그런 뜻으로 알고 있습니다.

큰스님 우리가 제법이라 하면 일체를 말하고, 이 무아라고 한다면 나도 없고 너도 없고, 없는 그 가운데에 나, 자아(自我)가 있습니다. 그렇기 때문에 이게 없어도 아니 되고 저게 없어도 아니 되고 그냥 꽉 차 있습니다. 있기 때문에 무아라고 한 것이지, 이러한 무아가 없다면 윤회가 어디 있으며, 윤회가 없다면 이러한 무아가 어딨습니까? 눈이 없는데 귀가 어딨고 귀가 없는데 눈이 어딨겠습니까? 생명이 없으면 육신이 보이지 않아서 무효고, 육체가 없어도 보이지 않으니깐 무효고,

또는 생각을 해내지 못해도 목석이니깐 무효야. 다 갖추어서 생김생김이 잘생기고 잘 행할 수 있는 똑바른 사람이라야 그걸 제법의 무아라고 하는 것입니다. 뜻이 그렇단 얘깁니다. 그래서 세상 뜻이 모두가 공해서 찰나찰나 나투면서 화해서 돌아가는 경지이기 때문에 제법무아라고 했습니다.

그러니 없어서 무아가 아니라, 우리 몸뚱이 속에 너무 많아서 어떤 거를 내세워서 나라고 할 수 없고, 내가 먹었다고 할 수 없고, 내가 살림살이를 지금 하고 간다고 할 수도 없습니다. 그렇기 때문에 무아입니다. 우리가 따지고 본다면 모두가 작은 것 큰 것의 차이는 있을지언정 그 모든 법칙에 의해서는 하나도 틀림이 없습니다. 그러니까 "제법이 무아인데 어찌 윤회가 있겠습니까?" 이런다면 우린 움죽거리지도 말고 목석이 돼야죠. 물도 파도도 없고 흘러가는 것도 없어야 되겠죠? 그런데 넉넉히 흘러가고 움죽거리고 자동적으로 아주 질서 정연하기 때문에 무아인 것입니다. 허허허….

그리고 참, 아까 어느 스님이 뭐라고 그러셨댔죠? 피안에서 벗어나지 못하고, 뭐라고 그랬더라?

질문자1(남) 네, 성암 선사께서 말씀하신건데요, "나는 중생과 더불어 수없이 많은 겁 동안 해탈을 못 하고 생사에 머물며 인간과 천상, 사바세계와 피안의 세계에 갖가지 모습으로 출몰하고 부침하였다."라고 말씀하셨답니다.

큰스님 그러니까 함이 없이 그 말을 했다고 봅니다. 여러분이 지금 살아생전에, 몸 떨어지기 전에 알아야지 몸 떨어지고 난 뒤에 해탈을 하려면 해탈치 못합니다. 부딪침도 없고 더함도 덜함도 없기 때문입니다, 모습이 없기 때문에. 그러니까 우리가 살아생전에, 윤회에 매이지 말고 모든 착을 떠나서 그대로, 그대로 해라 이겁니다. 그대로 모두 하고들 계십니다. 그대로 하고 계신데 그렇지 않다고 생각을 하는 겁니다, 지금. 너무나 기가 막히죠. 여러분이 모두 고정됨이 없이 공해서 돌아가는 도리로 생활을 하시면서, 그렇지 않다고 생각해서 뭐 하나를 생각하면 꼭 붙들고 늘어지고, 이렇게 마음이 장난을 하는 겁니다. 그 장난에 끄달리고 그러니까, 모두 하나하나 생각하는 게 입력이 돼서 바로 그게 악업 선업이 되는 거죠.

그러니 이 어항 속에서 벗어날 수 있겠습니까? 이 사바세계에서 살아나가면서 이 사바세계를 벗어날 수가 없죠? 그렇듯이 우리는 그 어항 속에서 한 발짝도 떼어 놓을 수 없는 것입니다. 피안의 그 언덕을 넘어설 수가 없습니다. 그러나 부처님께서 가르쳐 주신 것은, '네 모습이 어떠하든 마음은 체가 없으니까….' 이거는 내가 하는 소리겠죠. 하여튼, 누가 하는 소리든 그냥 마음은 체가 없습니다. 마음은 체가 없으니까 마음을 넓게 갖는다면 우주 바깥을 벗어날 수도 있는 겁니다. 공기 바깥을 벗어날 수도 있는데, 왜 자기 마음을 마음대로 하지 못하고 벗어나지 못하느냔 얘깁니다, 예? 마음을 가지고 마음대로 할 수 있는데, 왜 마음을 가지고 마음대로 못 하고 얽매여서 그냥 고인 물에서만 헤매고 도느냐 이겁니다.

그러니 지혜롭고 물리가 터져서, 점프를 할 수 있는 능한 마음이 생겨야 되겠으니까 우리가 지금 이렇게 하고 있는 겁니다. 그래서 '참, 마음이 묘법이다. 마음이 묘하다. 마음이 악으로 떨어지게 할 수도 있고 선으로 떨어지게 할 수도 있다. 점프를 해서 이 지구 바깥으로 벗어날 수도 있고, 우주 세계를 한 찰나에 돌 수도 있다. 그런데 왜 마음이 마음을 가둬 놓고 있느냐.' 했습니다.

'주인공'이라 하는 것은 한마음을 말하고, 전체, 안과 밖이 하나로 돌아가는 거를 '한마음'이라고 합니다. 그걸 즉, 다시 말해서 주인공이라고 하는 겁니다. 그런데 마음을 내기 이전 마음은 바로, 다스리는 마음의 선장입니다. 다스려야 할 선장! 잘못되고 잘된 걸 뻔히 아는 선장 말입니다. 그런데 마음 내는 것을 이렇게도 내고 저렇게도 내니까 '요렇하면 안 되잖아. 이렇해야 되잖아.' 하고 다스리는 선장이 있단 애깁니다. 그렇게 선장이 마음을 다스리면서 마음을 내니까 육신은 덩달아 따라서 움죽거려 준다 이겁니다.

그러니 이 말 저 말이 들어가면 산란해서 공부를 못 해요. 진짜 공부를 못 합니다. 그래서 경(經)을 덮은 겁니다. 마음공부 하는 사람들은 그래서 경을 덮은 겁니다. 자꾸 이 말 저 말을 해서, 이리로도 갈 수 없고 저리로도 갈 수 없이 만들어 놓으니까요. 그러니까 '들이고 내는 데는 오직 내면세계 바로 그 한 구멍밖에는 없다. 빗장 없는 빗장을 쥐고 늘어져라.' 하는 겁니다. 우리가 한생각이면 그냥 윤회에 끄달리지 않을 수가 있지 않습니까? 예를 들어서 '아, 일체가 다 고정됨이 없이 돌아가는 거니까, 윤회라는 것에도 매이지 말자.' 하고 놓으라는 겁니다.

그래서 거기 포함해서 놓는다면 몇 가지 이득이 있습니다. 이것은 나를 깨닫는 데에 지름길이며, 또 업식을 다 무효화시키는 데 지름길이며, 생활을 이끌어가는 데 지름길이며, 나를 건강하게 하는 데도 지름길이며, 모든 것의 지름길이 되는 겁니다. 그러니 생각을 잘하십시오. 내가 열 마디 백 마디 해 봤자 여러분이 생각 한번 잘하는 것만 못합니다. 이끌어 주는 사람과 배우는 사람의 차원이 같아야 됩니다. 이 배우려고 하는 사람의 마음과 이끌어 주려고 하는 마음과 동일해야만이 바로 한자리 금이 되는 것입니다.

우리가 이렇게 만난 것도 억겁을 통해서 바로 인연이 된 것입니다. (컵을 가리키시며) 이것이 컵이 아니었더라면 물을 담지 않을 것인데, 컵이 됐기 때문에 물을 담는 것입니다. 요것이 인연입니다. 매사에 정말, 조금도 틀림없이 인연에 따라서 모든 것이 이루어지고 폐하고 하는 것입니다. 그 인연을 누가 만드느냐. 즉 마음이 만드는 겁니다. 마음이 인연을 만드는데, 나쁘게 만들기도 하고 좋게 만들기도 하는 겁니다. 그런데 이렇게도 하죠. 어떤 사람이 나쁜 짓을 했으면 매양 나쁜 걸로만 아는데, 가만히 지켜보면 매양 나쁜 것만은 아니죠. 자꾸자꾸 마음을 내 준다면 선한 길로 접어들게끔 돼 있거든요. 그래서 '이끌어서 건져라.' 이런 말이죠. 이 모두가 사람사람이 인연에 따라서, 차분하고 너그럽고 지혜롭고 자비하게 이끌어 갈 수 있는 사람이라면 모두가 좋게 전부 한마음이 돼 주고, 악하게 마음을 쓰고 '저것 요것' 하면 악한 사람으로서 모이게끔 돼 있거든요.

그러니 마음에 따라서 모든 것이 오고 감이 있는 겁니다. 이 세상, 차안의 세계에서 벗어날 수 없는 것도 마음이 벗어날 수 없기 때문입니다. 내가 항상 말씀드리죠. 사람이 어떻게 살았느냐에 따라서 모습이 자꾸자꾸 바뀌진다구요. 사람이 사람으로만 있지 않고 짐승이 짐승으로만 있지 않는다구요. 그러니 한 찰나에 살 것을 그렇게 해서 딴 모습으로 나오게 되면 그 습성에 또 매여서 착이 되고 습성이 되고, 그래서 그 모습을 벗어날 수가 없는 겁니다. 그래서 눈먼 거북이 물에 가라앉았다가 천 년에 한 번 떠오를 때에 구멍 뚫린 뗏목 하나를 만나서 그 구멍으로 나오는 게 그렇게 어렵다 이 소리입니다. 우리가 마음공부 하는 자리에 이렇게 서로 인연이 돼서 만난 것도 수억겁을 거쳐서 된 겁니다. 여러분은 99%나 부처님 될 가능성이 있으니 '지금 부처님이 될 수 없을까, 있을까?' 이러지 마시구요, '부처님 될 수 있나 없나?' 이걸 따지지 마시고, 그대로 묵묵히 한 발 한 발 걸어가신다면 그대로 부처죠, 뭐. 또 질문하실 것 있습니까?

질문자1(남) 네. 두 번째 질문을 올리겠습니다. 윤회가 분명 이렇게 존재하는데요, 저희들 현재 의식에서는 소소영영하게, 큰스님께서 지금 하신 말씀처럼 의식을 하는데, 지나간 전생 일은 현재에서는 하나 기억할 수가 없습니다. 그거는 어떻게 된 도리입니까?

큰스님 그래서 내가 어디서 왔는지 어디로 가는지 그거를 알아야 알 수 있는 거지, 그거를 모르고는 절대 알 수가 없는 겁니다. 그래서 깨친 분들은 과거 생을, 즉 말하자면 무아의 세계를, 이 사바세계와 무아의 세계를 그저 한 찰나에 들고 나는 겁니다. 이렇게 정신세계와 물질세계를 그냥 넘나드니까 모를 리가 있나요? 삼천 년 전도 알고 삼만

년 전도 알고 삼십만 년 전도 알 텐데, 왜 모르겠습니까? 그런데 '왜 모른다고만 하지 알려고는 안 합니까?' 이겁니다. 그러니 그저 모른다고 한탄하지 말고, 우리가 심안으로 볼 줄 알고 들을 줄 안다면 아마 알 수 있을 겁니다. 그러니 너무 넘치게도 하지 말고 너무 안 하지도 말고 그저 차분히 진실로 믿고 '내 뿌리에서만이 나올 수 있다.' 하고는 그냥 자꾸 자꾸 자꾸 지름길을 걸어가십시오. 그러면 됩니다.

질문자1(남) 세 번째 질문을 드리겠습니다. 제가 대표 질문이라서 좀 깁니다. 양해해 주시기 바랍니다. 윤회 사상이 움직일 수 없는 명백한 사실이라면, 조상과 가족과 친구가 세상을 떠났을 때 경을 읽어 그들을 천도하는 것이 과연 효과가 있겠습니까? 또한 그들이 윤회를 벗어나도록 도와줄 수가 있는 것인지요?

큰스님 그래서 이 마음공부로 이끌어 드리는 거죠. 우리가 모른다면, 캄캄하다면 공동묘지에서 시체를 꺼내도 문제가 되고요, 갖다 넣어도 문제가 되고, 하하하…, 가도 와도 전부 걸려요. 또 도와줄 수도 없고요. 나도 도울 수가 없는데 어떻게 남을 도와줍니까? 그러니까 '나부터 알라. 나부터 안다면 전부 가설이 돼 있어서 통하니까 전부 건질 수가 있다.' 고 한 겁니다. 그래서 마음공부 하신 분들에 한해서 때로는 꿈에 조상이 보이고 생시에도 조상이 있고 이런 거를 그냥 아시죠. 너무 극성스럽다, 너무 서로 싸운다 이럴 때도 거기다 놓으라고 했습니다. '모든 게 둘이 아닌 주인공인데 그렇게 할 수 있는 것도 없는 것도 다 네가 해결할 수 있지 않은가.' 하고 모든 걸 놓으면 아주 마음이 태평하게 되고 모두 좋아지게 됩니다. 이런 것을 아마 아시는 분은 아실 거예요. 그런 거 하나뿐이 아니라 좋은 데로 가게 하고, 오래 살게 하고, 병이 없게 하고, 가난을 벗어나게 하는 것도 전부 첨보돼 있습니다. 그런데 왜 도와줄 수가 없습니까? 전부 자기와 둘이 아닌데 어째서 벗어날 길이 없습니까?

지금 이 방에 전구가 여러 개죠? 그런데 스위치를 하나 올리니까 불이 다 들어오죠? 또 요거를 몇 개만 켤 수도 있구요. 이건 자유자재예요. 여러분의 마음이 자유자재권을 가졌어요. 그것은 예전에도 얘기했듯이, 여러분이 지수화풍을 바탕으로 하고 있기 때문에 광력·전력·자력·통신력이 충만해서 자유자재하게 끌어쓸 수가 있는 여건이 있기 때문이죠. 그러니까 마음으로 그 여건을 자재하게 끌어 쓸 수 있으니 마음놀이입니다. 마음으로 하는 거니 마음으로 해결을 하라 이거죠.

그런데 나한테 와서는 요기가 아프고 저 일이 안 되고, 무슨 돈을 줬는데 다 떼이고, 보증을 섰는데 집이 다 날아가게 생겼다는 둥 이런 말을 할 때면요, 내가 기가 막힌 거 있죠? 기가 막혀요! '세상에 어쩌면들 저렇게 관습에 세뇌가 돼서 그냥 뛰어넘을 수가 없을까.' 하구요. 아무리 말을 해도 씨가 먹히질 않아요. 능하게 좀 한 발짝을 떼어 놓지를 못해요. 그 어린애가 한 발짝 떼어 놨을 때 부모가 얼마나 좋아하겠습니까, 네? "아이고, 너 한 발짝 떼었구나! 너 걸었구나!" 하고 말이에요. 그런 심정일 거라 이 소립니다. 그런데도 불구하고 아무리 그 가난을 면하게 해 주려고 해도 떼어 놓질 않아요.

그러니 내가 뭐라고 말을 해야 되겠습니까? "왜 당신네들이 저질러 놓고 당신네들이 그렇게 해결을 못 해? 해결을 못 할 일이면 하질 말지, 애당초에! 아주 줄 생각을 하고 하든지 해야지, 왜 내 집을 잡혀서 담보를 서? 부자지간에도 담보를 설 수가 없는 지경인데!" 그것도 무슨 까닭인가 하면 욕심이거든. 어떤 이익을 얻으려는 데서 오는 욕심에 의해서 담보를 잡혀 줬을 거라고 생각이 돼요! 그러니까 욕심에 의해서 집을 탕진할 수도 있다는 겁니다. 그러니까 그저 적게 먹고 편안히 살라고 하는 겁니다. 집이 아무리 좋으면 뭘 합니까? 나를 두고 하는 소리인지도 모르죠, 또. 내 몸뚱이가 집이라면 나는 오막살이 토굴이에요. 허허허…. 빌딩이나 세련되고 좋은 집이 못 되죠. 하지만 그 안에 들어서 사는 주인이 어떻게 행하고 어떻게 마음을 먹고 사느냐에 따라서 행복이 있고 없는 것이지, 집이 크고 좋고 이래서만 행복이 있는 게 아닙니다. 하여튼 지금 뭐라고 물었는지, 뭐라고 대답을 했는지도 모르겠지만 말입니다. 하하하…. 뭐라고 물었나? 하하하…. (대중 웃음)

질문자1(남) 천도도 집안 살림 잘해야 다 헤쳐 나갈 수 있다는 말씀으로 알아듣겠습니다.

큰스님 그거야 그렇죠. 내 한생각이 넓으면 둘이 아니게 이끌어 갈 수가 있구요. 진짜입니다. 이건 거짓말이 아니에요! 정말입니다! 이건 부처님 말씀과도 어긋나지 않을 겁니다. 그러니 제발 어떠한 일이 있어도, 하늘이 무너질 일이 생겨도 너그럽게, 한번 믿고 뛰어넘을 수 있는 그런 큰마음이 필요합니다. 울고 짜고 해 봤자 소용없어요. 오히려 몸에 병이나 들죠. 그래서는 안 되지 않습니까?

질문자1(남) 다음 질문 올리겠습니다. 민간신앙에서는 혼인이나 장례 등 경조사를 치를 때 풍수지리를 따지거나 길일을 택합니다. "이 집은 방향이 좋지 않으니 자손에게 좋지 않다." 또는 점장이가 궁합을 보러 간 사람에게 "이 두 사람이 사주가 맞지 않으니 결혼을 해서는 안 된다."라고 합니다. 풍수지리 일진이 윤회에 어떤 영향을 끼치는지 가르침을 주시기 바랍니다.

큰스님 허허허…. 사는 게 전부 변하고 돌아가는데 어찌 거기에 영향이 없겠습니까마는, 살면서 생각해 보세요. 우리가 장가를 든다 시집을 간다 하는 데도 말입니다, 궁합을 볼 게 아니죠. '가정이 서로가 맞는가. 또 부모들이 어떻게 생각을 하는가. 또 신랑 신부가 걸맞는가. 그리고 서로 좋다고 하는가.' 이게 궁합이지 무슨 궁합을 따로 볼 게 있습니까, 네? 날짜에 궁합이 붙고 윤회에 궁합이 붙고, 이런 게 없습니다. 그러니까 마음먹기에 달려 있으니 그 마음으로 차근차근히 심사숙고해서 맞으면, 아주 좋으면 그냥 궁합이 맞는 겁니다. 여북하면 궁합입니까? 마음에 맞아야 궁합도 맞는 거지, 마음에 없는데 어떻게 궁합이 맞습니까?

그리고 또 풍수지리는, 풍수를 보는 사람들이 여기 좋다, 저기 좋다 이렇게 하는데, 우리가 공부하는 데는 그게 아닙니다. 지나가다가 마음에서 우러져 나와서 '아! 이 자리가 참 좋겠다.' 하는 마음이 들면 그 자리에다가 그냥 묻는 것입니다. 왜냐하면 나는 모르지만 '나'는 알고 있어요! 나는 모르지만 '나'는 알고 있거든요. 그렇기 때문에 산 밑이든 물이 질척하든, 그 자리를 파 보면 알게 되는 겁니다. 그냥 내가 좌우를 봐서 '야, 이거는 참 좋겠구나. 볕이 들고 아래로 물이 흐르고….' 또 상황에 따라서 말입니다. '이게 참 좋구나. 앞은 산에 봉우리가 저렇게 있고 옆으로는 둘러싸여 울타리가 지고, 참 좋구나.' 이런 거뿐이 아니라 지형에 따라서 그 용도가 되거든요.

그러니까 지형에 따라서 내 마음을 정할 때에…, 예를 들어서 여기 안양에 처음에 터를 마련해서 이 집을 짓는데 말입니다, 그 풍수 하는 사람들, 뭐, 역학 하는 사람들 모두 와서 여기다 집을 지으면 안 된다는 겁니다, 아주. 사람이 떼로 죽고 그런다는 거죠. 여기가 또 공동묘지였거든요. 그리고 구랑신이 들어서도 안 되고…, 그래서 내가 그랬습니다. '허, 죽으면 한 번 죽지 두 번 죽어? 허, 구랑신이 들기는 무슨 구랑신이 들어? 내 마음이 구랑신이고 내 마음이 다 그 자리를 잡으면 되는 거지 구랑신이 따로 있어?' 그렇게 그냥 생각을 했습니다. 그러고는 그냥 지었어요. 그런데 이 자리에 여러분이 앉았어도 죽지 않지 않습니까? (대중 웃음) 허허허….

그런 거와 같이 우리의 마음에 따라서, 귀신도 자리를 보고 덤비지 덮어놓고 덤비는 게 아닙니다. 여러분이 귀신을 피하려고 애쓰고 그러면 자꾸 재밌어서 쫓아가고 허, 귀신이 오는 거를 그냥 탁 집어서 집어삼키면 쫓아올 것도 없고 갈 것도 없어요. 아시겠어요? 귀신이 따로 있고 사람이 따로 있습니까? 사람이 죽으면 귀신이고 귀신이 살아나면 사람이지. 하하하…. (대중 웃음)

산골이나 밤중이나 그믐밤에 가다 보면 누구든지 꼭 무서워서 덜

덜덜덜 떨어요. 허, 그런데 저는요, 깊은 산속, 그 수십리 밖의 산골이라도 늠름했던 것은 뭐냐? 둘이 아닌 까닭입니다. 오히려 도움을 받았지, 십 리 안팎으로 모두 도움을 받았지 해를 받은 건 하나도 없어요. 왜냐하면 모두 한마음이기 때문입니다. 오히려 먹을 것이 있는 곳을 가르쳐 주고 말입니다. 낭떠러지가 있으면 가르쳐 주고. 이렇게 도움을 주는 거예요. 걷다가도 낭떠러지가 되면 '아이구, 여기 낭떠러지입니다. 가지 마십시오.' 이러고, 하다못해 부엉새도 도와주고, 산비둘기도 도와주고, 지나다니는 뱀도 도와주고 그냥 모두가 다 도와주는데 내가 왜 걱정을 합니까? 뭐가 무서워요?

그런데 무섭다는 건 둘로 보기 때문에 무서운 겁니다. 귀신이 나올까 봐 겁나고 목신이 나올까 봐 겁나고 말입니다. 그래서 목신도 '참 마음 좋은 사람 오는구나.' 이렇게 좋아하며 미리 저만치 나와서 인사를 하고 그러는데, 왜 내가 무서워합니까? 하하하…. 또 공양도 제공하고 말입니다. 무슨 공양이냐구요? 그 목신이 말하기를 '저기 조금만 돌아가시면 공양이 있으니 거기 가서 잡수시라' 그러거든요. 돌아가면 영락없이 새끼오락지에 북어 하나가 꿰여 있어요. 하하하…. (대중 웃음, 박수) 그 북어 꼬랑지를 잡고 턱턱 돌로다가 쳐서 옆구리에다가 쓱 끼고선 이제 가는 거죠, 또. 그러면 산신 모시는 산당이 있죠? 그런 데로 들어가죠. 거기에 위패도 해 놓고 그러지 않습니까? 그러면 그게 정말이지 나 같은 사람에게는 아주 오룡 기와집 같아요. 또 상 차려 놓은 널판지에 단을 해 놨지 않습니까? 그 위에 올라가서 위패를 베고 드러누워 있으면 세상천지가 전부 내 자리 같애요. (대중 웃음) 정말입니다. 이거는 말로 어떻게 형용할 수가 없는 겁니다. '이렇게 좋은 것을….' 하면서 말입니다. 하하하….

그러니 여러분이 이렇게 사시면서도 내가 좋았던 그 마음만큼 그렇게 좋아 보지 못했을 거라고 생각이 됩니다. 그렇게 좋습니다. 그런데요, 그 습이라는 게 참 무서운 거예요. 내가 지금도, 이렇게 큰 집에서 자고 하면서도 지나가다가 다리 밑 구멍만 봐도요, '어휴, 저기서도 잘 만한데….' 하하하…. (대중 웃음, 박수) 습이라는 것이 참 기가 막히다는 생각을 하면서도 또 움막이나 뭐, 창고라든가, 짚으로다가 이렇게 해 놓은 것을 보고 '아이고, 저기도 살 만한데.' 이래요. 여기 삼막사 올라가는 데 저 위로 빈 움막집이 있는데 '저긴 저렇게 살 만한데 왜 비워 놨을까?' 하하하…. 아, 이러다가 한편 '참, 습이라는 게 이렇게…, 마음이 그렇구나!' 하는 생각도 합니다. 큰 집은 생각을 안 하고요, 꼭 그런 것만이 눈에 띄거든요. 그리고 '그 생각이 드는 거 보니까 무척 정이 들었던 모양이다.' 하는 생각을 해요.

해 보지 않았던 사람은 지금도 못 합니다. 깡통을 들고 얻어먹어 보지 않은 사람은 지금 이렇게 부유하게 사는 상황에서 '너 깡통 들고 얻어와라.' 하면 못 얻어옵니다. 그러나 우리 같은 사람은 할 수 있습니다. 그게 아주 농후하게 배었어요. 허허허…. 또 그 하꼬 구루마 끌고 가는 걸 보면요, '아이고, 비가 와도 저기서 그냥 자도 되겠고, 저기서 끓여 먹어도 되겠고, 뭐, 괜찮겠구나!' 이런 생각이 또 들거든요. 그러니 글쎄, 얼마나 웃겨요? 그렇게 생각이 들면서도 내가 그냥 빙긋이 웃고 말죠.

그러니까 사람이 살아온, 습이라고 할 거는 없겠지마는 그 과정이 얼마나 지독한지 몰라요. 그래서 여러분도 잘났든 못났든, 작든 크든, 배웠든 못 배웠든 집 걱정은 하지 마시고, 주인이 어떻게 살아야 집을 잘 단속하고 썩지 않고 쓰러지지 않게 할 수 있을까? 그저 여러분이 능력을 발전시켜서 우리가 실천할 수 있는 그런 능력을 기르시는 게 참사람이라고 봅니다. 또요?

질문자1(남) 감사합니다. 다음 질문….

큰스님 제대로나 대답을 해 줬는지 모르겠네요.

질문자1(남) 아닙니다. 궁합이나 이런 것도 결국은 육도윤회라고 생각이 되네요. 다섯 번째 질문을 올리겠습니다.

큰스님 거기에 매이지 마세요. 누구나가 다요.

질문자1(남) 알겠습니다. 저희로서는 과거와 미래를 알 수가 없는데 현실 생활 가운데 윤회가 분명히 존재한다는 것을 어떻게 확실하게 증명할 수가 있겠습니까?

큰스님 아까 말해 놓고 또 딴말 하시네요. 그거 증명할 수가 있죠. 허허허…. 고정된 게 하나도 없다는 사실을 안다면 그냥 전체를 알게 되죠. 우리가 보는 것도 만나는 것도 가고 오는 것도 먹는 것도 사는 것도 모두 고정되게 하는 게 하나도 없어요. 그러니 육도윤회에 끄달리지 말라는 부처님의 가르치심이 올바른 거죠. '그 윤회라는 것이 알고 본다면 모두가 공했으니까, 거기다 집착하지 말고 거기에 매이지 말아라. 매이지 않는 게 상책이다. 매이지 말고 벗어나라.' 이런 것입니다. 그러니까 장가를 들이든지 시집을 보내든지 상관없이 마음 턱 놓고, 그 사람 집과 양면 모두, 신랑 색시 모두 그 마음을 잘 봐서, 그냥 맞으면 하는 겁니다. 그게 바로 맞는 겁니다.

또 현재 상황을 볼 때, 우리 한국이 땅이 좁아서 산이든지 땅이든지 어느 때에 묘지를 파 가라고 할지도 모르니까, 그것을 생각해서 탑으로 하나만 딱 해 놓고 그냥 세세생생에, 삼대(三代)가 다 들어가고 사르고 또 들어가고 또 들어가게 해 놓는다면, 아주 죽어도 걱정이 없고 살아도 걱정이 없죠. 그러니 아무 데나 내가 좋다 하는 자리면 그냥 좋은 자리이기 때문에 그대로 법이 된다 이 소립니다. 그대로 법입니다.

참법은 그런 데에 있는 거죠. 그런 마음을 가진 주장자가 있음으로써 '하늘을 꿰어서 굴릴 수 있다' 하는 것은 어느 귀신 하나도 범접지 못한다 이 소립니다. 그저 부처든 중생이든 귀신이든 뭐든 닥치면 닥치는 대로 먹어 버리니까 말입니다. 불바퀴에다가 그저 닥치는 대로 넣으니까 타 버리더라고도 하죠. 그거와 같습니다. 아무리 넣어도 넣어도 두드러지지 않고, 아무리 꺼내도 꺼내도 줄지 않는 이 마음의 법이 있지 않습니까? 당당하게 사세요, 아주 당당하게! 걸망 지고 이 세상에 나와서 사람으로 태어나서 그렇게 어릿떠릿하고 그렇게 바람부는 대로 쓸리면서 내 주장대로 살지 못하고 그러다 보면, 그 차안의 세계에서 만날 그렇게 모습을 바꿔 가면서 벗어날 수가 없는 것입니다. 또 있습니까?

질문자1(남) 또 있습니다.

큰스님 네. 하하하…. 오늘 재밌네요.

질문자1(남) 오늘 윤회 얘기가 나온 김에 아주, 의문이 나는 점을 뿌리를 뽑아야 되겠습니다. 계속 윤회에 대한 질문입니다.

큰스님 그런 것 같애요. 하하하….

질문자1(남) 윤회의 주체가 우리 몸이 아니라 몸 안에 있는 주인공이라면, 이 주인공은 도대체 무엇입니까? 불가에서는 아뢰야식(阿賴耶識)이 윤회의 주체라고 하는데 어떤 것인지 좀 가르침을 주시기 바랍니다.

큰스님 뭐, 지금 질문하시는 분 그냥 그대로죠, 뭐. 그대로! 그대로 바로 우리가…, 뭐라고 물었죠? 하하하….

질문자1(남) 불가에서는요, 아뢰야식이 윤회의 주체라고 하는데요. 그게 맞는지 좀 말씀해 주시기 바랍니다.

큰스님 지금 말씀하시는 그 자체가 바로 그 이름입니다. 그러니까 주인공이라는 그 자체도 한마음이 있기 때문에…, 왜 그러면 '한마음' 이라고 했겠습니까? 응? 돌아가지 않는다면, 움죽거리지 않는다면 왜 그것을 한마음이라고 해 놨겠습니까? 하나로 돌아가느니 한마음이니, 왜 그랬겠습니까? 일체가 하나로 돌아가는 이치를 우리가 주인공이라고 하는 건데, '주인공!' 하면 바로 고정됨이 없이…, 『반야심경』에도 '공했다, 공했다' 했지 않습니까? 찰나찰나 나투는 까닭에 공했다고 하는 겁니다. 그러니까 죽는 것도 아니고 사는 것도 아니고, 그대로 영원한 겁니다. 끝없이 이끌어 가는 영원! 자기가 그냥 영원한 겁니다. 하여튼 부처가 되든 중생이 되든, 차안에서 넘지 못하든 넘든 간에 영원한 겁니다. 그 속에서 헤어나지 못하고 넘어서지 못하고 얽매여서 수없이 그렇게 끝없이 윤회에 말려서 허덕거리니까 그게 걱정이지, 그저 어느 모습으로 나왔든지 간에 영원한 겁니다.

그래서 영원히, 세세생생에 그 차안의 세계에서 벗어나지 못하고 이 모습 저 모습으로 바뀌어 다니면서 그렇게 살지 말고, 그 안에서 벗어나라. 그런 거 아예 생각조차 하지 마라. 그냥 그대로 우리가 어떤 일을 잘못했든 잘했든 그냥 긍정적으로 '잘한 것도 너고 못한 것도 너니까.' 하고 그냥 놓고 가면서, 우리가 그런 마음을 가지고 새 입력으로 넣는다면 앞서의 입력이 다 없어짐으로써 새 입력을 넣는 대로 또 나오니까 우리가 살 만하죠. 살 만한 겁니다, 진짜. 꽃이 피고 열매가 열려서 그 열매가 그 나무에서 무르익는다면 아주 만 가지 맛이 나면서 살맛이 나는 겁니다.

그러니 이해가 되십니까? 네. 이해가 되신다면 나를 만날 때, 길에서 만나든 어디서 만나든 어떠한 문제가 있으면 "이러이러합니다" 그러고선 그냥 똥줄이 빠지게 가세요, 그냥! "이러이러합니다" 이런다면 그 마음과 이 마음이 그냥 동시에 붙어서 불이 들어올 수 있으나, 이 줄을 가지고 붙였다 떼었다 붙였다 떼었다 하면 그냥 망가지고 말아버려요, 오히려 그냥! 그런데 이거를 그냥 부여잡고는 집을 살려 달라느니 집이 송두리째 날아가느니 뭐, 이렇게 해야 되겠습니까? 소켓트라고 그럴까, 뭐라고 그럴까? 그게 귀찮아해요. 그러니까 오히려 그냥 딱 끼워 놓곤 그냥그냥 가시란 말입니다. 옛날에 이런 일이 있었죠. (질문자를 향하여) 또 있죠? 한마디만 하고요.

원주에서 서울로 오려고 차를 타고 오다가 막 내리는데, 손이 갈라지고 문둥 환자처럼 더더기가 붙고 한 어떤 사람이 "이런 병이 들어서, 내쫓긴 거나 마찬가지로 됐습니다. 문둥 환자 사는 데로 가라고 그러니 이거를 어떻게 했으면 좋겠습니까?" 하고 그냥 차를 막아서서 가질 못하게 해요. 그래서 얼른 가라고 그랬죠.

그런데 그렇게 차를 막는데 무슨 생각이 드느냐 하면요, 나도 내 생각을 어떻게 할 수가 없는 거예요. 상황에 따라서 찰나에 자꾸 바뀌니까. 그건 내가 한다 안 한다 이런 게 없어요. '아, 그렇겠구나!' 그러고 있는데, 한마디만 해 달래요. "알았다." 하니까 그때서야 가요. '그거 참 이상하다. 알았다고 한마디 들으려고 저렇게…, 저 사람네들이 나의 뭘 보고 그러나?' 하는 생각이 들면서 눈물이 나더군요. '저렇게 괴로움을 당하는 사람들이 나를 뭐라고 생각하고 나한테 그런 말을 할 수 있을까? 그리고 알았다는 한마디를 들으려고 와서 그렇게 길을 막고 그랬을까?' 하는 생각이 들면서 '에이, 내 꼬락서니를 보고는 믿을 사람 하나도 없을 텐데 그래도 저렇게 믿고 그 말을 듣고 가네.' 이러고선 그냥 돌아서서 왔어요.

며칠 서울에서 지내고 상원사엘 돌아갔다가 그 이듬해에 다시 또 서울을 오게 되었는데, 누가 두 팔을 벌리면서 날아오듯이 그냥 차로 달려들어요. 가슴이 덜컥 내려앉아요. 누가 또 왜 이러나 싶어서 말이에요. 아, 그랬더니 그 사람이 말짱하게 나아서 그런단 말이에요. 그러니까 누가 낫게 해 준 게 아니라요, 그 사람이 자기를 자기가 낫게 한 거란 말입니다. 내가 예전에도 얘기했지만, 어떤 사람이 고개가 안 돌아가는데 절을 아주 그냥 공손하게 삼배를 하더군요. 그래서 그걸 보고 '아휴! 저렇게 젊은 남자가 나의 뭘 보고 삼배를 저렇게 할까?' 이런 생각이 드는 거예요. 그게 사실이겠죠. 그렇죠, 사실이에요. 그렇게 생각을 했는데 버스 타고 돌아가다가 그게 나았대요. 허허허….

그러니까 그게 내가 해 드리는 게 아니라 본인들이 하는 겁니다, 본인들이. 본인들도 자기 마음을 자기가 어쩔 수가 없어서 그렇지, 진짜로 하심(下心)하고, 진짜로 돌을 보고도 정성을 들이고, 저 형상 부처님을 보고도 막 살려 달라고 애를 쓰는 판인데, 어떻게 산 사람을 보고 무시할 수 있겠습니까? 안 그래요? 하하하…. 그러니까 잘 생각하셔서 산 사람을 귀중하게 안다면 저 형상적인 부처님이 진짜 이 세상을 한 손으로 꿰어 들었다는 그 도리를 알게 됩니다. 또 하세요.

질문자1(남) 네. 몇 가지 있습니다마는 뭐, 비슷한 질문이라 한 가지만 더 말씀 올리겠습니다.

큰스님 아니에요. 다 하세요. 다 하셔도 좋아요. 질문하고 토론하는 데에서 우리가 배울 점도 있고 그러니깐요.

질문자1(남) 거의 모든 종교가 윤회를 인정하고 있는데, 그들의 궁극적인 목적은 어딨는지 모르겠습니다. 도교는 장생불로(長生不老)에 있다고 하고, 기독교와 천주교는 천당에서 하나님과 함께 살면서 영생을 얻는다고 합니다. 불교에서 말하는 윤회 사상의 궁극적인 목적은 어디에 있는 것입니까? 가르침을 주시기 바랍니다.

큰스님 아, 그것도 마음에 있는 거죠, 뭐. 도교가 뭐 다른 겁니까? 도란 마음이죠. 이 마음이 벗어난다면 정말 삶의 보람을 찾고 영생을 할 수 있는 거고, 영생이 된다는 것은 영원하다는 것을 알게 되는 거죠, 뭐. 그래서 모습을 해 가지고 나오려면 나오고 말려면 말고, 자기 마음대로 할 수 있는 거죠. 예를 들어서, 내가 어떠한 모습으로든지 상황에 따라서 그 모습을 나타냈다가, 또 자기 모습을 없애려면 없애고, 또 모습을 나타냈다가 없애려면 없애고 이렇게 할 수도 있는 법이구요. 그러니까 자유자재권을 송두리째 얻는 거죠.

불교에서는 '자신을 발견하라. 너부터 알고 너부터 발견해야만이 영생을 누릴 수 있다.' 그러죠. 그런데 기독교나 가톨릭교에서는 하나님과 더불어 영생한다고 하는데 그렇게 할 수가 없습니다. 왜냐하면 상대를 보고 믿고, 상대를 보고 기도를 하니까 나를 발견하기란 그렇게 쉬운 일이 아닙니다. 말로만 그렇게 해서 되는 게 아니죠. 그러니 모두가 하나로 돌아가는 이치에서 본다면 '자기부터 알았으면 그 도리를 모두 알 텐데….' 하는 생각이 듭니다. 우리 불교도 상대를 놓고 기도하고 상대를 놓고 빈다면 자기를 뛰어넘을 수가 없죠. 자기를 발견할 수도 없구요.

그래서 이 법당에 들어오면 당신이 이 법당에 들어왔기 때문에 부처님이 계시다는 겁니다. 당신이 법당에 왔기 때문에, 당신이 있기 때문에 부처님이 있는 거지 당신이 법당에 들어오지 않았는데 부처님이 어디 있습니까? 그러니까 부처님의 형상도 자기의 형상과 둘이 아니요, 마음도 둘이 아니요, 생명도 둘이 아니고 전체가 둘이 아니라는 얘깁니다. 그래서 주인공에 하나로 묶어서 삼배를 하든지, 또는 하나로 부처님한테 묶어 놓고 삼배를 하고 다시금 자기한테 하나로 끌어 묶어 놓든지, 이렇게 하는 것이 공부하는 데 지장이 없다고 봅니다. 그리고 공덕이 되고요. 또요?

질문자1(남) 네, 저의 질문은 이것으로 마치겠습니다.

큰스님 왜 그만하십니까? (대중 웃음)

질문자1(남) 질문을 기다리는 사람이 있습니다. 그래서 제가 양보하겠습니다.

큰스님 우리가 생활을 그냥 하는 게 그대로 찰나찰나 윤회가 되는 것이고, 윤회라는 것은 이름이지, 그게 이름 가지고 논의할 게 아니라 공했다는 그 사실 그걸로 이름을 해도 되는 것입니다.

질문자2(남) 저는 심용회 총무입니다. 스님 말씀 잘 들었습니다. 스님께서 조금 쉬시라는 마음으로 그동안 제가 공부하는 과정에서 있었던 이야기를 조금 들려드릴까 합니다.

큰스님 네. 편히 앉아서 하세요.

질문자2(남) 네, 감사합니다. 제가 큰스님을 처음으로 친견하게 된 것은 1991년 8월경으로 기억됩니다. 그 자리에서 큰스님께서 저에게 "아직 멀었다. 아직 멀었어." 하신 말씀이 기억이 납니다. 다른 신도분들도 마찬가지겠지마는 저도 그 당시에 예기치 않은 불안 심리를 가지고 큰스님을 친견했었습니다. 그 당시에는 큰스님의 "아직 멀었어." 하시는 말씀의 진의를 잘 몰랐었습니다. 그래서 그 이후에도 마음공부로 들어가기보다는, 신경정신과 의사를 만나서 상담을 하고 약을 복용했습니다. 물론 약을 복용하는 과정에서도 저 나름대로의 방편으로 생각하고 의사와 제 마음이 한마음이라는 마음으로 치료를 했습니다. 그렇게 한 달 전까지 한 2년 6개월 동안 복용을 했는데, 물론 그동안 약을 쭉 줄여 왔습니다.

그런데 어느 날 약을 먹었는데 아무 반응이 없어요. 그동안에는 약을 먹으면 잠을 아침 10시까지도 자고 마음도 굉장히 편안했었습니다. 그런데 약을 먹어도 이제는 아무 반응이 없어요. 그래서 '야! 이제 그만 먹어도 되는 건가?' 하고 약을 안 먹었습니다. 그랬더니 갑자기 설사가 나오더라구요. 설사를 한 일주일 정도 하고 나니까 정신이 없더라구요. 그래서 또 병원 내과에 가서 설사약을 먹고 그 와중에 감기도 한 보름을 앓았습니다. 그러다 보니까 설사약과 감기약을 한꺼번에 복용하게 되었어요. 그렇게 약을 복용하다 보니까 제 몸에 이상한 증세가 나타나더라고요. 갑자기 소화도 안 되고 입에서 트림을 하면 냄새가 나고, 그리고 구토를 하고 이러한 과정을 겪게 되니까 '야, 이젠 안 되겠는데.' 하고 내과 전문의 병원을 찾아가서 종합 진찰을 받고 결과를 받아 보니깐요, 의사 선생님 하신 말씀이 "내가 볼 때 이게 굉장히 심각한 상황인데 왜 여태까지 그대로 놔뒀느냐." 하면서 추천서를 써 주면서 여기 가서 내시경 검사, 조직 검사 뭐, 이런 걸 해 보라고 그러더라구요.

그래서 그 말씀을 듣고 집에 와서 그날 밤에 자는데 아무래도 이거 도저히 안 되겠어요. 그래서 집사람보고 내일 아침에 큰스님을 한번 친견하고 오라고 말을 했습니다. 그 말을 하고 나서도 어느 병원에 가서 한번 내시경 검사를 해 봐야 되겠다 하고 마음을 굳혔었는데요, 집사람이 큰스님을 친견하고 나서 그게 별거 아니고 그냥 염증이니까 마음공부 관하는 방법만 제게 알려 주라고 그러셨다고 그래요. 그 말씀을 들으니까요, 갑자기 약이 싫어지더라구요. 그러면서 제가 병원에서 받은 차트, 엑스레이 찍은 거, 그리고 약을 전부 그날로 쓰레기통에 집어넣어 버렸습니다. 그러면서 '이제부터는 내 사전에 약은 없다. 그리고 앞으로 병원도 절대 가지 않겠다.' 하는 마음이 솟구쳤습니다.

그렇게 약과 병원을 차단을 하게 되니까 제가 붙잡을 수 있는 거는 이 한마음 법밖에는 없더라구요, 당연히. 그래서 제 나름대로 최선을 다해 가지고 주인공을 잡는 공부를 해 가고 있었습니다. 그렇게 공부를 하다 보니깐요, 한 달 동안 제가 선원을 매일 출근을 했습니다. 제가 나가는 이 선원이 무(無)의 병원이라는 마음가짐을 가지고 매일 하루도 안 빠지고 한 달 동안을 출근했습니다. 그 과정에서 큰스님께서 하시는 "아직 멀었어." 하시는 말씀의 의미를 나름대로 좀 깨달았다는 느낌이 듭니다. 그 한 달 동안에 새해맞이 촛불재가 있었습니다.

아침에 예불을 마치고 저녁에 촛불재에 참석을 했었는데, 주지 스님께서 많은 신도분들을 한 사람 한 사람 깊은 애정과 관심을 가지고 챙기시는 거를 보고 거기서 크게 느꼈습니다. '야, 주지 스님은 저 많은 분들을 저렇게 관심을 가지고 이끌어 주시는데, 나는 여태까지 43년을 살아오면서 도대체 가까운 친구, 아니 가까운 형제들한테도 마음 한번 내 주지 못하고 오직 나 하나밖에 모르는…,' 물론 제가 그 동안 어렵게 살았기 때문에 저 나름대로의 어떤 목표는 있었습니다. 그거를 달성하려고 하다가 보니까 제 인생관이라고 할까 이런 것들이 이기적인 쪽으로 굉장히 기울었다는 거를 제 나름대로 느꼈습니다. 그러다 보니까 마음의 문을 닫아 놓고, 어떤 울타리를 쳐 놓고 그 속에서 저 자신의 자의식에 사로잡혀 가지고 저밖에 모르는 생활을 하고 있었기 때문에 '아, 이게 전부는 아니구나. 앞으로는 마음의 문을 열고 내 주위에 있는 모든 사람들한테 눈을 한번 돌려 보자.' 이러한 마음가짐을 갖게 되니까 굉장히 마음이 편해지더라구요. 그러면서 그동안에 소홀했던 모든 사람들에 대해서 지금은 많은 관심을 가지고 공부해 나가고 있습니다.

그런데 촛불재를 함으로써 제 나름대로 마음의 눈이 약간은 떠진 게 아닌가 하는 것을 느꼈습니다. 그래서 제가 지금 이 자리에서 말씀드리고 싶은 것은, 마음공부를 하는 모든 분들은 이 촛불재만큼은 필히 참석을 해야 되지 않느냐 하는 생각을 했습니다. (대중 웃음, 박수) 그 문제에 대해서 큰스님께서 간단하게 정리 좀 해 주십시오.

큰스님 지금 이렇게 말씀하신 것도 알고 보면 설법입니다. 우리는 그 말씀을 통해서 서로가 느긋하게 인내를 가지고 살 수 있게끔 하는 마음도 생겼고, 또 인내를 가질 수도 있고 마음을 정리할 수도 있었다고 봅니다. 그런데 촛불을 보고 내 마음을 정리하는 사람도 있고, 내 마음의 촛불을 켜 들고 정리하는 사람도 있습니다. 그러니까 보이는 불과 보이지 않는 불이 둘이 아닌 까닭에, 우리가 마음의 촛불은 항상 켜고 다니는데, 내가 어떠한 의식으로 인해서 마음의 불을 좀 꺼뜨리고 간다 이럴 때는 캄캄합니다, 마음의 불을 껐을 때는. 그럴 때 남이 촛불을 켠 걸 보면 바로 또 촛불을 켜게 돼 있습니다. 그러니까 서로가 밝게 살 수 있는 거니까 켜는 것도 좋고, 안 켜는 것도 안 켜는 것이 아니죠. 하여튼 내 마음의 불만은 절대로 꺼뜨리지 마십시오.

질문자2(남) 감사합니다. 그리고 이번에는 인과응보에 대한 문제를 제 생활과 결부시켜서 잠깐 말씀드리겠습니다.

저는 1980년도에 독립을 해 가지고 현재 자개장롱 공장을 조그맣게 운영하고 있습니다. 그런데 작년, 그러니까 93년도 구정 지나서, 작업을 하려고 재료를 사다가 작업방에다가 신문지에 싸 가지고 놔뒀었는데요, 그때 불과 한 15분 사이, 그러니까 퇴근하고 나서 조카가 그 위에 올라가서 밥을 먹고 내려간 그 사이에 그 물건이 없어졌던 일이 있었습니다. 제가 10여 년 동안 공장을 하면서 그런 일이 전혀 없었는데, 그때 그런 일이 딱 일어나더라구요. 심증이 가는, 일하는 아이가 있었는데 뭐, 증거가 없으니까 그때는 그대로 마무리해 버리고 넘어갔습니다.

그리고 5월 5일 어린이날로 기억이 됩니다. 그날 식구들과 함께 치악산 가는 길에 있는 소쩍새 마을을 갔다 왔습니다. 거길 갔다 오고 그다음 날, 저희가 물건을 쌓아 놓고 있는 창고가 하나 있는데 집에서 조금 멀리 떨어져 있어요. 거기에서 물건을 출고하기 위해서 차를 가지고 갔더니, 물건이 많이 있었는데 이상하게 한 세트가, 딱 장롱 한 세트가 없어졌더라구요. 그래서 '이거 참 이상하다. 올해 왜 자꾸 이런 일이 생길까?' 하고 생각했지만, 물론 그 당시에도 심증이 가는 아이가 하나 있었는데 이상하게 물건이 없어지면 꼭 그때부터 출근을 안 하더라구요. 그래도 증거가 없으니 뭐, 저로서는 어떻게 할 수가 없었죠.

또 한 달 전에는, 장롱을 만들려면 도안이 있어야 되는데, 어느 창고에 가니까 제 물건하고 똑같은 물건이 딱 서 있더라구요. 물론 조그맣고 좀 질이 떨어진 물건이었는데, 다른 사람이 제 도안을 가지고 물건을 만드는 걸 제가 확인을 했습니다. 그래서 지금 공부하면서 그 과정을 가만히 돌이켜보면 제 나름대로 과거의 저 자신이 했던 일에 대해 생각나는 게 있습니다.

그러니까 77년경, 그 당시는 제가 독립하기 전이니까, 남의 집에서 책임자로서 아이들을 한 열댓 명 거느리고 있었습니다. 지금부터 제 부끄러운 얘기를 말씀드릴까 합니다. 조금 이해해 주시면 감사하겠습니다. 책임자로 한 5년간 제 열과 성의를 다해서 열심히 했습니다. 진짜 제 일보다 더 열심히 해 오다가 이제는 독립을 해야 되겠다 하는 마음을 먹게 되니까, 그 당시에 제가 그 공장에서 재료를 관리하고 있었는데, 저한테 그런 면이 없었는데 이상하게 그 재료에 손이 가더라구요. 그래 가지고 매일 퇴근하면서 조금씩 조금씩 공장에 있던 거를 저희 집 서랍에다 이동을 시켰습니다, 조금씩. 그렇게 한참을 했는데, 물론 그 사장님도 그전보다 좀 자주 없어진다고 느꼈는지 저에 대해서 조금 추궁하는 눈초리를 보이면서 의심을 하더라구요. 그렇게 자꾸 추궁을 하시면서도 그 당시에는 증거가 없어서 그대로 넘어갔습니다. 그러면서 이제 그 집을 나와 독립하는 과정에서 그 집에서만 일을 했었기 때문에 도안이라든가 이런 게 천생 그 집 물건밖에 모르겠더라구요. 그래서 나오면서 그 집 도안을 전부 가지고 나와서 제가 독립을 한 적이 있었습니다.

그러한 문제들을 연관시켜 볼 때에 '내가 과거에 그 집에서 남의 물건을 갖고 왔고 도안도 그대로 다 갖고 나왔던 그 결과가 작년에 물건을 분실했던 점과 일맥상통하지 않느냐. 그게 연관이 되는 게 아니냐.' 이러한 생각이 드니까 '이게 다 내 탓이로구나. 그 사람들 욕할 게 하나도 없구나.' 하는 마음이 들면서 그 사람들에 대한 원망이나 미움은 물론, 그 당시에도 전혀 그런 거는 없었습니다. 요즘은 그 점에 대해서 그렇게 저 나름대로 생각을 하고 있습니다. 그래서 제가 너무 깊게 생각해서 거기다 갖다 붙이는 것인지, 아니면 진짜 인과응보의 대가를 받고 있는 것인지 그 점에 대해서 간단하게 정리를 해 주셨으면 감사하겠습니다.

큰스님 사람 심리라는 것이 다 그러하겠죠. 하지만 이 도리를 모르니까 그렇게 했겠지만, 앞서의 그 사람도 '앞으로 내가 독립을 좀 했으면 좋겠는데….' 이렇게 하면서 같이 상의해 나갔다면 다 도와주었을 텐데도 불구하고 그렇게 되는 거죠. 그러니까 남을 나무라기 이전에 내 탓으로 돌리고 '둘이 아니니까, 너도 앞으로 그렇게 인과응보를 받을지 모르니까 그러지 말아라. 주인공, 둘이 아닌데 그러지 않도록 하는 것이 좋잖아.' 하고 주인공에다 맡기시면서 모든 거를 그렇게 타파해 나가세요.

질문자2(남) 네, 감사합니다.

큰스님 그래야 그러한 짓을 못 하게 됨으로써 걔도 잘되고 또 이쪽도 좋고 그런 거지, 그걸 발설을 해서 해결하려고 한다면 서로 다 좋지 않죠.

질문자2(남) 네, 잘 알겠습니다. 그런데요, 제가 작년 추석 이후로 지금 공장에서 물건을 생산해 가지고 하청을 여러 군데 공장에 주고 있습니다. 그 과정에서, 물론 제 잘못이지마는 물건이 계속 쌓이면서 나가질 않다 보니까 주체할 수가 없더라구요. 그런데 이번에 한 달 동안 또 선원에 출근하다 보니까 지금은 더 많이 쌓여 가지고 진짜 주체할 수 없는 그런 상황입니다. 그래서 앞으로는 제가 처해 있는 모든 생활, 직업이라든가 이러한 문제를 주인공 법을 적용을 해 가지고, 거기에다가 실험을 하고 점검을 해 가면서 살려고 노력을 하고 있습니다.

큰스님 그게 당신 겁니까? 당신 껍데기를 당신이라고 하니깐 그 문제가 껍데기로 남죠.

질문자2(남) 예, 예. 맞습니다.

큰스님 당신 속에 '당신' 이 또 있어요. 그러니까 속에 있는 '당신' 거지, 지금 당신 게 아니에요. 그러니까 '당신' 이 해 나가는 거지, 당신이 하는 게 아니구요. 그러니까 아, 모든 것은 주인한테 맡겨요. '너만이 모든 것을 해결할 수 있고 지금 쌓이는 그 자체가 바로 내 것이 아니라 네가 해결할 문제다.' 하고 그 과제를 다 거기다 넘기세요.

질문자2(남) 네. 주인공이 한다는 걸로 생각하고 열심히 하겠습니다.

큰스님 사실인 걸요. 하하하….

질문자2(남) 그러니까 큰스님께서 한생각 내 주셔 가지고 지금 제가….

큰스님 한생각 내든 안 내든, 내나 마나죠, 뭐. 그냥 그렇게 생각한다면 전부 한마음으로 돌아가게끔 돼 있어요, 자동적으로.

사회자 시간이 너무 많이 흐른 것 같습니다. 두 분 질문이 너무 진지해서 큰스님께서 질문에 답문해 주시느라고 수고하셨습니다.

큰스님 아니요. 요다음에도 질문으로만 들어가겠습니다. 질문하고 이렇게 토론하는 데서 우리가 마음을 정리할 수도 있고, 넉넉지 못해서 자꾸 피하던 것도 그냥 넘어설 수 있는 패기가 생길 수도 있고 그런 거니까, 요다음에도 그냥 토론으로, 질문 토론으로 합시다.

사회자 이번에 저희가 임원 개편이 있었습니다. 새로 된 임원들이 이 자리에서 큰스님께 인사를 올리겠습니다. 임원들, 일어나 주시죠. 조금 앞으로….

큰스님 본래 임원이기 때문에 올 것도 없고 갈 것도 없는데요, 뭐. 하하하….

사회자 선 자리에서 큰절로 큰스님께 인사를 올리겠습니다.

신도회장 이번 새로 소임을 받은 저희들 임원회 일동 26명은 큰스님의 가르침을 받들고 주지 스님, 승단의 여러 스님들의 뜻을 받들어서 앞으로 우리 신도님들이 조금이라도 더 열심히 한마음 공부에 정진할 수 있도록 최선을 다할 것이며, 우리 도량의 발전을 위해서 성심성의껏, 또 일체 화합, 단결해서 이루어 나갈 것을 서약드리며 신고 삼배를 올리겠습니다.

큰스님 (합장하시고) 감사합니다. 예전에 있었던 일입니다만, 어느 절에서 스님들을 금방 공양주로 내놨다가 금방 승단으로 올렸다가 금방 부목으로 내쫓았다가 이렇게 했답니다. 그래도 그 여러 제자들 가운데 딱 한 사람만이 아무 소리도 않고 그렇게 흥겨워서 즐거웁게 일을 하더랍니다. 그 모든 것에 아주, 그 올라가고 내려가고 이런 것도 하나도 없이, 그냥 나무를 패 가지고 와서 불을 때면서 "아이구! 뜨듯하겠지, 이만큼 때면." 하면서, 콧노래를 부르면서 말입니다. 수좌가 돼 가지고 그렇게 하기가 어렵거든요. 그렇게 했던 그 자체가 가섭같이 됐다는 얘기인데요, 그런 거와 마찬가지로 우리가 어떤 지위든지, 윗자리라든가 아랫자리를 막론하고 그대로 실천할 수 있어야 하죠.

부처님께서는 하다못해 돼지가 앓는 소리를 하고 염원을 해도 돼지 속으로 들어가서 돼지를 고쳐 주셨어요. '응해 주셨다' 이 소리예요. 그러니까 때로는 돼지한테 들어가서 돼지가 되시고, 때로는 소 속에 들어가서 소가 되시고, 벌레 속에도 들어가시고 이러기 때문에 부처라는 지위가 없어요. 부처라는 지위가 본래 없는 것이 부처라는 지위거든요. 그래서 지위가 없는 것이 부처기 때문에 부처라고 한 거거든요. 그러니 지위를 어떻게 둘 수가 없는 거지. 이것이 됐다가 저것이 됐다가, 이거를 했다가 저거를 했다가, 저기 갔다가 여기 갔다가 하니까 아무 지위도 필요 없어요. 이름도 필요 없고 지위도 필요 없어요. 그랬던 거와 같이 여러분은 그렇게 작위 없는, 이름 없는 이름으로써 그대로 진실하게 실천을 하는 데서 우주의 삼라만상 한 도리에서 열쇠를 얻을 수 있는 것입니다.

그러니 우리 열심히 진실하게 마음 도리에서…, 마음 도리가 아니라면요, 화목도 깨지고 단결도 깨집니다. 그러니까 한마음으로 단합을 하고 화목을 가져오려면 모든 건 내 탓으로 돌리고 이름 없는 정말 부처가 돼야죠. 이름 없는 사람이 이름 없이, 함이 없이 그저 닥치는 대로 진실하게 남을 위해서 할 수 있는 거요. 내가 죽고 남을 살리라는 게 아니에요. 이런 말 있죠. 평등하기 때문에 너, 나가 있고 법이 있다구요. 그러니까 나는 그전부터 그렇게 해 왔어요. 내 입으로 말을 하는 게 아니고, 잘못하고 아주 이건 안 되겠다 하면 자기 입으로 자기가 말하고 자기가 물러서요. 그렇게 하게 되죠. 그러니까 모두가 그런 일이 없도록 남을 도와줄 수 있는 길잡이가 됐으면 합니다. 그리고 웃고들 행하시구요.

염주의 알과 줄

1994년 4월 3일

이렇게 꽃 피고 새 우는 봄날에 같이 한자리를 하게 돼서 참 감사합니다. 그런데 우리에게 마음의 봄날이 온다면, 각계각층 무엇을 막론해 놓고 다 녹일 수가 있고 얼릴 수도 있어서 자유스러울 것입니다. 우리 모두 그럴 수 있도록 서로 도반으로서 잘해 나가 봅시다. 오늘은 더군다나 또 서로 토론하고 서로서로의 모자라는 거를 메꾸면서 해 나가는 자리입니다. 그러니 오늘은 질문과 답으로써 서로 나누겠습니다.

질문자1(남) 서울 방배동에서 왔습니다. 항상 스님께서 저희들과 함께 계셔 주셔서 감사합니다. 스님께 두 가지 질문을 드리겠습니다. 먼저 "주인공!" 하면서 정진을 할 때, 입으로는 "주인공!" 하면서 소리를 내는데 생각은 어디에 두어야 되는지요? 예를 들면 아무것도 생각지 말아야 하는지, 아니면 부처님을 생각해야 하는지, 아니면 내 마음속에 있다 하여 내 가슴속을 생각해야 하는지, 과연 어디를 생각하면서 주인공을 찾아야 할지 궁금합니다. 가르침을 주십시오.

큰스님 인간이 태어났으면 본래 자기 뿌리와 싹이 동시에 같이 태어났다는 걸 아셔야 합니다. 그래서 내가 그렇게 질문할 줄 알고 이 염주를 들고 나왔습니다. 하하하…. 어떻습니까? 염주가 되려면 줄에다 알을 꿰어야 염주가 되죠? 그렇다면 사람도 염주와 같이 그렇게 겸해서 가지고 나왔다 이 소립니다. 그러니까 어디를 찾아야 하고 어디를 믿어야 하고 이런 게 없이, 육신과 정신계가 본래 이렇게 꿰어져 있습니다. 그러니까 염주알은 어디를 믿어야 되겠습니까? 염주를 꿴 줄이죠? 이 줄은 정신계라고 비유할 수 있고, 이 알은 물질계라고 비유할 수 있습니다. 그러니까 이 염주는 불가부득 누가 믿어라, 안 믿어라 할 게 없이 이 줄을 믿어야 하겠죠. 그런데 믿는다는 언어도 붙지 않는 겁니다, 얼른 쉽게 말해서. 그대로니까, 그대로 꿰어져 있으니까 그대로 염주가 되듯이 인간이 된 겁니다. 그러면 인간이라는 위치에 놓여 있으면 인간으로서의 생활을 해야죠? 그리고 인간으로서 해 나갈 수 있는 그런 기반이 필요하죠. 그럼으로써 '그대로 믿어라. 그대로 믿어라. 그대로 같이 겸해서 있으니 그대로 믿어라.' 한 겁니다.

그렇기 때문에 이거를 안다면 줄이다, 알이다 이런 이름을 찾을 필요도 없죠. 안 그렇습니까? 내가 비유를 할 때에 싹은 뿌리에 붙어 있고 뿌리는 바로 싹을 살리기 위해서 생긴 거니까, 그렇게 아주 밀접하게 붙어 있으니까 무조건 믿어야지요. 아, 그 뿌리로 인해서 사는데, 다른 데 어디를 믿는다는 겁니까? 그대로 믿어야죠. 종교를 믿는다 안 믿는다도 떠나서, 부처님을 숭상한다 안 한다 이걸 떠나서, 그대로 자기를 믿어야죠. 바로 싹을 내게 한 장본인이기도 해요, 뿌리가! 그리고 모든 것은 그 뿌리가 흡수해서 올려보내니까요. 싹은 또 모든 걸 흡수해서 아래로 내려보내고요. 이런 거니까 내가 '이걸 믿으시오!' 이러지 않아도 그대로 결집이 돼 있다니까요. 그대로 이렇게, (염주를 가리키시면서) 이거와 같이. 그러니 이 염주는 이 줄을 믿지 않으면 안 된다 이 소립니다.

내가 항상 말씀드리듯이, 저 은하계나 태양계도 그렇지만 지구도 그렇게 이 염주알처럼 줄에 매달려서 돌아갑니다. 이 마음의 줄에서 한 치도 어긋나지 않고 돌아간다 이겁니다. 인간도 이 안에서 벗어날 수 없는 겁니다, 이 안에서. 이 줄은 매듭도 없고 시발점 종점도 없습니다. 그러나 이 알은 시발점이 있고 종점이 있다 이런 겁니다. 그러니 모든 것은 이 안에서 훌떡 벗어나야, 정신계 물질계를 벗어나야 자유권을 가질 수 있다 이런 겁니다. 이 물질계 테두리 안에서는 한 치도 벗어날 수 없으니까요. 그러니까 이 법이 정신계로 무(無)의 세계를 맛볼 수 있는 그런 광대무변한 묘법입니다.

그러니 이걸 내가 믿으란다고 믿지도 말고, 믿지 말란다고 안 믿지도 말고, 또 누가 이러고저러고 한다고 해도 흔들리지 마세요. 무조건 자기 뿌리는 자기 싹을 지니고 있으니까 누가 이렇게 하든 저렇게 하든 절대로 흔들리지 마세요. 부처님의 뜻과 돌아가는 인간 생활 자체와 진리가 바로 합류화되어야 진리지, 만약에 거기에서 벗어난다면 이거는 부처님 법이 아닙니다. 그러니까 꼭 누가 믿어야 한다고 해서가 아니라 자기 뿌리를 자기가 믿듯이, 염주알이 자기 줄을 믿듯이 그렇게 믿는 겁니다. 이 염주알이 저절로 이 줄에다 꿰어져 있기 때문에, 튼튼하게 꿰어졌기 때문에 염주알은 걱정도 안 해요. 줄 끊어질까 봐 걱정도 안 하고, 줄에 매달려 있으니까 그대로 줄을 믿고 그냥, 믿는다 안 믿는다도 없이 그냥 하면, 그대로 움죽거려져요. 그러니까 그대로입니다, 그대로!

지금 여러분의 뿌리와 싹이 그대로 한 몸입니다. 그러니 못 믿고 믿고 이런 것도 없습니다. 그대로 믿으시고 거기에 맡겨 놓으십시오. 그런데 여러분은 자기 뿌리를 믿지 못해서, 맡겨 놨다가도 못 믿어서 의심하고 또 의심하고 그러는데 그렇게 하는 게 아닙니다. 진짜로 믿는 사람은 한 번 맡겼으면 맡긴 그 자체가 아주 뚜렷하게 정립이 됩니다. 그러니까 의심도 없고 근심도 없습니다. 그런 마당에서 좀 시일이 가서 풀릴 수도 있고, 시일이 안 가고 단박 풀릴 수도 있는 것이니까 바로 천차만별의 생활인 것입니다. 그것을 믿지 못하니까, 조급해서 "아이구! 요렇게 맡겨도 안 돼! 안 돼!" 하는데 그렇게 못 믿을 것이면 왜 이 세상에 태어났습니까? 태어난 게 불찰이 아닙니까? 네? 뿌리로 인해서 싹이 났는데, 자기 영혼의 뿌리가 자기를 형성시켰는데 그렇게 못 믿어서야 어찌 삶을 보람 있게 살 수 있겠습니까?

그러니까 '배워 가지고 믿어야 되겠다' 이러는 게 아니고 '본래 꿰어져 있으니까 믿어라' 이겁니다. (염주를 들어 보이시고) 이제 꼭 믿고 맡겨 놔야 할 데가 아주 가까운, 바로 내 윗눈썹과 아랫눈썹이 마주치는 것과 같은 거라고 생각이 되시겠죠? 하여튼 아주 타당합니다. 이름을 믿을 겁니까, 형상을 믿을 겁니까? 이 세상에 누굴 믿겠습니까? 아, 이 세상에 누굴 믿어요, 네? 부부한테도 할 말, 못 할 말 가려서 해야 되고 자식한테도 가려서 해야 합니다. 자기가 생각하고 알고, 슬프고 즐겁고 한 거는 자기 뿌리만이 알고 있는 겁니다.

즉, 마음 내기 이전의 마음은 죄 알고 있는 겁니다. 마음 내는 건 아무렇게나 막 그냥 나오는 대로 마음을 내겠지만 마음 내기 이전의 마음은 아주 정확합니다. 더하고 덜함도 없는 겁니다. 그러니까 그 마음 낼 때 마음의 선장은, 잘못 내걸랑은 다스려서 거기 놓고, 잘 내걸랑은 '잘 내게 해서 감사하구나! 나를 가르치고 이끌어 가기 위해서 이렇게 마음을 즐겁게 내 주니 감사하구나!' 그러고 거기다 되돌려 놓아야 합니다. 인간은 자동적으로 입력이 되는 것입니다. 누가 죄를 주고 안 주고가 없습니다. 자기가 짓고 자기가 받는 것이지, 누가 '해라, 하지 말아라', '지어라, 짓지 말아라' 이런 게 없습니다. 더군다나 사람이라면 부처님 될 수 있는 능력이 99%가 됩니다. 이건 한 찰나 생각만 잘 한다면…, 아까 얘기대로 무식하고 무식 안 하고, 어렵고 가난하고, 못나고 잘나고 간에 (염주를 들어 보이시며) 반드시 줄에 꿰어져 있는 염주알과 같은 것이 사람입니다. 그러니까 반드시 염주알을 꿴 그 줄을 믿어야 하는 거는 사실입니다. 그러니까 믿고 다스리고 행하고 거기 놓고, 잘못된 것도 거기서 나오는 줄 아시고, 바로 과거에 어떻게 살았느냐에 따라서 입력이 돼서 현실에 나오는 줄 아시고 그 자리에다 되놓으신다면, 앞서의 게 없어지고 새 입력이 들어가면서 보람 있는 새 삶이 나온다 이 소립니다.

그런데 왜 못 믿습니까? 나는 이렇게 생각합니다. 죽으나 사나, 죽을병이 들었거나 죽을병이 안 들었거나, 진짜로 믿는다면 정말 죽는다 하더라도 옷을 벗고 바로 승천이 될 거고, 얼른 쉽게 말해서 이 어항 속에서 벗어날 거고, 또 산다 하더라도 그냥 살리는 거고요. 그러니까 이래도 건지는 거, 저래도 건지는 건데 왜 겁을 내느냐 이겁니다. 뭐가 겁이 납니까? 누구나가 한 번 옷 벗기는 마찬가지인데.

부처님께서도 깨달으신 과정과 열반하신 과정이 어땠습니까? 염주알을 시발점에서 돌려서 여기까지 왔습니다, 종점까지. 종점까지 오니까 다시 시발점이 되더라. 그죠? 다시 시발점이 되죠. 그러니까 종점이 됐다고 억울하게 생각하지 마세요. 종점이 됐다 하면 시발점입니다. 이것이 사람이 죽는다고 해서 그냥 죽는 게 아니라 죽었다 하면 그냥 한 찰나에 그대로, 마음공부 한 사람들은 그냥 벗어나는 겁니다. 그리고 마음공부를 못 하고 바깥으로만 끄달린 사람은 그 안에서, 그 차안(此岸)에서, 즉 차단된 속에서, 감옥 아닌 감옥 속에 갇혀서 벗어날 수가 없는 겁니다, 세세생생에. 그 의식, 관습, 인과에 그냥 매달려서 벗어날 수가 없는 거죠.

예를 들어서 말을 하면, 우리가 개구리가 된다면 개구리로 살던 습이 그냥 누적이 돼 가지고 다른 생각은 할 수가 없어요. 그러니 개구리 세계에서 벗어날 수가 없는 거죠. 그와 같은 겁니다. 그러니까 여러 가지 생각을 하되 모든 것은 내 마음의 용광로에 다 놓으십시오. 이 줄은 용광로와 같고 바로 자가발전소와 같고 불바퀴와 같은 겁니다. 그러니까 그저 모든 것을 거기다가 맡겨 놓기만 하면 모든 거는 제거가 됩니다. 그러니 놓고 맡길 수 있고 믿을 수 있는 그것이 자기 싹의 자기 뿌리라는 것을 아셨으면 무조건 믿어야죠. 뭘 누가 '믿어라, 말아라' 할 때까지 있어요?

질문자1(남) 감사합니다. 두 번째 질문 올리겠습니다. 『금강경(金剛經)』에 '응무소주(應無所住) 이생기심(而生其心)'이란 사구게가 있는데, 머무르는 바 없이 생각하기 이전의 마음이 소소영영한 마음자리인가 합니다. 한 생각 하기 이전의 마음이 한마음 주인공이 나투는 자리가 아닌지 궁금합니다. 그 자리에 들려면 어떻게 해야 합니까?

큰스님 지금까지 한 말이나 똑같습니다. 마음 내기 이전은 마음의 내 선장으로 섬기고, 마음 내는 것은 바로 중생의 마음이죠. 그러니까 그 마음으로 다스려서 몰락 놓을 수만 있다면, 몰락 놓되 그냥 놓는 게 아니라 감사하게 놓고, 돌려서 놓고, 구정물을 새 물로 만들어서 놓고, 그러니까 '그 구정물을 깨끗하게 만드는 과정이 있다' 이런 말도 경에 많이 있죠. 그러나 나는 그렇게 가르치면 더디니까 아예, '그 구정물을 맑은 물로 그냥 대치해서 써라' 이겁니다. 그 과정을 다 새삼스럽게 거치고 거쳐서 이렇게 한다면 언제 우리가 벗어날 수 있겠습니까? 그러니까 그대로 집어 먹고, 그대로 맛을 알고, 그대로 행하라 이 소립니다. 그러니까 아주 간단한 겁니다. 생각 내기 이전이 자기 뿌리니까요. 그대로 믿고, 양면을 다 거기다 믿고 놓으면 그 가운데서 아주 샘물이 나올 것입니다. 그 샘물이라는 것은 만법의 근본을 다 행할 수 있는 그런 법이며 또 생활인 것입니다.

질문자1(남) 스님, 감사합니다.

질문자2(남) 서울 용산에서 왔습니다.

큰스님 편히 앉아서 하세요. 누구도 다리 아픈 거 낫게 해 주지 않아요. 앉으세요. 바로 그것도 공부인 것입니다. 누구 딴 사람한테 의존할 수 없는 게 사실이니까요.

질문자2(남) 오늘은 마음공부 하는 방법에 대해서 몇 가지를 말씀을 드리겠습니다.

큰스님 한 가지씩만 하세요.

질문자2(남) 불법의 유식론에 보면 인간의 인식은 대개 열 가지로 나누어지는데, 다섯 가지는 육체적으로 느낄 수 있는 것이고 나머지 다섯 가지는 정신적으로 인식하는 걸로 알고 있습니다. 대개 우리 범인들이 느끼고 있는 것은 안식(眼識)·이식(耳識)·비식(鼻識)·설식(舌識)·신식(身識) 또 우리가 교육을 통해서 아는 의식(意識)입니다. 그러나 여섯 가지는 보통 범인들이 느끼는데 일곱 번째에서 열 번째 되는 거는 우리 범인들이 일반적인 공부를 해서는 느끼지 못하고 있습니다.

그런데 역사적으로나 보면 이러한 칠식(七識)·팔식(八識)·구식(九識)·십식(十識)에 도전하는 많은 불자들이 있어 왔고, 또 일생을 바치는 고승 대덕들도 많은 걸로 저는 알고 있습니다. 그래서 오늘은 역사적인 인물 두어 사람에 대해서 조사 어록에 나오는 것 한 가지를 질문드리겠습니다. 『달마어록』에 보면 달마 조사와 무제의 대화에서 '심심상련(心心相連), 교외별전(敎外別傳), 이심전심(以心傳心)' 이런 내용이 있습니다. 이것은 대개 제 몇 식(識)에 해당되는 것인지 말씀해 주시면 고맙겠습니다.

큰스님 허허허…. 항상 여러분한테 이심전심이라는 것을 얘기해 드리죠. 그건 열 가지든 백 가지든, 만 가지든 천 가지든 그건 하나로만 돌아갈 수 있는 겁니다. 하나로만! 내 진실한 근본에서만이 나갈 수 있는 것입니다. 그렇기 때문에 지금 일체 만물이, 새는 새대로 사람은 사람대로 말과 행이 그대로 이렇게, 뜻과 통해서 돌아갑니다. 그래서 전체가 통하죠. 전체가 통하고 사는 것이 바로 우리가 이심전심으로 사는 거죠, 그대로. 우리가 사는 생활 속에 부처님이 하신 말씀들이 그대로 다 실현돼 있어요, 아주.

그런데 정신세계에서 이 마음공부 하는 사람들에게는 그대로 육감으로도 이렇게 통신이 오죠. 사람을 벌써 보기만 해도 '아, 저 사람이 무슨 말을 하겠구나! 아, 저 사람은 행할 수 있는 사람이다. 이 사람은 뭐가 좀 어떻구나, 어떻구나.' 하는 거를 대략 짐작하죠. 생활 속에서 그렇게 하고 가는 사람들도 있는가 하면, 이 마음공부 한 사람들에 한해서는 그대로 마음과 마음이 둘이 아닌 까닭에 알고 있는 겁니다. 그게 이심전심이죠. 이 마음과, 즉 말하자면 영과 영이 한데 합쳐지면 그대로 없으면서, 맑은 물이면서도 그것은 둘이 아니게 알고 있다는 겁니다. 전체를 알고 있다. 꽃을 볼 때에도 이심전심이 되죠. '야, 너는 왜 낮이면 피고 밤이면 오그라드느냐?' 하고 물어보세요. 반드시 대답이 있을 겁니다. 또 왜 밤에는 피고 낮에는 오그라드느냐고 물어보세요. 반드시 회답이 있습니다. 그러니까 그 이심전심이라는 것은 비밀의 행이면서도 아주 묘하고 광대무변한 법입니다.

그러니 그것은 자기가 깨달아야만이 알 수 있는 일이기 때문에, 버선목이라 뒤집어 보일 수도 없고…, 예를 들어서 내가 만약에 부처님처럼 금방 이 자리에서 요 문 바깥을 나갔다 들어왔다, 또 지구를 한 바퀴 돌아왔다 하더라도 여러분이 아시겠습니까? 모르시죠? 또 물속의 생물들을 다 만나고 왔다, 한 찰나에 만나고 왔다 하더라도 모르실 것 아닙니까? 그러니까 그게 이심전심입니다. 그러니까 어서 부지런히 공부하셔야 이심전심의 그 묘한 도리를 체득하실 수 있죠. 그러니까 이심전심이라는 도리는 자기가 스스로 체험해서 알지 않으면 모를 겁니다, 아마. 그게 얼른 쉽게 말해서 '이심전심으로 통해서 천백억화신이 나투면서 각계각층의 중생들에게 다 응(應)하시느니라!' 이렇게 했을 때, 이심전심이 거기에 포함되는 것이죠.

질문자2(남) 사례를 하나 들어서 말씀드리면, 칠식은 말나식(末那識), 팔식은 아뢰야식(阿賴耶識), 구식은 아마라식(阿摩羅識), 십식은 백정식(白淨識)인데, 어느 책에서 보니까 '백정식 정도 되면 생사 거래를 자유자재로 할 수 있다' 이런 구절이….

큰스님 백정식은요, 그 의식까지도 없어야 백정식이 되는 겁니다,

그것도 이름해서. 아뢰야식이니 뭐, 이것이 아주 몰락 다 없어야 백정식이죠. 그래서 백정식이라는 건 '아주 없다'는 뜻입니다. 아주 깨끗한 무(無)가 돼야, 이것이 무 속에서 꽃이 피고 열매가 맺는다는 소리입니다. 그러니까 그 이름을 불러서 긁어 부스럼을 만들지 말고 그대로, 모르는 대로 그대로, (염주를 들어 보이시며) 이 알은 반드시 줄에다가 다 놔라 이겁니다, 의식까지도. 지금 직행으로 들어가는 코스지, 거쳐서 계단을 밟고 올라가고 이런 게 아닙니다.

질문자2(남) 잘 알겠습니다. 두 번째 질문을 올리겠습니다. 한국이 낳은 세계적인 성인 원효 대사의 어록에 보면 '심생즉종종기 심멸즉종종멸, 일체유심 심외무법 만법유심(心生卽種種起 心滅卽種種滅 一切唯心 心外無法 萬法唯心). 우주 일체는 오직 마음에 있다' 이런 말씀이 있습니다. 이거는 조금 전에 말씀하신 바와 같이 어느 식에 해당되는 건지요?

큰스님 식이고 나발이고요, 허허허…. (대중 웃음) 심생즉종종기는, 이거 보세요. 내가 아까 얘기했잖아요. 이게 '정신계와 물질계' 이런 소리나 똑같습니다, 그 소리가. 지금 아주 알기 쉽게 얘기한다면, '염주알과 염주줄이 둘이 아니고 그냥 일심으로써 통하느니라' 이러는 거와 똑같습니다. 안 그렇습니까? 그러니까 '모두가 둘이 아닌 도리가 바로 네 마음에 있느니라' 이런 소립니다. 그러니까 마음을 어떻게 내야 되느냐? 어떻게 내느냐도 없습니다. 왜냐하면 마음 내기 이전은 항시 좋고 나쁜 걸 너무나 잘 알고 있으니까요. 그러니까 마음을 내되 엉망진창으로, 과거에 어떻게 살았느냐에 따라서 입력이 돼서 주어진 대로 그 마음을 내지를 말라는 거죠. 지금 중생 의식들이 이 몸 안에 잔뜩 들어 있습니다. 그래서 그 마음이 자꾸 나오는 겁니다. 그런 것을 다스려서 이 헤아릴 수 없는 생명체들이 자기 선장에게 한마음으로 따라줄 때까지 수행을 시켜라 이겁니다.

질문자2(남) 잘 알겠습니다. 세 번째 질문을 올리겠습니다. 그럼 그

마음공부를 하는데 원리적인 방법과 실천적인 방법은 어떤 게 있습니까?

큰스님 아, 원리적인 방법과 실질적인 방법이 따로 있습니까? 원리가 있음으로써 실천을 할 수 있는 거지, 그 원리가 없는데 어떻게 실천을 할 수 있겠습니까? 원리가 있음으로써 망하게도 할 수가 있고 좋게 되게끔 실천할 수도 있는 거죠. 그렇기 때문에 자기가 잘 다스려서 행을 할 수 있는 그런 믿음을 가지신다면 될 수 있는 거죠.

질문자2(남) 잘 알겠습니다. 다섯 번째 질문을 올리겠습니다. 본인은 '처처불법(處處佛法) 사사불공(事事佛供)'을 신행 신조로 하고 있습니다. 이런 생활을 해 보니까 여러 가지로 생활이 윤택해지고 참 좋은 점이 많습니다. 그런데 좀 더 효율적으로 하려고 그러면 어떻게 해야 되는지 한 말씀 해 주시면 감사하겠습니다.

큰스님 뭐, 달리 생각할 것도 없고, 여기 앉아 계신 분들이 다 생명이 있죠? 생명이 있으니까 이렇게 사시죠? 그러니까 처처불(處處佛)이에요, 처처불! 즉 말하자면 사무 사유(四無四有), 이 모든 보이지 않는 세계나 보이는 세계나 그 생명이 다 있고 그렇기 때문에 처처불이죠. 그래서 처처불이며 사사불공이라고 했죠? 그 불공이라고 한 자체가 바로 처처불이기 때문에 생활 자체가 그냥, 움죽거리는 그 자체가 바로 공(空)했다는 겁니다. 찰나찰나 공했다 이겁니다. 즉 말하자면, 고정된 게 하나도 없다 이거죠. 고정된 게 하나도 없어요.

지금 선생님이 나를 보고 있었는데 금방 돌아서면 저기 보고, 금방 돌아서면 저기 생각하고, 금방 돌아서면 딴 거 보고 이러죠? 내가 항상 말을 하죠? 가정에 들어가도 "여보!" 하면 남편이 됐다가, 금방 "아버지!" 하면 아버지가 됐다가, "얘, 아무개야!" 그러면 아들이 됐다가, "여보게!" 하면 사위가 됐다가, "형님!" 하면 형님이 됐다가 이렇게 그냥 찰나찰나 바뀌지 않습니까? 생활도, 일체가 다 고정된 게 하나도 없습니다. 또 육체 안에 들어 있는 생명체들도 작용하는 것이 전부 고정된 게 하나도 없습니다. 어떤 땐 이런 게 들어오고, 어떤 땐 저런 게 들어오고, 어떤 땐 딱딱한 게 들어오고, 어떤 땐 물이 들어오고 이러니까 작용하는 것도 사사건건이 달라요, 이건. 들어오는 대로 사사건건이 다르니까 어떤 건 이렇게 내보내고, 어떤 건 저리로 내보내고, 어떤 건 모자라는 대로 이렇게 메꿔서 내보내고, 그러다가 고장이 나면 메꿀 수가 없게 되는 이치가 되기 때문에 병이 나는 겁니다.

그러니까 아주 누덕누덕 붙여 가지고 긁어서 외려 부스럼을 만들지 마세요. '생명이 있는 거는 일체가 다, 풀 한 포기도 불(佛)이다. 처처불이다! 또 일체가 다, 마음으로 통하고 뜻으로 통하고 말로 통하는 게 교(教)다. 그런데 그 일상생활 자체가 그대로 불교요, 삼천대천세계가 공했다!' 했습니다. '불공' 했는데 이걸 '평등불공!' 이렇게 해도 되구요. 아주 간편합니다. 그래서 공했다는 거예요. '공했으니 그 의의만 떼어 놓고서 자기가 깨달으면 그 뜻을 알 수 있느니라.' 이런 뜻입니다.

그러니까 이렇게 간편하게 배워야죠, 너무 어렵게 배우면 어깨가 무거워서 더 안 돼요. 왜, 집안에서도 이런 게 있죠. 너무 닥치는 게 많아 가지고 내가 그거를 어떻게 해결할 수가 없을 때에는 어깨가 무겁고, 그래서 그냥 '어휴! 멋대로 돼라.' 이러고 내팽개쳐지죠. 그렇게 될 수 있으니까 무겁게 만들지 마세요. 무겁게 만들면 오히려 불성이 가려집니다. 발견이 돼야 할 텐데 오히려 척척 붙어서 눈을 가려 놔서 볼 수도 없어요. 그러니까 떼야 될 텐데 외려 붙이면 됩니까?

질문자2(남) 잘 알겠습니다. 여섯 번째 질문을 드리겠습니다. 저는 불교에 귀의한 지가 한 25년 됩니다. 그런데 쉽게 말해서 뭐가 잘되지를 않아요, 아예. 잘 안됩니다. 그래서 최근에 무슨 작정을 하나 했습니다.

큰스님 작정을 했다구요?

질문자2(남) 계획을 하나 세웠다 이 말씀입니다. 어느 책에 보니까,

'돌장승이 애기 낳는 법을 알아야 불법을 안다' 이런 귀절이 있어서 거기에 무척 공감이 가서, 계획을 세워서 지금 시행을 좀 하고 있습니다. 한 30년 예정을 해 가지고요. (대중 웃음) 그런데 스님, 여기에 지도 말씀이나 편달을 주시면 감사하겠습니다.

큰스님 그런데 돌장승이 어린애 낳는 걸 봐야만 되고 어린애를 낳아야만 된다고 하셨는데….

질문자2(남) 낳는 도리를 알아야 된다.

큰스님 '도리를 알아야 된다' 이랬죠? 그럼 지금 여직껏 말씀드린 것이 헛말을 했지 않습니까? 이건 돌장승 아니라 꽃나무도 애기를 낳을 수가 있어요. 예? 이 고목나무도 애기를 낳을 수가 있고, 돌장승뿐이 아니라 일체 만물이 다 애기를 낳습니다. 그런데 여러분은 육체가 탄생을 했지 정신이 탄생을 한 건 아닙니다. 그래서 첫째는, 육체가 탄생을 해야 정신이 탄생할 수 있다. 내가 탄생을 해 봐야 장승이 어린애 낳는 도리를 알지, 어떻게 압니까? 그런데 그런 거를 계획을 세웠다 이 소립니까? (대중 웃음)

선생님께서 애기를 낳아 보세요. 그러면 돌장승이 애기를 낳는 도리를 알 수 있을 테니까요. 정말입니다! 돌장승이, 애기를 하나만 낳는 게 아니라 여덟 개도 낳고 마흔 개도 낳고 이래요. 그래 가지고 마흔 개가 다 그냥 하나도 됐다가, 하나가 없기도 했다가 이러거든요. 그러니 그 도리를 완전히 터득하시려면 계획이 없이 하세요. 계획이 없이 그대로, 지금 그대로, 네? '돌장승이 애기 낳는 것도 너만이 알게 할 수 있어!' 하고 거기다가 (염주를 가리키시며) 자꾸 돌 쪼듯이, '깨닫게 하는 것도 너고, 이끌어 주는 것도 너고, 병을 낫게 하는 것도 너고, 장사가 잘되게 하는 것도 너고 못되게 하는 것도 너니까, 잘되게 하는 것도 너 아니야?' 하고 할 수 있죠. 물을 먹어 본 사람이 물맛을 알듯이요. 꼭 그렇게 하세요.

질문자2(남) 잘 알겠습니다.

큰스님 계획을 세웠으면 그대로 해야죠. 칼을 뽑았으면 하늘을 꿰어야죠. 허허허…. (합장하시고) 애쓰셨습니다.

질문자3(남) 저는 사당동에서 왔습니다. 저는 불자로서 생활하면서 부딪치는 숙제라고 그럴까, 그런 어려움에 관해서 한 말씀 질문을 드릴까 합니다. 우리는 착한 행을 하면 복이 온다 해서 항상 착하고 올바르게 살려고 노력하고 있습니다. 그런데 세상을 살아가다 보면 내 뜻이나 나의 성품하고는 전혀 상관없는 방향으로 일이 거꾸로 돌아가는 경우를 자주 접하게 됩니다. 이때에도 인연법에 따라서, '이것이 인연이니' 하고 나 스스로 나의 본성을 죽이고 저항 없이 그냥 따라가야만 하는 겁니까, 아니면 여기에 저항하면서 새로운 계획을 해야 되는 것입니까? 가르침 주시기 바랍니다.

큰스님 말씀하시는 것이 똑똑히 들리진 않았지만 어슴푸레하게 듣긴 들었습니다. 하여튼 방향이 제대로 나가지 않는 것은 이렇게…, 맷돌 축 있죠? 축을 갖다가 제대로 꽂지 않았으면 물건을 넣고 갈아도 제대로 갈려서 나오지가 않습니다. 딴 방향으로 나갑니다, 마구 그냥 쏟아집니다. 그와 같습니다. 똑바로 끼워야죠. (손가락을 하나 세워 보이시고) 아래 위가 똑바로 심봉이 끼워져야 제대로 일하며, 전자와 전자줄이 한데 제대로 이어져야 불이 들어옵니다.

그러니까 아까 말한 것처럼 진짜로, 그대로 끼워져 있는 거니까 그대로, 저 나무 뿌리가 있으니까 나무가 있듯이, 그대로 돼 있으니 그대로 철저하게 믿어라 이겁니다. 왜 자기 뿌리를 안 믿어요? 그렇다면 형상을 믿을 겁니까? 그래, '형상도 내 몸과 저 형상이 둘이 아니다. 부처님 형상이 내 형상과 둘이 아니요, 부처님 마음이 내 마음과 둘이 아니요, 또한 부처님의 생명이 내 생명과 둘이 아니니 그저 둥글게, 모나게 하지 말고 둥글게, 일정례(一頂禮)를 하더라도 둥글려서 일심(一心)으로써 진실하게 일배를 올려도 올려라.' 이런 겁니다.

그러니까 방향이 딴 데로 나가는 거는 잘못 끼웠기 때문입니다. 즉 말하자면 마음 내기 이전의, 내 마음의 선장을 올바로 투시를 못 했기 때문입니다. 예를 들어서, 욕심대로 나가는 생각이 80%라면 '그렇게 하지 말아야지.' 하는 건 3%밖에 안 되니까, 비중이 더 큰 데로 돌아가죠. 안 그렇겠습니까? 그러니까 그렇게 하지 마시고 진짜 크게 먹으려면 진짜 여기서 (염주를 들어 보이시고), 이 줄에서, 뿌리에서 그 싹을, 전체를 살리고 있으니까 '너밖에 할 수 없다.' 하고 다 맡기고 심부름꾼으로만 사세요. 시자! 관리인! 사실 따지고 보면 관리인입니다, 심부름꾼이고! 따지고 보면 속의 생명들의 심부름꾼이기도 합니다. 또 이 사람 전체 몸뚱이의 심부름꾼이기도 합니다, 여러 생명들이. 그러니까 그것도 또한 둘이 아니죠.

그러니 마음 쓰기에 달려 있으므로 이 몸뚱이 속의 모든 의식들이, 과거에 어떻게 살았느냐에 따라서 그렇게 아주 고정적으로 입력이 돼 있는 의식들이 마음 씀씀이에 의해서 바로 화(化)해서 달라진단 말입니다. 자기 마음을 따라 주게 해야 업보성, 인과성, 유전성, 영계성, 세균성 이 모두가 무너져서 내 마음 하나로 돌아가게끔 돼서 딴 데로 흩어지질 않습니다.

나는 이렇게 생각합니다. 우리들은 부처님이 되지 못한 사람이지만 다 같이 이름해서 부처죠. 나도 여러분과 똑같습니다. 그렇지만 나는 이날까지…, 그래서 내가 그랬죠? 분수를 알아서, 내가 얼마만한 그릇이란 거를 알고 해라 이겁니다. 내가 '내 그릇에 이만한 걸 담아도 손색이 없을까.' 하는 걸 미리 알아차려라 이겁니다. 아시겠습니까? 그냥 분수도 모르고 요만한 그릇에다가 (컵을 가리키시며) 드럼통으로 하나를 갖다가 집어넣는다면 이게 담아집니까? 그러니까 첫째, 분수를 알고, 진짜로 믿는다면 그냥 믿는다 안 믿는다도 없이, 진짜로 믿는다면…, 나는 내가 하려고 한 것에서 벗어난 예가 한 번도 없어요.

내가 지난번에 얘기했지요? 처음에 여기 왔던 해에 김장할 다라이가 없어서 '다라이가 없으니 어떡하나! 김치를 해서 오는 사람들에게 모두 줘야 할 텐데!' 하니까, 그 이튿날 어떻게 된 줄 아세요? 다라이가 열 개가 들어왔어요. 왜냐? 그게 이심전심이죠. 이 모두가 이심전심으로 통할 수 있는 것은 바로, 보이지 않는 내 마음 내기 이전 마음입니다.

그러니까 난처하게 생각 마시구요, '왜 나는 생각지도 않았는데 번연히 알고도 이렇게 딴 데로 가나.' 이러지 마시고, 죽든지 살든지 진짜로 믿으세요. 아니, 더 잘 살려고 아무리 해 봐도 그렇다면 차라리 아예, (염주를 가리키시며) '이젠 너 알아서 해!' 하고, '나는 부지런히 뛰어줄게! 너 알아서 해!' 하고 거기다가 맡겨 놓는 게 더 상책이 아닐까요? 더 살기가 편안하구요. 이거는 내가 한다, 내가 젊어지고 내가 산다, 내 거다, 내가 망했다 이런다면 어휴, 그거 사람이 한 생 사는데 얼마나 비참하겠어요. 그러니까 아주 푹 쉬고 저 세 살 먹은 애, 다섯 살 먹은 애가, 학교에 다니는 애들도 그렇고, 자기 아버지 어머니를 믿고 그냥 학교 공부만 열심히 하는 것처럼 그렇게 살아 보세요. 그리고 책이 없어도 '아, 아버지가 사 줄 테지.' 하고 말이에요. 공책이 없다면 "공책이 없어, 아버지!" 그러면 사 주듯이, 이렇게 편리하게 사세요. 그러면 딴 방향으로 안 갈 겁니다.

질문자3(남) 두 번째 질문을 드리겠습니다. 어떻게 해야 상대방을 부처님으로 볼 수 있습니까? 내가 부처님이 되어야 상대도 부처님으로 보인다고 하지만 공부하는 과정에서 분별심이 없어지지 않고 잠재의식이 사라지지 않으니까 대인 관계에서 큰 손해를 보고, 급기야는 자기 인생을 망치는 경우도 간혹 있습니다. 여기서 한번 뛰어넘으려면 어떻게 해야 하는지 가르침 주시기 바랍니다.

큰스님 그래서 말입니다, 우리가 지금 태어난 것이 시발점이 돼서 종교를 믿고 이렇게 가는데, 여기까지 (염주의 매듭 부분을 가리키시며) 와 가지고 여기를 한번 뛰어넘어서…, 이게 말하자면 생사에 관한 건입니다. 물질세계에서 이리로 와서 여기를 다시 뛰어넘으면 이제 피안의 세계로, 눈에 보이지 않는 세계로 넘어간다 이런 소리와 같습니다. 그렇다면 이것이 살아서 열반이라고 하는 경계입니다. 죽어서 열반은 없어요. 그러니까 한번 내가 모든 거를 놔서 죽은 세상까지 돌아야, 살아 있는 세상과 죽어 있는 세상이 동시에 같이 있는데 거기를 찰나찰나 이렇게 한 바퀴 돌 줄 알아야, 모가 나지 않게 돌아갈 줄 알아야, 50%와 50%를 합쳐서 100%를 같이 굴릴 줄 알아야 이게 됩니다. 지금 뭐라고 그러셨죠? 처음에 물으실 때…, 허허허….

질문자3(남) 어떻게 상대를 둘로….

큰스님 내 듣고도 또 말하면서 잊어버렸죠. 그래서 한 바퀴 돌아와야 그 둘이 아닌 도리를 확실히 알 수 있어요. 왜냐하면 내가 이 세상에 나와서 자식이 됐다가 부모가 돼요. 부모가 됐다가 또 한 번 옷을 벗고 한 번 돌아요. 돌아서 다시 탄생을 해 보니까 딴 부모한테 또 태어났어요, 인연에 따라서. 그러니까 또 딴 부모의 자식이 되더란 말입니다. 그런가 하면 딴 모습으로다가, 짐승의 모습을 가지고서 짐승의 자식이 돼서 또 나오거든요. 그러니까 '돌고 돌다 보니까 내 자식 아닌 게 하나도 없고, 내 부모 아닌 게 하나도 없고, 내 형제 아닌 게 하나도 없더라. 공동묘지에 가 보니까 남녀노소도 없고 그대로 늙었더라.' 이렇게 나옵니다. 그러니까 그것 또한 깨쳐야 알겠죠.

그러니까 지금 이 줄과 염주알이 둘이 아니다, 뿌리와 싹이 둘이 아니라고 했습니다. 그 뿌리의 세계를 알아야 뿌리의 세계에서 현실의 세계로 나오면서 자꾸 화(化)해서 모습이 바뀌어서 나오는 거, 인연이 바뀌어서 나오는 거, 그런 거를 다 이렇게, 50%만 아는 게 아니라 100% 돌아가면서 알아야 '아! 모두가 둘이 아니로구나!' 이렇게 진실하게 알지 내가 직접적인 행을 해 보지도 않고, 보지도 않고, 듣지도 않고, 먹어 보지도 않았는데 어떻게 둘이 아닌 줄 알겠습니까? 그러나 이렇게 죽었다 깨어나고, 깨어났다가 죽고 이러는 도리를 확실히 알기 위해서, 우리가 지금 이 공부를 하는 겁니다. 그렇게 한다면 그 도리를 알게 됩니다. 내 과거에 살던 나와 현실에 사는 자기와 둘이 아니게 상봉을 해야 진짜로 그런 도리를 공부할 수 있는 겁니다. 그리고 알게 되는 겁니다. 스스로 알게 돼 있어요.

그러니까 스스로 너 나가 없이 자비를 베풀 수가 있고, 네 부모 내 부모 아님이 없이 자비를 베풀 수가 있고 마음을 낼 수가 있지, 어떻게 알지도 못하는데, 어떻게 너 나가 따로 있다고 생각하는데 '아이고, 둘이 아니다!' 이럴 수가 있겠습니까? 그러나 모습이 둘이 아니라는 게 아니라 그 마음이 둘이 아니다, 영혼이 둘이 아니다 이겁니다. 영혼이 둘이 아니라면 진짜로 자비를 베풀 수가 있는 겁니다. 그리고 모습은 따로따로 각각 있을지언정 한 줄에 꿰였다 이겁니다, 한 줄에. 이 염주알은 따로따로 있으나 한 줄에 꿰여 있으니까 '너 나가 둘이 아니구나.' 이렇게 알려지는 겁니다. 그러니 그것도 또한 발견을 해야 아시겠죠, 확실하게!

그러나 발견을 못 했어도 '진짜로 뿌리의 세계는 그렇게 둘이 아니구나. 영과 영이 만 개가 한데 합쳐도 영은 영이고 바로 둘이 아니구나!' 이런 걸 알게 될 겁니다. 그러니 우리가 모두 자비를 베풀고 사랑을 하고, 욕심을 부리지 않고, 남을 증오하지 않고, 미워하지 않고, 이렇게 항상 하신다면 자식의 업보도, 남편의 업보도, 아내의 업보도, 부모의 업보도 다 사라지게 돼 있는 것입니다. 여기 실천을 아주 잘하고 가시는 분들도 많은데, 그게 왜 그렇게 되는지는 모르면서도 실제로 체험하고 가는 분들이 많이 있습니다. 왜 그렇게 되는지는 모르죠. 그러나 자기가 그만큼 했기 때문에 그렇게 된다는 거는 알고 있을 거예요. 컴퓨터에 입력하는 거와 비교를 해서 얘기해 드렸으니까요. 한 찰나에 없어지는 것은 그거와 같다 이겁니다. 입력이 돼서 나오는 데다가 다시 입력을 한다면 앞서의 입력은 없어진다는 사실을 그대로 얘기해 드렸으니까요.

내가 대답을 서투르게 해 드리더라도 여러분은 좀 지혜롭게, 너그럽고 둥글게, 이렇게 들어 주시기 바랍니다. 난 배우지 못해서 그런지 그 용어를 방편으로 빨리빨리 대치를 해서 얘길 할 줄 모르지 않습니까? 하하하….

질문자4(남) 스님, 감사합니다. 저는 여기 나온 지가 한 5년 됐는데요, '좀 더 일찍 왔으면 더 좋았을 건데….' 하고 항상 후회하면서 지금 공부하고 있습니다. 공부를 하는데 잘되지는 않습니다. 몇 가지 질문 좀 올리겠습니다. 저희들이 공부할 때도 항상….

큰스님 크게 하세요, 강력하게요. 허허허….

질문자4(남) 질문하려고 스님한테만 오면 제가 항상 생각이 잘 안 납니다. 저희들이 공부할 때도, 스님이 말씀하시는 것보다도 스님의 모든 제스츄어라든지 그런 데 오히려 눈길이 가는 거와 마찬가지로, 제가 먹어 보지도 않고 다른 사람들이 사과가 맛있다고 이야기하면 그게 얼마나 맛있는가 하는…, 제가 사실 먹는 방법을 배우러 왔는데 그 방법이 확실하게 제게 들어오지는 않습니다. 좀 가르쳐 주셨으면 고맙겠습니다.

큰스님 지금 선생님 영혼이 없으면 그 몸뚱이가 송장이 돼서 말도 못 할 텐데, 그걸 모르세요? 하하하…. 바로 뿌리와 싹이 한데 붙어 있기 때문에 이렇게 말도 할 수 있고 그런 겁니다, 알고도 싶고요. 그런 거니까 자기 영혼의 뿌리를, 즉 말하자면 불성을 진짜로 믿고요, '다른 데 먼 데 있는 게 아니라 나하고 바로 밀접하게, 뿌리와 싹이 같이 붙어 있는 것처럼 그렇게 붙어 있구나. 그러니 진짜로 믿어야겠다.' 하고 거기다가 전부 놓으십시오. 이 생활하는 것을 몽땅 말입니다. 여기 오신 분들이 전부 이 세상에 탄생을 했기 때문에 있는 거지 탄생을 안 했더라면 무효지 뭐가 있습니까? 여기 올 것도 없고 갈 것도 없고, 아예 이름조차도 없을 거 아닙니까? 그런데 어쩌다가 탄생을 했으니까 있는 겁니다. 그래서 싹이 있기 때문에 뿌리가 있는 것이지 아, 싹이 없는데 무슨 뿌리가 있겠습니까? 뿌리도 싹도 없을 텐데.

그러니까 뿌리를 진짜 믿으시고 '이끌어 가는 것도 너고, 또 나를 형성시킨 것도 너니까 깨닫게 하는 것도 너다.' 이렇게 모든 거를 거기 다 맡겨 놓으시고 검소하게, 진짜 자기 그릇대로 사세요. '분수대로' 이렇게 하면 또 여러분 마음에 그르쳐질까 봐, 하하하…, 어떤 때는 주저주저하고 그래요. 그릇대로, 참자기의 그릇을 아시고 그저 검소하고 진실하게 살아 보세요. 그런다면 반드시…, 그건 거짓이 없습니다. 영원한 자기의 보배인 부처는 거짓이 없어요. 이 세상 살아나가는 데 우연히도 없고요. 아주! 아주! 우연이라는 건 없습니다. 절실히 느끼는 겁니다, 제가.

질문자4(남) 한 말씀 더 올리겠습니다. 제가 지금 나이가 쉰둘이거든요. 사실 대학교 다닐 때까지는 자기 자신의 생활이 아니라고 생각됩니다. 그런데 결혼하고 애기 낳고 하다 보니까 그때부터 나의 생활로 생각되는데, 저의 과거를 생각하면 과거는 저의 부모로 생각되고, 제가 지금 살고 있는 걸 현재로 생각할 것 같으면, 저희 자식이 미래라고 생각되고, 그런 생각이 들 때가 있습니다. 이게 옳은지 안 옳은지 모르겠지만….

큰스님 아, 그거야 사실이죠. 사람이 사는 데서….

질문자4(남) 그런 데다가 열심히 노력하고 살다 보니까 자식들의 즐거움이 저의 즐거움보다 더 좋은 때가 많이 있었습니다. 그래서 제가 지금 낮에는 열심히 일하고 밤에 공부하고 하는 것도 자식들을 위해서 한다고 생각할 수도 있습니다. 이게 옳은 건지 아닌지 말씀 좀 부탁하겠습니다.

큰스님 아버지이니까요! 하하하…. 이 세상의 어떤 회사든 중역으로 돼 있는 사람은 중역이기 때문에 직원을 다스려야 한다는 책임이 있습니다. 그죠? 또 댁도 아버지가 됐기 때문에, 아버지가 되기 전하고 아버지가 돼 가지고는 다릅니다. 아버지가 됐기 때문에 자식들한테 사랑을 베풀 수 있고, 더러운 것도 볼 수 있고, 망나니 같은 것도 볼 수 있고, 그렇게 너그러움이 있는 거지 만약에 장가들기 전이라면 딴 자식들이 그럭하는 거는 그렇게 받아들일 수 없을 겁니다. 그러니까 아버지가 됐기 때문이라는 겁니다. 그래서 부처님께서 말씀하시기를, "어머니나 아버지가 돼서 자식들을 사랑하고 내 생명보다도 더 귀중하게 생각할 수 있는 그 마음이 바로 부처니라! 그러니 곤충에 이르기까지 개개인이 다, 자식을 생각하고 사랑을 하는 그 부처의 마음은 모두 갖춰 가지고 있느니라." 하셨습니다. 그러나 부처님의 마음은 찰나찰나 나투면서 아니 되시는 게 없기 때문에 하얀 물에다가 비유를 하고 또 바다에다가 비유를 한 것입니다.

그런데 중생이란 그저 내 자식, 내 재산, 내 것만 아는 개별적인 그릇으로서만의 얘기고, 부처님께서는 삼라만상 대천세계의 모든 생명들이 다 내가 될 수가 있고, 나로서 행할 수가 있고, 나로 나투면서 이끌어 주시는, 즉 말하자면 보현보살, 관세음보살, 뭐, 갖은 이름의 일체 보살이 다 될 수가 있으니까 말입니다. 그리고 또 일체 각계각층 중생들이 다 될 수가 있으니까 부처인 것입니다. 그러니 아버지여서 그런 거니까, 그 아버지의 책임을 다하시라는 점에서 나는 이렇게 말씀드리고 싶습니다. 우리가 말로 행으로, 또는 돈을 잘 주거나 옷을 잘 입히거나 잘 먹이거나 이러는 것이 그 사람을 제대로 사랑하는 게 아닙니다. 진짜로 사랑을 하는 것은 정신력을 길러 주는 것이고, 그 보배를 찾게 하는 것은 전 세계, 전 우주를 맡겨 주는 거나 다름없는 겁니다. 재산 물려주는 것보다도 더 좋은 거죠.

그러니까 내가 항상 이렇게 말을 하죠. "여러분 가정에서 부부지간에 사랑이 없고 어떠한 문제가 있더라도 그대로 사랑하면서, 그대로 부드럽게 행하고 부드럽게 말하고 부드럽게 하면서 거기다가 다 맡기면, 서로 남편이다 부인이다 하는 가설이 돼 있기 때문에 바로 거기까지 불이 들어오게 돼 있다. 그래서 망하게 하는 모든 나쁜 습성을 고칠 수 있게끔 돼 있으니까 그렇게 하라. 또 자식도 몸을 잡아서 되는 것도 아니고 말로 해서 되는 것도 아니다. 잘해 줘서 되는 것도 아니다. 단 하나, 그 모든 업식을 녹여 주면 스스로 밝아진다. 그렇기 때문에 모든 거를 당신 주인공에 둘 아니게 맡겨라."라고 하는 겁니다. 바로 거기서만이 부드럽게 행하게 하고, 아주 정말 보배스러운 인간으로서 자유인이 되게끔 하고, 지혜로운 사람이 되게 하고, 너그러운 사람이 되게 하고, 모나지 않는 사람이 되게 하고, 자비하게 사랑할 줄 아는 사람이 되게 할 수 있는 겁니다. 그래서 뿌리를 싱싱하게 키워 주고 보배를 찾게 해 주는 것이 원칙이죠. 그건 거짓이 하나도 없어요. 그렇게 연방 해 보세요.

나가서 뭐, 어떻게 하고 다니더라도 절대로 욕하거나 때리지 마세요. 또 부부지간도 그렇고 다 그래요. 절대로 그렇게 하지 마시고, 저 사람이 나빠서 그런 게 아니라 저 속에 들어 있는 업보가 그러는 거니까, 바로 의식들이 그러는 거니까 '주인공! 그 뿌리는 너하고 나하고 둘이 아니야. 그러니까 주인공만이 그걸 해결할 수 있다.' 즉 말하자면 뿌리만이 싹을 푸르르게 살게 할 수 있다 이 소리죠. 그러니 그렇게 해 주면서 겉으로는 부드럽게, 진짜 진실로써 그렇게 해 주고 한다면 정말 이 고(苦)의 테두리에서 몰락 벗어날 겁니다. 정말입니다. 그리고 착한 자식이 되고 화목을 가져오고, 질서를 문란치 않게 할 수 있고, 아주 행복하게 살 수 있는 기반이 됩니다.

질문자4(남) 감사합니다. 이 공부를 늦게 알게 된 걸 후회한다고 제가 말씀드렸습니다. 제가 지금 아들이 셋인데요. 둘은 이제 대학교 가고 군대 가고 해서 막내 하나 남았습니다. 제가 좀 더 일찍 알았더라면 이걸 활용해 가지고 좀 더 좋은 학교에 좋은 방법으로, 또 현재보다도 더 나은 생활을 할 수 있었을 텐데 그러지 못해서 후회한다고 말씀드리는 겁니다. 그래서 지금 막내한테는 스님께서 지금 말씀하신 그대로 열심히 해 보겠습니다. 그리고 한 가지 더 말씀드릴 것은, 낮에는 제가 직업 전선에 나가니까 그렇고, 저녁에 집에 들어와서 공부 좀 하려고 그러면 자꾸 잠이 와서 안 되고, 친구들하고 술 한 잔 먹다 보면 잠이 또 더 오고 그러는데, 잠을 좀 안 자면서 공부할 수 있는 방법을 가르쳐 주셨으면 대단히 고맙겠습니다.

큰스님 술을 먹으면 이 정신이 흐려지니까요, 생각이 갈팡질팡해지죠? 그러기 때문에 불가에서 술을 먹지 말라 한 것입니다. 그러니까 술을 그렇게 많이 먹어서 좋은 건 아니니까요, 아주 약주로만 드시지 술로 잡숫지는 마세요. 그러시고 아까 이심전심이라고 한 것도, 부부지간이나 자식지간이나 부모지간이나 그 모든 걸 거기다가 '둘 아닌데' 하고 맡겨 놓을 수 있고, 거기에서만이 해결할 수 있는 방법을 세우신다면 바로 이심전심으로 통한단 말입니다. 다 통하게 돼 있어요. 정말입니다.

여기 와 계시는지는 몰라도, 어떤 분이 아버지하고 아들하고 아주 앙숙이랍니다. 하하하…. 그래서 서로 보려고 하질 않는답니다. 그런 분이 한두 분이 아닙니다. 그런데 그 도리에서 '어휴! 아버지도 내 마음과 둘이 아닌데, 내 뿌리하고 아버지 뿌리하고 둘이 아닌데 그저 아버지가 사랑을 베풀게 당신만이 할 수 있다.' 하고 항상 그렇게 했답니다. 그랬더니 어느 날은 아버지가요, 딱 껴안고는 "이제는 너하고 나하고 둘이 이렇게 살자." 하더랍니다. 그게 무슨 소리냐 하면, 아들이 어떤 일을 하다가 망해 가지고 아주 그냥 들어앉은 사람인데, "이제는 너도 살아야지!" 하고 반을 뚝 떼어서 주더랍니다.

어때요? 모두 자비를 베풀게끔 스스로 이렇게 돼야 스스로 부처를 만드는 거고, 스스로 보배를 만드는 거고, 자유인을 만드는 거지, 어떻게 그냥 입으로만 말을 하고…. 이것 보세요, 막 그냥 말을 악착같이 하면요, '어휴! 나는 저 사람만 만나면 아주 지겨워.' 하고 달아나가요. 달아나가게 돼 있다구요. 부부지간이고 자식지간이고 다 그래요.

그러니까 좋다 좋다 해야 그저 따뜻한 데로 고이죠. 추울 때는 따뜻한 데로 고이고 더울 때는 시원한 데로 고이게 마련이거든요. 그러니 여러분 그렇게 불편스럽게 사시지 마시고 편안하고 즐겁게 사세요. 마음이 답답하게 나오걸랑 '답답하게 하는 것도 너니까 답답하지 않게 하는 것도 너 아니야!' 하고 다시 바꿔서 대치해서 즐겁게 사세요. 마음이 즐겁지 못하면 얼굴 빛깔까지도 즐겁지 않아요.

질문자4(남) 감사합니다. 건강이 조금 좋아졌습니다. 마음을 놓다 보니까 그렇습니다. 대단히 감사합니다. 이상입니다. 오늘 사실은 책을 보다가 좀 의문 나는 점을 적어 오긴 했는데, 생활이 불교이다 보니까 생활에 대한 것을 말씀드렸습니다. 대단히 고맙습니다.

큰스님 아, 생활이 불교죠. 아이고! 그렇게 부부예요? (질문자를 보시며) 하하하…. 아니, 그렇게 부부냐고요? 아내 되시는 분을 보여줘서 고맙군요. 하하하…. (대중 웃음)

사회자 이것으로써 큰스님 법문을 마치겠습니다.

질문자5(여) 잠깐만요. 한 가지만 말씀드리려구요.

큰스님 그래 봐요.

질문자5(여) 어머님이 뇌졸중으로 쓰러지셔서 이제 두 달 됐거든요. 그런데 막 손으로 뭐를 붙잡으려고 하세요. 그래서 제가 "어머니, 뭐가 보여요?" 그러니까, 어머니께서 말씀을 못 하시거든요. 그런데 "어머니, 뭐가 보여요? 사람이 보여요?" 그러니까 보인대요. 사람이 보인대요. 그래서 어떻게 제가 관해 드려야 하는지…, 지금은 대소변을 다 받아 내고 있는데 욕창이 나 가지고 전부 이런 데가 헤어졌거든요.

큰스님 연세가 몇이신데요?

질문자5(여) 일흔아홉요.

큰스님 아휴! 이제 문 없는 문으로 드시게도 됐네요. 하여튼 조금

만 나이가 적으시다면…, 하여튼 어떻게 됐든지 갈 때 가더라도 해결은 돼야죠? 알았어요! (대중 박수)

그리고…, 허허, 옆구리를 꾹꾹 찌르는데요. 하여튼 대구에 가 봐도 그렇고 남자든 여자든 합창단을 만들어서 합창을 그렇게 잘하시데요. 그런 걸 보니까 너무 감격스러웠고 좋아 보였어요. 여기 본원에서는 그렇게 할 수 없는지 모르겠습니다. 하하하…. (대중 웃음)

사회자 앞으로 노력해 보겠습니다.

큰스님 하하하…. 하여튼 너무도 좋아서요. 그랬는데요, 하여튼 입성도 그보다 더 단정하게 해 입고, 좀 멋있게 살다가 가는 것도 좋을 것 같애요. 합창단 해 보지 못한 분들은 해 보시는 것도 좋지 않아요?

신도회장 스님, 본원에도 지금 남자 합창단 결성하려고 추진 중에 있습니다.

큰스님 아휴! 그러세요? 아, 그럼 제가 몰랐군요. 하하하…. 항상 여러분한테 말씀해 드리는데, 우리 인간뿐만 아니라 일체 만물만생이 다 허공에서 사는 것 같지만, 자유스럽게 사는 것 같지만 우리 마음을 마음대로 못 하고 삽니다. 그리고 벗어나질 못해서 자유스럽게 살 수가 없습니다. 그리고 이 지구덩어리 자체도 자유스럽게 구르지를 못하고 매여서 삽니다. 우리도 매여서 살고 있고요. 한 치도 벗어날 수가 없습니다.

그러나 모습들은 그렇게 돼 있다 하더라도 우리의 마음이야 어찌 벗어날 길이 없겠습니까? 우리의 마음이 벗어난다면 내 육체 이 모습을 만 가지로도 화하게 변경을 할 수가 있습니다. 이걸로도 되고 저걸로도 되고 만법의 행을 그대로…, 보살이 될 때도 있고, 중생이 될 때도 있고, 짐승이 될 때도 있고, 곤충이 될 때도 있고, 꽃나무가 될 때도 있고, 어떠한 큰 목신이 될 때도 있고, 여러 가지가 다 될 수가 있는 겁니다. 하여튼 이 세상에 있는 거라는 거는 다 될 수 있는 겁니다. 그렇기 때문에 부처라고 했고 여래라고 했죠.

그러니까 여러분도 그렇게 아신다면 무엇이든 다 될 수 있는 체험도 하시고…, 깨달아 그렇게 되실 수 있습니다. 하여튼 (염주를 들어 보이시며) 이 원 안에서 벗어나서, 내 몸 안에서 벗어나서…, 이 원 안에서 벗어난다면 우리가 무슨 걱정이 있겠습니까? 이 자리에서 서로 도반으로 한마음 도리를 이렇게 공부를 하고 있는 자체가 너무도 즐겁습니다. 왜, 금은 금방에 모이고 넝마는 넝마전에 모이고, 무쇠는 무쇠전에 모이고 사람들도 끼리끼리 모이고 이러죠? 그거 생각해 보세요, 우리가 어떤 차원인지. 금차원이에요! 하하하…. 하여튼 감사합니다.

사회자 어리석고 무지몽매한 저희들에게 자상한 가르침을 주시는 큰스님께 저희는 항상 감사드립니다.

큰스님 (부처님을 보시며) 저, 깨달으시면요, 저 부처님이 가만히 앉아서 삼천대천세계를 활용하신다는 걸 아시게 될 거예요. 허허허…. 아무것도 아닌 게 아닙니다, 또.

우리의 본분(本分)

1994년 5월 1일

사월초파일을 앞두고 있는 지금, 우리 모두 잘 생각해서 다시 한 번 분발할 수 있어야겠습니다. 우리는 마음을 좁게 써서는 아니 됩니다. 항상 넓은 마음을 가지고, 일체 만물만생과 더불어 같이 아픔을 나눌 수 있는 대심(大心)을 가지고 살아야 합니다. 말하자면 '아픔을 전부 건져서 편안하게 할 수만 있다면….' 하는 그 대심을 항상 떠나지 않게 하는 것이 우리의 본분입니다. 또 한 가지는 우리가 공부를 하면서 '기필코 나의 뿌리를 발견하리라.' 하고 생명을 걸고 원을 세우는 겁니다. 그렇게 해서 깨달아야 일체 만물이 둘이 아님을 알아서, 일체 만물이 다 내 스승 아님이 없으며, 내 몸 아님이 없으며, 내 아픔 아님이 없고, 내 형제 내 부모 내 자식 아님이 없다는 사실을 스스로 알게 될 것입니다. 간접적으로 말만 듣고 '그냥 그렇다더라' 하고 가면 실감이 나질 않아요.

가면으로 살지 말고 진짜로 실행을 하면서 살아야, 진짜 사람으로서 우주의 근본 자체가 우리 마음에 직결이 돼 있다는 사실도 알게 되고, 세상만사가 찰나찰나 돌아가는 그 자체가 바로 우리 마음에 가설이 됐다는 사실도 알게 될 겁니다. 그럼으로써 스스로 일체 만물이 스승인 줄 알고, 이렇게 돼야 돌 하나를 봐도 은혜를 갚게 되는 것입니다. 그렇게 여러분이 정법으로, 정의로 바탕을 삼아서 행해 나간다면 그것이 바로 부처님뿐만 아니라 우리 조상들과 곤충에 이르기까지 만물에게도 은혜를 갚는 게 됩니다. 이것이 여러 소리 할 게 없이 극치적인 말입니다. 그리고 우리가 꼭 해야 할 본분입니다.

그러니 우리 하나하나가 혼자 산다고 하지 마세요. 안으로도 혼자 사는 게 없고 밖으로도 혼자 사는 게 없어요. 안 그런가요? 곤충에 이르기까지 직접적으로 주고받는 것은 없더라도 간접적으로도 연결 연결 돼서 주고받고, 서로 돕고 서로 먹으면서 이렇게 살고 있는 겁니다. 어지럽고 귀찮게 이 말 저 말 거기다가 넣어서 말할 게 뭐 있습니까? 여러분이 들어서, 벽을 치면 봇장이 울리듯이 마음의 지혜가 생기고 물리가 터져서 잘해 나갈 수 있도록, 그러한 진실과 행이 꼭 성취돼야 될 것이라고 믿습니다. 어느 것 하나 은혜로운 모습이 아닌 게 없습니다. 한마디로 비유한다면, 농사를 짓는 사람이 없다면 우리가 어떻게 먹고 삽니까? 쌀만 농사가 아닙니다. 옷감을 만드는 노동자가 아니라면 우리가 어떻게 옷을 입습니까? 우리가 주고 우리가 받고, 곤충에 이르기까지 말입니다. 지·수·화·풍도 빼놓지 않습니다. 물도 생명이 있고, 불도 생명이 있고, 흙도 생명이 있고, 바람도 생명이 있고 마음이 있으니까요.

우리가 조그마한 것 하나를 보면 열 일을 안다고 그랬습니다. '이거는 조그만 거니까 이렇게 해도 괜찮겠지.' 하고 욕심스럽게 한다면 큰 것도 역시 마찬가지로 돌아가게 됩니다. 나는 그렇습니다. 이건 내 자랑이 아닙니다. 신조입니다. 예를 들어서, 물건이 이만큼 있는데 몇 명에게 똑같이 주기 위해서 나는 똑같이 맛있는 거를 못 먹을 수도 있습니다. 못 먹는 게 아니라 그 상대방에게 똑같이 맛있는 거를 먼저 주게 되니까, 나중에 없으면 그만이고 있으면 먹고 이런 거지, 욕심스럽게 하는 게 아닙니다. 조그마한 거지만, 그 조그만 거를 방편으로 세웠지만 큰 거나 작은 거나 똑같습니다. 그것이 내 마음 가운데서 스스로 나와야지 억지로는 어떻게 할 수 없습니다. 내가 먼저 맛있는 거를 먹으려고 제껴 놓는다면, 제껴 놓고 아무거나 나눠 준다면, 그것은 내 스스로 정말 '전자(前者)' 와 '현자(現者)' 가 한데 합쳐져서 만물을 나 아님이 없다고 할 수 있는 그러한 지혜로운 자가 되지 못한다고 봅니다.

어떠한 문제로 붙들려 가서 법으로 처형을 당한다 하더라도 그렇고, 처벌을 당한다 하더라도 그렇고, 경찰서에 갇혀 있다 하더라도 그렇고 너무도 극치적으로 불쌍한 생각이 듭니다. 사람이 그렇게 만든 게 아닙니다. 자기가 어떻게 살았느냐에 따라서 그 영혼의 업식이 자기를 그렇게 만드는 거죠. 그렇기 때문에 미워하지 말라 하는 겁니다.

그리고 한마디 한다면, 사람은 물질로써 모든 역할을 하고, 물질을 주고받고, 잘잘못을 따지고 이러죠. 그러면 어떠한 문제가 생겨도 그건 형식이지 진짜가 못 됩니다. 그렇게 따진다면 진짜 할 수 있는 거를 못 합니다. 그런데 부처님께선 그렇게 하라고 하신 게 아니죠. 전자 '부(父)' 와 현자 '자(子)' 가 둘이 아니게 상봉을 한다면 일차적으로 나를 발견하게 되는데 바로 그것이 견성입니다. 왜, 이런 말이 있죠? 오고 감이 없이 오고 가고, 남의 마음을 아는 게 없이 알고, 또는 어디서 왔는지를 아는 게 없이 알고, 보는 게 없이 볼 수 있고, 듣는 게 없이 들을 수 있어야 법의 철퇴를 친다 하더라도 누가 이렇게 쳤다 이런 게 없이, 모두 하나로 구성된 자리에서 법으로서 내리는 철퇴가 됩니다. 이것이 바로, 평등한 그 자리가 부처님이기 때문에 한 발 내려딛고 법신으로서 법을 내리는 겁니다.

그렇기 때문에 항상 내가 여러 말 하기 싫어서 그렇게 얘기했죠. 여러분이 가정에서 살면서 지금 아무리 급한 게 있다 하더라도 싸우지 말고 주인공에다가 모든 걸 맡기라고요. 자식이나 부부지간, 부모지간에 잘못된 게 있다 하더라도, 친척지간에 잘못된 게 있다 해도 그것을 바깥으로 내놓고 정색을 해서 잘못했느니 잘했느니 왈가왈부하지 말라고요. '둘이 아닌 까닭에 너만이 그렇지 않게 할 수 있어.' 하고 안에 다 맡겨 놓고, 부드러운 말을 해 주고 부드러운 행동을 해 주고 따뜻하게 해 주라고요. 여름이면 시원하게 해 주고 겨울이면 따뜻하게 해 주면서 내 탓으로 돌린다면…, 내 탓으로 그냥 돌리라는 게 아니에요. 내가 이 세상에 태어났으니까 내 탓이지 내가 없었다면 왈가왈부할 것도 없죠. 안 그렇습니까? 그러니까 잘했든 못했든 모두 내 탓입니다. 그러니 그렇게 해 나간다면 가정과 부부와 자식 사이에 모두 화목을 가져올 수 있고, 질서를 지킬 수 있고, 즉 말하자면 도의, 의리를 지켜서 우리가 화목하고 자유스럽게 웃고 살 수 있고 자비를 베풀 수 있는 거죠. 남을 이익하게 해 주고 고통 속에서 건져 주는 바로 그것이 자비입니다.

여러분한테 여러 말 안 해도 주인공이라는 것을 잘 아시겠죠. 주인공이라는 것은 개별적인 나 하나가 아닙니다. 안에도 포함됐고, 바깥에도 포함됐고, 쉴 사이 없이 끊기지 않고 시공을 초월해서 돌아가는, 이 자체의 삼라만상 대천세계를 그대로 포함하는 것입니다. 그렇기 때문에 소홀히 보지도 말고 높이 보지도 말라 이겁니다. 높이 보면 어그러지니까, 내려봐도 어그러지고, 그러니 나와 똑같이만 봐라 이겁니다. 법당에 들어와서도 형상적인 부처라고 보지 마시고 '내 형상과 둘이 아니다' 이렇게 봐야 할 것입니다. 왜냐하면 보이지 않는 데서 50%가 확산되니까 말입니다.

부처님은 보이지 않는 데서 모든 행을 하셔서, 즉 말하자면 천백억화신이라고 했지만 그건 수효가 없는 숫자를 말하는 겁니다. 여러분도 여러분 몸속에 있는 그 자생 중생들이 화(化)하게 되면 시쳇말로, 원자에서 입자로 나가서 모든 것을 행할 수 있다는 얘기죠. 그러니까 이 원자로 인해서 입자가 되고, 입자로 인해서 소립자도 되고 또 원자도 되고, 이렇게 하는 거죠. 그래서 우리가 발전하고 개발하려고 해도, 그러한 지수화풍의 근본 자체가 없다면 아무것도 없으니 안 되는 거죠. 그게 있기 때문에 전체가 있는 거죠. 그러니 보이지 않는 데서 보이는 데로 나오는 것입니다. 생산이 돼서 나오는 거죠. 생산이 돼서 나왔다가 또 꺼지면서, 또 보이지 않는 데 원자로서 또다시 화해서 진화돼 가지고 또 생산이 돼서 나오고 하죠. 우리 인간뿐만 아니라 곤충에 이르기까지 말입니다. 바다의 물도 그렇고 말입니다. 어떤 이유에서 그렇게 뒤집어지고 제껴지느냐? 파도가 일고 소용돌이가 치고 그러느냐? 모두 살기 위해서입니다. 모두 같이 살기 위해서….

이렇게 말씀드리면 아시겠죠? 모두 같이 살기 위해서라고요. 하나하나 이렇게 끄집어내서 말하기가 싫어서 이럽니다. 그러니 여러분이 그저 조그마한 세숫대야의 물을 놓고 요거밖에는 없다는 생각은 마세요. 이 마음이 보이지도 않고 잡지도 못하기 때문에 그렇게 광대한 겁니다. 그러니 그쯤 아시고 오늘은 바로 질문으로 들어가죠.

질문자1(남) 큰스님, 오늘 저에게 이와 같은 복된 자리를 주셔서 감사합니다. 저는 한마음선원 대전지원 신도입니다.

큰스님 읽기 전에 다리 좀 편안하게 앉아서 해요. 이따가 다리 저리면 누구한테 호소할 수도 없어.

질문자1(남) 예, 감사합니다. 큰스님께 궁금해서 여쭙고 싶은 질문이 수없이 많습니다만 오늘은 그동안 제가 공부한 것을 점검받고자 합니다. 허락하여 주십시오. 저는 2년 전부터 주인공 공부를 해 오고 있습니다만 참말로 신비스럽고 오묘한 것이 주인공이었습니다. 우리 몸 세포 하나하나에 다 들어앉아 있다는 주인공, 아주 쉬운 말 같으면서도 너무나 큰 진리가 담긴 주인공…. (잠시 울먹임) 죄송합니다.

큰스님 괜찮아요.

질문자1(남) 눈에 보이는 물건이라면 한번 보았으면 좋겠고, 손에 잡히는 물건이라면 한번 잡아도 보았으면 좋겠습니다마는, 보이지도 않고 손에 잡히지도 않고 그러면서도….

큰스님 천천히요. 차근차근히 천천히 하세요. 뭐, 숨 넘어갑니까?

누가 쫓아옵니까? 그러니까 그냥 차근차근히 하세요. 중간중간에 쉬면서 이렇게 하세요.

질문자1(남) 여기에도 있고 저기에도 늘 여여하게 있다는 주인공, 그 주인공을 큰스님께서 늘상 하시는 말씀대로, 그냥 있다고 철석같이 믿어 버리면 될 터인데 어리석은 것이 중생이고 따지는 버릇이 성성한 것이 또한 중생인지라 주인공을 믿는 척하면서도, 이해하는 척하면서도, 그래도 그냥 몰락 믿고 맡기지 못하고 수시로 의정을 내고, 그래서 그 의정 때문에 저는 주인공 공부를 하면서도 한 발자국도 앞으로 나아가지 못하고 엉거주춤하게 됐습니다.

그도 그럴 것이 저는 국민학교부터 대학원까지 23년간의 교육을 받았습니다만 마음은 단지 뇌가 하는 기능이라고만 배웠을 뿐이지, 우리의 육체 속에 마음이 따로 존재한다고는 배운 바가 없기 때문입니다. (잠시 울먹임) 스님, 죄송합니다.

큰스님 괜찮아요.

질문자1(남) 더더욱 제가 이해할 수 없는 의문은 주인공 공부를 열심히 하는 사람에게는 거짓말 탐지기를 갖다 대도 탐지기가 작동을 하지 않는다는 큰스님 말씀과, 큰스님께서 마음을 내시면 어떤 이치로 해서 우리 몸에 있는 암 덩어리가 없어져서 결국 병이 낫게 되는가 하는 의문이었습니다. 그래서 저는 도대체 주인공의 정체가 무엇이며, 마음의 근본을 이루는 알갱이는 무엇이며, 물질의 근본을 이루는 알갱이는 무엇인가를 혼자서 책을 통해서 알아보고자 했습니다. 왜냐하면 마음의 근본 알갱이와 물질의 근본 알갱이가 무엇인가를 알면 자연히 이러한 의문들이 풀릴 것 같은 생각이 들었기 때문입니다.

큰스님 한꺼번에 그렇게 말씀을 다 해 놓으시면 내가 어떻게 하리까?

질문자1(남) 제가 물질의 근본 알갱이에 관해서 양자물리학 서적을 통해서 공부한 바에 의하면 육체이든 물질이든 쪼개고 쪼개면 마지막 단계는 분자이고 분자는 다시 원자로, 원자는 다시 원자핵과 전자로 그리고 마지막으로 원자핵은 중성자와 양성자로 나누어진다고 합니다. 그런데 현대 양자물리학자들은 중성자며 양성자며 전자가 모두 입자이면서 동시에 파동의 성질을 갖는, 즉 입자로서 제자리에 있는가 하면 금방 파동이 되어 빛처럼 어디론가 퍼져 나가는 매우 괴상한 성질을 가지고 있으며, 그래서 과학적으로는 도저히 그 정체를 파악할 수 없는 성질의 것이라고 하였으며, 결국 이 입자인 동시에 파동의 성질을 갖는 양성자, 중성자 및 전자 등은 마음을 갖고 있지 않으면 설명이 안 된다고 이야기하고 있었습니다. 그래서 영국의 유명한 물리학자 토마스 영(Thomas Young)이나 미국의 유명한 물리학자 헨리 스탭(Henry Stapp)이나 이반 워커(Evan Walker) 그리고 아인슈타인(Albert Einstein)과 원자물리학을 공동 연구 하였으며, 현재 런던대학의 원자물리학 교수인 데이비드 봄(David Bohm) 등은 양성자, 중성자 및 전자가 마음을 갖고 있을 뿐만 아니라 우주도 마음을 갖고 있다고 했으며, 그래서 우주의 마음이 결국 양성자, 중성자 및 전자의 마음을 구성하는 기본 알갱이를 제공하는 것이라고 했습니다.

다음은 제가 마음의 근본 알갱이에 대해서 뇌신경학 및 정신의학의 서적을 통해서 공부한 바에 의하면, 캐나다의 유명한 신경외과 의사인 펜필드(Penfield)는 마음을 뇌 조직에서 찾으려고 아무리 노력해도 마음을 뇌 조직에서는 찾을 수 없었다고 하였으며, 결국 마음은 뇌와는 전연 별개의 것으로 따로 존재하는 것이라고 했습니다. 그래서 그는 영혼도 불멸하는 것이라고 했으며, 따라서 앞으로 마음을 더 연구하면 죽은 사람의 영혼과도 교신할 수 있는 어떤 과학적인 방법의 개발이 가능한 시대가 올 것이라고 예견하였습니다. 유명한 뇌 생리학자이며 노벨 의학상 수상자인 죤 엑클스(John Eccles)는 우주의 삼라만상은 물질, 마음 그리고 정보 등 세 가지로 돼 있다고 말하면서 물질과 마음은 실체로서 존재하는 것이라고 말하였습니다.

엘에스디(LSD)라는 환각제를 사용하여 마음을 연구하여 노벨 수상자로 거론될 정도로 유명한 정신분석학자인 미국의 스타니슬라브 그로프(Stanislav Grof)는, 마음은 사람의 몸에 별도로 존재하는 하나의 실체이며, 그 마음을 구성하는 근본 알갱이는 물질을 구성하는 근본 알갱이와 같은 것이라고 했습니다. 미국 신과학 운동의 선구자이면서 양자물리학자이기도 한 프리쵸프 카프라(Fritjof Capra)는, 인간의 마음은 물론 실존하는 것이며 마음의 근본 알갱이와 물질의 근본 알갱이는 동일한 것이며, 우주의 본질 자체가 마음 알갱이이기 때문에 결국 우주는 마음 알갱이 하나라고 하였습니다. 그래서 그는 돌·바람·세균·식물·짐승 그리고 사람은 모두 그 근본이 동일한 마음 알갱이로 되어 있기 때문에 한 형제간이라고 하였습니다. 그러면서 그는 마음을 과학적으로 증명하려는 허망된 망상을 버리라고 하였습니다. 그가 말하기를 '눈이 사물을 보기는 하되 눈이 눈을 볼 수 없고, 귀가 듣기는 하되 귀가 귀를 들을 수 없는 것과 마찬가지로 마음이 마음을 볼 수 없는 것' 이라고 하였습니다. '다만 체험할 뿐' 이라고 했습니다. 마치 주인공이 있으나 주인공이 주인공을 볼 수 없는 것과 같은 이치라고 할 수 있겠습니다.

이와 같이 물질의 근본을 연구하는 양자물리학의 세계적인 과학자나, 마음의 근본을 연구하는 세계적인 뇌 생리학자는 이구동성으로, 마음은 사람의 몸에 별도로 존재하는 것이며, 그것은 물질의 근본 알갱이와 동일한 것이며, 또한 우주의 알갱이와도 동일한 것이라고 외치고 있는 것입니다. 다시 말씀드리면, 큰스님께서 저희들에게 입이 닳도록 일러 주시는 주인공이 바로 그 근본 알갱이인 것입니다. 즉 우주의 근본 알갱이가 주인공이요, 마음의 근본 알갱이도 주인공이요, 육체의 근본 알갱이도 주인공이요, 물질의 근본 알갱이도 주인공인 것입니다. 그러니 마음을 내면 어찌 육체가 움직이지 않겠습니까? 호수에 돌을 던지면 파문이 이쪽에서 저쪽으로 퍼져 나가듯이 마음을 내면 그

파문이 암 덩어리가 아니라 육체의 어디까지라도, 아니, 우주 법계의 어디까지라도 파문이 아니 미칠 수 없는 것입니다.

제가 책을 보고 이와 같이 공부한 것을, 한마음선원 대전지원에 새로 오셨으나 저와 같이 의정이 많아서 주인공 공부가 잘 안되는 도반들에게 전달하고자 저 나름대로 조그만 책자를 만들어 도반들에게 책 보시를 하려고 했습니다. 그런데 문득 생각나는 것이 있었습니다. 첫째는 제가 공부한 것이 큰스님의 가르침과 어긋나는 것이 아닌가, 순 엉터리 지식을 도반들에게 전달해서는 큰일 난다는 생각이 들었으며, 둘째는 비록 제가 공부한 것이 순 엉터리는 아니라고 하더라도 큰스님께서 주인공 공부를 가르치실 때 한 절반만 가르치시고 나머지는 본인 스스로가 맛을 보도록 가르치시는 의도를 제가 눈치코치도 없이 까발리는 것은 아닌가 하는 생각이 들었습니다. 그래서 큰스님께 제가 만든 이 조그만 책자를 한번 점검을 해 주시든지 아니면 이런 쓰잘데없는 것을 만들었다고 야단을 치시든지 해 주십사 하고 이것을 들고 나왔습니다. 큰스님, 오늘 장시간 저에게 이런 기회를 주셔서 감사합니다. 물러가겠습니다. 옥체 보존하옵소서.

큰스님 막 자기 말만 다 해 놓고는, 하하하…. '넌 듣거나 말거나 해라. 난 하겠다.' 하고는 그냥…. (대중 웃음) 그 내리읽는 폼을 보니…, 허허허….

첫째에 우리가 물질로서의 이 현자만을 가지고는 도저히 알 길이 없어, 현자만 가지고는. 그래서 '전자 부(父)와…' 하는 소립니다. 부처님이 부라고 그랬으니까 그것을 지금 시쳇말로는 전자라고 해도 되는데 거기 사람이 끼여 있으니까 전자 부라고 합시다. 전자와 현자가 한데 합쳐지는 반면에 그 가운데에서 에너지가 나오는 것이 바로 마음이에요, 예? 그러니까 그 두 가지가 하나로 한데 합쳐져 가지고 용도에 따라서 방출이 되죠. 많이 방출이 됐다가 제자리에 올 수도 있고, 또 제자리에서 적게 배출될 수도 있고, 많이 배출이 될 수도 있고 그렇게 되죠. 그러니까 이거는 더한다 덜한다 말할 수도 없고 한계가 없어요. 상대가 되는 어떠한 물체가 작으면 작은 대로 바로 합쳐지고 크면 큰 대로 합쳐지니까. 그리고 크면 큰 대로 발산이 되고 작으면 작은 대로 발산이 되니까, 그것이 얼른 쉽게 말해서 생산이죠. 이건 발산이라고 할 수가 없죠, 생산이죠. 생산을 해서 이것이 앞으로 더 발전이 되고 능숙해지면, 앞서 거쳐 왔던 진화 과정은 그냥 한데 합쳐져서 없어지고 다시금 또 일어나죠. 이렇게 해서 일체 만물만생이 살고 있죠. 그것뿐만 아니라 우주 전체도 말입니다.

그러니까 극치적인 문제는 지금 나를 어떻게 발견을 하느냐 하는 것이죠. 과학자들이 지금, 얼른 쉽게 말해서 이것은 어떻게 생기고, 요거는 몇 자고, 요건 둘레가 얼마고, 요거는 뭘 하고 있고 어디서 나오고, 요런 것만 가지고 그러는데 이거 가지고는 한계가 있는 거죠. 부처님께서 말씀하시기를 '오신통은 도가 아니니라.' 이러셨어요. 오신통이 지금 과학자들이 하는 일들이거든요, 다. 보는 사이 없이 보고, 듣는 사이 없이 듣고, 아는 사이 없이 알고, 어디서 온 거를 아는 사이 없이 또 알고, 가고 오는 사이 없이 가고, 이 문제를 그렇게 잘 안다 하더라도, 그러니까 '천안통을 알고 천이통을 알고, 타심통을 알고 숙명통을 알고, 신족통을 안다 하더라도 그건 도가 아니니라.' 이랬어요.

비교를 한다면, 과학자들이 오신통을 가지고 지금 하는 건데 오신통 안에서 하고 있거든요, 지금. 그러니 오신통을 자유스럽게 굴릴 수가 없고 나라는 존재를 알 길이 없죠. 이 오신통 바깥으로 벗어나야 오신통을 굴릴 수 있죠, 마음대로. 우주 세상 삼라만상, 즉 말하자면 과거 · 현재 · 미래심, 이 삼심(三心)을 다 알아서 처리할 수가 있는 그런 역할도 생기고 능력도 생기고, 모두 지혜롭게 어디 걸림이 없이 아주 여여할 텐데, 이 안에서 바깥으로 나오질 못해요. 왜냐하면 우리 마음이 지금…, 내가 항상 이런 말을 하죠. 어항 속에서 고기가 나오지 못하는 격과 같다. 고기들이 바다에서 바깥으로 나오면 죽듯이 공기통 안에서 우리는 한 발짝도 떼어 놓을 수가 없다. 그런데 우리 마음은 공기 바깥으로 벗어나도 아주 광대하고 여여한 것입니다.

그렇기 때문에 마음을 길러야 한다, 첫째는 마음을 찾아야 한다고 했습니다. 그것도 바깥에서 찾는 것도 아니고 바로 나 있는 자리에서 찾아야 합니다. 내가 움죽거리고 보고 듣고 행하는 전체를 바로 내 그 알맹이가 하는 거니까, 얼른 쉽게 말해서 영원한 뿌리가 하는 거니까. 그러니까 이런 말을 어디서부터 해야 하느냐 하면, 자기가 이 몸이라는 물질을 형성시켰거든요. 형성을 시킬 때에는 정자 난자를 빌려서 같이 해야만이 형성이 되거든요. 그렇기 때문에 정자 난자를 빌려서 자기가 형성을 시켜 놓고 자기가 이끌어 가는 거죠.

자기 안의 자생 중생들은 전자에 살 때 악업 선업을 지은 자체이기 때문에 오신통이 바로 즉 컴퓨터라고 할 수 있어요. 자동적인 컴퓨터예요. 우리가 행하고 말하고 사는 것이 전부 거기에 입력이 돼 있으니까요. 그래서 전자에 살던 입력이 현실에 자꾸 나오는 거거든요. 나오니까 그 입력된 자리에다 내 형성된 것까지 일체 다 맡겨라. 몰락 맡겨라. 몰락 거기서 지금 운행을 하는 거니까, 행을 하게 하는 거니까, 말을 하게 하는 거니까, 보게 하는 거니까 모두를 거기다가 몰락 다 놓으라는 거죠. 놓지 않으면 어떡할 겁니까.

왜냐하면 안에도 자생 중생들이 헤아릴 수 없이 많기 때문에 내가 혼자 먹은 것도 없고, 내가 혼자 한 것도 없는데, 뭘 가지고 내가 혼자 산다고 하겠습니까? 그러니까 다 놔라 이거예요. 그런데 여러분은 "놓을래도 뭐가 있고, 뭐가 걸리고…, 조그만 일은 놓을 수 있는데 큰 일이 생기니까 못 놓겠습니다." 합니다. 못 놓긴 뭘 못 놓아요? 허허, 자기가 그대로 놓고 가는 건데, 네? 자기가 혼자 먹고 가는 겁니까, 혼자 다닙니까? 아니, 헤아릴 수가 없이 많은 덩어리가 지금 다니는데 혼자 다닙니까? 놓을 수 없느니 놓을 수 있느니 거론이 붙게? 진짜 놓을 수만 있고, 양자가 바로 전자라는 걸 안다면 진짜 그냥 그대로 여여한 겁니다.

지금까지는 나를 발견하는 데 대해 얘기한 거고요, 아까 읽어 내려오던 그 대목 중에서 또 한마디 한다면, 그 암 덩어리라든가 또는 탐지기라든가, 또 뭐라 그랬더라…, 하여튼, 허허허…. 그런 것이 왜 멈추어지느냐? 내가 탐지기가 되기 때문입니다. 자유입니다. 그 탐지기에 서는 사람 자체가 그렇게 잘못된 짓을 하지 않았는데 어쩌다가 누명을 쓰고 그런 문제가 일어났다 이랬다면, 아니, 판(版)에 박혀 있습니까? 그럭했다면 그거는 이 공부 하는 데에서 볼 때 둘이 아닌 까닭에, 모두가 함께 살고 있기 때문에 혼자만 독단으로 저지른 일이 아닙니다. 아시겠습니까? 생명체들이 한 덩어리입니다. 지금 집합소입니다. 한 덩어리가 굴러가다가 일을 저질렀다면 혼자 한 게 아니죠. 거기 생명들이 너무 많죠. 그러면 죄 담당을 해야 되는데 분담해서 담당해야죠, 몽땅. 그러니까 그 몽땅 분담할 수 있는 문제가 있기 때문에 내가 잘못했다는 게, 나 혼자만이 잘못했다는 게 소멸됩니다.

그래서 탐지기에 서면 '아이, 그것이 안 나오게 하는 것도 너 아니야?' 한다면 '네가 저지른 거니까….' 아, 자기 혼자 저지른 게 아니거든요. 그게 시켜서, 즉 말하자면 움죽거리게 해 가지고 저질러진 거지, 몸뚱이가 저지른 게 아니거든. 안 그렇습니까? 이해가 안 갑니까? 자기 몸뚱이가 저지른 게 아니라 자기 마음들이, 의식들이 전부 한데 합쳐서 그렇게 저지른 거니까 '너 알아서 해.' 하고 했을 때에 작동이 안 되든지 되든지, 하여튼 좋은 결과를 얻게 되는 거죠. 좋게 나올 수도 있고, 작동을 안 할 수도 있고, 또 너무 나쁜 놈이다 이렇게 될 땐 아주 뭐, 기탄없이 나오게 될 것이구요.

그런데 말입니다, 그것도 요량에 달려 있죠. 그 지혜로운 요량은 누가 대신해 줄 수 없어요. 그렇더라도 그걸 요량대로 지혜롭게 한다면 아주 대범하게 크게 이룰 수가 있으니까요. 또 병 같은 것도 부처님께서는 이 자생 중생들이, 천백억화신이 응신으로 화해서 고칠 수 있는 겁니다. 그래서 '나 먼저 찾아야 되겠다' 하는 겁니다. 첫째, 내 자생 중생들을 제도함으로써 내가 제도가 되고, 내가 제도가 됨으로써 내가 견성을 하게 된다 이겁니다. 즉 자생 중생들이 나요, 내가 자생 중생이니까, 모두가.

그러면 마음을 내기 이전의 선장은, 마음의 선장은 나쁘고 좋은 거를 너무 잘 알잖아요, 네? 마음 내기 이전의 마음은 너무나 잘 알죠. '이걸 해서는 안 되고 이거는 해서 좋고' 이런 거를 너무나 잘 알기 때문에 선장의 가치가 있는 거죠. 그래서 주장자라고 하죠. 그래, 선장이 돼 가지고 그 모든 의식들을 한데 합쳐서, 항상 이렇게 포함해서 하나로 굴린다면, 주인공으로 하나로 굴린다면 그 자생 중생들이 전부 보살로서 화하고, 법신으로 화하고, 지장으로 화하고, 약사로 화하고, 지신으로 화하고, 용신으로 화하고, 칠성으로 화하고 모두, 아주 일체 아니 되는 것 없이 화합니다. 화해서 바로, 어떠한 사람이든지 짐승이든지, 그 속에 둘이 아니게 전자와 전자가 한데 합쳐지면 그대로 그냥 내가 되는 거죠.

그래서 부처님이 응신이 된다 하는 것은, 어떠한 모습을 가지고 있다 하더라도 부처님께서는 그 속에만 들어가면 그 모습으로 화한다는 거죠. 돼지 속에 들어가면 돼지가 될 거고, 안 그렇습니까? 이 마음은 무한이에요. 돼지 속에 들어가면 돼지가 되고, 사람 속에 들어가면 사람이 되고, 곤충 속에 들어가면 곤충이 되고 하기 때문에 아니 되는 게 없다. 그러니 나 아님이 없다. '어떤 거 될 때에 나라고 할 수 없으니 부처니라.' 이런 겁니다. 지금 과학자들이 말할 때는 그것이 원자에서 입자로 인해서 소립자도 되고, 분자도 되고, 원자로 다시 되고, 일어났다 꺼졌다, 일어났다 꺼졌다 한다 이런 겁니다, 이제. 그러니까 부처님이 말씀하신 거하고 지금 시체(時體)로 용어를 변경해서 말하는 거하고 똑같습니다, 지금.

그런데 지금 그렇게 한다면 그 병자 속에 들어가서 병자와 하나가 되니까 (양손을 서로 부딪치시며) 그것이 정말 저분 말마따나 그 모든 의식들이 한데 합쳐진 그 능력이, 즉 말하자면 불입니다. 불과 같기 때문에 그 병을 태워서 없어지게 할 수도 있는 거고, 또는 아래로 배출시켜서 없애는 것도 있고 가지 각색으로, 인체에 해롭지만 않다면, 이익하기만 하다면 어떤 걸 가리지 않고 하는 겁니다. 그런 문제가 대두돼 있습니다.

전부 따지고 본다면 이 지수화풍 자체가 아주 거대한 겁니다. 지, 수, 풍 세 가지가 한데 합쳐서 비벼 대니까, 한데 합쳐서 쉴 사이 없이 돌아가다 보니까 온기가 생기고 뜨거운 불이 생기고, 이런 게 에너지입니다, 즉 말하자면. 에너지가 생긴 거죠. 에너지라고 표현해도 되죠? 그런데 불이 없으니까 검죠? 검은 지평선 자체가 바로 지수화풍이 뭉쳐진 에너지입니다. 그 에너지가 스스로, 과학자들은 폭발이 됐느니 뭐니 이러는데, 그게 그냥 우연히 폭발이 되는 게 아닙니다. 우연히 폭발되는 거 봤습니까? 우연히 과학자가 되는 거 봤습니까? 우연히 연구하는 거 봤습니까? 우연히가 어딨습니까? 그래서 우주를 형성하고, 별성을 형성시키고, 그 별이 형성됨으로써 지금 불덩어리도 크게 이루는 별도 되고, 또는 별성이 생기고 생명이 생기게 하려니까 태양계도 생겨야 하고 행성도 있어야 하고, 이 모두가 우리가 지금 사는 생활 속이나 똑같습니다.

그런데 직결이 됐다는 그 이유는 뭔가? 지금 우리가 마음먹고 하는 것이 컴퓨터에 입력이 되면서 그냥 직결이 됩니다. 같이 돌아갑니다. 그래서 거기에서는 벌써 한 계단을 거쳐서 우리가 마음 쓰는 거를 알기 때문에, 계발시키는 것도 알기 때문에, 이렇게 물질과학이 발전이 되는 것도 알기 때문에 그 아는 대로, 우리가 그렇게 하는 대로 거기서 받아서 그렇게 또 발전을 시킨단 말입니다. 이것이 보통 문제가 아닙니다. 그래서 사람이 많이 상하게 되는 것도, 사람들이 마음을 잘 못 쓰기 때문에, 그 못 쓴 마음이 올라가서 입력이 되기 때문입니다. 이 문제가 참…, 이건 이름을 지어서 말로 할 수도 없는 그런 사건들입니다, 모두가.

그러니 될 수 있으면 마음을 잘 쓰십시오. 꿈을 꾸더라도 한생각 잘하는 데 따라 달라집니다. '나는 그냥 중생이어서 모자라니까 내가 힘이 없지.' 이렇게 생각하지 마십시오. 다 우주와 직결돼 있고 가설이 돼 있고 용도에 따라서 끌어 쓸 수 있는 자원이 나한테 모두 주어져 있습니다. 내가 지수화풍을 바탕으로 하고 있기 때문에 어떠한 용도에 따라서든 끌어 쓸 수가 있는 에너지가 주어져 있다 이겁니다. 지수화풍이 없으면 에너지를 방출시킬 수도 없고 아무것도 없어요. 허나 내가 지수화풍으로 돼 있기 때문에 지수화풍을 먹고 살고, 모든 게 지수화풍으로 살고 있습니다. 지수화풍이기 때문에 지수화풍으로 살고 있고, 지수화풍으로 살기 때문에 그 에너지가 모두 주어져 있다 이겁니다. 그래서 일체 만물만생이 그냥 자동적으로 통신이 되고 뜻으로다 통신이 돼서 만물이 전부, 개개인이 짹짹짹짹만 해도 '요건 무슨 소리구나' 하고서 전부 따라옵니다. 모이자 하면 모이고 흩어지자 하면 흩어지고, 먹을 것이 저기 있으니 가자 하면은 가고, 이렇게 하는 겁니다.

우리만 말을 하는, 사람의 차원이라고 해서 우리 잣대로 재려고 하지 마십시오. 모두 정말 풍부한 재능을 가지고 있고 능력을 가지고 있습니다. 그렇기 때문에 "뭐든지 깔보지 마라. 뭐든지 네 스승으로 알아라. 알더라도 두드려 가면서 가거라. 알더라도 물어 가면서 가거라." 이러는 겁니다. '배우는 사람으로서는 일체를 스승으로 알아야 하고, 또 일체가 나의 은인이라는 거를 알아야 한다. 내가 은혜를 갚기 위해서는 한 치도 어긋나게 해서는 안 된다. 일체 만물이 아니었더라면 내가 보고 듣고 배울 수가 없었으니까, 상대가 아니었더라면 내가 배울 수가 없었으니까, 먹고살 수가 없었으니까 모두가 내게 은혜로운 사람들이고 은혜로운 생명들이다.' 이렇게 생각을 한다면 정말이지 모두에게 은혜를 갚는 게 되고 정법으로 꼭 나갈 겁니다.

우리가 지금 배우고 있는 마음법이 '대승법(大乘法)' 이라고 한다면 이것을 큰, '큰마음을 가진 사람의 행이다' 이렇게 할 수 있습니다. 그래서 대승법이라고 하는 것은 우리가 그러한 마음을 가지고서 항상 넓혀 가는…, 마음은 한계가 따로 없어요. 우주가 한계가 있다, 삼천대천세계가 한계가 있다 이런 것도 없고, 넘어가면 넘어가는 대로 넘어가고, 넘어간다는 소리조차도 붙일 수 없는 자리인 것입니다. 그렇기 때문에 첫째 우리가 제일 시급한 게 지금 마음을 그렇게 넓게 쓰면서 그 넓게 쓰는 마음도…, 내가 항상 여러분한테 말하죠. 나쁜 게 들어왔을 때는 '나쁜 게 들어오게 한 것도 너니까 좋게 들어오게 하는 것도 너다.' 하고 거기 놓아라. 또 잘돼서 들어오는 건 '아, 참 감사하구나.' 하는 거를 느끼면서 거기 놓아라. 그래야 컴퓨터에 앞서 입력된 게 없어지면서 새로이 자꾸 나온다 이겁니다.

그러니까 마음의 근본이 뿌리라면 싹은 몸입니다. 이 싹은 이 뿌리로 인해서 전체가 삽니다. 그런데 뿌리가 형성이 돼 있기 때문에 지분이나 수분이나 철분 모두를 갖다 흡수해서 에너지를 올려보내게 돼 있습니다. 이건 자동적입니다. 그래서 바깥으로 나온 이 몸 자체는 바로 공기력과 태양력을 흡수해서 또 밑으로 내려보내는 거죠. 즉 말하자면 우리 몸에 정맥과 동맥이 서로 돌아가면서 살고 있는 거와 같다 이겁니다. 그런데 관한다는 것은 여러분이 자기 뿌리를 믿어서 '뿌리야, 너 요만큼 에너지를 흡수할 거를 이만큼 좀 흡수해서 올려보내다오.' 하는 거나 진배 없는 겁니다. 용도를 너무 잘 아니까 말입니다. 싹이 생각하는 거를 뿌리가 너무나 잘 알기 때문입니다. 직결돼 있기 때문입니다.

그런데 여러분은 그게 아니고, 예를 들어서 몸뚱이 하나가 턱 쓰러졌다 이런다면 그냥 발광을 합니다, 허허허…. 침착하게 '네가 죽이려면 죽이고 살리려면 살려! 살리는 것도 너, 죽이는 것도 너다. 죽을 때가 됐으면 애나 어른이나 다 죽는 거지마는, 죽게 하는 것도 너고 살게 하는 것도 너니까 네가 알아서 해!' 하고 그냥, 죽는 거를 두려웁게 생각하지 않는다면 모두가 한데 그냥, 그 빈 손과 빈 발이 그냥, 송두리째 에너지가 방출되는 거죠. 그래서 온몸의 모든 의식들을 작용케 해서 낫게 할 텐데, 이거는 뭐, 금방 '아이고, 주인공!' 이랬다가 금방 '아이구, 이거 어떡하나?' 저 누구 부르고 누구 찾고 허, 이러다 보니까 그냥…, 예를 들어서, 마음이 있다면 지켜보고 있는 거죠. 지켜보고…, 예를 들어서 여러분한테 어떠한 문제가 있는데 변호사한테 가서 청하지 않고 일이 됩니까? 청하지 않고도 됩니까? 안 그래요? 그리고 잘못됨과 잘됨이 있다 하더라도 서로 대화를 나누지도 않고 일이 됩니까? 밥을 짓지 않고 생쌀로 놓아두면 그냥 밥이 됩니까? 그런 거와 같습니다. 그러니까 쌀을 넣고 스위치를 올리지 않으면 그냥 밥통은 지키고만 있는 거죠, 그냥. 허허허…. 그거와 같습니다. 예를 들어서, 변호사는 건수가 와야 할 텐데, 건수가 안 오니까 지켜보고 있는 거죠. 그거와 같애요. 생각 없이 되는 일이 있습니까? 송장이 무슨 일을 합니까?

우리가 첫째 일요일 날 이렇게 모여서 토론하고 이러는 게 참 여러분한테 좋은 것 같습니다. 셋째 일요일 날도 그저 자신에게서 스스로 나오는, 스스로 하고 싶은 말을 질문해서…, 이제는 여러분한테 말도 많이 했으면서도 안 하지 않았습니까? 하하하…. 그러니까 여러분도 함이 없이 질문하고, 또 함이 없이 대답하고 이러는 가운데서 느끼고 체험하고 바로 깨닫는 겁니다. 그게 목적입니다.

이 책이라는 거는 내가 썼든 누가 썼든 길잡이일 뿐이지, 깨닫는 것은 책이 아닌 바로 내 마음에 달려 있는 겁니다. 한 구멍에서 나오는 거 한 구멍에다 틀어넣으면서, 입력을 시키면서, 모든 것은 거기를 전제로 해서 부지런히 뛴다면…, 뛰는 자체도 바로 거기니까, 뛰게 하는 것도 그놈이니까요. 어떤 때는 여러분이 사는 걸 보면 '아이구, 사람이 이렇게 살아야 하나. 이렇게 고통스럽게 사는 사람을 어떻게 해야 하

나. 하필이면 이런 걸 보고 살게끔 했나.' 하면서 아주 비참한 생각이 들 때가 있어요. 정말입니다. 그럴 때 '야, 이왕이면 왜 비참한 생각이 들게 하냐?' 합니다. 그러면 다시 바뀌지죠. 이 마음이라는 게 체가 없는 거라 그렇게 순간순간 찰나찰나 바꿔도 바뀌질 수 있는 것이 바로 마음입니다.

그런데 그 마음공부를 함에 있어서 우리가 몽땅 다 가르쳐 놓는다면 오히려 안의 문제를 파악하지 못하고 전자에 살던 나를 발견해 내지 못하거든요. 즉 말하자면, 죽은 사람들의 영혼을 마음대로 들이고 내고 할 수가 있어야만 심성 과학이 될 수 있는 겁니다. 그렇죠? 이건 물질과학이지 심성 과학이 아닙니다. 그런데 물질과학을 진짜 발전시키려면 먼저 알아야 될 것이 바로 이겁니다. '너 자신이, 지금 살고 있는 네가 아니라 전자에 살던 너부터 발견해라. 그러면 모두 찰나찰나 들고 나는 거를 알 수 있느니라. 생명이 없는 거든지 생명이 있는 거든지, 보이는 거든지 안 보이는 거든지, 남녀노소를 막론하고 모두를 둘 아니게 할 수 있다. 둘 아니게 볼 수 있고, 둘 아니게 작용할 수 있다.' 이래야 우주하고도 직결이 된 줄 알고…, 예를 들어서 인공위성을 그렇게 위대하게 띄워 보냈다 할지라도 마음으로 어느 부분이든 하나만 딱 잘못해 놓으면 그냥 그거는 없어져 버리는 겁니다. 언젠가는 없어진다는 것이 아니라 미리 없어지는 거죠. 그러니 수명이 그렇게 단축되는 겁니다. 또 비행기를 조종하는 사람의 마음만 하나 어떻게 해 놓으면 그 비행기는 그냥 떨어지게 돼 있습니다. 얼마나 무서운 도리이면서도 자비한 도리이고, 자비하면서도 무궁무진한 도리인지 모릅니다, 이게.

그런데 하늘의 열쇠를 가진 사람은 좋은 방향으로 나가게 돼 있습니다. 예를 들어서, 어느 혜성이 우리 지구에 부딪쳐서 지구가 아주 망가지고 인명이 많이 상하게 생겼다, 지구가 그냥 파워를 일으켜서 모두 부서져 버린다든가 타 버린다 이런 문제가 생길 때도 내가 그 혜성이 된다면 내가 나를 지구로 알고 있는데 부딪치게 하겠습니까? 자기가 혜성이 돼 가지고 그 혜성을 저 먼 데로 끌어다 놓고 옵니다. 허허허…. 이런 원리입니다. 이렇게 아주 광대한 법이며, 정말 부처님 법이라기보다도, 부처님 법이자 우리들 법이고, 우리들 법이자 부처님 법입니다. 이 광대한 법을 부처님이 먼저 깨달아서 우리들한테, '너희들은 세세생생에 이 도리를 모르면 자유인이 될 수 없느니라. 그리고 평등공법(平等空法)을 행하지 못하느니라.' 라고 말씀하신 겁니다.

어떤 사람은 날더러 부처님 말씀 그대로 하지 않고 용어를 달리 한다고 해서 아주 부처님 법하고는 다른 세계로 알고 있는 사람들이 많아요. 하지만 옛날에 달구지라고 했다고 지금도 달구지라고 해야 옳겠습니까? 부처님께서도 말씀해 놓으신 게 있었을 겁니다. '시대가 변천하는 대로 계율을 바꿔라, 방편도 바꾸고.' 난 꼭 그렇게 말씀하셨으리라고 믿습니다. 지금 돌 하나라도 버릴 게 있습니까? 이 천체가 다 부처님 법이자 우리들의 법입니다.

그러니 부처님 법 따로 있고 우리들 법 따로 있고, 시체 법 따로 있고 과거 법 따로 있는 게 아닙니다. 이런 걸 (찻잔을 가리키시며) 우리가 하나 만들려고 해도 전에는 뚝배기같이 만들었는데 지금은 이렇게 아주 좋게 꽃처럼 만들어서, 찻잔이라고 이름을 지어 놨죠. 그런데 찻잔이라고 만들어 놓은 이 이름이 지금 현실에 필요한 거지, 전자에 뚝배기라고 했다고 해서 찻잔을 뚝배기라고 부르겠습니까? 그러니까 뜻은 다 똑같애요. 과거나 현실이나 미래나, 오늘, 오는 오늘이나 똑같은데 발전하는 대로 용도와 그 방편이 변하죠, 자꾸자꾸.

그래서 어린애를 갓 낳아 놓으면 애기라 그러고, 조금 자라면 학생이라 그러고, 조금 더 자라면 청년이라고 하고, 조금 더 자라면 어른이라고 하고, 더 자라면 늙었다고 합니다. 그렇듯이 이 물질이 생긴 대로 이름을 붙이는 거지, 갓 낳은 애기를 어떻게 늙었다고 이름을 붙일 수 있습니까? 변천하는 대로 용도에 따라서 이름도 정해지는 겁니다. 이것이 바로 과학이며 발전이며, 우리가 물질과학보다도 심성 과학으로서 발전을 시키고자 하는 것이 바로 우리 이 공부입니다.

내가 이랬죠. (천장의 전등을 가리키시며) 이 전력이 들어오는 것을, 태양열이 들어오는 것을 눈으로는 못 보죠? 보지도 못하고 쥘 수도 없고 끌어당길 수도 없죠? 그러나 그 태양열을 받을 장비만 해 놓는다면 자연적으로 태양열이 들어와서 전력으로 쓸 수 있지 않겠습니까? 그렇듯이 우리의 마음이라는 광대한, 그 묘한 법은 우리가 눈으로 볼 수 없다 이겁니다. 그러나 있기는 있습니다. 절대죠, 아주. 절대 있으니까 그대로 믿고 맡겨라 이거죠, 절대 있는 거니까. 살아 있는 사람에 한해서 절대 있다. 이걸 믿으세요. 그래서 부처는, 내가 법당에 들어가야 부처가 있는 거고, 변소간에도 내가 거기 들어가 있기 때문에 부처가 있는 것이다. 평등하게 생각하면 부처요 생각을 한생각 냈다면 법신이요, 또는 한생각 내서 움죽거리겠다 하면 움죽거리는 것이 화신이니, 어디 딴 데서 나옵니까, 다?

그러니 내가…, (잠깐 말씀을 멈추시고) 그 책을 보든지 안 보든지 틀림없이 그 내용이 어긋나지 않았다고 봅니다. 앞뒷면에 약간의 좀 허술한 데가 있지만 그대로 아주 어긋나지 않다고 봅니다. 그러나 이런 게 있습니다. '어긋나질 않게 한다면, 진짜 어긋난다 어긋나지 않는다가 없는 그 사방이 툭 터진 공부는 오히려 할 수가 없는 경우가 있다.' 이런 게 있습니다. 이 마음이라는 건 걸리는 게 없지만 벌써 책을 써 놓으면 걸리는 게 있거든요.

그래서 모두 자유스럽게 할 줄 알아야 하는 거죠. 내가 지금 우리가 배우기 위해서 도반들끼리 이렇게 토론하고, 진짜로 들어가서 진짜 함이 없이 하라 이렇게 말로만 했지만, 사실은 함이 없이 그대로, 내가 목마르면 (컵을 들어 보이시며) 물 마시고 그래야 되는 겁니다. 컵이 저기 있는데 컵은 어떻게 생겼고 물은 얼마나 담기고 뭘로 만들어졌고 뭘로 했다는 것을 아무리 잘 안다 하더라도 내가 목이 말라 죽겠는데 그걸 갖다가 마실 수가 없다면 무효입니다. 그러니 이 마음공부에 올

1년만이라도 더 진지하게 들어가서 보충해서 내놓으시도록 하세요. 앞뒷면에 더 좀 보충해서요. 그러면 우리가 전부 한마음 식구고 하나로 돌아가는데 틀릴 게 뭐 있겠습니까? 우리 한마음에서 한마음 아무 개념이 바로 내는 건데, 그러니까 뭐, 이 마음공부의 체험이라는 것을 하면서 한번 해 보시면 알 바가 있습니다. 그게 대답이 나오니까요. 허허허….

질문자2(비구 스님) 큰스님, 제가 대중적인 자리에서 웬만하면 안 하려고 했는데요, 질문하는 것도 괜찮다는 생각이 들었습니다. 또 제가 아니면 누가 이 대중에서 스님들이 나와서 질문하겠습니까?

큰스님 그래, 맞았어, 맞았어. 허허허…. (대중 웃음)

질문자2(비구 스님) 그동안에 금왕에서 거의 한 10개월 살았는데 제가 마음을 처음에 낸 것이 아니고요, 은사 스님께서 이를테면 마음을 강하게 내셔 가지고 제가 어쩔 수 없이 이번 한 철은 해인사 선방에서 나야 될 형편이, 인연이 그렇게 됐습니다. 그래서 스님 말씀을 제가 들은 대로 하면, 앉아서 하는 것만이 공부는 분명히 아니라고 하셨기 때문에 저도 금왕서 계속 일만 하면서 살았는데, 그러나 앉아서는 안 된다는 것도 없다고 생각을 하고, 또 그렇게 은사 스님 쪽에서 그러시는데 꼭 못 할 이유도 없다 싶어서 이번 철은 그렇게 해 보겠다고 했습니다. 그래서 나름대로는 확신도 있지마는 그래도 다시 한번, 스님께서도 아는 것도 자꾸 물으라 하셨는데 90% 알고 10% 몰라도 저는 질문하는 것이 좋다고 생각합니다. 그래서 '잘못됐지 않느냐' 하는 꾸중도 좋고요, 가서는 이런 식으로 좀 더 열심히 하라고 말씀 한번 해 주시면 감사하겠습니다.

큰스님 이거 봐. 채찍은 돌에서도 나오고, 식물에서도 나오고, 생물에서도 나오고, 동물에서도 나오고, 사람에게도 나오고, 하치 못한 애한테서도 나와, 채찍이라는 건. 그런데 왜 속아? 참내! 아니, 누가 이런다고 속고 저런다고 속고, 갈대와 같아서야 이놈의 공부를 어떻게 할 건가? 죽으러 관 속에 들어간다는데 관 속에 들어갈 사이가 어딨어? 죽어야 관 속에 들어가지! 죽지 않은 사람이 어떻게 관 속에 들어가나?

허! 마음은 선 것도 아니고 안 선 것도 아니고, 하는 것도 아니고 안 하는 것도 아니고 그냥 자유스러운 것이야, 마음이. 그런 건데 몸을 쭈그러트려서 그냥 매어 놓는다고 해서 그놈의 마음이 통쾌하게 나올까? 그리고 이런 게 있지. 내가 아까도 얘기했듯이, 공부할 때는 이 사람 저 사람이 집적거리게 되는 거를 자기한테서 나온다고 생각을 해야지, 상대방에게서 나온다고 생각을 하면 아예 이 공부는 못 해. 오산이야! 자기한테서 나온다고 생각을 했을 때 그쪽 마음도 또 하나가 되거든.

그리고 아까도 남을 위해서 살라고 얘기했지. 이 공부하는 것도 그래요. 이쪽 물에 가서 놀려면 이쪽 물에 순응해야 하고, 저쪽 물에 가서 놀려면 저쪽 물에 순응해야 한다고. 그래서 부처님의 뜻을 따르되 진리에 순응해라. 엊그저께도 얘기했죠? 부처님의 뜻을 따르되 진리에 순응하고 살아라. 세상이 돌아가는 대로 잘 따라가야 된다. 그러면 예를 들어서 이쪽의 가풍(家風)대로 이 말 저 말 없이 그냥 같이 잘 따라 준다면 아무 이유가 붙질 않아, 응? 알겠나? 내가 살았다고 전자에 배워 오던 그 습이 어딘가가 모르게 툭툭 나오니까 문제가 생기는 거라 이거야.

질문자2(비구 스님) 문제가 있어서 가는 건 아닙니다.

큰스님 아니지?

질문자2(비구 스님) 예.

큰스님 아니, 문제가 있다고 그러는 게 아니라 네 스스로 문제가 있으니까, 이것이 혼자만의 문제가 아닌 문제가 있으니까 문제를 일으키는 거고, 문제를 일으키니까 가서 몸을 매어서 앉혀 놓겠다는 거지. 네 몸을 네가 자유스럽게 하려면 하고 그러지, 네 몸을 네가 왜 동겨매 놓느냐 이거야. 이 세상 법이 그러한 것만은 아니야.

질문자2(비구 스님) 그것도 제가 필요해서 간다고 생각한 것도 아니고 그쪽에서 마음을 내 가지구요. '그런 것도 못 할 것도 없지.' 하고 '어차피 한 번 정도는 그것도 무난하지 않겠느냐.' 그렇게 생각도 해 봤습니다.

큰스님 허허, 이거 봐. 스승의 말에 따라서 응하는 것도 좋지, 하기야. 그러나 마음이 확고하게 완결되지 않아 가지고는 항상 쫓기는 마음으로 살게 돼 있어. 그러니 참, 나는 그래도 어디에 앉아도 토굴이요, 어디에서도 토굴이요. 아, 이것이 지금 토굴이지 뭐야. 이 몸뚱이가 그냥 토굴이야. 몸뚱이가 토굴인데 어디 토굴로 또 가? 하, 지금 토굴에서 벗어나려고 하는데 이 토굴을 내가 끼고 다니면서 어째 토굴을 또 찾느냐 이 소리지. 그 토굴을 갖다가 토굴에다 또 넣으니, 이건 정말 이치에도 닿지 않건만 지금 세상에서는 모두들 그렇게 해야 된다고 하고 있지.

그러나 어느 누구든지 피아노를 가르칠 때는 처음부터 앉는 자세와 손 놀리는 거를 요렇게 잘 잡아서 가르쳐야 제대로 되는 거지, 그냥 삐뚤게 앉았든 말았든, 손놀림도 그렇고 그냥 아무렇게나 배워 가지고 나중에 이걸 고치려고 그러면 안 고쳐져, 습이 돼서. 절대야, 그건. 이 공부하는 데는 권속도 없고…, 허허허…. 네 스승 내 스승도 없어. 어떤 사람은 이렇게 말을 한대. 비구를 내가 돈 줘 가지고 삭발시킨다고. (대중 웃음) 지금 이 세태에 어느 누가 나보다 못한 사람이 있어서 나한테 속습니까? 천만에! 제발 내가 말하는 거를 좀 더 저 언덕을 넘어서 한번 생각해 보라고.

질문자2(비구 스님) 잘 알아들었습니다.

큰스님 귀신하고 친구가 되려면 귀신이 돼야 귀신하고 친구가 되잖아? 이런 제길! (대중 웃음) 아, 정말입니다! 귀신하고 친구가 되려면 귀신이 돼야 귀신하고 친구가 되고, 개구리하고 친구가 되려면 개구리가 돼야 개구리 친구가 되고 모두가 그렇습니다. 그렇지 않으면 저항력을 느끼기 때문에 절대로, 변해서 나투지 않으면 안 된다는 얘깁니다. 그렇게 할 줄 모른다면 저승, 이승 왕래할 수가 없죠. 그래서 저승, 이승 왕래하는 자는 애당초에 이 세상에 나온 것이 없기 때문에 저 세상으로 갈 것도 없다 이럽니다. 사실이니까. 그럼 그만할까요?

자비의 심력(心力)

1994년 8월 7일

사회자 큰스님께서 외국에서 돌아오셔서 아직 여독이 덜 풀리셨습니다만 저희들 법형제를 위해서 피로를 무릅쓰시고 이렇게 법회에 응해 주셨습니다. 그래서 오늘은 법문은 생략하고 질문을 해 주시면 감사하겠습니다.

질문자1(남) 심명회 회원입니다. 스님께서 법문 중에 마음으로 집에도 가 볼 수 있고, 또 미국에도 가 볼 수 있고, 다른 우주에도 가 볼 수 있다고 하셨습니다. 그런데 마음으로 집에 가 본다는 의미를 우리가 알고 기억하는 것을 회상해 내는 정도로 알고 있었는데, 스님께서는 여기서 보는 것처럼 자세히 보고 올 수 있다고 그러셨거든요. 그래서 저희들이 안 가 본 미국이나 우주를 어떻게 하면 여기서 보는 것처럼 그렇게 자세히 보고 올 수 있는가 그것이 궁금해서 질문을 드렸습니다.

큰스님 그러니까요, 이렇게 마음공부를 하시라고 이끌어 드리는 원인이 바로 그겁니다. 보는 것만이 문제가 아닙니다. 내가 직접 실천을 하는 데에 핵심이 있는 겁니다. 그러니까 쉽게 말해서 내 마음의 선장과 현재 자(子), '나' 가 통해야 됩니다. 통해야 그거를 잡고 볼 수 있고, 할 수 있고, 갈 수 있고, 가고 옴이 없이 가고 올 수 있고, 보는 사이 없이 볼 수 있고, 듣는 사이 없이 들을 수 있고, 내가 어디서 왔는지 또 상대방이 어디서 왔는지 그것도 알 수 있고, 각계각층 가지각색의 모든 종류를 같이 이렇게 응(應)할 수 있다 이 소립니다.

그러니까 쉽게 말해서 심안으로 봐야 보는 것이지, 육안으로는 볼 수 없다는 얘기죠. 심안으로 봐야 하고, 심안의 귀로 들어야 하고, 심안의 신족통, 즉 가고 옴이 없이 가고 올 줄 알아야 된다. 그리고 아는 사이가 없이 알아야 한다 이런 겁니다. 그러니까 심안의 내 선장의 주장자를 딱 쥐어야 되는 거죠. 그러니까 하늘의 기둥을 잡아야 된다는 얘깁니다, 쉽게 말해서. 내 심안의 기둥은 하늘과 진리가 상통이 돼 있고 세상과 모두가 통하고 있어요. 그렇기 때문에 그거를 잡지 않는다면 볼 수도 없고 알 수도 없고 깜깜하죠. 깜깜하니까 50% 반쪽을 지금 여러분이 살고 있다는 결론입니다, 100% 사는 게 아니고.

그래서 이것은 반드시 알고 넘어가야 하고, 짚고 넘어가야 하고, 하고 넘어가야 한다는 결론입니다. 그래서 부처님께서 "인간으로 태어났다면 반드시 이 도리를 알아야 하고, 알기 위해서 너를 믿고 너를 깨달아라. 네 뿌리를 믿지 않는다면 네 나무에서 꽃이 필 수도 없거니와 열매를 맺을 수도 없다. 또한 제 나무에서 무르익지도 못할 뿐만 아니라 각계각층에게 이익을 줄 수가 없느니라. 왜냐하면 자기로부터 이익을 얻지 못하니까 공덕이 없느니라." 하셨습니다. 그러니 공생(共生)이면서 공심(共心)·공용(共用)·공체(共體)·공식화(共食化)하고 돌아가는 이 내면의 세계와 외부의 세계가 다 그러하단 말입니다.

그래서 내가 공한 줄 알고, 겸손해지고, 자비를 베풀 수 있는 그런 능력을, 자력을 길러라 이거지, 괜히 왔다 갔다 하고 목탁이나 치고 염불이나 하고 경이나 읽고 이론이나 캐고 이러려면 뭣 하러 여기 이렇게 옵니까? 안 그렇습니까? 지금 각양각색의 종교가 전부 타의에서 구하고 있습니다. 제가 그것을 외국에 다니면서도 보았는데, 어느 종교를 막론해 놓고 자의에서, 제 뿌리에서 구하는 게 아니라 타의에서, 꼭 이름, 형상 이런 걸로 찾고 있습니다. 그러니 얼마나 부끄럽고 얼마나 어리석은가를 한번 생각해 보십시오.

그래서 마음의 줄, 그 줄을 바로 반야줄이라고 일컬어 말합니다. 이 반야줄을 잡지 못한다면, 깜깜해서 이 세상 돌아가는 이치도 못 볼 뿐만 아니라, 내가 아무리 목이 말라도 물을 갖다가 마실 수가 없습니다. 흙탕물이 나와서 '이거를 어떡하면 좋은가.' 하고 내가 아무리 방방방 뛰어도 그 물을 맑은 물로 대치해서 먹을 수가 없습니다. 독 안에 들어도 못 면하는 겁니다. 그렇기 때문에 심안의 그 내면세계를 꼭 믿고, '그 한 구멍밖에는 없다. 나고 드는 생사가 한 구멍밖에 없어서 그 구멍에서 모두가 나오는 거니까 그 구멍에다 다시 입력을 해라.' 고 합니다. 그런다면 앞서의 입력이 없어지면서 현실에 자꾸 입력이 되면 그것이 새롭게 모두 정리가 돼서 나오는 겁니다.

질문자1(남) 다음은, 책을 보니까 우주 다른 별에는 현재 지구보다 과학 문명이 상당히 발전된 곳이 많다고 합니다. 그중에서는 우주선을 3일 만에 만들어서 순식간에 타고 와서 없애 버리고, 또 필요하면 다시 만들고 그런다고 했거든요. 그러면 그 기술을 현재 지구에다가 도입을 할 수 없는지 좀 알고 싶습니다.

큰스님 그것도 마음의 진화가 돼서 마음의 활용을 할 수 있다면, 마음으로 운전을 할 수 있다면 그렇게 할 수 있는 것이죠. 그러나 모두들 아예 마음의 세계는, 정신세계는 무의미하게 생각해 버리고, 지금 현실의 물질세계로만 올라가니까 얼마나 복잡합니까? 쉽게 살 수도 있는 것이건만 너무 복잡다단하게, 그냥 사람이 방방 뛰고 온통 갈기갈기 찢어지고 이러니까 병이 들어 죽게 되고, 삶의 보람이 없이 이렇게 낙오가 되는 거죠. 그러나 그 도리를 알면 신선하게 살다가 신선하게, 우리가 헌 옷 벗어서 빨듯이 그냥 헌 옷 벗어서 놓고 아주 세련된 새 옷을 입고서 등장을 하는 거고, 그러니까 그 도리를 알면 여기 앉아서도 그 도리를 다 행할 수 있으니까요.

그러니 문명 시대가, 다른 게 문명 시대가 아니라 정신세계의 문명 시대가 아쉬운 겁니다. 지금 시급한 문제입니다. 우리 정신세계가 좀 더 발전이 되지 않는다면 이 지금 과학을 연구하는 것도 제대로 못 합니다. 그래도 어느 정도 연구 재료를 자아낼 수 있는 내 자력이 있어야 연구를 해내지, 천만금을 갖다 준대도 그 연구를 못 해냅니다. 이 많은 사람들 중에서 그래도 연구를 해내는 사람은 그래도 심안이 조금 틔어서 이렇게, 자력이 틔어서 돌아가기 때문입니다. 그건 왜냐하면 전생에서부터, 이 세상에서 배운 게 아니라 전생으로부터 배워 온 그 자력의 능력, 앙금이 앉아 있기 때문입니다.

질문자1(남) 그럼 다음 질문 드리겠습니다. 저희들한테 주인공에 관하는 방법으로다가 수행을 쌓으라고 말씀하셨는데 스님의 전생에 대한 말씀은 없으셨던 것 같습니다. 저는 못 들었거든요. 그래서 스님께서 전생에도 주인공 방법으로 공부를 하셨는지, 아니면 전에는 다른 공부 방법으로 현재를 이루셨는지 저희 공부에 도움이 되는 방향으로 말씀해 주셨으면 합니다.

큰스님 이거 보세요. 지금 댁에서 말씀하시는 것도 육신과 정신계가, 이 싹과 뿌리가 같이 붙어 있는 가운데서 꽃이 피었습니다, 지금.

질문자1(남) 네.

큰스님 그게 아닙니까? 그래서 음파가, 지금 향의 음이 나온 거죠. 그러니까 어디서부터 공부를 하느냐는 소리는 마세요. 왜냐하면 육신과 정신계가 둘이 아니게 맞붙어서 돌아가고 있습니다, 정맥 동맥이 돌아가듯. 그런 가운데에 작용이 있고 말이 있는 겁니다. 그러니까 그거를 오직 믿고 간다면, 그 가운데에 나를 이끌어 가고, 말하게 하고, 보게 하고, 듣게 하고, 움죽거리게 하고, 사랑하게 하고, 자꾸 변화돼서 이렇게 정상으로 돌아가게 하고, "어머니!" 하면 아들이 되고, "여보!" 하면 남편이 되고, 또는 "얘, 아무개야!" 부르면 아버지가 되고, 이렇게 자동적으로 화(化)해서 돌아가는 그 자체를 터득하게 되는 거죠.

질문자1(남) 그거는 알고 있습니다. 그렇게 되는 건 아는데 스님께서 전에 수행하셨던 방법을 좀 말씀해 주시면 좋겠습니다.

큰스님 그 방법은 벌써 지나간 방법입니다. 지나갔으니까 없고 앞으로 돌아오지 않았으니까 없고, 바로 여러분 속에 벌써 짊어지고 있어서, 전생으로부터 이 세상에 출현하기 전에 어떻게 살았느냐에 따라서 지어진 그 인연들이 지금 몸속에 잔뜩 들어 있습니다. 그래서 어머니 아버지의 정자 난자를 빌리고, 자기 영혼의 뿌리와 인연이 된 그 생명들이 지금 혼합이 돼서 같이 작용을 하고 돌아가고 있습니다.

그러니 나부터 알아야 외부의 모든 것을 알 수 있다는 겁니다. 2층 3층 집을 지어야 할 텐데, 아래층은 짓지 않고 2층하고 3층을 지으려니 그게 지어집니까? 그러니 나부터 안다는 것은 기초부터 다져서 주춧돌을 놓고 아래층부터 지어야 2층이 올라가고 3층이 올라간다 이런 뜻입니다. 그러니 모두 나부터 알아야 할 텐데, 나를 내가 모르고 어떻게 이끌어 갈 수 있으며, 내가 이 몸뚱이 속에 있는 모든 생명들을 어떻게 다스리면서 이끌어 갑니까? 그 생명들로 해서 모든 것이 진화돼 가지고 털구멍을 들고 나면서, 분자가 됐다가 입자가 됐다가 분열이 됐다가 한데 합쳤다가, 작용을 무수히 하는 묘법이 있는데 말입니다.

질문자1(남) 네, 감사합니다.

큰스님 예. 한 달에 한 번은 우리가 질문과 체험들을 서로 나눌 수 있는 기회를 앞으로는 만듭시다.

질문자2(남) 스님, 감사합니다. 제가 오늘 나온 것은 스님 말씀을 듣고 공부하다가 보니 너무 답답해서…. 스님, 제가 스님 말씀대로 그가 하는 것을 믿고 몽땅 없애 버리면서까지도 정말 믿는데, 너무 힘듭니다. 또 제 안을 믿어야 되는데 왜 또 스님께 와서 여쭈어야 되는가 하는 것 때문에 많이 생각을 했었습니다.

큰스님 그래서 한 달에 한 번씩 날을 잡아 놓고 공부하는 데 질문, 체험 이런 거를 서로 털어놓고 얘기할 수 있는 기회를 가질 수 있도록 이렇게 했습니다. 그냥 설법만 하니까 여러분과 내가 너무 무의미하게 돌아가는 것 같아서 오늘부터는 이렇게 하기로 했습니다.

그런데 말입니다, 뭐가 그렇게 힘듭니까? 보세요. 싹은 무조건 자기 뿌리에 의해서 살고 있어요. 그런데 싹 한 잎이 '아이고, 힘들어! 아이고, 힘들어!' 이런다면 그 뿌리는 뭐라고 할까요? 싹은 뿌리로부터만 나올 수 있고, 뿌리가 썩질 않아야만이 싹도 싱싱하게 푸르르게 살 수 있는데요. 그러니까 능력을 가진 뿌리를 놔두고도 그 싹은 이파리 하나하나가 바람에 날리면 괜히 '아이고, 이거 바람에 또 날리는구나!' 이렇게 걱정을 하는 거죠. 뿌리가 있는데 뭐가 힘이 듭니까?

나무에 이파리가 많듯이 몸 안에도 생명체들이 많습니다. 그런데 그 몸 안의 생명체들이 제가끔 댁의 마음을 통해서 나오는 것이니, 그 마음의 선장 뿌리한테다 모든 거를 맡겨 놓아야 자동적으로 거기서 다스릴 수가 있는 거지, 댁이 이론으로 말로 아무리 공론을 해도 그것은 다스릴 수가 없는 겁니다. 보이지 않는 생명의 의식들은 바로 보이지 않는 마음이 다스려야 다스려지는 거지, 내가 지금 현재 보이는 이 육안, 또는 그냥 이론적인 말로는 아무리 발버둥이 쳐도 통신이 되질 않습니다. 그리고 다스릴 수도 없고요.

그러니까 이 모든 생명들의 의식이 전자에 어떻게 살았느냐에 따라서 아주 정확하게 입력이 됐기 때문에 정확하게 나옵니다. 그런 거를 마음의 선장한테다가 일임하면 마음의 선장만이 그걸 다스릴 수가 있는 겁니다. '마음의 선장은 누구고 나는 누구냐' 이런다면, 나는 위로는 마음의 선장을 모시고 아래로는 모든 생명들의 의식을, 지금 생명들을 다 거느리고 사는 집합소며 심부름꾼이며 관리인이다 이겁니다.

생각해 보세요. 아까도 얘기했지만 모두가 공생이지 댁의 몸뚱이에서 생명이 하나라도 튀어나와서 따로 살 수 있습니까? 따로 살지 않죠? 댁의 몸속에서 다 같이 살죠? 그렇다면 공생이죠? 공생 · 공용 · 공체 · 공식화하고 돌아가고 있는데 어떤 거 먹을 때, 어떤 거 볼 때, 어떤 거 할 때, 어떤 거 들을 때 내가 했다고 하겠습니까? 나 혼자만이 산다고 하며, 나 혼자만이 똥을 누었다고 하며, 나 혼자만이 먹었다고 할 수 있겠습니까? 그러니까 공생이다 이겁니다. 그러니까 주인공이다 이겁니다. 모든 거를 합해서 다스리면서 돌아가는 이 주인공 자체가 바로 여러분의 뿌리라고 일컬을 수 있습니다. 그러니까 그 뿌리만 믿고 거기다가 맡기면 다 거기서 다스려서 해 줄 텐데, 왜 관리인 심부름꾼이 그렇게 참섭을 합니까? 일종의 종과 같은 건데, 서로가 공생이고 공용이기 때문에, 즉 말하자면 서로가 소임을 맡아서 제가끔 하는 겁니다, 지금. 같이 말입니다. 나사가 하나만 빠져도 기계가 돌아가지 않듯이, 지금 공용을 하고 있는데 내가 나혼자만 산다고 할 수도 없는 거죠.

그렇기 때문에 당신 혼자 발버둥이를 치고 애쓸 필요 없다 이 소리예요. '거기서, 한마음 속에서 나온 거니까 한마음 속에서 해결해라.' 하고 거기에 일임해 버려라 이거예요. 또 한 가지는 '한마음 속에서 안 되게 한 거니까 한마음 속에서 되게 해서 네 몸을 건강하게 끌고 가야 되지 않아?' 하고 맡기는 겁니다. 전부! 나는 없어요, 나 혼자가 없어요. 공했단 말입니다, 모두가. '공(空)이 색(色)이요, 색이 공이니라. 모두가 공해서 내세울 게 하나도 없느니라.' 이랬어요. 그러니 답답하다 그런다면 답답한 거는 그 자리에서 나온 게 아닙니까? 시원한 거는 그 자리에서 안 나옵니까? 그러니 시원한 거는 감사하게 생각하고, 답답한 거는 그것도 그 자리에서 나온 거니까 '답답하지 않게 하는 것도 너 아니야?' 하고 내던지면 될 거를 왜 그렇게 붙들고 늘어지는 경향이 많습니까?

그래서 여기에서 '경을 보지 마라' 이러는 것은 다 이 자리를 잡고 내가 나를 발견한 뒤에 경을 봐라 이 소립니다. 그래야 이게 흔들리지를 않지, 요게 틀리고 요게 옳고 요게 그르고 이걸 따지다 보면 이 공부는 백 년 천 년이 가도 못 합니다. 이건 글을 읽어서 되는 것도 아니고, 이론으로 말을 해서 되는 것도 아니고, 생각해서 의논해서 되는 것도 아닙니다. 이것은 시간과 공간을 초월해서 그냥…, 오는 것 막지 말고 가는 거 잡지도 말고 그대로 그대로, 바깥에서 용도에 따라서 닥치는 대로, 안에서 일어나는 대로 그대로 대치하고 나가는 겁니다. 이 마음의 자리를 완전히 잡고, 내가 심안의 소리를 듣고, 심안의 소리가 뜻으로 나오고 이렇게 모든 게 활용이 됐을 때 그때에 경을 보면 '아, 이게 이거구나! 아, 이것은 이거구나!' 이렇게 나오는 거지, 만약에 그렇지 않으면 '아이고, 이것도 옳은 것 같고, 저것도 옳은 것 같고, 그것도 옳은 것 같고….' 이렇게 되니 이거는 뭐, 천부당만부당해요. 그래서 시장에 가더라도 나한테 없는 것만 사 오랬지, 누가 이것 보고 저것 보고 그것 보고 탐내랬습니까? 그거와 똑같습니다.

질문자2(남) 네, 스님. 감사합니다. 그러면 스님이 전번 법회 때 지금 현재 제가 병신이듯이 병신에 대해 얘기하셨지 않습니까? 그래서 마음으로는 '안에서 모든 것을 하는 거다' 하고 믿고서 그냥 팽개치고 그렇게 매달리고 하면서도 그 나머지 반을 알지 못하는 것이 답답한데, 제가 지금 하는 대로 그냥 나가면 언젠가는 되는 것인지 그런 게 답답해서….

큰스님 왜 걱정을 합니까? 쇠든지 금이든지 용광로에다 그대로 넣기만 하면 자동적으로 재생이 돼서 나가지 않습니까? 지금 현실에 물질적인 모두가 그거와 똑같습니다. 거기다 맡겨 놓으면 자동적으로 재생이 돼서 바꾸어져서 나가고, 자동적으로 이렇게 모두가 들고 나면서 조절을 하고 있는데 그거를 못 믿어서 맡기지 못합니까? 예를 들어서 옛날 부처님께서는 이렇게 말씀하셨습니다. '네 몸뚱이가 배라면 배를 끌고 가는 선장이 있느니라. 그런데 그 배 안에 중생들이 잔뜩 들어 있느니라. 그런데 중생들이 이리 왈 저리 왈, 나도 옳다 너도 옳다 하고 나서게 되면 배가 뒤집히느니라. 그래서 가서 닿을 데에 닿지 못하느니라.' 이와 같은 겁니다.

그러면 여러분이 모두 배라면 배 속에 지금 중생들이 잔뜩 타고 있습니다. 세포 하나하나에도 중생들이 들어 있으니까요. 그런데 마음의 선장이 잘 이끌어 가지 않는다면 아니 되죠. 중생들이 이리 왈 저리 왈, 이것도 나서고 저것도 나서고, 팥죽 솥의 팥죽 방울이 이것도 일어나고 이것도 일어나듯이, 그렇게 일어나면 '그것이 일어나게 되는 것도 바로 거기다.' 하고 맡겨 놔야 이게 잔잔하게 다스려지죠. 그래야 배는 닿아야 할 곳에 가서 닿는다 이겁니다.

그러니 우리가 먼저 할 게 있고 나중 할 게 있습니다. 먼저 기초부터 다지고 또 주춧돌을 놓고, 아래층부터 잘 다스려서 잘 지어 놔야 위층은 저절로 올라가죠. 그러니까 나중은 생각 마시고, 우선 내 선장한테 모든 거를 일임하고 내가 체험하도록 지켜볼 수 있는 그런 마음자세를 가지고 진짜로 믿고 해 보세요. 그렇게 하셔야 됩니다.

질문자2(남) 예. 그리고 스님께서 소켓 얘길 하셨는데요, 예를 들어서 스님과 서로 마음이 맞아서 스파크 되는 순간에 한마음이 된다는 얘기를 하시는데 제가 공부하면서, 제 주인공과 스님이 둘이 아니라고 생각을 하지만 자꾸 스님을 찾으려고 할 때 '주인공을 찾으면 되는데 왜 스님을 찾느냐.' 하는 생각이 드는데 이 두 가지가 조금 혼동이 됩니다. 그다음에….

큰스님 하하하…. 그거요, 나무와 나무, 일체 만물만생이 다 때에 따라서 찾는 것이지 아무 때나 찾는 게 아닙니다. 부부지간도 그렇고 자식지간도 그렇고, 가족이 때에 따라서 내가 꼭 만나야겠다 이래야 만나지고, 이 말을 꼭 해야겠다 해야 하는 거지, 아무 말도 할 것이 없는데 그냥 찾는 법은 없거든요. 그러니까 용도에 따라서 스님이 이거는 꼭 들어야 되겠다 할 때에 자기 마음과…, 이 마음은 체가 없으니까 영에다 영을 넣으면 영 하나로 돼 버리고, 그것도 영이죠. 그러니 이 마음이 있는 사이 없이 있고, 하는 사이 없이 하고 진실로 현재에 나오는 사이 없이 나온다 이거죠.

그러니 아무 때나 부르는 게 아니라 급할 때 찾는 거죠. 예를 들어서, 어느 사람이 하혈을 막 하는데 급하니까 "스님, 스님 마음 좀 내 주세요." 하고 전화를 했을 때 그때나 찾는 거지. 꼭 그거에만 국한돼 있는 게 아니고 천차만별에 해당이 되죠. 사람마다 때에 따라서 급한 일이 있을 때가 있죠. 그럴 때는, 자기 마음이 부족한 듯한 생각이 있으면, 무거운 것은 한 손으로 드는 거보다 두 손으로 들어야만이 거뜬히 들 수 있으니까 말입니다. 그래서 일체 만물만생도 다 같이, 상황에 따라서 한 찰나에 일체제불이 들고 나신다 이런 겁니다. 일체 만물도 그냥 사는 게 아니라 상황에 따라서 구원을 받고자 하는 사람에게 응신(應身)이 돼서 나투어 주시는 겁니다. 그 나툰다는 것이 같이 응해서 하나가 돼 준다 이 소리거든요.

질문자2(남) 네, 감사합니다. 제가 너무 길었지만 마지막으로, 회사에서 마음 맞는 사람들 몇 명이서 같이 공부를 합니다. 공부를 하면서 제일 지금 혼동되는 것이, 저 자신도 저를 마음대로 할 수 없고, 예를 들어서 응할 수도 없고 아무것도 할 수 없고, 이제 겨우 조금 아는 상태에서 하다 보니까, 그전에도 잘못된 걸 그대로 하다 보니까 그걸 믿고 사람들이 따라서 그냥 그대로 가게 되는 문제가 있어서….

큰스님 그러니까요, 여러분이 다른 사람을 제도하시는 그 공덕이 크다고 합니다. 그럴 때는 관하는 것만 일러 주세요. 여러 말을 가르치지 마시고요. 우환이 있거나 애고가 있거나 가난하거나 그렇다면 그것을 놓고 '너만이 가난치 않게 할 수 있잖아. 내가 못났으면 좀 더 지혜로운 마음이 생기게끔, 물리가 터지게끔 할 수 있는 것도 너밖에 없지 않아!' 하고 그렇게 하라고 해 주면 그냥 자기가 하면서 체험을 하게 되거든요. '아, 이럭하니까 이렇게 되더라.' 몇 번 그렇게 해 보고 '그게 되더라' 이러는 건 알았는데, 또 큰 거는 자기가 힘이 없어서 못 한다는 생각을 하게 돼요.

그러니까 자기네들 자유죠. '내가 조그마한 건 이렇게 되는데 큰 거는 안 될 거다. 요렇게는 되는데 이렇게 큰 거를 힘없는 내가 어떻게 할 수 있나?' 요렇게들 생각을 한단 말입니다. 그리고 '내가 과거에 업을 얼마나 지었기에 이런 고통이 오나?' 요런 생각들을 해요. 그런데 업 붙을 자리는 없는 겁니다. 그러니 여러분이 생각해서 입력이 된 것을 모두 지워 버리면 되는 거지, 그 업이 어디에 붙겠습니까?

그래서 옛날에 이런 말이 있죠. "야, 무명천(無明天)을 넘어서라." 이러니까 이 무명천이 어디 있나 하곤 그냥 찾아다니다가 하세월을 보냈대요. 그러니 불사천(不死天)에 가지도 못하고, 넘지도 못하고, 그냥 천 년이 지났다는 거죠. 그런데 '왜 무명천이라고 했을까.' 한번 생각해 보세요. 무명이 붙을 자리가 없다는 얘깁니다. 내가 만들어서 업을 받고 애고를 당하고, 내가 구덩이에 빠지게끔 만들어 놓고 빠져 가지고 애를 쓰는 거지, 누가 구덩이에 빠지라고 했습니까? 누가 구덩이에서 나오라고 했습니까? 누가 죄를 받으라고 그랬습니까? 그렇게 하는 사람이 누가 있습니까? 그러니까 자기네들이 만들어서 그렇게 하고 만들어서 그렇게 산다는 겁니다. 그러니까 마음을 다스리면서 잘 조절해 나가면서 자기를 믿고 찾아라 이거죠.

질문자2(남) 스님, 정말 감사합니다.

큰스님 나는 그래서 이날까지요, '내가 잘되게 해 주시오.' 하고 손을 꼽고 빌어 본 예가 없어요. 죽든지 살든지, 잘되든지 못되든지 그런 걸 가리지 않았으니까요. 한 번 죽지 두 번 죽지 않으니까. 그렇게 굴하지 않았기 때문에 보이지 않는 세계의 보이지 않는 중생들과 더불어 친구가 된 거지, 그것을 무서워서 피했다면 귀신들의…, 여러분, 귀신들이 어딨습니까? 여러분의 생각에 의해서 귀신들이 있고, 여러분의 생각에 의해서 조상이 잘못됐고 이런 거죠, 다. 그리고 조상의 탓을 하고요. 이 문제가 한두 건이 아닙니다. 한생각을 잘하면 모두가…, 무명천이 아예 없어요.

질문자3(남) 안녕하십니까? 저는 대전지원에 나가고 있습니다. 다른 게 아니고요, 공부를 하다 보니까 그 보이지도 않는 주인공 잡기가 쉬운 거 같으면서도 어려운데, 스님께서는 늘 "맡겨라, 관해라" 하시는데 좀 더, 주인공을 쉽게 잡는 방법을 가르쳐 주십시오.

큰스님 네, 그러죠. 하하하…. (대중 웃음) 지금 주인공이 안 계시다면 댁은 지금 송장이 될 겁니다. 지금 말씀하시게 되는 것도 자기의 근본, 생명의 근본이 있기 때문에 말씀을 하시는 거죠. 그러니까 그놈이 보이지도 않으면서 그렇게 그냥 천차만별로 시키고 있습니다. 시키는 게 아니라 자율적이죠. 그러니까 그놈은 잡을 수도 없고 볼 수도 없고 쥘 수도 없지만 역력하게 말하게 만들고, 보게 만들고, 듣게 만들고, 작용하고 살게 만들고 있지 않습니까?

그래서 '한마음'과 그냥 '마음'이 다르다고 했습니다. 이 속의 모든 의식들이 한데 합쳐서 하나로 돌아가는 거를 한마음이라고 그랬던 겁니다. 그래서 내 내면세계의 모든 것이 하나로 돌아가는 것만 알면, 외부의 모든 것이 하나로 돌아가는 것도 다 알게 되는 겁니다. 그러니 나부터 알아야 되죠. 사대 성인들이 모두 "너부터 믿고 너부터 알아야 하느니라. 너부터 알아야 큰 공덕이 되지, 너를 네가 모르고는 절대 공덕을 얻지 못하느니라." 했습니다. 공덕이란 뜻은, 모두 하나로 돌아가는 그 자체를, 바로 나 하나가 그 하나로 돌아가는 거하고 같이 한자리를 할 때에 비로소 공덕이라고 하는 겁니다.

질문자3(남) 공부하다 보니깐요, 놓아야 된다고 늘 말씀해 주셨는데, 자식 놈이 눈앞에서 깔장거리는 데는 영 마음이 잘 안 다스려집니다.

큰스님 이거 보세요. 자식 놈의 물질적인 육신이 까닥까닥하는 거지, 허허, 마음이 나와서 그렇게 까닥까닥합니까? 아니, 그 육신이 아무리 속을 썩이고 까닥까닥한다 하더라도 '네 마음과 내 마음이 둘이 아니니 너 까닥거리지 마라.' 하하하…, (대중 웃음) 그렇게 해서 거기다가 놓으면 슬며시 마음이 바뀝니다, 마음이 그렇게 시키는 거니까. 마음이 그렇지 않다면 육신은 움죽거릴 수가 없으니까요. 마음의 놀음이니까 마음을 잡아야 되는 거지, 육신을 잡으려고 하거나 말로 잡으려고 해서 잡아지는 게 아닙니다. 절대입니다, 그건.

그러니까 진짜로 믿는다면 아무 걱정이 없어요. 나가서 안 들어오든 나가서 공부를 안 하든 그게 걱정이 안 될 만하게 원력이 서야 걱정이 안 되죠. 권투선수가 권투 실력이 아주 극치에 도달했을 때에는 상대가 누가 온대도 걱정이 안 되죠. 만약에 그게 설익었으면 걱정이 되죠. 온통 그냥 떨리고, 부자연스럽고, 무겁고 이렇게 되지만, 그게 설익지 않았다면 걱정이 하나도 없어요. 그런 까닭에 걔네들은 잔잔하게 그냥 돌아가요, 또. 걱정이 없는 까닭에 그 마음하고 다 이렇게 통하니까요. 그러니 사는 데 걱정할 필요가 하나도 없는 겁니다. 물론 때에 따라서는 엄청난 일이 생긴다 하면 걱정이 되지 어찌 안 되겠습니까? 걱정이 돼도 바깥으로 온통 이렇게 풍기면서 걱정을 하는 게 아니라 익은 사람들은 안으로, '이렇게 걱정이 되는 일도 너만이 해결할 수 있어.' 하고 부지런히 육신도 뛰면, 그냥 걱정 없이 뛰면 그냥 해결이 되고 싹 무마가 돼 버리죠. 그러니 걱정할 일이 하나도 없어요.

사람 쳐 놓고 움죽거리지 않는 사람은 없으니까, 그래서 육신으로 뛰면서 생각하고, 생각하면서 뛰고 사는 세태다 이겁니다. 지금 가부좌를 틀고 좌선을 하고 앉았다면 앉아 있는 그동안만 우주가 돌아가고, 또 일어났을 때는 우주가 안 돌아갑니까? 그러니 섰거나 앉았거나 누웠거나, 자나 깨나, 돌아가는 건 시공이 없이 돌아가는 겁니다. 그러니 우리도 시공이 없이 생각하면서 일하면서, 어떤 생각이 나면 거기다 놓곤 태연히 그냥 '날 잡아잡수.' 허허허…. '하늘이 무너진대도 너만이 해결할 수 있어.' 그러면서 걱정 근심 하지 말고 부지런히 뛰란 말입니다.

질문자3(남) 감사합니다.

큰스님 그러니 그것을 말로다가, 생각으로다가 이걸 잡으려고 그러면 잡아집니까, 그게? 생전 안 잡아지지.

사회자 네, 날씨도 무척 덥고….

큰스님 아니, 조금만 더 합시다, 우리. (대중 웃음) 조금만 더 합시다.

사회자 큰스님께서 땀 흘리시는 것 같아서….

큰스님 아니, 괜찮아요. 이 세상에 땀을 흘리지 않고 사는 사람이 어딨습니까? 땀을 흘려야 시원하고 또 시원하니 땀을 흘리고 이런 거죠.

질문자4(남) 큰스님, 감사합니다. "사람이 열심히 일을 할 때나, 꿈을 꿀 때나, 푹 잠이 들어 있을 때에 너를 보느냐." 하는 얘기를 하셨는데 그 '너'가 주인공이나 대무심지(大無心地)나 다 같다고 생각을 해야 합니까, 아니면 대무심지, 조금도 미동하지 않는 그 적정(寂靜)의 상황을 얘기하는 것입니까. 아니면 또 다른 뭐가 있습니까?

큰스님 이 부동한, 움죽거리지 않고 능력을 배출해 낼 수 있는 것은 나의 근본 자체의 선장이라고 할 수 있겠죠, 네? 그런데 근본을 선장이다 한다면 내 영혼은 부선장이 되죠, 얼른 쉽게 말하자면. 이 선장에 의해서 부선장이, 지금 여러분이 다 부선장입니다. 허허허…. 부선장이, '위로는 선장을 믿고 아래로는 중생을 제도하면서 가거라' 이런 말이 있죠.

질문자4(남) 또 한마디 더 여쭙겠습니다.

큰스님 아니요, 들어 보세요. 급하기는 꽤 급하신데, 하하하…. (대중 웃음) 그러니까 위로는 선장을 쥐고 아래로는 중생의 팔을 쥐고 이렇게 해서 중간에서 지금 우리가 일을 해 나가는 겁니다. 그러니까 선장은 움죽거리지 않으면서도 맷돌을 굴리는데, 그 맷돌 심봉이 구르지도 돌아가지도 않으면서 맷돌을 돌아가게 하는 힘의 배출구란 말입니다. 그런 거나 똑같은 겁니다.

질문자4(남) 일상생활을 하다가, 또는 화두를 갖고 있다가 어느 날 갑자기 자기도 모르게 확철대오 하면 모든 세상의 이치를 알게 되고 우주 삼라만상의 모든 일을 신통하게 안다고 합니다. 그런데 그 시점에 대자유인으로서 경계가 없는 그 상태를 우리가 중도(中道)에서 얘기하는 삼제원융(三諦圓融)이나, 무작사제(無作四諦)나 또는 어떤 의식이나 어떤 사고의 관념을 갖지 않는…. 예컨대 부처님한테 착을 두면 부처에 빠지고 또 열반에 착을 두면 열반에 빠진다는 그런 착이 놓아진 상태를 무심, 또는 아까 말씀을 올린 대무심지의 상황으로 봐야 되는지, 아니면 이것도 언어라는 하나의 방편으로 보고 그냥 스님 말씀대로 오면 치고 또 오면 받고, 경계 없이 일상생활을 자연스럽게 하라는 말씀인지 모르겠습니다.

큰스님 실천해 봐야 알고, 봐야 알고, 들어야 알고 그렇듯이 댁에서 겪어 봐야 아마 알 겁니다. 그러니만큼 이치대로 얘기를 하려면, 사람을 다 낳기는 하되 애가 어른 노릇을 못 하니까 어른이 될 때까지 수행 정진을 한다는 거죠. 우리는 지금 어린애도 생산을 못 한 분들이 많습니다. 얼른 쉽게 말하자면, 내 육신이 태어났지 정신이 태어난 거는 아닙니다. 그래서 내 육신이 태어났으면 바로 육신을 이끌어 가는 참나, 즉 정신을 태어나게 하면 그것을 바로 견성이라고 합니다.

그런데 견성했다고 해서 다가 아닙니다. 그 견성한 자체를 키워야 하니까 그게 몇 년이 걸릴지 모릅니다. 몇 년이 걸리든 이 안의 모든 것을 하나하나 체험을 하면서 자꾸자꾸 진행해 나가는 거죠. 그럴 때는 처음에 내가 탄생하기 전에 놓고 들어가듯이 모든 거를 또 놓고 들어가야죠. 내가 탄생한 후에도 이 체험하는 것을 또 놓고 들어가고, 그래서 이제 둘 아닌 도리를 또 알게 되죠. 둘 아닌 도리를 알게 되면서 그땐 어른이 됐다고 볼 수 있죠.

'열반경지에 든다' 이럴 때는 둘 아닌 도리에서 둘 아니게 화해서 나투면서 어느 만물만생이 원하더라도 응해 줄 수 있어야 하는 거죠. 즉 말하자면, 내 육신 속의 모든 의식들이 보살로 화해서 나투면서 돼지가 원하면 돼지 속에 들어가서 돼지가 되고 이렇게…, 모두 중용을 할 수 있는, 광대무변한 법을 그대로 진행할 수 있는 법이 나오는 겁니다.

그러니까 그러한 것에 능할 때, 이것을 도리천에 이르고 구경경지에 이른다고 합니다. 그렇게 돼야만이 그 모두를 그냥 말 없이도 할 수 있고 말 없이 알 수 있고 이런 것이지, 지금 견성도 못 했는데, 내가 태어나지도 않아서 눈을 뜨고 볼 수도 없는데 그 얘기만 들어서 되는 게 아닙니다. 얘기만 듣고 아무리 책을 보고 그냥 뭐, 무불통지했다 하더라도, 내가 이 물 한 컵을, 물 한 방울을 마실 수가 없습니다. 진행할 수가 없어요. 진실되게 실행할 수가 없는 거죠.

그러니까 말도 필요 없고, 이론도 필요 없고, 무궁무진하게 아는 것도 필요 없다. 오직 내가 나를 발견하고 어른으로 키워서 또 늙어야 된다. 늙으면 생사도 없다. 생사에도 끄달리지 않는다. '없다' 하고 '끄달리지 않는다' 하고는 차이가 있는데 '없다' 하는 거는, 아주 그, 들어가서 없다는 건 사실인데, 아래에 있든 중간에 있든 위에 있든 모두 포함해서, 어떤 사람에게든지 이해가 되게 하기 위해서 끄달리지 않는다는 소리가 나온 겁니다.

그러니까 내가 한 걸음 떼어 놓고 한 발 딛고, 내가 귀머거리에서 벗어나고 장님에서 벗어난다면 그때서부터 공부입니다, 이제. 왜냐하면 지금은 나 찾기에 바쁜 거지, 그리고 나는 세 가지 두 가지를 한데 합쳐서 지금 가르치는 겁니다. 첫 번에 유(有)의 법을 가르치고 두 번째, 무(無)의 법을 가르치고 세 번째, 유와 무를 한데 합쳐서 가르치고 했던 것이 부처님의 세계입니다. 그러나 나는 행주좌와(行住坐臥)를 그대로 가르칩니다. 그대로 이끌어 가고 있습니다. 왜냐하면 지금 당장 고통이 오고, 애고가 오고, 병고가 오는데 어떻게 틀고 앉아서 그거를 합니까? 그러니까 애고가 오는 거를 오는 대로 밀쳐 나가고 타파해 가면서 공부를 해라 이겁니다. 그게 아주 제일 쉬운 방법입니다.

질문자4(남) "문자와 언어를 버리고, 관념을 버리고 망령된 생각을 하지 말아라." 하는 부분이 있고요, 또 "모든 법이 인연 따라 생기는 거지만 고정화가 안 되니까 공과 유와 다 같다. 이쪽으로 원융(圓融)을 해라." 하는 얘기가 책에 있습니다. 또 "고(苦)와 집(集)을 버리고 도(道)를 떠나서 생멸(生滅)을 생각하지 않고 열반까지 버려라." 하는 게 있는데, 이게 다 문자가 하나의 방편이라고는 하지만, 끝이 향하는 방향은….

큰스님 방편이지만 현실이고 현실이지만 방편이지, 그게 방편이라고 해서 그냥 이론만 붙여서 방편으로 한 게 아니고, 방편 아닌 방편입니다, 즉 말하자면.

질문자4(남) 그러면 "물속에 달이 떴는데 달이 있느냐 없느냐?" 하는 것이나 "거울 속에 사람 얼굴이 있는데 있느냐 없느냐?" 할 때, "그 경계에 빠지지 말아라." 하는 것이 정답입니까? 있다고 해야 합니까, 없다고 해야 합니까?

큰스님 모르는 사람은 없다고 할 테고 아는 사람은 있다고 하겠지만 사실은, 있다 없다를 떠나서 그 가운데에 있는 것입니다. 지금 저 형상인 부처님께서 가만히 앉아서 일체 만물을 다 이렇게 응시하시고 비추시고 통하시고 그러시는데도, 그러면 어떻게 해야 되겠습니까? 저 부처님이 계시다고 해야 되겠습니까, 안 계시다고 해야 되겠습니까? 그러니 마음은 보이지도 않고 통하는 걸 알지도 못하는데, 그 속에 아무 말 없는 돌부처 안에 부처님의 얼굴이 있느냐 없느냐, 생수가 나오느냐 안 나오느냐, 어린애를 낳느냐 안 낳느냐 하는 것은 아예 물을 수도 없는 말이고, 깨친 사람들끼리나 한 소식 얻은 사람 앞에 그 말을 탁 던지면 탁 알아들어서 받아넘기겠죠.

질문자4(남) 공부를 하면서 특히 제일 의심 가는 게 시공, 소위 우리 사회생활에서는 육하원칙에 따라서 누가, 언제, 어디서, 이렇게 되는데 지금 이 공부 할 때는 시공에 대한 제한이 없어요. 요거는 어떻게 해결을 해야 우리 공부에 좀 도움이 될지….

큰스님 허어, 그거 무슨 해결입니까? 나 참! 아, 마음이 시시때때로 변화돼서 바뀌고 그러는데 그걸 시간을 재서 말합니까? 아니, 이 사람 만날 때 요 시간은 몇 시간인가 하고 재고, 요 사람 만날 때 또 재고 그럽니까? 그러니까 시시때때로, 길을 가다가 이 사람 만나면 요렇게 마음이 돌아가서 "어, 자넨가?" 하고, 또 금방 식구를 만나면 또 "여보" 뭐, 어쩌고저쩌고…. 시간 잴 것도 없고 따질 것도 없고, 그건 초월된 상태죠. 우리가 지금 생활하는 그 자체가 그대로 초월하고 살아가고 있는 겁니다, 그대로 이미. 그런데 그대로 이미 그렇게 되고 있는데도 불구하고, 내 마음이 그렇게 '아니다 아니다' 하고 가니까 그런 거죠.

질문자4(남) 큰 말씀 감사히 들었습니다. 감사합니다.

사회자 법문을 모두 마치겠습니다. 저희가 그동안 큰스님 하명을 받잡고 법형제 합창단을 구성했습니다. 아직 뜸은 덜 들었습니다만 공양을 올리겠습니다. (대중 웃음)

큰스님 (선법가 '내 마음의 주인' 음성공양이 끝나자 박수를 치시며) 정말 잘하십니다. 정말 잘하십니다. 이 천지가 전부 꽃비가 내리는 듯합니다. (대중 박수) 아이고, 정말 잘하십니다.

(선법가 '임의 소식' 음성공양이 끝난 후) 아마 요다음에도 천상에서 모두 모여서 꽃비가 내리는 그 가운데서 모두 노래들을 이렇게 이렇게 부를 겁니다, 아마. (합장하시며) 참 감사합니다. 정말 흐뭇하고 감사합니다.

부처와 둘 아니게 믿고 행하라

1994년 9월 4일

더우신데도 이렇게 감로로 양식을 삼으려고 노력하시는 분들에게 참 감사합니다. 더불어 말입니다. (합장하심) 이렇게 한 달에 한 번씩 모여 서로 공부해 나가는 데 있어서 오늘은 토론을 하기로 했습니다. 하여튼, 사시다가 용도에 따라서 어떠한 문제가 있든지 질문해 주십시오.

질문자1(여) 스님, 진주에서 왔습니다. 큰스님을 뵙게 되어 행운으로 생각합니다. 한마음선원을 알기 13년 전에 남편이 양다리 수술을 받고 큰 힘을 못 쓰게 되었습니다. 그런데 저희 식구가 6명이고 대학생이 지금 둘이 있습니다. 옛날에 저희들이 합천 상가에서 살았을 때, 465평이라는 논이 있었는데 그 논이 도시계획에 묶여서 22년간 팔지 못하고 있습니다. 이래서는 애들 공부하는 데도 지장이 많고, 제가 지금 너무 그 논을 못 팔아서…, 이런 말씀 스님께 드리기 죄송합니다.

큰스님 어떠한 길이든지 가지 못할 길은 없습니다. 내가 항상 말씀드렸죠. 모든 것이 몸 안의 그 모든 업식으로 인해서, 컴퓨터에 입력돼서 나오는 것처럼 그렇게 나온다고요. 그러니까 그게 모두 업식에 의해서 벌어지는 일들인데, 그것을 거기다 되입력을 하시라구요. 되입력을 하시면 새 입력이 들어가서 새 물이 나와서 새 물을 먹게 되니까, 앞서의 그 모든 업식의 고가 무너져 버리죠. 그렇게 모든 거를 거기다가 진짜로 믿고 놓으세요. 제 나무는 제 뿌리를 믿고 제 뿌리에 놔야 그 모두가 원력이 된다고 그렇게 말씀드렸어요. 그 업식 자체가 체가 없는 것이므로, 이 마음의 선장이 다스리면서 모두 공해서 돌아가게 만들어 놓으면 못 할 일이 없어요. 털구멍을 통해서 바깥으로는 나가서 조절을 하고, 안으로는 바로 편안하게 잘 이끌어 주는 그러한 법이 되니까요. 그게 행이에요. 법행(法行)! 열심히 그렇게 하세요. 댁에서 얘기하는 바람에 같이 한마음으로서 알게 됐지 않습니까? 알았어요.

질문자1(여) 감사합니다.

질문자2(여) 스님, 감사합니다. 저는 오늘 스님께 인사 말씀 좀 드릴까 해서 왔습니다. 저는 살기는 김해에 살고 진주지원에 다니고 있습니다. 다리 못 쓰는 제 동생 때문에 온 가족이 함께 공부하느라고 진주에 다니고 있거든요. 지금은 비록 서서 다니지는 못해도 많이 좋아지고 있고요, 자기 밥그릇 자기가 넓혀 가리라 봅니다. 온 가족이 함께 공부하고 있으니깐요. 그리고 제 말씀 한 가지 드리겠습니다. 남편이 노름을 너무 좋아하는데 한 4, 5일 전에 돈 안 준다고 저를 4시간 반을 방에다 감금을 시켜 놨었거든요. 그랬는데도 제가 공부가 되어 나가는지 그렇게 원망이 안 되고 뭐, 미워하거나 이런 생각이 전혀 없고요, 그 사람도 잘 돌아오리라 믿고 주인공 자리에다가 '정말 바른 길로 가게 할 수 있지 않느냐, 저 길이 아니잖느냐' 고 그렇게 관하고 있습니다.

그리고 한 23년 전에 헤어졌던 친구를 만났는데, 제가 사실은 모든 면으로 힘이 든 상태인데도 그 친구가 저를 보고 참, 너무 넉넉해 보이고 마음이 꽉 차 보인다고, "그래, 너는 신랑이 돈도 잘 벌어다 주고 참 편하게 생활하는가 보다." 할 때 굉장히 감사했습니다. 제 얼굴에 나타나는 게 제 속이 꽉 차 보인다 할 때 너무 고마웠습니다. 그리고 항상 제가 배고플 때에 밥을 얻어먹을 수 있는 선원이 있고 스님이 계셔서 너무너무 감사드립니다, 스님. 제 감사의 말씀을 어떻게 표현할 수는 없고요, 너무너무 감사하고 열심히 관하고 정말 그 자리를 보고 가겠습니다. 감사합니다, 스님.

큰스님 감사해요. 그래서 첫째, 부처님의 뜻과, 그 마음 말입니다, 내 마음의 뜻을 둘 아니게 믿고, 또 부처님의 법을 둘 아니게 따르고, 또 둘 아니게 행을 하라 이랬습니다. 이 세 가지가 세 가지가 아닌, 내 마음 한가운데서 나오는 모든 것이니까 잘 알아서 행하신다면 만사가 편안할 겁니다, 아마.

질문자3(남) 스님, 뵙게 돼서 무척 감사합니다. 저는 서울에서 학교를 다니고 있는 학생인데요, 한 8개월 전부터 별다른 이유를 모르게 목이 돌아가면서 막 뒤틀어지기 시작하더니 지금까지 계속 심해지고 있거든요. 그래서 뭐, 정밀 검사나 여러 가지 해 볼 수 있는 거는 일단 해 보자 해서 해 봤는데, 특별한 원인은 밝혀지지 않고 계속 심해지면서 자꾸 뒤틀어지는데, 스님께서 마음 좀 내 주십시오.

큰스님 날더러 마음을 내 달라기 이전에, 우리가 상식적으로 생각해도 몸속의 그 생명들이 과거에 살던 인연에 따라서 온 업식들입니다. 정자 난자를 비롯해서 자기 영혼과 더불어, 그 생명들이 인연이 돼서 모두 합쳐진 한 몸뚱이입니다. 그렇기 때문에 그 업식에서 나오는 야릇한 증세니까, 학생은 공부를 하는 사람이니까 더 잘 알겠지. 내가 보는 거, 듣는 거, 아는 거, 가고 오는 거, 만나는 거 이 모든 게, 그 다섯 가지 종류의 오신통이라 하는 그 자체가 바로 자동적인 컴퓨터와 같애. 그래서 '목이 이렇게 되는 것도 거기서 나온 거니까, 거기서 해결할 수 있잖아!' 하고 거기다가 되입력을 하는 겁니다. 되맡기는 겁니다. 그러면 오늘이라도 괜찮아질 수 있죠.

옛날에 이런 일이 있었죠. 시장에서 솥이나 수세미 이런 걸 파는,

아주 오래 여기 다니시던 분이 있었습니다. 지금도 다니죠. 그런데 다니기 전에 고개가 그렇게 학생처럼 돌아가질 않아서 왔어요. 그때 내가 상원사에서 내려와서 신도 집 여관 사무실에 있었어요. 그런데 거기 와서 절을 하는데 말이요, 얼마나 극진히 삼배를 하는지 남자로서는 하기 어려운 일이었죠. 내가 볼 때에 '남자가 아무것도 모르면서도 저렇게 극진할 수가 있을까?' 하는 생각이 들었어요. 왜? 부처님도 안 모셔 놓고 그 방석, 거기에 부처님이 계시다고 절하라고 하니까 거기다가 진짜로 믿고 그냥 삼배를 극진히 했어요.

그럴 때 마음이 어땠을까요? 저렇게 아무것도 모르는 사람이 무조건 저렇게 믿고 삼배를 올리는데, 그것은 부처님이 받으신 거지 내가 받은 게 아니거든요. 그러니까 자기 극진한 마음과 부처님 마음이 한데 이어진 거예요. 동시에 말입니다. 그러니까 가다가 목이 그냥 풀렸대요. 가다가 말입니다, 버스 타고 가다가. 그러니 그것이 도깨비장난 같고 요술쟁이 같고 하지만, 우리가 전부 요술쟁이고 도깨비장난이고 탤런트고 그렇습니다. 인생이 모두 그런 거 아니겠습니까?

그런데 우리 모두가 지금 망망대해에 배 한 척을 각자 띄워 놓은 것과 같애요. 파도가 일고 비바람이 치면 아이고, 살려 달라고 뭐, 아우성을 치게 되죠. 학생도 그런 사람 중의 한 사람이죠. 지금 고개가 안 돌아가니까 파도가 치는 거와 같죠. 그러니까 집중을 어디다 해야 하느냐? 아주 일어서서 나 죽는다고 살려 달라고 바깥으로 할 게 아니라 그 마음을 침착하게 가지고, 선장더러 하는 소립니다. '선장! 이 배를 가는 곳까지 끌고 갈 수 있는 건 당신밖에 없어.' 하고 말입니다. 이렇게 한마음으로 믿어서 거기에 한마음으로 뭉칠 때, 가는 곳까지 갈 수 있어요. 그와 같이 그 목도 파도가 치다가 선장이 잘 이끌어 가고 그런다면 파도가 치지 않을 수가 있거든요. 파도친다고 해서 제각기 일어나서 우왕좌왕한다면 배는 뒤집히고 말죠. 영영 고치지 못하고 말아요.

그러니까 그거를 겁내지 마시고, 지금 이 순간에도 '오직 내 몸뚱이를 끌고 가는 선장만이 이끌어 줄 수 있어. 고칠 수 있어!' 하고 그렇게 진짜로, 마음이 묘한 거니까 마음을 그렇게 가지세요, 진짜로 믿고. 그리고 자주 와요. 지금이라도 그렇게 생각해요. 괜히 고개가 왜 삐뚤어지겠소? 허허허…. 그게 세포 하나하나에도 생명이 들어 있어서…. (한숨을 길게 쉬심)

질문자4(남) 스님, 대단히 반갑습니다. 저는 부산 법형제 심등회에서 열심히 공부하고 있습니다. 하심(下心)을 하면서 일체 만물이 스승이라는 것을 뼈저리게 느끼고 열심히 생활하고 있습니다. 부산 법형제회도 지난 목요일을 기점으로 해서 이제 세 개의 신행 단체로 성장을 하게 됐습니다. 큰스님께서 내외적으로 더욱 성장이 될 수 있도록 큰 마음 내 주시기 부탁드립니다.

큰스님 나한테 내 달라기보다도요, 이거 보세요. 모두 내 주인공의 한마음을, 한 뿌리를 믿고 맡겨 놓으세요. 일체 뿌리가 한 뿌리라면 전체가 연결이 됩니다. 그와 같이 일체제불의 마음은 내 한마음에 찰나찰나 나투시니 바로 한마음에 계시다는 거를 생각하시고, 일체 선장의 마음은 한마음이다. '당신만이 이끌어 갈 수 있고, 당신만이 물리가 터지게 할 수 있고, 당신만이 화목을 가져오게 할 수 있고, 당신만이 조절을 하게 할 수 있고, 모든 자생 중생들을 화하게 해서 보살로 응신(應身)이 되게 할 수 있는 것도 바로 너밖에 없어.' 하고 거기다가 맡겨 놓으시면 일체가 모두 들립니다.

질문자4(남) 대단히 감사합니다. 그리고 이 공부를 하면서 남들이 보기에는 우연 같지만, 우연 아닌 필연이 너무나 많이 일어나고 있습니다. 예를 들면 제가 한 10개월 전에 부산 모 체육관에 가서 관장님한테 운동을 좀 배울 거라고 서울로 오면서 그랬더니, 그렇게 해 주겠다고 말씀을 하시고 나서 영 소식이 없었습니다. 그렇게 하다가 제가 부산에서 공부를 계속하고 있는데 어느 날 전화가 왔습니다. 자기가 내려와서 직접 지도를 해 주겠노라고. 그래서 이런 얘기를 다른 분들한테 하면 '그건 뭐, 우연히 있을 수도 있는 일이 아냐?' 이렇게 얘기를 하겠지만 저는 필연이라는 생각으로 받아들였습니다. 그리고 전화 옆에 앉아서 옛날에 연락하고 싶었던 친구들한테 전화를 하려고 할 때에 전화가 와서 받으면 그 친구가 목소리를 전해 주기도 하고, 그런 일이 한두 번이 아니었습니다. 제가 어제 서울에 올라왔는데, 장모님이 마산에 가셔서 처자식을 놔두고 혼자 오기가 좀 마음이 꺼림칙했는데 밤에 와서 전화를 해 보니까 장모님이 집에 와 계셨습니다. 그래서 '야, 참 묘하구나!' 했는데 스님 말씀대로 하나로 다 연결이 돼 있다는 것을 실감 나게 느낍니다.

그리고 그전에는 그냥 보아 넘길 수도 있는 건데 지금은 그것이 안 되기 때문에 한 가지 질문을 드리고자 합니다. 제 개인적인 일입니다마는 처 외숙모가 정신병원에 입원을 해 있습니다. 집에서는 사실상 손을 전혀 못 쓰는 상태인데 제가 결혼을 할 때 그 얘길 들었을 때는 그냥 무심히 흘려 넘길 수가 있었습니다.

그런데 요즘에는 그게 안 되는 겁니다. 또 그 외숙모 딸 되는 분이 교회를 나가고 있습니다. 그래서 내가 어떻게 마음을 더 내 가지고, 처외숙모 얼굴도 모르지만 한번 공부를 시켜 볼까 그런 생각이 간절합니다. 그런데 지금 저로서는 교회 다니는 그 처제 입장을 생각하지 않을 수 없고, 그래서 큰스님께 제가 할 수 있는 방법에 대해서 여쭙고자 올라왔습니다.

큰스님 기독교를 다니든지 어디를 다니든지 내가 이 세상에 출현을 했으니까 나부터 있는 겁니다. 나부터 있기 때문에 상대가 있고 종교가 있는 겁니다. 그렇기 때문에 기독교를 믿든 가톨릭교를 믿든 불교를 믿든 그 주처는 나에게 있는 겁니다. 내 밖의 하나님한테 있는 게 아니라, 나로부터 있는 겁니다. 그렇기 때문에 기독교를 믿더라도 주

(主)는 반드시 나의 근본, 마음의 근본이요, 하나님은 그 하나의 근본으로 인해서 하나로 돌아가는 바로 당체라는 말입니다, 천체. 그러니까 '불교' 라고 그랬습니다. 불(佛)은 천체 생명이요, 교(敎)는 전체에 마음과 마음이 연결돼서 돌아가는 것을 말하는 겁니다. 그렇기 때문에 "그 주처는 처제 가슴에 있소. 그러니까 주님은 바로 가슴에 있는 거니까 바깥으로 찾지 말고 안으로 찾아요." 이렇게 일러 주십시오. 일러 주고 아픈 사람도 그렇게 관하게끔 일러 주세요.

기독교를 믿든 뭐를 믿든 간에 살리려면, 기독교를 믿는다 불교를 믿는다, 이런 사소한 건으로 부담을 가지고 나누지 마시고, 그것도 역시 한마음이라고 해야죠. 하나로 돌아가요. 지구촌의 모두가 지구를 타고 하나로 돌아가듯이, 우리가 갈라져서 돌아가지 않죠? 하하하…. 그러니까 기독교를 믿는 사람한테라도 주처는 너의 가슴에 있으니까, 그 가슴 깊이 들어 있으니까 바깥으로 주님을 찾고 하나님을 찾고 그러지 말고 안으로다가 '주님, 당신만이 낫게 할 수 있고 당신만이 이끌어 갈 수 있어.' 하고 그렇게 찾으라고 일러 주세요.

질문자4(남) 예, 대단히 감사합니다.

큰스님 그리고 아까 얘기하신 거, 여기 앉아 계신 분들도 그런 분들이 많이 계시리라고 믿습니다. 그러나 이 세상은 그 모두가 필연적으로 돌아가고, 인과에 의해서 돌아가는 것이므로 거짓도 없고 우연이라는 것도 있을 수가 없습니다. 모두 자기가 뿌려 놓고 자기가 기르고 또 거두고 이러는 거지 '우연히' 가 어딨습니까? 이 세상에 우연이라는 건 없습니다. 그렇게 하세요.

질문자4(남) 예, 대단히 감사합니다. 그리고 법회에 참석할 때마다 자주 경험을 하고 있는데, 스님이 『천수경』이나 『반야심경』을 독송할 때에 그 소리를 들으면 몸에, 글쎄, 그 표현을 어떻게 해야 옳을지 모르겠는데 전율을 느낀다고나 해야 할까요? 그런 것이 다반사로 나타나고 있는데 그런 것은 어떻게….

큰스님 그것은요, 우리 마음이 동일하게 돌아가는 걸 모르고 나만이 있다고 생각을 한다면, '내가 이렇게 하고 있고 내가 이렇게 한다, 내가 살고 있다' 이렇게만 한다면 전율이 오지 않습니다. 그러나 『천수경』이나 『반야심경』은 전체 돌아가고 전체 이어지고, 끝없이 이어지는 이 진리를 담은 바로 살아 있는 교육입니다. 그렇기 때문에 태양의 열을 받으려고 장치를 해 놨는데, 그 장치에 태양열이 받아졌을 때, 그 받아진 자체를 갖다가 내가 어떠한 용도에 전력으로 쓰려고 아주 강한 믿음을 진실하게 가졌을 때 그 전율이 오는 겁니다.

그런데 그런 전율도 마음대로 할 수 있습니다. 몸에 전율이 오는 경우 혹시나 남이 볼 때에 누(累)가 될 것 같으면, '전율 대신에 뜻으로 올 수 있지 않으냐?' 하는 마음을 내면 컴퓨터를 누른 거와 같아서, 전율이 남 보기에 누가 되지 않게 뜻으로 전달이 됩니다. 그러니까 지혜롭게 마음대로 응용해서 쓸 수 있게끔 하세요.

질문자4(남) 그리고 제가 마지막 질문자로 지금 나와 있기 때문에 한 가지만 더 질문을 드리겠습니다. 이 마음이라는 것, 정신이라는 것, 의식, 영혼이라는 말을 저희들이 늘 사용은 하고 있지만 더 바르게 알고 바르게 쓸 수 있도록 스님께서 한 번 더 가르쳐 주시기 바랍니다.

큰스님 믿지 않는 사람들은 그 몸 안에 천차만별로, 가지각색으로 용도에 따라 구별이 된 의식들을 모두 가지고 있습니다. 선이면 선, 악이면 악으로 말입니다. 또는 유전성 · 영계성 · 업보성 · 세균성 · 인과성이 모두를 가지고 있는 장본인이 내 몸속에 다 들어 있습니다. 그렇다면 선장은 무엇이냐? (손가락을 하나 세워 보이시고) 그렇게 의식들이 있는 그 가운데서 바로 능력만 배출해 줄 수 있는 심봉과 같은 근본입니다. 인간의 마음의 근본! 그거는 부동합니다. 움죽거리지 않으면서 힘을 배출해 줄 수 있는 그런 심봉이죠.

그러니까 그 심봉에게 전부 맡기면, 돌아가면서 그 심봉에 의해서 다스려집니다. 그러니까 입력됐던 것이 심봉에 의해서 모두 없어지면서 새로 들어가는 마음이 입력이 되는 겁니다. 그렇기 때문에 그것을 철저하게 알고 믿고 행을 해야, 그게 체험도 되고 물리가 터지는 것도 알게 되고 나, 참나가 있다는 것도 어렴풋이나마 알게 되죠. 그랬을 때 자꾸자꾸 놓고 그렇게 입력을 하다 보면 나중에는 확 터지게 되는 거죠.

왜냐하면 입력하는 것은 모든 걸 버리는 겁니다, 지금. 버리는 게 아니라, 말하자면 바꿔 쓰는 거죠. 언짢은 건 바꿔 쓰고 좋은 거는 그대로 쓰고, 이렇게 모든 것을 아주 지혜롭게 해 나가는 거죠. 해 나가다 보면 '아, 이것이 바로 하나로 돌아가는 한 혹성의 별성들 전체가 은하계처럼 내 몸뚱이 속에서 돌아가는구나.' 하는 거를 알게 되는 거죠. 생활 속에서 내 안에서 일어나는 거든지 바깥에서 들어오는 거든지 모든 것을 선장의 그 심봉한테 맡기면…, 즉 말하자면 선장이란 이름해서 선장이지 자기의 근본이에요. 그러니까 선장이라고도 하고, 주인공이라고도 하고, 진아(眞我)라고도 하고, 부처님이라고도 하고 여러 가지 있죠.

그런데 그 주인공이라는 것은 같이 찰나찰나 화해서 돌아가니까 주인공이라고 한 겁니다. 그러니 모든 것을 그 부동한 선장한테 다 일임해 놓으면 내 심상대로, 생각한 그대로 그냥 돌아가게 돼 있어요. 이건 컴퓨터를 누르는 대로 컴퓨터에 입력되는 대로 나오게 돼 있으니까요. 이렇게 일러 드리면 잘 아시겠죠? 허허허….

질문자4(남) 큰스님, 대단히 감사합니다. 더욱더 열심히 정진하겠습니다.

사회자 오늘 질문은 네 분밖에 없었습니다.

큰스님 그냥 더 질문하시라고 그러세요. 질문하는 데서 토론하고 토론하는 데서 배우고 그러는 거 아닙니까?

사회자 추가로 더 질문하실 분 계시면 나오세요. 시간 있으니까 몇 분만 더 받겠습니다.

질문자5(여) 큰스님을 뵙게 돼서 영광스럽습니다. 작년 5월 달부터 제가 책을 하나 봐 가지고 여기 나오게 됐습니다. 그때 영감이 아파서 누워 있었는데 '아, 큰스님 한번 뵈면 살리겠다' 싶은 생각에 왔더니 금왕으로 가셨다고 하더군요. 그래서 '아, 그러면 영감이 살 운명이 아닌가 보다.' 이렇게 마음을 먹고서는 '에이, 또다시 한번 만나봬야겠다.' 그러고서 금왕에 갔습니다. 가서 질문을 하려고 했더니 못 하게 하더만요.

큰스님 하하하…. (대중 웃음)

질문자5(여) 그래서 집에 와서 제가 생각하기를 암만해도 살 운이 아니다 싶어 가지고 그 뒤에는 그냥, 여기 열심히 나와서 공부를 하기 시작했는데 그런 지 한 열흘 만에 돌아가셨어요.

큰스님 그런데요, 사람은 마음먹기에 달린 거죠. 마음이 참 무섭습니다.

질문자5(여) 그런데 제가 여기 나오면서부터 부처님이 마음을 주시더만요, 가슴이 뜨거운 게. 그래서 자꾸 무슨 일을 하면은 이상하게 느낌이 있었어요. 그래서 그런 마음을 먹었었는데 그 운이 안 닿더만요. 그런데 지금 내가 말하려고 하는 것은 우리 아들이 사업을 하는데, 지금 수표가 부도가 났다고 나가서 안 들어오고 딸은 지금 사위가 또…, 말이 헷갈리네요.

큰스님 여기 스님네들한테요, 자주 나오셔서 어떻게 하면 그것을 다 이끌어 나갈 수 있는 힘이 생길까 하는 그 법을 배우세요. 알았죠?

질문자5(여) 네.

큰스님 말씀하시는 거 보니까 뭐, 한두 마디 해서는 될 게 아니구요, 열심히 그 도리를 아셔야 됩니다.

질문자5(여) 그렇습니다. 감사합니다.

질문자6(여) 큰스님, 반갑습니다. 저는 청주에서 올라 온 신도입니다. 다름이 아니오라 저는 생각지도 않게 이렇게 질문을 하게 됐는데요, 제 경험담 한 말씀 드리고 싶어요. 작년 12월 초쯤 됐는데요, 제가 여성 의류 대리점을 하고 있거든요. 그런데 어느 날 처사하고 둘이 집에 들어가면서 가게 문을 열어 놓고 들어갔어요. 홀딱 열어 놓고, 그것도 셔터 문도 올린 상태에서 안에 들어가는 출입구 문까지 완전히 열어 놓고 둘이 다른 쓰레기를 버리는 사이에 그거를 잊어버리고 그냥 집으로 간 거예요. 차를 타고 획, 문 열어 놓은 것도 잊어버리고 그냥 들어갔거든요.

그런데 저는 항상 저희 집 처사하고 애들이 공부하는 뒤에 앉아서 저녁 늦게 아이들이 공부 다 하고 들어갈 때까지 늘 관을 하면서 수행을 해 왔어요. 그날 저녁에도 관하면서 아무 생각 없이 앉아 있는데, 제 그 마음자리에서인지 그때는 그것도 잘 모를 때였는데요, '무엇을 관하고 앉았느냐. 네가 나를 관하는 게 아니고 내가 지금 너를 지키고 있다.' 하고 느껴지는 거예요. 그래서 '이상하다. 난 그런 생각을 안 냈는데 왜 이런 생각이 날까?' 하다가 저희 집 처사가 주방에서 따로 관을 하다가 들어왔기에 "아니, 이상하게 나는 아무 생각도 없었는데 '네가 나를 관하는 게 아니고 내가 너를 지금 지키고 있다.' 하는 게 느껴진다." 그랬더니 "둘로 보지 마라." 이러더라구요. 그러고 그냥 무심코 잠을 잤어요.

그런데 그 이튿날 아침에 다시 그걸 반복해서 묻더라고요. 그래서 소상하게 얘길 했더니 "그럼 주인공하고 대화를 한 거야?" 하고 묻더라고요. 그래서 "대화라기보다 일방적으로 제가 그렇게 느껴졌어요." 그랬는데 히죽이 웃는 것 같은 느낌이 드는 거예요, 제가.

그러고 아침에 출근을 했는데 셔터 문이 활짝 다 열려 있는 거예요. 문도 열려 있고 안에 들어가는 출입구 문까지도 다 열려 있고. 아, 그래 놀라서 둘이서 막 뒤져 보고 금고도 열어 보고 그랬는데 전혀 아무 이상이 없고, 들어가는 출입구에만 신문이 세 부가 던져져 있더라고요. 그래서 저 자신도 뭐, 어떻게 표현을 할 수가 없는데 저희 집 처사 첫마디가 "주인공, 밤새도록 지키느라고 애썼네." 이 말을 하더라고요. 그런데 어떻게 말을 할 수가 없는 거예요. 뭐, 어떻게 표현할 수 없는 거를 제 자신이 느꼈어요.

그리고 그 이후부터 정말 진정한 공부로 들어간 건지, 작은 체험뿐 아니라 이러저러한 체험을 제가 아주 피부로 느끼면서 이렇게 수행을 해 나가고 있었거든요. 그래서 저희 집안의 모든 게 다 순조롭게 돌아가고, 넉넉한 거는 없어도 마음들은 모두가 편안하게 서로 인정해 주고 아껴 주는 마음으로 지금 돌아가고 있어서 제가 공부가 잘된다고 신나라 했거든요.

또 큰스님 법문 테이프를 생활처럼 늘 들으면서 이렇게 수행을 하다 보니까 전에는 생활을 위해서 수행을 했는데, 그게 바뀌어 가지고 어느 사인가 모르게 제가 수행을 위해서 생활을 하고 있다는 걸 스스로 느끼게 되는 거예요. 그래서 '아, 내가 수행하는 데 지장만 없으면 어떠한 문제도 나한테는 문제가 될 게 없다.' 하는 거를 생각하면서 열심히 정진을 하고 있는데, 잘 돌아갔어요. 그런데 요 근래에 큰스님 법문 테이프를 늘 눈만 뜨면 듣고 잠자기 직전까지 관하면서도 듣고, 관 안 할 땐 안 하는 대로 또 듣고 일을 하면서 듣고 그렇게 해 나왔는데, 요 근래에 테이프를 들으면서 제가 뭔가 모르게 아주 묘하게 터득이 될 것 같은 부분이 자꾸 와서 닿는데 그게 잘 안되고, 그거를 자꾸 터득을 하려고 애를 쓰면 쓸수록 답답하고 머리도 무겁고 자꾸 그렇게 돼요. 그래서 이거를 알려고 해서 되는 게 아닌데 내가 진실하게 그것조차도 그 자리에 맡겨야만 순리대로 이게 터지지 않을까 그런 생각을 하면서도 왠지 거기에 자꾸….

큰스님 이거 봐요.

질문자6(여) 예.

큰스님 다 놔야 다 얻을 수 있어요. 다 얻을 수 있어야 다 줄 수가 있어요. 이거를 명심해요. 그리고 또 한 가지는, 여기 여러분이 앉아 계시지만, 어떤 분들은 문을 열어 놓고 자기도 하고, 때로는 잠가야 할 때는 안 잠그고 또 잠그지 않아야 할 때는 잠그고 들어가는 수가 많아요. 이거를 정하지 마세요. 왜냐하면 아까 그 말이 '네가 나를 지켜보고 공부하는 게 아니라, 지금 급하니까 내가 너를 지키고 있다' 이 소리거든요. 그러니 얼마나 기막힌 자기의 보배입니까? 자기 앞에 보배를 두고 딴 데 어디 가서 찾습니까? 바로 자기 마음 가운데 그 자기 불성인 뿌리죠. 그 뿌리만이 바로 자기의 그 마음을 통해서 일러 주기도 하고 뜻을 가르쳐 주기도 하고 이렇게 해서 체험을 하게 되는 거죠. 급하니까 그런 거지, 댁이 잘나서 그런 건 아니죠. 하하하…. 그래서 아무리 자식이 밉다 잘못한다 하더라도, 급할 때는 당기는 것이 부모거든요. 그러니까 그런 걸 감안해서 진실하게 믿고 진실하게 거기만을 의지하고 거기만이 그렇게 할 수 있다는 거를 믿으면, 진짜 꽃도 피고 열매도 맺고 제 나무에서 무르익어서 만 가지 맛을 낼 수가 있는 자유인이 될 수 있어요.

질문자6(여) 그리고 한 가지 더 말씀드리고 싶은 게 있는데요, 지금 막 차를 타고 오면서 옆에 앉아 있는 처사한테 제가 말을 했어요. "우리한테 지금 현재 닥쳐 있는 문제가 있는데 그걸 큰스님 법회에 참석해서 우리 둘이 똑같이 한마음으로 관을 해 보자." 이렇게 전달을 하고 올라왔는데 여기 와서 첫 질문에서 그 말이 나왔어요. 그래서 큰스님 말씀에 "댁이 말을 했기 때문에 한마음 자리에서 다 알았다." 그랬으니까 저도 다 안 걸로 알고 돌아가겠습니다. 감사합니다.

큰스님 그 다행이구먼요. 하하하…. (대중 웃음, 박수)

질문자7(남) 저는 진주에서 올라왔습니다. 큰스님을 직접 만나 뵙게 돼서 무한한 영광으로 생각합니다.

큰스님 (질문자를 향하여) 가만히 있어요, 잠깐만. (맨 앞줄에 있는 외국인을 바라보시며) 편히 앉아요. 다리 저리면 누가 다리 저린 것 낫게 해 주지 않아. 자기가 생각하고 자기가 편안하게 해야 돼. (통역을 하는 스님에게) 너두. (대중 웃음) 이제 얘기해요.

질문자7(남) 제 모친에게 문제가 있어서 나왔습니다. 저는 합천읍에서 한 4km된 산골짜기에서 63년도에 태어나서 중학교까지는 합천에서 졸업하고 그 이후는 진주에서 줄곧 생활해 왔습니다. 제가 국민학교 2학년 때에 아버님을 여의었는데 그때에 모친이 8년 아래인 제 막냇동생을 가져서 아버님이 돌아가신 때가 2월 달인데, 8월 달에 애를 낳았습니다. 그래서 6남매를 서른아홉 살 되는 그 시점부터 지금 육십셋 되는 여태까지 저희들을 뒷바라지해 오면서 학교 공부를 시켜 왔습니다.

나름대로 열심히 살아 보려고 애를 쓰고 있는 그런 상황에서, 모친에게서 자궁암이 금년 5월 달에 발견돼서 부산 고려의료원에 지금 입원 치료 하고 있는 중입니다. 2기 말이라는 판정을 받았는데 마음 아픈 것도 있었지만 나름대로 어떤 희망을 가지고 수술 치료 과정을 거쳐 왔는데 약물치료를 세 번 받았습니다. 일주일 받고 또 일주일 쉬고, 또 일주일 받고 또 2주 쉬고, 2주 쉬고 난 후 또 일주일 받고 이런 식으로 3주에 걸쳐서 약물치료를 해 오고, 약물치료를 하고 난 뒤에 8월 31일 수술 일정을 잡았는데, 자궁만 들어내는 게 아니고 자궁 주위의 임파선까지도 수술할 계획으로 7시 반에 수술에 들어갔습니다. 저희들은 아침 먹으러 집으로 올라오고 형님은 수술실 앞에서 대기해 있고, 그런 상황이었는데 한 9시 20분쯤 돼서 형님한테서 전화가 왔더라고요. 임파선이 골반 쪽으로 퍼졌기 때문에 수술이 안 된다는 식으로 소식이 왔더라고요.

그래서 급히 병원에 가니까 모친께서는 다시 입원실에 와 계시고, 마취가 깬 상태여서 그랬는지 모친께서도 시간이 한 오후 2시 정도 이렇게 마쳐질 걸로 예상했는데 빨리 끝났다는 생각을 아마 하셨던 것 같습니다. 그래서 시계를 이렇게 만지더라고요. 그래서 옆에 같이 입원한 동료 환자가 눈치를 채고 "지금 오후 2시 됐습니다."라고 이렇게 위안을 해 드렸습니다. 그런데 모친은 2시가 안 됐다는 것을 자꾸 의심을 하면서 수술이 안 됐다고 아주 절박한 실의에 빠져 있었습니다. 그래서 뭐, 자식된 도리로서 참 어떻게 표현해야 할지 모르는 막막한 상황이었고, 그래서 일단은 지금 수술이 안 되니까 방사선 치료를 회복되는 대로 하자 이렇게 계획이 잡혔습니다.

그런데 저는 장모님께서 진주지원에 다니고 계셔서 이 선원을 알게 되었습니다. 그래서 가끔씩 이 내용을 듣고 있었지만 제 생활이 바쁘다 보니까 선원을 가겠다는 마음을 가지게 될 만큼 그렇게 마음에 와 닿질 않았습니다. 그런데 부처님이 우리 마음에 있다는 그런 말을 제가 전해 들었을 때에, 그 마음에서 모든 것이 치유가 되고 해결된다는 그런 말을 들었을 때에, 상당히 거기에 마음이 끌려 가지고 마음의 어떤 힘을 전달해서 모친이 일어날 수 있게 하겠다는 그런 각오를 제가 깊이 가졌습니다.

그래서 어저께 밤 8시 반에 진주에서 출발해서 부산의 병원에 장모님하고 장인어른하고 제 처하고 저하고 애들하고, 이렇게 다 같이 갔습니다. 그리고 장모님께서 마음의 병과 선원에 대한 이야기를 간곡하게 전했는데, 그렇게 한두 시간 정도 이야기하니까 모친께서 얼굴이 밝아지더라고요. 그래서 오늘 선원에 법회가 있으니까 같이 가서 큰스님한테 말씀을 올리겠다는 마음을 가지고 제가 모친한테 말씀드리고….

큰스님 얘기 그만 끝내도 알겠어요. 그러니까요, 당신도 아직 그릇이 만들어진 상태가 아니거든요. 그래도 그 어머니를 살리고자 하는 마음이 이 전기가 가설이 된 거와 같거든요, 가설! 어머니라는 생각이 그렇게 들기 때문에 가설돼서 스위치를 올리면 불이 들어오게끔 돼 있거든요. 그러니까 진실로써 식구가 관하시면서 감자즙을 아침 저녁 자꾸 해 드리도록 하세요. 그리고 또 한 가지는, 감자즙이라는 것은 그냥 아무나 이렇게 먹으면 안 되지만, 관하면서 그렇게 감자즙을 먹으면 그것이 바로 항생제 역할을 해요. 그러니까 병원에 가서 그렇게 받는 거 뭐죠?

질문자7(남) 방사선 치료.

큰스님 방사선 쬐는 거보다 한층 더 낫다고 볼 수 있어요. 그러니까 그것을 아침 저녁 드리도록 하고 지치지 않게끔, 될 수 있으면 감자물에다가 미숫가루를 타서 누런 설탕을 가미해서 그렇게 자꾸 잡수시게 하면서 열심히 관하고, 본인이 열심히 관해서 거기 전깃불이 들어올 수 있게, 광선이 좀 갈 수 있게끔 하시란 말입니다. 그러면 그 안에 광선이 들어간다면, 그 마음의 광선이란 정말이지 위대한 겁니다. 그러니까 그렇게 해서 살리도록 하시는 게 어떨지 모르겠네요.

질문자7(남) 예, 고맙습니다.

큰스님 그렇게 열심히 하세요.

질문자7(남) 예. 오늘부터 저는 집사람하고 진주지원에 나가기로 마음을 굳게 먹고 마음의 어떤 변화가 모든 것을 해결할 수 있다는 그런 확신을 받았습니다. 감사합니다.

큰스님 진주지원에 나가신다구요?

질문자7(남) 여태까지 장모님만 나가셨고요, 저하고 처는 아직 안 나갔습니다. 어저께 장모님의 권고로 해서 같이 부산 갔다 와서 제가….

큰스님 진주지원이라면…, 알았어요.

질문자7(남) 감사합니다. (대중 박수)

큰스님 불쌍한 어머니라면…, 모든 사람들이 어머니 아버지를 다 가지고 있겠지만 마음속에 지극하게 '내가 어떠한 문제를 당하더라도 부모님을 살려야겠다.' 하는 생각이 있다면…. '내가 죽더라도' 이러지는 말고요. 허허허…, 내가 죽으면 또 부모한테 불효니까요. 하여튼 더불어 같이 살아야 하니까요.

질문자8(남) (독일어로 말함)

혜진 스님(통역) 스님, 저는 오스트리아 비인, 비엔나에서 왔습니다.

큰스님 응.

혜진 스님(통역) 자기가 질문할 테니 제가 도와줄 수 있느냐 그래서 그런다고 그랬습니다.

질문자8(남) (혜진 스님 통역) 약 2, 3년 넘게 선(禪)을 공부해 왔습니다. 내 존재가 무엇인지, '나'가 누구인지 2, 3년간 계속 찾아 왔습니다. 제가 그 길을 찾아 오면서 두 번이나 스승을 바꾸었고, 3개월 정도 화계사(華溪寺)에서 공부를 했었습니다. 그렇게 공부를 해 왔는데 요즘 갑자기 어떤 생각이 났느냐 하면 '내가 왜 이렇게 찾아다녀야 되는지, 내가 왜 이런 공부를 해야 되는지' 갑자기 그 의문이 내면에서 떠올랐습니다.

여러 가지 공부를 많이 해 왔는데 숭산 스님이 이 공부를 하면 자신을, 자아를 발견한다고 말씀하시는 것을 들었습니다. 지금까지는 내면의 길을 찾아서 공부를 해 왔는데 그런데 요즘 들어서 갑자기 목적이 없어졌습니다. 내가 왜 이런 공부를 하고 이렇게 찾아다니는지를 요즘 갑자기 모르겠습니다, 스님.

큰스님 그런데 숭산 스님 얘기는 또 뭐야?

혜진 스님 화계사에서 여름철을 났답니다, 3개월을. 그리고 내일 비엔나로 돌아가는데 어떤 스님을 만나서 오늘 한마음선원 큰스님 법문이 있다고 그래서 왔답니다.

질문자8(남) (혜진 스님 통역) 스님! 제가 내적 자아, 저를 찾아가는 그런 공부를 계속해야 될 이유가 있습니까?

큰스님 누구나가 다 그럴 이유가 있지. 이 세상에 태어난 게 이유지. 이 세상에 태어났다면 자기를 형성시킨 근본 자아가 있거든, 자기를 형성시킨. 자기는 부모의 정자 난자를 빌려서 자기 영혼과, 어떻게 살았느냐에 따라서 입력된 업식, 그 악업 선업이 전부 같이 혼합이 돼서 형성되는 거라고. 그러기 때문에 그 의문도 그 속에서 어떻게 살았느냐에 따라 그 업식 속에서 나오는 거니까 그 업식을 다스리면서 내 마음의 근본 자아를 진짜로 자기 뿌리로 생각을 하고….

혜진 스님 거기까지만요, 스님. (대중 웃음)

큰스님 허허허….

혜진 스님 (통역한 후) 잘 알아듣습니다, 스님. (대중 웃음)

큰스님 허허허…. 그러니까 그 업식 속에서 마음을 통해서 나오는 거를 나오는 자리에다 '너만이 참나가 있는 거를 알게 할 수도 있고, 나를 물리가 터지게 할 수도 있고, 지혜를 내게 할 수도 있어.' 하고 되맡겨서 일임한다면 참자기가 거기에서 발견이 돼.

그런데 오늘 아침에 말이야, 밑에 앙금이 가라앉아서 시뻘겋게 물이 들어 있는 병에다가, 저 뭐야? 퐁퐁을 조금 넣어서 씻어 가지고서는 맑은 물을 거기다가 받았어. 받으니깐 그 거품이나 뭐나 그냥 쫙 위로 올라오더라고. 올라오더니 나중에는 그 나쁜 물이 다 없어지고 맑은 물이 채워지더라고. 연방 맑은 물이 채워지면서 흘러 내려오더라고. 그거와 같애.

'왜 내가 이런 공부를 해야 하나? 왜 이렇게 답답한가?' 하는 생각이 나오는 것도 그 구멍에서 나오는 거거든. 그러니까 '너로 인해서 그 생각이 나게끔 하는 거니까 없애는 것도 너 아니야?' 하고 거기에 되맡겨라 이거야. 내 말은 끝났네, 이제. (대중 웃음)

혜진 스님 (통역한 후) 예, 스님.

큰스님 내 말이 끝났다고. 하하하…. (대중 웃음) 이제 영어로 돼 있는 조그만 책도 주고, 잘 알아서 좀 리드해 줘. 답답하지 않도록! 이 세상에 답답한 일은 하나도 없어, 생각하기에 달렸으니까. 금방 누가 뭐, 하혈을 하고 죽는다고 해도 답답한 거 하나도 없어. 그만큼 믿고 힘이 있는 사람은 하나도 답답할 게 없어요. 그런데 힘이 없는 사람일수록 방방방방 뛰죠. 배 안에 탄 중생들이 그냥 일어나서 아우성을 치면 배가 뒤집히듯이 말이야. 그건 꼭 뒤집히고 만다구.

질문자8(남) (한국말로) 감사합니다. (대중 웃음, 박수)

질문자9(여) 저는 마산에서 왔습니다. 이렇게 지척에서 높고 귀하신 스님을 대하니까 제가 몸과 마음이 모두 설레입니다. 제게는요, 오빠가 한 분 계십니다. 그 오빠가 2주일 전에 서울대학병원에 간암으로 입원을 했습니다. 그런데 제게는 오빠를 도와줄 아무런 힘도 없고, 그런 고민을 친구에게 이야기를 했더니 친구의 권유로 해서 오늘 서울까지 오게 됐습니다. 오빠의 수술이 잘되기를 바라고 스님의 힘을 빌려서 오빠에게 도움을 드리고 싶습니다.

큰스님 댁은 공부한 지 얼마나 됐어요?

질문자9(여) 마산지원 스님 법문은 두 번 들었고 절에 다니기는 한 15년 정도 됐습니다.

큰스님 그 전에 절에 다닌 거 말고.

질문자9(여) 한마음 공부는 해 본 적이 없습니다.

큰스님 이번에 처음 왔다고요?

질문자9(여) 두 번째입니다.

큰스님 두 번? 미약한데, 두 번을 들었으면. 하여튼 한 번을 들었든 두 번을 들었든 절실하게 듣는다면 연결이 될 수도 있죠. 나무와 나무가 서로, 은행나무와 은행나무가 사랑을 하죠. 붙들고 매달리지 않아도 사랑을 하죠. 그거와 같이 그렇게 통한다 이 소리예요. 그러니까 절실히 믿느냐 안 믿느냐, 그거에 따라서. 물질세계만 믿느냐, 정신세계 자기의 근본을 믿느냐, 이거에 따라서.

질문자9(여) 그러면 제가요, 오빠에게 해야 될 말이나 어떻게 뭐….

큰스님 그거밖에 없어요.

질문자9(여) 마음으로?

큰스님 진짜로 믿어서 관하고, 관하면서 연결이 되고, 연결이 되면서 불이 들어오게끔 그 능력을 기르고 발전을 하게 하는 거고 그렇죠.

질문자9(여) 네, 스님. 앞으로 더욱 노력해 보겠습니다.

큰스님 열심히 해 보세요. 그리고 본인도 하게 만들고요.

질문자10(남) 춘천에서 왔습니다. 제가 직장 일 등으로 큰스님을 자주 뵙진 못하지만, 큰스님 비디오하고 한마음 회보를 수시로 보고 큰스님께 말씀 들은 거를 한량없이 받아 가서, 그걸 심봉 삼아 주인공에 맡기면서 나름대로 공부를 계속해 가고 있습니다. 그런데 제가 공부를 해 가면서 두 가지 의문점이 있어서 여쭈려고 하는데 첫 번째는, 제가 『반야심경』을 공부한 지 만 5년 만에 나름대로 뜻이 다 와 닿더라고요. 그다음에 뜬구름을 보고 '마음법이 뜬구름과 같구나.' 하는 걸 느꼈습니다. 그다음에 큰스님 죽비 소리에 '닦을 마음도 없구나.' 하는 걸 느꼈습니다.

그리고 춘천에 가서 주인공한테 관하고 맡기고 하는 것을 24시간 쉬지 않고 계속 심봉을 잡고 공부를 나름대로 해 왔습니다. 그러다가 일전에 관세음보살 정근을 사무실에서 혼자 조용할 때 했었는데, 정근을 해 나가다가 불현듯 큰스님 생각을 하게 됐습니다. 그때 제가 홀연히 대자유인임이 느껴지면서 '열반의 경지라는 게 이런 거 아니냐.' 이렇게 스스로 느낌이 와 닿더라고요.

그러면서 제 자신이 중생계를 넘어서는 듯한…, 그때 제 눈에 저도 중생이면서 중생들 삶을 보니까 '중생과 부처가 둘이 아니듯이 전부 다가 처처(處處) 부처님이신데, 단지 자기 본래면목이, 여래장(如來藏)이 여래장임을 모르고 오색 무지개를 떠다가 집안에 갖다 둘러 놓은 그 일체 유위법을 환상으로 보지 못하고 거기에 걸려서들 울고불고 야단들을 하는구나.' 이렇게 느꼈습니다. 저는 큰스님 앞에 앉으면 꼭 이렇게 떨립니다, 허허허….

그런데 매일 예불을 드리거나 그러면 주변에 있는 병든 이, 미혹

한 이, 이런 사람들이 저와 공부를 같이 해 갔으면 하는 마음에서 기도도 하고 관하고 계속 마음을 내고 그럽니다. 큰스님께서 그전에 "하늘을 보면 웃고 땅을 보면 눈물이 나온다." 그러셨는데, 제가 주변 사람들의 사는 모습을 보면 눈물이 상당히 많이 흐릅니다. 여름철 한낮 나서 울다 가는 매미는 천지가 여름인 줄만 알고 있습니다. 그리고 하루살이는 낮만 있고 밤과 새벽은 없다고 얘기하고 있고요. 우물 안 개구리는 천지가 우물 뚜껑만 하다고 주장하면서 각자가 자기가 가지고 온 습과 업의 그 독 속에 파묻혀 가지고 그 시각에서 세상을 보면서 울고불고 살아가고 있습니다.

그런데 제가 아무 힘이 없어서 그런지 고집 세고 자기 주장을 강변을 하는 사람들을 이끌지 못하고 있습니다. 그래서 제가 이후에는 어떻게 공부를 해 나가야 되겠는가 하는 거 하나하고요, 그다음에 그들을 제도하려면 어떻게 돼야 되는가 하는 것을 여쭙겠습니다. 그리고 이어서 또 질문을 하나 여쭤 보겠습니다. 『수능엄경』에 보면 부처님께서….

큰스님 뭘 보니깐요?

질문자10(남) 『수능엄경』요. 거기에 보면 부처님께서 뭐라고 말씀하셨냐 하면 "여래가 멸한 후에 말법 시대가 되면 고기 먹고 다 하면서도 소위 '도를 깨쳤느니라.' 이런 사람들이 많이 나타난다." 이렇게 말씀하셨습니다. 그런데 제가 나름대로 볼 때에는 효봉 스님이나 경허 대선사 같으신 분은 걸림이 없이 행을 하셨는데, 저는 재가불자지만 마음은 스님같이 끝없이 닦아 나가려고 하는데요, 제가 주변의 사람들하고 직장에서 어울리고 하다 보면 뭐, 매운탕도 먹을 때가 있고 술 한 잔 하고, 그럴 때가 있습니다. 그러면서 '부처님 말씀에 따르면 내가 마귀가 아니냐.' 이런 생각들이 때때로 들기도 하고, 그러면서 경허 스님이나 효봉 스님의 그 걸림 없는 행을 보고 자신을 합리화시키는 그런 것이 항상 걸려 왔었습니다.

그래서 첫 번째, 제가 이후에 공부를 어떻게 해 가야 되겠는가 하는 문제하고요, 두 번째는 그들을 어떻게 인도할 수 있겠는가 하는 거하고, 세 번째는 재가 불자라고 하지만 제가 주변의 사람들하고 매운탕 먹고 이러는 것이 공부를 진정으로 해 나가지 않는 것은 아닌가 하는 문제입니다. 그러니 큰스님께서 법을 말씀해 주시옵소서.

큰스님 첫째는 자기를 자기가 이끌어 가지 못하기 때문에 그렇고, 둘째는 자기 몸뚱이 속의 자생 중생들을 제도를 못 했기 때문에, 조복을 받지 못했기 때문이고, 셋째는 남들에게 보이는 이 모습이 부처님 모습 같지가 않으니깐 그렇고. 하하하…. 어때요? '모든 것을 알기만 해도 아니 되느니라.' 하는 거는 '천차만별로 찰나찰나 바뀌고 찰나찰나 나투는데, 어떤 거 할 때 내가 했다고 볼 수 있겠느냐? 내 도량 아님이 하나도 없고, 하다못해 곤충에 이르기까지 나 아님이 하나도 없느니라.' 하는 그 뜻을 모르게 되기 때문이죠. 천차만별로 내 속에 들어 있는 중생들을 제도를 못 했기 때문이지. 어디로 가, 그게? 그 속에서 나오는 게 그냥 그렇지.

그러니 아는 것만 많고 지식이 많고 모든 걸 달달달달 외워서 이 세상이 다 그냥 그렇게 되는 거를 알고 있어도 소용이 없는 거야. 내가 다리 병신이 돼서 요만큼 한 발짝을 떼어 놓지 못하고, 귀머거리가 돼서 듣지 못하고, 눈 한쪽이 멀어서 보지 못한다면 그거는 헛거야, 전부! 그래서 부처님이 '오신통을 한다 하더라도 했다고 하지 마라. 모두 오신통 안에 조복을 받고 오신통을 벗어나야만이 오신통을 굴리고 그 응신이 화해서 천백억으로 나투느니라.' 라고 말씀하신 거죠. 그러니까 천백억이란 숫자를 말하는 게 아니에요.

그러니 아는 거를 다 놓으면 혹시 모르지. '아이고, 이것이 열반경지가 아닌가. 이 세상이 다 그런 게 아닌가. 이게 내가 홀연히 깨친 것이 아닌가.' 이렇게 다 안다 하더라도…, 이 물컵에 물이 들어 있는 거를 보고 알고 있다고 지금 얘기하는데, 이 물컵을 들어서 목마른 사람에게 먹일 수 있고 내가 (물을 마셔 보이시며) 이렇게 먹을 수 있어야만이, 그게 도 아닌 도예요. '도' 도 이름일 뿐이지, 도 아닌 진실한 도! 그러니까 그 아는 거를 다 좀 놨으면 좋겠어요, 네? 그 아는 거를 그 나오는 구멍에, 보고 듣고 알고 이러는 거를 나오는 거기다가 다시, '아는 것도 네가 아는 거지 내가 아는 게 아니니까, 또 듣는 것도 네가 듣는 거지 내가 듣는 게 아니니, 하는 것도 내가 하는 게 아니요, 사는 것도 내가 사는 게 아니니까 너만이 이끌어 줄 수 있잖아.' 하고 거기다 되놔야만 얻을 수가 있는 거지, 그건 남이 해서 주는 것도 아니고 그래요.

그래서 속시원히 털어놓고, 진짜로 그 진실한 마음으로 이렇게 해 나가면…, '공덕이다' 하고 쉽게 말을 하지만, 공덕은 사무 사유(四無四有), 이 모든 보이는 세계와 안 보이는 세계 천체가, 우주 전체, 삼라대천세계가 한데 합쳐져서 천차만별로 돌아가고 나투는 그 법을 알고 실행할 줄 아는 사람이 즉 공덕이 되는 거예요. 그래서 밥을 올려놔도 공양(供養)이라고 하지 밥이라고 안 그러죠? 공양! 공양을 올린다 그러죠. 이 세상 생명을 가진 것들은 전부 공식(共食)이니까요. 공식으로 받아들이니까요. 그러니까 공식이 될 수 있어야만이 여래도 될 수 있고 부처도 될 수 있는 거지, 공생(共生)·공심(共心)·공용(共用)·공체(共體)·공식(共食)이 아니 되면 그건 공덕이 될 수가 없어. 너, 나가 따로 없이 나투니깐 말이야.

그래서 불쌍한 사람을 보든 악한 사람을 보든, 그것을 '너는 악해.' 이렇게 보질 말라, '너는 참 잘났어.' 이러지도 말라 이러는 겁니다. 그건 왜? 나쁜 사람도 금방 좋아질 수 있고 좋은 일을 할 수도 있고, 좋게 하는 사람도 금방 언짢은 일을 하고, 사기도 칠 수 있어! 그러니까 좋고 나쁘고를 떠나서 모든 것이 찰나찰나 화해서 돌아가는 거를 직시하고, 나는 항상 근본을 믿고 근본에다 놓아야 되는 것입니다.

쉽게 말하자면 '맷돌이 돌아가는데 그 심봉은 힘만 배출해 주지 움죽거리진 않는다. 그러나 맷돌은 쉴 사이 없이 돌아간다. 쉴 사이 없이 돌아가는 데다가 내가 어떠한 용도에 따라서 갈아 먹으려고 하는 재료를 갖다 넣는다. 그래서 갈려 나오면 그걸 받아먹는다. 그러니까 그 힘을 배출해 줄 수 있는 그 심봉만을 진짜로 믿고, 거기다가 심봉을 똑바로 꽂아야 갈려 나온다는 걸 미리 알고, 갈려 나오는 것도 거기를 믿어야 하고, 갈려고 놓을 때도 거길 믿어야 하고, 감사하게.' 그런 거와 같다 이 소립니다.

왜 우리가 이렇게 믿지 않으면 안 되고, 하지 않으면 안 되고, 살지 않으면 안 되는가? 이러한 의문을 담담하게, 내 안으로부터 모든 걸 자아내서 내가 지혜롭게 알도록 생활을 그렇게 하시면서 진행해 나가다 보면은 생활이 그대로 법이에요. 부처님의 법이자 우리들의 법이에요, 그냥. 그리고 부처님의 몸이자 우리들의 몸이구요. '일체제불의 마음' 그것을 부르면서 한번 생각해 보세요. 우린 더운 거 찬 거 가리지 말고, 더우나 차나, 잘살든지 못살든지, 모든 생활은 우리가 무대 위에 올라서서 탤런트 생활을 해 가면서 소임을 맡아 가지고 가는 것이라는 그 생각을 잊지 마시구요. 지금 현재 탤런트로서 맡은 소임에 익숙해지게 되면 그것이 요다음 생에도 오는 거니까요.

질문자10(남) 네, 하나만 더 여쭙겠습니다. 저는 금생에 부처님 법을 따를 수 있게 인도해 주신 주인공 자성(自性) 부처님과 큰스님, 그리고 시방 제불보살 마하살님께 그 한량없는 감사함을 항상 느끼면서, 세세생생 시방 제불보살 마하살님들, 그리고 대행 큰스님 곁에 있기가 원입니다. 그걸 항상 발원하고 있고요. 그런데 제 나름대로도 금생에 사람으로 태어나 가지고 가장 사람답게, 그리고 눈을 감을 때까지 후회 없는 삶을 살아야 되겠다 하는 마음을 항상 갖고 있습니다.

큰스님 너무 많아. 너무 많이 알고 자꾸 생각을 하기 때문에 오히려 덮여요. 그러니까 좀 어리석은 듯하게, 응? 그냥 무지하게, 그냥 들어가라구. 부처님의 마음을 나와 둘 아니게 믿고, 부처님의 법을 둘 아니게 따르면서, 부처님의 행을 둘 아니게 하면서, 삼합이 둘이 아니게 내 마음 가운데서 일어나도록 이렇게 관하고 들어가게끔 우리들이 공부를 해야 합니다. 또 우리 한국의 불교가 부처님의 마음을 둘 아니게 믿고 부처님의 법을 둘 아니게 따르고, 부처님의 행을 둘 아니게 하게끔 종지를 세워서 전체 불자들을 이끌어 간다면 아무 걱정이 없을 거예요.

그런데 종지를 이것이 옳다 저것이 옳다 하고, 모아 놨다가 벌겨서 헤쳐 놓고 헤쳐 놨다 벌겨 놓고 이렇게 야단들을 하니, 제가끔들 그냥그냥 모두 흩어지죠, 불자들이. 기독교는 하나님으로 하나로 뭉쳐 놨어요, 타의에서 구하는 기도지마는. 그런데 깨치진 못할지언정 질서는 지킬 수 있거든요. 그런데 우리 불(佛) 종지를 '부처님의 마음 뜻에 의해서 일체를 하나로 놔라. 오직 부처님의 마음을 나의 마음과 둘 아니게 믿어라. 믿고 부처님의 법을 둘 아니게 행해 나가라.' 이렇게 해야만이 우리가 각자 흩어지지 않고 똘똘 뭉쳐서 돌아가는 믿음이 될 텐데, 그렇지를 않거든요.

이거를 모시면 또 다르게 보고, 요거를 모시면 다르게 보고, 요런 염불을 하면 다르게 보고, 저런 염불을 하면 다르게 보고, 요런 선사는 옳고 저런 선사가 그르고 이렇게 선사 타령들을 해 가면서 그런단 말입니다. 딱 이렇게 종지를 해 놓으면, 그거는 수만 명이 깨쳤다 하더라도 부처님 한 분이지 두 분도 아니에요. 마음은 체가 없기 때문에 수만 개의 마음이 한데 합쳐져도 그건 여래일 뿐이지! 그리고 부처님일 뿐이고!

그리고 내가 따로 있는 게 아니에요, 모두가. 우리가 살아나가면서 이 몸뚱이 속에 지금 잔뜩 들어 있는 생명들이 누군 줄 아십니까? 여러분을 벗어나지 않고 있어요. 그렇기 때문에 그 벗어나지 않는 생명들이 모두가 한데 합쳐서 공생으로 살고 있고, 공용을 하고 있고, 공식을 하고 있고, 공체로서 더불어 같이 살고 있지 않습니까? 그렇듯이 더불어 같이 살고 있는 그 자체가 바로 여래거든요.

그러니 심사숙고해서, 내가 모든 거를 다 알고 있다는 그 아만과 아상, 모두를 다 놔서 내가 깨달아 가지고, 즉 말하자면 법에 의해서 생활하는 데 그대로 응용한다면 좋죠.

질문자10(남) 큰스님, 감사합니다. 다음에 뵐 때까지 큰스님 말씀 하나도 빼먹지 않고….

큰스님 관세음보살 따로 찾고 뭐 따로 찾고 이런다면 어떻게 부처님이 여래가 될 수 있어요?

질문자10(남) 네.

큰스님 보세요. 한 부처님이 마음을 내면 아촉이 될 수도 있고, 아미타도 될 수 있고, 관세음도 될 수 있고, 지장도 될 수 있고, 칠성부처도 될 수 있고, 산신도 될 수 있고, 용신도 될 수 있고 모두가 한 부처 속에서 나온 거란 말입니다. 용신이란 법을 말하죠? 생각을 내는 거를 바로 용신이라고 해요.

질문자10(남) 큰스님, 감사합니다. 다음에 뵐 때까지 안녕히 계십시오.

사회자 이것으로써 오늘 큰스님의 법문을 모두 마치겠습니다. 큰스님께서는 오늘 통역 법문까지 하시느라고 아주 수고를 많이 하셨습니다. 저희는 더 이상 오늘같이 이렇게 행복감을 느껴 보지 못할 것입니다.

큰스님 (합장하시고 마지막 질문자에게) 열심히 하세요. 요다음에 또 하시구요.

사회자 우리는 이렇게 가까이 있으면서도 저희 공부가 소홀한데 저렇게 타국 만 리에서까지 저희 큰스님을 뵙고 마음공부를 하려고 온 오스트리아 비엔나 청년, 상당히 감명 깊게 봤습니다. 박수 한번 보내주시죠. (대중 박수)

큰스님 (합장하시며) 저분이 좋아하시는데요. 하하하…. (대중 웃음)

사회자 저희 합창단이 지극한 마음으로 정성껏 노래공양을 올리겠습니다.

큰스님 어디 얼마나 늘었나 봅시다. 하하하….

행주좌와 관법

1994년 10월 2일

여러분한테 먼저 한마디 여쭙겠습니다. 앞에서도 말씀드렸듯이 전 세계적으로 발판을 세우기 위해서 지금 현대불교신문사를 출범시켰습니다. 그것은 시작에 지나지 않는 것이지만 한마음 한뜻으로 동참해서, 신도들은 물론이거니와 직장에 나가든 사업을 하든, 모두 인연 닿는 대로 구독을 하게끔 여러분이 권유하셔야 되리라고 믿습니다.

신행회장이나 여러분이 이렇게 한마음으로 똘똘 뭉쳐서 돌아가지 않는다면 이 마음공부를 할 수 있게끔 모두에게 징검다리를 놔 주지 못합니다. 또 이것은 여러분으로 하여금 한마음으로 보살행을 하게 하면서, 이 한국의 불교를 좀 알아야 되겠다 하는 사람이 있으면 전 세계 어디서든지 그 자리에 앉아서 곧바로 볼 수 있게끔 하는 방법입니다. 그리고 여러 사람들이 함께 정신계의 발전을 위해서 대화를 할 수 있는 방법도 취할 필요가 있습니다. 지금은 입력을 하는 컴퓨터를 쓰지만 앞으로는 입력을 하기 이전에 내 마음에 의해서 그대로 컴퓨터를 쓰게끔 되는 시대가 온다는 얘깁니다. 그럴 때 우리가 정신계를 발전시키지 않고, 내 마음의 발전을 시키지 않는다면 이 불어나는 인구와 더불어 발전하는 시대를 뒤따르지 못합니다.

부처님께서는 언제나 실천궁행을 수범하셨고 그것을 가르치셨지, 공(空)에 빠지거나 물질에 허덕이라고 한 게 아닙니다. 내가 내 마음을 가지고도 자유자재할 수 없다면 안 되기 때문에, 물질세계와 정신세계가 둘 아니게 자유자재권을 얻어서 스스로 그 빛을 발하라 하신 것입니다. 만물만생이 다 서로 마음과 마음으로 통하고, 뜻으로 통하고, 말로 통합니다. 그래서 항상 여러분한테 말씀드리듯이 그것이 바로 교(敎)입니다. 또는 일체 만물만생의 생명이, 하다못해 곤충에 이르기까지 생명은 불(佛)입니다. 그렇기 때문에 어떤 종교라 할지라도 불교 안에 있지 바깥에 있는 것은 아닙니다. 그래서 우리가 반드시 우리의 한마음으로서 한바다에 들어서, 그 바다 가운데서 불뚝 솟아서 만물만생을 다 이끌어 줄 수 있고, 먹여 줄 수 있고, 먹여 주고도 되남을 수 있게끔 할 수 있는 공부는 이 공부밖엔 없습니다.

또 신행회장님들이 회의를 하거나 할 때도 견지동(한마음 불교회관)을 좀 찾아 주셨으면 합니다. 우리가 내고 거둬서…, 지금 우리는 여러 사람들이 알게 보시를 하는 게 아닙니다. 알게끔 보시하는 것도 더러 있지만, 장학금이라든가 많은 보시들을 지금 우리 선원에서는 모르게 하고 있습니다. 왜냐하면 어려웁고 가난한 사람들이 사기가 죽을 테니까 말입니다. 뭐든지 공개하고 주게 된다면 나부터라도 창피하고 괴롭게 생각되고 모자라고 어리석다고, 자기가 자기 원망을 무수히 하게 될 것입니다. 그러지 않게 하기 위해서 남이 모르게, 공개하지 않고 이끌어 주는 경우가 대부분입니다. 이것은 누구도 모릅니다만 일체 한마음은, 일체제불의 마음은 아마도 다 잘 알고, “허허, 주는 사람이나 받는 사람이나, 주는 사람도 없고 받는 사람도 없구나! 참 착하다. 착하니라.” 이렇게 하실 겁니다.

지금 시대가 변천해서 모든 사람들이 다 공개하고 그렇게 하는 거를 좋아하지만, 뜻으로 본다면 사람의 마음이 간사해서 자기를 구덩이에 넣을 수도 있고 구덩이에서 나오게 할 수도 있기 때문입니다. 그렇기 때문에 그러한 걸 공개했다가 만약에 잘못 받아들여지면 정말 지옥에서 나오지 못할 행위를 저지를지도 모릅니다. 그건 스스로 속마음에서 일어나는, 그 뿌리에서 일어나는 불행한 점이 있으리라고 생각되므로 그렇게만은 안 하고 있습니다. 공개적으로 안 하고 있는 거를 이해해 주십시오.

하여튼, 그러니까 회의를 갖더라도 견지동 장소를 찾아 달라고 하는 것은…, 나는 어떻게 생각하느냐 하면 그런 데서 나오고 저런 데서 나오는 것들, 부처님의 말씀 그대로 여러분이 정말 피땀 흘려서 가져오시는 돈이라는 것이 바로 그 업의 덩어리라는 것입니다. 얼른 쉽게 말하면 쓰레기라고 볼 수 있겠습니다. 이렇게 말하면 이해가 안 되실는지 모르지만 쓰레기 덩어리를, 고(苦)의 덩어리를 갖다가 준 것을 만약에 함부로 아무 데나 쓴다면, 그쪽 고덩어리도 제거를 못 할 뿐만 아니라, 자기가 받은 것이 되기 때문에 자기도 고를 면치 못할 겁니다. 고를 안 당하려고 애를 쓰는 게 아니라 진리, 이치가 그러하니까 말입니다. 우리가 돈으로 봐서는 안 된다는 얘깁니다. 얼른 쉽게 말해서, 돈이 고덩어리로 보이고 돌로 보이고 그래야 된다는 얘깁니다. 아시겠습니까? 그럼으로써 우리는 비록 가난하지만, 좀 더 생각한다면 욕심을 과하게 부리지 않는다면, 발 편안히 공부할 수 있고 순수한 인간성을 가지고 참되게 영원히 살 수 있는 그런 기회가 될 것입니다.

제일 무서운 것은, 우리가 사람이라고 언제까지나 사람 그대로 있는 게 아니라는 겁니다. 자기가 어떻게 사느냐에 따라서, 어떻게 행동하느냐에 따라서, 어떻게 말을 하느냐에 따라서 자기가 찰나에 옷을 벗으면 금방 그냥 오간지옥에서 데려가기에 바쁩니다. 그래서 다시 모습을 가지고 나올 때에 자기 살던 차원에 따라서 그냥 모습을 쓰고 또 나오게 돼 있습니다. 그러니 그것이 두려운 거보다도 나 하나면 족하지만 나 하나뿐이 아니라, 내 배 속에, 내 육체 속에 있는 그 모든 씨앗이 전부 그 뿌리를 좇아서 악연이 된단 말입니다. 그뿐입니까? 내가 또 바깥으로 배출해 낸, 즉 말하자면 자식들을 어떻게 합니까? 구덩이에 들어가면 그 구덩이에 역시 또 좇아 들어가게끔 돼 있어요.

그러니 여러분이 생각을 깊이 하셔서 부처님의 법이 에누리가 없다는 사실과 우리들의 법과 부처님의 법이 둘이 아니라는 사실을 꼭 아시면서 증명해야 하고, 또 우리는 스스로 느껴야 하고, 스스로 감지해야 하고, 감응이 돼야 합니다. 그렇기 때문에 오늘 법형제법회를 통해서 우리가 토론 겸 서로가 모르는 게 있으면 질문을 하되, 알더라도 질문을 하라고 했습니다. 왜냐? 모르는 사람들을 위해서입니다. 나 하나가 나 하나가 아닙니다. 이 몸뚱이 속에 모든 생명체들이 같이 들어 있기 때문에 더불어 하나지, 개별적인 하나가 아니라는 얘깁니다. 더불어 하나기 때문에 보는 것도 더불어 보는 거고, 듣는 것도 더불어 듣는 거고, 가고 오는 것도 더불어 가고 오는 것이고, 움죽거리는 거 하나하나, 마음 내는 거 하나하나가 더불어 같이 마음을 내는 거기 때문에 한마음입니다. 그러니까 혼자, 내가 했다, 내가 알았다, 내가 잘한다 못한다 이게 없다 이 소립니다.

그래서 부처님께서는 '색(色)이 공(空)이요, 공이 색이니라. 그 가운데에 바로 참너가 허공에 꽃을 피울 수 있느니라.' 하셨습니다. 이 모두가 사람으로 이끌어 주시기 위해서 노력하신 부처님의 뜻이고 이에 순응하되, 우리는 시대를 또 무시 못 합니다. 시대를 따라서 우리는 부처님의 법을 배우고, 부처님의 행을 배우고, 부처님의 마음의 종지를 따라서 근본적으로 둘이 아닌 까닭에 내 마음부터 알고, 내 마음부터 찾아야 하고, 내 마음부터 깨달아야 한다 이겁니다. 내 마음을 깨닫기 이전에, 바깥으로 찾지 말고 안으로 찾으라는 그 자체…, 저 나무뿌리를 보세요. 만날 여러분한테 말씀해 드리듯이 나무뿌리에 의해서만이 싹이 살고, 나무뿌리가 싱싱해야 바로 나무 싹이 싱싱해서 거기에서 꽃도 피고 열매도 맺습니다. 그래서 옛날 선조들의 말씀이 제 나무가 제 뿌리를 믿고, 제 뿌리는 제 나무를 서로 위하면서 상응하고,

정맥 동맥이 서로 돌아가듯 함으로써 일체 만물만생에게 만 가지 맛을 보여 줄 수가 있다 이런 말입니다.

신문 구독하는 그런 문제에 있어서도 우리가 깊이 생각해야 합니다. 지금 불교신문사가 많습니다. 하지만 우리는 정신계의 계발을 시키면서 나아가려고 합니다. 우리가 각 사찰의 어떠한 비리를 파헤쳐 내는 게 아니라 그것을 다시 뒤집어서 정신계로 나갈 수 있게끔 하고, 또 아주 평등한 법으로써 불교를 숭상시키려는 것입니다. 사람이 싸우는 것도 발전을 위해서 싸우는 것이지, 허허허…, 움죽거리지 않는다면 생산이 되지 않아요. 그렇기 때문에 싸움으로써 생산력이 아주 화산처럼 터질 수 있는 일들이 많이 생길 수 있다고 봅니다. 그러니까 그런 것이 다 흉이 아니라 우리의 발전을 위해서 하는 것이라고 믿어 마지않습니다. 그러니까 될 수 있으면 거기를 회의하는 장소로 쓰고, 아끼지 말고 전부 구독을 시켜서 그 구독자로 하여금 이익이 갈 수 있게 하셨으면 합니다. (합장하시며) 한마음으로 해 주시기를 여러분한테 부탁드립니다. 그럼 질문들 하십시오. 적어서 가지고 오지 마시구요, 생각나는 대로 그냥 하셔도 좋습니다.

질문자1(남) 대구에서 왔습니다. 저는 20년 전 사구체신증후군이라는 종합병원의 진찰을 받았습니다. 그런데 지금까지 한방과 양약으로 치료한 결과 지금 양쪽 콩팥이 다 망가지고 일주일에 세 번씩 피를 거르면서 살고 있습니다. 그리고 간까지 나빠서 지금 이런 상태입니다. 좋은 말씀 주시기 바랍니다.

큰스님 제가 좋은 말씀을 대리로 이렇게 해 드리겠습니다. 이건 부처님의 뜻으로서 둘 아니게 말씀드릴 테니까 잘 들어 보세요. 내 몸뚱이 속에 자생 중생들이 헤아릴 수 없이 들어 있습니다. 그런데 내가 믿음을 가질 때에, 예를 들어서 나무 싹이 딴 싹과 딴 이름을 믿는다고 해서 내 뿌리에 에너지가 갈 수 있겠습니까? 그죠? 그런 거와 같이 지금 내 몸뚱이 속의 모든 자생 중생들, 그게 업식입니다. 악업 선업이 들어 있는 업식입니다. 이것이 왜 업식이냐고 한다면 앞서 다 설법을 해 드렸으니까 아시리라고 믿습니다. 그 업식들이 컴퓨터에 입력이 돼서 나오듯이 차례차례로 나옵니다, 그게.

그런 거니까 단지 자기 참주인공의 선장밖에는 그거를 다스릴 수가 없습니다. 마음은 마음이 다스려야지 말이 다스릴 수가 없고 이론이 다스릴 수가 없습니다. 그렇기 때문에 '모든 것은 내 주인공 그 자체 뿌리만이 할 수 있다. 너만이 네 시자인 육신을 다 깨끗이 청산할 수 있어!' 하고 거기다가 맡기십시오. 진실히 맡겨야 거기에서 통신이 돼서, 대뇌로 해서 사대(四大)로 통신이 되면 작용을 해 줍니다. 거기서 작용을 안 해 준다면 아무리 병원에 가서 100% 낫게 할 수 있다 하더라도 힘듭니다. 내 속에서 내 생명체들이 작용을 안 해 준다면 그거는 어렵습니다.

그러니까 진짜로 믿고 '나를 이끌어 가는 영원한 나의 주인공! 너만이 나를 이끌어 갈 수 있고, 나를 낫게 할 수 있고, 나의 가정을 화목하게 할 수 있고, 내 자식들을 잘되게 할 수 있다.' 하고 거기다 맡겨 놓으세요. '애당초에 피를 거르지 않았으면 좋았을 텐데….' 하는 아쉬움이 있습니다만 어차피 그렇게 됐으니까 이틀에 한 번, 사흘에 한 번 거르는 것을 일주일에 한 번 거르다가, 이 주일에 한 번씩 거르다가, 이렇게 할 수 있게끔 만드십시오. 그건 본인이 안 하시면 안 됩니다.

이 부처님 법이라는 게 딴 사람이 갖다 주고 뺏어 가는 게 아닙니다. 사대 성인들도 그렇게 말씀하셨죠. '너부터 믿고 너부터 알라. 너부터 돌아다보아야 주인이 있어서 네 집을 지킬 수 있느니라.' 하고요. 집이 비었으면 영계가 천차만별로 드나들어! 그래서 내 집이 망가지고, 내 일이 망쳐지고, 내 하는 일이 안 되고 그런 거지만 내 집에 주인이 있다면 감히 어디를 비집고 들어올 수가 있겠습니까?

우리가 지금 '과학 과학' 하지만, 그 과학을 깨뜨려야 진짜 과학이 나옵니다. 고정되게 못을 박아서 개념화하는 과학을 해체시켜야만이 진짜 과학이, 천차만별의 과학이 터지게 됩니다. 이 진짜 과학적인 것, 심성 의학이라든가 심성 과학 또는 심성 천체물리학·심성 천문학·심성 공학·심성 철학 등 모두가 다 한군데서 배출됩니다. 움죽거리지 않고 에너지를 배출시키기만 하는 그 가운데서 바로 모든 분야가 배출됩니다. 배출만 되는 게 아니라 여러분이 현실적으로 연구해서 다 발전시킬 수 있게 하는 겁니다.

그러니까 자기 집을 자기가 고치지 누가 고칩니까. 우리도 가만히 보세요. 집을 짓고 사는데 집이 망가진다면 주인이 고쳐야지, 딴 사람이 와서 고쳐 줍니까? 자기 집은 자기가 고쳐야 하고, 제 나무는 제 뿌리를 믿어야 하고, 제 뿌리는 제 싹을 도와줘야 하는 것이죠. 그게 상례로 돼 있죠. 나무 뿌리는 수분과 지분, 철분을 위로 공급하고, 위에서는 태양력과 공기력을 또 흡수시켜서 내려보내고, 이렇게 해서 서로 상응하면서 푸르르게 살고 꽃이 피고 열매를 맺을 수 있는 것입니다. 이와 같이 인간도 역시 마찬가지다 이런 겁니다.

그러니까 지금 그렇게 애탄지탄하시지 말고, 죽는다 산다 이런 거를 두려워하지 마시고, '죽으면 죽고 살면 살고, 죽이는 것도 너고 살리는 것도 너다.' 하고 탁 맡기시지 죽는 것이 뭐가 그렇게 두렵습니까? 이 옷을 입었다가 벗어 놓고 새 옷을 입는 거나 똑같습니다. 우리의 근본은 영원한 겁니다. 그러니 어떤 옷을 입느냐에 따라서 바로 대우가 정해지죠, 차원이 정해지고. 우리가 개나 소나 돼지나 이런 모습을 가진 생명들이라면 그 대접밖에는 못 해 주는 것이지 인간 대접을 해 줄 수는 없는 겁니다. 그와 같이 우리의 차원도 스스로 기르는 거고, 스스로 구덩이에 빠져서 헤매는 거지, 누가 그렇게 해 주고 뺏어가는 게 아닙니다. 그러니 진짜로 믿고, 죽고 사는 거를 겁내지 마시고 그렇게 하십시오.

질문자2(남) 큰스님, 이렇게 친견하게 돼서 깊이 감사를 드립니다. 저는 광주지원에서 올라왔습니다. 그리고 저는 국방의 의무를 수행하고 있습니다. 우리나라도 이제 이천만 불자가 불교를 믿고 있는데 부처님 말씀을, 진리의 말씀을 실천하는 데는 여러 가지 방법이 있습니다. 혹자는 참선을 통해서, 또 혹자는 염불을 통해서, 또 혹자는 기도를 통해서 부처님 진리를 터득하고자 노력하고 있습니다. 제가 어느 절에 갔을 때는 어느 스님께서 17년 동안 기도를 하시고 계시는 것을 봤습니다. 또한 우리 한마음선원에서는 모두 이 한마음의 주인공에 일체를 맡기고 또 공부를 하고 있습니다. 이렇게 볼 때 우리 이천만 불자들이 어떠한 방법으로 공부를 해 나가야 할지 큰스님께서 한 말씀 해 주십시오.

큰스님 예, 행주좌와 관법(行住坐臥觀法)으로! 허허허…. 우리가 말입니다, 부처님 법 아닌 게 하나도 없어요. 그런데 왜 행주좌와 관법이냐 하면 자기의 관법이기 때문이에요. 자기가 이 세상에 태어났으니까 상대가 있는 거고 세상이 벌어진 거지, 자기가 없는데 뭐가 있습니까? 무효지. 안 그래요? 예. 그런데 말입니다, 자기로 인해서 모두가 벌어지니까 자기부터 알아야 하는데, 자기의 생산된 이 육체가 바로 화두입니다. 화두인 것입니다. 옛날에는 화두를 잡아서 해도 돌아갔지만, 그게 먹혀들어 갔지만 지금은 안 그렇습니다. 왜냐? 겉돌아서요. 왜 겉도느냐? 세계를 안방에서 볼 수 있기 때문입니다. 움죽거리는 모든 걸 안방에서 볼 수 있는 데다가 핑핑핑핑 돌아가는 그 머리 때문입니다. 육체가 탄생한 것도 화두이고, 내가 어디서 왔는지 어디로 가는지 하는 것도 화두인데, 그 화두에다가 관법을 또 받아 가지고 하니까 겉돌 수밖에요. 행주좌와 관법은 시대가 요하는 겁니다. 시대가 발전하고 문명이 발전하고 그럴 때는 반드시 시대에 순응해서 돌아가야 합니다. 뒤를 쫓아가라는 게 아닙니다, 앞장서란 거지. 불을 밝혀서 앞장서란 거지. 그렇기 때문에 행주좌와 관법으로 공부해야 합니다. 허허허….

지금 쉬지 않고 지구가 돌아가는가 하면 우주도 쉬지 않고 돌아가고 있습니다. 어느 것 하나도 그냥 있는 게 없어요. 그런 데다가 내 이 육체 속의 자생 중생들도 쉬지 않고 돌아가고 있어요. 그런데 지금 여러분 육체가 쉬면서 돌아갑니까? 이거 보세요. 자는 것도 자는 게 아니고 눈을 뜬 것도 뜬 게 아니에요. 보는 거, 듣는 거, 먹는 거, 하는 거, 만나는 거, 가고 오는 것이 어느 하나도 고정된 게 없어요. 그랬으니 공했지. 내가 한 게 따로 없으니 물 한 컵을 마셔도, 아니, 더불어 같이 마신 거기 때문에 공식(共食)이지. 보세요, 공생(共生)·공심(共心)·공용(共用)·공체(共體)·공식화(共食化)하고 돌아가고 있어요.

그런데 어떤 거 먹을 때, 어떤 거 할 때, 어떤 거 봤을 때, 어떤 거 움죽거렸을 때 내가 했다고 할 수 있겠어요? 그렇기 때문에 부처님이라는 이름을 정한 겁니다. 일체 만물만생이 모두 같이 한마음으로 하나로 돌아가는 것이 여래지, 개별적인 하나가 깨달았다고 해서 여래가 아니에요. 개별적인 하나가 깨달으면 전체가 다 들려야만이 그것이…, 깨달은 사람이 수만 명이다 할지라도 깨달은 그 한마음 처에 같이하기 때문에 여래인 겁니다.

여러분이 배울 때 잘 배워야지, 예를 들어 처음에 피아노 배울 때 처음 배우는 거라고 아무렇게나 생각해서, '삐뚤게 앉아서 해도 괜찮지. 요다음에 배워서 잘하지.' 이럭하면 안 됩니다. 앉음앉음이가 굳어져서요, 제대로 배울 수가 없죠. 그와 같이 인간도 마음의 오계(五戒)에, 오계향(五戒香)에 첫째, 내 마음으로부터 다져야 하는 것이죠. 그래서 내 탓으로 돌리는 것이 우선이죠. 모든 게 나로 인해서 생긴 거니까. 소가 언덕이 있어서 비비는 거지 언덕이 없다면 비빌 수가 없고 소가 없다면 비벼지지도 않죠. 그와 같이 인간도 내가 있어서 상대가 있기 때문에, 잘했든 못했든 내 탓으로 돌아가기 때문에, 잘했으면 감사하게 생각하고 못했으면 '못한 것도 거기서 나오는 거니까 잘하게 하는 것도 너밖에 없다!' 하고 거기 놔라 이런 겁니다. 이렇게 모든 생활에서 관한다 하는 것은 쉴 사이 없이 생각 나는 대로 그대로 관하는 거지, 관하는 장소가 따로 있고 기도하는 장소가 따로 있는 게 아닙니다.

나는 기도라는 말을 안 합니다. 관이라고 그러죠. 기도는 상대가 있기 때문에 기도라는 말을 안 합니다. 그래서 이 법당에 오더라도 부처님 앞에 삼배를 올리든 일배를 올리든, 내가 부처님 앞에 한마음으로 넣고 일배를 올려도 올리고, 일어날 때는 한마음으로 나와 같이 하고서 일어나라 이겁니다. 그러면 이리로 가도 하나요, 저리로 가도 하나죠. 그렇게 하지 않는다면 깨달을 수도 없거니와 이 진리를 파악할 수도 없고, 전에도 얘기했지만 우리가 버스간에 몽땅 타고 앉아서 버스가 어디로 돌아가는지도 모르고 이렇게 살아서야 되겠느냐 이런 소리죠.

질문자2(남) 질문 하나 더 드리겠습니다.

큰스님 또 하실 게 있어요? 허허허….

질문자2(남) 예, 한 가지 더 있습니다. 오늘 전국 각지에서 우리 불자들이 큰스님 친견이 있어 새벽부터 왔습니다. 또 오지 못한 사람도 많이 있습니다. 특히 저희 군은 전방과 후방에서 국방의 의무를 수행하고 있습니다. 오늘 여기 오건 못 오건, 우리 모든 군인들에게 한마음 크게 내 주시면 고맙겠습니다.

큰스님 그럽시다. 허허허…. (대중 박수) 부처님의 마음은 저 좁쌀 알갱이만 한 데다가 넣어서 천 리든 만 리든 가깝고 먼 것도 없이, 빛보다 더 빨리 추진한다면 거기서 두 개도 되고, 세 개도 되고, 만 개도 되고, 천 개도 되고 헤아릴 수 없이 허공을 뒤덮을 수도 있는 그런 숫자가 나옵니다. 그러니까 그 마음이라는 게 그렇게 묘하고 광대한 거죠. 그러니까 마음법을 꼭 배우시도록 하세요.

질문자3(남) 대구 신안에서 왔습니다. 저는 그동안 큰스님의 은혜를 알게 모르게 많이 받았습니다. 그런데 금년에 들어와서 대구 경북 지역에 엄청난 가뭄이 들어서 이제 낙동강 수원이 말라 들어가고 있습니다. 그래서 이제 우리 중생들로서는 한계에 도달한 것 같아서, 저희들 힘으로 몇 번 시도해 봤습니다마는 아직 능력이 모자라서 잘 안됩니다. 그래서 오늘 큰스님께서 한마음을 내시어서 낙동강 유역의 모든 생명들을 건져 주십사 하고 간청드립니다.

큰스님 글쎄요. 제가 먼저 말하고 싶은 것은 우리가 살아 있을 때의 마음이 그렇게 중요하다는 것입니다. 그 지역에는 원한의 마음들로 똘똘 뭉쳐진 사연들이 많다고 봅니다. 그러나 그걸로 인해서만이 아닌 것도 있습니다. 하여튼 마음들을 잘 내신다면 거기도 풍족하게 비가 내릴 것입니다. 너무 걱정하지 마세요. (대중 박수) 사람이 생각을 내는 것이 용입니다, 용! 물속에 들어 있는 용이 용이 아니고, 기다란 구렁이가 용이 아니고, 내 마음을 내는 것이 용입니다, 그대로.

질문자4(여) 스님을 이렇게 뵙게 돼서 너무너무 감사합니다. 어떤 복이 있어서 이렇게 스님을 뵙게 됐는지 모르겠습니다. 저는 10년 전에 처음으로 절이라는 데를 갔고 인연 따라서 죽 절을 다녔습니다. 그리고 금년 2월 말에 제 인연 있는 보살님에게 『한마음요전』을 받았습니다. 그 『한마음요전』을 보면서 너무나 감사하고 '이런 스님이 지금 현생에 계시구나. 나도 뵐 수 있구나.' 하면서 너무나 기쁘게 생활하고 있습니다. 옛날에는 법은 법대로 저는 저대로 따로따로였는데 지금은 제 생활 속에서 늘 기쁨이 함께합니다.

그래서 저의 직장에서도 선원에서 나오는 책들을 다 같이 나누어 보고 그러거든요. 그래서 같이 기뻐하고 같이 전달하고 이러는 것이 제일 큰 즐거움인데, 그런데 정작 저의 가까운 인연들에게는 그게 잘 안 통합니다. 저의 자녀들은 서울에 있고 저는 대구에 있다 보니까, 또 아이들을 키울 때는 제가 그런 걸 너무 몰랐기 때문에, 그런 모습들을 하나도 못 배웠기 때문에 이걸 전하고 싶은데 전할 길이 없습니다. 제가 어떻게 한마음을 관해야 이 마음을 전할 수 있을까요? 더군다나 세 번째 딸은 이탈리아로 한두 달 후에 가는 모양입니다. 가기 전에 좀 전하고 싶습니다. 어떡하면 좋을까요?

큰스님 나무로도 비유해서 설명해 주고요, 밥 먹을 때라도 항상 "엄마 아빠가 감사하지?" 이렇게 물어봐서, "감사하다." 하면 "엄마 아빠, 내 주인공! 감사합니다." 하고 밥 먹게 하구요. 그렇게 간단하게 처음부터 잘 가르쳐 놓는다면 바로 자기 마음의 보배를 주는 것이므로 재산을 물려주는 것과는 비교할 수도 없으니, 돌에 세워 놔도 살 수 있는 겁니다. 그것이 진짜 재산입니다, 아주.

질문자4(여) 그런데 스님, 저랑 같이 동거를 안 하고 있거든요. 아이들은 서울에 있습니다.

큰스님 괜찮아요. 마음으로는 가깝고 멀고가 없어요, 부처님 법은. 내가 여기 있고 미국에 한 사람이 있다고 합시다. 그런데 이 부처님의 마음은 빛보다도 더 빠르기 때문에 찰나에 통할 수 있죠. 이 지구가 한 방으로 돼 있습니다. 한 방! 그러니까 한 방에 전구가 여럿이 있다 하더라도 전구는 다를지언정 전력은 다 똑같이 들어갈 수 있어요.

질문자4(여) 저 혼자라도 할까요?

큰스님 예.

질문자4(여) 그렇게 말로 얘기하구요?

큰스님 예, 그럼요.

질문자4(여) 네, 스님. 그러겠습니다. 감사합니다.

큰스님 네, 그렇게 하세요. 그러면 은연중에 전달이 되고 거기도 불이 들어오게끔 돼 있거든요.

질문자4(여) 딴 나라로 가도요? 네, 감사합니다.

큰스님 그리고 책 같은 거, 회보 같은 걸 좀 보내 주세요. 카세트 같은 거.

질문자5(여) 큰스님, 이렇게 뵙게 돼서 영광입니다. 저는 공부하면서요, 큰스님 요전이나 그런 걸 통해서 들어 보면 자기 중생을 먼저 제도해야만 된다고 하셨거든요. 그리고 또 자기 중생이 먼저 깨어나야만이 된다고 하셨는데 어떻게 공부를 해야만이 그렇게 할 수 있는지 가르침 주시기 바랍니다.

큰스님 여러분 몸뚱이 속에 의식들이, 생명들이, 모습들이 천차만별로 있죠? 그런데 그 생명들은 전자에 어떻게 살았느냐에 따라서 차원대로 그 부모를 정하게 돼 있거든요. 어떻게 살았느냐에 따라서 차원이 정해집니다. 그것이 금 차원이라면 바로 금방에 탄생이 될 거고, 또 무쇠 차원이라면 무쇠전에 무쇠로 탄생이 될 거고, 넝마라면 넝마전에서 넝마로 탄생이 될 거고 이렇듯이 그렇게 이 세상에 출현을 하게 돼 있죠. 그거는 왜냐하면 악업 선업의 인연들이 바로 내 몸뚱이 속에 주둔을 하고 있으니까요. 자기 영혼과 더불어 같이 정자 난자를 빌려서 탄생을 시키는 것이 바로 자기 주인공이거든요. 그래서 수억겁 광년을 거쳐 오면서 진화시키고 탄생시켜 온 장본인이 바로 여러분의 주인공 주장자입니다. 그렇기 때문에 선장이라고도 하고, 주장자라고도 하고, 주인공이라고도 하고, 참부처라고도 하고, 참나라고도 하고 그렇게 이름은 많죠.

그런데 모든 것은 이 마음을 통해서 그 업식에서 나오는 거를 여러분은 자기 마음에서 나오는 줄 알고 착각을 하고 있어요. 그런데 그 마음에서 나오는 게 아니라, 진짜 자기가 하고 싶은 말, 하고 싶은 생각을 하는 게 아니고, 컴퓨터에 넣어 놓은 그 입력이 바로 나오는 겁니다, 그냥! 그러니까 "나오는 대로 다시 되집어넣으면서", 이것은 내가 주인공에 되놓으라고 항상 하는 소립니다. 되나오는 거를, 잘 나오는 거는 '응, 참 잘 나오게 해서 감사해.' 하고 놓고, 또 잘못 나오는 거는 '너만이 잘 나오게 할 수 있어.' 그러고 거기다가 되넣는 겁니다. 되입력을 하는 거죠. 되입력을 해야 앞서 입력된 게 없어지면서 새 입력이 자꾸 들어가는 거죠. 그래야만이 그 유전성, 업보성, 인과성, 세균성, 영계성 이 다섯 가지가 다 무너지게 됨으로써 이 나가 나를 발견할 수가 있는 겁니다.

그렇기 때문에 그렇게 자유인이 되려면 내 자생 중생들부터 바로 조복을 받아라, 항복을 받아라 이 소리죠. 그것도 강제적으로 항복을 받는 건 항복을 받는 게 아닙니다. 인의롭고 유유하고 자비롭고 지혜롭게, 나오는 모든 것을 '너만이 할 수 있어.' 하고 거기다 되놔야만이 다시 입력이 돼서 그게 없어지지, 그렇지 않으면 없어질 수가 없죠! 그러니까 거기다가 되놓으라는 것, 지금 여러분한테 이끌어 주는 관법이 그대로 그겁니다. 그렇게 해야만이, 내 내면의 자생 중생들부터의 그 의식이 마음의 선장과 더불어 한마음이 돼야 배가 지나가는데도 뒤집히지 않듯이. 하하하…. 파도가 쳐도, 아무리 뇌성벽력이 쳐도 배는 잔잔히 건너갈 수 있는 거죠. 그와 같이 우리 이 몸뚱이가 그렇게 잔잔하고 편리하고 평등하게 잘 갈 수가 있다는 얘깁니다.

아리송합니까? 하하하…. 아리송할 거예요. 그러니까 그대로 그렇게 해 보세요. 자기 차원은 자기가 알게 돼 있습니다. 누가 알려 주는 게 아닙니다. 자기 차원은 자기가 자꾸자꾸 알아집니다. 그저 보고 듣고 생활하면서 '아휴, 참 저런 사람 무척 답답하다.' 이럴 때 벌써 자기 차원이 높아진 겁니다, 벌써. 허허허…. 그러니까 그쯤 아시고 열심히, 일을 하다가도 똥을 누다가도 밥을 먹다가도 생각나면 생각나는 대로 한 찰나에 그냥 거기 놓으세요! '너만이 할 수 있잖아!' 하고.

질문자5(여) 네, 감사합니다.

큰스님 왜 하고 싶은 말 안 하세요? 하하하…. (대중 웃음)

질문자5(여) 스님, 제 앞에 보살님께서 말씀드렸기 때문에 저는 안 하고 지나가려고 했어요. 저한테는 딸은 많고 아들이 하나 있거든요. 그런데 그애가 마음공부를, 제 마음 같아서는 열심히 좀 했으면 좋겠는데 잘 안 해요. 그래서….

큰스님 그거는 부모가 공부를 해서 능히 이끌어 갈 수 있어야만이 되기 때문에, 간단하게 뿌리로 비유하고 나무로 비유해서라도 “너를 끌고 다니는 너를 진짜로 믿어라.” 이렇게 해서 생활하면서 체험을 하게 만들어 준다면 그건 안 놓치죠.

질문자5(여) 네, 그럴까요? 그리고 『마음의 불씨』 같은 소책자도 읽어 보라고 갖다 주거든요. 그러면 그냥 금방 읽고서는 알았다고 그래요, 읽고 알았다고. 그래도 제가 볼 때는 아닌 것 같아서요.

큰스님 그게 아는 게 아니에요. 안다는 것은 모든 거를 묵묵히, 알지 못한다 해도 아니 되고 안다 해도 아니 되고, 그런 사이에 그냥 묵묵히 이쪽 전깃줄과 이쪽 전깃줄을 맞대서 불이 들어올 수 있게끔 해 놓으면 그뿐이에요. 그러니까 하여튼 어떻게 됐든지 당신 주인공에다 '저 애도 자기 주인공의 밝은 등불을 찾게끔 바로 당신만이 할 수 있어.' 할 때 벌써 걔 마음속에 등불이 켜지게끔 돼 있거든요. 그러니까 그대로 하세요.

질문자5(여) 네, 대단히 감사합니다.

큰스님 (삼배를 올리는 다음 질문자를 향하여) 그만하시고, 그냥 하세요.

질문자6(여) 감사합니다. 저는 신림동에서 왔어요. 몰랐는데요, 친구 하나가 여기 가 보라고 자꾸 그래서 왔는데 저는 아픈 지가 한 15년 됐어요. 이 허리서부터 다리까지 이렇게 아프고 저리고 그렇거든요. 속도 답답하고 먹어도 소화도 안 되고 그래요. 그래서 큰스님을 만나면 낫는다고 그랬는데, 오늘 뜻밖이에요. 오늘 처음으로 왔는데요, 뜻밖에 첫날 이렇게 만난다고 나보고 아주 운 텄다고 그래요, 지금. (대중 웃음) 감사합니다. 첫날 이렇게 큰스님 만났다고 다들 나보고 운 텄다고 복 많다고 그래요, 지금요.

큰스님 정말 운 텄네요. 하하하…. 그 관하는 법을 여기 스님네들한테 잘 알아 가지고 가시면요, 차차 낫습니다. 걱정 마세요. 그런 거 걱정 안 해요, 여기서는. 아이, 괜찮아요. 자주 오세요. (대중 웃음) '한 번 한 발자국을 떼었는데, 여기 오려고 생각을 하니까 두 발자국을 뗄 수 있겠더라. 또 한 번 올 때에 세 발자국 뗄 수 있겠더라.' 이러면 낫는 거죠, 뭐.

질문자6(여) 내가 이렇게 혼자 외롭게 사니까 어떤 못된 인간이 나를 엄마라고 하고 다니다가 나한테 사기를 쳐 갔어요. 돈 조금 있는 거 몽땅 다 가지고 도망가서 제가 이렇게 거지가 되다시피 했어요. 그래 홧병인지 속에서 불이 나고 그래요, 이렇게 땀이 나고….

큰스님 그것도 보살님의 욕심이에요. 내 자식이 없는데 뭘 그거를 거기다 믿고 그러세요?

질문자6(여) 아니, 자기가 자꾸 "엄마 엄마" 하고 다니니까 난 또 마음이 독하지 못해서 그냥 내버려 뒀죠. 뒀는데 누가 이렇게 훔쳐 가지고 도망갈 줄 알았어요?

큰스님 보살님!

질문자6(여) 네.

큰스님 예전에 빚을 져서 그냥 빚 갚았다고 생각하시면 돼요. 편안하게 생각하세요.

질문자6(여) 안 오겠죠? (대중 웃음)

큰스님 글쎄, 올 때 오고 안 올 때 안 오더라도 그렇게 생각하시면 분한 생각도 없어질 뿐만 아니라 미운 생각도 없어지고요. 그럴 때 진짜 아들 노릇을 할 수 있지 않을까요? 그러니까 보살님 마음부터 가다듬으세요. 그래야, 사랑하는 마음이 생겨야 그쪽에서도 사랑하는 마음이 생깁니다. 알았죠? 속으로 가면을 쓰고 속으로 어떠한 문제를 조작하는 마음, 성내는 마음, 미운 마음, 복수심 이런 게 있으면 그 상대방에서도 그대로 나오니까요, 절대로 그러지 마세요.

질문자7(여) 포항에서 왔습니다. 아까도 처사님이 말씀드렸지만, 전국적으로 경북 지역에 가뭄이 심한데 포항 지역이 제일 심한 것 같습니다. 작년에는 경북 지역이 돌아가면서 불이 많이 났거든요. 많이 났는데 올해는 진짜 식수가 너무 모자랍니다. 진짜 포항 지역에 물이 너무 모자랍니다. 비 좀 빨리 왔으면 좋겠어요. 그리고 또 거북이도 살려 줬는데 왜 비가 안 오는지 모르겠습니다. (대중 웃음)

큰스님 하하하…. 당연한 일을 가지고 공치사하지 마세요. (대중 웃음) 공치사를 하게 되면 그렇게 안 이루어져요. 그러니까 그 거북이도 귀찮게 한 거지 그게 살려 준 겁니까? 얼른 쉽게 말해서, 너무 아프게 다둬서 목 한 부분은 지금 못 쓰게 돼 있어요. 그런 거를 좋은 일 했다구요? 어림도 없죠. 그러니까 하여튼 마음을 그렇게 내신다면 아마 머지않아서 되겠죠. 마음이 하나로 돌아간다면 어디서든지 다 될 수 있어요. 그 도리를 모르겠으면 공부 열심히 하시면 알게 돼요.

옛날에 원주 중앙시장에서 불이 많이 났는데 해마다 불이 나서 수십 명씩 사람이 죽고, 그냥 패가망신을 하고, 모두 장사를 하다가 다 망해 버리니까 기가 막히고 그런 일들이 해마다 생겼답니다. 그런데 어느 사람이 날더러 하는 소리가 "지금 불이 나 가지고 모두 장사를 하다가 못 하고, 애들은 여럿이고 살 수가 없으니 어떡합니까." 하는 거예요. 그러면서 불이 안 나게 했으면 좋겠다고 그러는 거예요. 그래서 가만히 보니까요, 그 지역이 군인들이 많이 죽은 그런 지역입디다.

그런데 '이상하다. 사람이 부모자식지간인데도 부부지간인데도, 죽으면 왜 마음이 저렇게 다른 게 돼 버릴까.' 이렇게 생각되는 실례가 딱 한 가지 있는데요, 어떤 사람의 부모가 몸이 막 부어 가지고, 흠집이 나 가지고 죽었는데 자식이 또 그래요. 그런 거 보면 부모가 자식을 위한단 말도 못 하죠. 하하하…. 참 이상스러워요. 하여튼 인연만 떨어졌다 하면 남이 되는 거예요, 이거는. 그런데 남이 되는데 왜 정성스럽게 부모 조상을 믿으라느냐, 그리고 제사를 지내라느냐 이러지만 그 인연에 따라서 은혜를 갚아야 하기 때문에, 그 밑으로 자식들도 그걸 본받아서 할 수 있기 때문에 그런 겁니다. 자기 완성을 자기가 해야 하니까 그런 거죠. 그렇듯이 유전성이라는 게 그렇게 무섭습니다.

그런데 내 원주 얘기 하다가 말았죠? 그때에 답십리 보살이라고 남편이 교육청에 다니는 사람 집에 내려가 있었어요. 그런데 내려가 있을 때마다 그냥 그, 쌀이나 돈이 들어오지 않습니까? 부처님이 안 계셔도 그냥 방석 하나 보고선 자기네들끼리 거기다 절해도 그냥 재꺽재꺽 해결이 됐었거든요, 그땐. 그때는 남을 공부시키려고 하지도 않았고 그냥 자꾸 실험하는 도중이니까요. 그러니까 뭐, 하루에도 몇십 명씩, 수백 명씩 이렇게 왔다가 갔는데 그러면 일들이 재깍재깍 그냥 그렇게 이루어졌으니까.

그때 당시에 방에다가 쌀가마니를 치쌓아 놓고 있었을 때인데, 그때도 가만히 생각을 하니까 이걸 공개하고 나누어 주면 이 사람네들이 기가 막힐 거란 말입니다, 또 생각에. 아, 그런 사람들도 많이 있으니까요. 그래서 그때 한 보살을 통해서 몇몇 지게꾼을 사서 집마다 밤에 몰래 쌀 한 가마니씩 져다가 처소 앞에다가 돈하고 같이 갖다 놔 줬어요. 밤새도록 갖다 놔 주고 나니까 아이, 닭이 울더라지 않습니까. 그래서 허덕허덕하면서 새벽에 왔어요. 그래, 잘했다고 그랬죠. 그래서 이제 그 방에 있는 쌀은 다 나가고 돈도 다 나가고 그랬지만, 마음이 얼마나 홀가분하고 좋은지 몰라요. 지금도 뭐를 다 주고 이렇게 빈털터리가 되면 아주 가볍고 좋아요, 저는요. 허허허….

그런데 그 사람들이 어디선가 받은 그것을 고맙게 생각을 해서 그 돈으로다 장사를 조그맣게라도 시작을 해서 잘살게 됐고, 한 사람은 지금 아주 빌딩을 짓고 잘살죠. 그런데 한 사람이 그거를 알았어요. 그래서 어느 신문 기자한테 얘기를 했나 봐요. 그래서 나한테 와서 그걸 묻길래 난 그런 사이 없다고, 딴 데 가 보라고 그랬죠. 그랬는데 말입니다, 그게 그 악연들이 전부 없어지고 말입니다, 그 죽은 군인 영혼들이 다 천도가 되니까 해마다 불나던 게 안 나는 거예요.

그러니까 그거를 한번 생각해 보세요. 이 마음공부라는 게 얼마나 좋은 공부인가. 그러니까 내 집이 주인이 없고 비었으면, 임제(臨濟) 스님이 말씀하셨듯이 "네 주장자가 있다면 내 주장자를 너에게 줄 것이로되, 네 주장자가 없다면 내 주장자를 너에게 주지 못하느니라. 그러되 집이 비었으니까 갖은 영계들이 다 들락날락거리고 네 집마저 망가질 수밖엔 없느니라." 이러셨거든요. 그러니까 우리가 살면서 항상 그 만법의 근원을…, 참, 이 내 몸속에 있는 자생 중생들의 조복만 받는다면 그 조복받은 의식들이 전부 보살로 화해요. 보살로 화해서 천백억화신으로 화해요. 화해서 한생각을 하면 그 모든 의식들이 화해서, 즉 말하자면 분자로 화해서 입자가 돼 가지고 전부 나가서 원자로 화해요. 그래 가지고 조절을 해요. 그래서 모든 중생을 건질 수 있다 하는 그런 뜻이죠. 그러니까 깨닫는다 하는 거는 한울의 일체제불의 마음으로서 해인(海印)을 받는 건데, 해인의 도장을 받는 건데 그 도장의 열쇠를 받을 때 거짓이 있다면 어찌 그 도장을 받을 수가 있겠습니까? 그러니까 모든 것을 다 놔야 다 얻을 수가 있고, 다 얻을 수가 있어야 다 나누어줄 수가 있어요.

그러니까 여러분이 잘 공부하시도록 하시되…, 엊그저께 이런 일이 있었죠. 어느 사람이 참, 3년 4년을 연구를 해 오다가, 아주 이 세상이 달라질 수 있는 연구를 한 겁니다. 그런데 연구를 하는데 고정 관념 속에서 그냥 연구를 하니까, 과학이라고 하는 그 자체에서만 연구를 하니까 영 비집고 나갈 틈이 없더라는 얘기죠. 그러니까 연구를 하다가 그냥 포기해 버렸죠. 그러다가 여기 와서 설법을 듣는 순간 '옳지, 그거다.' 하고 터득해서, 이제는 연구가 다 돼서 정부에까지 들어가게 되었답니다. (대중 박수)

그러니까 어떤 분야를 막론해 놓고 여러분의 차원에 따라서, 분야에 따라서 성심성의껏 그걸 믿고 거기에 붙여서, 사업이라든가 뭐를 해도 손색이 없습니다. 그래서 작은 그릇이라면 나도 작은 그릇이고, 여러분이 큰 그릇이라면 나도 큰 그릇이고, 여러분이 모른다면 나도 모르고, 여러분이 안다면 나도 아는 것입니다. 그러니까 그렇게 아시고 오늘 한자리에서 한마음으로서 우리 앞으로 전진하도록 하십시다. (합장하심)

사회자 큰스님의 법문을 모두 마치겠습니다. 저희들은 편안한 자리에서 훌륭한 법문을 들었습니다마는 큰스님께서는 땀을 많이 흘리시고 법문을 하셨습니다. 그 땀의 보답으로 저희들은 용맹정진을 해야 될 것 같습니다.

큰스님 허허허…. 내가 더워서 그래요. 내가 3년 전만 해도 샤쓰를 안 입었거든요. 그런데 지금은 얇은 거를 겨울에 입어요. 그래서 더워요. 그러니까 어쩌겠어요. 하하하….

마음공부를 해야 하는 이유

1994년 12월 4일

오늘도 영원한 오늘이라고 생각하며 우리가 항상 한자리를 하고 돌아가면서도, 나날이 밤이 지나고 낮이 오면 또 오늘이라고 하는 가운데 이렇게 한자리를 하게 된 것을 감사히 생각합니다. 날은 추워지는데 법당이 마땅치 않아 여러분을 춥게 하는 것 같아서 마음이 송구스럽군요. 어떡하든지 춥지 않도록 하기 위해서 안양회관을 사용해 볼까 생각하고 있습니다. 법당을 지을 동안 말입니다.

항상 얘기하듯이, 개개인이 이 공부를 안 한다면 앞으로 10년 후, 20년 후에는 후회할 일이 많이 생길 겁니다. 왜냐하면 지금도 정신을 잡아먹히고 잡아먹고, 자기 자신들도 모르게 이렇게 먹히고 있는 겁니다. 그런데 앞으로 더 정신계의 발전이 된다고 한다면 여러분께 막대한 피해가 올 것이라고 생각합니다. 짐승들은 보이는 데서 서로 잡아먹지만 사람들은 보이는 데서 육체를 잡아먹히는 게 아니라 정신을 잡아먹히고 그것으로 인해서 육체도 먹히게 되죠. 가만히 생각해 본다면 곤충에서부터 사람에 이르기까지 너무도 치열하게 살고 있죠. 어떤 때는 사실 쓴웃음을 웃지 않으면 안 되리만큼 그렇게 비참한 때도 있죠. '모른다면 차라리 괜찮을 것을….' 하는 때도 있죠.

그런데 우리가 먹고 입는 거는 스스로 따라오게 돼 있으니 넓게 마음을 쓰고 좀 더 생각해 볼 수 있는 마음을 가져야 된다는 얘기죠. 이 부처님 도리는 너무나 다양하고 너무나 광대하고 너무나 묘해서 누가 사랑을 하지 말라는 것도 아니고 부자가 되지 말라는 것도 아니고, 단 하나 '자기가 어디로부터 와서 지금 어디로 가는 길인가? 내가 지금 무엇을 하고 있는가? 내가 어떻게 살고 있는가? 내가 어떻게 행동을 하고 있는가?' 이것을 잘 지켜볼 수 있는 그런 여러분이 되란 얘기죠.

찰나찰나 나투면서 돌아가는 이 한 생이 길다고 생각하면 길지만 짧다고 생각하면 아주 짧습니다. 짧은 기간 동안에 우리가 어떻게 살아야만 되는가를 깊이깊이 생각해 보셔야 합니다. 그 속에는 모두 자기가 산 대로, 산 차원대로 모습을 쓰고 다시 나올 것인데도 어떠한 모습을 쓰고 나올는지도 모르면서 그렇게 가련하게 지금 발버둥이 치고 가는 길이죠. 하여튼 자기가 어떻게 살고 얼마나 진실하고 어떻게 행동하고 어떻게 말하느냐에 따라, 모가 나는 것도 둥글게 행할 수 있고 둥글게 말할 수 있는 사람으로서 요다음 생에 나올 수 있어야 하지 않겠습니까? 그저 다음 생이래야 얼마 안 가면 다음 생입니다. 몸을 벗었다 하면 영혼은 거기에서 빠져나가니까요. 영혼이 빠져나가면 영혼이 있기 이전이 있는 까닭에, 우리가 깊이 생각 안 하면 안 되리만큼 돼 있죠. 그래서 '순간 몸을 벗으면 그 영혼은 어떻게 될까?' 하고 한번들 생각해 보셨습니까? 물론 '지금 금방 죽으면 그만이지 뭘 그래.' 한다면 할 말이 없죠. 하지만 영원토록 길은 돼 있고, 영원토록 벗어나지 못하는 이 길 속에서 헤매고 돌게 되죠.

우리는 물속에서 어떻게 어떻게 도를 닦아서 물 바깥으로 벗어나서 이렇게 살고 있습니다. 그런데 한 고비가 또 있죠. 물주머니를 벗어나야 되고, 공기라는 이름하의 주머니 속에서 또 벗어나야 하고, 그 속에서 벗어나면 전체 속에서 또 벗어나야 하죠. 그렇다고 해서 이게 길다고, 아주 하염없이 기니까 우린 할 수 없다고 이렇게 생각하진 마세요. 한 찰나니까요. 한 찰나라는 건, 우리가 평생을 사는 거보다도 한 찰나의 한 생각이 그렇게 중요하다는 겁니다. 만 년 전, 몇천만 년 전의 한 생각이라고 할지라도 지금 현재 한 생각과 맞먹습니다. 둘이 아닙니다. 그렇게 한 생각이 중요하니까요.

우리의 몸체 하나를 가지고 가만히 생각해 보십시오. 이 몸체 하나가 우주라면, 우주 속에 별성들이 헤아릴 수 없이 살고 작용을 하고 돌아갑니다. 큰 거나 작은 거나 똑같으니까 내 한 몸을 가지고 한번 체험해 보시고 경험해 보십시오. 천차만별의 모습들, 생명들, 의식들이 있지 않습니까? 그러니 둘이 아니다 하는 뜻에서 공(空)이 색(色)이다, 색이 공이다 하는 거죠. 우리가 몸이 있어야 속에 생명들이 살고 생명들이 살고 있어야 몸이 있듯이, 둘이 아닙니다. 생명들이 없다 해도 내 몸이 없을 것이고 내 몸이 없다 하더라도 생명이 없을 것이고, 그러니 그것이 어디 둘이겠습니까? 그렇다면 그 생명체들은 어디서 와서 그렇게 더불어 같이 살게 됐는가? 내가 인연들을 지어서 그렇게 형성시킨 겁니다. 내가 인연들을 짓고 내가 형성시키고 내가 지금 움죽거리고 가게끔 해 놓고 있습니다.

예를 들어서 기계를 하나 연구해서 만들었다면 그 기계를 누가 만지며 누가 작용하게 하는 겁니까? 기계 만든 사람들이 다 작용을 해서 움죽거리게 하죠. 그렇듯이 우리는 우리가 형성시킨 이 몸뚱이를 우리 자체가 끌고 가는 겁니다. 누가 끌어가고 끌어오고 하는 게 아닙니다. 자기들이 자기를 형성시켜 놓고 바로 자기가 그 형성시킨 모습을 끌고 다니는 겁니다. 작용시키는 거죠. 그것은 과거에 어떻게 살았느냐에 따라서 차원대로 거기에다 부합을 시키는 거죠. 이건 자연의 진리입니다. 자연의 법칙이기도 하고 또는 우리 사는 법이기도 합니다. 그렇게 해서 자연적으로 거기에 딱 자동적으로 입력이 되게끔 해 놓은 것입니다.

오신통 자체가 컴퓨터라고 내가 얘기했죠. 사람이 만든 컴퓨터가 아니라, 이건 자동적인 컴퓨터입니다. 그래서 어떻게 사느냐, 어떻게 살았느냐, 말과 행동을 어떻게 했느냐에 따라서 거기 다 수집이 돼서 입력이 돼 있는 것입니다. 뭐, 요만큼도 여축이 없이 질서 정연하게 입력이 돼 있는 겁니다. 누구의 탓도 할 수 없고 말입니다.

그런데 그 많은 헤아릴 수 없는 중생들 틈에 선지(善知)도 있지만 악행을 범하는 그러한 업식도 있습니다. 우리 지금 한 국가에서 별 사람들이 다 살듯이 이 안에도 별의별 마음, 의식들을 가진 생명들이 많이 살고 있습니다. 그래서 자기 집을 자기가 망가뜨리는 것도 있고, 자기 집을 빈집을 만들어 가지고 갖은 영계를 다 불러들일 수도 있고 그렇습니다. 원수를 갚기 위해서 하는 거니까 그렇게 끌어들여서 미치게 만들고, 요즘 가지각색의 병들도 그런 걸로 인해서 다 들어오죠. 그거를 이름해서 영계성이니 유전성이니 인과성이니 하고 있습니다. 그렇게 해서 그 차원대로 반드시 이 세상을 또 살아야 하니까, 이거는 곰곰이 생각 안 해 볼 수가 없는 겁니다.

그런데 제가 정말 눈물 나도록 답답한 생각을 하게 되는 문제가 많습니다. 나는 이날까지 밤이나 낮이나 한 번도 내 개인을 생각한 예가 없습니다. 내가 개인으로서 어디 구경을 나간다든가, 내가 딴 사람들처럼 어디 좀 바람을 쐬러 다닌다거나 이런 점도 없습니다. 단 하나, 어떡하면 쉽게 여러분을 이끌어 드릴 수 있을까 하는 거죠. 그런데 요즘 답답한 일이 많이 생기는 게 뭐냐 하면, 여러분은 그 업식 속에서 마음을 통해서 생각이 나는 거를, 자꾸 꼬리가 꼬리를 물게 오히려 꺼내 가지고 생각을 해요. 안 나는 생각도 일부러 말입니다. 일부러 생각을 또 하고 또 하고 해서 나중에 끄트머리에는 커다랗게 만들어 가지고는 그것을 답답하게 생각을 하고 그러거든요.

우리가 지금 살아나가는 것을 가만히 보십시오. 하나도 가지고 다니는 게 없죠. 보는 것도 가지고 다니는 게 없고, 듣는 것도 가지고 다니는 게 없고, 만나는 것도 가지고 다니는 게 없고, 먹는 것도 가지고 다니는 게 없고, 다니는 것도 가지고 다니는 게 없죠. 다니면서 그냥 놓고 다니죠? 다니는 것을 끌어안고 다닙니까? 다니는 대로 뒷발자취를 떼어 놓고, 보고 만나는 것도 끌어안고 다니는 게 하나도 없거든요. 그런데도 불구하고 자기 자신이 생각을 해 가지고, 오히려 생각 생각을 해 가지고 뭉쳐 놓고선 이걸 답답하다고 그런단 말입니다. 생각나면 나는 대로 놓으라고 했는데, 나는 대로 그냥 용광로에다 넣으면 자동적으로 재생이 돼서 나간다고 그렇게 해도 놓질 못하는 겁니다. 우리가 평상시에 살아가면서 놓고 가는데도 말입니다.

그래서 그렇게 놓고 가니까 자기는 더불어 사는 인생이지 나라는 게 없다는 얘기죠. 자기 혼자가 없다는 얘기예요. 자기가 생각해 보세요. 바깥으로 사는 거나 안으로 사는 거나, 안에서 일어나는 거나 그 모든 생명들이 누굽니까, 그게? 자기 몸뚱이 안의 자기 생명들이고 더불어 같이 살고 있고, 더불어 먹고 있어요. 여러분이 어떤 사람을 만나는데 혼자 만나는 겁니까, 어디? 더불어 같이 한마음으로서 그냥 보게 되고 듣게 되고 만나는 거죠. 그러니 혼자 만났다고는 할 수 없죠. 혼자 먹었다고 할 수도 없고, 혼자 산다고 할 수도 없고, 혼자 벌었다고 할 수도 없고 혼자 들었다고 할 수도 없죠. 혼자 똥 눴다고 할 수도 없고, 혼자 잔다고 할 수도 없고, 매사 게 그렇게 더불어 같이 사는 인생이기 때문에 자기가 했다는 생각, 자기가 산다는 생각은 조금도 하지 말라는 겁니다. 왜냐하면 내가 산다고 하고, 내가 했다는 생각을 하고, 내가 있다는 생각을 한다면 항상 남을 저주하고 상대방을 원망하고 그렇게 되거든요. 내 몸뚱이 하나도 더불어 같이 사는 인생인데, 하물며 이 우주 천하가 다 더불어 같이 살지 어떻게 혼자 삽니까?

그런데도 불구하고 놓으라고 놓으라고 하니까, 놓기는커녕 놓는 것까지 들고 있어요. 주인공을 찾으라니까 "주인공! 주인공!" 입으로만 부르는데, 진정코 말없이 통신이 되게 할 수는 없는지, 그것이 참 의문이고요. 그리고 어느 분은 "'주인공! 주인공!' 하고 그렇게 했는데도 안 됩니다.” 하, 참! 내가 항상 얘기하죠. “이름을 찾지 말고 형상을 찾지 마라. 이름도 형상도 네 이름 네 형상이다.”라구요. ‘일체제불의 마음’ 노래 하죠? 그거를 잘 생각해서 새겨 보세요. 저 형상은 바로 자기 형상이요, 저 마음은 자기 마음이요, 생명도 자기 생명이요, 모두가 둘이 아닌 까닭이죠. 그래서 법당에 들어오면 같이 하나로 몰아서 놓고 내가 예배 올리고, 나갈 때는 같이 몰아서 안고 예배 올리고 나간단 말입니다. 둘이 아닌 까닭이죠. 이리로 가도 둘이 아니요, 저리로 가도 둘이 아니에요.

그러니 잘 생각하셔서 우리가 기필코…. 요즘 이름도 알 수 없으리만큼 병 증세가 많이 나오는데, 병 증세뿐만 아니죠. 가혹한 악행이나 풍기가 문란하고 옹졸한 뭐, 이런 모든 일들, 이런 것뿐만 아니라 전체가 지금…, 그렇게 안 해도 늠름하게 살 거를, 그렇게 할 줄 모르고 정신계는 무시하기 때문에 그렇게 되는 거죠. 한 생각에 만 리를 뛸 수 있는데 이 몸으로 한 발짝을 떼어 놓는 게 그게 뛰는 겁니까? 만 발자국을 뛰는 거보다 한 생각 하는 게 더 빠르다는 얘기예요. 무(無)의 세계, 즉 정신세계를 여러분이 느끼지 못하니까 그렇지, 느껴 보세요!

이렇게 가까워요. 스위치를 누르기 이전이 불이 들어오기 이전이고, 스위치를 눌러 가지고 볼 때는 불이 들어온 현실세계예요. 그렇게 빠른 세상을 돌아가면서 살고 있는데도 불구하고, 정신세계를 그렇게 무시하고 배척한다면 앞으로 우리 이 모습들이 어떻게 살아나갈 겁니까? 악행이나 다른 모든 것들의 원인이 자기 모습을 자기가 못 보고, 자기 분수를 자기가 지키지 못하고, 자기를 돌아볼 줄 모르기 때문에 모두 생기는 결과라고 봅니다. 내가 한마디만 더 하죠. 그리고 질문받겠습니다.

예전에 제가 나이가 적을 때 얘기죠. 일제 시대 때에 일본 사람들 사는 거를, 그때도 그렇게 지켜보려고 지켜본 게 아니에요. 우리가 너무 고생을 하고 못살고 그러니까, 그 사람네들은 어떻게 사는가 그거를 보게 됐어요. 우리나라를 침입한 것은 잘못됐다 하지만 뭐를 하나 갖다 줬다면, 하다못해 성냥을 하나 갖다 줘도 그냥 빈 접시를 돌려 주는 법이 없어요. 그걸 본 거예요. 빈 접시 주는 법이 없고, 자기 분수를 자기가 반드시 지켜서, 위로 충성할 줄도 알고 밑으로 다스릴 줄도 안다 이겁니다. 아, 그 정신력이라는 것은 투철해요, 아주! 남한테 미룰 생각을 안 하고요. 그리고 분수를 지킬 줄 아니까, 위에 있는 사람을 어떡하면 끌어내리고 내가 올라갈까 하는 생각이 없이, 자기가 맡은 바 소임을 아주 충실히 한단 말입니다. '자기는 그만큼밖에 못 되니까 여기 이 자리의 소임을 맡은 거다. 또 나보다 훌륭하니까 윗자리를 맡은 거다.' 그렇게들 하는 거를 볼 때…. 또 요만한 애들도 장난감을 하나 줬다 하면 그 이튿날은 반드시 다른 장난감을 갖다 줘요.

이런 걸 보면서 '야, 참 무섭구나! 아주 철저하게 무섭게 다루어졌구나! 야, 이것이 어디에서 온 건가?' 하고 생각을 하고 그때는 몰랐는데, 그 후에 '아하, 이 법칙이 다 부처님한테서 간 거로구나!' 하고 생각을 하게 됐죠. 하여튼 부처님의 법을 아니 갖다 쓴 게 없어요. 행전을 각반으로 썼고, 우리 그때의 도포를 하오리로 변경해서 썼고, 우리 오조가사를 사무라이 총받이로 만들었구요. 우리네 발우공양을 가져다가 자기들 공기밥으로 변경했고요. 그뿐이 아니라 여러 가지를 그렇게 충실히 받아들이게 된 것은 사명 대사나 서산 대사의 그 묘한 광대무변한 법을 보고서 너무나 놀란 나머지 아주 그때서부터 다졌다는 생각이 들어요.

일본인들은 그렇게 정신력이 투철한데 우리는 어떻게 됐습니까? 500년 역사가 어떻게 됐습니까? 남의 탓을 하기 이전에 내 집을 제대로 간수해야죠. 지금 무슨 병, 무슨 병이 들었느니, 나는 누구한테 당했느니 이런 소리 하기 이전에, 내 집부터 잘 간수를 해야 되지 않겠습니까. 내 집부터 내가 자유스럽게 다뤄 놔야 그것을 남한테 뺏기지 않고, 내 정신을 뺏기지 않게 돼서 내 몸이 나빠지지 못하게 하지 않느냐, 내 가정을 지키지 않느냐, 내 국가를 지키지 않느냐, 내 국가 안의 국민을 지키지 않느냐는 겁니다. 그런데 우리는 빈껍데기가 돼 가지고도 빈껍데기를 또 잡느라고 애쓰는 거죠.

이거 우리가 하루바삐 마음과 마음을 전달할 수 있는 그런 계기가 됐으면 좋겠고요. 어떤 때 보면 어느 신도는 말없이 왔다가 말없이 그냥 나가요. 그래서 나는 빙긋이 웃죠. 왜냐하면 '허, 저 말없이 하는 거에 맛을 들였구나!' 하고요. 이 부처님 법은 말 없는 말로 전달이 되는 겁니다, 이게. 모두가 전달이 되죠. 일체 만물이 다요. 말로 하면 말이 늘어 가서 봉변을 당하는 수도 있지만, 말 없이 말을 한다면 늘어 가지도 줄어 가지도 않아서 아주 정확하게 연결이 되죠. 이 도리를 하루속히 체험하고 풀어 나가려면, 자기 뿌리를 자기가 아주 진짜로 믿어야 합니다. 그래서 옛날 선지식들이 "야, 네 나무는 네 뿌리를 찾아야 되는 거지 네 나무가 딴 나무에서 찾으면 되느냐?" 했습니다. 그러니까 여러분이 심사숙고해서 한 번 더 다지고 또 다지고 하셔야만 합니다.

그래서 오계(五戒)를 저는요, "술 아주 먹지 마라. 도둑질 아주 하지 마라." 이러진 않았죠. 왜 그렇게 바꿨느냐 하면, 술을 먹어도 남한테 피해를 주지 말고, 내가 많이 먹어서 내 몸을, 여러 생명들이 사는 집을 망가뜨리지 말고 적당하게 먹어야 약주가 되지, 만약에 적당치 못하다면 망주가 되는 겁니다. 자기 몸에도 해로워서 결국은 빨리 죽게 되는 거죠. 그러면 자기나 죽었으면 좋겠는데 자기 가정까지 파괴가 돼요. 가족들까지 다 죽여요. 그러니 이렇게 나쁜 일이 어딨습니까?

"도둑질을 하지 마라." 한 것도 생각해 보세요. 내게 좀 여유가 있는 물건을 내가 딴 사람에게 줘도 도둑질입니다, 그게. 예를 들어서 이게 나가 아니기 때문입니다. 더불어 사는 인생이기 때문에 내가 남에게 줘도 그게 도둑질해서 주는 거란 말입니다. 허허허…. 그런데, 내가 남에게 줘도 도둑질인데, 이거는 도둑질이지만 도둑질이 아니다라는 얘기죠. 도둑질 아닌 도둑질이죠. 그러니까 함이 없이 하는 도리기 때문에 도둑질이 아니라고 하는 겁니다.

또 이런 경우가 있어요. 일가친척들이 있는데 말을 잘해서 이쪽 집 거를 저쪽에다가 갖다 주는 수도 있죠. 그거는 말 도둑질을 해서 주는 거나 다름없는데요, 말 도둑질이라 하더라도 둘이 아닌 사랑으로써 맺어지는 연관성이 있기 때문에 이건 도둑이 아니다라는 얘기죠. 말을 잘못해서 연결이 돼서 싸움이 나게 하지 말고, 싸움이 나서 의절한 사람도 이쪽에다 말을 할 때는 저쪽 말을 잘해 주고, 저쪽에다 말을 할 때는 이쪽 말을 잘해 주고, 이렇게 한다면 다 잘못되지가 않는 것인데, 외려 이쪽 말을 저쪽에다가 안 좋게 해 주고, 저쪽에다 이쪽을 안 좋게 말을 해 주고 이러니까, 점점점점 더 응어리가 커져서 죄업이 자기한테 돌아오게 되죠. 그게 말로 해서 짓는 구업(口業)이죠, 구업! 입으로 짓고 입으로 받는다 이겁니다.

말을 하다 보니까 너무 길어지잖아요? 그러니까 "공이 색이고 색이 공이니라." 하는 건, "둘이 아닌 까닭에 그 공한 자체도 공했느니라." 하는 겁니다. 그런데 답답한 것마저도 공했기 때문에 답답한 것마저도 놓으면은 아주 편안해지리라 이런 뜻입니다. 그러니까 꼭이 어떠한 큰 일이 벌어졌다 하더라도, 조그만 일이나 큰 일이나 다 똑같습니다. 여러분은 조그만 일은 조그만 일이기 때문에 그냥 내가 할 수도 있다고 생각하는데, 큰 일이 벌어졌기 때문에 입이 딱 벌어지거든요. 인간으로선 도저히 할 수 없다는 그런 일이나 조그만 일이나 다 똑같은 겁니다.

어떤 분이 오셔서 "은행에서 차압을 당해서 이제는 옴짝없이 다 뺏기게 됐으니 어떡합니까? 이젠 애들하고 거리로 나앉게 됐습니다." 하거든요. 그래서 내가 귓속에다 대고 얘기해 줬죠. "당신만 알고, 당신 주인공이 나가서 일을 하게 만들어. 그럼 될 거야." 그랬어요. 그 사람 주인공이 나가서 일을 하는 거죠. 주인공이라면 원자 속에서 입자가 나가서, 그 입자가 나가는 걸 보살이라고 하죠, 얼른 쉽게 말해서.

'부처님 한생각에 보살 천백억이 나가서 응신(應身)이 돼 주느니라.' 이렇게. 그거를 얼른 알아듣기 쉽게 말하려니까 부처님 원자 안에서 입자가 나가서 모두 제각기 다 자기 소임을 해 준단 얘기죠. 그걸 거짓으로 생각을 해선 안 돼요. 지금 현실에도 그렇게 하고 있으니까요.

이건 어떻게 생각하면 정신계로 들어가니까 심성 과학이라고 해도 되죠. 심성을 꼭 넣어야 정신계하고 물질계하고 똑같이 중용이 되죠. 그러니까 우리가 지금 물질과학이 돼서 문제가 된 거지 심성 과학이라면 어찌 그게 문제가 되겠습니까? 병이 많이 오고 그러는 것도 이 모두가 주인이 없어서 그러는 거니까 내 집을 지키려면 주인을 둬야 내 집을 지키죠. 집을 비우고서 어디 나가려면 집 지키는 사람을 꼭 하나라도 놔두고 가죠. 여러분, 그렇게 사시지 않아요? 마음공부 하는 사람들은 또 '주인공! 너 집 좀 지켜 줘.' 하고선 나가는 사람도 있습디다, 있기는. 허허허…. 그랬더니 고스란히 그냥 있더래요. 하여튼 어떻게 됐든지, 이 개개인 집이 한 몸의 집인데, 집주인이 있어야 세균성 · 영계성 · 인과성 · 업보성 이거를 다 막고 대치를 하죠. 그런데 주인이 없다면 대치를 못 하죠. 그래서 자기 뿌리를 자기가 믿어야 한다. 반드시 자기 뿌리에서만이 에너지가 흡수돼서 자기 나무에게 주어진다는 그 믿음을 진실히 가져야 된다는 얘기죠. 이제 그만 얘기하죠. 질문들 하십시오.

질문자1(남) 스님, 감사합니다. 저는 광주지원에서 왔습니다. 오늘 또 이렇게 제 마음속에 있는 마음의 불을 밝혀 주셔서 뭐라 감사의 말씀을 드려야 할지 모르겠습니다. 제가 지금까지는 모든 것을 감사하다 고맙다 하면서도 무엇이 감사한지 무엇이 고마운지 몰랐었습니다. 그런데 요사이 제 마음을 참 많이 밝게 해 준 한 계기가 있어 가지고 이렇게 지금 숨 쉬고 있는 제 자신까지도 제 몸까지도 감사함을 그때 좀 느꼈습니다.

큰스님 정말 감사하군요.

질문자1(남) 실은 이 감사함을 스님께 말씀드리고자 나왔는데, 아까 스님께서 모든 것은 마음으로 하는 것이 더 우선이라고 하셨기 때문에 좀 그렇기는 하지만 이왕 나온 김에 말씀드리겠습니다. 저희들이 좀 안됐다 한다든가 좀 뭐한 것을 봤을 때 생각을 내서 마음을 돌려 주는 것과 생각이 나서 마음을 돌려 주는 그 차이점에 대해서 말씀 좀 하여 주십시오.

큰스님 우리가요, 무슨 생각을 내기 이전에 벌써 뭐가 닥치면 그 닥치는 대로 자기가 그냥 보고 듣고 닥친 걸 알기 때문에 그냥 아는 거지, 무슨 생각을 내서 아는 게 아니잖아요. 그죠?

질문자1(남) 예.

큰스님 그래서 닥쳐왔으니까 '아, 이것을 어떡하면 되지?' 하는 생각이 난 거죠? 그냥. 생각이 났으면 바로 그냥 '이렇게 오게 한 것도 너니까 해결하는 것도 너야.' 그렇게 돌아가는 거 아니에요? 그냥 뭐, 생각을 일부러 할 것도 없고 안 할 것도 없고, 지금도 말씀하시는데, 내가 말없이 마음으로 하라고 그랬다고 해서 말을 하지 않아야 된다는 생각도 또 하지 마세요. 사람이 환경에 따라서 말을 할 땐 말을 해야 하는데, 일부러 지어서 마음을 내 가지고 하는 것이 아니라야 그것이 함이 없이 하는 것이 되는 거죠. 그러니까 말을 천 마디 하고도 한 마디도 한 사이가 없는 사람이 있고, 한 마디를 하고도 그냥 수없이 많은 말을 한 게 되는 사람이 있거든요. 그러니까 '이렇게 하면 안 된다. 저렇게 해야 된다.' 이런 분별하는 생각은 하지 마시고, 그냥 환경에 따라서 용도가 어떠한 것인가를 생각해서 그냥 거기다 돌려 놓고 지켜보는 그런 멋있는 멋쟁이가 돼야죠.

질문자1(남) 예, 감사합니다. 앞으로 스님 가르침에 누가 되지 않게 열심히 정진하겠습니다. 그리고 또 한 가지는, 광주 내려가서 저희 지원장 스님한테 꾸중 들을 폭 잡고 나온 김에 감사 말씀 드리겠습니다.

큰스님 하하, 괜찮아요.

질문자1(남) 다름이 아니오라 부처님 뜻과 우리 큰스님 원력과 지원에 계시는 저희 스님들 힘을 입어 광주에 불사가 시작됐습니다. 광주 신도의 한 사람으로서 진정으로 감사를 드리겠습니다.

큰스님 그것을 짓는 것도요, 불사를 하게 되는 것도 정신계로는 일체 만 불(萬佛), 그 빈손들이 다 같이 더불어 해 주는 거고요, 산 사람들이 전부 마음을 내서 전부 같이 해 주는 겁니다. 그런데 그 물질을 어디서 가지고 옵니까? 다 만든 사람한테서 가지고 오죠? 그러니까 '더불어 같이' 예요. 하나도 혼자 하는 게 없어요. 그러니 어느 회사가 양회를 했다 하면 그것도 있어야 되는 거고, 벽돌을 했다 하면 그것도 있어야 되는 거고, 나무를 켜서 말려서 했다 하더라도 그것도 있어야 되는 거고 여러 가지죠. 뭐, 물 불 다 들죠, 거기. 그러니까 혼자 잘나서 사는 게 없고, 혼자 잘나서 하는 게 없다 이 소립니다.

그래서 부처님께서는 "내가 혼자 한 게 아무것도 없느니라. 그 대신에 너희도 나한테 준 것이 아무것도 없느니라. 그쪽에서 준 것도 없고 이쪽에서 한 것도 없으니, 없는 가운데 함이 있는 것은 무엇이냐?" 하셨습니다. 그렇게 대천세계의 묘법이 광대무변하다는 얘기죠. 부처님께서 왜 하지를 않았겠습니까. 그런데 생각해 보세요. 내가 얘기했죠. 몸뚱이 속에 많은 생명들이, 보살들이 들어 있는데 보살들이 부처님하고 더불어 같이 있어요. 부처님하고 보살하고 따로 있는 게 아니에요. 이 부처님 마음에서 한생각을 내면 보살들이 되죠. 지장이 되고, 관세음이 되고, 아촉이 되고, 미륵이 되고, 아미타가 되고 그냥 한생각이면 그렇게 되는 거죠. 그건 자동적으로 수백억의 헤아릴 수 없는 보살들이 그 한마음 속에서 탄생을 해 가지고 그냥 모두 약사도 되고 관세음도 되고 이러는 거니까. 그거는 부처님이 애써 걱정 안 해도 되는 거죠, 자동적이니까. 그렇지만 우리 몸뚱이 속에 들어 있는 그 많은 생명들에게 한마음으로 항복을 받아야 우리가 그렇게 할 수 있다는 얘기죠.

질문자2(남) 질문이 몇 가지 됩니다. 간단히 말씀드리겠습니다.

큰스님 한 가지씩 물어요.

질문자2(남) 네. 저희가 관법(觀法)을 하고 있는데 "한마음!", "한마음 주인공" 또 "마음의 선장" 이렇게 여러 가지로 부를 수 있는데 그때 어떤 차이가 있는지 좀 말씀해 주십시오.

큰스님 "이 귀신 망치야!" 이래도 그게 이름이 되는 겁니다. 이 마음만 지극하게 했다면 "이 귀신 방귀씨야!" 이래도 되는 거죠. 허허허…. 사실은 그 이름이 말해 주는 게 아니에요. 그 사람의 마음먹는 뜻이 말해 주는 거죠. 그래서 내가 요놈 저놈 한다고 해서 "아휴, 부처님더러 어쩌면 '요놈, 저놈, 너' 이러느냐." 하는데 "너" 이러는 건 그냥 보통 말하듯이 "너" 이러는 게 아니에요. 아주 귀중하게, 너무도 귀중하게 생각하기 때문에, 너무도 가깝게 생각을 하기 때문에 너라고 그런 거지, 둘로 보지 않기 때문에 너라고 그런 거지 둘로 본다면 모셔야죠. 지극하게 모셔야 되지만, 둘로 보지 않는 까닭에 너라고 하는 것이니 너무나 이게, 그건 아주 말로 형용할 수 없는 이름입니다.

질문자2(남) 알겠습니다. 저희가 예수재(豫修齋)를 하는 것은 살아 있는 사람을 천도시키는 걸로 알고 있는데요, 그때는 우주 법계의 일체제불 불보살님 등, 귀신까지도 전체 승낙을 얻어야 한다는데, 그때의 예수재라는 거와 또 조상님 천도했을 때의 그 마음 천도하고는 어떻게 다른 것인지 좀 알고 싶은데요.

큰스님 예수재는요, 지금 우리 부모가 어디 먼 데를 간다고 했을 때 "이 돈을 가지고 가셔서 사십시오.", 당장 가서 방을 얻고, 당장 가서 뭐, 쓸 때 쓰고 살 걸 사고 그래야 하니까, 또 뭐, 사 잡숫고 싶은 거 사 잡숫고 이러라고 드리는 겁니다. 여기서 혼자 미국으로 보내 드린다면 미국에 가서 그렇게 하고 사시라고 드리는 거예요. 얼른 쉽게 말해서, 노인네들이 금방 옷을 벗으면 혼이 벗어나서요, 지금 이런 공부를 한 분들이라면 죽어서도 감을 다 잡죠. 거기다가 감만 잡는 게 아니라 인도자까지 생기죠. 이끌어 주는 인도자가 생기는데, 보살들이 이끌어 주죠.

그런데 공부를 영 모르고 돌아가신 분에 한해서는 혼백이 그냥 아는 집으로 떠돌거나, 그렇지 않으면 허공에 떠돌거나 그래서 '나는 저기 가야 할 텐데 배가 없어 못 가고 있다.' 하는 혼백들이 있거든요. 내가 그전에 얘기했죠. 빠져 죽을까 봐 못 가고 타 죽을까 봐 못 건너간다고요. 평상시에 우리가 그렇게 인식을 하고 살기 때문이죠. 모습이 있으니까 타 죽고, 모습이 있으니까 빠져 죽고, 그렇게 살던 습이 있어서 죽었는데도 모습이 없이 의식적인 마음만 있다는 걸 모르죠, 이제. 그래서 그렇게 떠돌게 되죠.

그러니까 그렇게 떠돌다가 잘 걸리면 좋지만, 영혼들이 원래는 질서 정연하게 이렇게 가다가, 단속을 하고 그래 가지고서 이름을 불러서 개개인을 차원대로 보내 주게 돼 있죠. 그런데 그렇지 못하고 떠도는 혼백들이 있어요. 지금 우리 국가에서 사는 거나 똑같애요. 그러니까 그러한 분들을 위해서 천도를 하게 되면, 그분이 어떻게 살았느냐에 따라서 어떤 집은 서너 번 해야 되는 집이 있고, '아, 저 집은 참 갸륵하다. 모두 잘들 지내고 잘들 살아서 저렇게 천도를 시키지 않아도 되는데….' 하는 집도 있어요. 그래도 자손들이 하겠다고 그럴 때는 "그러면 하시라." 이렇게 하는 건 자손들이 부모를 생각하는 그 마음, 기리는 마음을 그대로 연장시켜 주기 위해서입니다.

천도재를 안 해도 되는 집이 많아요. 덮어놓고 돈이나 벌고 그러려면이야 뭐, 그저 누구나 다 그냥 하라고 하겠지만 난 어떤 땐 그래요. 어려운 사람에게는 그러죠. "이다음에 벌어서 부모한테도 효도할 수 있을 때 그때 해." 그럽니다. "어려운 집에서 남의 돈 취해다가 하면 그거 괴로워서 어떻게 살아? 그러니까 부모들도 다 알고 계시니까 알아서 해." 하고 도로 줍니다. 때로는 모르는 사람이 내 행동을 볼 때는 어려운 집이니까 조금 가져와서 안 받는다 이렇게 생각할지도 모르죠. 그런데 그게 아니에요. 어려운 집에서 몇십만 원이라는 것이 큰돈이죠, 어려운 집에선요.

질문자2(남) 그리고 국내외로 잦은 사고가 일어나고 있는데, 사고를 당한 사람으로서는 뭐, 출가자도 있을 수 있고, 기복 불교자도 있을 수 있고, 또 저희같이 이렇게 관법을 공부하는 경우도 있을 거고, 또 종교를 안 가지고 있는 사람도 있고, 타 종교를 가지고 있는 사람도 있는데, 거기서 국내 전체로 해서 천도를 시키고 그러는데, 그때 어떤 사람이든지 다 천도가 되는지, 아니면 불법만 믿어도 그냥 천도가 되는지 좀 알고 싶습니다.

큰스님 이게 이렇게 되죠. 내 마음의 주인을 가지고, 내 집을 지키면서 이렇게 나가는 주인이 있다면 금방 닥쳐오는 거를 팍 대치를 해서 그냥 탁 처리하는데, 기복으로 믿는 사람은 불러서 끌어다가 이렇게 하려니까 시간이 걸려서 죽고 난 뒤에 오는 거죠. 얼른 쉽게 말해서요. 그렇게 되는 거고, 또 그렇게도 안 하는 사람들은 안 하는 대로 그냥 자기가 지은 대로 산 대로 그냥 가는 거죠.

질문자2(남) 결국은 천도가 된다고 볼 수 없겠는데요.

큰스님 그거는 우리가 장담을 못 하는 게 뭐냐 하면요, 우리 지금 여기 신도님들이 얼마만큼 자기가 자기 주인을 믿느냐에 따라서 집주인이 얼마나 대치를 해 주고 있는가에 달려 있다 이겁니다.

질문자2(남) 예, 알겠습니다. 저도 선원에 한 4년 이렇게 다녔습니다만 어떤 땐 선원이라고 하고 어떤 땐 절에 간다고도 하는데, 만약에 절이라는 표현을 써도 된다면 스님께서 특별히 선원이라고 이름을 안 지으셨을 것 같아서 그 표현이 틀리는 것인지 맞는 것인지 좀 알고 싶습니다.

큰스님 절이라는 거는 어떻게 생각하면 절하는 데가 절이죠, 하하하…. (대중 웃음) 그런데요, 절하는 것만이 능사가 아니거든요. 그러니까 선원이라고 하는 것은 자기의 참자기를 찾기 위해서 참선을 한다는 뜻입니다. 그러니까 참선법에는 예의를 지켜야 하고 절은 으레 해야 되는 거니까 그 속에 다 있는 거죠. 그런데 왜 일부러 절이라고 그러겠습니까?

질문자2(남) 그러면 저희 선원에서는 절이란 말을 안 쓰는 걸로 알겠습니다.

큰스님 하하하…. 아니, 써도 좋고 안 써도 좋은데요, 그냥 대부분 사찰이라고 그러죠. 외부에서 부를 때는요. 그냥 꼭이 절이라고 구태의연하게 그렇게 하진 않죠.

질문자2(남) 그리고 저희들이 법회 있을 적마다 질문을 하고 있는데, 여태껏 저희 대중들은 질문을 했는데 스님들께서 질문을 하시는 것은 못 봤습니다. 옛날에 육조 스님 시대나 그때도 동시에 다 같이 질문을 한 걸로 알고 있거든요. 그래서 왜 그렇게 안 하는지, 또 저희로서는 저희가 질문을 드려도 또 보충 질문을 스님께서 하시면 저희 질문 차원도 높아지고 더 좋지 않을까 하는 생각이 들어서, 먼저 한번 질문을 드리려다가 미뤘다가 오늘 드리게 됐습니다.

큰스님 스님네들은 승단(僧團)에서 스님네들끼리 질문을 하고 토론을 하고 이럽니다. 이거는 불가부득이 그렇게 하지 않으면 승단과 이게 지금 폐단이 생기니까요. 이 승단은 여러분을 앞장서서 이끌어 가야 되기 때문에 그 스님네들끼리 때로는 토론하고 그럽니다. 어떡하면은 지금 질문하시는 분을 잘 이끌어 드릴까 하고요. 하하하….

질문자2(남) 네, 그러면 감사드립니다. 그런데 성철 스님 백일 법문 테이프도 조금밖에 안 들었습니다만 들어 보니까 동시에 질문이 많이 나온 것 같아서 한 번 더 말씀을 드리게 됐습니다. 그리고 불(佛)·법(法)·승(僧) 삼보(三寶)에 귀의한다고 그랬을 때에, 그중에 스님께 귀의한다는 것은 그 스님들 마음의 공(空) 자리에 귀의한다는 것인지, 아니면 무발승 제자분인 그분들한테 귀의한다는 내용이 되는 것인지 한 번 여쭙겠습니다.

큰스님 대통령을 믿으면 비서도 믿듯이 말입니다.

질문자2(남) 네.

큰스님 그러니까 대통령과 비서가 이 법을 모두 배출시키거든요, 법을 향해서. 불(佛), 즉 말하자면 부처님 마음에서, 부처님이 아니더라도 깨쳤다면 모두 부처님이죠. 마음에서 이렇게 그 법을 정하면 그걸 받아서 불과 승(僧)이 둘 아니게 법을 배출시킨다는 얘기죠, 중용으로.

질문자2(남) 알겠습니다. 그러면 만약에 저희가 머리를 안 깎았더라도 공부를 해서 법이 수승하다면 스님들께서도 그 사람을 초청해서 법문을 들을 수가 있는지?

큰스님 그거는 한번 이렇게 생각해 보세요. 유마힐 거사 당시에 부처님도 계셨고 유마힐 거사도 있었는데 그때에 부처님도 유마힐 거사의 그 마음을 동등하게 여겨 줬다고 하십니다. 그런데 왜 동등해도 유마힐 거사가 떨어지느냐 하면 벌써, 부처님 탈을 쓰지 않았다는 얘기죠. 탈을 쓰지 않고 그대로 실천을 하는데, 가르쳐 주는 거는 부처님과 유마힐 거사가 동등하게 같이 그 제자들을 가르쳤다는 얘기죠. 부처님이 할 수 없는 거를 유마힐 거사가 하시고, 유마힐 거사가 할 수 없는 거를 부처님이 하시고 이렇게요. 이게 마음을 깨달았으면 서로 둘이 아니게 통하거든요. 그래서 그냥 막 같이 돌아갔으니까요.

질문자2(남) 저희 선원에서도 역대 조사님 같은 분들도 많이 나와야 되겠고 또 유마힐 거사님 같은 분들도 많이 나와야 될 텐데, 우선 자기의 자성(自性)을 보려면 자성 화두가 나와야 될 것 같은데, 거기에 가장 지름길로 가는 방법을 지금 스님께서는 주인공한테 돌려놓고 또 맡기고, 이렇게 하셨는데 그것 외에 자기 참회나 요런 것이 더 어떻게 겸비되어야 되지 않는가 하는 생각이 들어서, 그거 외에 더 할 것이 있는가 한번 여쭙고 싶습니다.

큰스님 그거 외에 할 것이 있죠. 왜냐하면 지금 회장직이라든가 또 고문직이라든가 또는 총무직이라든가 부회장님직이라든가, 또 아니라 할지라도 모두 공부가 진짜로 그렇게 되려면, 그르고 옳고 이런 걸 따져서는 안 됩니다. 그러면 자기 공부가 벌써 아니 되죠. 모가 난 것도 둥글게 쓸 줄 알아야 대인이 되죠. 요거는 요렇게 탈을 잡고 저거는 저렇게 탈을 잡고 이런다면, 그 탈이 난 거와 탈이 안 난 거를 한데 합쳐서 내가 소화를 시키지 못하니까 다 얻을 수가 없죠.

그러니까 용도에 따라서 그것을 다 초월하고 대치해서 넘기려면, 아주 못하는 사람도 잘하는 사람도 그저 둘 아니게 보고, 저쪽에서 이쪽에 대해 안 좋은 말을 한다고 듣더라도 그건 자기가 "그러냐." 하고 듣고 지켜보는 그런 사람이 돼야지, 이 말을 또 저쪽에다 딱 그냥, 그렇게 잘못하고 나가느냐고 해서는 안 되죠. 그러니까 모두가 공부를 하려면 둥글게 말할 줄 알고, 모가 난 것도 둥글게 행할 줄 알고, 우리가 원형으로써 하면서도 찰나찰나 법이 서 있단 얘기죠.

질문자2(남) 그다음에 '동중일여(動中一如) 몽중일여(夢中一如) 오매일여(寤寐一如)' 라고 있는데 그것이 우리 스님께서 말씀하시는 한 번 죽어야 되고 그다음에 두 번 또 죽어야 되고, 그다음에 다시 전체가 나투어야 된다 하시는 말씀하고 같다고 봐야 되는지요?

큰스님 같기도 하죠, 네.

질문자2(남) 그리고 몸은 물질하고 정신으로 돼 있는데 우리가 말하는 마음이라는 것은 따로 있는 것인지 하는 것과 동시에 성불하신 분들은 다시 나오지 않는다고 그러시는데 그때의 그 마음은 어디….

큰스님 나오지 않고 나오고가 어딨어요? 누가 그래요? 나오지 않는다고.

질문자2(남) 다시 이렇게….

큰스님 나오지 않는 걸 알았다면 그건 부처가 아니에요. 이 세상에 말입니다, 모두가 나 아님이 없고 내 아픔 아님이 없는데 구태여 '이게 될까 저게 될까. 내가 나오지 말까 나올까.' 이런 거 생각하게 됐습니까? 지옥이면 지옥이고, 또 천당이면 천당이고, 왔다 갔다 그저 환경에 따라서 용도에 따라서 뛰려면 뛰고, 천천히 가려면 천천히 가는 거지 아니, 그놈의 게 그냥 규정돼 있어요? 싸움이 나면 칼을 들 수가 있고 싸움이 안 나면 칼을 끼울 수도 있는 거죠. 칼을 꼭 들어야만 되나요? 그런 게 아니죠.

질문자2(남) 그러면 어디에 고정돼 있는 것이 아니고 그때 상황에 따라서….

큰스님 네, 그렇죠. 그래서 하나도 없다가도 그 하나가 딱 나올 수도 있고, 또 환경에 따라서 전체 보살이 화할 수가 있고 이런 거죠.

질문자2(남) 네, 질문 다 했습니다.

큰스님 다 하셨어요? 아주 수고 많으셨습니다. (대중 웃음) 하하하…. 아니에요. 우리가요, 말을 함이 없이 선뜻선뜻 그냥 해라 이거죠. 하지 말라는 게 아니에요. 말을 하더라도 내가 그냥 가다가 보니까 '이러이런데 이걸 한번 물어봐야겠다.' 하고 아주 편안한 자세로 그냥 물어요. 그러면 아예 걸리는 게 없어요. 그런데 요놈의 거를 그냥 지어서, 책을 봐서, 적어 가지고 이렇게 하는 건 아무 의미가 없어요. 자기가 모르고 묻는 거와 알고 묻는 거와 차이가 있거든요. 그래서 자기가 알면서 묻는 거는 남을 위한 보살행이고요, 또 모르면서 그냥 책에서 적어서 이렇게 하는 거는 오히려 난 신뢰감을 갖지 않아요.

질문자2(남) 그런데 이거는 뽑은 게 아니고요.

큰스님 예, 알아요. (대중 웃음) 그거는 알고 있어요. 왜냐하면 저도 어떤 때는요, 마음속에다 씁니다. '아이, 뭐 뭐 이렇게 해야지.' 그러면 한 서너 가지 마음속에다가 글을 써요. 써 놓고, 이게 책 아닌 책이죠. 써 가지고 나와서 합니다. 그거와 뭐가 다릅니까? 그러니까 그거는 잘하셨어요.

질문자2(남) 한마음, 감사합니다.

질문자3(남) 법상 앞에서 이렇게 뵙긴 참으로 오랜만인 것 같습니다.

큰스님 네.

질문자3(남) 지금 처음 공부를 시작하시는 분들이 제 체험담으로 인해서 잘못되는 것이 있다면 죽비는 제가 맞고요, 또 지금 저와 같이 잘못 가시는 분들에게도 경계가 되어서 도움이 되리라 믿습니다. 맞는 건 맞는 대로 도움이 될 것이고, 또 틀린 건 틀린 대로 도움이 될 것 같아서 제가 그동안의 체험담을, 공부 아닌 공부를 한 거를 말씀드리고 점검을 받고자 합니다.

제가 동생의 소개로 처음 여기 법당 안을 들어섰을 때는 지금 저기 앉아 계시는 부처님이 안 계셨습니다. 그 전날에 제가 아주 참 신비한 꿈을 꿔서 그 꿈 해몽을 해 달라고 동생 집에 갔다가 그 동생이 '아, 그렇지 않아도 오빠한테 연락을 하려고 하던 참인데 잘 오셨다' 고 하면서 결국 선원에 오자고 인도를 했습니다. 그래서 그날 저는 아무 말도 안 하고 동생이 가자는 대로 자석에 끌리듯 이곳에 와서 그때 처음 스님께서 하시는 법문을 듣고, 바로 이 법당에 들어와서 동생과 같이 함께 잠시 참선 정진에 들어갔었습니다.

그 시간은 불과 한 4, 5분 정도밖에 되지 않았는데, 자리에 앉아서 마음을 하나로 모으자마자 이 법당 안 전체가 붉은 빛으로 가득했습니다. 그리고 그때 저기 벽에 원이 그려져 있는 그 부분에서는 조그마한 불빛이 일어 가지고 제게 다가왔고 그 사이에서 파란 불빛 하나가 다가오면서 커졌습니다. 커졌는데, 그 커진 불빛 자체가 텔레비전 화면처럼 화면이 되었고, 그 화면 속을 들여다보니 나 아닌 나가 절벽 밑 개울가에서 무릎을 꿇고 두 손을 합장하고 기도를 하고 있었습니다. 그리고 또 절벽 위를 이렇게 쳐다보니 어느 한 여인이 하얀 두루마기에 치마 저고리를 입고 긴 마후라는 머리를 감싸 목 밑에 맸는데 바람에 휘날리는 게 참 얘기 그대로 선사 같았습니다.

그런데 바로 그분이 다른 분이 아닌 대행 스님이셨습니다. 그리고 그 손에는 한 3미터 정도의 길다란 채찍을 들고 계셨는데 그 아래

정진하고 있는 나 아닌 나를 향해서 세 번 채찍질하시면서 "정진하라, 정진하라." 하고 외치셨습니다. 그 찰나 그 채찍 끝이 제 옆구리에 와서 세 번 철썩철썩 와 닿는 느낌과 동시에 그때 참선에서 깨 가지고 하도 신비해서 일어나서 동생한테 얘기를 했더니 "바로 오빠가 공부할 곳은 여기니까 다른 생각 하지 말고 지금 가서 다시 대행 스님을 뵙도록 하라." 그래서 다시 아래층으로 내려가 대행 스님에게 자초지종을 말씀드리자 모든 사람들이 같은 나이에 같은 병이 들었어도 의사의 처방이 따로따로 나오듯이, 스님께서 저의 자초지종을 들으시고 하시는 말씀이 경도 보지 말고, 책도 보지 말고, 그때 당시 또 다른 절에 나가면서 가지고 다니던 『천수경』하고 『반야심경』, 「법성게」가 들어 있는 수첩이 있었는데, 그것도 빼놓으라고 하셨습니다. 그리고 열심히 정진으로만 공부를 하라고 하셨습니다. 그런데 그때는 아무런 의정도 없었고 사십 평생에 처음 있었던 체험이라 무조건 믿었습니다, 그걸. "네, 알겠습니다. 그렇게 하겠습니다." 하고 공부에 들어갔습니다.

그다음부터 일어났던 체험담은 다음으로 미루고, 경을 보지도 말고 정진으로만 일심으로 밀고 나가라고 했던 그때 당시의 스님의 말씀을 작년 10월 달에 제가 의정을 삼았습니다. 이유가 뭐냐 그러면 제가 뜻밖에도 기쁨과 즐거움이 넘치는 한 계기가 있었습니다. 그러면 왜 그 당시에 대행 스님께서는 저에게 경도 보지 말고, 책도 보지 말고, 그렇게 일심으로 정진에만 몰두하라고 하셨나 해서, 도대체 경이란 무엇이며 우리에게 무슨 역할을 하는가를 내 자성에 맡겼습니다. 그러자 잠시 후에 자성에서 이르기를 '경은 결코 씨앗이 될 수 없느니라. 경은 내 마음의 논밭을 일구고 내 마음의 잡초를 걷어 주는, 마음의 논밭에 잡초를 걷어 주는 도구와 같으니라. 또한 너희가 몸에 때가 묻었을 때 때를 씻어 주는 목욕물과 같은 것이지 결국 씨앗은 될 수 없느니라.' 했습니다.

'그렇다면 씨앗은 도대체 뭘 보고 씨앗이라고 하느냐?' 라고 다시 또 되맡겼습니다. 그러자 내 자성에서 이르기를 '씨앗은 바로 너의 행이 씨앗이니라. 그리고 이 씨앗은 곧 업인데 너의 행이 바르지 못했을 때는 그게 악업이 되고 너의 행이 바를 때는 선업이 되는 건데, 그 업 또한 따로 있는 것이 아니라 너의 행에서 비롯되는 것이니라.' 그랬습니다. 그리고 또 '과거·현재·미래 이것이 바로 행에서 비롯되는 것이지 과거니 현재니 미래니 하는 것이 따로 있는 것이 아니니라.' 했습니다. 그래서 가만히 생각해 보니 우리가 어떤 일을 하기 위해서 한 생각 내는 게 미래였고, 또 그걸 실천에 옮겨서 행했을 때가 현재였고, 그것이 끝났을 때가 과거여서 그 행이 끝난 것으로, 과거·현재·미래는 둘이 아니었습니다.

그러자 저는 다시 내 자성에 '그럼 그 근본은 어디서 나오느냐?' 하고 다시 맡겼습니다. 그러자 내 자성에서 이르기를 '이 지구는 자전과 공전으로 인해서 밤과 낮이 생기는데 낮이 되었을 때는 밤은 어디로 가더냐?' 했습니다. 또 '밤이 되었을 때는 낮이 어디로 가며 낮이 되었을 때는 밤이 어디로 가냐?' 하고 되물었습니다. 그러면서 또 '공전으로 해서 사계절이 생기는데 봄이 되었다가 여름이 오면 봄은 어디로 가더냐? 또 가을이 오면 여름은 어디로 들어가더냐?' 했습니다. 그러면서 '여름 장마철에 뇌성벽력이 이는데 그 뇌성벽력은 어디서 나왔다가 어디로 들어가더냐? 또한 뇌성벽력으로 인해서 천지가 진동하는데 그 진동 소리는 어디서 나왔다가 어디로 들어가더냐?' 하고 물었습니다.

그 순간 저는 '아차, 바로 이거로구나.' 라고 생각하면서 '항시 대행 스님께서 말씀하시는 본래 자리가 바로 여기였구나.' 라고 생각했습니다. 그러자 다시 저도 모르게 한 번 손뼉을 쳤습니다. 치면서 하는 말이 '일타만타이니라.' 했습니다. 그래서 손뼉은 왜 쳤으며 일타만타는 뭔가 했더니, 바로 일타는 우리가 어두운 방 안에서 부싯돌을 한 번 번쩍 튀겼을 때에 방 안의 모든 물체가 번쩍하는 순간에 보이듯이, 우리가 마음 한 번 내고 한마디 하고 던지는 그거는 어느 한 곳으로만 흐르는 게 아니라 사방 천지 두루 흐른다는 뜻이었습니다. 그리고 손뼉을 한 번 치는 건 무슨 뜻이냐고 다시 맡겼더니 '그 손뼉 한 번 치는 속에 이 세상 천지 만물을 비롯한 온 우주가 그 안에 들어 있느니라.' 그렇게 얘길 해서 '아, 그게 부싯돌 한 번 튀기는 거와 같구나.' 라고 생각했습니다.

그러자 자성에서 다시 이르기를 '이 세상 모든 업전의 흐름은 산울림과 같으니라.' 이렇게 했습니다. '산울림과 같으니라' 했는데 가만히 생각해 보니까 그 말씀이 옳은 것 같았습니다. 그거는 우리가 산 위에서 좋지 않은 소리를 질렀을 때는 분명히 돌아오는 거는 좋지 않은 소리가 돌아오고, 또 우리가 좋은 소리를 던졌을 때는 분명히 좋은 소리가 돌아오는 것, 그 이치와 같이 '산울림과 같으니라' 했습니다.

그러면서 '이 도리는 명심해서 알아 둬야 되느니라.' 하면서 얘기하기를 '경을 아무리 많이 외워도 앞서 가는 노인의 짐 한 번 같이 나누어 들어 줌만 못하고 또 염불을, 즉 말하자면 주문을 아무리 많이 외우고 절에서 절을 아무리 많이 했다 하더라도 길 잃은 노인의 길 한 번 바르게 인도하여 집 찾아 줌만 못하고, 초하루 보름에 아무리 음식을 산더미같이 쌓아 놓고 두 손이 그야말로 종잇장이 되도록 빈다 하여도 옆에 배고픈 사람과 한술 밥 나눠 먹음만 못하느니라. 이 도리를 아는 자만이 지옥으로 가는 길, 극락으로 가는 길, 또한 열반으로 가는 길이 따로 없는 줄 알 것이니라.' 했습니다. 그래서 가만히 생각해 보니 바로 이 세계는 내 유무공(有無空)으로다가, 그러니까 말하자면 극락 · 지옥 · 열반 세계가 다 함께 공존하고 있음을 알게 되었습니다. 이 생각이 잘못됐는지, 모든 것은 스님께서 말씀해 주십시오.

큰스님 장하오다, 네. 장해요. 그렇게 하기도 어려운데, "할" 하고 한 번 하는 거와 손뼉 한 번 치는 거와 뭣이 다르겠소. 지팡이 한 번 쳐서 울리는 거와 뭣이 다르겠소. 하지만 한 번 손뼉을 치지 않아도 친 것과 둘이 아니게 할 수 있는 그런 법도 있소. 그러니까 열심히들 해서 저

처사의 소리를 듣고 귀감을 삼기를 바랍니다. 모두가 참 지극히 잘했어요. 잘했다는 건 말뿐이지 상은 자기가 보이지 않는 데서 받겠지. 알았어요. (대중 박수) 장하오. 하여튼 여러분이 다 한 시루에서 콩나물이 잘 자라서 모든 사람들이 다 맛있게 먹을 수 있게끔 됐으면 참 좋겠어요. 감사해요.

질문자4(남) 큰스님, 감사합니다. 정말로 감사합니다.

큰스님 왜 감사하오? 무슨 까닭에? 하하하….

(합장하시며) 그럼 이제 내려가도 됩니까? 하하하…. 하여튼요, 웃으면서 그냥 넘길 게 아닙니다. 우리가 지금 이 옷 벗을 날이 얼마들 안 남았어요. 옷 벗기 전에 이 도리를 꼭 알아 둬야 자기 2세를, 또 무의 세계에서 바로 자기를 이끌어 가는 겁니다. 그러니까 여러 가지 이유로 우리가 안 해서는 안 되는 공부입니다, 이게.

진실한 실천행

1995년 2월 5일

부처님 법에는 정월이다 해우년이다 그런 것이 없지만, 우리 인간들이 살아나가는 데는 정월이 있고 새해가 있고 그렇습니다. 그러니 새해를 맞이해서 우리가 더한층 깊이 생각해 봐야 할 것은, 내 몸은 바로 부처님의 법당과 같은 것이므로 내 마음을 깊이 이해해서 이 법당을 지키도록 하시면서, 그 법당 속의 모든 자생 중생들을 제도하고, 한마음으로 조복을 받게 하는 것이 우리들이 해야 할 근본 행이라는 것입니다. 이 겨울에 추운데도 불구하고 이렇게 공부랄 것도 없이, 생활이 공부지마는, 하여튼 마음의 공부를 열심히 하시려고 이렇게 모임을 항상 갖는데, 지금 불사가 빨리 되질 않아서 죄송합니다. 사실 미안할 것도 없지요. 이 모든 것이 본래는 더불어 같이 한 집이니까요. 그래도 집을 빨리 장만치 못해서 올겨울에 많이 추우셨죠? 그리고 오늘도요.

그러니까 한층 더, 이 법당을 굳건하게 지키면서 그 법당 속에 바로 자부처가 있다는 것을 명심하시구요. 왜냐하면 그 자부처가 없으면 내 몸뚱이가 움죽거릴 수도 없거니와, 보고 듣고 행할 수도 없고, 모든 게 침체해 들어가는 바로 그런 상황이 됩니다. 근본으로 봐서는 죽고 사는 생사가 둘이 아니요, 영원한 것입니다. 자기 몸뚱이 법당은 낡으면 다시 헐고 또 짓지만 이 마음의 근본은 영원한 것입니다. 영원한 것이기 때문에 항상 내가 어떻게 살아나가고, 어떻게 행하고 어떻게 말하고, 얼마나 진실하냐 하는 모든 것이 그 대뇌에, 즉 누진의 그 컴퓨터에 입력이 되는 것입니다. 입력이 돼서 피치 못하고, 현실로 차근차근히, 감겼던 것이 풀려 나오는 것입니다. 그러니 이 새해를 맞이해서 다시 한번 손을 가슴에 얹고 진실로, 내가 어떻게 해야만이 나를 돌아볼 수 있고, 또 상대성의 원리에서 모가 난 것이라도 둥글게 쓸 수 있는가를 다시 한번 생각할 수 있는 계기가 되었으면 합니다.

오늘 법형제법회는 서로가 질문하고 토론하는 그런 날로 정했습니다. 그렇다면 질문하고 또 대답해 주고 하는 것도 한 도반으로서 서로가 서로를 알고 배우는 일입니다. 우리가 육체의 나이는 먹었다고 해도 마음공부 하는 것은 마치 세 살 먹은 어린애가 아장아장 걸어가다가 몰라서 구덩이에 빠지게 될 때, 빠지지 않게 붙들고 하면서 다 배우는 거나 같습니다. 어느 거 하나 내 은사, 스승이 아닌 게 없습니다. 돌 하나도 그렇고 물도 그렇고 하다못해 티끌 하나도 버림이 없이 스승인 것입니다. 여러분이 스승이 아니라 서로가 더불어 같이 스승인 것입니다. 그러니 누가 부처고 누가 부처가 아니고 할 게 없습니다.

부처라는 것은 이름일 뿐입니다. 여러분이 진실로써 하시는 것이 진실된 행이라고 봅니다. 여러분의 이름이 행동을 하게 하는 겁니까? 누구든지 이름을 불러야 그 사람을 부를 수 있고 서로 만날 수 있고 하니까 이름을 부르는 거지, 그 이름이 여러 가지 행을 하게 하는 건 아닙니다. 그 이름은 이름일 뿐입니다. 그런 거와 같이 부처님이라는 이름도 이름일 뿐입니다. 여래라는 이름도 이름일 뿐이지 그 이름 속에 실천하는 것은 그대로 여러분의 마음입니다. 오늘 질문하실 것 있으면 질문하세요.

질문자1(남) 대구지원에서 왔습니다. 저희들이 『한마음요전』 공부를 하는 과정에서 초발심자들에게는 좀 의문스러운 부분이 있어서 오늘 큰스님께 여쭈어 볼까 합니다. 『한마음요전』 원리편에 "불성은 영과 다르다. 영은 보이지 않는 모습을 말하는 것이며, 모습 없는 마음을 말하는 것이다. 영혼은 각자 생각 내는 그릇에 따라 좌우된다. 그러나 불성은 더함도 덜함도 없이 움직이지 않으면서 돌아간다." 라고 나와 있는데 저희들같이 선원에 한 3, 4년 다닌 사람들은 불성이다, 주인공이다, 마음이다 또 영혼이다 하는 이 모든 것을 묶어 가지고 크게 바라보면 빛과 같은 말씀이라고 저희들은 생각하고 있습니다. 그런데 초발심자들은 "불성은 영과 다르다. 영은 보이지 않는 모습을 말하는 것이며" 하는 부분과 "모습 없는 마음을 말하는 것이다" 하는 부분에서 좀 헷갈리는 것이 있기 때문에 논의의 소지가 있지 않나 싶어서 큰스님께 말씀드립니다.

큰스님 사람마다 다 본체가 있습니다, 근본 본체. 즉 말하자면 본체라는 것은 근본과 이 체와 둘이 아닌 그 자체를 본체라고 합니다. 그런데 내가, 예를 들어서 죽는다고 하더라도 그 본성은 그대로 있는 겁니다. 그런데 그대로 있기에 그 불성 자체를, 하늘과 땅을 기준해서 불기둥이라 한다면, 불(佛)이라는 것은 생명의 근본을 말합니다. 그래서 방편으로 기둥이라고 할 수 있죠. 왜냐하면 그렇게 돼 있으니까요. 직결이 돼 있고 우주와도 직결이 돼 있고, 이 모든 일체 만물이 자라는 그 땅과도 합류화가 돼 있습니다, 천지가 합류화돼 있듯이.

그래서 그 기둥이 있으면 그 기둥을 끼고, 수레가 돌듯이 돌아가는 겁니다. 지금 우리 생사윤회 일체가 돌아가는 것이 그 기둥을 끼고 돌아가는데, 그 기둥은 움죽거리질 않습니다. 움죽거리질 않으면서 그 능력만 배출해 주는 거죠. 안 그렇습니까? 하다못해 자동차가 가는 것도 바퀴를 굴리려면 그 심봉이 들어가야만 됩니다. 그런데 바퀴를 꿴 그 심봉은 움죽거리질 않습니다. 움죽거리질 않으면서 바퀴가 굴러가게끔 그 힘만 배출해 주는 겁니다. 그렇기 때문에 '불성은 움죽거리질 않는다' 이런 말이 나옵니다. 그리고 우리들이 지금 돌아가고, 마음이 이랬다 저랬다 이렇게 돌아가는 것이 시공을 초월해서 돌아가는 바퀴를 말하는 것입니다.

그런데 그 마음을 잘못 쓰면 그 바퀴에 나쁜 게 감기고, 또 좋은 마음을 써서 악이 거기에 붙어 있지 않는다면 선이 입력이 되는 거죠. 그렇게 입력이 되어 있는 그것을 바로 영(靈)이라고 그럽니다, 영! 그리고 혼백(魂魄)이라고 그러죠. 그러니까 근본 불성하고는 아주 다른 거죠. 그러니까 우리가 마음을 내되, 악하게 쓰면 안 되니까 '선하게 써라' 이러는데, 부처님의 마음공부에는 '악한 것도 선한 것도 다 놔라' 이랬습니다. 왜냐하면 악하게 쓰다 보면 선하게 쓸 수도 있고 선하게 쓰다 보면 악하게 쓸 수도 있으니까, 그 양면을 다 놔라 이겁니다. 그 양면을 놓는 법이 내가 지금 여기서 일러 드리는 그것입니다. 선은 감사하게 놓고, 악은 '악이 나오는 것도 그 자리에서 나오는 거니까 그 악이 나오지 않게 하는 것도 그 자리다.' 하고 모두 거기다가 입력을 해라 이겁니다.

질문자1(남) 그런데 큰스님 법문 중에 이런 말씀이 있었습니다. 우리가 이 세상에 태어나는데, 정자와 난자가 결합될 때 영혼이 들어가지 않으면 생산이 안 된다고 하셨습니다. 그러면 이 영혼 속에 불성과 마음이 같이 있는 것이 아닌지요?

큰스님 같이 있지만 이 영혼이라는 것은요, 자기가 어떻게 살아나갔느냐에 따라서 그 영혼에 인과가 붙어 있습니다, 영혼에. 자기가 지금 살아나가는 데에 악한 인연도 선한 인연도 모두 합세해서 인연이 되죠? 그것이 컴퓨터에 입력이 되듯이 입력이 되기 때문에, 이 인간에게는 자동적인 컴퓨터가 있다고 볼 수가 있습니다. 그거를 누진이라고 이름하겠습니다. 그 모든 것이 입력이 되는데, 즉 말하자면 과거의 악업이든지 선업이든지, 또는 인과성 · 윤회성 · 업보성 · 세균성 · 영가성이 모두 다섯 가지를 합친 그것을 바로 인연 삼아서 영혼이 자기 그릇대로 차원대로 정자 난자를 택합니다. 그러면 자기가 어떻게 살았느냐에 따라서 깡통에게 갈 것은 깡통에게 가고, 금한테 갈 것은 금한테 갑니다. 그래서 이것이 가족이 되는데, 이 몸속에도 가족이 돼 있고 바깥에도 가족이 돼 있습니다.

그러니까 깡통은 깡통대로 만나고 금은 금대로 만납니다. 구성되는 것이 이렇게 철두철미합니다. 우연히가 없습니다. 그래서 깡통은 깡통대로 만나니까, "누구의 탓도 하지 마라. 서로 깡통의 차원이어서 깡통끼리 부딪쳐서 소리만 요란한 것이니까 이것도 '깡통이 된 내 탓이다.' 라고 생각해라." 이런 겁니다. 그래서 누구도 원망하지 말고 자비한 마음으로써 부드러운 행동과 부드러운 말을 해 준다면 서로가 '아, 내가 이렇게 악한 말을 하는데도 저렇게 선하게 저러는구나.' 하는 생각이 들어서 녹아지고, 녹아지면서 또 이쪽도 그렇게 서로 응하게 됩니다. 사랑할 수 있도록 응해지죠. 그럼으로써 화목해집니다. 그러면서 화목해지면 돈도 그 화목한 집에 들어가지 악한 집에 들어가지 않습니다. 그러니 그것을 가지고 '영혼' 이 자체라고 하고 이게 우리가…, 지금 뭐라고 말씀을 하셨는데 내가 이런 말을 하는지 모르겠습니다. 하하하…. 말을 한참 하다 보니까 무슨 말을 물었는지, 내가 지금 무슨 말을 했는지 모르겠습니다.

질문자1(남) 스님, 초발심자를 위해서 이것을 한 번 더 여쭈겠습니다. 불성과 주인공에 대해서 말씀 좀 해 주시면 좋겠습니다.

큰스님 불성이라는 것은 한 근본을 말하는 거구요, 주인공이라는 것은 내 몸체와 마음 내는 거와 불성을 통합한 겁니다. 지금 주인(主人)이면서도 공(空)해서 시공을 초월해서 돌아가고 있습니다. 그 돌아가는 자체를 바로 딱 집어서 주인공이라고 합니다, 전체를!

질문자1(남) 제가 아침에 질문을 하려고 이것을 빼 가지고 오면서 차 안에서 한번 생각을 해 봤습니다. 그런데 불성과 주인공과의 관계, 마음과 주인공과의 관계, 영혼과 마음의 관계 이런 것을 생각하니까 퍼뜩, 이 모두가 빛과 같은 말씀이라 하는 것을 느꼈습니다. 빛은 그냥 밝게만 보이지만 빛을 등지고 물을 뿜었을 때는 오색 무지개가 나옵니다. 그 무지개 속에는 생명의 빛도 있고 약사의 빛도 있고 그야말로 만물의….

큰스님 이거 보십시오. 간단하게 우리 배웁시다. 이렇게 나뭇가지 하나하나, 이파리 하나하나 여러 가지로 얘기하다 보면요, 생이 다하도록 배워도 못 배웁니다.

질문자1(남) 그래서 빛과 같다는 그 생각이 맞는 생각인지 이것을 한번 여쭈어 보고 싶습니다.

큰스님 아, 지금 말하는 것도 빛과 같죠. 허허허…, 고정됨이 없으니까요. 이 말 하고 저 말 하고 그러는 거지, 고정되게 한 말만 하고 있는 게 아니기 때문이죠. 그렇기 때문에 모든 것을 한데 합쳐서 주인공이라고 했으니 무엇은 안 되겠습니까? 안에서 일어나는 것도 바깥에서 들어오는 것도 '주인공에서 일어난 거니까 주인공에서 일어나지 않게 할 수 있지 않아?' 하고 놓으라는 얘깁니다. 이 주인공이란 티끌 하나 빼놓지 않은 전체를 말하는 겁니다. 이 내부의 자생 중생들과 더불어 같이 말입니다.

내가 지난번에도 얘기했지만, 사람이 나쁜 생각을 해도 안에서 의식들이 그냥 나쁜 생각과 하나로 돌아가고, 좋은 생각을 해도 하나로 돌아갑니다. 그건 왜냐? 의식들이 자기가 자유자재 못 하기 때문입니다. 의식들이 자재할 수가 없으니까 여기서 생각하는 대로 따라서 움죽거리게 돼 있습니다, 의식이. 그러니까 '좋은 생각을 내라. 좋은 생각을 내라.' 이러는 겁니다. 남을 원망하지 말고 미워하지 말고, 내 몸같이 생각하고 내 아픔같이 생각하고, 어떤 사람이 잘못하더라도 '아, 내가 수억겁을 거쳐 올 때 어떤 모습은 안 됐을 거냐. 어떤 모습도 안 돼 봤을 리가 없으니까, 그때의 바로 내 모습이로구나.' 하고 그것을 둘이 아니게 생각하라 이 소립니다.

그러니까 모든 것을 우리가 잘 생각해서, 뿌리를 얘기할 때 가지를 쥐고 애를 쓴다거나 이래서는 안 됩니다. 한 뿌리에 가지, 잎새가 헤아릴 수가 없이 붙어 있는 겁니다. 그러니까 한 뿌리의 그 근본만 알면 그 가지는 저절로 알아지고 잎새도 저절로 알아집니다. 그러니까 가지 붙들고 늘어지지 말고, 잎새 붙들고 늘어지지 말고 오직 자기의 뿌리에 집중하라는 말입니다. 일체 만물만생이 다 그렇습니다마는, 특히 우리가 나무들을 볼 때에, 뿌리에 모든 싹이 붙어 있는데, 그 싹이 잘못 생각을 한다면 뿌리가 썩습니다. 뿌리가 썩으면 벌써 가지가 썩습니다. 그와 같이 나무들은 흙에 가려졌기 때문에, 그 흙에 덮여서 자기 뿌리를 못 봅니다. 그런 거를 무명이라고 합니다. 인간도 자기 뿌리를 자기가 못 보기 때문에 무명에 덮였다고 합니다. 그러니까 한 찰나에 가려져 있고 한 찰나에 밝아질 수 있는 것이 바로 이 공부입니다.

그러니까 지난번에도 얘기했듯이 "육신이 태어났으면 마음이 태어나라. 마음이 태어났으면 마음을 길러라. 마음을 기르기 위해서, 또 내가 견성했다고 하지 마라. 마음이 태어났다면 견성을 했다고 모두들 하는데 견성했단 말 하지 마라. 어린애가 어른이 돼야 어른값을 하지, 어른이 되지도 않았는데 어찌 어른값을 할 수 있겠느냐?" 이런 것과 같습니다. 그렇기 때문에 '돈오(頓悟)'는 탄생하는 거요, 또 길러 내는 거는 '점수(漸修)'입니다. 그게 이름해서 그렇습니다.

그러니까 우리가 점수와 돈오가 둘이 아닌 까닭을 알고 진실하게, 이 이름 찾고 저 이름 찾지 말고, '내가 도를 이루기 위해서 이런다' 이런 생각도 말고, 오직 사람부터 돼야 도가 거기 저절로 붙어 돌아갑니다. 그러니까 마음을 굳건히 가지시고 누가 뭐래도, 하늘이 무너진다 하더라도 흔들리지 마십시오. 우리는 한 철 살다가 가는 겁니다. 예를 든다면, 우리가 걸망을 걸머지고 어디 놀러 가지 않습니까? 그러면 딴 데서 놀러 온 그런 사람들하고 같이 놉니다. 같이 놀다가 해가 지면 다시 헤어져서 돌아옵니다. 그것과 마찬가지입니다, 인생이.

그러니까 그렇게 잠깐 놀다 가는 사이에 우리가 어떻게 놀았느냐에 따라서, 어떻게 살았느냐에 따라서 주어지는 모습이 참 무섭습니다. 그러니까 그렇게 아시구요.

제가 한마디 하겠는데요, 살다가 보면 저절로 생각이 날 때가 있습니다. 생각이 나는 것으로부터 질문을 해서 그 대답이 타당하게 딱 받아들여질 때에 그게 내 것이 되는 거죠. 그런데 책을 보고 적어 가지고 온다면, 허허, 적어 가지고 와서 그걸 글자로 알려고 하면 반쪽밖에는 못 들어갑니다, 반밖에는. 그러니까 잘 생각하셔서…, 또 우리가 아는 것을 질문을 할 때는 남들을 위해서 보살행을 하는 거죠. '알아도 모르는 척하고 떡그릇에 엎드러져라.' 하는 격으로, 알아도 모르는 척하고 질문을 던질 때, 모든 사람이 그 한마디를 듣고 생각을 할 수 있게끔 해 드리는 것도 바로 보살행입니다.

질문자2(남) 저는 안양 본원 법형제에 나가고 있습니다. 상천계, 중천계, 하천세계에 대해서 질문을 드리겠습니다. 그 중에서 하천계는 중천계 중의 미물세계를 말하는 것인지, 아니면 하천계가 따로 있는지, 그리고 따로 있다면 이 태양계 내에 있는지 좀 알고 싶습니다.

큰스님 아이고! 우리가 지금 보지 않습니까? 보고 살잖아요. 땅속에서 사는 거, 날아다니면서 사는 거, 땅에서 사는 거, 또 우리 인간들이 사는 거, 이렇게 보고 살지 않으세요?

질문자2(남) 봅니다.

큰스님 그래서 하천세계는 바로 짐승들, 그 하천세계를 말하죠. 중천세계는 우리들이 사는 이런 세계를 말합니다. 상천세계는 부처님 같은 분들, 이런 깨친 분들이 사는 그런 세계라고 일컬어 말할 수 있겠죠. 그러니까 '삼천세계가 바로 한도량에 있으니, 도리천에 자재 활동할 수 있는 자유인이 된다면….' 하는 겁니다, 지금. 우리가 가다가도 오다가도 앉아서도, 생각날 때 볼 때 들을 때 그냥 무조건 내가 응해 줄 수 있는 응신(應身)이 될 수 있다면 자유인이죠. 부처님 옆에 왜, 문수보살 보현보살 이렇게 양쪽에 놓으시죠? 그 삼불(三佛)은 바로 이겁니다. 부처님의 능력으로써 한생각을 내시면, 즉 말하자면 이것을 문수라고 하는데, 그러니까 부처님의 마음이란 얘깁니다. 그러니까 법이 되죠. 그러면 마음을 내면 또 이쪽에서는 보현이 됩니다. 화(化)해서 보현이 돼서 보현이 화신(化身)으로 화합니다. 예를 들어서, 짐승이 원한다면 짐승한테로 가기 위해서 짐승이 돼 주고요, 짐승이 돼야 저 항력을 느끼지 않고 하나가 될 수 있으니까. 그래야 건져지니까 말입니다. 사람이 원한다면 사람으로 화하고 뭐, 천차만별의 중생들을 다 건질 수 있는 그런 화신으로 화해서 변합니다. 천 개 만 개로도 변합니다. 변해서 바로 가서, 개라면 개대로 개가 돼 주면 그냥 응신이 되는 겁니다, 응신! 이 뜻을요, 여러분이 공부를 해야 아는 거지 말로만 들어서는 알 수가 없는 겁니다. 그러니까 말씀을 해 드리되, 이 뜻을 알고 우리가 공부를 자꾸자꾸 하다 보면, '아, 그때 말씀하신 게 이거로구나.' 하고 체득을 할 때가 있거든요. 그래서 이렇게 자꾸 말씀을 해 드리는 겁니다.

그러니까 하늘이 무너져도 눈 하나 깜짝 안 하고 대치할 수 있게끔 그 자재로운 활용을 할 때, 눈 하나 깜짝 안 하고 하는 것은 자기 생사의 문제도 넘어섰기 때문입니다. 죽는다 산다도 떠났으니까 하는 겁니다, 모두가. 그러니까 여러분도 '내가 도를 이루어서 부처가 되겠다.' 한다면 부처가 되지 못합니다. 오직 그냥 생활 속에서 배우면서 체험하면서 자꾸 가다 보면 저절로 하늘에 닿듯이, 저절로 직결이 돼 있는 걸 알게 되고 통하는 걸 알게 되고, 적응하는 걸 알게 되고 그대로 실천하는 걸 알게 되는 겁니다. 여러분도 조금조금 실험을 하고 가시는 분들이 많으리라고 봅니다. 그런데 그걸 단번에, 그 밟아야 될 모든 과정을 한꺼번에 그냥 밟고 올라서는 격입니다, 지금 우리가 공부하는 게. 그러니까 하여튼 자기가 배운 대로 그릇대로 여러분을 인도할 수밖에 없지 않습니까? 허허허….

질문자2(남) 불교를 공부하지 않은 서양의 유명한 사람이 수백 년 전에 미래에 대해서 예언을 했었는데요, 그것이 80, 90%가 맞고 있거든요. 그렇다면 미래가 아예 짜여져 있는 것인지 그것이 좀 궁금했고요, 또 과거는 흘러갔고 미래는 오지 않아서 없다 그러셨는데, 어떻게 미래를 80, 90%까지 미리 얘기를 해서 맞출 수가 있었는지 궁금합니다.

큰스님 아이 참내! 여러분이 지금 공부하시는데요, 내가 항상 그러죠. 과거는 지나갔으니까 없고 미래는 오지 않았으니까 없다고요. 그런데 살아오면서 입력된 모든 것이 바로 현재 이 속에 다 들어 있다는 얘깁니다. 다 들어 있어서 거기서 그대로 차곡차곡 입력됐던 게 나옵니다. 그런데 지금 그렇게 없다고 그랬는데 어떻게 해서 과거를 알고 미래를 알고 예언을 하느냐 이거죠?

질문자2(남) 네.

큰스님 네. 허허허….

질문자2(남) 그러니까 2차대전이 일어나는 거 같은 이런 거….

큰스님 그런데 '지금 모든 것이 공(空) 안에서 나오는 것이니 삼세심(三世心)을 일심(一心)으로 뭉쳐서 공 안에다 넣어라' 이러는 거는 일체 삼세가 다 공했으니까, 그 공 안의 한마음 속에서 나오는 거니까 한마음 속에다 모두 놔라 이러는 겁니다. 거기 '한마음' 이러면 벌써 과거 · 현재 · 미래가 다 들어갑니다, 이게.

그런데 미래를 예언하는 자는 소인이다 그랬습니다. 왜냐? 그거는 자유자재하지 못하기 때문입니다. 부처님께서는 자유자재하기 때문에 예언이 없습니다. 왜냐? 오늘 이랬다가 내일 저럴 수도 있고, 내일 이랬다가 모레 저럴 수도 있고, 허허허…. 아니, 바꿔 놓기도 하고 뒤집어 놓기도 하는데 어떻게 예언을 합니까? 예를 들어서, 고정되게 딱 이렇게 있는 것이 아니기 때문에 예언을 못 한다는 얘기죠. 예언자는 아예 소인이면서도 도둑이다 이럴 수도 있어요. 그래서 부처님께서 예언자는 소인이라고 말씀하신 겁니다. 왜냐하면 만약에 이 컵을 여기에 갖다 놨는데 이거를 '여기 있다' 하고 예언을 한다 해도 잠시 후에 이 컵을 또 들고 가게 됩니다. 그러면 예언한 게 무효가 되지 않습니까? 그렇죠? 그런데 예언자가 정말 있어서 예언을 했다 하더라도 그 예언한 것이 자유자재할 수 있는 부처님께 걸린다면 예언은 무효가 됩니다. 그러니까 예언하는 거는 소인의 행동이다 이런 말을 하는 거죠.

한번 생각해 보세요. 한 번 본 것이 그대로 있습니까? 한 번 들은 게 그대로 있습니까? 종소리 나는 거를 들고 올 수가 있습니까? 먹고 갈 수가 있습니까? 귀에다 넣고 올 수가 있습니까? 그것도 예언을 못합니다. 종소리가 금방 났다 금방 멋었다 하는데, 어떻게 종소리가 난다고 예언을 합니까? 그리고 종소리가 안 난다고 할 수도 없고 종소리가 난다고 할 수도 없죠. 그러니까 예언자는 소인이다 하는 겁니다. 그 뜻을 아시겠죠, 모두.

질문자2(남) 그런데 자동차가 앞으로 나온다든지, 또는 앞으로 어떤 전쟁이 일어난다든지, 이러한 얘기를 한 것이 거의 그렇게 이루어져 왔거든요. 그래서 그걸 어떻게 말….

큰스님 이거 보세요. 그런 것에 대해서 얘기를 하죠. 나는 이렇게 생각해요. 싸움이 난다, 뭐가 이렇게 생긴다, 또 뭐가 잘못된다 이런 거를 미리 알아서 말하기 이전에, 그거를 막아서 될 일이라면 말없이 막는 것이 옳고, 또 그것이 해서 좋을 일이라면 좋게 이끌어 주고 이러는 것이지, 그렇게 예언을 하거나 내가 한다고 하지는 말아야죠. '내가' 라는 게 어딨습니까? '내가 한다, 내가 알았다' 이런 게 어딨어요? 지금 당장이라도 보세요. 여러분 몸속에 생명들이 우글우글해서 그 생명들이 그냥 작용을 해 주니까 지금 그 집이 움죽거리죠, 몸뚱이 집이. 그런데 내가 혼자 했다고 할 수 있겠어요? 예를 들어서, 컴퓨터가 나온다 그런다면 예언자가 컴퓨터가 나온다는 예언을 하겠죠. 그런데 그건 예언 안 해도 나와요. 하하하….

그렇게 말하지 않아도 그냥 나올 건 나오는데, 나와서 어떻게 쓰여지느냐에 문제가 있는 거지, 그것이 나온다는 예언을 한다고 해서 잘되는 것은 아니에요. 그러니까 그러한 거를 좇아가지 말고, 컴퓨터가 나왔어도, 지금 입력하는 데에 따라서 컴퓨터가 움죽거리게 돼 있거든요. 그러니까 악한 것을 입력을 하면 악하게 나올 것이고 선한 것을 입력을 하면 선하게 나올 것입니다. 그것은 사람의 마음에 따라서, 또 생활에 따라서, 세계의 활동에 따라서, 경제에 따라서 모든 것이 이렇게 주어지는 거죠. 그런데 우리가 정신계를 빼놓고 하기 때문에, 우리 컴퓨터가 제대로 100% 중용이 되지 못한다 이런 거겠죠.

옛날에 접시비행기가 떴다고 그랬죠? 그거는 마음으로 움죽거리는 거지만, 지금 우리가 움죽거리는 거는 마음으로 움죽거리는 게 아니라 기계로 움죽거려요. 그러니까 앞으로 우리나라에서라도 철저하게 이 공부가 된다면, 우린 아마 마음으로 컴퓨터를 움죽거릴 수가 있을 거예요. 컴퓨터는 사람의 마음처럼 새록새록 금방 달라지고 금방 달라지고 이러질 못합니다. 이게 잘못 들어갔으면 금방 고쳐서 금방 행하고 이렇게 하질 못합니다. 마음공부를 한다면 그렇게 할 수도 있으련만, 공부를 영 하려고 하지도 않고, 정신계를 탐탁하게 배우려고 하질 않아요. 자기가 정신계에서 물질계로 이렇게 움죽거린다는 걸 모르구요. 그러니까 우리는 50%밖에는 발전할 수가 없다는 결론이죠. 뭐, 나오고 안 나오고 그게 문제가 아니죠.

질문자2(남) "한생각을 지혜롭게 해서 일체가 하나가 되고, 전체를 굴리고 천백억화신으로 나투고…." 이렇게 말씀을 하셨거든요. 그런데 거기서 거슬러 올릴 줄도 알아야 한다는 것을 말씀하셨는데, 그 의미에 대해서 한번 말씀해 주십시오.

큰스님 지금 여러분이 보지 못하니까 그런데요, 그걸 표현을 어떻게 해야 할까 하는 생각도 합니다. 지금 후퇴를 해야만이 전진할 수가 있고, 전진을 해야만이 후퇴를 할 수가 있고 이렇거든요. 이 전력도 그렇습니다. 가야 오고, 오면 가고 이러거든요. 우리가 자유스럽게 쓰기 위해서 가게 하고 오게 하는 거거든요. 그런데 지금 여러분이 '아유, 지금 금방 이러이러한 일이 일어났다', '병원에 간다' 이런다면 병원에서는 그 병의 증세만 조사하지만, 우리 공부하는 사람들에 한해서는 병의 증세를 알려고 하는 게 아니라, 그 병이 어디서 나왔나를 먼저 알아야 되겠으니까, 한 찰나에 과거로 돌아가야 된단 얘깁니다. 한 찰나에 과거로 돌아갔다가 한 찰나에 응신이 돼서 그 사람한테 같이 하나가 돼 주어야 되거든요. 이러니까 그것이 바로 과거로 돌아가기도 하고 미래로 돌아가기도 하고 자유자재하는 거죠. 그래서 과거로 돌아가는 것만이 도가 아니다. 과거로 돌아갔으면 실질적으로 행을, 진실된 행을 해야만이 도다 이거거든요, 또!

이러니 이 공부가 사실은 무궁무진하고 어려운 거죠. 하지만 어렵지 않게 생활 속에서 하라고 이렇게 이끌어 드리는 거죠. 그걸 간단히 지금 여러분이 알고 있는 데서만 알게 하기 위해서 그렇게 얘기를 하지, 지금 보이지 않는 데 어떠한 문제가, 예를 들어서 지구와 어떤 행성이 마구 돌아간다든가 태양이 어떻게 된다든가 이런 문제가 있으면 그거는 넙죽넙죽 잘도 할 거예요. 그러니까 과학적으로, 태양이 팽창이 돼서 타 버린다, 뭐, 별 요소가 다 많죠? 그러나 이 마음공부를 배운 사람들은요, 콧방귀 뀌어요, 콧방귀! 그 불의 생명이나 물의 생명이나, 바람의 생명이나, 공기의 생명이 다 일치되고 있으니까요. 지금 무슨 말씀을 하셨는데 내가 이랬죠? (대중 웃음)

질문자2(남) 공 자리에서 볼 때 인과 업에 의해서 윤회를 한다면, 사람답게 살지 못했을 때 바로 동물 계통의 하천세계로 떨어지는지, 아니면 어느 기간 지옥을 거쳐서 다시 인간이나 동물로 이렇게 나오는지, 또 만약 지옥을 거친다면 거칠 때, '아, 이제 인간답게 살아야 되겠다' 하는 마음을 거기서 갖고 반성을 하는지, 그런 게 좀….

큰스님 사람이 됐다가 짐승의 탈을 쓴 짐승들은 공부합니다. 그거를 어찌 알았느냐 하면, 상원사에 있을 당시에 재사를 지내면 시식밥을 커다란 넓은 돌에다가 갖다 놓습니다. 과일이라든가 뭐, 떡이라든가 조금씩 이렇게…. 그러면요, 다니면서 다른 뭐를 잡아먹지 않구요, 그냥 갖다 주면 먹고 안 갖다 주면 그냥 꾸부리고 있구요. 허! 그런 게 있어요. 그러니까 그런 것들은 다 공부하는 거죠. 그건 사람이 돼 봤던 짐승이라야 짐승이 돼도 생각을 하게 돼 있죠. 사람으로 살아 보지 않은 짐승은 그런 인식이 되질 않죠. 그렇기 때문에 될 수 있으면 사람이 돼 봤던 의식이 돼 있는 것도 중요하죠. 그런데 우리 인간이 아무것도 모르고 지금 이렇게 공부하듯이…, 우리가 뭐, 부처가 돼 봐서 이렇게 공부하고 있습니까? 밑에서부터 올라왔던 거죠. 그러니까 저 생물들이 다 올라오면서 지금 공부들 하고 있습니다. 모르고도 하고 알고도 하고, 이렇게요.

그래서 물속에 있는 오래된 공부하는 거북이나 뭐, 이런 것들도 다 하늘의 천기를 알고 있죠. 그렇게 공부하는 거북이나 큰 무슨 상어의 영령이라든가, 아예 밑에 들어가서 채식만 하고 그냥 앙금만 먹고 산다고 해도 과언이 아닌 생물들이 물속에 있죠. 그런데 그렇게 공부를 해서 그 영혼이 그냥 옷을 벗고, 비가 많이 올 때 그냥 하늘로 오르죠. 올라서 다시 한번 돌아서 인생으로 태어난답니다. 그러니까 그거를 봐서, 허허, 봐서가 아니라, 내 이 겉껍데기로 봐서가 아닙니다. 부처님이 그러십디다. 허허허…. (대중 웃음) 그러니까 우리가…, 지금 무슨 말을 하셨는데 또 내가 이러고 있지?

질문자2(남) 사람으로 살다가 하천계로 만약에 동물로 떨어졌다면….

큰스님 예. 그래서 우리가 항상 사람으로 살다가 짐승이 되는 수도 있고, 짐승으로 살다가 아주 그냥 벌레로 되는 것도 있고, 또 사람도 부처님의 말씀에 의한다면 절반이 떨어지고 절반이 오른다고 했습니다. 그러면 또 짐승들 절반이 사람으로 된다고 했습니다. 그러니까 얼마나 돌고 돕니까, 지금. 그러니까 내가 하는 소립니다. 개로 모습을 타고 나면 개 대접밖에 못 받고, 이 모습, 옷 입는 대로 대접을 받는 것이라는 얘깁니다. 우리가 사람의 옷을 입었으니까 사람 대접을 받지 짐승의 옷을 입어 보세요, 짐승 대접밖에는 못 받지. 그러니까 행동하고 말하고 생각하고 하는 거에 의해서 자기 모습이 주어진다는 얘깁니다.

그러니까 우리는 얼마나 다행한 일입니까. 이 마음 안으로다가 찾으면서 우주와 삼천대천세계와 직결이 돼 있는 거기를 붙들고 나가는 이 공부를 하게 된 것이 요행이라기보다 아주 다행한 일이 아닙니까? 우리는 이 공부하던 그대로 이제 마음의 공덕이 돼서, 그 공덕 가운데서 소생이 된단 얘깁니다. 마음속에서 마음으로 이렇게 공부하는 사람들은 공덕이 되고, 타의에서 기도하고 하는 거는 공덕이 되지 않습니다. 그러니까 한마음 속에서 나오는 거 한마음 속에다 넣고, 한마음으로 더불어 같이 살아나가는 인생이 되니까 더불어 같이 돕죠.

질문자2(남) 그러면 인간에서 동물로 떨어질 때에 지옥이라는 데를 거치는지, 그냥 바로 가는지?

큰스님 허허! 지금 지옥에서 사는 사람도 많고요, 짐승들도 지옥에서 사는 짐승들이 많고요. 오간지옥이라고 땅속에서요, 지금 그 국내 밥내도 못 맡고 사는 지옥이 있습니다. 그렇게 지금 허다하게 지옥이 보이지 않습니까? 지옥이 따로 있어서 지금 교도소에서 정치범은 정치범대로 도둑질한 사람은 도둑질한 대로 따로 가두어 놓듯이 하는 게 아니고, 이것은 그대로, 그대로 됩니다.

그래서 옛날에 조상들이 돌아가시거나 사람이 죽으면, 쌀을 그냥 고스란히 해 놓기도 하고, 재를 그냥 아주 곱게 쳐서 이렇게 해 놓는 수도 있습니다. 그렇게 해서 대문으로 나가는 데다 이렇게 해 놓고선 그거를 보죠. 보면은 꼭 발자국이 그렇게 있거든요. 뱀이 된 거는 기다랗게 늘어져 있고, 사람이 된 거는 사람 발자국이 돼 있고, 또 닭이 된 거는 닭 발자국이 돼 있고 그렇게, 곱다란 재 위에 그렇게 자국이 나 있습니다. 그것도 무시는 못 합니다. 그러니까 닭이 돼 보세요. 허, 몇천 번을 자기가 죽어요, 몇천 번 그냥, 그냥! 뜨거운 물에 삶겨서 그냥 몇천 번 죽어요. 그러니 "펄펄 끓는 가마솥에 들어가려느냐." 이런 소리가 나오죠. 하하하…. 또 "독사 소굴에 들어가려느냐." 이런 소리는, 독사 소굴이라는 게 다른 겁니까? 독사가 사는 데에 그 영이 들어가면 독사로다가 화해서 모습이 돼 나오는데, 그러면 독사인 거지 뭐, 다른 겁니까? 그러니까 독사 소굴에, "그 깊고 깊은 독사지옥에 들어가려느냐, 화탕지옥에 들어가려느냐." 그냥 뭐, 별소리가 다 있죠.

그것이 바로 지금 우리가 보고 느끼고 살고 있는 그 자체입니다. 어디 지옥이 뭐, 따로 있는 게 아니라 이 이승에 지옥도 있고 천당도 있고, 중세계도 있고 하세계도 있고 상세계도 있고, 그리고 또 우리가 자유자재할 권리도 있습니다. 그러니까 그 주어진 권리를 찾아야지요, 본래 있는 거니까. 우리들이 본래 권리를 99%를 받아 가지고 나온 거니까. 인간으로 나왔으니까요. 전자에 깨친 부처님도 사람이지 뭐, 귀신입니까? 그러니까 사람이 부처가 될 수 있는 거지 사람이 아니라면 부처 될 수가 없죠.

질문자2(남) 그러면 그 상천세계 같은 데서 불도를 지금 닦고 있습니까? 상천세계에서?

큰스님 아, 지금들 모두 닦고 있지 않아요?

질문자2(남) 알겠습니다. 그리고 주인공이 모든 것을 한다고 저희들이 배우고 그렇게 공부하고 있습니다. 그러면 그냥 주인공이 하면 되는데 왜 그것을 돌려놓고 또 맡기고 이렇게….

큰스님 모르니까 그렇죠. 지금 주인공이 (질문자를 가리키시면서) 그 종이 한 장을 들고 이럭하고 있는 겁니다. 주인공이 일거일동 하고 돌아가는 거죠. 시공을 초월해서 고정됨이 없이 돌아가는 겁니다, 그냥. 그러니까 표현을 할 때 수레라고 했습니다. 수레! 수레바퀴와 같이 돌아간다. 그런데 그 수레를 누가 굴리느냐? 바로 심봉이 끼워져 있기 때문에 그 수레는 돌아갈 수 있다. 그러니까 너를 돌아가게 하는 그 불성 자체 기둥을 믿어야지 어딜 믿느냐? 돌아가게 할 수 있는 심봉이 바로 너의 주인이지 어디 따로 있느냐? 이런 겁니다. 주인은 주인인데 돌아가는 게 또 있으니까 '공' 이랬습니다. '주인공!' 하하하…. 그래 '공이 색이요 색이 공이니라.' 그랬지요. '그 가운데에 바로 부처는 있느니라.' 이런 겁니다.

질문자2(남) 저희가 믿고 맡기고 가면서도 어떤 때는 다시 또 의심이 나서 다시 또 맡겨야 되고 그러는 것은, 전에 살던 습이나 그런 거에 의해서 그런 것인지, 아니면 어떤 업에 의해서 그런 것인지 그거 한 가지 알고 싶습니다.

큰스님 본래 뿌리만 안다면 모든 싹, 이파리를 다 거기 놓기 때문에, 그냥 병도 붙을 데가 없고 또 번뇌 망상도 일어날 데가 없고 아무것도 없다 이렇게 되는데, 지금 배우는 사람에 한해서는 그 번뇌 망상이나 그런 것도 다 그 속에서 나오니까 그 속에다 되놓으면 됩니다. 되놓기만 하면 그 망상이니 뭐니…, 지금 뭐라고 그랬죠?

질문자2(남) 네. 습성에 의해서 그러는 것인지?

큰스님 습? 습도 이 지금 입력이 돼 있거든요, 과거에 살던 습이. 그렇기 때문에 그것이 습대로 자꾸 나오고, 또 이 바깥에서 자꾸 습이 들어가죠. 그래, 그 습을 떼는 게 아니라 '녹여라' 이겁니다. 내가 그래서 컴퓨터 얘기를 하고 입력 얘기를 하죠. 인간은 자동적인 컴퓨터가 있어서 무조건 입력이 된다 이런 얘깁니다. 그래서 습이든지 뭐든지 자기가 어떻게 사느냐에 따라서 거기 입력이 되거든요. 입력이 되면 입력이 되는 대로 그것이 나오는데, 마음을 내는 것은 우리가 그 입력된 거를 듣느라고 버튼 누르는 거나 같애요. 그러니까 그냥 나오죠, 그게. 감겼던 게 나오죠. 나오는 거를 즉시즉시 거기다가 다시 놓게 되면, 입력을 하게 되면 앞서 입력된 게 없어지지 않느냐 이런 겁니다.

그러니 그렇게 앞서 입력된 거를 없애려면, 이열치열이라고 하듯이 거기다가 되놔야 된다. 즉 몸뚱이 속에, 얼른 쉽게 말해서 생명들이, 의식들이 몽땅 들어 있어서 의식에 의해서 차례차례로 나오는데, 그것이 업보니까 말입니다. 그 나오는 것을 나오는 대로 거기다 입력을 해 보세요, 그 속에다가. 그래서 '한마음 속에서, 주인공 속에서 나온 것 주인공 속에서 해결해라.' 하고 거기다 되놔라 이겁니다. 주인공이면 몽땅 다예요. 지금 자기가 움죽거리고 말하고 하는 것까지도요.

질문자2(남) 감사합니다.

큰스님 모르겠습니다. 내가 이렇게 해서 지금도 그렇고 후일도 그렇고, 세세생생에 우리가 한자리를 하게 될는지 말입니다. 하여튼 그때는 옛날 얘기 하겠지요. 하하하…. 우리가 이 공부를 하면요, 다 알게 돼 있어요. '야, 예전에 우리가 이렇게 만났었지.' 하고 말이에요. 그거는 이제 그때 당해 보면 알게 돼요. 그래서 옛날에 그런 예가 있었어요. "허! 당신네들이 아무리 잘났다고 해도 죽으면 한 번쯤은 나한테 거치지 않고는 못 간다." 하하하….

질문자3(남) 이렇게 가까이서 스님을 뵙고 질문할 수 있는 기회를 주셔서 감사합니다. 대전에서 온 청년 법우입니다. 저기 다른 법형제 분들한테는 좀 죄송하지만….

큰스님 아니에요, 괜찮아요.

질문자3(남) 좀 개인적인 질문이거든요. 이런 기회가 아니면 큰스님을 가까이 뵙고 질문할 기회가 없을 것 같아서 용기를 내서 나왔습니다.

큰스님 개인적인 것이 따로 없구요, 공적인 것이 따로 없어요.

질문자3(남) 이 법을 만난 지는 얼마 안 되는데 열심히 한번 해 보겠다는 생각이 간절하게 듭니다. 제 그릇에 맞게 어떻게 공부하는 것이 잘하는 것인지 한 말씀 해 주시면, 제 평생을 살아가는 데 좌우명으로 삼고 열심히 정진하겠습니다.

큰스님 지금 열심히 살겠다고, 열심히 배우겠다고 말씀한 것도 그 속에서 나온 거죠? 주인공 속에서 나온 거죠? 그러니까 주인공이 한 거지 댁의 껍데기가 한 게 아니죠? 그러니까 그 껍데기가 아닌 그 자기 주인공을 믿어야죠.

질문자3(남) 예.

큰스님 그럭하면 돼요. 허허허…. (대중 웃음)

질문자3(남) 고맙습니다.

큰스님 그래서 그거를 어떻게 승화시키느냐에 달려 있죠. '요거는 요렇게 해 갔는데, 이만치 이렇게 가게 하는 것도 너 아니야?' 하고 자꾸 승화시키고 발전시키는 데 따라서 여러분이 더 발전을 할 수 있어요. 똑같이 나왔는데도 더 발전하는 사람이 있고, 아주 못하는 사람이 있고, 아주 밑바닥에서 헤매는 사람이 있죠.

질문자3(남) 제가 실은 여기 나온 것은요, 제가 나름대로 열심히 하려고 노력하는데 이 공부를 잘해 가고 있는지, 스님한테 점검이라고 하면 이상하고, 잘못해 가고 있으면 스님께 죽비를 좀 맞기 위해서 나왔습니다.

큰스님 이미 죽비는 맞았는데요, 뭐. 하하하…. 그래도 죽비를 맞았으니까, 누가 때렸느냐? 자기가 자기를 때린 거니까, 두 마음이 아니라 한마음이니까 말입니다. 댁이 말을 하고 내가 대답을 할 때 벌써 하나로 바뀌져서 죽비는 하나가 됐죠. 그러니 맞은 것은 없지만 맞은 게 있는 거죠. 생활을 벗어나서 내가 없고, 나를 벗어나서 생활이 없는 겁니다. 그러니까 내가 태어난 거부터 죽는 거, 사는 거, 뭐, 생활하는 거, 나라가 움죽거리는 거, 전체가 모두 바로 부처님 법입니다. 그러니까 그 법을 모두 응용하세요. 자기부터 알아야 세계를 알고, 세계를 알아야 삼천대천세계를 알죠. 아까 예언하는 얘기를 했는데, 예언을 하자 하면 그냥 뭐, 바빠서 못 견디겠죠. 하지만 예언은 해서 뭘 합니까, 그놈의 거.

사회자 법문을 마치도록 하겠습니다. 질문이 너무 길어서 큰스님께서 지루하셨겠습니다.

큰스님 얼마나 됐습니까?

사회자 시간이 많이 갔습니다.

큰스님 그러세요? 그냥 많이도 부풀리시는데…, 하하하…. 하여튼요, 제가 부탁드릴 얘기는 우리가 인간이라면 다섯 가지만큼은 누구한테도 기댈 수가 없는 겁니다. 그렇죠? 다섯 가지 아시죠? 죽는 거, 아픈 거, 먹는 거, 똥 누는 거, 자는 거 이 다섯 가지는 제아무리 재주가 훌륭해도 대신 못 해 줘요. 그렇기 때문에 '다섯 가지 오신통이라는 것도 도가 아니니라' 한 것이 거기에 원인이 있어요. 그러니까 내가 혼자 왔다가 혼자 가는 길에, 지금 한 철 나는 길에 세세생생 돌아가는 거를 전체 집어 먹어야 된다 이겁니다, 지금 한 생에. 한 찰나에 집어 먹듯이….

이런 게 어려운 일이 아닙니다. 하고자 한다면 되는 일이죠, 안 되는 일이 아니기 때문에. 그래서 "배우는 사람들은 문을 찾아서 다니려고 하지 마십시오." 하는 것입니다. 즉 "학문을 따져서 책을 보고 찾으려고 하지 마십시오." 하는 겁니다. 책을 찾아서 다니는 건, 글자를 보고 알아서 깨치려고 하는 거는 저런 문 찾아다니는 거와 같습니다. 그러니까 문이 없는 문을 찾아서…, 문이 없는 문이거든요, 이게. 그러니까 "이 문 없는 문을 찾아서 성불하십시오." 하는 겁니다.

이게 내가 생각할 때는 무척 쉬운 건데 모두들 그래요. 그냥 뭐, 자든지 깨든지, 일어나든지 앉았든지, 일을 하든지 모든 게 그놈이 움죽거리게 하니까 하는 건데 '네놈이 주인이 돼서 움죽거리게 하는 거니까 네 몸뚱아리 네가 가지고 가라.' 이러면 아주 편안하죠, 그냥 아주! 일생이 다 편안해요, 그냥. 그런 건데 뭐가 그렇게 사는 게 괴롭습니까? 왜 한 철 놀다 가는데 즐거웁게 놀다 가지, 왜 그렇게 궁상으로 살다가 가야 되느냔 얘깁니다.

그리고 옷만 벗어 버리고 또다시 옷을 입고 나올 텐데 그까짓 옷이 뭐가 그렇게 대단합니까? 요다음에 아주 그냥 세련되게 샘플을 해 가지고 내가 그냥, 하하하…, (대중 웃음) 아주 거룩하게 탄생을 시켜서 나라를 그냥 휘어잡을 수 있게끔 할 수도 있는데, 아니, 왜 그렇게 아둥바둥합니까? 그럴 것 없어요. 그저 춤추고 놀다 가는 거와 같으니까요. 그렇게 하는 사람에 한해서는 천천히 되느냐 일찍 되느냐가 문제지, 안 되는 게 하나도 없어요.

그러니까 그저 돈도 생명이 있고 마음이 있는 거라 그냥 요렇게 들여다보다가 '아휴, 저 집에 들어가서는 내가 고통스러워. 쪼개고 쪼개고 아이고, 귀찮아.' 그러면서 달아나간다고. 그런데 화목하고 웃고 즐기면서 '이거는 이렇게 쓰고 이거는 이렇게 쓰고 그러자.' 이렇게 하면 '아, 그러면 요게 참 편안하겠구나.' 그러고 그 집으로 들어간다구요. 이게 사실입니다. 내 그런 거 봤는데요? 하하하…. (대중 웃음, 박수)

그럼 (합장하시며) 오늘 제가 이런 말씀을 해 드린 것은 말일 뿐이니 그 뜻을 잡수세요. 말을 잡숫지 말고 뜻을 잡수세요. 옛날에 두 친구가 살았는데, 하나는 지금으로 치면 출세를 해서 나라의 국록을 먹고, 한 사람은 과거를 볼래도 영 안 되고 그래서 진탕 술이나 먹고 그러니까, 친구의 볼기도 때리고 온통 그렇게 하면서 뒷구멍으로는 그 집을 살리고 이렇게 해서 나중에 진짜 사람을 만들었다는 얘기가 있습니다. 그렇듯이 말을 이렇게 할 때에도 나는요, 진짜 눈물을 머금고 말씀드리는 겁니다. 내가 너무 처절하게 살아왔기 때문에, 지금 내 이 일신이 이렇게 살아온 걸 말하는 게 아닙니다. 여러분과 더불어 같이 그렇습니다. 수억겁을 거쳐서 살아올 때에, 테레비에서 그런 거 보시죠? 그 처절하게 그냥 쫓기고 잡혀서, 그 자리에서 그냥 산 채로 이리 뜯기고 저리 뜯겨서 먹히는 거 말입니다.

그리고 아까도 닭 얘기 했지만, 닭이든지 뭐든지 그냥! 산 채로 그냥 탁 잘라서 그냥, 아이고! 뭐, 사시미고 뱀이고 뭐든지 그냥 턱턱 잘라서 피를 내서 먹고들 이러는데 아이, 징그러워서…, 징그러운 것보다도 그것이 바로 진화되기 전에 우리가 그 모습을 해 가지고 밑에서부터 거쳐서 온 거니까 말입니다. 그래서 이 우주가 정원이라면 나무들과 정원이 다 생기고 난 뒤에 맨 마지막에 사람이 생겼다는 얘기가 있지 않습니까? 그렇게 되느라고 늦어서….

그러니까 그런 거를 생각할 때 그것이 바로 그네들만 아픈 게 아니라 내 아픔과 같애요. 그러니까 제일 첫 번째가 살생을 하지 말라고 그랬죠. 그래도 어차피 먹어야 사니까, 살기 위해서라면 죽인 것을 사다 먹으면 되지, 왜 일부러 산 거를 죽여서까지 먹느냐 이거예요. 안 그렇습니까? 감사합니다. 하여튼 열심히 해 주십시오.

마음의 도리

1995년 3월 5일

오늘 여러분이 너무 수고를 많이 하신 것 같애요. 오늘 좀 들볶이신 것 같은데 피로하시죠, 모두? 내가 그러니까 남도 똑같을 거예요, 아마. 그러나 정신력으로 살기 때문에, 항상 더하고 덜함 없는 그 마음을 가지고 살기 때문에 그래도 좀 덜하셨을 거라고 생각이 됩니다. 멀어도 멀단 말 없이 이렇게 오셔서 서로 한도량에서 한마음을 전달하면서 이렇게 하시는 게 너무나 감사하구요. 오늘 뜻깊었습니다. 기분이 어떠십니까, 모두?

대중 좋습니다.

큰스님 뭐든지 무조건이라고 하지만, 사람이 살아나가려면 무조건이 아니죠. 무조건이 아니면서 하는 거지, 무조건 바보처럼 하는 건 아닙니다. 나는 그래서 애당초부터 이 마음 도리를 완벽하게 이끌어 드리기 위해서 주인공을 세워 놨다가, 부처님을 놓았다가, 부처님을 때려 부쉈다가 온통 몇 번씩이나 그렇게 했습니다. 나중에는 부처님을 때려 부수니까 뭐, 안 오느니 오느니 그래서, 한 명도 안 와도 괜찮다고 그랬습니다. 그렇게 과감히 하지 않으면 도저히 마음 도리를 이끌어 줄 수가 없어요. 그냥 너무나 관습에 찌들려서요.

지금도 우리가 모금해 드렸는데, 천 원을 내든지 만 원을 내든지 그게 공덕이 되게 하려면요, 주인공에서 모든 것을 하게 해야만 공덕으로 들어가는 겁니다, 그게. 그런데 또 그걸 받아서 쓰는 사람이 공덕으로 써야 되는 거죠. 그렇기 때문에 애당초에 그 마음의 도리를 이끌어 드리기 위해서 재사 지내는 법이나 예의법(禮儀法)이나, 즉 말하자면 오계법(五戒法)이나 일거일동을 모두 가르쳐 드린 겁니다. "마음의 법으로는 삼배가 따로 없고, 칠배 팔배가 따로 없고 구배가 따로 없다. 여유가 없으면 일배를 하고, 일배를 할 때에 삼천배를 한데 합쳐서 일배로 해도 된다." 이런 말을 했습니다. 지금은 뛰면서 생각하고, 생각하면서 뛰지 않으면 못 사는 시대라고 봅니다.

그래서 재사 지내는 법을 우리가 간편하게 해 드렸고, 영탑을 만들어서 모셔 놓게 한 것도 그렇습니다. 우리 자손들이 이제 앞으로는 더할 겁니다. 이 산소 저 산소를 일 년에 한 번이라도 찾아가 볼까 말까 합니다. 그런데 탑 하나만 찾아오면 조상님들을 다 뵈올 수 있으니까 말입니다. 그뿐입니까? 한국의 땅덩어리가 작아서, 이제는 산소 자리를 세를 주고 얻어 놨다가도 돈을 못 내면 다 뺏기게 돼 있고, 내 땅을 사서 해도 앞으로는 땅덩어리가 부족해서 점점 하기가 어렵게 돼 있습니다. 그리고 죽기만 하면 죽은 사람 집을 사기 위해서 돈을 써야 하고…. 가난한 사람은 화장시켜서 그냥 보내는데 말입니다. 우리가 좀 더 은혜를 갚는 마음을 가지려면 절에다 탑이라도 해 놓고 영혼을 모셔 놓으면, 그저 일 년에 두 번이고 서너 번이고 그래도 절 가는 참에 뵙고 올 수가 있지 않겠습니까? 탑 하나만 해 놓는다면 누가 돌아가셔도 묘지 때문에 애를 쓰지 않아도 될 것이라고 생각을 했던 겁니다.

제사를 지내도 지금처럼 음식을 차려 놓고 해야 한다면, 맏이일 경우에는 한 해에 일곱, 여덟 번씩은 지내야 된단 말입니다. 그러니 지금같이 노력 안 하면 못 사는 세상에 그렇게 차려 놓고 할 수 있느냔 말입니다. 그뿐이 아닙니다. 또 음식을 차려야 할 테니까, 네가 더 냈느니 내가 더 냈느니 이렇게 마음의 알력이 생기고 싸움이 생기고, "이렇게 피곤한데 제사를 어떻게 지내?" 이러면 그냥 조상님들에게 누가 되는 거죠, 전부 불효가 되고. 그러나 이렇게 간편하면 조용하게, 그저 남자들이라도 할 수 있지 않겠습니까? 떡 세 덩어리 사 가지고 오면 될 거고, 정히 여자가 못 할 때에는 남자가 케익 하나 탁 맞춰서 사 가지고 오면 되는 거고 말입니다. 이렇게 해서 마음을 편안히 해서 지내야지, 음식을 많이 차려 놓고 먹으면서 자손들이 싸워 보세요. 부모가 그 음식을 먹겠나? 예를 들어 말하는 겁니다.

그런 거와 같이 누구나가 다, 어려서는 자식이 되고, 커서는 또 며느리, 사위가 되고, 그러다가 또 부모가 된단 말입니다. 그러니까 우리가 얼른 쉽게 말해서 육신이 태어나는 것은 내 자성의 뿌리가 형성을 시키는 건데, 형성을 시켜서 이렇게 사람이 됐는데, 내가 마음이 탄생을 하려면 나온 자리에 다시 들어가서, 허허허…, 나온 자리에 다시 들어가서…, 자아궁(自我宮)이라는 얘깁니다. 자아궁! 이것이 무슨…, 그 어떻게 잘못 듣지 마시구요. '나의 궁이다' 이런 말입니다. 이 몸뚱이도 알고 보면 '나의 궁이다' 란 얘기죠. 나의 집이다.

그러니까 옛날에 어떤 조사님이 하신 말씀이 "야, 이놈아! 너 아직도 덜 떨어졌구나. 너의 어머니 자궁 속에 다시 한번 들어갔다가 배워 가지고 다시 나오너라." 이랬답니다. 그런데 그 말을 액면 그대로 들으면 안 되죠. 그래서 사람은 육신이 태어났다고 해서 육신이 깨닫는 게 아니라, 테레비가 나오려면 테레비 몸체가 있어야 테레비가 되듯이, 우리도 몸뚱이가 있어야 부처가 있든지 뭐가 있든지, 깨닫든지 말든지 할 거 아닙니까? 그래서 이 육신이 태어났으면 다시금 정신이 태어나기 위해서 '자궁 속으로 다시 한번 들어갔다 나오너라.' 또 '네 몸뚱이 속으로 다시 한번 들어갔다 나오너라.' 이것도 됩니다.

우리가 생각을 넓게 하고 지금 주인공에다가 일임하면서 입력을 하면서 앞서의 입력을 폐지시키면서 이렇게 들어가고 있지 않습니까? 그런데 우리가 듣고 보지도 못했으면 중용을 할 수가 없거든요. 그러나 들었던 거라면 살아가는 중에는 생각이 안 나다가도 그와 비슷한 환경이 딱 닥치면 생각이 나게 돼 있거든요. 그러니 '그때 그냥 밀고 나가라고 했다.' 이런 생각이 딱 나면 그냥 밀고 나가는 거죠, 뭐. 그래서 체험을 얻고 그래서 발전을 하고, 그래서 언덕을 넘어설 수가 있다는 얘기죠. 오늘은 질문하는 날인데 질문도 안 하고….

누구든지 가만히 보면요, 자기 좁은 몸뚱이 하나도 돌아다볼 줄 모르고 그저 앞만 향한 채, 이리저리 두리번거리면서 벌어진 것에만 끄달려서 허덕이고 다니거든요. 그러니 침착하게 고개를 숙여서 심안을 봐라, 심안! 각자 심안을 견고하게 봐라! 그리고 뚜벅뚜벅 걸어라. 비가 쏟아져도 종종걸음으로 걷지 말고 뚜벅뚜벅! 그러는 사람이라면 한 걸음에 천 리를 뛴다 이랬어요.

옛날에는 수행법이 중국이나 어디서나, 정신 무예보다도 육신 무예를 잘 배우지 않으면 안 되었는데, 육신 무예를 배우려면 정신이 거기에 집중돼야 할 수 있거든요. 그때 시절은 나라가 하나로 뭉쳐서 있는 게 아니라 지방마다 독립해 있어서, 지금 안양시, 과천시 이렇게 있듯 지방마다 왕이 있어 가지고 너무 귀찮게 간섭하고 조금만 어떻게 해도 절들을 그냥 때려 부수고 스님들을 붙잡아 가고 이러니까 육신 수행을 안 할 수가 없었어요.

그러나 지금 가만히 생각을 해 보세요. 저도 처음에 산에 올라가서 공부할 때에 무예법을 좀 하려고 그랬더니 내 자성 스승께서 하시는 말씀이, '얘, 세상을 좀 돌아봐라. 지금은 정신 무예라야 되는 거지, 육신 무예라는 건 있을 수가 없다. 아니, 축지법을 한들 몇 알갱이나 갈 것 같으냐?' 이러는 겁니다. 하하하…, '정신 무예란 빛보다도 더 빠르니라. 지금 시대를 좇아가야지, 어째서 그렇게 뒷걸음질을 치느냐.' 하는 얘깁니다. '옳지, 그렇지!' 하고선 말았습니다마는 우리 육신이 없으면 정신도 없고, 정신이 없으면 육신도 없는데 육신이나 정신이나 마찬가지죠. 우리가 지금 정신이 없다면 이렇게 움죽거리고 다니지도 못하죠. 그런데 아주 가깝게 두고, 뭐, 여기다가 끼고선 돌아다니면서 담뱃대 찾느라고 애썼다는 셈으로, 그냥 주장자를 끼고 다니면서도 못 보는 거죠.

이 몸뚱이 세포 하나하나에 핏줄이 모두 있듯이, 그리고 생명들이 모두 그 안에 담겨 있듯이, 땅은 전체의 그릇이 돼서 물을 담아 가지고 있고, 물은 생명들을 담아 가지고 있죠? 또 물이 생명들을 담아 가지고 있다는 뜻이 뭐냐 하면, 생명들에게 모든 거를 바치고 있다는 겁니다. 땅이 그릇이 돼 주는 반면에 물은 땅에다, 땅 혈관에다가 다 배출합니다, 통하지 않는 곳이 하나도 없이. 아니면 아니라고 그러세요. (대중 웃음) 흙은 그릇인데다가 물을 담아 가지고 물이 그 땅 세포에 그냥 모두 주고 있기 때문에, 우리는 우리대로 그 세포에 물이 없으면 죽죠. 이 지구에도 세포에 물이 없으면 죽듯이…, 지구도 전부 거죽으로 세포가 돼 있습니다.

내가 그 덩어리를 갖다 놓고 봐서 하는 말이 아니라, 하나를 알면 전체가 알아져요. 그리고 보지 못한 얘기를 하는 게 아닙니다. 그리고 실천에 옮겨 보지 않은 얘기는 하나도 없어요. 모르고 말하는 거는 한데 떨어진단 말입니다. 그래서 부처님께서 '너는 말을 하되 한데 떨어뜨리지 말고, 만약에 드럼통같이 크다면 큰 대로 넣어 주고 작으면 작은 대로 넣어 줘야지, 작은 데다가 큰 거를 넣어 준다면 다 흘러 버리느니라. 그래서 한데로 떨어지느니라.' 하셨습니다. 나도 그런 것을 많이 느껴요. 한 분 한 분 이렇게 대할 때에도 그래요. 아주 어처구니가 없고, 말해 줘도 모르고, 또 말해 줘도 그게 이해가 안 간답니다. 그러니 어떡합니까? 그래서 부처님께서도 '인연 없는 중생은 건질 수가 없다. 인연으로 말미암아 하나로 돌아갈 수 있다면 그게 공(空)한 거며 없다고 하는 거다.' 하신 거죠.

그러니 우리 살아나가는 도리가 다르고 생명들이 살아나가는 도리가 다른 게 아니고, 하다못해 풀포기 하나 살아나가는 것도 우리 인간 사는 거와 똑같습니다. 차원이 높고 낮고 그래서 그렇죠. 모습이 달라서 그렇구요. 그러니까 우주 천하가 다 그런 거죠.

그래서 내가 요런 얘기를 여러분한테 한번 해 드리죠. 예전에도 얘기를 했던 기억이 나는데, 가끔 그런 일이 있어요. 본처가 죽고 나중에 후처가 들어왔는데 영 살 수가 없이 만드는 집들이 많거든요. 십 년 동안이나 애썼다고 하는데, 하도 못살게 구니까 못 살고 나가고 또 못 살고 나가고, 이거는 도저히 살 수가 없더랍니다. 그래서 그 소리를 듣고 그랬습니다. '허허, 이건 그저 한생각이면 되는 건데 뭐 그렇게 말썽이 많은가?' 산 사람한테다가 죽은 물방울 하나…, 이 산 사람도 물방울 하나요, 죽은 사람도 물방울 하나인데 물방울과 물방울을 한데 합쳐 주면 제 몸이 생겨서 사니 좋고, 허허허…, 지금 사는 사람 편안하니 좋고…. 이건 살아나가는 데 지혜예요, 지혜! 그래서 여러 사람들이 그러한 곤경에 빠져 있을 때는 그렇게 마음을 내서 둘 아니게, 그냥 지금 새로 들어온 마누라한테 죽은 마누라를 한데 붙여 버리는 겁니다. 그러면 아주 잘하고 살아요. 그건 뭐, 이루 말할 수도 없어요. 자식들도 잘 섬기구요. 아, 제 자식인데, 하하하….

이렇게 여러분이 할 수 있다는 것이지요. '아이고, 난 그렇게 될 수 있을까?' 이렇게 생각하지 마세요. 이 공부에서는 '할 수 있을까' 라는 것은 없어요. 그냥 모두 송두리째 먹으려면 먹고, 내놓으려면 다 내놓고 이럴 뿐이지 이 공부는 이유가 붙지를 않아요. 그게 조그마한 일 같지만 가정 가정이 얼마나 기가 막힌 일인지 모릅니다. 일일이 말입니다. 내가 이런 얘기 왜 하느냐 하면요, 우리 스님네들이나 신도님들이 그런 사람과 인연이 됐을 때는 그렇게 해서 편안하게 사시게끔 하시라는 겁니다.

제사 지낼 때도 위패에다 남편 다음에 첫째 부인, 둘째 부인 이름을 써 놓고 첫째, 둘째 이름이 있는 머리 위에다가 '석 삼(三) 자' 하나 써 놓으세요. 이것은 과거심 · 현재심 · 미래심을 한 바퀴 돌린 겁니다.

즉 말하자면 삼심을 합치기 위해 석 삼 자를 써 놓는 거죠. 우리 같으면 그런 거 안 써 놓고도 하지만 여러분이 할 때는 어쩔 수가 없어요. 그러니까 석 삼 자를 부인 두 사람의 이름이 있는 위에, 딱 가운데다 쓰고, 그 이름들 밑에는 동일 영가라고 해 놓고 제사를 지내면 아주 좋습니다. 이유가 없어요. 뭐, 네가 덜했느니 내가 더했느니 이런 이유가 없어져요. 그러니까 자손들이 편안하죠. 그 자손들이 편안하게 살기 위해서라기보다도, 서로가 편안하게 살자고 이러는 겁니다. 허허허…. 하여튼 오늘 질문하는 날인데, 그냥 질문해 보세요.

사회자 오늘 저희 선원에서 큰 손님을 맞아 행사를 치렀고, 큰스님께서 바쁜 시간을 저희 법형제를 위해서 이렇게 할애를 하셨는데 큰스님께서 상당히 피로하신 것 같습니다. (대중 웃음) 그래서 질문자는 몇 분 있습니다만 나중에 질문하기로 하고, 오늘은 그냥 법문을 마치는 걸로 그렇게 하겠습니다.

큰스님 그러면 한마디 더 해야죠. (대중 웃음) 지금 여러분은 이게 그냥 공부라고 하니까 그냥 '공부를 하겠다' 이러고만 가시는데요, 그게 아닙니다. 내가 볼 때는요, 참 아슬아슬하게 그 모두 큰 수레를 넘는 그런 순간입니다, 아주 그냥 우리가 말입니다. 우리가 수레 위에서 구르면서도 떨어지지 않고, 그냥 공중에 지남철 모양으로 붙어 있는 거예요. 떨어지지 못해요, 자석이 붙은 것처럼. 혼자 마음대로 사신다고 생각하세요? 마음대로 못 살아요. 자석에 붙어 있는 걸요. 멀찌감치 붙어서 딱 끌어잡아 당기는데 어떻게 자유스럽게 삽니까? 그러니까 하여튼 죽으나 사나 자기를 믿고, 깨치지 못하든 깨치든 반야줄을 잡고 나가야만이 자기가 몸을 바꿀 때도 떳떳하게 누가 봐줄 수 있죠, 자기가 할 수는 없더라도.

그러나 대략 체험하고 가는 사람들, 이런 사람들은 앞으로 진전이 있어서 자기가 할 수 있게끔 되리라고 봅니다, 다. 그러니까 지난번에도 얘기했지만, 먼저 깨쳐야만 그렇게 되는 게 아니라, 내가 잡고 가면 그대로 그냥…, 예를 들어서 어느 회사에 사원으로 들어가기만 하면, 윗사람이 안 됐어도 월급은 주거든요. 그렇듯이 우리가 그렇게 잡고 나가면 '우리 아들이 이렇게 하고 있다, 아무개가 하고 있다' 고 해서 벌써 위 조상 대에도 빽이 생겨요. 그러니까 아버지가 대통령이라면 자식들도 다 빽이 생기듯이 말입니다.

그래서 위로도 빽이 생기고 아래로도 빽이 생기는 겁니다. 그러니까 자기가 밖으로는 다를 바가 없지만 보이지 않는 데서, 벌써 자기의 정신계에서는 들이려면 들이고 내려면 내고 거부하려면 거부하고 이렇게 하고 있거든요, 정신계의 뿌리에서는. 뿌리라고 이름해서 안 됐지만 말입니다. 천차만별로 작용을 하기 때문에 뿌리라고 하는 겁니다. 그러니까 그렇게 보이지 않는 데서 작용을 하면서, 자기를 리드해 가면서, 자기를 보조해 가면서, 보호해 가면서, 물리를 틔워 가면서, 지혜가 생기게 하면서 이렇게 발판이 되거든요.

그러니까 삼세심(三世心)이 일거일동 일심(一心)으로 구현돼서 구성이 되면 그냥 여길 가도 자기의 마크가 붙어 있고 저길 가도 마크가 붙어 있고, 그래서 어딜 가도 인정을 받는다는 거죠. 그래서 자유자재권을 얻는다는 얘깁니다. 그게 해인(海印)이죠. 인가를 받는 거죠. 자유자재라고 말로만 알지 마시구요, 자유자재법이 얼마나 광대한지, 우리가 지나가다가 놀고 싶으면, 한 굴을 만들어서 거기에 들어가서 시원하게 놀다가 가고, 또 지나가다 어디에 큰 바다를 만들어서 또 거기서 시원하게 몸을 담갔다가 갈 수도 있죠. 경에도 애락이라는 말이 있습니다. 자유자재권을 얻었을 때는 사랑 애(愛), 즐거울 락(樂) 이렇게, 그 애락이라는 뜻을 알죠. 애락법이 얼마나 좋은 뜻인데, 자유자재권을 가진 사람이라야 애락을 알지 그렇지 않으면 모르거든요.

하여튼 여러분께서 오늘 애를 많이 쓰셨는데, 마음 보시가 천하에 으뜸이거든요, 마음 보시가. 마음으로 주고받고 서로 통해서 마음으로 즐거움을 갖게 하고, 고를 면하게 하고 아픔을 대치하게 하고 또는 좀 순탄하게 살 수 있게끔 하는 그런 마음의 보시가 말이죠. 생사도 생활입니다, 생사도. 생사윤회도 다 그게 생활이니까요. 그래서 생활 자체를 자유스럽게 해 나갈 수 있게끔 그 마음의 보시를 한다면, 그게 최고 으뜸입니다. 물질적인 보시는 그저 물질을 써서 없어지면 그뿐이에요. 그러니까 그 마음의 보시가 제일이라는 겁니다.

하여튼 스님네들도 물질만 탐내서 끌어들이려고 해서는 안 되죠. 마음의 보시로써 모든 거를…. 가게에 물건 사러 가면 물건을 줄 때에 돈 낸 것만치 그 물건을 줘야 되죠. 그래서 사는 사람이나 파는 사람이나 똑같이 물건을 주고 돈을 받았기 때문에 주고받은 사이가 없다 이런 거죠. 우리가 항상 살아나가는 데, 생활을 할 때에 마음의 보시, 그것이 천냥 빚을 갚는다는 속담도 있듯이 말입니다.

제가 아주 자세히 여러분한테 말씀을 안 해도, 여러분은 그 마음을 익히고 닦아서, 닦는다는 것이 깨끗하게 닦으라는 게 아니라 깨끗한 것도 더러운 것도 없이 닦으라는 얘깁니다. 모든 것을 그렇게 본인 자신들이 할 수밖엔 없는 거니까 말입니다. 내가 제아무리 날고 뛴다 하더라도 대신 닦아 줄 수는 없죠. 요새 이런 생각을 합니다. 전에 상원사 토굴에 있을 당시에도 그랬고, 그 전에도 그랬고, 길에 다니면서도 그렇고 보시를 수없이 했습니다. 그런데 한 게 뭐가 있겠느냐는 얘깁니다. 한 게 하나도 없어요. 그게 왜냐하면 물론 나는 한 게 없이 하는 거지만, 그 상대방은 이 마음공부를 안 했기 때문에, 병이 나으면 그냥 '병이 나았나 보다' 이러고 그만둬 버렸단 말입니다, 전부 다! 그때뿐이죠. 병도 그렇고 가난도 그렇고 모두.

그렇게 생활 속에서 허덕이고, 6·25때 모두 타 죽고, 구르다가 죽고, 이렇게 했기 때문에 집안이 모두 그냥 이유 없이 분란이 생기고, 남을 때리고, 도끼를 가지고 날뛰고, 병이 들고 이러니 살 수가 있나요? 이렇게 사는 사람들을 위해서 그렇게 애썼는데 애쓴 본의가 하나도 없더란 얘기죠. 그래서 내가 여러분한테 마음의 도리를 전달하려고 여기 와서 무지하게 애쓰는 참입니다. 그랬는데…, 요즈음 생각입니다. '내가 왜 이렇게 애타게 문고리를 잡고 눈물을 흘려야 하나! 좀 쉽게 좀 가 보면 어떨까? 그렇게 공부하라고들 이제 다 해 놨으니까, 뭐 어떻다 어떻다 하면 무조건 그저 '알았어, 알았어.' 그냥 그래 버리면 얼마나 편안할까?' 하는 생각이 들어요. 어떠세요? 내 생각이 틀립니까, 옳습니까? 네?

대중 맞습니다!

큰스님 맞아요?

대중 틀렸습니다! (대중 웃음)

큰스님 아유, 여러 소리를 하니까…, 맞습니까, 틀립니까? 틀립니까? 하하하…. (대중 웃음) 사실 어떤 때는 조금 피로할 때가 있습니다. 내 몸이 피로한 게 아니라 참, 마음이 안타까웁고 피로할 때가 있습니다. 그건 피로해서 피로한 게 아니라 '아휴, 참 세상에 크나 작으나 모두들 왜 이렇게 불쌍하지?' 하는 생각에서 말입니다. 그런데 '그 마음의 도리를, 그걸 일러 줘야 요다음에 다시, 또다시 불쌍하게 살지를 않을 텐데, 이거를 어떡하면 좋은가?' 하는 생각이 들어요. 그리고 자녀들도 또 있죠. 위로 조상들도 또 앞으로 태어날 조상들이 있죠. 이러니 글쎄, 이거를…, 그래서 어떤 사람에게는 의심이 되기도 하겠죠. '저 사람은 왜 저럭하고 있나?' 하는 의심 말이에요. 나도 '내가 왜 이래야만 하나?' 그러지만 수없는 광년을 거쳐 올 때의 그 도리를 알면 나 아님이 하나도 없다는 사실을 알게 돼요, 이제. 어쩌면 그렇게 살아왔는지 말입니다. 그러니까 '아이고, 나도 전자에 그랬는데….', '나도 그랬는데.' 이렇게 나오죠. 그러니까 하여튼 조금 내가 편하려면요, 그렇게 하는 수밖에는 없죠. 그러면 그냥 뭐, "왜 이렇게 더디 되느냐. 나는 빨랐는데 왜 이렇게 너는 더디냐." 이런 소리도 없겠죠.

그런데 그렇게 하면 나는 편안하겠지만, 여러분은 정말이지 그 편안하고 잘되는 걸 바라지 마시고, 내가 해서 내가 먹겠다는 생각을 꼭 하셔야 됩니다. '내가 만들어서 행복을 가져오고, 내가 만들어서 정신계를 발현시키고, 내가 나를 찾고, 그냥 꼭, 내가 먹을 거 내가 만들어서 먹겠다. 그리고 닥치는 대로 집어 먹겠다. 죽으면 죽고 살면 사는 거지, 뭐! 먹고 죽으나 굶고 죽으나!' 하고 말입니다. 하하하….

그래서 예전의 조사들이 부처님을 때려죽인다고 그런 말들을 하고 막 그랬는데, 그건 나쁜 말이구요, '집어삼켰다' 이런다면 돼요, 그것도요. 부처님이든 뭐든 그냥, 산더미 같은 부처님이 있다 할지라도 그냥 한 번에 집어삼키세요. 그래야만이 그냥 아무 생각 없이 목마르면 물 마시듯 그렇게 할 수 있어요. '아이고, 저건 높은 부처님이니까 이거 어떻게 할 수가 없지.' 이러지 마시구요.

(거사 합창단의 음성공양이 끝난 후) 지금 노래를 부르셨는데 말입니다, 노래도 잘하시지만 아주 은근하게 전달이 되는 그 눈물겨운 그런 친근감이 모두 도는군요. 너무 감사합니다. 그래서 부처님 계신데서 수십 명이 불을 밝혔는데 비가 와서 다 꺼지고 마음의 불만이 남았더랍니다. 하하하…, 감사합니다.

해탈의 문

1995년 4월 2일

여러분이 이 마음공부를 좀 하도록 하기 위해서 수년 동안 불상도 때려 부숴 보고 별짓을 다 했습니다. 그러는 가운데 여러분과 이렇게 함께하게 된 것을 감사하게 생각합니다. 우리가 그런 고통 없이, 그런 집념 없이는 깨닫지 못합니다. 그리고 내 생활과 모든 인류와 전 우주를 이끌어 갈 수가 없습니다. 내가 이렇게 말하면 여러분은 '뭘, 그거 그냥 하는 말이지.' 하고 생각하시겠지만 그렇지 않습니다. 이것은 실질이고 현실 세계에서 실천할 수 있는 것이며, 우리가 꼭 해야만 할 일이 그렇게 많답니다.

생사에 관한 건도, 우리가 죽고 사는 문제를 거론한다면 여러분은 '뭐, 그냥 그런가 보다.' 하지요. 그러나 벌레가 껍데기를 벗고 알맹이로 화(化)하고 이렇게 하는 거를 보세요. 우리가 껍데기를 벗는다고 해서 아주 죽는 게 아닙니다. 악이면 악대로 선이면 선대로 다시 돌아 나오죠. 그런데 그 선과 악을 벗어나서 부처가 되고 법신이 되고 보신(報身)이 되고, 보신으로서 화해서 응신(應身)이 되고, 그래서 수많은 생명들과 둘 아니게 돌아갈 수 있다는 부처님의 말씀이 그대로 현실입니다.

그래서 나는 방편이라고 할 때 '방편 아닌 방편' 이라고 했습니다. 해탈문 아닌 해탈문이구요. 이게 해탈문이라는 이름에서 나오는 게 아니라 이름을 떠나서 그 속에서 알짜가 나오거든요. 우리가 문을 찾아서 공부를 한다면 그 공부는 영원히 못 할 겁니다. 마음은 체가 없을 뿐만 아니라 문도 또한 체가 없어서 봇장도 벽도, 멀고 가까움도 없는 것입니다. 그래서 멀고 가까운 게 없이, 한생각이면 한 찰나에 들고 나죠. 내가 이런 말을 잘하죠, 빛보다 더 빠르다고. 그렇게 해서 한 찰나에 모두 이끌어 갈 수 있고, 또 화하게 만들 수 있고, 바꿀 수 있고, 변하게 할 수 있고, 같이 접근할 수 있고, 둘 아니게 할 수 있는 문제를 모두 행할 수 있다는 사실을 말입니다. 우리가 그렇게 할 수 없다면 이날까지 사람으로 화해서 살아온 본의가 어디에 있겠습니까? 우리가 발전하고 벗어나서 자유권을 얻을 수 있어야만이 남도 자유권을 얻게 해줄 수 있다는 사실입니다.

지금 사생이, 물에서나 들에서나 공중에서나 이 지상에서나 모두, 생명들이라 하면 다 그래도 뭔가 살면서 경험하고, 그 경험한 대로 진화가 되고, 진화가 된 반면에 또 바뀌지고 이렇게 해서 등장을 하게 되는데, 그것이 반복되는 것입니다. 반복되면서 콩 심은 데 콩 나고 팥 심은 데 팥 나듯이 돌아가는데 우리가 거기서 뛰쳐나오지 못한다면 콩은 콩이지 팥이 될 수는 없어요. 생각하면 아주 기가 막힌 일들이죠. 이것이 현실에서 벌어진다는 사실이요.

지난번에도 그런 얘기를 했지만, 요즈음 사람들이 많이 죽고, 지나가던 벌레가 죽기도 하고, 지나가는 구렁이가 죽기도 하고 그럽니다. 그런데 그 구렁이가, 뱀 하나가 인간으로 환토를 하려면 얼마만큼 고생을 해야 되는 줄 아십니까? 백날을 사람의 행동을 봐야 하고, 사람이 먹는 거를 다, 소상히 사람과 같이 습득을 해야 하고, 마지막에 가서는 사람이 먹는 간장을 다 삼켜야 된단 말입니다. 일곱 번, 세 번을 먹어야 된다 합니다. 이렇게 고통을 받고서 자기 몸을 벗는 것입니다.

그건 왜냐하면 바로 인간과 맞대면해서 자꾸자꾸 접하니까 그 생각 자체가 인간과 같은 생각을 하게 되고 인간과 같은 의식을 얻게 됨으로써 자기 몸을 벗고서 인간 환생을 한단 말입니다.

그래서 왜, 태몽을 꾸면 뭐, 토끼를 봤다는 둥, 개를 봤다는 둥, 돼지를 봤다는 둥, 구렁이를 봤다는 둥, 소를 봤다는 둥, 인간을 봤다는 둥 그러죠? 그렇지 않으면 꽃나무를 봤다든가, 또는 배나무를 봤다든가 하는데, 배나무나 꽃나무나 이런 것은 육식 동물로서 생활을 하지 않은 영혼을 말하는 겁니다. 육식 동물로 생활을 하지 않고 채식을 하고 살던 그런 영혼은 꽃이나 과일로 보이는 것입니다. 이것은 나쁘다 좋다 이걸 떠나서 얘기하는 겁니다.

그러면 구렁이는 무슨 뜻이냐? 구렁이는 우리가 평상시에 자고 깨고 먹고 생활하는 그 용(用)을 말하는 거죠. 즉 말하자면, 태몽을 꾸었다 하면 액면 그대로만 생각하면 안 됩니다, 그러면 그대로니까. 그래서 태몽을 꾸는 어머니의 생각 자체가 크냐 작으냐에 따라서 그대로 그 어린애가 나와서 진출을 하게 돼 있어요. 그 영혼이 오는 것만이 아니라, 와서 한생각에 바로 하나가 될 수 있는 그런 문제가 등장을 하는 거죠. 용(龍)이라고 해서 뱀으로만 생각하지 말고, 또 큰 자손이 된다 이런 생각만 하지 마시고, 용이라는 것은 '평상시에 아주 활력적인 생활을 하던 영혼이다' 이렇게 생각을 하시면 인간 사이에 아주 빛이 돼서 살 수 있는 그런 영혼이 될 겁니다. 우리가 소나 돼지를 봤다고 해서 그냥 액면 그대로 돼지다, 소다 이러지 마시란 얘깁니다. 소가 보였다 하면, 남한테 인정을 베풀고 자기 몸을 아끼지 않고 모두 남에게 주었던 영혼이라는 뜻입니다. 그러니까 뭘 봤다 할지라도 그걸 액면 그대로 보지 마시라 이런 뜻입니다.

아주 슬픈 영혼도 있고 즐거운 영혼도 있고, 아픈 영혼도 있고 애달픈 영혼도 있고, 그 영혼이라는 것은 이루 헤아릴 수가 없는 것입니다. 그래서 영혼의 눈을 보면 그냥 눈물이 핑 돌기도 합니다. 우리가 나쁜 사람이 어딨겠습니까? 나쁜 생명들이 어딨겠습니까? 살다가 보면은…, 허허, 문득 그 생각이 또 나네요. 장희빈이 악하다고 했는데, 악하게 만들어서 악하게 모두 당했단 말입니다. 그러니까 당한 놈도 없고 준 놈도 없이 그냥그냥 서로가 다 나빠진 거죠.

애당초부터 나쁜 사람이 없어요. 환경의 지배를 받기 때문에 환경에 따라서 그렇게 된다는 거죠, 살다 보니까. 먹고살기 위해서 그렇게 되는데 부처님이 가르치신 것은 '아무리 배고프고 춥다 하더라도 마음만은, 마음만은 근본을 지켜라. 인간의 진짜 진실한 마음을 상실치 말아 다오. 그것을 상실하면 세세생생 구르면서 조금도 벗어날 길이 없다. 어둡고 괴롭고 고가 많고 슬프더라도 모두가 내 탓이려니 하고 참고 견디는 그 아리따운 마음을 잃지 않는다면 이 우주를 다 얻고도 남음이 있느니라.' 하신 거죠. 이렇게 생각해 보면 우리가 팔만대장경을 달달 외우고 아무리 이론적으로는 막힐 데가 없다 할지라도 실천하지 못하면 소용없는 거죠. 모두가 실질적인 내 마음의 행동에 따라서 주어지는 거니까요. 앵무새와 같이 말을 잘한다 하더라도, 내 몸 떨어지고 입 떨어지면 말도 떨어지는 것이지, 아무것도 남는 게 없어요. 그러나 내 영혼, 그 자체의 진실한 근본을 진짜로 믿고 나간다면 바로 자유인이죠. 알고 보면 서로가 똑같은 지경입니다.

부처님이 위대하기만 한 거는 아닙니다. 그것은 어떠한 뜻에서 그러느냐. 여러분이 아버지고 어머니라고 위대하시기만 합니까? 걸레처럼 닦아 주고 씻어 주고, '내 몸은 더럽더라도 네 몸은 깨끗해라.' 하고 그냥 닦아 주고 하는 그런 길잡이와 같이, 즉 말하자면 부처님 같은 마음이죠. 허허허…. 그러니 부처님이 어디 따로 있겠습니까? 자식을 생각하고 그렇게 하는 그 마음이나, 나를 다 주고 희생해 가면서 자식을 낳아서는 또 내 몸을 자식한테 먹고 자라라고 다 주는 그런 어머니! 그런 아버지! 그러나 하늘과 땅이 둘이 아니듯 아버지와 어머니는 둘이 아닌 까닭에, 그 가운데서 자손이 났다 할지라도 그 자손을 크게 이루시려면, 또는 자기를 낳아 준 부모들을 크게 한도량에 건지시려면 내가 첫째, 한마음으로 구성된 그 마음이 자기도 모르게 스스로 다복하게 이끌어 가는 그런 사람이 돼야 됩니다. 우리가 그냥 말만 배우고 웃고 즐기고 이래서 되는 것이 아닙니다. 그래서 항상 여러분한테 말하기를 "마음은 체가 없어서 모두가, 자식이다 부모다 또는 나다 형제다 하는 가설이 다 돼 있다. 그렇게 알고 있는 것이 가설이다." 했습니다.

한 25년 전인가 아마 그렇게 될는지…, 한 30년은 못 됐겠죠. 어떤 어려운 과수원 집이 있었습니다. 어느 날 바람 쐬러 나간다고 나가다 보니까 그 과수원까지 돌게 됐어요. 그래 그 과수원 집에서 나물해서 밥을 얻어먹고 돌다 보니까, 그 집에서 "스님!" 하면서 말하는 겁니다. "이게 3년을 내리 두고, 해마다 꼭 요만큼씩하게 (검지손가락 절반 정도를 짚어 보이시며) 사과가 열려서 지금 학교에 등록금도 못 내고 우리 식구가 다 아주 그냥 죽을 지경입니다." 이러거든요. 왜 그럴까요?

여러분, 한 번도 그런 생각을 해 보지 못하셨죠? 인간들 사느라고 급급하지, 일체 생물이 어떻게 사는지, 우리들하고 생활이 같은지, 그거 한 번도 생각해 보시지 못하셨죠? 그런데 가서 보는 순간, 모두 꽃같이 일어나는 겁니다, 꽃같이. 꽃 같은 마음, 그 불꽃 같은 마음이 말입니다. 불꽃 같은 마음이 일어나더니만 여기저기 사방에 다 구름같이 모이는 겁니다. 그런데 여러분 육안으로 보이지 않는다고 해서 그걸 무시할 수는 없는 겁니다. 모두 한마음으로 그저 불꽃같이, 그냥 연기처럼 아주 자욱하게 모이는 겁니다.

그래 나는 즐거워서 두리번두리번하고 쳐다보고 있노라니까 아, 옆에서는 자꾸 말을 하는 겁니다. 그래서 그이더러 이런 말을 했습니다. "사과나무와 사과나무끼리, 끼리끼리 모두 모여서 애당초에 사과나무가 나기 이전부터 있었던 그 마음들이 불꽃같이 일어나니까 이제 사과가 많이 열릴 거요." 이랬어요. 그랬더니 그 해에 가지가 휘어지도록 열렸으면서도 사과 하나가 이만큼씩 하게 (양손을 벌려 모아 보이시며) 열린 거예요. 그래서 그 해에 빚을 다 갚았다고 하더군요. 그러면서 그 먼 데를, 첫 번째 판 거를 조금 넣고 사과하고 같이 토굴로 가져왔습디다. 그렇게 가져온 거를 큰절로 가지고 올라가라고 했지만 말입니다.

그러니 우리가 보면 느껴지고, 들으면 느껴지고 그렇게 알아지는 거 아닙니까? 알아지는 그 생활 자체가 그대로 여여하면 됩니다. 그대로 우리가 믿고 여여하면요. 그렇게 아예 한마음으로 그냥 하면 그 세계가, 삼세계(三世界)가 바로 삼보가 되는 겁니다. 하나의 삼세계가 삼보가 되는 것입니다. 삼보가 한데 합쳐서 일심(一心)이 되는 것입니다. '삼보' 하면 과거 현재 미래를 한데 합친 것이 삼보입니다. 그래서 일심으로써 꼭 알아야 될 것은 '큰 우주 삼천대천세계의 보배가 바로 나한테 있다. 그래서 삼보가 내 한마음 속에 있으니 부처님과 일체 만물만생이 어찌 따로 떨어져 있으랴, 한도량에 있는 것이지.' 하는 것입니다.

그러니 여러분의 육신, 육바라밀이라고 해도 됩니다. 육신에서 나오는 여섯 가지에 관한 건을 모두 따로따로 할 양으로 애를 쓰면 얼마나 더디겠습니까? 보시(布施)라든가 지계(持戒)라든가, 인욕(忍辱)이라든가 정진(精進), 선정(禪定) 이런 문제를 다 각각으로 생각을 한다면 얼마나 멀겠습니까? 그러나 내 몸뚱이 속에는 그 여섯 가지뿐만 아니라 천차만별로 있습니다. 왜 여섯 가지뿐이겠습니까? 여섯 가지를 정해 놓는다면 더 이상은 못 합니다.

그러니까 아예 스스로 한마음에다 모든 거를, 선도 감사하게 놓고 악도 그렇게, '악하게 되는 것도 그 속에서 나온 거니까 선하게 나오는 것도 너다.' 하고 선과 악을 다 놨을 때 비로소 스스로 생산이 돼서 나가는 것입니다. 그거는 콩이나 팥에다 목적을 두는 게 아닙니다. 콩과 팥, 일체를 모두 다 한데 합쳐서 생산이 돼서 나가는 겁니다. 그래서 그것은 보현도 되고, 법신도 되고, 부처도 되고, 관세음도 되고,

지장도 되고, 칠성도 되고, 아촉도 되고, 아미타도 되고, 미륵도 되고 전부 다 되는 겁니다. 그래서 부처님께서는 "한마음 속의 자생 중생들에게 항복을 받아야, 조복을 받아야 일체 중생들을 나 아님 없이 조복을 받게 할 수 있느니라." 이러셨어요.

그래서 '이 마음공부 하는 데에 끝닿은 데 없이 이게 있다는 사실을 여러분한테 어떻게 꼭 집어서 알려 드리나.' 참 답답해요, 그렇게 생각할 땐. 방에서도 이렇게 뒷짐을 지고 거닐다가 문득 그 생각이 나면은요, '아이고 참, 이거는 어떻게 까 보일 수도 없고 이거를 어떡하면 좋은가.' 그러죠. 그런데 사람들이 그런 거를 모르고, 급한 것도 모르고, 그냥 급하게 죽을 줄도 모르고, 어떻게 살아야 할지도 모르고 그냥 애들이 뛰는 거와 같애요. 그러니 글쎄, 그런 사람들을 어떻게 해야만이 여기까지 이르게 할 수 있을까 하는 생각에서 말입니다, 아침이면 저기 가서 한 30분 동안 걷습니다. 그렇게 걸으면서도, 뭐 눈에는 뭐만 보인다고 그러죠? 하하하…. 개 눈에는 똥만 보인다고 그러던가, 뭐. 하하하…. (대중 웃음)

그렇듯이 하여튼 나무 한 그루를 봐도 풀 한 포길 봐도 모두가…, 그러니까 먼저 생각나는 거는 나한테 제일 가까운 사람들이겠지요. 그 사람들을 어떻게 해야만이, 그 사람 배 속에 있는 그 헤아릴 수 없는 중생들을 다 제도할 수가 있겠느냐는 얘깁니다, 한생각이면 제도가 되는 건데. 아주 정말, 내가 이 소리는 안 하고 사는 사람인데요, 참 답답할 때가 있습니다. 그렇다고 해서 내가 오래 살아야지 이런 생각도 할 수 없고, 빨리 죽어야지 할 수도 없고, 하하하….

그래서 어떻게 해야 되느냐 궁리궁리하다 보니까 '응, 모두 내가 돼 주면 되겠구나. 내가 꼭 보이는 것만 그렇게 줄 것이 아니라 내가 그 사람이 되면 되지 않나.' 하는 생각이 났습니다. 이 영혼의 근본, 이 마음은 허공에 꽉 차게 해도 손색이 없습니다. 그러니까 수효를 막론해 놓고 다 내가 될 수 있는 거죠. 그래서 안심을 했어요. 죽어도 바로 그네들이 나니까, 내가 될 수 있으니까 말입니다. 또 살아서 그렇게 경험을 해 보지 못한다면 아니 되기 때문에, 옛날부터 자기 자생으로서 조복을 받아 가지고, 화해서 바깥의 모든 거를 조복을 받아 가지고, 응(應)해서 모두 이렇게 응신이 되어 나가서 내가 돼 보니까 '아, 죽었다 살았다 할 게 없이 그냥 여여하구나.' 하는 거를 부처님께서도 그렇게 알았다는 겁니다.

우리가 경험해 보지 않고는 절대로 하려는 생각이 나지 않기 때문에 내가 할 수가 없는 겁니다. 어디까지나 자기가 소중한 줄 알아야지, 자기 몸뚱이가 지수화풍이라고 그래서 아무것도 아니다 이런다면 절대로 안 됩니다. 내 몸도 내 몸이 아니라 바로 자생 중생들이 수없이 살고, 바깥의 사람들이 나를 쳐다보고 사는 집인데 그 중생들의 수효를 헤아릴 수 있겠습니까? 자기 몸뚱이 속에 있는 자생 중생들만 해도 헤아릴 수가 없는데, 내 식구들의 자생 중생들을 전부 포함하면 얼마나 많겠습니까? 헤아릴 수도 없겠지요. 내 자생 중생들의 마음으로 인해서 이 집이 (몸을 가리키시면서) 성립된 거거든요. 이 집이 생긴 거거든요. 이 집이 생겼으면 그 자생 중생들의 심부름꾼이자 관리인이자 집합소이지, 어째서 그것이 '나' 냐고요?

그래서 부처님께서는 '색(色)이 즉 공(空)이다. 공이 즉 색이니라. 그러니 둘이 아니다. 그대로 더불어 사는 한 공체(共體)다.' 고 하셨습니다. 그래서 공심(共心)이자 공체(共體)이자 공용(共用)이자 바로 공식(共食)이자 공생(共生) 아닙니까? 이것이 '나' 라고 내놓을 건덕지가 하나도 없어요. '나' 라고 내놨다 하면 손해가 가요. 여기 수만 명이 이렇게 한데 합쳐서 살고 있는데, 그걸 바다라고 합시다. 바다가 이거는 내 물이고, 그거는 내 물이고, 저거는 내 물이라고 이렇게 할 수 있겠습니까? 그러니 물을 떠 가도 '아, 떠 가나 보다.' 할 뿐이죠, 줄지 않고 더불어 살기 때문에, 바다이기 때문에. 그래서 인간의 마음이 바다라면 내 마음을 한 번 주고 두 번 준다 해도, 상대방이 떠 간다 하더라도 줄지 않는 거다 이거야. 마음이 바다와 같아서, 더불어 살기 때문에, 공체이기 때문에, 공심이기 때문에, 공생이기 때문이다 이겁니다. 그 공생으로 살고 공체로 사는 그 속에서 어떻게 '내'가 업이 있고 번뇌가 있고 병고가 있고, 가난이 붙고 이렇게 할 수 있겠느냐는 얘깁니다.

이건 여러분이 신기하고 묘한 그 마음을 어떻게 쓰느냐에 달려 있어요. 내가 살아오던 관습에 의해서 이날은 손이 있으니까 이사를 못 간다고 생각을 하면 진짜 손이 있게 되고, 이 세상에 태어날 때와 돌아가는 날, 이사 가서 좋은 날을 내가 택하면 그냥 법이라고 생각을 한다면 그대로 법이 됩니다. 그건 왜냐하면 공동체이기 때문이에요. 혼자 살 수 없어요. 이 몸뚱이도 혼자 사는 게 아니라 더불어 같이 살고 있죠. 그런데 나라고 하고, 내가 산다고 하고, 내가 벌었다 하고, 내가 즐겁다고 하고, 내가 고통이라고 한다면 고(苦)가 있는 대로 착착 붙죠. '고' 하면 수천 가지가 한데 합쳐진 거예요. 고통이라는 건 새록새록 많은 거죠. 그 고통을 혼자 짊어지게 되면 그냥 혼자 나타나는 거죠, 그 고통이 말도 할 수 없이. 그러나 더불어 같이하기 때문에 주인공이에요. 잘 생각해 보세요. 같이 사는 생명들인데 내가 혼자 산단 말은 안 해도, 내가 혼자 사는 것처럼 하고, 내가 산다고 하고, 잘했어도 자기가 했고 못했어도 그렇고, 무의식적으로 그렇게 하고 있잖아요, 모두? 그런데 그거를 바꿔 보세요. '으응, 더불어 같이 이렇게 했구나.' 이렇게요.

그러니까 자기 몸뚱이도 빼놓지 않고 주인공이에요! 더불어 같이 한 거니까 같이한 그 속에서 그것을 해결을 해야죠? 자기 혼자가 아니니까. 헤아릴 수 없이 많은 생명들이 같이 더불어 살고 있는 동체 속에서 그렇게 했으니까 같이 해결해야죠, 네? 같이 잘못했으면 같이 해결을 해야지, 내가 혼자 했다고 이렇게 꺼덕거리니까 '흥, 너 혼자 했으면 너 혼자 맡아라.' 이러곤 그냥 다 안겨진단 말입니다. 안겨지니까 꼭 고통을 받아야죠.

어떤 사람이 차를 타고 갔는데 꼭 구를 것만 같고 어딘가 모르게 이상한 느낌이 들더래요. 그러는데 무슨 마음이 생겼느냐 하면 '더불어 같이 주인공이, 그렇게 자빠지게 하는 것도 너니까 괜찮게 하는 것도 너다. 에이그, 죽이든 살리든 네가 알아서 해.' 하고 그냥 타고 가다 보니까, 정말 이 차가, 그러니까 운전수가 술을 먹고 운전을 하다가 그냥 내리굴렀대요. 굴러서 차는 바스러졌는데 운전수도, 자기도, 또 같이 탄 사람도 하나도 다친 데가 없이 사람은 아주 그냥 감쪽같이 멀쩡했답니다. 그냥 사람은 내던져 놓곤 차만 굴러가서 박살이 났더라는 거예요.

그래서 일어나서는 아까 했던 생각이 기억나서 웃었다는 겁니다. '야, 사람은 내던져 놓고 차만 갖다가 박아 놨네.' 이러구요. 그러고 이 차로는 감사하다고 생각을 했대요. 그런 거와 같이, 우리가 뭉치면 살고 흩어지면 죽는다고 그랬죠? 우리도 이 마음이, 그 의식 자체가 하나로 뭉쳐야 해결을 해도 그냥 해결을 하지, 내가 개별적인 생각을 한다고 해서 되는 게 아니에요. 한번 침착하게, 자기 몸뚱이를 놓고 생각을 해 보세요. 자기 몸뚱이가 위성이기도 하고, 블랙홀이기도 하고, 우주이기도 합니다. 나 하나를 터득을 하면요, 다 터득이 돼요.

우리가 결국은 육신이 있기 때문에 육바라밀이 있고, 내가 있기 때문에 삼보가 있고 삼심이 있어서, 삼심이 일심이 되고 이러는 거예요. 과거에도 내가 살았고 현재에도 내가 살고 미래에도 내가 살 거예요. 그러니 이것을 밤과 낮에 비유해서, 밤이면 저승이고 과거, 낮이면 이승이라고 생각해 보세요. 저승과 이승이 어떻게 둘로 나누어졌을까? 밤에 잠을 자야 낮에 일을 하고…, 그러니까 밤이 오는 것이 바로 과거라고 생각해 보세요. 그리고 낮이 오는 것이 현실이에요. 그래서 밤과 낮이 한데 합쳐져야만이 생과 사도 같이 구르면서 이게 진리의 끈이 되죠. 진리의 끈이 됨으로써 그냥 끝없이 돌아가듯이요. 그래서 조금 아까 무엇을 어떻게 했든 무엇을 들었든, 모두 벌써 과거로 돼 버렸어요. 과거가 돼 버렸다구요. 그런데 과거로 생각을 하지 말고 내가 현실에 있으니까 내가 가지고 있는 거 아닙니까. 그러니 과거는 벌써 없어졌지요. 그러니 과거도 현실이요, 미래도 현실이란 말입니다. 현실의 내 한마음이 바로 삼심이요, 그것이 한데 합치면 삼보가 되고, 삼보에 귀의한다는 것은 자기 전체 한마음으로써 더불어 같이 한가운데 삼보를 중시한다 이런 뜻입니다.

내가 없으니까 상대가 없죠. 내가 없다면 삼보도 없고, 상대도 없고, 세상도 없고 모두 없는 거죠. 그러니까 나로부터 삼보에 귀의하라, 나로부터. 나에게 삼보가 있는 것이니까. 예를 들어서 내가 가만히 있다면, 아무 생각 없이 가만히 있다면 그때 부처인 것입니다. 내가 항상 여러분한테 말씀드리지만, 생각을 하고 움죽거리겠다 하면 법신이자 화신이고, 화신이자 보신이에요. 보신이자 또 금방 화해서 응신이 돼버리죠. 그래서 예전 공부한 선지식들께서 "그대로 여여하다." 이런 소리를 하시죠. 그러니까 '이거니 저거니 이거니 저거니 할 거 없이 그대로, 생활 자체에 그대로 살아나가고 그대로 굴러 돌아가는 것이 그대로 부처님 법이자 너희들의 법이고 생활이 그냥 여여하구나.' 이런 겁니다. 질문하실 분 있으면 질문하세요. 지금 생각을 하니까 괜히 내가 여러 말을 했네요. 질문들 하시라고 그럴걸, 아이구!

질문자1(남) 예. 큰스님 앞에서 이렇게 영광된 자리를 갖게 된 것이 진짜 부처님의 가피라고 생각합니다. 저는 대전지원 법형제에서 활동하고 있는 신도입니다. 대단히 감사합니다. 오늘 설법 중에 '믿고 여여하게, 육바라밀도 놓고 행하라' 하신 말씀, 이미 제가 말씀드릴 것이 다 나온 것 같습니다. 그렇지만 준비한 것도 있고 또한 제가 평상시에 생활했던 것을 말씀드리겠습니다.

저는 학교에서 학생들을 가르치고 있습니다. 시간이 있을 때에는 지원에 가서 예불에도 참석하고 설법도 듣고 그러는데, 가끔 설법이 잘 들어오지 않을 때가 있어요. 그것을 보고 잡념이라고 할지 망념이라고 할지는 몰라도, 또 제가 애들을 가르치고 있는 도중에 학생들이 잡념, 즉 다른 생각을 하고 있을 것 같다는 생각도 오늘 느꼈습니다. 그래서 오늘 저와 같은 처지의 도반이나 학교에서 선생님의 가르침을 제대로 받지 못하고 잡념이 있는 학생들이 일도 정진 할 수 있도록 큰스님의 원력을 주십사 하고 이렇게 말씀드립니다.

큰스님 하하하…. 그건 선생님께서 그렇게 집중해서 모든 애들한테 에너지를 베푸세요. 그러면 아마 70%, 80%가 넘게 될 겁니다. 그런 상황에서는 귀에 저절로 들어갈 수 있도록 물리를 틔워 주면 그냥 됩니다. 그것은 자기네들이 실천해 보고, 내가 이렇게 해서 저 애들이 얼마만큼 더 물리가 터졌나 하는 거를 가만히 지켜보시면 알 겁니다. 그러니까 댁에서 해 보고 댁에서 지켜보고 댁에서 느껴야 그게 바로 내 밥인 것이지, 내가 먹고 맛을 아는 것이지, 내가 아무리 해 줘도 그걸 댁에서 느끼지 못하고 맛을 모른다면 아무 의미가 없는 겁니다. 안 그럴까요? 그렇게 해 보세요. 작으나 크나 다요.

어떤 사람은 나한테 '스님은 용만, 용법(用法)만 가르친다' 이러거든요. 그런데 그 사람 말하는 게 우습잖아요. 자기가 먹고 자고 깨고 하는 게 그대로 용인데, 그대로 여여한 우리들의 법인데, 아, 용 빼놓고 송장이 되란 얘깁니까? 하하하…. 마음이 있음으로써 용이 있고, 생명이 있음으로써 이렇게 용이 있는 거지, 아, 사람이 눈 하나만 치켜떠도 용인데, 그거 빼놓고 저거 빼놓고 뭐 남는 게 있어서 송장법을 가르칩니까? 그런 사람도 있습디다마는 용이다, 용이 아니다를 떠나서 생활 자체가 그대로 바로 부처님이 가르친 법입니다.

그러니까 실천해 보십시오. '내가 얼마만큼 진전이 되고 물리가 터져서 지혜롭게 학생들을 지금 가르치고 있을까? 내가 얼마나 지혜롭게 내 가정을 이끌어 갈 수 있을까? 내가 얼마나 지혜롭게 무심으로써 무전여행을 하면서 우주의 법칙 그대로 진출할 수 있을까? 내 마음으로써 그대로 모든 국민을 위해서, 나라를 위해서 얼마만큼 무심법으로써 그 진실을 행할까?' 하는 거 말입니다.

질문자1(남) 네, 감사합니다.

질문자2(남) 네, 저는 광주지원에서 올라왔습니다. 제가 여기까지 오게 된 것을 크나큰 영광으로 알고 있고요. 이렇게 큰스님을 뵙고 질문할 수 있는 기회가 온 것으로 봐서 제가 전생에 그렇게 큰 죄는 짓지 않은 것 같습니다. (대중 웃음) 제가 선원에 첫발을 내디딘 지는 한 3년 됐습니다. 그러나 정식으로 자주 나오게 된 지는 한 1년밖에 되지 않아서 주인공 공부를 많이 해 보지는 못했습니다.

그러나 한 1년 되니까 자꾸 의문이 생기고 그러는데 아까 거사님도 말씀하셨지만 그 잡념, 즉 '나' 라는 집착에서 벗어나지 못하고 오랫동안 축적되어 온 습기가 계속 나옵니다. 그래서 주인공 공부를 하고 있는지 어쩐지를 잘 알 수가 없을 때가 많고, '나' 라는 집착에 빠져 가지고 자꾸 이렇게 헤맵니다. 그런데 근기가 약해서 그런 줄로 알고 있습니다. 누누이 큰스님께서 말씀을 해 주시고 그러시지만, 제가 어리석어서 그 행을 할 수가 없는 것 같습니다, 어떤 때는. 이제 앞으로 계속 열심히 공부하겠다고 스님 앞에서 이렇게 약속드리면서 다짐하고요, 앞으로 제가 계속 열심히 공부하고 좋은 길로 갈 수 있도록 그 선정지혜를 다시 한 번만 잠깐만이라도 말씀해 주시면 감사하겠습니다.

큰스님 어떠한 생각이 들든지, 안에서 일어나든지 바깥에서 닥쳐오든지 간에, 자기가 '좀 놔야지, 왜 놓질 못하고 있을까.' 이렇게 생각할 때, 그때 호령을 치세요. '요놈아! 그래도 너라고 자꾸 그래? 놓지 못하구!' 하하하…. 자문자답하라구요. 이것이 바로 주인공이 됐다가 바로 자기가 중생이 됐다가, 둘 아니게 항상 같이하는 거죠. 답답하게 나오는 것도 거기서 나오는 거지 딴 데서는 안 나와요. 딴 데서 주고 뺏어 가는 것도 없어요. 그러니까 어떠한 문제가 나오더라도 '허허, 참, 너 감사하게 하는구나.' 이러고 말이에요. 참 그게 재밌잖아요? 또 어떤 때는 '야, 그것 좀 놔라.' 이러기도 하고, '너 참 슬기롭게 잘해 나가는구나.' 하고 자기 손을 들어서 자기 궁둥일 쳐 줘요. 하하하…. (대중 웃음) '야, 너 슬기롭게 참 잘하는구나.' 그러고.

그리고 때에 따라서는 색경을 한번 보면서 색경에 내비친 그 입에다가 입도 맞춰 주고, 허허허…. 또 때에 따라서는 '참, 네 진짜로 진실한 그 마음이 어떠한 무서운 것도 타개해 나가니 참 감사하구나! 빈손 감사해.' 하고 뽀뽀도 해 주고…. 전체가 자기한테서 나오는 거니까 한 솥의 죽밥이야. 즉 한 솥에 죽 끓는 거와 같애. 그러니까 고가 딴 데서 와서 붙는 게 아니라 나한테서 일어나는 거니까 그냥 나한테 주걱으로 쳐 넣으면 돼, 응? 아주 그렇게, 자꾸자꾸 그렇게 해 봐. 그러면은 거기서 물리가 터져, 샘솟듯. 꼭 그럴 거야.

하여튼 여러분에게 내가 감사한 것은요, 여러분이 가난함도 무릅쓰고 한 푼이 되든 두 푼이 되든 심중 깊이 생각하고 해 주시는 것을, 여러분과 더불어 이 공부를 배우게 하기 위해서 이렇게 쓰고 그러면서, '참, 여러분이 본래부터 부처님으로 이 세상에 태어났구나. 그런데 사는 데 얽매여서 컴컴해졌을 뿐이지, 허, 먼지가 끼여서 그럴 뿐이지 본래 부처님이시로구나. 그러니 이렇게 한 푼이라도 새 돈으로 골라서 그렇게 하는 게 자기 부처님한테 자기가 그렇게 성실하게 산다고 표시를 하는 것이구나.' 하고 생각합니다.

그런데 만약에 스님들이 잘못 마음을 먹고 이걸 거저 생기는 돈이라고 생각을 한다면…, 얼른 쉽게 말해서 그것이 바로 쓰레기 차에 쓰레기를 갖다 주는 건데요, 그런데 '그거를 금으로 잘못 알고 잘못 쓰게 된다면 모두 컴컴하게 한세상을 또 살게 이 세상에 또 나올 테니 참, 그것도 잘 생각할 점이로구나.' 하는 생각이 듭니다. 그러나 이 뜻을 다 헤아린 사람들은 그렇게 잘못 쓰라고 고사를 드려도 그렇게 잘못 쓰질 않아요. 벌써 그렇게 돼 있어요. 그렇기 때문에 여러분과 더불어 같이 요다음 생에, 아니 요다음 생이 아니라, 내일도 요다음 생이니까요.

한번 만나 보시면 내 이 심정을 잘 아실 거예요. 우리 이 옷을 벗고 요 다음에 다시 만난다 하더라도 꼭 한 번은 거칠 거예요. 같이 만나 볼 거예요, 아마. 여러분이 다 부처니까. (합장하시면서) 감사합니다.

(음성공양이 끝나자) 정말들 잘하십니다. 정말 여러분의 그 마음으로써 그 한생각의 노래가 우주를 덮는 것 같습니다. 정말입니다, 이거는. 세세생생에 남을 것입니다. (잠시 말씀을 멈추신 후) 세세생생에도 절대로, 절대로 지지하게 그냥 구르지 마시구요. 이제는요, 아주 저 구름 위에서 그냥 사십시오. 아니, 영원하실 겁니다. 정말입니다.

그대로 고정됨이 없는 생활

1995년 6월 4일

여러분께서 마음을 발전시키기 위해서 노력하시는 것을 볼 때 너무나 감사하고 뜻깊은 일이라고 생각합니다. 여기 나오셔서 마음공부를 하시는 분들은, 생활이 재료니까 그대로 그걸로써 마음공부를 하시겠죠. 그러나 각 사찰을 봐도 그렇고 각 종교를 봐도, 너무도 이 마음공부에는 생각이 없고, 모두 타의에서 구하지 자의에서 구하려고 생각들을 안 합니다. 물론 말들은 "나 자신부터 알아라. 너 자신부터 알아라." 이럽니다. 그러나 행동은 그렇지 않습니다.

그렇기 때문에 우리가 너무 슬픈 것은, 우리 인간들이든 저 동물에 가까운 사람이든, 또는 그 천차만별로 돼 있는 생명들을 생각해 볼 때에, 50%는 멸하고 50%는 생하면서 수레와 같이 만날 이렇게 돌아갑니다. 그러면서 수레에 굴러져서 제 차원대로 다 나누어집니다. 예를 들어, 토마토든지 뭐든지 기계에다 쏟아 넣으면 크기에 따라 분리되어 떨어져서 큰 건 큰 것대로, 작은 건 작은 것대로 모이는 것과 같은 겁니다. 어떠한 물건이든지 무엇이든지 그렇게 됩니다.

그런데 영령들의 마음들도 보이지 않는 데서 차원에 따라서 수레에 넣어진다면 그렇게 분리가 된단 말입니다. 자동적으로 분리가 돼서 자동적으로 하천세계에 떨어지고, 중천세계에 떨어지고, 상천세계에 떨어진단 얘깁니다. 그거는 누가 이래라 저래라 할 것도 없이 말입니다. 자동적으로 그렇게 되는 거죠. 하천세계로 떨어진 그런 생명들을 테레비에서도 보시고 뭐, 많이 보시죠? 먹고 살기 위해서 얼마나 고통스러운가를요. 먹고 먹히고 하는 그 삶의 굴레를 볼 때에 기가 막히고도 남음이 있죠.

그리고 우리 중천세계에서 사는 사람들의 생활은 어떨까요? 역시 기가 막힙니다. 여러분은 어떻게 생각할지 모르지만 저는 너무도 기가 막혀서 말이 안 나옵니다. 말을 어떻게 해야 옳을지도 모르는 그런 입장에 놓여 있어서, 얼굴은 하늘에다 쳐들고 입을 딱 벌리고 그냥 있을 때가 많습니다. 모두들 여러분이 '내가 이만하면 됐고, 이만하면 앞으로도 괜찮을 거다.' 하고 사시지만 그게 아닙니다. 인간은 인간대로 차원에 따라서 살아가는데, 차원이 높든지 얕든지 간에 가장 중요한 것은, 자기 차원에서 벗어나야 된다는 것이죠. 이것은 '마음' 을 얘기하는 것입니다. 우리가 수억겁을 거쳐 오면서 겪어 왔고, 또 앞으로도 억겁을 지나가면서 겪을 그 집착, 또는 관습 이런 문제로 인해서 이 마음이 누더기가 된다는 사실을 모르고 그냥 사는 거죠. 우리가 대치를 못 하기 때문에 누더기가 되는 겁니다.

내가 항상 그런 말씀을 드리죠. "본래 사람은 발자국 떼어 놓는 거와 같아서 한 발자국 떼어 놓으면 한 발자국 없어지고, 한 발자국 떼어 놓으면 한 발자국 없어지는 것이 바로 공해서 그렇다. 고정된 게 없어서 그렇다. 고정된 게 없으니까 그냥 놓고 가는 거다. 그냥 놓고 가니까 그냥 여여한 거다. 그냥 여여한 거니까 아무것도 붙을 게 없다." 이래도 그걸 곧이 안 듣는 거예요. 그걸 아예 곧이 안 듣는 겁니다. 그 관습에 의해서 말입니다. 살아나온 그 누더기가 붙어서 말입니다. "그냥 그렇게 여여하고 그렇게 좋은 세상이 없다. 우리가 고정되지 않았기 때문에 공해서, 하나도 거칠 게 없고 걸릴 게 하나도 없이 그냥 돌아간다. 그러니 그냥 돌아가는 대로 그냥그냥 따라서 기쁘게 살라." 이래도 하여튼, 기쁘기는커녕 요만한 거 하나라도 오히려 긁어서 부스럼을 만들어 가지고 근심 걱정 하면서 야단법석이란 말입니다.

그러니 저 하천세계의 생명들은 어떻게 하고 사는지 한번 객관적으로 모든 거를 보세요. 인간이 짐승이 되지 말라는 법도 없고, 짐승이 사람이 되지 말라는 법도 없습니다. 그렇게 수레에 굴러져서 제 차원대로 다 나누어지니까 우리는 꼼짝할 수 없습니다. 우리가 이 공부를 해서 벗어나서 자유자재할 수 있다면 그거야 뭐, 천만금을 주고도 살 수 없는 보배죠. 누가 이래라 저래라 하겠습니까? 그러니까 일체 만물 중에 인간이 고차원적이므로 99% 부처님이 될 가능성이 있다 이런 겁니다.

그거 한 찰나 요렇게 돌리면 될 것을 그렇게 누더기가 붙어서 돌리지를 못합니다. "그냥 공(空)해서, 색(色)이 공이요, 공이 색이니 그대로 놓고 가는 거다. 그대로 공해서 고정되게 보는 것도 없고 듣는 것도 없고, 가는 것도 없고 오는 것도 없고, 먹는 것도 없이 모든 게 공했다. 그러니까 그냥 하루살이로…, 하루살이가 뭡니까, 일초살이지. 허허허…. 그냥 딛고 가면서 그저 오는 대로, 닥치는 대로, 안에서 일어나는 대로, 바깥에서 닥치는 대로, 그대로 받아넘기면서 그대로 굴려라." 이거죠. 그러면 그렇게 싱그럽고 좋은 삶을 살 수 있는데, 어지럽고 괴롭게 사는 원인이 어디 있느냐. 자기가 지어서 그렇게 하고 자기 마음이 그렇게 만들어 놓고 그렇게 하는 것이니 어떤 때는 너무나 딱해서 볼 수가 없습니다. 자나 깨나 여러분한테 이 심부름을 하기 위해서 나는 일분일초도 내 사사로운 생각을 해 본 예가 없습니다. 이건 거짓이 아닙니다.

그러니 우리가 벗어날 수 있다면 어떠한 결과가 생기느냐. '다 먹어야 다 줄 수 있다' 이런 데서 미생물 하나 버림이 없이 전부 나 아님이 없다 하는 결과가 나옵니다. 그러니 요거 하나에 착을 둔다면, 그

습을 가지고선 습성에서 떠나지 못하고 내가 살아온 습성이 그냥 앙금처럼 앉아 있어서, 아무리 떼려고 애를 써도 떼어지지 않는 거죠. 그걸 떼려고 해서 떼어진다면 얼마나 좋겠습니까마는, 그렇게 해서는 떼어지지 않으니까 그냥 제자리에다 되놓는 방법밖엔 없습니다. 진짜로 믿는다면 죽으나 사나 당장 하늘이 무너져서 쪼개진다 하더라도, 제 생명이 그냥 죽는다 하더라도 껄껄 웃고 거기다 놓을 수 있어야만이 벗어나는 겁니다.

나도 얼마나 많은 실험을 했는지 모릅니다. 닥치면 실험하고 또 닥치면 또 실험을 하고, 진짜로 자기가 자기에게 닥치게 해서 또 실험을 하고, '네 마음은 어떤 것이냐. 네 마음은 진짜로 그렇게 됐느냐, 안 됐느냐.' 하고 실험을 해 본 지가 근 10년이 넘어갔습니다. 그거를 몽땅 다 떼려면 깨달아 가지고도 그만큼 걸린다는 거죠. 떼는 게 아니고 그냥 놓는 건데…, 우리가 세상살이 살림을 할 때 가만히 보세요. 요것만 아시면 돼요. '우리가 몸뚱이 하나를 가지고도 더불어 같이 사는 거다. 그러니까 높고 낮음도 없다. 내 몸속에 들어 있는 생명들이 같이 작용을 하고, 같이 더불어 먹고, 같이 더불어 보고, 같이 더불어 듣고, 같이 더불어 살고 있으니까 높다고 할 수도 없고 얕다고 할 수도 없고 평등한 나 자신이다.' 이겁니다.

이럴 때 모든 것이 다 평등하게, 바깥에도 다 평등하게 돌아가는 게 뭐냐 하면, 고정된 게 하나도 없기 때문입니다. 모두 화(化)해서 바로 나투고 진화되고 이렇게 해서 모두 달라지고 달라지고 이러는 거죠. 물에서 노는 거나, 들에서 노는 거나, 어떤 짐승이라도 자기가 확 벗어나지 못하니까 조그만 거라도 환경에 맞게 진화시키는 거죠. 만약에 물속을 활보하는데 지느러미가 필요하다면 지느러미를 나오게 하고, 또 가파른 산길을 다니기 위해 앞발을 좀 더 짧게 하고, 또 평지에서 많이 못 뛸 때는 좀 더 길게 하고…, 이런 작업들은 합니다. 허나 그거를 좀 더 높여서 사람으로 태어날 수 있는 계기가 된다면 더욱 좋겠죠. 그래서 이 하천세계에서 올라오기도 하고, 중천세계에서 떨어지거나 올라가기도 하고 이게 뭐, 고정된 게 없죠.

우리가 그냥 이렇게 살다가 보면 "아이구, 이만하면 사는 건데 뭐, 그런 공부는 해서 뭘 해. 죽으면 그만인 걸." 이러지만 허, 천만의 말씀이죠. 만약에 우리가 죽으면 그만이라면 이 세상에 생겨나는 것도 없을 거고 진리라고 할 수도 없을 겁니다, 아마.

옛날에 이런 얘기가 있었죠. 요거 한마디만 하구요. 옛날에 쥐가 말입니다, 쥐 한 가족이 큰 가족이 됐더랍니다. 그렇게 사는데, 그 고을에서는 흉년이 들어서 도저히 먹을 걸 구할 수가 없어요. 그래서 강을 건너가는데 말입니다, 어느 거사가 길을 지나가다가 쥐가 그렇게 건너가는 걸 봤는데, 꽁지에 꽁지를 물고 건너가고 꽁지에 꽁지를 물고 건너가거든요. 그런데 가다 보니까 말입니다, 벽에다가 붙여 놓기를 "옛날이야기를 아주 듣기 싫다 할 때까지 하는 사람을 내가 사위를 삼는다." 어느 정승이 그랬단 말입니다. 그렇게 방을 붙여 놨거든요.

그래서 이 거사가 그거를 보고 찾아간 거예요. 가서 그날 밤에는 이렇게 말을 했죠. "쥐 한 가족이 대가족을 이루고 살고 있었습니다." 하니까 "그래서?" "그 쥐가 사는 고을에 흉년이 들었습니다." "그래서?" 자기 고을인지도 모르구요. "흉년이 들어서 아, 지금 강을 건너갑니다." "그래서?" "강을 건너가면 먹을 게 많을 테니까 그리로 찾아갑니다." 그러니까 "그래서?" 그러니까 듣기 싫다 할 때까지 하랬는데, 그렇게 단순하게 끊어지는 거죠. 그 말 하고 난 뒤에는 "그래서 건너갑니다. 할아버지가 지금 건너갑니다." 이렇게 해 놓고는 "할머니가 그 꼬리를 물고 또 건너갑니다. 연방, 아들이 건너갑니다. 자식이 건너갑니다. 그냥 연방연방 쥐가 꼬리를 물고 또 건너갑니다. 쥐가 꼬리를 물고 건너갑니다." 노냥 이렇게 사흘을 해 대니까 말입니다, 어떻겠습니까? 듣기 싫어서 죽겠죠. 딸 내주기가 싫어서, 거지 같은 놈한테 딸을 내주기가 싫어서 영 대답을 하지 않다가, 그래도 보름을 지탱했답니다. 하하하….

(대중 웃음) 보름을 지탱하다가 결국은 딸을 내주고 말았답니다.

그 애길 왜 하느냐 하면, 그런 거와 마찬가지로 이 불교라는 자체가 그렇게 꼬리에 꼬리를 물고 꼬리에 꼬리를 물고 그렇게 돌아가는 겁니다, 지금 우리가. 그런데 꼬리 끊어질 사이가 어딨고 꼬리 붙을 사이가 어딨습니까? 붙었다 떨어졌다 할 사이가 없는 겁니다, 그냥. 그러니 그렇게 붙었다 떨어졌다, 작다 크다, 높다 얕다 할 여지가 없죠. 여지가 없이 돌아가는데 거기 먼지 앉을 게 뭐 있겠느냐. 여러분은 "왜 먼지 앉을 게 없어? 병도 나고 먼지도 앉고 뭐, 별거 다 하지." 이러지만 그 너머로 훌떡 넘어선다면 그 소리가 아예 없어집니다. 이 세상을 모두 한눈에 볼 수 있는가 하면, 상세계·중세계·하세계를 한눈에 볼 수 있기 때문에 이렇게 사는 거를 볼 때에, 수레가 굴러가는 걸 볼 때에 붙을 데가 어디 있느냐는 소리밖에는 안 나올 겁니다, 아마.

그렇다고 부처님이 아프지 않고 돌아가신 게 아닙니다. 그런데 왜 그렇게 보여 주셨느냐? 여러분도 그렇다는 거를 그대로 솔직하게 보여 드린 겁니다. 사람의 육신은 언제나 병도 들고 죽고 하지만, 그 육은 자기 시자일 뿐이지 주인이 떠나면 육은 아무것도 아닙니다. 그러나 아무것도 아닌 게 아니라 지수화풍으로 돌아간단 말입니다. 지수화풍으로 돌아가고 거기서 나오고, 또 돌아가고 또 나오고 이러는 거죠. 우리가 물과 흙, 바람 이 세 가지가 한데 어울려서 돌아가기 때문에 불이 일어나고 온기가 생기고, 그래서 이렇게 생명체가 생겼고 우주 만물이 생긴 것이 아닙니까. 그러니 우리 모두가 그저 살았다 하면 죽었고 죽었다 하면 살았으니, 이거는 이름일 뿐이지 사실은 우리가 영원토록 그대로 굴러가면서 산다는 겁니다.

그러나 자기가 어떻게 살았느냐에 따라서 작아지기도 하고 커지기도 하고 그러죠. 잘 못살기도 하고 잘살기도 하고요. 우리는 지금 영화배우들이 배역을 맡아서 그대로 지금, 배우 노릇을 하는 거와 같다는 말입니다. 그러니 이거를 누구의 탓으로 돌릴까요? 이 엄청난 일이 왜 생겼느냐, 내가 무슨 죄가 있어서 그러냐 그러지만 자기한테 다 감겨 있어서 그러는 겁니다. 오신통 중의 숙명통이 바로 여러분의 컴퓨터라고 볼 수 있어요. 자동적인 녹음기라고 할 수 있어요. 거기에 스스로 감겨 있으니까 그대로 나오는 거지 어떡합니까?

그래서 그거를 알면 바로, 수염이 나지 않았는데도 수염이 길어서 붉게 익었다는 얘기로 할 수 있죠. 그거를 알면 우리는 만 가지 천 가지 다 작용할 수 있는 거니까. 지금 내가 빨리 쉽게 알게 하기 위해서 요런 말을 했죠, 고정된 게 하나도 없다고. 부처님 경전에 찰나찰나 나툰다는 소리는 있어도, 공했다는 소리는 있어도, 고정된 게 없다고 하는 말은 없습니다. 고정된 게 없다! 보는 것도 고정된 게 하나도 없고, 우리 이 한 덩어리가, 일거수일투족이 다 그렇게 고정된 게 하나도 없다고 하는 겁니다.

그러면 '나를 세울 것도 없다, 나를 내놓을 것도 없다, 내가 했다고 할 것도 없다' 그럴 때, 그게 정녕코 알아졌을 때 여기다가 그냥, 스스로 일을 하면서도 그냥 놓고 갑니다. 뭐, 놓고 가려고 해서 놓고 가는 게 아니라 저절로 그렇게 놔진단 얘기죠, 그냥 믿으니까. 이름을 부르지 않아도…, 그러니 얼마나 좋습니까? 테레비를 보면서도 일을 하고, 어떠한 일을 해도 일을 하고, 안에서도 일을 하고 바깥에서도 일을 하고, 그러니 "이 세상에 하나도 부러운 게 없다." 이런 말을 하게 돼요. 부러운 게 뭐 있겠습니까?

'아주 착을 놔라' 이러는 것도 이름일 뿐이고요, '번뇌를 끊어라' 이러는 것도 이름일 뿐이지, 그렇게 하는 것이 아니에요. 그대로 우리가 더하고 덜함도 없이 그냥 여여해서 고정된 게 하나도 없고 그냥 굴러가는 수레와 같다. 그 수레에는 바로 심봉이, 주장자가 그 속에 꿰어져 있어서 굴러가는 거다. 그냥 굴러가는 거다. 그리고 그 대치를 하려면 심봉을 믿어서 거기다가 다 그냥 놓게 되면 스스로 굴러서 다 재생이 되고 또 일들이 타협적으로 된다는 거죠. 이거는 아주 심성 과학이라고도 할 수 있지만 인간이라면 개개인의 원자라고 할 수 있죠.

그래서 여기다가 모든 거를 놓으면 그 한마음에서, 한생각에 의해서, 여기서 바로 입자로 화해서 분자로 다 나누어져서 모두 각기 자기 역할을 하죠. 개가 왜, 집에 낯선 사람이 오면 짖죠? 그렇게 짖는 거와 같이 자기한테 결부된 사람 앞에서는 다 조절을 해요, 다. 그렇게 마음의 자기 주인이 신하다 주인이다 할 게 없이 평등한 마음에서 분자가 될 때는, 바로 거기에서 뭐가 되느냐 하면 아촉도 되고, 아미타도 되고, 미륵도 되고, 용신도 되고, 지신도 되고, 뭐, 관세음도 되고, 칠성도 되고, 지장도 되고 아니 되는 게 없이 그렇게 분배돼서 나가는 거예요.

그러니까 한 사람의 원자에서 나가는 게 그렇단 말입니다. 그렇게 나가서 또다시 들어오면 그냥 원자일 뿐이죠. 그래서 꺼내도 줄지 않고 넣어도 두드러지지 않는다고 하는 건 마음의 법이기 때문이죠. 그러니 아니 되는 게 없어요. 여기 여러분이 그저 몸이 있을 때 공부 열심히 하세요. 그리고 넓게 생각을 하시고, 우리가 들어 있는 요 안에서만 생각하지 마시고, 요 안은 거기다가 맡기고 더불어 넓게 좀 보시구요. 이렇게 사세요. 그런다면 우리가 어느 땐가는 "아하, 이게 이런 거로구나. 마음은 항상 체가 없다고 하더니 이 마음 하나가 우주를 덮고도 남는구나. 이럴 수가, 이럴 수가!" 하고 하늘을 쳐다보고 그냥 주먹으로 치고, 땅을 내려다보고 주먹으로 치고 너무 기가 막혀서 울다가 웃다가 한다는 얘기도 있지 않습니까.

그러니 우리가 좀 더 벗어나려면 마음공부 열심히 해야죠. 신도님들 이외에 딴 분들 가만히 보면 기복으로 젖어서 그냥, 노래하는 걸 봐도 그렇고, 기도드리는 걸 봐도 그렇고, 염불하는 걸 봐도 그렇고, 아주 그냥 다 그래요. 기가 막혀요. 그러고는 요만한 등잔을 쭉 절마다 놓고선 거기다 꼬리표 해서 붙이고요. 나는 참 너무 어리석다고 생각이 드는 게 뭐냐 하면, '세상에 저렇게 눈 떼어 놓고 코 떼 먹고, 하하하…, 어떻게 이럴 수가 있는가? 부처님은 자비하기도 하시지.' 뻑다

귀를 요 발가락까지도 고아서 먹어도 그냥 아무 소리가 없어요. 하하하…. 그러니 아이구, 참 별의별나게 해 먹어도, 껍데기를 벗겨 먹어도 가만 있고, 뼈다귀를 고아 먹어도 가만 있고, 뭐, 살을 떼면 또 살이 붙고, 또 떼면 또 살이 붙고 이러니, 아니, 영구히 떼어 먹어도 아마 다 못 떼어 먹을 겁니다. 그러니 별의별 짓을 다 하고 그러는데, 우리 불법을 지니고 살아나가는 사람이 어떻게 나가느냐에 따라서 부처님 법이 완전히 설 수도 있고, 어떻게 사람들이 하느냐에 따라서 미신이 될 수도 있고 귀신이 될 수도 있고 그렇단 말입니다.

그러니 사람들의 마음이 제일 중요한데 어떻게 부처님 법을 올바로 알 수 있는가? 불교라 하면 그저 스님네들만 불교를 가진 줄 알지 마세요. 이 세상천지가 다 불교예요, 생명 가진 거는 다. 지수화풍도 생명을 가졌으니까 다 불(佛)이구요. 그래서 불, 불, 불, 천체가 생명 가진 거는 불 아닌 것이 없죠. 그래서 불성 없는 게 없다 이런 말이죠. 불성은 누구에게나 다 있다. 그 불성이 있기 때문에 그 마음의 영령이, 즉 말하자면 뜻으로 통하고, 말로 통하고, 마음과 마음으로 통해서 온 세계가, 아니 우주 삼라만상이, 우주뿐만 아니라 과거·미래·현재 이것이 그냥 돌아가는 그 자체를 우주라고 한다면 '삼천대천세계의 우주 천하' 이렇게 할 수 있죠. 우주 천하! 그것이 한생각에 한 찰나에 돌아갈 수도 있는 거죠. 한 찰나입니다. 그래서 항상 빛보다 더 빨리 돌아간다고 그러죠. 또 빛은 가다가도 하차할 수가 있지만, 이 찰나의 마음이라는 것은 바로 땅속이나 천지 어디든 깊어서 못 간다, 넓어서 못 간다, 높아서 못 간다가 없어요. 과거로도 돌아갔다가 미래로도 갔다 현재로도 왔다가, 마음대로 자유자재니까요.

그러니까 우리가 깨닫지 못한다 하더라도 이러한 뜻을 들어서 알고 있으면, '그렇다더라' 하고만 있어도, 요다음에 나올 때는 그걸 알고 있었기 때문에 몸을 어떻게 가지고 나오느냐 하는 것도 자기가 자유자재할 수 있죠. 정말 몸을 어떻게 가지고 나오느냐 그게 문제가 아니라, 그건 이차적이고, 일차적으로는 '몸을 내가 어떻게 가지고 나와서 어떠한 소임을 맡느냐, 그리고 그 소임을 맡아서 얼마만큼 사람들의 생명을 살릴 수 있고, 먹여 살릴 수 있고, 얼마만큼 사람을 만들 수 있겠느냐' 이런 것도 있죠. 그러니까 여러분이 될 수 있으면 모든 생명들을 다 살릴 수 있는 그런 계기가 되시길 바라고, 또 만백성을 다 거느리고 살 수 있는 그런 분들이 되시길 바랍니다.

왜냐하면 그렇게 한번 거쳐야…, 그렇게 해도 부처님이죠, 뭐. 꼭 머리만 깎아야 되는 게 아니니까요. 우리가 대통령이 된다 이러는 것도 과거로부터 지어 놓지 않았으면 안 됩니다. 그건 절대예요. 자기가 지어 놨기 때문에 나쁘든 좋든 그렇게 되는 거죠. 그런데 이 위 조상들이 그렇게 해서 자기가 대통령이 되었는데 자기는 그걸 몰라. 그러면 요다음에 또 이어지질 않아요. 자기를 아는 사람 같으면 잘 리드해서 둥글게 나갈 수 있죠. 그리고 그런 힘이 있다면 백성들에게 혼란을 가져오게 하지를 않죠, 그 힘이 있다면.

그러니까 여러분이 죽으나 사나, 못났든 잘났든 한생각을 그냥 잘 내세요. 이 공부 한다고 해서 벼락부자가 되는 건 아니에요. 하지만 그래도 자기 앞가림은 할 수가 있으니까요. 얼마나 좋아요? 앞가림도 하게 해 주지, 공부하게도 해 주지, 그저 마음 착하게 살도록 하고 세세생생에 이어지게 해 주지. 자기 원소 자체가 얼마나 좋아요? 질문하실 거 있으면 질문하세요.

질문자1(남) 큰스님께 이렇게 질문드릴 수 있는 기회를 주셔서 정말 감사하고요, 또 이렇게 높은 법문을 설해 주셔서 정말 영광으로 생각하고 항상 열심히 매진하려고 노력하고 있습니다. 오늘 이 자리에 나오게 된 것은요, 예불 끝나고 나서 가끔씩 천도재가 있지 않습니까? 그런 경우에 옆에 남아서 같이 마음을 내는 경우가 있거든요. 그런데 어떤 법우가 어제 저한테 그런 질문을 했습니다. 그렇게 천도재 지낼 때 옆에서 참여를 하고 있었는데 "어떤 마음으로, 어떻게 마음을 냈느냐." 그런 질문을 받았거든요. 그런데 그 질문을 받고 보니까 저도 뭐, 아는 것도 없고 어떻게 대답을 하기가 참 난감했는데 제가 한 그대로만 얘기를 했습니다. "일체를 다 둘로 보지 않고, 영가도 나와 둘로 보지 않고, 또 천도라는 것도 내가 하는 것도 아니고 근본 자리에서 하는 것이니까, 나는 아무것도 모르니까 오로지 그 근본 자리에서만이 진리의 세계로 올바르게 이끌어 갈 수 있을 것이다. 그렇게 믿고 진실한 마음으로 관(觀)한다." 그렇게 대답을 했거든요. 그런데 과연 그것이 올바른 대답이었는지 그것도 알 수 없고, 또 제가 올바로 했는지 그것도 알 수 없어서 큰스님께 이렇게 질문드리게 됐습니다. 가르침 부탁드리겠습니다.

큰스님 내가 제사 지내거나 천도재를 하거나 이럴 때 왜 떡을 둥그렇게 몇 조각 해 놓으라고 그랬는가 하면요, 우리가 살아생전에 이렇게 반찬을 해서 놓고 먹고 이러지 않습니까? 그런데 여기다가 도로 묶어 놓으려면 반찬들을 해 놓고 그렇게 뚱땅거리고 지내도 되고, 그러지 않고 부처님하고 한자리를 하게끔 하려면 그냥 둥그렇게…, 그것도 안 해 놔도 되는 건데, 남이 볼 때도 그렇고 우리도 섭섭하고 그러니까 둥그런 떡을 하나 해 놓고 삼색 과일만 한 그릇에 그냥 놓고 초 향만 켜고 지내라고 하는 겁니다. 그 이유는, 모든 사람이 살면서 지어 놓은 그 먹고 살던 습이 죽어서도 떨어지지 않는다면 벗어날 수가 없기 때문에 그런 거죠.

그래서 죽어서도 자기가 먹고 살던 그 생각이 나서 자꾸 뭘 해 달라고 그러거든요. 먹지도 못하면서도 먹게 해 달라고 하고 성가시게 굴거든요. 그게 뭐냐 하면, 성가시게 군다 하더라도 잘되기만 하면 좋은데 잘못됐으니까 성가시게 한단 말입니다. 그러니까 자기가 살아 있는 양 생각을 하고 그러는 거죠. 그러니까 '떡을 하나 해 놓고, 지내는 사람이 떡 안에 다 한마음으로 넣어야 된다. 그리고 지내는 사람들도 그렇게 생각을 하고 지낸다.' 라고 하는 겁니다. 그래서 '한마음' 하면 벌써 떡 하나예요. 한마음 하면 떡 하나로 표현해도 돼요. 그래서 우리 모든 영령들을…, 이런 좁쌀 알갱이 하나에다가 일체제불의 마음을 다 넣어도 이게 두드러지지도 않으면서 똑 알맞고, 일체제불의 마음을 이 큰 그릇에다가 넣어도 또 크면 큰 대로 차고 작으면 작은 대로 차고, 아주 그렇게 여여하다 이 소립니다.

자손들이 부모에게 지내 드릴 때에 조상들이 살 때의 그 습기를 다 떼게끔 내 마음과 둘 아니게 만드세요. 내가 지금 공부하고 있잖아요? 그러면 조상의 마음도 주인공에다가 모든 걸 굴려서 놓으면 거기에서 굴려서 다 세척이 되듯이 깨끗하게 모두 나오죠. 왜, 세탁소에 들어가면 깨끗하게 빨래가 돼서 나오죠? 그런 거와 같이 된단 얘기예요. 그럼으로써 그 떡 하나도 족하다 이런 말이죠. 이 떡 하나를 가지고 이 세상을 다 먹이고도 떡 하나는 되남더라 이런 말이에요.

질문자1(남) 그런데 굳이 이렇게 천도재를 형식적으로 지내지 않더라도 저희들이 일상생활에서 밥을 먹을 때도, 항상 일체 중생들과 또 조상 영가와 다 함께 같이한다는 그런 마음가짐으로 먹게 되면 그것도 그 작용을 한다고 이렇게 들었거든요.

큰스님 그건 당신 마음이지. 그거는 당신 마음이고 죽은 영가들은 그렇지를 않아. 우리 여기 살아 계신 분들도 다 마음이 천차만별인데, 죽은 사람이라고 어떻게 똑같을 수가 있나. 이런 도리를 하나도 모르고 돌아가신 양반들은 절대 그게 아니야. 그렇기 때문에 그걸로라도 하면서, 이게 왜, 콱 해 놓으면 부러진단 말 있지. 너무 눅진눅진해도 안 되고, 너무 강해도 안 되고 그러니까 알맞게 하면서 서서히 맑게 청정하게 이끌어 드리는 거지.

질문자1(남) 알겠습니다. 감사합니다.

사회자 질문이 더 없는 것 같습니다. 이것으로써….

큰스님 질문이 없어요? 그래요? 질문을요, 꼭 모르는 것만 질문을 하시라는 게 아니에요. 예를 들어서 알면서도 떡 그릇에 그냥 엎어지는 수가 있죠. 알면서도 그냥 덮어놓고 들어가는 수가 있죠. 그런 거 말이에요. 그런 것에서 많이 얻을 수가 있죠. 참작할 수가 있죠. 그러니까 여기 분들은 모두 이제는 다 도인들이 되셔서, 하하하…, 이거 해도 아시고, 저거 해도 아시고, 그거 해도 아시니까 다 그저 열심히, (합장하시며) 여러분과 저와 도반이니까 열심히들 해 봅시다.

마음의 선장

1995년 7월 2일

여러분과 같이 도반으로서 이렇게 끝없는 길을 걸어가고 있습니다. 우리 몸은 찰나에 벗을 수가 있겠지만 영혼의 근본 뿌리는 영원할 것입니다. 그래서 내가 이런 얘길 가끔 합니다. 콩씨는 콩 싹을 면치 못하고, 콩 싹은 콩씨를 면치 못한다고요. 이 세상 이치가 일체 만물만생이 다 그러하거늘, 때로는 가슴에서 나도 모르게 눈물이 흐릅니다. 내가 죽는 게 원통하고 사는 게 복잡하고 외롭고 그래서가 아닙니다. 여러분도 아이였을 때가 있었고 또 젊었을 때가 있었고 늙을 때가 있을 겁니다, 누구나가 다.

그런데 아이였을 때는 아무것도 모르고 자랐고, 젊었을 땐 젊어서 또 그렇게 살아왔고, 나이가 좀 들면 드는 대로 부모 생각도 나고, 자식을 어떻게 길러야 할지 생각도 날 거고, 앞으로의 노후를 어떻게 지내야만 될 건지, 또 '내가 아무 때 연분에는 참 그렇게 하지 않아야 할 거를 그렇게 했어!' 하기도 하면서 말입니다. 살아가다 보면 부모의 그 뜨거운 정과 은혜를 생각하지 않을 수 없을 때가 있죠. 왜냐하면 여러분도 부모가 돼서 늙어 보니까 말입니다. 아마도 젊은 혈기로써 살아나갈 때는 그런 걸 일일이 다 모르실 겁니다. 그래서 사람은 살아가면서 점점 지혜가 생기고, 철도 나고, 부모의 은혜도 알게 되고, 그래서 자식들한테 사람의 도리를 어떻게 가르쳐야 효도하면서 은혜를 갚고 끝없는 세월을 빛이 되게끔 살게 할 수 있을까 하는 걱정 근심도 생기겠죠.

요새 그 뭐, 삼풍백화점? 거기가 무너졌다고 하는데 말입니다, 모두가 사람들의 욕심으로 인해서 빚어지는 일들이죠. 욕심이 없다면 그렇게 되지 않을 겁니다. 또 한 가지는, 남의 아픔을 좀 더 내 아픔과 같이 생각하고, 내 몸같이 생각하고, 모두 나 아님이 없다고 생각했을 때 진실하게 '어떠한 문제가 생기면 어쩌나.' 하는 생각으로 잘 베풀어 줄 수가 있고, 잘 리드해 나갈 수가 있는 겁니다. 그러나 상대방이 나와 둘이 아니라는 것을 모르고, 눈이 멀고 귀가 트이지 못해서 나중에는 홀딱 다 없애는 이치가 있죠. 그래서 우리가 이렇게 같이 앉아 도반으로서 걸림 없는 길을 이렇게 배워야 하는 것입니다.

생각하면, 인간으로 태어나는 그 순간부터, 한 찰나에 한 인간의 삶이 다해 갑니다. 한계가 있으니까요. 그러나 내가 아까도 얘기했듯이 종자가 천차만별입니다. 모습도 천차만별입니다. 그러나 종자라는 그 두 글자는 지울래야 지울 수가 없는 것입니다. 우리 차원이 큰 콩씨다, 아주 조그만 콩씨다 이렇게도 생각할 수 있겠죠. 마음은 체가 없어서 큰 콩씨로 만들 수도 있고, 우주를 덮을 수 있는 종자로 만들 수도 있고, 이 조그마한 종자에 우주 삼라만상을 다 넣어도 두드러지지 않게끔 할 수도 있는 겁니다.

모두 당신 뿌리에 놓으라고 하니까, 모두 어떻게 놓느냐고 합니다. "어떻게 놓습니까? 놓으려고 놓으려고 애써도 놓아지지 않습니다." 하거든요. 왜 그럴까요? 본래 콩씨와 콩 싹은 뗄래야 뗄 수 없는 부분인데 말입니다. 그래서 콩씨가 콩 싹으로 화(化)하려면 수분도 필요하고 흙도 필요합니다. 그 부분들은 다 놔두고라도 그 씨는 정자, 난자를 기반해서 자기가 싹으로 화합니다. 싹으로 화하는데 그 싹이 어디 가서 내 콩씨를 찾겠습니까? 네? 과거로 돌아가서 뿌리로 찾겠습니까, 그렇지 않으면 미래로 찾으러 가겠습니까? 아니면 형상에게 내 뿌리, 씨를 달라고 하겠습니까? 이름에게 달라고 하겠습니까? 스님네들의 고깃덩어리한테 달라고 하겠습니까? 누구한테 달라고 하며 누구를 믿으며…. 그러나 그 콩씨만이 콩 싹을 만들어서, 자기가 자기 몸뚱일 버려서 바로 싹으로 만들어서, 그 싹이 화하게 되면은 또 콩씨를 열리게 한답니다, 하나도 아닌 몇 개씩. 그리고 딴 사람들을 다 먹이고도 그 종자는 되남습니다.

그래서 여러분이 다 이익 중생이라고 그러죠. 살아나가면서 남과 나와 둘 아니게 이익을 준다는 뜻이죠. 여러분 몸뚱이 속에도 헤아릴 수가 없이 많은 이익 중생들이 있을 겁니다. 더불어 같이 살고, 죽어도 같이 죽고, 살아도 같이 살고, 먹어도 같이 먹고, 들어도 같이 듣고, 봐도 같이 보고, 사랑을 해도 같이하고, 같이 존재를 하는데…, 세상에, 생각하자면 눈물이 날 지경이죠. 죽어도 같이 죽어야 하니까요. 그러는 자기 중심의 막대기를 믿지 않고 어딜 믿습니까? 뭘 믿습니까? 믿을 게 뭐가 있습니까?

그래서 나이 먹은 사람이나 젊은이가 허망하게 그냥 저런 구덩이에 산 채로 묻히게 되는 것도, 콩씨가 콩 싹을 다스리고 나간다는 걸 모르기 때문입니다. 우리 신도님들 얘기 들으니까, 시장을 봐 오는데 거기에 가기가 싫어서 딴 데로 갔다고 합디다. 왜 가기 싫었을까요? 그건 콩씨와 콩 싹이 서로 통하는 게 있기 때문입니다. 몸뚱이가 자기라고 하지 마세요. 반드시 자기 뿌리만이 자기 몸을 이끌어 가는 선장 노릇을 하는 겁니다. 자기 몸뚱이기 때문에 자기가 이끌어 가지 않으면 안 된다는 생각을 거기에 줬기 때문에, 거기서 자기한테 콱 맡겼기 때문에 자기는 자기 몸뚱이를 이끌어 가지 않으면 안 되는 문제죠. 그렇기 때문에 이리로 가면 죽게 됐을 때 자동적으로 저리로 가게 만들죠. 그건 왜? 자기 마음속에 주인이 있기 때문에 자기 몸뚱이를 끌고 가는 거죠. 즉, 바로 자기 몸뚱이자 시자며, 시자이자 바로 자깁니다. '나는 그런 데서 그렇게 잘못되는 길을 걷지 않겠다'고 한다고 안 걸어지는 게 아닙니다.

내가 항상 얘기하지만 과거에 어떻게 살았느냐에 따라서, 차원에 따라서 이 몸뚱이 속에 있는 악업, 선업 중에 유전성, 인과성, 영계성, 세균성, 업보성 이 다섯 가지가 주둔했다가 차례차례로 나오는 것입니다. 그런데 그 차례차례로 나오는 것을 되입력을 하니까, 앞서 게 없어지면서 또렷하게 (손가락을 하나 세워 보이시며) 심봉이, 바로 선장이라고 할 수 있는데, 선장이 자기 몸뚱이를 자꾸자꾸 이끌어 갈 수가 있는 거죠.

술을 너무 많이 먹어서 몸이 잘못된다 싶으면 술을 먹기 싫게 만드는 역할도 합니다. 또 가다가 술을 먹어야만 되면 그 술을 안 먹어도 될 수 있게끔 급한 일이 생기게 만들기도 하구요. 여러 가지 건입니다. 이 자기 주인공에게 어떻게 감사하다고 말로 다 하겠습니까? 정말이지 이루 말할 수 없는 감사함이 있습니다. 그래서 이름해서 자부처라고 했고, 자성불이라고 했고, 부처 아님이 없다고 한 도리가 바로 그런 거 아닙니까?

그래서 꿈도 현실이고 현실도 꿈이라고 했습니다. 우리 몸뚱이는 항상 영화배우들과 같아서 지금 자기가 소임 맡은 거를 그대로 이행하고 나가는 겁니다. 그런데 지금 연기하는 거를 가만히 보세요. 어떤 배역을 맡는다 하더라도, 추접한 배역을 맡는다 하더라도 정성을 다합니다. 그건 왜 그러냐? 자기 역은 막이 내리면 끝이고 원래로 되돌아온다는 걸 알기 때문입니다. 막이 내리면 다 끝나는 일이라는 것을 알기 때문에, 자기는 잠시 잠깐 배역을 맡았을 뿐이니까 머슴으로 나왔든지 어쨌든지 자기 맡은 바 수행을 아주 잘 마치면 되기 때문에 그렇게 지극하게 하는 겁니다. 그런데 우리는 그렇게 살면서도 그걸 모르고 있는 겁니다.

우리가 가난하든지 부자든지, 모르든지 알든지, 못났든지 잘났든지, 가난하기 그지없든지 그 배역을 맡았으니까 지극하게, 나쁜 마음 갖지 말고, 모두를 내 스승으로 알고, 자만과 거만을 떨지 말고, 있다고 거만 부리지 말고, 없다고 위축되지 말고 항상 지극하게 진실하게 해 나간다면 우주 법계에서 다 알아요. 직결이 돼 있으니까요. 하나하나 살아나가는 것도 우리 자신만 아는 게 아니라 자신이 알고 있는 것을 전체가 다 알고 있는 겁니다. 모르시죠? 그렇게 알고 있는 거?

그렇게 해서 세상이 다 알고 있는데, 우리는 나 혼자만 있으면 아무도 없는 줄 알고, 보지 않는 줄 알고, 듣지 않는 줄 알고, 남의 흉도 하고 또 도둑질 아닌 도둑질도 하고 별짓 다 합니다. 그러나 그게 아닙니다. 어떻게 생각하면 이 만좌중에 훔쳐 가는 것과 같고, 만좌중에 흉보는 것과 같고, 만좌중에 이간질하는 것과 같아서, 만좌중에 험담하고, 별별 악의적인 일들을 행과 말과 뜻을 다 가지고 하죠. 그러나 여러분이 앉아서 이렇게 지켜보는 것처럼 우리를 다 보고 있는 것을 아셔야 합니다.

나는 그래서, 저 허공도 없고 세상도 없는 가운데 작대기로 스승을 삼고 이날까지 왔습니다. 그 작대기인 스승이 너무나 감사해서 부처님 모셔 놓은 데 가서 이런 말을 했죠. "당신이 높기는 뭐가 높아? 당신이 오히려 불쌍해서 죽겠어. 당신은 작든 크든, 벌레든 사람이든, 돌이든 흙이든, 모두의 심부름꾼과 더불어 같이 극매니, 항상 밑을 씻어주는 심부름꾼에 지나지 않는 당신이 뭐가 높아? 이 도리를 알게 한 것도 당신인데 어떻게 감사하다고 말로 다 하리까." 하면서 울기도 많이 울었습니다.

조금 안다고 자만하지 마시고, 항상 겸손하고, 항상 마음의 고개를 숙이고, 어떠한 걸 봐도 항상 감사하게 생각하고, 어디를 지나가다 나무 하나, 돌 하나를 봐도 '허허, 저런 생명들, 저런 모습들이 아니라면 내가 이 세상에 나와서 어떻게 배웠을까. 어떻게 저런 게 있는 줄 알았을까. 저런 것들이 어디서 나온 줄을 어떻게 알았을까.' 하고 감사하게 생각해야죠. 그래서 감사하게 생각하다 보면 절로 고개가 수그러집니다. 난 때로는 이런 생각을 합니다. 내가 여러분을 모시고 도반으로서 이렇게 앉아 있지만 어떤 땐 '허허, 나는 그렇지 않지만 저분들은 그래도 내 고깃덩어리를 앉혀 놓고….' 그 고깃덩어리만 보여 주는 게 아니라 그 고깃덩어리 속의 콩씨가, 입을 빌려서 말을 자꾸 여러분한테 해 드립니다. 그래서 나는 함이 없이 한다고 하는 겁니다. "내가 함이 없이 부처님이 하신다." 이런 말을 하는 거죠.

여러분이 모르시는 게 있어요. '놓아지지 않는다' 고 하시는데 왜 놓아지질 않느냐? 항상 여러분한테 말했듯이, 혼자 보는 것도 없고 혼자 먹는 것도 없고 더불어 같이 먹고, 죽어도 같이 죽고 살아도 같이 살고, 같이 움죽거리고, 자도 같이 자고…, 여러분은 안 그러십니까? 여러분이 일어나게 되고 앉게 되고, 말을 하게 되고, 보게 되고, 듣게 되고 이러는 게 누구 덕으로 그렇게 됩니까? 모두 여러분 몸뚱이 속의 자생 중생들과 더불어 같이 뭉쳤기 때문에 살아나가고 있습니다, 같이 뭉쳤기 때문에.

여러분에게 열 개의 손가락이 있습니다. 이 손가락이 하나나 두 개라도 없으면 열 손가락으로 다 들어야 할 무거운 거를 못 들게 됩니다. 그렇듯이 여러분의 그 한 몸뚱이 속에 세계가 벌어졌다고 해도 과언이 아닙니다. 세계가 벌어졌어요. 그래서 위 나라가 있고 장 나라가 있고, 심장 나라가 있고, 척추 나라가 있고, 척수 나라가 있고, 식도 나라가 있고, 나라가 많이 있어서 그 나라를 한데 포함한 세계가 있는 겁니다. 그런데 그 세계 중에 한 나라만 없어져도 이 전체 세계가 다 죽는 겁니다. 한 덩어리가 다 죽어요. 그러니 어찌 내 껍데기 나가 나라고 하면서 뽐내겠습니까? 뽐낼 거 하나도 없죠. 내가 홀로 섰다면 그렇게 당당할 수가 있죠. 그런데 홀로가 아니라 한마음으로 구성된 동체(同體)란 말입니다.

그래서 동체 속에 움죽거리지 않으면서 힘을 배출해 주는 선장이 있어서 몸을 움죽거리게 하는데, 용도에 따라서 전력을 끌어다 쓰듯이 용도에 따라서 그 힘을 쓰기만 하면 되는 거를 그렇게 못 한다고 합니다. 수많은 팔만대장경을 수차 읽어도 그렇게 못 한다고 하는 거죠. 고걸 줄여서 줄여서 해 놓은 게 반야심경입니다. 그 반야심경을 더 줄인다면 불심(佛心)입니다, 불심! 아주 간단하게. 마음이에요, 마음! 천차만별로 벌어지는 일들이 마음 하나로부터 벌어지는 겁니다, 그게. 그러니 마음 하나가 얼마나 중요합니까? 여러분도 시원하게 한판 치고 울든 한판 치고 웃든, 그냥 좀 그래 봤으면 하는 생각입니다. 깨친다, 성불한다, 뭐, 견성한다 이런 건 다 이름이에요.

그래서 그렇게 죽은 사람, 병원에 간 사람, 또 살 양으로 바들바들하고, 또 살리려고 바들바들하고 그러는 거를 볼 때에 어떠한…, 나는 그런 걸 많이 봐 왔습니다. 개미 굴이나 또는 개구리들, 또는 뱀 소굴, 뭐, 여러 벌레들 소굴이 장마가 들어서 산이 무너지거나 이런다면 그냥 우리가 대형 사고가 났다고 하듯이 그네들도 그럴 겁니다. 온통 그냥 난리가 나죠. 난리를 벌이는데 그것과 똑같애요, 아주. 어쩌면 그렇게…, 그러곤 다리 부러진 것도 그냥 끌고 가고, 목 떨어진 것도 끌고 가고, 이 개미들이 그럽디다. 개구리도 창자가 쭉 삐져 나왔는데도 그냥 업고 가고 말입니다. 똑같애요, 크고 작을 뿐이지.

그러니 모습은 천차만별로 다를지언정, 차원은 천차만별로 다를지언정 생명과 더불어 사는 도리는 어찌 다르겠느냐는 얘깁니다. 우리가 사람으로만 그냥 사는 게 아닙니다. 그러니까 부처님께서는 "하천세계로 떨어지지 말고 중천세계에서 사람의 마음을 걸러서 잘 중심을 둬서 중용을 하라. 중심을 두면 중용을 하게 되고 중용을 하게 되면 자비를 베풀 수 있다. 그렇게 되면 너희는 세세생생에 하천세계로 떨어지질 않고, 하천세계의 중생들을 다 건질 수 있는 그런 어버이로서 등장을 할 수 있느니라. 금(金)이 될 수 있느니라." 하셨습니다.

그때는 나이도 어리고 그래서 그랬는지 그런 것을 볼 때마다 나는 너무도 많이 울었습니다, 그냥. 세상 사는 게, 삶이라는 게 이런 건가 하고 말입니다. 또 물 흐르는 걸 한없이 내려다보기도 했습니다. 사람의 마음에서 수없이 나오는 그 마음이 저 물 흘러가는 것과 같은데 어찌 칼로 똑 끊을 수 있으리까. 끊으라고 하는 것은 말일 뿐이지 끊어지진 않습니다. 수없이 꼬리에 꼬릴 물고 꼬리에 꼬릴 물고 나오는 그 마음을, 화해서 변동이 되면서 찰나찰나 나오는 그 마음을 어떻게 다 말로 하고 어떻게 끊으오리까. 그때서부터 '아, 끊는 것이 아니로구나. 이것이 바로 더불어 같이 녹이는 거로구나.' 한 겁니다.

그래서 항상 그러죠. 내 몸속에 들어 있는 생명체들의 의식으로 말미암아 내 입을 통해서 다 나오는 말을, 잘하는 것은 주인공에 감사하다고 놓고, 또 잘못되는 건 '네 속에서 나온 거니까 너만이 해결할 수 있다.' 하고 거기다가 놔라, 놔라 이러는 거죠. 그렇게 되면 일거양득이 아니라 일거삼득이 되죠. 첫째, 위로 역대의 부모가 나 하나로 인해서 건져지죠. 또 자기가 낳아 놓은 2세들이 잘못되는 일이 없이 건져지죠. 그다음에는 조상, 나, 자식 삼대가 다 세세생생에 영원히 살 수 있는 바탕이 생기죠. 얼마나 좋습니까?

이러한 좋은 도리를 우리가 모르고 중세계에서 고통받고 있죠. 상세계, 중세계, 하세계가 있다면, 우리 중세계에서는 마음에 따라서 체로 걸러지게 돼 있거든요. 그래서 하세계로 떨어뜨리고, 상세계로 올리고, 중세계에 그냥 남겨지는 게 있고 그렇거든요. 우리 물건도 그렇듯이, 종자들도 그렇듯이. 이건 엄연한 사실입니다. 여러분이 알아듣기 쉽게 하느라고 이럽니다. 옛날 부처님의 말씀으로, 그때의 방편과 용도로 말을 한다면, 나는 현대에 나온 사람이라고 할 수 없지요. 현대에 나온 사람은 현대 말, 현재 말을 해야지 어떻게 삼천 년 전 용도의 방편으로써 말을 하겠습니까? 아무리 좋은 말이라도 말을 해서 지금 알아듣지 못한다면 그건 아무 소용 없는 겁니다. 그래서 오늘 형제 법우들의 이 법회 날, 누가 높다 얕다 이런 걸 떠나서 허심탄회하게 서로가 토론하자는 생각으로 모임을 가지는 겁니다. 그런데 왜 나만 이렇게 올려놓고선 (대중 웃음) 자기네들은 말 한마디 없고 그럽니까? 이건 어폐가 있는 것이 아닙니까?

살아나가면서 별의별 일이 다 생기고, 별의별 생각이 다 들게 되니까, 어떤 사람은 좀 더 안다고 자만과 위세로 자기도 모르게 고개를 빳빳이 들고 그렇게 하는 사람도 있겠죠. 그러나 하나도 그럴 게 없어요. 익으면 익을수록 고개가 더 숙여져요. 푸르렀을 때, 아주 푸르렀을 때, 꽃도 피지 않고 열매도 맺지 않았을 때 아주 빳빳하게 일어나죠. 그러니 나만 말을 시키지 말고 살아나가면서 대수롭지 않은 일이라도 그것이 삶에 있어서 얼마나 중요한가를 서로 토론한다면 참 좋을 겁니다, 아마. '나는 당신이 말하는 거 다 알고 있으니까 물어볼 것도 없고 뭐, 그래.' 이렇게 생각하시면 안 됩니다. 왜냐? 어떤 사람은 "말을 해도 아니 되고 또 안다고 해도 아니 되고, 말을 하면 외려 잘못된다." 이러지만, 여러분이 말을 하면 말을 한 사이가 있습니까, 없습니까? 금방 이 말 했다가 저 말로 돌아가는데 무슨 말을 한 사이가 있습니까. 그리고 혼자 말했습니까, 내가 말했게? 더불어 같이, 헤아릴 수 없는 생명들이 같이 모여서 말을 한 것이지 자기 혼자 말한 게 있습니까? 그래서 '공(空)했다' 이러는 겁니다. '공해서 한 사이 없다' 이렇게 말을 하는 거죠.

그러니 여러분이 좀 더 생각을 깊이 해 보십시오. '공(空)이 색(色)이고 색이 공이니라. 공과 색은 둘이 아니니라. 즉 콩씨와 콩 싹이 둘이 아니니라. 뗄래야 뗄 수 없는 부분이니라. 그래서 정말 콩 싹이 콩씨를 발견한다면, 콩 싹과 콩씨는 둘이 아닌 까닭에 그 몸이 그렇게 크니라.' 하신 겁니다. 그래서 "몸을 보고 크다고 생각할 수 있겠느냐?" 하면 "몸을 보고는 크다고 생각할 수 없습니다." 이렇게 말들을 했죠. 그러니 이제 나만 말 시키지 말고요, 말씀하세요.

질문자1(남) 저는 대구지원에서 올라왔습니다. 저는 이 공부를 오래 하지 않아서 자세한 건 잘 모르고 있습니다. 그래서 『천수경』이나 『반야심경』 이런 거를 뜻으로 풀었는데도 불구하고, 같이 읽을 때에는 이게 무슨 소린지도 모르면서 그냥 할 때도 있고 그렇지만, 목요일마다 법형제법회라든가 또 다른 행사 때 스님 말씀을 듣고 또 책을 읽고, 특히 스님이 지으신 게송을 곡으로 붙인 여러 선법가를 접하면서 많은 깨달음이 있어서 생활에 큰 도움이 됐습니다. 그리고 누구에게나 다 자성불이 있다는 그 말씀은 저한테 생명의 고귀함을 알게 했을 뿐 아니라 생활에 큰 지주가 되고 있습니다. 그래서 하루하루 생활하는 데 많이 적용하려고 노력하고 있습니다.

저는 평범한 월급쟁이입니다. 회사에서 일하는데 예전에는 월급이 좀 적으면 '내가 열심히 일했는데 왜 이것밖에 안 주냐.' 이런 생각이 들었고, 또 금액이 좀 흡족하면 '내가 잘했으니까 이 정도 받아도 되지.' 또 세금을 많이 뗄 경우에는 우리나라의 조세 제도에 대해서 원망도 하고 그랬습니다. 그런데 스님이 말씀하시는 것 가운데 "돈을 벌어도 내가 번 것이 아니다." 그런 말씀을 듣고 난 다음부터는 같은 월급을 받더라도 '아, 이것은 내가 번 것이 아니라 내 선배, 후배, 직장동료들, 그리고 내 주위에 있는 모든 사람들이 같이 힘을 합쳐서 돈을 벌었구나.' 해서 주위 사람들한테 대한 감사의 마음을 먼저 가지게 되는 큰 변화를 보게 되었습니다.

그리고 생활하면서 여러 가지 부딪치는 문제에 대해서 주인공에 맡기는 작업을 사소한 것에서부터 하려고 마음에 원(願)을 세우고 많은 노력을 했습니다. 그런데 놀랍게도 그것이 실천이 되는 것에 대해서 저 자신도 깜짝깜짝 놀랄 때가 있었어요. 그리고 최근에는 제가 해외연수를 상당히 마음을 내고 원을 했는데, 그게 저도 모르게 진행이 돼 가지고 회사에서 제게 잠시 공부하고 오라고 해서 3개월간 가게 됐습니다. 그래서 내일 출국하게 됐습니다.

그래서 저는 가면서도 '아! 왜 이렇게 실천이 잘되는 건가?' 하고 감탄이 되면서 스님의 선법가의 맛을 보는 듯한 느낌도 들었어요. 제가 연수하러 가 있는 동안 비록 스님 말씀 들을 기회나 법회에 참석할 기회는 없지만 책을 통해서, 또는 마음의 원을 내어서 항상 실천하려고 하고, 그다음에 건강하고 지혜롭게 잘 연수를 받고 그 효과를 충분히 발휘해서 저 자신과 회사에 많은 도움이 되게끔 원을 지금 내고 있습니다.

그런데 원을 내면서, 기복 신앙이라는 데 대해서 상당히 혼란을 느낄 때가 있습니다. 저희 지원장 스님께서도 기복에 대해서는 조심하라고 말씀하신 걸로 기억이 나는데요, 제가 이렇게 원하는 것이 과연 진짜 자성불에서 원하는 것인지, 아니면 자기가 잘되게 해 달라고 기복으로써 원하고 막 자성불한테 얘기하고 하는 것인지 가르침을 주십시오.

큰스님 이 원이라고 하면 언뜻 둥근 것이 떠오르죠? 그래서 원심을 낸 거죠. 한마음이 된 거죠. 한마음으로 구성해서 통신이 된 거예요. 그래서 우리가 그냥 이렇게 공부하는 거 같지만, 이거는 심성 의학이기도 하고, 과학이기도 하고, 천문학이기도 하고, 천체물리학이기도 합니다. 그건 왜냐? 내가 그 몸속에 있는 의식과 모두 합쳐 한마음을 냈습니다, 한마음으로. 원이라는 그 말이 한마음이란 뜻입니다. 그래 한마음을 냈는데, 한마음으로 내 가지고 보니까 바깥 경계도 한마음으로 되돌아가더란 얘기죠. 안에서 한마음이 다 이렇게 한다고 말을 할 땐, "원자에서 입자로 화해서 다 조절을 한다, 한마음으로." 내가 이렇게 말을 하는 겁니다. 이건 사실이에요.

그러니까 내가 한마음을 냈는데 그것이 어떻게 비는 겁니까? 이 내 마음속으로 하는 거는 비는 게 아니고, 바깥으로 찾는 게 비는 거고 기복입니다. 내 안에 있는 주인공한테 찾는다는 것은 한마음으로 중심에 그 원을 세운 겁니다. 그렇기 때문에 그 원을 세운 그 마음 한생각이 입자로 화해서, 즉 말하자면 통신이 되면, 먼저 한 찰나에 대뇌를 통해서 중뇌에서 책정을 합니다. 그리고 사대(四大)로 통신이 되면 그 모든 입자들이 다 한마음으로 구성이 돼서 제각기 또 벌어집니다. 일을 할 때 똑같은 일을 하러 가는 게 아니라 요거는 말을 해야 될 일, 요거는 또 사람의 마음을 움죽거려야 될 일 등, 이렇게 각각 나가서 자기 소임을 완수합니다.

이것이 바로 우리가 천부적으로 일체를 다 구족하게 가졌기 때문에 그렇게 되는 겁니다. 여러분이 다 구족하게 가지고 있단 얘깁니다. 내가 그렇게 잘해서가 아니라 내가 구족한 것을 알기 때문에 여러분한테 일러 드리는 겁니다. '당신네한테 구족하게 있으니까, 그렇게 통신이 되게 해서 그렇게 해라' 이러는 겁니다. 그러니까 그게 안 되고 배깁니까?

예를 들어 어떤 사람이 지금 속마음으로 '저 사람을 한번 죽여 버려야겠다.' 이런다면, 벌써 저쪽에서 '흥!' 콧방귀 탁 뀌고, '네가 날 죽여?' 하게 됩니다. 본인은 모르죠. 본인은 몰라도 본래 자기 속에서는 벌써 알고 '흥! 날 죽여?' 그러고선 오히려 댑다 그리로 몽둥이가 들어가죠. 그러는 수도 있지만, 이쪽에서 자비스러우면, 또 그걸 알면서도 몽둥이로 들어가는 게 아니라, 그냥 그 사람이 오히려 실의에 되빠져 가지고, 그런 마음을 버리고 다시 올라오도록 자비를 베풀죠.

그러니까 그 도리를 완벽하게 알기 위해서는 자기가 조금씩 조금씩 그렇게 실천에 옮겨 보면서, 실험을 해 가면서, 체험을 해 가면서 자꾸자꾸 끝없는 길을 걸어야죠. 어떤 사람은 몇 년이나 해야 되겠느냐고 묻기도 하는데 그런 게 없어요. 몇 년을 해도 안 되는 사람이 있고, 몇 달을 해도 되는 사람이 있으니까 말입니다. 이건 정해진 게 없는 겁니다. 자기 자신의 그릇에 따라서, 지혜에 따라서, 선천적인 자기의 그 착한 마음으로부터 생기는 거니까요.

그러니까 생각해 보십시오. 이 모습을 가지고 몇 알갱이나 살겠습니까? 요 사는 동안에 세세생생을 건지느냐, 아예 그냥 구덩이에 빠지게 하느냐 하는 것은 여기에 달려 있는 겁니다. 내 한생각을 잘해서 자기뿐만 아니라 부모를 건지고 자식을 건지고 세세생생 건질 수 있으려면, 우리가 정말 똥을 누나, 잠을 자나, 밥을 먹을 때나 주인공 생각만 나면은 항상 거기다 놓는 작업을 안 하고는 아니 됩니다. 그렇다고 해서 언제 내가 "삼천배를 올려라. 기도를 하라. 정성을 들여라. 또는 몇몇 일을 목욕재계를 하고 정성을 들여라." 이런 말 합디까?

여러분 사는 생활이 그대로 여여하고, 그대로 공부할 수 있는 재료고, 여러분이 부처고, 여러분이 중생이니까 '한생각을 잘 내면 부처고 한생각을 못 내면 중생이다. 그러니 잘해 봐라.' 이거죠. '삼보에 귀의한다' 이런 것도 '자생 삼보에 귀의할 줄 알아야 불(佛)·법(法)·승(僧)에 귀의할 줄도 안다.' 즉 말하자면 자생 중생에, 자생 부처에, 자생 삼보에 귀의할 줄 알아야 한다는 거죠. 과거에 살던 자기와 현재의 자기 한생각과 자기 한생각의 움죽거림이 자생 삼보입니다. 가만히 있는 자기 무심과, 생각을 내는 마음과, 생각을 내면 몸이 움죽거리는 것이 바로 삼합이 한데 합쳐서 돌아가니까 그게 자생 삼보에 귀의한다고 하는 겁니다.

그 자생 삼보에 진짜로 귀의해서 그 도리를 알면은 바로 불(佛)도 자기의 생명과 둘이 아니죠. 불이 생명이니까. 생명의 근본이 불이에요. 우리가 살면서 배우는 게 교(敎)고요. 그렇기 때문에 이렇게 우리 머리 깎은 사람만 믿게끔 되는 게 불교가 아니죠. 그냥 진리예요. 그러니까 생명의 근본인 불(佛)과 한생각인 법(法)과 스님들인 승(僧), 즉 불법승이 다 한데 합쳐서 내 자생 삼보와 둘이 아니라는 얘깁니다. 둘이 아니죠. 생명도 둘이 아니요, 몸도 둘이 아니요, 만약에 생각도 둘이 아니라 한다면, 즉 그냥 모두가 삼보에 귀의했다 한다면, 자생이다 뭐, 부처님이다 이런 걸 떠나서…, 내가 항상 얘기하죠. 여기 법당에 와서 일정례(一頂禮)를 하든지, 삼정례(三頂禮)를 하든지, 칠정례(七頂禮)를 하든지 간에 '내 몸은 부처님 몸과 같고, 내 마음 낸 것도 부처님 법과 같고, 또 저렇게 앉아 있는 그 모습도 내 모습과 둘이 아니다.' 이렇게 하라고 그랬죠. 항상 그렇게 하면서, 여기 들어와서는 불상과 하나로 합치고, 나갈 때는 댁의 자신으로 한데 합쳐서 나가란 말입니다. 그러니까 항상 둘이 아니죠. 그러니 형상 부처님을 무시하지도 않게 되죠. 부처님 형상을 무시하면 자기 형상이 무시가 되는 거니까. 모두가 그렇게 상대가 있는 겁니다.

그래서 냉정하게 판단하면, 여러분이 이 세상에 탄생을 안 했다면 뭐가 있겠습니까? 아무것도 없습니다. 탄생을 했기 때문에 상대가 있고, 어려움이 있고, 자랑스러운 게 있고, 즐거움이 있고, 모두 그런 거죠. 여러분이 없다면 없는 거죠. 전부 없는 거죠. 그래서 최초의 문제는 '너 하나로 인해서 생긴 것이다.' 라는 얘기죠. 모두 각자, 너 하나 때문에 생긴 일이다. 그래서 "부처님이 어딨습니까?" 하니까 "말하는 놈은 어떤 놈이냐." 이렇게 말을 했거든요. 또 "번연히 이미 부처가 됐다고 하면서도 왜 부처를 깨닫지 못합니까?" 하고 물으니까 "네가 깨닫지 못했으니까 그런 거 아니겠느냐." 이렇게 대답을 했답니다.

그런 거와 같이 어떤 사람이든, 스님네든 스님네가 아니든 자기 그릇의 잣대에 대서 상대방을 생각하려고 하지 말고, 항상 겸손하게 모자라면 모자라는 대로 내가 둥글게 그쪽에 모자라게 들어가 주고, 크면 큰 대로 들어가 주고 아주 작으면 작은 대로 들어가 준다면, 항상 평등하고 항상 둥글지 않겠습니까? 어때요? 여러분이 보기에 '왜 저렇게 할까?' 하고 모자라게 생각되는 사람이 있죠? 그런데 '어허! 저게 내가 모르고 살 때의 내 모습과 같구나.' 이런 생각 해 보셨습니까? '내가 모자랐을 때의 바로 그 모습이로구나!' 그렇게 생각을 한다면 바로 부드럽게 말이 나가고 부드러운 행동이 나갈 겁니다. 자기이기 때문에, 전자에 모자랐던 자기이기 때문이죠. 그런데 아예 자기 그릇에다가 맞추어서 생각을 하고선 '아휴, 저거는 그냥 천리만리 모자라.' 하고 생각을 했다면 아예 모가 나죠. 그리고 외면이 되고 그러죠. 그러니까 사랑을 할래야 사랑하는 마음이 생기지 않고 그러죠.

그러니 여러분이 심사숙고해서…, 그 자동적인 오신통의 제일 중심에 숙명통이라는 컴퓨터가 있다고 생각을 하세요. '그 숙명통의 컴퓨터에 스스로, 자동적으로 우리가 사는 것이 입력되는구나. 그래서 스스로 거기다가 또 맡기면 입력된 게 그냥 전체 자꾸자꾸 없어지면서 새 물로 화하는구나.' 그럼 내가 생각하는 대로 자꾸 화해서 없어지고 없어지고 하니까 새 걸로만 자꾸 나올 거 아닙니까, 이 세상에. 그러니 얼마나 좋은 세상을 살 수 있겠습니까? 아마 누구든지 이러한 경험 안 해 본 분들은 이렇게 좋다고, 정말 눈물까지 흘리면서 좋다고 생각하지 못하실 겁니다, 아마. 그거를 알면 자동적으로, 그 무너졌다는 빌딩에 들어가다가도 아마 튀어나왔을 겁니다.

질문자1(남) 감사합니다.

큰스님 네. 그 소리 들으니까 믿음직하군요. 얼마 되지 않았지만 체험을 하고 가시니 말입니다.

질문자2(남) 질문하기에 앞서 한 가지 다짐을 하려고 나왔습니다.

큰스님 편히 앉아서 해 봐요.

질문자2(남) 예. 큰스님께서는 아쉬운 것 하나 없으시면서 저희한테 하나라도 더 가르쳐 주시기 위해서 이렇게 애쓰시는데, 저희들이 잘 들어가지 못하는 것 같아서 오늘은 모든 것을 놓고 한번 들어가야 되겠다는 다짐을 하기 위해서 나왔습니다.

큰스님 감사해요. 내가 어떤 때는 부처님 경전에 쓰여 있는 것을 이렇게 저렇게 바꾸어서 합니다. "조복을 받는다." 이렇게만 해 놓은 것이 있으면 "안과 밖을 둘 아니게 조복을 받는다." 이렇게 바꾸어 놓습니다. 왜냐하면 그냥 조복만 얘길 한다면 그게 모두 감응이 되지 않거든요. 그래서 "내면, 바로 내 자아궁처(自我宮處)에서 바깥과 안 세상을 둘 아니게 조복을 받는다." 이렇게 말입니다. 그렇듯이 그 모든 것을 자기 자신 중심, 자기 뿌리에 진짜로 믿고 맡기고, 감사하게 맡기고, 또 슬기롭게 맡기고, 또 굴려서 맡기고 이런다면 다 통신이 되죠. 사대로 다 통신이 돼요. 그러면 모자라는 건 채우고 또 너무 넘치는 거는 제거하면서 안과 밖이 다 잘 이끌어지죠.

누가 큰 회사를 하는데 거기에 돈 얼마만 가지고 들어오면 다 된다고 어떤 사람에게 그러더랍니다. 그런데 속에서 허락을 안 하더랍니다. 아주 돈 벌기는 딱 참한데 허락을 안 하니까 그만 안 했더랍니다. 그랬는데 알고 보니 그게 자기 회사가 아니고 이름을 사칭해서 돈을 몇 사람한테서 먹어 치웠더랍니다. 그러니 그게 얼마나 자동적입니까? 우리는 어디 믿을 데가 없습니다. 어디 하소연할 데도 없어요, 인생을 살아가면서. 그런데 거기에 믿을 데가 있죠? 자동적으로 이끌어 가는 데가 있죠? 얼마나 좋습니까? 여러분 집 속에는 바로 콩씨가 들어 있듯이, 콩 싹에 콩씨가 붙어 있듯이, 여러분 몸속에는 반드시 주인이 있어요. 그래서 여러분을 해롭지 않게 이끌어 가고, 슬기롭게 이끌어 가고, 또는 자비를 베풀어 주고 그러죠. 또 질문하실 분 있으면 질문하세요.

질문자3(남) 부산 법형제에서 왔습니다. 스님께서 항상 말씀하시기를, 고요한 바다도 태풍이 일어야만 물이 참, 청정하고 맑아질 수 있다는 말씀을 하셨습니다. 제가 마음공부를 하게 된 것도 스님의 가르침 때문이고, 열심히 정진하고 있습니다. 그래서 이제 주인공에 대한 공부를 더 열심히 할 수 있고 맡길 수 있다는 자신감을 제가 말씀드리려고 지금 스님 앞에 섰습니다. 누누이 말씀을 올리기도 했습니다만, 제가 사업에 실패했습니다. 사람은 태풍이 불어야만이 새로이 모든 것을 이룰 수 있다는 것을 배웠기 때문에 그 순간에 '주인공, 정말 나를 자유인이 되게끔 이끌어 줘 봐라.' 하고 탁 놓았습니다. '그래, 사업에는 실패를 했지만 내가 공부할 수 있는 기회를 가졌다, 주인공!' 했는데, 그 순간에도 중생심으로써 분별심은 일어났겠지요. 하지만 또 해보겠다는 각오로 스님 앞에 서서 한 말씀 드리자고 왔습니다. 좀 더 열심히 정진할 수 있게끔 스님의 에너지를 주셨으면 합니다.

큰스님 네, 감사합니다. 하하하….

질문자3(남) 네, 공부 열심히 하겠습니다.

큰스님 우리가 보편적으로 '종교를 믿는다' 이렇게 말씀들을 하지만, 여러분이 세상에 태어나서 살림을 하고 한 가정을 이루고 사는 게 종교입니다. 종교가 뭐, 따로 있는 게 아닙니다. 우리가 이 세상에 태어나서 상대를 알고, 또 원리를 알고…, 그래서 그것을 상대성 원리라고 하죠. 살아나가는 데 있어서 이 모든 것을 어떻게 어떻게 생각을 하고, 어떻게 어떻게 살아나가야 되는가 하고, 어떻게 하나에서 열까지 이루종차 생각을 합니까? 그런데 본래 이렇게 습관화가 되면은, "내 콩나무에는 콩씨가 반드시 있다." 이거를 믿으시면 스스로 그렇게 됩니다. 콩나무에 콩 안 붙은 거 못 보셨죠? 하하하…. 그리고 콩씨 심지 않고 콩나무 나는 거 못 보셨죠? 그러니 그건 뗄래야 뗄 수 없는데 어떻게 안 믿습니까, 글쎄.

예전에 천주교에 다닐 때 "빵 하나를 놓고 전부 먹이고 되남았느니라." 하는 말을 들었죠. 또 부처님께서는 "밥 한 그릇을 놓고 다 먹이고도 되남았느니라." 하셨거든요. 그러니 그걸 가만히 생각해 볼 때 말입니다, 허허허…, 우리 콩씨 얘기가 나왔으니 콩씨로 예를 들어 한번 얘기해 봅시다. 콩씨든 어떠한 씨든 하나를 심으면 수십 개가 더 붙습니다. 그러면 그걸 다 먹이고도 종자 심었던 그 밑천은 그냥 남습니다, 밑천이 없어지는 게 아니라. 그러니 되먹이고도 밑천을 그냥 두니까, 그 이듬해에 또 심어서 또 그렇게 만들어서 다 먹인단 말입니다. 일체 만물만생이 다 그러하니 어찌 그게 영원한 게 아니겠느냐 하는 겁니다.

그러니 우리가 제사 지낼 때도 조상들에게 먹고 살던 관습을 갖지 않게 하고, 자녀들한테도 그렇게 하기 위하여 떡 하나 놓고 초, 향, 과일 서너 가지 놓고 지내라고 합니다. 그리고 부모의 은공을 기리면서 열심히 그 주인공한테, 부처님과 같은 한자리를 하시게끔, 그저 한 도량에 계시게끔 그렇게 관한다면…, 산 사람들이나 먹고 사느라고 온통 헤매지, 아니, 입이 있습니까, 몸뚱이가 있습니까? 뭘 먹겠다고 조상들이 그렇게 하겠습니까? 그것은 생각이죠. 생각을 거기에서 벗어나게 해 드려야죠. 그죠? 벗어나지 못하면 또다시 이 세상에 태어나서 또 그렇게 먹고 사느라고 그냥 극매야 하니 상세계에는 한 번도 오르지 못할 거 아닙니까?

그래서 제사 지낼 때 그렇게 지내지 말라고 하는 겁니다. 그리고 음식을 많이 차린다고 형제들 돈을 모아서 이렇게 하는 사람이 있는데, 네가 더 냈느니 내가 더 냈느니 하면서 얼굴을 붉히고 싸움을 한다면, 음식을 많이 차려 놓고서 그렇게 더 조상들을 옭아 놓는 거죠, 옭아 놔. '요 음식 많이 먹고, 살고 싸우고 죽고 사는 데에 또 태어나서 살아라.' 하고 그렇게 붙들어 매 놓는 거죠. 그러니까 아예 그럭하지 마세요. 울고불고, 돈 많이 들이고 또 싸우고, 해 놓고 귀찮고 하기도 귀찮고, 돈도 들고, 여러 가지 불편한 점이 많죠. 조상들이 많은 집에는 일 년에 몇 번씩 되니까요.

그러니 그럭하질 말고 떡 한 조각이면 된다고 했습니다. 그것도 깨끗하게, 뭐, 증편? 나 그 이름 아무리 가르쳐 줘도 이렇게 모르잖아요. 그러니 여러분 나무랄 수도 없어요. 허허허…. 아무리 "증편, 증편" 해도 자꾸 그걸 잊어버려서 말을 못 해요. 그거 한 조각이면…, 둥그런 거 하나를 표시로 과거, 현재, 미래를 한데 합쳐서 (양손을 서로 붙여 보이시고) 한 떡으로 해 놓는 겁니다. 그 뜻이 다 있습니다, 그게. 그래서 영가님들이 볼 때는 아주 큰 도량으로 보이게끔 돼 있습니다. 이 세상이 하나도 부럽지 않게끔요. 거기에 칠보가 가득 차있으니까요. 그러니 부러운 게 뭐 있겠습니까? 그러니까 자손들이 더 잘될 수밖에요.

온갖 거를 다 차려 놓고 하는 집들은 오히려 그냥 별의별 일이 다 생기고 그러지만, 그렇게 진짜로 믿고 하는 집들은 아마 고뿔도 제대로 오지 않을 겁니다. 허허허….

하여튼 우리가 살기 위해서, 또는 영원하기 위해서, 그 영원한 거를 알기 위해서, 인생이 어떻게 가야 삶의 보람이 있고, 어떻게 살아야만이 자유롭게 살 수 있으며, 어떻게 해야만이 내 몸통 속에서 벗어날 수 있는가를 생각해 봐야 합니다. 내 몸통 속에서 벗어나면 이 지구통 속에서 벗어나고, 지구통 속에서 벗어나면 이 모든 공기통 속에서 또 벗어나고, 또 거기에서도 벗어나면 자유인이 되게끔, 우리가 그렇게 하기 위해서 이 더운데도 공부하는 것을 조금도 귀찮게 생각 마세요. '에이! 더운데 귀찮게 거기까지 갔다 왔어, 놀기나 할걸.' 그러지 마시고, 하하하…. 감사합니다. (대중 박수)

(거사 합창단의 음성공양이 끝난 후) 나는 노래할 때마다 '어쩌면 저 속에서 저 거룩한 목소리가 다 나올까.' 하는 생각에서요, 참 굉장히 마음이 설레고 그렇게 좋을 수가 없어요. 왜냐? 그 목소리가 말입니다, 우주 천하를 두루 하니까 말입니다. 아니오, 정말입니다. 이거 거짓말 아닙니다. 요다음에 가셔서 물어보세요, 다 들렸느냐구요. (대중 웃음, 박수)

한 곳에서 들고 난다

1995년 8월 6일

오늘 이렇게 더운데도 불구하고…, 더웁든 춥든 간에 그것도 마음이겠죠. 하여튼 마음이란 그놈이 바로 부처라고 불리죠. 참 어떤 때 생각하면 재미도 있어요. 정히 더웁다 싶으면 물속으로 뛰어 들어가고요. 또 정히 혼자 있고 싶을 때는 나무 밑으로도 들어가고요. 그런데 마음이 그렇게 들어간다고 해서 몸뚱이가 어찌 더움이 가셔지고 편안해질 수 있는가 이러시겠죠? 거짓말이라고 그러시겠죠? 그러나 이 모두가 마음으로써 빚어지는 일들이기 때문에 몸뚱이도 마음으로써 빚어지는 상황이 벌어지는 거거든요. 땀방울이 하나 나오면 둘, 셋이 따라 나오죠. 그런데 둘, 셋 나오는 땀방울을 하나로 줄일 수도 있는 것이 이 법이랍니다. 제일 첫째로, '이 모든 마음을 가라앉혀서 내 몸뎅어리 하나의 개체에 내 불국토를 건설할 수가 있어야 바깥의 불국토도 건설할 수 있다' 이런 게 있죠.

지난번에도 얘기했지만, 인간에게는 다섯 가지의 문제가 존재하고 있다고 했습니다. 여러분이 평상시에 학술적인 것이라든가 팔만대장경에 관련한 법문을 많이 들으셨으리라고 생각이 됩니다. 그러나 법문이 나를 깨우쳐 주는 건 아닙니다. 또 어떤 종교를 가지고 신의 이름을 찾으면서 믿는다고 그렇게 입으로만 되풀이하는 게 믿는 것이 아니죠. 내가 이 세상에 나왔다면 나를 나오게 해 준 그 자체가 있어서, 그것이 바로 근본이기 때문에, 육의 부모와 법의 부모가 따로따로 있는 거는 아니지만 법의 부모를 육의 부모와 동시에 같이 믿는다 이런 게 있죠.

왜냐하면 지난번에도 얘기했지만, 어머니의 마음이 비록 작고 소박하더라도 자식을 생각하는 마음은 자기 생명을 던져서라도 줄 수 있는 마음이거든요. 육의 부모가 그렇다고 한다면 또 법의 부모는 수억겁을 거쳐오면서 자기를 형성시킨 장본인이거든요. 바로 자기 조상이죠. 그래서 자기 조상 자체가 바로 공했다는 얘기죠. 그래서 어머니의 그 소박한 마음과 이 나의 조상, 즉 말하자면 주인공이 동시에 일체제불의 마음과 더불어 같다 이거죠. 따로따로 떼어 놓고 한다면 아무리 시간이 가도 깨치지 못할 겁니다, 아마.

마음이라는 것은 작으나 크나 똑같습니다. 내 집부터 다스릴 줄 알아야지 내 집을 다스리지 못하는 사람이 어떻게 바깥에 나가서 다스릴 수 있겠습니까? 내 몸속에는 수억겁을 거쳐 오면서 누적된 다섯 가지의 문제점이 있습니다. 지난번에 한 가지만 얘기하다가 말았죠. 우리는 수없이 과거로 해서 미래로 해서 현재로 다시 들어오고, 또 돌아서 다시 들어오고, 또 돌아서 다시 들어온답니다. 그런데 누구나가 다 똑같이 돌아오긴 하는데 모습을 어떻게 가지고 나오느냐가 문제입니다. 천차만별의 마음의 차원이 있기 때문에 그 차원대로 모습을 쓰고 나오니까요. 이것을 기필코 우리가 해결하고 뛰어넘어야 되겠기에 이런 말을 하는 겁니다.

그렇게 해서 이 몸속에 다섯 가지가 주둔하면서 세계가 벌어져 있습니다. 지구에 세계가 있듯이 한 몸뚱이 속에 그냥 세계가 살고 있어요. 세계가 살고 있는데 그 세계를 다스리는 주동자가 바로 여러분의 마음 아니겠습니까? 그런데 그 다섯 가지가 의식적으로 마음을 통해서 나오는데, '거기에 속지 마라' 하는 것입니다. 길은 한 길이지만 이 진짜 마음에서 나오는 거하고, 의식 속에서 나오는 거하고, 보고 들어서 그냥 생각이 나는 거하고 이게 천지 차이랍니다. 때로는 욕구 불만도 나오고 때로는 욕망, 어떤 때는 욕심, 이런 게 나오는 것도 당연하지만 '거기에 속지 마라, 한번 굴려서 놓고 침착하게 대치를 해라' 이러는 겁니다.

그래서 그 다섯 가지의 문제라는 것은 인과성, 세균성, 영계성, 업보성, 유전성을 말하는데 인과성은 과거로부터 어떻게 살았느냐에 따라서 많은 인과를 둔 사람의 문제입니다. 그리고 세균성을 많이 맺어 놓은 사람은 고기를 많이 잡아서 해쳤다거나 살생을 많이 해서 문제가 된 인연들이 많죠. 세균성이라고 하는 것도 살생과 더불어 원한의 인연이 되는 거거든요. 그렇기 때문에 뱀 소굴에서 뱀들을 때려잡는다거나 이랬다면, 임신을 하지 않았어도 꼭 그것이 자식들한테로 대치가 되거든요. 그거 우습게 생각해서는 안 됩니다. 세균성의 원리가 그러하니까 그렇게 세균성이 오는 거죠. 그게 그냥 착 와서 '내 자식들을 모두 이렇게 했으니까 너도 네 자식 때문에 이렇게 좀 돼 봐라.' 하고 여지없이 유전이 되는 거죠, 모두가. 그러니까 우연이라는 거는 없습니다. 자기가 저지르지 않은 것이 오는 이치는 없어요, 절대로.

또 영계성이라는 거는 지난번에도 말씀드렸지만, 어떻게 살았느냐에 따라서 내 몸속에도 이 문제가 다 주둔해 있는데다가, 나에게 주인이 없다면 바깥에서도 마구 들어오는 겁니다. 자기 주장심을 주인으로 삼아서 다스려 나가지 않는다면 주인이 없는 집이 되죠. 바깥으로 찾고, 바깥으로 매달리고, 바깥으로 기도하고, 바깥으로 삼천배 절하고 모든 걸 바깥으로만 하니까요. 자기 안에 주장자가 본래 있는 건데, 자기가 그것을 세워 놓지 않고 다스리지 않기 때문에 주인이 없는 집이 돼서 안에서 마구 끌어들이는 겁니다. 바깥에 있는 것도 끌어들이고 안에서도 일으키고 하는 것이 마치, 엄마와 아버지가 어디 나가면서 애들에게 "갔다 올 때까지 놀아라." 하니까, 친구들 데려다가 그냥 막 뛰어놀고 온통 집안을 다 혼란스럽게 만들어 놓는 것과 같은 거죠.

그러다 보니까 들어와서들 안 나가는 것도 있거든요. '아, 이 집에 오니까 누가 뭐라는 사람도 없고 좋구나. 그러니까 내 집을 만들어야겠다.' 이런다면 정신 분열자가 되는 거죠. 왜냐하면 집이 하나니까 주인도 하나여야 되는데, 딴 주인이 거기서 산다고 하니 이게 말이나 됩니까? 자기 주인이 자기 심부름 하는 자기 시자를 자꾸 리드해 나가야 될 텐데, 주인이 또 하나 생겨 가지곤 몸을 자꾸 끌고 다닌단 말입니다. 먹지 말라, 가지 말라, 뭐, 갖은 참견 다 하고 말입니다. 그 영계성이란 것이 이런 도리를 알아서 죽은 혼이 아니거든요. 그러니까 마구잡이죠. 사람을 이리로 가랬다, 저리로 가랬다, 먹지 말랬다, 나가지 말랬다 온통 야단법석을 하니까 이건 살 수가 없는 겁니다. 이 심부름꾼이 살 수가 없는 거예요. 그래서 그걸 가지고 정신 분열이다 미쳤다 뭐, 이렇게 하는 거죠. 그래, 안에서 주인이 그렇게 살아서 그런 것인데 병원에 데리고 가 봤던들 뭘 하며, 약을 먹여 봤던들 뭘 하겠습니까.

그래서 항상 그렇게 말하죠. 물방울 두 개를 하나에다가 붙이면 물방울 하나가 되지 둘이 되지 않는다. 오만(五萬)의 영이라고 하더라도 하나로 해 놓으면 그냥 영이지, 오만 개의 영이 숫자대로 있는 게 아니라는 얘기죠. 그러니 영 자체도 공했다고 했으니까 주인에다가 모든 걸 맡기고 하나로 뭉쳐서, 한 사람이 다스리게 만들어야 합니다. 그래야 정신 분열이 없어지는 겁니다.

이 인과성이다 하는 것도, 부처님께서는 간단하게 말씀하셨지만 인연에 따라서 그게 간단치만은 않은 겁니다. 많이 들어서 다 아시는 얘기죠. 시자를 데리고 가시다가, 종이 떨어진 거를 주워 보라고 하셔서 그걸 주우니까, "그 냄새가 어떻더냐?" 하고 물으셔서 "향 쌌던 종이입니다." 했습니다. 또 가다가 새끼오락지 떨어진 거를 주워 보라고 하셨는데 그건 비린내가 나고 썩은 냄새가 나거든요. "그건 무슨 냄새가 나느냐?" "비린내, 썩은 내가 납니다." "그러면 한번 두 가지를 함께 생각해 보라. 너희들도 살아나감에 있어 이 향을 쌌던 종이를 따르려느냐, 썩은 생선 묶었던 새끼오락지를 따라가려느냐?" 하셨던 거죠.

사람이라면 보고 듣고 해서 이게 옳다 그르다 하는 거를 누구나 다 알고 있습니다. 본래 알고 있는 겁니다. 몰라서 저지르는 게 아닙니다. 본래 알고 있기 때문에 그것도 알고 있죠. 그런데 알면서도 썩은 새끼오락지를 따라간다면 그게 악종(惡種)의 인연이 되는 겁니다, 깡패 소굴에 들어가면 벗어날 길이 없듯이. 또 향을 쌌던 종이, 향내 나는 향수라고 그러죠. '향수의 바다' 이러죠. 우리 몸에도 물이 있지만, 향수해(香水海)같이 우리가 먹고 쓰고 하는 것이 전체 향수라면, 향수를 따르는 향수라면 얼마나 그게 즐겁고 좋겠습니까? 그래서 인과라는 자체가 바로, 악종의 인연이냐 선종의 인연이냐 하는 겁니다.

그럼 과거에 어떻게 살았느냐에 따라 그 속에서 악종의 인연을 많이 맺은 사람들은 지금 자식들로 인해서 속도 썩거니와 불구인도 나오고 별의별 일이 다 나오는데, 이 인과성의 문제들을 어떻게 해결을 할 테냐는 얘깁니다. 선종으로 인연을 많이 맺은 사람들은 선종을 낳게 되거든요. 그렇기 때문에 애들이 극진하고 말을 잘 듣고, 그 모든 것을 속 안 썩이고, 그냥 수순하게 살아 주는 그런 가정이 되겠죠.

그러니까 그것이 누가 갖다 준 게 아니라 바로 내 속에 그렇게 주둔해 있기 때문입니다. 내 속에 그렇게 주둔해 있기 때문에 거기에서 인과성에 연결이 돼서, 고리가 고리를 물고 나오기 때문에 자식을 낳아도 고리가 고리를 물고 나오는 겁니다, 종자가 그 종자니까. 그러니까 선종이다, 악종이다 하는 인연을 자꾸 만든다면 아니 되죠, 그거는. 그래서 과거는 내 몸뚱이에 다 주둔해 있기 때문에, '과거는 지나갔으니까 없다' 이러는 겁니다. 내 몸뚱이 속에 다 주둔해 있기 때문에 '미래는 오지 않았으니까 없다' 이러는 겁니다. 그러니까 인과성에 대해서도 내 몸뚱이 속에 다 가지고 있는 겁니다.

유전성이라는 문제도 살생으로 인해서 많이 연결되니까 구분지 삼은 살생이 원인이죠. 그러나 이 유전이라는 것은, 만약에 아버지가 속병을 앓았다 이러면은 그것을 대치해서 자식이 또 속병을 앓는 게 아니라, 과거로부터 그렇게 남을 애타게 꼭 그 값어치대로 했기 때문에 그 대가를 부모가 치르고, 그 대가를 또 자식이 치르게 내려간다 말입니다. 이게 무서운 겁니다, 아주. 그러니까 개미가 개미를 낳지 딴 종자를 낳을 리가 없다는 얘기죠. 소가 소를 낳고, 말이 말을 낳고, 토끼가 토끼를 낳고, 사람이 사람을 낳는 거지 딴 거 낳는 것을 못 봤어요. 돌연변이가 있다면 딴 거를 낳을 수도 있겠죠.

그러니까 그러한 문제가 내려오면서, 지금 백팔 염주에 염주알을 꿰어 놓은 것처럼 자기의 그 종자가 종자대로 그렇게 꿰여 있죠. 이 세상 이치도 우주 전체를 염주알 꿰 놓은 것처럼 돼 있어서 우리가 그 염주 바깥으로는 벗어날 수 없게 되어 있다는 말입니다. 그러니까 그 유전성이라는 것도 우리가 지금 공부하는 대로 하지 않는다면 끊어질 수가 없습니다. 유전성이든지, 영계성이든지, 세균성이든지, 업보성이든지, 인과성이든지 이 공부를 안 하면 무너뜨릴 수가 없는 것입니다.

이열치열이라는 말이 있지 않느냐는 말을 항상 하죠. 거기서 나온 거라면 거기서 대치를 해야지 어디 다른 데서 할 수가 없습니다. 나오는 구멍도 그 구멍, 드는 구멍도 그 구멍, 우리가 숨을 쉬었으면 숨을 쉰 그 자리에서 숨을 또 내쉬지, 딴 자리에서 숨이 나오는 겁니까? 들이쉬고 내쉬는 것이 한 숨구멍이죠. 그렇듯이 마음이 들고 나는 자리도 딱 하나죠. 그래서 부처님은 경전에서 '한 궁전 가운데 털구멍에, 털구멍 가운데서 보살을 낳고, 털구멍 가운데서 모든 세계가 벌어진다' 고 말씀하셨습니다.

그리고 우리가 '업보성' 하면 오간지옥성입니다, 그게. 지금 우리가 차원이 낮고 낮아지면 인간에서 좌천이 되는 거죠. 인간에서 좌천이 돼서 기어 다니는 벌레로 땅속에서 사는 것이 바로 오간지옥이에요. 무당들이 칼을 들고 바가지에서 죽 쑤은 것을 던지면서 하는 소리 들어 보셨어요? 하하하…. "이걸 먹고 싹 물러나라." 하하하…. "그렇게 물러나지 않는다면 국내, 밥내도 못 맡게 지옥성에다 넣는다." 이런 말이 있죠. 그런 거와 같이 이거는 인간이 돼야 국내, 밥내를 맡지 어떻게 국내, 밥내를 맡습니까, 땅속에서 사는 벌레가? 만약에 땅속으로 다니고 굴속에서 살고 그러는 살모사나 그 뭐, 뱀 종류라든가 벌레 종류라든가 이런 거라면 그냥 국내, 밥내도 못 맡죠. 그게 바로 오간지옥입니다.

그래서 이 마음이라는 것은 결정코 불에 들어가도 타지 않고, 물에 들어가도 빠지지 않고, 칼로 썰어도 썰어지지 않고, 하하하…, 아주 굳세고 아주 늠름하고 여여한 것이죠. 그래서 마음은 누구도 건드리지 못한다고 했습니다. 그래서 마음의 이름이 부처라 이런 거죠. 그러니 여러분 속에 모두 주둔해 있는 거를 어디 가서 빌고 어디 가서 찾습니까? 어디 가서 그걸 해결해 달라고 합니까? 오신통을 컴퓨터라고 해도 좋다고 내가 항상 말하죠. 앞서 입력이 돼서, 자동적으로 컴퓨터에 입력이 돼서 주둔해 있으니, 거기서 나오는 대로 다시 입력해라 이 소립니다. 그래야만 앞서 입력된 게 없어지는 겁니다. 업보성이라든가 영계성, 유전성, 세균성, 인과성 이 자체가 몽땅 차례차례로 나오는 것을 내가 닥치는 대로 거기다 놓으니까 차례차례로 없어지는 겁니다. 여러분이 그렇게 하면서 나가면 자손 대에도 그렇고, 다시 바꿔지는 거죠, 아주 그냥. 체가 없기 때문에 그대로 바꿔지는 겁니다, 그대로 그냥.

우리가 알고 보면 이 모든 일체 목신(木神)들, 즉 말하자면 식물들과도 전부 연결되어 있습니다. 전부 통신을 하고 있다는 얘기죠. 우리가 이런 생각을 했다 하면 그 모든 통신을 엮어 주는 멤버란 말입니다. 엮어서 과거로 미래로 현재로, 둘 아니게 통신을 하는 겁니다. 그러니까 이 식물이라는 자체에도 큰 나무들의 목신들, 꽃신들, 뭐, 신들이 천차만별로 있죠. 그래서 수풀을 다스리는 관리인이 있고, 나무를 다스리는 관리인이 있고, 땅을 다스리는 관리인이 있고, 또 어디 도면 도, 시면 시, 이렇게 갈라서 다스리는 멤버들이 많이 있는데 그걸 주림신(主林神)이라고 그러고 주해신(主海神)이라고 말을 하죠. 그런데 그렇게 이름을 불러도 주(主) 자 빼놓는 거는 하나도 없어요. 왜냐? 마음 빼놓고 하는 거는 없거든요.

그러니 우리가 살아 있는 동안 기필코 이것을 다 부숴야 되겠다는 겁니다. 물론 부순다 부순다 하고 안간힘을 쓰라는 게 아닙니다. 그냥 여여하고 편안하게 나가는 거죠. 이 몸뚱이 하나가 그대로 꼬챙이에 꿰어져 있는 것처럼 바로 선장에 꿰여 있는 거나 같습니다. 그리고 배와 같고요. 선장이 끌고 가는 배와 같습니다. 그런데 그 배를 타고 있는 놈들은 얼마나 많습니까? 지금 여러분 몸속에 얼마나 많은 생명들이 들어 있습니까? 그거는 배를 탄 중생들이라 이 소립니다.

그런데 바람이 많이 불고 그래서 우리가 지금 평지에 살고 있다고 하더라도 아주 험한 파도치는 바다를 배를 타고 건너감과 같다, 살얼음판을 지나가는 것과 같다 이랬습니다. 선장이 잘 이끌고 가는 거를 믿지 못하고 안에서 마음이 흔들리면 안에 있는 중생들이 다 흔들리거든요. 그러니까 죽는다 산다 하고 안에서 뛰면은 바깥에서도 뛰고, 바깥에서 뛰면 안에서도 뛴단 말입니다. 그러니 그 배가 뒤집히지 않고 견디겠습니까? 이 배가 몸뚱이라고 생각을 해 보십시오. 그런데 말입니다, 이 한생각을 하고 돌아가는 분들은 파도가 치든 말든, 배가 엎어지겠으면 엎어지고 말겠으면 말고, 딱 그냥 '어허, 내가 공(空)했는데, 배를 탄 거는 어딨으며 배를 안 탄 거는 어딨겠느냐? 파도친 거는 또 어딨겠느냐?' 이럴 때는 그냥 안에서 빙긋이 웃음이 날 뿐이지 아무것도 없어요. 그랬을 때 아무것도 없이 배는 무사히 지나갈 수 있고, 여러분의 가정이 무사히 혼란에서 빠져나올 수 있다 이 소립니다.

부도가 났네 뭐가 났네 하는 것도, 이 도리를 몰랐을 때에 부도가 나게 해 놓은 거를 어떡합니까? 수습해야지. 그러니까 모든 것을 그 주인한테다 다 맡기고, 하늘이 무너져도, 회사가 다 그냥 날아간다 하더라도 '너만이 해결할 수 있고 그런 거지.' 하고, 거기다 딱 맡겨 놓고, '뭐, 이렇게 되든 저렇게 되든, 그냥….' 하고 가는 거지 왜 그렇게 불편하게 사십니까? 이렇게 살아도 한세상 저렇게 살아도 한세상인 것을 왜 불편하게 사십니까? 자식이 지금 저기 물에 빠져서 둥둥둥둥 떠내려간다, 부모가 둥둥둥둥 떠내려간다 하더라도 마음이 요동치 말아야 그 자식도 건지고 부모도 건지지, 마음이 요동치게 되면 같이 다 죽어요.

옛날에 어느 스님이 그랬대요. "어머니가 고생고생하며 사시다가 늙어도 고생을 면치 못하고 애를 쓰면은, 그냥 물에 떠내려가는 것을 보아도 그냥 그 어머니만 건지지, 그 어머니의 시자는 건지지 말아라." 이랬거든요. 그리고 또 자식이 떠내려간다 이럴 때는 아직도 좀 시자노릇을 할 테니까, 그 몸뚱이가 젊었다는 거죠. 그러니까 딴 사람이 와서 건지게끔 마음을 내는 거죠. 그렇게 해서 떠내려가는 것도 건지게 돼서 살게 되고, 깔려 죽을 것도 다 살게끔 되고 이렇게 되는 거죠. 이것도 마음의 놀이가 아니라면 절대 힘듭니다. 그러니까 일체 만물만생은 물론이거니와, 우주 전체가 생명의 근본이 아니라면 절대 움죽거릴 수가 없습니다. 우주가 임신을 해서 별성을 낳을 때에 수없이 낳고 수없이 들이고, 또 수없이 나도 중심의 근본이 아니라면 그렇게 들이고 낼 수가 없습니다.

엊그저께 위성이 떴다고 하더군요. (대중 속에서 "무궁화호"라고 대답함) 무궁화든지 뭐든지 말입니다. 허허허…. (대중 웃음) 그것이 뜰 때에 내가 말을 하길 이랬습니다. "허허, 이 마음공부들을 했으면, 들이고 내는 데에 저장처를, 조그마한 덩어리 하나 더 달았으면 아예 그냥 제대로 될 건데 모자라는구나." 그랬어요. 그리고 또 그것뿐이 아니라 여러분이 생각해 보세요. 그 위성이 지구 밖에서 돌아가는 것도 인간의 마음이 한 거지, 딴 데서 한 것이 아니거든요. 인간의 마음이 발전이 돼서 그렇게 한 거지, 딴 데서 떨어져서 그럭한 게 아니에요. 그러니까 올렸든지 내렸든지 간에 마음이 선장이죠.

여러분의 차원을 셋으로 나눈다고 합시다. 하나는 나를 지금 간곡히 관(觀)하고 들어가는 사람, 관하고 들어가서 나를 탄생시킨 사람, 그다음에 탄생을 시켜 가지고 이제 점차적으로 점수(漸修)로 들어간 사람, 이렇게 세 단계가 있다 하면, 그 첫 단계에 있는 모든 분은 윗단계에 대해서 말한 것을 그냥 따라서 할 생각을 하지 마세요. 항상 자기 집을 지으려면 바로 주춧돌부터 아주 완전하게 해 놓아야 되니까요. 위성이 지구를 벗어나서 그렇게 돌듯이 우리가 공부하는 것도 지금 마음이 우리 몸뚱이 안에서 벗어나야 지구 안에서도 벗어날 수 있습니다. 공기가 없는 대기권 바깥으로 다닐 수 있는 건 마음뿐이에요. 물체는 공기가 없으면 죽지만, 물체가 아닌 마음은 이 우주 삼세를 다 한 찰나에 돈다고 하더라도 절대로 손색이 없어요. 그뿐 아니에요. 전체를 갖다 놓고 보는 것이, 공 하나 갖다가 이렇게 놓고선 요리 보고 조리 보고 하는 것과 같습니다.

그것도 부처님께서는 도가 아니라고 그랬으니 무슨 까닭인가 이거예요. '전체를 요렇게 갖다 놓고 볼 수 있어도 이건 도가 아니니라.' 했어요. 목마를 때 물 한 모금 주는 것만 못하다 이 소리죠. 보는 것이 무슨 도겠습니까마는 우리가 저 위성을 만들려면 일 단계, 이 단계 겉껍데기를 만드는 것과 같이 그게 있어야 하기 때문에 그렇게 할 뿐이지, 오신통이니 뭐니, 이것도 종합해서 하는 거지, 모두가 혼자 하는 거는 없으니까요. 보는 거, 듣는 거, 상대를 아는 거, 또 내가 어디로부터 왔는지를 아는 거, 또 내가 가고 옴이 없이 이렇게 가고 오고 보고 이러는 것이 종합돼야 한 몸이라고 할 수 있죠, 한 몸! 정상인!

그렇듯이 그 정상인 하나를 정상인답게 할 수 있다면, 마음대로 자유스럽게 지구 바깥을 벗어나서 돌거니와, 아니 다른 행성에 가서도 돌고, 다른 행성이 만약 우리 지구에 어떠한 문제를 일으킨다 하면 바로 그 속으로 들어가서 둘이 아니게 만들고 이렇게 하는 거죠. 이것은 평등공법이라고 할 수밖엔 없겠죠? 그런데 평등공법이면서도 중용이라고 이렇게 말하죠. 그것은 여러 가지로 이름이 주어지지만, 하여튼 모두 그 안에, 보고 듣고 하는 그 안에 진짜는 들어 있으니까요. 보고 들었으면 주어라. 보고 들었으면 결정을 지어라. 보고 들었으면 그냥 물러나는 게 아니라 그냥 잘못되고 잘되고가 알아진다. 이건 '수습을 해라' 하는 거죠. 그러니까 부처님께서는 길을 지나가다가도 말해 줄 사람한텐 말해 주고, 그냥 건져 줄 사람은 건져 주고…. 예전에는 양을 많이 잡아서 바쳤답니다. 양을 바치려고 짊어지고 갈 때는 양을 건져 주고, 소가 죽을 때는 소를 건지고, 이렇게 해서 부처님 그 눈에 걸렸다 하면 그건 인도환생이 되는 거니까요.

여러분 중에 '더운데 시원한 데로 놀러 가지, 왜 내가 거기 가서 끼어 앉았어?' 이렇게 생각하는 분들도 있을는지 모르겠지만 여기 앉아 계시는 분들은 그렇지 않으리라고 믿습니다. 그건 왜냐하면요, 내가 지내 보니까, 더우면 더운 대로 추우면 추운 대로, 또는 적으면 적은 대로 많으면 많은 대로, 누가 주면 주는 대로, 끌어다가 먹지도 않고 나한테 온 거 박차서 내버리지도 않는다는 얘기죠. 모든 점에 있어서 순리적으로, 일체를 합류화해서 항상 모두를 내 스승으로 보고, 내 아픔으로 보고, 내 몸뚱이로 본다면 그게 잘못이 아닐 겁니다. 왜냐하면 수없이 몸을 변하게 만들어 가지고서는 키가 모자라서 못 먹을 때는 키를 키우고, 다리가 모자랄 때는 다리를 키우고, 배가 좁을 때는 배를 크게 해서 자기 소관대로 자유스럽게 몸뚱이를 만들어서 사는데요, 그거 한번 생각해 보셨습니까? 진화력이라는 게 그렇게 이 한생각으로 진화가 된다는 사실을요. 그래서 이 공부하시는 분들은 이 몸 자체도 개선할 수 있고 잘못된 것을 바꿀 수도 있는 거죠.

그런데 나를 믿는 것 말입니다, 믿는 것은 아픈 것을 나을 양으로 믿는 것도 아니요, 죽을 걸 살 양으로 믿는 것도 아니요, 어떠한 업보를 제거하려고 믿는 것도 아니요, 자기가 이 세상에 났으니까 그대로 자기를 믿으라는 거죠. 자기 시자는 자기 주인을 믿어야 된다는 얘깁니다. 아버지가 나쁘든 좋든 아버지이듯이, 어머니가 못났든 잘났든, 못 배웠든 병신이든 하여간에 내 어머니이듯 그냥 무조건, 무조건 믿는 그 속에서, 천차만별로 벌어지는 거는 다 대치가 되는 거니까요. 그렇게 믿지는 않고 이름만 부르면서 요거 한 가지만 해결하기 위해서 애를 쓴다면 그건 참 더디죠. 앞에 닥친 거를 어쩌겠습니까? 그러니 진짜로 믿고 '너 아니면 해결 못한다.' 하고선 마음을 조급하게 두지 말아야죠. 안 되든 되든 일단 맡겼으면 '난 죄가 없어, 일단 맡겼으니까.' 하고 그냥 던져 두는 거죠.

어떤 스님이 삿갓을 쓰고 주장자를 짚고선 물을 건너가는데 아, 어느 마을에 불이 나서 그냥 막 타오르고 아우성을 치고 있더랍니다. 그래서 그 몸뚱이가 뛰는 게 없이 주장자를 물에다가 척 치니까, 그 물이 구름으로 화(化)해서 전부 비로 내리더랍니다. 비가 억수같이 내리니 불이 그냥 단번에 꺼지더랍니다. 그쯤은 돼야죠. 허허허…. (대중 웃음)

그러니 몸뚱이가 아무리 뛰어 봤자 벼룩입니다. 저 허공에서 비행기가 잘못돼서 죽는다고 해 보세요. 몸뚱이가 아무리 뛴다 하더라도 그거를 해결할 수가 있나요? 예전에 그런 예가 있었죠. 어느 스님이 가만히 보니 비행기 조종사가 몸이 불편해서 술 한잔을 마셨는데 위험하게 된 거예요. 그 스님이 가만히 보니까 사람들이 많이 죽겠거든요. 그래서 그 조종사 속으로 들어갔어요. 조종사 속으로 들어가서는 '에이, 이 새끼야! 정신 차려!' 그러고는 콱 찔렀단 말입니다. 그래서 정신 차려 보니까 이거 야단났거든요. 그래, 그냥 수습을 한 거죠, 그냥. 비틀비틀하면서 수습을 해 가지고 괜찮았답니다. 그런 예도 있어요.

그냥 종교 삼아, 남들도 절에 다니니까 나도 다녀 보자 이러고 그냥 나오는 분들 많으시죠? 그런 사람이 대부분이겠죠. 그런데 그게 아닙니다. 우리가 전화를 필수적으로 쓰듯이, 밥 먹는 거를 필수적으로 먹듯이, 우리가 살고 있으니까, 내가 살고 있으니까 모든 게 내 탓이고 남의 탓은 하나도 없어요. 그리고 내가 있는 자리에 부처가 있고, 내가 변소간엘 가든지, 똥둑간엘 가든지, 허허허…, 똥 재어 놓는 데 있죠? 그런 델 가든지, 내가 있는 자리에 부처는 있는 것이지 깨끗한 데를 찾아서 부처님이 계신 게 아닙니다. 질문하실 거 있으면 질문하세요.

질문자1(남) 질문을 이렇게 하게 해 주셔서 우선 감사합니다. 다름이 아니고 마음을 관하는 방법에 관하여 질문을 좀 드리려고 그러는데요, 빨리 부처가 되고 싶은 열망은 간절합니다만 그것도 욕심인지라, 제가 묻고 싶은 것은 마음을 관하는 방편을 찾는데, 예를 들자면 옴 진동수라든지 또는 냉수, 온수를 번갈아 가면서 하는 냉온욕이라든지 그런 걸로 몸 안에 있는 나쁜 거를 제거시킨 다음에 하면, 깨달음의 길을 가는 마음 관하는 방법이 육체가 단련됨으로 인해서 더 도움이 되는지요? 진동수나 냉온욕이나 이런 게 도움이 되는지요? 그게 궁금합니다.

큰스님 그것은 믿는 것이 진짜로 얼마나 거기에 통신이 되느냐의 문제입니다, 진짜로 그 나오는 구멍에 들어갔는지. 그래서 거기에 통신이 되면 한 찰나에 대뇌로 갑니다. 대뇌로 가서 소뇌를 거쳐서, 아주 찰나죠, 중뇌에서 책정을 합니다. 사대(四大)로 통신이 됩니다. 그래서 자기 마음에 의해서 모든 거를 제거할 건 제거하고 수습할 건 수습하죠. 그러니까 그게 가능하죠, 모두가. 가능한데 말입니다, 그거는 내가 진짜로 믿고, 내가 되는 데서 가능한 겁니다. 부처는 이름입니다. 여기 부처 아닌 사람이 어딨습니까? 다 부처님이지. 그 부처님 속에 부처 아닌 부처가 그렇게 할 수 있다면…, 그렇게 하기 위해서 믿으라는 게 아니고 '그대로, 그대로 그 부처가, 부처 아닌 부처가 그대로 있으니, 본래 있으니 그거를 진짜로 믿어라. 콩씨를 하나 심어서 콩 싹이 났걸랑은 그 콩 싹은 제 뿌리를 진짜로 믿어라. 믿어서 콩 싹이 왕성하게 되면 자기 종자를 다시 얻느니라.' 이런 거죠. 그래서 그 종자를 다시 얻을 때에는 한 종자가 수만 개로도 되고, 그랬을 때 수만 개의 종자를 다 먹이고도 한 종자는 되남더라 이 소립니다. 그렇게 할 수 있어야만이 저런 것도 다 가능합니다.

질문자1(남) 그러면 진동수를 마시면서 마음을 관해도 된다는 말씀이네요?

큰스님 왜 하필이면 진동수를 마시면서 관합니까?

질문자1(남) 마음은 천차만별이 돼 가지고 마음 하나 관하기는 힘들겠고 그래서 몸이 우선 건강해야 마음을 관하지 않느냐는 생각에서 하나의 방편….

큰스님 마음이 편안해야 몸이 건강하죠. 몸이 건강해야 마음이 편안한 게 아닙니다.

질문자1(남) 네.

큰스님 아까 얘기했죠. '잘되려고 하지도 말고 못되려고 하지도 말고 닥치는 대로 마음에다 맡겨라. 이왕 맡겼으면 심부름꾼은, 즉 말하자면 하인은 주인이 하는 대로 따라갈 뿐이지 그냥 뭐, 잘못됐느냐 잘됐느냐 따지지 말아라. 왜 주인도 따지지 않는데 하인이 따지느냐. 그러면 종 문서에서 벗어나지 못한다.' 이런 거죠.

질문자1(남) 감사합니다.

큰스님 그 이치를 아시겠습니까?

질문자1(남) 예. 완전히는 몰라도 대충 알겠습니다.

큰스님 하하하…. 그러니까요, 하여튼 그렇게만 맡기세요, 그렇게만. 옛날에는 주인이 죽으라면 죽는 시늉까지 다 했지 조금도 거역한 예가 없지요.

질문자1(남) 예, 감사합니다.

큰스님 아주 자기 자식까지도 전부 종이 되는 거죠. 전부 종이 되는 거지 거기에 뭐, 빠지는 게 없죠. 그러니까 종 문서를 벗어나기 위해서는 종이면 종답게 살아야지, 주인 노릇을 하지 말아라 이거죠. 주인 일에 참견하다가 외려 종이 죽어 버리면 주인도 찾지 못하고….

질문자2(남) 저는 본원에 다니고 있습니다. 여름철에 살다 보면 집안에 각종 벌레, 해충들이 많이 들어옵니다. 그런데 저희가 죽어 있는 것을 먹거나 버릴 때는 뭐, '한마음!' 하면서 할 수 있겠는데, 살아 있는 놈을 귀찮다고 또 '한마음!' 하면서 죽일 수도 없고 그래서 공부와 관련해서 한 말씀 해 주시면 고맙겠습니다.

큰스님 살아 있는 걸 죽인다 할 때 그거는 죽이는 사람의 차원에 따라 다릅니다. 지금 갓 배우는 사람한테는 '살생하지 마라' 이럽니다. 그러나 다 배운 사람 앞에는 '무조건 먹어 치워라' 이럽니다. 하하하…. 그 뜻을 아시겠습니까? 그거는 왜냐? 그 모습으로 산다면 얼마나 고생이 되는 줄 아십니까? 만약에 다 깨친 어떠한 스님이, 부처님께서, 스님이 부처고 부처가 스님이니까요, 만약에 수많은 벌레들을 다 죽였다고 합시다. 그러면 그거 살생이라고 보겠습니까? 죽여도 건진 거고 살려도 건진 거고, 줘도 건진 거고 안 줘도 건진 거고, 그냥 건져져요, 그냥.

질문자2(남) 지금 장기 이식을 많이 하고 있습니다. 눈을 이식한다든지 여러 가지를 하고 있는데, 그때 아까 그 다섯 가지 문제가 같이 들어오거나 나가지 않을까 하는데, 그것을 해도 괜찮은 것인지 안 좋은 것인지요?

큰스님 그거야 선과에 들어가는 거니까요, 선심이니까. 즉 그걸 받는 사람이 항시 고맙게 생각하고, 눈을 줬든지 간을 줬든지 그 준 사람을 둘로 보지 않고 자기로 봐야죠. 자기로만 볼 수 있다면 되지만 둘로 본다면 또 그게 인과가 되죠.

질문자2(남) 다음에는 정진에 대해서 좀 여쭙겠습니다. 전에 스님께서 저녁 때 잠들기 전에 하루를 되돌아보고 반성을 하고 자야 된다고 그러셨습니다. 우리가 한 시간을 제대로 살면 하루를 제대로 살게 되겠는데 그러면 그때부터 반성하고 잠들어서 아침에 일어나서 여러 가지 일을 하게 됩니다. 그래서 하루를 어떻게, 순간순간을 어떻게 사는 것이 가장 우리 공부에 관련해서 정진이 되겠는지 말씀해 주십시오.

큰스님 그냥 생활선법(生活禪法)이 아닐까요? '그냥 우리가 생활하면서 하되 앉으나 서나 자나 깨나 모든 것을 그냥 내 주인이 그렇게 시키고 있고 그렇게 하고 있으니까, 그 주인을 감사하게 생각하면서 해라.' 이런 것이 참선입니다, 그냥. 그대로 참선이에요. 그런데 그게 두 가지 여건에서 세 가지 단계로 내가 얘기한 겁니다. 왜냐하면 나를 발견을 못 했으면 진짜 공부를 못 하고 들어가는 겁니다. 그렇기 때문에 나를 발견하기 위해서라면 저녁에 남이 다 자고 조용한 틈을 타서 한 30분이라도 앉아서 '이놈아, 네가 너 있다는 증명을 할 수 있는 거지 누가 증명을 해 주느냐?' 이거죠. '당신이 있다는 것을 당신만이 증명을 해 줄 수 있는 거지 누가 증명해 주느냐?' 이거야. 그것이 똑바로, 직속 들어가는 관법이거든요. 그게 바로 좌선도 되지만 그게 관법이에요.

그러니까 그것은 사람들이 자기를 발견 못 했을 때 지극하게 할 수 있는 그런 방법이죠. 그리고 살림하면서 살아가는 분들에 한해선 특히 더하고, 스님네들도 역시 그렇구요. 우리가 이 도리를 발견하려면요, 첫째는 다섯 가지 요소에서 벗어나야 됩니다. 그것이 다 거기서 나오고 빚어지는 거거든요. 뭐, 관습이라든가 습성이라든가 이런 것도 한번 굴려서 놓아야 떨어지죠. 거기에서 예전에 살던 그 습성이 나오면, 그냥 나오는 대로 생각하게 돼 있거든요. 나오는 대로 말하고 나오는 대로 하거든요. 그걸 한번 굴리지 못하고 그러니까 그 습성이 다 떨어지지 못하면 인정을 못 해요. 하늘에서, 한울 중심에서 인정을 못 한단 말입니다. 열쇠를 받지 못해요. 그걸 해인(海印)이라고도 하고 그러지만요.

그러니까 그 다섯 가지 요소에서 벗어나야 됩니다. 내가 나를 발견했다 하더라도 거기에서 벗어나지 못하면 그 통 속에서 나오지 못합니다. 모든 인과의 습성, 인연들과 살던 그 습성을 그대로 그렇게 반영하고 자꾸 그대로 하지 말고 한번 굴려서 놓되, 그 마음이 분기해서 탁 나오더라도 안으로 상대방을 생각해라 이거야. 내 생각을 하지 말고, 언제나 내 생각으로써, 나의 기준으로써 잣대를 삼지 말고, 한번 내가 상대방으로 들어가서 상대방이 돼 봐라 이거죠. 그러면 그 습성이 차차차 없어지죠. 그리고 둥글어지고 둘로 보지 않게 되고, 그래야 빨리 그 몸통 안에서 벗어날 수 있죠. 몸통을 그냥 통이라고 하죠.

질문자2(남) 한 가지만 더 여쭙겠습니다. 제가 조그맣게 일을 하고 있는데 하다 보면 어떤 땐 일감이 좀 적게 들어오는 때도 있습니다. 그러면 점심을 안 먹고 '저 일감 가지고는 내가 이렇게 마음대로 밥을 먹을 수 없으니까 너희들이 나가서 더 벌어들여 오든지 일을 더 많게 하든지 하라.' 그러고서 어떤 땐 굶어 버립니다. 그랬을 때에 그것이 공부와 관련해서 내면과의 대화가 되는 것인지 아니면….

큰스님 만약에 내가 당신이라면 이렇게 하겠어요. '점심을 먹게 하는 것도 너고, 먹지 못하게 하는 것도 너니까 알아서 해.' 그게 배우는 과정에서 톡톡한 맛이 나는 도리죠. 그러니까 그렇게 하고 만약에 그렇게 안 됐으면 '어, 굶어라 이런 거로구나!' 그러고 굶고, 또 먹게 되면 '어, 먹게 했구나. 감사하다!' 하고 먹고, 이렇게 하다 보면은 들고 나고 들고 나고, 안 되고 되고 되고 안 되고, 이것이 나중에는 그냥 막 돌아가 버려요. 그렇게 한참 돌아가야 이게 뭐가 되는 거지 그게, 허허허….

질문자2(남) 감사합니다.

큰스님 하여튼 내가 짐작하건대는, 이렇게 공부하시는 분들이 지극히 하시기 때문에 모두 여기에서 벗어나지 않을까 하는 생각도 합니다. 물론 고기들이 바다에서 벗어나지 못하듯이, 인간도 공기주머니에서 절대적으로 벗어나지 못하고 뱅뱅 돌면서, 죽어도 또 거기, 죽어도 또 거기, 이걸로 저걸로 모습을 달리 해 가지고 나오면서 벗어나지 못하거든요. 살아서 내 몸뚱이 안에서 벗어나지 못하면 죽어도 벗어나지 못해요. 그러니 더우면 더운 대로 추우면 추운 대로, 고통스러우면 고통스러운 대로 그냥 '네놈이 알아서 해. 난 너의 심부름이나 할 거야.' 하고 그냥 콱! 말입니다. 하하하….

(합창단의 음성공양 후 대중이 삼배를 올리자 가슴을 짚어 보이시며) 여기다 하세요. 인간의 몸뚱이는 전부 고깃덩어리예요. 그러니까 진짜로 여러분의 주인한테다가 삼배 올리시고 정리하시고 그러세요.

오분향(五分香)

1995년 12월 3일

넓게 생각을 한다면 작년, 올해, 내년도 없겠지만 그것도 우리가 질서를 지키고 살아나가기 위한 것이겠죠. 그러니만큼 올해도 벌써 기울어서 내년을 맞이하게 됐습니다. 그런 반면에 우리가 수억겁을 어떻게 살아왔는지, 내가 지금 어떠하고 가는지 그것을 잘 생각해 본다면 미래는 훤히 내다보일 것입니다. 우리는 모두가 자기 몸이라는 싹 때문에 자기 종성(種性)을 모르고, 즉 종자란 뜻입니다. 그것을 모르고 자기 싹이 영원히 살지 못한다는 거를 알면서도, 항상 실천에 옮기지 못하고 그저 천년만년 살 줄 알고 이렇게 살고 있죠. 그러니까 괴로움도 더 많고, 외로움과 괴로움과 아픔과 슬픔, 이 모두가 겹쳐서 '참, 사는 게 뭣인가.' 하고 허망한 생각도 드는 경우가 많이 있을 겁니다. 그러나 우리 인생살이를 가만히 따지고 볼 때 항상 과거, 현재, 미래가 없이 초월해서 돌아간다는 거를 안다면, 살고 죽는 것이 없다는 것을, 그리고 영원하다는 것을 알 것입니다.

지난번에도 오분향(五分香)을 말했지만, 오분향은 오계(五戒)의 근본적인 공부하는 이치에 달하고 있습니다. 그래서 아침 저녁 예불에 이 오분향을 스님네들이 항상 잊지 않고 하는 것은 바로 그 이유 때문이죠. 그것은 또 스님들만이 아니라 여러분과 더불어 같이 공부할 수 있는 계기를 마련하기 위해 부처님께서 그렇게 말씀해 놓으신 겁니다. 그 오분향을 다 아실 것 같으면, 여러분이 해마다 받는 오계의 의미도 거기 다 포함돼 있는 것입니다.

우리는 하나하나 배우기 이전에 지혜로우면 껑충껑충 점프할 수가 있는 것입니다. 나는 한 사람의 역할만 하는 게 아니죠. 누가 어떤 행동을 한다고 하기 이전에 아버지의 행동을 하며, 남편의 행동을 하며, 아들의 행동을 하며, 형의 행동을 하며, 아우의 행동을 하며, 사위의 행동을 하며, 친구의 행동을 하며, 사원의 행동을 하며 여러 가지를 자동적으로 하고 있죠. 그렇듯이 부처님 법에 요렇게 꼭 집어서 말씀해 놓으신 것만 있는 게 아닙니다. 우리가 누구를 만나면 이렇다, 누구를 만나면 이렇다 이렇게 말씀해 놓은 게 아니라 자유스럽게 만나고 말하고 듣고 보고 이럽니다. 안 그렇습니까? 자유스럽죠?

그런데 예전에도 내가 얘기했죠. 콩을 심어서 콩 싹이 났는데 콩 싹은 자기가 제일이라고 하더라 이겁니다. 자기만이 자기인 줄 안다 이런 거죠. 엄연히 자기 종자가 있어서 콩 싹이 됐는데도 불구하고 말입니다. 그래서 우리가 지혜로우면 '아, 콩씨가 없어도 콩 싹이 없고 콩 싹이 없어도 콩씨가 없구나.' 하는 걸 우리가 알게 됩니다. 벽을 치면 봇장이 울리듯 말입니다. 그래서 저는 항상 여러분한테, 요거 한 가지만 딱 말하는 게 아니라 둥글려서 말을 하려니까, 둥글려서 천체 나가려니까, 이것저것, 소소한 것, 뭐든지 거기 포함돼서 들어가게끔 항상 말을 하죠. 팔정도니, 육바라밀이니, 사성제니, 오계니 그런 게 모두 거기 포함돼서 들어가는 이치를 얘기하거든요.

왜냐하면요, 하나하나 이렇게 하다 보면 늙어 죽을 때까지도 그 길을 걷지 못할 테니까요. 그래서 물은 강하면서도 유유히 돈다고 합니다. 힘이 없어서 유유한 게 아니죠? 시대를 우리가 좇아가는 것도 아니고, 시대가 우리를 좇아오는 것도 아닙니다. 단, 그 가운데서 우리가 어떻게 생각을 하고, 어떻게 움죽거리고, 어떻게 하느냐에 따라서 시대는 바뀌질 수도 있고, 좋게 될 수도 있고 이렇습니다. 그러니까 이 지구에서 주인은 우리 마음이죠.

지구의 근본과 우리의 근본, 우주의 근본, '삼천대천' 이럽니다. '삼천'에 대해서 한번 생각해 보셨습니까? 무엇을 삼천이랬나 하고 말입니다. 과거, 미래, 현재를 한데 포함한 것을 삼천이라고 그럽니다. 그리고 삼심(三心)이라고도 하죠. 그러나 요거는 한 개체만 보는 견해에서 삼심이라고 하는 것이지 천체를 본다면 '삼천'이라고 하죠. 이것을 삼세간이라고 하는데, 그 삼세간이 어떻게 돼서 일심(一心)으로 돌아가느냐는 얘기입니다. 우리가 살면서 지금 현실에서 돌아가고 있는 자체가 바로 삼세간에서 돌고 있다는 얘깁니다. 그래서 이렇게 현실 속에서 살고 있는 이 자체 내에 하세계, 중세계, 상세계가 엄연히 있는 것입니다. 이 삼세계가 여기 우리가 지금 사는 데 있다는 거죠.

그래서 삼세간이라는 그 자체가 있다면, '삼천' 하면 그냥 하나가 됩니다. 한마음이 되는 거죠. 예를 들어서 한마음을 '천'이라고 합니다. 또 '대천' 이럽니다, 대천! '삼천대천' 이러기도 합니다. 그러면 우리 한마음과 저 외부의 한마음이 따로 있는 게 아니기 때문에 우주간, 대천세계와 더불어 같이 천이 되는 것입니다. 예를 들어서 '삼천' 하는 것이, 삼천은 벌써 돌아가고, 삼천이 대천하고 포함된 겁니다, 이게. '삼천' 하면, 삼천이라고 한 말은 금방 과거로 돌아가고 과거에서 현실로, 그냥 대천으로 들어오는 겁니다. 그래서 일심이 천심이요, 천심이 일심이라. 내가 아는 마음이 천심으로 돌아간다. 남이 아무리 모른다 하더라도 내가 아는 마음이 천체와 다 같이 돌아가니 이건 무슨 까닭인가?

여러분이 죽어 보지 않았으니까 죽은 세상을 모르는 거예요. 그리고 또 우리가 그 모든 업식에 의해서, 즉 남의 다리 긁어 가면서 살거든요. 허허허…. 그런 경우가 많죠. 남이 이럭하면 나도 이렇게 해야 하고, 저렇게 흔들리면 나도 저렇게 흔들리고, 바람이 이쪽으로 불면 나도 이쪽으로 가야 된다고 하는데 이렇게 가야 된다, 안 된다 하는 말도 없이 그냥 천연적으로 따라가게 돼 있습니다. 그거는 자기 중심이 없이 그냥 남의 다리 긁어 주면서 가는 거죠. 자기 다리를 시원하게 긁지 못하고 그냥 따라가는 거죠. 그러면 '삼천대천' 이럴 때, 삼심이 일심이면 그 대천과 지금 현실의 삼천이 둘이 아닌 까닭에 내 한마음에 응집이 되고 한마음에 정심(定心)이 된다 이거예요.

그래서 오분향을 얘기할 때에 '누구든지 함이 없이 해라' 하는 뜻이 무엇이라고 생각하십니까? '무주상(無住相)이다' 하니까 그냥 아무 생각 없이 주는 것이 무주상이라고 생각하지 마세요. 착이 없이 주되, 아주 똑바로, 똑부러지게 해 놓는 것이 바로 무주상이자 함이 없이 하는 것입니다. 똑똑히 하지 말라고 한 게 아닙니다. 부처님이 그렇게 어리석지 않고, 깨달은 분이 그렇게 어리석지 않아요. '함이 없이 무주상 보시 하라' 이런다고 해서 무의미하게 그냥 그러는 것이 아니라, 내가 마음에….

예를 들어서, 나는 이렇게 살고 있습니다. 예전에 이런 예가 있었죠. 70년경에, 처음에 이 집을 지었을 때는, 저기 조그만 가겟집 하나 뿐이었지 아무것도 없었습니다. 공동묘지였었구요. 그런데 도둑이 들어왔습니다. 그날 저녁에 공양주한테 이렇게 말을 했죠. "오늘 도선생이 오실 테니까 저 문 좀 단속해라." 이러곤 무심코 그냥 잤습니다. 그런데 변소 문에 이렇게 망을 쳐 놓은 게 있었습니다. 그 망 쳐 놓은 것을 뜯고선 그리로 들어왔던 모양입니다. 그런데 그 당시야 사람이나 몇 있었습니까? 그런데 지하실에 들어가서 있으면서 밤중이 되면 할 양으로 숨어 있는 겁니다. 집어 갈 거나 뭐 있습니까? 그런데 내가 가만히 생각을 해 보니까, 이거 사람들 놀라겠고 큰일 났단 말이에요.

그래서 불을 켜고 그 지하실 문 앞으로 갔습니다. 가서, "빨리 나와." (대중 웃음) 문을 열어 놓고 말입니다. "빨리 나와. 아, 빚을 준 게 있으면 대낮에 받으러 오지, 어찌 이렇게 밤중에 와서 남 놀라게끔 만들어?" 이러면서 나오라고 그랬습니다. 그랬더니 픽픽 웃는 소리가 나요. 허허허…. 웃는 소리가 나더니 아주 젊은 애가 신발을 벗어 들고 나와요. 그래서 그렇게 말했어요. "부처님 법에 이런 게 있다. 네가 뭐를 훔치러 왔어도, 가져가게 돼서 가져갔으면 바로 빚 받을 게 있어서 네가 왔다고 생각한다. 그러니 빚을 받으러 왔으면, 떳떳하게 앞문으로 들어와서 '나 빚 받으러 왔소.' 하든가, 그렇지 못하다면 '스님, 나 이런 게 이렇게 힘드니까 쌀 좀 주시오, 돈 좀 주시오.' 하든지 아, 그러면 내가 안 줄 사람이 아니야. 있으면 다 털어 줄 사람이야. 빚 갚는데 무슨 이유가 붙겠어?" 이랬어요.

그랬더니 날 물끄러미 쳐다보면서 한참이나 있더니 그래요. "홀어머니를 모시고 있는데 병이 나서, 상당히 급하게 생겨서…, 그런데 내가 지금 여기 오는 게 두 번째입니다." 이러는 거예요. 하하하…. "아, 더더욱 그렇지, 그렇다면은." 그러면서 좀 줘서 보냈어요. 지금으로 따진다면 한 삼백 정도 되게요. 왜 그랬느냐 하면 도둑이라고 해서 다 나쁜 게 아니에요. 그것은 환경에 따라서 어쩔 수 없이 그렇게 된 거죠. 어리석으니까 저지르는 거지, 사람 본래 본성이 나빠서 그런 거는 아니거든요. 그러니까 모두가, 강도든 아니든, 도둑이든 아니든, 선하게 사는 사람이든 간에 본성은 다 평등하죠. 그런데 살다 보니까 환경에 쪼달리고, 바람에 쓸리고 이러다 보니까 남의 다리를 긁게 되고 그것도 시원치 않으니까 훔치러도 다니고 그러는 거죠. 그런데 제가 말하는 거 이해가 되십니까? 말은 모자라게 하더라도 듣는 건 잘 들어 주십시오.

그래서 오분향을 이렇게 가르칠 때에 오계도 거기 포함돼 들어가니까, 못났든 잘났든 모두가 자기가 있으니까 상대가 있고, 사느라고 애쓰기도 하고 그러는 거지 아니, 자기가 없는데 뭐가 있습니까? 아, 생각해 보세요. 아주 없죠? 따따부따할 것도 없고 말할 것도 없어요. 그러니까 처음에 공부할 때에 '이렇게 공부를 해라' 하는 것을 말한 것이죠. 부처님께서 당시에 가르칠 땐 그렇게 가르쳤단 얘깁니다. "바깥에서 들어오는 것을 모두 남의 탓으로 생각하지 말고 내 탓으로 생각해라. 내가 잘했든지 못했든지, 잘한 거를 못했다고 하더라도 공부하는 마음으로써 내 탓으로 생각해라." 이런 거죠.

왜냐하면 내가 있기 때문에 부딪치는 거지 내가 없다면 어떻게 부딪칠 수가 있느냐는 얘기죠. 안 그럴까요? 허공에다가 돌을 친다고 소리 나는 거 보셨어요? 돌이 마주 치니까 소리가 나죠. 그러니까 내가 있는 탓을 해라 이거예요. 내가 있는 탓으로 인해서 상대에 부딪칠 수도 있고 상대로 인해서 누가 되게 할 수도 있고 그러니 첫째, 모든 것을 누가 되게 하지 말고, 은사에게 누가 되게 하지 말고, 자기에게 누가 되게 해서는 안 되고, 불가에 누가 되게 해서는 안 되고, 그러면서 안과 바깥의 모든 걸 다 모아라 이거야. 모으는 작업을 해라. 정(定)에다 놓는 작업을 해라. 이게 계향(戒香)이에요.

정향(定香)이라 하는 것은 한군데다 모아서 익어지는 것을 말합니다, 익어진 것을. 아, 이제는 내 주장자가 엄연히, 딱 심봉이 박혀 있으니까 어딜 가도 흔들리지 않는다 하게끔 됐을 때 그걸 정이라고 합니다, 정향! 완전히 심봉이 박혀서 흔들리지 않을 때, 이제는 그 정향 속에서 들이고 내는 살림살이가 여여하게 들이고 내어진다 이겁니다. 그러는 동시에 그게 여여하게 돌아가게 되자 지혜가 생긴단 말입니다.

그러면은 지혜로써 여여하게 하니까 자기 말이 법이 돼서 그대로, 들이고 내는 것이 모두 넣어도 두드러지지 않고 또는 꺼내도 줄지 않는 겁니다. 이렇게 정향에서 들이고 내는 데 완전히 손색이 없다면 그때는 지혜가 생기기 때문에 그래서 혜향(慧香)이라고 그랬습니다. 혜향! 지혜 혜(慧) 자, 혜향! 이거는 제가 이렇게 공부를 해 오면서 느끼고 배운 거를 지금 얘기하는 겁니다. 부처님께서 말씀하셨기 때문만이 아닙니다. 그래서 이 오분향을 처음에 들었을 때에 '아하! 이런 거로구나.' 이렇게 생각했죠. '부처님께서도 그러셨구나.' 하구요. 하하하….

그랬더니 나중에 알고 보니까 부처는 많고도 많더군요. 전부 그냥, 전부 부처예요. "전부 주인공이십니다." 이런 겁니다, 지금. 그래서 지혜로워지면 그때는 들여도 두드러지지 않아요. 그걸 자세히 얘기할까요? 심령을 천 개, 만 개를 넣어도 두드러짐이 없죠? 그죠? 이 허공에 꽉 찬 마음을 다 꺼낸대도 줄지 않겠죠? 그러니까 이건 평등공법(平等空法)에 의해서 나오는 법 아닌 법입니다. 넣어도 두드러지지 않고 꺼내도 줄지 않는다 하는 혜향이 있습니다. 그 혜향이 이제 완성되면, 이게 꺼내도 줄지 않고 또 넣어도 두드러지지 않는다고 할 수 있게끔 완성된다면 마음이 다 익어 간다는 얘깁니다. 그런다면 그 속에 지금 오계로 받은 여러 가지가 다 포함됩니다.

그리고 그렇게 그게 익어 가면, 그다음부터 이제 해탈향(解脫香)이 나옵니다. 그땐 뭐냐 하면 바깥에 다니면서 보거나 듣거나 말하거나, 같이 와서 얘기를 하거나 뭐, 하다못해 소가 도살장으로 끌려가거나 이런 것들 전체를 그저 보는 대로 무명을 거둬 주게끔 돼 있습니다. 하나하나 거둬 주는 게 아니라 '일체 선명하게 살아가면서 지혜로워져서 그 무명에서 벗어나라. 그리고 진화를 해라.' 이렇게 진화를 시키는 겁니다. 즉 말하자면 소학교 다니는 거를 중학교로 올리듯이 말입니다.

그러나 아무것도 모르는 걸 첨단에다 올려놓을 수는 없지 않습니까? 그러니까 그냥 차례차례 이렇게 올라가게끔 무명을 전부 벗겨 주는 것입니다. 묶어진 마음을 다 헤쳐 주는 것입니다. 무명에 얽매여서 헤어나지 못하는 생명들을 다 그냥 풀어 주는 거죠. 그거를 풀어 주게 되면 자기가 한 생을 살아가면서 점프하게 되거든요. 진화를 해서 형성되거든요. 그렇지 않으면 그 모습을 가지고 몇천 년 그냥 가도, 그 모습 속에서 벗어나지 못하니까요. 이게 말로만이 아니라요, 엄청난 일입니다, 이게. 이거 말로는 안 되는 얘기죠. 그래서 '해탈향' 이럽니다. '더불어 같이 묶인 무명을 풀어 준다. 그러면서 모든 것을 내 아픔처럼 생각하고 풀어 준다' 이런 걸 말하는 겁니다.

'해탈지견향(解脫知見香)', 이것은 아주 간편하게 이렇게 얘기합니다. 여러 가지 얘길 하면 또 복잡해서 머리에 들어가지도 않을 테니까요. '해탈지견향' 하면 미생물에서부터 모든 게 내 생명 아닌 게 없고, 내 몸 아닌 게 없고, 내 아픔 아닌 게 없고, 그래서 모든 것이 내 도량 아님이 없으므로 일체 부처하고도 둘 아니고, 일체 삼라만상 대천세계가 전부 하나로 묶어져서 펴지고, 펼쳐지고, 묶어지고, 하나로 되고, 수만으로도 되고 이렇게 작용을 하는 것을 말합니다. 이렇게 할 수 있어야만이 구경(究竟) 도리천에 이르러서 자유스럽게 과거, 현재, 미래는 물론이거니와 우주 삼천대천세계를 한 번에, 한 생각에, 찰나에 돌아 볼 수도 있고 들을 수 있고, 같이 응할 수 있고 통할 수 있다 이런 소립니다. 또 같이할 수 있고, 내가 되지 않는 게 없고, 내 몸 아니 되는 게 없고, 지장 · 아촉 · 아미타 · 미륵 · 칠성 · 관세음 · 지신 · 용신 모든 것이 내가 아니 됨이 없을 때 해탈지견향입니다.

인간이라고 부르는 그 이름이 이름이 아니라, 그 이름 하나 얻기가 보통 어려운 게 아니죠. 그래서 이름 아닌 이름이라고 그랬습니다. 이름 아닌 이름! 그래서 한울에서 인정을 받아야만 된다 하는 것은, 도리천을 큰 바다라고 하면 이 바다 가운데서 그냥 인정을 한다, 인가(印可)를 한다 이런 거죠. 그냥 잔등이에, 이 몸 아닌 몸 잔등이에 그냥 처억 (주먹으로 손바닥에 도장을 찍으시며) 인가를 받죠. 이렇게 인가받은 도장이 바로 법륜 마크나 만(卍)자 이런 것입니다. 그게 한만히 나오는 게 아닙니다.

그런데 그것을 인가를 받기 위해서 하는 게 아니라 우리가 인간 되기 위해서, 그리고 인간을 넘어서기 위해서 하는 거죠. 이 중세계만 있는 게 아니라 상세계도 엄연히 있다는 사실을 여러분은 믿어야 됩니다. 중세계에서 사람이 된다면, 바로 그러한 공부가 돼서 진짜로 인가를 받을 수가 있다면 벗어나는 거죠. 이 세상에서 그대로 벗어나는 거죠. 그래서 자기가 옷을 벗으려면 벗고 말려면 말고, 금방 옷을 여기다 벗어 놓고선 그냥 가서 또 자유스럽게 이 옷을 입을래도 입고 저 옷을 입을래도 입고 말입니다. 여러분은 믿어지지 않으시겠죠? 그렇게 해 보시지 않았으니까요.

그런데 말입니다, 그전에도 내가 얘기했죠. 6·25때 말입니다, 접시비행기라는 말 들어 보셨죠? 많이 보시기도 했을 거예요. 그게 접시 모양뿐만 아니라 타원형으로 생긴 것도 있고 뭐, 원형으로 생긴 것도 있고, 여러 가지 있죠. 길쭉하게 고구마처럼 생긴 것도 있고 말입니다. 그런데 그것이 어떻게 움죽거리는지 보셨습니까? 난 그때에 나이가 어렸지만 말입니다, 한 스물서넛 이렇게 됐었다고 봅니다. 그런데 이게 그대로 있는 게 아니라 말입니다, 하나가 이렇게 떴는데 그 하나에서 줄을 지어서 나와요. 지금이 아니라 한 15년 전, 20년 전 얘기죠.

그때 그것을 보면서 '아하! 이건 마음의 자유로구나. 모습을 이걸로도 하고 저걸로도 할 수 있으니 부처님께서 천백억화신으로 화(化)해서 나오게 되면 천차만별로 모습이 돼서 응신(應身)으로 돼 준다고 하신 뜻이구나.' 하는 생각이 들었어요. 여러분이 그것을 보았다면 어떤 생각이 드셨겠습니까? 부처님께서는 한생각에 보살들을 헤아릴 수 없이 낳아서, 원하는 중생들에게 모두 하나로 응신이 돼 주신다고 그러셨죠. 또 법당에 부처님을 모셔 놓으면 한쪽에는 문수보살, 한쪽에는 보현보살 이렇게 해 놓습니다. 그런데 그게 바로 여러분도 가지고 있는 거거든요. 가만히 있으면 부처고, 생각을 냈다 하면 법신(法身)이거든요. 그리고 생각을 했으면 움죽거리게 되거든요, 그러면 보현신이 되거든요. 그것은 보현신이 되기 이전에 한 찰나에 화신(化身)으로 화해서 보현신이 된다는 얘기죠.

그러니까 이 삼신(三身)이 바로 한마음이란 말입니다. 여러분이 생각을 안 할 때가 있는가 하면, 생각을 냈다 하면 움죽거리고, '저기 있는 거 가져와야지.' 한다면 벌써 일어나서 움죽거리죠? 그것이 그대로 바로 법신이자 부처이자 보현신이에요, 그냥 그대로. 따로따로 배울 게 없어요. 따로따로 배우다간 뭐, 이 생이 다 가게요. 그래서 말씀하시기를 '부처님의 바른팔은 문수요, 부처님의 왼팔은 보현이니라.' 이렇게 말씀을 해 놓으신 거죠. 이해가 가십니까? 이해가 안 가시더라도 그렇게 이해를 하세요. (대중 웃음) 허허허…, 사실이니까요. 여러분이 팔을 생각해 보세요. (양팔을 벌려 보이시면서) 내 바른팔은 문수이고 왼팔은 보현이다 이렇게요. 이거는 (왼팔을 들어 보이시면서) 바른팔을 도와주거든요, 어디까지나. 바른팔만으로도 할 수 있을 때는 혼자 그냥 독단으로 해 버려요. 그러나 어디가 좀 무겁다 이러면 왼팔이 도와주죠, 같이.

그러니까 모든 것이 여러분 한 개체에 다양하게 다 들어 있는데, 말로 하자면 너무 많기 때문에 우리 인생에 있어서 이 공부를 해 나가는 데 제일 시급한 것만 지금 얘기하는 겁니다. 우리 몸뚱이 속에 영계성 · 인과성 · 업보성 · 세균성 · 유전성 다섯 가지가 다 들어 있는데, 과거에 어떻게 살았느냐에 따라서 많으냐 적으냐 하는 차이가 있는 겁니다. 그런데 자동적으로 입력이 돼서 독 안에 들어도 못 면할 이런 것들을 어떻게 해결을 하느냐는 것이 문제입니다.

그래서 내가 '아, 지금 사람들이 모두 알아듣게 하려면 컴퓨터에 입력했다고 하면 될 거다.' 하고 생각을 한 겁니다. 오신통이라는 그 자체가 바로 자동적으로 입력이 되는 컴퓨터이니까요. 그래서 입력이 돼서 현실에 나오는 대로, 거기다가 입력을 다시 해라 이겁니다. 그것도 굴려서 입력을 해라 이거죠. 그대로 입력을 하면 그대로 들어가니까, 다시 한번 굴려서 거기다 입력을 해라. '헌 물이 나온 것도 너한테서 나온 거니까, 새 물이 나오게 하는 것도 너다.' 하곤 바꾸어서 그냥 탁 넣어라 이겁니다. 그러니까 요 헌 물, 새 물 이것만 얘기하는 게 아니라 살아나가는 데 일거수일투족이 다 말입니다.

여러분이 살아나가면서 밖에서 다가오고 안에서 일어나고 하는 모든 것을 내가 어떻게 이루 말로 다 합니까? 그러니까 남이 해 주는 게 없어요. 남이 대신 살아 주면서 대치를 합니까, 어떡합니까? 그러니까 여러분이 살고 있는 거 아닙니까? 누가 아무리 친절하다고 그러더라도 똥 누는 거 대신 눠 줄 수도 없고, 먹는 것도 그렇고, 또 죽는 것도 그렇고, 아픈 것도 그렇고, 자는 것도 그렇고 대신해 줄 놈이 없어요. 그러니까 자기가 애틋하고, 자기가 앵하고, 자기가 괴로운 거를 그냥 '거기서 또 나오는구나! 하하, 나 공부시키느라고 참 잘 나온다. 이렇게 괴롭게 하지 마라. 내일은 생각지도 않아. 그저 오늘 모든 걸…, 너를 믿으니까. 다 네 몸이니까, 그리고 네가 끌고 다니니까. 네가 형성시켰으니까.' 하고 그 모든 걸 거기다가 입력해서 믿고 놓는 거죠.

그런데 대치를 해서 바꿔 놔야만이 바꿔져서 나오지, '너 할 대로 해라.' 하고 그냥 놓으면 아무것도 입력되는 게 없어요. '너 할 대로 해라.' 그것만 입력이 되는 거죠. 음식을 하더라도 양념이 제대로 들어가고 간이 맞아야 되죠. 간이 맞지 않으면 덤덤하고 맛이 없죠, 똑같은 거라도. 그래서 사람들이 태어나도 간이 맞게 태어나야 된다 이런 거죠. 인생이 간이 맞게 태어나면 간이 맞게 살거든요. 넘치지도 않고 줄지도 않고 말입니다.

난 그래서요, 옷 한 가지가 더 들어오면 거북해요. 거북한 것도 사실 알고 보면 그것도 착이죠. 허나 번뇌가 바로 부처님 법입니다. 우리가 이 세상 살아나가는 데 번뇌 아닌 것이 하나라도 있습니까? 생각하는 거, 잘한다 못한다 하는 것도 전부가 번뇌입니다. 번뇌라고 이름을 했기 때문에 번뇌지, 그것이 도를 이루어 나가는 도법에 속하는 거죠. 그러니까 그대로 그 도리를 알아서만 한다면 여여하게, 그냥 참 가지런히 살 수 있다는 얘기죠. 그리고 우리가 지금 중세계에서 한번 이런 공부를 해서 공부에 종지부를 찍는다면 그냥 세세생생입니다. 그래서 '한 생 좀 어려우면 어떻고 한 생 좀 고달프면 어떠냐' 하는 거죠. 어저께도 합창단 후원회에서 참 많이 도와주시고, 그런 계기를 마련해 주신 거에 대해서 '참, 고맙구나.' 하면서 생각한 겁니다. '아하, 좀 고달프면 어떠냐. 더불어 같이 고달펐지 여러분만 고달프라고 한 거는 아니잖느냐.'

자나 깨나 나도 여러분 못지 않게 하고 있어요. 편안하게 사는 사람 아닙니다. 어떻게 생각하면 눈물이 앞을 가리리만큼 말입니다. 그건 눈물이 아니라 뼛속에서는 피가 흐를 겁니다, 아마. 그러면서 그것을 즐겁게 생각을 합니다. 사람으로 태어났으면, 부처가 된다 안 된다를 떠나서 사람다웁게 사는 것이 근본이 아니겠느냐는 얘기죠. 그럼으로써 우리가 사람을 또 리드해 나갈 수 있는 상세계의 자유인이 된다면, 마음으로써 마음껏 건질 수 있고, 마음껏 할 수가 있고 그렇지 않겠습니까? 우리 세상은 좁은데 우주 세상은 넓다고 생각지도 마세요. 우리가 살고 있는 이 모든 것들이나 하세계에서 사는 것들이나 또 상세계에, 즉 말하자면 우주에서 사는 세상이나 똑같애요. 크고 작을 뿐이죠. 우리가 인구가 많아지면 줄이고, 또 늘어나면 또 줄이고 또 솎아내고 이렇게 하듯이 별성도 역시 그렇거든요.

지금 지구가 시공을 초월해서 돌아가듯이 우리도 지금 시공을 초월해서 돌아가는 건데, 우리가 초월해서 돌아가는 걸 모르고 살고 있는 거죠. 부처님이 "색(色)이 공(空)이고 공이 색이니 그대로 여여하구나." 하신 것이 바로 그 말씀입니다. '내가 항상 듣는 거, 보는 거, 말하는 거, 만나는 거, 가고 오는 거, 자는 거 할 거 없이 뭐, 전체가 다 고정되어 있지 않다, 그냥 찰나찰나 바뀌어서 자꾸 돌아간다' 이렇게 얘기하죠. 아, 생각들 해 보세요, 안 그런가! 멍청하게 이것만 (컵을 들어 보이시며) 보고 있으면 '저 사람, 갓 돌았는데….' 이럴 겁니다, 아마. 한 가지만 듣고 있는 사람 어디 보셨어요? 이 사람 만나면 이 소리 듣고, 저 사람 만나면 저 소리 듣고, 이거 보면 이렇게 생각되고, 저거 보면 저렇게 생각되고…. 아니, 고정되게 한 생각만 하고 있는 게 하나도 없어요. 미쳤든 성했든 말입니다. 그러니 시공을 초월해서 그대로 여여하게 돌아가는 거 아닙니까? 왜 거기에 연연하고 그렇게 애쓰고 사시느냐 이런 겁니다.

그래서 이렇게 말씀드리죠. '하늘이 무너져서 다 깨진다 하더라도 너만 깨지는 게 아니니 걱정하지 마라' 이거예요. 하하하…. 이 모습은 세상에 한 번 죽지 두 번도 죽지 않는다. 그런데 죽는다고 해도 그게 아주 죽는 게 아니라 씨앗은 남아. 그 씨앗이 또 심어지면 그게 또 모두를 먹이고 또 되남아. 그런데 이 공부를 하면 그 씨앗이, 종자가 달라진다는 거죠. 보이지 않는 씨이기 때문에 달라질 수 있는 거예요. 형체가 있는 씨앗이 아니라 형체 없는 씨앗이기 때문에 마음대로 달라질 수가 있는 겁니다. 화해서 달라질 수가 있죠. 그러니까 비행기 모습으로 물체가 보였지만 그건 물체 아닌 물체죠.

부처님께서도 그런 말씀 하신 게 생각납니다. '십 리 안팎으로 모든 거를 지켜 주고 있다' 고 말입니다. 그전에 산에서 공부할 때의 얘기죠. 먹을 걸 생각할 수도 없었죠. 그런데 그믐밤에 수풀을 깔고 앉아 있는데 '얘야, 십 리 안팎으로는 다 주둔을 하고 있고, 위에서는 다 비춰서 지켜보고 있으니 걱정하지 마라. 빵도 있으니 걱정하지 마라.' 이러는 겁니다. 이런 것이 뭐, 한두 번이 아닙니다. 빵! 사실은 떡이라고 그랬는데 내가 지금 빵이라고 그럽니다마는, 하하하…. 그런데 미련해서 말입니다, 이 떡이 어디서 떨어지나 하고 밤새도록 얼마나 기다렸는지 모릅니다. (대중 웃음) 아, 이거 웃을…, 아이! 지금 웃죠? 나도 그 후에 너무나 기가 막혀서 껄껄대고 하늘을 쳐다보고 웃었다니까요. 떡이 떨어질 줄 알고, 어디서 나올 줄 알고 그렇게 기다렸는데, 허탕이에요. 그랬는데 말입니다, 한 가지 얘기할 게, 배가 고프질 않아요. 허기가 지는 법도 없고, 배가 고픈 일도 없고 말입니다. 참, 이건 말로 형용할 수 없습니다.

물을 마시는데도, 내가 학자가 아니고 글을 잘 모르니까 뭘로 가르쳤느냐 하면 물 한 모금 먹는 걸로도 가르쳤어요. 몸이 다 지친 상태니까 엉금엉금 기어가서 그걸 먹는데 말입니다, 한 모금 먹고, 두 모금 먹고, 세 모금 먹으니까 '네가 그렇게 여러 모금 먹어도 소용없다. 한 모금을 먹어도 아홉 모금이고, 아홉 모금을 먹어도 한 모금이니라.' 이거예요. 이렇게 해서 가르쳤어요. 그러니까 고정됨이 없어서 아홉 모금이 따로 없고, 한 모금이 따로 없고, 하루가 따로 없고, 삼천 년이 따로 없다. 이 세상은 모두가 수레바퀴 돌아가듯 돌아가느니라. 그러니까 네 마음에 따라서 한 모금에도 목을 축일 수가 있고, 아홉 모금 먹어도 몸이 부증이 나고 다루어진다 이거죠. 그 뜻을 알면 한 모금을 먹어도 아홉 모금 먹은 몫이 된다 이런 뜻이고, 둘째는 삼천 년 전도 지금 현실이고, 하나도 셋이 되고, 셋도 하나가 되고, 그래서 그거를 알게 되니까 삼천대천세계를 둘 아니게 알게 되더란 얘기죠.

여러분이 질문한다고 뭘 자꾸 적어 가지고 나오시기도 하고 그러는데 난 이렇게 생각해요. 자기가 그냥 평소대로 살아가다가 지금 이 자리에서 문득 생각나서 '아, 요런 건 좀 모르겠는데, 이게 뭘까?' 할 때, 질문을 허심탄회하게 그냥 하면 되는 거니까요. 그게 무슨 어려운 것도 아니에요. 살아가면서 자기 형제들한테 "형! 이거 이런데 이게 뭐야?" 이렇게 물을 수 있는 것처럼 말입니다. 내가 높은 것도 아니고 여러분이 얕은 것도 아니고, 여러분이 높은 것도 아니고 내가 얕은 것도 아니에요. 평등한 가운데에서, 단지 내가 보이지 않는 세계를 먼저 다녀왔고 여러분은 안 갔다 왔기 때문에, 내 경험에 의해서 이렇게 가면 갔다 올 수 있다 하는 것을 말할 뿐이에요. 자유스럽게 과거를 드나들고, 과거로 갈 수도 있고, 미래로 갈 수도 있고, 현실로 올 수도 있고, 마음대로 할 수 있죠.

또 이 도리를 알면, 바른 대로 얘기하는 거지만, 이 몸 하나가 그대로 있는 게 아니에요. 그대로 하나로 보이기도 하는데요, 그 몸 하나가 수천수만으로 늘어나서, 즉 입자로 화해 가지고 딴 모습으로 자꾸 행동을 하게 되죠. 지장도 되고 뭐, 관세음도 되고 여러 가지로 다 나투니까 부처님이 말씀해 놓으신 그대로죠. 그래서 '만 불(萬佛)이다 하더라도 일 불(一佛)이다' 이렇게 말을 하는 거죠. 진리가 두 개, 세 개가 되는 게 아니니까요. 어디서든 똑같이 그 공부를 했다면 똑같아지는 거니까요.

그래서 사람들이 모두 무엇을 따지고 그러는데, 이게 따지게 되면 벌써 그르게 돌아가는 거죠. '돈오(頓悟)다, 돈오가 옳다, 금방 그냥 깨치는 거다' 이런 게 문제가 아니에요. 애를 낳아 놓으면 금방 어른이 돼서 사회에 나갑니까? 그건 언어도단이죠. 그래서 점수(漸修)를 넣은 겁니다. 그런데 이 점수와 돈오가 어떻게 둘이냐는 얘기죠. 그럼 여러분이 지금 그 정신계, 영원한 자기의 정신이 없다면 자긴 송장이 될 텐데 어떻게 그게 둘입니까? 그와 같은 거죠. 병원에 가서 마취하면 정신이 없어서, 다리를 잘라 내든 구워 먹든 삶아 먹든 아무것도 모르시죠? 그런데 어떻게 자기 몸뚱이만 자기라고 하겠습니까?

그리고 몸뚱이 속에 생명들이 무수하게 들어 있는데 그거는 자기 과거를 알고 인정하라고 하는 겁니다. 왜냐하면 속에 천차만별로 모습이 돼 있거든요. 그러면 자기가 미생물에서부터 인간이 되어 온 그 자체의 모습들이 다 있어요. 누구나가 똑같이 말입니다. 그래서 '미생물에 이르기까지 모든 생명들을 귀하게 생각해라. 너의 생명 아닌 것이 하나도 없느니라. 지금 미생물의 모습도 네가 예전에 그렇게 해 왔던 것이니라. 그렇게 거쳐 왔느니라. 그러니 업신여기지 말고 전자에 모자랐을 때 나로 보라. 내 생명같이 보라.' 하는 겁니다.

그래서 이 오분향만 잘 알면 오계를 받은 뜻이 그 속에 다 들어 있습니다. 오분향을 알면 오계는 다 그냥 저절로 되는 거니까. 나는 오계를 여러분한테 전할 때 좀 달리했죠. 원래는 '술 먹지 마라. 도둑질하지 마라. 간통하지 마라. 살생하지 마라. 거짓말하지 마라.' 이렇게 '하지 마라'로 돼 있습니다. 그런데 말입니다, 난 하나같이 그랬거든요. '네 생명같이 생각해라.' 또 '거짓말을 하더라도 남을 이익하게 하는 거짓말은 거짓말이 아니다.' 이렇게요. '술을 먹어도 식구들 괴롭게 하지 말고 내가 괴롭지 않게, 망주로 하지 말고 약주로 해라.' 하구요.

그리고 남을 안팎으로 어려웁게 만들고, 죽을 때까지 이미지를 흐리게 해 놓고 가면 자식들까지도 언짢다. 그러니까 당신들이 부부로 맺어졌으면 잘났든 못났든 서로 사랑하라. 서로 화목해라. 서로 그저 요 모습으로 요 한 생 살 거를 그 뭐, 천년만년 살 거라고 그러느냐? 그 한 생, 이쁜 거 미운 거 좀 놓고, 그저 어차피 만났으니 '인연이다' 하고 그냥 살 수는 없을까 하는 생각이 드는군요. 만들어 놓으면 얼마나 귀찮아요? 생각해 보세요. 다 이렇게 털고 살 거를 오히려 하나를 더 붙여 가지고는 고생을 죽도록 하는 거예요, 그냥! 그러고 끝까지 그냥, 자식까지도 그렇게 만들어요, 이게. 그게 물이 들거든요. 그러니 자기가 죽을 때까지 그 이미지를 그렇게 남겨 놓고 간다면 요다음엔 뭐가 또 좋겠습니까? 또 자기가 그 지경을 당해야 할 테니 그것 참 문제가 크죠. 그게 일심이 천심이라고 안 그랬습니까? 내가 예전에 그 얘기 했죠.

마부가 당나귀에게 얼마나 심하게 굴었던지 맞은 당나귀는 남편이 되고 때린 마부는 아내가 됐어요. 그래 가지고 그냥 술 한잔 먹었다 하면 마부가 당나귀 때리듯 "야!" 하곤 들어와서 아무거나 집어서 팽개치고, 치고 박고 이러니 멍든 데가 한두 군데가 아니죠. 아, 그렇게 자기 한 대로 받는데, 이거는 지금 같으면 뭐, 이혼했죠. 그러나 예전에는 이혼도 못 하고 그렇게 살다가, 스님이 지나가시는 걸 보고 "이렇게 살아서 뭐 합니까? 이렇게 하면서도 살아야 합니까?" 하고 그냥 대성통곡을 하고 우니까 "그건 인과응보니라. 네가 전자에 마부로서 얼마나 그 사람을 때렸느냐? 네 남편이 바로 그 당나귀였고, 그 당나귀를 때린 네가 바로 그 아내가 됐느니라. 그렇게 해서 받는 것을 내 어찌 하겠느냐마는 이제 마음을 고쳤으면 내가 시키는 대로 해라. 돗자리를 쫙 말아서 꼭 매 가지고선, 술에 취해 들어왔을 때 손쉽게 집어 가지고 때릴 수 있게끔 해 놔라. 그런다면 돗자리 엮은 줄기마다 몽둥이가 되니까 그 마부가 당나귀를 때린 그 수효를 곧 채울 수 있게 되느니라." 그래서 정말 돗자리를 그렇게 만들어서 놔두었더니 한 이틀인가 사흘, 아, 그걸 그냥 집어서 치고 치고 그러더니만 어느 날은 술을 먹고 들어오더니 떡 하는 소리가 "내가 오늘 왜 이렇게 술을 먹었지?" 하면서, "그런데 자네를 내가 왜 그렇게 때렸지? 이상하게, 그 약한 몸을 내가 왜 그렇게 때렸지?" 하면서 그렇게 울더랍니다, 인생을 한탄하고. 그러더니만 그날부터 싹 없어졌답니다.

그러니까 그것도 억지로 못 하는 거예요. 그래서 어떤 때는 내가 그래요. "야! 당신 남편이 나빠서 그런 게 아니야! 속의 업식들이 자꾸 충동질을 해서 그렇게 되는 거지, 당신 남편은 참 착해." 그러죠. 허허허…. "그러니까 그 업식을 제거하기 위해서 자꾸 관하고, 남편도 관하게끔 자꾸 좀 관해라. 관하는 데 돈이 드니 못 하느냐, 재산이 없어져서 못 하느냐? 자기 나무가 자기 뿌리를 믿지 누굴 믿느냐 이거야, 지금. 이 세상에 어디를 믿을 데가 있어? 그런데도 왜 안 믿느냐? 그러니까 관하라고 해라. 그러면 그게 다 없어지면서 새로운 삶을 살게 되고, 새 사람으로서 이 세상을 돌보게 될 것이다." 이런 말이죠.

할 말은 많은데요, 만날 이렇게 여러분한테 말씀 들려드리다 보면 반갑고 즐겁고 이런 것이 딱 하나 있어요. 여러분이 춥거나 더웁거나 그걸 가리지 않고, 아무렇게나 생긴 조막댕이만 한 이 모습을 싫다고 안 하고, 얕보지도 않고, 그다지 높이 보지도 않고 그대로 순수하게 받아들이는 그 여러분의 마음이 좋을 뿐이에요. 내가 누구한테든지 떳떳이 말할 수 있는 것은, 나는요, 내 모습 가지고 사는 사람이 아닙니다. 여러분도 한번 그렇게 뛰어넘어 보세요. 그러면 내 뜻을 다 아실 겁니다. 왜 내가 이렇게 안달복달을 하고 그러는지를요.

옛날에 어떤 사람이 그럽디다. 그 사람 지금은 외국에 가서 잘 살고 있지만요. "스님, 스님!" "왜 그래?" "글쎄, 꿈에요, 천야만야한 데를 그냥 발을 떼어 놓으래요. 그냥 뛰래요." 그런데 그 아래를 내려다 보니까 길은 두 갈래로 있는데 해골이 그냥 뭐, 막 널려 있더랍니다. 그런데 그 천야만야한 데를 그냥 뛰어 내리라고 그러지 않아요? 그래서 '네가 죽는다고 생각을 하걸랑은 뛰지 말고 네가 산다고 생각을 하걸랑은 뛰어라.' 했더니, '뛰어라, 뛰어라.' 하더랍니다, 내가요. 그래서 에이, 눈을 꽉 감고 그냥 다리를 턱 떼어 놓으니까, 발이 끈적끈적한 무엇이 묻은 것처럼 착 붙더랍니다. 그래서 그냥 착 붙어서 내려가니까 그냥 내려가지더라는 거예요. 내려가서 보니까 두 갈래로 길이 있는데 한 길은 아주 험한데 지름길이라고 하고, 한 길은 아주 가기 좋더랍니다.

그래서 지름길이라니까 험한 데로 들어섰대요. 무엇이 그렇게 급한지 아이구, 그냥 급하니까 시간이 그냥 간다고 가다가 해골바가지가 쭉들 늘어서 있는 곳에 당도를 했는데, '죽든지 살든지 에이, 그까짓 놈의 거 이 세상에서 살면 뭘 하고 죽으면 뭘 하느냐.' 하고 그냥 하염없이 가다 보니까, 이상하게 왕이 사는 큰 대궐 같은 데가 턱 나오는데, 보니까 "아무개 왔느냐?" 그러더래요. 그래서 보니까, 머리카락 한 가닥을 요렇게 들고는 "이게 네 머리카락이니라." 그러면서 "요 머리카락 하나에 네 인생 전체가 달려 있느니라." 그러더라는 거예요. 그러면서 그 머리카락을 쥐고선 "아무개지?" 하고선 이름을 부르는데 자기 이름이더라는 거죠. 그런데 "죽거나 살거나 그저 길을 인도해 주셔서 이렇게 왔습니다." 하고 말하는데 아, 그냥 별안간에 내가 나타나더라는 거죠.

그 아래가 큰 바다로 그냥 화했는데, 그 바다 가운데서 왕관을 쓰고, 법륜 마크가 그냥 번쩍번쩍번쩍 금으로 됐는데 거기서 나와서는, '너무 상심 말고 떳떳하고 여여하게 살라. 너는 부처님께서 인정을 했느니라.' 그러더라는 거예요. 그래 그런 꿈을 꾸었다고 그러길래 그랬죠. "그런 꿈 꿨다고 자만하지 마라. 올라가다 떨어져." 하하하…. 그랬더니 그저 항상 든든하게만 가지고 있더군요. 그러다 보니까 사는 데에 어떤 것도 그다지 지장이 없고, 자기가 어떤 게 닥쳐도 공부로 생각을 하니까 그냥 금방 돌아가고 돌아가고, 한 찰나에 돌아가고 돌아가고 그러더라는 거죠. 그러면서 참 잘 살고, 4개국 말을 하면서, 또 외국으로 간다고 합디다마는 하여튼 요점은, 자기를 자기가 우습게 보지 말라는 얘기죠. 자기가 자기를 우습게 보지도 말고, 또 높이지도 말고, 아주 그냥 중심에 심봉을 꽂고, 아까 오분향 얘기했듯이 그렇게 다지고 나간다면 그건 뭐 100% 성공이다라는 얘기죠.

아, 재미있는 얘기도 못 해 드리고, 만날 만나면 이런 얘기만 해서 죄송합니다만 어쩔 수 있나요. 요다음에 또다시 만날 텐데…. (대중 스님들을 보시며) 그리고 참, 뭔 얘기를 하라고 그랬지? (대중 스님들 중 '연예인 불자 법당' 이라고 대답함) 응! 불교방송국에, 참, 그 여러분한테 거둬서 하기가 너무나…, 여러분 괴로움이 내 괴로움이고 그러니까, 제가 여러분이 조금조금 용돈 쓰라고 주기도 하고 이러는 걸 모아서 갖다가 줬어요. 저는 요만한 거 하나도, 가슴 아프게 벌어서 가져오는 거 조금도 허탈히 쓰는 법 없습니다.

그랬는데 또 부산에서도 도왔답니다. 그런데 또 지난번에도 도와 달라고 그래서 어쩔 수 없이 이제 지원 스님네들이 알아서 단돈 10만 원씩이라도 모아서 하기로 했죠. 또 지금 동국대학교에서는 병원도 그렇고 탑지도 그렇고 운영을 해 나가기 위해서 필요하다고 하시는데, 그거는 내가 법회를 해서 도와드릴 처지도 못 되지 않습니까? 그래서 그거는 그냥 우리 스님네들이 주머니를 다 털어서라도 모아서 하기로 하고…, 난 얘기를 다 해야 재밌을 것 같아서요.

그랬는데 또 정신대 노인분들의 집을 짓는 데 도와 달라고 자꾸 요청이 들어옵니다. 그리고 탤런트 되시는 분들이 연예인 불자 법당을 짓는다고 하면서 한마음선원이 어딘데 한마음선원이 이런 거를 안 하면 어떡하느냐고, 이 한마음선원이 아주 큰 부자나 되는 것처럼 생각을 하거든요. 그런데 다른 데서는 또 "이 집을 못 짓는 거 보니까, 아주 쫄딱 망해 가는구나." 하하하…, (대중 웃음) 이러기도 하거든요. 어쨌거나 우리는 누가 어떤 생각을 하든지 어떤 마음이든지 무슨 말을 해도 아무렇지도 않고 꿋꿋이 가지만, 그저 우리가 할 거는 해야 되겠다 이래서 그러는 거죠.

안양회관에서 1월 셋째 주에 법회할 때…, (사무장이 '소년 소녀 가장 돕기' 라고 말을 함) 아니요, 그건 못 하죠. 지금 앞에 닥친 게 이렇게 많은데 어떡합니까? (대중 웃음) 저 연예인 불자 법당 짓는 데 하구요, 또 정신대 분들 집 짓는 거 하구요, 두 가지를 가지고 해야 돼요. 아, 그럼 어떡합니까. 내가 가지고 있기만 하다면 그냥 턱턱 내주고 말아 버리겠지만 그래도 힘닿는 대로는 해야죠. 어떡합니까?

그러니 이리 끼우고 저리 끼우고, 이리 끼우고 저리 끼우고 참, 그거 심부름꾼 노릇 하기도 참 힘드는데요, 힘든다고 생각 안 해요. 그것도 그렇고, 어저께도 보니까 여러분이 추울 때도 더울 때도 그냥 저 바깥에 서서 듣고 그러는 걸 보니까요, "참, 저 양반들이 부처지 너희들은 아무것도 아니다." 이랬죠. (합장하시며) "저렇게, 저런 부처님들이 세상에 어디 계시냐?" 이러고요. 그러면 너무나 흐뭇해서요, 괴롭고 뭐, 분잡하고 그런 것도 모르겠어요. 하여튼 감사합니다. 나 하고 싶은 말 다 했는데요. 하하하….

주장자를 들어 한 번 친 이유

1996년 1월 7일

이렇게 추운데도 불구하고 우리가 같이 한자리를 하는 것은 서로 서로 돕고 배우기 위해서입니다. 그러니 얼마나 감사합니까? 우리는 고등 동물인 인간이기 때문에 그대로 여여하고 그대로 부처고 그대로 세상이 아주 즐겁다고 했습니다. 그랬는데도 불구하고 우리는 한 찰나에 백지를 뛰어넘지 못해서 항상 너그럽지 못하고 항상 편안하지 못하고, 자기 마음을 자기 마음대로 쓸 수가 없는 것입니다.

전자의 선지식들이 주장자를 들고, '초월한 것도 없고 초월이 아니 된 것도 없다' 고 치셨습니다. '큰 것도 없고 작은 것도 없다' 고 치셨습니다. '나와 너가 둘이 아니다' 하고 치셨습니다. 허나 우리는 주장자로다가 치는 것만 봤지, 그 뜻을 보지 못하고 듣지 못하고 행하지 못해서 항상 굶주리고 궁핍하게 살죠.

그 세 가지를 따져 본다면, 항상 시공을 초월해서 돌아가는 놈도 그놈, 크다고 하는 것도 그놈, 작다고 하는 것도 그놈, 나와 더불어 상대성에서 둘이 아니게 돌아가는 것도 그놈, 바로 '나' 라고 합니다. 그럼 나를 현재로 따져서, 과거 · 미래 · 현재로 따져 본다면 말입니다, 항상 여러분한테 말씀드리죠. 나조차도 고정된 게 하나도 없어서 찰나찰나에 그냥 아버지가 됐다가 남편이 됐다가 아들이 됐다가 사위가 됐다가 이렇게 돌아간다구요. 일거수일투족 그냥 행하고 돌아가는 그 자체가 바로 고정됨이 하나도 없다구요. 보고 듣는 거와 가고 오는 거, 말하는 것도 모두가 고정되게 하는 게 하나도 없어서, 그대로 찰나찰나에 화(化)해서 돌아가느니만큼 바로 시공이 초월됐다는 말조차 붙지 않는 자리라고 보겠습니다.

그런데 우리는 항상 관습에 매달리고 습성에 매달려서, 그거를 번연히 이론으로는 알면서도 실천을 할 수가 없는 겁니다. 항상 여러분이 생활을 해 나가시면서, 내가 어떤 거 할 때 나라고 할 수 없는 거를 알면서도 몽땅 그 자리에다 놓지 못합니다. 그리고 그놈이 행하는 거라고 생각을 하면서도 놓지 못합니다. 여러분이 이 세상에 나오지 않았더라면 아무것도 없이 무효인 것을…, 여러분이 잘났든 못났든, 못살든 잘살든 간에 이 세상에 나왔기 때문에 그놈이 있다는 것입니다. 그러니 나로부터 있는 것이 바로 확증이 돼야 내가 스스로 부처고, 내가 스스로 부처니까 내가 스스로 법을 행하고, 내가 법신(法身)이니까 스스로 법을 정해서 활용하고 이런 것이죠.

그런데 우리는 공부한다고 하면서 항상 끄달리고, 부처님한테 빌어야 하고, 부처님을 생각을 해야 합니다. 부처님을 내가 한마음으로서 끌어안으면 어떻습니까? 일체제불을 다 끌어안고 삼보에 귀의한다, 자성 삼보(自性三寶)에 귀의한다. 내가 없으면 전체가 없는 거니까 내가 전체, 체가 없는, 물건 아닌 물건이거든요. 그러니 체(體)는 내 체요, 법은 내 법이요, 불성, 그 성종은 바로 내 성종이요, 그러니…. 성종이라고 한 게 거꾸로 됐나요? 종성(種性)이라고 해야 맞겠죠. 그래 거꾸로 됐으나 바로 됐으나 똑같은 말이니까요.

그런데 그 '자성 삼보에 귀의하라' 하는 것은, 내가 있으니까 내 마음에서 법도, 행하는 것도 모두가 나가지 않습니까? 부처님을 믿든 안 믿든 간에 일체가 모두 말입니다. 그래서 '믿는 것만 법이 아니라 안 믿는 것도 법이다. 둘이 아니라고 믿는다면 믿는다 안 믿는다 할 게 없다, 말할 게 없다' 이런 겁니다. 그것을 모두 생각해 보면 배우는 것도 우리요, 번뇌를 끊는 것도 우리요, 이루는 것도 우리요, 삼보에 귀의하는 것도 우리 아닙니까? 우리에게 갖추어진 청각, 지각, 미각, 촉각, 시각, 후각 이러한 여섯 가지에 관한 것을 가지고 육근이 그냥 행한단 말입니다. 보시다, 지계다, 인욕이다, 정진이다, 선정이다, 반야다 하는 것도 전부 그놈이 하는 거지 딴 놈이 하는 게 아닙니다.

그래서 벌여 놓고 가닥을 칠 줄을 모르는 사람은 도리구(道理句)를 모른다고 하는 것과 같은 겁니다. 그러니까 자기가 벌여 놓은 거를 자기가 가닥을 치지 못하면 어수선산란하기 때문에 모두 '일거수일투족이 당신이 하는 거니까.' 하고 몰아부치는 겁니다. 그러면 아주 시작도 끝도 간단하죠. 모두가 그놈이 있으니까 그놈이 하는 것이고, 그놈이 하는 것이니까 바로 있다고 하는 겁니다. 그런 까닭에 우리가 쭉 벌여 놓고 아리송하게 이건가 저건가 애쓰지 마시고, 몰랐든 알았든, 못났든 잘났든, 가난하든 부자든 그걸 막론하고, 여자든 남자든, 애든 어른이든 막론하고 근본 자체는 각자 바로 여기 (가슴을 짚어 보이시며) 있으니까 여기에다 다 놓아 버리는 겁니다.

내가 여러분한테 말을 하지만 이 고깃덩어리가 말하는 게 아닙니다. 이 고깃덩어리는 가공되어 있는 겁니다. 왜냐하면 부처님께서는 그 마음이 딴 사람의 마음으로 들어갈 수도 있고, 딴 짐승의 마음에 들어갈 수도 있고 모두 건지려면 하나에서부터 열까지 다 그 속으로 들어가야 건지기 때문에 '나 아니 되는 놈이 하나도 없다, 내가 아닌 게 하나도 없다, 내 아픔 아닌 게 하나도 없다, 내 도량 아닌 게 하나도 없다' 이러는 겁니다. 그렇기 때문에 이름을 부처님이라고 했고 여래라고 했습니다. 그러나 그것뿐입니까? 내 몸속에 있는 모든 생명체는 또 더불어 같이 있으니 말입니다. 더불어 같이 있죠, 더불어 같이 수억겁을 통해서 굴러 나왔죠. 그러니 하나도 나 아님이 없이 그냥 초월해서 돌아가는 겁니다. 이렇게 그냥 돌아가는데 무엇이 거기 옆댕이에 붙을 게 있습니까? 우리의 마음 차원에 따라서, 붙고 안 붙는다 하는 견해의 차이가 있을 뿐이죠.

내가 항상 '그 간단한 거를 왜 그러나, 왜 그러나?' 하고 생각합니다. 『반야심경』에는 그런 말이 없었지마는 내가 거기에다 하나 덧붙인 게 뭐냐 하면 '고정된 게 하나도 없다'는 겁니다. 그리고 한 가정에서도 아버지가 됐다가 아들이 됐다가 남편이 됐다 이런다고 얘기를 가끔 하죠. 그것이 뭐냐? 자동적으로 돌아간단 얘깁니다. 자동적으로 금방 아들로 화하고, 금방 남편으로 화하고, 금방 형으로 화해서 나툰다 이겁니다. 변해서 금방 나투어서 그냥 딴 걸로 바뀐단 얘기죠. 우리 세상만사 살림살이가 그렇게 돌아가는 것인데, 돌아가면서 그렇게 화하는데 내가 인군이라고 할 때 나라고 하겠습니까, 중신이라고 할 때 나라고 하겠습니까? 중생이라고 할 때 나라고 하겠습니까? 하여튼 내가 뭐가 되든지 나라고 내세울 게 하나도 없죠.

내 몸뚱이 속에 있는 중생들도 위가 내 위 공장이라고 하겠습니까, 장 공장이 내 장 공장이라고 하겠습니까? 또 직장이 내 직장이라고 하겠습니까, 척수가 내 척수라고 하겠습니까? 이거는 통틀어서 더불어 같이 살고, 같이 한 몸뚱이로 돼 있는 것을 어떻게 '나다, 내가 아니다' 할 수 있겠습니까? 그래서 공했다. 공해서 찰나찰나 화해서 돌아가면서 나투는 것이 인간살이다. 이거를 알면 '내가 했다, 내가 망했다' 하고 세울 게 하나도 없으니까, 즉 말하자면 업이 붙을 자리가 없다 이러는 겁니다. 더불어 같이 돌아가니까 업이 붙을 자리가 뭐 있습니까? 내가 했다고 내세울 게 없고, 내 거다 하고 세울 게 없고, 내가 이렇게 나서서 했다고 세울 게 없는 자체가 바로 한 개체인데 말입니다. 그래서 사성제니 육바라밀이니 팔정도니 하는 것을 다 그냥 묵살해 버리고 '모든 거는 당신 자체가 하는 것이다.'라는 걸 얘기하는 겁니다.

지금 뭐를 좀 긁적거리다가 내려왔지만, 거기를 보면 "어떤 것이 평등한 여래냐?"라고 물었습니다. 그런데 "최초에 한마음으로 출현했으니까." 했단 말입니다. 또 "어떤 것이 평등한 중생들인가?" 하고 물었다면, 같이 나왔으니까 같이 한마음으로 출현했으니까 평등한 거 아닙니까? 그렇게 해 놨는데도 불구하고 오늘날 이게 뭡니까? 이 세상을 다 돌아다니며 봐도 '자기 자신을 먼저 봐라. 자기 자신을 먼저 믿어라. 자기 자신을 먼저 알고 행해라.' 이런 것은 하나도 없어요. 이론으로만 '너를 먼저 찾아라' 이렇게 했지 진실로써 그렇게 가르치지는 않고 모든 걸 타의에서 구하게끔 해 놨어요. 그렇게 말들을 하고 그렇게 말하는 걸 듣고 가고 있어요. 기독교든 가톨릭교든 다요. 그렇다고 해서 불교는 빼놓는 게 아닙니다. 불교 역시 그렇구요.

우리가 어디서 왔는지, 지금 어느 주머니에서 살고 있는지, 또 미래로 가서 어느 주머니로 나오는지 이거를 알아야죠. 그래야 우리가 한 백지장 사이를 뛰어넘죠. 우리 마음이 어느 것 하나 고정된 게 없다는 것만, 이 세상살이가 고정된 게 없어서 무엇을 하든 나라고 내놓을 게 없다는 것만 알면 공한 이치의 진리를 확신할 수가 있습니다. 그렇게 빠르고 좋은 거를 왜 그렇게 무디게 그냥 얽매이고 애써야 됩니까?

눈물 나오게 하는 것 한 가지가 먹고사는 문제입니다. 우리가 먹고살기 위해서만 인간으로 나온 게 아닙니다. 뭘 그렇게 먹고살기 위해서 애탄지탄합니까? 인생은 지금 요 모습을 가지고 망망대해에 떠 있는 배와 같은데 그 떠 있는 배가 얼마나 오래가겠습니까? 마음은 체가 없어서 바다도 없고, 배도 없고, 가고 옴이 없고, 그 가고 옴이 없는 까닭에 여여하게 가고 옴이 없이 있다 하는 것을 우리가 알아야 이 주머니 속에서 벗어날 수 있는 겁니다. 그렇게 타의에서만 찾는다면 우리는 이 주머니 속을 떠날 수가 없습니다. 내 몸통 안에서 벗어나지 못한다면 이 공기주머니 안에서 벗어날 수가 없고, 이 공기주머니에서 벗어나지 못한다면 다시 또 다른 모습을 해 가지고, 만날 이 주머니에서 뱅뱅 뱅뱅 뱅뱅 몇 생, 아니 세세생생을 돌게 될 것입니다.

사람으로 세 번을 거푸거푸 태어나야 진짜 부처가 된다고 그랬습니다. 그건 왜냐하면 어떠한 모습을 가지고 살든 간에, 끼리끼리 살던 습이 있어서 그 모습을 벗어날 수가 없기 때문입니다. 사람은 사람 모습에서 벗어날 수가 없고요, 습에 의해서. 그러나 아까 말했듯이 사람 모습을 그렇게 내세울 게 없다는 자체, 바로 자기가 텅 빈 그 자체여서 그냥 공했다고 생각을 할 때엔 여여하게 그대로, 세상 법이 그대로 즐겁고 그대로죠. 내일 죽든지 이따가 죽든지 상관없이 사는 사람들에 한해서 말입니다. 그렇게 상관없이 사는 사람들은 굶기지도 않을 뿐만 아니라, 죽이지도 않고 가정을 망가지게 하지도 않습니다. 그건 왜냐? 집주인이 있기 때문입니다. 여러분 한 몸 속에 주인이 있기 때문에 항상 자기 몸을 잘 이끌어서, 망하게 하는 길도 스스로 잘 가게 만듭니다. 주인이 있어서 잘 가게끔 하는데 왜 잘 못 갑니까? 믿고 안 믿는 데 달려 있는 겁니다, 또. 진짜 주인이 있는가, 없는가 한다면 그냥 무조건 있다고 봐야죠, 자기를 움죽거리게 하니까.

어떠한 분야든, 의학이든 과학이든, 천체물리학이든 철학이든 다 그 한마음 속에 들어 있는 겁니다. 마음속에서 분리해서 이런 걸 쓸 때는 이런 걸 쓰고, 저런 걸 쓸 때는 저런 걸 쓰고 이렇게 천차만별로 화(化)해서 나투면서 쓰는 거죠, 생활하는 거죠. 들이고 낸다 할 때, 낼 때는 모든 것을 자기가 스스로 갖가지 용도대로 쓰지만 들일 때는 한마음으로 들인단 말입니다, 한군데니까. 예를 들어서 자가발전소가 하나라면 그 발전소에서 전력이 다 나갑니다. 이렇게도 쓰고 저렇게도 쓰고, 가지각색으로 쓰는 전력이 다 한 발전소에서 나갑니다. 그러는데 전력이 나가는 게 보이지 않는다고 어떻게 다 무시합니까? 전력은 나가는 게 육안으론 보이지 않습니다. 보이지는 않지만 실용이 됩니다.

그렇기 때문에 보이지 않는다고 무시하지 마시고, 보이지 않는 내 마음이 그렇게 광대하고 무변하다는 것을 아셔야 됩니다. 진짜로 믿어야 됩니다. 자기, 그 공(空)한 가운데서 출현하는 그 마음들이 얼마나 광대무변하고 묘법인지, 실천을 해 보지 못한 분들은 모르실지 몰라도, 아마 조금씩이라도 실천하고 가는 분들이 여기 많이 계시기 때문에 잘 아시리라고 봅니다. 그리고 또 한 가지는, 그거를 그렇게 실천을 한다고 해서 남을 무시하거나 '내가 이만하면…, 내가 이만큼 아는데….' 이래서도 안 됩니다. 부처님은 제일 최상승의 꼭대기에 올라가서도 올라간 게 없다고 했습니다. 왜냐? 맨 아래 지옥에서도 자기가 살고 있기 때문입니다. 이 도리를 아신다면 이 세상에 잘한다고 내세울 게 뭐 있겠습니까?

나는 그전에 이랬습니다. 돌아다보면 내가 너무나 불쌍하고 기가 막혔는데 그 뒤에 또 생각을 하니까요, 허허, 내가 한 게 뭐 있다고, 내가 이 세상에 나온 게 어디 있어? 내가 나온 것도 없고, 내가 한 것도 없고, 내가 가는 것도 없고, 사는 것도 없고, 그냥 그대로 여여하게 물처럼 살고 있는데 그 물이 물처럼 살고 있다고 해서 물이 못 하는 거 있습니까? 모두 먹여 살리고 있고, 구정물이 들어오든, 흙물이 들어오든, 핏물이 들어오든, 고름물이 들어오든 다 한마음으로 한바다로 해 주고 채찍질을 할 땐 여지없이 채찍질을 하고 말입니다.

또 아주 맨 밑바닥에 있는 생물까지 살리기 위해서 한번 뒤집어 놓고 말입니다. 한번 뒤집어 놔야 생물들이 다 살 수 있거든요. 맨 밑바닥에까지 태양열이 갈 수가 없죠. 또 뒤집어 놓지 않으면 다 먹고 살 수가 없으니까 다 먹여 살리기 위해서 천연적으로 그렇게 자동적으로 된다는 거죠. 그래서 물이 여러분을 볼 때에 '아이고, 나같이만 산다면 걱정 근심이 없을 텐데.' 이럴 겁니다, 아마. 산을 보십시오. 산이 저렇게 우뚝 서 있는데 말입니다, 사람들이 여기서 살다가 죽고 또 죽고 또 죽고 또 죽어도 산은 그대로 묵묵히 내려다보고 있어요.

그러니 우리 자체 마음의 탓이지 누구를 탓하겠습니까? 그래서 마음으로 수행을 해야지 육신으로 수행을 한다 하면 몸 떨어지면 수행도 떨어지고 수행한 거리도 없습니다. 말 잘한다구요? 말 잘하는 것도 몸 떨어지면 입 떨어지고 말 떨어지는 걸요. 뭐가 남습니까? 아무것도 한 게 없어요. 그러나 내 근본에서는 세세생생에…, 어떠한 물체든지 다 수레같이 바퀴가 돌아가죠. 바퀴가 돌아가는 것은 어느 거든지 중심이 끼워져 있어요. 중심이 끼워져 있으면서 그 중심은 움죽거리지 않아도 힘이 있기 때문에 힘을 배출해서 바퀴를 구르게 하고 있어요. 그러니 그 바퀴는 바로 중심의 심봉에다가, 사람의 근본이 저 심봉이라 하면 그 심봉을 믿고 거기다가 다 맡겨 놓고…, "맡겨 놓고"라는 언어도 붙지 않죠. 그냥 심봉이 끼워져 있으니까 그냥 바퀴가 돌아간다는 얘기죠.

우리가 지금 그렇게 돼 있죠. 살림살이가 그렇게 돼 있는데, 거기 심봉이 그대로 돌아가는데, 그렇게 믿고 그냥 하면 되지, 거기에 왜 딴소리를 합니까? 딴청을 하고, 딴생각을 하고 이렇게 말이죠. 금방 그냥 하늘이 무너지는 일이 생겼다 하더라도 껄껄 웃음이 나올 수 있어야 그건 무난히 돌아가죠. 내가 힘이 없으면 웃음은커녕 얼굴이 찌푸려지구요, 울그락불그락해지고, 한숨이 나오고, 열이 치밀고 이러죠. 내가 그만한 힘이 있다면 그렇게 편안할 수가 없습니다. 그러니 심봉이 그 힘을 가졌다는 걸 믿어야 됩니다. 전체 바퀴가 굴러가게 할 수 있는 힘 말입니다. 그 힘은 어떤 용도로 바퀴가 굴러도 아주 서슴없이 그 힘이 되어 줍니다.

그리고 형제 법우들이 이렇게 모일 때는 서로 질문도 하고 그럽시다. 뭐, 별난 질문이 아닙니다. 살아나가면서 우리가 어떻게 마음을 쓰고, 어떻게 행하고, 어떻게 해야만 실천을 할 수 있으며, 어떻게 해야만 우리가 주머니 속에서 와서 주머니 속에서 다시 벗어나지 못하는 이런 문제를 타결할 수 있는가 이런 것도 한번 생각해 보시구요. 그럼 질문하십시오. 한 분이 질문을 해도 여러분이 다 같이, 나와 더불어 같이 공부하는 겁니다, 지금. 나는 빼놓고 하는 게 아닙니다. 여러분이 있기 때문에 내가 있는 거지 여러분이 없으면 내가 어딨습니까? 서로 도반입니다.

질문자1(남) 스님, 뵙게 돼서 대단히 반갑습니다. 항상 건강하시길 기원합니다. 제가 간단히 세 가지만 질문드리겠습니다. 제가 스님 말씀을 이렇게 받들어서 모든 것을 둘로 보지 않고 항상 근본 마음자리에 돌리려고 애를 쓰는데, 실지로 해 보니까 진도가 좀 늦고 해서 급한 마음에 이렇게 좋은 말씀 부탁드립니다.

첫 번째가, 지금도 약간 긴장이 되는데요, 제가 항상 좀 잘 보이고 싶어 하는 마음, 자랑하고 싶어 하는 마음, 그리고 남이 잘되면 같이 기뻐하지 않고 알게 모르게 시기하는 마음이 있는데, 이런 부분은 알면서도 좀 고치기 힘듭니다.

큰스님 편히 앉으세요. 지금 그 말씀 하신 거요, 내가 시기하는 마음이 생기걸랑은 '시기 안 하게 하는 것도 너 아니야.' 하고 놓으라고 그랬죠. 또 즐거운 마음이 생기걸랑은 '즐거운 마음을 내게 해서 감사해!' 하는 것도요. 그러니까 양면을 다 거기다가 놓으라고 그랬죠. 이게 바로 똑 부러지는 진리인 것입니다. 스스로 거길 믿으면 스스로 잘되게 이끌어 갑니다. 댁은 그냥 어느 한 개체의 물건과 같은 겁니다. 로보트 있죠? 로보트에게 어떠한 물건을 움직이게 할 때는 시키는 누군가가 단추를 눌러서 그 몸뚱이가 움죽거리듯, 지금 우리 전체가 그렇습니다. 그러니까 '어이, 잘 가게 해서 감사해!' 또 어디가 고장이 났다 이런다면 '고장이 나게 한 것도 너니까 고치는 것도 너 아니야.' 하고 놔야 됩니다. 그러니까 그렇게 자꾸자꾸 해 보면 나중엔 힘이 생기게 돼요. 힘이 생기게 돼서 '허허, 내가 괜히 그랬구나. 그렇게 한들 저쪽에 해로울 것도 없고 잘될 것도 없는데, 괜히 내 생각으로 해서 나만 괜히 그렇게 됐구나.' 하고 아마 뉘우쳐질 겁니다. 그러니까 모든 거를, 좋아도 거기에 감사하게, 또 나빠도 거기에 '네가 한 거니까.' 하고 놓으라는 겁니다.

내가 항상 그랬죠. '과거에 어떻게 살았느냐에 따라서 모두 자동적으로 입력이 되는데, 오신통이라는 그 작자가 바로 컴퓨터와 같다. 그러니까 다섯 가지의 그 능력을 한데 합해서 그냥 컴퓨터라고 이름해도 좋다. 그래서 입력이 돼서 현실에 나오는 것을 다시 거기다 입력을 하니까 그릇이 비더라. 자꾸자꾸 그릇이 비고 또 비고 또 비고, 그러는 대로 자꾸 입력을 하니까 완전히 해말갛게 그릇이 비더라. 그래서 아주 밝게 자기라는 놈이 등장을 하더라.' 이런 겁니다.

그러니까 과거에 어떻게 살았느냐에 따라서 입력이 돼서 현실에 나오는 거를 팔자 운명이라고 하고, 현실에 나오는 거를 되집어넣을 수 있는 사람은 팔자 운명이 붙지 않는다 이런 겁니다. 그러니까 화나고 그러는 것도 이게 알고 보면요, 몸속에 들어 있는 거예요. 그게 인과성 · 업보성 · 세균성 · 영계성 · 유전성입니다. 그것이 다섯 가지가 포함돼서 많으냐 적으냐일 뿐이지 다 가지고 있는 겁니다. 다 가지고 있어서 그것들이 괴롭히기 위해서 그렇게 나오는 겁니다. 괴롭게 하고, 망하게 하고, 그냥 병들어서 죽게 하고 그렇게 해야 원수를 갚죠.

그러니까 자꾸 그렇게 나오는 거기에 속아서 자꾸 그 마음을 나오는 그대로 쓰니까 힘들게 죽는 사람도 있고, 힘들게 사는 사람도 있고, 힘들어서 가정을 파괴하는 사람도 있고 이런 거죠. 그러니까 그 팔자 운명에 매달리지 말고 그냥 거기다가 놓으면 그대로 만사가 태평입니다. 팔자 운명이 자꾸 없어지니까요. 팔자 운명이 없어지고 새 물로다가 그냥 출현을 하게 되는 겁니다. 그렇게 입력하는 대로 현실에 나오게 되는 거죠. 그러니까 그렇게 꼭 하셔야 할 겁니다. 겁내지 마시구요, 무조건 믿고 '화내는 것도 (가슴을 가리키시며) 너 아니야? 화 안 나게 해!' 해도 좋습니다. 그건 장담하죠, 예. 또요?

질문자1(남) 제가 여기 스님 앞에서 다 고백하는데요, 올해 37세 먹은 노총각입니다.

큰스님 그러세요?

질문자1(남) 예.

큰스님 그 색시들이 다 어디로 갔남? (대중 웃음)

질문자1(남) 그런데 제가 지금 여기 앉아 있지마는 참, 남의 집 귀한 딸들에게 눈물을 많이 흘리게 했습니다.

큰스님 미리, 장가도 안 들고 미리요? (대중 웃음)

질문자1(남) 그것 때문에 참 죄의식도 많이 느끼고, 그게 또 어떻게 계기가 돼 가지고 스님 말씀도 이렇게 배우게 됐는데요, 결과적으로는 오히려 잘된 것 같습니다. 그런데 아직까지도 남자 여자 따로 보이고, 또 여자도 예쁜 여자하고 좀 안 예쁜 여자하고 차별이 많이 보입니다. 그래서 본의 아니게 주변 사람들의 마음을 아프게 하는 경우가 아직까지도 있거든요. 이런 부분, 저 역시 알면서도 쉽게 고쳐지지 않고 있습니다. 제가 또 성도의 길을 갈 수도 있겠지마는 지금은 확실하지 않은데 앞으로 계속 주변 사람들 피해를 주면 안 되니까 눈으로 모든 것을 판단하는 이 잘못된 버릇을 빨리 좀 고치고 싶습니다.

큰스님 네. 참 좋으신 말씀 하셨어요. 더도 덜도 말고 당신 같은 사람만 꼭 얻어요. (대중 웃음) 왜냐하면 내 분수에 넘치게 올려다봐도 안 되고 내려다봐도 안 됩니다. 단, 당신에게 걸맞고 아리따운 마음씨를 가진, 그저 아주 이쁘지도 않고 아주 못생기지도 않고, 그냥 마음씨 알뜰한 사람 이런 사람을 만나시도록 하세요. 이 마음공부라도 열심히 같이 할 수 있는 사람이면 됩니다. 그럼 뭐, 엊그저께 만났던 사람도 쓸쓸하지 않아요? (대중 웃음, 박수)

질문자1(남) 감사합니다.

큰스님 이 모습으로 몇 알갱이나 살다가 가겠습니까? 우리가 아름다운 마음씨로 모두에게 자비를 베풀고, 극치적인 모든 일들의 이미지를 아주 말갛게 귀정을 짓고 가야, 요다음 생에 또 모습을 해 가지고 나올 때 대통령도 될 수 있고 소통령도 될 수 있고 그렇죠. 하하하….

질문자2(남) 질문 올리겠습니다. 대구에서 왔습니다. 얼마 전에 이 한마음 법을 알게 되어서 굉장히 생활이 즐거워졌고, 또 직장 생활에서도 여러 가지로 당당한 그런 삶을 시작하게 되었습니다. 실질적으로 불교를 접한 것은 한 15년 됐는데 그동안 제가 생각해 보니까 스님 말씀처럼 수박 껍데기 핥는다고 상당히 노력을 많이 해 왔습니다. 이 법을 알고 나니 정말 수박을 쪼개 먹어야겠다는 생각이 들고 또 그런 체험 가운데 즐거움을 많이 느끼고 있습니다. 비록 이것이 시작이지만 이 생에 뭔가를 꼭 한번 해 보겠다는 의지가 스님 법문 들으면서 확고하게 들기도 합니다.

오늘 제가 한 가지 질문드리고 싶은 것은, 가장 세속적이면서 많은 사람들이 고민하고 있는 문제 중의 하나인 돈 문제인데요, 이 문제에 대해서 저도 많은 생각을 해 봤고, 또 고민을 해 왔습니다. 불교에서 말하는 욕심, 탐심 이것 때문에 사람들이 돈을 구하고자 하는데 그 돈이 결국은 우리 삶에 있어서 떠날 수도 없고, 그렇다고 무시할 수도 없고, 뭐, 이런저런 생각을 많이 일으키는 문제가 되는데 제가 생각하기에는 서원과 욕심과 탐심이 구별이 안 됩니다. 어떤 때는 이것이 서원이 되기도 하고, 어떤 때에는 탐심 같기도 하고, 그래서 '불교를 믿는 네가 돈에 대해서 욕심을 내면 그게 제대로 믿는 건가.' 하는 내면의 이야기가 들리기도 하고 또 그런 이야기를 주변에서 듣기도 하는데, 이 서원과 욕심이나 탐심을 불교하고 연관지어 여쭙고 싶습니다.

큰스님 하하하…. 우리들이 같이 살고 있지만 돈이 없으면 참 궁하고 괴롭고 그렇죠. 그런데 묘한 법이 있습니다. 돈을 꼭 써야 할 때는 돈이 나오게끔 만드는 방법이 있죠. 남한테 꾸러 가지 않고 돈을 쌓아 놓지 않고도 어느 거든지 내 것 아님이 없이, 내가 쓸 때가 되면 딱 나오게끔 말입니다. 하하하…. (대중 웃음) 그런 방법을 몰라서야 어찌 부처님의 길을 따른다고 하겠습니까?

예를 들어서 내가 '아, 이거 바가지가 없어서 물을 풀 수가 없는

데….' 이러면 벌써 주인은 알고 '어, 바가지가 있어야 내 심부름을 하겠구나!' 이러고 바가지를 덜컥 갖다 주는 거예요. 그러지 않는다면 돈이 당장 없을 때, '돈이 없는데 이거 참, 어떡해야만 돈을 만들어서 쓰나. 어떻게 해야만 이걸 갚나.' 하고, 그냥 안절부절못하는 사람에게는 돈이 빼끔히 들여다보다가 달아나가요. '저 집으로 내가 들어갔다가는 그냥 찢기고 온통 야단나겠구나!' 하고 말입니다. 그러니까 돈도 사람의 마음도 몸도 모두가 일거수일투족 한마음이 돼서 그 가운데서 다스리는 주인이 다 하게끔 돼 있어요.

옛날에 이런 점이 있었죠. 이 법당채를 지을 때 말입니다, 돈 한 푼 없었죠. 그랬는데 이런 집 한 채를 갖다가 그냥 털컥 내려 주시는 겁니다. 이거 무슨 뜻인지 모르시죠? 그러더니 사람들이 돈을 그저 십시일반으로 모아서 이게 된 겁니다. 오래 끌지도 않고요. 만약에 내 사사로운 욕심을 내서 이거를 그냥 움켜쥐려고 했다면 이거 안 됐습니다. 이거는 모두의 집이기 때문에 된 겁니다. 그래서 마음을 넉넉히 쓰라고 하는 겁니다. 내가 욕심을 부려서 돈 없다고 돈을 생기게 해 달라고 원을 한다면 그건 안 되죠.

그러나 내가 없는 것을 그 자리에서도 알고 있기 때문에 갖다 줄 거라는 거죠. 네가 형성시켰고, 네가 움죽거리게 하고, 살게 하고, 심부름을 시키면서 심부름꾼에게 돈을 안 줘서 심부름을 못 하게 한다면 어떻게 하느냐 이거예요. 아, 그놈이 다 시키는데, 그러니까 그놈한테다가 딱 맡기고 콧방귀 콱 뀌라구요. 아, 무슨 걱정입니까? 예를 들어 주인이 있고 하인이 있으면 하인은 그 주인의 심부름만 하면 그뿐이지, 돈이 없고 있고에 무슨 참견을 하느냐 이겁니다, 네? 살림할 게 없으면 주인이 어련히 줄까 봐. 아, 주인이 주면 하고 주인이 주지 않으면 안 하면 될 거 아닙니까? 그런 마음을 가져야 나중에는 진짜 주인이 돼 버리는 거예요. 주인도 없고 하인도 없고 진짜 그 가운데 그냥 자기가 자유스럽게 하는 거죠.

그러니까 아직까지…, 불을 지피는데 말입니다, 젖은 나무로 불을 지피느냐 마른 나무로 불을 지피느냐에 따라서 쏘시개가 덜 들어가고 더 들어가고 하죠. 그러니까 마른 나무와 젖은 나무에 똑같이 불쏘시개를 한다면 젖은 나무는 안 타요. 그죠? 마른 나무는 불쏘시개를 조금만 해도 타 버리는데 젖은 나무는 불쏘시개를 똑같이 갖다 놓고 하더라도 그 불쏘시개만 홀랑 타 버리고는 안 타죠. 그거와 같은 겁니다. 우리가 수행이 어느 정도 돼 있어야 나무가 말라서 잘 타는 것과 같고, 수행이 돼 있지 않다면 아주 젖은 나무와 같아서 안 타죠. 그러니까 아직도 껍데기에, 즉 말하자면 타의에서 구하는 습성이 많이 있으니까 그것을 녹이려면 아예 진짜로 무조건 믿고 그렇게 해 보세요. 그러면 훨훨 탈 테니까요. 꼭 그렇게 하실 수 있겠죠?

질문자3(남) 스님, 대단히 감사합니다. 이제 한 해가 지나가면 저는 56세가 됩니다. 신사생인데요, 제가 이런 말씀 드리게 된 것은 제가 살아온 것이 인생의 실패작이라고 할 수 있기 때문입니다. 그래서 여러분도 저로부터 간접 경험을 얻을 수 있으리라 생각해서 드리는 말씀입니다. 저는 어려서 기저귀에 싸여서부터 해남 대흥사에 다녔습니다. 할머니 등에 업혀서요. 내 나이 때만 하더라도 무녀독남이면 귀한 손이라고 그랬습니다.

그것이 좀 입력이 잘못돼 가지고, 저는 서울법대를 오수해서 들어갔습니다. 죽을 고비도 네 번을 넘겨서, 연탄가스에 중독돼서 죽다 살고, 옻칠한 상에서 밥을 먹다가 옻이 올라서 그러고 뭐, 여러 가지 사고가 연달아 나서 네 번 떨어졌습니다. 그리고 제 고등학교 동기들이 하여튼 서울법대를 8명 들어왔으니까, 좀 괜찮다는 고등학교를 졸업했습니다. 거기 입학할 때는 수석도 했고 그래서 자신 있어 했는데, 내가 들어간다, 내가 시험을 친다고 했기 때문에 떨어졌다고 지금은 그렇게 생각합니다.

그래서 그런 실패도 했고, 또 사법시험을 본다고 하면 계속 사고가 나서, 열한 번을 쳤는데 1980년도에는 집안 어른들이 돌아가시고 여러 가지 일도 있었고 해서 더 이상 버틸 수가 없으니까, 가솔도 있고 그래서 사법시험을 그만뒀습니다. 그러면서 그것도 인연이었는지 요가다, 지압이다, 경락 등이다 해 가지고, 산간벽지에 가서 고시 공부를 하다 급체한 사람, 병들어 있는 사람을 돈도 안 받고 한 번만 만져 주면 다 나았는데, 막상 내 문제는 하나도 되는 게 없었습니다. 그래서 인생 실패작이라고 했습니다.

고시에 뜻을 두었다가 20년 실패를 했고, 그다음에 동창회 모임을 십몇 년을 하다, 불사에 관련된 좋은 사업이라고 해서 돌산을 시작했는데 한 2년 전에 애당초의 방향과 달라져서 그 돈을 가계수표다 카드다 해 가지고 지난 5월 31일에 몽땅 갚아 주었지만, 그것이 구르고 구르고 이자가 이자를 낳고 해서, 지금 아주 높은 이자와 함께 현재 빚이 한 1억 5천 정도 돼 있습니다. 그 일만 잘 풀리면 되기는 되는데 풀릴지 안 풀릴지도 모르겠고, 지난 11월에는 집도 절도 없다는 말처럼 자식과 마누라하고도 헤어졌고, 집도 다 넘어가 버리고 그래서 조계종 절은 아닙니다만 보살이 운영하는 조그만 암자에 가서 그야말로 의탁해 있는 상황입니다. 이런 답답한 상황에서 11월경 큰스님께서 간접적으로 『고에서 벗어나는 길』을 전해 주셔서 그걸 읽고 마음을 정리하면서 지금은 그전보다는 많이 좋아진 편입니다.

어려서부터 불법에 인연을 맺고 귀의를 했습니다마는 과거의 너무나 잘못된 입력들로 인해, 또 지금 제 수행력의 부족으로 인해서 이렇게 나쁜 결과가 왔습니다. 또 아까 말씀드렸듯이 손이 귀한 집안이었기 때문에 사법시험은 안 돼도 대는 이어 달라 했는데 그것도 마음대로 안 되더라구요. 딸만 둘 내리 낳은 데다가 집사람이 자궁암이라는 진단을 받은 것도 있지만, 숙원이었기 때문에 새사람을 얻어서 아들은 겨우 하나 낳았습니다마는 그렇게 해서 얽혀진 문제들이 많습니다. 91년도에는, 업보성이었는지 당뇨하고 폐결핵이 겹쳐서 세 번 죽었다가 겨우 살아났고, 좀 좋아지는 과정에서 좋은 일이라고, 모두 불자를 위한 일이라고 해서 책임지고 했다가 실패했던 것을 업보라고 생각했기 때문에 거기 매여서 휘달렸는데, 이제는 업보라는 생각보다는 '이제 다 잘되었다. 당신이 했으니 당신 책임이다.' 하고 마음은 그렇게 먹는데 아직 과거의 습성 때문에 그렇게 잘되지는 않고 있습니다. 큰 가르침 주십시오.

큰스님 우리가 말입니다, 산을 가로질러 끊더라도 거기 지신과 더불어 보이지 않는 관리인하고 같이 한마음이 돼 주어야 아무 기탄이 없고, 하다못해 나무를 한 그루 자른다 하더라도 그 나무와 더불어 나하고 한마음이 돼야 그 나무 물체는 잘라 버려도 아무 상관이 없습니다. 그런데 하물며 매사 걸 자기가 한다고 그냥 모두 날쳤으니 뭐가 됩니까? 그리고 어머니 때부터 믿으신 것도, 믿어서 결정을 짓지 못할 거라면 애당초에 믿지나 말 것이지 그냥 이리저리 벌여 놓고, 여기 떠 놓고 빌고 저기 떠 놓고 빌고 해서, 오히려 마구니를 끌어들여 가지고선 해결을 못 했으니 얼마나 기가 막힌 일이 벌어졌겠습니까?

그러니까 우리 법우님들은 그 무엇을 하시더라도 오직 주인공에 맡겨서 모두 하게끔 하라 이겁니다, 어떠한 문제가 일어나도. 만약에 소를 잡지 않으면 안 돼서 소를 한 마리 잡는다 하더라도 주인공에 맡기고 잡았을 때는 살생이 되지 않습니다. 오히려 소의 살은 모든 사람들에게 약이 되고, 또 소의 근본은 바로 무명을 쳐서 나한테 집어넣었으니 사람이 된 거죠, 금방. 금방 내가 된 거죠. 그래서 한번 굴려서 재생이 돼서 사람으로 인도환생을 한다면 그거는 이것도 좋고 저것도 좋고, 다 좋게 되는 거죠. 그러니까 모든 것을 거기 수레에 한번 굴려서 내놓으면 그렇게 공덕이 된다 이 소립니다. 그러니까 하여튼, 어렵고 가난하고 무질서하게 살지 마시고 모든 걸 중심을 두고 사신다면 어떠한 괴로움의 상처도 가실 수 있고 어떠한 괴로움의 구덩이 속에서도 벗어날 수 있다는 사실을 아셔야 됩니다.

질문자3(남) 한 말씀만 더 드리겠습니다. 물론 한마음 입장에서 보면 똑같겠지만요, 지금 저와 같은 무수한 중소기업이 쓰러지고 있습니다. 물론 대기업도 쓰러지는 때가 있겠죠. 그래서 저와 같은 이런 불상사가 나지 않도록 하려면 우선 그 쓰러질 가능성 있는 많은 중소기업이라든지 다른 기업, 중간 기업들을 위하여 어떤 마음을 내서 어떻게 관을 해야 되겠습니까? 제가 아픔을 아니까 같이 아팠으면 하는 그런 생각에서….

큰스님 이거 보세요. 예를 들어서 거지를 돕는데 어떻게 해야 제일 잘 돕느냐는 거를 한번 생각해 보십시오. 거지라는 습성이 있어서 그냥 그렇게 자꾸 잘못돼 돌아가고 얻어먹기만 하게끔 만드는데, 만약에 거기에다가 보태 주기만 한다면 그 일이 또 벌어집니다. 그러니까 아예 뿌리를 개선시키기 위해서는 가만두는 겁니다. 가만둬도 잘돼 갈 겁니다. "가만둬도 잘돼 갈 겁니다." 하는 소리 속에는 뜻이 있습니다. 꼭! (잠깐 말씀을 멈추시고) 그것이 진리요, 그것이 시대적으로 변화하는 이치가 아니겠습니까? 사람들에 따라서 그런 게 생기죠, 모두가!

질문자4(남) 큰스님, 고맙습니다. 저는 광주지원 청년회에서 왔습니다. 큰스님 법문 중에 문을 찾되 보이는 문이 아니라, 보이지 않는 문 아닌 문을 찾으라고 하신 말씀이 있었습니다. 그런데 그 뜻을 헤아려 보면 '진리란 고정되어 있는 게 아니고 또 진리를 찾아가는 방편 또한 고정되어 있는 것이 아니기 때문에, 수행을 하고 공부를 하더라도 보이고 잡히는 걸로 하지 말라' 그렇게 제가 듣고 하고 있는데, 그러나 또 가다 보면 항상 보이는 걸로써 자꾸 저를 돌아보는 것 같습니다. 그래서 보이지 않는 걸로써 그 문 아닌 문을 찾아야 되는데 또 넘어질 때는 안 보이는 걸로 자꾸 넘어집니다. 큰스님께 질문드리겠습니다. 문 아닌 문을 찾되 문 아닌 문은 어디에 있는 것이고, 또 어떻게 찾는 것이며 그 문 아닌 문, 그 안에서 내가 도대체 무엇을 찾아야 되는지 비록 법문 중에 큰스님께서 백번 천번 말씀해 주셨습니다만 다시 한번 새기는 심정으로 큰스님께 질문드립니다.

큰스님 몸뚱이로서는 문을 꼭 찾아서 들어가야 들어갈 수가 있죠?

질문자4(남) 네.

큰스님 그런데 마음은 말이에요, 지금 이 자리에서 나가려면 어떻게 나가야 마음이 나가죠? 지금 이 자리에서 집에 갔다 와 보세요. 어디로 나가야죠? 마음이 문을 찾아 나가야 될까요, 그렇지 않으면 그냥 나가야 될까요. 난 여기서 저 건너 내 방이 있는 데를 그냥 벽도 봇장도 없이, 생각할 것도 없이 그냥 나가지는데…, 저 건넌방 가는 것이나 지구 전체를 도는 사이가 같은 사이에요. 다른 우주나, 태양에, 또 다른 혹성에 간다 하더라도 차이가 나지 않아요. 한생각 딱 하는 거하고 차이가 나지 않거든요. 그러면 내 몸속에서 수없는 입자가 만약에 벽도 없고 봇장도 없이 그냥 나간다면, 문도 없이 나간다면 어떻게 생각해요? 그거를 두고 '천백억화신이 나툰다' 고 하는 거예요.

그러니까 인간이 됐다는 것만 해도 아주 최상의 첨단이죠. 그래서 인간이 마음으로 자기 속에 있는 그 모든 의식을 입자로 내보낼 때 그렇게 한계가 없죠. 그런데 무슨 문이 필요합니까? 문은 이 몸뚱이, 모습이 있는 걸로 족하지 진짜 무슨 일을 하려고 한다면 문을 찾아다니면서 무슨 일을 합니까? 한계가 있는데…. 그래서 옛날에는 창과 칼과 활을 썼는데 그 뒤에 어떻게 됐습니까? 총, 대포, 뭐, 심지어는 로케트까지 올라가고 말이에요. 그렇게 되지 않았습니까? 그렇다면 그 외에 또 그것보다 더 광대한 문제를 어디서 가져와요? 그리고 빛보다도 더 빠르고 한계에 부딪치지 않고 가고 올 수 있는 거, 가고 옴이 없이 가고 올 수 있는 거는 마음밖에 없거든요.

그러니 '문을 찾으며 배우려고 하지 마라. 문을 찾으며 공부하는 자는 학으로 지식으로 이론으로 찾는 거고, 우리가 이 마음공부를 하는 건 문이 없는 문을 찾기 위해서 지금 공부하는 것이다.' 라는 얘기죠. 그러니까 한번 그렇게, 마음은 문을 찾지 않아도 아무 데고 문이 된다는 거, 은산철벽도 문이 된다는 거, 깊은 물도 문이 된다는 거, 허공도 문이 된다는 거, 그냥 어디고 문 안 되는 게 없어요. 그리고 나 아니 되는 게 하나도 없고요, 하다못해 미생물까지도. 그렇게 나 아니 되는 게 하나도 없기 때문에 그걸 부처라고 이름했고, 공덕이라고 이름을 했죠. 공덕! "일산(日傘)의 공덕은 크고 작음도 없이 그렇게 크다." 이렇게 말할 수 있는 거죠. 열심히 하세요. 자기 주인공만이 할 수 있다고 하는 반면에 그 주인공이 문이 되는 거예요. 보이지 않는 문이라야 되는 거지 딴 구멍은 없어요. 과거, 미래를 둘 아니게 마음대로 자유자재할 수 있는 문은 그 문밖에 없어요.

사회자 질문이 없습니다.

큰스님 오늘 여러 법우님들하고 같이 도반으로 한자리에 앉았던 것을 진짜 감사하게 생각합니다. 우리가 앞으로 지구, 우리 집이라고 할 수 있죠. 그 집이 망가지거나 그 속에서 살고 있는 중생들의 생명이 살 수 없게 되지나 않을까 염려하고 있는데, 그 지구는 한계가 있으니까요. 그런데 우리가 이렇게 공부하다 보니까 '아! 이제 그런 것을 걱정 안 해도 되겠구나. 사람들이 모두 그런 것을 알고 생각하고 그래도 거기다가 놓을 줄 아니까, 우주 천지에 직결이 돼 있으니까 다 알고 다 수습하겠구나. 괜찮겠구나. 부딪치지 않겠구나. 줄지 않겠구나. 팽창되지 않겠구나. 에너지가 없어서 못 살지 않겠구나.' 하는 생각이 듭니다. 너무나 참 거룩하고 고마운 일입니다.

여러분은 그냥 공부한다고 하면서 그거는 모르고 계시지만, 여러분이 그 마음을 쓰는 데서 연방 직결이 돼 있거든요. 연방 직결이 돼서 가설이 돼서 통신이 되거든요, 우주하고도요. 여러분은 그걸 모르고 하지만 차차 공부를 더 하면 알게 돼요!

마음의 문을 여는 날

1996년 2월 4일

무엇보다도 여러분한테 죄송한 마음 금할 길이 없습니다. 이렇게 추운 날씨에 따뜻하게 앉아서 서로 법담을 나누게 해 드려야 할 텐데 그러지 못하고 내가 부족한 탓으로 여러분을 춥게 해 드려서 진정 마음이 아픕니다. 올라오면서 봐도 그렇고, 어저께도 그렇고, 정말 마음이 얼마나 안됐는지 몰라요. 그렇지만 춥더라도 여러분이 이해하시고 열심히 공부하시기 바랍니다. 내가 이런 생각을 해 봅니다. 내가 떠돌기 시작했던 아홉 살 때 이후, 그때는 샤쓰도 없었는데 '어떻게 그렇게 홑것만 입고 돌아다닐 수 있었던가. 그래도 왜 춥다는 생각도 없었던가. 미쳤을까? 미쳐서 그런 거를 몰랐을까?' 하는 생각도 듭니다. 그런데 지금에 와서는 내가 추운 줄을 알기 때문에 여러분도 춥다는 것을 알게 됐습니다. 그러니 얼마나 마음이 죄송합니까? 그렇더라도 '이런 공부를 하는 데 그런 고난도 없이 어떻게 공부가 되겠는가.' 하고 생각을 하시면서 이해를 하고 넘어가시는 게 좋을 것 같습니다.

오늘이 입춘이라고 하죠. 입춘이라고 한 그 뜻은 어디다가 갖다 붙여도 말이 됩니다. 뜻이 되구요. 형체적인 문을 여는 게 아니라 마음의 문을 열자는 거죠. 또 우수에는 입을 뗀다고 하죠. 우리가 이렇게 문을 열고 나오면 말을 하고, 말을 하면 움죽거리는 게 되는 것이 우수, 경칩이죠. 그러한 뜻이라고 생각을 해 보셨는지요? 그래서 봄이 오는 마음은 마음의 문을 여는 날이고, 입이 트이는 날은 말을 할 줄 아는 사람이 되는 거고, 경칩은 우리가 마음대로 자유껏 뛸 수 있는 날이라고, 그렇게 한번 생각해 보셨어요? 우리가 이름은 있되 이름 없는 이름이기에 함이 없이 한다 이런 말입니다. 이름도 그냥 공연히 생긴 게 아닙니다. 알고 본다면 이름도 참 천차만별로 많지만, 그 이름대로 자기의 차원과 모습이 주어져 있다고 봅니다.

그렇기 때문에 우리는 이 마음의 도리를 알아야 합니다. 우주 삼천대천세계의 줄과 인간의 근본의 줄이 직결이 돼 있거든요. 그래서 자기가 마음을 쓰고 행동하는 그 도리가 항상 직결이 돼 있기 때문에 우주 법계에서 다 알게끔 돼 있고 거기서 차원이 정해지죠. 근본에서 차원이 정해지고, 근본에서 알고, 근본에서 아는 것을 우주 법계에서 알기 때문에 우리가 사는 대로 입력이 돼서 차원대로 모습을 가지고 이 세상에 다시 나온단 얘기죠. 우리 인생의 과거를 돌아서 미래를 돌아서 현재를 돌아서 오면은…, 우리는 이 현재 땅덩어리에 있지만 근본 마음의 영혼이 그렇게 돌아간다 이겁니다. 돌아오고 돌아가고 돌아오고 돌아가고…. 짐승같이 살면 짐승의 모습이 될 것이고, 사람같이 산다면 사람의 모습을 해 가지고 나올 것이고, 짐승의 모습과 사람의 모습을 다 놓고 우리가 이런 공부를 할 때에는, 그냥 우주간 법계에서 인도를 해 가지고 모든 게 그저 자동적으로 인도가 돼서, 차원이 높게 모습을 해 가지고 이 세상에 나와서 많은 사람을 이끌어 가고 먹여 살리는 사람으로 또 형성되죠.

그러니까 팔자 운명이라는 것은 누가 준 게 아닙니다. 내가 만들어 가지고 팔자 운명을 겪고, 또 내가 만들어 가지고 팔자 운명이 없이 자유스럽게 그냥, 자동적으로 그렇게 될 수 있게끔 할 수 있다는 얘깁니다. 그러니까 이 마음이 얼마나 중요하고 광대무변한지, 여러분이 진짜 마음의 공부를 하셔야 이 도리를 완전히 터득을 합니다. 우리가 본 적도 없고, 먹어 본 적도 없고, 먹고 싶어 해 보지도 못한 것은 무슨 일이 왕창 생겨도, 몰라서 해결을 못 하고 맙니다. 그걸 말로 어떻게 다 하리까.

그래서 사람의 생각이 융통성이 있고 지혜가 있으면, 누가 책에서 가르쳐 주고 말로 가르쳐 주지 않아도 저절로 '아, 요런 건 요렇게 해서 해결을 하고, 요건 요렇게 해서 해결을 하고' 이게 다 나옵니다. 마음의 물리가 터지면 그렇게 다 용무를 할 수 있는 거죠. 보이지 않는 데서 보이는 데로 이렇게, 용무라는 건 보이지 않는 데서 작용하는 것을 말합니다.

그래서 오늘은 마음을 여는 날이니까 여러분이 되는 거든지 안 되는 거든지 질문하시기 바랍니다. 허허허…. 질문하는 날이 따로 있고 질문 안 하는 날이 따로 있는 건 아닙니다. 하지만 그 이름이 있는 날이니…, 우리가 어떻게 좋은 것만 질문하리까. 조그맣고 크고가 없습니다. 우리가 여기에서 요 앞을 내다보는 거나 여기에서 우주를 보는 거나 차이가 없습니다. 그렇기 때문에 우리가 초월해서 고정됨이 없이 돌아가는 도리를 알아야, 색(色)이 공(空)이고 공이 색이라는 부처님의 말씀의 뜻을 알 수가 있는 것입니다. 우리는 그대로 여여하게 돌아가건만, 공해서 찰나찰나 화(化)해서 돌아간다는 걸 모르기 때문에 여여한 걸 모르는 거죠.

사람이 마음을 배우려면 모든 거를 이 마음으로 들이고 내야 합니다. 잎새 하나까지도, 그 나뭇가지의 털 하나 난 것까지도 뿌리에 붙어 있는 것이지 딴 데 붙어 있는 게 아닙니다. 일거수일투족, 여러분이 마음을 내고 들이고, 가정에서 서로 토론하고 나가서 토론하고, 만나고 보고 듣고 하는 그 전체 도리가 뿌리에 달려 있는 겁니다. 그렇기 때문에 이것저것 아리송하게 생각하지 마시고, 책을 보니까 이거는 안됐다 잘됐다, 남의 얘기를 들어 보니까 이건 틀리다 옳다, 또는 말을 하는 게 아주 옳은 일이다 아니다 하고 그렇게 일일이 따져서 생각 마세요. 처음에 배우실 때는 잘된 거든 잘 안된 거든, 밉든 곱든, 길든 짧든, 못났든 잘났든, 여자든 남자든, 애든 어른이든 모든 것은 무조건 거기에다 놓고 그저 무조건 입력을 하세요. '너만이 헌 물이 새 물이 되게 할 수 있어.' 하고요. 이거는 형체가 아니기 때문에, 정신계이기 때문에 무한량 바꿀 수가 있다는 얘깁니다.

어느 집에 사람이 살러 들어가기만 하면 죽는다고 그러거든요. 그런데 우리 마음공부 하는 사람이 그 집을 싸게, 반값에 사 가지고 들어가게 됐어요. 그래서 "이런 집을 스님, 어떻게 했으면 좋겠습니까? 이걸 우리가 산다면 한 반절밖에 주지 않을 텐데요." 하길래 "들어가라." 그랬어요. "그저 있는 것들은 모조리, 천 개도 좋고 만 개도 좋고, 허허허…, 십만 개도 좋으니까 한도량에 있는 거, 몽땅 그냥 거기다가 한바다에 집어넣듯 집어넣어 봐라. 헤아릴 수 없는 물방울이라도 바다에 들어가면 그냥 바다지 물방울이 따로따로 있다고 하지 않는다. 다 집어넣어 봐라." 했어요.

그랬더니 이사를 가서 사는데 너무나 좋아하더랍니다. 금방 한 사람의 사람이 돼서, 또 사람은 도로 사람이 돼서, 수레바퀴에 돌려져 가지고 재생이 돼서 나갔으니까요. 얼마나 좋겠습니까? 그리고 착한 사람의 마음속을 돌아서 한번 그렇게 본받아 가지고, 그 악한 마음이 다 녹아지고 얼마나 좋게, 두려움이 없고 인간의 나쁜 마음의 기운이 없이, 그저 자비하고 인정 많고 권위 있게 세상을 볼 줄 알고 들을 줄 알고 또 다스릴 줄 아는 사람이 돼서 나가게 됐으니, 꿈에서 고맙다고 그냥 백배사례를 하더랍니다. 자기는 이제 참, 의인을 만나서 좋은 길을 걷게 됐다고 하면서 그렇게 고마워하고 잘 사시라고 그러고선 이만한 구슬 하나를 주고 가더랍니다. 그런데 그 집에서 사람이 죽기는커녕 잘되니까, 판 사람이 배가 아플 것 아닙니까? 하지만 그 사람은 값을 더 준대도 안 팔고 오히려 그 집이 낡았으니까 헐고선 다시 집을 짓고 잘 살게 됐습니다.

그런 거와 같이 물방울이 수백 개, 수만 개라도 한 그릇에 넣으면 한 그릇의 물이지 딴 물이 아닙니다. 또 우리가 깨달아서, 여기 앉아 있는 분들이 다 깨달아서 부처가 됐다 하더라도 일 불(一佛)입니다. 일 불! 그래서 배우는 사람들은, 법당에 부처님을 천 불을 해 놓거나 만 불을 해 놓거나, 이 부처 저 부처 많이 해 놓으면 머리가 산란해서 공부를 못 하죠. 공부를 다 하고 난 뒤에는 신중이니, 독성이니, 칠성이니, 지장이니, 관세음이니 할 것 없이, 만 불이니 천 불이니 할 것도 없고 마구니들도 아주 둘 아니게 다 그냥 흡수할 수 있기 때문에 그때 가서는 걱정도 없죠.

산 사람은 모습이 있고 죽은 사람은 모습이 없거든요. 죽은 사람은 모습이 없는 바람에 모습이 있는 사람한테 와서 몽둥이로 쳐도 보이질 않으니 누가 쳤는지 모르기 때문에, '매를 치는 사이 없이 치고 맞는 사이 없이 맞았다' 이런 문제가 나와요. 그렇기 때문에 깨치게 해서 인정을 받고, 해인(海印)을 받고, 열쇠를 받는 것도 그런 거를 다 알아서 능통하고 모두 마구니도 둘 아니게 볼 줄 알고, 자기 아님이 없이 할 줄 아는 사람에게 열쇠를 맡기게 돼 있죠. 만약에 그렇게 하지 않고 그냥 자기 성미에 맞지 않으면 톡 때려서 못 쓰게 만들고, 또 자기한테 맞지 않고 미우면 그냥 콕 때려서 파산을 시키고 이런다면 어떻게 그 열쇠를 맡기겠습니까? 그렇기 때문에 어떠한 거를 막론하고 이쁘든지 밉든지, 죄가 많든지 적든지 없든지 둘로 보지 않고, 무조건 자기와 둘 아니게 보고 자기 아픔과 둘 아니게 보고, 자기 부모 아님이 없고, 자기 자식 아님이 없고, 자기 형제 아님이 없이 이렇게 베풀 수 있는 사람이라야만이 한바다 가운데서 인정을 받는다는 얘기죠. 그러니 여러분께서 항상 문을 열고, 우리가 인생 한 철 사는 거를 오늘 하루라고 생각하십시오.

내가 옛날에 다니다가 그냥 허기가 져서 땅을 엉금엉금 기어가서 흐르는 물을 한 모금 마시는데, 그 한 모금을 마신 뒤에 두 모금째는 딱 마시지 못하게 됐어요. 그때는 아무 생각이 없었어요. '한 모금은 마셨는데 왜 두 모금째는 마시지 못할까?' 하는 생각을 했죠. 그랬는데 그냥 비호같이 부처님의 채찍이 날아오는 겁니다. 그건 뭐냐 하면 '한 모금도 아홉 모금이 되고, 한 모금이 천 년의 천 모금이 될 수 있다' 이겁니다. 그러니 '이 세상도 천 년이 일 초가 될 수 있고, 천 년이 하루가 될 수도 있고, 천 년이 사흘이 될 수도 있고, 삼 개월이 될 수도 있다. 이러니 그대로, 없다 있다가 모두 없다. 고정된 게 하나도 없이 돌아가기 때문에 그대로 여여한 것이므로 없다는 것이다.' 이런 문제를 그 물 먹으면서, 물 한 모금 마시고는 엎드려서 생각을 한 거죠.

그걸 다 생각을 하고 나니까 그때서야 물 먹기가 아주 수월해졌어요. 그러나 스스로 의정이 나야지 억지로 의정을 내려고 해도 아니 되고, 억지로 아니 내려고 해도 안 되고, 그냥 이 생활 자체가 그대로 공법을 배우는, 평등공법(平等空法)을 배우는 바로 우리 도량처다 이거죠. 그러니까 "나는 바빠서 이 공부를 못 해요." 하는 것은 말이 안 되죠. "일체제불의 마음은 내 한마음이다" 이런 노래를 여러분 잘 부르시죠. 그 노래를 부르면서 하나하나 좀 생각해 보세요. '왜 스님이 그런 가사를 써서 노래를 하게 했나?' 하고요. 우리들의 법이 부처님의 법이지 우리들의 법을 빼놓고 부처님의 법이 따로 있다고 한다면 그거는 무효예요, 그냥.

악이 있으니까 선이 있는 거지, 생각을 해 보세요. 악이 있으니까 선이라는 이름이 나온 거지 악이 없다면 선이라는 이름이 안 나왔죠. 그러니까 악이 선이라는 이름을 빛나게 해 주는 거 아닙니까? 그러니까 '선이 그 은혜를 갚기 위해서 악도 같이 둘이 아니로구나.' 하는 거를 알아야죠. 모두 서로가 서로를 위해서 사는 거지 남을 위해서만 사는 것이 하나도 없어요.

그러니 오늘, 되는 것도 질문하시고 안 되는 것도 질문하십시오.

예를 들어서 이걸 전깃줄이라고 합시다. 오신 여러분이 줄이라면, 여기 본래 있는 줄하고 맞붙어서 불이 들어왔을 뿐이지 내가 해 준 것도 없고 여러분이 한 것도 없이 불이 들어왔을 뿐입니다. 그래서 '말로 이름을 짓되 내가 한 것도 없고 네가 한 것도 없느니라. 그 반면에 네 마음 내 마음이 둘이 아닌 까닭에 불이 들어왔을 뿐이다.' 이런 거를 가만히 생각해 보십시오. 우리가 한생각을 잘해서 그 나쁜 이미지를 한 번 굴려서 바꾼다면 헌 물이 새 물 되는 것과 같은 겁니다.

여러분이 몸을 가지고 사시니까 '내가 뭐, 이러고저러고' 하는데 '내가' 라는 건 없습니다. 그래서 공생(共生)입니다. 공생! 여러분이 공생 아닙니까? 공(空)한 공생의 개체! 그리고 공심(共心)의 개체! 개체는 하나인데 공생(共生)·공심(共心)·공체(共體)·공용(共用)·공식(共食)하고 돌아가지 않습니까? 그래서 공양(供養)이라고 하고 공덕이라고 하죠. 공양은 한마음이신 부처님께서 공양을 받으신다 이런 겁니다. 한마음으로 둘이 아니게 반야줄을 쥔다면 그게 바로 공덕이 되느니라. 안에도 더불어 같이 한마음이요, 밖에도 더불어 같이 한마음이니 자리마저도 한자리이다 이겁니다.

부처님이 말로만 그렇게 해 놓으신 게 아니라, 가만히 생각을 해 보세요. 한 지구 안에서 하나가 빠져도 아니 되리만큼 전부 서로 도와서 살고 있지 않습니까? 이거 하는 사람이 있으면 저거 하는 사람이 있고, 지게꾼이 있으면 또 짐을 지워 가지고 갈 사람이 있고, 이사할 사람이 있으니까 이사차가 생긴 거죠. 이사차가 있으니까 이사할 사람이 생기고, 이 모두가 아주 미생물에서부터 만물이 다 서로 도울 수 있기 때문에 그렇게 생긴 거거든요.

난 예전에 산에서 말입니다, 너무 춥기 때문에 가랑잎을 웅덩이에 다 넣고는 그 속에 앉아서 생각을 하기를, '야! 참 희한하구나! 그 왜, 우리같이 못나고 부족한 사람은 다 없애고, 잘생기고 잘살고 복 많은 사람, 능력 있는 사람이나 태어나서 잘 살게 하지 왜 우리같이 못난 사람, 또 보기 흉칙한 벌레들이나 보기 흉칙한 뱀 같은 그런 짐승들을 나오게 해서 세상천지에 이렇게 돌고 있나?' 이런 생각이 드는 겁니다. 그거를 생각하다 보니까 추운 줄도 모르겠고 그냥 밤을 꼴딱 새고서 나오니까 아침에 웃음이 나요. '내가 도대체 뭐 하는 사람이며, 미쳤다고 할까? 이게 뭐 하는 사람일까?' 하는 생각이 나서 말입니다. 그랬는데 그것이 아니었어요. 미친 사람도 아니고 성한 사람도 아니고, 허허허…. 자기가 자기를 알기 위해 그렇게 수난을 겪지 않으면 길을 모르죠. 그 수난을 겪은 게 양식이 되고, 재산이 되고, 공덕이 되고 그런 거죠.

이런 얘기 그전에 내가 한번 했죠. 지금 광명사의 마당이 그전에 밭이었거든요. 그런데 그 땅 사기 전에 밭을 하던 사람이 있었는데, 그 밭에다가 깨를 담뿍 심어 놨었어요. 가난한 사람이었는데 그냥 진딧물이 함빡 앉아서 깨를 못 먹게 생겼어요. 그러니까 그때 가서 농사지은 게 다 이 모양 이 꼴이 됐고 벼도 시원치 않아서 일곱 식구가 굶어 죽겠다고 노인네가 그래요. 그래서 관하는 걸 가르쳐 줬어요. '이 깻조자리의 진딧물도 전부, 주인공 너만이 없애게 할 수 있어.' 하라고 가르쳐 줬더니 그걸 믿구요, 만날 그렇게 한 거예요. 그 웬만한 사람 같으면 믿지 않습니다, 그거. 그까짓 소리 해 줬다고 그렇게 엄청난 문제들을 앉아서 그렇게 하겠습니까, 그거? 아마 나부터라도 아리송해서 믿지도 않았을 거예요. (대중 웃음) 허허허….

그런데 참 순박하기가 한량없지 아, 그걸 믿고선 그렇게 했더란 말입니다. 사흘째 되던 날 아침에 나가 보니까 요렇게 빨간 점이 있고 풍뎅이같이 생긴 요만큼씩한 거 있죠? 고런 게 그냥 함빡 앉아서 진딧물을 다 빨아 먹더랍니다. 다 빨아 먹고는 그냥 훌렁 날아가더랍니다. 그래서 깻조자리가 되살아나게 되니까 '야! 이거 참 희한하구나!' 그래 가지고서 다른 것도 그렇게 했대요. 그랬더니 그 해에 농사가 잘돼서 오막살이지만 우리가 보태 준 돈 조금하고 합쳐서 집을 사 가지고 나갔죠. 그러한 일이 있었구요.

그러한 문제뿐만 아니라 여러분 생활 속에서 전체가 그렇게 돌아가는 겁니다. 내가 항상 얘기해 드리죠? '이 몸속의 의식들을 지금 말로 따진다면 입자라고 볼 수 있다. 어떠한 고통을 받더라도 주인공을 믿고 관한다면 입자가 나가서 그 속에 자기로 들어가서 다 조절하고, 자기를 이끌어 줄 수 있다.' 마음을 그렇게 내면은 그렇게 따라 주고, 마음을 저렇게 내면 저렇게 따라 주고, 마음을 엉뚱하게 내면 엉뚱하게 따라 주고 이럽니다. 그러니 얼마나 묘한 법이겠습니까. 우리가 지금 내 몸 가지고 내 몸을 마음대로 하고 내 마음을 내 마음대로 해서 내 몸을 이끌어 가고, 내 식구를 이끌어 가고, 내 조상을 이끌어 가고, 내 자식을 이끌어 가고, 세세생생에 돌에다 세워 놔도 살 수 있게끔 이끌어 가는 길은 바로 이 방법밖에는 없습니다.

그리고 앞서도 얘기해 드렸지만 모든 게 자동적으로 입력이 됐으니까, 앞서 수억겁을 거쳐 나오면서 자동적으로 입력이 돼서 나오는 것을 현재 또 잘 생각을 해서 주인공에 다 맡기니까 그게 재입력이 되는 겁니다. 재입력이 된다면 바로 팔자 운명이니 뭐니 하는 거, 그런 것들이 다 그냥 삭쳐 없어지는 거죠. 새로 입력 들어간 것만이 현실에 나오게 돼 있습니다. 그렇기 때문에 형세가 좀 펴지고, 싸움이 없어지고, 마음이 너그러워지면서 처음에는 그걸로다 자꾸자꾸 체험을 하게 되고 또 자기 스스로서 알게 되고 그러는 거죠.

그러니 그런 게 모두 거짓말이 아닙니다. 예를 들어서 이 도리를 알고 있어야 급하면 쓸 때도 있겠죠. 들어 보지도 못하고 먹어 보지도 못했다면 급할 때 어떻게 처리를 하겠습니까? 그거를 평소에는 못 하고 안 하고 그러다가도 급하면 하게 됩니다. 생각나게 되거든요. 정 급하면 모습 없는 나의 마음, 즉 체 없는 나가 그 속으로 투입이 됩니다. 내가 그랬죠? 어떤 혹성이 문제를 일으킬 때에는 하시라도 내가 그것이 될 수 있다고 그랬죠?

그렇기 때문에 머리가 잘못된 사람은 잘못된 대로 주인공에 집어

넣어야만이 됩니다. 본인이 정신이 없어서 못 할 때에는 주변에서라도 자꾸 집어넣어 줘야 된다 이겁니다. 그래야 앞서 그 혼란스러웠던 입력 자체가 없어지고 새 입력이 들어감으로써 바뀌게 되니까 마음으로 고장난 거는 마음이 고쳐야 된다는 것이죠. 아무리 북을 두들기고, 목탁을 치고, 굿을 하고, 어떤 짓을 해도 그쪽에선 콧방귀 뀌고 점점 더 할 겁니다, 아마. 그러나 얼마나 좋아요. 아무리 악한 귀신이다 할지라도 그 착한 바다와 같은 마음이 얼씩 껴안고 '야! 너는 본래부터 나쁜 게 아니야. 몰라서 그런 거 아니야?' 하고서 아주 아름다운 마음으로써 싸안아 준다면, 그 마음이 일순간에 녹아지고 그 마음속에 들어가서 그 마음을 읽어 보니까 너무도 자기가 잘못된 사실을 알게 돼서, 그렇게 하나가 되죠. 그래서 진짜 자비는 그런 데 있다고 봅니다.

여러분이 말로만 "사랑 사랑" 하지 진짜 사랑을 한다면, 부부지간에도 그렇고 자식지간에도 그렇고 보기 싫어하지 않을 겁니다. 끼리끼리 만난 인연들이거든요. 우연이라는 거는 없어요. 여러분도 살아 보시지마는 노동하는 사람은 노동하는 사람들끼리 모여서 일하고, 정치하는 사람은 정치하는 사람들끼리 모여서 정치를 하고, 상인들은 상인들대로 모여서 논의하고 이러죠. 그런데 어떻게 우연히가 있습니까? 한 가족이 모이는 데도 사과는 사과대로 모이고, 금은 금대로 모이고, 은은 은대로 모여서 살고, 구리는 구리대로 모이게끔 돼 있거든요, 넝마는 넝마대로 모이고요. 그래서 세계가 지역이 다 다르다 할지라도 그런 지역에 가서 태어나는 것도 끼리끼리이기 때문에 그런 지역에 가서 태어나게 돼 있습니다. 기계에다 넣고 큰 것 작은 것 고르고, 썩은 것 성한 것 고르고, 이것 따로 저것 따로, 전부 따로따로 끼리끼리 놓고 팔고 사고 그러죠?

그렇듯이 사람도 차원에 따라서 모습을 가지고 나오게 하면서, 그 차원에 따라서 자동적으로 골라져서 지금 굶어서 죽는다고 하는 나라, 이런 나라 저런 나라에 제각기 아주 철두철미하게 태어나죠. 미국에 태어나는 사람도 있고, 한국에 태어나는 사람도 있고 말입니다. 그렇게 아주 질서 정연하게 돼 있는 거죠. 우리가 지금 엉망으로 사는 것 같지만, 왜 잘 사는 사람은 잘살고 못사는 사람은 이렇게 못살게 되나 하고, 어처구니가 없다고 한탄을 하고 그러지마는, 그게 자기가 다 만들어 놓은 일입니다. 누구한테 한가를 할 게 하나도 없어요.

그렇기 때문에 그거를 안다면 남을 미워할 수가 없고, 죄를 더 지을 필요도 없고, 뭐, 마음을 그렇게 초조하게 가져서 내 몸을 병들게 할 것도 없고, 망했다고 그냥 돈 버리고 사람 몸뚱이 버리고 이렇게 할 필요도 없구요. 버렸으면 '어, 버려졌나 보다. 네가 버려지게 했으니까 네가 또 일으켜 세우겠지.' 이렇게 태연하게 마음을 먹고 늠름하게 나간다면, 아마 주변 어디서든지 자기 주인공이 귀한 사람을 끌어들여 만나게 해서 서로가 살게끔 될 겁니다.

그런데 뭐, 죽네 사네 하면서 집안의 식구들도 못살게 하고, 화가 나서 오며 가며 화풀이를 여기저기다 하니까 식구들 마음이 편안할 수가 있나요. 그러니 복도 들어올래야 들어올 수가 없죠. 그 틈에 들어올 수가 있나요? 오늘 살다가 이따 죽는 한이 있더라도 "허허!" 웃을 수 있어야 돼요. 그게 뭐가 그렇게 겁나는 일입니까? 그러한 도량을 가지고 있는 사람에 한해서는, 내일 죽는대도 겁 안 나는 사람한테는 그렇게 죽게 하지도 않아요. 청개구리거든요. 이렇게 한다 하면 저렇게 하고, 저렇게 한다 하면 이렇게 하는 이치가 바로 우리들의 욕심을 버리게 하기 위한 방편이라고도 볼 수 있죠. "야, 하늘이 무너진다는데 이거 다 먹어 치우고 그냥 다 써 버리자." 이러는 사람 앞엔 정말 다 써지고 하늘이 무너지지만, 허허허…, 그저 그런 거에도 눈 하나 깜짝 안 하고 자기 그대로 꿋꿋이 가면서, "아휴! 이따가 죽어도 상관없어. 어차피 사람이 소꿉장난을 하다가 날이 저물면 다 버리고 가는 거 아닌가? 그렇다고 해서 아무렇게나 남의 재산을 함부로 쓰면 어떡하나, 주인공의 재산인데." 그렇게 하고선 아끼고 좋은 일 잘하고 살면 그 값어치가 더 들어오면서 사람 살기가 유하고 하늘이 무너지지도 않고 그러죠.

기독교에서도 불바다가 된다, 다 죽는다 이러는데, 제가 스물 몇 살부터 그러던 건데 여직껏 그래요. (대중 웃음) 하하하…. 그런데 그것이 왜 그러냐? 그것이 모습이 변해서 그렇게 하늘이 무너지고 땅이 꺼지고 불바다가 되고 그래서 죽는 게 아니라, 자기네 마음들이 그렇다는 얘깁니다. 마음들이 그렇게 불바다가 된다는 거죠. 이 마음의 근본은 불이거든요. 그래서 마음이 헐렁해지면 정말 불바다가 되는 거죠.

그리고 우리가 심사숙고해서 잘 생각을 한다면, 어떤 거든지 내가 아니 되는 게 없기 때문에 지구의 수명도, 인간의 수명도 모두 사는 데까지는 그냥 살 거다 이겁니다, 사는 날까지는. 그게 무슨 소린지 아십니까? 사람도 사는 날까지 여여하게 살다가, 나는 간다 뭐, 어쩐다 표시로써 3, 4, 5년씩 또 1, 2년씩 아프게 만들어서 온통 바깥으로 소문을 죄 내고 이렇게 해서 옷을 벗는 게 아니고, 옷 벗기 전에 가서 자리를 마련해 놓고, 와서 옷을 벗고, 새 옷을 입고 재차 그냥 세상으로 나가죠. 이렇게 좋은 법을 어찌 우리가 그냥 무덤덤하게 넘길 수가 있겠습니까?

세상에 아픈 것처럼 슬픈 게 없어요. 여러분이 경험을 해 보셨는지 모르지마는 정말 죽는다고 했을 때의 고통, 죽지 않아도 항상 고통을 받으면서 지겹게 아픈 사람들, 그것을 생각해 보세요. 그럭하고 살면 뭘 합니까? 이럭하고 살면 뭘 하느냐고 입으로다가 몇 번씩 외우면서도 그걸 겪어야 하죠. 그렇게 하다가 그냥 너무나 지겨워서 때로는 약을 먹고라도 좀 죽었으면 하는 생각이 들게 되고 그러죠. 그럭하면 뭐 합니까?

생시에 살아 있을 때에 우리가 꺼풀을 벗으려면 미리 자리부터 만들어 놓고…, 왜, 우리가 이사 가려면 집 먼저 사 놓고 이사를 가죠? 그런 거와 같습니다. 똑같습니다, 아주. 그래서 자리를 만들어 놓고 옷을 훌렁 벗고서 그냥 가면은 아픔으로 고통받지도 않을 거고…, 그게 다 업이니까요. 또 자기 차원을 마음대로, 모습을 자기 마음대로 만들어 가지고 이 세상에 나오는 거거든요. 그러니 그것이 얼마나 자유스럽습니까? 그뿐이 아니죠. 여러분이 모르는 얘기 자꾸 할 필요도 없지만 말입니다. 질문 없어요? 오늘은 질문하는 날인데….

질문자1(남) 자기를 이롭게 하고 남을 이롭게 하는 것은 작은 선이라고 그랬는데요, 그게 생사윤회를 하는 원인이라고 그랬는데 거기에 대해서 한 말씀 듣고 싶어서….

큰스님 댁의 몸뚱이도 생명체가 더불어 공생으로 같이 사는 한 개체예요. 개체이기 때문에 선이다, 선이 아니다 이런 것이 둘이 될 수가 없죠. 내가 악을 도와줘야겠다 하는 것도 없으니까. 자기가 따로 없으니까. 그래서 그 작용하는 거를 용무라고 그랬어요, 용무! 공법이죠, 즉 말하자면. 그러니까 그러한 마음, 둘 아닌 마음을 가질 수 있어야 선심이라고 그러죠, 선심! 선심으로써 둘 아니게 건질 수 있다는 겁니다.

질문자1(남) 큰스님께서는 도를 이루시고는 이 세상에 나오셔서 포교 활동도 하시고 모든 사람들을 위해서 그렇게 하시는데, 그런 것들도 다 생사에 윤회하는 그런 쪽이 아닌가 싶어서 질문합니다.

큰스님 나라고 하지 않아도, 그러한 도리를 깨닫게 되면 선도 없고 악도 없고, 또 내가 깨달았다는 것도 없고, 했다는 것도 없어. 지금 도를 깨달았다고 하는 것도 없다 이 소리야. 왜냐하면 깨달은 사람은 항상 그냥 둘이 아닌 까닭이야. 이 한 지구덩어리 안에는 미생물에서부터 인간까지 쫙 있고, 또 우주에도 별성과 더불어 블랙홀이랄까 이런 큰 별이 하나가 되어 있으면서, 작은 별을 낳고 큰 별이 생기고 이렇게 자꾸자꾸 껍데기를 갈아 가면서 우리 인생살이 하듯이 그렇게 되는 거야. 수명이 길고 짧고 이런 게 좀 있을 뿐이지. 그런데 그렇게 깨달음이 없다 있다를 말할 수 없는 거지, 둘이 아니기 때문에.

그러면 당신 하나를 가지고 얘기해 봐. 댁의 몸뚱이 속에 생명들이 따로따로 있어? 따로따로 있지 않지. 더불어 같이 있는 그 생명들 때문에 자기가 움죽거리게 됐고, 보게 됐고, 듣게 됐고, 먹게 됐고, 만나게 되고, 가고 오게 되고 그런 것이지, 더불어 같이 살기 때문에 물 한 컵을 먹어도 혼자 먹는 게 아닌데 어떻게 내가 물을 먹었다고 할 텐가, 내가 물을 먹었다고. 그래서 깨달음도, 윤회도, 윤회라는 언어도, 팔자 운명도 다 없어.

오늘도 이렇게 같이 한자리를 하려고 나는 뜨듯한 방에서 나오는데 여러분은 추운 데 섰으니까 너무나 죄송하고 미안해서 몸 둘 바가 없었어. 따로따로 본다면 그렇다 하더라도, 전체적으로 본다면 나는 좀 먼저 추운 데서 살았었고, 허허허…, (대중 웃음) 여러분은 좀 나중에 추운 데 섰을 뿐이야. 그런 걸 생각한다면 모두 측은하고 친근하고…, 아름다운 마음으로써 한마음으로 묶어져서, 그 아름다운 자비로써 마음의 향기를 뿜고 서로 응(應)하고 이렇게 돌아가는 거지. 나 혼자만 일생 동안을 내내 뜨듯한 방에서 있으면서 여러분에게 속임수나 쓰고 이렇게 한다면, 이 온 누리가 나를 다 그냥 짓이겨서 가루로 만든다고 그래도 어쩔 수 없는 거지만 말이야.

내가 그전에도 추운 데 있으면서 뭣을 생각했느냐 하면…, 나중에 알고 보니까 크고 작은 것도 없고, 악하고 선한 것도 없었지. 그렇게 알고 나서는 밤새도록 너무 많이 울었어. 또 스님네들이 공부를 하기 위해서 예전부터 그냥…, 그건 내가 말 못 해. 허허허…. 그렇게 겪어 나오고, 중국에서 인도로 가면서 죽어 넘어지고, 한국에서 중국으로 돌면서 공부하던 그 스님네들이 길을 가다가 얼마나 처참하게 쓰러졌는지 나는 알고 있어.

그렇기 때문에 '만약에 나를 그냥 가루로 만들어서 다 뿌려서 그 분들을 다 위로할 수 있다면….' 그런 생각까지도 했어. '이 고생하고 못나고 그렇게 하는 사람이 다 없어질 수만 있다면 내가 죽어서 가루가 되리라.' 이렇게도 생각했어. 그런데 정말 죽어서 가루가 됐어. 허, 정말 죽어서 가루가 됐다구. '일체제불의 마음' 그 노래에도 "일체제불의 마음은 내 한마음이다" 하듯이, 가루가 돼서 일체를 다 두루 뿌려서 해도 그 자리에 떡 하나는 되남듯이 말이야. 그 뜻을 알겠어? 그러니 그거를 스스로 알게끔 공부 열심히 해. 또 질문할 사람 없어요?

사회자 한 분만 질문 더 받겠습니다.

큰스님 예, 질문하시게 하세요. 이래도 일 초 저래도 일 초인데요, 뭐.

질문자2(남) 강릉지원에서 왔습니다. 언제나 저희들 손에 어마어마한 보물을 쥐여 주셔서 늘 감사함을 금치 못합니다. 저는 좀 개인적인 문제를 질문드리려고 합니다. 어머니 아버지가 돌아가신 지가 한 10여 년이 훨씬 넘었는데, 꿈을 꾸니까 아버지가 돌아가셔서 장례를 치르고 한 3, 4일 지났는데 묏자리에서 물이 날 것 같다 그래서 이장을 하겠다고 팠습니다. 그랬더니 아버지 관 주위에 금붙이가 쫙 돌아가며 있었습니다. 그래서 잘못 팠다고 해서 다시 되묻으며 보니까 그 주위에 붉은 꽃들이 쭉 보였었습니다. 그리고 한 3년 후에 어머니가 돌아가셨는데 불심이 참 돈독하신 분이었습니다. 지금 생각하면 이 법을 함께 만나지 못했던 거를 제가 아쉽게 생각하지만, 돌아가시기 직전에 공원묘지에 가시겠다고 그래서 공원묘지에다가 장지를 마련했었습니다. 그랬더니 며칠 후에 어머니께서 "얘야, 내가 너희들 산소 마련한 곳에 가 봤는데 참 좋더라." 그런 말씀을 하시고 얼마 후에 암으로 돌아가셨습니다.

그리고 별일 없이 세월이 지났는데 작년쯤부터 어느 날은 아버지가 돌아가셨다고 하면서 막 야단을 하고, 또 어느 날은 어머니가 돌아가셨다고 해서 또 자꾸 보이고, 어느 날은 또 두 분이 함께 돌아가셨어요. 그러더니 언젠가는 아버지가 돌아가셨는데 전에 살던 그 농촌집 밭에 물이 가득하면서 비가 엄청나게 내리고 있었습니다. 그래서 장례를 치러야 되는데 큰일 났다고 그랬더니 비가 점차 멎어요. 그런 일들이 지금 15년 가까이 자주 꿈꾸어지는 바람에 제가 늘 '주인공! 일체제불과 조상님이 한마음인데 이 시봉자는 아무것도 모르잖아. 너만이 알 수가 있으니까 그 뜻이 무엇인지 분명히 너는 알려 줄 수 있잖아.' 그런 관을 끊임없이 해 왔습니다.

그리고 지난 달 안양 문예회관에서 큰스님께서 법문하신 이후에 저희 지원장 스님께도 잠깐 말씀을 드렸습니다. "이런 일들이 10여 년 지난 이후에 자주 일어나는데 그 해답을 듣기 위해서 계속 관은 하지만 뭔가 잡히는 게 없다." 그런 말씀을 드렸더니 "마음자리에서 어떤 생각이 일어나더냐?" 하는 말씀을 하셔서 "한생각이 탁 떠오르는 건 아니고, 그냥 조상님들을 위해서 재를 좀 올려 드리면 어떨까 하는 막연한 생각을 하고 있습니다." 했더니 좀 더 관해 보라는 말씀을 하셨습니다. 그리고 오늘도 오면서 또 그 생각이 자꾸 떠올랐기 때문에 '너만이 그것을 이 아둔한 시봉자에게 분명히 알려 줄 수 있잖아.' 하는데도 여전히 숙제로 남아 있는데 오늘 마침 기회가 뜻하지 않게 돼서 제가 외람되게 말씀드립니다.

큰스님 그 숙제를 그냥 놔둘까요, 어떡할까요? (대중 웃음)

질문자2(남) 그래도 해결해야 되지 않겠습니까?

큰스님 댁이 형성되기 전은, 바로 전에 살던 자기 조상이죠. 그것은 아버지가 되죠. 그리고 지금 사는 거는 바로 자(子)가 되죠. 그렇기 때문에 그 뜻을 가르치기 위해서 아버지가 죽었다고 했습니다. 그래, 내가 항상 '죽어야 본다' 이러죠? 그럼 그거를 한번 바꿔 생각을 해 보세요. '내가 만약에 공한 도리를 알면 죽은 것이다' 라는 거요. 공한 도리를 알면 죽었고, 또 어머니가 죽었다 이랬죠? 어머니가 죽은 거는, 하늘과 땅이 전체가 죽어야 되거든요. 그래야 자기가 생(生)하죠. 그런데 또 어머니 아버지 두 분이 다 돌아가셨다고 그런다 그랬죠? 다 돌아가셨으니까 천(天)·지(地)·인(人)이 그대로 다 죽었으니 자기는 살아날 가망이, 새싹이 또 나온다는 얘기예요. 그러니까 자기 마음에 문이 좀 열린다 이 소리죠, 그게.

그걸 왜 부모에다 들이대고 뭐가 안 돼도 조상의 탓, 뭐도 조상의 탓으로 자꾸 돌리세요? 자기 조상의 탓이에요. 그러니까 자기 조상은 자기를 가르치기 위해서 그렇게 부모의 모습으로 화해서 보여 주면서 그렇게 하는 거죠. 그러니까 생시도 꿈이고 꿈도 생시거든요. 그래서 지금 가르치는 것도 꿈이요, 꿈에 가르치는 것도 꿈이에요. 그러니까 그렇게 꿈이다 생시다 할 거 없이 그런 꿈이 꾸어지면 재사 지낼 걱정하지 말구요, '아하! 이게 나의 채찍이로구나. 아, 이거 문이 좀…, 이제 두 분 다, 자기와 자기가 다 죽었으니까, 둘 아니게 죽었으니까 문이 좀 열리게 되나 보다.' 하고 '아휴! 참 감사하구나!' 하고 감사하게 생각을 해야죠.

질문자2(남) 감사합니다. (대중 웃음) 제가 늘 공부에 진전이 없어서 안타까웠는데 이제 뭔가 조금 가능성을 발견하는 것 같아서 대단히 감사합니다. 열심히 하겠습니다.

큰스님 누구나가 다 먹고살기 위해서 애쓰겠죠. 그런데 댁이 교수 자리가 나서지를 않아서 참 힘든다고 그랬죠? 그거를 더펵 부처님께서 해 줬어 봐요. 댁이 지금 샛눈이라도 떠 갈 수 있다고 말을 하겠나.

질문자2(남) 네. 그간에 제가 해 왔던 일들을 가만히 생각해 보면 언제나 아상과 아만이 너무나 가득했었습니다. 지난번에도 저희 강릉 지원 법형제들이 다시 한번 각자 공부를 다지기 위해서 '재건회' 라는 이름으로 만났었는데 그때 우리 법형제의 어떤 분이 제 모습을 보여 주는 것 같았습니다. 너무나 강하게 보여 주셨기 때문에 저의 경우에 빗대어서, 내가 살아온 삶을 생각해 보니, 스스로 이루었다고 생각했던 것이 엄청난 아상이었으며 그거를 내려놓고 죽이자고 하는 작업을 이때까지 했지만 아직도 스스로 봐도, 어떤 때는 너무나 팔뚝 같은 게 올라와서 감정을 주체 못 한다 하는 얘기도 했었습니다. 어쨌든 꽤 여러 해를 다니면서도 만날 이 몸뚱이만 왔다 갔다 하는 게 아닌가 해서 아주 참 부끄럽기도 하고, 또 오는 게 기쁘기도 하고 그랬었는데 오늘 대단히 감사합니다. 열심히 하겠습니다.

큰스님 하여튼 사람마다요, 먹고살기 위해서 그러겠지만 그렇게 극치적으로 그냥 안달복달하면서 그렇게 살지 마세요, 모두. 좀 너그럽게 하시구요. 인생이 한 철이에요, 한 철! 우리가 인생 한 철을 그냥 아주 급급하게 살죠. 살얼음판을 걸어가는 것과 같이, 또 망망대해에 배 띄워 놓은 것과 같이 사는데, 그렇게 급급하게 살지 마시고 망망대해에 가다가 빠져 죽든, 살얼음판을 가다가 미끄러져서 엎어지든 제쳐지든, 그런 거 상관할 것 없이 자기는 그냥 심부름꾼에 지나지 않으니까 주인이 알아서 다 하겠지 하고, 몽땅 그냥 맡기고 편리하게 놓으세요, 그냥.

그저 라면 한 그릇 먹으나 밥 한 그릇을 먹으나 하루 살기는 마찬가지예요. 내가 항상 그래요. 밥을 한 그릇 떠다 주나 눌은밥을 반 그릇 갖다 주나 나 먹기는 똑 마찬가지예요. 뭐, 그거 별다른 거 없어요. 더 좋은 거 해 먹자, 더 좀 맛있는 거 해 먹자 이러는 마음이 파란을 일으켜요. 그냥 생기면 생긴 대로, 우리 집에 들어왔으면 들어온 대로, 또 가면 가는 것 잡지도 말고 오는 것 막지도 말고, 생긴 대로 물 흐르는 대로….

물이 뭐라고 그러는 줄 아세요? '만물만생이 다 물속에서 살아도 다 그저 집이 돼 주면서 끝없이 유유하게 흘러가는 나를 보고 살아라. 나같이만 살면 뭐가 걱정이냐?' 하죠. 산은 산대로 나같이만 살라고 그래요, 묵묵히. 그런다면 뭐가 걱정이에요, 한 철 날 놈의 거. 한 철 동안 공부하시는 게 세세생생으로 돌아가고, 세세생생에 돌아가는 그 자리의 권한으로 가신 위의 조상들도 다 건질 수가 있고 아래의 자식들도 다 건질 수가 있거든요. 또 질문하실 분 없어요?

(질문자에게) 편안히 앉으세요, 다리 아프실 텐데. 누가 뭐, 다리 안 아프게 해 줄 사람 있어요?

질문자3(남) 저는 전남에 살고 있습니다. 제가 본 선원에 온 지가 한 9개월 정도 되는데요, 언제부턴지는 기억이 잘 나질 않는데, 여기 와서 삼귀의나 청법가, 산회가 이런 노래를 부를 때마다 제 눈에서 눈물이 흐를 때가 굉장히 많거든요. 그런데 옆의 거사님들이나 보살님들은 엄숙한 자세로 노래 부르고 이러는데, 저만 그렇게 흐느끼고 울 수도 없어서 곤란한데, 눈물 흘리는 것이 어떤 의미인지 좀 알고 싶어서 말입니다.

큰스님 네. 전자에 이런 공부를 좀 하신 거죠. 누구나가 다 사람같이 살기 위해서 노력을 했겠죠. 전자에, 댁의 몸을 가지고 나오기 이전에 말입니다. 그거를 정신계라고 하죠. 그래서 이렇게 노래를 하다가 그 이치를 들으니까 예전에 자기가 그렇게 공부하고 그렇게 하던 생각이 나고, 그래서 당신 자체는 몰라도 자기 주인공은 알기 때문에 눈물이 나죠. 눈물이 나면서도 속으로는 흥겨웁고 흐느껴지고 이렇게 되죠. 그러니까 그것이 바로 댁에서 지금 찾고 있는 그 장본인이죠.

'죽으면 우리가 뭐, 아나?' 이러지마는 안 그렇습니다. 우리가 지금 어떻게 사느냐에 따라서 차원대로 모습을 가지고 이 세상에 다시 나오고, 그 차원에 따라서 사람을 모두 다스리고 부리기도 하고, 대통령도 될 수 있죠. 그런데 자기 자신이 잘해서 나오는 대통령도 있지만, 부모들이 아주 정성을 지극하게 해서 자식이 그렇게 되는 수도 있거든요. 부모의 정성으로 자식이 그렇게 되었을 때는 자식이 그 부모의 은혜와 모든 것을 좀 돌아다볼 줄 알아야만이 또 뒤가 길죠. 그렇지 못하면 뒤가 없어요, 뒤가 짧아요. 그냥 끊어져 버려요.

그러니까 자기 자신이 그 도리를 알아서 그저 못사나 잘사나, 먹으나 못 먹으나 주인공에 놔야죠. 이파리 하나도 뿌리에 달려 있지 않은 게 없듯이, 그렇게 가난하게 사는 것도 그 마음, 그 뿌리에서만이 해결할 수 있는 거거든요. 그래 자기가 어떻게 살았느냐에 따라서 지금 현실에 주어진 거니까 그 주어진 데다가 도로 입력을 하면 그 입력된 자체의 업이 없어진다는 얘기죠. 그래서 그런 거를 들으니까 너무나 감격하고 감개무량해서 우는 거죠. 그러니까 공부 잘하실 수 있게 됐습니다, 그려. 그래, 그저 울어서 마음이 편안하다면 우세요. 허허허…. (대중 웃음) 우는 건 댁에서 우는 게 아니라 눈만 빌려 주고 마음만 빌려 줬을 뿐이에요.

질문자3(남) 감사합니다.

큰스님 그리고요, 한마디 할 것이 있어요. 우리가 이렇든 저렇든 간에, 외국에 가 봐도 과학자들이 연구를 하다 막히면 경전을 찾더군요. 나 그런 거 몇 번 봤습니다. 그런데 부처님이, 수많은 선지식들이 고생을 해 가면서 그렇게 불법이라는 거를 말씀해 주셨고, 경전이라는 거를 내서, 우리들이 그래도 그 껍데기나마 보고 마음을 공부하려고 노력하고 있는 겁니다. 이런 뜻에서 얘기인데, 지금 우리가 한 지구 안에서 살면서 네 종교, 내 종교 따지고는 있지만, 한 지구 안에서 우리가 함께 산다 하더라도 차원이라는 것은 있습니다. 이거 하는 사람 저거 하는 사람 따로따로 모두 있듯이, 동서남북이 따로 있듯이 말이죠.

그런데 기독교인들은 밖으로 찾기는 하지만 내일 살 걱정 안 하고 그냥 한데 모으는 마음은 있거든요. 타의에서 구하지만 하나님으로 한데 모으기는 하는 거죠. 그런데 하나님이라는 그 모은 마음, 한울님, 하나님, 하늘님 이런 것이 다 따지고 본다면 하나님은 나로부터 비롯하고, 주님도 그렇습니다. 왜 주님이냐? 한 생명이 전부 같이 모여서 사는 그 가운데에서 마음을 다스리는, 의식들을 다스리는 주처가 나로부터 있는 거죠. 그래서 님 자를 붙여서 주님이라고 했을 뿐이에요. 그리고 하나님이라고 그러는 건 너 나가 없이 전부 하나로 초월해서 돌아간다 이런 뜻인데, 그거를 바깥에서 찾기는 해도 그래도 하나로 뭉쳐 놓고 찾지 않습니까? 우린 뭡니까? 부처, 칠성, 산신 할 것 없이 쭉 늘어 놓고는 온통 그냥 따로따로 찾는 거예요. 이거는 조선 시대 때 아마 그렇게 됐을 거라고 봅니다. 탄압을 받으면서도 공부하기 위해서 여기도 해 놓고 저기도 해 놓고 그렇게 방편을 쓴 것이 여직껏 내려온다고 봐야죠.

그런데 기독교는 그렇게 많은 돈을 기부하기도 하는데, 우리 불교는 왜 그렇게…, 그것이 이익이 남으면 이자를 주는 건데 그게 왜 그렇게 안 걷혀서 애를 쓰게 하는지 도무지 모르겠어요. 그래도 우리들은 한다고 하는데요. 난 여러분이 용돈 쓰라고 갖다 주는 거 모아서 불교방송국에 냈거든요, 테레비 방송에다. 그런데 아이구, 내가 거지라면 거지 왕초가 해 줘야, 허허허…, 그런데 부처님이 거지 왕초라면 그냥 여러분은 거지의 새끼들이죠. 하하하…. (대중 웃음) 그 새끼들이 다 왕초의 지나온 그 모든 문제들을 해결하고, 그로 인해서 우리가 해결이 되고, 그래서 또 우리 대(代)에 해결이 되고 이렇게 나가는 것을 생각한다면 불교 테레비 방송이 어렵다는 것이 어찌 마음이 불편하지 않겠습니까? 그러니 우리가 십시일반으로 그거를 좀 사 주면, 뭐 사 준다고 해야 돼요? 팔아 준다고 해야 되나? (대중에서 '주식' 이라고 말을 함) 주식을, 응! 주식을 좀 신청하면은 그네들이 좀 덜 힘들 텐데, 불교방송국의 그 원장 스님인가? 아, 그분이 내게 그러는 거예요. 불자들이 주식을 신청하라는데도 이렇게 이러니 이거를 어떡하면 좋으냐구요, 한탄을 하세요.

그러니 예전에 우리가 굶고 그럴 때 요만한 항아리에다가 쌀 한 움큼씩, 조금 덜 먹고는 한 움큼씩 모았거든요. 그런 식으로라도 우리가 좀 하고, 좀 더 여유가 돌아가는 집은 '거기다가 그냥 예금해 놔야겠다.' 이러곤 그냥 거기다 한 구좌 예금해 둔다면 아무 때라도 찾는 건 찾는 거니까요. 잘되면 찾는 거니까. 우리 불교인들이 얼마나 많습니까? 그런데 찾지 않겠습니까? 한 3년만 지나면. 그러니, 허허허…, 그저 학자금 넣은 셈만 치고 모두 협력해 주시기 바랍니다. 어떠합니까? 이익하고 이익지 않고 그걸 떠나서 한마당에서, 한도량에서 어쩌겠습니까? 그래서 나도 지금 요만한 데다가 모으고 있습니다. 저도요, 지원에서 지원 스님네들이 "스님, 맛있는 거 사 잡수세요." 그래도 거기 넣고 또, 허허허…, "어디 가실 때 용돈 하세요." 그래도 거기 넣고, 뭐, 저기 치과에 가는 데도 돈 내는 거 있으면 난 주지한테 얻어 쓰고, 요거는 또 요렇게 넣고, 하하하…. (대중 웃음) 그렇게 알뜰히 모으고 있습니다.

이런 데도 쓰고 저런 데도 쓰고, 때로는 참 어려운 집 애들이…, 내가 불교방송국 때문에 이런 말까지 하게 됐습니다. "학교에 돈을 못 내서 이제는 휴학을 해야 되겠습니다." 하면 그저 모아 놨던 거 톡 털어서 주곤 하죠. 이렇게 하고 저렇게 하고 "스님, 나갈 돈도 없어서, 삼천만 원 가지고 세를 들었는데 천만 원밖에 안 남았으니 글쎄, 줄여서 간다고 하더라도 이천만 원은 있어야 할 텐데 이 애들하고 어떡했으면 좋겠습니까?" 그럴 때 나도 입을 꽉 다물고 한참 있습니다. 펼쳐 봐도 뭐, 아무 데도 도와줄 데가 없는 사람, 내가 봐서. 그거 어떡합니까?

또 때로는 시집 못 보낸다고 그럴 때는 "얘, 나 용돈 좀 쓰게 다오." 지원 스님네들한테 이렇게 해 가지고선 몰래 그냥 주곤 하죠. 그런데 말입니다, 그렇게 주고 나면 마음이 그렇게 편안할 수가 없어요. 내 마음 편안하자고 그러는 거지 남을 도와주느라고 그러는 게 아니에요. 정말입니다. 아, 우리 사무장님이 아시다시피, 어쩌다가 테레비를 보는데 불교방송국에서, 어머니는 편찮아서 드러눕고 학비를 못 내서 신문팔이를 하는데 대학교를 못 다니게 됐고 뭐 어쩌고 어쩌고 하고 방송하는 것을 보면 아휴! 그게 남의 말 같지가 않습디다. 그래서 "단박 연락해라, 대학교 마칠 때까지 우리가 준다고." 그러면은 여기서 다른 거는 다 못 해도 그것은 그냥 해야 되는 거죠, 내 마음 편안하려면. 그래서 장학금도 주고 있지만, 이번에 뭐, 군대에 갔다면서요? 허허허….

하여튼 여러분도 십시일반으로 그런 마음으로 해 보세요. 내 몸뚱이도 한 철 나면 벗어 버리고 새 옷을 입고 또 나올 텐데, 뭘 그렇게 아끼면서 살겠습니까? 그렇다고 해서 그냥 아무렇게나 막, 자기도 굶으면서 다 주라는 게 아니에요. 절대로 빚져 가면서 시주하지 말고, 빚 얻어다가 시주하지 말고, 빚 얻어다가 뭘 하지 말고, 그저 여유가 없더라도 쌀 한 됫박 가지고 밥을 지을 거를 한 움큼 덜어서 하려면 해라, 이런 거예요. 그 의미를, 뜻을 잘 파악하셔서 우리, 한마음의 십시일반이 돼 봅시다.

참고하기

스님께서는 용어를 방편이자 실질로서 그 중요성을 인정하시면서도 이름과 이론에 끄달려서는 절대 근본을 보지 못할 것이라고 경계하셨다. 그리고 용어와 수행의 방편을 시대에 맞게 바꾸는 것이 불법의 이치임을 강조하셨다. 스님께서 사용하시는 용어나 숫자는 근본을 떠나서 해석되는 일이 없기 때문에 피상적인 이해에 젖어 있던 제자들의 고정 관념을 깨고 근본으로 돌아가게 하는 선미가 있다. 다음의 용어들은 이러한 측면에서 뽑은 몇 가지 예이다.

1. 도리구(道理句) – 뜻에 적합한 단어를 조합한 경우

한 발 넘어가지도 않고 한 발 늦게 딛지도 않고 할 때 '도리구에 직접 닿았다' 이런 뜻과 같지. 그래서 거길 앞서 디디면 '도리천이다' 이렇게 하고. 그러니까 숫자도 없이 그냥 행하는 거, 그 가운데서그냥 한 발 떼 놓고 거기를 채 들어가지 못할 시에, 거기 당도했을 때 얘기야. '도리구에 당도했다'고 하는 거지. (2000. 5. 17.)

2. 섭류 – 조어(造語)

· 섭류: 우주 만물이 서로 귀합(歸合)돼서 돌아가는 것을 말한다.

· 섭유: 우주 만물이 서로 귀합이 돼서 같이 호응되는 것을 말한다.
(1998. 3. 8.)

3. 백(百, 白)

· 백(百): 백이라는 것은 모든 것이, 너도 나도 할 것 없이 찰나에 화해서 돌아가니까, 공해서 돌아가니까 백(百)이라고 하는 거야. 무(無)라고 하는 거나 똑같애. 시공을 초월해서 마음이 돌아가는 이 도리를 알아야 그 도리를 모두 안다고 할 수 있어. 자유스럽게 벗어나지 못하는 마음을 갖는다면 벗어나지 못할 거지. 숫자도 자유스러워. 숫자는 사람들이 질서와 계율을 지키기 위해서 생긴 거지 숫자가 따로 없어. 그러니까 오백이라고 했

다고 해서 오백이라는 숫자만 가지고 생각해서는 뜻이 나오지를 않는 거지. (1992. 12. 6.)

· 백(白): 예전에 산에 갔는데, 맑은 물가에 큰 뱀이 하나 이렇게 틀고 앉아 있어. 그래 내가 이렇게 움직이니까 거기서 고개를 파딱 드는 거라. 거기서 둥글게 앉아서 탁, 하나 들었으니 白 자가 아니냐 이 소리지. 그러더니 날 보더니만 다시 쏙 들어간단 말이야, 머리가. '참 순식간에 둥글 원(圓)이 되는구나!' 또 얼마 있더니 쭉 그냥 기다랗게 가는 거야. '하, 그냥 순식간에 한 일(一)이 되는구나! 이 세상은 모두가 그렇게 하나로 돌아가면서도 그 하나마저도 세울 게 없는 게 바로 진리구나!' 이렇게 했던 거야. 그러니까 내가 공부한 게 없으니까 글로 가르친 게 아니야. 그냥 다니면서 그렇게 했지. (1998. 3. 8.)

4. 도리천과 도솔천 – 욕계(欲界) 육천(六天) 중의 도리천과 도솔천을 뜻으로 설명하심.

· 도리천: 이 세상 만물이 다 키워져서 나오는 생산처를 도리천이라고 하는데, 하나로 돌아가는 것이다. '도리', 즉 둘 아니게 하나로 전부 들어가서, '천' 하면 하나로 그냥 되는 거거든. 묶이는 거거든. (2000. 5. 17.)

· 전체 돌아가는 거를 '도리천'이라고 했단 말입니다. 일체 만물만생이 우주와 더불어 돌아가는 걸 도리천이라고 했단 말입니다. 사방천왕도 천이요, 도리천왕도 천이요, 도솔천왕도 천이다 이겁니다. (1986. 6. 22.)

· 도솔천: 한울은 둥글지만, 이 동서남북을 땅이라고 한다면, 이것이 한데 합쳐지면 구정토가 돼요. 이 전체가 구정토가 되는 거예요. 그런데 그 구정토가 고정되게 있질 않으니까 도리천이 돼 버리죠. 도리천이 돼 버리니까, 나중에는 도솔천이 돼 버려요. 왜? 말을 안 하고는 아니 되거든. 이게 오고 가고 오고 가고, 이게 말이 연결되고 듣는 게 연결되고 이렇게 되니깐 도솔천이죠. 이게 상응이 되지 않고는 도저히 우리가 한 걸음 한 발짝도 떼 놓을 수가 없는 거예요, 본래. 그러니까 우리가 이 안의 주인이라고도 볼 수 있죠. 모르니까 노예 생활을 하는 거예요. 알면 노예가 아니에요.
(1985. 2. 23.)

5. 천체

· 전체: 물질세계, 유(有)의 법에서는 '전체'라고 한다.

· 천체: 수효가 없는 진리의 세계, 무(無)의 법에서는 '천체'라고 해야 한다. '천'은 이 세상을 전부 한데 귀합시킨다는 뜻이다. 오천도 천이요, 천도 천이요, 만도 천이요, 모두가 천으로 돌아가니 무의 법으로 돌아가는 것은 한계가 없다. 맷돌을 놓고 심봉을 하나 탁 꽂는 것이 '천'이다. 또한 그것이 바로 '정(定)'이다. (1998. 3. 8.)

6. 다보탑 – 삼처전심(三處傳心)의 다자탑전 반분좌의 다자탑을 '다보탑'으로 표현하심.

· '다보탑'이라는 건 같이 앉았기 때문에 '다보'라는 것이다. '일체 만물만생이 다 이 한자리에 전부 같이하고 있느니라.' 이런 뜻이거든. 부처님 자리에는 전체가 있다. (1998. 3. 8.)

· 다보탑에 부처님께서 왜 반을 내주면서 같이 앉자고 하셨느냐. 더불어 같이하기 때문이다. (2000. 5. 17.)

7. 해우년

해로운 해로 보는 게 아냐. 우리가 지금 시간이 있게 살아? 지구가 시간이 있게 찰나찰나 화하고 가나? 시간이 없어. 그냥 꽃이 피었으니까, 났으니까 살 뿐이야. 우리가 이렇게 탄생했으니까 살 뿐이야. 그런데 거기에 시간이 있다 없다 이렇게 말할 수도 없고, 해우년이 생겼다 이럴 수도 없지만 사람이 살고 있으니까 바로 달이다 해다 이런 거를 만들어 놓는 거야. 그런데 나는 그걸 해우년이고 뭐고, 좋고 나쁘고를 따지지 않고 그냥 성성하게 걸림이 없이 그냥 들어갔다 이거야. (2000. 5. 17.)

8. 백두산 오백 바위 – 1990. 8. 5. 법형제법회 中

어머니가 오백 아들을 먹이려고 죽을 쒀 놓고 거기 빠져 죽었다. 그러니까 오백 아들이 다 따라 죽었다는 거지. 그러면 죽은 먹었으니까 없고, 그것이 다 그냥 같이 합쳐졌으니까 다 없어졌을 거 아니냐는 거야. 이 진리가 그렇다 이거지. 그래서 삼세를 먼저 얘기해도 되고, 또 사방을 먼저 얘기해도 되지. 이 사방이라는 것도 여러 가지…. 우리가 지수화풍을 따지려면 그것도 이 모습으로 볼 때는 네 가지라고 하지. 하지만 그 네 가지가 아니었더라면 이 사방 속에 오방으로 존재하지 못해.

… 얘기만 듣고 얘기만 할 줄 아는 사람은 안 돼. 우리가 '상하, 사방' 이렇게 되면 어떻게 돼? 그리고 변두리, 그 사방 사이사이 변두리, 이런 걸 볼 때에 사방은 각자 내가 있기 때문에 오방이 되고 동서남북이라는 거지.
삼십 명은 내려가는 데 지키라고 그랬지? 그 삼십 명은 어디서 나왔고 뭘 하려고 나왔느냐. 그것은 과거 현재 미래를 한데 합친 삼십 명이야. 그러니까 이건 공부하면서 뜻으로 알아야지. 그것을 포함시켜서 오방에다 넣는 거야. 즉 말하자면, 사십 명에 삼십 명이 들어가고 그러면 오방이 되면서 칠주가 되는 거야.
그리고 또 "사십 명은 올라가는 데 지키고 한 명은 올라가는 데 지키고" 하는 뜻은 사십 명이 한데 합쳐서 일을 하는데, 이게 일을 하면 한 사람의 마음이 오르면 이 사방이 다 한데 합쳐져. 그럼으로써 그건 오방 가운데서 일어나는 일들이라는 거지. 이게 '공용이다' 이 소리야. 그렇기 때문에 이건 말로 어떻게 할 수 없는 것이 뭐냐 하면 이 말도, 지금 내가 한 말도 이게 원 근본은 그대로 이렇게 돌아가지만, 그대로 돌아가도 말 자체는 자꾸자꾸 바뀌어. 바뀌어도 또 맞아. 옆으로 끼워도 맞고 바로 끼워도 맞고, 밑으로 끼워도 맞고 위로 끼워도 맞고 다 맞아. 그래서 이게 깨달은 사람들에게 한 침 놓는 얘기라고 볼 수도 있지. 그러면 자기 스스로 그걸 알아내는 거지.
그래서 그전에 그랬지. 사무 사유 그게 합치면 그냥 사방의 일주다. 사무 사유 합치면, 사람도 나와 나가 합치면 그냥 사람이야. 그냥 여여한 사람이면서 그냥 들고 나지. (2000. 5. 17.)

9. 기타

· 제사: 주로 가정에서 지내는 조상에 대한 제사일 경우

· 재사: 천도재나 예수재 등, 절에서 지내는 의식일 경우

찾아보기

ㄱ

ㄴ

ㄷ

ㄹ

ㅁ

ㅂ

ㅅ

ㅇ

ㅈ

ㅊ

1. *표는 참고하기에 실려 있는 용어이다.
2. 찾아보기의 표제어와 쪽수는 법형제법회 1, 2권을 합하여 각 권마다 붙였다.
3. 찾아보기는 용어의 뜻을 이해하는 데 보다 큰 목적이 있으므로 본문 중에 그 용어가 없어도 그 뜻이 실려 있는 쪽수를 표시한 경우도 있다.

대행 스님 법어집

허공을 걷는 길

법형제법회 개정증보판 1

엮은이 / (재) 한마음선원 출판부
펴낸이 / (재) 한마음선원
펴낸데 / (재) 한마음선원

초판 1쇄 2023년 5월 30일

출판등록 2000.12.15. 제 2000-16호
13908 경기도 안양시 만안구 경수대로 1282
전화 (031)470-3100 팩스 (031)470-3116
http://www.hanmaum.org

값 35,000원
ISBN 978-89-91532-39-7